KB181813

iOS 앱 개발을 위한

Swift 3

Swift 3.0 · Swift 2.3 · Objective-C · Xcode 8 · iOS Basics

김근영 저

DIGITAL BOOKS

since 1999

www.digitalbooks.co.kr

예제 파일 Github

https://github.com/meetkei/BookSample-SwiftObjectiveC

iOS 앱 개발을 위한

Swift 3

Swift 3.0 · Swift 2.3 · Objective-C · Xcode 8 · iOS Basics

| 만든 사람들 |

기획 IT · CG 기획부 | **진행** 양종엽 · 유명한 | **집필** 김근영 | **편집 디자인** 디자인 숲 · 이기숙 | **표지 디자인** 김진

| 책 내용 문의 |

도서 내용에 대해 궁금한 사항이 있으시면,
디지털북스 홈페이지의 게시판을 통해서 해결하실 수 있습니다.

디지털북스 홈페이지 : www.digitalbooks.co.kr
디지털북스 페이스북 : www.facebook.com/ithinkbook
디지털북스 카페 : cafe.naver.com/digitalbooks1999
디지털북스 이메일 : digital@digitalbooks.co.kr
저자 블로그 : www.meetkei.com
저자 이메일 : book@meetkei.com
저자 페이스북 그룹 : www.facebook.com/groups/iOSandSwift

| 각종 문의 |

영업관련 hi@digitalbooks.co.kr
기획관련 digital@digitalbooks.co.kr
전화번호 02 447-3157~8

Swift가 3.0버전까지 오는 동안 오픈소스화를 포함한 다양한 변화가 있었습니다. 특히 문법의 변경은 많은 개발자들을 피곤하게 만들었습니다. 저 역시 Swift 2.x 버전과 Swift 3 버전으로 마이그레이션 하는 과정에서 많은 시행착오와 스트레스를 겪었습니다. 하지만 원고를 작업하면서 애플이 문법을 변경하는 과정을 상세히 살펴보았고 최신 언어 트렌트를 파악하는데 많은 도움이 되었습니다. 그리고 새로운 문법을 익히는 과정에서 다양한 문제 해결 방식을 익힐 수 있었습니다. 이 책은 그동안의 개발 경험을 토대로 Swift와 Objective-C를 처음 공부하는 독자, Swift로의 전환을 준비하는 개발자에게 모두 도움이 될 수 있도록 많은 노력을 기울였습니다.

아직도 많은 분들이 자주 변경되는 문법과 안정성 때문에 Swift 공부를 시작하는 것을 주저하고 계신 것 같습니다. 물론 앞에서 언급한 것처럼 새로운 버전이 나올 때마다 소스 호환성이 유지 되지 않는 것은 큰 문제입니다. 하지만 앞으로 새로운 버전이 나오더라도 소스 호환성을 유지하겠다고 약속했고 상용 앱을 출시하기에 충분한 안정성을 갖추었기 때문에 Swift를 시작하기에 좋은 시점이라고 생각합니다. Mix and Match를 통해 Objective-C와 함께 사용할 수 있으므로 작은 부분부터 Swift를 적용해 보는 것도 좋은 시작이 될 수 있습니다.

이 책이 완성되기까지 함께 고생해 주신 양종엽 팀장님, 유명한 대리님, 편집을 담당해 주신 .이기숙 실장님, 표지를 디자인해 주신 김진 과장님과 도움을 주신 모든 분들께 감사의 마음을 전합니다. 그리고 첫 번째 책이 나온 후 다양한 의견을 보내주신 분들께도 다시 한 번 감사의 마음을 전합니다. 마지막으로 수많은 책 중에서 이 책을 선택해 주신 독자 분들께 감사드립니다.

2016년 10월

저자 김근영

CONTENTS

CONTENTS

PART 04 | Memory Management · 668

PART 05 | Xcode · 689

Contents

PART
09

Interoperability & Migration · **1174**

Overview

PART 01

Objective-C

Objective-C의 모태가 되는 C 언어는 1970년 초반 데니스 리치에 의해 개발되었습니다. 특히 C 언어로 제작된 UNIX가 인기를 얻으면서 널리 사용되기 시작했습니다.

시간이 흐름에 따라 절차형 언어인 C는 복잡한 프로그램을 구현하는데 부족한 부분이 하나둘씩 드러났고, 이러한 문제를 해결하기 위해서 Xerox PARC(Palo Alto Research Center)의 앨런 케이가 소속된 팀이 OOP 언어를 개발하기 시작합니다. 이들에 의해 개발된 언어가 바로 스몰토크입니다. Smalltalk는 초기에 내부 연구용으로 사용되다가 1980년 Smalltalk-80이라는 이름으로 외부에 공개되었습니다. 우리가 Smalltalk라고 부르는 언어는 일반적으로 Smalltalk-80을 의미합니다. 이 언어는 Objective-C 뿐만 아니라 Ruby, Java, Python, Scala 등 다양한 언어의 기초가 되었습니다.

Objective-C는 1980년 초반, 브래드 콕스와 톰 러브가 Smalltalk-80 언어를 기반으로 C언어를 확장하여 개발하였습니다. 그 후 자유 소프트웨어 재단(Free Software Foundation, FSF)에 채택되어 GPL(GNU Public License) 라이센스로 배포되었습니다.

1976년 스티브 잡스, 스티브 워즈니악, 로널드 웨인은 작은 차고에서 애플을 창업합니다. Apple Ⅱ와 매킨토시를 통해 개인 컴퓨터의 대중화에 기여하면서 회사가 발전하던 중 1985년 경영권 분쟁에서 패한 스티브 잡스가 애플에서 해임되었습니다. 스티브 잡스는 곧바로 NeXT를 창업하여 NeXTstep이라는 컴퓨터를 만들고 OS 개발을 시작합니다. 이를 위해 1988년 Objective-C의 라이센스를 획득하고 OS 개발언어로 채택하였습니다.

1990년대 중반 CEO의 잦은 교체와 매출 하락, OS 개발 부진을 겪던 애플은 OS 개발사를 인수하여 돌파구를 찾으려 했고 여러 과정을 거쳐 NeXT를 인수하기로 결정합니다. 이를 계기로 NeXT의 CEO인 스티브 잡스가 애플에 다시 합류하게 되었습니다. 그리고 Objective-C의 라이센스 역시 애플이 가지게 되었습니다. NeXT가 인수된 후 NeXT가 개발하고 있던 OS를 기반으로 OS X의 개발이 다시 시작되었고 Xcode의 전신인 Project Builder와 Interface Builder 등 OS X 개발에 필요한 다양한 프로그램들이 개발되었습니다. 이때부터 Objective-C는 애플의 주력 개발언어로 사용되기 시작합니다.

 WWDC 2006에서 현대적인 가비지 컬렉션, 향상된 문법, 런타임 성능 향상, 64비트 지원 등의 특징을 가진 Objective-C 2.0이 발표되었습니다. Objective-C 2.0 코드를 컴파일할 수 있는 GCC 4.6 컴파일러는 2007년 10월 출시된 OS X 10.5부터 제공되었습니다. 비슷한 시기에 아이폰과 iPhone OS가 출시(2010년부터 iOS로 부르기 시작함)되었고 스마트폰과 모바일 앱 시장이 폭발적으로 성장하기 시작하였습니다. 개발자가 직접 앱을 만들어서 앱스토어에 판매할 수 있게 되면서 Objective-C

의 인기도 덩달아 오르게 되었습니다. 국내에서는 2009년 후반 아이폰이 도입된 후 카카오톡과 같은 성공사례들이 하나둘씩 늘어나면서 Objective-C에 대한 관심이 높아지기 시작했습니다.

Swift라는 새로운 언어가 발표되고 두 언어를 함께 사용할 수 있게 되면서 Objective-C는 또 한 번 발전하게 됩니다. 초기에는 Objective-C 언어가 Swift로 변환되는 과정에서 옵셔널과 컬렉션의 구현 방식으로 인해 많은 문제가 발생하였습니다. 이런 문제를 효율적으로 처리하기 위해 Nullability Annotations와 Lightweight Generics 등 언어의 호환성을 높일 수 있는 다양한 기능이 WWDC 2015에서 새롭게 발표되었습니다.

1. Objective-C의 특징

Objective-C는 C 언어에 버금가는 성능을 제공함과 동시에 추상화, 캡슐화, 상속성, 다형성으로 대표되는 객체지향 언어의 특징을 충실히 구현하고 있습니다. 객체, 포인터와 같이 어려운 기술들을 비교적 수월하게 구현할 수 있고, ARC를 통해 가비지 컬렉션에 버금가는 메모리 관리를 자동으로 처리합니다. 덕분에 개발자는 프로그래밍 언어를 쉽게 배우고 만들고 싶은 기능에 더 집중할 수 있습니다.

특히 Foundation 프레임워크, UIKit 프레임워크 등 Apple에서 제공하는 프레임워크를 사용하여 고품질의 앱을 안정적으로 개발할 수 있습니다. 또한 C 언어와의 호환성을 유지하고 있어 기존의 검증된 C 모듈을 혼용해서 사용할 수 있다는 장점이 있습니다.

Swift

Objective-C는 매우 훌륭한 언어이고 지금까지 수많은 앱을 만드는데 있어서 훌륭한 도구가 되었다는 것은 부인할 수 없는 사실입니다. 하지만 개발된 지 30년이 넘은 오래된 언어이기 때문에 문법 개선을 통해 현대에 요구되는 프로그래밍 패러다임을 구현하기에는 많은 제약을 가지고 있습니다. 애플이 Swift의 개발을 기획한 것도 이러한 문제의식에서 출발한 것이 아닌가 생각됩니다.

Swift는 2010년 7월부터 LLVM 프로젝트에서 주도적인 역할을 수행한 크리스 래트너가 이끄는 팀에 의해 개발되었고, Objective-C를 대체할 수 있는 현대적인 언어를 개발하기 위해 Objective-C 뿐만 아니라 C#, Ruby, Python, Haskell, Rust 등 다양한 언어들을 연구하고 그들의 장점을 적절히 결합하기 위해 많은 노력을 기울였다고 합니다. 이렇게 큰 이슈가 될 수 있는 프로젝트를 4년 동안 비밀리에 진행시켜온 것도 놀랍고, 현대 프로그래밍 언어들의 장점들을 하나의 언어에 충실히 담았다는 것도 놀라울 뿐입니다.

Swift는 WWDC 2014에서 처음 공개되었습니다. 이전에는 Mac과 iOS의 두 가지 큰 주제를 중심으로 신기술을 발표하는 방식으로 진행되었고, 많은 사람들이 관심을 가지는 만큼 발표가 예정된 기술들을 루머와 유출이 혼재된 다양한 경로를 통해 미리 예상할 수 있었습니다. 하지만 이례적으로 개발자를 위한 별도의 섹션을 마련하고, iPhone 6 또는 Apple Watch가 발표될 것이라는 대다수의 예상과는 달리, 그 이전에 어떠한 루머를 통해서도 예상할 수 없었던 Swift라는 새로운 언어를 발표하였습니다.

WWDC 2014의 주인공은 Swift라고 해도 무리가 없을 정도로 새로운 언어에 대한 놀라움과 관심은 폭발적이었습니다. 단적인 예로 Swift가 발표된 이후 하루 동안 iBooks Store에 공개된 Swift 서적 (The Swift Programming Language)이 약 37만 다운로드를 기록했고, 새로운 언어에 대한 다양한 뉴스기사와 블로그 포스팅이 쏟아져 나왔습니다. 주기적으로 프로그래밍 언어의 순위를 발표하는 tiobe.com에서도 등장과 동시에 16위에 랭크되었습니다.

몇 달간의 베타기간을 거친 후, 2014년 9월 9일 Swift 1.0 정식버전이 발표되었습니다. 그리고 Xcode 6.0을 통해 Swift로 작성된 iOS 앱을 등록할 수 있게 되었습니다. 약 한달 뒤인 2014년 10월 22일에 1.1 버전 발표되었고, 이어서 2015년 4월 8일에 1.2 버전 발표되었습니다. 개발자들이 제공한 다양한 피드백을 통해 Failable Initializer, Set 과 같은 요소들을 추가하고 옵셔널 바인딩, 문자열, 열거형 등 언어 전반을 개선하면서 안정성과 성능을 높이기 위한 노력이 계속 되었습니다.

Swift 2.0 버전은 WWDC 2015에서 공개되었습니다. Swift 2.0에는 새로운 오류 처리 모델, 프로토콜 익스텐션과 같은 새로운 기능이 추가되었고 Objective-C와의 상호호환성이 향상되었습니다. 무엇보다 오픈소스로 공개하겠다는 계획을 발표하면서 또 한 번 화제의 중심이 되었습니다. 실제로 2015년 12월 3일에 Swift 컴파일러, 디버거, 패키지 관리자 등을 오픈소스로 공개하였고 Swift 오픈소스 홈페이지(swift.org)를 통해 관련된 정보를 제공하고 있습니다. 이와 함께 Swift 3.0 로드맵을 발표하고 Swift의 발전방향에 대한 청사진을 제시하였습니다.

Swift 3.0 버전은 새로운 API Design Guideline을 적용하고 또 한 번 큰 변화를 맞이하게 됩니다. Swift 3.0 버전의 목표는 이후 버전과의 호환성을 유지하면서 더 쉽고 단순한 언어를 만드는 것입니다. 그리고 컴파일러와 IDE는 코드의 성능을 높이고 오류 메시지의 정확도를 높여서 더욱 안정적인 코드를 작성할 수 있게 하는데 중점을 두고 있습니다. 또한 Swift 3.0은 리눅스, 윈도우, 안드로이드와 같은 다양한 플랫폼으로 이식될 수 있는 발판을 마련하는 버전입니다.

stackoverflow가 발표한 Developer survey에서 가장 사랑받는 언어로 뽑히기도 한 Swift는 오픈소스의 힘을 통해 끊임없이 발전하고 있습니다. Swift의 발전 방향과 변경 내용은 swift.org와 Swift Programming Language Evolution(hppts://github.com/apple/swift-evolution)에서 확인할 수 있습니다.

버전	발표일	Xcode 버전	개선점 및 새로운 기능
1.0	2014.09	6.0	• 첫 번째 정식 버전
1.1	2014.10	6.1	• Failable Initializers 추가 • 속성, 파라미터, 리턴 값 등의 null 여부를 명확히 판별할 수 있도록 시스템 프레임워크에서 implicitly unwrapped optional로 처리되었던 부분을 제거 • 강제추출 연산자로 인해 발생하는 문제를 해결하기 위해 null 값을 가질 수 있는지에 따라 T? 또는 T로 수정(원래는 T!) • 진입점 함수를 지정하기 위한 @NSApplicationMain(OS X), @UIApplicationMain(iOS) 속성 추가 • AnyObject와 CF 자료형 사이의 형변환 지원
1.2	2015.04	6.3	• 컴파일러 성능 개선: 증분 빌드 지원, 더 빠른 바이너리 생성, 컴파일러 진단 기능 강화, 안정성 향상 • Failable cast(as!) 추가 • Objective-C에 Swift와의 상호 운용성 강화를 위한 문법을 추가 (ex. Nullability annotations) • Objective-C 클래스로부터 Swift 자료형으로의 암시적인 형변환 제거 (ex. NSString -> String, • @objc 속성을 사용해서 Swift로 작성한 열거형을 Objective-C 코드에서 사용 가능 • let으로 선언한 상수의 사용 규칙 수정: "let으로 선언한 상수는 선언시점이 아니라 사용되기 전에 반드시 초기화되어야 한다." • 옵셔널 바인딩 개선: if let을 통해 다수의 옵셔널 값을 동시에 추출하는 문법 추가. where 절을 통해 조건 추가 가능. Pyramid of doom이라고 불리는 문제를 수정 • Set 추가: NSSet과 유사한 기능 • 클래스에서 static 메소드와 속성 구현 가능

버전	발표일	Xcode 버전	개선점 및 새로운 기능
2.0	2015.09	7.0	• 오픈 소스화 발표 • do..catch와 try를 활용한 새로운 오류 처리 패턴 • 안정성을 높이는 새로운 문법(defer, guard 등) • 지정된 버전에서만 동작하는 코드를 구현할 수 있는 #available 블록, @available 속성 추가 • @nonobj 속성 추가 • do..while 문법을 repeat..while로 변경 • Protocol extension 추가 • println 함수 삭제 • print, debugPrint 함수의 성능 개선
2.1	2015.10	7.1	• 열거형, 공용체, NSNumber 처리 방식 개선 • String Interpolation에서 문자열 리터럴 허용 • 컴파일러 성능 개선
2.2	2016.03	7.3	• Swift 3.0에서 새로운 API Design Guideline 적용을 준비하는 성격의 버전 • 컴파일 시점에 Swift 버전 체크 지원 • #selector: 컴파일 시점에 셀렉터의 유효성 검증 • inout, var, let을 제외한 키워드를 파라미터 이름으로 사용 가능 • 튜플 비교 지원 • 튜플 splat 문법 deprecated • C 스타일의 for 반복문 deprecated • ++, --연산자 deprecated • var 파라미터 deprecated • __FILE__, __LINE__ 등과 같은 디버그 식별자가 #file, #line, #column, #function으로 대체됨
2.3	2016.09	8.0	• 2.2 버전의 마이너 업데이트 버전 • Xcode 8에서 Swift 2.2의 문법을 그대로 사용하면서 OS X 10.12, iOS 10, watchOS 3, tvOS 10 SDK를 개발할 수 있는 환경을 제공
3.0	2016.09	8.0	• 오픈 소스화 발표 이후 첫 번째 릴리즈 버전 • 새로운 API Design Guideline 적용 • Objective-C API를 임포트 하는 방식 변경 • Swift Package Manager 추가

1. Swift의 특징

Swift는 이름의 뜻처럼 빠르게 동작하는 코드를 작성할 수 있는 언어입니다. Apple이 제시한 성능 자료에 따르면 Objective-C에 비해 최대 2.6배, 파이썬에 비해 최대 8.4배 빠르게 실행됩니다. Swift가 제공하는 단순하고 직관적인 문법은 프로그램의 개발 속도를 향상해주고, 코드의 가독성을 높여 유지 보수의 부담을 덜어줍니다.

기존의 Objective-C 개발자는 Swift를 점진적으로 적용할 수 있습니다. Mix and Match를 통해 제공되는 Swift와 Objective-C의 완벽한 호환성은 하나의 프로그램을 두 언어로 개발할 수 있도록 도와줍니다. 또한, 기존의 검증된 코드와 프레임워크를 일관된 방식으로 사용할 수 있기 때문에 새로운 언어로 전환을 하는 시간을 아껴줍니다.

Xcode에 내장된 Playground와 아이패드에서 실행되는 Swift Playgrounds 앱은 언어를 이전보다 쉽게 배울 수 있도록 도와주는 훌륭한 도구입니다. 또한, 개발자가 새로운 알고리즘이나 객체를 구현할 때 기존 코드에 영향을 주지 않고 개발 및 테스트할 수 있도록 도와줍니다.

형식 추론, 옵셔널 등 기존의 프로그래밍 언어에서 발생할 수 있는 오류를 컴파일 타임에 발견하고 수정할 수 있는 다양한 기능을 제공합니다. Swift로 작성된 앱은 코드의 의도를 더욱 명확히 이해할 수 있고, 런타임에 크래시를 발생시킬 수 있는 요소들을 사전에 차단함으로써 안정적으로 동작합니다.

현재적인 언어에서 제공하는 튜플, 옵셔널, 제네릭, 클로저 등을 활용하여 OOP 패턴과 함수형 프로그래밍 패턴을 충실히 구현할 수 있습니다.

2015년 오픈소스로 공개된 이후 다양한 개발자들의 노력으로 더욱 빠르고 안정적인 언어로 발전해가고 있습니다. 애플이 제공하는 플랫폼뿐만 아니라 리눅스 등 다른 플랫폼으로의 전환 작업도 활발히 이루어지고 있습니다.

Objective-C와 Swift 비교

Objective-C와 Swift는 객체지향 언어의 특징을 대부분 공유하지만 문법적인 측면에서는 상당한 차이점을 가지고 있습니다.

1. main 함수

Objective-C와 같은 C 계열의 언어는 프로그램이 실행될 때 가장 먼저 호출되는 진입점 함수를 가지고 있습니다. 진입점 함수는 보통 함수의 이름을 따서 main 함수라고 부릅니다. Xcode에서 생성된 Objective-C 프로젝트(iOS)를 살펴보면 main.m 파일에서 main 함수를 구현하고 있는 것을 확인할 수 있습니다.

```
Objective-C
int main(int argc, char * argv[])
{
    @autoreleasepool {
        return UIApplicationMain(argc, argv, nil,
            NSStringFromClass([PAAppDelegate class]));
    }
}
```

Objective-C main 함수는 UIApplicationMain 함수를 호출하여 런루프를 실행하고 앱 실행에 필요한 필수요소를 구성하는 UIApplication 객체의 델리게이트를 지정합니다.

이와 달리 Swift에는 main 함수가 없습니다. Swift 컴파일러는 전역범위에 있는 코드를 자동으로 인식하고 실행합니다. 그리고 AppDelegate 클래스 구현 앞에 @UIApplicationMain 속성을 추가하여 Objective-C의 UIApplicationMain 함수 호출과 동일한 작업이 수행되도록 지정합니다.

```
Swift
@UIApplicationMain
class AppDelegate: UIResponder, UIApplicationDelegate {
    // ...
}
```

2. 문장의 끝;

Objective-C는 ;을 통해 문장의 끝을 구분합니다. Swift는 컴파일러가 자동으로 문장의 끝을 인식하기 때문에 ;을 생략할 수 있습니다.

Objective-C
```
NSLog(@"Hello");
NSLog(@"Objective-C")    // Error
NSLog(@"Programming");
```

Swift
```
print("Hello");
print("Swift")
print("Programming");
```

3. 변수와 상수 선언

Objective-C는 C 스타일의 문법을 통해 변수와 상수를 선언합니다. 변수와 상수의 이름은 영문자, 숫자, _ 문자의 조합을 사용할 수 있습니다.

Objective-C
```
int num = 0;
const double _ratio2 = 123.45;
```

Swift는 var 키워드를 통해 변수를 선언하고 let 키워드를 통해 상수를 선언합니다. Objective-C와 달리 변수와 상수 이름에 유니코드로 표현할 수 있는 대부분의 문자를 사용할 수 있습니다.

Swift
```
var num = 0
let _ratio2 = 123.45
let 한글변수 = "유니코드"
```

4. 자료형

Objective-C는 int, double과 같은 C 자료형과 NSInteger, CGRect, NSString 등의 Foundation 자료형을 함께 제공합니다.

Swift는 Objective-C와 마찬가지로 다양한 기본 자료형과 Foundation 자료형을 제공합니다. 익스텐션을 통해 기본 자료형을 포함한 모든 자료형의 기능을 확장할 수 있습니다. 또한, 튜플을 통해 복합 값을 직관적으로 처리할 수 있습니다.

```swift
let heightAndWeight = (180.0, 72.0)
func loadHtml() -> (code: Int, msg: String) {
    return (200, "OK")
}
```

Swift 3.0부터 값 형식의 자료형이 다수 추가되었습니다. 예를 들어 NSData, NSDate, NSIndexPath 에 대응하는 Data, Date, IndexPath가 추가되었고, Measurement, DateInterval 등이 새롭게 추 가되었습니다.

5. 형식추론

Objective-C는 변수나 상수를 선언할 때 반드시 자료형을 함께 명시해야 합니다. Swift는 형식추론 을 통해 적합한 자료형을 판단할 수 있으므로 자료형을 생략할 수 있습니다.

Objective-C
```objc
NSString* str = @"string";
```

Swift
```swift
let str = "string"
let str2: String = "string"
```

6. 문자와 문자열

Objective-C는 "String"로 표현되는 C 스타일의 문자열과 @"String"로 표현되는 Objective-C 문 자열을 구분해서 사용합니다. 문자는 'a'와 같이 하나의 문자를 작은따옴표로 감싸는 방식으로 표현합 니다. 형식화된 문자열을 구성할 때는 %i, %f 등 C 언어의 형식지정 문자를 사용합니다.

Objective-C
```objc
char* cStr = "C string";
NSString* str = @"Objective-C string";
char ch = 'a';
NSLog(@"value of ch: %c", ch);
```

Swift는 문자와 문자열을 큰따옴표로 감싸는 방식으로 표현합니다. 별도의 자료형을 지정하지 않 는 경우 따옴표 사이에 포함된 문자의 수에 관계없이 문자열이 되며, 문자로 표현하려면 자료형 (Character)을 명시적으로 지정해야 합니다. 그리고 문자열에 직접 표현식을 삽입하는 새로운 문법 을 통해 형식화된 문자열을 직관적으로 구성할 수 있습니다.

```swift
let str = "Swift String"
let ch: Character = "a"
print("value of ch: \(ch)")
```

7. 소스파일

Objective-C는 .h 파일에서 클래스를 선언하고 .m(또는 .mm) 파일에서 클래스를 구현합니다. Swift는 Java나 C#처럼 하나의 파일(.swift)에 선언과 구현이 모두 포함됩니다.

8. 메모리 관리

Objective-C는 MRC 또는 ARC 중 하나의 메모리 관리 모델을 선택할 수 있습니다. Swift는 ARC를 기본 메모리 관리 모델로 채택하고 있으며, Objective-C에서 자주 발생하는 참조 사이클 문제를 유연하게 해결하기 위해 비소유 참조, 클로저 캡처 목록과 같은 새로운 기능을 제공합니다.

9. 서브스크립트 문법

Objective-C는 아래의 메소드를 구현하여 숫자나 키를 통해 클래스 내부 데이터에 접근할 수 있습니다.

Objective-C

```objc
- (id)objectAtIndexedSubscript:(*IndexType*)idx;
- (void)setObject:(id)obj atIndexedSubscript:(*IndexType*)idx;
- (id)objectForKeyedSubscript:(*KeyType*)key;
- (void)setObject:(id)obj forKeyedSubscript:(*KeyType*)key;
```

Swift는 subscript 키워드를 통해 서브스크립트를 구현합니다. Objective-C와 달리 Indexed Subscript와 Keyed Subscript를 명시적으로 구분하지 않으며, 인덱스와 키의 자료형은 파라미터를 통해 지정합니다.

Swift

```swift
class MyClass {
    let data = ["iPhone", "iPad", "iPod", "Mac Pro"]

    subscript(index: Int) -> String {
        return data[index]
    }
}
```

10. 열거형

Objective-C의 열거형은 C 언어의 열거형과 동일하며 열거형의 원시 값은 정수로 저장됩니다. Swift의 열거형은 정수뿐만 아니라 문자열과 실수를 원시 값으로 저장할 수 있습니다. 그리고 생성자와 메소드를 구현할 수 있고 익스텐션을 통해 새로운 기능을 추가할 수 있습니다. Objective-C에서 클래스에 국한되었던 다양한 개념을 열거형에 적용함으로써 열거형의 활용도가 매우 높아졌습니다.

```Swift
enum DateFormat {
    case Undefined
    case Long(Int, Int, Int, String)
    case Short(Int, Int)

    init() {
        self = .Undefined
    }

    init(_ year: Int, _ month: Int, _ day: Int, _ dayName: String) {
        self = .Long(year, month, day, dayName)
    }

    init(_ month: Int, _ day: Int) {
        self = .Short(month, day)
    }

    func toString() -> String {
        switch self {
        case .Undefined:
            return "Undefined"
        case let .Long(year, month, day, dayName):
            return "\(year)-\(month)-\(day) \(dayName)"
        case let .Short(month, day):
            return "\(month)-\(day)"
        }
    }
}
```

11. Generics

Objective-C는 Generics를 지원하지 않았지만 Swift와의 호환성을 높이기 위해 필요한 최소한의 Generics 기능이 추가되었습니다. 하지만 "Lightweight Generics"라는 이름에서 알 수 있듯이 Swift나 C# 등이 제공하는 완전한 Generics는 아닙니다. Objective-C의 Lightweight Generics 주로 컬렉션에 저장할 요소의 형식을 지정하는데 사용됩니다.

```
NSMutableArray<NSString*>* array = [NSMutableArray array];
[array addObject:@"Objective-C Lightweight Generics"];

// Warning - Incompatible pointer type sending 'NSNumber *' to
// parameter of type 'NSString * _Nonnull'
[array addObject:@13];
```

Swift는 Objective-C와 달리 Generics를 완벽하게 지원하며 자료형에 의존하지 않는 범용 코드를 쉽게 작성할 수 있습니다.

Swift

```
func swapValue<T>(inout lhs: T, inout rhs: T) {
    let tmp = lhs
    lhs = rhs
    rhs = tmp
}
```

12. 구조체

Objective-C는 C 언어 구조체를 그대로 상속하고 있습니다. 구조체 내부에 메소드 구현을 추가할 수 없기 때문에 구조체와 연관된 기능은 전역함수(예를 들어 CGRectMake(), CGRectContainsPoint())를 통해 제공합니다.

Swift 구조체는 메소드와 생성자를 구현할 수 있습니다. 구조체와 연관된 기능을 더욱 직관적으로 구현할 수 있으며 Memberwise Initializer를 통해 구조체를 쉽게 초기화할 수 있습니다.

13. 연산자

Objective-C와 Swift는 C 기반의 언어가 제공하는 대부분의 연산자를 제공합니다. Swift는 연산자 함수를 통해 연산자 오버로딩을 구현할 수 있고, 사용자 정의 연산자를 통해 기존에 없던 새로운 연산자를 구현할 수 있습니다.

14. 중첩 형식(Nested Type)

Objective-C는 클래스 내부에 중첩된 클래스를 선언할 수 없지만, Swift는 구조체, 열거형, 클래스 선언 내부에 중첩된 구조체, 열거형, 클래스를 선언할 수 있습니다.

```
Swift
class MyClass {
    struct MyStruct {
        static var a = 0
    }

    enum MyEnum {
        case First, Second
    }
}

MyClass.MyStruct.a = 10
let first = MyClass.MyEnum.First
```

15. nil

Objective-C와 Swift는 "값이 없음" 나타내기 위해 nil 키워드를 사용합니다. 참조형식에 제한적으로 사용할 수 있는 Objective-C와 달리 Swift는 옵셔널이라는 새로운 개념을 도입하여 "반드시 값을 가져야 하는 형식"과 "값을 가지지 않을 수 있는 형식"을 엄격하게 구분합니다. 또한 참조 형식과 값 형식 모두 nil을 할당할 수 있습니다. 옵셔널 형식은 옵셔널 바인딩과 옵셔널 체이닝을 통해 직관적 문법으로 "값이 없음"을 안전하게 처리할 수 있습니다.

16. 예외처리

Objective-C는 대부분의 현대적인 언어에서 제공하는 try..catch 형태의 예외처리 문법을 제공합니다.

```
Objective-C
@try {
    // ...
} @catch (NSException *exception) {
    // ...
} @finally {
    // ...
}
```

작업의 결과를 리턴하는 경우에는 BOOL과 NSError의 조합을 활용합니다.

Objective-C

```
NSError *error;
BOOL success = [data writeToURL:someLocalFileURL options:0 error:&error];
if (!success) {
    // handle error
}
```

Swift는 초기에 Objective-C와 동일한 예외처리 문법을 사용하다가 2.0버전부터 do..catch 문법과 try 키워드가 조합된 새로운 예외처리 문법을 도입하였습니다. 기존 방식은 더블 포인터를 사용하는 방식이므로 포인터에 익숙하지 않은 경우 올바른 오류처리 코드를 구현하는데 어려움이 있었습니다.

Swift

```
func trySomething() {
    do {
        try doSomething()
    } catch {
        print(error)
        return
    }
}
```

17. 블록과 클로저

Objective-C의 블록과 Swift의 클로저는 특정 기능을 수행하는 코드 조각이라는 측면에서 동일하며 서로 호환됩니다. 그러므로 Objective-C에서 블록을 전달해야 하는 메소드를 Swift에서 호출할 때 클로저를 전달할 수 있습니다. 블록은 __block으로 선언되지 않은 변수를 내부에서 사용할 때 값을 복사하지만, 클로저는 값을 복사하지 않고 마치 __block으로 선언한 것처럼 내부에서 값을 변경할 수 있습니다.

18. 네임스페이스

Objective-C의 단점 중 하나는 네임스페이스의 부재입니다. 이름 충돌을 피하기 위한 방법으로 NS, UI 등과 같은 접두어를 사용하지만 완벽한 해결책은 아닙니다.

Swift는 모듈 단위의 네임스페이스를 사용하여 이름 충돌 문제를 해결합니다. 모듈은 일반적으로 앱의 타깃과 동일한 의미로 이해할 수 있습니다. 서로 다른 모듈에서 동일한 이름을 사용할 수 있으므로 더 이상 거추장스러운 접두어에 대해 고민할 필요가 없습니다. Swift 네임스페이스의 또 한 가지 장점은 헤더를 임포트하는 지루한 작업이 줄어들었다는 것입니다. Objective-C는 같은 프로젝트 내에 구현되어 있는 코드를 사용하기 위해 코드 상단에 #import "header.h"와 같은 구문을 반드시 추가해야 합니다. 하지만 Swift는 동일한 모듈에 구현되어 있는 모든 코드를 import 구문 없이 사용할 수 있습니다.

Objective-C와 Swift의 상호호환성

Objective-C와 Swift는 하나의 프로젝트에서 함께 사용할 수 있습니다. Mix and Match라고 부르는 기능을 통해 Objective-C 프로젝트에 Swift 코드를 추가하거나 Swift 프로젝트에 Objective-C 소스 코드를 직접 추가할 수 있습니다. 브릿징 헤더를 통해 다른 언어로 작성된 코드를 임포트할 수 있고, 임포트 과정에서 대상 언어에 적합한 코드로 자동 변환됩니다.

하나의 언어에서 구현된 요소는 다른 언어에서 마치 동일한 언어로 작성한 것처럼 자유롭게 접근할 수 있지만 제네릭, 튜플, 중첩 형식 등 Swift에서 새롭게 도입된 일부 기능은 Objective-C 코드에서 사용할 수 없습니다.

이 책은

이 책은 Objective-C, Swift 언어를 공부한 후 iOS 앱을 개발하는데 필요한 기초를 설명하는 책입니다. 책에서 언급하는 대부분의 개념과 용어들은 애플이 제공하는 플랫폼에서 공통적으로 사용되는 것을 우선 사용하고, 책의 내용을 이해하기 위해 반드시 플랫폼을 구분해야 하는 경우에만 특정 플랫폼의 개념과 용어를 사용합니다. 그리고 널리 사용되는 한국어 번역이 존재하는 경우를 제외하고 영어를 그대로 표기하거나 한국어 발음으로 표기합니다.

언어를 설명하는 부분에서는 특정 언어에 종속되지 않은 기초적인 부분을 먼저 설명합니다. 두 언어에서 공통적인 부분이 많은 경우에는 함께 묶어서 설명하고, 다른 언어가 지원하지 않거나 구현방식에 큰 차이가 있는 경우 Objective-C, Swift 순으로 나누어 설명합니다.

프로그래밍 언어를 처음 공부하는 경우에 참고할 만한 내용과 이미 경험이 풍부한 경우에 도움이 될 수 있는 내용들을 별도의 팁으로 제공합니다.

> **사용자 팁**
> 사용자 팁을 통해 다양한 부가 정보를 제공합니다.

이 책은 Objective-C, Swift 2.3, Swift 3 으로 작성된 예제 코드와 문법을 모두 제공합니다. 독자들의 이해를 돕고 중복되는 예제 코드를 줄이기 위해서 다음과 같은 규칙에 따라 작성되었습니다.

예제 코드 시작 부분에는 언어를 명시합니다. Objective-C와 Swift에서 공통적으로 사용할 수 있는 코드는 언어를 명시하지 않습니다.

Objective-C

Swift

예제 파일이 제공되는 경우 언어 뒤에 파일의 경로를 함께 표시합니다. Objective-C 소스 파일은 프로젝트 형태로 제공됩니다. Swift 소스 파일은 대부분 Playground 파일로 제공되며 책의 후반부에 있는 예제들은 프로젝트 형태로 제공됩니다.

Swift Path/to/source.swift

Swift 2.3 버전과 Swift 3 버전에서 동일한 문법을 가지는 코드는 버전을 따로 명시하지 않습니다. 그러나 특정 버전에 해당되는 코드는 버전을 명시합니다.

Swift
```
// Swift 버전에 관계없이 실행되는 코드
```

Swift 2.3
```
// Swift 2.3 버전에서 실행되는 코드
```

Swift ~2.3
```
// Swift 2.3 버전까지만 실행되는 코드. 이후 버전부터 동일한 개념의 코드를 사용할 수 없는 경우
```

Swift 3
```
// Swift 3 버전에서 실행되는 코드
```

Swift 3에서 API 이름이 변경된 코드는 분기문을 통해 함께 표시합니다. Swift 3을 기준으로 공부한다면 #if와 #else 사이의 코드만 입력합니다. Swift 2.3 버전을 기준으로 공부하는 경우에는 #else와 #endif 사이의 코드를 입력합니다.

Swift
```
#if swift(>=3.0)
    // Swift 3 버전에서 실행되는 코드
#else
    // Swift 2.3 버전에서 실행되는 코드
#endif
```

문법을 설명하는 코드에서 직접 입력해야 하는 부분은 코드와 구분되는 스타일로 표시합니다.

Swift
```
if 조건문 {
    조건문이 참일 때 실행할 코드
}
```

이전 예제 코드와 중복되는 부분은 //... 으로 표기하고 생략합니다.

Swift
```
class MyClass {
    // ...
    var property = 0
}
```

예제 코드에서 오류가 발생하는 부분은 // Error로 표기합니다.

> **Swift**
> ```swift
> let val = 0.0
> val = 12.34    // Error
> ```

프로그램의 실행 결과가 로그 형태로 출력되는 경우 // 뒤에 출력 결과를 표시합니다.

> **Swift**
> ```swift
> let name = "Steve Jobs"
> print(name)
> // Steve Jobs
> ```

본문에 포함된 함수와 메소드 이름은 특정 언어와 버전에 종속된 경우를 제외하고 Swift 2 방식으로 표기합니다. 최신 버전인 Swift 3 방식 대신 Swift 2 방식으로 표기하는 이유는 Objective-C 메소드와 Swift 3 메소드를 유추하기에 가장 적합한 방식이기 때문입니다.

이 책에 포함된 모든 예제는 Xcode 8에서 작성되었습니다. Swift 2.3 버전의 코드와 Objective-C 코드는 대부분 이전 버전의 Xcode에서 실행할 수 있습니다. Xcode와 연관된 내용은 특별한 언급이 없는 한 Xcode 8을 기준으로 작성되었습니다.

이 책은 맥에서 사용되는 특수문자로 단축키를 표기합니다.

Command	⌘	Control	^	Option	⌥	Shift	⇧	Return	↵

1. Reference 및 참고 사이트

> **Apple 개발자 사이트**
> https://developer.apple.com

> **Swift 홈페이지**
> https://swift.org

> **Apple Swift Blog**
> https://developer.apple.com/swift/blog

> **디지털북스 홈페이지**
> http://www.digitalbooks.co.kr

저자 블로그
http://meetkei.com

페이스북 페이지
https://www.facebook.com/groups/iOSandSwift

예제 파일 Github
https://github.com/meetkei/BookSample-SwiftObjectiveC

Hello, World!

Overview

C 언어를 개발한 데니스 리치와 브라이언 커니핸이 쓴 "The C Programming Language"의 첫 번째 예제는 화면에 Hello, world라는 문자열을 출력하는 것입니다. 이 예제는 C 언어의 특징과 기초적인 문법을 설명하는데 부족함이 없습니다. Hello, World! 파트에서는 이와 유사한 예제를 Objective-C 프로젝트, Swift 프로젝트, Playground로 작성하고 결과를 확인하는 방법을 설명합니다.

> **Beginner Note**
>
> 프로그래밍을 처음 공부한다면 Hello, Objective-C!와 Hello, Swift!에서 설명하는 내용을 반복해서 반드시 자신의 것으로 만드세요. 이 책에 포함된 대부분의 예제는 여기에서 설명하는 방법으로 작성하고 결과를 확인할 수 있습니다.

Hello, Xcode

Xcode는 애플에서 개발한 개발 도구로 iOS, watchOS, macOS 앱을 개발하는데 사용됩니다. 애플에서 제공하는 개발 환경인 코코아와 긴밀하게 통합되어 있고 프로젝트를 생성하는 과정부터 심사에 제출에 이르기까지의 모든 과정에 필요한 기능을 제공합니다.

Objective-C와 Swift를 공부하기에 앞서 최신 버전의 Xcode를 설치해야 합니다. Xcode는 맥 앱스토어를 통해 설치하거나 애플 개발자 사이트에서 다운로드한 후 설치할 수 있습니다. 설치 과정은 비교적 간단하기 때문에 따로 설명하지 않습니다.

1. Welcome to Xcode

Xcode를 실행하면 Welcome 화면이 표시됩니다. 이 화면 새로운 작업을 시작하거나 이전 작업을 이어갈 수 있는 단축 메뉴를 제공합니다. Get started with a playground 메뉴를 선택하면 새로운 Playground 파일을 만들고 Swift 코드를 작성할 수 있습니다. Create a new Xcode project 메뉴는 새로운 프로젝트를 생성할 수 있는 대화상자를 표시합니다. iOS, watchOS, macOS 등 다양한 프로젝트를 생성할 수 있습니다. 원격 저장소에 있는 프로젝트는 Check out an existing project 메뉴를 통해 가져올 수 있습니다. Welcome 화면 오른쪽에는 이전에 사용했던 프로젝트 파일과 Playground 파일 목록이 순서대로 표시됩니다. 항목을 선택하면 이전에 작업했던 프로젝트와 파일을 쉽게 열 수 있습니다.

2. Xcode Workspace

Xcode의 작업영역은 툴바 영역, 네비게이터 영역, 편집기 영역, 디버그 영역, 유틸리티 영역으로 구성되어 있습니다.

2.1 Toolbar

툴바 영역에는 Xcode로 작성한 앱을 실행할 수 있는 Run 버튼과 실행할 디바이스를 선택할 수 있는 Scheme Menu가 표시됩니다. 툴바 중앙에 있는 Activity Viewer는 Xcode가 실행 중인 작업의 진행 상황과 결과를 알려주고 주목해야 할 메시지를 수를 표시합니다. Toolbar 오른쪽에 있는 버튼은 편집기의 종류를 선택하고 작업 영역 일부를 숨기거나 표시하는데 사용됩니다.

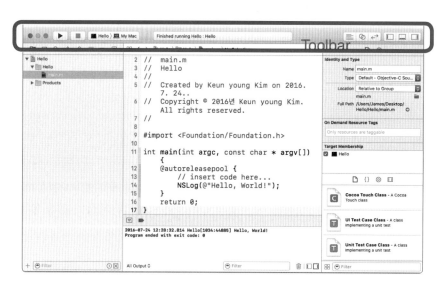

2.2 Navigator Area

Xcode 작업 영역 왼쪽에 표시되는 네비게이터 영역은 프로젝트와 연관된 다양한 항목들을 표시합니다. Xcode는 모두 8개의 네비게이터를 제공하며 상단에 표시된 아이콘을 클릭하거나 메뉴를 통해 전환할 수 있습니다. 네비게이터 영역에 표시된 항목을 선택하면 편집기 영역과 유틸리티 영역이 연관된 내용으로 업데이트됩니다. 그리고 하단 검색 바를 통해 원하는 항목을 쉽게 검색할 수 있습니다.

2.3 Editor Area

편집기 영역에는 네비게이터 영역에서 선택한 항목을 편집할 수 있는 편집기가 표시됩니다. Xcode는 소스 코드 편집기, Interface Builder, 프로젝트 편집기, 코어 데이터 모델 편집기, Property List 편집기 등 선택한 항목에 적합한 편집기를 제공합니다. 편집할 수 없는 항목은 Quick Look과 유사한 형태의 미리보기를 표시합니다.

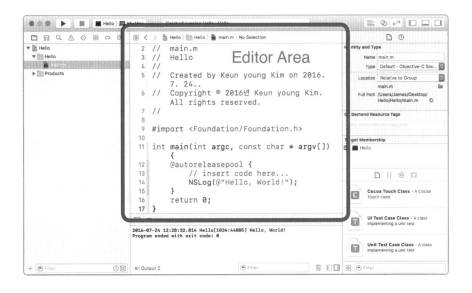

2.4 Debug Area

디버그 영역은 프로그램이 실행되는 동안 메모리 정보와 콘솔 로그를 표시합니다. 디버그 영역 상단에 표시되는 디버그 바를 통해 중단점을 제어하고 뷰의 계층 구조, 메모리 그래프를 확인할 수 있습니다.

이 책에 포함된 예제의 실행 결과는 대부분 디버그 영역을 통해 확인할 수 있습니다.

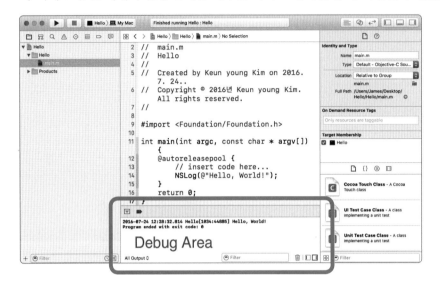

2.5 Utilities Area

유틸리티 영역은 편집기와 네비게이터에서 선택한 항목에 대한 속성 편집기를 제공합니다. 그리고 네비게이터, 편집기에 드래그 방식으로 추가할 수 있는 다양한 라이브러리를 제공합니다.

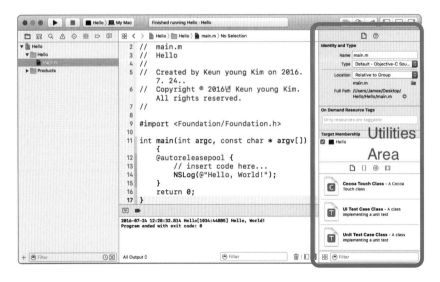

Hello, Objective-C!

Xcode에서 새로운 프로젝트를 생성하는 과정은 워드에서 새로운 문서를 생성하는 것만큼 간단합니다. Xcode는 자주 사용되는 프로젝트를 템플릿 형태로 제공합니다. 원하는 템플릿과 플랫폼을 선택하면 프로젝트를 구성하는 필수 파일들이 자동으로 생성됩니다. 덕분에 복잡한 환경 설정 없이 코드를 입력하고 실행결과를 바로 확인할 수 있습니다.

1. 첫 번째 Objective-C 프로젝트

새로운 Objective-C 프로젝트를 만들고 Hello, World!를 출력하는 과정을 설명합니다.

STEP **01**

Welcome 화면에서 Create a new Xcode project 메뉴를 선택합니다. 또는 File 〉 New 〉 Project...(⇧⌘N) 메뉴를 선택합니다.

Beginner Note
Welcome 화면이 표시되지 않는다면 Window 〉 Welcome to Xcode (⇧⌘1) 메뉴를 선택합니다.

STEP **02**

프로젝트 템플릿 화면에서 macOS 〉 Command Line 항목을 선택한 후 Next 버튼을 클릭합니다.

프로젝트 정보를 아래와 같이 입력하고 Next 버튼을 클릭합니다.

- Product Name: Hello
- Organization Name: 회사 이름 또는 임의의 문자열
- Organization Identifier: com.example
- Language: Objective-C

프로젝트를 저장할 위치를 지정한 후 Create 버튼을 클릭합니다.

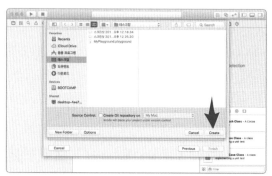

생성된 Objective-C 프로젝트에는 main.m 파일이 포함되어 있습니다. 이 파일에는 진입점 함수가 구현되어 있고, 진입점 함수는 Hello, world!를 출력하도록 구현되어 있습니다.

2. Objective-C 소스 파일

Objective-C 프로젝트에는 다음과 같은 소스 파일을 추가할 수 있습니다. Objective-C와 iOS 앱 개발에는 .h 파일과 .m 파일이 주로 사용됩니다.

.h	헤더 파일
.m	Objective-C 소스 파일
.mm	Objective-C++ 소스 파일
.c, .cc, .cpp	C, C++ 소스 파일

Beginner Note

Objective-C++: C++ 언어에 Objective-C가 확장 형태로 추가된 언어로 C++ 문법과 Objective-C 문법을 함께 사용할 수 있습니다.

3. main.m

프로젝트 네비게이터에서 main.m 파일을 선택하면 소스 편집기에 소스 코드가 표시됩니다. 이 파일에 포함된 소스 코드는 가장 단순한 형태의 Objective-C 프로그램을 생성합니다.

Objective-C HelloObjC/main.m
```objective-c
#import <Foundation/Foundation.h>

int main(int argc, const char * argv[]) {
    @autoreleasepool {
        // insert code here...
        NSLog(@"Hello, World!");
    }
    return 0;
}
```

#import 〈Foundation/Foundation.h〉는 Foundation 프레임워크에서 제공하는 기능을 main.m 파일에서 사용하기 위해 필요한 코드입니다. 흔히 "헤더를 임포트 한다."라고 표현합니다. Foundation 프레임워크에 있는 Foundation.h 헤더를 임포트하면 헤더에 선언된 기능을 main.m 파일에서 사용할 수 있습니다.

#import는 보통 두 가지 형태로 사용합니다. 기본적으로 제공하는 헤더를 임포트할 경우에는 앞에서 설명한 것과 같이 〈 〉 사이에 프레임워크 이름과 헤더 파일 이름을 지정합니다.

Objective-C
```objective-c
#import <프레임워크 이름/임포트 할 헤더 파일>
```

임포트할 파일이 동일한 프로젝트에 포함되어 있다면 " " 사이에 헤더 파일 이름을 지정합니다.

Objective-C
```objective-c
#import " 임포트 할 헤더 파일 "
```

예를 들어 util.h 파일을 임포트 하려면 아래와 같이 해야 합니다.

Objective-C
```objective-c
#import "util.h"
```

#import와 유사한 역할을 하는 #include도 있지만, 중복 정의 오류를 방지하기 위해 직접 중복처리를 해야 하는 번거로움 때문에 Objective-C에서는 거의 사용되지 않습니다. #import와 같이 #으로 시작하는 명령문을 전처리기 지시자라고 합니다. Objective-C는 C 언어에서 파생된 언어이므로 C 언어에서 제공하는 전처리기 지시자를 그대로 사용할 수 있습니다.

이어지는 부분은 함수 구현입니다. 이 함수는 main이라는 이름을 가진 진입점 함수입니다. 진입점 함수는 프로그램이 실행될 때 OS가 직접 호출하는 함수로 프로그램에 포함된 함수 중 가장 먼저 호출되는 함수입니다.

함수는 크게 헤더와 본문으로 구분할 수 있습니다. 헤더에는 리턴형, 함수 이름, 파라미터 목록이 포함됩니다. 리턴형은 함수의 실행 결과로 리턴되는 값의 종류를 나타냅니다. 함수의 이름은 함수를 호출할 때 사용하며 파라미터는 함수를 실행하기 위해 필요한 값을 제공하는 용도로 사용됩니다. 여기에서 설명하고 있는 함수의 리턴형은 int이고, 함수의 이름은 main입니다. 참고로 Objective-C에서 진입점 함수의 이름은 main으로 고정되어 있습니다. 다른 이름을 사용할 경우 프로그램이 정상적으로 동작하지 않습니다. main 함수는 argc와 argv라는 이름을 가진 두 개의 파라미터를 가지고 있으며 함수를 호출할 때 전달할 수 있습니다. 파라미터로 전달된 값은 함수 본문에서 사용할 수 있고 함수의 실행이 종료되면 사라집니다.

함수 본문은 함수 헤더 뒤에, { } 사이에 포함된 소스 코드 영역입니다. main 함수의 본문에는 주석과 NSLog 함수를 호출하는 코드, 0을 리턴하는 코드가 포함되어 있습니다. @autoreleasepool은 메모리 관리 부분에서 상세하게 설명하고 있으므로 여기에서는 설명을 생략합니다. 주석은 코드를 이해하는데 도움이 되는 설명을 추가하기 위해 사용합니다. 이 코드에서 보여주는 주석을 한 줄 주석이라고 하며 // 이후에 오는 모든 내용을 주석으로 처리합니다. 한 줄 주석은 줄 바꿈이 된 후에 효력을 상실하기 때문에 여러 줄을 주석으로 처리하려면 각 줄의 앞부분에 //를 모두 추가하거나 블록 주석을 사용해야 합니다. 주석은 컴파일 과정에서 무시되므로 프로그램 실행에 영향을 주지 않습니다.

NSLog는 파라미터로 전달된 문자열을 출력하는 함수입니다. 이 함수는 앞서 임포트한 Foundation 프레임워크에서 제공하는 함수입니다. 함수를 호출할 때는 함수의 이름을 적은 후 ( ) 사이에 파라미터의 값을 나열합니다. 파라미터로 전달할 값이 없는 경우에는 NSLog()와 같이 빈 괄호를 사용하여 호출합니다. 이와 같이 함수를 호출하는 코드를 문장이라고 하며 문장의 마지막 부분에는 반드시 ;을 적어주어야 합니다. ;은 컴파일러가 문장을 구분할 수 있게 해주며, ;을 적어주지 않거나 문장의 구분이 모호한 경우에는 컴파일 오류가 발생합니다.

Objective-C에서 문자열을 나타낼 때는 @"String"과 같은 형태를 사용합니다. C 문자열과 구분하기 위해서 Objective-C 문자열 또는 NSString 문자열이라고 부릅니다. iOS, macOS 프로그램을 개발할 때는 대부분 Objective-C 문자열을 사용하며, "String" 형태의 C 문자열은 C 함수를 호출하는 경우에 제한적으로 사용됩니다.

return은 함수의 실행 결과를 리턴하기 위해 사용하는 예약어입니다. 예약어는 함수나 변수의 이름으로 사용할 수 없고 미리 정의된 역할을 수행합니다. return 0은 함수의 실행의 종료하고 함수를 호출한 곳에 0이라는 값을 전달(리턴)합니다. 이처럼 숫자를 리턴하는 이유는 함수 헤더에서 리턴형을 int(정수)로 선언하고 있기 때문입니다. main 함수를 호출한 OS는 전달된 값을 통해서 프로그램이 정상적으로 종료되었는지 판단합니다. 일반적으로 0은 정상적으로 종료되었다는 것을 의미합니다. return 0은 NSLog 함수를 호출하는 것과 마찬가지로 ;을 문장 마지막 부분에 적어주어야 합니다.

Objective-C는 대소문자를 엄격하게 구분합니다. 즉, main과 Main은 서로 구별되는 이름이고 NSLog 함수는 nslog와 같이 호출할 수 없고 반드시 대소문자를 정확하게 적어주어야 합니다. 마찬가지로 return은 값을 리턴하는 예약어이지만 Return은 예약어가 아니며 값을 리턴하기 위해 사용할 수 없습니다.

4. Build & Run

STEP **01**

Product 〉 Run(⌘R) 메뉴를 선택합니다.

STEP **02**

빌드와 실행이 완료될 때까지 잠시 기다립니다. 툴바에서 Finished running Hello 메시지를 확인합니다.

STEP **03**

디버그 영역이 자동으로 표시되지 않는다면 View 〉 Debug Area 〉 Show Debug Area(⇧⌘Y) 메뉴를 선택합니다.

STEP **04**

Show the Console 버튼을 클릭하여 콘솔 메시지를 확인합니다.

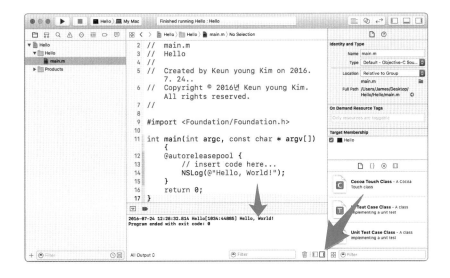

C H A P T E R

04

Hello, Swift!

1. 첫 번째 Swift 프로젝트

새로운 Swift 프로젝트를 만들고 Hello, World!를 출력하는 과정을 설명합니다.

STEP 01

Welcome 화면에서 Create a new Xcode project 메뉴를 선택합니다. 또는 File 〉 New 〉 Project...(⇧⌘N) 메뉴를 선택합니다.

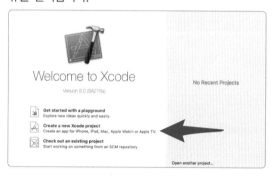

STEP 02

프로젝트 템플릿 화면에서 macOS 〉 Command Line 항목을 선택한 수 Next 버튼을 클릭합니다.

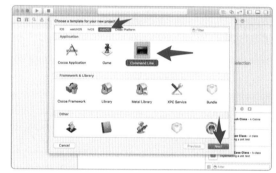

STEP 03

프로젝트 정보를 아래와 같이 입력하고 Next 버튼을 클릭합니다.

- Product Name: Hello
- Organization Name: 회사 이름 또는 임의의 문자열
- Organization Identifier: com.example
- Language: Swift

STEP 04

프로젝트를 저장할 위치를 지정한 후 Create 버튼을 클릭합니다.

생성된 프로젝트에는 main.swift 파일이 포함되어 있습니다. 이 파일에는 Hello, world!를 출력하는 코드가 포함되어 있습니다.

2. Swift 소스 파일

Swift 소스 파일의 확장자는 .swift 입니다. Objective-C와 달리 별도의 확장자를 가진 헤더 파일은 존재하지 않습니다.

3. main.swift

프로젝트 네비게이터에서 main.swift 파일을 선택하면 Standard Editor에 소스 코드가 표시됩니다.

Swift HelloSwift/main.swift
```swift
import Foundation

print("Hello, World!")
```

Swift에는 별도의 진입점 함수가 없기 때문에 Objective-C 코드에 비해 상당히 간결합니다.

Swift는 동일한 프로젝트에 포함된 모든 소스 코드를 자동으로 인식하기 때문에 Objective-C처럼 헤더를 임포트할 필요가 없습니다. Swift에서 import 명령문은 프레임워크와 외부 라이브러리를 임포트하기 위해 사용됩니다.

Swift
```swift
import 프레임워크 또는 라이브러리 이름
```

Swift는 Objective-C와 동일한 방식으로 주석을 추가할 수 있고, Objective-C에서 사용되는 대부분의 예약어가 Swift에서 동일한 용도로 사용됩니다. Objective-C와 달리 문장 마지막 부분에 ;를 생략할 수 있습니다.

콘솔에 문자열을 출력하기 위해서 NSLog 함수를 사용할 수 있지만 Swift에서는 주로 print 함수를 사용합니다.

4. Build & Run

STEP 01

Product 〉 Run(⌘R) 메뉴를 선택합니다.

STEP 02

빌드와 실행이 완료될 때까지 잠시 기다립니다. 툴바에서 Finished running Hello 메시지를 확인합니다.

STEP 03

디버그 영역이 자동으로 표시되지 않는다면 View 〉 Debug Area 〉 Show Debug Area(⇧⌘Y) 메뉴를 선택합니다.

STEP 04

Show the Console 버튼을 클릭하여 콘솔 메시지를 확인합니다.

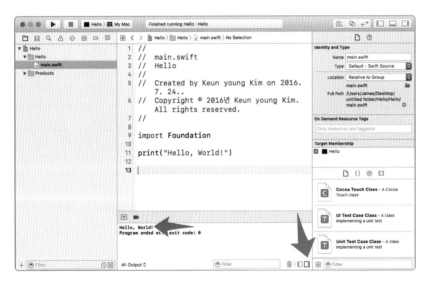

로그 출력 함수

Objective-C는 로그를 출력하기 위해 NSLog 함수를 사용합니다. iOS 플랫폼에서는 콘솔 어플리케이션을 개발하는 경우가 없고 주로 Xcode 콘솔 화면에 로그를 출력하는 역할을 합니다.

Swift는 NSLog 함수와 print 함수를 함께 사용할 수 있습니다. Swift 1.x 버전에서는 줄바꿈 여부에 따라 print 함수와 println 함수를 구분하여 사용했으나, Swift 2.0 버전에서는 println 함수가 삭제되고 print 함수로 통합되었습니다.

Objective-C LogObjC/main.m
```
NSString* name = @"Steve Jobs";
NSLog(@"%@", name);
// 2015-10-14 06:55:07.937 6-1[8874:904941] Steve Jobs
```

Swift LogSwift/main.m
```
let name = "Steve Jobs"
print(name)
// Steve Jobs
```

두 함수 모두 로그를 출력한 후 줄바꿈을 한다는 공통점을 가지고 있습니다. print 함수는 파라미터로 전달된 값을 출력하는 반면 NSLog 함수는 앞부분에 로그를 출력한 날짜와 시간, 파일이름 등의 정보를 함께 출력합니다.

print 함수로 로그를 출력한 후 줄바꿈 없이 이어서 로그를 출력해야 한다면 terminator 파라미터로 빈 문자열을 전달합니다. (terminator 파라미터의 기본 값은 "\n"입니다)

Swift LogSwift/main.m
```
let firstName = "Steve"
let lastName = "Jobs"
print(firstName, terminator:"")
print(lastName)
// SteveJobs
```

print 함수는 첫 번째 파라미터가 가변 파라미터로 구현되어 있고 두 개 이상의 식별자를 동시에 받을 수 있습니다. 다음과 같이 firstName과 lastName을 함께 전달하면 두 상수의 값을 공백으로 구분하여 출력합니다.

Swift LogSwift/main.m
```
let firstName = "Steve"
```

```
let lastName = "Jobs"
print(firstName, lastName)
// Steve Jobs
```

print 함수는 separator 파라미터를 선언하고 있고 이 파라미터의 기본 값은 " "입니다. 그래서 Steve 와 Jobs 사이에 공백 문자가 추가되어 출력된 것입니다. 공백 문자를 다른 문자로 바꾸고 싶다면 separator 파라미터로 원하는 문자열을 전달합니다.

Swift LogSwift/main.m
```
let firstName = "Steve"
let lastName = "Jobs"
print(firstName, lastName, separator: "#")
// Steve#Jobs
```

1. debugPrint

Swift는 print 함수와 기능이 동일하지만 부가적인 디버깅 정보를 함께 출력하는 debugPrint 함수를 제공합니다. 예를 들어 debugPrint 함수는 문자열을 따옴표로 감싸 자료형을 더욱 정확히 판별할 수 있도록 도와줍니다. yearString 상수에 저장된 2015라는 문자열 값을 print 함수로 출력할 경우 숫자인지 문자열인지 구분이 애매합니다. 하지만 debugPrint 함수로 출력하면 따옴표로 감싼 값이 문자열임을 확실히 표현해 줍니다.

Swift LogSwift/main.m
```
let yearString = "2015"

print(yearString)
debugPrint(yearString)
// 2015
// "2015"
```

마찬가지로 TextAlignment 열거형과 ViewAlignment 열거형이 동일한 멤버를 가지고 있는 경우, 열거형의 값을 debugPrint 함수로 출력하면 어떤 열거형에 속하는 멤버인지 정확히 판단할 수 있습니다.

Swift LogSwift/main.m
```
enum TextAlignment { case Left, Right, Center }
enum ViewAlignment { case Left, Right, Center }

print(TextAlignment.Center)
print(ViewAlignment.Center)
// Center
// Center

debugPrint(TextAlignment.Center)
debugPrint(ViewAlignment.Center)
// TextAlignment.Center
// ViewAlignment.Center
```

Hello, Playground

Playground는 Swift 코드의 실행결과를 실시간으로 보여주는 매우 흥미로운 도구입니다. Playground가 없던 시절에는 프로젝트를 생성하고 값을 출력하는 코드를 일일이 추가한 후에야 시뮬레이터나 콘솔 창을 통해 결과를 확인할 수 있었습니다. 이렇게 값을 출력하는 코드를 작성하는 것은 반복적이고 매우 귀찮은 작업 중 하나입니다. 이러한 코드를 작성하는데 숙달되어 있다면 문제가 없지만 처음 프로그래밍 언어를 공부한다면 어려움을 느끼게 될 가능성이 높습니다. Playground는 바로 이러한 문제점을 해결할 수 있는 훌륭한 도구입니다.

Playground는 입력한 코드의 실행결과를 실시간으로 출력하고 시간의 흐름에 따른 그래프로 보여주기도 합니다. 더 나아가 코드를 사용해서 뷰를 구성하고 있다면 각 과정의 결과를 실시간으로 보여주기도 합니다.

이 책에 포함된 대부분의 Swift 예제들은 Playground에서 직접 코드를 작성하고 결과를 확인할 수 있습니다. Playground는 언어를 공부하는데 유용할 뿐만 아니라 향후 실제 프로젝트에서 새로운 로직을 개발하거나 UI 컨트롤을 개발할 때 편리하게 사용할 수 있습니다.

1. 첫 번째 Playground

STEP 01

Welcome 화면에서 Get started with a playground 메뉴는 선택합니다. 또는 File 〉 New 〉 Playground... (⌥⇧⌘N) 메뉴를 선택합니다.

STEP 02

파일 이름을 입력하고 Platform을 선택한 후 Next 버튼을 클릭합니다.

파일을 저장할 위치를 지정한 후 Create 버튼을 클릭
합니다.

앞에서 설명한 과정을 완료하면 새로운 창에 Playground 화면이 표시됩니다. Playground는 소스 편집기 영역과 디버그 영역, Results Sidebar로 구성되어 있습니다.

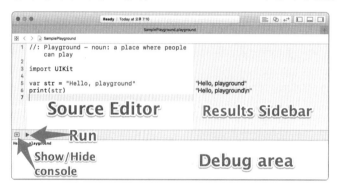

Results Sidebar는 소스 편집기에 작성된 변수의 값을 표시합니다. NSLog, print 함수를 호출하지 않고 바로 값을 확인할 수 있기 때문에 매우 편리합니다. Show / Hide console 버튼을 클릭하면 디버그 영역을 토글할 수 있습니다.

Playground는 입력된 코드를 실시간으로 실행하기 때문에 직접 빌드할 필요가 없습니다. 하지만 비교적 성능이 낮은 맥에서는 입력 딜레이가 발생할 수 있습니다. Run 버튼을 1초 이상 클릭하면 실행 모드를 지정할 수 있는 팝업이 표시됩니다. 실행 모드를 Manually Run으로 변경하면 코드가 입력될 때마다 코드를 실행하지 않기 때문에 입력 딜레이를 줄일 수 있습니다.

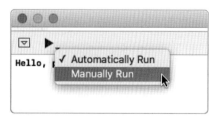

Manually Run 모드에서 코드를 실행하려면 Run 버튼을 클릭하거나 Editor 〉 Execute Playground 메뉴를 선택합니다.

기본 용어

Objective-C와 Swift에 대해 본격적으로 공부하기 전에 반드시 익혀야할 기본 용어에 대해 설명합니다.

1. 토큰

키워드, 식별자, 상수, 리터럴과 같이 문법적으로 더 이상 나눌 수 없는 가장 기본적인 요소입니다. 예를 들어 이 코드는 4개의 토큰으로 구성되어 있습니다.

```
2 + 3;
```

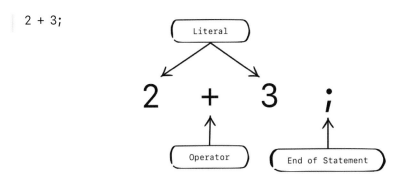

2. 표현식

값, 변수, 연산자, 함수 등이 모여 하나의 값으로 표현되는 코드를 표현식이라고 합니다. 표현식은 하나의 변수 이름으로 구성된 단순한 형태부터 연산자와 조합된 복잡한 형태까지 매우 다양합니다. 표현식을 실행하여 결과 값을 얻는 것을 "표현식을 평가한다."라고 합니다.

예를 들어 x 라는 정수형 변수가 선언되어 있을 때 x는 정수 값으로 표현되는 정수 표현식입니다.

```
x
```

x + 1은 산술 표현식으로 x의 값에 1이 더해진 값이 표현식의 결과가 됩니다.

```
x + 1
```

x 〉 10은 논리 표현식으로 x의 값이 10을 초과하는 경우 표현식의 결과가 참이 됩니다.

```
x > 10
```

이처럼 표현식의 결과는 식에 포함된 연산자와 값에 따라서 결정됩니다. 여러 가지 형식과 연산자로 구성된 표현식은 연산자 우선순위와 값의 크기에 따라 평가 순서와 결과 값의 형식이 결정됩니다.

표현식 중 메모리 공간을 가리키는 표현식을 lvalue 라고 합니다. 반대로 rvalue는 특정 위치에 저장될 데이터를 나타내는 표현식입니다. l과 r은 연산자를 기준으로 왼쪽과 오른쪽에 있다는 것을 의미하지만 절대적인 것은 아닙니다. 아래의 코드에서 변수 x, y는 lvalue이고 정수 리터럴 7은 rvalue입니다. lvalue는 주로 할당 연산자의 왼쪽이 위치하지만 오른쪽에서 다른 lvalue에 할당될 수 있습니다.

```
int x = 7;
int y = x;
```

rvalue는 lvalue에 할당될 수 있지만 다른 lvalue나 rvalue의 값을 저장할 수 없습니다. 그래서 rvalue는 항상 할당 연산자의 오른쪽에 위치합니다.

```
7 = x;
```

3. 문장

하나 이상의 표현식이 모여 명령을 실행하는 코드를 문장 또는 구문이라고 합니다. 하나의 문장은 항상 ;으로 끝납니다. Objective-C는 반드시 ;로 문장의 끝을 구분해야 하지만 Swift는 컴파일러가 문장의 끝을 자동으로 인식할 수 있기 때문에 생략할 수 있습니다.

4. 리터럴

숫자 1, 영문자 a와 같이 코드 내에서 의미가 변하지 않는 값을 리터럴이라고 합니다. 주로 변수, 상수, 파라미터의 값을 지정하는데 사용합니다. 아래와 같은 문장에서 a는 문자형 변수이고 'a' => 'a'는 문자 리터럴입니다. 문자와 문자열 리터럴은 변수의 이름과 구분하기 위해서 항상 인용 부호로 감싸는 방식으로 표현합니다.

```
char a = 'a' => 'a';
```

리터럴은 rvalue이기 때문에 새로운 값을 할당할 수 없습니다. 예를 들어 숫자 리터럴 0의 값은 항상 0이고 리터럴의 값을 1로 바꿀 수 없습니다.

```
0 = 1  // Error
```

5. 주석

프로그래머가 프로젝트를 진행하는 동안 가장 적은 시간을 투자하는 작업은 코드 문서화라고 합니다. 대부분 1000 라인의 코드는 즐겁게 작성할 수 있지만, 100 라인의 주석을 작성하는 것은 매우 어렵고 지루한 작업이라고 생각할 것입니다. 하지만 코드의 양이 많아지고 프로젝트 기간이 길어질수록 주석은 매우 중요해집니다. 프로젝트 초기에 완벽하게 이해하고 있던 코드를 시간이 지나 다시 수정해야 할 때, 코드가 이해되지 않아서 어려움을 겪은 경험을 한 번쯤은 가지고 있을 것입니다.

이 책을 공부하는 동안 작성한 코드나 상대적으로 쉽게 이해할 수 있고 짧은 코드에는 주석을 추가하지 않아도 괜찮습니다. 하지만 상용 프로젝트에서는 협업과 유지보수를 위해 충실한 주석을 작성해 두는 것이 여러모로 좋습니다. 충실한 주석은 모든 라인을 하나하나 설명하는 것이 아니라 코드의 흐름과 구현 의도를 직관적으로 설명합니다. 여기에 직관적인 식별자 이름이 더해진다면 이해하기 쉽고 유지보수하기 좋은 코드가 됩니다.

대부분의 프로그래밍 언어들은 주석을 추가할 수 있는 문법을 제공합니다. 주석은 컴파일 과정에서 무시되므로 최종 바이너리에 포함되지 않습니다. 그래서 주석의 양은 프로그램의 크기에 영향을 주지 않습니다.

5.1 한 줄 주석

한 줄 주석은 // 뒤에 오는 모든 내용을 주석으로 처리합니다.

```
// Single Line Comment
int a = 0; // Integer Variable
```

5.2 인라인 주석

인라인 주석은 /*와 */ 사이에 포함된 내용을 주석으로 처리하며 코드 중간에 추가될 수 있습니다.

```
int a = /* Inline Comment */ 0;
```

5.3 블록 주석

블록 주석은 두 줄 이상의 라인을 주석으로 처리할 때 사용합니다. /*는 주석의 시작을 나타내고 */는 주석의 끝을 나타내며 중간에 오는 모든 문자는 라인 수에 관계없이 주석으로 처리됩니다. 프롤로그 주석, 스트림 주석으로 부르기도 합니다.

```
/* Multi-line
 Comment */
```

두 언어가 블록 주석을 처리하는 문법은 동일합니다. 하지만 Objective-C는 블록 주석이 중첩되어 있는 경우 끝을 올바르게 인식하지 못하는 문제를 가지고 있습니다.

Objective-C

```
/*
/* Multi-line
 Comment */
*/                        // Error
```

반면 Swift는 중첩 여부에 관계없이 끝을 올바르게 인식합니다.

Swift

```
/*
/* Multi-line
 Comment */
*/
```

> ### Beginner Note
> Xcode 단축키(⌘/)를 사용하면 주석을 쉽게 추가하고 제거할 수 있습니다.

6. 식별자

변수, 자료형, 함수 등의 요소를 구분하기 위해 사용되는 토큰입니다. 식별자 이름은 영대소문자, _ 문자, 숫자로 구성되며, 첫 번째 문자로 숫자를 사용할 수 없습니다. 그리고 Objective-C와 Swift는 대소문자를 구분하는 언어이기 때문에 Name과 name은 서로 다른 식별자입니다.

7. 예약어(또는 키워드)

프로그래밍 언어에서 사용 용도가 미리 지정된 단어를 예약어 또는 키워드라고 부릅니다. 키워드는 식별자의 이름으로 사용할 수 없습니다.

Objective-C

```
auto, break, case, const, continue, default, do, double, else, enum, extern,
float, for, goto, if, inline, int, long, register, restrict, return, short,
signed, sizeof, static, struct, switch, typedef, union, unsigned, void,
volatile, while, _Bool, _Complex, _Imaginary
```

Swift LogSwift/main.m

```
class, deinit, enum, extension, func, import, init, inout, internal, let,
operator, private, protocol, public, static, struct, subscript, typealias,
var, break, case, continue, default, defer, do, else, fallthrough, for,
guard, if, in, repeat, return, switch, where, while, as, catch, dynamicType,
false, is, nil, rethrows, super, self, Self, throw, throws, true, try, _.,
```

```
associativity, convenience, dynamic, didSet, final, get, infix, indirect,
lazy, left, mutating, none, nonmutating, optional, override, postfix,
precedence, prefix, Protocol, required, right, set, Type, unowned, weak,
willSet
```

Expert Note

Swift에서 예약어를 `문자로 감싸면 식별자로 사용할 수 있습니다.

8. 선언과 정의

코드에서 사용할 요소는 반드시 선언을 통해 이름과 성격을 지정해야 합니다. 선언은 컴파일러가 해당 요소를 인식할 수 있게 합니다. 선언이 없는(컴파일러가 인식할 수 없는) 요소는 코드에서 사용할수 없습니다.

함수의 경우 함수의 이름, 리턴형, 파라미터를 선언한 후 함수에서 실행한 코드를 정의해야 합니다. 정의는 선언된 요소와 메모리 공간을 연결합니다. 일반적으로 변수는 선언과 동시에 정의되기 때문에 메모리 공간이 생성됩니다. 그러나 함수는 선언만으로 연관된 메모리 공간이 생성되지 않습니다. 그래서 선언만 있고 정의가 없는 함수를 호출하면 오류가 발생합니다. 정의는 컴파일러에게 선언된 요소의 실제 값 또는 실행할 동작을 알려주는 것입니다.

9. 초기화

변수나 상수의 값을 의미 있는 값으로 설정하는 것을 초기화라고 합니다. 초기화되지 않은 값을 사용할 경우 오류가 발생할 가능성이 크기 때문에 모든 요소는 사용 전에 반드시 초기화되어야 합니다.

10. 비트

비트는 0 또는 1을 저장할 수 있는 데이터 단위 또는 메모리 공간의 크기입니다.

11. 바이트

8개의 비트가 모여 하나의 바이트를 구성합니다. 바이트는 하나의 아스키 문자를 저장할 수 있고 프로그래밍 언어에서 데이터를 처리하는 기본 단위로 사용됩니다.

12. 컴파일

컴파일은 일반적인 텍스트로 작성된 소스 코드를 컴퓨터가 해석할 수 있는 이진 코드(기계어)로 변환하는 과정입니다. 변환된 이진 코드는 일반적으로 .obj 확장자나 .o 확장자를 가지며 목적 파일이라고 합니다. 이 과정을 수행하는 것은 컴파일러입니다. 컴파일러는 CPU의 종류에 따라 다르게 동작하므로 프로그램을 실행하고자 하는 CPU에 맞는 컴파일러를 사용해야 합니다. Objective-C, Swift 소스 코드를 컴파일할 때는 Apple LLVM 컴파일러 또는 GCC 컴파일러를 사용합니다.

13. 링크

링크는 컴파일을 통해 생성된 이진 코드에 라이브러리를 연결하고 실행파일을 생성하는 과정입니다. 이 과정을 담당하는 것은 링커입니다. 대부분의 컴파일러는 링커를 내장하고 있기 때문에 컴파일이 완료된 후 링크를 자동적으로 수행합니다. 링크가 정상적으로 완료되면 실행 가능한 파일이 생성됩니다.

14. 빌드

빌드는 컴파일과 링크를 하나의 작업으로 묶어서 수행하는 것입니다. IDE에 따라서 빌드 과정에 정적 분석, 단위 테스트, 설치 파일 생성 등 부가적인 작업이 추가되기도 합니다.

15. 디버그 모드, 릴리즈 모드

모든 IDE는 작성한 소스 코드를 두 가지 모드로 빌드할 수 있는 기능을 제공합니다. 먼저 디버그 모드는 주로 프로그램 개발과정에서 사용합니다. 목적파일이나 실행파일에 디버깅을 위한 정보가 추가되기 때문에 파일의 크기가 커지는 단점이 있지만, 추가된 정보를 통해 프로그램의 문제점을 비교적 쉽게 발견할 수 있습니다. 반면 릴리즈 모드는 프로그램의 개발이 완료된 후 사용자들에게 배포하거나 판매할 프로그램을 생성하는데 사용됩니다. 디버그 정보가 파일에 추가되지 않으므로 디버그 모드에서 생성되는 파일에 비해 크기가 작습니다. 그리고 릴리즈 모드에서는 최적화를 수행하기 때문에 생성된 실행 파일이 더 빠르게 동작합니다.

16. 디버깅

디버깅은 소스 코드에 존재하는 문법적, 논리적 오류를 발견하고 수정하는 과정입니다. 대부분의 개발 툴은 디버깅에 도움을 주는 디버거를 내장하고 있으며 특정 시점의 변수 값을 확인하거나 중단점을 통해 프로그램의 실행 상태를 제어할 수 있습니다.

17. 컴파일 타임, 런타임

소스 코드를 작성하는 시점부터 컴파일이 완료되기까지의 기간을 컴파일 타임이라고 합니다. 런타임은 프로그램이 실제 디바이스 또는 IDE가 제공하는 시뮬레이터에서 실행되고 있는 기간입니다.

18. 코코아

코코아는 애플이 제공하는 객체지향 프로그래밍 개발 환경입니다. macOS 앱을 위한 인터페이스 (API) 모음인 코코아 프레임워크, iOS, tvOS, watchOS 앱을 위한 인터페이스 모음인 코코아 터치 프레임워크를 제공합니다. 개발자는 애플이 제공하는 코코아 환경을 통해 고품질의 앱을 빠르고 안정적으로 개발할 수 있고, 다양한 애플 디바이스의 하드웨어를 쉽게 조작할 수 있습니다.

19. 프레임워크

프레임워크는 특정 OS 또는 개발 환경에서 프로그램을 개발하는데 사용하는 클래스와 라이브러리 집합입니다. 프로그래머는 프로그램을 구성하는 모든 기능을 직접 구현하지 않고 프레임워크가 제공하는 API를 활용합니다. 예를 들어 아이폰 화면에 이미지를 출력하는 기능은 이미 프레임워크를 통해 제공되기 때문에 직접 구현할 필요가 없습니다.

20. API

API(Application Programming Interface)는 OS와 프로그래밍 언어, 프레임워크가 제공하는 메소드(함수)입니다. 앞에서 예로 든 것처럼 화면 출력과 같은 기본 기능들은 API 형태로 제공되므로 개발자가 직접 구현하지 않고 API 형태로 제공되는 메소드(함수)를 호출합니다. API는 대부분 프레임워크 또는 라이브러리 형태로 제공됩니다. 예를 들어 DB를 다루는 API 모음은 코어 데이터 프레임워크를 통해 제공되고, 화면에 그림을 그리는 API 모음은 코어 그래픽스 프레임워크를 통해 제공됩니다.

21. First-class Citizen

First-class Citizen은 프로그래밍 요소 중 다음과 같은 조건을 만족하는 요소를 의미합니다.

1. 변수나 구조체, 클래스와 같은 사용자 정의 자료형에 저장할 수 있다.
2. 파라미터로 전달할 수 있다.
3. 리턴 값으로 사용할 수 있다.

한국어로 "일급 시민" 또는 "일급 객체"로 번역됩니다. 영어로는 First-class Object, First-class Type, First-class Entity 등 다양한 용어가 사용되지만 모두 동일한 의미를 가지고 있습니다.

Language Basics

PART 03

변수와 상수

프로그래밍에서 가장 기초적인 부분은 처리할 데이터를 메모리에 저장하는 것입니다. 그리고 저장된 공간에 이름을 지정하고 값을 읽거나 새로운 값을 저장하는 과정을 반복합니다.

1. 변수

변수는 저장된 값을 마음대로 변경할 수 있는 요소입니다. 변수의 이름과 저장할 값의 크기를 선언하면 메모리에 변수를 위한 저장 공간이 생성됩니다. 저장할 값의 크기는 자료형으로 지정합니다. 변수에 저장된 값을 읽거나 새로운 값을 저장하려면 변수의 이름으로 메모리에 접근합니다.

Objective-C에서 변수는 선언하는 문법은 C 스타일의 언어와 동일합니다. 자료형을 먼저 지정한 후 변수의 이름을 지정합니다.

> **Objective-C**
> ```
> 자료형 변수 이름;
> ```

정수를 저장할 수 있는 a라는 이름의 변수를 선언해 봅시다. 다음과 같이 자료형에는 가장 일반적인 정수 자료형으로 사용되는 int가 들어가고 변수 이름에는 a가 들어갑니다. 마지막 부분에 ;을 적어 변수 선언문을 종료합니다.

> **Objective-C**
> ```
> int a;
> ```

이 코드가 실행되면 메모리에 정수를 저장할 수 있는 크기의 공간이 생성되고 a라는 이름으로 값을 읽고 쓸 수 있습니다.

Swift에서 변수를 선언하는 문법은 Objective-C와 상당한 차이점을 가지고 있습니다. 마치 한국어와 영어가 어순이 다른 것처럼 자료형과 변수 이름의 위치가 다르고 변수임을 알리는 새로운 키워드도 포함되어 있습니다.

> **Swift**
> ```
> var 변수 이름: 자료형
> ```

var는 변수의 선언을 시작하는 키워드 입니다. 변수 이름과 자료형을 :로 구분하고 있는 것도 눈여겨 보아야 합니다. 참고로 :은 변수 이름, 자료형과 구분되는 토큰이기 때문에 양옆에 공백을 추가하지 않아도 됩니다. 이 책에서는 : 오른쪽에 하나의 공백을 추가하는 방식을 사용합니다.

> **Swift**
> ```
> var a: Int
> ```

두 언어로 정수를 저장할 수 있는 변수를 선언해 보았습니다. 문법적인 차이 외에 자료형의 이름도 조금씩 다릅니다. 자료형에 대한 내용은 조금 뒤에 상세하게 설명합니다.

앞서 선언한 변수처럼 한 줄에 하나의 변수를 선언하는 것이 일반적입니다. 선언하려는 변수의 수가 많고 동일한 자료형을 가지고 있다면 다음과 같이 한 줄에 여러 개의 변수를 선언할 수 있습니다.

> **Objective-C**
> ```
> 자료형  변수 이름 1 ,  변수 이름 2 ,  변수 이름 N ;
> int a, b, c;
> ```

> **Swift**
> ```
> var 변수 이름 1 ,  변수 이름 2 ,  변수 이름 N : Int
> var a, b, c: Int
> ```

한 개의 변수를 선언한 것에 비해 복잡해 보이지만 변수 이름 부분에 선언할 변수의 이름들을 ,로 나열한 것뿐입니다. 변수 a, b, c는 모두 정수형 변수이고 세 변수를 개별적으로 선언한 것과 동일합니다.

Swift는 다음과 같이 한 줄에 서로 다른 자료형의 변수를 선언할 수 있습니다.

> **Swift**
> ```
> var a: Int, b: Float, c: String
> ```

지금은 쉽게 설명하기 위해서 a, b, c와 같이 단순한 변수 이름을 사용하고 있지만 직접 코드를 작성할 때는 반드시 변수의 성격을 잘 설명할 수 있는 직관적인 이름을 사용해야 합니다. 변수의 이름을 지정할 때는 아래의 내용을 꼭 기억해 두시기 바랍니다.

- 변수의 이름은 소문자로 시작하는 것이 관례입니다.
- 변수의 이름은 영문자와 _ 문자로 시작할 수 있지만, 숫자나 다른 특수문자로 시작할 수 없습니다.
- Swift는 유니코드로 표현할 수 있는 한글이나 이모티콘 등을 변수 이름으로 사용할 수 있습니다. 하지만 가독성 측면에서 불리합니다.
- 두 개 이상의 단어로 구성된 이름은 camelBack 규칙을 사용합니다.
- Objective-C와 Swift는 헝가리안 표기법을 사용하지 않습니다.
- 예약어는 변수 이름으로 사용할 수 없습니다.

Beginner Note – 이름 정의 규칙

이름 정의 규칙은 프로그래밍 언어에서 식별자의 이름을 정하기 위해 일반적으로 사용되는 규칙입니다. 애플에서 공식적으로 사용하고 있는 이름 정의 규칙은 CamelCase와 camelBack입니다. Objective-C는 Coding Guidelines for Cocoa에서 제시한 가이드를 따르고 있고, Swift 3.0 버전부터 Swift API Design Guidelines를 따릅니다.

CamelCase는 모든 단어의 첫 문자를 대문자로 쓰는 방식입니다. 클래스, 구조체, 블록, 열거형, 익스텐션, 프로토콜의 이름을 지정할 때 사용합니다. camelBack은 첫 번째 단어를 제외한 모든 단어의 첫 문자를 대문자로 쓰는 방식으로 변수, 메소드, 속성, 파라미터의 이름을 지정할 때 사용합니다. 예를 들어 BookStore, UserName, MobileApplication은 CamelCase 방식이고, bookStore, userName, mobileApplication은 camelBack 방식입니다.

Beginner Note – 헝가리안 표기법

변수 이름 앞에 자료형을 대표하는 접두어를 붙이는 표기법으로 찰스 시모니가 제안하였습니다. 아래의 나열된 변수는 모드 헝가리안 표기법으로 선언한 것입니다. 예를 들어 n은 int형 변수, b는 bool형 변수, sz는 NULL로 끝나는 문자열을 나타내는 접두어입니다.

```
int nAge;
bool bSuccess;
char* szName;
```

Expert Note – 예약어를 식별자 이름으로 사용하기

Swift에서 예약어를 ' 문자(Grave 또는 Back ticks)로 감싸주면 식별자 이름으로 사용할 수 있습니다.

```
var 'if' = 123;
print('if')
// 123
```

나이를 저장하는 변수는 다음과 같은 이름을 사용할 수 있습니다.

> age, ageOfMember, _age

하지만 다음과 같은 이름은 사용할 수 없거나 이름 정의 규칙에 어긋나므로 사용하지 않는 것이 좋습니다.

> Age, AGE, 1age, #age, ageofmember, age_of_member

1.1 초기화

변수를 선언하여 값을 저장할 공간과 이름을 만들었으니 실제로 값을 저장해 보겠습니다. 값을 최초로 저장하는 것을 "초기화"라고 합니다. 초기화는 매우 중요합니다. 변수를 선언하고 아무런 값을 저장하지 않은 상태에서 변수의 값을 읽으면 어떻게 될까요? 변수가 할당된 메모리 공간에 우연히 남아있던 의미 없는 값을 읽거나, 아무런 값을 읽어오지 못할 수 있습니다. 초기화되지 않는 변수를 사용해서 발생하는 오류는 매우 빈번합니다. 변수를 선언한 후에 반드시 적절한 값으로 초기화해야 한다는 것을 기억해 두시기 바랍니다. 참고로 Swift 컴파일러는 컴파일 과정에서 초기화되지 않은 변수를 찾아 경고를 출력해 주기 때문에 실수를 사전에 방지할 수 있지만, Objective-C 컴파일러는 별다른 경고를 출력해 주지 않으므로 주의해야 합니다.

> **Beginner Note**
>
> Xcode가 제공하는 정적 분석기를 통해 주기적으로 코드의 문제점을 분석하는 것은 매우 좋은 습관입니다.

변수를 초기화하는 방법은 크게 두 가지로 설명할 수 있습니다. 첫 번째는 선언과 동시에 초기화하는 방법입니다.

Objective-C
```
자료형 변수 이름 = 초기값;
int a = 0;
```

Swift
```
var 변수 이름: 자료형 = 초기값
var a: Int = 0
```

변수에 초기값을 저장할 때는 = 연산자를 사용합니다. = 연산자는 대입 연산자 또는 할당 연산자라고 하며 연산자 오른쪽에 있는 값을 연산자 왼쪽에 있는 변수에 저장합니다.

두 번째 방법은 선언 후에 초기화하는 것입니다. 다음과 같이 변수를 선언한 후에 이어지는 코드에서 초기값 저장합니다. 서로 다른 방식으로 보이지만 내부적인 결과는 동일하기 때문에 자신에게 편한 방식을 사용하면 됩니다.

Objective-C
```
int a;
a = 0;
```

Swift
```
var a: Int
a = 0
```

1.2 값을 읽고 쓰기

변수를 선언하고 초기값 설정했습니다. 이제 변수에 저장된 값을 읽고 쓰는 방식을 공부해 보겠습니다. 사실 값을 쓰는 방법은 변수를 초기화하면서 이미 공부했습니다.

```
변수 이름 = 값
```

변수에 값을 쓸 때는 **변수 이름**, **=** 연산자, **값**이 필요합니다. 문장의 마지막에 ;을 반드시 적어야 한다는 점을 제외하면 두 언어가 값을 쓰는 문법은 동일합니다. 그리고 변수를 선언할 때 필요했던 **자료형**은 생략합니다.

그럼 a 변수에 100을 저장하려면 어떤 코드가 필요할까요?

```
Objective-C
a = 100;
```

```
Swift
a = 100
```

값을 읽을 때는 **변수 이름**이 필요합니다. 값을 쓸 때는 연산자의 도움이 필요했지만 읽을 때는 그렇지 않습니다.

```
Objective-C
a;
```

```
Swift
a
```

이 코드는 a에 저장된 값을 읽는 코드입니다. 값을 읽은 후 아무런 처리를 하지 않기 때문에 읽은 값은 즉시 버려집니다. 이 코드를 실행해 보면 Objective-C는 값을 읽은 후 사용하지 않았다는 경고를 출력하지만 정상적으로 실행됩니다. 반면, Swift는 오류로 판단하고 실행되지 않습니다. 실제로 이런 불필요한 코드를 작성하는 경우는 거의 없습니다. 이 코드에서 기억해야 할 점은 변수에 저장된 값을 읽을 때 **변수 이름**을 사용한다는 것입니다.

b라는 새로운 변수를 선언하고 a에 저장된 값으로 초기화하려면 어떻게 해야 할까요?

```
Objective-C
int a = 100;
int b = a;
```

```
Swift
var a: Int = 100
var b: Int = a
```

2. 상수

상수는 변수와 매우 유사하지만 초기값을 할당한 후에 값을 변경할 수 없습니다.

2.1 선언과 초기화

Objective-C 상수를 선언하려면 const 키워드, 자료형, 상수 이름, 초기값이 필요합니다. const 키워드의 위치는 자료형의 왼쪽이나 오른쪽이 될 수 있습니다. 나중에 포인터를 공부하게 되면 const의 위치에 따라서 코드의 결과가 달라지지만 여기에서는 위치에 관계없이 결과가 같습니다. 그래서 const가 자료형의 왼쪽에 오는 방식으로 설명합니다.

> **Objective-C**
> ```
> const 자료형 상수 이름 = 초기값;
> 자료형 const 상수 이름 = 초기값;
> ```

정수를 저장하는 상수 a를 선언하고 0으로 초기화해 봅시다.

> **Objective-C**
> ```
> const int a = 0;
> ```

Swift 상수를 선언할 때는 let 키워드를 사용합니다. var 대신 let을 사용한다는 점을 제외하면 변수를 선언하는 문법과 동일합니다.

> **Swift**
> ```
> let 상수 이름: 자료형 = 초기값
> ```

이전과 마찬가지로 정수를 저장하는 상수 a를 선언하되, 이번에는 100으로 초기화해 봅시다.

> **Swift**
> ```
> let a: Int = 100
> ```

만약 변수처럼 선언과 초기화를 분리한다면 어떻게 될까요? Objective-C는 다음과 같은 코드를 허용하지 않습니다. 초기값이 설정된 후에 값을 변경할 수 없다는 원칙에 위배되기 때문입니다.

> **Objective-C**
> ```
> const int a;
> a = 0;          // Error
> ```

그렇다면 초기값은 언제 할당된 것일까요? 상수를 선언할 때 초기값을 지정하지 않았기 때문에 메모리 공간에 저장되어 있던 값이 초기값으로 할당됩니다. 최신 컴파일러들은 잘못된 초기값으로 인한 오류를 방지하기 위해서 자료형을 대표하는 기본 값을 자동으로 할당하기도 합니다. 실제로 Xcode를 통해 초기값을 직접 지정하지 않은 a의 값을 확인해 보면 0이 할당되어 있습니다. 이러한 오류 방지

책이 있다고 하더라도 선언과 동시에 초기화하는 것은 매우 중요합니다.

이 코드를 Swift로 바꾸어 보겠습니다. Objective-C와 달리 선언과 초기화를 분리할 수 있습니다.

```Swift
let a: Int
a = 0
```

Swift 초기 버전에서는 이러한 코드가 허용되지 않았지만, 상수를 선언한 후 최초 한 번에 한해서 초기값을 할당할 수 있도록 개선되었습니다. Swift 상수에서 가장 중요한 점은 상수의 값을 읽기 전에 반드시 초기화해야 한다는 것입니다. 그래서 상수 a를 선언한 후 0으로 초기화하고 새로운 상수 b에 할당하는 코드는 허용되지만

```Swift
let a: Int
a = 0
let b = a
```

상수 a를 초기화하지 않고 상수 b에 할당하는 코드는 허용되지 않습니다. Objective-C의 경우 상수 b에 컴파일러가 자동으로 설정한 값이나 메모리 저장되어 있던 이전 값이 할당되지만, Swift에서는 이러한 코드를 오류로 판단합니다. 초기화되지 않은 상수를 읽는 것은 **"상수의 값을 읽기 전에 반드시 초기화해야 한다."**는 규칙에 위배되기 때문입니다.

```Swift
let a: Int
let b = a      // Error
a = 0
```

3. 변수 vs 상수

짜장면과 짬뽕, 치킨과 피자, 그리고 찍먹과 부먹! 항상 선택하기 어려운 문제들이 있습니다. 변수와 상수 중에서 어떤 것을 사용해야 할까요? 사실 변수만 사용해도 큰 문제가 없습니다. 하지만 조금 더 안전한 코드를 작성하려면 값의 성격에 따라 변수와 상수를 적절히 활용해야 합니다.

• 파일이나 네트워크를 통해 읽어온 값을 변경 없이 사용한다면,
• 여러 소스에서 함께 사용하는 고정 값을 저장해야 한다면,
• 여러 스레드에서 동시에 접근해야 하는 값이라면,
• 컴파일러 최적화를 통해 더 나은 성능을 얻고 싶다면,

상수를 사용하는 것이 좋습니다. 그 외의 경우에는 변수를 사용하면 됩니다.

상수를 우선적으로 사용하고 값을 변경할 수 없다는 오류가 발생할 때, 해당 상수만 변수로 바꾸는 것도 괜찮은 습관이 될 수 있습니다. 지금은 어떤 것이 적합한지 바로 판단하기 어려울 수 있지만 어느 정도 경험이 쌓이고 자신만의 코딩 스타일을 갖추게 되면 고민 없이 선택할 수 있을 것입니다.

4. Summary

- 변수는 저장된 값을 마음대로 변경할 수 있지만 상수는 값을 저장한 후 새로운 값으로 변경할 수 없습니다.

- Objective-C에서 변수 선언은 자료형과 변수 이름으로 구성됩니다.

> **Objective-C**
> 자료형　변수 이름 ;
> int a;

- Objective-C에서 상수 선언은 const 키워드, 자료형, 상수 이름으로 구성됩니다.

> **Objective-C**
> const 자료형 상수 이름 = 초기값;
> const int a = 0;

- Swift에서 변수 선언은 var 키워드로 시작합니다.

> **Swift**
> var 변수 이름 : 자료형
> var a: Int;

- Swift에서 상수 선언은 let 키워드로 시작합니다.

> **Swift**
> let 상수 이름: 자료형 = 초기값
> let a: Int = 100

- 변수와 상수의 이름은 소문자 또는 _ 문자로 시작하고 camelBack 방식으로 짓는 것이 관례입니다.

> bookStore
> userName
> age
> _internalName

- 변수와 상수는 선언 후 반드시 적절한 값으로 초기화해야 합니다.

CHAPTER
02

자료형

자료형은 메모리에 저장되는 값의 종류와 크기를 결정합니다. 변수와 상수를 설명하면서 사용했던 int 자료형은 가장 많이 사용되는 정수 자료형으로 보통 4바이트의 크기를 가집니다. int형 변수를 선언하면 메모리에 4바이트의 공간이 생성되고 $-2,147,483,648 \sim 2,147,483,647$ 사이의 값을 저장할 수 있습니다. 사람의 나이나 시험 점수와 같이 작은 수를 저장하기 위해서 int형 변수를 사용하는 것은 메모리 공간의 낭비가 심합니다. 그래서 값을 효율적으로 저장할 수 있도록 다양한 크기로 세분화된 자료형을 제공합니다.

Beginner Note
자료형을 설명할 때 변수를 기준으로 설명하지만 특별한 언급이 없다면 상수에도 똑같이 적용됩니다.

---

1. 자료형의 분류

프로그래밍 언어에 따라서 제공되는 자료형의 종류와 이름이 다르지만 공통적으로 다섯 가지 자료형을 제공합니다.

- 정수 자료형
- 실수 자료형
- 불린 자료형
- 문자 자료형
- 문자열 자료형

이들은 데이터 처리에 가장 기본이 되는 자료형으로 원시 자료형이라고 합니다. 원시 자료형은 int, double과 같이 언어 자체적으로 제공하는 자료형으로 기본 자료형으로 부르기도 합니다. 다른 자료형과 구분되는 이름을 가지고 있다는 점에서 명명된 자료형으로 구분하기도 합니다.

복합 자료형은 두 개 이상의 원시 자료형으로 구성된 자료형입니다. 구조체, 열거형, 클래스, 튜플 등이 복합 자료형에 속합니다. 튜플과 같이 자료형 자체가 이름을 가지고 있지 않은 경우 익명 자료형으로 구분할 수 있습니다.

프로그래밍 언어 또는 내장 프레임워크를 통해 제공되는 자료형은 내장 자료형으로 분류할 수 있고, 구조체, 클래스 등을 활용하여 직접 구현한 자료형은 사용자 정의 자료형으로 분류할 수 있습니다.

Objective-C는 C 언어의 원시 자료형을 모두 제공합니다. 반면, Swift는 원시 자료형을 제공하지 않습니다. 대신 원시 자료형에 해당되는 자료형을 구조체로 구현하여 제공합니다. 원시 자료형과 구현된 방식은 다르지만 마치 원시 자료형처럼 사용되기 때문에 Swift를 처음 공부하는 경우에는 원시 자료형으로 생각해도 괜찮습니다.

2. 숫자 자료형과 리터럴

숫자 자료형은 이름 그대로 정수, 실수와 같은 숫자를 저장할 수 있는 자료형입니다. 다른 자료형과 달리 저장할 수 있는 값의 범위가 무한하기 때문에 다양한 크기로 세분화되어 있습니다. 숫자 자료형을 공부하기 전에 프로그래밍 언어가 숫자를 표현하는 방법에 대해 공부해 보겠습니다.

프로그래밍 언어에서 숫자는 하나 이상의 연속된 숫자로 구성된 값입니다.

```
123
```

숫자는 특성에 따라서 +, -, . 문자를 조합할 수 있습니다. 숫자 앞에 + 접두어를 붙이면 양수가 되며 + 접두어는 일반적으로 생략합니다.

```
+123
```

반대로 숫자 앞에 - 접두어를 붙이면 음수가 됩니다.

```
-123
```

숫자와 숫자 사이에 . 문자를 넣으면 실수가 됩니다.

```
1.23
```

정수부분이 0이라면 Objective-C는 정수를 생략하고 다음과 같이 표현할 수 있습니다. 반면, Swift는 0을 생략할 수 없습니다.

```
Objective-C
.23
```

```
Swift
0.23
```

10진수 실수는 지수로 표현할 수 있습니다. 이 경우 밑은 10으로 고정되고 e 또는 E 문자로 대체됩니다. 지수는 e 문자 다음에 따라옵니다.

```
1.23e4
```

16진수 실수를 지수로 표현할 때는 밑이 2로 고정되고 p 또는 P 문자로 대체됩니다. 지수는 p 문자 다음에 옵니다.

```
0xAp2
```

이와 같이 숫자로 표현할 수 있는 값을 숫자 리터럴이라고 합니다. 숫자 리터럴과 조합할 수 있는 특수 문자들은 코드 내에서 연산자로 사용될 수 있습니다. 따라서 숫자와 특수 문자 사이에는 공백이 들어갈 수 없습니다.

현실에서는 매우 큰 숫자를 표현할 때 가독성을 위해서 1000 단위로 구분하여 표기합니다. 하지만 +, -, . 이외의 특수 문자를 조합할 수 없는 프로그래밍 언어에서는 큰 숫자를 쉽게 파악할 수 없습니다. Swift는 이러한 문제점을 해결하기 위해서 숫자와 조합할 수 있는 특수 문자를 하나 더 추가했습니다. 다음과 같이 _ 문자를 사용해서 숫자를 원하는 단위로 구분할 수 있습니다. 다른 특수 문자와 마찬가지로 문자와 숫자 사이에 공백을 넣을 수 없으므로 주의해야 합니다.

Swift
```
100_000_000
123_456.00_01
```

숫자 리터럴을 기본적으로 10진수입니다. 프로그래밍 언어는 0 또는 0과 영문자의 조합을 접두어로 사용하여 2진수, 8진수, 16진수를 표현할 수 있습니다.

2진수를 표현할 때는 0b 접두어를 사용합니다. 10진수 10은 다음과 같이 2진수로 표현할 수 있습니다.

```
0b1010
```

8진수를 표현할 때는 두 언어가 서로 다른 접두어를 사용합니다. Objective-C는 0, Swift는 0o 접두어를 사용합니다. o는 반드시 소문자 o를 사용해야 합니다. 10진수 10은 다음과 같이 8진수로 표현할 수 있습니다.

Objective-C
```
012
```

Swift
```
0o12
```

16진수는 매우 큰 숫자를 표현하거나 메모리 주소, 색상 값 등을 표현할 때 자주 활용됩니다. 16진수를 표현할 때는 0x 접두어를 사용합니다. Objective-C에서는 대소문자에 관계없이 0x, 0X 접두어를 모두 사용할 수 있지만, Swift에서는 0x 접두어만 사용할 수 있습니다.

```Objective-C
0xA
0XA
```

```Swift
0xA
```

숫자 리터럴은 정수 리터럴과 실수 리터럴로 구분할 수 있습니다. Objective-C에서 정수 리터럴의 자료형은 기본적으로 int이고, 실수 리터럴은 double입니다. 자주 사용되지는 않지만 숫자 리터럴에 접미어를 붙여 원하는 자료형의 숫자 리터럴을 표현할 수 있습니다. 사용할 수 있는 접미어는 f, l, u, ll이며 대문자와 소문자를 모두 사용할 수 있으며, 각각 float, long, unsigned, long long 자료형을 표현합니다.

```Objective-C
12.34f
12.34F
123l
123u
123ll
```

Swift는 Objective-C와 마찬가지로 정수 리터럴은 Int, 실수 리터럴은 Double 자료형으로 판단하지만, 접미어를 사용하여 리터럴을 다른 자료형으로 표현할 수 있는 방법은 제공하지 않습니다.

3. 정수 자료형

정수 자료형은 1~8바이트 크기로 구분되어 있고 부호가 있는 정수와 부호가 없는 정수로 구분됩니다. 부호가 있는 정수 자료형은 signed integer, 부호가 없는 자료형은 unsigned integer로 부릅니다.

Objective-C에서 부호가 있는 정수는 자료형 앞에 signed 키워드를 붙여 표현하고 양수, 0, 음수를 모두 저장할 수 있습니다. signed 키워드는 생략할 수 있으며 자료형 앞에 키워드가 없는 자료형은 기본적으로 부호가 있는 정수 자료형입니다. Swift에는 signed 키워드가 없기 때문에 자료형 앞에 U 접두어가 붙지 않은 자료형이 부호가 있는 정수 자료형입니다.

부호가 없는 정수는 자료형 앞에 unsigned 키워드(Objective-C) 또는 U 접두어(Swift)를 붙여 표현하고 양수와 0만 저장할 수 있습니다. 부호가 있는 정수 자료형에 비해서 표현 가능한 양수의 범위가 넓습니다.

	Objective-C	Swift
대표 자료형	int	Int
1 byte	char / unsigned char	Int8 / UInt8
2 bytes	short / unsigned short	Int16 / UInt16
4 bytes	int / unsigned int	Int32 / UInt32
8 bytes	long / unsigned long	Int64 / UInt64

Objective-C는 C에서 파생된 언어답게 C의 원시 자료형을 그대로 이어 받았습니다. Swift는 C의 원시 자료형에 대응하는 정수 자료형을 모두 제공하며 크기에 관계없이 모두 Int라는 이름을 사용합니다.

정수를 대표하는 자료형은 정수를 가장 빠르게 처리할 수 있는 자료형입니다. 메모리 사용량을 반드시 줄여야 하거나 대표 자료형이 저장할 수 있는 범위보다 큰 정수를 저장해야 하는 경우가 아니라면 대표 자료형을 사용하는 것이 좋습니다.

<u>Beginner Note</u>

iOS, OS X 앱을 개발할 때는 NSInteger 확장 자료형을 주로 사용합니다.

정수 자료형의 크기는 플랫폼이나 컴파일러에 따라 달라집니다. 위에 나열된 자료형의 크기는 Mac, macOS, Xcode 환경에서 사용되는 정수 자료형의 크기입니다. 이와 동일한 플랫폼에서 앱을 개발한다면 표에 있는 크기를 그대로 암기해도 무방합니다. 자료형의 크기를 파악하고 있어야 하는 이유는 서로 다른 자료형에 저장된 데이터 사용하는 과정에 값이 유실될 수 있기 때문입니다. 사실, Objective-C 자료형의 크기를 정확히 암기할 필요는 없습니다. 아래의 크기 비교식만 이해한 후 큰 자료형에 저장된 값을 작은 자료형에 할당하지 않도록 주의하는 것으로 충분합니다. 예를 들어, int 와 long이 모두 4 바이트의 크기를 가지는 경우가 있지만, long이 int보다 작은 크기를 가지는 경우는 없습니다. 그래서 int에 저장된 값을 long에 저장하는 것은 안전하지만, long에 저장된 값을 int에 저장하는 것은 경우에 따라 값이 유실될 수 있습니다.

```
char <= short <= int <= long
```

Swift의 경우 플랫폼에 관계없이 접미어와 같은 크기를 유지합니다. 즉, Int32는 플랫폼에 관계없이 항상 4 바이트(32비트)의 크기를 가집니다.

자료형의 크기는 sizeof 함수를 통해 확인할 수 있습니다. sizeof 함수는 파라미터로 전달된 자료형의 크기를 바이트 단위로 리턴합니다. 정수 자료형의 크기를 확인하려면 다음과 같은 코드를 사용합니다.

```
Objective-C
sizeof(int);
```

> **Swift**
> ```swift
> sizeof(Int)
> ```

sizeof 함수는 정수 자료형뿐만 아니라 모든 원시 자료형의 크기를 확인하는데 사용할 수 있습니다. 원시 자료형에 대해 모두 설명한 후 자료형의 크기를 확인하는 예제를 만들어 보겠습니다.

자료형에 저장할 수 있는 값의 범위 역시 코드를 통해 확인할 수 있습니다. Objective-C에는 자료형의 최솟값, 최댓값이 상수로 미리 정의되어 있습니다. 예를 들어 int 자료형의 범위를 확인하려면 INT_MIN, INT_MAX 상수를 사용합니다.

> **Objective-C**
> ```objc
> int min = INT_MIN;
> int max = INT_MAX;
> ```

Beginner Note

INT_MIN과 같이 미리 정의되어 있는 상수를 define 상수라고 합니다. 이런 상수는 소스 코드에서 직접 선언하는 상수, 변수의 이름과 구분하기 위해서 대문자 이름을 사용합니다.

Swift 역시 INT_MIN과 같은 상수들을 사용할 수 있지만 일반적으로 자료형이 제공하는 min, max 속성을 사용합니다.

> **Swift**
> ```swift
> Int.min
> Int.max
> ```

Objective-C Expert Note

Objective-C는 플랫폼에 관계없이 고정된 크기를 가지는 정수 자료형과 최소 크기를 보장하는 정수 자료형을 추가로 제공합니다. 자료형의 이름은 각각 int⟨n⟩_t, int_least⟨n⟩_t 의 형태이며, 실제로는 typedef를 통해 기존 원시 자료형에 새로운 이름을 부여한 것입니다.

	고정 크기	최소 크기
1 바이트	int8_t / uint8_t	int_least8_t / uint_least8_t
2 바이트	int16_t / uint16_t	int_least16_t / uint_least16_t
4 바이트	int32_t / uint32_t	int_least32_t / uint_least32_t
8 바이트	int64_t / uint64_t	int_least64_t / uint_least64_t

시스템이 처리할 수 있는 가장 큰 정수 자료형은 intmax_t, uintmax_t 이고, INTMAX_MIN, INTMAX_MAX 상수를 통해 범위를 확인할 수 있습니다.

4. 실수 자료형

실수 자료형은 정수 자료형과 달리 unsigned 자료형이 없습니다. 즉, 실수 자료형은 항상 음수와 양수를 모두 저장할 수 있습니다.

	Objective-C	Swift
대표 자료형	double	Double
4 bytes	float	Float
8 bytes	double	Double

실수 자료형은 정수 자료형과 비교해서 반드시 기억해야할 중요한 내용을 가지고 있습니다. 먼저, 실수 자료형은 대략 8자리~16자리 정도의 소수점 정확성을 가지고 있습니다. 이 범위를 벗어나는 경우에는 값의 오차가 발생할 가능성이 매우 높습니다. 그러므로 실수 자료형에 저장된 값의 크기를 비교할 때 주의해야 합니다.

또 하나 중요한 점은, 실수 자료형에 저장할 수 있는 값의 범위는 메모리 공간의 크기에 관계없이 항상 정수 자료형보다 큽니다. 즉, 4 바이트 float에 저장할 수 있는 값의 범위는 8 바이트 long 보다 큽니다. 실제로 long에 저장할 수 있는 가장 큰 값은 9223372036854775807이고, float에 저장할 수 있는 가장 큰 값은 이보다 훨씬 큰 340282346638528859811704183484516925440입니다. 그래서 실수 자료형 값을 정수 자료형에 저장할 경우 값이 유실될 수 있지만, 반대의 경우에는 정확한 값을 저장할 수 있습니다.

> **Objective-C Beginner Note**
>
> Objective-C는 16바이트 크기의 long double 자료형을 제공하지만 자주 사용되지는 않습니다. long double 자료형은 대략 19자리의 소수점 정확성을 가집니다.

정수 자료형과 마찬가지로 상수를 통해 최솟값, 최댓값을 확인할 수 있습니다. Swift의 경우 정수 자료형과 달리 min, max 속성을 제공하지 않으므로 Objective-C와 마찬가지로 상수를 통해 확인해야 합니다.

```
FLT_MIN
FLT_MAX
DBL_MIN
DBL_MAX
```

> **Expert Note**
>
> 컴퓨터는 실수를 정확히 표현할 수 없습니다. 예를 들어 Objective-C에서 실수 1.23을 소수점 20자리까지 출력해보면 1.2300000190734863281가 출력됩니다. 소수점의 자릿수가 늘어날수록 값의 오차는 더욱 커집니다.

```
float f = 1.23;
NSLog(@"%.20f", f);
// 1.23000001907348632812
```

그래서 실수를 비교하는 코드는 정확성을 보장하지 못합니다. f에 저장된 값과 실수 리터럴을 비교하는 코드를 살펴보겠습니다.

Objective-C

```
float f = 1.23;
if (f == 1.23) {
    NSLog(@"equal");
} else {
    NSLog(@"not equal");
}
// not equal
```

f에 저장된 값과 1.23은 동일한 값을 가지고 있지만 앞서 설명한 값의 오차로 인해 "not equal"이 출력됩니다. 사람이 읽기에 같은 실수이지만 컴퓨터는 정확히 비교할 수 없는 한계를 가지고 있습니다.

Swift에서 동일한 코드를 실행해 보면 이번에는 "equal"이 출력됩니다. Swift에서는 무언가 개선이 이루어진 것처럼 보입니다.

Swift

```
var f: Float = 1.23
if f == 1.23 {
    print("equal")
} else {
    print("not equal")
}
// equal
```

그러나 두 언어 모두 IEEE 754 표준을 사용하여 실수를 저장하고 있기 때문에 Swift 역시 정확하게 표현하지 못합니다. 다음 코드의 결과를 보면 Objective-C와 동일한 문제점을 가지고 있는 것을 확인할 수 있습니다.

Swift

```
if 2.2 - 2.1 == 0.1 {
    print("equal")
} else {
    print("not equal")
}
// not equal
```

그러므로 이러한 한계점에 대해 인식하고 정확성이 요구되는 값을 실수 자료형에 저장하는 것은 피해야 합니다. 대신 NSDecimalNumber 클래스를 사용하세요!

5. 불린 자료형

불린 자료형은 영국의 수학자 조지 불의 이름을 따서 만든 자료형으로 참과 거짓을 표현합니다. C 언어의 경우 개발 초기에는 1과 0을 사용해서 불린 값을 표현하다가 C99 표준에 bool이라는 자료형이 추가되었습니다. 그 이후로는 숫자 대신 true와 false를 사용해서 불린 값을 표현하고 있습니다.

	Objective-C	Swift
1 byte	BOOL / bool	Bool

Beginner Note

true, false와 같이 참과 거짓을 표현하는 값을 불린 값 또는 불린 리터럴 이라고 합니다. Objective-C는 0이 아닌 값, nil이 아닌 값이 불린 표현식으로 평가되어야 할 때 true로 평가합니다. 반대로 0과 nil은 false로 평가합니다.

Objective-C는 C에서 상속한 bool 자료형 대신 BOOL 자료형을 사용합니다. BOOL 자료형에서 저장할 수 있는 리터럴은 YES, NO 입니다. BOOL 자료형은 bool 자료형에 새로운 이름을 부여한 것이고 YES, NO는 각각 1, 0과 동일하므로 구분 없이 사용할 수 있습니다.

Objective-C
```
BOOL b = YES;
```

Objective-C Expert Note

Objective-C.h 파일에는 다음과 같이 BOOL 자료형과 YES, NO 리터럴이 정의되어 있습니다.

Objective-C
```
#if (TARGET_OS_IPHONE && __LP64__)  ||  TARGET_OS_WATCH
typedef bool BOOL;
#else
typedef signed char BOOL;
#endif

#define YES ((BOOL)1)
#define NO  ((BOOL)0)
```

CoreFoundation 과 같은 C 프레임워크를 사용할 때는 bool 자료형과 true, false를 사용하고, Objective-C 프레임워크를 사용할 때는 BOOL 자료형과 YES, NO를 사용하는 것이 좋습니다.

Swift의 불린 자료형은 Bool입니다. Objective-C와 달리 true, false 리터럴만 저장할 수 있고, YES, NO, 1, 0은 불린 리터럴로 평가되지 않습니다.

> **Swift**
> ```swift
> var b: Bool = true
> ```

6. Build & Run

앞에서 공부한 내용을 토대로 자료형의 크기와 저장 가능한 값의 범위를 출력하는 소스 코드를 작성해 보겠습니다. Hello, world!에서 설명한 방식대로 콘솔 어플리케이션 프로젝트를 만든 후 소스 코드를 입력하고 실행 결과를 확인해 보세요.

> **Objective-C** DataType/DataTypeSizeObjC/main.m
> ```objc
> NSLog(@"%-15s| %-11s | min ~ max", "name", "memory size");
> NSLog(@"=========================================================");
> NSLog(@"%-15s| %3zu byte(s) | %d ~ %d\n", "char", sizeof(char), CHAR_MIN,
> CHAR_MAX);
> NSLog(@"%-15s| %3zu byte(s) | %d ~ %d\n", "unsigned char", sizeof(unsigned
> char), 0, UCHAR_MAX);
> NSLog(@"%-15s| %3zu byte(s) | %d ~ %d\n", "short", sizeof(short), SHRT_MIN,
> SHRT_MAX);
> NSLog(@"%-15s| %3zu byte(s) | %d ~ %d\n", "unsigned short", sizeof(unsigned
> short), 0, USHRT_MAX);
> NSLog(@"%-15s| %3zu byte(s) | %d ~ %d\n", "int", sizeof(int), INT_MIN, INT_
> MAX);
> NSLog(@"%-15s| %3zu byte(s) | %d ~ %u\n", "unsigned int", sizeof(unsigned
> int), 0, UINT_MAX);
> NSLog(@"%-15s| %3zu byte(s) | %ld ~ %ld\n", "long", sizeof(long), LONG_MIN,
> LONG_MAX);
>
> NSLog(@"%-15s| %3zu byte(s) | %d ~ %ld\n", "unsigned long", sizeof(unsigned
> long), 0, ULONG_MAX);
> NSLog(@"%-15s| %3zu byte(s) | %d ~ %lu\n", "unsigned long", sizeof(unsigned
> long), 0, ULONG_MAX);
>
> NSLog(@"%-15s| %3zu byte(s) | %f ~ %f\n", "float", sizeof(float), FLT_MIN,
> FLT_MAX);
> NSLog(@"%-15s| %3zu byte(s) | %e ~ %e\n", "float", sizeof(float), FLT_MIN,
> FLT_MAX);
> NSLog(@"%-15s| %3zu byte(s) | %g ~ %g\n", "float", sizeof(float), FLT_MIN,
> FLT_MAX);
>
> NSLog(@"%-15s| %3zu byte(s) | %f ~ %f\n", "double", sizeof(double), DBL_MIN,
> DBL_MAX);
> NSLog(@"%-15s| %3zu byte(s) | %e ~ %e\n", "double", sizeof(double), DBL_MIN,
> ```

```
DBL_MAX);
NSLog(@"%-15s| %3zu byte(s) | %g ~ %g\n", "double", sizeof(double), DBL_MIN,
DBL_MAX);

NSLog(@"%-15s| %3zu byte(s) | -", "bool", sizeof(bool));
NSLog(@"%-15s| %3zu byte(s) | -", "BOOL", sizeof(BOOL));
NSLog(@"=====================================================");

NSLog(@"Largest integer: %llu", SIZE_MAX);
```

Objective-C 실행 결과

```
name            | memory size | min ~ max
=============================================
char            |  1 byte(s) | -128 ~ 127
unsigned char   |  1 byte(s) | 0 ~ 255
short           |  2 byte(s) | -32768 ~ 32767
unsigned short  |  2 byte(s) | 0 ~ 65535
int             |  4 byte(s) | -2147483648 ~ 2147483647
unsigned int    |  4 byte(s) | 0 ~ 4294967295
long            |  8 byte(s) | -9223372036854775808 ~ 9223372036854775807
unsigned long   |  8 byte(s) | 0 ~ -1
unsigned long   |  8 byte(s) | 0 ~ 18446744073709551615
float           |  4 byte(s) | 0.000000 ~ 34028234663852885981170418348451 69
25440.000000
float           |  4 byte(s) | 1.175494e-38 ~ 3.402823e+38
float           |  4 byte(s) | 1.17549e-38 ~ 3.40282e+38
double          |  8 byte(s) | 0.000000 ~ 179769313486231570814527423731704 3
56798070567525844996598917476803157260780028538760589558632766878171540458 95
35143824642343213268894641827684675467035375169860499105765512820762454900 90
38932894407586850845513394230458323690322294816580855933212334827479782620 41
44723168738177180919299881250404026184124858368.000000
double          |  8 byte(s) | 2.225074e-308 ~ 1.797693e+308
double          |  8 byte(s) | 2.22507e-308 ~ 1.79769e+308
bool            |  1 byte(s) | -
BOOL            |  1 byte(s) | -
=============================================
Largest integer: 18446744073709551615
```

Swift 2.3 DataType/DataTypeSizeSwift2/main.swift

```
name              | memory size | min ~ max
NSLog("%-15s| %-11s | min ~ max\n", "name".cStringUsingEncoding(NSUTF8String
Encoding), "memory size".cStringUsingEncoding(NSUTF8StringEncoding))
NSLog("=============================================\n");
NSLog("%-15s| %3zu byte(s) | %d ~ %d\n", "Int8".cStringUsingEncoding(NSUTF8S
tringEncoding), sizeof(Int8), Int8.min, Int8.max)
NSLog("%-15s| %3zu byte(s) | %d ~ %d\n", "UInt8".cStringUsingEncoding(NSUTF8
StringEncoding), sizeof(UInt8), UInt8.min, UInt8.max)
NSLog("%-15s| %3zu byte(s) | %d ~ %d\n", "Int16".cStringUsingEncoding(NSUTF8
```

```
StringEncoding), sizeof(Int16), Int16.min, Int16.max)
NSLog("%-15s| %3zu byte(s) | %d ~ %d\n", "UInt16".cStringUsingEncoding(NSUTF
8StringEncoding), sizeof(UInt16), UInt16.min, UInt16.max)
NSLog("%-15s| %3zu byte(s) | %d ~ %d\n", "Int32".cStringUsingEncoding(NSUTF8
StringEncoding), sizeof(Int32), Int32.min, Int32.max)
NSLog("%-15s| %3zu byte(s) | %d ~ %u\n", "UInt32".cStringUsingEncoding(NSUTF
8StringEncoding), sizeof(UInt32), UInt32.min, UInt32.max)
NSLog("%-15s| %3zu byte(s) | %ld ~ %ld\n", "Int64".cStringUsingEncoding(NSUT
F8StringEncoding), sizeof(Int64), Int64.min, Int64.max)
NSLog("%-15s| %3zu byte(s) | %lu ~ %lu\n", "UInt64".cStringUsingEncoding(NSU
TF8StringEncoding), sizeof(UInt64), UInt64.min, UInt64.max)
NSLog("%-15s| %3zu byte(s) | %f ~ %f\n", "Float".cStringUsingEncoding(NSUTF8
StringEncoding), sizeof(Float), FLT_MIN, FLT_MAX)
NSLog("%-15s| %3zu byte(s) | %e ~ %e\n", "Float".cStringUsingEncoding(NSUTF8
StringEncoding), sizeof(Float), FLT_MIN, FLT_MAX)
NSLog("%-15s| %3zu byte(s) | %g ~ %g\n", "Float".cStringUsingEncoding(NSUTF8
StringEncoding), sizeof(Float), FLT_MIN, FLT_MAX)
NSLog("%-15s| %3zu byte(s) | %f ~ %f\n", "Double".cStringUsingEncoding(NSUTF
8StringEncoding), sizeof(Double), DBL_MIN, DBL_MAX)
NSLog("%-15s| %3zu byte(s) | %e ~ %e\n", "Double".cStringUsingEncoding(NSUTF
8StringEncoding), sizeof(Double), DBL_MIN, DBL_MAX)
NSLog("%-15s| %3zu byte(s) | %g ~ %g\n", "Double".cStringUsingEncoding(NSUTF
8StringEncoding), sizeof(Double), DBL_MIN, DBL_MAX)
NSLog("%-15s| %3zu byte(s) | -", "Bool".cStringUsingEncoding(NSUTF8StringEnc
oding), sizeof(Bool));
NSLog("========================================\n")
NSLog("Largest integer: %llu", SIZE_MAX)
```

Swift 2.3 실행 결과

```
name            | memory size | min ~ max
========================================
Int8            |  1 byte(s)  | -128 ~ 127
UInt8           |  1 byte(s)  | 0 ~ 255
Int16           |  2 byte(s)  | -32768 ~ 32767
UInt16          |  2 byte(s)  | 0 ~ 65535
Int32           |  4 byte(s)  | -2147483648 ~ 2147483647
UInt32          |  4 byte(s)  | 0 ~ 4294967295
Int64           |  8 byte(s)  | -9223372036854775808 ~ 9223372036854775807
UInt64          |  8 byte(s)  | 0 ~ 18446744073709551615
Float           |  4 byte(s)  | 0.000000 ~ 3402823466385288598117041834845169
25440.000000
Float           |  4 byte(s)  | 1.175494e-38 ~ 3.402823e+38
Float           |  4 byte(s)  | 1.17549e-38 ~ 3.40282e+38
Double          |  8 byte(s)  | 0.000000 ~ 179769313486231570814527423731704
3567980705675258449965989174768031572607800285387605895586327668781715404589
3514382464234321326889464182768467546703537516986049910576551282076245490090
3893289440758685084551339423045832369032229481658085593321233482747978262041
44723168738177180919299881250404026184124858368.000000
Double          |  8 byte(s)  | 2.225074e-308 ~ 1.797693e+308
```

```
Double            |   8 byte(s) | 2.22507e-308 ~ 1.79769e+308
Bool              |   1 byte(s) | -
=============================================
Largest integer: 18446744073709551615
```

Beginner Note

프로그래밍을 처음 공부하신다면 함수, 파라미터, 포맷 문자열 등 처음 보는 용어가 많이 나오고 소스 코드를 입력하고 결과를 확인하는 과정이 어렵게 느껴질 수 있습니다. 언젠가는 넘어야 할 산이고 몇 번만 따라하면 금세 익숙해질 것입니다. 책의 앞부분에 있는 Hello, World! 프로젝트를 반복해서 만들어보는 것도 큰 도움이 될 것입니다.

이 예제에서는 원시 자료형의 크기와 범위를 얻는 방법과 문자열을 출력하는 함수의 이름(NSLog, print)을 기억하는 것으로 충분합니다.

이 예제는 두 언어에서 제공하는 원시 자료형의 이름과 크기, 범위를 출력합니다. C 언어를 공부한 경험이 있다면 printf 함수에 대해서 알고 있을 것입니다. Objective-C에서는 이 함수를 그대로 사용할 수 있지만 예제와 같이 NSLog 함수를 주로 사용합니다. Swift 에서는 print 함수를 주로 사용하지만 Objective-C 예제와 유사한 출력 결과를 얻기 위해서 NSLog 함수를 사용하고 있습니다.

NSLog 함수는 포맷 문자열과 포맷 문자열에 포함된 포맷 지정자를 대체하는 값의 목록을 파라미터로 전달받습니다. 포맷 지정자는 % 문자와 영문자, 특수문자의 조합을 사용합니다. 이와 연관된 내용들은 문자열 단락에서 상세하게 설명하고 있습니다.

Beginner Note

NSLog 함수의 첫 번째 파라미터는 항상 포맷 문자열입니다. 예를 들어 간단한 문자열을 출력하기 위해 다음과 같은 코드를 작성한다면 크래시가 발생할 수 있습니다.

```
NSString *string = @"string";
NSLog(string);
```

그러므로 항상 포맷 문자열을 사용하여 호출해야 합니다.

```
NSLog(@"%@", string);
```

7. 문자열과 문자

프로그래밍 언어에서 문자열은 큰따옴표로 감싼 일련의 문자입니다. 내부적으로 문자의 배열로 저장되며 문자열의 끝을 나타내는 null 문자(\0)가 배열 마지막에 저장됩니다.

C
```
"C-style String"
```

Swift
```
"Swift String"
```

C 스타일의 문자열 리터럴은 Objective-C와 Swift에서 모두 사용할 수 있습니다. 하지만 Objective-C 는 주로 NSString 리터럴을 사용합니다. NSString 리터럴 역시 문자열 리터럴이지만 따옴표 앞에 @ 문자가 붙은 형태입니다.

Objective-C
```
@"NSString String"
```

문자 리터럴은 두 언어가 표현하는 방식이 다릅니다. Objective-C는 C 언어와 마찬가지로 작은따옴 표로 문자를 감쌉니다. 작은따옴표 사이에는 보통 아스키 테이블에 정의되어 있는 문자가 오며, 변수 에 저장될 때는 내부적으로 아스키코드 값이 저장됩니다

Objective-C
```
'c'
```

탈출 문자를 표현할 때는 \문자 조합을 사용할 수 있습니다.

Objective-C
```
'\t'
'\n'
```

유니코드 문자를 문자 리터럴로 표현할 때는 반드시 L 접두어를 사용해야 합니다.

Objective-C
```
L'한'
L'\u02C0'
```

Swift는 문자열 리터럴과 문자 리터럴 모두 큰따옴표로 감쌉니다. 다음과 같이 Character 자료형을 명시적으로 지정한 경우를 제외하고 모두 문자열 리터럴이 됩니다.

Swift
```
var a: Character = "c"
```

7.1 문자열 자료형

	Objective-C	Swift
문자열	char * / NSString	String / NSString
문자	char / unichar	Character

Objective-C는 char * 자료형을 사용해서 문자열을 저장할 수 있습니다. 하지만 인코딩 처리나 메모리 관리 등 문자열을 처리하기가 상대적으로 까다롭기 때문에 주로 NSString 클래스를 사용합니다. NSString 클래스를 사용할 때 주의할 점은 C 스타일의 문자열 리터럴 대신 NSString 리터럴을 사용해야 한다는 것입니다.

Objective-C DataType/StringAndCharacterObjC/main.m
```
NSString* str = @"NSString String Literal";
```

반면 문자를 저장할 때는 C와 동일한 char 자료형을 사용합니다.

Objective-C DataType/StringAndCharacterObjC/main.m
```
char ch = 'a';
```

char 자료형의 크기는 1 바이트이고 주로 아스키 문자를 저장할 때 사용합니다. 유니코드 문자를 저장해야 한다면 반드시 unichar 자료형을 사용해야 합니다.

Objective-C DataType/StringAndCharacterObjC/main.m
```
unichar uch = L'한';
```

Swift는 String이라는 문자열 전용 자료형을 제공합니다. NSString 클래스와 상호호환성을 가지고 있으며 대부분의 경우 String이 우선적으로 사용됩니다.

Swift DataType/StringAndCharacter/StringAndCharacter.playground#Page1
```
var str: String = "Swift String Literal"
```

앞서 설명한 것처럼 Swift의 문자열 리터럴과 문자 리터럴은 표현 방식이 동일합니다. 문자열 리터럴이 더 높은 우선순위를 가지고 있기 때문에 형식 추론에서는 항상 String으로 추론됩니다.

Swift DataType/StringAndCharacter/StringAndCharacter.playground#Page2
```
var str = "S"
```

Swift는 문자를 저장할 수 있는 Character 자료형을 제공합니다. "S"를 문자로 저장하고자 한다면 반드시 자료형을 Character로 지정해야 합니다.

Swift DataType/StringAndCharacter/StringAndCharacter.playground#Page2
```
var ch: Character = "S"
```

문자열과 문자에 대한 내용은 프로그래밍에서 상당히 중요한 부분입니다. 여기에서는 두 언어가 제공하는 자료형을 간략히 소개하는 것으로 마무리하고 이후에 상세히 설명할 예정입니다.

8. 알리아스

좌표를 저장하는 변수가 필요하다고 가정해 봅시다. 위도와 경도를 저장할 수 있는 변수를 다음과 같이 선언할 수 있습니다

Objective-C
```
double lat;
double lon;
```

Swift
```
var lat: Double
var lon: Double
```

변수의 이름을 통해 위도와 경도를 저장한다는 것을 유추할 수 있고, 자료형을 통해서 실수를 저장한다는 것을 파악할 수 있습니다. 만약 자료형의 이름을 Coordinate로 바꿀 수 있다면 코드의 가독성이 더 높아지지 않을까요?

대부분의 프로그래밍 언어는 자료형에 새로운 이름을 부여할 수 있는 방법을 제공합니다. Objective-C는 typedef, Swift는 typealias 키워드를 사용합니다.

Objective-C
```
typedef 기존 자료형 이름 새로운 자료형 이름
```

Swift
```
typealias 새로운 자료형 이름 = 기존 자료형 이름
```

그럼 double과 Double 자료형에 Coordinate라는 새로운 이름을 부여하고 좌표를 저장하는 변수를 다시 선언해 봅시다.

Objective-C DataType/AliasObjC/main.m
```
typedef double Coordinate;
Coordinate lat;
Coordinate lon;
```

Swift DataType/Alias/Alias.playground

```swift
typealias Coordinate = Double
var lat: Coordinate
var lon: Coordinat
```

새로운 이름은 기존 자료형의 이름을 완전히 대체하는 것이 아닙니다. 그러므로 기존 자료형 이름을 그대로 사용할 수 있습니다. typedef와 typealias는 별명처럼 새로운 이름을 하나 더 추가하는 것입니다. 앱을 개발하다보면 기존 자료형에 새로운 이름을 부여한 자료형을 많이 접하게 됩니다. 알리아스가 없더라도 코드를 작성하는데 전혀 문제가 없지만, 코드 가독성을 높이기 위해 좋은 도구인 것은 틀림없습니다.

9. Objective-C 특수 자료형

> **Beginner Note**
>
> 여기에서 설명하는 특수 자료형에 대한 내용은 조금 어려울 수 있습니다. 책을 처음 보는 경우에는 가볍게 읽어보고 넘어가도 괜찮습니다.

9.1 void

void는 함수에서 값을 리턴하지 않거나 전달된 파라미터가 없음을 나타내는 특별한 키워드입니다. 자세한 사용법은 함수를 공부할 때 설명합니다.

Objective-C

```objc
- (void)doSomething {
    //…
}
```

9.2 id

모든 Objective-C 객체를 대표할 수 있는 범용 자료형입니다. C 언어의 void 포인터와 매우 유사합니다. id 자료형은 종류에 관계없이 모든 객체를 저장할 수 있습니다. id 자료형은 Objective-C에서 다형성과 동적 바인딩에 활용되는 매우 중요한 자료형입니다.

Objective-C

```objc
id value = @"Objective-C String";
value = @123;
```

9.3 Class

Objective-C 객체를 대표할 수 있는 자료형입니다. 이 자료형은 id에 저장된 객체의 실제 자료형을 확인하는데 자주 활용됩니다.

```objc
Objective-C
id value = @"Objective-C String";
Class stringClass = [NSString class];
if ([value isKindOfClass:stringClass]) {
    NSLog(@"NSString instance");
}
```

9.4 SEL

Objective-C는 메소드를 파라미터로 전달할 수 있습니다. 컴파일러가 전달된 메소드를 인식할 수 있도록 메소드 이름을 전달하는데, 컴파일러가 인식할 수 있는 메소드 이름을 특별히 셀렉터라고 합니다. 그리고 SEL은 셀렉터를 대표하는 자료형입니다. 메소드 이름을 셀렉터로 변환할 때는 @selector 라는 컴파일러 지시어를 사용합니다.

```objc
Objective-C
SEL method = @selector(doSomething);
```

10. Swift 특수 자료형

> **Beginner Note**
>
> 여기에서 설명하는 특수 자료형에 대한 내용은 조금 어려울 수 있습니다. 책을 처음 보는 경우에는 가볍게 읽어보고 넘어가도 괜찮습니다.

10.1 AnyObject

Objective-C의 id 자료형에 해당되는 자료형입니다. Swift는 자료형을 정확히 지정하는 것을 선호하기 때문에 코코아 API를 사용하는 경우를 제외하고 직접 사용하지 않는 것이 좋습니다.

```swift
Swift
var value: AnyObject = "Swift String"

#if swift(>=3.0)
value = NSNumber(value: 0)
#else
value = NSNumber(integer: 0)
#endif
```

10.2 Any

AnyObject는 대표할 수 있는 자료형이 클래스 형식으로 제한되지만, Any는 값 형식과 함수 형식을 포함한 모든 형식을 대표할 수 있습니다.

10.3 Selector

Swift에서 셀렉터를 나타내는 자료형은 Selector입니다. 그리고 #selector 명령문을 통해 셀렉터를 생성할 수 있습니다.

Swift
```swift
let sel = #selector(MyClass.doSomething)
```

11. Type Annotation & 형식 안정성

지금까지 변수를 선언하면서 항상 자료형을 명시적으로 지정하였습니다. 명시적으로 지정된 자료형을 Type Annotation이라고 합니다.

Objective-C
```objc
int a;
```

Swift
```swift
var a: Int
```

Type Annotation은 값을 저장할 공간의 크기와 저장할 수 있는 값의 종류를 지정합니다. "값의 종류"에 대해서 조금 더 살펴보겠습니다.

먼저 Objective-C에서 a 변수에 실수 12.3 을 할당해 보겠습니다. int에 저장할 수 있는 값은 정수이고 12.3은 실수입니다. 값의 종류가 다르지만 아래의 코드는 정상적으로 실행됩니다. 하지만 int와 같은 정수 자료형은 소수점을 저장할 수 없기 때문에 정수 부분만 저장되고 나머지는 손실됩니다. 그래서 NSLog 함수를 통해 값을 출력해 보면 12가 출력됩니다.

Objective-C
```objc
int a = 12.3;
NSLog(@"%i", a);
// 12
```

할당에 사용되는 = 연산자는 왼쪽에 있는 변수의 자료형과 오른쪽에 있는 값의 자료형이 서로 호환될 때, 값의 자료형을 변수의 자료형으로 변환합니다. 만약 변수의 자료형이 저장할 수 있는 값의 범위가 작다면 앞서 확인한 결과처럼 값이 손실될 수 있습니다. 값이 손실된다는 것은 "형식 안전성이 낮다"라고 표현할 수 있습니다.

형식 안전성은 변수, 파라미터, 리턴 값 등 값을 읽고 저장하거나 코드의 다른 부분으로 전달할 때 데이터가 손실되지 않고 코드가 의도에 맞게 정상적으로 동작하는가를 나타내는 지표입니다. 형식 안정성이 높은 언어는 컴파일 과정에서 값이 손실되거나 안전하지 않은 할당 연산에 대해 경고 또는 오류를 출력합니다. 이번에는 Swift를 살펴보겠습니다. Objective-C와 달리 오류가 발생합니다.

```Swift
var a: Int = 12.3 // Error
print(a)
```

Swift는 형식 안정성이 높은 언어입니다. 그러므로 Int형 변수 a에는 정수만 할당할 수 있습니다. 지금과 같이 실수를 정수 자료형에 할당하여 값이 손실되는 경우를 허용하지 않습니다. 컴파일 과정에서 형식 안정성을 모두 검사하기 때문에 값의 손실로 인한 오류가 발생할 가능성이 거의 없습니다. Swift의 대표적인 특징 중 하나가 안정성인 것은 바로 형식 안정성이 높기 때문입니다.

11.1 형식추론 (Swift Only)

Swift 컴파일러는 변수에 저장된 값이나 리터럴을 통해 값의 형식을 파악할 수 있습니다. 이 과정을 형식 추론이라고 합니다. 형식 추론이 가능하다는 것은 Type Annotation을 생략할 수 있다는 것을 의미합니다.

```Swift    DataType/TypeInference/TypeInference.playground#Page1
var a = 0
var b = 12.3
```

컴파일러는 Type Annotation이 생략된 선언문을 만나면 할당된 초기값을 기반으로 형식 추론을 수행합니다. 앞서 정수 리터럴의 자료형은 Int, 실수 리터럴의 자료형은 Double이라고 설명했습니다. 그래서 초기값이 0인 a의 자료형은 Int, 12.3인 b의 자료형은 Double로 추론됩니다. 이 코드는 다음과 같이 자료형을 명시적으로 지정한 코드와 동일합니다.

```Swift    DataType/TypeInference/TypeInference.playground#Page2
var a: Int = 0
var b: Double = 12.3
```

초기값을 지정하지 않고 변수만 선언하는 경우는 어떻게 될까요? a를 선언하는 문장에서 컴파일러가 형식을 추론할 초기값이 없기 때문에 오류가 발생합니다.

```Swift    DataType/TypeInference/TypeInference.playground#Page3
var a          // Error
```

형식 추론에서 가장 중요한 점은 "초기값을 기반으로 형식을 추론한다."는 것입니다. 그러므로 자료형을 생략하고 형식 추론을 수행하려면 선언문에서 반드시 초기값을 제공해야 합니다. 선언과 초기화가 분리되어 있거나 리터럴의 기본 자료형이 아닌 다른 자료형으로 저장해야 한다면 이전과 같이 직접 자료형을 지정해 주어야 합니다. 즉, 12.3을 Float 자료형에 저장하고 싶다면 형식 추론을 사용할 수 없고 반드시 자료형을 Float으로 명시해야 합니다.

Swift DataType/TypeInference/TypeInference.playground#Page4
```
var b: Float = 12.3
```

형식 추론은 매번 자료형을 지정해야 하는 수고를 덜어주고, 잘못된 자료형을 사용하여 발생할 수 있는 오류를 사전에 방지하는 장점이 있습니다.

12. 형변환

형변환은 자료형을 다른 자료형으로 변환하는 것입니다. 메모리에 저장된 값은 변경하지 않고 일시적으로 다른 자료형으로 다루는 형변환을 Type Casting, 메모리 저장된 실제 값을 다른 자료형으로 변환하는 형변환을 Type Conversion이라고 합니다.

컴파일러는 대입식이나 계산식에 서로 다른 자료형의 피연산자가 포함되어 있을 때 모든 피연산자의 자료형을 일치시킨 후 식을 실행합니다.

Objective-C DataType/Casting/CastingObjC/main.m
```
short a = 1;
int b = 2;
int result = a + b;
```

a와 b를 더하는 식에서 자료형의 크기가 작은 a는 b의 자료형(int)으로 변환된 후 계산이 수행됩니다. int 또는 unsigned int 자료형보다 크기가 작은 자료형은 int 또는 unsigned int 자료형으로 자동으로 변환됩니다. 이런 변환을 정수 승급이라고 합니다. 정수 승급을 통해 모든 피연산자의 자료형을 일치시킬 수 있다면 추가 변환 없이 식이 실행됩니다.

계산식에 실수를 하나 추가해 보겠습니다.

Objective-C DataType/Casting/CastingObjC/main.m
```
short a = 1;
int b = 2;
double c = 3.4;
double result = a + b + c;
```

a와 b는 정수 승급을 통해 int 자료형으로 변환되었습니다. 이전과 달리 계산식에 double 자료형의 c가 포함되어 있기 때문에 다시 한 번 자료형을 일치시켜야 합니다. 형변환은 식에 포함된 모든 피연

산자의 자료형의 가장 큰 피연산자의 자료형으로 변환될 때까지 반복됩니다. 결과적으로 a, b, c는 가장 큰 자료형인 double로 형변환됩니다.

이와 같은 자동 형변환을 암시적 형변환이라고 합니다. 암시적 형변환이 수행되는 과정을 간단히 정리해 보면,

1. int형 보다 작은 자료형은 모든 int형으로 변환됩니다.(자동 승급)
2. 피연산자 중 하나가 unsigned int형이라면 나머지 피연산자는 모두 unsigned int형으로 변환됩니다.
3. 피연산자 중 하나가 long형이라면 나머지 피연산자는 모두 long형으로 변환됩니다.
4. 피연산자 중 하나가 unsigned long형이라면 나머지 피연산자는 모두 unsigned long형으로 변환됩니다.
5. 피연산자 중 하나가 float형이라면 나머지 피연산자는 모두 float형으로 변환됩니다.
6. 피연산자 중 하나가 double형이라면 나머지 피연산자는 모두 double형으로 변환됩니다.

이번에는 다른 코드를 살펴보겠습니다. 이 코드를 실행하면 result 변수에는 어떤 값이 저장되어 있을까요?

Objective-C DataType/Casting/CastingObjC/main.m
```
int a = 10;
int b = 4;
double result = a / b;
```

a / b 계산식에서 두 변수의 자료형이 동일하므로 형변환 없이 바로 식이 실행됩니다. result에는 10을 4로 나눈 값인 2.5가 저장되어 있을 거라고 예상할 수 있습니다. 그러나 실제로 result에 저장된 값을 출력해 보면 2.0이 저장되어 있습니다. 정수 사이의 연산 결과에서 소수점 부분은 버려지기 때문입니다. 올바른 결과 값을 얻기 위해서는 실수 연산을 수행해야 합니다. 변수를 선언할 때 int 대신 float, double로 선언할 수 있지만, 이 경우에는 강제 형변환(또는 명시적 형변환)을 사용할 수 있습니다.

Objective-C는 강제 형변환을 수행하는 형변환 연산자를 제공합니다. 형변환 연산자는 다음과 같이 변환할 자료형을 ( )로 감싼 형태를 가지고 있으며, 반드시 변환할 값이나 표현식 앞에 위치합니다.

Objective-C
(자료형)값 또는 표현식

형변환 연산자를 통해 올바른 결과를 얻을 수 있도록 코드를 수정해 보겠습니다.

Objective-C DataType/Casting/CastingObjC/main.m
```
int a = 10;
int b = 4;
double result = (double)a / b;
```

a를 double로 형변환 하면 형변환 법칙에 따라서 b도 double로 형변환됩니다. 결과적으로 실수 연산이 수행되고 result에 2.5가 저장됩니다.

Swift는 코드의 안정성을 높이기 위해서 암시적 형변환을 허용하지 않습니다. 자료형이 다른 두 정수를 더하는 코드를 다시 살펴보겠습니다.

Swift DataType/Casting/Casting.playground#Page1
```
var a: Int8 = 1
var b: Int32 = 2
var result = a + b    // Error
```

Objective-C처럼 암시적 형변환을 허용한다면 정수 승급을 통해 a의 자료형이 Int32로 변환되어 계산이 실행될 것입니다. 그러나 암시적 형변환을 허용하지 않는 Swift는 a와 b를 더하는 과정에서 오류를 발생시킵니다. 이 계산식을 정상적으로 실행하려면 두 변수의 자료형을 강제로 일치시켜 주어야 합니다.

Swift DataType/Casting/Casting.playground#Page2
```
var a: Int8 = 1
var b: Int32 = 2
var result = Int32(a) + b
```

Objective-C의 형변환 연산자는 자료형을 ( )로 감싸지만, Swift는 반대로 변환할 값(또는 표현식)을 ( )로 감쌉니다.

Swift
```
자료형(값 또는 표현식)
```

Expert Note

Swift의 정수 자료형은 구조체로 구현되어 있고, Int32(a)는 구조체의 생성자를 호출하는 것입니다. 원시 자료형의 값을 형변환할 때는 이처럼 생성자를 호출하는 방법을 사용하고, 인스턴스를 형변환할 때는 as 연산자 또는 as? 연산자를 사용합니다.

두 언어의 형변환은 메모리에 저장된 실제 값을 변경하지 않고, 표현식 내에서 일시적으로 값을 변환한다는 공통점을 가지고 있습니다.

13. Summary

- 자료형은 메모리에 저장되는 값의 종류와 크기를 결정합니다.
- 숫자 자료형은 양수, 음수, 실수를 표현할 수 있습니다.

```
+123
-123
1.23
```

- 숫자 리터럴은 10진수입니다. 미리 정의된 접두어와 조합하여 16진수, 8진수, 2진수를 표현할 수 있습니다.

Objective-C 16진수 리터럴
```
0xA
0XA
```

Swift 16진수 리터럴
```
0xA
```

Objective-C 8진수 리터럴
```
012
```

Swift 8진수 리터럴
```
0o12
```

2진수 리터럴
```
0b1010
```

- 정수 자료형은 1~8바이트 크기를 가지며 부호가 있는 Signed Integer와 부호가 없는 Unsigned Integer로 구분됩니다.

대표 자료형	Objective-C	Swift
	int	Int
1 byte	char / unsigned char	Int8 / UInt8
2 bytes	short / unsigned short	Int16 / UInt16
4 bytes	int / unsigned int	Int32 / UInt32
8 bytes	long / unsigned long	Int64 / UInt64

- 자료형의 크기는 sizeof 함수를 통해 확인할 수 있습니다.

Objective-C
```
sizeof(int);
```

Swift
```
sizeof(Int)
```

- 자료형에 저장할 수 있는 값의 범위는 미리 정의된 상수나 속성을 통해 확인할 수 있습니다.

> **Objective-C**
> ```
> int min = INT_MIN;
> int max = INT_MAX;
> ```

> **Swift**
> ```
> Int.min
> Int.max
> ```

- 실수 자료형은 부호를 가지지 않으며 음수와 양수를 모두 저장할 수 있습니다. 자료형에 크기에 관계없이 저장할 수 있는 값의 범위가 정수 자료형보다 큽니다.

대표 자료형	Objective-C	Swift
4 bytes	double	Double
8 bytes	float	Float
	double	Double

- 실수 자료형은 8~16자리의 소수점 정확성을 가지고 있습니다.
- 불린 자료형은 참과 거짓을 표현할 수 있습니다.

	Objective-C	Swift
1 byte	BOOL / bool	Bool

- Objective-C는 NSString 문자열을 주로 사용합니다. 문자는 char 자료형으로 표현됩니다.

> **Objective-C**
> ```
> NSString* str = @"NSString String Literal";
> ```

> **Objective-C**
> ```
> char ch = 'a';
> ```

- Swift는 String 문자열을 사용합니다. 문자열과 문자 리터럴을 표현하는 방식이 동일하기 때문에 문자를 저장할 때는 반드시 자료형을 지정해야 합니다.

> **Swift**
> ```
> var str: String = "Swift String Literal"
> ```

> **Swift**
> ```
> var ch: Character = "S"
> ```

- 기존 자료형에 새로운 이름을 부여할 때 알리아스를 사용합니다.

  Objective-C
  ```
  typedef double Coordinate;
  ```

  Swift
  ```
  typealias Coordinate = Double
  ```

- 명시적으로 지정된 자료형을 Type Annotation이라고 합니다.

  Objective-C
  ```
  int a;
  ```

  Swift
  ```
  var a: Int
  ```

- Swift는 형식 추론을 통해 Type Annotation을 생략할 수 있습니다.

  Swift
  ```
  var a = 0
  var b = 12.3
  ```

- 형변환은 값의 종류를 일시적으로 변환합니다.

  Objective-C
  ```
  (자료형)값 또는 표현식
  ```

  Swift
  ```
  자료형(값 또는 표현식)
  ```

저장 클래스와 접근범위

C H A P T E R

03

저장 클래스(또는 기억 클래스)는 변수가 선언되는 위치에 따라 접근 가능한 범위와 변수의 수명, 초기화 방식을 결정합니다. 지역 변수, 정적 변수, 전역 변수, 외부 변수, 레지스터 변수 등으로 구분됩니다. 접근 범위는 크게 지역 범위와 전역 범위로 구분할 수 있고, 전역 범위는 다시 내부 전역 범위와 외부 전역 범위로 구분할 수 있습니다.

동일한 접근 범위 내에서 식별자의 이름은 유일해야 합니다. 지역 범위와 전역 범위에 동일한 식별자 이름이 있다면 지역 범위에 있고 가장 인접한 식별자 이름이 우선순위를 가집니다.

1. 지역 변수

지역 변수는 하나의 코드 블록 내부에서 사용되는 변수로 자동변수라고 부르기도 합니다. 지역 변수는 대부분 코드 블록을 나타내는 { } 내부에서만 사용할 수 있고 외부에서는 지역 변수에 접근할 수 없습니다. 그리고 코드 블록의 실행이 완료되면 메모리에서 제거됩니다.

```
Objective-C
(void)doSomething {
    int a;
    auto double b;
}
```

```
Swift
func doSomething() {
    var a: Int
    var b: Double
}
```

a와 b는 모두 코드 블록(함수) 내부에서 선언된 지역 변수 입니다. Objective-C의 경우 auto 키워드를 추가하여 지역 변수라는 것을 명시적으로 표시할 수 있지만 일반적으로 키워드를 생략합니다. Swift는 auto 키워드 자체를 제공하지 않습니다.

지역 변수는 자신이 선언되어 있는 코드 블록이 실행될 때 메모리에 생성되었다가 코드 블록이 종료되면 메모리에서 제거됩니다. 함수에 전달되는 파라미터 역시 지역 변수이며 해당 함수 내부에서만 접근할 수 있으며 함수의 실행이 종료되면 메모리에서 제거됩니다.

코드 블록이 여러 단계로 중첩되어 있다면 중첩 관계에 따라 접근 범위가 달라집니다.

```objectivec
Objective-C
- (void)doSomething {
    int a = 0;
    {
        int b = 1;
        {
            int c = 2;
        }
    }
}
```

지역 변수 c가 선언된 블록에서는 상위 블록의 모든 지역 변수에 접근할 수 있습니다. 지역 변수 b가 선언된 블록에서는 지역 변수 a에 접근할 수 있지만 지역 변수 c에는 접근할 수 없습니다. 즉, 하위 코드 블록은 상위 코드 블록에 선언된 지역 변수에 접근할 수 있지만, 상위 코드 블록은 하위 코드 블록에 선언된 지역 변수에 접근할 수 없습니다.

만약 다음과 같이 중첩된 블록에서 동일한 변수 이름을 사용한다면 어떻게 될까요?

```objectivec
Objective-C
- (void)doSomething {
    int a = 0;
    {
        int a = 1;
        {
            int a = 2;
            NSLog(@"%i", a);
        }
    }
}
```

이 코드를 실행하면 2가 출력됩니다. 중첩된 코드 블록에서 동일한 변수 이름이 사용되고 있다면 하위 코드 블록 또는 가장 인접한 코드 블록의 지역 변수가 우선순위를 가집니다. 만약 다음과 같이 동일한 코드 블록에 변수가 선언되어 있지 않다면 가장 인접한 코드 블록의 변수를 사용하게 되고, 1이 출력될 것입니다.

```objectivec
Objective-C
- (void)doSomething {
    int a = 0;
    {
        int a = 1;
```

```
        {
            NSLog(@"%i", a);
        }
    }
}
```

중첩된 블록에서 접근 가능성과 우선순위를 설명하기 위해 동일한 변수 이름을 사용하고 있지만, 실제 코드에서는 피해야할 안티 패턴입니다. 반드시 각 블록에서 사용 용도에 적합한 이름을 사용해야 합니다.

2. 정적 변수

정적 변수는 static 키워드를 사용해서 선언합니다.

Objective-C
```
static int a = 0;
```

정적 변수는 코드 블록 내부와 외부에 선언할 수 있고, 선언하는 위치에 따라서 접근 가능한 범위가 달라집니다. 코드 블록 외부에 선언된 정적 변수는 조금 후에 설명할 전역 변수의 성질을 가지게 됩니다. 여기에서는 코드 블록 내부에서 선언된 정적 변수를 중심으로 설명합니다.

Objective-C
```
void doSomething() {
    int a = 0;
    a += 1;
    NSLog(@"%i", a);
}
```

이 코드는 어떤 값을 출력할까요? doSomething() 함수가 호출될 때마다 a 변수가 0으로 초기화되고 1이 더해지므로 항상 1이 출력됩니다. 하지만 a가 정적 변수로 선언되어 있다면 실행결과가 달라집니다.

Objective-C
```
void doSomething() {
    static int a = 0;
    a += 1;
    NSLog(@"%i", a);
}
```

여기에서 선언된 정적 변수 a는 앞서 살펴본 코드의 지역 변수 a와 달리 함수가 처음 실행될 때 한 번만 초기화됩니다. 즉, 정적 변수 a를 0으로 초기화하는 코드는 doSomething() 함수를 호출하는 횟수에 관계없이 단 한 번만 실행됩니다. 그리고 지역 변수 a는 함수의 실행이 종료된 후 메모리에서 제거되지만 정적 변수 a는 프로그램을 종료할 때까지 메모리에 유지되기 때문에 이전 함수 호출에서 사용한 값을 다음 함수 호출에서 다시 사용할 수 있습니다. 그래서 이 코드는 doSomething() 함수를 호출할 때마다 1씩 증가된 수를 출력합니다.

코드 블록 내부에서 선언된 정적 변수는 지역 변수와 접근 범위가 동일합니다. 이를 통틀어 Local Scope라고 합니다.

Objective-C Scope/LocalAndStaticVariables/main.m
```objectivec
void useLocalVariable() {
    int a = 0;
    a += 1;
    NSLog(@"Local Variable: %i", a);
}

void useStaticVariable() {
    static int a = 0;
    a += 1;
    NSLog(@"Static Variable: %i", a);
}

int main(int argc, const char * argv[]) {
    useLocalVariable();
    useLocalVariable();
    useLocalVariable();

    useStaticVariable();
    useStaticVariable();
    useStaticVariable();

    return 0;
}

// Local Variable: 1
// Local Variable: 1
// Local Variable: 1
// Static Variable: 1
// Static Variable: 2
// Static Variable: 3
```

Swift는 코드 블록 내부에서 정적 변수를 선언할 수 없습니다.

3. 전역 변수와 외부 변수

전역 변수는 지역 변수와 달리 코드 블록 외부에서 선언되는 변수입니다. 지역 변수와 구분하기 위해서 변수 이름 앞에 g 접두어를 붙이거나 대문자로 이름을 지정하는 것이 관례입니다. 전역 변수는 선언에 사용된 키워드에 따라서 접근 범위가 달라집니다. 전역 변수는 기본적으로 동일한 파일 내부에서 접근할 수 있습니다. 이러한 접근 범위를 File Scope라고 합니다.

앞서 설명한 정적 변수를 코드 블록 외부에서 선언하면 File Scope를 가진 내부 전역 변수가 됩니다.

```Objective-C
static int a = 0;
```

내부 전역 변수는 다른 파일에서 접근할 수 없으며 이러한 특징을 Internal Linkage라고 합니다.

static 키워드 없이 선언된 외부 전역 변수는 다른 파일에서 접근할 수 있는 Global Scope를 가지며, 이러한 특징을 External Linkage라고 합니다.

Objective-C Scope/GlobalVariables/global.m
```Objective-C
int a = 12;
```

Objective-C Scope/GlobalVariables/main.m
```Objective-C
extern int a;

int main(int argc, const char * argv[]) {
    NSLog(@"%i", a);
    return 0;
}
// 12
```

global.m 파일에 선언되어 있는 전역 변수 a에 접근하려면 전역 변수의 이름과 자료형을 인식할 수 있어야합니다. 그래서 다른 파일에 선언되어 있는 전역 변수에 접근하기 위해서는 extern 키워드를 사용해서 다시 한 번 선언해 주어야합니다.

```Objective-C
extern int a;
```

이 코드는 다른 파일에 선언되어 있는 전역 변수를 사용하도록 지시할 뿐, 실제로 메모리에 변수를 생성하지 않습니다. 이러한 변수를 외부 변수라고 합니다. 외부 변수는 반드시 다른 파일에 선언되어 있는 전역 변수와 동일한 자료형과 이름으로 선언해야 합니다. 그렇지 않은 경우에는 컴파일 오류가 발생합니다.

Objective-C의 전역 변수는 사용 여부에 관계없이 프로그램이 종료될 때까지 메모리 공간을 점유합니다. 그래서 전역 변수를 많이 사용할수록 메모리 공간의 낭비가 심해집니다. 여기에 더해 여러 곳에서 전역 변수의 값을 변경할 수 있기 때문에 논리적인 오류가 발생하기 쉽고, 때로는 코드를 이해하기 어렵게 만들기도 합니다. 그러므로 전역 변수는 반드시 필요한 경우를 제외하고 사용하지 않는 것이 좋습니다.

Swift의 전역 변수는 Objective-C와 마찬가지로 코드 블록 외부에 선언되지만 몇 가지 차이점을 가지고 있습니다. 먼저, Swift의 전역 변수는 내부 전역 변수와 외부 전역 변수의 구분이 없고 동일한 모듈 내에서 외부 변수 선언 없이 자유롭게 접근할 수 있습니다. Swift의 전역 변수는 처음으로 접근하는 시점에 초기화되므로 Objective-C와 달리 메모리 공간을 낭비하지 않는 장점이 있습니다.

Expert Note

Swift의 전역 변수는 Lazy Stored Property이며, 선언 시 lazy 키워드를 사용하지 않아도 지연 초기화를 수행합니다.

전역 변수의 이름이 지역 변수의 이름과 동일하다면 지역 변수가 우선순위를 가집니다.

Objective-C Scope/VariablesPriority/VariablesPriorityObjC/main.m
```
int a = 123;

int main(int argc, const char * argv[]) {
    int a = 456;
    NSLog(@"%i", a);
    return 0;
}
// 456
```

Swift Scope/VariablesPriority/VariablesPriority.playground
```
var a = 123

func doSomething() {
    var a = 456
    print(a)
}

doSomething()
// 456
```

4. 레지스터 변수

지금까지 선언한 지역 변수, 정정변수, 전역 변수는 모두 메인 메모리에 저장됩니다. 레지스터 변수는 CPU에 내장된 레지스터에 저장되며 메인 메모리에 저장되는 변수에 비해 처리속도가 매우 빠릅니다. 짧은 시간동안 반복적으로 사용되고 크기가 작은 변수의 경우 레지스터에 저장하여 프로그램의 성능향상을 기대할 수 있습니다.

레지스터 변수를 선인할 때는 register 키워드를 사용합니다. Swift는 레지스터 변수를 제공하지 않습니다.

```
Objective-C
register int a;
```

레지스터 변수로 선언할 수 있는 대상은 지역 변수와 파라미터로 제한됩니다. 또한 CPU 레지스터의 크기는 메인 메모리에 비해 극히 작습니다. 그래서 레지스터에 저장할 수 있는 공간이 부족한 경우 레지스터 변수는 지역 변수처럼 메인 메모리에 저장될 수 있고, 일부 컴파일러는 최적화 과정에서 register 키워드를 무시하기도 합니다. 그리고 메모리 주소를 얻을 수 없기 때문에 포인터 연산을 지원하지 않습니다.

레지스터 변수는 주로 임베디드 프로그래밍에서 사용되며, iOS, macOS 프로그래밍에서는 거의 사용되지 않습니다.

5. 네임스페이스

저장 클래스를 공부하면서 전역 변수와 지역 변수는 동일한 이름을 가질 수 있다고 설명했습니다. 그 이유는 변수의 이름이 서로 다른 범위에 존재하기 때문입니다. 반대로 동일한 범위에 있는 지역 변수는 동일한 이름을 가질 수 없습니다. 서로 다른 범위에 있는 이름은 우선순위를 통해 구별할 수 있지만 동일한 범위에 있는 이름은 불가능 합니다.

네임스페이스는 이름 그대로 이름이 저장되는 공간입니다. 프로그래밍에서 네임스페이스를 사용하는 목적은 중복된 식별자 이름을 사용하여 소스 코드를 컴파일할 수 없는 상황(흔히 이름 충돌이라고 합니다)을 방지하는 것입니다. 프로그램을 구성하는 모든 소스 코드를 직접 수정할 수 있다면 이름 충돌을 걱정할 필요는 없습니다. 그러나 소스 코드에 접근할 수 없는 라이브러리를 사용하고 있고, 라이브러리 내에 다른 라이브러리에 있는 식별자와 동일한 이름을 가진 식별자가 있다면 심각한 문제가 발생합니다. Java, C++, C# 등의 언어들은 네임스페이스, 패키지와 같이 이름 충돌을 방지할 수 있는 수단을 제공하지만 Objective-C는 네임스페이스를 제공하지 않습니다.

네임스페이스의 부재는 Objective-C의 고질적인 문제 중 하나입니다. C 언어를 기반으로 만들어진 Objective-C는 C 언어와 형식 시스템을 공유하기 때문에 모든 식별자는 하나의 프로그램 내에서 유일한 이름을 가져야 합니다. 그래서 이름 충돌을 해결하기 위해 식별자 이름에 NS와 같은 접두어를 추가합니다.

• NS – Foundation, CoreData
• UI – UIKit
• CG – CoreGraphics

접두어는 보통 두 글자 또는 세 글자로 구성합니다. 두 글자 접두어는 일반적으로 내장 라이브러리와 프레임워크에서 사용하고, 직접 개발한 프레임워크, 형식에는 세 글자 접두어를 사용하는 것이 관례입니다.

Swift는 모듈 기반의 네임스페이스를 제공합니다. 보통 하나의 iOS 프로젝트는 하나의 모듈과 동일하며 모듈에 포함된 모든 식별자는 동일한 네임스페이스에 속합니다. 여전히 동일한 네임스페이스에 속한 식별자는 유일해야 하지만 외부 프레임워크와 라이브러리는 별도의 모듈로 인식되기 때문에 동일한 이름의 식별자를 가질 수 있습니다. 두 개 이상의 모듈에서 동일한 식별자를 사용한다면 식별자 앞에 모듈 이름을 추가하여 정확한 식별자를 지정할 수 있습니다.

Swift
```
ModuleName.Identifier
```

6. Summary

- 저장 클래스는 변수의 선언 위치에 따라 접근 가능한 범위, 변수의 수명, 초기화 방식을 결정합니다.
- 동일한 접근 범위 내에서 식별자의 이름은 유일해야 합니다.
- 지역 변수는 하나의 코드 블록 내에서 사용되는 변수로 코드 블록의 실행이 시작될 때 생성되고 실행이 완료되면 메모리에서 제거됩니다.
- 정적 변수는 static 키워드를 통해 선언합니다. 코드 블록 외부에 선언된 정적 변수는 전역 변수의 성질을 가지며 코드 블록 내부에 선언된 정적 변수는 코드 블록의 실행이 종료되어도 메모리에서 제거되지 않습니다.
- 전역 변수는 코드 블록 외부에서 선언된 변수입니다.
- static 키워드로 선언된 전역 변수는 동일한 파일 내에서 자유롭게 접근할 수 있습니다.
- static 키워드 없이 선언된 전역 변수는 다른 파일에서 자유롭게 접근할 수 있습니다. 다른 파일에 선언되어 있는 전역 변수를 사용하려면 반드시 extern 키워드를 통해 전역 변수를 인식할 수 있도록 외부 변수 선언을 추가해야 합니다.
- Objective-C의 전역 변수는 프로그램 시작 시점에 생성되어 프로그램이 종료될 때가지 유지됩니다.
- Swift의 전역 변수는 외부 변수 선언 없이 동일한 모듈에서 자유롭게 접근할 수 있습니다.
- Swift의 전역 변수는 프로그램 시작 시점이 아닌 처음 접근하는 시점에 생성됩니다.
- 레지스터 변수는 register 키워드를 통해 선언하며 CPU에 내장된 레지스터에 저장되어 처리속도가 빠릅니다.
- 네임스페이스는 이름 충돌을 피하기 위해 사용합니다.
- 네임스페이스가 없는 Objective-C의 NS, CG 등과 같은 접두어를 통해 이름 충돌 문제를 해결합니다.
- Swift는 모듈 기반의 네임스페이스를 제공합니다.
- Swift의 식별자 이름은 모듈 이름을 통해 접근할 수 있습니다.

옵셔널 (Swift Only)

CHAPTER

04

"값이 없음"을 표현하는 방법은 프로그래밍 언어에서 꼭 필요한 요소입니다. C 언어에서 파생된 대부분의 언어는 null 또는 NULL을 사용하고, Objective-C는 nil을 주로 사용합니다. 이들은 주로 객체나 포인터 같은 참조 형식을 대상으로 하기 때문에 값 형식을 대상으로 하는 경우에는 "값이 없음"을 표현하기 위해서 조금 억지스러운 방법을 사용합니다. 예를 들어 Foundation 프레임워크가 제공하는 다수의 메소드들은 검색 결과가 없을 경우 NSNotFound 상수를 리턴합니다.

옵셔널은 Swift에서 "값이 없음"을 처리하는 새로운 개념입니다. Swift는 참조 형식과 값 형식에 구분 없이 nil을 사용하여 "값이 없음"을 표현합니다. 이것은 Objective-C와 상반되기 때문에 두 언어를 함께 사용할 때 주의가 필요합니다.

1. Optional Type

Swift에서 nil 값을 가질 수 있는 참조 형식과 값 형식을 옵셔널 형식이라고 합니다. 옵셔널 형식은 초기값을 지정하지 않을 경우 nil로 초기화되고, 언제든지 유효한 값을 할당하거나 nil을 다시 할당 할 수 있습니다. 반대로 nil 값을 가질 수 없는 나머지 형식들은 비옵셔널 형식으로 분류합니다. 비옵셔널 형식은 NilLiteralConvertible 프로토콜을 채용한 경우를 제외하고 nil이 될 수 없습니다. 비옵셔널 형식에 nil이나 옵셔널 형식의 값을 할당하는 경우 컴파일 오류가 발생합니다.

옵셔널 형식을 선언하는 문법은 매우 단순합니다. 자료형 뒤에 ? 문자를 추가하는 점을 제외하면 변수를 선언하는 문법과 동일합니다.

> **Swift**
> var 변수 이름: 자료형?

예를 들어 옵셔널 형식의 정수는 다음과 같이 선언할 수 있습니다. optionalNum 변수는 선언 후 초기값을 할당하지 않았기 때문에 자동으로 nil로 초기화됩니다. 비옵셔널 형식을 선언한 후 초기화하지 않은 상태에서 값을 읽을 경우에는 컴파일 오류가 발생하는 것과 비교되는 부분입니다. 또한, 비옵셔널 형식에 nil 값을 할당하는 경우에도 컴파일 오류가 발생합니다.

```
Swift   Optional/Optional.playground#Page1
var optionalNum: Int?
print(optionalNum)
// nil

var nonOptionalNum: Int
print(nonOptionalNum)    // Error
nonOptionalNum = nil     // Error
```

옵셔널 형식을 var로 선언했다면 변수의 사용범위 내에서 얼마든지 값을 nil 또는 유효한 값으로 재할당할 수 있습니다.

```
Swift   Optional/Optional.playground#Page2
var optionalStr: String? = "hello"
optionalStr = nil
optionalStr = "new value"
optionalStr = nil
```

옵셔널이라는 개념이 존재하는 않는 Objective-C는 참조 형식을 언제든지 nil로 초기화할 수 있습니다. 그리고 약한 참조로 선언된 변수는 대상 객체의 수명에 따라 언제든지 nil로 초기화될 수 있습니다. 이러한 방식은 대부분의 경우 프로그래밍의 유연성을 높여줍니다. 하지만 nil로 메시지를 보내는 것을 오류로 판단하지 않는 특성 때문에 디버깅을 어렵게 하기도 합니다. Swift는 이러한 문제를 해결하기 위해 옵셔널이라는 새로운 개념을 도입하여 nil이 될 수 있는 형식과 그렇지 않은 형식을 엄격히 구분하고 있습니다. 즉, Int?와 Int는 서로 다른 형식으로 인식됩니다. 존재하지 않는 값으로 인한 오류를 컴파일 시점에 미리 파악하고 수정할 수 있도록 함으로써 더욱 안전한 코드를 작성할 수 있습니다.

Expert Note

옵셔널은 열거형으로 구현되었으며 내부적으로 None, Some(T)를 연관 값으로 가지고 있습니다.

---

2. Wrapping & Unwrapping

옵셔널을 이해하는데 가장 중요한 개념은 nil 값을 가질 수 있다는 것과 값이 포장되어 있다는 것입니다. 이해하기 쉽게 선물박스에 비유해 보겠습니다. 박스 안에 선물이 들어있는 상태는 옵셔널이 값을 가지고 있는 상태이고, 박스가 비어있다면 옵셔널이 값을 가지고 있지 않은 상태, 다시 말해 nil 값을 가지고 있는 상태라고 생각할 수 있습니다. 선물을 씹고 뜯고 맛보고 즐기려면 박스 안에서 꺼내야 하는 것처럼 옵셔널에 저장된 값을 사용하려면 값을 꺼내는 과정이 필요합니다. 이것을 추출이라고 하며 이 책에서는 "값을 추출한다."고 표현합니다. 값을 추출하는 방식은 강제로 추출하는 방식과 자동으로 추출되는 방식이 제공됩니다.

Swift Optional/Optional.playground#Page3

```swift
var optionalStr: String? = "hello"
print(optionalStr)
// Optional("hello")
```

optionalStr 변수는 "hello"라는 문자열을 저장하고 있는 옵셔널 형식으로 Optional("hello")와 같이 출력됩니다. 다시 선물 박스 비유로 돌아가면, 이 코드는 선물 박스 안에 들어있는 선물(문자열)을 출력한 것이 아니고 선물 박스(옵셔널 형식) 자체를 출력하고 있습니다.

옵셔널 형식에 저장된 값을 추출하는 문법은 매우 단순합니다. 옵셔널 변수 또는 표현식 뒤에 ! 문자를 붙이면 옵셔널 형식에 저장된 값이 추출됩니다.

Swift

옵셔널 표현식!

optionalStr 변수에 저장된 문자열을 추출하려면 다음과 같이 optionalStr 값을 읽을 때 ! 문자를 붙입니다. 그러면 저장되어 있는 실제 문자열 "hello"가 출력됩니다.

Swift Optional/Optional.playground#Page3

```swift
var optionalStr: String? = "hello"
print(optionalStr!)
// hello
```

만약 optionalStr 변수에 값이 저장되어 있지 않는 상태에서 값을 추출하면 어떻게 될까요?

Swift Optional/Optional.playground#Page4

```swift
var optionalStr: String?
print(optionalStr!)      // Error
```

이 코드를 실행하면 런타임 오류가 발생합니다. ! 문자는 대상이 되는 옵셔널 형식이 값을 가지고 있는가에 상관없이 항상 값 추출을 시도합니다. 유효한 값이 저장된 경우에는 값이 정상적으로 추출되지만 값이 없는 경우에는 런타임 오류가 발생합니다. 이러한 방식을 강제 추출이라고 합니다. 그리고 강제 추출에 사용된 ! 문자를 강제 추출 연산자라고 부릅니다. 강제 추출은 런타임 오류의 위험성을 가지고 있기 때문에 if 조건문, guard 구문, 또는 옵셔널 바인딩 구문으로 값의 유효성을 확인한 후 사용하는 것이 일반적입니다.

옵셔널 형식에 저장된 값을 사용할 때 값의 유효성을 정확히 판단할 수 있다면 암시적 추출을 사용할 수 있습니다. 암시적 추출은 옵셔널 형식에 저장된 값을 읽을 때 비옵셔널 형식처럼 ! 연산자 없이 값을 읽을 수 있다는 장점이 있지만, 강제 추출과 마찬가지로 값이 저장되어 있지 않은 경우에는 런타임 오류가 발생합니다.

> **Beginner Note**
>
> Implicit Unwrapping은 Automatic Unwrapping이라고 부르기도 합니다.

암시적 추출을 사용하려면 옵셔널 형식을 선언할 때 ? 문자 대신 ! 문자를 사용합니다. 이렇게 선언된 옵셔널 형식을 IUO(Implicitly Unwrapped Optional)라고 합니다.

Swift
```
var 변수 이름: 자료형!
```

IUO로 선언된 옵셔널 형식은 값에 접근할 때 자동으로 값이 추출됩니다. 예를 들어 조금 전에 살펴본 예제와 달리 optionalStr 변수를 IUO로 선언하면 ! 연산자를 사용하지 않아도 옵셔널 형식에서 추출된 값이 출력됩니다.

Swift Optional/Optional.playground#Page5
```
var optionalStr: String! = "hello"
print(optionalStr)
// hello
```

3. Optional Binding

옵셔널 형식에 값이 저장되어 있지 않을 때, 다시 말해 nil이 할당되어 있을 때 값을 추출하는 것은 런타임 오류의 원인이 됩니다. 그래서 옵셔널 형식에 저장된 값을 사용하기 전에 값의 유효성을 확인해야 합니다.

Swift Optional/Optional.playground#Page65
```
var optionalStr: String?

if optionalStr != nil {
    print(optionalStr!)
} else {
    print("empty")
}
// empty
```

이 코드는 optionalStr 변수에 유효한 값이 저장되어 있지 않은 경우에도 런타임 오류가 발생하지 않습니다.

Beginner Note

프로그래밍을 처음 접하는 독자들은 나머지 옵셔널에 대한 내용을 건너뛰고 앞으로 설명할 조건문, 함수, 클래스 등을 학습한 후에 나머지 부분을 다시 공부하셔도 괜찮습니다.

---

if 조건문을 통해서 조금 더 안전한 코드가 되었지만 여전히 ! 연산자를 사용해서 값을 추출하는 과정이 필요합니다. Swift는 유효한 값을 확인하는 과정과 값을 추출하는 과정을 동시에 처리해주는 옵셔널 바인딩 구문을 제공합니다.

```Swift
if let 상수 이름 = 옵셔널 표현식 {
    바인딩이 성공했을 때 실행할 코드
}
```

옵셔널 표현식 부분에는 옵셔널 변수 또는 옵셔널 형식을 리턴하는 메소드 호출 등이 올 수 있습니다. 옵셔널 표현식의 최종 값이 nil이 아니라면 값이 상수 이름으로 선언한 상수에 할당됩니다. 이 상수는 바인딩이 성공했을 때 실행할 코드에서만 사용할 수 있는 임시 상수입니다. 만약 옵셔널 표현식의 자료형이 String? 이라면 이 상수의 자료형은 String이 됩니다. "상수 이름 = 옵셔널 표현식" 부분을 하나로 묶어 바인딩 항목 또는 간단히 바인딩이라고 부릅니다.

이어지는 예제에서 optionalStr에 저장된 문자열은 옵셔널 바인딩 구문에서 str 상수에 할당됩니다. str 상수는 옵셔널 형식이 아니므로 추출 없이 바로 값을 읽을 수 있습니다.

```Swift
// Optional/Optional.playground#Page7
var optionalStr: String? = "hello"

if let str = optionalStr {
    print(str)
}
// hello
```

str은 let으로 선언된 상수이기 때문에 옵셔널 바인딩 구문 내에서 값을 변경할 수 없습니다. 만약 값을 변경해야 한다면 let 대신 var 키워드를 사용해서 임시 상수 대신 임시 변수로 선언해야 합니다.

```Swift
if var 변수 이름 = 옵셔널 표현식 {
    바인딩이 성공했을 때 실행할 코드
}
```

```
Swift  Optional/Optional.playground#Page7
var optionalStr: String? = "hello"

if var str = optionalStr {
    str += " swift!"
    print(str)
}
// hello swift!
```

옵셔널 바인딩 구문은 Swift 1.1 버전까지 하나의 바인딩만 처리할 수 있는 제약을 가지고 있었습니다. 그래서 두 개 이상의 옵셔널 형식이 모두 유효한 경우에만 실행되어야 하는 코드를 작성할 때 옵셔널 바인딩 구문을 중첩해서 작성해야 했고, 이러한 코드는 Pyramid of doom으로 불리면서 조롱과 불편함의 대상이 되었습니다. 이어지는 코드는 두 개의 옵셔널 형식으로 저장된 고객의 이름과 포인트를 추출한 후 포인트에 따라 고객의 등급을 출력하는 가상의 코드입니다. 원하는 기능을 구현하기에 전혀 문제가 없지만 추출해야할 값에 따라 중첩해야할 단계가 늘어나고 가독성이 매우 떨어진다는 단점을 가지고 있습니다.

```
Swift  Optional/Optional.playground#Page8
let name: String? = "John doe"
let point: Int? = 1200

if let n = name {
    if let p = point {
        if p > 1000 {
            print("\(n) - Gold Membership")
        }
    }
}
// John doe - Gold Membership
```

Swift 1.2 버전부터 옵셔널 바인딩 구문은 두 개 이상의 바인딩을 처리할 수 있도록 개선되었습니다. 개별 바인딩은 ,로 구분해서 나열할 수 있고, 모든 바인딩이 성공한 경우에만 내부 코드가 실행됩니다. 이 책에서는 이해를 돕기 위해 "let 상수 이름 1 = 옵셔널 표현식 1, 상수 이름 N = 옵셔널 표현식 N" 부분을 바인딩 그룹으로 부릅니다. 개별 바인딩 그룹의 범위는 let 또는 var 키워드부터 새로운 let, var 키워드를 만나기 전까지입니다. 그래서 바인딩 그룹은 상수 바인딩 그룹과 변수 바인딩 그룹으로 구분할 수 있습니다. 하나의 바인딩 그룹에 상수와 변수가 동시에 존재할 수는 없습니다.

```
Swift 2.3
if let 상수 이름 1 = 옵셔널 표현식 1, 상수 이름 N = 옵셔널 표현식 N {
    모든 바인딩이 성공했을 때 실행할 코드
}
```

앞의 예제에서 중첩된 옵셔널 바인딩 구문은 다음과 같이 하나의 옵셔널 바인딩 구문으로 바꿀 수 있습니다. 개별 바인딩은 자신이 속한 바인딩 그룹의 영향을 받습니다. 그래서 n과 p는 모두 상수가 됩니다.

```
Swift ~2.x   Optional/Optional.playground#Page8
if let n = name, p = point {
    // …
}
```

만약 옵셔널 바인딩 구문 내부에서 p의 값을 변경해야 한다면 어떻게 해야 할까요? 앞에서 공부한대로 let을 var로 바꿀 수 있지만 값을 변경할 필요가 없는 n까지 변수가 되어버리는 문제가 있습니다.

```
Swift ~2.x   Optional/Optional.playground#Page8
if var n = name, p = point {
    // …
}
```

이 문제는 n과 p를 별도의 바인딩 그룹으로 선언하여 해결할 수 있습니다. 다음과 같이 p를 var로 선언하도록 수정하면 새로운 변수 바인딩 그룹이 시작되고 옵셔널 바인딩 구문 내부에서 p의 값을 변경할 수 있습니다.

```
Swift   Optional/Optional.playground#Page8
if let n = name, var p = point {
    //…
}
```

Swift 3 버전부터 모든 바인딩은 let 또는 var 키워드를 반드시 가져야 합니다. 그래서 상수 바인딩 그룹이나 변수 바인딩 그룹이라는 개념이 더 이상 적용되지 않습니다.

```
Swift 3
if let 상수 이름 1 = 옵셔널 표현식 1, let 상수 이름 N = 옵셔널 표현식 N {
    모든 바인딩이 성공했을 때 실행할 코드
}
```

Swift 2.3 버전의 옵셔널 바인딩 구문은 where 절을 추가하여 조건을 비교할 수 있습니다. 이 경우에는 모든 바인딩이 성공하고 조건식이 참으로 평가된 경우에만 내부의 코드가 실행됩니다.

```
Swift 2.3
if let 상수 이름 = 옵셔널 표현식 where 조건식 {
    모든 바인딩이 성공하고 조건식이 참일 때 실행할 코드
}
```

예를 들어 옵셔널 바인딩 구문 내부에서 p의 값을 1000과 비교하는 if 조건문을 where 절로 바꿀 수 있습니다. where절은 n에 저장된 이름이 4자 이상이고, p에 저장된 점수가 1000을 초과하는지 확인합니다. where절이 평가되는 시점에는 이미 n과 p에 유효한 값이 할당된 상태이므로 where절에서 사용할 수 있습니다.

Swift ~2.x Optional/Optional.playground#Page9

```swift
let name: String? = "John doe"
let point: Int? = 1200

if let n = name, p = point where n.characters.count > 3 && p > 1000 {
    print("\(n) - Gold Membership")
}
// John doe - Gold Membership
```

하나의 바인딩 그룹은 하나의 where절을 가질 수 있고, where절은 항상 바인딩 그룹 마지막 부분에 작성해야 합니다. 예를 들어 다음과 같이 where절 이후에 새로운 바인딩을 추가하는 것은 오류입니다.

Swift ~2.x Optional/Optional.playground#Page10

```swift
if let n = name where n.characters.count > 3, p = point where p > 1000 { //
Error
    //…
}
```

Swift 3 버전의 옵셔널 바인딩 구문은 비교식을 추가하기 위해서 where 절을 사용할 필요가 없습니다. 비교식은 다른 바인딩과 마찬가지로 ,로 구분하여 나열할 수 있습니다. 비교식과 바인딩의 작성 순서는 관계가 없습니다.

Swift 3

```swift
if let 상수 이름 = 옵셔널 표현식, 불린 표현식 {
    모든 바인딩이 성공하고 불린 표현식이 참으로 평가될 때 실행할 코드
}
```

Swift 3 Optional/Optional.playground#Page11

```swift
let name: String? = "John doe"
let point: Int? = 1200

if let n = name, let p = point, n.characters.count > 3 && p > 1000 {
    print("\(n) - Gold Membership")
}
// John doe - Gold Membership
```

4. Summary

- Swift는 옵셔널 형식을 통해 nil을 저장할 수 있는 형식과 항상 유효한 값을 저장해야 하는 형식을 구분합니다.

- 옵셔널 형식을 선언할 때는 자료형 뒤에 ? 문자를 추가합니다.

  > **Swift**
  > ```
  > var 변수 이름: 자료형?
  > ```

- 옵셔널 형식에 저장된 값을 사용하기 위해서는 값을 추출해야 합니다.

- 옵셔널 표현식 뒤에 ! 연산자를 붙이면 값이 강제로 추출됩니다. 옵셔널 표현식의 값이 nil인 경우에는 런타임 오류가 발생합니다.

  > **Swift**
  > ```
  > 옵셔널 표현식!
  > ```

- 옵셔널 형식을 선언할 때 ? 문자 대신 ! 문자를 사용하면 값을 읽을 때 값이 자동적으로 추출됩니다.

  > **Swift**
  > ```
  > var 변수 이름: 자료형!
  > ```

- 옵셔널 형식을 사용할 때 값의 유효성을 확인하기 위해 옵셔널 바인딩 구문을 사용합니다.

  > **Swift**
  > ```
  > if let 상수 이름 = 옵셔널 표현식 {
  >     바인딩이 성공했을 때 실행할 코드
  > }
  > ```

연산자

프로그래밍 언어는 1 + 2와 같이 사칙연산을 수행하는 산술 연산자, 값을 비교하는 비교 연산자, 참과 거짓을 판단하는 논리연산자 등 다양한 연산자를 제공합니다. Objective-C와 Swift는 C가 제공하는 대부분의 표준 연산자를 제공합니다. 특히 Swift는 연산자를 사용하면서 자주 발생할 수 있는 프로그래밍 오류를 사전에 방지할 수 있는 다양한 개선점을 가지고 있습니다.

연산자는 연산의 대상이 되는 피연산자를 하나 이상 가질 수 있습니다. 피연산자의 수에 따라 단항 연산자, 이항 연산자, 삼항 연산자로 구분할 수 있습니다.

```
-a          // 단항 연산자
a + b       // 이항 연산자
a ? b : c   // 삼항 연산자
```

연산자의 위치는 피연산자의 왼쪽, 피연산자 사이, 피연산자의 오른쪽에 올 수 있고, 위치에 따라 연산의 결과가 달라질 수 있습니다. 연산자를 위치에 따라 구분할 때는 각각 Prefix Operator, Infix Operator, Postfix Operator라고 부릅니다.

```
++a         // Prefix Operator
a++         // Postfix Operator
a + b       // Infix Operator
```

연산자는 우선순위를 가지고 있습니다. 예를 들어 사칙연산에서 곱하기가 더하기보다 우선순위를 가지는 것처럼 * 연산자가 + 연산자보다 높은 우선순위를 가집니다. 그리고 수식에 사용된 연산자들이 동등한 우선순위를 가진 경우에는 결합성에 따라 우선순위를 결정합니다.

1. 산술 연산자 (Arithmetic Operator)

산술 연산자는 덧셈, 뺄셈, 곱셈, 나눗셈과 같은 기본적인 사칙연산과 나머지 연산, 부호 변경을 수행하는 연산자입니다. 산술 연산자가 포함된 표현식은 기본적으로 왼쪽에서 오른쪽으로 계산되지만, 연산자의 우선순위에 따라서 순서가 달라질 수 있습니다.

1.1 + 연산자 (Addition Operator)

+ 연산자는 이항 연산자로 두 피연산자의 값을 더합니다.

Objective-C Operator/Addition/AdditionObjC/main.m
```objc
int a = 1;
int b = 2;
int result = a + b;
```

Swift Operator/Addition/Addition.playground
```swift
let a = 1
let b = 2
let result = a + b
```

1.2 - 연산자 (Subtraction Operator)

- 연산자는 피연산자가 하나일 때 피연산자의 부호를 변경합니다. 예를 들어 a 변수에 1이 저장되어 있다면 -a의 값은 -1이 됩니다. 단항 - 연산자는 특별히 Unary minus Operator 또는 Additive Inverse Operator라고 합니다.

Objective-C Operator/Subtraction/SubtractionObjC/main.m
```objc
int a = 1;
int result = -a;
```

Swift Operator/Subtraction/Subtraction.playground#Page1
```swift
let a = 1
let result = -a
```

피연산자가 두 개인 경우에는 두 피연산자의 차를 구합니다.

Objective-C Operator/Subtraction/SubtractionObjC/main.m
```objc
int a = 1;
int b = 2;
int result = a - b;
```

Swift Operator/Subtraction/Subtraction.playground#Page2
```swift
let a = 1
let b = 2
let result = a - b
```

1.3 * 연산자 (Multiplication Operator)

* 연산자는 이항 연산자로 두 피연산자를 곱합니다.

Objective-C Operator/Multiplication/MultiplicationObjC/main.m#Block1
```
int a = 1;
int b = 2;
int result = a * b;
```

Swift Operator/Multiplication/Multiplication.playground
```
let a = 1
let b = 2
let result = a * b
```

1.4 / 연산자 (Division Operator)

/ 연산자는 이항 연산자로 두 피연산자를 나눈 몫을 구합니다.

Objective-C Operator/Division/DivisionObjC/main.m#Block1
```
int a = 1;
int b = 2;
int result = a / b;
```

Swift Operator/Division/Division.playground#Page1
```
let a = 1
let b = 2
let result = a / b
```

result 변수에 저장된 결과 값은 얼마일까요? 자료형을 통해서 어느 정도 예상할 수 있듯이 0.5가 아닌 0이 저장됩니다. result 변수의 자료형을 double로 바꾸어도 마찬가지 입니다. / 연산자는 정수 나누기에서 소수 부분을 버립니다. 0.5라는 결과를 얻기 위해서는 두 피연산자 중 하나 또는 모든 피연산자를 실수로 바꾸어서 실수 나누기를 수행해야 합니다.

Objective-C Operator/Division/DivisionObjC/main.m
```
int a = 1;
int b = 2;
double result = (double)a / b;
```

Swift Operator/Division/Division.playground#Page2
```
let a = 1
let b = 2
let result = Double(a) / Double(b)
```

1.5 % 연산자 (Modulo Operator)

% 연산자는 이항 연산자로 두 피연산자를 나눈 나머지를 구합니다. Objective-C에서 % 연산자를 사용할 때 주의할 점은 정수의 나머지 연산만 지원한다는 것입니다. 실수 피연산자를 사용한다면 컴파일 오류가 발생합니다.

Objective-C Operator/Modulo/ModuloObjC/main.m
```
int a = 1;
int b = 2;
int result = a % b;
```

Objective-C
```
double a = 1;
int b = 2;
int result = a % b;   // Error
```

Swift는 2.3 버전까지 % 연산자를 통한 실수의 나머지 연산을 지원합니다. Swift 3 버전부터 % 연산자는 Objective-C와 마찬가지로 정수의 나머지 연산만 지원하며 실수의 나머지 연산은 truncating Remainder(dividingBy:) 메소드를 사용해야 합니다.

Swift ~2.x Operator/Modulo/Modulo.playground#Page1
```
let a = 8.0
let b = 2.5
let result = a % b
// 0.5
```

Swift 3 Operator/Modulo/Modulo.playground#Page2
```
let a = 8.0
let b = 2.5
let result = a.truncatingRemainder(dividingBy: b)
print(result)
// 0.5
```

1.6 ++ 연산자 (Increment Operator)

++ 연산자는 단항 연산자로 피연산자의 값을 1 증가시킵니다. ++ 연산자는 피연사자의 위치에 따라서 전치와 후치로 구분되고 표현식의 결과 값이 달라집니다.

Objective-C Operator/Increment/IncrementObjC/main.m
```
int a = 1;
int b = 1;
int result = ++a;
```

```objectivec
NSLog(@"%i", result);
// 2
NSLog(@"%i", a);
// 2

result = b++;
NSLog(@"%i", result);
// 1
NSLog(@"%i", b);
// 2
```

Swift ~2.x Operator/Increment/Increment.playground
```swift
var a = 1
var b = 1
var result = ++a
print(result)
// 2
print(a)
// 2

result = b++
print(result)
// 1
print(b)
// 2
```

전치 ++ 연산자는 피연산자의 값을 먼저 증가시킨 후 값을 사용합니다. 그래서 ++a 표현식의 결과는 2가 되고 result와 a의 값을 출력해 보면 모두 2가 저장되어 있습니다. 전치 ++ 연산은 a에 1을 더한 값을 저장한 후 result에 a 값을 할당하는 것과 동일합니다.

Objective-C
```objectivec
a = a + 1;
int result = a;
```

Swift
```swift
a = a + 1
var result = a
```

후치 ++ 연산자는 피연산자에 저장되어 있는 값을 사용한 후 증가시킵니다. b++ 표현식의 결과는 1이 되고 result에 할당됩니다. 그 이후 b의 값이 1 증가합니다. 이 연산은 result에 b 값을 할당한 후 b에 1을 더한 값을 저장하는 것과 동일합니다.

Objective-C
```objectivec
result = b;
b = b + 1;
```

```
Swift
result = b
b = b + 1
```

Swift의 경우 3.0 버전부터 ++ 연산자가 삭제되어 더 이상 사용할 수 없습니다

1.7 -- 연산자 (Decrement Operator)

-- 연산자는 피연산자의 값을 1 감소시키는 것을 제외하고 ++ 연산자와 동일합니다.

Objective-C Operator/Decrement/DecrementObjC/main.m
```
int a = 1;
int b = 1;
int result = --a;
NSLog(@"%i", result);
// 0
NSLog(@"%i", a);
// 0

result = b--;
NSLog(@"%i", result);
// 1
NSLog(@"%i", b);
// 0
```

Swift ~2.x Operator/Decrement/Decrement.playground
```
var a = 1
var b = 1
var result = --a
print(result)
// 0
print(a)
// 0

result = b--
print(result)
// 1
print(b)
// 0
```

Swift의 경우 3.0 버전에서 -- 연산자가 삭제되어 더 이상 사용할 수 없습니다.

1.8 산술 오버플로우

숫자 자료형은 저장 가능한 값의 범위를 가지고 있습니다. 예를 들어 Objective-C의 short 자료형은 −32768 ~ 32767 사이의 값을 저장할 수 있습니다. 만약 short 자료형 변수에 32767이 저장되어 있는데 1을 더하면 어떻게 될까요? 반대로 −32768이 저장되어 있는데 1을 빼면 어떻게 될까요?

Objective-C Operator/Overflow/OverflowObjC/main.m
```
short a = SHRT_MAX + 1;
NSLog(@"%i", a);
// -32768

short b = SHRT_MIN - 1;
NSLog(@"%i", b);
// 32767
```

이처럼 산술 연산의 결과 값이 저장 가능한 값의 범위를 벗어나는 문제를 산술 오버플로우라고 합니다. 산술 오버플로우가 발생할 경우 값이 예상 값과 큰 차이를 가지기 때문에 오류의 원인이 되기 쉽습니다. 산술 오버플로우는 코드를 실행하기 전까지 예측이 어렵고, 실제로 디버깅할 때 이런 종류의 오류를 찾는 것이 매우 어렵습니다. 그러므로 산술 연산의 결과 값을 저장할 때는 반드시 오버플로우의 가능성을 염두에 두고 예상 가능한 값보다 큰 값을 저장할 수 있는 자료형을 선택해야 합니다.

Swift는 기본적으로 산술 연산에서 오버플로우를 허용하지 않습니다. Objective-C와 달리 오버플로우가 발생하는 코드를 컴파일 단계에서 파악할 수 있으므로 코드의 안정성이 매우 높아집니다.

Swift
```
let a: Int16 = Int16.max + 1        // Error
```

의도적으로 오버플로우 결과를 활용해야 한다면 Swift에서 새로 도입된 오버플로우 연산자를 사용해야 합니다.

1.9 오버플로우 연산자 (Overflow Operator – Swift Only)

Swift에 새로 도입된 오버플로우 연산자는 기본 산술 연산자와 달리 오버플로우를 허용합니다. 이 연산자는 & 문자와 산술 연산자가 조합된 형태를 가지고 있고 Objective-C의 산술 연산자와 동일한 결과를 얻을 수 있습니다. 초기에는 다섯 개의 오버플로우 연산자를 제공했지만 현재는 세 개의 오버플로우 연산자를 제공하고 있습니다.

&+ : Overflow addition
&− : Overflow subtraction
& * : Overflow multiplication

조금 전 예제는 Int16.max에 1을 더한 결과가 오버플로우를 발생시키기 때문에 실행할 수 없습니다. 하지만 오버플로우 연산자를 사용하도록 구현을 변경하면 정상적으로 실행할 수 있고 Objective-C 와 동일한 결과를 얻을 수 있습니다.

Swift Operator/Overflow/Overflow.playground
```swift
let a: Int16 = Int16.max &+ 1
print(a)
// -32768

let b: Int16 = Int16.min &- 1
print(b)
// 32767

let c: Int16 = Int16.min &* Int16.max
print(c)
// -32768
```

2. 비교 연산자 (Comparison Operator)

비교 연산자(또는 관계 연산자)는 두 피연산자의 값을 비교합니다. 이 연산자는 값의 동등성과 크기를 비교할 수 있고, 비교 연산의 결과는 항상 참과 거짓을 나타내는 불린 값입니다. 주로 조건문과 제어 문에서 코드의 실행여부를 판단하는데 사용됩니다.

2.1 == 연산자 (Equal To Operator)

== 연산자는 두 피연산자의 값이 같으면 true 또는 YES를 리턴하고, 다르면 false 또는 NO를 리턴 합니다.

Objective-C Operator/EqualTo/EqualToObjC/main.
```objc
int a = 1;
int b = 2;
BOOL result = a == b;
NSLog(@"%i == %i : %i", a, b, result);
// 1 == 2 : 0
```

Swift Operator/EqualTo/EqualTo.playground

```swift
let a = 1
let b = 2
let result = a == b
print("\(a) == \(b) : \(result)")
// 1 == 2 : false
```

Beginner Note

NSLog 함수는 불린 값을 0 또는 1로 출력합니다. Swift의 실행결과와 같이 불린 리터럴로 출력하고 싶다면 불린 값에 따라 YES 또는 NO를 문자열로 출력해야 합니다.

```
NSLog(@"%i == %i : %@", a, b, result ? @"YES" : @"NO");
```

2.2 != 연산자 (Not Equal to Operator)

!= 연산자는 두 피연산자의 값이 다르면 true 또는 YES를 리턴하고, 같으면 false 또는 NO를 리턴합니다.

Objective-C Operator/NotEqualTo/NotEqualToObjC/main.m

```objc
int a = 1;
int b = 2;
BOOL result = a != b;
NSLog(@"%i != %i : %i", a, b, result);
// 1 != 2 : 1
```

Swift Operator/NotEqualTo/NotEqualTo.playground

```swift
let a = 1
let b = 2
let result = a != b
print("\(a) != \(b) : \(result)")
// 1 != 2 : true
```

2.3 〈 연산자 (Less Than Operator)

〈 연산자는 왼쪽 피연산자의 값이 오른쪽 피연산자의 값보다 작으면 true 또는 YES를 리턴하고, 크거나 같으면 false 또는 NO를 리턴합니다.

Objective-C Operator/LessThan/LessThanObjC/main.m

```objc
int a = 1;
int b = 2;
```

```
BOOL result = a < b;
NSLog(@"%i < %i : %i", a, b, result);
// 1 < 2 : 1
```

Swift Operator/LessThan/LessThan.playground
```
let a = 1
let b = 2
let result = a < b
print("\(a) < \(b) : \(result)")
// 1 < 2 : true
```

2.4 〈= 연산자 (Less Than or Equal to Operator)〉

〈= 연산자는 왼쪽 피연산자의 값이 오른쪽 피연산자의 값보다 작거나 같으면 true 또는 YES를 리턴
하고, 크면 false 또는 NO를 리턴합니다.

Objective-C Operator/LessThanOrEqualTo/LessThanOrEqualToObjC/main.m
```
int a = 1;
int b = 2;
BOOL result = a <= b;
NSLog(@"%i <= %i : %i", a, b, result);
// 1 <= 2 : 1
```

Swift Operator/LessThanOrEqualTo/LessThanOrEqualTo.playground
```
let a = 1
let b = 2
let result = a < b
print("\(a) <= \(b) : \(result)")
// 1 <= 2 : true
```

2.5 〉연산자 (Greater Than Operator)

〉연산자는 왼쪽 피연산자의 값이 오른쪽 피연산자의 값보다 크면 true 또는 YES를 리턴하고, 작거
나 같으면 false 또는 NO를 리턴합니다.

Objective-C Operator/GreaterThan/GreaterThanObjC/main.m
```
int a = 1;
int b = 2;
BOOL result = a > b;
NSLog(@"%i > %i : %i", a, b, result);
// 1 > 2 : 0
```

```
let a = 1
let b = 2
let result = a > b
print("\(a) > \(b) : \(result)")
// 1 > 2 : false
```

2.6 >= 연산자 (Greater Than or Equal to Operator)

>= 연산자는 왼쪽 피연산자의 값이 오른쪽 피연산자의 값보다 크거나 같으면 true 또는 YES를 리턴하고, 작으면 false 또는 NO를 리턴합니다.

Objective-C Operator/GreaterThanOrEqualTo/GreaterThanOrEqualToObjC/main.m

```
int a = 1;
int b = 2;
BOOL result = a >= b;
NSLog(@"%i >= %i : %i", a, b, result);
// 1 >= 2 : 0
```

Swift Operator/GreaterThanOrEqualTo/GreaterThanOrEqualTo.playground

```
let a = 1
let b = 2
let result = a >= b
print("\(a) >= \(b) : \(result)")
// 1 >= 2 : false
```

3. 항등 연산자 (Identity Operator - Swift Only)

연산자	피연산자 수	연산결과	표현식
===	2	두 피연산자의 참조가 동일하면 true, 동일하지 않으면 false	a === b
!==	2	두 피연산자의 참조가 동일하지 않으면 true, 동일하면 true	a !== b

값 형식의 비교는 저장된 값을 비교하는 것으로 충분합니다. 하지만 참조 형식의 비교는 저장된 값 이외에 메모리 주소를 비교할 수 있어야 합니다.

> **Beginner Note**
>
> 일부 언어에서 == 연산자를 항등 연산자로, 여기에서 설명하는 항등 연산자를 완전 항등 연산자로 부르기도 합니다.

Objective-C에서 == 연산자는 피연산자의 형식에 따라 비교 대상이 달라집니다. 값 형식인 경우에는 저장된 값을 비교하지만 참조 형식인 경우에는 인스턴스의 메모리 주소를 비교합니다.

Objective-C Operator/Identity/CompareAddress/main.m

```objc
NSString* str1 = [NSString stringWithFormat:@"%@", @"str"];
NSString* str2 = @"str";
NSString* str3 = str2;

if (str1 == str2) {
    NSLog(@"str1 is identical to str2");
} else {
    NSLog(@"str1 is not identical to str2");
}
// str1 is not identical to str2

if (str2 == str3) {
    NSLog(@"str2 is identical to str3");
} else {
    NSLog(@"str2 is not identical to str3");
}
// str2 is identical to str3
```

Beginner Note

만약 str1을 아래와 같이 NSString 리터럴을 통해 초기화하면 컴파일러 최적화로 인해 str2와 동일한 인스턴스가 됩니다.

```objc
NSString* str1 = @"str";
```

이 예제는 str1과 str2를 개별 인스턴스로 생성하기 위해서 stringWithFormat: 메소드를 사용하고 있습니다.

이 예제에서 str1과 str2는 내부에 동일한 문자열을 저장하고 있지만 서로 다른 메모리에 생성됩니다. 그래서 == 연산자로 두 인스턴스를 비교하면 메모리 주소가 다르기 때문에 str1 is not identical to str2가 출력됩니다. 하지만 str3은 str2와 동일한 메모리 주소를 가리키고 있으므로 str2 is identical to str3이 출력됩니다. 그렇다면 인스턴스에 저장된 값을 비교하려면 어떻게 해야 할까요? 대부분의 Objective-C 객체는 값을 비교할 수 있는 메소드를 제공합니다. NSString의 경우 isEqualToString: 메소드를 사용합니다.

Objective-C Operator/Identity/CompareStringValue/main.m

```objc
NSString* str1 = [NSString stringWithFormat:@"%@", @"str"];
NSString* str2 = @"str";

if ([str1 isEqualToString:str2]) {
```

```
        NSLog(@"str1 is equal to str2");
    } else {
        NSLog(@"str1 is not equal to str2");
    }
    // str1 is equal to str2
```

이처럼 값 형식과 참조 형식에 따라서 == 연산자의 비교 대상이 달라지는 것은 연산자의 역할을 모호하게 만듭니다.

Swift는 항등 연산자를 도입하여 값 비교와 참조 비교를 명확히 구분합니다. 비교 연산자는 값 형식과 참조 형식에 관계없이 저장된 값을 비교하고, 항등 연산자는 인스턴스의 참조를 비교합니다.

Swift Operator/Identity/Identity.playground
```
let str1 = NSString(format: "%@", "str")
let str2 = NSString(string: str1)

if str1 == str2 {
    print("str1 is equal to str2")
} else {
    print("str1 is not equal to str2")


}
// str1 is equal to str2

if str1 === str2 {
    print("str1 is identical to str2")
} else {
    print("str1 is not identical to str2")
}
// str1 is not identical to str2
```

str1과 str2는 개별 인스턴스이지만 동일한 문자열을 저장하고 있습니다. == 연산자를 통해 값을 비교하면 같은 값을 가지고 있다고 판단하고 str1 is equal to str2를 출력합니다. 반대로 === 연산자를 통해 참조를 비교하면 별도의 인스턴스이기 때문에 str1 is not identical to str2를 출력합니다.

클래스, 구조체 등을 직접 구현할 때 값 비교와 참조 비교의 차이점을 명확히 이해하고 비교 연산과 항등 연산이 올바르게 실행되도록 구현해야 합니다. 비교 연산을 수행하는 메소드를 구현한다면 메소드 이름을 통해 비교 대상을 유추할 수 있도록 해야 합니다.

4. 논리 연산자 (Logical Operator)

논리 연산자는 비교 연산자와 마찬가지로 연산의 결과가 불린 값입니다. 비교 연산자의 피연산자는 주로 값인 반면 논리 연산자의 피연산자는 불린 표현식입니다. 대부분의 불린 표현식은 비교 연산자를 포함하고 있어서 피연산자를 비교식이라고 할 수 있습니다.

연산자	피연산자 수	연산결과	표현식
&&	2	두 피연산자가 모두 참이면 true, 하나라도 거짓이면 false	a && b
||	2	두 피연산자 중 하나가 참이면 true, 모두 거짓이면 false	a || b
!	2	피연산자가 참이면 false, 거짓이면 true	!a

4.1 && 연산자 (Logical AND Operator)

&& 연산자는 모든 피연산자의 결과 값이 참인 경우 true 또는 YES를 리턴하고, 하나의 피연산자 혹은 모든 피연산자의 결과 값이 거짓인 경우 false 또는 NO를 리턴합니다.

Objective-C Operator/LogicalAND/LogicalANDObjC/main.m
```objc
int a = 1;
int b = 2;

if (a % 2 == 0 && b % 2 == 0) {
    NSLog(@"YES");

} else {
    NSLog(@"NO");
}
// NO
```

Swift Operator/LogicalAND/LogicalAND.playground
```swift
let a = 1
let b = 2

if a % 2 == 0 && b % 2 == 0 {
    print(true)
} else {
    print(false)
}
// false
```

4.2 || 연산자 (Logical OR Operator)

|| 연산자는 피연산자의 결과 값이 하나라도 참인 경우 true 또는 YES를 리턴하고, 모든 피연산자의 결과 값이 거짓인 경우 false 또는 NO를 리턴합니다.

Objective-C Operator/LogicalOR/LogicalORObjC/main.m
```objc
int a = 1;
int b = 2;
```

```
if (a % 2 == 0 || b % 2 == 0) {
    NSLog(@"YES");
} else {
    NSLog(@"NO");
}
// YES
```

Swift Operator/LogicalOR/LogicalOR.playground
```
let a = 1
let b = 2

if a % 2 == 0 || b % 2 == 0 {
    print(true)
} else {
    print(false)
}
// true
```

4.3 ! 연산자 (Logical Negation Operator)

! 연산자의 피연산자의 결과 값이 참인 경우 false 또는 NO를 리턴하고, 거짓인 경우 true 또는 YES를 리턴합니다. 즉, 피연산자의 결과와 반대인 결과값을 리턴합니다. NOT Operator라고 부르기도 합니다.

Objective-C Operator/LogicalNegation/LogicalNegationObjC/main.m
```
int a = 1;

if (!(a % 2 == 0)) {
    NSLog(@"YES");
} else {
    NSLog(@"NO");
}
// YES
```

Swift Operator/LogicalNegation/LogicalNegation.playground
```
let a = 1

if !(a % 2 == 0) {
    print(true)
} else {
    print(false)
}
// true
```

4.4 Short-circuit Evaluation & Side Effect

논리 연산자는 첫 번째 논리식의 결과에 따라 전체 결과를 도출할 수 있는 경우가 많습니다. 예를 들어 && 연산자의 첫 번째 논리식이 거짓이면 두 번째 논리식을 평가하지 않고 전체 결과(거짓)를 얻을 수 있습니다. 마찬가지로 || 연산자의 첫 번째 논리식이 참이면 두 번째 논리식을 평가하지 않고 전체 결과(참)를 얻을 수 있습니다. 논리 연산자는 결과 도출에 필요한 최소한의 논리식만 평가하고 나머지 논리식은 평가하지 않습니다. 이러한 평가 방식을 Short-circuit Evaluation이라고 합니다.

Short-circuit Evaluation 평가 방식은 피연산자의 논리식이 단순 비교식으로 구성되어 있다면 별다른 문제가 없습니다. 하지만, 논리식 내에서 함수를 호출하거나 값을 조작하는 코드가 포함되어 있다면 주의해야 합니다.

Objective-C Operator/ShortCircuitEvaluation/Step1/ShortCircuitEvaluationObjC/main.m

```objc
int a = 1;
int b = 2;

if (++a % 2 == 0 && ++b % 2 == 0) {
    //…
}

NSLog(@"a: %i", a);
NSLog(@"b: %i", b);
// a: 2
// b: 3
```

Swift ~2.x Operator/ShortCircuitEvaluation/Step1/ShortCircuitEvaluation.playground

```swift
var a = 1
var b = 2

if (++a % 2 == 0) && (++b % 2 == 0) {
    //...
}

print("a: \(a)")
print("b: \(b)")
// a: 2
// b: 3
```

첫 번째 논리식인 ++a % 2 == 0의 결과는 참입니다. && 연산의 결과는 두 번째 논리식을 평가한 후에 도출할 수 있고, 그 과정에서 ++a와 ++b에 의해 두 변수의 값이 모두 1씩 증가합니다. 이번에는 a의 초기값을 0으로 수정해 보겠습니다.

Objective-C Operator/ShortCircuitEvaluation/Step2/ShortCircuitEvaluationObjC/main.m

```objc
int a = 0;
int b = 2;

if (++a % 2 == 0 && ++b % 2 == 0) {
    //…
}

NSLog(@"a: %i", a);
NSLog(@"b: %i", b);
// a: 1
// b: 2
```

Swift ~2.x Operator/ShortCircuitEvaluation/Step2/ShortCircuitEvaluation.playground

```swift
var a = 0
var b = 2

if (++a % 2 == 0) && (++b % 2 == 0) {
    //...
}

print("a: \(a)")
print("b: \(b)")
// a: 1
// b: 2
```

이전과 달리 첫 번째 논리식의 결과가 거짓입니다. 그래서 두 번째 논리식의 결과에 관계없이 && 연산의 결과가 거짓입니다. 첫 번째 논리식이 평가될 때 ++a에 의해 a의 값이 1 증가했지만, 두 번째 논리식은 평가되지 않고 b의 값 역시 초기값에서 변동이 없습니다.

이처럼 표현식이 평가된 후 변수의 값이 변경되는 현상을 Side Effect라고 합니다. Side Effect는 "부작용"으로 번역할 수 있고, 사전에는 3가지 뜻으로 설명되어 있습니다.

- 어떤 일에 부수적으로 일어나는 바람직하지 못한 작용
- 약이 지닌 그 본래의 작용 이외에 부수적으로 일어나는 작용
- 특히 유해한 것을 이른다

현실에서 사용하는 부작용의 의미는 부정적입니다. 하지만 프로그래밍에서 Side Effect는 우리가 알고 있는 부작용의 의미와는 조금 다릅니다.(이 책에서는 "부작용" 대신 Side Effect를 번역 없이 그대로 표기합니다.) 조금 더 넓게 정의해보면, Side Effect는 코드의 실행결과로 인해 값 또는 상태가 변경되는 것입니다.

```
a = 1 + 2;
```

이 문장을 실행하면 한 번의 Side Effect가 발생합니다. = 연산자를 통해 a의 값이 변경되기 때문입니다.

```
a = a++;
```

이 문장을 실행하면 두 번의 Side Effect가 발생합니다. ++ 연산자를 통해 a의 값이 1 증가하고, 증가된 값이 = 연산자를 통해 a에 할당되면서 값이 두 번 변경되기 때문입니다.

```
1 + 2;
```

이 문장은 1이나 2의 의미를 변경시키거나 산술 연산의 결과를 변수에 저장하지 않습니다. 그래서 여기에서는 Side Effect가 발생하지 않습니다.

프로그래밍에서 Side Effect는 정상적이고 필요한 동작입니다. Side Effect는 항상 예측 가능한 범위 내에 있어야 하고 의도한 결과를 도출해야 합니다. 하지만 Side Effect를 고려하지 않고 코드를 작성하다보면 의도와 다른 결과로 인해 오류가 발생할 수 있습니다.

Short-circuit Evaluation 평가 방식에서 첫 번째 논리식은 항상 평가되므로 Side Effect를 가진 코드가 논리식에 포함되어 있어도 안전합니다. 그러나 두 번째 논리식은 첫 번째 논리식의 결과에 따라 평가되지 않을 수도 있기 때문에 Side Effect를 가진 코드가 포함되어 있다면 논리적인 오류가 발생할 가능성이 매우 높습니다. Side Effect로 인해 발생하는 논리적인 오류는 디버깅 과정에서 발견하기 어려운 오류 중 하나입니다. 그러므로 논리 연산자를 사용할 때, 논리식에 Side Effect를 가진 코드를 포함시키지 않는 것이 좋습니다. 앞서 살펴본 예제에서 논리식의 결과에 관계없이 두 변수의 값이 모두 증가해야 한다는 요구조건이 있다고(즉, Side Effect가 발생해야 한다고) 가정해 보겠습니다. 이 경우에는 논리 연산자를 사용하기 전에 미리 논리식의 결과를 도출하고, 그 결과를 논리 연산자의 피연산자로 사용하도록 코드를 변경할 수 있습니다. 이 코드의 실행결과를 보면 Short-circuit Evaluation에 관계없이 두 변수의 값이 1씩 증가한 것(즉, Side Effect를 모두 예측할 수 있고, 의도한 결과를 도출)을 확인할 수 있습니다.

Objective-C Operator/ShortCircuitEvaluation/Step3/ShortCircuitEvaluationObjC/main.m

```objc
int a = 0;
int b = 2;

bool resultA = ++a % 2 == 0;
bool resultB = ++b % 2 == 0;
if (resultA && resultB) {
    //…
}

NSLog(@"a: %i", a);
NSLog(@"b: %i", b);
// a: 1
// b: 3
```

```
Swift ~2.x   Operator/ShortCircuitEvaluation/Step2/ShortCircuitEvaluation.playground
var a = 0
var b = 2

let resultA = ++a % 2 == 0
let resultB = ++b % 2 == 0

if resultA && resultB {
    //...

}

print("a: \(a)")
print("b: \(b)")
// a: 1
// b: 3
```

5. 비트 연산자 (Bitwise Operator)

비트 연산자는 지금까지 공부한 연산자와 달리 메모리에 저장된 실제 바이너리 값, 즉 비트를 조작하는 연산자입니다. 그래서 프로그래밍을 처음 공부한다면 이해하기 어려울 수 있습니다.

비트 연산자를 통해 수행하는 작업은 대부분 다른 연산자를 통해 동일한 결과를 얻을 수 있습니다. 그렇다면 비트 연산자는 왜 사용할까요? 가장 큰 이유는 연산 속도가 빠르기 때문입니다. 그리고 비트 연산을 응용하면 비교적 짧은 코드로 복잡한 로직을 구현할 수 있고, 메모리 사용량을 최적화 할 수 있습니다. 하지만 CPU의 성능이 매우 높아지고 듀얼 코어, 쿼드 코어 CPU가 일반화 된 현 시점에는 비트 연산자를 통해 큰 속도 향상을 기대하기 어렵고, 배우기 어렵기 때문에 자주 사용되지 않는 추세입니다.

비트 연산자의 피연산자는 반드시 정수 혹은 정수 표현식이어야 합니다. 피연산자가 실수인 경우에는 컴파일 오류가 발생합니다. 이것은 컴퓨터가 실수를 저장하는 방식과 관련이 있습니다. 정수는 값 자체가 2진수로 변환되어 메모리에 저장되지만 실수는 더 넓은 범위와 소수점을 저장하기 위해서 지수와 가수로 나누어 저장합니다. 실수의 비트를 조작할 경우 지수부분과 가수부분의 데이터가 손상될 가능성이 매우 높고, 그 결과 예측할 수 없는(또는 의미가 없는) 값이 되어 버립니다. 그래서 비트 연산자는 실수의 비트 연산을 지원하지 않습니다.

비트 연산자를 공부할 때 1을 참, 0을 거짓으로 정하고 논리 연산의 결과와 비교하면 더욱 쉽게 이해할 수 있습니다.

5.1 & 연산자 (Bitwise AND Operator)

& 연산자는 비교 대상인 비트에 저장된 값이 모두 1인 경우 결과 비트에 1을 저장하고, 나머지 경우에는 결과 비트에 0을 저장합니다.

a	b	a & b
0	0	0
0	1	0
1	0	0
1	1	1

이번 예제는 두 변수에 정수 값을 저장하고 & 연산의 결과를 출력합니다.

> **Beginner Note**
>
> 비트 연산을 조금 더 비트 연산답게 설명하기 위해서 변수의 초기값을 이진수 리터럴로 설정하고 있지만, 10진수나 16진수 리터럴을 사용해도 동일한 결과를 얻을 수 있습니다.

Objective-C Operator/BitwiseAND/BitwiseANDObjC/main.m
```objc
char a = 0b00100011; // 35
char b = 0b00011010; // 26

NSLog(@"%d", a & b);
// 2
```

Swift Operator/BitwiseAND/BitwiseAND.playground
```swift
let a = 0b00100011
let b = 0b00011010

print(a & b)
// 2
```

```
a  00100011
b  00011010  &
   ─────────
   00000010
```

a와 b의 비트 값은 오른쪽 두 번째 비트가 일치하고 나머지는 일치하지 않습니다. 그래서 오른쪽 두 번째 결과 비트에는 1이 저장되고 나머지 결과 비트에는 0이 저장됩니다. 이진수 00000010을 10진수로 변환하면 2가 되므로 예제를 실행하면 2가 출력됩니다.

5.2 | 연산자 (Bitwise OR Operator)

| 연산자는 비교 대상인 비트에 저장된 값 중 하나라도 1인 경우 결과 비트에 1을 저장하고, 두 비트에 저장된 값이 모두 0인 경우에만 결과 비트에 0을 저장합니다.

a	b	a & b
0	0	0
0	1	1
1	0	1
1	1	1

Objective-C Operator/BitwiseOR/BitwiseORObjC/main.m
```
char a = 0b00100011;
char b = 0b00011010;

NSLog(@"%d", a | b);
// 59
```

Swift Operator/BitwiseOR/BitwiseOR.playground
```
let a = 0b00100011
let b = 0b00011010

print(a | b)
// 59
```

```
a  00100011
b  00011010    |
   ─────────
   00111011
```

5.3 ^ 연산자 (Bitwise XOR Operator)

^ 연산자는 비교 대상인 비트에 저장된 값이 같으면 결과 비트에 0을 저장하고, 다르면 1을 저장합니다.

a	b	a & b
0	0	0
0	1	1
1	0	1
1	1	0

Objective-C Operator/BitwiseXOR/BitwiseXORObjC/main.m

```objc
char a = 0b00100011;
char b = 0b00011010;

NSLog(@"%d", a ^ b);
// 57
```

Swift Operator/BitwiseXOR/BitwiseXOR.playground

```swift
let a = 0b00100011
let b = 0b00011010

print(a ^ b)
// 57
```

```
a  00100011
b  00011010    ^
   ─────────
   00111001
```

5.4 ~ 연산자 (Bitwise NOT Operator)

~ 연산자는 단항 연산자로 비트에 저장된 값을 반전시킵니다. 즉, 1은 0으로 바꾸고 0은 1로 바꿉니다.

a	~a
0	1
1	0

Objective-C Operator/BitwiseNOT/BitwiseNOTObjC/main.m

```objc
char a = 0b00100011;

NSLog(@"%d", ~a);
// -36

NSLog(@"%d", ~(~a));
// 35
```

Swift Operator/BitwiseNOT/BitwiseNOT.playground
```swift
let a = 0b00100011

print(~a)
// -36

print(~(~a))
// 35
```

$$a\quad 00100011$$
$$\sim a\quad 11011100$$

~ 연산을 한번 실행하면 비트가 반전되고, 반전된 비트에서 다시 ~ 연산을 실행하면 원래의 비트가 됩니다.

5.5 《《 연산자 (Bitwise Left Shift Operator)

《《 연산자는 지정된 횟수만큼 왼쪽으로 비트를 이동시킵니다. 그 결과 왼쪽에 있던 비트는 유실되고 오른쪽에는 0이 저장된 새로운 비트가 추가됩니다.

a	a 《《 1
0001	0010
1100	1000

Objective-C Operator/BitwiseLeftShift/BitwiseLeftShiftObjC/main.m
```objc
char c = 10;
NSLog(@"%d", c << 1);
// 20
```

Swift Operator/BitwiseLeftShift/BitwiseLeftShift.playground
```swift
let a = 10
print(a << 1)
// 20
```

$$a\quad 00001010$$
$$a<<1\quad 00010100$$

a 《《 n은 a를 2와 n번 곱한 것과 결과가 같습니다. a 《《 1은 a * 2보다 조금 더 빠르게 실행됩니다.

5.6 》》 연산자 (Bitwise Right Shift Operator)

》》 연산자는 지정된 횟수만큼 오른쪽으로 비트를 이동시킵니다. 《《 연산자와 마찬가지로 오른쪽에 있던 비트는 유실됩니다. 왼쪽에 새롭게 추가되는 비트는 부호 비트에 따라서 값이 달라집니다. 값

의 자료형이 unsigned형이라면 부호 비트의 값은 항상 0이고 새롭게 추가되는 비트의 값 역시 항상 0이 됩니다. 그러나 값의 자료형이 signed형인 경우에는 조금 복잡합니다. 부호비트의 값이 0이라면 새롭게 추가되는 비트의 값이 0이지만, 부호비트의 값이 1이라면 시스템에 따라서 처리하는 방식이 달라집니다.

a	a 》 1
0001	0000
1100	0110

Objective-C Operator/BitwiseRightShift/BitwiseRightShiftObjC/main.m
```
char c = 10;
NSLog(@"%d", c >> 1);
// 5
```

Swift Operator/BitwiseRightShift/BitwiseRightShift.playground
```
let a = 10
print(a >> 1)
// 5
```

$$a \quad 00001010$$
$$a>>1 \quad 00000101$$

a 》 n은 a를 2로 n번 나눈 것과 결과가 같습니다. a / 2 대신 a 》 1을 사용하면 나누기 결과를 조금 더 빨리 얻을 수 있습니다.

6. 할당 연산자 (Assignment Operator)

할당 연산자는 왼쪽 피연산자에 오른쪽 피연산자의 연산 결과를 저장합니다. 가장 일반적으로 사용되는 할당 연산자는 = 연산자입니다. 나머지 연산자는 산술 연산자 또는 비트 연산자와 조합된 형태로 복합 할당 연산자라고 합니다.

할당 연산자의 왼쪽 피연산자는 항상 lvalue입니다. 오른쪽 피연산자는 리터럴, 변수와 상수, 계산식, 함수 호출 등 다양한 표현식이 될 수 있습니다. 즉, lvalue와 rvalue가 모두 올 수 있습니다.

Objective-C
```
int a = 0;
int b = a;
int c = 1 + 2;
int d = sizeof(int);
```

```
Swift ○
let a = 0
let b = a
let c = 1 + 2
let d = sizeof(Int)
```

할당 연산은 오른쪽에서 왼쪽으로 이루어집니다. c에 0이 할당된 후, c에 저장된 값이 b에 할당되고, 다시 b에 저장된 값이 a에 할당됩니다.

```
int a, b, c;
a = b = c = 0;
```

이번 예제는 if 문에서 a의 값을 비교하고 있습니다. 아직 if 문을 배우지 않았지만 코드를 실행해 보면 a의 값은 2가 아니기 때문에 value of a is not 2가 출력됩니다.

Objective-C Operator/MisuseOfAssignmentOperator/MisuseOfAssignmentOperatorObjC/main.m
```
int a = 1;
if (a == 2) {
    NSLog(@"value of a is 2");
} else {
    NSLog(@"value of a is not 2");
}
// value of a is not 2
```

프로그래머가 자주 하는 실수 중 하나는 값을 비교할 때 == 연산자 대신 = 연산자를 사용하는 것입니다. 만약 이 예제에서 == 연산자를 = 연산자로 바꾸면 어떻게 될까요?

Objective-C Operator/MisuseOfAssignmentOperator/MisuseOfAssignmentOperatorObjC/main.m
```
int a = 1;
if (a = 2) {
    NSLog(@"value of a is 2");
} else {
    NSLog(@"value of a is not 2");
}
// value of a is 2
```

이번에는 value of a is 2가 출력됩니다. a에 2를 할당했기 때문에 올바른 결과를 출력한 것 같습니다. 그러면 a에 7을 할당한 다음 실행해 보면 value of a is not 2가 출력될까요?

Objective-C Operator/MisuseOfAssignmentOperator/MisuseOfAssignmentOperatorObjC/main.m
```
int a = 1;
if (a = 7) {
    NSLog(@"value of a is 2");
} else {
    NSLog(@"value of a is not 2");
}
// value of a is 2
```

이번에도 value of a is 2가 출력됩니다. 이렇게 되는 이유는 무엇일까요? a = 7이라는 표현식의 결과는 무엇일까요? Objective-C의 if 문은 ( ) 안에 포함된 표현식의 결과가 0이 아니라면 항상 참으로 판단합니다. 예제에서 a에 0이 아닌 값이 할당되었고 if 문은 a의 저장된 값을 통해 조건이 참이라고 판단한 것입니다. == 연산자 대신 = 연산자를 잘못 사용하면 조건을 판단하는 코드가 논리적 오류가 있는 결과를 도출하고 비교 대상의 값이 의도치 않게 변경되는 문제가 발생합니다. Objective-C 컴파일러는 이러한 코드를 오류로 판단하지 않고 단순히 경고만 출력합니다.

이 문제를 해결하는 방법 중 하나는 피연산자의 위치를 변경하는 것입니다. a == 7, 7 == a 두 표현식의 결과는 동일합니다.

Objective-C Operator/MisuseOfAssignmentOperator/MisuseOfAssignmentOperatorObjC/main.m

```objc
int a = 1;
if (7 == a) {
    NSLog(@"value of a is 2");
} else {
    NSLog(@"value of a is not 2");
}
// value of a is not 2
```

이전과 동일한 실수를 한다면 이번에는 컴파일 오류가 발생합니다. lvalue인 변수 a에는 7을 저장할 수 있지만, rvalue인 리터럴에는 값을 저장할 수 없기 때문입니다. C 계열의 언어를 사용할 때는 대부분 이런 기법을 사용하여 = 연산자로 인한 논리적 오류를 사전에 방지합니다.

Objective-C

```objc
int a = 1;
if (7 = a) {                        // Error
    NSLog(@"value of a is 2");
} else {
    NSLog(@"value of a is not 2");
}
```

간략히 정리하면 할당 연산자가 포함된 표현식의 결과는 왼쪽 피연산자에 저장된 값과 동일하고, 0이 아닌 값이 저장되어 있다면 조건식에서 참으로 판단할 수 있습니다.

Swift의 할당 연산자는 Objective-C와 큰 차이점을 가지고 있습니다. Swift에서 할당 연산자가 포함된 표현식은 결과를 반환하지 않습니다. 그래서 조건식에서 사용될 경우 조건을 판단할 값이 리턴되지 않기 때문에 컴파일 오류가 발생합니다.

Swift Operator/MisuseOfAssignmentOperator/MisuseOfAssignmentOperator.playground

```swift
var a = 1
if a = 2 {              // Error
    //...
}
```

6.1 = 연산자 (Basic Assignment Operator)

= 연산자는 오른쪽 피연산자의 값을 왼쪽 피연산자에 할당합니다.

Objective-C
```objectivec
int a = 0;
```

Swift
```swift
let a = 0
```

6.2 += 연산자 (Addition Assignment Operator)

+= 연산자는 두 피연산자의 + 연산 결과를 왼쪽 피연산자에 할당합니다.

Objective-C Operator/AdditionAssignment/AdditionAssignmentObjC/main.m
```objectivec
int a = 1;
a += 2;
NSLog(@"%d", a);
// 3

int b = 1;
b = b + 2;
NSLog(@"%d", b);
// 3
```

Swift Operator/AdditionAssignment/AdditionAssignment.playground
```swift
var a = 1
a += 2
print(a)
// 3

var b = 1
b = b + 2
print(b)
// 3
```

6.3 -= 연산자 (Subtraction Assignment Operator)

-= 연산자는 두 피연산자의 - 연산 결과를 왼쪽 피연산자에 할당합니다.

Objective-C Operator/SubtractionAssignment/SubtractionAssignmentObjC/main.m
```objectivec
int a = 1;
a -= 2;
NSLog(@"%d", a);
```

```
// -1

int b = 1;
b = b - 2;
NSLog(@"%d", b);
// -1
```

```
var a = 1
a -= 2
print(a)
// -1
var b = 1
b = b - 2
print(b)
// -1
```

6.4 *= 연산자 (Multiplication Assignment Operator)

*= 연산자는 두 피연산자의 * 연산 결과를 왼쪽 피연산자에 할당합니다.

```
int a = 1;
a *= 2;
NSLog(@"%d", a);
// 2

int b = 1;
b = b * 2;
NSLog(@"%d", b);
// 2
```

```
var a = 1
a *= 2
print(a)
// 2

var b = 1
b = b * 2
print(b)
// 2
```

6.5 /= 연산자 (Division Assignment Operator)

/= 연산자는 두 피연산자의 / 연산 결과를 왼쪽 피연산자에 할당합니다.

Objective-C Operator/DivisionAssignment/DivisionAssignmentObjC/main.m

```objc
double a = 1;
a /= 2;
NSLog(@"%f", a);
// 0.5

double b = 1;
b = b / 2;
NSLog(@"%f", b);
// 0.5
```

Swift Operator/DivisionAssignment/DivisionAssignment.playground

```swift
var a = 1
a *= 2
print(a)
// 2

var b = 1
b = b * 2
print(b)
// 2
```

6.6 %= 연산자 (Modulo Assignment Operator)

%= 연산자는 두 피연산자의 % 연산 결과를 왼쪽 피연산자에 할당합니다.

Objective-C Operator/ModuloAssignment/ModuloAssignmentObjC/main.m

```objc
int a = 1;
a %= 2;
NSLog(@"%d", a);
// 1

int b = 1;
b = b % 2;
NSLog(@"%d", b);
// 1
```

Swift Operator/ModuloAssignment/ModuloAssignment.playground

```swift
var a = 1
a %= 2
print(a)
// 1
```

```
var b = 1
b = b % 2
print(b)
// 1
```

6.7 &= 연산자 (Bitwise AND Assignment Operator)

&= 연산자는 두 피연산자의 & 연산 결과를 왼쪽 피연산자에 할당합니다.

Objective-C Operator/BitwiseANDAssignment/BitwiseANDAssignmentObjC/main.m

```
int a = 1;
a &= 2;
NSLog(@"%d", a);
// 0

int b = 1;
b = b & 2;
NSLog(@"%d", b);
// 0
```

Swift Operator/BitwiseANDAssignment/BitwiseANDAssignment.playground

```
var a = 1
a &= 2
print(a)
// 0

var b = 1
b = b & 2
print(b)
// 0
```

6.8 |= 연산자 (Bitwise OR Assignment Operator)

|= 연산자는 두 피연산자의 | 연산 결과를 왼쪽 피연산자에 할당합니다.

Objective-C Operator/BitwiseORAssignment/BitwiseORAssignmentObjC/main.m

```
int a = 1;
a |= 2;
NSLog(@"%d", a);
// 3

int b = 1;
b = b | 2;
NSLog(@"%d", b);
// 3
```

Swift Operator/BitwiseORAssignment/BitwiseORAssignment.playground

```swift
var a = 1
a |= 2
print(a)
// 3

var b = 1
b = b | 2
print(b)
// 3
```

6.9 ^ = 연산자 (Bitwise XOR Assignment Operator)

^ = 연산자는 두 피연산자의 ^ 연산 결과를 왼쪽 피연산자에 할당합니다.

Objective-C Operator/BitwiseXORAssignment/BitwiseXORAssignmentObjC/main.m

```objc
int a = 1;
a ^= 2;
NSLog(@"%d", a);
// 3

int b = 1;
b = b ^ 2;
NSLog(@"%d", b);
// 3
```

Swift Operator/BitwiseXORAssignment/BitwiseXORAssignment.playground

```swift
var a = 1
a ^= 2
print(a)
// 3

var b = 1
b = b ^ 2
print(b)
// 3
```

6.10 <<= 연산자 (Bitwise Left Shift Assignment Operator)

<<= 연산자는 두 피연산자의 << 연산 결과를 왼쪽 피연산자에 할당합니다.

Objective-C Operator/BitwiseLeftShiftAssignment/BitwiseLeftShiftAssignmentObjC/main.m

```objc
int a = 1;
a <<= 2;
NSLog(@"%d", a);
```

```
// 4

int b = 1;
b = b << 2;
NSLog(@"%d", b);
// 4
```

Swift Operator/BitwiseLeftShiftAssignment/BitwiseLeftShiftAssignment.playground
```
var a = 1
a <<= 2
print(a)
// 4

var b = 1
b = b << 2
print(b)
// 4
```

6.11 〉〉= 연산자 (Bitwise Right Shift Assignment Operator)

〉〉= 연산자는 두 피연산자의 〉〉 연산 결과를 왼쪽 피연산자에 할당합니다

Objective-C Operator/BitwiseRightShiftAssignment/BitwiseRightShiftAssignmentOjbC/main.m
```
int a = 8;
a >>= 2;
NSLog(@"%d", a);
// 2

int b = 8;
b = b >> 2;
NSLog(@"%d", b);
// 2
```

Swift Operator/BitwiseRightShiftAssignment/BitwiseRightShiftAssignment.playground
```
var a = 8
a >>= 2
print(a)
// 2

var b = 8
b = b >> 2
print(b)
// 2
```

7. 조건 연산자 (Ternary Conditional Operator)

조건 연산자는 피연산자가 3개이고 삼항 연산자라고 부르기도 합니다. 앞서 설명했던 연산자와 비교해 문법이 조금 독특합니다.

Objective-C
```
조건식 ? 표현식1 : 표현식2;
```

Swift
```
조건식 ? 표현식1 : 표현식2
```

조건식이 참이라면 표현식1이 연산의 결과로 선택되고, 거짓이라면 표현식2가 선택됩니다. 주로 특정 조건에 따라 사용할 값을 선택할 때 사용합니다. 예를 들어 아래의 코드를 살펴보겠습니다. 조건 연산자의 조건식이 참이므로 a에 저장된 값이 선택되고 max에는 a의 값이 저장됩니다.

Objective-C Operator/TernaryConditional/TernaryConditionalObjC/main.m
```objectivec
int a = 10;
int b = 5;
int max = a > b ? a : b;
NSLog(@"%d", max);
// 10
```

Swift Operator/TernaryConditional/TernaryConditional.playground
```swift
let a = 10
let b = 5
let max = a > b ? a : b
print(max)
// 10
```

조건 연산자로 구현한 코드는 if 문을 사용하여 동일한 결과를 얻을 수 있습니다.

Objective-C
```objectivec
int a = 10;
int b = 5;
int max = 0;
if (a > b) {
    max = a;
} else {
    max = b;
}
```

Swift
```swift
let a = 10
let b = 5
```

```
var max = 0
if a > b {
    max = a
} else {
    max = b
}
```

조건 연산자는 경우의 수가 2개인 경우 if 문에 비해 간략한 코드를 작성할 수 있는 장점이 있습니다. 하지만 경우의 수가 3개를 넘어가는 경우에는 코드의 가독성이 급격히 떨어지는 단점이 있고, 이 경우에는 if 문을 사용하는 것이 좋습니다.

8. Nil Coalescing Operator (Swift Only)

이름을 저장하는 String? 변수가 있고 이름을 출력할 때 유효한 값이 없다면 "John doe"로 출력해야 한다고 가정하겠습니다. 옵셔널 바인딩 구문을 사용하면 다음과 같이 구현할 수 있습니다.

Swift Operator/NilCoalescing/NilCoalescing.playground
```
var name: String?

if let n = name {
    print(n)
} else {
    print("John doe")
}
// John doe
```

옵셔널 바인딩 구문 내부에서 처리하는 코드와 else 블록의 코드가 동일하므로 조건 연산자를 사용하는 코드로 작성할 수 있습니다. 이 코드는 안정성에 영향을 주지 않고 코드의 양을 줄일 수 있다는 장점이 있지만 동시에 ! 연산자로 값을 강제 추출해야 한다는 단점도 가지고 있습니다.

Swift Operator/NilCoalescing/NilCoalescing.playground
```
var name: String?
print(name != nil ? name! : "John doe")
// John doe
```

Nil Coalescing 연산자는 이항 연산자로 a ?? b 와 같은 형태를 가지고 있습니다. 왼쪽 피연산자인 표현식 부분에는 대부분 최종 결과가 옵셔널 형식인 표현식이 옵니다. 평가된 표현식의 값이 nil이 아니라면 표현식의 값이 자동으로 추출됩니다. 오른쪽 피연산자는 표현식이 nil인 경우 사용할 값 또는 표현식입니다.

Swift
```
표현식 ?? 표현식이 nil인 경우 사용할 값 또는 표현식
```

조건 연산자를 사용한 코드를 ?? 연산자를 사용하도록 수정해 보겠습니다. 조건 연산자에 비해 직관적인 코드를 작성할 수 있고 name 변수의 값이 nil이 아닌 경우 자동으로 값이 추출되기 때문에 일반 변수처럼 사용할 수 있습니다. 그리고 nil인 경우 사용할 값을 지정해 두었기 때문에 런타임 오류도 발생하지 않습니다.

Swift Operator/NilCoalescing/NilCoalescing.playground
```
var name: String?
print(name ?? "John doe")
// John doe
```

> **Expert Note**
>
> ?? 연산자는 왼쪽 피연산자가 nil이 아닌 경우 오른쪽 피연산자를 평가하지 않습니다.

?? 연산자의 두 피연산자는 서로 다른 자료형의 값이 될 수 있습니다. 예제를 조금 수정하여 name 변수에 값이 없을 경우 출력할 값을 0으로 변경해 보겠습니다. 예제를 실행해보면 0이 정상적으로 출력됩니다.

Swift
```
var name: String?
print(name ?? 0)
// 0
```

이번에는 ?? 연산자로 선택한 값을 새로운 변수에 할당하는 경우를 고려해 보겠습니다. 이 코드에서 validName 상수의 자료형은 무엇일까요? name 변수에 값이 저장되어 있는 경우에는 String이 되고, nil인 경우에는 Int가 된다고 예상할 수 있습니다. 그러나 Swift는 이러한 코드를 허용하지 않습니다. 자료형을 엄격하게 구분하는 Swift에서 String과 Int는 서로 호환되지 않은 자료형이기 때문에 컴파일 오류가 발생합니다.

Swift
```
var name: String?
let validName = name ?? 0   // Error
```

그렇다면 이 코드는 왜 정상적으로 실행되었을까요?

Swift
```
print(name ?? 0)
```

해답은 print 함수의 파라미터 자료형에 있습니다. 이 파라미터의 자료형이 가장 범용적인 Any이기 때문에 어느 경우에도 값을 받아들일 수 있어서 오류가 발생하지 않았던 것입니다. 하지만 validName 상수에 할당하는 코드에서는 형식 추론을 통해 자료형을 결정할 때 String, Int 중 어느 자료형을 사용해야 하는지 모호하기 때문에 오류가 발생합니다. 이런 이유로 인해 ?? 연산자의 오른쪽 피연산자의 자료형은 대부분 왼쪽 피연산자의 자료형과 일치하거나 호환되는 비옵셔널 자료형을 가집니다. 예를 들어 왼쪽 피연산자의 자료형이 String?이라면 오른쪽 피연산자의 자료형은 String이 됩니다.

Swift
```
var name: String?
let validName = name ?? "John doe"
// John doe

var num: Int?
let validNum = num ?? 0
// 0
```

9. 범위 연산자 (Swift Only)

범위 연산자는 Swift에서 새롭게 도입된 연산자로 반복문의 범위를 정의하거나 switch 문에서 범위를 매칭하는 등 다양한 부분에서 사용됩니다. 이 연산자는 이항 연산자이고 왼쪽 피연산자는 시작 값, 오른쪽 피연산자는 종료 값입니다. 종료 값이 범위에 포함되는가에 따라 Closed Range와 Half-Open 으로 구분합니다.

9.1 Closed Range Operator

... 연산자는 시작과 끝을 모두 포함하는 범위를 정의합니다.

Swift
```
시작 값...종료값
```

Swift Operator/Range/ClosedRange.playground
```
let range = 0...3
for index in range {
    print(index)
}
// 0
// 1
// 2
// 3
```

일반적으로 범위를 정의할 때 정수 리터럴을 사용하게 되지만, 실수와 함수의 리턴 값을 사용하여 범위를 지정하는 것도 가능합니다.

Swift Operator/Range/ClosedRange.playground
```
let rangeOfDouble = 0.0...10.0
let rangeOfReturnVaule = min(0, -2)...max(7, 10)
```

9.2 Half-Open Range Operator

..< 연산자는 ... 연산자와 달리 시작부터 끝 이전까지의 범위를 정의합니다.

Swift
```
시작 값..<종료 값
```

Swift Operator/Range/HalfOpenRange.playground
```
let range = 0..<3
for index in range {
    print(index)
}
// 0
// 1
// 2
```

Expert Note

Half-Open Range Operator는 Swift 발표 초기에는 ..이었지만 Xcode 6 beta 3에서 ..<으로 변경되었습니다.

9.3 Reverse Range

범위 연산자는 오름차순의 범위를 정의할 수 있습니다. 왼쪽 피연산자는 오른쪽 피연산자 보다 클 수 없다는 제약이 있기 때문에 내림차순의 범위는 정의할 수 없습니다. 내림차순의 범위가 필요하다면 reversed() 메소드를 사용하여 범위를 역순으로 변경할 수 있습니다.

Swift Operator/Range/ReverseRange.playground
```
let range = 0..<3

#if swift(>=3.0)
for index in range.reversed() {
    print(index)
}
#else
for index in range.reverse() {
    print(index)
```

```
    }
#endif
// 2
// 1
// 0
```

10. 연산자 우선순위

모든 연산자는 우선순위를 가지고 있습니다. 우선순위는 하나의 표현식에서 다수의 연산자가 사용되었을 때 계산의 순서를 결정하는 기준이 됩니다. 산술 연산자는 우리가 익히 알고 있는 수학의 우선순위와 동일합니다. 즉, * 연산자와 / 연산자, % 연산자는 + 연산자, − 연산자 보다 높은 우선순위를 가집니다. 동일한 우선순위를 가진 연산자는 결합성에 따라 우선순위를 결정합니다.

더하기와 곱하기가 포함된 계산식이 있습니다. 이 식의 결과 값은 얼마일까요?

```
1 + 2 * 3
```

연산자의 우선순위에 따라 2 * 3이 먼저 계산된 후, 1이 더해져 7이 됩니다. 만약 1 + 2를 먼저 계산한 후 3을 곱해야 한다면 어떻게 해야 할까요? 먼저 계산식을 두 개로 분리하는 것을 생각해 볼 수 있습니다.

Objective-C
```
int result = 1 + 2;
result = result * 3;
NSLog(@"%d", result);
// 9
```

Swift
```
var result = 1 + 2
result = result * 3
print(result)
// 9
```

이 방식으로 원하는 결과를 얻을 수 있지만, 코드가 필요 이상으로 길어지는 단점이 있고, 연산자의 수가 늘어날수록 분리해야 하는 계산식이 늘어날 수 있습니다. 대부분의 프로그래밍 언어는 우선순위에 관계없이 계산 순서를 지정할 수 있는 괄호 연산자를 제공합니다. 계산식에 ( )가 포함되어 있다면 우선순위에 관계없이 가장 먼저 계산됩니다.

Objective-C
```
int result = (1 + 2) * 3;
NSLog(@"%d", result);
// 9
```

```Swift
var result = (1 + 2) * 3
print(result)
// 9
```

( ) 연산자 내부에는 주로 계산식이 포함되고, 필요에 따라 중첩할 수 있고 가장 내부에 있는 계산식이 먼저 계산됩니다. 사실 모든 연산자의 우선순위를 기억할 필요는 없습니다. 대신 ( ) 연산자를 사용하여 의도한 결과를 도출하도록 우선순위를 직접 지정하는 것이 좋습니다.

11. Summary

• 연산자는 연산의 대상이 되는 피연산자를 하나 이상 가질 수 있습니다. 피연산자의 수에 따라 단항 연산자, 이항 연산자, 삼항 연산자로 구분합니다.

```
-a              // 단항 연산자
a + b           // 이항 연산자
a ? b : c       // 삼항 연산자
```

• 연산자의 위치에 따라 Prefix Operator, Infix Operator, Postfix Operator 구분합니다.

```
++a             // Prefix Operator
a++             // Postfix Operator
a + b           // Infix Operator
```

• 연산자는 우선순위를 가지고 있으며 수식에서 높은 우선순위를 가진 연산이 먼저 수행됩니다.
• 우선순위가 동일한 경우 결합성에 따라 우선순위가 결정됩니다.
• 논리 연산자는 결과 도출에 필요한 최소한의 논리식만 평가하고 나머지 논리식은 평가하지 않습니다. 이러한 평가 방식을 Short-circuit Evaluation이라고 합니다.
• Side Effect는 코드의 실행 결과로 인해 값 또는 상태가 변경되는 것입니다.
• 산술 연산자 목록

연산자	피연산자 수	연산결과	표현식
+	2	두 피연산자의 합	a + b
−	1 또는 2	단항: 부호 변경 이항: 두 피연산자의 차	−a a − b
*	2	두 피연산자의 곱	a * b
/	2	두 피연산자를 나눈 몫	a / b
%	2	두 피연산자를 나눈 나머지	a % b
++	1	피연산자의 값이 1 증가	++a a++

연산자	피연산자 수	연산결과	표현식
─ ─	1	피연산자의 값이 1 감소	─ ─a a─ ─
&+	2	두 피연산자의 합 (Swift Only)	a &+ b
&─	2	두 피연산자의 차 (Swift Only)	a &─ b
& *	2	두 피연산자의 곱 (Swift Only)	a & * b

• 비교 연산자 목록

연산자	피연산자 수	연산결과	표현식
==	2	두 피연산자의 값이 같으면 true, 다르면 false	a == b
!=	2	두 피연산자의 값이 다르면 true, 같으면 false	a != b
〈	2	a의 값이 b의 값보다 작으면 true, 크거나 같으면 false	a 〈 b
〈=	2	a의 값이 b의 값보다 작거나 같으면 true, 크면 false	a 〈= b
〉	2	a의 값이 b의 값보다 크면 true, 작거나 같으면 false	a 〉 b
〉=	2	a의 값이 b의 값보다 크거나 같으면 true, 작으면 false	a 〉= b

• 항등 연산자 목록 (Swift Only)

연산자	피연산자 수	연산결과	표현식
===	2	두 피연산자의 참조가 동일하면 true, 동일하지 않으면 false	a === b
!==	2	두 피연산자의 참조가 동일하지 않으면 true, 동일하면 true	a !== b

• 논리 연산자 목록

연산자	피연산자 수	연산결과	표현식
&&	2	두 피연산자가 모두 참이면 true, 하나라도 거짓이면 false	a && b
||	2	두 피연산자 중 하나가 참이면 true, 모두 거짓이면 false	a || b
!	2	피연산자가 참이면 false, 거짓이면 true	!a

• 비트 연산자 목록

연산자	피연산자 수	연산결과	표현식
&	2	두 비트에 저장된 값이 모두 1인 경우 결과 비트에 1을 저장하고, 나머지 경우에는 결과 비트에 0을 저장	a & b
|	2	두 비트에 저장된 값 중 하나라도 1인 경우 결과 비트에 1을 저장하고, 두 비트에 저장된 값이 모두 0인 경우에만 결과 비트에 0을 저장	a | b
^	2	두 비트에 저장된 값이 같으면 결과 비트에 0을 저장하고, 다르면 1을 저장	a ^ b
~	1	비트에 저장된 값을 반전	~a
〈〈	2	지정된 횟수만큼 왼쪽으로 비트를 이동	a 〈〈 b
〉〉	2	지정된 횟수만큼 오른쪽으로 비트를 이동	a 〉〉 b

- 할당 연산자 목록

연산자	피연산자 수	연산결과	표현식
=	2	오른쪽 피연산자의 값을 왼쪽 피연산자에 할당	a = b
+=	2	두 피연산자의 + 연산 결과를 왼쪽 피연산자에 할당	a += b
-=	2	두 피연산자의 - 연산 결과를 왼쪽 피연산자에 할당	a -= b
*=	2	두 피연산자의 * 연산 결과를 왼쪽 피연산자에 할당	a *= b
/=	2	두 피연산자의 / 연산 결과를 왼쪽 피연산자에 할당	a /= b
%=	2	두 피연산자의 % 연산 결과를 왼쪽 피연산자에 할당	a %= b
&=	2	두 피연산자의 & 연산 결과를 왼쪽 피연산자에 할당	a &= b
|=	2	두 피연산자의 | 연산 결과를 왼쪽 피연산자에 할당	a |= b
^=	2	두 피연산자의 ^ 연산 결과를 왼쪽 피연산자에 할당	a ^= b
<<=	2	두 피연산자의 << 연산 결과를 왼쪽 피연산자에 할당	a <<= b
>>=	2	두 피연산자의 >> 연산 결과를 왼쪽 피연산자에 할당	a >>= b

- 피연산자가 3개인 조건 연산자는 조건식에 따라 실행할 표현식을 선택할 수 있습니다.

> **Objective-C**
> 조건식 ? 표현식1 : 표현식2;

> **Swift**
> 조건식 ? 표현식1 : 표현식

- Nil Coalescing 연산자는 왼쪽 피연산자가 nil이 아닌 경우 왼쪽 피연산자의 값을 추출하고 nil인 경우 오른쪽 피연산자의 값을 사용합니다.

> **Swift**
> 표현식 ?? 표현식이 nil인 경우 사용할 값 또는 표현식

- 범위 연산자는 범위를 지정할 수 있으며 종료 값이 범위에 포함되는지에 따라 Closed Range와 Half-Open으로 구분합니다.

> **Objective-C**
> 시작 값...종료 값

> **Swift**
> 시작 값..<종료 값

연산자의 우선순위에 관계없이 ( ) 안에 포함된 연산이 가장 먼저 실행됩니다. 그러므로 우선순위를 고려하여 계산식을 구성하는 것보다 ( )를 사용하는 것이 좋습니다.

제어문: 반복문

프로그램은 데이터를 조작한 다음 조건을 판단하고 작업을 반복하는 코드의 모음으로 이루어집니다. 데이터를 조작하는 역할을 하는 것은 앞에서 공부한 연산자이고, 작업을 반복하는 것은 이번에 공부할 반복문입니다. Objective-C에서 제공하는 제어문은 C를 기반으로 하는 모든 언어에서 공통적으로 사용되므로 여기에서 공부한 내용을 C++, C#, Java에서 동일하게 사용할 수 있습니다. Swift가 제공하는 제어문은 Objective-C와 동일한 개념으로 사용되지만 문법과 제약조건에서 몇 가지 차이점을 가지고 있습니다.

반복문은 코드를 반복해서 실행합니다. 가장 일반적인 반복문은 for 반복문이고 정해진 횟수를 반복하는 코드를 작성하는데 적합합니다. 반복 횟수가 정해져 있지 않고 특정 조건에 따라 반복여부가 결정되는 코드에는 while 반복문을 사용할 수 있습니다.

1. for 반복문

for문의 가장 기본적인 형태는 C에서 상속된 것으로 For-Condition-Increment Loop라고 부릅니다. Objective-C는 C와 동일한 문법을 가지고 있습니다.

```
Objective-C
for (초기화; 조건식; 증가/감소 표현식) {
    반복할 코드
}
```

초기화에서는 반복 제어 변수를 선언하고 반복의 시작 범위로 초기화합니다. 반복 제어 변수는 카운터 변수라고 부르기도 하며 주로 i를 사용합니다. 반복문이 중첩된 경우에는 j, k, l 등 i 이후의 문자를 주로 사용합니다. 이것은 제한사항이 아니기 때문에 원한다면 다른 이름을 자유롭게 사용할 수 있습니다.

조건식은 반복문의 실행여부를 결정합니다. 반복 제어 변수의 값이 반복 범위 내에 있거나 지정한 조건이 참인 경우 반복문에 포함된 명령문을 실행합니다. 증가/감소 표현식은 for문이 반복될 때마다 반복 실행된 횟수를 판단할 수 있도록 반복 제어 변수의 값을 변경합니다. 반복해서 실행할 코드는 { } 사이에 구현합니다. 만약 실행할 코드가 한 줄이라면 { }를 생략할 수 있습니다.

Swift는 Objective-C와 동일한 문법을 사용할 수 있습니다. 하지만 ( )가 생략된 형태를 주로 사용합니다. 실행할 코드를 감싸는 { }는 필수요소이고, Objective-C와 달리 코드가 한 줄인 경우에도 생략할 수 없습니다.

```
Swift ~2.x
for 초기화; 조건식; 증가/감소 표현식 {
    반복할 코드
}
```

1에서 10까지의 합을 구하는 코드를 작성해 보겠습니다.

```
Objective-C Loop/Sum/SumObjC/main.m
int sum = 0;
for (int i = 1; i <= 10; i++) {
    sum += i;
}
NSLog(@"%d", sum);
// 55
```

```
Swift ~2.x Loop/Sum/Sum.playground
var sum = 0
for var i = 1; i <= 10; i++ {
    sum += i
}
print(sum)
// 55
```

예제는 초기화 부분에서 반복 제어 변수 i의 값을 1로 초기화합니다. 초기화는 for문의 실행주기에서 한 번만 실행되고, 여기에서 선언된 변수 i의 접근 범위는 for문 내부로 제한됩니다. 그러므로 for문 외부에서 i에 접근할 수 없으며 for문이 종료되면 사라집니다.

초기화가 실행된 후 조건식이 평가됩니다. 예제는 i <= 10이라는 조건식을 사용하여 i의 값이 10을 초과하지 않도록 제한하고 있습니다. 만약 조건식의 평가 결과가 참이라면 반복할 코드가 실행되고, 거짓이라면 for문이 즉시 종료됩니다. 예제에서 i의 초기값 1은 10보다 작으므로 조건식이 참으로 평가되고 sum 변수에 i에 저장된 값을 누적하는 코드가 실행됩니다. 반복할 코드 부분에 포함된 코드가 모두 실행되면 증가/감소 표현식이 실행됩니다. 예제는 ++ 연산자를 통해 i의 값을 1 증가시키고 있습니다. 여기까지가 첫 번째 반복입니다. 두 번째 반복은 초기화가 아닌 조건식에서 시작됩니다. 첫 번째 반복의 증가/감소 표현식에서 i의 값이 증가하여 2가 되었지만 여전히 10보다 작은 값이기 때문에 두 번째 반복의 조건문 역시 참이 됩니다. 다시 sum에 i의 값이 누적되고 i의 값이 1 증가된 후 두 번째 반복이 종료됩니다. 이후에도 조건식이 거짓이 될 때까지 조건식 > 반복할 코드 > 증가/감소 표현식 순으로 반복됩니다.

이번에는 10보다 작은 홀수의 합을 구해보겠습니다. 홀수만 반복되도록 하려면 반복 제어 변수의 값을 1로 초기화한 후 2씩 증가시키면 됩니다. 증가/감소 표현식에는 반복 제어 변수의 값을 변경하는 표현식을 자유롭게 구현할 수 있습니다. 이번에는 i++ 대신 i += 2를 사용합니다.

Objective-C Loop/SumOddNumbers/SumOddNumbersObjC/main.m

```objectivec
int sum = 0;
for (int i = 1; i <= 10; i += 2) {
    sum += i;
}
NSLog(@"%d", sum);
// 25
```

Swift ~2.x Loop/SumOddNumbers/SumOddNumbers.playground#Page1

```swift
var sum = 0
for var i = 1; i <= 10; i += 2 {
    sum += i
}
print(sum)
// 25
```

반복 제어 변수 i의 사용 범위는 선언한 위치에 따라 결정됩니다. 특별한 이유가 없다면 초기화 부분에서 선언하게 됩니다. 여기에서 선언한 반복 제어 변수는 반복문 내부에서 사용할 수 있고, 반복문이 종료되면 사라집니다.

반복 제어 변수를 반드시 초기화 부분에서 선언해야 하는 것은 아닙니다. 반복문이 실행된 후에도 반복 제어 변수의 값을 사용해야 한다면 반복문에 앞서 선언할 수 있습니다

Objective-C Loop/SumOddNumbers/SumOddNumbersObjC/main.m

```objectivec
int sum = 0;
int i;
for (i = 1; i <= 10; i += 2) {
    sum += i;
}
NSLog(@"%d", sum);
// 25
NSLog(@"%d", i);
// 11
```

Swift ~2.x Loop/SumOddNumbers/SumOddNumbers.playground#Page2

```swift
var sum = 0
var i: Int
for i = 1; i <= 10; i += 2 {
    sum += i
}
print(sum)
// 25
print(i)
//11
```

또한 **초기화** 부분을 완전히 생략하고 반복문 이전에 선언된 변수를 사용할 수 있습니다

Objective-C Loop/SumOddNumbers/SumOddNumbersObjC/main.m

```objectivec
int sum = 0;
int i = 1;
for (; i <= 10; i += 2) {
    sum += i;
}
NSLog(@"%d", sum);
// 25
NSLog(@"%d", i);
// 11
```

Swift ~2.x Loop/SumOddNumbers/SumOddNumbers.playground#Page3

```swift
var sum = 0
var i = 1
for ; i <= 10; i += 2 {
    sum += i
}
print(sum)
// 25
print(i)
//11
```

초기화와 마찬가지로 **조건식**, **증가/감소 표현식** 부분도 생략할 수 있습니다. 하지만 이 방식은 자칫 반복문이 종료되지 않는 상황을 초래할 수 있습니다. **조건식**을 생략할 경우 참으로 평가되기 때문입니다. 종료되지 않고 계속해서 실행되는 반복문은 "무한루프"라고 부르거나, "무한루프가 발생했다"고 표현합니다.

Objective-C

```objectivec
for (;;) {
    NSLog(@"never stop…");
}
```

Swift ~2.x

```swift
for ;; {
    print("never stop..")
}
```

Beginner Note

Xcode에서 무한루프 예제를 실행하는 경우 Product 〉 Stop 메뉴 혹은 Xcode 화면 상단의 정지 버튼으로 실행을 강제로 중지할 수 있습니다.

무한루프는 시스템의 자원을 모두 소모하거나 시스템이 비정상적으로 종료될 때가지 다른 코드의 실행을 막고 사용자의 입력을 처리할 수 없는 등 다양한 문제점을 가지고 있습니다. 그러므로 반복문을 사용할 때 반복의 범위와 종료 조건을 명확히 지정하여 무한루프가 발생하지 않도록 하는 것이 중요합니다.

Swift는 2.2버전부터 C 스타일의 For-Condition-Increment Loop를 사용하지 않습니다. Swift 2.2 이후에는 이어서 설명할 for-in 반복문과 범위 연산자의 조합을 사용해야 합니다.

Beginner Note

안정성 또는 중요도가 떨어져 더 이상 사용되지 않는 API는 Deprecated 되었다고 표현합니다. API를 바로 삭제할 경우 하위 호환성에 문제가 발생하기 때문에 일정 기간 동안 Deprecated 경고를 표시하여 새로운 API로 전환할 시간을 줍니다. Xcode에서 Deprecated 경고가 표시되면 안내 메시지에 따라 새로운 API로 전환하는 것이 좋습니다.

1.1 for-in

for-in 반복문은 앞서 공부한 for 반복문과 달리 반복 제어 변수를 직접 조작하지 않습니다. 반복의 범위는 대상에 따라 자동으로 결정되며 인덱스는 항상 1씩 증가합니다. 빠른 열거 문법이라고 부르며 주로 컬렉션을 열거할 때 활용합니다. for 반복문에 비해 문법이 간결하고 더 나은 성능을 제공합니다.

Objective-C에서 for-in 반복문은 컬렉션을 순회하기 위해 사용됩니다. NSArray, NSDictionary, NSSet을 순회할 수 있지만 언어 자체적으로 제공하는 C 스타일의 배열은 순회할 수 없습니다. 컬렉션에 포함된 요소는 매번 반복이 진행될 때마다 루프 상수를 통해 전달됩니다.

Objective-C
```
for (루프 상수 in 컬렉션) {
    반복할 코드
}
```

Objective-C Loop/StringArray/StringArrayObjC/main.m
```
NSArray* list = @[@"One", @"Two", @"Three"];
for (NSString* str in list) {
    NSLog(@"%@", str);
}
// One
// Two
// Three
```

문자열 배열인 list를 순회할 때, 배열에 포함된 각 요소는 순서대로 루프 상수 str로 전달됩니다. 루프 상수의 자료형은 반드시 컬렉션에 포함된 요소와 동일하거나 요소가 상속하고 있는 상위 클래스로 지정해야 합니다. for-in 반복문을 통해 컬렉션을 순회하는 방법은 컬렉션을 공부할 때 더욱 상세하게 설명할 예정입니다.

컬렉션을 순회하는 용도로 제한되는 Objective-C의 for-in 반복문과 달리 Swift의 for-in 반복문은 범위 연산자로 지정된 범위, 문자열, 배열을 순회할 수 있습니다. 루프 상수의 자료형은 형식 추론을 통해 자동으로 결정되므로 명시적으로 선언하지 않습니다.

Swift
```swift
for 루프 상수 in 컬렉션/문자열/범위 {
    반복할 코드
}
```

Swift Loop/StringArray/StringArray.playground
```swift
let list = ["One", "Two", "Three"]
for str in list {
    print(str)
}
// One
// Two
// Three
```

이 예제는 Objective-C 예제와 달리 Swift 언어 자체에서 제공하는 배열을 순회하고 있습니다. 또한, 문자열을 순회하면서 개별 문자를 나열할 수 있습니다.

Swift Loop/LoopCharacters.playground
```swift
let str = "One"
for ch in str.characters {
    print(ch)
}
// O
// n
// e
```

새로 도입된 범위 연산자를 사용하여 반복 범위를 지정할 수 있습니다.

Swift Loop/LoopRange.playground
```swift
for index in 2..<6 {
    print(index)
}
// 2
// 3
// 4
// 5
```

만약 반복문 내에서 루프 상수를 사용하지 않는다면 _ 문자를 사용해서 생략할 수 있습니다.

Swift
```swift
for _ in 2..<6 {
    // …
}
```

for 반복문은 오름차순 반복과 내림차순 반복을 자유롭게 구현할 수 있지만, for-in 반복문은 내림차순 반복을 구현하지 못합니다. 그래서 내림차순 반복을 구현해야 하는 경우에는 대상을 내림차순으로 정렬하거나 역순 열거자를 사용합니다.

앞서 살펴본 예제들을 내림차순으로 반복되도록 구현해 보겠습니다. Objective-C는 컬렉션 클래스가 제공하는 메소드를 통해 역순 열거자를 얻을 수 있으며, Swift는 reversed() 메소드를 통해 얻을 수 있습니다.

Objective-C Loop/ReverseLoop/ReverseLoopObjC/main.m
```objc
NSArray* list = @[@"One", @"Two", @"Three"];
for (NSString* str in [list reverseObjectEnumerator]) {
    NSLog(@"%@", str);
}
// Three
// Two
// One
```

Swift Loop/ReverseLoop/ReverseLoop.playground
```swift
let list = ["One", "Two", "Three"]
#if swift(>=3.0)
for str in list.reversed() {
    print(str)
}
#else
for str in list.reverse() {
    print(str)
}
#endif
// Three
// Two
// One

let str = "One"

#if swift(>=3.0)
for ch in str.characters.reversed() {
    print(ch)
}
```

```
#else
for ch in str.characters.reverse() {
    print(ch)
}
#endif
// e
// n
// 0

#if swift(>=3.0)
for index in (2..<6).reversed() {
    print(index)
}
#else
for index in (2..<6).reverse() {
    print(index)
}
#endif
// 5
// 4
// 3
// 2
```

범위 연산자의 경우 반드시 괄호로 감싼 후 reversed() 메소드를 호출해야 합니다.

2. while 반복문

while 반복문은 조건식이 참일 때 코드를 반복적으로 실행합니다. for 반복문과 달리 반복 횟수가 정해져 있지 않기 때문에 자칫 무한루프에 빠지기 쉽습니다.

Objective-C
```
while (조건식) {
    반복할 코드
}
```

Swift
```
while 조건식 {
    반복할 코드
}
```

반복 제어 변수 i를 선언한 후 i의 값이 3보다 작을 때까지 반복하도록 while 반복문을 구현해 보겠습니다. 반복문 내부는 단순히 i의 값을 출력하도록 구현합니다.

```
Objective-C
int i = 0;
while (i < 3) {
    NSLog(@"%i", i);
}
```

```
Swift
var i = 0
while i < 3 {
    print(i)
}
```

이 코드를 실행해 보면 0이 반복적으로 출력되면서 무한루프가 발생합니다. 조건식에서 i의 값을 확인한 후 반복할 코드를 실행하고 다시 i의 값을 확인할 때 i의 값이 항상 0이기 때문에 무한루프가 발생하는 것입니다. 이 코드에서는 i의 값을 반복마다 증가시키는 코드가 필요합니다. 아래와 같이 반복할 코드를 실행한 후 i의 값을 증가시키는 코드를 구현하면 의도한대로 동작합니다.

```
Objective-C  Loop/WhileLoop/WhileLoopObjC/main.m
int i = 0;
while (i < 3) {
    NSLog(@"%i", i);
    i += 1;
}
// 0
// 1
// 2
```

```
Swift  Loop/WhileLoop/WhileLoop.playground#Page1
var i = 0
while i < 3 {
    print(i)
    i += 1
}
// 0
// 1
// 2
```

2.1 do-while

do-while 반복문은 while 반복문의 변종으로 조건식을 평가하는 순서가 다릅니다. while 반복문은 조건식을 평가한 후 참인 경우에만 실행하지만, do-while 반복문은 먼저 실행한 후 조건식을 평가합니다. 그래서 조건식에 관계없이 반드시 한 번은 실행되는 특징을 가지고 있습니다.

```
Objective-C
do {
} while (조건식);
```

while 반복문의 예제를 조금 바꾸어서 i의 초기값을 10으로 설정하고 동일한 조건으로 while 반복문과 do-while 반복문을 구현해 보겠습니다. i의 값이 3보다 크기 때문에 while 반복문의 조건식이 false로 평가되고 반복문 내부의 코드는 실행되지 않습니다. 반복문이 바로 종료되었기 때문에 i의 값역시 증가하지 않습니다.

다시 i의 값을 10으로 초기화한 후 do-while 반복문을 실행합니다. 이번에는 반복문의 조건을 판단하기 전에 반복문의 코드를 먼저 실행합니다. 그래서 do-while 10이 출력되고 i의 값이 1 증가됩니다. 이어서 반복문의 조건을 판단할 때 i의 값이 3보다 크기 때문에 반복문이 종료됩니다. 반복문이 종료된 후 다시 i의 값을 출력해보면 after do-while 11이 출력됩니다.

Objective-C Loop/WhileLoop/WhileLoopObjC/main.m
```
int i = 10;
while (i < 3) {
    NSLog(@"while %i", i);
    i += 1;
}

NSLog(@"after while %i", i);
// after while 10

i = 10;
do {
  NSLog(@"do-while %i", i);
    i += 1;
} while (i < 3);
// do-while 10

NSLog(@"after do-while %i", i);
// after do-while 11
```

while 반복문은 조건식을 판단한 후 코드를 실행하고, do-while 반복문은 코드를 실행한 후 조건식을 판단한다는 것을 꼭 기억해 두시기 바랍니다.

2.2 repeat while

Swift는 초기 버전은 Objective-C와 동일한 do-while 반복문을 제공했습니다. 그러나 do 키워드를 사용한 새로운 오류 처리 문법이 도입되면서 do-while 반복문은 repeat-while로 이름이 변경되었습니다.

Swift

```swift
repeat {
} while 조건식
```

Swift Loop/WhileLoop/WhileLoop.playground#Page2

```swift
var i = 10
while i < 3 {
    print("while \(i)")
    i += 1
}

print("after while \(i)")
// after while 10

i = 10
repeat {
    print("do-while \(i)")
    i += 1
} while i < 3
// do-while 10

print("after do-while \(i)")
// after do-while 11
```

3. 중첩된 반복문

반복문은 원하는 만큼 중첩해서 사용할 수 있습니다. 이번에는 두 개의 반복문을 중첩시켜 구구단을 출력하는 코드를 구현해 보겠습니다. 이 코드에서 반복 제어 변수 i는 "단"을 나타내고 j는 각 단에 곱할 수를 나타냅니다. 외부 반복문은 1에서 9까지 아홉 번 반복하면서 내부의 반복문을 실행합니다. 내부 반복문은 다시 1에서 9까지 아홉 번 반복하면서 제어 변수 i와 j를 곱한 결과를 출력합니다. 외부 반복문이 1번 반복될 때 내부 반복문은 9번 반복합니다. 즉, 내부 반복문의 반복이 완료된 후에 외부 반복문이 다음 반복 단계로 이동합니다.

Objective-C Loop/NestedLoop/NestedLoopObjC/main.m

```objc
for (int i = 1; i < 10; i++) {
    for (int j = 1; j < 10; j++) {
        NSLog(@"%i x %i = %i\n", i, j, i * j);
    }
    NSLog(@"\n");
}

// 1 x 1 = 1
// 1 x 2 = 2
```

```
// ...
// 9 x 8 = 72
// 9 x 9 = 81
```

Swift Loop/NestedLoop/NestedLoop.playground

```swift
for i in 1...9 {
    for j in 1...9 {
        print("\(i) x \(j) = \(i * j)")
    }

    print("")
}

// 1 x 1 = 1
// 1 x 2 = 2
// ...
// 9 x 8 = 72
// 9 x 9 = 81
```

4. Summary

• 가장 기본적인 for 반복문인 For-Condition-Increment Loop는 초기화 부분에서 반복 제어 변수를 초기화한 후 조건식에 반복 조건을 평가합니다. 반복 조건이 true로 평가되면 코드를 실행한 후 증가/감소 표현식을 실행합니다. 이후 조건식 〉 코드 〉 증가/감소 표현식 순으로 반복합니다.

Objective-C

```objc
for (초기화; 조건식; 증가/감소 표현식) {
    반복할 코드
}
```

Swift ~2.x

```swift
for 초기화; 조건식; 증가/감소 표현식 {
    반복할 코드
}
```

• Objective-C의 for-in 반복문은 컬렉션을 순회하는데 사용됩니다.

Objective-C

```objc
for (루프 상수 in 컬렉션) {
    반복할 코드
}
```

- Swift의 for-in 반복문은 문자열, 컬렉션, 범위를 순회할 수 있습니다.

```
Swift
for 루프 상수 in 컬렉션/문자열/범위 {
    반복할 코드
}
```

- while 반복문은 조건식이 true로 평가되는 동안 코드를 반복적으로 실행합니다.

```
Objective-C
while (조건식) {
    반복할 코드
}
```

```
Swift
while 조건식 {
    반복할 코드
}
```

- Objective-C의 do...while 반복문과 Swift의 repeat...while 반복문은 코드를 실행한 후 조건식을 평가합니다. 조건식의 평가 결과에 관계없이 코드가 적어도 한 번은 실행됩니다.

```
Objective-C
do {
} while (조건식);
```

```
Swift
repeat {
} while 조건식
```

- 반복문은 필요에 따라 여러 단계로 중첩할 수 있습니다.

제어문: 조건문

조건문은 특정 조건에 따라 실행할 코드를 결정합니다. if 조건문과 switch 조건문을 사용할 수 있습니다.

1. if 조건문

if 조건문은 조건식의 결과에 따라 코드를 실행할 때 사용합니다. 조건식이 참일 때 실행할 코드와 거 짓일 때 실행할 코드를 지정할 수 있고 각각 if 블록, else 블록이라고 부릅니다. if 블록은 필수이고 else 블록은 생략할 수 있습니다.

두 언어의 문법은 매우 유사하지만 Swift는 조건식을 감싸는 괄호를 생략한 형태를 주로 사용합니다. Objective-C는 실행할 코드가 한 줄일 경우 { }를 생략할 수 있지만, Swift는 생략할 수 없습니다.

Objective-C
```
if (조건식) {
    조건식이 참일 때 실행할 코드
}
```

Swift
```
if 조건식 {
    조건식이 참일 때 실행할 코드
}
```

if 문에서 여러 가지 조건을 판단해야 한다면 else if 블록을 통해 참인 조건을 여러 개 추가할 수 있 습니다.

Objective-C
```
if (조건식1) {
    조건식1이 참일 때 실행할 코드
} else if (조건식2) {
    조건식2가 참일 때 실행할 코드
}
```

Swift
```
if 조건식1 {
    조건식1이 참일 때 실행할 코드
} else if 조건식2 {
    조건식2가 참일 때 실행할 코드
}
```

else 블록은 if 문에 포함된 모든 조건식이 거짓일 때 실행됩니다.

Objective-C
```
if (조건식1) {
    조건식1이 참일 때 실행할 코드
} else if (조건식2) {
    조건식2가 참일 때 실행할 코드
} else {
    모든 조건이 거짓일 때 실행할 코드
}
```

Swift
```
if 조건식1 {
    조건식1이 참일 때 실행할 코드
} else if 조건식2 {
    조건식2가 참일 때 실행할 코드
} else {
    모든 조건이 거짓일 때 실행할 코드
}
```

if 문은 if 블록과 else if 블록에서 참인 조건식을 만날 때까지 순서대로 조건식을 평가합니다. 참인 조건식이 있다면 이어지는 블록은 무시합니다. 예를 들어 조건식1이 참이라면 if 블록을 실행하고 이어지는 else if 블록과 else 블록을 무시합니다. 만약, 조건식2가 참이라면 조건식1과 2는 모두 평가되고 else if 블록이 실행됩니다. 조건식 1, 2가 모두 거짓이라면 else 블록이 실행됩니다.

if 문에서 각 블록의 순서와 작성 가능한 숫자, 생략 가능 여부는 미리 정해져 있습니다. if 블록은 if 문의 시작 부분에, else if 블록은 if 블록 다음에, else 블록은 if 문의 마지막 부분에 작성해야 합니다.

	if 블록	else if 블록	else 블록
작성 순서	1	2	3
작성 가능 수	1	무한대	1
생략 가능	X	O	O

if 문을 사용해서 2의 배수를 확인하는 코드를 작성해 보겠습니다.

Objective-C Flow/MultipleOf2/MultipleOf2ObjC/main.m
```objc
NSInteger number = 6;
if (number % 2 == 0) {
    NSLog(@"%d is a multiple of 2", number);
} else {
    NSLog(@"%d is not a multiple of 2", number);
}
// 6 is a multiple of 2
```

Swift Flow/MultipleOf2/MultipleOf2.playground
```swift
let number = 6
if number % 2 == 0 {
    print("\(number) is a multiple of 2")
} else {
    print("\(number) is not a multiple of 2")
}
// 6 is a multiple of 2
```

이 코드는 조건 연산자로 바꾸어 쓸 수 있습니다. 각 블록에서 실행해야 하는 코드가 한 줄이라면 때로는 가독성을 높이는데 도움이 되기도 합니다.

Objective-C Flow/MultipleOf2/MultipleOf2ObjC/main.m
```objc
NSInteger number = 6;
NSLog(number % 2 == 0 ? @"%d is a multiple of 2" : @"%d is not a multiple of 2", number);
```

Swift Flow/MultipleOf2/MultipleOf2.playground
```swift
let number = 6
print(number % 2 == 0 ? "\(number) is a multiple of 2" : "\(number) is not a multiple of 2")
```

여기에 3의 배수를 확인하는 else if 블록을 추가합니다.

Objective-C Flow/MultipleOf2And3/MultipleOf2And3ObjC/main.m
```objc
NSInteger number = 6;
if (number % 2 == 0) {
    NSLog(@"%d is a multiple of 2", number);
} else if (number % 3 == 0) {
    NSLog(@"%d is a multiple of 3", number);
} else {
    NSLog(@"...");
}
// 6 is a multiple of 2
```

Flow/MultipleOf2And3/MultipleOf2And3.playground

```swift
let number = 6
if number % 2 == 0 {
    print("\(number) is a multiple of 2")
} else if number % 3 == 0 {
    print("\(number) is a multiple of 3")
} else {
    print("...")
}
// 6 is a multiple of 2
```

number에 저장된 숫자 6은 2의 배수인 동시에 3의 배수입니다. if 블록의 조건식과 else if 블록의 조건식이 모두 참이지만 if 문의 특성상 가장 먼저 참으로 평가된 if 블록이 실행되고 else if 블록은 무시됩니다. 만약 2의 배수인 동시에 3의 배수인지 확인하고 싶다면 두 블록의 조건식을 하나의 조건식으로 작성해야 합니다.

Objective-C Flow/MultipleOf2And3/MultipleOf2And3ObjC/main.m

```objc
NSInteger number = 6;
if (number % 2 == 0 && number % 3 == 0) {
    NSLog(@"%d is a multiple of 2 and 3", number);
} else {
    NSLog(@"...");
}
// 6 is a multiple of 2 and 3
```

Swift Flow/MultipleOf2And3/MultipleOf2And3.playground

```swift
let number = 6
if number % 2 == 0 && number % 3 == 0 {
    print("\(number) is a multiple of 2 and 3")
} else {
    print("...")
}
// 6 is a multiple of 2 and 3
```

if 문에서 조건식을 구현 의도에 맞게 작성하는 것은 매우 중요합니다. 조금 전 예제와 같이 조건식에 여러 개의 조건이 포함되어 있는 경우에 더욱 주의해야 합니다. 유명한 개발자 유머를 통해 조건식의 중요성에 대해 알아보겠습니다.

어느 개발자가 퇴근길에 아내에게 전화를 걸었다.

개발자 : 여보 나 지금 퇴근. 집에 가는 길에 마트 들를 건데 뭐 사다 줄까?
아   내 : 우유 두 개 사와.
개발자 : 그리고?

아   내 : 만약 마트에 달걀이 있으면 여섯 개 사다 줘.

  귀가한 개발자, 아내에게 우유 여섯 개를 건넨다.

아   내 : 왜 이렇게 우유를 많이 샀어?

개발자 : 마트에 달걀이 있길래..

먼저 아내의 의도를 코드로 풀어보겠습니다. 우유 두 개는 반드시 사와야 하고, 달걀은 판매되고 있다면 여섯 개를 사와야 합니다. 달걀이 판매되고 있다고 가정하면 아내는 우유 두 개와 달걀 여섯 개가 든 장바구니를 받아야 합니다. 이 예제에서 NSLog 함수와 print 함수는 물건을 사는 함수라고 가정합니다.

Objective-C
```objective-c
NSLog(@"우유 2");

BOOL eggExists = YES;
if (eggExists) {
    NSLog(@"달걀 6");
}
// 우유 2
// 달걀 6
```

Swift
```swift
print("우유 2")

let eggExists = true
if eggExists {
    print("달걀 6")
}
// 우유 2
// 달걀 6
```

그러나 개발자 남편은 달걀을 판매하고 있는가를 사야하는 우유의 수를 판단하는 조건으로 착각하고 있습니다. "만약 마트에 달걀이 있으면 (우유를) 여섯 개 사다 줘."로 이해한 것입니다. 이것을 코드로 풀어보면 앞의 코드와 완전히 달라집니다.

Objective-C
```objective-c
BOOL eggExists = YES;
if (eggExists) {
    NSLog(@"우유 6");
} else {
    NSLog(@"우유 2");
}
// 우유 6
```

```Swift
let eggExists = true
if eggExists {
    print("우유 6")
} else {
    print("우유 2")
}
// 우유 6
```

실제로 구현의도에 맞지 조건식으로 인해 발생하는 논리적인 오류를 발견하는 것은 매우 어렵습니다. 그러므로 구현의도를 조건식으로 바꾸고 결과를 검증하는 연습을 많이 하는 것이 중요합니다. 그리고 디버깅 시에 원인을 발견하기 어려운 오류가 있다면 조건식부터 검증해 보는 것도 좋은 방법입니다.

2. guard (Swift Only)

guard 문은 Swift 2.0에서 새롭게 도입되었습니다. if 문과 유사하며 제어문과 반복문의 중첩을 획기적으로 줄이고 가독성을 높이는데 도움을 줍니다.

```Swift
guard 불린 표현식 else {
    return // 또는 break
}
```

```Swift
guard 옵셔널 바인딩 where 불린 표현식 else {
    return // 또는 break
}
```

guard 키워드 뒤에 조건을 판단하는 불린 표현식 또는 옵셔널 바인딩 구문이 위치하고 마지막 부분에 else 블록이 위치합니다. 옵셔널 바인딩 구문 뒤에 위치하는 where 절은 생략할 수 있습니다. guard 문은 불린 표현식이 true 이거나 옵셔널 바인딩이 성공한 경우 이어지는 코드를 수행하고, 반대의 경우에는 else 블록에 포함된 코드를 수행합니다. if 문과 달리 else 블록을 생략할 수 없고, else 블록에서 반드시 guard 문이 포함된 범위에 있는 코드의 실행을 중지해야 합니다. 그렇지 않은 경우에는 컴파일 오류가 발생합니다. return, break, continue, throw 문을 사용해서 코드의 실행을 중지할 수 있고 guard 문이 포함된 블록에 따라서 특정 흐름 제어문을 사용할 수 없는 경우가 있습니다. 예를 들어 guard 문이 포함된 인접 코드 블록이 함수 또는 메소드라면 else 절에서 break와 continue를 사용할 수 없습니다.

guard 문은 코드를 실행하기 위한 조건을 판단하고 조건이 충족되지 않을 경우 실행을 즉시 중단하는 패턴을 구현하는데 주로 사용됩니다. 예를 들어 서버로부터 데이터를 가져오는 fetchData(_:) 함수가 있고, 이 함수는 서버 API의 URL을 구성하는 파라미터를 딕셔너리 형식의 파라미터로 받는다고 가정하겠습니다. 그리고 이 함수는 파라미터에 id 문자열이 포함되어 있고, API URL이 올바른 형식의 URL 데이터이고, URL 로부터 다운로드한 결과가 nil이 아닌 경우에 print 함수로 결과를 출력합니다. 이 가상의 함수는 다음과 같이 구현할 수 있습니다.

Swift 2.3 Flow/guard.playground#Page1

```
func fetchData(param: [String: AnyObject]) {
    if let id = param["id"] as? String {
        if let url = NSURL(string: "https://api.meetkei.com/data/\(id)") {
            if let result = NSData(contentsOfURL: url) {
                print(result)
            }
        }
    }
}
```

Swift 3 Flow/guard.playground#Page1

```
func fetchData(param: [String: AnyObject]) throws {
    if let id = param["id"] as? String {
        if let url = URL(string: "https://api.meetkei.com/data/\(id)") {
            let result = try Data(contentsOf: url)
            print(result)
        }
    }
}
```

이 함수는 3단계나 중첩되어 있어서 가독성이 떨어집니다. 옵셔널 바인딩 부분을 개선하여 중첩 단계를 줄일 수 있지만 한 줄에 너무 많은 코드가 작성되어 여전히 가독성이 떨어집니다.

Swift 2.3 Flow/guard.playground#Page2

```
func fetchData(param: [String: AnyObject]) {
    if let id = param["id"] as? String, url = NSURL(string: "https://api.
        meetkei.com/data/\(id)"), result = NSData(contentsOfURL: url) {
        print(result)
    }
}
```

Swift 3 Flow/guard.playground#Page2

```
func fetchData(param: [String: AnyObject]) {
    if let id = param["id"] as? String, let url = URL(string: "https://api.
        meetkei.com/data/\(id)"), let result = try? Data(contentsOf: url) {
        print(result)
    }
}
```

guard 문을 사용하면 옵셔널 바인딩 구분을 통해 확인하는 세 가지 조건을 만족시키면서 가독성이 향상된 코드를 작성할 수 있습니다.

Swift 2.3 Flow/guard.playground#Page3

```swift
func fetchData(param: [String: AnyObject]) {
    guard let id = param["id"] as? String else {
        return
    }

    guard let url = NSURL(string:"https://api.meetkei.com/data/\(id)") else
{
        return
    }

    guard let result = NSData(contentsOfURL: url) else {
        return
    }

    print(result)
}
```

Swift 3 Flow/guard.playground#Page3

```swift
func fetchData(param: [String: AnyObject]) {
    guard let id = param["id"] as? String else {
        return
    }

    guard let url = URL(string:"https://api.meetkei.com/data/\(id)") else {
        return
    }

    guard let result = try? Data(contentsOf: url) else {
        return
    }

    print(result)
}
```

이 코드는 첫 번째 guard 문에서 param 딕셔너리에 id 키와 연관된 문자열 값이 있을 경우 id 상수에 할당합니다. 만약 id 키가 존재하지 않거나 연관된 값이 문자열이 아닌 경우 else 블록이 실행되고 fetchData 함수의 실행을 종료합니다. 나머지 guard 문 역시 앞서 가정한 실행 조건들을 확인하고 조건이 만족되지 않은 경우 else 블록에서 함수의 실행을 종료합니다. guard 문으로 확인한 세 가지 조건이 모두 만족된 경우에만 마지막 print 함수가 실행됩니다. if 문을 중첩해서 구현한 코드와 동일한 기능을 구현한 코드이지만 코드 실행에 필요한 조건을 더 직관적으로 구현할 수 있고 조건이 만족되지 않을 경우 코드의 실행 흐름을 더욱 명확하게 표현할 수 있는 장점을 가지고 있습니다.

guard 문에서 옵셔널 바인딩으로 바인딩한 상수(또는 변수)의 사용 범위는 guard 문이 포함된 코드의 사용범위와 동일합니다. 예를 들어 if 문과 결합된 옵셔널 바인딩 구문을 사용한 적이 있다면 첫 번째 guard 문에서 바인딩된 id를 else 절 내부에서만 사용할 수 있는 것으로 생각할 수 있습니다. 하지만 id는 guard 문이 포함된 fetchData 함수 내부에서 사용할 수 있습니다. url과 result 상수 역시 이어지는 코드에서 사용할 수 있습니다.

3. switch 조건문

if 조건문에서 특정 블록은 자신의 조건식이 참인 경우 실행됩니다. switch 조건문은 if 조건문과 기능적인 면에서 매우 유사하지만 지정한 값과 블록의 값이 동일한 경우에 블록을 실행합니다. 이러한 값 비교를 Value Matching이라고 합니다.

switch 조건문은 비교할 값과 하나 이상의 case 블록, 하나의 default 블록으로 구성됩니다. 비교할 값은 생략할 수 없으며 switch 조건문 내부에는 적어도 하나의 case 블록이 포함되어야 합니다. default 블록은 if 조건문의 else 블록과 유사하며 생략 가능합니다.

switch 조건문은 다수의 조건을 가진 경우 가독성 측면에서 매우 유리합니다. 어떠한 규칙이 있는 것은 아니지만 일반적으로 3~4개 정도의 조건을 판별하는 코드를 작성할 때는 if 조건문, 그 이상의 조건을 판별하는 경우에는 switch 조건문의 가독성이 좋습니다.

3.1 Objective-C의 switch

Objective-C의 switch 조건문은 C 계열의 언어에서 사용하는 것과 동일합니다.

```
Objective-C
switch (정수 표현식) {
    case 상수 표현식1:
        정수 표현식과 상수 표현식1의 값이 동일할 때 실행할 코드
        break;
    case 상수 표현식2:
        정수 표현식과 상수 표현식2의 값이 동일할 때 실행할 코드
        break;
    default:
        정수 표현식과 일치하는 값을 가진 상수 표현식이 없을 때 실행할 코드
        break;
}
```

정수 표현식 부분에는 반드시 정수 또는 정수로 평가되는 표현식이 와야 합니다. Objective-C의 switch 조건문이 비교할 수 있는 대상은 정수로 제한되기 때문입니다.

switch 조건문 내부에는 하나 이상의 case 블록이 포함됩니다. case 블록은 상수 표현식과 실행할 코드, break로 구성됩니다. 상수 표현식은 반드시 정수 표현식과 동일한 자료형의 상수 또는 리터럴이어

야 합니다. break는 switch 조건문의 실행을 종료하므로 break 이후의 case 블록은 더 이상 실행되지 않습니다.

정수 표현식의 값이 **상수 표현식**의 값과 일치하면 case와 break 사이의 코드가 실행됩니다. 만약 정수 표현식과 일치하는 값을 가진 case 블록이 없다면 default 블록이 실행됩니다. default 블록이 구현되지 않은 경우에는 switch 조건문의 실행을 종료합니다.

Objective-C Flow/ValueMatching/ValueMatchingObjC/main.m
```objc
NSInteger number = 3;
switch (number) {
    case 0:
        NSLog (@"zero");
        break;
    case 1:
        NSLog (@"one");
        break;
    case 2:
        NSLog (@"two");
        break;
    case 3:
        NSLog (@"three");
        break;
    case 4:
        NSLog (@"four");
        break;
    case 5:
        NSLog (@"five");
        break;
    default:
        NSLog (@"Out of range");
        break;
}
// three
```

case 블록에 포함된 break는 생략 가능합니다. break를 생략할 경우 값이 동일한가에 관계없이 다음 break를 만날 때까지 case 블록이 연속적으로 실행됩니다. 이러한 특징을 fallthrough라고 합니다. 예를 들어 위의 코드에서 break를 모두 제거하면 case 3 이후의 모든 블록이 실행됩니다.

Objective-C Flow/Fallthrough/FallthroughObjC/main.m
```objc
NSInteger number = 3;
switch (number) {
    case 0:
        NSLog (@"zero");
    case 1:
        NSLog (@"one");
```

```
        case 2:
            NSLog (@"two");
        case 3:
            NSLog (@"three");
        case 4:
            NSLog (@"four");
        case 5:
            NSLog (@"five");
        default:
            NSLog (@"Out of range");
}

// three
// four
// five
// Out of range
```

이처럼 break를 생략할 경우 switch 조건문의 실행 결과가 완전히 달라집니다. 실수로 break를 적어 주지 않아서 논리적인 오류를 발생시키는 경우도 많으므로 주의해야 사용해야 합니다. 하지만 이러한 특징을 활용하여 다음과 같이 여러 case 블록을 하나로 병합할 수 있습니다.

Objective-C Flow/MultiValueMatching/MultiValueMatchingObjC/main.m
```
NSInteger number = 3;
switch (number) {
    case 0:
    case 1:
    case 2:
        NSLog (@"0 ~ 2");
        break;
    case 3:
    case 4:
    case 5:
        NSLog (@"3 ~ 5");
        break;
    default:
        NSLog (@"Out of range");
}
// 3 ~ 5
```

default 블록은 원하는 위치에 추가할 수 있지만 switch 조건문의 마지막에 추가하는 것이 관례입니다.

3.2 Swift의 switch

Swift의 switch 조건문은 Objective-C와 기본적인 개념을 공유하지만 가장 많은 개선이 이루어진 요소 중 하나입니다.

```
Swift
switch 표현식 {
case 상수 표현식1:
    표현식과 상수 표현식1의 값이 동일할 때 실행할 코드
case 상수 표현식2, 상수 표현식3:
    표현식과 상수 표현식2의 값 또는 상수 표현식3의 값이 동일할 때 실행할 코드
default:
    표현식과 일치하는 값을 가진 상수 표현식이 없을 때 실행할 코드
}
```

Objective-C와 문법적으로 유사하게 보이지만 몇 가지 뚜렷한 차이점을 가지고 있습니다. 먼저 표현식을 감싸는 괄호를 생략합니다. case 블록의 마지막에 break를 더 이상 사용하지 않으며 하나의 case 블록이 실행된 후 이어지는 case 블록이 실행되지 않고 switch 조건문을 종료합니다. default 블록은 반드시 switch 조건문의 마지막 부분에 추가해야 하며 다른 위치에 추가한 경우 컴파일 오류가 발생합니다.

```
Swift   Flow/ValueMatching/ValueMatching.playground
let number = 3
switch number {
case 0:
    print("zero")
case 1:
    print("one")
case 2:
    print("two")
case 3:
    print("three")
case 4:
    print("four")
case 5:
    print("five")
default:
    print("Out of range")
}
// three
```

Swift의 switch 조건문은 모든 경우의 수를 처리해야 한다는 제약을 가지고 있습니다. 앞서 살펴본 두 언어의 예제에서 default 블록을 주석 처리한 후 실행해 보면 차이점을 확인할 수 있습니다.

Objective-C에서는 switch 조건문이 모든 경우의 수를 처리하지 않더라도 코드를 실행하는데 별다른 제약이 없지만, Swift에서는 컴파일 오류가 발생합니다. 처리되지 않은 경우의 수로 인해 발생하는 논리적인 오류를 막기 위한 안전장치를 추가한 것입니다.

앞의 예제에서 number는 약 21억 개의 정수를 표현할 수 있으므로 그만큼의 case 블록을 추가해야 할까요? 다행스럽게도 처리가 필요한 값에 해당하는 case 블록만 추가한 후 나머지 경우의 수는 default 블록에서 처리하도록 하면 전혀 문제가 없습니다. default 블록에서 처리할 코드가 없다면 break 명령어를 추가하는 것으로 충분합니다.

Swift
```
switch number {
    //…
default:
    break
}
```

switch 조건문의 case 블록에서 break를 쓰지 않는 이유는 Objective-C와 반대로 fallthrough를 허용하지 않기 때문입니다. Objective-C에서 break를 생략한 것과 동일한 결과를 얻으려면 fallthrough 키워드를 사용해야 합니다. case 블록에 fallthrough가 포함되어 있다면 fallthrough가 포함되어 있지 않은 case 블록을 만날 때까지 계속 실행됩니다.

Swift Flow/Fallthrough/Fallthrough.playground
```
let number = 3
switch number {
case 0:
    print("zero")
    fallthrough
case 1:
    print("one")
    fallthrough
case 2:
    print("two")
    fallthrough
case 3:
    print("three")
    fallthrough
case 4:
    print("four")
    fallthrough
case 5:
    print("five")
    fallthrough
default:
    print("Out of Range")
}
```

```
// three
// four
// five
// Out of Range
```

여러 개의 case 블록을 하나로 병합할 때는 하나의 case 키워드 다음에 상수 표현식을 , 로 구분하여 나열합니다.

Swift Flow/MultiValueMatching/MultiValueMatching.playground
```
let number = 3
switch number {
case 0, 1, 2:
    print("0 ~ 2")
case 3, 4, 5:
    print("3 ~ 5")
default:
    print("Out of range")
}
// 3 ~ 5
```

이 예제는 범위 연산자를 매칭시키도록 구현할 수 있습니다. 숫자를 매칭시킬 경우 모든 숫자를 개별적으로 나열하는 것보다 가독성 높은 코드를 구현할 수 있습니다.

Swift Flow/RangeMatching.playground
```
let number = 3
switch number {
case 0...2:
    print("0 ~ 2")
case 3...5:
    print("3 ~ 5")
default:
    print("Out of range")
}
// 3 ~ 5
```

비교 대상이 정수 값으로 제한되어 있는 Objective-C와 달리 실수나 문자열, 열거형, 튜플, 범위를 매칭시킬 수 있습니다.

이번에는 switch 조건문을 이용해서 문자열을 매칭 시켜 보겠습니다. 문자열 매칭에서 기억해야 할 내용은 대소문자를 구문한다는 것입니다. 예를 들어 아래의 코드에서 company 상수에 저장된 문자열은 첫 번째 case와는 매칭되지 않습니다.

```
Swift  Flow/StringMatching.playground
let company = "apple"

switch company {
case "APPLE":
    print("iMac")
case "apple":
    print("iPhone")
case "google":
    print("Android")
case "ms":
    print("Windows Phone")
default:
    print("Something else")
}

// iPhone
```

4. if 와 switch 상호 변환

if 조건문과 switch 조건문으로 작성된 코드는 상호 변환할 수 있습니다. switch 조건문을 공부하면
서 살펴본 첫 번째 예제를 if 조건문으로 구현한 코드와 비교해 보겠습니다. 코드의 실행 결과는 동일
하지만 가독성은 차이가 있습니다. 앞서 언급했던 것처럼 적은 수의 조건을 비교하는 코드를 작성할
때는 if 조건문이 유리합니다.

언어	switch	if

Objective-C	```NSInteger number = 8;```
	 ```if (number == 0) {```
	 ``` NSLog(@"zero");```
	 ```} else if (number == 1) {```
	 ``` NSLog(@"one");```
	 ```} else if (number == 2) {```
	 ``` NSLog(@"two");```
	 ```} else if (number == 3) {```
	 ``` NSLog(@"three");```
	 ```} else if (number == 4) {```
	 ``` NSLog(@"four");```
	 ```} else if (number == 5) {```
	 ``` NSLog(@"five");```
	 ```} else {```
	 ``` NSLog(@"Out of range");```
	 ```}```
		```NSInteger number = 3;```
		 ```switch (number) {```
		 ``` case 0:```
		 ``` NSLog (@"zero");```
		 ``` break;```
		 ``` case 1:```
		 ``` NSLog (@"one");```
		 ``` break;```
		 ``` case 2:```
		 ``` NSLog (@"two");```
		 ``` break;```
		 ``` case 3:```
		 ``` NSLog (@"three");```
		 ``` break;```
		 ``` case 4:```
		 ``` NSLog (@"four");```
		 ``` break;```
		 ``` case 5:```
		 ``` NSLog (@"five");```
		 ``` break;```
		 ``` default:```
		 ``` NSLog (@"Out of range");```
		 ``` break;```
		 ```}```

언어	switch	if

Swift	let number = 3
	switch number {
	case 0:
	    print("zero")
	case 1:
	    print("one")
	case 2:
	    print("two")
	case 3:
	    print("three")
	case 4:
	    print("four")
	case 5:
	    print("five")
	default:
	    print("Out of range")
	}
		let number = 3
		if number == 0 {
		    print("zero")
		} else if number == 1 {
		    print("one")
		} else if number == 2 {
		    print("two")
		} else if number == 3 {
		    print("three")
		} else if number == 4 {
		    print("four")
		} else if number == 5 {
		    print("five")
		} else {
		    print("Out of range")
		}

5. break

break는 반복문, if 조건문, switch 조건문에서 실행을 종료하는 명령문입니다.

예를 들어 0에서 10까지 반복하는 for 반복문이 있습니다. 이 반복문은 i가 2보다 클 경우 break 명령문을 실행합니다. 실행 결과를 보면 i가 3일 때 break 명령문이 실행되었고 0 ~ 2까지 출력된 후 for 반복문이 종료됩니다.

Objective-C Flow/BreakLoop/BreakLoopObjC/main.m

```objc
for (int i = 0; i <= 10; i++) {
    if (i > 2) {
        break;
    }

    NSLog(@"%d", i);
}

// 0
// 1
// 2
```

Swift Flow/BreakLoop/BreakLoop.playground

```swift
for i in 0...10 {
    if i > 2 {
        break
```

```
    }

    print(i)
}

// 0
// 1
// 2
```

반복문에서 break 명령문은 가장 인접한 반복문의 실행을 종료한다는 것에 주의해야 합니다. 만약, 반복문이 중첩되어 있고, 내부 반복문에서 break 명령문을 실행하면 내부 반복문은 종료되지만, 외부 반복문은 지정된 횟수만큼 정상적으로 실행됩니다.

Objective-C Flow/BreakNestedLoop/BreakNestedLoopObjC/main.m

```objc
for (int i = 0; i < 3; i++) {
    for (int j = 0; j <= 10; j++) {
        if (j > 2) {
            break;
        }

        NSLog(@"inner %d", j);
    }

    NSLog(@"OUTER %d", i);
}
```

Swift Flow/BreakNestedLoop/BreakNestedLoop.playground

```swift
for i in 0..<3 {
    for j in 0...10 {
        if j > 2 {
            break
        }

        print("inner \(j)")
    }

    print("OUTER \(i)")
}
// inner 0
// inner 1
// inner 2
// OUTER 0
// inner 0
// inner 1
// inner 2
// OUTER 1
```

```
// inner 0
// inner 1
// inner 2
// OUTER 2
```

이 예제의 결과를 보면 내부 반복문은 세 번 반복한 후 종료되지만, 외부 반복문은 지정된 횟수를 모두 반복하는 것을 확인할 수 있습니다. 그래서 내부 반복문에 세 번 반복한 후 종료되는 과정이 총 세번 반복되고 있습니다. 만약, 내부 반복문이 종료될 때 외부 반복문이 함께 종료되도록 하려면 다음과 같이 내부 반복문의 상태를 파악할 수 있는 코드를 추가해야 합니다.

Objective-C Flow/BreakEntireLoop/BreakEntireLoopObjC/main.m

```objc
for (int i = 0; i < 3; i++) {
    BOOL shouldBreak = NO;

    for (int j = 0; j <= 10; j++) {
        if (j > 2) {
            shouldBreak = YES;
            break;
        }

        NSLog(@"inner %d", j);
    }

    if (shouldBreak) {
        break;
    }

    NSLog(@"OUTER %d", i);
}
```

Swift Flow/BreakEntireLoop/BreakEntireLoop.playground

```swift
for i in 0..<3 {
    var shouldBreak = false

    for j in 0...10 {
        if j > 2 {
            shouldBreak = true
            break
        }

        print("inner \(j)")
    }

    if shouldBreak {
        break
    }
```

```
    print("OUTER \(i)")
}

// inner 0
// inner 1
// inner 2
```

이 예제에서 shouldBreak 변수는 내부 반복문이 종료되었는지 확인하는데 사용합니다. 내부 반복문이 종료될 때 이 변수의 값이 YES 또는 true로 업데이트됩니다. 외부 반복문은 이 값을 확인한 후 참인 경우 반복문을 종료합니다. 결과적으로 내부 반복문이 세 번 반복한 후 모든 반복문이 종료됩니다. 출력되는 결과 역시 큰 차이를 보이고 있습니다. 마지막에 Outer x 로그가 출력되지 않는 것은 외부 반복문이 이 로그를 출력하기 전에 종료되었기 때문입니다. 만약, Outer x를 출력한 후 종료해야 한다면 shouldBreak 값을 확인하는 if 조건문을 print 함수 뒤로 옮겨야 합니다. break 명령문이 실행된 후 동일한 범위에 있는 이어지는 코드들은 실행되지 않으므로 break 위치를 신중하게 결정해야 합니다. 이것은 다른 반복문이나 조건문의 경우에도 마찬가지입니다.

break 명령문은 if 조건문에서 블록의 실행을 종료합니다. for 반복문과 마찬가지로 중첩되어 있는 경우 가장 인접한 블록의 실행을 종료합니다. switch 조건문에서 사용될 경우에는 매칭된 case 블록이 실행된 후 switch 조건문을 종료시킵니다.

6. continue

continue는 반복문에서 현재 반복을 종료하고 다음 반복으로 이동하는 명령문입니다. 이 명령문은 break 명령문과 달리 반복문 전체를 종료하지 않습니다.

Objective-C Flow/ContinueLoop/ContinueLoopObjC/main.m

```objc
for (int i = 1; i <= 10; i++) {
    NSLog(@"iteration #%d", i);

    if (i % 2 != 0) {
        continue;
    }

    NSLog(@"%d", i);
}
```

Swift Flow/ContinueLoop/ContinueLoop.playground

```swift
for i in 1...10 {
    print("iteration #\(i)")

    if i % 2 != 0 {
```

```
        continue
    }

    print(i)
}

// iteration #1
// iteration #2
// 2
// iteration #3
// iteration #4
// 4
// iteration #5
// iteration #6
// 6
// iteration #7
// iteration #8
// 8
// iteration #9
// iteration #10
// 10
```

이 예제는 1에서 10까지 반복하면서 현재의 반복 횟수(iteration #n)와 반복 값(n)을 출력합니다. i의 값이 짝수가 아닐 경우 continue 명령문을 실행하고 다음 반복으로 이동합니다. 출력된 결과를 보면 총 10번의 반복 횟수가 출력되고 짝수에 해당되는 반복 값만 출력됩니다. 다음과 같이 continue 명령문을 break 명령문으로 바꾼 후 실행결과를 보면 두 명령문의 차이를 더 쉽게 이해할 수 있습니다.

Objective-C Flow/ContinueLoop/ContinueLoopObjC/main.m
```objc
for (int i = 1; i <= 10; i++) {
    NSLog(@"iteration #%d", i);

    if (i % 2 != 0) {
        break;
    }

    NSLog(@"%d", i);
}
```

Swift Flow/ContinueLoop/ContinueLoop.playground
```swift
for i in 1...10 {
    print("iteration #\(i)")

    if i % 2 != 0 {
        break
    }
}
```

```
        print(i)
    }

    // iteration #1
```

7. return

return 명령문은 주로 함수(또는 메소드)의 실행을 종료하고 리턴 값이 있는 경우 호출자에게 값을 전달하는 역할을 합니다. 자세한 사용법은 함수를 설명하는 부분으로 미루고 여기에서는 반복문과 조건문에서 사용되는 경우 break 명령문과 어떤 차이가 있는지 알아보겠습니다.

doSomething() 함수는 for 반복문을 실행한 후 DONE 로그를 출력하는 간단한 함수입니다.

Objective-C
```objc
void doSomething() {
    for (int i = 0; i <= 10; i++) {
        if (i > 2) {
            break;
        }

        NSLog(@"%d", i);
    }

    NSLog(@"DONE");
}
```

Swift
```swift
func doSomething() {
    for i in 0...10 {
        if i > 2 {
            break
        }

        print(i)
    }

    print("DONE")
}
```

이 함수를 호출하면 다음과 같이 로그가 출력됩니다.

```
// 0
// 1
// 2
// DONE
```

for 반복문은 i의 값이 2보다 큰 경우 break 명령문에 의해 종료됩니다. 이어서 DONE 로그가 출력되고 함수의 실행이 종료됩니다. break를 return으로 바꾸면 결과가 어떻게 달라질까요?

Objective-C Flow/ReturnLoop/ReturnLoopObjC/main.m

```objectivec
void doSomething() {
    for (int i = 0; i <= 10; i++) {
        if (i > 2) {
            return;
        }

        NSLog(@"%d", i);
    }

    NSLog(@"DONE");
}
```

Swift Flow/ReturnLoop/ReturnLoop.playground

```swift
func doSomething() {
    for i in 0...10 {
        if i > 2 {
            return
        }

        print(i)
    }

    print("DONE")
}
```

다시 함수를 호출하면 아래와 같이 로그가 출력됩니다.

```
// 0
// 1
// 2
```

return 명령문은 break 명령문과 마찬가지로 반복문을 종료합니다. 그러나 한 걸음 더 나아가 반복문이 포함된 함수의 실행을 즉시 종료합니다. 즉, DONE 로그가 출력되기 전에 doSomething() 함수의 실행이 종료되는 것입니다. 그리고 반복문이 중첩되어 있는 경우 가장 인접한 반복문만 종료하는 break 명령문과 달리 중첩 단계에 관계없이 모든 반복문과 함수의 실행을 종료합니다.

8. Labeled Statements (Swift Only)

Swift는 Labeled Statements를 통해 반복문, switch 조건문에 이름을 지정할 수 있습니다. 지정된 이름은 break, continue 명령문과 함께 사용하며, 코드의 실행 흐름을 유연하게 구현할 수 있는 장점이 있습니다.

이름을 지정하는 문법은 매우 단순합니다. 예를 들어 for 반복문에 LOOP라는 이름을 지정하고 싶다면 for 키워드 앞에 LOOP:을 추가합니다. 이름에는 공백이 추가될 수 없지만 : 문자의 양옆에는 공백을 추가하거나 줄바꿈을 할 수 있습니다.

```swift
Swift
LOOP: for i in 0..<10 {
    // …
}

LOOP:
for i in 0..<10 {
    // …
}
```

중첩된 반복문에서 shouldBreak 변수를 활용하여 전체 반복문을 종료하는 예제를 다시 보겠습니다.

```swift
Swift
for i in 0..<3 {
    var shouldBreak = false

    for j in 0...10 {
        if j > 2 {
            shouldBreak = true
            break
        }

        print("inner \(j)")
    }

    if shouldBreak {
        break
    }

    print("OUTER \(i)")
}
```

Labeled Statements를 활용하면 shouldBreak 변수를 사용하지 않고 동일한 실행결과를 더욱 단순하고 직관적으로 구현할 수 있습니다.

```swift
Swift   Flow/LabeledStatements.playground
OUTER: for i in 0..<3 {
    for j in 0...10 {
```

```
            if j > 2 {
                break OUTER
            }

            print("inner \(j)")
        }

        print("OUTER \(i)")
    }
```

이 예제는 이전 예제와 달리 break 명령문 뒤에 실행을 종료할 반복문의 이름을 지정하고 있습니다. 그래서 자신이 포함된 내부 반복문 대신 지정된 이름과 동일한 이름을 가진 외부 반복문을 종료합니다.

9. Summary

- if 조건문은 조건에 따라 실행할 코드를 if 블록, else if 블록, else 블록으로 구현합니다.

    Objective-C
    ```
    if (조건식1) {
        조건식1이 참일 때 실행할 코드
    } else if (조건식2) {
        조건식2가 참일 때 실행할 코드
    } else {
        모든 조건이 거짓일 때 실행할 코드
    }
    ```

    Swift
    ```
    if 조건식1 {
        조건식1이 참일 때 실행할 코드
    } else if 조건식2 {
        조건식2가 참일 때 실행할 코드
    } else {
        모든 조건이 거짓일 때 실행할 코드
    }
    ```

- if 조건문은 조건식이 참인 블록을 만나면 해당 블록의 코드를 실행하고 종료합니다. 이어지는 조건식은 평가되지 않습니다.
- if 조건문에서 else if 블록과 else 블록은 생략할 수 있습니다.
- Swift의 guard 문은 코드를 실행하기 위한 조건을 판단하고 조건이 충족되지 않을 경우 실행을 즉시 중단하는 패턴을 구현하는데 주로 사용됩니다.

Swift
```
guard 불린 표현식 else {
    return // 또는 break
}
```

Swift
```
guard 옵셔널 바인딩 where 불린 표현식 else {
    return // 또는 break
}
```

switch 조건문은 비교할 값과 하나 이상의 case 블록, 하나의 default 블록으로 구성됩니다.

Objective-C
```
switch (정수 표현식) {
    case 상수 표현식1:
        정수 표현식과 상수 표현식1의 값이 동일할 때 실행할 코드
        break;
    case 상수 표현식2:
        정수 표현식과 상수 표현식2의 값이 동일할 때 실행할 코드
        break;
    default:
        정수 표현식과 일치하는 값을 가진 상수 표현식이 없을 때 실행할 코드
        break;
}
```

Swift
```
switch 표현식 {
case 상수 표현식1:
    표현식과 상수 표현식1의 값이 동일할 때 실행할 코드
case 상수 표현식2, 상수 표현식3:
    표현식과 상수 표현식2의 값 또는 상수 표현식3의 값이 동일할 때 실행할 코드
default:
    표현식과 일치하는 값을 가진 상수 표현식이 없을 때 실행할 코드
}
```

- Objective-C의 switch 조건문은 fallthrough를 허용하지만 Swift의 switch 조건문은 허용하지 않습니다.
- Objective-C의 switch 조건문은 정수 매칭을 지원하지만 Swift의 switch 조건문은 정수, 문자열, 실수, 범위 등 다양한 값을 매칭할 수 있습니다.
- break는 반복문, if 조건문, switch 조건문에서 실행을 종료하는 명령문입니다. 코드 블록이 중첩되어 있는 경우 가장 인접한 블록의 실행을 종료합니다.
- continue는 반복문에서 현재 반복을 종료하고 다음 반복으로 이동하는 명령문입니다.
- return 명령문은 중첩 여부에 관계없이 반복문과 조건문의 실행을 종료합니다.

메모리와 포인터

현재 사용 중인 컴퓨터의 메모리 용량은 얼마인가요? 보통 4GB에서 8GB 사이의 메모리를 사용할 것이고, 16GB 이상의 메모리를 사용하시는 분도 있을 것입니다. 여기서 말하는 메모리는 실행 중인 프로그램과 프로그램에서 사용되는 데이터를 저장하는데 사용되는 메인 메모리입니다. 파일을 저장하기 위해 사용하는 하드 디스크 역시 데이터를 저장한다는 의미에서 일종의 메모리입니다.

프로그래밍 책에서 메모리에 대해서 설명하는 이유는 모든 데이터가 메모리에서 처리되기 때문입니다. 메모리의 구조와 종류, 저장방식에 대한 이해는 프로그래머의 기본 소양입니다. 메모리에 대한 내용은 따분하고 어려울 수 있지만, 메모리에 대해서 알고 프로그램을 만드는 것과 그렇지 못한 것은 하늘과 땅 차이입니다.

1. 0 or 1

메모리를 가장 단순하게 정의하면 "0과 1을 저장할 수 있는 저장 공간을 가진 반도체"입니다. 메모리는 전압 차이를 이용해서 데이터를 저장합니다. 전기가 들어오면 1, 전기가 들어오지 않으면 0이 저장됩니다.

메모리의 저장 단위는 bit부터 YB까지 다양하게 세분화되어 있습니다.

저장단위	크기
bit	0과 1을 저장할 수 있는 기본 단위
nibble	4bit
byte	8bit
word	2byte(16bit) 또는 4byte(32bit)
KB(Kilobyte)	1024byte
MB(Megabyte)	1024KB
GB(Gigabyte)	1024MB
TB(Terabyte)	1024GB
PB(Petabyte)	1024TB
EB(Exabyte)	1024PB
ZB(Zettabyte)	1024EB
YB(Yottabyte)	1024ZB

메모리에 0 또는 1을 저장할 수 있는 가장 작은 공간은 비트입니다. 비트는 컴퓨터공학에서 정보의 기본 단위로 사용되고 있습니다. 프로그래밍 언어는 8개의 비트가 모인 바이트를 기본 단위로 사용합니다.

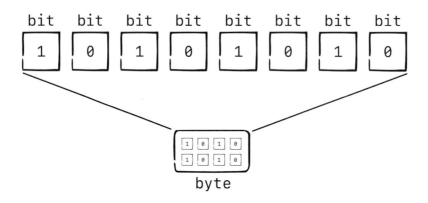

하나의 비트에는 0 또는 1을 저장할 수 있습니다. 다른 숫자는 저장할 수 없습니다. 컴퓨터는 데이터의 종류에 관계없이 항상 2진수로 변환하여 저장합니다. 그래서 0과 1 밖에 모르는 바보라고 표현하기도 합니다.

그렇다면 1바이트에는 얼마만큼의 값을 저장할 수 있을까요?

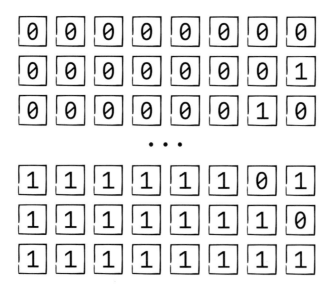

1 바이트는 모든 비트에 0이 저장된 경우부터 모두 1이 저장된 경우까지 256개의 경우의 수를 표현할 수 있습니다. 메모리에 양수를 저장하는 경우에는 0~255까지 저장할 수 있고 양수와 음수를 모두 저장하는 경우에는 −128~127까지 저장할 수 있습니다.

```
Objective-C
NSUInteger num = 22;
```

```
Swift
let num: UInt = 22
```

1 바이트 메모리에 양수 22가 어떻게 저장되는지 알아보겠습니다. 22를 8자리 이진수로 바꾸면 00010110이 되고, 아래와 같은 모습으로 메모리에 저장됩니다. 나열된 비트 중에서 가장 왼쪽에 있는 비트를 "최상위 비트"(MSB, Most Significant Bit), 가장 오른쪽에 있는 비트를 "최하위 비트"(LSB, Least Significant Bit)라고 합니다. 실제 데이터를 저장하고 있는 비트는 "데이터 비트"라고 합니다.

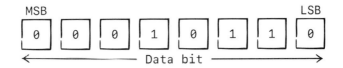

양수를 저장하는 경우 8개의 비트를 모두 데이터 비트로 사용하기 때문에 0~255 사이의 값을 저장할 수 있습니다. 하지만 양수와 음수를 함께 저장해야 하는 경우에는 저장방식이 조금 달라집니다.

컴퓨터는 음수를 있는 그대로 저장할 수 없습니다. 대부분의 컴퓨터는 최상위 비트를 사용해서 양수와 음수를 나타내는 방법을 사용하고 있습니다. 최상위 비트의 값이 0이면 양수로 인식하고 1이면 음수로 인식합니다. 이러한 역할을 하는 비트를 "부호비트"라고 합니다. 하나의 비트를 부호비트로 사용하기 때문에 실제 데이터를 저장하는 데이터 비트가 하나 줄어들게 됩니다. 결과적으로 저장할 수 있는 값의 범위도 달라집니다.

초창기 컴퓨터는 음수를 저장하기 위해 단순히 부호비트를 1로 바꾸고 나머지 비트는 양수와 동일한 비트를 사용하는 방식을 사용하였습니다. 하지만 이 방식은 여러 가지 문제점으로 인해 더 이상 사용되지 않으며 현재는 "2의 보수" 방식을 사용하고 있습니다. 2의 보수의 방식은 양수의 비트 값을 ~ 연산한 다음 1을 더해서 음수를 표현하는 방식입니다. ~ 연산은 비트가 1인 경우 0으로, 0인 경우 1로 바꾸는 비트 연산입니다.

−22를 2의 보수 방식을 사용해서 2진수로 표현하는 방법은 다음과 같습니다.

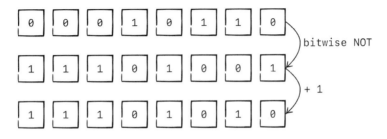

−22는 이진수 11101010이고 메모리에는 다음과 같이 저장됩니다.

이런 방식으로 메모리에 저장된 값은 고유한 메모리 주소를 가집니다. 즉, 1 바이트를 저장할 수 있는 공간마다 고유한 메모리 주소가 할당되고, CPU는 이 주소를 통해 메모리에 저장된 값에 접근합니다. 아래의 그림과 같이 1KB 크기의 메모리는 최소 저장단위인 1바이트로 구분된 1024개의 공간에 0부터 1023까지의 주소를 할당합니다. CPU가 첫 번째 메모리에 접근할 때는 0번 주소를 사용하고 마지막 메모리에 접근할 때는 1023번 주소를 사용합니다.

메모리 주소	메인 메모리
1023	1byte
1022	1byte
1021	1byte
1020	1byte
	~
2	1byte
1	1byte
0	1byte

CPU는 메모리 주소를 저장하고 특정 위치에 접근하기 위해 "주소 레지스터"를 사용합니다. 32비트 CPU에서 주소 레지스터의 크기는 32비트이고, 4,294,967,296개의 메모리 주소에 접근할 수 있습니다. 이것을 GB 단위로 환산하면 4GB입니다. 32비트 CPU를 사용하는 컴퓨터에서 사용가능한 최대 메모리 용량이 4GB로 제한되는 것은 바로 이런 이유 때문입니다. 그럼 64비트 CPU를 사용하는 컴퓨터에서 사용할 수 있는 최대 메모리의 용량은 얼마일까요? 64비트 CPU는 총 18,446,744,073,709,551,616개의 메모리 주소에 접근할 수 있으므로 이론적으로 16EB라는 어마어마한 크기의 메모리를 사용할 수 있습니다.

2. Endianness, Byte order

엔디언 또는 바이트 오더는 바이트를 배열하는 방식을 표현하는 용어로 최상위 비트가 먼저 배열되는 경우 빅 엔디언, 최하위 비트가 먼저 배열되는 경우 리틀 엔디언이라고 합니다. Intel CPU가 내장된 맥에서 개발하는 경우 리틀 엔디언 방식을 사용합니다.

코어 파운데이션 프레임워크는 바이트 오더와 연관된 다양한 함수를 제공합니다. CFByteOrder GetCurrent() 함수를 통해 시스템에서 바이트 오더를 처리하는 방법을 얻을 수 있고, CFSwapXXXBig ToHost(), CFSwapXXXLittleToHost() 등의 함수를 통해 바이트 오더를 변환할 수 있습니다.

3. 메모리 공간 분류

프로그램을 실행하면 OS는 실행에 필요한 메모리 공간을 할당합니다. 할당되는 메모리 공간은 크게 스택, 힙, 데이터 영역, 코드 영역으로 구분됩니다.

스택 영역은 지역 변수, 파라미터, 리턴 값 등이 저장되는 영역입니다. LIFO 방식의 스택으로 메모리 공간을 관리합니다. 예를 들어 함수를 실행하면 함수에서 사용하는 모든 지역 변수와 리턴 값이 스택 영역에 추가됩니다. 이때 연관된 모든 메모리는 스택 프레임내부에 함께 저장됩니다. 스택 프레임은 함수의 실행이 종료되면 스택 영역에서 제거되고 다른 함수에서 메모리 영역을 사용할 수 있게 됩니다.

힙 영역은 동적으로 할당된 데이터가 저장되는 영역입니다. 데이터 영역과 스택 영역은 컴파일러가 미리 할당할 공간의 크기를 예측할 수 있지만 동적으로 할당되는 특성으로 인해 공간의 크기를 예측할 수 없습니다. 힙 영역에 저장된 데이터는 직접 해제하지 않을 경우 프로그램이 종료될 때까지 유지됩니다.

데이터 영역에는 정적 변수와 전역 변수가 저장됩니다. 이 영역에 저장된 데이터는 프로그램이 종료될 때까지 유지됩니다. 코드 영역에는 기계어로 변역된 프로그램 코드가 저장됩니다.

4. 포인터

Objective-C와 Swift를 사용해서 iOS 앱을 개발할 때 포인터를 직접 사용하게 되는 경우는 매우 한정되어 있습니다. 포인터에 대한 지식이 없어도 앱을 개발하는데 큰 문제가 없지만 기초적인 내용에 대해서 이해하고 있으면 코코아 프레임워크에서 사용하는 오류 처리 패턴과 블록 기반의 열거 코드를 제어하는 방식을 더 쉽게 이해할 수 있습니다.

4.1 Objective-C의 포인터

포인터는 메모리 공간을 가리키는 변수이며 포인터의 메모리 공간에는 포인터가 가리키고 있는 메모리 공간의 주소가 저장됩니다. Objective-C에서 변수를 선언할 때 자료형과 변수 이름 사이에 * 문자를 추가하면 포인터 변수가 됩니다. * 문자는 자료형과 붙여서 쓰거나 포인터 변수 이름과 붙여서 쓸 수 있습니다.

```
자료형 * 포인터 변수 이름;
자료형 * 포인터 변수 이름;
```

예를 들어 정수형 포인터 변수 ptr는 아래와 같이 선언할 수 있습니다.

Objective-C Pointer/PointerObjC/main.m

```
int* ptr;
```

이번에는 새로운 변수 a를 선언하고 a의 값을 저장하고 있는 메모리 공간의 주소를 ptr 변수에 저장해 보겠습니다.

Objective-C Pointer/PointerObjC/main.m

```
int a = 7;
int* ptr = &a;
NSLog(@"%p", ptr);
// 0x7fff5fbff7fc

NSLog(@"%p", &a);
// 0x7fff5fbff7fc
```

변수 a의 메모리 주소는 & 연산자를 통해 얻을 수 있습니다. & 연산자는 단항 연산자로 사용될 때 피연산자의 주소를 리턴합니다. 그래서 주소 연산자라고 부릅니다. 이 코드에서 &a 라는 표현식의 결과는 a의 메모리 주소가 되고 이 메모리 주소는 포인터 변수 ptr에 할당됩니다. ptr에 저장된 주소를 NSLog 함수로 출력할 때는 %p 포맷 지정자를 사용합니다. & 연산자를 통해 a의 메모리 주소를 출력해보면 모두 동일한 주소가 출력되는 것을 확인할 수 있습니다.

> **Beginner Note**
>
> 이 코드를 통해 출력되는 실제 메모리 주소는 책에 표시된 주소와 다를 수 있고, 실행할 때마다 다른 주소가 출력될 수 있습니다.

ptr 변수에 저장된 값은 a 변수의 주소입니다. 앞에서 확인한 것처럼 NSLog를 통해 ptr의 값을 출력하면 주소가 출력됩니다. ptr 변수가 가리키고 있는 주소에 저장된 값을 출력할 때는 * 연산자를 사용합니다. * 연산자는 간접 참조 연산자 또는 단항 간접 연산자라고 부릅니다. 이름에서 유추할수 있듯이 하나의 피연산자를 가지며 피연산자가 가리키고 있는 메모리에 저장된 값을 리턴합니다.

Objective-C Pointer/PointerObjC/main.m

```
int value = *ptr;
NSLog(@"%d", value);
// 7
```

* 연산자는 포인터가 가리키고 있는 메모리의 값을 변경할 수 있습니다. 예를 들어 다음과 같이 ptr 변수를 통해 a 변수에 저장되어 있는 값을 변경할 수 있습니다.

Objective-C *Pointer/PointerObjC/main.m*
```objc
*ptr = 123;
NSLog(@"%d", *ptr);
// 123

NSLog(@"%d", a);
// 123
```

포인터를 선언할 때 초기화할 주소 값이 없다면 NULL(또는 nil)로 초기화하는 것이 좋습니다. NULL은 포인터가 가리키고 있는 유효한 주소가 없다는 것을 의미하며 NULL로 초기화된 포인터를 널 포인터라고 합니다. 널 포인터에 저장된 값을 출력해보면 0x0이 출력됩니다.

Objective-C *Pointer/PointerObjC/main.m*
```objc
int* nullPointer = NULL;
NSLog(@"%p", nullPointer);
// 0x0
```

널 포인터가 가리키고 있는 0번지 주소는 OS가 예약하고 있는 특별한 메모리 주소입니다. 프로그램은 이 주소에 직접 접근할 수 없습니다. 0번지에 저장된 값을 읽을 수 없고, 마찬가지로 새로운 값을 할당할 수 없습니다. 다음과 같이 0번지에 접근하는 코드를 실행하면 EXC_BAD_ACCESS 오류로 인해 프로그램이 비정상적으로 종료됩니다. 포인터를 사용할 때 가장 많이 발생하는 오류 중 하나이므로 꼭 기억해 두시기 바랍니다.

Objective-C *Pointer/PointerObjC/main.m*
```objc
int nullValue = *nullPointer;      // Error
*nullPointer = 123;                // Error
```

const는 상수를 선언할 때 사용하는 키워드입니다. const 키워드를 사용하면 포인터를 상수로 선언할 수 있습니다. 일반 변수와 달리 포인터는 const 키워드의 위치에 따라 포인터 자체가 상수가 되거나 포인터가 가리키는 대상이 상수가 될 수 있습니다.

Objective-C *Pointer/PointerObjC/main.m*
```objc
자료형* const 포인터 이름;
const 자료형* 포인터 이름;
```

먼저 const 키워드가 * 문자 뒤에 있는 코드를 보겠습니다. 이 코드에서 constPtrToValue는 상수 포인터입니다. 상수 포인터는 포인터가 가리키는 곳의 값을 변경할 수 있지만 가리키는 대상은 변경할 수 없습니다. 그래서 * 연산자를 통해 b 변수의 값을 변경하는 코드는 문제가 없지만 constPtrToValue 포인터에 a의 주소를 할당하는 코드에서 컴파일 오류가 발생합니다.

Objective-C Pointer/PointerObjC/main.m

```objc
int b = 123;
int* const constPtrToValue = &b;

*constPtrToValue = 12345;
NSLog(@"%d, %d", *constPtrToValue, b);
// 12345, 12345

constPtrToValue = &a;          // Error
```

const 키워드가 * 문자 앞에 있는 경우에는 포인터 변수가 됩니다. ptrToConstValue는 c 변수를 가리키는 포인터입니다. 포인터 "변수"이기 때문에 b 변수를 가리킬 수 있습니다. 그러나 포인터가 가리키는 곳의 값은 변경할 수 없습니다. 중요한 점은 b 변수가 상수로 변경되는 것은 아니라는 것입니다. 단지 ptrToConstValue 포인터가 가리키는 곳의 값을 변경할 수 없는 것입니다.

Objective-C Pointer/PointerObjC/main.m

```objc
int c = 123;
const int* ptrToConstValue = &c;

NSLog(@"%d", *ptrToConstValue);
// 123

ptrToConstValue = &b;
NSLog(@"%d", *ptrToConstValue);
// 12345

*ptrToConstValue = 7; // Error

b = 7; // OK
```

4.2 포인터 연산

포인터는 메모리 주소이고 메모리 주소는 숫자로 표현되므로 산술 연산을 수행할 수 있습니다. 모든 산술 연산자를 사용할 수 있는 것은 아니며 +, −, ++, −− 연산자를 제한적으로 사용할 수 있습니다.

포인터 연산에서 1의 의미는 산술 연산의 1의 의미와 다릅니다. 포인터 연산에서 1은 포인터가 가리키는 자료형의 크기와 같습니다. 예를 들어 포인터 변수 address에 1을 더하면 address에 저장된 주소에 int 자료형의 크기인 4가 더해진 주소가 리턴됩니다. 마찬가지로 2를 더하면 8이 더해진 주소가 리턴됩니다.

Objective-C Pointer/PointerObjC/main.m

```objc
int* address = &a;
NSLog(@"%p (%ld)", address, address);
// 0x7fff5fbff7fc (140734799804412)
```

```
NSLog(@"%p (%ld)", address + 1, address + 1);
// 0x7fff5fbff800 (140734799804416)

NSLog(@"%p (%ld)", address + 2, address + 2);
// 0x7fff5fbff804 (140734799804420)
```

포인터 연산을 활용하면 C 문자열을 열거하거나 특정 위치에 있는 문자를 읽을 수 있습니다. 이 예제
는 ptrToString 포인터가 가리키는 값이 '\0'이 아닐 경우 값을 문자로 출력합니다. 그리고 ++ 연산
자를 통해 다음 주소로 이동합니다. 만약 현재 주소가 1000번지라면 1001번지로 이동합니다. '₩0'은
C 문자열에서 문자열 끝을 나타내는 NULL 문자입니다. NULL 문자를 만날 때까지 ++ 연산을 반복
하면 문자열에 포함된 모든 문자를 순회할 수 있습니다. 세 번째 문자를 읽을 때는 문자열의 시작 주
소에 2를 더한 주소가 가리키는 곳의 값을 읽으면 됩니다.

Objective-C Pointer/PointerObjC/main.m

```objc
char* str = "hello, pointer";
char* ptrToString = str;
while (*ptrToString != '\0') {
    NSLog(@"%c", *ptrToString);
    ++ptrToString;
}
// h
// e
// l
// l
// o
// ,
// p
// o
// i
// n
// t
// e
// t

char thirdChar = *(str + 2);
NSLog(@"%c", thirdChar);
// l
```

4.3 Swift의 포인터

Swift에서 포인터를 직접 생성하고 조작하는 것은 안티패턴 중 하나입니다. 그럼에도 포인터를 사용
할 수 있는 문법이 제공되는 것은 Objective-C 코드와의 호환성 때문입니다. 실제로 Swift에서 포
인터를 사용하는 경우는 Objective-C로 구현된 메소드에 포인터를 전달하거나 코코아 프레임워크에

서 포인터를 통해 코드 실행을 제어하는 경우로 한정됩니다. Objective-C에서 NSError 클래스의 포인터를 통해 오류를 처리하는 방식을 try...catch 방식으로 전환한 것처럼 앞으로 포인터를 직접 사용하는 API들은 점차 포인터를 사용하지 않은 다른 방식으로 개선될 것입니다. 여기에서는 포인터를 사용하는 Objective-C 메소드를 Swift에서 호출하는 코드를 통해 Swift에서 포인터를 다루는 기본적인 내용을 설명합니다.

int 포인터를 파라미터를 받는 doSomething: 메소드가 있다고 가정하겠습니다.

Objective-C
```objectivec
@interface Util : NSObject
+ (void)doSomething:(int *)ptr;
@end
```

Objective-C
```objectivec
@implementation Util
+ (void)doSomething:(int *)ptr {
    // ...
}
@end
```

doSomething: 메소드는 Swift에서 다음과 같이 임포트됩니다. prt 파라미터는 UnsafeMutablePointer⟨Int32⟩로 임포트됩니다.

Swift 2.3
```swift
static func doSomething(ptr: UnsafeMutablePointer<Int32>) {
    // ...
}
```

Swift 3
```swift
static func doSomething(ptr: UnsafeMutablePointer<Int32>!) {
    // ...
}
```

* 문자를 통해 포인터를 선언하는 Objective-C와 달리 Swift는 Unsafe가 포함된 이름을 가진 제네릭 자료형으로 포인터를 선언합니다.

Swift
```swift
UnsafePointer<자료형>
UnsafeMutablePointer<자료형>
AutoreleasingUnsafeMutablePointer<자료형>
```

C 자료형은 연관된 Swift 자료형으로 맵핑됩니다. 전체 목록은 아래와 같습니다. 예제에서 본 것처럼 int 자료형은 CInt 자료형으로 맵핑됩니다. Swift에서 CInt 자료형은 Int32와 동일합니다.

C 자료형	Swift 자료형	typealias
bool	Bool	CBool
char, signed char	Int8	CChar
unsigned char	UInt8	CUnsignedChar
short	Int16	CShort
unsigned short	UInt16	CUnsignedShort
int	Int32	CInt
unsigned int	UInt32	CUnsignedInt
long	Int	CLong
unsigned long	UInt	CUnsigedLong
long long	Int64	CLongLong
unsigned long long	UInt64	CUnsignedLongLong
float	Float	CFloat
double	Double	CDouble

C 포인터는 다음과 같은 규칙으로 변환됩니다. 예를 들어 int * 는 UnsafeMutablePointer⟨Int32⟩로 변환됩니다.

C 포인터		Swift 포인터
const 자료형 *	→	UnsafePointer⟨자료형⟩
자료형 *	→	UnsafeMutablePointer⟨자료형⟩
자료형 * const *	→	UnsafePointer⟨자료형⟩
자료형 * __strong	→	UnsafeMutablePointer⟨자료형⟩
자료형 * *	→	AutoreleasingUnsafeMutablePointer⟨자료형⟩

Objective-C에서 포인터 선언에 _Nullable, _Nonnull 어노테이션이 추가되어 있다면 Swift 3에서는 다음과 같은 규칙으로 맵핑됩니다. Swift 2.3에서는 _Nonnull 어노테이션과 동일한 방식으로 맵핑됩니다.

Objective-C		Swift
const 자료형 * _Nonnull	→	UnsafePointer⟨자료형⟩
const 자료형 * _Nullable	→	UnsafePointer⟨자료형⟩?
const 자료형 * _Null_unspecified	→	UnsafePointer⟨자료형⟩!

주소를 전달할 때는 Objective-C와 마찬가지로 & 연산자를 사용합니다. Swift에서 doSomething(_:) 메소드를 호출하는 코드는 다음과 같습니다. &a를 통해 변수 a의 주소를 전달합니다.

Swift
```
var a: Int32 = 0
Util.doSomething(&a)
```

포인터가 가리키는 곳의 값을 읽을 때는 * 연산자 대신 포인터 자료형이 제공하는 속성을 사용합니다. 이번에는 doSomething: 메소드의 리턴형이 const int * 라고 가정하겠습니다.

Objective-C
```
@interface Util : NSObject
+ (const int *)doSomething:(int *)ptr;
@end
```

Objective-C
```
@implementation Util
+ (const int *)doSomething:(int *)ptr {
    // ...
    return ...;
}
@end
```

Swift에서 doSomething(_:) 메소드의 리턴 값을 저장하는 ptr 상수의 자료형은 UnsafePointer ⟨Int32⟩가 됩니다. ptr이 가리키는 메모리에 저장된 값은 pointee 속성(Swift 3) 또는 memory 속성 (Swift 2.3)으로 접근할 수 있습니다.

Swift 2.3
```
var a: Int32 = 0
let ptr = Util.doSomething(&a)
print(ptr.memory)
```

Swift 3
```
var a: Int32 = 0
if let ptr = Util.doSomething(&a) {
    print(ptr.pointee)
}
```

4.4 포인터 활용

코코아 프레임워크는 포인터를 활용하는 다양한 API를 제공합니다. 예를 들어 NSArray 클래스가 제공하는 enumerateObjects(_:) 메소드는 Bool 포인터를 통해 클로저의 실행을 제어합니다. 이 메소드는 배열에 포함된 요소의 수만큼 반복적으로 호출되기 때문에 클로저 내부에서 return 명령문을 호출하더라도 열거가 중단되지 않습니다. 열거를 중단하려면 아래와 같이 클로저가 제공하는 Bool 포인터의 값을 true로 설정해야 합니다.

Objective-C
```
NSArray* list = @[@"Apple", @"Swift", @"Objective-C"];
[list enumerateObjectsUsingBlock:^(id _Nonnull obj, NSUInteger idx, BOOL *
_Nonnull stop) {
    // ...
    *stop = YES;
}];
```

Swift 2.3
```
let list: NSArray = ["Apple", "Swift", "Objective-C"]
list.enumerateObjectsUsingBlock { (obj, idx, stop) in
    // ...
    stop.memory = true
}
```

Swift 3
```
let list: NSArray = ["Apple", "Swift", "Objective-C"]
list.enumerateObjects({ (obj, idx, stop) in
    // ...
    stop.pointee = true
})
```

5. Summary

- 비트는 0과 1을 저장할 수 있는 가장 작은 메모리 공간으로 정보의 기본 단위로 사용됩니다.
- 8개의 비트가 모인 바이트는 프로그래밍에서 데이터 처리의 기본 단위로 사용됩니다.
- 음수는 2의 보수 방식으로 저장됩니다.
- 메모리에 저장된 값은 고유한 주소를 가집니다.
- 엔디언은 바이트를 배열하는 방식으로 최상위 비트가 먼저 배열되면 빅 엔디언, 최하위 비트가 먼저 배열되면 리틀 엔디언 방식입니다.
- 메모리 공간은 스택, 힙, 데이터 영역, 코드 영역으로 구분합니다.
- 스택 영역은 지역 변수, 파라미터, 리턴 값 등이 저장되는 영역으로 연관된 코드의 실행이 종료되면 자동으로 메모리에서 제거됩니다.
- 힙 영역은 동적으로 할당된 데이터가 저장되는 영역으로 직접 제거하지 않을 경우 프로그램이 종료될 때까지 유지됩니다.
- 데이터 영역에는 정적 변수와 전역 변수가 저장되며 프로그램이 종료될 때까지 유지됩니다.
- 코드 영역에는 기계어로 번역된 프로그램 코드가 저장됩니다.
- 포인터 자료형은 다음과 같은 문법으로 선언합니다.

Objective-C

자료형 *
자료형 *

Swift

UnsafePointer<자료형>
UnsafeMutablePointer<자료형>
AutoreleasingUnsafeMutablePointer<자료형>

* & 연산자를 통해 주소를 얻을 수 있습니다.
* 포인터가 가리키는 곳에 저장된 값에 접근할 때는 * 연산자(Objective-C), memory 속성(Swift 2.3), pointee 속성(Swift 3)을 사용합니다.
* NULL과 nil은 포인터가 가리키고 있는 유효한 주소가 없다는 것을 의미하며 NULL 또는 nil로 초기화된 포인터를 널 포인터라고 합니다.
* 널 포인터가 가리키고 있는 0번지 주소는 OS가 예약하고 있는 특별한 메모리 주소로 프로그램에서 접근할 수 없습니다.

값 형식과 참조 형식

자료형은 메모리에서 저장되는 위치에 따라 값 형식과 참조 형식으로 구분합니다.

1. 값 형식

정수, 실수, 불린, 문자와 같은 기본 자료형과 구조체, 열거형은 값 형식으로 분류합니다. 값 형식으로 선언된 값은 메모리의 스택 영역에 저장됩니다. 예를 들어 변수 a를 선언한 후 값을 10으로 초기화하면 스택 영역에 4바이트 크기의 메모리가 생성되고 10이 저장됩니다.

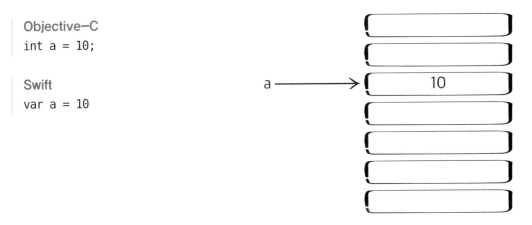

```
Objective-C
int a = 10;
```

```
Swift
var a = 10
```

값 형식은 선언과 동시에 메모리 공간이 생성됩니다. 그래서 유효한 값으로 초기화하지 않는 경우 할당된 메모리 공간에 있던 이전 값이 저장될 수 있습니다. 이런 값을 쓰레기 값이라고 부릅니다. 쓰레기 값은 프로그램에서 논리적인 오류의 원인이 되기 쉽습니다. 그래서 현대적인 컴파일러는 대부분 초기화되지 않은 값을 0 또는 false로 자동으로 초기화합니다.

Objective-C에서 값 형식은 항상 유효한 값을 가져야 합니다. 그리고 참조 형식과 달리 nil을 저장할 수 없습니다. Swift에서 값 형식은 옵셔널로 선언된 경우 nil을 저장할 수 있습니다.

값 형식은 파라미터로 전달되거나 리턴 값으로 사용될 때 항상 같은 값을 가진 복사본이 생성됩니다. 새로운 변수 b를 선언한 후 a를 할당하면 a에 저장되어 있는 값이 b에 저장(복사)됩니다. a와 b는 동일한 값을 가지고 있지만 별도의 메모리 공간에 저장되어 있는 개별 변수입니다. 그래서 b의 값을 변경하더라도 a의 값은 영향을 받지 않습니다.

Objective-C
```objc
int a = 123;
int b = a;
NSLog(@"%d, %d", a, b);
// 123, 123

b = 456;
NSLog(@"%d, %d", a, b);
// 123, 456
```

Swift
```swift
let a = 123
var b = a
print(a, b)
// 123 123

b = 456
print(a, b)
// 123 456
```

스택 공간에 생성된 값 형식의 메모리는 자신이 속한 범위의 코드 실행이 종료되면 자동으로 제거됩니다. 아래의 코드에서 파라미터 v와 변수 a는 doSomething() 함수의 실행이 시작될 때 생성되었다가 실행이 종료되면 제거됩니다. 마찬가지로 변수 b는 if 조건문의 코드가 실행될 때 생성되었다가 if 조건문이 종료되면 제거됩니다.

Objective-C
```objc
void doSomething(int v) {
    int a = 123;

    if (v > 100) {
        int b = 123;
    }
}
```

Swift
```swift
func doSomething(v: Int) {
    let a = 123

    if v > 100 {
        let b = 123
    }
}
```

값 형식으로 저장된 값을 비교할 때는 스택에 저장된 실제 값을 비교합니다. 예를 들어 값 형식으로 선언된 a, b 변수의 값을 비교하면 두 변수의 메모리 공간에 저장된 실제 값이 비교됩니다.

```
Objective-C
int a = 12;
int b = 34;

if (a == b) {
    // ...
}
```

```
Swift
let a = 12
let b = 34

if a == b {
    // ...
}
```

2. 참조 형식

클래스, 문자열, 배열, 블록, 클로저는 참조 형식으로 분류합니다. 참조 형식의 값을 저장하기 위해서는 스택과 힙 영역에 각각 하나씩, 모두 두 개의 메모리 공간이 필요합니다. 참조 형식의 값은 힙 영역에 저장되고 스택 영역에는 힙 영역에 저장된 값의 주소가 저장됩니다.

참조 형식은 선언 후 값을 초기화하지 않으면 기본적으로 NULL이 저장됩니다. 즉, 스택 공간에 생성된 str 변수의 메모리에는 0x0 주소가 저장됩니다. 그리고 초기값을 지정하지 않았기 때문에 힙 영역에는 메모리 공간이 생성되지 않습니다. 예를 들어 NSString 문자열 str을 선언하면 스택 영역에 0x0 주소가 저장된 메모리 공간이 하나 생성됩니다.

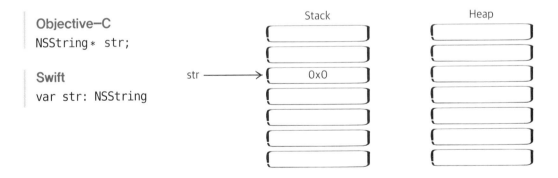

```
Objective-C
NSString* str;
```

```
Swift
var str: NSString
```

값 형식은 선언과 동시에 메모리 공간이 자동으로 생성되지만 참조 형식은 직접 메모리 공간을 생성해야 합니다. Objective-C에서는 alloc 메소드를 통해 메모리 공간을 생성하고, Swift에서는 생성자가 이 역할을 담당합니다. NSString 문자열을 생성하고 "Hello"로 초기화하면 힙 영역에 "Hello"를 저장할 메모리 공간이 생성되고, 이 메모리의 주소를 저장하는 공간이 스택에 생성됩니다.

Objective-C
```
NSString* str = [[NSString alloc] initWithString:@"Hello"];
```

Swift
```
var str: NSString = NSString(string: "Hello")
```

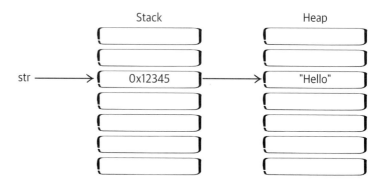

참조 형식의 값은 직접 제거하기 전까지 메모리 공간에서 사라지지 않습니다. C 언어는 free 함수를 통해 메모리를 직접 제거할 수 있지만, Objective-C와 Swift는 참조 형식에 nil을 할당하는 방식으로 메모리를 제거합니다. ARC를 메모리 관리 모델로 사용하는 경우 메모리 해제 작업을 자동으로 처리해주기 때문에 크게 신경 쓰지 않아도 됩니다.

참조 형식은 파라미터로 전달되거나 리턴 값으로 사용될 때 힙 공간에 저장된 값 대신 스택 공간에 저장되어 있는 주소가 전달됩니다. 참조 형식에 저장된 값은 대부분 두 개 이상의 복합 값으로 구성되어 있기 때문에 값 형식보다 데이터의 크기가 큽니다. 그래서 값 형식처럼 복사본이 생성된다면 메모리 공간의 낭비가 심해지고 프로그램의 성능이 저하됩니다. 참조 형식은 이런 문제를 해결하기 위해서 주소를 전달하는 것입니다.

참조 형식은 값을 저장하기 위해 두 개의 메모리 공간을 사용하기 때문에 스택에 저장된 주소를 비교하는 방법과 힙에 저장된 값을 비교하는 방법을 별도로 제공합니다. Objective-C에서 비교 연산자는 참조 형식의 주소를 비교합니다. 즉, 스택에 저장된 주소 값을 비교합니다. 힙 영역에 저장된 값은 주로 메소드를 통해 비교합니다. NSString 문자열의 경우 == 연산자는 메모리 주소를 비교합니다. 문자열에 저장된 값은 isEqualToString(_:) 메소드를 통해 비교합니다.

Objective-C
```
NSString* a = [NSString stringWithCString:"Hello"];
NSString* b = [NSString stringWithString:@"Hello"];

if (a == b) {
    NSLog(@"%@ == %@", a, b);
} else {
    NSLog(@"%@ != %@", a, b);
}
```

```
    // Hello != Hello

    if ([a isEqualToString:b]) {
        NSLog(@"%@ equals %@", a, b);
    } else {
        NSLog(@"%@ not equals %@", a, b);
    }
    // Hello equals Hello
```

Swift에서 비교 연산자는 참조 형식에 저장된 값을 비교하도록 재정의되어 있습니다. 그래서 == 연산자는 힙 영역에 저장된 값을 비교합니다. 스택 영역에 저장된 주소를 비교할 때는 Swift에서 새롭게 도입된 항등 연산자를 사용합니다.

```
Swift
let a = NSString(string: "Hello")
let b = NSString(string: "Hello")

if a == b {
    print("\(a) == \(b)")
} else {
    print("\(a) != \(b)")
}
// Hello == Hello


if a === b {
    print("\(a) === \(b)")
} else {
    print("\(a) !== \(b)")
}
// Hello !== Hello
```

3. 박싱과 언박싱

코드를 작성하다 보면 값 형식을 참조 형식으로 바꾸거나 참조 형식을 값 형식으로 바꾸어야 하는 경우가 있습니다. 특히, Objective-C의 컬렉션은 값 형식을 저장할 수 없기 때문에 값 형식을 참조 형식으로 바꾼 후 저장해야 합니다.

값 형식을 참조 형식으로 바꾸는 것을 박싱이라고 합니다. 값 형식을 참조 형식이라는 상자에 넣는 것으로 비유할 수 있습니다. 예를 들어 정수형 변수 a를 NSArray 배열에 저장하려면 NSNumber 클래스로 박싱한 후 저장해야 합니다.

Objective-C
```objectivec
int a = 123;
NSNumber* aObj = [NSNumber numberWithInt:a];
NSArray* list = @[aObj];
```

방식과 반대로 참조 형식을 값 형식으로 바꾸는 것을 언박싱이라고 합니다. 참조형식으로 포장되어 있는 값을 꺼내는 것으로 비유할 수 있습니다. 이전 예제에서 박싱한 값은 NSNumber 클래스가 제공하는 메소드를 통해 값 형식으로 언박싱할 수 있습니다.

Objective-C
```objectivec
int a = 123;
NSNumber* aObj = [NSNumber numberWithInt:a];
int value = [aObj intValue];
```

방식과 언박싱은 대상의 형식을 실제로 변경하는 것은 아닙니다. 박싱은 값 형식과 동일한 값을 가진 새로운 참조 형식을 생성하고, 언박싱은 참조 형식의 힙 영역에 저장된 값과 동일한 값을 가진 새로운 값 형식을 생성합니다. 박싱과 언박싱 과정에서 새로운 메모리 공간이 할당되어야 하기 때문에 성능에 영향을 줄 수 있습니다. 그래서 불필요한 박싱과 언박싱을 피하는 것이 좋습니다.

정수, 실수, 불린 형식을 박싱할 때는 NSNumber 클래스를 사용하고, 나머지 값 형식을 박싱할 때는 NSValue 클래스를 사용합니다. 언박싱의 경우 모든 참조 형식을 언박싱할 수 있는 것은 아닙니다. 박싱과 마찬가지로 NSNumber, NSValue 인스턴스가 언박싱의 대상이 될 수 있습니다.

박싱과 언박싱 과정에서 자료형의 불일치로 인한 값의 손실이 발생할 수 있습니다. 예를 들어 실수 123.45를 NSNumber로 박싱한 후, intValue 메소드를 통해 언박싱하면 소수 부분이 유실됩니다. 마찬가지로 long 형 정수를 short 형으로 박싱하면 원래 값이 유실되어 잘못된 값이 박싱됩니다. 그러므로 가능한 동일한 자료형으로 박싱과 언박싱을 수행해야 하며 그 이외의 경우에는 값의 유실 가능성에 주의해야 합니다.

Objective-C
```objectivec
double a = 123.45;
NSNumber* aObj = [NSNumber numberWithInt:a];
int aValue = [aObj intValue];
NSLog(@"%f, %d", a, aValue);
// 123.450000, 123

long b = LONG_MAX;
NSNumber* bObj = [NSNumber numberWithShort:b];
long bValue = [bObj longValue];
NSLog(@"%ld, %ld", b, bValue);
// 9223372036854775807, -1
```

4. Summary

- 기본 자료형과 구조체, 열거형은 값 형식으로 분류됩니다.

- 값 형식으로 선언된 값은 메모리의 스택 영역에 저장됩니다.

- 값 형식은 파라미터로 전달될거나 리턴 값으로 사용될 때 항상 같은 값을 가진 복사본이 생성됩니다.

- 스택 영역에 생성된 값 형식의 메모리는 값이 속한 범위의 코드 실행이 종료되면 자동으로 제거됩니다.

- 클래스, 문자열, 배열, 블록, 클로저는 참조 형식으로 분류됩니다.

- 참조 형식의 값은 힘 영역에 저장되고 스택 영역에 힙 영역의 주소가 저장됩니다.

- 참조 형식의 값은 직접 제거하기 전까지 메모리 공간에서 사라지지 않습니다.

- 참조 형식은 파라미터로 전달되거나 리턴 값으로 사용될 때 스택 영역에 저장되어 있는 주소가 전달됩니다.

- 박싱은 값 형식을 참조 형식으로 바꾸는 것이고, 언박싱은 참조 형식을 값 형식으로 바꾸는 것입니다.

- 코코아는 박싱에 사용되는 NSNumber, NSValue 클래스를 제공합니다.

- 박싱과 언박싱 과정에서 자료형의 불일치로 인한 값의 손실이 발생할 수 있으므로 주의해야 합니다.

문자와 문자열

프로그래밍에서 문자열은 큰따옴표("") 사이에 포함된 일련의 문자 집합입니다.

Objective-C는 언어 자체에서 C 문자열을 제공하고 있지만 NSString 문자열을 주로 사용합니다. NSString 문자열 리터럴은 C 문자열 리터럴 앞에 @문자가 추가된 형태입니다. 이 책에서 언급하는 NSString 문자열은 별다른 언급이 없다면 항상 Objective-C 문자열과 동일한 의미로 사용됩니다.

```
Objective-C
// C 문자열
char* str = "C String";

// NSString 문자열
NSString* str = @"NSString String";
```

Swift는 C 문자열과 동일한 형태의 리터럴을 사용합니다. 언어 자체적으로 String이라는 문자열 자료형을 가지고 있기 때문에 Objective-C처럼 NSString 클래스를 사용하지 않고 문자열을 쉽게 사용할 수 있습니다. 이 책에서는 Swift 문자열을 String 문자열로 표현하고 있습니다.

```
Swift
let str: String = "Swift String"
```

일반적으로 문자는 'A' 또는 '가'와 같이 하나의 문자를 의미합니다. Objective-C에서 문자를 표현하는 자료형은 char이고 큰따옴표 대신 작은따옴표를 사용합니다.

```
Objective-C
char ch = 'A';
```

Objective-C는 큰따옴표와 작은따옴표를 통해 문자열 리터럴과 문자 리터럴을 쉽게 구분할 수 있습니다. 하지만 Swift는 문자열 리터럴과 문자 리터럴을 표현할 때 항상 큰따옴표를 사용합니다. 그래서 문자를 사용해야 하는 경우에는 반드시 자료형을 명시적으로 지정해야 합니다.

```
Swift
// Swift 문자열
let str = "A"

// Swift 문자
let ch: Character = "A"
```

NSString(Objective-C & Swift)과 String(Swift)은 유니코드를 완벽하게 지원하며 인코딩과 관련된 복잡한 부분을 처리해 줍니다. Swift 문자열의 경우 Objective-C 문자열에 비해 더 나은 성능과 현대적인 구현을 제공합니다. 동시에 NSString과 호환성을 유지하고 있어서 Objective-C 코드를 함께 사용할 때에도 언어의 차이에 관계없이 일관적인 코드를 작성할 수 있습니다.

1. 가변성

문자열은 생성된 후 내용을 수정할 수 없습니다. 예를 들어 "Hello"라는 문자열을 생성한 후 "Hello, world"라는 문자열로 수정하고 싶다면 새로운 문자열을 생성한 후 "Hello"를 저장하고 있는 변수에 다시 할당해야 합니다. 이런 특징을 가진 문자열을 불변 문자열이라고 합니다. 그리고 문자열의 내용 변경 가능성을 나타내는 특성을 문자열의 가변성이라고 합니다. 불변 문자열과 대응되는 가변 문자열은 문자열의 내용을 수정할 수 있습니다. 불변 문자열과 달리 내용을 수정할 때 현재의 메모리 공간을 그대로 사용하며 수정된 문자열을 저장할 수 없는 경우 공간의 크기가 자동으로 조절됩니다.

2. NSString

NSString은 코코아에서 문자열을 처리하는 대표적인 클래스입니다. 이 클래스는 Foundation 프레임워크를 통해 제공되는 불변 클래스 입니다. 가변 클래스인 NSMutableString이 함께 제공되며 Objective-C에서 문자열을 처리할 때 사용합니다. 언어 자체적으로 제공하는 자료형이 아니기 때문에 Swift에서 동일하게 사용할 수 있으며 Swift의 String 문자열과 호환됩니다.

3. String

String은 NSString과 달리 값 형식인 구조체로 구현되어 있고 새로운 문자열을 생성하거나 파라미터로 전달될 때 기본적으로 새로운 복사본이 생성됩니다. NSString과의 호환성으로 인해 String을 참조 형식으로 혼동할 수 있으므로 주의해야 합니다. 긴 문자열을 복사하는 경우 참조를 사용하는 Objective-C 문자열에 비해 성능 면에서 불리하지만, 문자열이 반드시 복사되어야 하는 경우에만 새로운 복사본을 생성하도록 컴파일러 최적화를 수행하고 있어서 인지할 수 있을 만큼의 성능 저하는 발생하지 않습니다. Swift에서는 이러한 방식을 copy-on-write 전략이라고 부릅니다.

String의 가변성은 let, var 키워드를 통해 결정됩니다. 가변성만을 고려했을 때, let으로 선언된 문자열은 NSString, var로 선언된 문자열은 NSMutableString과 동일합니다. String을 var로 선언한 경우에는 다양한 연산자와 메소드를 통해 문자열을 변경할 수 있습니다. 변경 과정에서 메모리 공간이 부족해지면 변경된 문자열을 모두 저장할 수 있는 새로운 메모리 공간을 할당합니다. 새로운 메모리 공간을 할당하고 복사하는 작업은 성능에 영향을 줍니다. Swift는 Exponential growth 전략을 통해 새로운 메모리 공간을 할당할 때마다 이전보다 두 배 이상 큰 공간을 할당합니다. 이 전략은 새로운 메모리 공간이 할당되는 횟수를 최대한 줄여주므로 대부분의 문자열 작업을 상수 시간에 처리할 수 있게 해줍니다.

두 언어에서 모두 사용할 수 있는 NSString과 달리 String은 Swift에서만 사용할 수 있습니다.

4. 문자열 생성

새로운 문자열을 만드는 방법은 크게 두 가지로 구분할 수 있습니다.

가장 쉬운 방법은 문자열 리터럴을 통해 생성하는 것입니다. 한 가지 기억해야 할 점은 UTF-16 인코딩으로 표현 가능한 범위의 문자를 사용해야 한다는 것입니다.

Objective-C String/MakeNewString/MakeNewStringObjC/main.m#Block1
```
NSString* emptyString = @"";
NSString* str = @"Objective-C String";
```

Swift String/MakeNewString/MakeNewString.playground#Page1
```
let emptyString = ""
let str = "Swift String"
```

문자열을 만드는 두 번째 방법은 메소드와 생성자를 이용하는 것입니다.

Objective-C String/MakeNewString/MakeNewStringObjC/main.m#Block2
```
NSString* emptyString = [NSString string];
NSString* str = [NSString stringWithString:@"Objective-C String"];
```

Swift String/MakeNewString/MakeNewString.playground#Page2
```
let emptyString = String()
let str = String(stringLiteral: "Swift String")
let nsstr = NSString(string: "Swift String")
```

> **Beginner Note**
>
> NSString 문자열은 두 가지 언어로 모두 사용할 수 있습니다. Objective-C 문자열은 NSString, Swift 문자열은 String을 중심으로 설명합니다. Swift 예제 코드는 대부분 String과 NSString을 사용한 코드를 모두 제공합니다.

String은 다양한 자료형의 값으로부터 문자열을 쉽게 생성할 수 있도록 다양한 생성자를 제공합니다.

Swift String/MakeNewString/MakeNewString.playground#Page3
```
let intValue = 7
let intString = String(intValue)

let doubleValue = 12.34
let doubleString = String(doubleValue)
```

```
let bool = true
let boolString = String(bool)

let str = "Swift"
let anotherString = String(str)

let unicode = "\u{2665}"
let unicodeString = String(unicode)

let charList: [Character] = ["S", "w", "i", "f", "t"]
let strFromChar = String(charList)
```

5. 문자 생성

Objective-C에서 문자를 생성하려면 char 자료형과 작은따옴표로 감싼 문자 리터럴을 사용합니다. char 자료형에 저장된 문자는 아스키코드로 저장됩니다.

Objective-C String/MakeNewCharacter/MakeNewCharacterObjC/main.m#Block1
```
char ch = 'A';
```

> **Beginner Note** – 아스키코드(ASCII, American Standard Code for Information Interchan)
>
> 아스키코드는 영문 알파벳을 표현할 때 사용되는 기본적인 문자 인코딩으로 영문 대소문자, 숫자, 32개의 특수 문자와 공백 문자를 출력할 수 있습니다.

유니코드 문자를 처리해야 한다면 unichar 자료형을 사용해야 합니다. unichar 자료형은 UTF-16 코드 유닛을 저장할 수 있습니다.

Objective-C String/MakeNewCharacter/MakeNewCharacterObjC/main.m#Block1
```
unichar utf16Ch = 'A';
```

앞서 언급한 것처럼 Swift에서 문자열 리터럴과 문자 리터럴은 표현 방식이 동일합니다. 형식 추론에서 ""로 감싼 리터럴은 항상 문자열 리터럴이 되므로 문자를 생성할 때는 반드시 Character 자료형을 명시적으로 지정해야 합니다.

Swift String/MakeNewCharacter/MakeNewCharacter.playground#Page1
```
let ch: Character = "A"
```

두 개 이상의 문자를 포함하고 있는 리터럴은 문자가 될 수 없습니다. "AA" 리터럴을 문자로 지정하면 컴파일 오류가 발생합니다.

Swift
```
let ch: Character = "AA" // Error
```

Character 자료형은 String과 마찬가지로 생성자를 제공합니다. 생성자를 통해 문자를 생성한다면 자료형을 생략할 수 있습니다.

Swift String/MakeNewCharacter/MakeNewCharacter.playground#Page2
```swift
let ch = Character("A")
```

생성자로 문자를 생성하는 경우에도 반드시 하나의 문자를 전달해야 합니다. 그렇지 않은 경우에는 "AA" 리터럴로 문자를 생성한 것과 마찬가지로 오류가 발생합니다.

Swift
```swift
let ch = Character("AA") // Error
```

문자는 문자열과 비어있다는 개념이 다릅니다. 빈 문자열은 길이가 0인 상태, 즉, 아무런 문자가 포함되어 있지 않는 문자열을 의미합니다. 하지만 문자의 경우 빈 문자는 하나의 공백으로만 표시할 수 있습니다.

Objective-C String/MakeNewCharacter/MakeNewCharacterObjC/main.m#Block2
```objc
char ch = ' ';
unichar utf16Ch = ' ';
```

Swift String/MakeNewCharacter/MakeNewCharacter.playground#Page3
```swift
let ch1: Character = " "
let ch2 = Character(" ")
```

그러므로 다음과 같이 문자를 생성하는 코드는 오류입니다.

Objective-C
```objc
char ch = '';                // Error
unichar utf16Ch = '';        // Error
```

Swift
```swift
let ch1: Character = ""       // Error
let ch2 = Character("")       // Error
let ch3 = Character()         // Error
```

6. 문자열 길이 확인

문자열을 처리할 때 가장 기초적인 작업은 길이를 확인하는 것입니다. NSString 문자열은 length 속성을 통해 길이를 확인할 수 있습니다.

Objective-C String/Length/LengthObjC/main.m
```objc
NSString* str = @"Objective-C String";
NSLog(@"%lu", [str length]);
// 18
```

Swift String/Length/Length.playground#Page1
```
let str: NSString = "Swift String"
print(str.length)
// 12
```

String 문자열의 길이를 확인할 때는 특정 인코딩으로 구성된 컬렉션을 얻은 후 컬렉션의 길이를 확인해야 합니다. 이 컬렉션은 특별히 뷰라고 부릅니다. 뷰에 대해서는 인코딩을 설명할 때 상세히 설명합니다. 가장 범용적인 뷰는 characters 속성을 통해 얻을 수 있습니다. 이 속성은 각 문자를 Character 자료형으로 표현한 컬렉션을 리턴합니다. 이 컬렉션의 제공하는 count 속성을 통해 문자열의 길이를 확인할 수 있습니다.

Swift String/Length/Length.playground#Page2
```
let str = "Swift String"
print(str.characters.count)
// 12
```

빈 문자열의 길이는 0입니다. 문자열이 비어있는지 확인하려면 문자열의 길이와 0을 비교합니다.

Objective-C String/Length/LengthObjC/main.m
```
NSString* str = @"Objective-C String";
if (str.length == 0) {
    // ..
}
```

Swift String/Length/Length.playground#Page1
```
let str: NSString = "Swift String"
if str.length == 0 {
    // ...
}
```

String 문자열은 isEmpty 속성으로 더욱 직관적인 코드를 작성할 수 있습니다.

Swift String/Length/Length.playground#Page2
```
let str = "Swift String"
if str.isEmpty {
    // ...
}
```

7. 문자열 비교

이번에는 문자열 비교에 관해 알아보겠습니다. NSString 문자열에서 문자열을 비교하는 기본적인 메소드는 isEqualToString(_:) 입니다. 이 메소드는 두 문자열을 비교한 후 같은 문자열인 경우 true 를 리턴합니다.

Objective-C String/CompareString/CompareStringObjC/main.m
```objc
NSString* a = @"Apple";
NSString* b = @"Orange";

if ([a isEqualToString:b]) {
    NSLog(@"Equal");
} else {
    NSLog(@"Not Equal");
}
// Not Equal
```

Swift String/CompareString/CompareString.playground
```swift
let a: NSString = "Apple"
let b = "Orange"

#if swift(>=3.0)
if (a.isEqual(to: b)) {
    print("Equal")
} else {
    print("Not Equal")
}
#else
if (a.isEqualToString(b)) {
    print("Equal")
} else {
    print("Not Equal")
}
#endif

// Not Equal
```

이 메소드는 문자열의 길이와 각 문자의 코드 유닛을 모두 비교합니다. 문자열을 비교하는 메소드 중에서 가장 빠른 결과를 얻을 수 있고 코드 유닛을 비교하기 때문에 대소문자를 구분합니다. 그래서 다음과 같이 "Apple"과 "apple"을 서로 다른 문자열이라고 판단합니다.

Objective-C String/CaseSensitiveCompare/CaseSensitiveCompareObjC/main.m
```objc
NSString* a = @"Apple";
NSString* b = @"apple";

if ([a isEqualToString:b]) {
```

```
        NSLog(@"Equal");
} else {
        NSLog(@"Not Equal");
}
// Not Equal
```

Swift String/CaseSensitiveCompare/CaseSensitiveCompare.playground
```
let a: NSString = "Apple"
let b = "apple"

#if swift(>=3.0)
if (a.isEqual(to: b)) {
        print("Equal")
} else {
        print("Not Equal")
}
#else
if (a.isEqualToString(b)) {
        print("Equal")
} else {
        print("Not Equal")
}
#endif

// Not Equa
```

문자열 비교에 자주 사용되는 또 하나의 메소드는 compare(_:) 입니다. 이 메소드는 isEqualTo String(_:) 메소드와 마찬가지로 대소문자를 구분하지만, 리턴형이 NSComparisonResult 열거형입니다. NSComparisonResult 열거형은 두 문자열의 동일성뿐만 아니라 사전 정렬 순서를 표현할 수 있습니다.

Objective-C String/OrderedCompare/OrderedCompareObjC/main.m#Block1
```
NSString* a = @"Apple";
NSString* b = @"apple";

NSComparisonResult result = [a compare:b];
switch (result) {
        case NSOrderedAscending:
                NSLog(@"ASC");
                break;
        case NSOrderedSame:
                NSLog(@"SAME");
                break;
        case NSOrderedDescending:
                NSLog(@"DESC");
                break;
}
// ASC
```

Swift String/OrderedCompare/OrderedCompare.playground#Page1

```swift
let a: NSString = "Apple"
let b = "apple"

let result = a.compare(b)
#if swift(>=3.0)
switch result {
    case .orderedAscending:
        print("ASC")
    case .orderedSame:
        print("SAME")
    case .orderedDescending:
        print("DESC")
}
#else
switch result {
    case .OrderedAscending:
        print("ASC")
    case .OrderedSame:
        print("SAME")
    case .OrderedDescending:
        print("DESC")
}
#endif

// ASC
```

사전 정렬 순서는 문자의 코드 값이 기준이 됩니다. 즉, 대문자 A의 코드 값은 65이고, 소문자 a의 코드 값은 97이므로 A가 a 앞에 옵니다. 그래서 compare(_:) 메소드의 결과는 NSOrderedAscending이 됩니다. 예제를 조금 바꾸어 "apple"과 "Banana"를 비교해 보겠습니다.

Objective-C String/OrderedCompare/OrderedCompareObjC/main.m#Block1

```objc
NSString* a = @"apple";
NSString* b = @"Banana";

NSComparisonResult result = [a compare:b];
switch (result) {
    case NSOrderedAscending:
        NSLog(@"ASC");
        break;
    case NSOrderedSame:
        NSLog(@"SAME");
        break;
    case NSOrderedDescending:
        NSLog(@"DESC");
        break;
}
// DESC
```

```
Swift String/OrderedCompare/OrderedCompare.playground#Page2
let a: NSString = "apple"
let b = "Banana"

let result = a.compare(b)

#if swift(>=3.0)
switch result {
case .orderedAscending:
    print("ASC")
case .orderedSame:
    print("SAME")
case .orderedDescending:
    print("DESC")
}
#else
switch result {
case .OrderedAscending:
    print("ASC")
case .OrderedSame:
    print("SAME")
case .OrderedDescending:
    print("DESC")
}
#endif

// DESC
```

실제 영어사전을 보면 사과는 바나나 앞에 표기되어 있습니다. 만약, 이 메소드가 코드 값을 비교한다는 사실을 모른다면 예제의 실행 결과를 ASC 라고 생각할 수 있습니다. 그러나 a의 코드 값(97)은 B의 코드 값(66)보다 크기 때문에 DESC 가 출력됩니다. 이처럼 문자열을 비교할 때 우리에게 익숙한 사전 순서 대신 코드 값을 기준으로 사고하는 것이 매우 중요합니다. 이것은 문자열을 정렬할 때도 마찬가지입니다.

만약, 앞의 예제와 달리 대소문자를 구분할 필요가 없다면 어떻게 해야 할까요? 가장 쉬운 방법은 caseInsensitiveCompare(_:) 메소드를 사용하는 것입니다. 이 메소드는 "Apple"과 "apple"을 동일한 문자열로 판단합니다.

```
Objective-C String/CaseInsensitiveCompare/CaseInsensitiveCompareObjC/main.m
NSString* a = @"Apple";
NSString* b = @"apple";

if ([a caseInsensitiveCompare:b] == NSOrderedSame) {
    NSLog(@"Equal");
} else {
    NSLog(@"Not Equal");
}
// Equal
```

Swift String/CaseInsensitiveCompare/CaseInsensitiveCompare.playground
```swift
let a: NSString = "Apple"
let b = "apple"

#if swift(>=3.0)
if (a.caseInsensitiveCompare(b) == ComparisonResult.orderedSame) {
    print("Equal")
} else {
    print("Not Equal")
}
#else
if (a.caseInsensitiveCompare(b) == NSComparisonResult.OrderedSame) {
    print("Equal")
} else {
    print("Not Equal")
}
#endif

// Equal
```

String 문자열은 == 연산자와 != 연산자를 통해 비교할 수 있습니다. NSString의 isEqualToString(_:) 메소드와 마찬가지로 대소문자를 구분합니다.

Swift String/CompareUsingOperator.playground#Page1
```swift
let a = "Apple"
let b = "apple"

if a == b {
    print("Equal")
} else {
    print("Not Equal")
}
// Not Equal
```

Swift에서는 〈 연산자가 compare(_:) 메소드를 대신합니다. 뿐만 아니라 〈=, 〉, 〉=과 같은 동일한 계열의 비교 연산자를 자유롭게 사용할 수 있습니다.

Swift String/CompareUsingOperator.playground#Page2
```swift
let a = "Apple"
let b = "apple"

let result = a.compare(b)

#if swift(>=3.0)
switch result {
case .orderedAscending:
```

```
        print("ASC")
    case .orderedSame:
        print("SAME")
    case .orderedDescending:
        print("DESC")
    }
    #else
    switch result {
    case .OrderedAscending:
        print("ASC")
    case .OrderedSame:
        print("SAME")
    case .OrderedDescending:
        print("DESC")
    }
    #endif

    // ASC

    if a < b {
        print("ASC")
    } else {
        print("SAME OR DESC")
    }
    // ASC
```

대소문자를 구분해야 하는 경우에는 NSString 문자열과 마찬가지로 caseInsensitiveCompare(_:) 메소드를 사용합니다.

이제 문자열의 비교 범위를 고려해 보겠습니다. 지금까지 설명한 방법은 모두 문자열 전체를 비교합니다. 하지만 NSString 문자열과 String 문자열은 다양한 범위를 비교 대상으로 지정할 수 있습니다. 예를 들어 문자열의 접두어/접미어를 비교하거나 원하는 범위만 지정해서 비교할 수 있습니다. 여기에 사용되는 메소드는 compare(_:options:range) 입니다. options 파라미터를 통해 문자열 비교 방식을 지정하는 다양한 옵션을 전달할 수 있습니다. 자세한 내용은 문자열 검색에서 설명합니다. options 파라미터로 전달된 0은 옵션을 사용하지 않는다는 것을 의미합니다. range 파라미터가 이번 예제의 핵심이며 검색하고자 하는 범위를 NSRange 형태로 전달합니다.

Beginner Note

여기에서 설명하는 NSRange 또는 Range〈Index〉에 대해 이해가 가지 않는다면 몇 페이지 뒤에서 설명하고 있는 문자열 인덱스와 범위를 참고하시기 바랍니다.

Objective-C String/CompareRange/CompareRangeObjC/main.m

```objc
NSString* a = @"Objective-C 2.0";
NSString* b = @"Objective-C";

NSComparisonResult result = [a compare:b];
NSLog(@"%ld", (long)result);
// 1 (NSOrderedDescending)

NSRange compareRange = NSMakeRange(0, [b length]);
result = [a compare:b options:0 range:compareRange];
NSLog(@"%ld", (long)result);
// 0 (NSOrderedSame)
```

String 문자열에서 비교 범위를 지정하는 메소드의 이름은 동일하지만 비교 범위를 Range⟨Index⟩ 형태로 전달해야 합니다. 그리고 options 파라미터에는 0 대신 []을 전달해야 합니다. []은 Swift에서 빈 옵션을 나타냅니다.

Swift String/CompareRange/CompareRange.playground

```swift
let a = "Swift 3.0"
let b = "Swift"

var result = a.compare(b)
print(result.rawValue)
// 1
// NSComparisonResult.OrderedDescending (Swift 2.3)
// ComparisonResult.orderedDescending (Swift 3)

let compareRange = b.startIndex..<b.endIndex
result = a.compare(b, options: [], range: compareRange)
print(result.rawValue)
// 0
// NSComparisonResult.OrderedSame (Swift 2.3)
// ComparisonResult.orderedSame (Swift 3)
```

단순히 문자열의 접두어와 접미어를 비교할 경우에는 hasPrefix(_:) 메소드와 hasSuffix(_:) 메소드를 사용할 수 있습니다. 두 메소드는 대소문자를 구분하므로 대소문자 구분이 필요하지 않은 경우에는 compare(_:options:range) 메소드를 NSStringCompareOptions.CaseInsensitiveSearch 옵션과 함께 사용해야 합니다.

Objective-C String/PrefixSuffix/PrefixSuffixObjC/main.m

```objc
NSString* a = @"Objective-C 2.0";

if ([a hasPrefix:@"Obj"]) {
    // ...
}
```

```objc
if ([a hasSuffix:@"Programming"]) {
    // ...
}

NSRange compareRange = NSMakeRange(0, 3);
NSComparisonResult result = [a compare:@"obj"
    options:NSCaseInsensitiveSearch range:compareRange]
```

Swift String/PrefixSuffix/PrefixSuffix.playground
```swift
let a = "Swift"

if a.hasPrefix("Swi") {
    // ...
}

if a.hasSuffix("Programming") {
    // ...
}

#if swift(>=3.0)
let compareRange = a.startIndex..<a.index(a.startIndex, offsetBy: 4)
let result = a.compare("swi", options: [.caseInsensitive],
    range: compareRange)
#else
let compareRange = a.startIndex...a.startIndex.advancedBy(2)
let result = a.compare("swi", options: [.CaseInsensitiveSearch],
    range: compareRange)
#endif

print(result.rawValue)
// 1
```

8. 문자열 연결

또 하나의 기초적인 작업은 새로운 문자 또는 문자열을 추가하는 것입니다. NSString 문자열은 불변 객체이므로 생성 후에 저장된 문자열을 변경할 수 없습니다. 불변 객체로 생성된 문자열은 내용을 편집할 때마다 항상 새로운 문자열이 생성됩니다. stringByAppendingString(_:) 메소드는 파라미터로 전달한 문자열이 추가된 새로운 문자열을 리턴합니다.

Objective-C String/Appending/AppendingObjC/main.m#Block1
```objc
NSString* str1 = @"Objective-C";
NSString* str2 = [str1 stringByAppendingString:@" Programming"];
NSLog(@"%@", str2);
// Objective-C Programming
```

Swift String/Appending/Appending.playground#Page1
```swift
let str1: NSString = "Swift"

#if swift(>=3.0)
let str2 = str1.appending(" Programming")
#else
let str2 = str1.stringByAppendingString(" Programming")
#endif

print(str2)
// Swift Programming
```

단순히 문자열을 연결하는 것 외에 원하는 포맷으로 구성된 문자열을 연결할 수 있습니다. 이러한 문자열을 형식 문자열 또는 형식화된 문자열이라고 합니다. 메소드 이름에 format이라는 단어가 포함되어 있는 경우 형식화된 문자열을 사용할 수 있습니다. 형식화된 문자열을 연결하는 메소드는 stringByAppendingFormat(_:) 입니다.

Objective-C String/Appending/AppendingObjC/main.m#Block2
```objc
NSString* str1 = @"Objective-C";
NSString* str2 = [str1 stringByAppendingFormat:@" %.1f %@",
    2.0, @"Programming"];

NSLog(@"%@", str2);
// Objective-C 2.0 Programming
```

Swift String/Appending/Appending.playground#Page2
```swift
let str1: NSString = "Swift"

#if swift(>=3.0)
let str2 = str1.appendingFormat(" %.1f %@", 3.0, "Programming")
#else
let str2 = str1.stringByAppendingFormat(" %.1f %@", 2.3, "Programming")
#endif

print(str2)
// Swift 3.0 Programming (Swift 3.0)
// Swift 2.3 Programming (Swift 2.3)
```

NSString 문자열은 내용을 편집할 때마다 항상 새로운 문자열이 생성됩니다. 새로운 문자열을 생성하지 않고 내용을 편집하고 싶다면 NSMutableString을 사용해야 합니다. 앞의 예제와 동일한 기능을 제공하는 메소드는 appendString(_:)과 appendFormat(_:)입니다.

NSMutableString을 생성할 때는 반드시 생성자 메소드를 사용해야 합니다. NSString 리터럴로 생성한 문자열은 자료형을 NSMutableString으로 지정하더라도 항상 NSString 문자열입니다. 이 문자열에서 NSMutableString 클래스가 제공하는 메소드를 호출할 경우 런타임 오류가 발생하므로 주의해야 합니다.

Objective-C String/Appending/AppendingObjC/main.m#Block3

```objc
NSMutableString* str = [NSMutableString stringWithString:@"Objective-C"];
[str appendString:@" Programming"];

NSLog(@"%@", str);
// Objective-C Programming

[str setString:@"Objective-C"];
[str appendFormat:@" %.1f %@", 2.0, @"Programming"];

NSLog(@"%@", str);
// Objective-C 2.0 Programming
```

Swift String/Appending/Appending.playground#Page3

```swift
let str = NSMutableString(string: "Swift")

#if swift(>=3.0)
str.append(" Programming")
#else
str.appendString(" Programming")
#endif

print(str)
// Swift Programming

str.setString("Swift")
str.appendFormat(" %.1f %@", 3.0, "Programming")

print(str)
// Swift 3.0 Programming
```

이 예제에서 사용된 NSMutableString 문자열은 오직 하나이고, 문자열의 내부 저장 공간은 문자열의 길이에 따라 자동으로 관리됩니다. 중간에 사용된 setString(_:) 메소드는 NSMutableString에 저장된 문자열을 지정한 문자열로 교체합니다. 주로 문자열을 편집하기 전에 초기화하는 용도로 활용합니다. 특히, 빈 문자열로 초기화하는 경우에는 빈 문자열 리터럴을 전달해야 합니다. nil을 전달한다면 런타임 오류가 발생합니다.

Objective-C
```objc
[str setString:nil];        // Error
```

Swift
```swift
str.setString(nil)          // Error
```

String 문자열은 let 또는 var 키워드를 사용하여 가변성을 결정합니다. let으로 선언된 문자열은 불변 문자열인 NSString 문자열, var로 선언된 문자열은 가변 문자열인 NSMutableString으로 생각하면 이해하기 쉽습니다.

String 문자열은 stringByAppendingString(_:) 과 유사한 이름의 메소드를 사용하지 않습니다. 대신 + 연산자와 += 연산자를 활용하여 두 문자열을 연결합니다.

Swift String/AppendUsingOperator.playground#Page1

```swift
let str = "Swift" + " Programming"
print(str)
// Swift Programming

var str1 = "Swift"
str1 += " Programming"
print(str1)
// Swift Programming
```

마찬가지로 stringByAppendingFormat(_:) 와 유사한 메소드는 제공하지 않으며, 조금 후에 설명할 String Interpolation을 사용합니다.

Swift

```swift
let version = 3.0
let str = "Swift \(version) Programming"
print(str)
// Swift 3.0 Programming
```

String 문자열은 var로 선언하면 NSMutableString에서 제공하는 것과 유사한 메소드를 사용할 수 있습니다. append(_:) 메소드는 현재 저장된 문자열에 문자를 연결하고, appendConstentsOf(_:) 메소드는 새로운 문자열을 연결합니다. NSMutableString과 마찬가지로 내부 저장 공간은 문자열의 길이에 따라 자동으로 관리됩니다.

Swift String/AppendUsingOperator.playground#Page2

```swift
var str = "Swift"

#if swift(>=3.0)
str.append(" Programming")
#else
str.appendContentsOf(" Programming")
#endif

str.append(Character("!"))
print(str)
// Swift Programming!
```

9. 문자열 인덱스와 범위

문자열에 포함된 개별 문자에 접근하려면 문자의 위치를 나타내는 인덱스를 사용합니다. 그리고 인덱스와 길이를 하나로 묶거나 두 개의 인덱스를 하나로 묶어 문자열의 범위를 표현할 수 있습니다.

NSString 문자열은 정수 인덱스를 사용합니다. 예를 들어 첫 번째 문자의 인덱스는 0이고 두 번째 문자의 인덱스는 1입니다. 문자열의 첫 번째 문자를 얻으려면 characterAtIndex(_:) 메소드에 0을 전달합니다. characterAtIndex(_:) 메소드는 지정된 인덱스의 문자를 unichar 자료형으로 리턴합니다. 잘못된 인덱스를 전달할 경우 NSRangeException 예외가 발생하므로 주의해야 합니다. Swift의 print 함수는 unichar 문자의 코드 값을 출력하므로 Character로 변환 후 출력해야 실제 문자를 확인할 수 있습니다.

Objective-C String/FristCharacter/FristCharacterObjC/main.m

```objc
NSString* str = @"Objective-C String";
unichar firstCh = [str characterAtIndex:0];
NSLog(@"%c", firstCh);
// 0
```

Swift String/FristCharacter/FristCharacter.playground#Page1

```swift
let nsstr: NSString = "Swift String"

#if swift(>=3.0)
let ch2 = nsstr.character(at: 0)
#else
let ch2 = nsstr.characterAtIndex(0)
#endif

print(ch2)
// 83

#if swift(>=3.0)
print(Character(UnicodeScalar(ch2)!))
#else
print(Character(UnicodeScalar(ch2)))
#endif
// S
```

NSRange는 정수 인덱스와 길이로 범위를 표현하는 구조체입니다. NSRange 구조체는 문자열의 일부분을 추출하거나 특정 문자열의 위치를 확인하는데 사용할 수 있습니다. 0번 인덱스부터 3개의 문자를 포함하는 범위는 다음과 같이 생성할 수 있습니다.

Objective-C

```objc
NSRange range = NSMakeRange(0, 3);
```

Swift

```swift
let range = NSMakeRange(0, 3)
```

String 문자열은 인덱스를 사용해서 문자열에 접근할 수 있는 서브스크립트 문법을 지원합니다. Swift는 문자열에 인코딩으로 인해 발생할 수 있는 문제점을 해결하기 위해서 정수 인덱스 대신 String.Index라고 하는 새로운 인덱스 형식을 사용합니다. 정수 인덱스에 익숙하다면 처음에는 이해하기 조금 어려울 수 있지만, String과 String.Index에서 제공하는 다양한 속성과 메소드를 활용하면 쉽게 사용할 수 있습니다.

첫 번째 문자의 인덱스는 startIndex 속성으로 얻을 수 있습니다. 첫 번째 문자를 출력하는 코드는 다음과 같습니다.

Swift tring/FristCharacter/FristCharacter.playground#Page2

```swift
let str = "Swift String"
let firstCh = str[str.startIndex]
print(firstCh)
// S
```

마지막 인덱스는 endIndex 속성으로 얻을 수 있습니다. 여기에서 주목해야 할 점은 마지막 인덱스와 마지막 문자의 인덱스는 다르다는 것입니다. endIndex는 "past-the-end", 즉, 마지막 문자 인덱스의 다음 인덱스입니다. 그래서 마지막 문자에 접근하려면 메소드를 통해 이전 인덱스를 얻어야 합니다. Swift 2.3 버전에는 predecessor() 메소드를 사용하고 Swift 3 버전부터는 index(before:) 메소드를 사용합니다.

Swift String/Index.playground#Page1

```swift
let str = "Swift String"

#if swift(>=3.0)
let lastCh = str[str.index(before: str.endIndex)]
#else
let lastCh = str[str.endIndex.predecessor()]
#endif

print(lastCh)
// g
```

빈 문자열의 startIndex와 endIndex는 동일하므로 두 값을 비교해서 빈 문자열인지 판단할 수 있습니다.

Swift String/Index.playground#Page2

```swift
let emptyString = ""
if emptyString.startIndex == emptyString.endIndex {
    // ...
}
```

NSString 문자열에서 특정 문자에 접근하려면 해당 위치의 인덱스를 전달합니다. 하지만 String 문자열은 startIndex 또는 endIndex를 기준으로 접근해야 합니다.

Swift 2.3 버전에서 predecessor() 메소드는 현재 인덱스의 이전 인덱스를 리턴합니다. 반대로 successor() 메소드는 현재 인덱스의 다음 인덱스를 리턴합니다. 예를 들어 두 번째 문자에 접근하려면 startIndex 속성에 접근한 후 successor() 메소드를 호출해야 합니다.

Swift 2.3 String/Index.playground#Page3
```
let str = "Swift String"
let secondCh = str[str.startIndex.successor()]
print(secondCh)
// w
```

Swift 3 버전부터 이전 인덱스를 얻을 때는 index(before:) 메소드를 사용하고, 다음 인덱스를 얻을 때는 index(after:) 메소드를 사용합니다.

Swift 3 String/Index.playground#Page3
```
let str = "Swift String"
let secondCh = str[str.index(after: str.startIndex)]
print(secondCh)
// w
```

Swift 2.3 버전에서 advancedBy() 메소드는 전달된 횟수만큼 이동한 인덱스를 리턴합니다. 양수를 전달할 경우 다음 인덱스로 n만큼 이동하고, 음수를 전달할 경우 이전 인덱스로 n만큼 이동합니다. 예를 들어 세 번째 문자에 접근하려면 advancedBy() 메소드에 2를 전달합니다.

Swift 2.3 String/Index.playground#Page4
```
let str = "Swift String"
let thirdCh = str[str.startIndex.advancedBy(2)]
print(thirdCh)
// i
```

이 코드는 successor() 메소드를 연달아서 호출한 것과 결과가 동일합니다.

Swift 2.3 String/Index.playground#Page4
```
let str = "Swift String"
let thirdCh = str[str.startIndex.successor().successor()]
print(thirdCh)
// i
```

advancedBy() 메소드를 통해 얻은 인덱스가 startIndex의 이전 인덱스이거나 endIndex와 같거나 endIndex의 이후 인덱스면 오류가 발생하므로 주의해야 합니다. 마찬가지로 startIndex에서 predecessor() 메소드를 호출하는 코드와 endIndex에서 successor() 메소드를 호출하는 코드는 오류입니다.

Swift 3 버전에서는 advancedBy() 메소드 대신 index(_:offsetBy:) 메소드를 사용합니다.

Swift 3 String/Index.playground#Page4
```
let str = "Swift String"
let thirdCh = str[str.index(str.startIndex, offsetBy: 2)]
print(thirdCh)
// i
```

String.Index는 문자열에 포함된 문자의 위치를 지정하기 위해 사용합니다. 서브스크립트 문법을 사용할 때 String.Index를 전달하면 해당 인덱스에 위치한 하나의 Character가 리턴됩니다. 문자열의 서브스크립트 문법은 인덱스뿐만 아니라 범위를 처리할 수 있고, 범위를 전달할 경우 해당 범위를 문자열을 리턴합니다. 문자열의 범위는 Range⟨Index⟩로 표현하며 다음과 같이 범위 연산자를 사용하면 원하는 범위를 쉽게 생성할 수 있습니다. 한 가지 주의할 점은 범위 연산자를 사용하여 범위를 생성할 때 정수를 사용할 수 없다는 것입니다. 반드시 앞에서 설명한 String.Index의 속성과 메소드를 사용하여 유효한 범위를 생성해야 합니다.

Swift String/Index.playground#Page5
```
let str = "Swift String"

#if swift(>=3.0)
let range = str.startIndex..<str.index(str.startIndex, offsetBy: 5)
#else
let range = str.startIndex..<str.startIndex.advancedBy(5)
#endif

let subStr = str[range]
print(subStr)
// Swift
```

10. 문자열 순회

문자열 인덱스에 대해 이해했다면 이제 반복문을 통해서 문자열을 순회할 수 있습니다.

NSString 문자열은 for 반복문에서 characterAtIndex(_:) 메소드를 호출하는 방식으로 쉽게 순회할 수 있습니다.

```
Objective-C  String/EnumeratingCharacter/EnumeratingCharacterObjC/main.m#Block1
NSString* str = @"Apple";
for (int i = 0; i < [str length]; i++) {
    NSLog(@"%c", [str characterAtIndex:i]);
}
```

이 방식은 문자열을 순회하는데 문제가 없지만 권장하지 않는 코드입니다. characterAtIndex(_:) 메
소드는 반복적으로 호출할 경우 성능상의 불이익이 있을 수 있습니다. 구현하고 있는 프로그램에서
성능이 중요한 부분을 차지하고 있다면 getCharacters(_:) 메소드를 사용해서 문자 배열을 얻은 후
반복문으로 순회해야 합니다.

```
Objective-C  String/EnumeratingCharacter/EnumeratingCharacterObjC/main.m#Block2
NSString* str = @"Apple";
NSUInteger len = [str length];

unichar charBuffer[len+1];
[str getCharacters:charBuffer];

for (int i = 0; i < len; i++) {
    NSLog(@"%c", charBuffer[i]);
}
```

getCharacters(_:)에 전달하는 배열은 반드시 unichar 배열이어야 한글이나 중국어 문자열도 문제
없이 순회할 수 있습니다. 알파벳이 아닌 다른 언어권의 문자를 출력하기 위해서는 %c 대신 %C를 사
용해야 한다는 것도 기억해 두시기 바랍니다.

```
Objective-C  String/EnumeratingCharacter/EnumeratingCharacterObjC/main.m#Block3
NSString* str = @"한글 문자열";
NSUInteger len = [str length];

unichar charBuffer[len+1];
[str getCharacters:charBuffer];

for (int i = 0; i < len; i++) {
    NSLog(@"%C", charBuffer[i]);
}
```

String 문자열은 Swift의 빠른 열거를 통해 쉽게 순회할 수 있습니다. 주의할 점은 순회할 문자열의
뷰를 지정해야 한다는 것입니다. 가장 일반적으로 사용되는 뷰는 characters 속성으로 얻을 수 있습
니다.

```swift
let str = "Apple"
for ch in str.characters {
    print(ch)
}
```

11. 문자열 편집

문자열을 편집하는 방법에 대해 조금 더 알아보겠습니다. NSString 클래스로 생성된 문자열이나 let 으로 선언된 문자열은 불변 문자열이므로 편집 기능이 매우 제한적입니다. 그리고 문자열 자체를 편집하는 것이 아니라 원본 문자열에 편집 내용을 반영한 새로운 문자열이 생성됩니다. 문자열을 생성한 후 자주 편집해야 한다면 NSMutableString 클래스를 사용하거나 String 문자열을 var로 선언해야 합니다.

문자열 편집은 크게 삽입, 치환, 삭제로 분류할 수 있습니다.

11.1 삽입

문자열 연결에서 사용한 메소드는 모두 문자열의 마지막에 새로운 문자열을 추가합니다. 여기에서 설명하는 메소드는 지정된 인덱스에 새로운 문자열을 추가합니다. 인덱스는 반드시 0보다 크고 문자열의 길이보다 작거나 같아야 합니다. 그렇지 않을 경우 런타임 오류가 발생하므로 주의해야 합니다.

NSMutableString 문자열은 insertString(_:atIndex:) 메소드를 제공합니다.

Objective-C String/Insert/InsertObjC/main.m

```objc
NSMutableString* str = [NSMutableString stringWithString:
    @"Objective-C Programming"];
[str insertString:@" 2.0" atIndex:11];
NSLog(@"%@", str);
// Objective-C 2.0 Programming
```

Swift String/Insert/Insert.playground#Page1

```swift
let str = NSMutableString(string: "Swift Programming")

#if swift(>=3.0)
str.insert(" 3.0", at: 5)
#else
str.insertString(" 2.x", atIndex: 5)

#endif

print(str)
// Swift 3.0 Programming (Swift 3)
// Swift 2.3 Programming (Swift 2.3)
```

String 문자열은 지정된 인덱스에 새로운 문자를 추가하는 insert(_:atIndex:) 메소드와 문자열을 추가하는 insertContentsOf(_:at:) 메소드를 제공합니다. 인덱스를 전달할 때는 반드시 String.Index 형태로 전달해야 하며, 문자열은 컬렉션 형태로 변경하여 전달해야 합니다.

Swift String/Insert/Insert.playground#Page2

```swift
var str = "Swift Programming"

#if swift(>=3.0)
str.insert("!", at: str.endIndex)
#else
str.insert("!", atIndex: str.endIndex)
#endif

print(str)
// Swift Programming!

#if swift(>=3.0)
str.insert(contentsOf: " 3.0".characters, at: str.index(str.startIndex,
    offsetBy: 5))
#else
str.insertContentsOf(" 2.x".characters, at: str.startIndex.advancedBy(5))
#endif

print(str)
// Swift 3.0 Programming! (Swift 3)
// Swift 2.3 Programming! (Swift 2.3)
```

11.2 치환

치환은 조건과 일치하는 부분을 치환하는 방법과 지정한 범위를 치환하는 방법이 제공됩니다. 그리고 현재 문자열을 직접 치환하거나 치환된 결과를 새로운 문자열로 리턴하는가에 따라서 선택해야 하는 클래스가 달라집니다.

NSString 문자열은 지정된 문자열을 새로운 문자열로 치환하는 stringByReplacingOccurrencesOfString(_:withString:) 메소드와 지정한 범위를 새로운 문자열로 치환하는 stringByReplacingCharactersInRange(_:withString:) 메소드를 제공합니다. NSString 문자열은 불변 문자열이므로 원본 문자열은 편집되지 않으며 치환된 새로운 문자열이 리턴됩니다.

Objective-C String/Replace/ReplaceObjC/main.m#Block1

```objective-c
NSString* str = @"Objective-C Programming";
NSString* result = [str stringByReplacingOccurrencesOfString:
    @"Objective-C" withString:@"Objective-C"];
NSLog(@"%@", result);
// Objective-C Programming

if ([str isEqualToString:result]) {
    NSLog(@"Equal");
} else {
    NSLog(@"Not equal");
}
// Equal

result = [str stringByReplacingOccurrencesOfString:
    @"Objective-C" withString:@"Objective-C" options:NSCaseInsensitiveSearch
    range:NSMakeRange(0, [str length])];
NSLog(@"%@", result);
// Objective-C Programming

str = @"Swift Programming";
NSRange replaceRange = NSMakeRange(0, 5);
result = [str stringByReplacingCharactersInRange:replaceRange
    withString:@"Objective-C"];
NSLog(@"%@", result);
// Objective-C Programming
```

Swift String/Replace/Replace.playground#Page1

```swift
let str = NSString(string: "Switch Programming")

#if swift(>=3.0)
var result = str.replacingOccurrences(of: "switch", with: "Swift")
#else
var result = str.stringByReplacingOccurrencesOfString("switch",
    withString: "Swift")
#endif

print(result)
// Switch Programming

#if swift(>=3.0)
if str.isEqual(to: result) {
    print("Equal")
} else {
    print("Not equal")
}
#else
if str.isEqualToString(result) {
```

```
        print("Equal")
    } else {
        print("Not equal")
    }
    #endif

    // Equal

    #if swift(>=3.0)
    result = str.replacingOccurrences(of: "switch", with: "Swift",
        options: [.caseInsensitiveSearch],
        range: NSRange(location: 0, length: str.length))
    #else
    result = str.stringByReplacingOccurrencesOfString("switch",
        withString: "Swift", options: [.CaseInsensitiveSearch],
        range: NSRange(location: 0, length: str.length))
    #endif

    print(result)
    // Swift Programming

    let replaceRange = NSRange(location: 0, length: 6)

    #if swift(>=3.0)
    result = str.replacingCharacters(in: replaceRange, with: "Swift")
    #else
    result = str.stringByReplacingCharactersInRange(replaceRange,
        withString: "Swift")
    #endif

    print(result)
    // Swift Programming
```

여기에서 사용한 메소드는 다른 문자열 메소드와 마찬가지로 대소문자를 구분합니다. 그래서 원본 문자열에서 대소문자가 완전히 일치하는 문자열을 찾지 못하면 치환을 하지 않고 원본 문자열을 그대로 리턴합니다. 만약 문자열이 정상적으로 치환되었는지 확인하고 싶다면 예제와 같이 str과 result를 비교합니다.

NSMutableString은 NSString을 상속한 클래스이므로 앞에서 설명한 메소드를 모두 사용할 수 있습니다. 여기에 더해 저장된 문자열을 직접 편집할 수 있는 메소드를 추가로 제공합니다.

Objective-C String/Replace/ReplaceObjC/main.m#Block2
```
NSMutableString* str = [NSMutableString
    stringWithString:@"Objective-C Programming"];
[str replaceOccurrencesOfString:@"Objective-C" withString:@"Objective-C"
    options:NSCaseInsensitiveSearch range:NSMakeRange(0, str.length)];
NSLog(@"%@", str);
```

```objc
// Objective-C Programming

str = [NSMutableString stringWithString:@"Swift Programming"];

NSRange replaceRange = NSMakeRange(0, 5);
[str replaceCharactersInRange:replaceRange withString:@"Objective-C"];
NSLog(@"%@", str);
// Objective-C Programming
```

Swift String/Replace/Replace.playground#Page2
```swift
var str = NSMutableString(string: "Switch Programming")

#if swift(>=3.0)
str.replaceOccurrences(of: "switch", with: "Swift",
    options: [.caseInsensitiveSearch], range: NSMakeRange(0, str.length))
#else
str.replaceOccurrencesOfString("switch", withString: "Swift",
    options: [.CaseInsensitiveSearch], range: NSMakeRange(0, str.length))
#endif

print(str)
// Swift Programming

str = NSMutableString(string: "Switch Programming")

let replaceRange = NSMakeRange(0, 6)

#if swift(>=3.0)
str.replaceCharacters(in: replaceRange, with: "Swift")
#else
str.replaceCharactersInRange(replaceRange, withString: "Swift")
#endif

print(str)
// Swift Programming
```

String 문자열은 선언시 사용한 키워드에 따라서 사용할 수 있는 메소드가 달라집니다. let으로 선언된 경우 NSString 문자열과 유사한 메소드를 사용할 수 있고, var로 선언된 경우 NSMutableString 문자열과 마찬가지로 문자열 자체를 편집할 수 있는 메소드를 추가로 사용할 수 있습니다. 다만, NSMutableString과 달리 범위를 사용해서 치환을 하는 replaceRange(_:with:) 메소드만 사용할 수 있습니다. 이번 예제는 앞의 예제와 달리 범위를 직접 생성하지 않고 rangeOfString(_:) 메소드를 사용해서 "Swift"로 치환할 "Switch"의 범위를 얻어옵니다.

Swift String/Replace/Replace.playground#Page3
```swift
let str = "Switch Programming"

#if swift(>=3.0)
let result = str.replacingOccurrences(of: "Switch", with: "Swift")
#else
let result = str.stringByReplacingOccurrencesOfString("Switch",
    withString: "Swift")
#endif

print(result)
// Swift Programming

var editableStr = "Switch Programming"

#if swift(>=3.0)
if let replaceRange = editableStr.range(of: "Switch") {
    editableStr.replaceSubrange(replaceRange, with: "Swift")
}
#else
if let replaceRange = editableStr.rangeOfString("Switch") {
    editableStr.replaceRange(replaceRange, with: "Swift")
}
#endif

print(editableStr)
// Swift Programming
```

11.3 삭제

불변 문자열인 NSString 문자열은 내부의 문자열을 삭제한다는 개념과는 어울리지 않습니다. 불변 문자열의 내용을 삭제하는 유일한 방법은 nil을 할당하는 것뿐입니다.

NSMutableString 문자열은 지정된 범위를 삭제하거나 setString(_:) 메소드를 활용하여 현재 저장된 문자열을 삭제하고 빈 문자열로 초기화할 수 있습니다.

Objective-C String/Delete/DeleteObjC/main.m
```objc
NSMutableString* str = [NSMutableString stringWithString:@"Objective-C
Programming"];
NSRange deleteRange = NSMakeRange(11, 12);
[str deleteCharactersInRange:deleteRange];

NSLog(@"%@", str);
// Objective-C

[str setString:@""];
// 빈 문자열
```

```
let str = NSMutableString(string: "Swift Programming")
let deleteRange = NSRange(location: 5, length: 12)

#if swift(>=3.0)
str.deleteCharacters(in: deleteRange)
#else
str.deleteCharactersInRange(deleteRange)
#endif

print(str)
// Swift

str.setString("")
// 빈 문자열
```

String 문자열은 NSString 문자열보다 개선된 형태의 삭제 메소드를 제공합니다. 먼저 removeAll (keepCapacity:) 메소드를 통해 빈 문자열로 초기화할 수 있습니다. keepCapacity 파라미터는 문자열을 삭제한 후 문자열이 차지하고 있던 메모리 공간을 어떻게 처리할지 결정합니다. true를 전달하면 기존 메모리 공간을 그대로 유지합니다. 문자열을 초기화한 후 비슷한 길이의 문자열로 편집한다면 메모리 공간이 새롭게 할당되는 과정을 생략할 수 있어서 성능상의 이점을 가질 수 있습니다.

```
var str = "Swift Programming"

#if swift(>=3.0)
str.removeAll(keepingCapacity: true)
#else
str.removeAll(keepCapacity: true)
#endif
```

특정 범위를 삭제하려면 removeRange(_:) 메소드를 사용합니다.

```
#if swift(>=3.0)
var str = "Swift 3.0 Programming"
let removeRange = str.index(str.startIndex, offsetBy: 6)..<str.index(str.
    startIndex, offsetBy: 10)
str.removeSubrange(removeRange)
#else
var str = "Swift 2.3 Programming"
let removeRange = str.startIndex.advancedBy(6)..<str.startIndex.
    advancedBy(10)
str.removeRange(removeRange)
#endif
```

```
print(str)
// Swift Programming
```

인덱스를 사용하여 특정 문자를 삭제하려면 removeAtIndex(_:) 메소드를 사용합니다. 이 메소드는
다른 삭제 메소드와 달리 삭제된 문자를 리턴합니다.

Swift String/Delete/Delete.playground#Page4
```
var str = "Swift Programming"

#if swift(>=3.0)
let removed = str.remove(at: str.startIndex)
#else
let removed = str.removeAtIndex(str.startIndex)
#endif

print(removed)
// S
print(str)
// wift Programming
```

12. 문자열 추출

문자열 추출은 원본 문자열을 변경하지 않고 지정한 범위에 있는 문자열을 새로운 문자열로 리턴합니
다. 이미 익숙한 NSRange와 Range〈Index〉를 사용하여 범위를 지정합니다.

Objective-C String/Substring/SubstringObjC/main.m#Block1
```
var str = "Swift Programming"

#if swift(>=3.0)
let removed = str.remove(at: str.startIndex)
#else
let removed = str.removeAtIndex(str.startIndex)
#endif

print(removed)
// S
print(str)
// wift Programming
```

Swift String/Substring/Substring.playground#Page1
```
let str: NSString = "123456789"
let substringRange = NSRange(location: 0, length: 3)
```

```
#if swift(>=3.0)
let result = str.substring(with: substringRange)
#else
let result = str.substringWithRange(substringRange)
#endif

print(result)
// 123
```

만약 추출하려는 범위가 문자열의 시작부터 특정 인덱스 사이라면 substringToIndex(_:) 메소드를 사용할 수 있습니다. 이 메소드는 인덱스 0부터 파라미터로 전달된 인덱스 이전까지의 문자열을 추출합니다. 예를 들어 파라미터로 3을 전달할 경우 인덱스 0 ~ 인덱스 2 사이의 문자열이 추출됩니다.

Objective-C String/Substring/SubstringObjC/main.m#Block2
```
NSString* str = @"123456789";

NSString* result = [str substringToIndex:3];
NSLog(@"%@", result);
// 123
```

Swift String/Substring/Substring.playground#Page2
```
let str: NSString = "123456789"

#if swift(>=3.0)
let result = str.substring(to: 3)
#else
let result = str.substringToIndex(3)
#endif

print(result)
// 123
```

특정 인덱스부터 문자열 마지막까지 추출하려면 substringFromIndex(_:) 메소드를 사용합니다. substringToIndex(_:) 메소드와 달리 파라미터로 전달하는 인덱스는 추출되는 문자열 범위에 포함됩니다. 예를 들어 파라미터로 3을 전달할 경우 인덱스 3부터 문자열 마지막까지 추출됩니다.

Objective-C String/Substring/SubstringObjC/main.m#Block3
```
NSString* str = @"123456789";

NSString* result = [str substringFromIndex:3];
NSLog(@"%@", result);
// 456789
```

Swift String/Substring/Substring.playground#Page3
```
let str: NSString = "123456789"

#if swift(>=3.0)
let result = str.substring(from: 3)
#else
let result = str.substringFromIndex(3)
#endif

print(result)
// 456789
```

String 문자열은 서브스크립트 문법을 통해 문자열을 더욱 직관적으로 추출할 수 있습니다.

Swift String/Substring/Substring.playground#Page4
```
let str = "123456789"

#if swift(>=3.0)
let result = str[str.startIndex..<str.index(str.startIndex, offsetBy: 3)]
#else
let result = str[str.startIndex..<str.startIndex.advancedBy(3)]
#endif

print(result)
// 123
```

이번에는 조금 특별한 추출 메소드를 공부해 보겠습니다. componentsSeparatedByString(_:) 메소드는 문자열을 지정된 문자열을 기준으로 분리한 후 결과를 배열로 리턴합니다. 예를 들어 이 메소드에 5를 전달하면 str 문자열은 5를 기준으로 1234와 6789로 분리됩니다. 분리된 결과는 list 배열로 리턴됩니다. 기준이 된 문자열은 결과에 포함되지 않는다는 점을 기억해 두시기 바랍니다.

Objective-C String/Components/ComponentsObjC/main.m
```
NSString* str = @"123456789";

NSArray* list = [str componentsSeparatedByString:@"5"];
for (NSString* item in list) {
    NSLog(@"%@", item);
}
// 1234
// 6789
```

Swift String/Components/Components.playground
```
let str = "123456789"

#if swift(>=3.0)
```

```
let list = str.components(separatedBy: "5")
#else
let list = str.componentsSeparatedByString("5")
#endif

for item in list {
    print(item)
}
// 1234
// 6789
```

13. 문자열 검색

문자열 검색은 기본적으로 대소문자를 구분하며 왼쪽에서 오른쪽으로 진행됩니다. containsString(_:) 메소드는 파라미터로 전달한 문자열이 포함되어 있는지 확인합니다.

Objective-C String/Search/SearchObjC/main.m#Block1
```
NSString* str = @"Objective-C Programming";
if ([str containsString:@"Obj"]) {
    // ...
}
```

Swift String/Search/Search.playground#Page1
```
let str = "Swift Programming"

#if swift(>=3.0)
if str.contains("Swift") {
    // ...
}
#else
if str.containsString("Swift") {
    // ...
}
#endif
```

rangeOfString(_:) 메소드는 문자열 검색에서 가장 많이 사용되는 메소드입니다. 이 메소드는 containsString(_:) 메소드와 달리 검색된 문자열의 범위(NSRange)를 리턴합니다. 검색 결과는 NSRange의 location, length 속성을 통해 확인할 수 있습니다.

Objective-C String/Search/SearchObjC/main.m#Block2
```
NSString* str = @"Objective-C Programming";
NSRange result = [str rangeOfString:@"Obj"];
NSLog(@"location: %ld", result.location);
```

```
NSLog(@"length: %ld", result.length);
// location: 0
// length: 3
```

Swift String/Search/Search.playground#Page2
```
let str: NSString = "Swift Programming"

#if swift(>=3.0)
let result = str.range(of: "Swift")
#else
let result = str.rangeOfString("Swift")
#endif

print("location: \(result.location)")
print("length: \(result.length)")
// location: 0
// length: 5
```

만약 검색 결과가 없다면 location 속성에 NSNotFound라는 특별한 상수가 할당됩니다. 다음과 같이 if 조건문을 통해 검색 결과를 확인하는 코드를 작성할 수 있습니다.

Objective-C String/Search/SearchObjC/main.m#Block3
```
NSString* str = @"Objective-C Programming";
NSRange result = [str rangeOfString:@"Obj"];
if (result.location == NSNotFound) {
    // ...
}
```

Swift String/Search/Search.playground#Page3
```
let str: NSString = "Swift Programming"

#if swift(>=3.0)
let result = str.range(of: "Swift")
#else
let result = str.rangeOfString("Swift")
#endif

if result.location == NSNotFound {
    // ...
}
```

String 문자열은 검색 결과를 Range⟨Index⟩로 리턴합니다. 그리고 리턴 값은 옵셔널이기 때문에 다음과 같이 옵셔널 바인딩 구문을 활용하여 검색 성공 여부를 확인할 수 있습니다. 즉, NSString 문자열은 검색 결과가 없을 경우 location 속성에 NSNotFound 상수가 할당된 NSRange를 리턴하지만, String 문자열은 nil을 리턴합니다.

```
Swift   String/Search/Search.playground#Page4
let str = "Swift Programming"

#if swift(>=3.0)
if let result = str.range(of: "Swift") {
    print(result)
} else {
    print("Not found")
}
#else
if let result = str.rangeOfString("Swift") {
    print(result)
} else {
    print("Not found")
}
#endif

// 0..<5
```

14. 문자열 옵션

지금까지 사용한 문자열 비교, 검색 메소드는 몇 가지 공통적인 특징을 가지고 있습니다.

• 대소문자를 구분합니다.
• 문자열을 왼쪽에서 오른쪽으로 처리합니다.
• 문자열 길이가 짧을수록 사전 정렬 순서가 앞섭니다.
• 문자열 사전 정렬 순서는 문자의 코드를 정수로 변경한 값에 따라 결정됩니다.
• 같은 문자라도 발음기호가 붙어있다면 다른 문자로 판단합니다.
• 문자열을 구성하는 코드가 다르더라도 사람에게 보이는 문자열이 같다면 같은 문자열로 판단합니다.

이러한 특징을 무시하고 다른 조건을 지정할 때 문자열 옵션을 사용할 수 있습니다. 문자열 옵션은 Objective-C에서 NSStringCompareOptions 열거형으로 제공되며, Swift 에서 NSStringCompare Options 구조체 또는 NSString.CompareOptions 구조체로 제공됩니다. 이들은 다음과 같이 문자열 메소드 중 options 파라미터를 가진 메소드에 전달할 수 있습니다.

```
compare(_:options:)
rangeOfString(_:options;)
stringByReplacingOccurrencesOfString(_:withString:options:range:)
```

14.1 Case Insensitive Search

Objective-C	NSCaseInsensitiveSearch
Swift 2,3	NSStringCompareOptions.CaseInsensitiveSearch
Swift 3	NSString.CompareOptions.caseInsensitive

대소문자를 무시하는 옵션입니다. 문자열 비교에서 사용했던 caseInsensitiveCompare(_:) 메소드는 case(_:options:) 메소드를 호출할 때 Case Insensitive Search 옵션을 전달한 것과 동일합니다.

Objective-C String/Option/OptionObjC/main.m#Block1
```objc
NSString * str = @"Objective-C";
NSComparisonResult result = [str compare:@"objective-c"
    options:NSCaseInsensitiveSearch];
if (result == NSOrderedSame) {
    // ...
}
```

Swift String/Option/Option.playground#Page1
```swift
let str = "Swift"

#if swift(>=3.0)
let result = str.compare("swift",
    options: [NSString.CompareOptions.caseInsensitive])
if result == .orderedSame {
    // ...
}
#else
let result = str.compare("swift",
    options: [NSStringCompareOptions.CaseInsensitiveSearch])
if result == NSComparisonResult.OrderedSame {
    // ...
}
#endif
```

Swift의 경우 형식 추론 덕분에 문자열 옵션의 전체 이름을 사용하지 않고 축약형으로 사용할 수 있습니다.

Swift
```swift
let str = "Swift"

#if swift(>=3.0)
let result = str.compare("swift", options: [.caseInsensitive])
if result == .orderedSame {
    // ...
```

```
}
#else
let result = str.compare("swift", options: [.CaseInsensitiveSearch])
if result == NSComparisonResult.OrderedSame {
    // ...
}
#endif
```

14.2 Literal Search

Objective-C	NSLiteralSearch
Swift 2,3	NSStringCompareOptions.LiteralSearch
Swift 3	NSString.CompareOptions.literal

한글은 유니코드로 표현할 때 완성형과 조합형을 사용할 수 있습니다. 예를 들어 "한글"은 완성형으로 표현할 때 두 개의 유니코드 포인트를 사용하고, 조합형으로 표현할 때 여섯 개의 유니코드 포인트를 사용합니다.

Objective-C
```
NSString* precomposed = @"\uD55C\uAE00";
NSString* decomposed = @"\u1112\u1161\u11AB\u1100\u1173\u11AF";
```

Swift
```
let precomposed = "\u{D55C}\u{AE00}"
let decomposed = "\u{1112}\u{1161}\u{11AB}\u{1100}\u{1173}\u{11AF}
```

이와 같이 동일한 문자를 표현하는 방식에 차이가 있기 때문에 문자열 함수들은 기본적으로 우리 눈에 보이는 결과를 기준으로 비교와 검색을 수행합니다. 그래서 문자열을 구성하는 유니코드는 다르지만 같은 문자열로 판단합니다.

Objective-C String/Option/OptionObjC/main.m#Block2
```
NSString* precomposed = @"\uD55C\uAE00";
NSString* decomposed = @"\u1112\u1161\u11AB\u1100\u1173\u11AF";

if ([decomposed compare:precomposed] == NSOrderedSame) {
    NSLog(@"equal");
} else {
    NSLog(@"not equal");
}
// equal
```

```swift
let precomposed = "\u{D55C}\u{AE00}"
let decomposed = "\u{1112}\u{1161}\u{11AB}\u{1100}\u{1173}\u{11AF}"

#if swift(>=3.0)
if decomposed.compare(precomposed) == .orderedSame {
    print("equal")
} else {
    print("not equal")
}
#else
if decomposed.compare(precomposed) == .OrderedSame {
    print("equal")
} else {
    print("not equal")
}
#endif

// equal
```

Literal Search 옵션은 문자열을 구성하는 유니코드 포인트를 직접 비교합니다. 그래서 같은 문자라고 하더라도 서로 다른 유니코드로 구성되어 있다면 다른 문자열로 판단합니다. 앞의 예제와 달리 문자열을 표현할 수 있는 모든 유니코드 문자를 확인할 필요가 없기 때문에 더 빠르게 결과를 얻을 수 있습니다.

```objc
NSString * precomposed = @"\uD55C\uAE00";
NSString * decomposed = @"\u1112\u1161\u11AB\u1100\u1173\u11AF";

if ([decomposed compare:precomposed
    options:NSLiteralSearch] == NSOrderedSame) {
    NSLog(@"equal");
} else {
    NSLog(@"not equal");
}
// not equal
```

```swift
let precomposed = "\u{D55C}\u{AE00}"
let decomposed = "\u{1112}\u{1161}\u{11AB}\u{1100}\u{1173}\u{11AF}"

#if swift(>=3.0)
if decomposed.compare(precomposed, options:[.literal]) == .orderedSame {
    print("equal")
} else {
    print("not equal")
```

```
}
#else
if decomposed.compare(precomposed, options:.LiteralSearch) == .OrderedSame {
    print("equal")
} else {
    print("not equal")
}
#endif

// not equal
```

14.3 Backwards Search

Objective-C	NSLiteralSearch
Swift 2.3	NSStringCompareOptions.LiteralSearch
Swift 3	NSString.CompareOptions.literal

Baskwards Search 옵션은 이름 그대로 문자열을 뒤에서부터 검색합니다. 예를 들어 range OfString
(_:) 메소드는 문자열에 원하는 결과가 두 개 이상 존재할 경우 첫 번째 결과를 리턴하지만, 이 옵션을
사용하면 반대로 마지막 결과(즉, 뒤에서 첫 번째 결과)를 리턴합니다.

Objective-C String/Option/OptionObjC/main.m#Block4
```
NSString* str = @"Objective-C Programming";
NSRange result = [str rangeOfString:@"i"];
NSLog(@"%ld", result.location);
// 6

result = [str rangeOfString:@"i" options:NSBackwardsSearch];
NSLog(@"%ld", result.location);
// 20
```

Swift String/Option/Option.playground#Page4
```
let str: NSString = "Swift Programming"

#if swift(>=3.0)
var result = str.range(of: "i")
#else
var result = str.rangeOfString("i")
#endif

print(result.location)
// 2
```

```
#if swift(>=3.0)
result = str.range(of: "i", options:[.backwards])
#else
result = str.rangeOfString("i", options:[.BackwardsSearch])
#endif

print(result.location)
// 14
```

14.4 Anchored Search

Objective-C	NSAnchoredSearch
Swift 2,3	NSStringCompareOptions.AnchoredSearch
Swift 3	NSString.CompareOptions.anchored

Anchored Search 옵션은 문자열 전체를 확인하지 않고 시작 부분 또는 끝 부분만 검색합니다. 조금 전 예제에서 rangeOfString(_:) 메소드는 검색 방향에 관계없이 문자열에 결과가 존재한다면 결과를 리턴합니다. 하지만 Anchored Search 옵션을 사용하면 앵커로 지정한 부분에 검색 결과가 없으면 검색에 실패한 것으로 판단합니다. 예를 들어 "Swift Programming" 문자열에서 "Swift"의 위치를 검색할 때, Anchored Search 옵션을 사용하면 문자열의 시작 부분에서 "Swift"를 검색합니다. 이 경우에는 "Swift"의 범위를 얻을 수 있습니다. 하지만 Backwards Search 옵션을 조합하여 문자열 마지막 부분을 앵커로 지정하면 "Swift" 문자열이 포함되어 있지만 문자열의 접미어가 아니기 때문에 검색에 실패합니다.

Objective-C String/Option/OptionObjC/main.m#Block5
```
NSString* str = @"Objective-C Programming";
NSRange result = [str rangeOfString:@"Obj" options:NSAnchoredSearch];
NSLog(@"%ld", result.location);
// 0

result = [str rangeOfString:@"Obj"
    options:NSAnchoredSearch|NSBackwardsSearch];
NSLog(@"%ld", result.location);
// NSNotFound
```

Swift String/Option/Option.playground#Page5
```
let str: NSString = "Swift Programming"

#if swift(>=3.0)
var result = str.range(of: "Swift", options:[.anchored])
#else
var result = str.rangeOfString("Swift", options:[.AnchoredSearch])
#endif
```

```
print(result.location)
// 0

#if swift(>=3.0)
result = str.range(of: "Swift", options:[.anchored, .backwards])
#else
result = str.rangeOfString("Swift", options:[.AnchoredSearch,
.BackwardsSearch])
#endif

print(result.location)
// NSNotFound
```

이 옵션은 hasPrefix(_:), hasSuffix(_:) 메소드의 기본 옵션으로 원하는 결과를 얻을 수 없을 때 활용할 수 있습니다. 단독으로 사용할 경우에는 큰 의미가 없고 예제와 같이 다른 옵션과 조합하여 사용합니다. 문자열 옵션을 조합할 때 Objective-C는 | 연산자로 원하는 옵션을 나열하고, Swift는 [ ] 사이에 원하는 옵션을 ,로 구분하여 나열합니다. 이 방법은 옵션을 조합할 때 사용되는 문법이므로 꼭 기억해 두시기 바랍니다.

14.5 Numeric Search

Objective-C	NSNumericSearch
Swift 2,3	NSStringCompareOptions.NumericSearch
Swift 3	NSString.CompareOptions.numeri

파일 이름을 정렬하는 프로그램을 만들어야 한다고 가정해 보겠습니다. 디렉토리에는 10개의 텍스트 파일이 있고 각 파일의 이름은 file0.txt, file10.txt와 같은 형태를 가지고 있습니다. file9.txt는 file10.txt 앞에 있어야 할까요? 아니면 뒤에 있어야 할까요?

문자열은 기본적으로 각 위치에 있는 문자의 코드를 비교합니다. 사람은 9가 10보다 작다고 판단하지만 코드는 e 문자 다음에 오는 1과 9의 코드를 비교합니다. 그래서 file9는 file10 뒤에 정렬됩니다. 만약 file9를 file10 앞에 정렬하고 싶다면 file09와 같이 파일 이름을 변경하는 트릭을 쓸 수도 있지만 Numeric Search 옵션이 더 좋은 선택입니다. Numeric Search 옵션은 문자열에 숫자가 포함되어 있는 경우 숫자 자체의 크기를 비교합니다.

Objective-C String/Option/OptionObjC/main.m#Block6
```
NSString* file9 = @"file9.txt";
NSString* file10 = @"file10.txt";
NSComparisonResult result = [file9 compare:file10];
NSLog(@"%ld", result);
// 1 (NSOrderedDescending)
```

```
result = [file9 compare:file10 options:NSNumericSearch];
NSLog(@"%ld", result);
// -1 (NSOrderedAscending)
```

Swift String/Option/Option.playground#Page6
```swift
let file9 = "file9.txt"
let file10 = "file10.txt"
var result = file9.compare(file10)
print(result.rawValue)
// 1 (NSComparisonResult.OrderedDescending)

#if swift(>=3.0)
result = file9.compare(file10, options: [.numeric])
#else
result = file9.compare(file10, options: [.NumericSearch])
#endif

print(result.rawValue)
// -1 (NSComparisonResult.OrderedAscending)
```

14.6 Diacritic Insensitive Search

Objective-C	NSDiacriticInsensitiveSearch
Swift 2.3	NSStringCompareOptions.DiacriticInsensitiveSearch
Swift 3	NSString.CompareOptions.diacriticInsensitive

알파벳 문자는 다양한 발음 부호를 가질 수 있습니다. 같은 문자라도 발음 부호가 다르면 서로 다른 문자로 판단합니다. 예를 들어 "A"는 "Ä"와 다른 문자로 판단됩니다. 문자열 비교와 검색에서 발음 부호를 무시할 때 사용할 수 있는 옵션이 바로 Diacritic Insensitive Search 옵션입니다.

Objective-C String/Option/OptionObjC/main.m#Block7
```objc
NSString* withoutDiacritic = @"A";
NSString* withDiacritic = @"Ä";

NSComparisonResult result = [withoutDiacritic compare:withDiacritic];
NSLog(@"%ld", result);
// -1 (NSOrderedAscending)

result = [withoutDiacritic compare:withDiacritic
    options:NSDiacriticInsensitiveSearch];
NSLog(@"%ld", result);
// 0 (NSOrderedSame)
```

```
Swift  String/Option/Option.playground#Page7
let withoutDiacritic = "A"
let withDiacritic = "Ä"

var result = withoutDiacritic.compare(withDiacritic)
print(result.rawValue)
// -1 (NSComparisonResult.OrderedAscending)

#if swift(>=3.0)
result = withoutDiacritic.compare(withDiacritic,
    options: [.diacriticInsensitive])
#else
result = withoutDiacritic.compare(withDiacritic,
    options: [.DiacriticInsensitiveSearch])
#endif

print(result.rawValue)
// 0 (NSComparisonResult.OrderedSame)
```

14.7 Width Insensitive Search

Objective-C	NSWidthInsensitiveSearch
Swift 2.3	NSStringCompareOptions.WidthInsensitiveSearch
Swift 3	NSString.CompareOptions.widthInsensitive

한국, 중국, 일본 등 아시아 국가에서는 문자를 전각 문자 또는 반각 문자로 인쇄할 수 있습니다. 전각 문자는 일반적으로 영문자의 고정 폭을 기준으로 두 배의 너비를 가지는 문자이고, 반각 문자는 전각 문자의 절반의 너비를 가지는 문자입니다. 두 문자는 서로 같은 문자를 표시하는 가에 관계없이 항상 다른 문자로 판단됩니다. Width Insensitive Search 옵션은 전각/반각 문자를 구분하지 않고 비교할 때 사용합니다. 다음 예제는 전각 문자 "ｱ"와 반각문자 "ｱ"를 비교합니다.

```
Objective-C  String/Option/OptionObjC/main.m#Block8
NSString* fullWidth = @"\u30A1";
NSString* halfWidth = @"\uFF67";

NSComparisonResult result = [fullWidth compare:halfWidth];
NSLog(@"%ld", result);
// -1 (NSOrderedAscending)

result = [fullWidth compare:halfWidth options:NSWidthInsensitiveSearch];
NSLog(@"%ld", result);
// 0 (NSOrderedSame)
```

Swift String/Option/Option.playground#Page8

```swift
let fullWidth = "\u{30A1}"
let halfWidth = "\u{FF67}"

var result = fullWidth.compare(halfWidth)
print(result.rawValue)
// -1

#if swift(>=3.0)
result = fullWidth.compare(halfWidth, options:[.widthInsensitive])
#else
result = fullWidth.compare(halfWidth, options:[.WidthInsensitiveSearch])
#endif

print(result.rawValue)
// 0
```

14.8 Forced Ordering Search

Objective-C	NSForcedOrderingSearch
Swift 2,3	NSStringCompareOptions.ForcedOrderingSearch
Swift 3	NSString.CompareOptions.forcedOrdering

문자열을 정렬할 때 Case Insensitive Search 옵션을 사용하면 "String"과 "string"을 동일한 순서로 판단합니다. 이 경우에는 동일한 순서 내에서 문자열의 순서를 비교할 수 있는 옵션이 필요합니다. Forced Ordering Search 옵션은 다른 옵션에 의해 두 문자열의 순서가 동일하다고 판단될 때, 문자의 코드와 같은 조건들을 활용해서 최대한 순서를 구분하도록 강제합니다.

Objective-C String/Option/OptionObjC/main.m#Block9

```objc
NSString* upper = @"STRING";
NSString* lower = @"string";

NSComparisonResult result = [upper compare:lower
    options:NSCaseInsensitiveSearch];
NSLog(@"%ld", result);
// 0

result = [upper compare:lower
    options:NSForcedOrderingSearch|NSCaseInsensitiveSearch];
NSLog(@"%ld", result);
// -1
```

Swift String/Option/Option.playground#Page9

```swift
let upper = "STRING"
let lower = "string"

#if swift(>=3.0)
var result = upper.compare(lower, options: [.caseInsensitive])
#else
var result = upper.compare(lower, options: [.CaseInsensitiveSearch])
#endif

print(result.rawValue)
// 0

#if swift(>=3.0)
result = upper.compare(lower, options:[.forcedOrdering, .caseInsensitive])
#else
result = upper.compare(lower, options:[.ForcedOrderingSearch,
.CaseInsensitiveSearch])
#endif

print(result.rawValue)
// -1
```

14.9 Regular Expression Search

Objective-C	NSRegularExpressionSearch
Swift 2.3	NSStringCompareOptions.RegularExpressionSearch
Swift 3	NSString.CompareOptions.regularExpression

문자열을 검색할 때 정규 표현식을 사용해야 한다면 Regular Expression Search 옵션을 사용할 수 있습니다. 예를 들어 회원 가입이 필요한 프로그램을 만들 때 사용자가 입력한 이메일 값을 검증해야 한다면 이 옵션을 사용해서 쉽게 구현할 수 있습니다.

Objective-C String/Option/OptionObjC/main.m#Block10

```objc
NSString* emailPattern = @"([0-9a-zA-Z_-]+)@([0-9a-zA-Z_-]+)(\\.
[0-9a-zA-Z_-]+){1,2}";
NSString* emailAddress = @"user@example.com";

NSRange result = [emailAddress rangeOfString:emailPattern
    options:NSRegularExpressionSearch];
if (result.location != NSNotFound) {
    NSLog(@"valid");
} else {
    NSLog(@"invalid");
}
// valid
```

Swift String/Option/Option.playground#Page10

```
let emailPattern = "([0-9a-zA-Z_-]+)@([0-9a-zA-Z_-]+)(\\.[0-9a-zA-Z_-]+)
    {1,2}"
let emailAddress: NSString = "user@example.com"

#if swift(>=3.0)
let result = emailAddress.range(of: emailPattern,
    options: [.regularExpression])
#else
let result = emailAddress.rangeOfString(emailPattern,
    options: [.RegularExpressionSearch])
#endif

if result.location != NSNotFound {
    print("valid")
} else {
    print("invalid")
}
// valid
```

15. 문자열 변환

15.1 대소문자 변환

NSString 문자열에서 대소문자를 변환할 때 세 가지 속성을 사용할 수 있습니다. capitalizedString 속성은 문자열에 포함된 각 단어의 첫 번째 문자를 대문자로, 나머지 문자를 소문자로 변환한 문자열을 리턴합니다. lowercaseString 속성은 모든 문자를 소문자로 변환한 문자열을 리턴하고, uppercase String 속성은 모든 문자를 대문자로 변환한 문자열을 리턴합니다. Swift 2.3 버전에서 String 문자열은 동일한 이름의 속성을 사용할 수 있습니다.

Objective-C String/ChangeCase/ChangeCaseObjC/main.m

```
NSString* str = @"Lorem ipsum";

NSLog(@"%@", str.capitalizedString);
// Lorem Ipsum

NSLog(@"%@", str.uppercaseString);
// LOREM IPSUM

NSLog(@"%@", str.lowercaseString);
// lorem ipsum
```

```
Swift 2.3  String/ChangeCase/ChangeCase.playground
let str = "Lorem ipsum"

print(str.capitalizedString)
// Lorem Ipsum

print(str.uppercaseString)
// LOREM IPSUM

print(str.lowercaseString)
// lorem ipsum
```

Swift 3에서 String 문자열의 capitalizedString 속성은 capitalized로 이름이 변경되었습니다. upper caseString 속성은 uppercased() 메소드로 대체되었고, lowercaseString 속성 또한 lowercased() 메소드로 대체되었습니다.

```
Swift 3  String/ChangeCase/ChangeCase.playground
let str = "Lorem ipsum"

print(str.capitalized)
// Lorem Ipsum

print(str.uppercased())
// LOREM IPSUM

print(str.lowercased())
// lorem ipsum
```

15.2 숫자 값으로 변환

NSString 문자열은 문자열을 숫자로 쉽게 변환할 수 있는 다양한 속성을 제공합니다. 이 속성은 몇 가지 제약을 가지고 있습니다.

- 문자열은 숫자만 포함하고 있어야 합니다.
- 문자열은 숫자로 시작해야 합니다.
- 문자열에 두 개 이상의 숫자가 포함되어 있다면 첫 번째 숫자로 변환됩니다

예를 들어 integerValue 속성을 사용해서 문자열 "777"과 "777"이 포함된 문자열을 숫자 777로 변환할 수 있습니다. 세 번째 문자열과 같이 숫자로 변환할 수 없는 경우에는 0이 리턴됩니다.

Objective-C String/ConvertToNumber/ConvertToNumberObjC/main.m

```
NSString* str = @"777";
NSInteger value = str.integerValue;
NSLog(@"%ld", value);
// 777

str = @"777 grants all file access permissions to all user types.";
value = str.integerValue;
NSLog(@"%ld", value);
// 777

str = @"the value 777 grants all file access permissions to all user
types.";
value = str.integerValue;
NSLog(@"%ld", value);
// 0
```

Swift String/ConvertToNumber/ConvertToNumber.playground#Page1

```
var str: NSString = "777"
var value = str.integerValue
print(value)
// 777

str = "777 grants all file access permissions to all user types."
value = str.integerValue
print(value)
// 777

str = "the value 777 grants all file access permissions to all user types."
value = str.integerValue
print(value)
// 0
```

제공하는 속성은 전체 속성은 다음과 같습니다.

```
intValue
integerValue
longLongValue
floatValue
doubleValue
boolValue
```

String 문자열은 이러한 속성을 제공하지 않습니다. 대신 자료형에서 제공하는 생성자를 사용할 수 있습니다. 예를 들어 Int 자료형은 문자열을 파라미터로 받는 생성자를 제공합니다. 이 생성자는 파라미터로 전달된 문자열을 정수로 변환할 수 없는 경우 nil을 리턴합니다. NSString 문자열과 달리 문자열에 숫자가 아닌 다른 문자가 포함되어 있는 경우에는 숫자로 변환할 수 없습니다.

```swift
let str = "777"
if let value = Int(str) {
    print(value)
}
```

앞에서 설명한 내용은 문자열을 숫자로 변환할 때 많은 제약을 가지고 있습니다. 조금 후에 설명할 스캐너를 사용하면 다양한 옵션을 사용하여 문자열에 포함된 숫자를 더욱 정확히 인식하고 변환할 수 있습니다.

15.3 음역

자주 사용되지는 않지만 음역을 위한 메소드를 제공합니다. 음역은 외국어의 음을 특정 언어로 표기하는 것으로, "america"를 한글로 음역하면 "아메리카"가 됩니다. NSString 문자열과 String 문자열이 제공하는 음역기능은 한글의 경우 만족할만한 결과를 얻기 힘들지만, 가타카나와 히라가나의 경우 비교적 정확한 결과를 얻을 수 있습니다. 문자열을 음역할 수 없는 경우에는 nil이 리턴됩니다.

```objc
NSString* str = @"america";
NSString* korean = [str
    stringByApplyingTransform:NSStringTransformLatinToHangul reverse:NO];
NSLog(@"%@", korean);
// 아메릦아

NSString* hiragana = [str
    stringByApplyingTransform:NSStringTransformLatinToHiragana reverse:NO];
NSLog(@"%@", hiragana);
// あめりか

NSString* katakana = [str
    stringByApplyingTransform:NSStringTransformLatinToKatakana reverse:NO];
NSLog(@"%@", katakana);
// アメリカ
```

```swift
let str = "america"

#if swift(>=3.0)
let korean = str.applyingTransform(StringTransform.latinToHangul,
    reverse: false)
#else
let korean = str.stringByApplyingTransform(NSStringTransformLatinToHangul,
    reverse: false)
#endif
```

```
print(korean)
// 아메리카

#if swift(>=3.0)
let hiragana = str.applyingTransform(StringTransform.latinToHiragana,
    reverse: false)
#else
let hiragana = str.stringByApplyingTransform(
    NSStringTransformLatinToHiragana, reverse: false)
#endif

print(hiragana)
// あめりか

#if swift(>=3.0)
let katakana = str.applyingTransform(StringTransform.latinToKatakana,
    reverse: false)
#else
let katakana = str.stringByApplyingTransform(
    NSStringTransformLatinToKatakana, reverse: false)
#endif

print(katakana)
// アメリカ
```

16. String Interpolation

변수나 리터럴, 표현식 등의 조합으로 새로운 문자열을 구성하는 것을 String Interpolation이라고 합니다. String Interpolation에 사용되는 문자열 리터럴은 일반 문자열 리터럴과 달리 %@, %ld 와 같은 포맷 지정자를 포함하고 있습니다. 이런 문자열을 특별히 형식 문자열 또는 형식화된 문자열이라고 합니다. 형식 문자열에 포함된 포맷 지정자는 전달된 파라미터의 값으로 대체되어 문자열을 구성합니다.

NSString 문자열을 String Interpolation을 사용할 수 있는 다양한 메소드를 제공합니다. 대표적인 메소드는 stringWithFormat: 메소드입니다.

Objective-C String/StringInterpolation/StringInterpolationObjC/main.m#Block1
```
NSString* language = @"Objective-C";
NSString* str = [NSString stringWithFormat:@"Let's learn %@", language];
NSLog(@"%@", str);
// Let's learn Objective-C
```

Swift에서는 NSString 문자열과 String 문자열 모두 생성자를 사용합니다.

Swift String/StringInterpolation/StringInterpolation.playground#Page1
```swift
let language = "Swift"
let nsstr = NSString(format: "Let's learn %@", language)
print(nsstr)
// Let's learn Swift

let str = String(format: "Let's learn %@", language)
print(str)
// Let's learn Swift
```

예제에서 사용된 포맷 문자열에 포함된 %@은 모든 객체를 표현할 수 있는 포맷 지정자로 language
에 저장된 문자열로 대체됩니다.

Expert Note

%@은 객체의 description 메소드가 리턴하는 문자열로 대체됩니다.

16.1 포맷 지정자

포맷 지정자는 % 문자와 대체될 값의 종류를 식별하는 문자들로 구성됩니다. 그리고 두 문자 사이에
는 표현할 값의 크기를 지정할 수 있는 길이 수식어를 추가할 수 있습니다.

포맷 지정자	표현하는 값
%@	객체
%%	% 문자
%d, %D	정수
%u, %U	부호 없는(Unsigned) 정수
%x, %X	부호 없는(Unsigned) 정수를 16진수로 출력
%o, %O	부호 없는(Unsigned) 정수를 8진수로 출력
%f	8바이트 실수
%c	1바이트 아스키 문자
%C	유니코드 문자
%s	C 문자열

길이 수식어	
l	long
L	long double
z	site_t

iOS 앱을 개발할 때 언어 자체에서 제공하는 자료형보다 Foundation 프레임워크를 통해 제공되는 자료형을 주로 사용하게 됩니다. 예를 들어 NSString 문자열은 %@, NSInteger는 %ld를 사용합니다.

이어지는 예제는 포맷 지정자를 사용하는 코드를 보여줍니다. 이 예제는 몇 가지 수복할 내용이 있습니다. 먼저 %f를 사용해서 실수를 출력하면 기본적으로 소수점 부분이 6자리가 출력됩니다. 출력되는 자리수를 지정하고 싶다면 %와 f 사이에 .n을 추가합니다. 예제와 같이 %.1f로 지정하면 소수점 부분을 한자리만 출력합니다. 실수를 지수 형태로 출력하고 싶다면 %f 대신 %e를 사용합니다.

포맷 지정자로 대체되는 값은 문자열 내부에서 값을 표현하는데 필요한 정확한 길이로 대체됩니다. 만약 값을 대체할 때 원하는 길이를 직접 지정하고 싶다면 % 문자 다음에 원하는 길이를 지정할 수 있습니다. 예제와 같이 20으로 지정하면 문자열이 20글자 너비로 대체되며 나머지 공간은 공백으로 출력됩니다. 기본적으로 오른쪽 정렬로 출력되지만 −20과 같이 음수로 지정하면 왼쪽 정렬로 출력됩니다. 예제에서는 %s를 대상으로 했지만 다른 포맷 지정자에서도 사용할 수 있습니다.

Objective-C String/StringInterpolation/StringInterpolationObjC/main.m#Block2

```objectivec
int intValue = 123;
NSString* str = [NSString stringWithFormat:@"value is %d", intValue];
NSLog(@"%@", str);
// value is 123

NSInteger integerValue = 456;
str = [NSString stringWithFormat:@"value is %ld", integerValue];
NSLog(@"%@", str);
// value is 456

double doubleValue = 12.34;
str = [NSString stringWithFormat:@"value is %f", doubleValue];
NSLog(@"%@", str);
// value is 12.340000

str = [NSString stringWithFormat:@"value is %e", doubleValue];
```

```
NSLog(@"%@", str);
// value is 1.234000e+01

CGFloat floatValue = 56.78;
str = [NSString stringWithFormat:@"value is %.1f", floatValue];
NSLog(@"%@", str);
// value is 56.8

const char* cString = @"C String".UTF8String;
str = [NSString stringWithFormat:@"[%-20s]", cString];
NSLog(@"%@", str);
// [C String              ]

str = [NSString stringWithFormat:@"[%20s]", cString];
NSLog(@"%@", str);
// [             C String]
```

Swift String/StringInterpolation/StringInterpolation.playground#Page2
```
let intValue = 123
var str = String(format: "value is %ld", intValue)
print(str)
// value is 123

let integerValue: NSInteger = 456
str = String(format: "value is %ld", integerValue)
print(str)
// value is 456

let doubleValue = 12.34
str = String(format: "value is %f", doubleValue)
print(str)
// value is 12.340000

str = String(format: "value is %e", doubleValue)
print(str)
// value is 1.234000e+01

let floatValue: CGFloat = 56.78
str = String(format: "value is %.1f", floatValue)
print(str)
// value is 56.8

#if swift(>=3.0)
let cString = NSString(string: "C String").utf8String!
#else
let cString = NSString(string: "C String").UTF8String
#endif
```

```
str = String(format: "[%-20s]", cString)
print(str)
// [C String            ]

str = String(format: "[%20s]", cString)
print(str)
// [            C String]
```

이번에는 포맷 지정자의 순서에 대해 고려해 보겠습니다. 형식 문자열에 포함된 첫 번째 포맷 지정자는 첫 번째 파라미터의 값으로 대체됩니다. 만약 첫 번째 포맷 지정자를 두 번째 파라미터의 값으로 대체해야 한다면 어떻게 해야 할까요? %문자 다음에 원하는 순서를 나타내는 인덱스와 $문자를 추가하면 됩니다. 배열의 인덱스와 달리 첫 번째 순서의 인덱스는 1입니다. 예제를 통해 실제 사용방법을 알아보겠습니다.

Objective-C String/StringInterpolation/StringInterpolationObjC/main.m#Block3
```
NSString* result = @"result";
double doubleValue = 12.34;

NSString* str = [NSString stringWithFormat:@"The %@ is %.2f.",
    result, doubleValue];
NSLog(@"%@", str);
// The result is 12.34.

str = [NSString stringWithFormat:@"%2$.2f is the %1$@.",
    result, doubleValue];
NSLog(@"%@", str);
// 12.34 is the result.
```

Swift String/StringInterpolation/StringInterpolation.playground#Page3
```
let result = "result"
let doubleValue = 12.34

var str = String(format: "The %@ is %.2f.", result, doubleValue)
print(str)
// The result is 12.34.

str = String(format: "%2$.2f is the %1$@.", result, doubleValue)
print(str)
// 12.34 is the result.
```

16.2 Swift의 String Interpolation

Swift는 새로운 String Interpolation 문법을 제공합니다. 포맷 지정자를 사용하지 않고 직접 문자열 내부에 원하는 값을 삽입합니다. 값은 \(와) 사이에 표현식, 변수, 상수 등으로 전달할 수 있습니다.

Swift String/StringInterpolation/StringInterpolation.playground#Page4

```swift
let result = "result"
let doubleValue = 12.34

var str = "The \(result) is \(doubleValue)."
print(str)
// The result is 12.34.

str = "\(doubleValue) is the \(result).";
print(str)
// 12.34 is the result.
```

전달된 값은 자료형에 가장 적합한 형태로 문자열에 삽입됩니다. 기존 방식에 비해 매우 직관적으로 형식 문자열을 구성할 수 있지만 상세한 포맷을 직접 지정할 수 없는 단점이 있습니다. 예를 들어 doubleValue의 값을 소수점 첫째 자리까지 출력하고 싶다면 다음과 같이 기존 방식으로 구성한 문자열을 전달하거나 소수점 둘째 자리를 0으로 만든 후 전달해야 합니다.

Swift String/StringInterpolation/StringInterpolation.playground#Page5

```swift
let result = "result"
let doubleValue = 12.34
let valueStr = String(format: "%.1f", doubleValue)

var str = "The \(result) is \(valueStr)."
print(str)
// The result is 12.3.

str = "The \(result) is \(round(doubleValue * 10.0) / 10.0)."
print(str)
// The result is 12.3.
```

17. 유니코드와 인코딩

유니코드로 표시할 수 있는 모든 문자는 Character Repertoire에 포함되어 있고, 여기에 포함된 각 문자는 고유한 코드 포인트를 할당받습니다. 코드 포인트는 정수 형태의 식별자로 유니코드 스칼라라고 부르기도 합니다.

모든 코드 포인트는 코드 공간내에 존재합니다. 코드 공간은 코드 포인터의 범위에 따라 두 영역으로 구분됩니다. 첫 번째 영역은 U+0000에서 U+FFFF 사이의 영역으로 Basic Multilingual Plane이라고 부릅니다. 두 번째 영역은 U+10000에서 U+10FFFF 사이의 영역으로 Supplemental Multilingual Plane이라고 부릅니다. Supplemental Multilingual Plane 영역은 64000개 단위의 섹션으로 구분되어 있습니다. 전체 코드 영역은 모두 17개의 섹션(Basic Multilingual Plane 1개, Supplemental

Multilingual Plane 16개)으로 구분되어 있고 1088000개의 코드 포인트를 할당할 수 있습니다.

문자가 특정 인코딩으로 표현될 때 문자의 코드 포인트는 하나 이상의 코드 유닛과 맵핑됩니다. 코드 유닛은 인코딩에서 문자를 표현하는 최소 단위입니다. 유니코드는 코드 유닛의 크기에 따라 UTF-8, UTF-16, UTF-32로 분류됩니다. UTF-8 인코딩에서 하나의 코드 유닛은 8비트로 구성되고 UTF-16과 UTF-32 인코딩에서는 각각 16비트, 32비트로 구성됩니다. UTF-8 인코딩에서 하나의 코드 포인트는 크기에 따라 최대 4개의 코드 유닛과 맵핑됩니다. 가장 큰 코드 포인트를 저장하려면 32비트가 필요하기 때문입니다. UITF-16 인코딩에서는 최대 2개의 코드 유닛과 맵핑되고, UTF-32 인코딩에서는 하나의 유닛으로 모든 코드 포인트를 맵핑할 수 있습니다.

유니코드 문자는 문자열 내부에서 16진수 형태로 표현합니다.

Objective-C
\u코드 포인트

Swift
\u{코드 포인트}

예를 들어 ♥ 문자의 코드 포인트는 U+2665이고 다음과 같은 코드를 통해 문자로 생성할 수 있습니다.

Objective-C String/Unicode/UnicodeObjC/main.m#Block1
```
unichar heart = L'\u2665';
NSLog(@"%C", heart);
// ♥
```

Swift Strig/Unicode/Unicode.playground#Page1
```
let heart: Character = "\u{2665}"
print(heart)
// ♥
```

17.1 Grapheme Cluster

유니코드 문자는 하나의 코드 포인트로 표현하거나 두 개 이상의 코드 포인트 조합으로 표현할 수 있습니다. 하나의 문자를 표현하는 코드 포인트의 집합을 문자소 클러스터라고 합니다. 예를 들어 "한"이라는 문자는 다음과 같이 두 가지 방식으로 표현할 수 있습니다. 한글을 표현할 때 하나의 코드 포인트로 표현하는 방식을 완성형, 두 개 이상의 코드 포인트로 표현하는 방식을 조합형 인코딩이라고 합니다. precomposedHan 문자열은 하나의 코드 포인트로 "한" 문자를 구성하고, decomposedHan 문자열은 초성, 중성, 종성을 구성하는 3개의 코드 포인트로 "한" 문자를 구성합니다.

Objective-C String/Unicode/UnicodeObjC/main.m#Block2

```objc
NSString* precomposedHan = @"\uD55C";
NSLog(@"%@", precomposedHan);
// 한

NSString* decomposedHan = @"\u1112\u1161\u11AB";
NSLog(@"%@", decomposedHan);
// 한
```

Swift Strig/Unicode/Unicode.playground#Page2

```swift
let precomposedHan = "\u{D55C}"
print(precomposedHan)
// 한

let decomposedHan = "\u{1112}\u{1161}\u{11AB}"
print(decomposedHan)
// 한
```

두 문자열을 비교하는 코드를 작성해 보겠습니다. 이 코드를 실행해보면 두 언어에서 정반대의 결과
가 출력됩니다. Objective-C 코드에서는 두 문자열을 다른 문자열로 판단하고 Swift 코드에서는 같
은 문자열로 판단합니다. 이유가 무엇일까요?

Objective-C String/Unicode/UnicodeObjC/main.m#Block3

```objc
if ([precomposedHan isEqualToString:decomposedHan]) {
    NSLog(@"%@ == %@", precomposedHan, decomposedHan);
} else {
    NSLog(@"%@ != %@", precomposedHan, decomposedHan);
}
// 한 != 한
```

Swift Strig/Unicode/Unicode.playground#Page3

```swift
if precomposedHan == decomposedHan {
    print("\(precomposedHan) == \(decomposedHan)")
} else {
    print("\(precomposedHan) != \(decomposedHan)")
}
// 한 == 한
```

NSString 문자열은 코드 포인트를 기준으로 문자열 연산을 처리합니다. 그래서 화면에 출력되는 문
자는 동일하지만 문자를 구성하는 코드 포인트가 다르기 때문에 다른 문자열로 판단하는 것입니다.
String 문자열은 문자소 클러스터를 기준으로 문자열 연산을 처리합니다. 그래서 두 문자열이 서로
다른 코드 포인트로 구성되어 있더라도 화면에 표시되는 모양과 의미가 같다면 동일한 문자열로 판
단합니다. Swift 코드에서 두 문자열이 동일한 문자열로 판단된 것은 문자열의 자료형이 String이기

때문입니다. 두 문자열 중 하나를 NSString 문자열로 바꾸면 Objective-C 예제와 동일한 결과를 얻을 수 있습니다.

Swift Strig/Unicode/Unicode.playground#Page4

```swift
NSString* precomposedCafe = @"caf\u00E9";
let precomposedHan: NSString = "\u{D55C}"
let decomposedHan = "\u{1112}\u{1161}\u{11AB}"

#if swift(>=3.0)
if precomposedHan.isEqual(to: decomposedHan) {
    print("\(precomposedHan) == \(decomposedHan)")
} else {
    print("\(precomposedHan) != \(decomposedHan)")
}
#else
if precomposedHan.isEqualToString(decomposedHan) {
    print("\(precomposedHan) == \(decomposedHan)")
} else {
    print("\(precomposedHan) != \(decomposedHan)")
}
#endif

// 한 != 한
```

이번에는 café 문자열을 통해 NSString 문자열과 String 문자열의 차이를 다시 확인해 보겠습니다. é 문자는 U+00E9 코드 포인트로 표현하거나 cafe 문자열과 U+0301 코드 포인트를 조합하여 표현할 수 있습니다. 코드 포인트 단위로 연산을 처리하는 NSString 문자열은 precomposedCafe 문자열의 길이를 4로 판단하고 decomposedCafe 문자열의 길이를 5로 판단합니다. 실제 화면에 출력되는 문자의 수가 아니라 문자열을 구성하는 코드 포인트의 수와 일치합니다. 반면 문자소 클러스터 단위로 연산을 처리하는 String 문자열은 코드 포인트의 수에 관계없이 문자열의 길이를 모두 4로 판단합니다.

Objective-C String/Unicode/UnicodeObjC/main.m#Block4

```objc
NSString* precomposedCafe = @"caf\u00E9";
NSLog(@"%@ - %d", precomposedCafe, precomposedCafe.length);
// café - 4

NSString* decomposedCafe = [NSString stringWithFormat:@"cafe%@",
    @"\u0301"];
NSLog(@"%@ - %d", decomposedCafe, decomposedCafe.length);
// café - 5

if ([precomposedCafe isEqualToString:decomposedCafe]) {
    NSLog(@"%@ == %@", precomposedCafe, decomposedCafe);
} else {
    NSLog(@"%@ != %@", precomposedCafe, decomposedCafe);
}
// café != café
```

Swift Strig/Unicode/Unicode.playground#Page5

```swift
let precomposedCafe = "caf\u{00E9}"
print("\(precomposedCafe) - \(precomposedCafe.characters.count)")
// café - 4

let decomposedCafe = "cafe" + "\u{0301}"
print("\(decomposedCafe) - \(decomposedCafe.characters.count)")
// café - 4

if precomposedCafe == decomposedCafe {
    print("\(precomposedCafe) == \(decomposedCafe)")
} else {
    print("\(precomposedCafe) != \(decomposedCafe)")
}
// café == café
```

17.2 인코딩

NSString 문자열과 String 문자열은 ASCII, UTF-8, UTF-16과 같이 널리 활용되는 인코딩을 모두 지원합니다. 지원되는 인코딩 목록은 availableStringEncodings() 메소드로 확인할 수 있습니다. 인코딩은 NSStringEncoding 열거형으로 표현되며 localizedNameOfStringEncoding(_:) 메소드에 열거형을 전달하면 지역화된 이름이 리턴됩니다.

Objective-C String/EncodingList/EncodingListObjC/main.m

```objc
const NSStringEncoding* encodings = [NSString availableStringEncodings];
while (*encodings != 0) {
    NSStringEncoding encodingConstant = *encodings;
    NSLog(@"%d - %@", encodingConstant,
        [NSString localizedNameOfStringEncoding:encodingConstant]);

    encodings++;
}
```

Swift 2.3 String/EncodingList/EncodingList.playground

```swift
let encodings = String.availableStringEncodings()
for encodingConstant in encodings {
    print("\(encodingConstant) - \(String.localizedNameOfStringEncoding(
        encodingConstant))")
}
```

Swift 3 String/EncodingList/EncodingList.playground

```swift
let encodings = String.availableStringEncodings
for encodingConstant in encodings {
    print("\(encodingConstant.rawValue) - \(String.localizedName(
        of: encodingConstant))")
}
```

이 코드를 실행해보면 NSStringEncoding 열거형에 선언되어 있는 인코딩 외에 플랫폼에서 지원하는 다양한 인코딩 목록이 표시됩니다.

문자열을 특정 인코딩으로 변환할 수 있는지 확인하려면 canBeConvertedToEncoding(_:) 메소드를 사용합니다. 이 메소드는 파라미터로 전달된 인코딩으로 손실 없이 변환할 수 있는 경우 true를 리턴합니다. dataUsingEncoding(_:) 메소드는 문자열을 지정된 인코딩으로 변환합니다. NSData 인스턴스로 변환된 데이터는 네트워크를 통해 전달하거나 새로운 인코딩으로 변환된 문자열을 생성하는데 사용할 수 있습니다. dataUsingEncoding(_:) 메소드는 인코딩 과정에서 손실을 허용하지 않기 때문에 손실이 발생한 경우 nil을 리턴합니다. 만약 인코딩 과정에서 손실을 허용하려면 dataUsingEncoding(_:allowLossyConversion:) 메소드를 사용합니다. 이 메소드의 두 번째 파라미터에 true를 전달하면 인코딩 손실이 허용됩니다.

Objective-C
```objectivec
NSString* str = @"String";
if ([str canBeConvertedToEncoding:NSUTF32StringEncoding]) {
    NSData* encodedData = [str dataUsingEncoding:NSUTF32StringEncoding];
    if (encodedData != nil) {
        // ...
    }
}
```

Swift 2.3
```swift
let str = "String"
if str.canBeConvertedToEncoding(NSUTF32StringEncoding) {
    if let encodedData = str.dataUsingEncoding(NSUTF32StringEncoding) {
        // ...
    }
}
```

Swift 3
```swift
let str = "String"
if str.canBeConverted(to: String.Encoding.utf32) {
    if let encodedData = str.data(using: String.Encoding.utf32) {
        // ...
    }
}
```

18. 문자 집합

하나 이상의 유니코드 문자로 구성된 문자 집합은 문자열 검색에 자주 활용됩니다. 문자 집합은 NSCharacterSet 클래스의 인스턴스입니다. NSCharacterSet 클래스는 다양한 표준 문자 집합을 생성할 수 있는 메소드를 제공합니다. 필요에 따라 원하는 문자로 구성된 문자 집합을 직접 생성할 수 있습니다.

예를 들어 대문자로 구성된 문자 집합은 uppercaseLetterCharacterSet() 메소드로 생성할 수 있습니다.

Objective-C
```
NSCharacterSet* charSet = [NSCharacterSet uppercaseLetterCharacterSet];
```

Swift 2.3
```
let charSet = NSCharacterSet.uppercaseLetterCharacterSet()
```

Swift 3
```
let charSet = NSCharacterSet.uppercaseLetters
```

문자 집합을 rangeOfCharacterFromSet(_:) 메소드에 전달하면 문자열에서 문자 집합에 포함된 문자를 검색할 수 있습니다. 이 메소드는 문자열에서 문자 집합에 포함된 문자가 검색된 첫 번째 위치를 리턴합니다. rangeOfCharacterFromSet(_:options:) 메소드를 통해 앞에서 공부한 다양한 문자열 옵션을 사용할 수 있습니다. 아래의 코드와 같이 Backward Search 옵션을 사용하면 검색된 마지막 위치를 리턴합니다.

Objective-C String/CharSet/CharSetObjC/main.m
```
NSCharacterSet* charSet = [NSCharacterSet uppercaseLetterCharacterSet];
NSString* str = @"loRem Ipsum";
NSRange range = [str rangeOfCharacterFromSet:charSet];
NSLog(@"%d", range.location);
// 2

range = [str rangeOfCharacterFromSet:charSet options:NSBackwardsSearch];
NSLog(@"%d", range.location);
// 6
```

Swift 2.3 String/CharSet/CharSet.playground
```
let charSet = NSCharacterSet.uppercaseLetterCharacterSet()
let str = "loRem Ipsum"
if let range = str.rangeOfCharacterFromSet(charSet) {
    print(range.startIndex)
    // 2
}

if let range = str.rangeOfCharacterFromSet(charSet, options:
[.BackwardsSearch]) {
    print(range.startIndex)
    // 6
}
```

```
let charSet = NSCharacterSet.uppercaseLetters
let str = "loRem Ipsum"
if let range = str.rangeOfCharacter(from: charSet) {
    print(str.distance(from: str.startIndex, to: range.lowerBound))
    // 2
}

if let range = str.rangeOfCharacter(from: charSet, options: [.backwards]) {
    print(str.distance(from: str.startIndex, to: range.lowerBound))
    // 6
}
```

stringByTrimmingCharactersInSet(_:) 메소드는 문자열의 시작 부분과 끝 부분에서 문자 집합에 포함된 문자를 삭제한 새로운 문자열을 리턴합니다. 문자열 앞뒤에 포함된 특수 문자와 공백 문자를 제거하는데 주로 사용됩니다

Objective-C String/Trimming/TrimmingObjC/main.m

```
NSCharacterSet* charSet = [NSCharacterSet whitespaceCharacterSet];
NSString* str = @" A p p l e ";
NSLog(@"[%@]", str);
// [ A p p l e ]

NSString* result = [str stringByTrimmingCharactersInSet:charSet];
NSLog(@"[%@]", result);
// [A p p l e]
```

Swift 2.3 String/Trimming/Trimming.playground

```
let charSet = NSCharacterSet.whitespaceCharacterSet()
let str = " A p p l e "
print("[\(str)]")
// [ A p p l e ]

let result = str.stringByTrimmingCharactersInSet(charSet)
print("[\(result)]")
// [A p p l e]
```

Swift 3 String/Trimming/Trimming.playground

```
let charSet = NSCharacterSet.whitespaces
let str = " A p p l e "
print("[\(str)]")
// [ A p p l e ]

let result = str.trimmingCharacters(in: charSet)
print("[\(result)]")
// [A p p l e]
```

새로운 문자 집합은 원하는 문자를 지정해 직접 생성하거나 표준 문자 집합을 편집하는 방식으로 생성할 수 있습니다. 이어지는 코드에서 customCharSet 문자 집합은 #문자와 %문자로 구성된 새로운 문자 집합입니다. customAlphaNumSet 문자 집합은 표준 Alphanumeric 문자 집합을 복사한 후 #, % 문자를 추가하고 홀수 문자를 제거한 문자 집합입니다.

Objective-C String/CustomCharSet/CustomCharSetObjC/main.m
```
NSCharacterSet* customCharSet = [NSCharacterSet
    characterSetWithCharactersInString:@"#%"];

NSMutableCharacterSet* tmpSet = [[NSCharacterSet alphanumericCharacterSet]
    mutableCopy];
[tmpSet addCharactersInString:@"#%"];
[tmpSet removeCharactersInString:@"13579"];
NSCharacterSet* customAlphaNumSet = [tmpSet copy]
```

Swift 2.3 String/CustomCharSet/CustomCharSet.playground
```
let customCharSet = NSCharacterSet(charactersInString: "#%")

if let tmpSet = NSCharacterSet.alphanumericCharacterSet().mutableCopy() as?
    NSMutableCharacterSet {
    tmpSet.addCharactersInString("#%")
    tmpSet.removeCharactersInString("13579")
    let customAlphaNumSet = tmpSet.copy()
}
```

Swift 3에서는 값 형식의 CharacterSet 구조체가 참조 형식의 NSCharacterSet 클래스를 대체합니다.

Swift 3 String/CustomCharSet/CustomCharSet.playground
```
let customCharSet = CharacterSet(charactersIn: "#%")

var tmpSet = CharacterSet.alphanumerics
tmpSet.insert(charactersIn: "#%")
tmpSet.remove(charactersIn: "13579")
let customAlphaNumSet = tmpSet
```

마지막으로 문자 집합을 통해 이메일 주소를 분해하는 코드를 작성해 보겠습니다. 이 코드는 @ 문자와 . 문자가 포함된 emailCharSet 문자 집합을 생성합니다. 그리고 문자 집합을 componentsSeparatedByCharactersInSet(_:) 메소드로 전달하여 emailAddress 문자열에 저장된 이메일 문자열을 분해합니다. 이메일 주소 userId@example.com는 userId, example, com으로 분해됩니다.

Objective-C String/EmailComponents/EmailComponentsObjC/main.m
```
NSCharacterSet* emailCharSet = [NSCharacterSet
```

```
            characterSetWithCharactersInString:@"@."];

NSString* emailAddress = @"userId@example.com";
NSArray* components = [emailAddress
    componentsSeparatedByCharactersInSet:emailCharSet];
for (NSString* str in components) {
    NSLog(@"%@", str);
}
// userId
// example
// com
```

Swift 2.3 String/EmailComponents/EmailComponents.playground

```
let emailCharSet = NSCharacterSet(charactersInString: "@.")

let emailAddress = "userId@example.com"
let components = emailAddress.componentsSeparatedByCharactersInSet(
    emailCharSet)
for str in components {
    print(str)
}
// userId
// example
// com
```

Swift 3 String/EmailComponents/EmailComponents.playground

```
let emailCharSet = CharacterSet(charactersIn: "@.")

let emailAddress = "userId@example.com"
let components = emailAddress.components(separatedBy: emailCharSet)
for str in components {
    print(str)
}
// userId
// example
// com
```

문자 집합은 코드 성능에 영향을 줄 수 있으므로 반복적으로 문자 집합을 생성하는 것보다 하나의 문자 집합을 재사용하는 것이 좋습니다. 그리고 가변 문자 집합인 NSMutableCharacterSet 보다 NSCharacterSet을 사용하는 것이 좋습니다.

19. Summary

• 문자열은 " " 사이에 포함된 일련의 문자 집합으로 Objective-C는 NSString 문자열을 주로 사용하고 Swift는 String 문자열을 주로 사용합니다.

```
Objective-C
NSString* str = @"NSString String";
```

```
Swift
let str: String = "Swift String"
```

- Objective-C에서 문자는 char 형식으로 표현되며 ' ' 사이에 포함된 하나의 문자를 의미합니다.

```
Objective-C
char ch = 'A';
```

- Swift는 문자열과 동일한 리터럴로 문자를 표현하므로 문자를 저장할 때는 반드시 자료형을 명시적으로 지정해야 합니다.

```
Swift
let ch: Character = "A"
```

- NSString 문자열과 String 문자열은 유니코드를 지원합니다.

- 생성 후 내용을 변경할 수 없는 문자열을 불변 문자열, 내용을 변경할 수 있는 문자열을 가변 문자열이라고 합니다.

- NSString 문자열은 NSString 클래스와 NSMutableString을 통해 가변성을 처리합니다.

- Swift는 문자열을 선언할 때 let, var 키워드를 통해 가변성을 결정합니다.

- NSString 문자열은 클래스로 구현되어 있고 String 문자열은 구조체로 구현되어 있습니다.

- Swift는 String 문자열을 복사할 때 발생할 수 있는 성능 문제를 copy-on-write 최적화를 통해 해결합니다. String 문자열은 반드시 필요한 경우에만 복사됩니다.

- NSString 문자열은 문자열의 개별 문자에 접근할 때 정수 인덱스를 사용합니다.

- String 문자열은 String.Index 형식으로 개별 문자에 접근합니다.

- NSString 문자열과 String 문자열은 문자열 검색에 사용할 수 있는 다양한 옵션을 제공합니다.

- NSString 문자열은 코드 포인트를 기준으로 문자열 연산을 처리합니다.

- String 문자열은 문자소 클러스터를 기준으로 문자열 연산을 처리합니다.

숫자와 값. 그리고 객체

숫자와 불린 값은 코드에서 값 형식으로 처리됩니다. 값 형식은 때때로 참조 형식(객체)으로 변환해서 처리해야 합니다. 가장 대표적인 예는 파운데이션 프레임워크에서 제공하는 컬렉션(NSArray, NSDictionary, NSSet)에 숫자를 저장할 때입니다. 그리고 NSNumberFormatter 클래스를 통해 숫자를 원하는 형식의 문자열로 변환할 때에도 숫자를 참조 형식으로 변환해야 합니다.

1. NSNumber

NSNumber 클래스는 숫자와 불린 값을 객체로 박싱하는 클래스입니다. 이 클래스는 직관적인 이름을 가진 생성자를 제공합니다. 예를 들어 불린 값, 정수, double형 실수는 아래와 같이 박싱할 수 있습니다. 박싱된 객체는 ...Value 속성을 통해 값 형식으로 언박싱 할 수 있습니다.

Objective-C Number/Boxing/BoxingObjC/main.m
```
BOOL boolValue = YES;
NSNumber* boolObject = [NSNumber numberWithBool:boolValue];
boolValue = [boolObject boolValue];

NSInteger integerValue = 123;
NSNumber* integerObject = [NSNumber numberWithInteger:integerValue];
integerValue = [integerObject integerValue];

double doubleValue = 12.3;
NSNumber* doubleObject = [NSNumber numberWithDouble:doubleValue];
doubleValue = [doubleObject doubleValue];
```

Swift 2.3 Number/Boxing/Boxing.playground
```
var boolValue = true
let boolObject = NSNumber(bool: boolValue)
boolValue = boolObject.boolValue

var integerValue = 123
let integerObject = NSNumber(integer: integerValue)
integerValue = integerObject.integerValue

var doubleValue = 12.3
let doubleObject = NSNumber(double: doubleValue)
doubleValue = doubleObject.doubleValue
```

Swift 3 Number/Boxing/Boxing.playground

```swift
var boolValue = true
let boolObject = NSNumber(value: boolValue)
boolValue = boolObject.boolValue

var integerValue = 123
let integerObject = NSNumber(value: integerValue)
integerValue = integerObject.intValue

var doubleValue = 12.3
let doubleObject = NSNumber(value: doubleValue)
doubleValue = doubleObject.doubleValue
```

NSNumber로 박싱된 객체를 언박싱할 때 반드시 박싱에 사용된 값과 동일한 자료형으로 언박싱해야 하는 것은 아닙니다. 앞의 예제에서는 동일한 자료형으로 언박싱하고 있지만 아래의 코드와 같이 다른 자료형으로 언박싱할 수 있습니다. 다만 언박싱 과정에서 값이 유실될 수 있으므로 주의해야 합니다.

Objective-C Number/Unboxing/UnboxingObjC/main.m

```objc
double doubleValueFromInteger = [integerObject doubleValue];
NSLog(@"%@ -> %f", integerObject, doubleValueFromInteger);
// 123 -> 123.000000

NSInteger integerValueFromDouble = [doubleObject integerValue];
NSLog(@"%@ -> %d", doubleObject, integerValueFromDouble);
// 12.3 -> 12
```

Swift Number/Unboxing/Unboxing.playground

```swift
let doubleValueFromInteger = integerObject.doubleValue
print("\(integerObject) -> \(doubleValueFromInteger)")
// 123 -> 123.0

#if swift(>=3.0)
let integerValueFromDouble = doubleObject.intValue
#else
let integerValueFromDouble = doubleObject.integerValue
#endif
print("\(doubleObject) -> \(integerValueFromDouble)")
// 12.3 -> 12
```

Objective-C에서는 리터럴 문법을 통해 NSNumber 객체를 생성할 수 있습니다. 숫자 값 앞에 @문자를 붙이면 NSNumber 객체가 됩니다. 표현식은 ( )로 감싸준 후 @문자를 붙여야 합니다.

Objective-C

```objc
NSNumber* boolObject = @YES;
NSNumber* integerObject = @123;
NSNumber* doubleObjectFromExpression = @(12.3 + 456.7);
```

NSNumber 객체로 박싱된 값은 stringValue 속성을 통해 문자열로 쉽게 변환할 수 있습니다. 불린 객체를 문자열로 변환할 경우에는 "1" 또는 "0"으로 변환됩니다.

Objective-C Number/NumberToString/NumberToStringObjC/main.m

```objc
NSNumber* boolObject = @YES;
NSLog(@"%@", boolObject.stringValue);
// 1

NSNumber* integerObject = @123;
NSLog(@"%@", integerObject.stringValue);
// 123

NSNumber* doubleObject = @(12.3 + 4.56);
NSLog(@"%@", doubleObject.stringValue);
// 16.86
```

Swift 2.3 Number/NumberToString/NumberToString.playground

```swift
let boolObject = NSNumber(bool: true)
print(boolObject.stringValue)
// 1

let integerObject = NSNumber(integer: 123)
print(integerObject.stringValue)
// 123

let doubleObject = NSNumber(double: 12.3 + 4.56)
print(doubleObject.stringValue)
// 16.86
```

Swift 3 Number/NumberToString/NumberToString.playground

```swift
let boolObject = NSNumber(value: true)
print(boolObject.stringValue)
// 1

let integerObject = NSNumber(value: 123)
print(integerObject.stringValue)
// 123

let doubleObject = NSNumber(value: 12.3 + 4.56)
print(doubleObject.stringValue)
// 16.86
```

NSNumber 객체가 박싱한 값을 비교할 때는 isEqualToNumber(_:) 메소드와 compare(_:) 메소드를 사용할 수 있습니다. isEqualToNumber(_:) 메소드는 두 객체에 저장된 값의 동일성을 비교합니다.

Objective-C Number/CompareNumber/CompareNumberObjC/main.m#Block1

```objectivec
NSNumber* integerObject = @123;
NSNumber* doubleObject = @123.0;

if ([integerObject isEqualToNumber:doubleObject]) {
    NSLog(@"%@ == %@", integerObject, doubleObject);
} else {
    NSLog(@"%@ != %@", integerObject, doubleObject);
}
// 123 == 123
```

Swift 2.3 Number/CompareNumber/CompareNumber.playground#Page1

```swift
let integerObject = NSNumber(integer: 123)
let doubleObject = NSNumber(double: 123.0)

if integerObject.isEqualToNumber(doubleObject) {
    print("\(integerObject) == \(doubleObject)")
} else {
    print("\(integerObject) != \(doubleObject)")
}
// 123 == 123
```

Swift 3 Number/CompareNumber/CompareNumber.playground#Page1

```swift
let integerObject = NSNumber(value: 123)
let doubleObject = NSNumber(value: 123.0)

if integerObject.isEqual(to: doubleObject) {
    print("\(integerObject) == \(doubleObject)")
} else {
    print("\(integerObject) != \(doubleObject)")
}
// 123 == 123
```

compare(_:) 메소드는 NSComparisonResult 열거형을 리턴하므로 값의 동일성뿐만 아니라 크기를 비교할 수 있습니다.

Objective-C Number/CompareNumber/CompareNumberObjC/main.m#Block2

```objectivec
NSNumber* integerObject = @123;
NSNumber* doubleObject = @(12.3 + 4.56);

NSComparisonResult result = [integerObject compare:doubleObject];
switch (result) {
    case NSOrderedAscending:
        NSLog(@"%@ < %@", integerObject, doubleObject);
        break;
```

```
        case NSOrderedSame:
            NSLog(@"%@ == %@", integerObject, doubleObject);
            break;
        case NSOrderedDescending:
            NSLog(@"%@ > %@", integerObject, doubleObject);
            break;
}
// 123 > 16.86
```

Swift 2.3 Number/CompareNumber/CompareNumber.playground#Page2

```
let integerObject = NSNumber(integer: 123)
let doubleObject = NSNumber(double: 12.3 + 4.56)

let result = integerObject.compare(doubleObject)
switch result {
case .OrderedAscending:
    print("\(integerObject) < \(doubleObject)")
case .OrderedSame:
    print("\(integerObject) == \(doubleObject)")
case .OrderedDescending:
    print("\(integerObject) > \(doubleObject)")
}
// 123 > 16.86
```

Swift 3 Number/CompareNumber/CompareNumber.playground#Page2

```
let integerObject = NSNumber(value: 123)
let doubleObject = NSNumber(value: 12.3 + 4.56)

let result = integerObject.compare(doubleObject)
switch result {
case .orderedAscending:
    print("\(integerObject) < \(doubleObject)")
case .orderedSame:
    print("\(integerObject) == \(doubleObject)")
case .orderedDescending:
    print("\(integerObject) > \(doubleObject)")
}
// 123 > 16.86
```

2. NSValue

NSValue 클래스는 값 형식과 포인터, 구조체, id 자료형의 값을 박싱하기 위해 사용합니다. 예를 들어 NSRange로 표현된 범위 값을 NSArray 배열에 저장하려면 다음과 같이 NSValue 객체로 박싱해야 합니다. 박싱된 객체는 rangeValue 속성을 통해 NSRange 값으로 다시 언박싱할 수 있습니다.

Objective-C Number/ValueObject/ValueObjectObjC/main.m

```objc
NSRange rangeValue = NSMakeRange(0, 7);
NSValue* rangeObject = [NSValue valueWithRange:rangeValue];

NSRange unboxedRangeValue = [rangeObject rangeValue];
NSLog(@"%@", NSStringFromRange(unboxedRangeValue));
// {0, 7}
```

Swift Number/ValueObject/ValueObject.playground

```swift
let rangeValue = NSRange(location: 0, length: 7)
let rangeObject = NSValue(range: rangeValue)

let unboxedRangeValue = rangeObject.rangeValue
print(NSStringFromRange(unboxedRangeValue))
// {0, 7}
```

NSValue 클래스는 iOS 앱 개발에 자주 사용되는 구조체를 처리할 수 있는 메소드와 속성을 제공합니다. 이어지는 코드는 이런 구조체를 박싱하고 언박싱하는 코드를 보여줍니다.

Objective-C Number/ValueObject/ValueObjectObjC/main.m

```objc
// CGPoint
CGPoint ptValue = CGPointMake(100.0, 200.0);
NSValue* pointObject = [NSValue valueWithCGPoint:ptValue];
ptValue = [pointObject CGPointValue];

// CGVector
CGVector vectorValue = CGVectorMake(100.0, 200.0);
NSValue* vectorObject = [NSValue valueWithCGVector:vectorValue];
vectorValue = [vectorObject CGVectorValue];

// CGSize
CGSize sizeValue = CGSizeMake(100.0, 200.0);
NSValue* sizeObject = [NSValue valueWithCGSize:sizeValue];
sizeValue = [sizeObject CGSizeValue];

// CGRect
CGRect rectValue = CGRectMake(0.0, 0.0, 100.0, 200.0);
NSValue* rectObject = [NSValue valueWithCGRect:rectValue];
rectValue = [rectObject CGRectValue];

// CGAffineTransform
CGAffineTransform atValue = CGAffineTransformIdentity;
NSValue* atObject = [NSValue valueWithCGAffineTransform:atValue];
atValue = [atObject CGAffineTransformValue];

// UIEdgeInsets
UIEdgeInsets insetsValue = UIEdgeInsetsMake(10, 10, 10, 10);
```

```objc
NSValue* insetsObject = [NSValue valueWithUIEdgeInsets:insetsValue];
insetsValue = [insetsObject UIEdgeInsetsValue];
```

Swift 2.3 Number/ValueObject/ValueObject.playground
```swift
// CGPoint
var ptValue = CGPoint(x: 100.0, y: 200.0)
let pointObject = NSValue(CGPoint: ptValue)
ptValue = pointObject.CGPointValue()

// CGVector
var vectorValue = CGVector(dx: 100.0, dy: 200.0)
let vectorObject = NSValue(CGVector: vectorValue)
vectorValue = vectorObject.CGVectorValue()

// CGSize
var sizeValue = CGSize(width: 100.0, height: 200.0)
let sizeObject = NSValue(CGSize: sizeValue)
sizeValue = sizeObject.CGSizeValue()

// CGRect
var rectValue = CGRect(x: 0.0, y: 0.0, width: 100.0, height: 200.0)
let rectObject = NSValue(CGRect: rectValue)
rectValue = rectObject.CGRectValue()

// CGAffineTransform
var atValue = CGAffineTransformIdentity
let atObject = NSValue(CGAffineTransform: atValue)
atValue = atObject.CGAffineTransformValue()

// UIEdgeInsets
var insetsValue = UIEdgeInsets(top: 10, left: 10, bottom: 10, right: 10)
let insetsObject = NSValue(UIEdgeInsets: insetsValue)
insetsValue = insetsObject.UIEdgeInsetsValue()
```

Swift 3 Number/ValueObject/ValueObject.playground
```swift
// CGPoint
var ptValue = CGPoint(x: 100.0, y: 200.0)
let pointObject = NSValue(cgPoint: ptValue)
ptValue = pointObject.cgPointValue

// CGVector
var vectorValue = CGVector(dx: 100.0, dy: 200.0)
let vectorObject = NSValue(cgVector: vectorValue)
vectorValue = vectorObject.cgVectorValue

// CGSize
var sizeValue = CGSize(width: 100.0, height: 200.0)
let sizeObject = NSValue(cgSize: sizeValue)
```

```
sizeValue = sizeObject.cgSizeValue

// CGRect
var rectValue = CGRect(x: 0.0, y: 0.0, width: 100.0, height: 200.0)
let rectObject = NSValue(cgRect: rectValue)
rectValue = rectObject.cgRectValue

// CGAffineTransform
var atValue = CGAffineTransform.identity
let atObject = NSValue(cgAffineTransform: atValue)
atValue = atObject.cgAffineTransformValue

// UIEdgeInsets
var insetsValue = UIEdgeInsets(top: 10, left: 10, bottom: 10, right: 10)
let insetsObject = NSValue(uiEdgeInsets: insetsValue)
insetsValue = insetsObject.uiEdgeInsetsValue
```

사용자 정의 구조체는 value:withObjCType: 메소드를 통해 박싱할 수 있고 getValue: 메소드를 통해 언박싱 할 수 있습니다. 이 코드는 위도와 경도를 저장하는 두 속성을 가진 Coordinate 구조체를 선언합니다. 그리고 gangnamStation에 저장된 값을 박싱하기 위해서 value:withObjCType: 메소드를 호출합니다. value:withObjCType: 메소드의 첫 번째 파라미터는 박싱할 값의 포인터입니다. & 연산자를 통해 gangnamStation의 주소를 전달합니다. 두 번째 파라미터는 박싱할 값의 형식 정보이며 @encode 지시어를 통해 생성할 수 있습니다. 값을 다시 언박싱할 때는 getValue: 메소드를 호출합니다. 이 메소드의 파라미터로 언박싱할 데이터를 저장할 구조체 변수의 포인터를 전달합니다. decodedValue 변수의 주소를 전달하면 coordinateObject에 저장되어 있던 값이 언박싱되어 저장됩니다.

Objective-C Number/CustomValueObject/CustomValueObjectObjC/main.m
```
typedef struct {
    double lat;
    double lon;
} Coordinate;

Coordinate gangnamStation = {37.497934, 127.027586};
NSValue* coordinateObject = [NSValue value:&gangnamStation withObjCType:@
encode(Coordinate)];

Coordinate decodedValue = {0.0, 0.0};
[coordinateObject getValue:&decodedValue];

NSLog(@"%f, %f", decodedValue.lat, decodedValue.lon);
// 37.497934, 127.027586
```

Swift는 값 형식을 컬렉션에 저장할 수 있기 때문에 이전 예제와 유사한 코드를 작성하여 박싱할 필요가 없습니다.

NSValue 객체에 저장된 값을 비교할 때는 isEqualToValue(_:) 메소드를 사용합니다.

Objective-C Number/CompareValue/CompareValueObjC/main.m
```objectivec
NSValue* pointObject = [NSValue valueWithCGPoint:CGPointMake(100, 200)];
NSValue* sizeObject = [NSValue valueWithCGSize:CGSizeMake(100, 200)];

if ([pointObject isEqualToValue:sizeObject]) {
    NSLog(@"%@ == %@", pointObject, sizeObject);
} else {
    NSLog(@"%@ != %@", pointObject, sizeObject);
}
// NSPoint: {100, 200} != NSSize: {100, 200}
```

Swift 2.3 Number/CompareValue/CompareValue.playground
```swift
let pointObject = NSValue(CGPoint: CGPoint(x: 100, y: 200))
let sizeObject = NSValue(CGSize: CGSize(width: 100, height: 200))

if (pointObject.isEqualToValue(sizeObject)) {
    print("\(pointObject) == \(sizeObject)")
} else {
    print("\(pointObject) != \(sizeObject)")
}
// NSPoint: {100, 200} != NSSize: {100, 200}
```

Swift 3 Number/CompareValue/CompareValue.playground
```swift
let pointObject = NSValue(cgPoint: CGPoint(x: 100, y: 200))
let sizeObject = NSValue(cgSize: CGSize(width: 100, height: 200))

if (pointObject.isEqual(to: sizeObject)) {
    print("\(pointObject) == \(sizeObject)")
} else {
    print("\(pointObject) != \(sizeObject)")
}
// NSPoint: {100, 200} != NSSize: {100, 200}
```

3. NSNull

nil은 컬렉션에 직접 저장할 수 없기 때문에 다른 값 형식과 마찬가지로 박싱한 후 저장해야 합니다. NSNull 클래스는 nil을 박싱하는 클래스입니다. 이 클래스가 제공하는 null 메소드를 호출하면 NSNull 인스턴스를 얻을 수 있습니다. NSNull 인스턴스는 싱글톤 인스턴스이므로 인스턴스가

NSNull 인스턴스인지 확인할 때 싱글톤 인스턴스와 비교합니다. NSNull 인스턴스는 nil을 박싱하고 있지만 nil과 동일한 값은 아닙니다

Objective-C Number/NullObject/NullObjectObjC/main.m
```objc
NSNull* nilObject = [NSNull null];
NSArray* nilArray = @[nilObject];

if ([NSNull null] == nilArray[0]) {
    NSLog(@"%@ == %@", [NSNull null], nilArray[0]);
} else {
    NSLog(@"%@ != %@", [NSNull null], nilArray[0]);
}
// <null> == <null>

if ([nilObject isEqual:nil]) {
    NSLog(@"%@ == %@", nilObject, nil);
} else {
    NSLog(@"%@ != %@", nilObject, nil);
}
// <null> != (null)
```

Swift Number/NullObject/NullObject.playground
```swift
let nilObject = NSNull()
let nilArray = [nilObject]

if (NSNull() == nilArray[0]) {
    print("\(NSNull()) == \(nilArray[0])")
} else {
    print("\(NSNull()) != \(nilArray[0])")
}
// <null> == <null>

if nilObject.isEqual(nil) {
    print("\(nilObject) == \(nil as Any?)")
} else {
    print("\(nilObject) != \(nil as Any?)")
}
// <null> != nil
```

4. 숫자 형식 문자열

숫자를 원하는 형식의 문자열로 변경해야 한다면 NSNumberFormatter 클래스를 사용합니다. 이 클래스는 NSNumber 인스턴스에 저장된 숫자 값을 형식화된 문자열로 변환하거나 문자열에서 숫자 값을 추출하여 NSNumber 인스턴스로 변환합니다.

NSNumberFormatter 클래스는 다양한 스타일과 속성을 제공합니다. 이들을 활용하면 앱에서 필요한 대부분의 형식을 처리할 수 있습니다.

Objective-C	Swift
NSNumberFormatterNoStyle	NSNumberFormatterStyle.NoStyle
NSNumberFormatterDecimalStyle	NSNumberFormatterStyle.DecimalStyle (Swift 2,3) NumberFormatter.Style.decimal (Swift 3)
NSNumberFormatterCurrencyStyle	NSNumberFormatterStyle.CurrencyStyle (Swift 2,3) NumberFormatter.Style.currency (Swift 3)
NSNumberFormatterPercentStyle	NSNumberFormatterStyle.PercentStyle (Swift 2,3) NumberFormatter.Style.percent (Swift 3)
NSNumberFormatterScientificStyle	NSNumberFormatterStyle.ScientificStyle (Swift 2,3) NumberFormatter.Style.scientific (Swift 3)
NSNumberFormatterSpellOutStyle	NSNumberFormatterStyle.SpellOutStyle (Swift 2,3) NumberFormatter.Style.spellOut (Swift 3)
NSNumberFormatterOrdinalStyle	NSNumberFormatterStyle.OrdinalStyle (Swift 2,3) NumberFormatter.Style.ordinal (Swift 3)
NSNumberFormatterCurrencyISOCodeStyle	NSNumberFormatterStyle.CurrencyISOCodeStyle (Swift 2,3) NumberFormatter.Style.currencyISOCode (Swift 3)
NSNumberFormatterCurrencyPluralStyle	NSNumberFormatterStyle.CurrencyPluralStyle (Swift 2,3) NumberFormatter.Style.currencyPlural (Swift 3)
NSNumberFormatterCurrencyAccountingStyle	NSNumberFormatterStyle.CurrencyAccountingStyle (Swift 2,3) NumberFormatter.Style.currencyAccounting (Swift 3)

이번 예제는 NSNumber 인스턴스에 저장된 값을 형식화된 문자열로 출력하는 방법을 보여줍니다. 먼저 NSNumberFormatter 클래스의 인스턴스를 생성한 후 numberStyle 속성을 지정합니다. numberStyle 속성은 변환될 문자열의 스타일을 지정하는 매우 중요한 속성입니다. 이 속성이 NoStyle 이외의 값으로 설정되어 있어야 정상적인 결과를 얻을 수 있습니다. stringFromNumber(_:) 메소드는 파라미터로 전달된 NSNumber 인스턴스를 지정된 스타일의 문자열로 변환하여 리턴합니다. 예제는 styles 배열에 NSNumberFormatterStyle 열거형에 선언되어 있는 모든 스타일을 저장한 후 반복문에서 각 스타일을 설정하고 결과를 확인합니다.

Objective-C Number/FormatNumber/FormatNumberObjC/main.m#Block1
```
NSNumberFormatterStyle styles[] = {
    NSNumberFormatterDecimalStyle,
    NSNumberFormatterCurrencyStyle,
    NSNumberFormatterPercentStyle,
    NSNumberFormatterScientificStyle,
    NSNumberFormatterSpellOutStyle,
    NSNumberFormatterOrdinalStyle,
    NSNumberFormatterCurrencyISOCodeStyle,
```

```
      NSNumberFormatterCurrencyPluralStyle,
      NSNumberFormatterCurrencyAccountingStyle};

NSUInteger count = sizeof(styles) / sizeof(styles[0]);

NSNumber* num = @123;
NSNumberFormatter* formatter = [[NSNumberFormatter alloc] init];
for (int i = 0; i < count; i++) {
    formatter.numberStyle = styles[i];

    NSString* result = [formatter stringFromNumber:num];
    NSLog(@"%@", result);
}
```

Swift 2.3 Number/FormatNumber/FormatNumber.playground#Page1

```
let styles = [NSNumberFormatterStyle.DecimalStyle,
              NSNumberFormatterStyle.CurrencyStyle,
              NSNumberFormatterStyle.PercentStyle,
              NSNumberFormatterStyle.ScientificStyle,
              NSNumberFormatterStyle.SpellOutStyle,
              NSNumberFormatterStyle.OrdinalStyle,
              NSNumberFormatterStyle.CurrencyISOCodeStyle,
              NSNumberFormatterStyle.CurrencyPluralStyle,
              NSNumberFormatterStyle.CurrencyAccountingStyle]

let num = NSNumber(integer: 123)
let formatter = NSNumberFormatter()

for style in styles {
    formatter.numberStyle = style

    if let result = formatter.stringFromNumber(num) {
        print(result);
    }
}
```

Swift 3 Number/FormatNumber/FormatNumber.playground#Page1

```
let styles = [NumberFormatter.Style.decimal,
              NumberFormatter.Style.currency,
              NumberFormatter.Style.percent,
              NumberFormatter.Style.scientific,
              NumberFormatter.Style.spellOut,
              NumberFormatter.Style.ordinal,
              NumberFormatter.Style.currencyISOCode,
              NumberFormatter.Style.currencyPlural,
              NumberFormatter.Style.currencyAccounting]
```

```
let num = NSNumber(value: 123)
let formatter = NumberFormatter()

for style in styles {
    formatter.numberStyle = style

    if let result = formatter.string(from: num) {
        print(result);
    }
}
```

실행 결과
```
// 123
// $123.00
// 12,300%
// 1.23E2
// one hundred twenty-three
// 123rd
// USD123.00
// 123.00 US dollars
// $123.00
```

NSNumberFormatter 인스턴스는 시뮬레이터나 실제 디바이스의 지역 설정과 언어 설정에 따라 적합한 값을 출력합니다. 이전 예제의 실행 결과는 시뮬레이터의 지역과 언어 설정이 미국/영어로 설정되어 있는 경우입니다. 설정 앱에서 지역 설정을 변경하거나 NSNumberFormatter 인스턴스를 생성한 후 locale 속성을 한국으로 변경하면 우리나라에서 사용하는 방식으로 결과가 출력됩니다.

Objective-C Number/FormatNumber/FormatNumberObjC/main.m#Block2
```
// ...
NSNumberFormatter* formatter = [[NSNumberFormatter alloc] init];
formatter.locale = [NSLocale localeWithLocaleIdentifier:@"Ko-kr"];
// ...
```

Swift 2.3 Number/FormatNumber/FormatNumber.playground#Page2
```
// ...
let formatter = NSNumberFormatter()
formatter.locale = NSLocale(localeIdentifier: "Ko-kr")
// ...
```

Swift 3 Number/FormatNumber/FormatNumber.playground#Page2
```
// ...
let formatter = NumberFormatter()
formatter.locale = Locale(identifier: "Ko-kr")
// ...
```

실행 결과
```
// 123
// ₩123
// 12,300%
// 1.23E2
// 백이십삼
// 123.
// KRW123
// 123대한민국 원
// ₩123
```

5. Summary

- 숫자와 불린 값은 값 형식이므로 파운데이션 컬렉션에 저장하기 위해 참조 형식으로 박싱해야 합니다.

- NSNumber 클래스는 숫자와 불린 값을 객체로 박싱하는 클래스입니다.

- Objective-C는 NSNumber 객체를 쉽게 생성할 수 있는 리터럴 문법을 제공합니다.

  Objective-C
  @(숫자 또는 불린 표현식)

- 숫자와 불린 값 이외의 갑 형식을 박싱하는 클래스는 NSValue 입니다.

- Swift가 제공하는 컬렉션은 값 형식을 저장할 수 있으므로 박싱이 필요 없습니다.

- NSNull 클래스는 nil을 박싱하는 클래스입니다.

- NSNumber 인스턴스에 저장된 값은 NSNumberFormatter 클래스를 통해 형식 문자열로 변경할 수 있습니다.

배열

배열은 여러 개의 값을 하나의 이름으로 사용할 수 있는 특별한 자료형입니다. Objective-C는 C 배열과 NSArray 클래스로 구현된 배열을 제공합니다. Swift 역시 NSArray 클래스로 구현된 배열과 함께 언어 자체적으로 Array 배열을 제공합니다.

배열은 기본적으로 동일한 자료형의 값을 저장할 수 있습니다. 배열의 저장된 값을 보통 요소라고 하며, 각 요소는 추가된 순서에 따라 연속된 메모리 공간에 저장됩니다. 요소에 접근하기 위해서 정수 인덱스를 사용하고 인덱스는 0부터 시작합니다. 즉, 첫 번째 요소의 인덱스는 0입니다.

Expert Note

첫 번째 요소는 가장 작은 주소에 저장되고, 마지막 요소는 가장 큰 메모리 주소에 저장됩니다.

여기에서는 Objective-C에서 사용되는 C 배열에 대해 설명합니다. Swift의 Array 배열과 NSArray 배열은 컬렉션 부분에서 설명합니다.

1. 선언

배열은 선언하기 위해서는 기본적으로 배열의 자료형과 이름, 배열 크기(배열에 저장할 요소의 수)가 필요합니다. 배열 크기는 반드시 0보다 큰 값을 전달해야 하며, 1을 전달할 경우 배열을 사용하는 의미가 없기 때문에 보통 2 이상의 값을 전달합니다.

Objective-C
```
자료형 배열 이름[배열 크기];
```

예를 들어 10개의 정수를 저장하는 list 배열은 다음과 같이 선언할 수 있습니다.

Objective-C
```
NSInteger list[10];
```

2. 초기화

배열을 선언한 직후 배열의 메모리 공간에는 의미를 알 수 없는 쓰레기 값이 들어 있습니다. 그래서 배열을 선언할 때 의미있는 값으로 초기화하는 것이 매우 중요합니다.

배열은 초기화하려면 { } 사이에 원하는 초기값을 ,로 구분하여 전달합니다.

```Objective-C
NSInteger list[10] = {1, 2, 3, 4, 5, 6, 7, 8, 9, 10};
```

만약 배열을 선언할 때 지정한 크기보다 더 많은 수의 초기값을 전달하면 초과되는 부분은 무시됩니다. 반대로 지정한 크기보다 적은 수의 초기값을 전달하면 나머지 요소는 배열 자료형의 기본값으로 초기화됩니다. list 배열의 경우 자료형이 NSInteger이므로 0으로 초기화됩니다. 이러한 특징을 활용하면 배열의 모든 요소를 0으로 초기화하는 코드를 쉽게 작성할 수 있습니다.

```Objective-C
NSInteger list[10] = {};
```

배열은 선언과 동시에 초기화하는 경우에는 배열의 크기를 생략할 수 있습니다. 이 경우에 배열의 크기는 { } 사이에 포함된 요소의 수에 따라 결정됩니다. 예를 들어 다음 코드에서 선언하고 있는 list 배열의 크기는 3입니다.

```Objective-C
NSInteger list[] = {1, 2, 3};
```

특정 인덱스에 위치한 요소를 원하는 값으로 초기화하고 나머지 요소들은 기본 값으로 초기화할 수도 있습니다. 다음 예제에서 list 배열의 네 번째 요소는 12로 초기화되고 나머지 요소들은 0으로 초기화됩니다.

```Objective-C
NSInteger list[10] = {[3] = 12};
```

3. 값 접근

배열에 접근할 때는 0부터 시작되는 인덱스를 사용합니다. 아래와 같이 [ ] 사이에 인덱스를 전달하여 요소의 값을 변경하거나 읽어올 수 있습니다.

Objective-C Array/CArray/main.m#Block1

```
NSInteger list[3] = {1, 2, 3};
list[0] = 777;
NSLog(@"%ld", list[0]);
// 777
```

<u>Beginner Note</u>

[ ]를 사용해서 인덱스를 전달하는 문법을 서브스크립트 문법이라고 합니다.

인덱스를 사용해서 배열의 요소에 접근할 때 주의할 점은 마지막 요소의 인덱스는 항상 배열의 크기보다 1 작다는 것입니다. 예를 들어 list 배열의 크기가 3이라면 마지막 요소의 인덱스는 2가 됩니다. 만약 2보다 크거나 0보다 작은 인덱스를 전달한다면 크래시 또는 논리적 오류가 발생할 가능성이 있으므로 주의해야 합니다.

Objective-C Array/CArray/main.m#Block2

```
NSInteger list[3] = {1, 2, 3};
NSLog(@"%ld", list[2]);
// 3

NSLog(@"%ld", list[10]);
// 1294871923487 (의미 없는 수가 출력됨. 논리적 오류)
```

<u>Beginner Note</u>

Xcode에서 이 예제를 실행하면 두 번째 NSLog를 호출하는 부분에 다음과 같은 경고가 표시됩니다(경고 메시지는 Xcode 버전에 따라서 달라질 수 있습니다).

```
Array index 10 is past the end of the array (which contains 3 elements)
```

소스 코드를 작성할 때 Xcode가 표시해주는 경고를 무시하지 않고 경고가 출력된 원인을 파악한 다음 올바르게 수정하면 논리적 오류를 사전에 방지할 수 있습니다.

4. 다차원 배열

배열은 차원을 가질 수 있습니다. 앞에서 설명한 배열과 같이 배열을 선언할 때 배열의 크기를 하나만 지정하면 일차원 배열이 됩니다. 배열의 차원 수는 제한이 없지만 일반적으로 3차원 이상의 배열은 잘 사용하지 않습니다.

다차원 배열을 선언할 때는 다음과 같이 차원 수만큼 배열의 크기를 지정합니다.

```
Objective-C
NSInteger two[3][4];
// 이차원 배열

NSInteger three[2][3][4];
// 삼차원 배열
```

예를 들어 이차원 배열 two는 다음과 같은 그림으로 표현할 수 있습니다.

	Col 0	Col 1	Col 2	Col 3
Row 0	two[0][0]	two[0][1]	two[0][2]	two[0][3]
Row 1	two[1][0]	two[1][1]	two[1][2]	two[1][3]
Row 2	two[2][0]	two[2][1]	two[2][2]	two[2][3]

다차원 배열을 초기화 할 때는 차원 수만큼 { }를 중첩합니다. 일차원 배열과 마찬가지로 배열의 크기 보다 적은 수를 전달할 경우 나머지 요소는 0으로 초기화됩니다.

```
Objective-C
NSInteger two[3][4] = {
    {0, 1, 2, 3},
    {4, 5, 6, 7},
    {8, 9, 10, 11}
};
```

값에 접근할 때는 차원 수만큼 인덱스를 전달합니다.

```
Objective-C  Array/MultiDimension/main.m
NSInteger two[3][4] = {
    {0, 1, 2, 3},
    {4, 5, 6, 7},
    {8, 9, 10, 11}
};

two[0][0] = 100;
NSLog(@"%ld", two[1][2]);
// 6
```

5. 배열 순회

배열을 순회하기 위해서는 먼저 배열의 크기를 알아야 합니다. 배열을 선언할 때 크기를 지정해 주었다면 반복문에서 해당 크기를 직접 사용할 수 있지만 일반적으로 배열의 크기를 계산하는 방식을 사용합니다. 자료형의 크기를 출력하는데 사용하는 sizeof 함수는 배열의 크기를 계산하는데 활용할 수 있습니다. sizeof 함수에 배열의 이름을 전달하면 배열의 전체 크기가 리턴되고, 첫 번째 요소를 전달하면 요소의 크기가 리턴됩니다. 두 값을 나누면 배열에 포함된 요소의 수를 쉽게 구할 수 있습니다

Objective-C Array/Enumerate/main.m
```
NSInteger list[3] = {1, 2, 3};
NSUInteger count = sizeof(list) / sizeof(list[0]);

for (int i = 0; i < count; i++) {
    NSLog(@"%ld", list[i]);
}
// 1
// 2
// 3
```

6. Summary

* 배열은 동일한 자료형의 값을 저장할 수 있습니다.
* 배열에 저장된 값을 요소라고 합니다.
* 배열의 요소는 추가된 순서에 따라 연속된 메모리 공간에 저장됩니다.
* 요소에 접근할 때는 정수 인덱스를 사용합니다.
* 정수 인덱스는 0부터 시작합니다.
* 배열을 선언할 때는 자료형과 이름, 배열 크기를 지정합니다.

Objective-C
```
자료형 배열 이름[배열 크기];
```

* 요소에 접근할 때는 [ ] 사이에 정수 인덱스를 전달합니다.

```
배열 이름[인덱스];
배열 이름[인덱스] = 새로운 값;
```

* 배열의 범위를 벗어나는 인덱스를 전달하면 오류가 발생하므로 주의해야 합니다.

함수

수학 시간에 일차방정식을 배웠던 기억을 더듬어 볼 시간입니다. 함수 f(x)는 x의 값에 따라서 다른 결과를 도출합니다. 예를 들어 x가 2일 경우 f(x)의 결과는 3이 됩니다.

f(x) = x + 1

방금 정의한 함수 f(x)가 포함된 또 다른 식을 만들 수 있습니다.

y = f(x) X 2

y의 값은 함수 f(x)의 결과 값에 2를 곱한 값이 됩니다. 예를 들어 x가 2일 경우 f(x)의 결과는 3이 되고, y의 최종 값은 3에 2를 곱한 6이 됩니다. 이처럼 함수는 입력 값을 넣으면 정해진 수식에 따라 출력 값을 돌려줍니다. 함수의 장점은 임의의 입력 값을 전달할 수 있고, 특정 수식을 여러 곳에서 반복적으로 사용할 수 있다는 것입니다.

프로그래밍에서 함수는 특정 기능을 수행하는 코드 조각입니다. f(x) 함수에 원하는 숫자를 전달한 것처럼 원하는 데이터를 전달하여 결과 값을 얻거나 특정 작업을 수행합니다. 함수에 전달되는 데이터를 파라미터라고 하며, 함수가 도출한 결과 값을 리턴 값이라고 합니다. 수학의 함수와 마찬가지로 한번 정의한 후 여러 곳에서 반복적으로 사용할 수 있습니다. 함수를 사용하는 것을 프로그래밍에서는 "함수를 호출한다."라고 표현합니다. 그리고 함수를 작성하는 것을 "함수를 선언한다." 또는 "함수를 구현한다."라고 표현합니다.

1. 함수 vs 메소드

함수와 메소드는 모두 코드 조각을 지칭하는 용어이지만 몇 가지 차이점이 있습니다. 함수는 코드의 최상위 레벨에 선언되고, 메소드는 특정 형식 내부에 선언됩니다. 함수는 함수 이름만으로 호출할 수 있지만, 메소드는 반드시 연관된 형식 이름이나 인스턴스 이름을 통해 호출해야 합니다.

Objective-C와 Swift는 함수와 메소드를 모두 구현할 수 있습니다. C와 같이 함수만 구현할 수 있는 언어가 있고, Java와 같이 메소드만 구현할 수 있는 언어도 존재합니다. Objective-C의 경우 함수를 구현할 때 C 언어와 동일한 문법을 사용하지만, 메소드를 구현할 때는 Objective-C 자체 문법을 사용합니다. 또한, 메소드를 구현할 수 있는 형식은 클래스로 제한됩니다.

Swift는 동일한 문법을 사용하여 함수와 메소드를 구현합니다. Objective-C와 달리 클래스, 구조체, 열거형에 메소드를 구현할 수 있습니다.

여기에서는 특정 형식과 연관되지 않은 함수에 대해 설명하고, 메소드는 클래스와 구조체를 설명하는 부분에서 설명합니다.

2. 함수의 구성 요소

함수는 일반적으로 다섯 가지 요소로 구성됩니다. 함수 이름과 파라미터를 하나로 묶어 함수 시그니처라고 부릅니다.

- 함수 이름
- 파라미터
- 리턴형
- 실행할 코드
- 프로토타입

Objective-C의 함수는 C의 함수와 동일합니다. 가장 기본적인 함수의 형태는 아래와 같습니다.

```
Objective-C
리턴형 함수 이름(파라미터 목록) {
    실행할 코드
}
```

예를 들어 f(x) 함수는 다음과 같이 구현할 수 있습니다. 이 함수의 이름은 plusOne입니다. 정수형 파라미터의 이름은 x이고, x를 통해 전달된 값은 내부에서 계산된 후 return 명령문을 통해 리턴됩니다. 리턴되는 값의 자료형은 int입니다.

```
Objective-C
NSInteger plusOne(NSInteger x) {
    return x + 1;
}
```

이번에는 y = f(x) X 2를 함수로 구현해 보겠습니다.

```
Objective-C
int multiplyTwo(int x) {
    return x + 1 * 2
}
```

x + 1 부분은 이전에 구현한 plusOne 함수로 대체할 수 있습니다. multiplyTwo 함수는 내부에서 plusOne 함수를 호출한 결과를 리턴 받은 후 2와 곱하기 연산을 수행합니다. 이와 같이 한번 구현한 함수는 다른 부분에서 언제든지 재사용할 수 있습니다.

Objective-C Function/First/FirstObjC/main.m
```objc
int plusOne(int x) {
    return x + 1;
}

int multiplyTwo(int x) {
    return plusOne(x) * 2;
}
```

Swift의 함수는 아래와 같은 문법으로 구현됩니다. Objective-C의 함수 선언은 리턴형으로 시작하지만, Swift는 func 키워드로 시작합니다. 함수 문법에서 파라미터 목록과 리턴형 사이에 있는 화살표(->)는 리턴 화살표라고 부릅니다.

Swift
```swift
func 함수 이름(파라미터 목록) -> 리턴형 {
    실행할 코드
}
```

앞에서 Objective-C로 구현했던 함수는 다음과 같이 구현할 수 있습니다.

Swift Function/First/First.playground
```swift
func plusOne(x: Int) -> Int {
    return x + 1
}

#if swift(>=3.0)
func multiplyTwo(x: Int) -> Int {
    return plusOne(x: x) * 2
}
#else
func multiplyTwo(x: Int) -> Int {
    return plusOne(x) * 2
}
#endif
```

3. 함수의 이름과 함수 호출

함수의 이름은 camelBack 방식으로 짓는 것이 관례입니다. 즉, PlusOne 보다 plusOne으로 짓는 것이 좋습니다. log, write, read와 같이 자주 사용하는 단어를 이름으로 사용할 경우 함수의 사용범위 내에 동일한 이름을 사용하는 함수가 존재할 가능성이 높습니다. 이 경우에는 좀 더 구체적인 이름을 사용하거나 접두어를 사용합니다. Foundation 프레임워크에서 제공하는 함수들은 NS 접두어를 사용하고 있으며, 지금까지 자주 사용했던 NSLog가 한 예입니다.

함수를 사용하려면 함수를 "호출"해야 합니다. 함수를 호출할 때는 함수 이름을 사용합니다.

Objective-C
```
함수 이름(파라미터 목록);
```

Swift
```
함수 이름(파라미터 목록)
```

앞에서 구현한 두 함수는 다음과 같이 호출할 수 있습니다. Swift 2.3 버전과 3 버전에서 함수를 호출하는 코드가 다른 이유는 조금 후에 설명합니다.

Objective-C Function/First/FirstObjC/main.m
```
NSInteger result = plusOne(1);
NSLog(@"%ld", result);
// 2

result = multiplyTwo(2);
NSLog(@"%ld", result);
// 6
```

Swift 2.3 Function/First/First.playground
```
var result = plusOne(1)
print(result)
// 2

result = multiplyTwo(2)
print(result)
// 6
```

Swift 3 Function/First/First.playground
```
var result = plusOne(x: 1)
print(result)
// 2

result = multiplyTwo(x: 2)
print(result)
// 6
```

4. 파라미터

f(x) = x + 1에서 x를 파라미터라고 합니다. 파라미터는 함수를 선언할 때 ( ) 사이에 ,로 구분하여 나열합니다. 함수가 받을 수 있는 파라미터 수에는 제한이 없지만 가독성을 위해 대부분 10개 이내로 선언합니다. multiplyTwo 함수에서 곱하는 값 2를 파라미터로 바꾸어 보겠습니다. 함수의 이름을 multiply로 바꾸고, 2를 대체하는 파라미터 by를 추가합니다.

> ### Beginner Note
> 파라미터를 한국어로 번역하면 매개변수가 됩니다. 이 책에서는 번역 없이 파라미터를 그대로 사용합니다.

Objective-C의 파라미터는 "자료형 파라미터 이름" 형태로 선언합니다. 파라미터가 두 개 이상인 경우 ,로 구분하여 나열합니다. 함수를 호출할 때도 마찬가지로 전달되는 값을 ,로 구분합니다.

Objective-C Function/Parameter/ParameterObjC/main.m
```
NSInteger multiply(NSInteger x, NSInteger by) {
    return plusOne(x) * by;
}

NSInteger result = multiply(1, 3);
```

Swift의 파라미터는 "파라미터 이름: 자료형" 형태로 선언합니다.

Swift Function/Parameter/Parameter.playground
```
#if swift(>=3.0)
func multiply(x: Int, by: Int) -> Int {
    return plusOne(x: x) * by
}

let result = multiply(x: 1, by: 3)
#else
func multiply(x: Int, by: Int) -> Int {
    return plusOne(x) * by
}

let result = multiply(1, by: 3)
#endif
```

4.1 파라미터가 없는 함수

파라미터가 필요 없는 경우에는 ( ) 사이를 비워둡니다. 함수를 선언하거나 호출할 때 파라미터 목록은 생략할 수 있지만 ( )는 생략할 수 없습니다.

Objective-C Function/Parameter/ParameterObjC/main.m
```objc
NSInteger onePlusOne() {
    return 1 + 1;
}

NSInteger result = onePlusOne();
```

Swift Function/Parameter/Parameter.playground
```swift
func onePlusOne() -> Int {
    return 1 + 1
}

let result = onePlusOne()
```

> **Beginner Note**
>
> Objective-C에서 함수의 파라미터가 없을 경우 (void)와 같이 선언하는 것이 정식 문법이지만 대부분의 경우 void 를 생략합니다.
>
> ```objc
> NSInteger onePlusOne(void) {
>     return 1 + 1;
> }
> ```

4.2 파라미터의 사용범위와 생명주기, 가변성

파라미터는 기본적으로 함수 외부에서 접근할 수 없습니다. 함수가 실행되는 동안 함수 내부에서만 접근할 수 있으며, 함수가 시작되는 시점에 메모리에 생성되었다가 종료되는 시점에 제거됩니다.

Objective-C 함수의 파라미터는 변수이기 때문에 함수 내부에서 값을 변경할 수 있습니다. 예를 들어 함수 내부에서 파라미터 x의 값에 10을 더한 값을 다시 x에 할당할 수 있습니다.

Objective-C Function/VariableParameter/VariableParameterObjC/main.m
```objc
NSInteger multiply(NSInteger x, NSInteger by) {
    x = x + 10;
    return plusOne(x) * by;
}
```

반대로 Swift 함수의 파라미터는 상수입니다. 상수라는 것은 함수 내부에서 파라미터의 값을 새로운 값으로 변경할 수 없다는 것을 의미합니다. 이것은 파라미터로 전달되는 값이 의도와 다르게 변경되는 오류를 사전에 방지할 수 있지만, 코드의 유연성은 떨어집니다. Swift 2.3 버전에서는 파라미터를 변수로 선언할 수 있습니다. 아래와 같이 파라미터 이름 앞에 var 키워드를 추가하면 함수 내부에서 값을 변경할 수 있습니다.

```
func multiply(var x: Int, by: Int) -> Int {
    x = x + 10
    return plusOne(x) * by
}
```

Swift 3 부터 파라미터를 변수로 선언하는 문법을 더 이상 사용할 수 없습니다. 그러므로 앞의 코드와 동일한 결과를 얻으려면 다음과 같이 구현해야 합니다.

```
func multiply(x: Int, by: Int) -> Int {
    let tmp = x + 10
    return plusOne(tmp) * by
}
```

4.3 Formal Parameter와 Argument

이미 존재하는 변수를 파라미터로 전달하는 코드를 보겠습니다. 7이 저장된 변수 x와 plusOne 함수에 전달한 파라미터 x, plusOne 함수 내부에서 사용하는 파라미터 x는 모두 동일한 변수일까요? 그리고 모두 동일한 값을 가지고 있을까요?

Objective-C
```
NSInteger plusOne(NSInteger x) {
    return x + 1;
}

NSInteger x = 7;
NSInteger result = plusOne(x);
```

Swift
```
func plusOne(x: Int) -> Int {
    return x + 1
}

var x = 7

#if swift(>=3.0)
let result = plusOne(x: x)
#else
let result = plusOne(x)
#endif
```

7이 저장된 변수 x와 plusOne 함수를 호출할 때 전달한 파라미터 x는 동일한 변수입니다. 그러나 함수 내부에서 사용하는 파라미터 x는 동일한 이름을 가지고 있지만 함수가 실행될 때마다 새롭게 생성되는 변수(Swift에서는 상수)입니다. 이 변수의 값은 함수를 호출할 때 전달한 값으로 초기화됩니다. 그러므로 세 x는 동일한 변수가 아니지만 동일한 값을 가지고 있습니다.

예제 코드를 조금 바꾸어보겠습니다. 이 코드에서 7로 초기화되는 변수의 이름이 value로 변경되었습니다.

```objectivec
Objective-C
NSInteger plusOne(NSInteger x) {
    return x + 1;
}

NSInteger value = 7;
NSInteger result = plusOne(value);
```

```swift
Swift
func plusOne(x: Int) -> Int {
    return x + 1
}

var value = 7
#if swift(>=3.0)
let result = plusOne(x: value)
#else
let result = plusOne(value)
#endif
```

지금까지 함수를 호출할 때 전달되는 value와 함수 내부에서 사용되는 x를 모두 파라미터라고 설명했습니다. 하지만 전자는 인자 또는 Actual Parameter, 후자는 Formal Parameter로 구분합니다. 이 용어를 사용하여 다시 정리하면,

• 함수를 호출할 때, 이미 선언되어 있는 변수나 상수, 또는 리터럴을 인자로 전달할 수 있습니다.
• Formal Parameter는 함수가 실행될 때 생성되며 인자의 값으로 초기화됩니다.
• 함수의 실행이 종료되면 Formal Parameter는 메모리에서 사라집니다. 하지만 인자로 전달된 변수, 상수는 사라지지 않습니다.
• 함수 내부에서 Formal Parameter의 값을 변경하더라도 인자의 값이 변경되지는 않습니다. (Formal Parameter를 입출력 파라미터로 선언한 경우에는 값이 변경됩니다.)

Beginner Note

이 책은 인자와 파라미터를 구분하여 설명해야 하거나, 문맥을 통해 쉽게 구분할 수 없는 경우를 제외하고 두 용어를 파라미터로 설명합니다.

4.4 Argument Label & Parameter Name(Swift Only)

모든 Formal Parameter는 이름을 가지고 있습니다. 파라미터 이름은 함수 내부에서 인자를 통해 파라미터로 전달된 값에 접근하기 위해 필요합니다. 함수를 호출할 때, 파라미터의 자료형과 일치하는(또는 변환 가능한) 값을 가진 인자를 전달해야 하지만 파라미터의 이름은 고려대상이 아닙니다.

multiply 함수를 호출하는 코드를 다시 보겠습니다. 함수를 호출하는 Objective-C 코드는 인자를 전달할 때 파라미터 이름 없이 전달하지만, Swift 코드는 파라미터 이름과 함께 전달하고 있습니다.

Objective-C
```
multiply(1, 2);
```

Swift ~2.x
```
multiply(1, by: 2)
```

Swif 3
```
multiply(x: 1, by: 2)
```

인자와 함께 전달된 파라미터 이름을 인자 레이블이라고 합니다. Swift에서 함수를 호출할 때는 인자를 인자 레이블과 함께 전달해야 합니다.

이번에는 multiply 함수를 선언한 코드를 다시 보겠습니다. 두 파라미터 x, by를 선언할 때 이름을 지정했지만, 인자 레이블을 지정하는 곳은 보이지 않습니다.

Swift
```
func multiply(x: Int, by: Int) -> Int {
    let tmp = x + 10
    return plusOne(tmp) * by
}
```

그렇다면 인자 레이블은 언제 지정된 것일까요? 파라미터를 선언할 때 인자 레이블을 별도로 지정하지 않으면 파라미터의 이름이 인자 레이블로 사용됩니다. 즉, 파라미터 x의 인자 레이블은 x, 파라미터 by의 인자 레이블은 by입니다.

Swift 2.3 버전과 Swift 3 버전은 첫 번째 파라미터의 인자 레이블을 다른 방식으로 처리합니다. Swift 2.3 버전에서는 첫 번째 파라미터의 인자 레이블을 지정하지 않은 경우 인자 레이블을 사용하지 않는 것으로 간주하지만, Swift 3 버전에서는 파라미터 이름을 인자 레이블로 사용합니다. 또한, Swift 2.3 버전에서는 인자 레이블을 외부 파라미터 이름, 파라미터 이름을 지역 파라미터 이름으로 구분했습니다. 두 용어는 더 이상 사용되지 않으므로 이 책에서는 버전에 관계없이 인자 레이블과 파라미터 이름으로 구분합니다.

이제 파라미터 x, by에 새로운 인자 레이블을 지정해 보겠습니다. 인자 레이블은 파라미터를 선언할 때 파라미터 이름 앞에 표기합니다. 파라미터 이름과 마찬가지로 camelBack 규약으로 이름을 짓는 것이 좋습니다. 인자 레이블은 함수를 호출할 때 파라미터의 역할을 파악할 수 있는 중요한 힌트입니다. 그러므로 간결하면서도 파라미터의 역할을 쉽게 파악할 수 있는 직관적인 이름을 사용해야 합니다.

Swift
```
func 함수 이름(인자 레이블 파라미터 이름: 파라미터 자료형) {
    실행할 코드
}
```

Swift 2.3 Function/ArgumentLabel.playground#Page1
```
func multiply(value x: Int, multiplier by: Int) -> Int {
    return plusOne(x) * by
}
```

Swift 3 Function/ArgumentLabel.playground#Page1
```
func multiply(value x: Int, multiplier by: Int) -> Int {
    return plusOne(x: x) * by
}
```

이제 multiply 함수는 다음과 같이 호출해야 합니다.

Swift Function/ArgumentLabel.playground#Page1
```
multiply(value: 1, multiplier: 2)
```

인자 레이블과 파라미터 이름은 동일한 파라미터를 가리키는 요소이지만 상호 배타적입니다. 즉, 인자 레이블은 함수를 호출할 때 사용할 수 있고, 함수 내부에서는 사용할 수 없습니다. 마찬가지로 파라미터 이름은 함수 내부에서 사용할 수 있지만, 인자 레이블을 대신해서 사용할 수 없습니다.

Swift
```
func multiply(value x: Int, multiplier by: Int) -> Int {
    return plusOne(value) * multiplier    // Error
}

multiply(x: 1, by: 2)// Error
```

Objective-C에서 multiply 함수를 호출한 코드와 비교해보면 인자 레이블은 파라미터의 역할을 파악하는데 큰 도움을 줍니다. 만약, Objective-C와 같이 인자 레이블을 사용하지 않고 호출하는 방식을 선호하거나 특정 파라미터의 인자 레이블을 생략하고 싶다면 파라미터를 선언할 때 인자 레이블을 _ 문자로 대체합니다. 예를 들어 multiply 함수의 인자 레이블을 모두 생략하려면 다음과 같이 구현해야 합니다.

```
Swift   Function/ArgumentLabel.playground#Page2
func multiply(_ x: Int, _ by: Int) -> Int {
    //...
}
```

Swift 3 버전부터는 첫 번째 파라미터의 인자 레이블을 생략할 때 반드시 _ 문자를 사용해야 하지만,
Swift 2.3 버전에서는 _ 문자를 생략할 수 있습니다. 첫 번째 파라미터에 인자 레이블을 지정하지 않
는 것 자체가 인자 레이블을 사용하지 않는 것과 동일하기 때문입니다.

```
Swift ~2.x   Function/ArgumentLabel.playground#Page2
func multiply(x: Int, _ by: Int) -> Int {
    return plusOne(x) * by
}
```

인자 레이블이 생략된 함수는 Objective-C와 동일한 방식으로 호출할 수 있습니다.

```
Swift   Function/ArgumentLabel.playground#Page2
multiply(1, 2)
```

4.5 파라미터 기본 값 (Swift Only)

Swift 함수는 파라미터를 선언할 때 기본 값을 지정할 수 있습니다. 예를 들어 multiply 함수에서 by
파라미터의 기본 값을 2로 지정하려면 다음과 같이 구현합니다.

```
Swift
func 함수 이름(인자 레이블 파라미터 이름: 파라미터 자료형 = 기본 값) {
    실행할 코드
}
```

```
Swift   Function/DefaultValue.playground
func multiply(value x: Int, multiplier by: Int = 2) -> Int {
    //...
}
```

기본 값이 지정된 파라미터는 함수 호출 시 생략할 수 있습니다. multiply 함수를 호출할 때 multiplier
인자를 전달하지 않으면 기본 값 2가 by 파라미터로 전달됩니다. 그래서 아래의 코드에 있는 함수의
호출 결과는 동일합니다.

```
Swift  Function/DefaultValue.playground
var result = multiply(value: 3, multiplier: 2)
print(result)
// 8

result = multiply(value: 3)
print(result)
// 8
```

파라미터의 기본 값을 지정할 때 세 가지 사항에 주의해야 합니다. 기본 값을 가진 파라미터는 가능한 파라미터 목록의 마지막에 위치하는 것이 좋습니다. 상수를 선언하는 것과 달리 형식 추론을 사용할 수 없으므로 자료형을 생략할 수 없습니다. 그리고 함수를 호출할 때 발생할 수 있는 모호함을 방지하기 위해서 인자 레이블을 생략하지 않아야 합니다.

4.6 가변 파라미터

함수를 호출할 때 전달하는 인자의 수는 함수를 선언할 때 결정됩니다. 즉, 함수 선언 시 두 개의 파라미터를 선언했다면 함수를 호출할 때 두 개의 인자를 전달해야 합니다. (여기에서 파라미터가 기본 값을 가지고 있어서 생략할 수 있는 경우는 고려하지 않습니다.)

앞에서 사용했던 plusOne 함수를 조금 변경해서 인자로 전달된 두 수의 합을 리턴하도록 구현해 보겠습니다.

```
Objective-C
NSInteger plus(NSInteger a, NSInteger b) {
    return a + b;
}
```

```
Swift
func plus(a: Int, b: Int) -> Int {
    return a + b
}
```

만약 세 수의 합을 더해야 한다면 파라미터를 하나 더 추가할 수 있습니다. 하지만, 이 경우에는 호출시 세 개의 인자를 전달해야 하므로 두 수를 더하는데 사용할 수 없습니다. 그러므로 두 개의 인자를 받는 함수와 세 개의 인자를 받는 함수를 따로 선언해야 합니다. 한 개부터 n 개의 숫자를 처리할 수 있는 모든 함수를 구현하는 것은 매우 비효율적입니다. 바로 이러한 상황에서 가변 파라미터를 사용할 수 있습니다.

보통 파라미터와 인자는 1:1로 매칭되지만 가변 파라미터는 인자와 n:1로 매칭됩니다. 다시 말해 파라미터를 가변 파라미터로 선언하면 두 개 이상의 인자를 하나의 파라미터 이름으로 전달할 수 있습니다. 함수는 단 하나의 가변 파라미터를 선언할 수 있으며, 호출 시 모호함을 피하기 위해서 파라미터 목록 마지막에 선언해야 합니다.

먼저 Objective-C에서 가변인자를 받는 함수를 구현해 보겠습니다. Objective-C에서 가변 파라미터를 선언할 때 자료형과 이름 대신 ...으로 표기합니다. 여기에서 구현된 plus 함수는 첫 번째 파라미터로 가변 파라미터로 전달되는 인자의 수를 전달 받습니다. Objective-C의 경우 가변 파라미터로 전달되는 인자의 수를 판단하기가 어렵기 때문입니다.

Objective-C Function/VariadicParameter/VariadicParameterObjC/main.m

```objc
NSInteger plus(NSInteger count, ...) {
    NSInteger total = 0;

    va_list list;
    va_start(list, count);

    for (int ii = 0; ii < count; ii++) {
        total += va_arg(list, NSInteger);
    }

    va_end(list);

    return total;
}

NSInteger sum = plus(2, 1, 2);
NSLog(@"%ld", sum);
// 3

sum = plus(3, 1, 2, 3);
NSLog(@"%ld", sum);
// 6
```

가변 파라미터로 전달되는 값의 목록은 포인터 형태로 전달됩니다. 예제에서 사용한 va_start 함수는 포인터를 count로 지정한 횟수만큼 열거할 수 있는 특별한 목록으로 변환합니다. 이 함수가 호출된 후 list 변수는 가변 인자의 첫 번째 값을 가리킵니다. va_arg 함수는 list가 가리키고 있는 곳의 값을 리턴한 후 list가 다음 값을 가리키도록 포인터를 이동시킵니다. 그래서 count로 지정한 횟수만큼 va_arg 함수를 호출하면 모든 가변 인자의 값을 읽을 수 있습니다. 마지막으로 va_end 함수는 모든 값을 읽은 후 작업을 마무리합니다.

이제 plus 함수는 전달되는 인자의 수에 관계없이 모든 인자의 합을 구할 수 있습니다. 단, 첫 번째 인자의 값이 가변 인자의 수와 동일해야 합니다. 만약 가변 인자의 수와 다른 값을 전달한다면 런타임 오류가 발생하거나 잘못된 결과가 리턴될 수 있으므로 주의해야 합니다.

```
Objective-C
NSInteger sum = plus(100, 1, 2);
NSLog(@"%ld", sum);
// 7552073574001617253        // Wrong Value
```

가변 파라미터를 선언할 때 자료형을 지정하지 않았기 때문에 다음과 같이 서로 다른 자료형의 인자를 전달할 수 있습니다. 이 경우에도 이전과 마찬가지로 잘못된 값이 리턴되거나 런타임 오류가 발생할 수 있습니다.

```
Objective-C
NSInteger sum = plus(2, 1, "I am String! Not a Integer!");
NSLog(@"%ld", sum);
// 4297591447              // Wrong Value
```

Swift의 가변 파라미터는 Objectivc-C에서 발생할 수 있는 오류를 방지할 수 있는 여러 개선점을 가지고 있습니다. Objective-C와 마찬가지로 파라미터 목록의 마지막에 선언해야 합니다. 하지만 Objective-C와 달리 파라미터 이름과 자료형을 지정해야 합니다. Swift의 가변 파라미터는 자료형 뒤에 ...이 따라오는 것을 제외하면 일반 파라미터와 선언 문법이 동일합니다.

```
Swift  Function/VariadicParameter/VariadicParameter.playground
func plus(_ numbers: Int...) -> Int {
    var sum = 0

    for n in numbers {
        sum += n
    }

    return sum
}

var result = plus(1, 2)
print(result)
// 3

result = plus(1, 2, 3)
print(result)
// 6

result = plusOne(1, "I am String! Not a Integer!")        // Error
```

Swift의 가변 파라미터는 함수 내부에 배열로 전달됩니다. numbers 파라미터의 자료형이 Int로 지정되어 있기 때문에 이 파라미터로 전달되는 모든 인자는 Int 배열로 전달됩니다. 그래서 함수 내부에서 numbers 파라미터를 직접 열거할 수 있습니다. 뿐만 아니라 count 속성으로 가변 인자의 수를 언제든지 확인할 수 있으므로 별도의 인자로 전달할 필요가 없습니다. 마지막 라인과 같이 서로 다른 자료형의 인자를 전달해서 발생할 수 있는 오류도 컴파일 시점에 확인할 수 있습니다.

5. Call by Value vs Call by Reference

파라미터에 인자를 전달하는 방식은 크게 두 가지로 분류할 수 있습니다. 첫 번째 방식은 인자의 값을 전달하는 Call by Value이고 두 번째 방식은 인자의 값이 저장된 메모리의 주소를 전달하는 Call By Reference입니다.

두 방식의 차이점을 이해하기 위해서 새로운 함수를 구현해 보겠습니다. 이 함수의 이름은 swap이고 인자로 전달된 두 변수의 값을 맞바꾸는 것이 목표입니다. swap 함수는 내부에서 lhs 파라미터로 전달된 값을 임시 변수 tmp에 저장한 후 lhs 변수에 rhs 변수의 값을 할당합니다. 그런 다음 rhs 변수에 tmp에 저장된 값을 할당합니다. Swift의 경우 함수 내부에서 파라미터의 값을 변경할 수 없기 때문에 유사한 함수를 구현할 수 없습니다. (Swift 2.3 버전에서 파라미터를 변수로 선언할 수 있지만 여기에서는 고려하지 않습니다.)

Objective-C Function/CallByValue/CallByValueObjC/main.m
```
void swap(NSInteger lhs, NSInteger rhs) {
    NSLog(@"before swap");
    NSLog(@"lhs: %ld", lhs);
    NSLog(@"rhs: %ld", rhs);

    NSInteger tmp = lhs;
    lhs = rhs;
    rhs = tmp;

    NSLog(@"after swap");
    NSLog(@"lhs: %ld", lhs);
    NSLog(@"rhs: %ld", rhs);
}
```

이 함수를 아래와 같이 호출해 보면 함수 내부에서 파라미터의 값은 교체되지만, 함수 호출 후의 a와 b의 값은 교체되지 않은 것을 확인할 수 있습니다. 여기에서 인자를 전달한 방식은 Call by Value 입니다.

Objective-C Function/CallByValue/CallByValueObjC/main.m
```
NSInteger a = 1;
NSInteger b = 2;
swap(a, b);

NSLog(@"a: %ld", a);
```

```
    NSLog(@"b: %ld", b);

    // before swap
    // lhs: 1
    // rhs: 2
    // after swap
    // lhs: 2
    // rhs: 1
    // a: 1
    // b: 2
```

a와 b가 교체되지 않는 이유는 인자로 전달한 a, b와 파라미터 내부에서 값을 교체한 lhs, rhs가 서로 다른 메모리 공간에 생성된 개별 변수이기 때문입니다. 즉, Call by Value로 인자를 전달하면 인자의 값이 전달되고, 함수 내부에서 사용할 파라미터가 새로운 메모리 공간에 생성된 후 이 값으로 초기화됩니다. 그래서 함수 내부에서 파라미터를 어떤 값으로 변경하더라도 함수로 전달된 인자의 값은 변경되지 않습니다.

Call by Reference는 인자의 메모리 주소를 전달합니다. 이 방식으로 인자를 전달받는 파라미터의 자료형은 포인터로 선언되어야 합니다. 앞에서 구현했던 예제를 Call by Reference 방식으로 수정해 보겠습니다.

Objective-C Function/Swap/SwapObjC/main.m
```
void swap(NSInteger* lhs, NSInteger* rhs) {
    NSLog(@"before swap");
    NSLog(@"lhs: %ld", *lhs);
    NSLog(@"rhs: %ld", *rhs);

    NSInteger tmp = *lhs;
    *lhs = *rhs;
    *rhs = tmp;

    NSLog(@"after swap");
    NSLog(@"lhs: %ld", *lhs);
    NSLog(@"rhs: %ld", *rhs);
}

NSInteger a = 1;
NSInteger b = 2;
swap(&a, &b);

NSLog(@"a: %ld", a);
NSLog(@"b: %ld", b);

// before swap
// lhs: 1
```

```
// rhs: 2
// after swap
// lhs: 2
// rhs: 1
// a: 2
// b: 1
```

Call by Value 방식과 달리 함수를 호출한 후에 a, b의 값이 교체된 것을 확인할 수 있습니다. 이 코드는 이전 코드와 몇 가지 차이점을 가지고 있습니다. swap 함수의 두 파라미터는 주소를 파라미터로 받을 수 있도록 포인터로 선언되어 있습니다. 그리고 함수 내부에서 * 연산자를 사용하여 값을 읽거나 할당합니다. 함수를 호출할 때는 반드시 변수 이름 앞에 & 연산자를 추가하여 값 대신 메모리 주소를 전달해야 합니다. Call by Reference 방식으로 인자를 전달하는 경우 새로운 메모리 공간에 생성된 파라미터는 인자의 메모리 주소로 초기화됩니다. 함수가 실행될 때 새로운 파라미터가 생성되는 것은 Call by Value와 동일하지만 저장된 메모리 주소로 접근하면 인자의 메모리 주소에 접근할 수 있습니다. 그래서 연산자로 메모리 주소가 가리키는 곳의 값을 변경하면 인자의 값이 변경됩니다.

Swift에서 Call by Value로 전달된 파라미터는 상수이기 때문에 함수 내부에서 값을 변경할 수 없습니다. 하지만 Call by Reference로 전달된 파라미터는 값을 변경할 수 있습니다.

Swift Function/Swap/Swap.playground
```swift
#if swift(>=3.0)
func swap(_ lhs:UnsafeMutablePointer<Int>, _ rhs:UnsafeMutablePointer<Int>)
{
    let tmp = lhs.pointee
    lhs.pointee = rhs.pointee
    rhs.pointee = tmp
}
#else
func swap(lhs:UnsafeMutablePointer<Int>, _ rhs:UnsafeMutablePointer<Int>) {
    let tmp = lhs.memory
    lhs.memory = rhs.memory
    rhs.memory = tmp
}
#endif

var a = 1
var b = 2
swap(&a, &b)
print(a)
print(b)
// 2
// 1
```

Swift에서 파라미터를 포인터로 선언해야 한다면 자료형을 UnsafePointer 또는 UnsafeMutable Pointer로 지정해야 합니다. 이 예제는 Int 변수의 값을 함수 내부에서 수정해야 하므로 Unsafe MutablePointer〈Int〉를 사용합니다. 이 경우 파라미터에 저장된 주소의 값은 변경할 수 없지만, 이 주소가 가리키는 메모리에 저장된 값은 변경할 수 있습니다. 인자로 메모리 주소를 전달하는 방식은 Objective-C와 동일하지만, 함수 내부에서 메모리 주소에 저장된 값에 접근할 때는 * 연산자 대신 속성을 사용합니다.

Swift는 이어서 설명할 입출력 파라미터를 통해 포인터를 직접 사용하지 않고 동일한 코드를 구현할 수 있습니다.

5.1 입출력 파라미터 (Swift Only)

Objective-C는 입출력 파라미터를 제공하지 않기 때문에 앞서 본 예제와 같이 포인터를 사용해서 문제를 해결합니다. Swift 역시 포인터를 사용할 수 있고 Objective-C에 비해 안전하게 코드를 작성할 수 있는 안전장치를 제공합니다. 그러나 Unsafe...로 시작하는 이름에서 알 수 있듯이 포인터를 사용하지 않는 코드에 비해 안전하지 않으며, 포인터에 대한 이해 없이 사용할 경우 잘못된 실행결과를 얻을 수 있습니다.

조금 전 구현한 swap 함수는 입출력 파라미터로 간결하게 구현할 수 있습니다. 포인터를 직접 사용하지 않기 때문에 조금 더 안전한 코드를 작성할 수 있고, 포인터에 대한 이해가 없는 경우에도 어려움 없이 사용할 수 있습니다.

입출력 파라미터는 inout 키워드로 선언합니다. 이 키워드의 위치는 Swift 2.3 버전까지 파라미터 이름 앞이었지만 Swift 3 버전부터 파라미터 자료형 앞으로 변경되었습니다.

```
Swift ~2.x
func 함수 이름(inout 파라미터 이름: 파라미터 자료형) {
    실행할 코드
}
```

```
Swift 3
func 함수 이름(파라미터 이름: inout 파라미터 자료형) {
    실행할 코드
}
```

```
Swift  Function/InOut.playground
#if swift(>=3.0)
func swap(_ lhs: inout Int, _ rhs: inout Int) {
    let tmp = lhs
    lhs = rhs
    rhs = tmp
```

```
    }
#else
func swap(inout _ lhs: Int, inout _ rhs: Int) {
    let tmp = lhs
    lhs = rhs
    rhs = tmp
}
#endif

var a = 1
var b = 2
swap(&a, &b)
print(a)
print(b)
// 2
// 1
```

입출력 파라미터로 구현한 swap 함수는 inout 키워드를 제외하면 일반 파라미터로 구현한 함수와 동일합니다. 이 함수로 인자를 전달할 때는 반드시 & 연산자를 사용해야 합니다.

입출력 파라미터는 몇 가지 제약을 가지고 있습니다. 입출력 파라미터는 기본 값을 가질 수 없고 가변 인자 파라미터를 입출력 파라미터로 선언할 수 없습니다. 그리고 inout, let은 서로 배타적이기 때문에서 입출력 파라미터 선언 시 함께 사용할 수 없습니다.

입출력 파라미터의 내부적인 처리에 대해 조금 더 상세하게 알아보겠습니다. 인자를 입출력 파라미터에 전달하면 메모리에 새로운 임시 파라미터가 생성되고 인자의 값으로 초기화됩니다. 내부에서 값을 변경할 경우 임시 파라미터의 값이 변경됩니다. 이 시점에서 인자로 전달한 변수의 값은 변경되지 않습니다. 함수의 실행이 종료된 후 임시 파라미터의 값이 인자로 전달된 변수에 할당됩니다. 이 방식은 앞에서 설명한 두 방식과는 조금 다르며, Copy-in Copy-out 또는 Call by Value Result라고 합니다.

6. 리턴 값과 리턴형

함수를 실행하면 정해진 규칙에 따라 결과가 도출됩니다. 프로그래밍에서 함수 실행 후 도출된 결과를 리턴 값, 리턴 값의 자료형을 리턴형이라고 합니다. 예를 들어 앞에서 구현한 plusOne 함수는 실행 결과로 정수를 리턴하고, 이 정수의 자료형은 NSInteger(Objective-C) 또는 Int(Swift)입니다.

Objective-C
```
NSInteger plusOne(NSInteger x) {
    return x + 1;
}
```

Swift

```swift
func plusOne(x: Int) -> Int {
    return x + 1
}
```

리턴형은 함수를 선언할 때 지정합니다. Objective-C의 함수는 리턴형을 함수 선언 시작부분에서 지정합니다. Swift는 파라미터 목록 다음에 리턴 화살표를 적은 후 리턴형을 지정합니다.

모든 함수가 반드시 결과를 리턴하는 것은 아닙니다. 조금 전 구현한 swap 함수는 리턴형을 가지지 않은 함수입니다. Objective-C와 같이 C와 맥락을 같이 하는 언어에서 void는 리턴형으로 지정되었을 때 리턴 값이 없음을 나타냅니다. 함수 선언 시 리턴형을 생략할 경우 int 형을 리턴하는 것으로 간주하기 때문에 값을 리턴하지 않는 경우 반드시 void로 지정해야 합니다. 이와 반대로 Swift는 리턴 화살표와 리턴형을 모두 생략합니다.

Objective-C

```objc
void swap(NSInteger* lhs, NSInteger* rhs) {
    // ...
}
```

Swift

```swift
func swap(inout lhs: Int, inout rhs: Int) {
    // ...
}
```

Swift에는 void 와 동일한 역할을 담당하는 Void 키워드가 존재합니다. Void는 실제로 빈 튜플이고 ( )로 표기할 수 있습니다. swap 함수가 값을 리턴하지 않는다는 것을 명시적으로 지정하고 싶다면 아래와 같이 구현할 수 있지만 실제 프로그래밍에서는 거의 사용되지 않습니다.

Swift

```swift
func swap(inout lhs: Int, inout rhs: Int) -> Void {
    // ...
}
```

6.1 return

return은 함수와 메소드에서 값을 리턴하는 명령문입니다. return 키워드 뒤에 단일 값 또는 표현식을 전달하면 함수를 호출한 곳으로 결과 값이 전달됩니다.

Objective-C

```objc
return 표현식;
```

return 표현식

리턴형을 선언한 함수는 반드시 함수 내에서 값을 리턴해야 합니다. 함수 내부에서 다양한 조건문을
사용하고 있다면 조건에 따라서 값을 리턴하는 코드가 실행되지 않는 경우가 없도록 주의해야 합니
다. 예를 들어 doSomething 함수를 구현하고 파라미터 x의 값이 10보다 작을 경우 0을 리턴하도록
구현한 코드를 보겠습니다. 이 함수는 x의 값의 따라서 값이 리턴되지 않는 경우의 수가 있기 때문에
컴파일 오류의 원인이 됩니다.

Objective-C
```objc
int doSomething(int x) {
    if (x < 10) {
        return 0;
    }
}
```

Swift
```swift
func doSomething(x: Int) -> Int {
    if x < 10 {
        return 0
    }
}
```

컴파일 오류를 수정하려면 x의 값이 10보다 크거나 같은 경우에도 값을 리턴하도록 return 명령문을
추가해야 합니다.

Objective-C
```objc
int doSomething(int x) {
    if (x < 10) {
        return 0;
    }

    return -1;
}
```

Swift
```swift
func doSomething(x: Int) -> Int {
    if x < 10 {
        return 0
    }

    return -1
}
```

return 명령문은 결과 값을 전달한 후 함수의 실행을 즉시 종료합니다. doSomething 함수에서 if 조건문이 참인 경우 return 0 명령문이 실행된 후 함수가 종료됩니다. 그래서 return 0 명령문 뒤에 위치하는 나머지 코드는 실행되지 않습니다.

리턴 값이 없는 함수에서 return 명령문은 표현식 없이 단독으로 함수의 실행을 종료하는 역할을 수행합니다. 리턴 값이 있는 경우와 달리 return 명령문을 호출하는 것은 필수가 아닙니다. 아래의 함수는 x가 10보다 크거나 같을 경우 로그를 출력합니다. 하지만 10보다 작을 경우 return 명령문이 실행되고 함수가 즉시 종료되기 때문에 로그는 더 이상 출력되지 않습니다.

Objective-C
```objectivec
void doSomething(int x) {
    if (x < 10) {
        return;
    }

    NSLog(@"Log Something...");
}
```

Swift
```swift
func doSomething(x: Int) {
    if x < 10 {
        return
    }

    print("Log Something...")
}
```

6.2 복합 값 리턴

함수는 두 개 이상의 값을 동시에 리턴할 수 없는 제약을 가지고 있습니다. 문법적으로 두 개 이상의 리턴형을 표현할 수 없습니다. 대부분의 프로그래밍 언어들은 리턴할 값을 하나로 묶는 구조체나 클래스를 구현하여 문제를 해결합니다.

이번에는 가변인자로 전달된 값의 합과 평균을 리턴하는 함수를 구현해 보겠습니다. 먼저 두 값을 동시에 리턴하기 위해 새로운 구조체를 선언합니다. 이 구조체의 이름은 Stat이고 합과 평균을 저장하는 sum, avg 멤버를 가지고 있습니다. statistics 함수는 가변 인자로 전달된 값의 합과 평균을 동시에 리턴하기 위해 리턴형을 Stat으로 선언합니다. 함수 내부에서 새로운 Stat 구조체 변수의 sum, avg 멤버를 계산된 합과 평균으로 초기화한 후 리턴합니다. 이 구조체를 전달 받은 후 sum, avg 멤버의 값을 읽으면 함수가 계산한 결과를 확인할 수 있습니다.

Objective—C Function/CompoundValue/CompoundValueObjC/main.m

```objectivec
typedef struct {
    double sum;
    double avg;
} Stat;

Stat statistics(NSInteger count, ...) {
    NSInteger total = 0;

    va_list list;
    va_start(list, count);

    for (int ii = 0; ii < count; ii++) {
        total += va_arg(list, NSInteger);
    }

    va_end(list);

    Stat stat = { total, total / (double)count };

    return stat;
}

Stat result = statistics(5, 1, 2, 3, 4, 5);
NSLog(@"sum: %.2f", result.sum);
NSLog(@"avg: %.2f", result.avg);
// sum: 15.00
// avg: 3.00
```

Swift Function/CompoundValue/CompoundValue.playground

```swift
struct Stat {
    let sum: Double
    let avg: Double
}

func statistics(_ numbers: Int...) -> Stat {
    var sum = 0

    for n in numbers {
        sum += n
    }

    return Stat(sum: Double(sum), avg: Double(sum) / Double(numbers.count))
}

let result = statistics(1, 2, 3, 4, 5)
print("sum: \(result.sum)")
print("avg: \(result.avg)")
// sum: 15.0
// avg: 3.0
```

Swift는 튜플을 활용하여 코드를 조금 더 간결하게 구현할 수 있습니다.

```swift
Swift Function/ReturnTuples.playground
func statistics(_ numbers: Int...) -> (sum: Double, avg: Double) {
    var sum = 0

    for n in numbers {
        sum += n
    }

    return (sum: Double(sum), avg: Double(sum) / Double(numbers.count))
}

let result = statistics(1, 2, 3, 4, 5)
print("sum: \(result.sum)")
print("avg: \(result.avg)")
// sum: 15.0
// avg: 3.0
```

7. 함수의 본문

함수 선언에서 { 와 } 사이에 포함된 영역을 함수의 본문이라고 합니다. 함수 본문에는 함수의 역할을 구현하는 코드가 포함됩니다. 본문 내에서 선언된 변수는 파라미터와 마찬가지로 함수가 실행될 때 생성되었다가 함수가 종료될 때 제거되는 지역 변수입니다.

8. 프로토타입 선언 (Objective-C Only)

컴파일러는 소스 코드를 위에서 아래 방향으로 해석합니다. 소스 코드에서 함수를 호출하는 코드를 발견하면 파라미터의 자료형의 리턴형이 올바르게 사용되었는지 확인합니다. 이를 위해 컴파일러는 함수 선언을 참고합니다. 이전에 이미 함수의 선언을 해석한 상태라면 함수에 대한 모든 정보를 가지고 있기 때문에 오류가 발생하지 않지만, 함수 선언을 해석하지 않았거나 유효한 범위 내에서 함수 선언을 찾을 수 없다면 컴파일 오류가 발생합니다.

변수를 사용하기 전에 먼저 선언해야 하는 것처럼 함수를 호출하기 전에 선언해야 합니다. 조금 더 정확히 설명하면, 모든 함수는 호출시점에 컴파일러가 함수의 이름, 리턴형, 파라미터에 대한 정보를 가지고 있어야 합니다.

아래의 코드를 살펴보겠습니다. 이 코드에서 plusOne 함수는 선언되기 전에 main 함수에서 호출되고 있습니다. 컴파일러가 아직 plusOne 함수에 대한 정보를 가지고 있지 않기 때문에 컴파일 오류가 발생합니다.

```
Objective-C
int main(int argc, const char * argv[]) {
    NSInteger result = plusOne(1);         // Error
    NSLog(@"%ld", result);

    return 0;
}

NSInteger plusOne(NSInteger x) {
    return x + 1;
}
```

가장 쉬운 해결방법은 plusOne 함수를 main 함수 앞에 선언하는 것입니다. 이전과 달리 plusOne 함
수를 호출하는 시점에 컴파일러가 함수에 대한 정보를 알고 있기 때문에 오류가 발생하지 않습니다.

```
Objective-C
NSInteger plusOne(NSInteger x) {
    return x + 1;
}

int main(int argc, const char * argv[]) {
    NSInteger result = plusOne(1);
    NSLog(@"%ld", result);

    return 0;
}
```

실제 프로그래밍에서 함수를 호출 이전에 선언되도록 하는 것은 매우 어렵습니다. 특히, 함수가 여러
파일에서 사용되고 있다면 어떤 파일에서 함수를 선언해야 하는지 판단하기가 매우 어렵습니다. 그
래서 일반적으로 헤더파일에 함수의 프로토타입을 선언한 후, 함수를 호출하는 소스 파일에서 헤더
를 임포트합니다.

함수의 프로토타입 선언은 함수 선언에서 { } 부분이 빠진 형태입니다. 프로토타입 선언은 컴파일러
가 함수의 이름, 파라미터, 리턴형을 파악할 수 있도록 하는 것이 목적입니다. 파라미터의 경우 파라
미터 이름을 생략하거나 실제 함수 선언과 다른 파라미터 이름을 사용할 수 있습니다. 프로토타입이
선언되어 있다면 함수의 실제 선언 위치는 함수가 호출된 위치와 관계가 없습니다. 즉, 함수를 호출
하는 코드 이후에 함수를 선언하는 코드가 위치할 수 있습니다. 하지만 함수 선언은 반드시 프로토타
입의 범위 내에 존재해야 합니다.

Objective-C Function/Prototype/PrototypeObjC/main.m
```
NSInteger plusOne(NSInteger x);

int main(int argc, const char * argv[]) {
    NSInteger result = plusOne(1);
```

```
        NSLog(@"%ld", result);

        return 0;
    }

    NSInteger plusOne(NSInteger x) {
        return x + 1;
    }
```

개발자에게 있어 함수 프로토타입의 가장 큰 장점은 프로그램에서 사용된 함수의 정보를 간략히 확인할 수 있다는 것입니다. 다른 개발자와 공동 작업을 하는 경우 함수가 선언된 소스 파일을 하나하나 확인하지 않고 헤더파일에 선언되어 있는 프로토타입을 분석하면 프로그램이 어떤 구조로 분리되어 있고 어떤 기능을 제공하는지 비교적 쉽게 파악할 수 있습니다.

9. Function Types (Swift Only)

Swift의 모든 함수는 파라미터의 자료형과 리턴형으로 구성된 함수 형식(또는 함수 자료형)으로 표현할 수 있습니다. 함수 형식은 C의 함수 포인터와 매우 유사한 개념입니다. Swift의 함수는 First-class Citizen으로 함수를 직접 파라미터로 전달하거나 리턴할 수 있습니다. 그리고 변수나 상수의 값으로 할당할 수 있습니다.

앞에서 구현한 multiply 함수는 두 개의 Int형 파라미터를 전달받고 실행 결과를 Int형 정수로 리턴하는 함수입니다. 이 함수의 함수 형식은 다음과 같습니다.

```
(Int, Int) -> Int
```

값을 리턴하지 않는 swap 함수는 다음과 같이 표현할 수 있습니다. 빈 튜플 ( )은 Void 키워드로 대체할 수 있습니다.

```
(inout Int, inout Int) -> ()
```

함수 형식을 공부하기 위해 사칙연산을 수행하는 네 개의 메소드를 구현해 보겠습니다. 각 함수에는 실제로 어떤 함수가 호출되었는지 확인할 수 있도록 함수의 이름을 출력하는 코드가 포함되어 있습니다.

```Swift
func add(_ a: Int, _ b: Int) -> Int {
    print(#function)
    return a + b
}
```

```swift
func subtract(_ a: Int, _ b: Int) -> Int {
    print(#function)
    return a - b
}

func multiply(_ a: Int, _ b: Int) -> Int {
    print(#function)
    return a * b
}

func divide(_ a: Int, _ b: Int) -> Int {
    print(#function)
    return a / b
}
```

여기에서 구현한 모든 메소드는 2개의 Int형 파라미터와 Int형 리턴 값을 가지고 있습니다. 이것을 함수 형식으로 표현하면 (Int, Int) -> Int 입니다. 함수 형식은 곧 자료형입니다. 그래서 다음과 같이 새로운 상수를 선언하고 함수를 할당할 수 있습니다. 함수가 할당된 상수의 이름은 함수의 또 다른 이름이 됩니다. 예제에서 calc 상수의 이름으로 함수를 호출하는 것은 add 함수를 호출하는 것과 동일합니다.

Swift Function/FuncType.playground#Page1
```swift
let calc: (Int, Int) -> Int = add

var result = add(1, 2)
print(result)
// add
// 3

result = calc(1, 2)
print(result)
// add
// 3
```

형식 추론을 사용하여 calc 상수의 자료형을 생략할 수 있습니다.

Swift
```swift
let calc = add
```

함수 형식을 사용해서 간단한 계산기를 구현해 보겠습니다. 이 예제는 사용자가 입력한 두 값이 firstOperand, secondOperand 상수에 저장되고 선택한 연산자가 op 상수에 저장되어 있다고 가정합니다.

```swift
let firstOperand = 2
let secondOperand = 3
let op = "*"

var function: ((Int, Int) -> Int)?

switch op {
case "+":
    function = add
case "-":
    function = subtract
case "*":
    function = multiply
case "/":
    function = divide
default:
    break
}

if let calc = function {
    let result = calc(firstOperand, secondOperand)
    print("\(firstOperand) \(op) \(secondOperand) = \(result)")
} else {
    print("not supported")
}
// multiply
// 2 * 3 = 6
```

function은 (Int, Int) -> Int 함수 형식을 저장하는 변수입니다. 지원하지 않는 연산자를 처리하기 위해 nil 값을 가질 수 있도록 옵셔널로 선언합니다. 이 코드와 같이 함수 형식을 옵셔널로 선언할 때는 반드시 함수 형식 전체를 괄호로 묶어 주어야 합니다. 만약 괄호 없이 (Int, Int) -> Int? 로 지정하는 경우에는 Int형 파라미터 2개를 받아 Int?를 리턴하는 함수 형식이기 때문에 예제에서 사용하는 함수 형식과 일치하지 않습니다.

이어지는 switch 조건문은 op에 저장된 연산자에 따라 적합한 함수를 function 변수에 할당하고, 일치하는 연산자가 없는 경우에는 초기화된 값을 유지합니다. 옵셔널 바인딩을 통해 function 변수에 유효한 함수가 할당되어 있는지 확인한 후, 바인딩된 이름으로 함수를 호출합니다.

이번에는 함수를 파라미터로 받는 함수를 구현해 보겠습니다. processResult 함수는 실행할 함수와 피연산자 두 개를 파라미터로 받아 실행 결과를 리턴합니다. 파라미터 f의 자료형에 주목해서 보시기 바랍니다.

Swift Function/FuncType.playground#Page3

```swift
let firstOperand = 2
let secondOperand = 3
let op = "*"

var function: ((Int, Int) -> Int)?

switch op {
case "+":
    function = add
case "-":
    function = subtract
case "*":
    function = multiply
case "/":
    function = divide
default:
    break
}

func processResult(function f: (Int, Int)->Int, lhs: Int, rhs: Int) -> Int {
    return f(lhs, rhs)
}

if let calc = function {
    let result = processResult(function: calc, lhs: firstOperand,
        rhs: secondOperand)
    print("\(firstOperand) \(op) \(secondOperand) = \(result)")
} else {
    print("not supported")
}
// multiply
// 2 * 3 = 6
```

새로 구현할 selectOperator 함수는 전달된 연산자를 처리하는 함수를 리턴합니다. 이 함수의 리턴형을 지정하는 부분에 두 개의 리턴 화살표가 포함되어 있어서 문법에 익숙하지 않은 경우 직관적으로 파악하기 어렵습니다. 함수 선언에 포함된 첫 번째 리턴 화살표는 항상 함수의 파라미터와 리턴형을 구분하는 역할을 합니다. 그리고 두 번째 리턴 화살표가 존재한다면 함수 형식을 리턴하다는 것을 의미하며, 이것은 함수가 리턴하는 함수 형식의 리턴형을 나타내는 리턴 화살표입니다. 단순하지만 혼동하기 쉬운 문법이므로 두 리턴 화살표의 차이점을 꼭 기억해 두시기 바랍니다.

Swift Function/FuncType.playground#Page4

```swift
let firstOperand = 2
let secondOperand = 3
let op = "*"
```

```swift
func selectOperator(operator op: String) -> ((Int, Int) -> Int)? {
    switch op {
    case "+":
        return add
    case "-":
        return subtract
    case "*":
        return multiply
    case "/":
        return divide
    default:
        return nil
    }
}

func processResult(function f: (Int, Int)->Int, lhs: Int, rhs: Int) -> Int {
    return f(lhs, rhs)
}

if let calc = selectOperator(operator: op) {
    let result = processResult(function: calc, lhs: firstOperand,
        rhs: secondOperand)
    print("\(firstOperand) \(op) \(secondOperand) = \(result)")
} else {
    print("not supported")
}
// multiply
// 2 * 3 = 6
```

10. Nested Functions

앞에서 구현한 함수들은 전역 공간에 선언된 전역 함수입니다. 실행 결과를 출력하기 위해 자주 사용했던 NSLog, print 함수 역시 전역 함수의 일종입니다. 전역 함수는 위치에 관계없이 호출할 수 있다는 장점이 있지만 객체지향 프로그래밍과는 어울리지 않습니다. 코드의 가독성이 떨어지고 객체지향의 특징 중 하나인 은닉성을 만족시키지 못하기 때문입니다. 특히 코드의 규모가 커질수록 커플링이 심해지고 스레드를 사용하는 경우 안정성이 떨어질 수 있습니다.

> **Beginner Note** – Coupling
>
> Coupling은 하나의 모듈이 다른 모듈에 의존하는 정도를 표현하는 용어입니다. 일반적으로 커플링이 적을수록 가독성이 높고 유지보수가 쉬운 코드가 됩니다. 커플링과 관련된 내용은 아래의 URL을 참고해 주시기 바랍니다.
>
> http://ko.wikipedia.org/wiki/결합도
> http://vandbt.tistory.com/13

Swift는 함수 내부에서 또 다른 함수를 구현할 수 있습니다. 이러한 함수를 내포된 함수라고 합니다. 내포된 함수의 사용 범위는 자신을 포함하고 있는 함수의 범위로 제한되기 때문에 앞서 설명했던 전역 함수의 단점들을 개선할 수 있습니다.

사칙 연산을 수행하는 네 개의 함수는 selectOperator 함수의 내포된 함수로 선언할 수 있습니다. 내포된 함수(add, subract, multiply, divide)는 기본적으로 selectOperator 함수 내부로 사용범위가 제한됩니다. 외부에서는 함수를 인식하거나 직접 호출할 수 없습니다.

Swift
```swift
func selectOperator(operator op: String) -> ((Int, Int) -> Int)? {
    func add(_ a: Int, _ b: Int) -> Int {
        print(#function)
        return a + b
    }

    func subtract(_ a: Int, _ b: Int) -> Int {
        print(#function)
        return a - b
    }

    func multiply(_ a: Int, _ b: Int) -> Int {
        print(#function)
        return a * b
    }

    func divide(_ a: Int, _ b: Int) -> Int {
        print(#function)
        return a / b
    }

    switch op {
    case "+":
        return add
    case "-":
        return subtract
    case "*":
        return multiply
    case "/":
        return divide
    default:
        return nil
    }
}
```

하지만 selectOperator 함수와 같이 함수 형식을 리턴하는 경우에는 호출자가 포함된 공간으로 사용 범위가 확대됩니다. 각 함수를 selectOperator 함수 외부에서 직접 호출할 수 없지만 리턴된 함수를 통해서 내포된 함수를 간접적으로 호출할 수 있습니다.

내포된 함수는 자신을 포함하고 있는 함수에 선언된 변수와 파라미터의 값에 접근하거나 다른 내포된 함수를 자유롭게 호출할 수 있습니다. 아래의 예제에서 내포된 함수는 selectOperator 함수 내부에서 선언된 str 상수와 파라미터 op의 값이 조합된 로그 문자열을 출력합니다.

Swift Function/NestedFunction.playground

```swift
func selectOperator(operator op: String) -> ((Int, Int) -> Int)? {
    let str = "CALL Nested Function"

    func add(_ a: Int, _ b: Int) -> Int {
        print("\(str) [\(#function)] matching operator \(op)")
        return a + b
    }

    func subtract(_ a: Int, _ b: Int) -> Int {
        print("\(str) [\(#function)] matching operator \(op)")
        return a - b
    }

    func multiply(_ a: Int, _ b: Int) -> Int {
        print("\(str) [\(#function)] matching operator \(op)")
        return a * b
    }

    func divide(_ a: Int, _ b: Int) -> Int {
        print("\(str) [\(#function)] matching operator \(op)")
        return a / b
    }

    switch op {
    case "+":
        return add
    case "-":
        return subtract
    case "*":
        return multiply
    case "/":
        return divide
    default:
        return nil
    }
}

// CALL Nested Function [multiply] matching operator *
```

11. Summary

• 함수는 형식 외부에 선언된 코드 조각으로 이름을 통해 호출할 수 있습니다.
• 메소드는 형식 내부에 선언된 코드 조각으로 형식 이름이나 인스턴스 이름을 통해 호출할 수 있습니다.

- 함수와 메소드는 코드에서 반복적으로 호출할 수 있으며 코드의 재사용성을 높여주는 요소입니다.
- 함수는 함수 이름, 파라미터, 리턴형, 함수 본문, 프로토타입으로 구성됩니다.
- Objective-C 함수는 C 함수와 동일한 형태를 가지고 있습니다.

```
Objective-C
리턴형 함수 이름(파라미터 목록) {
      실행할 코드
}
```

- Swift의 함수는 아래와 같은 형태를 가지고 있습니다.

```
Swift
func 함수 이름(파라미터 목록)  -> 리턴형 {
      실행할 코드
}
```

- 함수는 함수의 이름으로 호출합니다.

```
Objective-C
함수 이름(파라미터 목록);
```

```
Swift
함수 이름(파라미터 목록)
```

- 파라미터는 함수를 호출할 때 함수 내부로 전달되는 값 입니다.
- 파라미터는 함수 외부에서 접근할 수 없고 함수의 실행이 시작될 때 생성되고 함수의 실행이 완료되면 제거됩니다.
- Objective-C 함수의 파라미터는 변수이므로 함수 내부에서 값을 변경할 수 있습니다.
- Swift 함수의 파라미터는 상수이므로 함수 내부에서 값을 변경할 수 없습니다. Swift 2.3 버전의 경우 var 키워드를 통해 파라미터를 변수로 선언할 수 있습니다.
- 함수를 호출할 때 전달되는 값을 Argument 또는 Actual Parameter라고 하며, 함수 내부에서 사용되는 파라미터를 Formal Parameter라고 합니다.
- Argument와 함께 전달된 파라미터 이름을 인자 레이블이라고 합니다.
- Swift 2.3은 첫 번째 파라미터의 인자 레이블을 지정하지 않은 경우 인자 레이블을 사용하지 않는 것으로 간주합니다.
- Swift 3은 첫 번째 파라미터의 인자 레이블을 지정하지 않은 경우 파라미터 이름을 인자 레이블로 사용합니다. 첫 번째 파라미터의 인자 레이블을 생략하려면 _ 문자를 파라미터 선언부분에 명시적으로 추가해야 합니다.
- 인자 레이블과 파라미터 이름은 배타적인 요소입니다. 인자 레이블은 함수 호출에 사용되며 함수

내부에서 사용할 수 없습니다. 파라미터 이름은 함수 호출에 사용할 수 없지만 함수 내부에서 사용할 수 있습니다.

- Swift 함수는 파라미터의 기본 값을 설정할 수 있습니다. 기본 값이 지정된 파라미터는 함수를 호출할 때 생략할 수 있습니다.
- 기본 값을 가진 파라미터는 파라미터 목록 마지막에 선언하는 것이 좋습니다.
- 파라미터를 가변 파라미터로 선언하면 다수의 값을 하나의 파라미터로 전달할 수 있습니다.
- Objective-C에서 가변 파라미터의 값은 포인터로 전달됩니다.
- Swift에서 가변 파라미터의 값은 배열로 전달됩니다.
- 인자의 값을 전달하는 방식을 Call by Value, 인자의 주소를 전달하는 방식을 Call By Referece라고 합니다.
- Swift는 inout 키워드를 통해 입출력 파라미터를 선언할 수 있습니다. 입출력 파라미터는 함수 내부에서 포인터를 사용하지 않고 인자의 값을 변경할 수 있습니다.

```
Swift ~2.x
func 함수 이름(inout 파라미터 이름: 파라미터 자료형) {
    실행할 코드
}


Swift 3
func 함수 이름(파라미터 이름: inout 파라미터 자료형) {
    실행할 코드
}
```

- 입출력 파라미터는 기본 값을 선언할 수 없고 가변 인자 파라미터를 입출력 파라미터로 지정할 수 없습니다.
- 함수 실행 후 도출된 결과를 리턴 값, 리턴 값의 자료형을 리턴형이라고 합니다. 값을 리턴할 때는 return 명령문을 사용합니다.
- Objective-C 함수는 값을 리턴하지 않을 경우 리턴형을 void로 선언합니다.
- Swift 함수는 값을 리턴하지 않을 경우 리턴형을 생략합니다.
- Swift 함수는 복합 값을 리턴할 때 튜플을 활용할 수 있습니다.
- Objective-C에서 함수의 프로토타입 선언은 컴파일러가 함수의 이름, 파라미터, 리턴형을 파악하기 위해 필요한 요소입니다.
- Swift의 함수는 함수 형식으로 표현할 수 있습니다. 함수 형식은 First-class Citizen이므로 파라미터로 전달하거나 리턴형으로 사용할 수 있습니다.
- Swift는 함수 내부에 내포된 함수를 구현할 수 있습니다. 내포된 함수의 사용 범위는 자신을 포함하고 있는 함수의 범위로 제한됩니다.

클로저와 블록

Objective-C의 블록과 Swift의 클로저는 비교적 짧고 독립적인 코드 조각입니다. 다른 언어에서 람다라는 이름으로 표현되기도 합니다. 주로 특정 기능을 캡슐화 하거나 작업이 완료되었을 때 실행할 콜백 코드를 구현하기 위해 사용합니다.

1. Objective-C 블록

블록 선언은 함수 선언과 매우 유사합니다. 함수의 이름을 ^ 문자(Caret)로 대체하고 리턴형과 위치를 바꾸면 블록 선언이 됩니다.

Objective-C
```
^리턴형 (파라미터 목록) {
    실행할 코드
}
```

리턴형과 파라미터 목록은 생략할 수 있습니다. 가장 단순한 형태의 블록은 다음과 같이 선언할 수 있습니다.

Objective-C
```
^{
    실행할 코드
}
```

"Hello, World!"를 출력하는 단순한 블록은 다음과 같이 선언할 수 있습니다.

Objective-C
```
^{
    NSLog(@"Hello, World!");
};
```

블록은 실행할 수 있는 코드를 포함하고 있으므로 함수처럼 직접 실행할 수 있습니다.

```
Objective-C   Block/SimpleBlock/main.m
^{
    NSLog(@"Hello, World!");
}();
// Hello, World!
```

하지만 이런 방식으로 블록을 실행하는 코드는 거의 사용하지 않습니다. 대부분 블록 변수에 할당한 후 변수 이름을 통해 호출하거나, 함수의 파라미터로 전달하여 콜백 형태로 호출되도록 합니다.

블록 변수는 일반 변수와 달리 블록의 리턴형과 파라미터 자료형을 모두 지정하기 위해 특별한 문법으로 선언합니다. 블록의 리턴형은 생략할 수 없고, 블록이 값을 리턴하지 않는 경우에는 void로 명시해야 합니다. 블록 변수의 이름은 일반 변수의 이름을 짓는 방식으로 지정할 수 있습니다. 함수와 달리 파라미터 자료형 목록에는 파라미터 이름을 포함할 필요가 없고 파라미터의 자료형만 나열합니다. 파라미터가 없을 경우 void로 선언합니다. 블록의 리턴형과 달리 void를 생략할 수 있습니다.

Objective-C

블록의 리턴형 (^블록 변수 이름) (파라미터 자료형 목록)

앞서 구현한 블록은 다음과 같이 블록 변수에 할당하고 블록 변수의 이름으로 실행할 수 있습니다. 블록 변수의 이름은 simpleBlock이고 파라미터와 리턴형은 모두 void입니다.

```
Objective-C   Block/SimpleBlock/main.m
void (^simpleBlock)(void) = ^{
    NSLog(@"Hello, World!");
};

simpleBlock();
// Hello, World!
```

블록은 참조 형식입니다. 그러므로 블록 변수의 값이 nil이 될 수 있습니다. 블록 변수에 nil이 저장된 상태에서 블록을 실행할 경우 런타임 오류가 발생하므로 주의해야 합니다.

```
Objective-C
simpleBlock = nil;
simpleBlock();        // Error
```

파라미터를 가진 블록은 다음과 같이 구현할 수 있습니다. 이번 예제는 World 대신 출력할 문자열을 파라미터로 받습니다. 블록으로 파라미터를 전달하는 방식은 함수와 동일합니다.

```
Objective-C   Block/SimpleBlock/main.m
void (^simpleParameterBlock)(NSString*) = ^(NSString* str){
    NSLog(@"Hello, %@", str);
```

```
};

simpleParameterBlock(@"Objective-C Blocks");
// Hello, Objective-C Blocks
```

블록의 리턴 값을 명시하지 않을 경우 블록에 포함된 return 명령문을 통해 결정됩니다. 블록 내부에 return 명령문이 존재하지 않는다면 리턴형은 void가 됩니다. 다음과 같이 블록 내부에서 Objective-C 문자열을 리턴한다면 리턴형은 NSString이 됩니다.

Objective-C
```
^(NSString* str){
    return [NSString stringWithFormat:@"Hello, %@", str];
};
```

블록 내부에 두 개 이상의 return 명령문이 포함되어 있다면 리턴형에 주의해야 합니다. 아래의 블록은 파라미터로 전달된 두 값의 크기에 따라 int 또는 double을 리턴합니다. 리턴형이 모호하기 때문에 컴파일 오류가 발생합니다.

Objective-C
```
^(int a, double b) {
    if (a < b) {
        return b;
    } else {
        return a;      // Error
    }
};
```

블록에 포함된 모든 return 명령문은 동일한 자료형의 값을 리턴해야 합니다. 가장 쉬운 방법은 형변환을 통해 자료형을 일치시켜 주는 것입니다.

Objective-C
```
^(int a, double b) {
    if (a < b) {
        return b;
    } else {
        return (double)a;
    }
};
```

블록은 First Class Citizen 이므로 파라미터로 전달하거나 함수에서 리턴할 수 있습니다. 블록을 파라미터로 받는 함수는 다음과 같이 구현할 수 있습니다. 블록 파라미터는 일반적으로 파라미터 목록 마지막에 선언합니다.

```
Objective-C
void performBlock(void (^block)(void)) {
    block();
}
```

일반 파라미터에 비해 블록 파라미터를 선언하는 문법은 가독성이 떨어집니다. 그래서 보통 typedef 를 통해 블록 자료형에 새로운 이름을 부여합니다.

```
Objective-C   Block/SimpleBlock/main.m
typedef void (^SimpleLogBlock)(void);
```

performBlock 함수의 블록 파라미터는 새로운 이름을 통해 일반 파라미터처럼 선언할 수 있습니다.

```
Objective-C   Block/SimpleBlock/main.m
void performBlock(SimpleLogBlock block) {
    block();
}
```

블록을 인자로 전달할 때는 블록 변수를 전달하거나 블록을 인자 위치에 직접 선언할 수 있습니다. 이러한 블록을 인라인 블록이라고 합니다.

```
Objective-C   Block/SimpleBlock/main.m
SimpleLogBlock block = ^{
    NSLog(@"Hello, World!");
};

performBlock(block);
// Hello, World!

performBlock(^{
    NSLog(@"Hello, Inline Blocks!");
});
// Hello, Inline Blocks!
```

2. Swift 클로저

Swift 클로저는 세 가지 형태를 가지고 있습니다. 앞서 설명한 전역 함수와 내포된 함수는 이름을 가진 클로저로 분류할 수 있습니다. 가장 정확한 의미의 클로저는 클로저 표현식으로 작성된 익명 함수 입니다. 클로저 표현식은 주로 인라인 클로저를 작성하는데 사용되며 형식 추론과 이름 축약을 통해 간략하게 표시할 수 있는 문법을 제공합니다.

가장 기본적인 형태의 클로저는 다음과 같은 문법으로 선언합니다. 파라미터 목록과 리턴형을 선언하는 문법은 함수와 동일합니다. 상수 파라미터, 변수파라미터, 입출력 파라미터, 가변인자 파라미터를 사용할 수 있지만 파라미터의 기본 값은 지정할 수 없습니다. 리턴형 뒤에 따라오는 in 키워드는 클로저의 선언과 구현(실행할 코드)을 분리해주는 역할을 합니다. 함수의 경우 구현 부분을 { }로 감싸주었지만 클로저는 선언과 구현이 포함된 모든 부분을 감싸주어야 합니다.

Swift
```
{ (파리미터 목록) -> 리턴형 in 실행할 코드 }
```

파라미터와 리턴형을 가지지 않는 클로저는 실행할 코드를 제외한 나머지 요소를 모두 생략할 수 있습니다.

Swift
```
{ 실행할 코드 }
```

"Hello, World!" 문자열을 출력하는 클로저는 다음과 같이 구현할 수 있습니다.

Swift
```
{ print("Hello, World!") }
```

클로저는 함수 형식과 마찬가지로 참조 형식으로 분류됩니다. 자료형은 함수와 동일한 방식으로 표현하며, 파라미터와 리턴형이 없는 클로저의 자료형은 () -> () 입니다. 변수나 상수에 할당할 때는 보통 형식 추론을 통해 자료형을 생략합니다. 다음과 같이 상수에 클로저를 할당한 후 함수처럼 호출할 수 있습니다.

Swift Closure/SimpleClosure.playground#Page1
```
let simpleClosure = { print("Hello, World!") }
simpleClosure()
// Hello, World!
```

파라미터와 리턴형을 가진 클로저는 다음과 같이 선언할 수 있습니다. simpleClosure 상수의 자료형은 형식 추론을 통해 (String) -> (String)이 됩니다. 이 자료형은 클로저 표현식에서 추론됩니다.

Swift Closure/SimpleClosure.playground#Page2
```
let simpleClosure = { (str: String) -> String in
    return "Hello, \(str)"
}

let result = simpleClosure("Swift Closure")
print(result)
// Hello, Swift Closure
```

이번에는 클로저를 파라미터로 받는 함수를 구현해 보겠습니다. performClosure 함수는 (String) -〉 (String) 자료형의 클로저를 파라미터로 받고 클로저 실행결과를 출력합니다.

Swift Closure/SimpleClosure.playground#Page3
```swift
func performClosure(_ c: (String) -> (String)) {
    let result = c("Swift Closure")
    print(result)
}
```

클로저를 인자로 전달할 때 변수나 상수를 전달하거나 인라인 클로저로 전달할 수 있습니다.

Swift Closure/SimpleClosure.playground#Page3
```swift
let simpleClosure = { (str: String) -> String in
    return "Hello, \(str)"
}

performClosure(simpleClosure)
// Hello, Swift Closure

performClosure ({ (str: String) -> (String) in
    return "Hello, \(str)"
})
// Hello, Swift Closure
```

인라인 클로저의 경우 함수 선언을 통해 파라미터의 자료형과 리턴형을 추론할 수 있습니다. 이 경우 인라인 클로저를 축약된 형태로 선언할 수 있습니다. 먼저 파라미터의 자료형과 리턴형을 생략할 수 있습니다.

Swift Closure/SimpleClosure.playground#Page3
```swift
performClosure ({ str in
    return "Hello, \(str)"
})
```

인라인 클로저가 하나의 return 명령문으로 구현되어 있다면 return 키워드를 생략할 수 있습니다. 이런 방식을 암시적 리턴이라고 합니다. 인라인 클로저에 두 개 이상의 문장이 포함되어 있는 경우에는 사용할 수 없습니다.

Swift Closure/SimpleClosure.playground#Page3
```swift
performClosure ({ str in
    "Hello, \(str)"
})
```

클로저는 클로저 내부에서 사용할 수 있는 축약된 인자 이름을 제공합니다. 예를 들어 첫 번째 인자의 이름은 $0, 두 번째 인자의 이름은 $1 입니다. 축약된 인자 이름을 사용하면 다음과 같이 파라미터 이름 선언과 in 키워드를 생략할 수 있습니다.

```
Swift  Closure/SimpleClosure.playground#Page3
performClosure ({ "Hello, \($0)" })
```

2.1 연산자 함수

클로저가 두 개의 파라미터를 비교한 후 결과를 Bool로 리턴한다면 인라인 클로저를 연산자 함수로
대체할 수 있습니다. 예를 들어 컬렉션을 정렬할 때 사용하는 sort 함수는 (Element, Element) →
(Bool) 자료형의 클로저를 파라미터로 받습니다. 이 클로저는 요소를 정렬하는 방식을 구현합니다. 숫
자 배열을 정렬하는 코드는 다음과 같이 구현할 수 있습니다.

```
Swift  Closure/OperatorFunction.playground#Page1
let numbers = [1, 7, 23, 5, 8, 3, 6]

#if swift(>=3.0)
let orderedNumbers = numbers.sorted(by: { (lhs: Int, rhs: Int) in
    return lhs < rhs
})
#else
let orderedNumbers = numbers.sort({ (lhs: Int, rhs: Int) in
    return lhs < rhs
})
#endif

print(orderedNumbers)
// [1, 3, 5, 6, 7, 8, 23]
```

인라인 클로저로 전달되는 파라미터의 자료형은 Int이고, Int는 값을 비교할 수 있는 〈 연산자를 연산
자 함수로 구현하고 있습니다. 그래서 인라인 클로저를 연산자 함수로 대체할 수 있습니다.

```
Swift  Closure/OperatorFunction.playground#Page2
let numbers = [1, 7, 23, 5, 8, 3, 6]

#if swift(>=3.0)
let orderedNumbers = numbers.sorted(by: <)

#else
let orderedNumbers = numbers.sort(<)
#endif

print(orderedNumbers)
// [1, 3, 5, 6, 7, 8, 23]
```

앞에서 설명한 인라인 클로저 축약 과정을 몇 차례 반복해 보시면 쉽게 이해할 수 있을 것입니다.

2.2 Trailing Closure

인라인 클로저는 함수의 호출 구문에 포함되는 형태이므로 클로저의 구현 부분이 단순한 경우에 적합합니다. 반대로 클로저의 구현이 복잡한 경우에는 트레일링 클로저로 구현하는 것이 좋습니다. 인라인 클로저와 트레일링 클로저의 가장 큰 차이는 클로저가 포함되는 위치입니다. 인라인 클로저는 함수 호출 시 사용하는 괄호 내부에 위치하고, 트레일링 클로저는 괄호 이후에 위치합니다.

Swift Closure/TrailingClosure.playground
```swift
// Inline Closure
performClosure ({ "Hello, \($0)" })

// Trailing Closure
performClosure() { "Hello, \($0)" }
```

트레일링 클로저는 클로저가 함수의 마지막 파라미터로 전달되는 경우에만 사용할 수 있습니다. 함수에 클로저 파라미터 하나만 존재하는 경우에는 ( )를 생략할 수 있습니다. 이러한 문법이 새로운 함수를 선언하는 것과 유사하고 실제 파라미터 수를 혼동할 수도 있기 때문에 주의해서 보아야 합니다.

Swift Closure/TrailingClosure.playground
```swift
performClosure { "Hello, \($0)" }
```

함수를 호출하는 문장에서 함수 이름 다음에 바로 { }가 온다면 이 함수는 하나의 파라미터를 가지고 있고, 이 파라미터는 트레일링 클로저라는 것을 직관적으로 유추할 수 있어야 합니다.

3. Capture Value

> **Beginner Note**
>
> 이번 단락은 클로저와 블록에 동일하게 적용되는 내용을 포함하고 있습니다. 두 용어를 분리해서 설명해야 하는 경우를 제외하고 클로저로 통일해서 사용합니다.

클로저는 자신이 선언되어 있는 범위에 있는 변수에 접근할 수 있습니다. 클로저는 외부에 선언되어 있는 변수를 클로저 내부에서 사용하기 위해 값을 획득합니다. 클로저가 획득한 값은 원래 범위를 벗어나더라도 클로저가 실행되는 동안 메모리에 유지됩니다.

값을 획득하는 방식은 두 가지로 구분할 수 있습니다. 첫 번째 방식은 값이 획득될 때 클로저 내부로 복사본이 전달되는 것으로 Objective-C 블록의 기본 동작입니다. 두 번째 방식은 복사본 대신 참조가 내부로 전달되는 것으로 Swift 클로저의 기본 동작입니다.

번 예제는 클로저 외부에 선언되어 있는 num 변수의 값을 클로저 내부에서 접근하는 코드를 보여줍니다. 앞에서 설명한 것과 같이 Objective-C 코드에서 블록 내부에서 접근하고 있는 num은 블록 외부에 선언되어 있는 num 변수의 복사본입니다. num 변수는 블록이 선언되는 시점에 획득되어 복사본이 블록 내부로 전달됩니다. 이후에 블록 외부에서 num 변수의 값을 변경하더라도 복사본의 값은 획득된 시점에 값을 유지합니다. 반대로 Swift 코드에서는 블록이 선언되는 시점에 num의 참조가 블록 내부로 전달됩니다. 그래서 외부에서 num 변수의 값을 변경하면 블록 내부에서 접근하는 num의 값도 변경됩니다.

Objective-C Block/CaptureValue/main.m
```objectivec
NSUInteger num = 0;

void (^block)(void) = ^{
    NSLog(@"inside of block: %ld", num);
};

num += 10;

NSLog(@"outside of block: %ld", num);

block();
// outside of block: 10
// inside of block: 0
```

Swift Closure/CaptureValue.playground
```swift
var num = 0

let closure = { print("inside of block: \(num)") }

num += 10

print("outside of block: \(num)")

closure()
// outside of block: 10
// inside of block: 10
```

이번에는 블록 내부에서 획득된 값을 변경하는 코드를 보겠습니다. Objective-C의 블록은 기본적으로 획득된 변수의 값을 변경할 수 없습니다. 반면 Swift는 획득된 변수의 값을 변경할 수 있고, 클로저 내부에서 num의 값을 변경하면 클로저 외부의 num 변수도 같은 값으로 변경됩니다.

Objective-C Block/BlockVariablesError/main.m
```objectivec
NSUInteger num = 0;

void (^block)(void) = ^{
    num += 10;        // Error
    NSLog(@"inside of block: %ld", num);
};

NSLog(@"outside of block: %ld", num);

block();
```

Swift Closure/EditCapturedValue.playground
```swift
var num = 0

let closure = {
    num += 10
    print("inside of block: \(num)")
}

print("outside of block: \(num)")
closure()
print("outside of block: \(num)")

// outside of block: 0
// inside of block: 10
// outside of block: 10
```

3.1 __block

Objective-C에서 블록이 획득한 변수의 값을 변경하려면 블록 외부에서 대상 변수를 __block 지시어로 선언해야 합니다. 이 지시어로 선언된 변수는 블록에서 획득할 때 복사본 대신 참조가 전달됩니다.

Objective-C Block/BlockVariables/main.m
```objectivec
__block NSUInteger num = 0;

void (^block)(void) = ^{
    num += 10;
    NSLog(@"inside of block: %ld", num);
};

NSLog(@"outside of block: %ld", num);
block();
NSLog(@"outside of block: %ld", num);
// outside of block: 0
// inside of block: 10
// outside of block: 10
```

__block 지시어로 선언된 변수는 자신이 포함된 범위와 블록의 범위가 모두 종료될 때까지 유지됩니다.

Swift에서 클로저가 획득하는 변수는 Objective-C에서 __block 지시어로 선언된 변수와 동일합니다. 하지만 항상 참조가 전달되는 것은 아닙니다. Swift 컴파일러는 최적화를 수행하면서 블록 내부에서 값을 변경하지 않는 변수를 복사하기도 합니다.

클로저를 사용할 때 가장 주의해야 하는 것은 값 획득으로 인해 순환 참조 문제가 발생할 수 있다는 것입니다. 이 문제를 해결하기 위해 주로 약한 참조와 클로저 획득 목록을 사용합니다. 자세한 내용은 메모리 관리 부분에서 설명합니다.

4. 클로저와 블록 활용

코코아 프레임워크는 클로저와 블록(이하 클로저로 통일)을 활용하는 다양한 메소드를 제공합니다. 예를 들어 NSString 클래스는 클로저를 통해 문자열을 라인별로 열거하는 enumerateLinesUsingBlock(_:) 메소드를 제공합니다. 이번 예제는 Apple 홈페이지의 HTML 코드를 문자열로 변환한 후 라인별로 출력합니다.

Objective-C Block/DownloadHTML/main.m
```
NSURL* url = [NSURL URLWithString:@"http://www.apple.com"];
NSString* str = [NSString stringWithContentsOfURL:url
encoding:NSUTF8StringEncoding error:nil];
[str enumerateLinesUsingBlock:^(NSString* line, BOOL* stop) {
    NSLog(@"%@", line);
}];
```

Swift의 String 역시 클로저를 활용한 메소드를 제공합니다.

Swift Closure/DownloadHTML.playground
```
#if swift(>=3.0)
if let url = URL(string: "http://www.apple.com") {
    let str = try String(contentsOf: url)
    str.enumerateLines(invoking: { (line, stop) in
        print(line)
    })
}
#else
if let url = NSURL(string: "http://www.apple.com") {
    let str = try String(contentsOfURL: url)
    str.enumerateLines({ (line, stop) in
        print(line)
    })
}
#endif
```

4.1 GCD

GCD는 멀티 스레드 프로그래밍을 위해 Apple에서 제공하는 기술입니다. GCD는 실행할 코드를 지정할 때 클로저와 블록을 사용합니다. 사실 클로저와 블록을 공부해야 하는 이유의 70% 이상이 GCD 때문이라고 해도 과언이 아닙니다. GCD에 대해서는 이후에 상세하게 설명합니다.

이번 예제에서 사용된 dispatch_after 함수는 지정된 시간이 경과된 후에 호출할 코드를 클로저와 블록으로 전달받습니다.

Objective-C
```objc
dispatch_after(dispatch_time(DISPATCH_TIME_NOW,
    (int64_t)(5 * NSEC_PER_SEC)), dispatch_get_main_queue(), ^{
    NSLog(@"Done!");
});
```

Swift
```swift
dispatch_after(dispatch_time(DISPATCH_TIME_NOW, Int64(5 * NSEC_PER_SEC)),
    dispatch_get_main_queue()) {
    print("Done")
}
```

4.2 Enumeration

컬렉션은 블록을 통해 열거 성능을 높일 수 있는 방법을 제공합니다. 예를 들어 NSArray 배열의 요소를 열거할 때 다음과 같은 코드를 사용하면 열거를 더 빠르게 실행합니다.

Objective-C Block/Enumeration/main.m
```objc
NSArray* list = @[@"Apple", @"Orange", @"Melon"];
[list enumerateObjectsWithOptions:NSEnumerationConcurrent
    usingBlock:^(id _Nonnull obj, NSUInteger idx, BOOL * _Nonnull stop) {
    NSLog(@"%@", obj);
}];
```

Swift Closure/Enumeration.playground
```swift
let list: NSArray = ["Apple", "Orange", "Melon"]

#if swift(>=3.0)
list.enumerateObjects(options: NSEnumerationOptions.concurrent) {
    (element, index, stop) in
    print(element)
}
#else
list.enumerateObjectsWithOptions(NSEnumerationOptions.Concurrent) {
    (element, index, stop) in
    print(element)
}
#endif
```

5. Summary

- Objective-C 블록은 아래와 같은 문법으로 선언할 수 있습니다.

  > **Objective-C**
  > ^리턴형 (파라미터 목록) {
  >   실행할 코드
  > }

- Objective-C에서 블록 변수는 아래와 같은 문법으로 선언합니다.

  > **Objective-C**
  > 블록의 리턴형 (^블록 변수 이름) (파라미터 자료형 목록)

- Swift의 클로저는 아래와 같은 문법으로 선언합니다.

  > **Swift**
  > { (파리미터 목록) -> 리턴형 in 실행할 코드 }

- Objective-C 블록과 Swift 클로저는 모두 참조 형식입니다.
- 블록과 클로저는 외부에 선언되어 있는 변수를 클로저 내부에서 사용할 때 값을 캡처합니다.
- 캡처한 값은 대상의 사용 범위에 관계없이 블록과 클로저가 실행되는 동안 메모리에 유지됩니다.
- Objective-C 블록은 값을 캡처할 때 복사본을 전달합니다.
- Objective-C에서 캡처한 값을 블록 내부에서 수정하려면 변수를 __block 지시어로 선언해야 합니다.
- Swift 클로저는 값을 캡처할 때 참조를 전달합니다.
- 블록과 클로저가 값을 캡처할 때 발생할 수 있는 참조 사이클 문제는 약한 참조와 클로저 캡처 목록을 통해 해결할 수 있습니다.

튜플 (Swift Only)

CHAPTER 15

두 개 이상의 값을 동시에 리턴하는 함수를 만들어야 한다고 가정해 보겠습니다. Objective-C는 주로 클래스나 구조체로 새로운 자료형을 만들거나 딕셔너리와 같은 컬렉션에 담아 리턴하는 방식으로 구현합니다. 메모리를 아껴야 하는 상황이라면 공용체를 사용하거나 비트 플래그를 이용할 수도 있습니다. 이러한 방식들은 새로운 자료형을 정의하거나 값을 조작하기 위해 까다로운 비트 연산을 수행해야 한다는 단점이 있습니다.

Swift는 튜플이라는 새로운 자료형을 도입하여 이 문제를 조금 더 간결하고 직관적으로 처리합니다. 파이썬 개발 경험을 가지고 있다면 튜플에 대해서 쉽게 이해할 수 있을 것입니다. 튜플은 두 개 이상의 값으로 구성된 복합 값 입니다. Int나 Double 같은 스칼라 형태의 자료형과 대비되는 개념으로 볼수 있고, 값을 변경할 수 없는 배열이라고 볼 수도 있습니다. 튜플은 구조체와 비교해 보면 더욱 쉽게 이해할 수 있습니다.

구조체와 유사한 특징
• 원하는 만큼 멤버를 추가할 수 있습니다.
• 멤버에 접근할 때 점 문법을 사용합니다.

구조체와 상반되는 특징
• 튜플은 선언 없이 사용할 수 있습니다.
• 튜플은 패턴 매칭을 지원합니다.
• 구조체는 let, var 키워드를 통해 멤버의 가변성을 지정할 수 있지만 튜플은 불가능합니다.
• 튜플은 생성자와 메소드를 구현할 수 없습니다.
• 튜플은 프로토콜을 채용할 수 없습니다.
• 튜플은 인덱스를 통해 익명 멤버에 접근할 수 있습니다.

1. Unnamed Tuples

Swift Tuple/Tuple.playground#Page1
```
let member = (1, "James", "Seoul", "010-0000-0000")
let result = (true, "1 record(s) fetched successfully.")
```

member는 하나의 정수와 3개의 문자열로 구성된 튜플이고, result는 하나의 불린 값과 문자열로 구성된 튜플입니다. 괄호 사이에 원하는 값을 ,로 구분하여 나열하면 간단하게 튜플을 구성할 수 있습니다. 이처럼 가장 단순한 형태의 튜플을 익명 튜플이라고 합니다. 멤버의 자료형은 형식추론을 통해 결정됩니다.

```Swift
(값 1, 값 2, 값 N)
```

튜플은 제한된 범위 내에서 특정 값을 하나로 묶어 편리하게 처리하기 위해 고안된 자료형일 뿐, 값이 초기화된 후에 변경할 수 없는 제약을 가지고 있어서 구조체나 클래스를 완전히 대체할 수는 없습니다. 프로그램 전체에서 공유되는 모델을 구성할 때는 여전히 구조체와 클래스 중 하나를 사용하는 것이 더 좋습니다.

2. Type Annotation

튜플의 자료형을 표현하는 방식은 매우 단순합니다. member의 자료형은 (Int, String, String, String)이고 result의 자료형은 (Bool, String)입니다. 튜플을 선언할 때 주로 자료형을 생략하지만, 필요에 따라 다음과 같이 자료형을 직접 지정할 수 있습니다.

```Swift Tuple/Tuple.playground#Page2
let member:(Int, String, String, String) = (1, "James", "Seoul", "010-0000-
    0000")
let result: (Bool, String) = (true, "1 record(s) fetched successfully.")
```

3. 튜플 값 읽기

튜플에 저장된 값을 읽을 때는 0부터 시작하는 인덱스를 사용합니다. 예를 들어 member 튜플에 저장되어 있는 첫 번째 값은 member.0 으로 읽을 수 있습니다. 튜플에 저장된 값은 읽기 전용이므로 새로운 값을 할당할 수 없습니다.

```Swift
튜플 인스턴스.인덱스
```

```Swift Tuple/Tuple.playground#Page3
let member = (1, "James", "Seoul", "010-0000-0000")
let result = (true, "1 record(s) fetched successfully.")

let memberId = member.0
print(memberId)
```

```
// 1

let name = member.1
print(name)
// James

let address = member.2
print(address)
// Seoul

let tel = member.3
print(tel)
// 010-0000-0000

let fetchResultMessage = result.1
print(fetchResultMessage)
// 1 record(s) fetched successfully.
```

이 예제는 member 튜플에 저장되어 있는 값을 인덱스를 통해 읽은 후 개별 상수에 저장하고 있습니다. 튜플의 분해 문법을 사용하면 조금 더 간략하게 구현할 수 있습니다. 이 문법으로 생성된 memberId, name, address, tel 상수는 조금 전 예제에서 선언했던 상수와 동일합니다.

Swift
```
let 또는 var (이름1, 이름2, 이름N) = 튜플
```

Swift Tuple/Tuple.playground#Page4
```
let member = (1, "James", "Seoul", "010-0000-0000")

let (memberId, name, address, tel) = member

print(memberId)
print(name)
print(address)
print(tel)
// 1
// James
// Seoul
// 010-0000-0000
```

튜플을 분해하는 과정에서 모든 값을 분해할 필요가 없다면 불필요한 값을 _ 문자로 제외할 수 있습니다. 예를 들어 member 튜플의 첫 번째 값을 제외하는 코드를 다음과 같이 구현할 수 있습니다.

Swift
```
let (_, name, address, tel) = member
```

만약 _ 문자를 사용하지 않고 아래와 같이 구현한 경우에는 컴파일 오류가 발생합니다. member 튜플에 저장된 값은 4개인데 분해 대상이 되는 상수는 3개만 지정되었기 때문입니다. 튜플을 분해할 때는 반드시 _ 문자 또는 유효한 변수, 상수 이름의 수와 튜플에 저장된 값의 수가 일치해야 합니다.

```Swift
let (name, address, tel) = member   // Error
```

분해 문법으로 선언된 상수는 동일한 범위 내에서 유효한 상수입니다. 즉, 이후에 동일한 이름을 가진 상수를 선언하는 것은 오류입니다.

```Swift
let member = (1, "James", "Seoul", "010-0000-0000")
let (memberId, name, address, tel) = member
// ..
let memberId = 123   // Error
```

4. Named Tuples

튜플에 저장된 값을 인덱스를 통해 읽는 것은 가독성 측면에서 불리합니다. member 튜플에 어떤 값들이 저장되어 있는지 모른다면 member.1로 회원의 이름을 읽을 수 있다는 것을 파악하는 것은 불가능합니다. 튜플 분해 문법이 가독성에 도움을 주지만 튜플에 저장된 값의 역할을 파악하고 있어야 합니다.

튜플은 저장된 값의 이름을 지정하지 않으면 0부터 시작하는 숫자를 기본 이름으로 할당합니다. 지금까지 사용했던 인덱스는 실제로 튜플이 자동으로 할당한 이름이었습니다. 튜플을 생성할 때 값의 성격을 파악할 수 있는 이름을 지정하면 코드의 가독성이 좋아집니다. 이러한 튜플을 기명 튜플이라고 합니다.

Named Tuple을 생성하는 문법은 Type Annotation 문법과 유사하기 때문에 혼동하지 않도록 주의해야 합니다. 값과 이름은 : 으로 구분되고 : 의 왼쪽에는 값의 이름이, 오른쪽에는 값이 옵니다. 예제에서 사용했던 member 튜플을 Named Tuple로 변경해 보겠습니다.

```Swift
(이름 1: 값 1, 이름 2: 값 2, 이름 N, 값 N)
```

Swift Tuple/Tuple.playground#Page5

```swift
let member = (id: 1, name: "James", address: "Seoul", phone: "010-0000-
    0000")

let memberId = member.id
let name = member.name
let address = member.address
let tel = member.phone
```

5. Summary

• 튜플은 두 개 이상의 값을 하나의 이름으로 저장할 수 있는 형식입니다.
• 익명 튜플은 ( ) 사이에 값을 나열하여 선언할 수 있습니다.

> **Swift**
> (값 1, 값 2, 값 N)

• 튜플에 저장된 값은 인덱스를 통해 읽을 수 있습니다.

> **Swift**
> 튜플 인스턴스.인덱스

• 튜플 분해 문법을 통해 튜플에 저장된 값을 개별 상수에 바인딩할 수 있습니다.

> **Swift**
> let 또는 var (이름1, 이름2, 이름N) = 튜플

• 튜플 분해 과정에서 불필요한 값은 _ 문자로 제외할 수 있습니다.
• 기명 튜플은 ( ) 사이에 값과 이름을 :로 구문하여 선언할 수 있습니다

> **Swift**
> (이름 1: 값 1, 이름 2: 값 2, 이름 N, 값 N)

• 기명 튜플에 저장된 값은 인덱스와 이름으로 접근할 수 있습니다.

컬렉션

컬렉션은 데이터의 모음을 쉽게 처리하기 위해 사용하는 특별한 자료형입니다. 컬렉션은 데이터를 효율적으로 저장하고 관리할 수 있는 다양한 기능을 제공합니다. 대표적인 컬렉션으로 배열, 딕셔너리, 셋이 있습니다.

배열은 데이터를 순서대로 저장하는 컬렉션입니다. 이 책의 초반에 공부했던 C 스타일의 배열과 달리 클래스 또는 구조체로 구현되어 있어 더 많은 기능을 제공하고 필요에 따라 확장할 수 있습니다. 딕셔너리는 사전과 같이 키와 값을 하나의 쌍으로 저장하는 컬렉션이고, 셋은 수학에서 배운 집합 연산을 편리하게 수행할 수 있는 컬렉션입니다.

컬렉션에 대해 공부하기 전에 몇 가지 용어에 대해 알아보겠습니다. 컬렉션에 저장된 개별 데이터를 요소라고 부릅니다. 딕셔너리에 저장되는 요소는 데이터에 해당되는 값과 이 값에 접근할 때 사용하는 키로 구성됩니다. 키와 값을 하나로 묶어서 엔트리라고 부르기도 하지만 이 책에서는 요소로 통일해서 표기합니다.

컬렉션은 메소드를 통해 공통적인 기능을 제공하지만 컬렉션 고유의 특징에 따라서 성능에 차이가 날 수 있습니다. 그래서 각 컬렉션의 특징을 이해하고 올바르게 사용하는 것이 중요합니다. 이 책은 Objective-C 컬렉션을 설명할 때 Foundation 프레임워크에서 제공하는 컬렉션 클래스(이하 Foundation 컬렉션)를 기준으로 설명합니다. Swift 컬렉션은 Swift Standard Library에서 제공하는 컬렉션 자료형을 기준으로 설명합니다.

Foundation 컬렉션에 저장할 수 있는 요소는 객체로 제한됩니다. 그래서 원시 자료형으로 저장된 값, 구조체 값 등은 반드시 NSNumber, NSValue 객체로 박싱한 후 저장해야 합니다. 컬렉션이 저장할 수 있는 자료형은 제한이 없기 때문에 서로 다른 자료형의 객체를 하나의 컬렉션에 함께 저장할 수 있습니다.

Swift 컬렉션은 구조체로 구현된 일반화 컬렉션입니다. 컬렉션에 저장할 수 있는 자료형에 제한이 없는 Foundation 컬렉션과 달리 저장할 요소의 자료형을 선언시점에 명확히 지정합니다. 그래서 서로 다른 자료형의 요소를 동일한 컬렉션에 추가하는 것은 허용되지 않습니다. 요소의 실제 자료형을 확인하기 위한 코드를 작성할 필요가 없으며 잘못된 자료형으로 처리하여 발생할 수 있는 오류를 사전에 차단합니다. 참조 형식과 값 형식을 모두 저장할 수 있고, 특히 값 형식을 박싱 없이 바로 저장할 수 있습니다.

1. 컬렉션의 가변성

컬렉션은 초기화 후에 요소를 편집(추가, 수정, 삭제) 할 수 있는가에 따라서 가변형과 불변형으로 구분됩니다. 불변 컬렉션은 일반적으로 개별 요소에 접근하고 모든 요소를 열거하거나 검색하는 기능을 제공합니다. 가변 컬렉션은 불변 컬렉션이 제공하는 기능에 더해 요소를 편집할 수 있는 기능을 제공합니다.

Foundation 프레임워크는 세 가지 대표적인 불변 컬렉션 클래스와 이들을 상속한 가변 컬렉션 클래스를 제공합니다. Swift 컬렉션은 별도의 자료형으로 구분하지 않고 let, var 키워드를 통해 컬렉션의 가변성을 결정합니다.

	불변형	가변형
Foundation 컬렉션	NSArray	NSMutableArray
	NSDictionary	NSMutableDictionary
	NSSet	NSMutableSet
Swift 컬렉션	let으로 선언	var로 선언

컬렉션의 가변성은 컬렉션에 저장된 요소의 가변성에 영향을 주지 않습니다. 예를 들어 불변 컬렉션에 가변 문자열이 저장되어 있다고 가정해 보겠습니다. 컬렉션에 새로운 가변 문자열을 추가하는 것은 불가능 하지만 문자열 자체의 내용을 변경하는 것은 가능합니다. 가변 문자열을 불변 컬렉션에 저장한다고 해서 문자열 자체가 불변 문자열이 되는 것은 아닙니다. 반대로 가변 컬렉션에 불변 문자열을 저장하면, 컬렉션에 새로운 문자열을 추가할 수 있지만 문자열의 내용은 변경할 수 없습니다.

컬렉션을 가변형과 불변형으로 구분하는 것을 통해 얻게 되는 가장 큰 이점은 스레드 안정성입니다. 불변 컬렉션은 동시에 여러 스레드에서 접근해도 안전합니다. 하지만 가변 컬렉션은 여러 스레드가 동시에 값을 변경할 경우 오류가 발생하거나 의도하지 않은 결과를 얻을 수 있습니다. 컬렉션이 생성된 후 저장된 요소를 수정할 필요가 없다면 항상 불변 컬렉션을 사용하는 것이 좋습니다.

2. Swift 컬렉션 최적화

Swift 컬렉션은 모두 구조체로 구현된 값 형식입니다. Foundation 컬렉션의 경우 참조가 사용되는 것과 대조적으로 값이 사용될 때마다 복사되어야 합니다. 컬렉션 자료형은 Int, Double과 같은 스칼라 자료형에 비해 상대적으로 큰 데이터를 저장하고 있기 때문에 매번 복사를 수행하는 것은 성능에 나쁜 영향을 줍니다. Swift 컬렉션은 이러한 단점을 극복하기 위해서 문자열과 마찬가지로 반드시 복사가 필요한 경우에만 실제 복사를 수행하도록 최적화하고 있습니다.

이해를 돕기 위해 10,000개의 숫자를 저장하고 있는 배열이 있다고 가정하겠습니다. 이 배열을 다른 변수에 할당하면 값 형식의 특성상 10,000개의 숫자가 복사되어야 합니다. 두 배열의 내용이 동일한 경우에도 복사되기 때문에 메모리 공간의 낭비가 심해집니다. Swift 컬렉션은 copy-on-write 최적화로 이 문제를 해결합니다. 배열의 내용이 변경되지 않는 한 두 배열은 메모리에 저장된 동일한 데이터를 사용합니다. 특정 시점에 배열의 내용을 변경하면 복사본을 생성하고 변경사항을 적용합니다. 이처럼 매번 복사를 수행하지 않고 실제 복사가 필요한 시점까지 연기함으로써 불필요한 메모리 공간 낭비와 성능 저하를 막는 것입니다.

3. 배열

배열은 요소를 순서대로 정렬하는 컬렉션입니다. 요소에 접근하기 위해 인덱스를 사용하며 동일한 요소를 중복 저장할 수 있습니다. Foundation 컬렉션에서 배열을 대표하는 클래스는 NSArray, NSMutableArray 입니다. 요소의 자료형에 관계없이 모든 객체를 하나의 배열에 저장할 수 있습니다. Swift 컬렉션에서 배열을 대표하는 자료형은 Array이고 객체로 대표되는 참조 형식과 값 형식을 모두 저장할 수 있지만 요소의 자료형이 동일해야 합니다.

Objective-C에서 배열 리터럴은 @[와] 사이에 요소를 나열한 형태로 표현합니다.

> **Objecitve-C**
> ```
> @[요소1, 요소2, 요소3, 요소N]
> @[] // 빈 배열
> ```

Swift의 배열 리터럴은 Objective-C 배열 리터럴에서 @가 빠진 형태로 표현합니다. Swift에서는 Foundation 컬렉션, Swift 컬렉션에 관계없이 동일한 리터럴을 사용합니다.

> **Swift**
> ```
> [요소1, 요소2, 요소3, 요소N]
> [] // 빈 배열
> ```

배열 리터럴은 배열은 선언과 동시에 초기화할 때 매우 유용합니다. 예를 들어 문자열 배열은 다음과 같이 선언하고 초기화할 수 있습니다.

> **Objective-C** Collection/Array/MakeNewArray/MakeNewArrayObjC/main.m#Block1
> ```
> NSArray* stringArray = @[@"Apple", @"Orange", @"Banana"];
> ```

> **Swift** Collection/Array/MakeNewArray/MakeNewArray.playground#Page1
> ```
> // Swift Array
> let stringArray = ["Apple", "Orange", "Banana"]
>
> // Foundation Array
> let stringNSArray: NSArray = ["Apple", "Orange", "Banana"]
> ```

리터럴 대신 생성자를 사용한다면 다음과 같이 구현할 수 있습니다. Objective-C에서 arrayWith
Objects(_:) 메소드를 사용할 때 주의할 점은 반드시 마지막에 nil을 전달해야 한다는 것입니다. 그렇
지 않을 경우 런타임 오류가 발생할 수 있습니다. nil은 가변 파라미터로 전달된 객체 목록의 마지막
을 판단하는 기준으로 사용될 뿐 실제 요소로 저장되지 않습니다. 만약 nil을 요소로 저장하고 싶다면
NSNull 객체로 박싱해야 합니다.

Objective-C Collection/Array/MakeNewArray/MakeNewArrayObjC/main.m#Block2
```
NSArray* stringArray = [NSArray arrayWithObjects:@"Apple", @"Orange",
    @"Banana", nil];
```

Swift Collection/Array/MakeNewArray/MakeNewArray.playground#Page2
```
let stringArray = Array(["Apple", "Orange", "Banana"])
let stringNSArray = NSArray(objects: "Apple", "Orange", "Banana")
```

배열을 선언할 때 초기화할 요소가 없다면 빈 배열을 생성할 수 있습니다. 빈 배열은 나중에 새로운
요소를 추가할 수 없다면 의미가 없기 때문에 불변 배열을 빈 배열로 선언하는 경우는 거의 없습니다.
Objective-C에서 배열 리터럴의 자료형은 NSArray이기 때문에 NSMutableArray를 빈 배열로 초
기화하는데 사용할 수 없다는 점을 기억해 두시기 바랍니다.

Objective-C Collection/Array/MakeNewArray/MakeNewArrayObjC/main.m#Block3
```
NSMutableArray* emptyArray = [NSMutableArray array];
```

Swift Collection/Array/MakeNewArray/MakeNewArray.playground#Page3
```
let emptyArray1: NSMutableArray = []
let emptyArray2 = NSMutableArray()

var emptyStringArray1: Array<String> = []
var emptyStringArray2 = Array<String>()
var emptyStringArray3: [String] = []
var emptyStringArray4 = [String]()
```

Swift에서 배열 리터럴을 통해 빈 배열을 생성할 때는 반드시 배열에 저장할 자료형을 지정해야 합니
다. Swift 배열은 동일한 자료형의 요소를 저장해야하기 때문에 선언 시점에 요소의 자료형을 파악할
수 있어야 합니다. 문자열 요소가 포함된 배열 리터럴로 초기화하는 경우에는 형식 추론을 통해 요소
의 자료형을 유추할 수 있지만 빈 배열 리터럴에는 형식 추론에 필요한 정보가 없습니다.

Swift
```
var emptyArray = [] // 오류
```

Swift 배열의 자료형은 기본적은 다음과 같은 형식으로 표현합니다.

> **Swift**
>
> Array<요소의 자료형>

그리고 [ ]을 사용한 단축 문법을 제공합니다. Swift에서는 단축 문법을 주로 사용하며 이 책에서도 단축 문법을 주로 사용합니다.

> **Swift**
>
> [요소의 자료형]

Beginner Note

Swift에는 다양한 단축 문법이 제공되면 이러한 문법을 "Sugar" syntax 라고 부릅니다. Sugar Syntax는 기존 문법을 사용하기 쉽고 직관적으로 이해할 수 있도록 만들어진 문법입니다. 개발자의 입맛에 맞는 달달한 문법이기 때문에 설탕이 들어가 있는 센스 있는 이름을 가지게 되었고, Syntactic Sugar라는 이름으로 부르기도 합니다.

Expert Note

Swift 컬렉션을 선언할 때 요소의 자료형을 Any 또는 AnyObject로 지정하면 Foundation 컬렉션처럼 자료형에 관계없이 객체나 값을 저장할 수 있습니다. 그러나 반드시 필요한 경우가 아니면 사용하지 말아야 할 안티패턴 중 하나입니다.

3.1 배열에 포함된 요소의 수

배열에 포함된 요소의 수는 count 속성으로 확인할 수 있습니다. 배열이 비어있는지 확인하려면 count 속성의 값을 0과 비교합니다. Array 배열의 경우 isEmpty 속성을 사용할 수 있습니다.

Objective-C Collection/Array/Count/CountObjC/main.m

```objc
NSArray* fruits = @[@"Apple", @"Orange", @"Banana"];
NSUInteger countOfFruits = fruits.count;

if (countOfFruits > 0) {
    NSLog(@"%ld element(s)", countOfFruits);
} else {
    NSLog(@"empty array");
}
// 3 element(s)
```

```swift
let fruits = ["Apple", "Orange", "Banana"]
let countOfFruits = fruits.count

if !fruits.isEmpty {
    print("\(countOfFruits) element(s)")
} else {
    print("empty array")
}
// 3 element(s)
```

3.2 요소에 접근

배열에 저장된 요소는 정수 인덱스를 통해 접근할 수 있습니다. 인덱스는 NSArray 클래스에서 제공하는 메소드 또는 서브스크립트 문법으로 전달합니다. 배열의 인덱스는 0부터 시작하므로 첫 번째 요소의 인덱스는 0, 마지막 요소의 인덱스는 "배열에 포함된 요소의 수 − 1" 입니다.

NSArray 클래스는 특정 인덱스에 있는 요소를 리턴하는 objectAtIndex(_:) 메소드를 제공합니다.

Objective-C Collection/Array/AccessElement/AccessElementObjC/main.m#Block1

```objc
NSArray* fruits = @[@"Apple", @"Orange", @"Banana"];
NSString* first = [fruits objectAtIndex:0];
NSLog(@"%@", first);

NSString* last = [fruits objectAtIndex:fruits.count - 1];
NSLog(@"%@", last);

// Apple
// Banana
```

Swift Collection/Array/AccessElement/AccessElement.playground#Page1

```swift
let fruits: NSArray = ["Apple", "Orange", "Banana"]

#if swift(>=3.0)
let first = fruits.object(at: 0)
#else
let first = fruits.objectAtIndex(0)
#endif

#if swift(>=3.0)
let last = fruits.object(at: fruits.count - 1)
#else
let last = fruits.objectAtIndex(fruits.count - 1)
#endif
```

```
print(first)
print(last)
// Apple
// Banana
```

이 메소드는 거의 사용되지 않으며 서브스크립트 문법을 주로 사용합니다.

Objective-C Collection/Array/AccessElement/AccessElementObjC/main.m#Block2
```objc
NSArray* fruits = @[@"Apple", @"Orange", @"Banana"];
NSString* first = fruits[0];
NSString* last = fruits[fruits.count - 1];
```

Swift Collection/Array/AccessElement/AccessElement.playground#Page2
```swift
let fruits: NSArray = ["Apple", "Orange", "Banana"]
let first = fruits[0]
let last = fruits[fruits.count - 1]
```

인덱스는 항상 유효한 범위 내에 있어야 합니다. 만약 인덱스가 0보다 작거나 배열에 포함된 요소의 수와 크거나 같다면 런타임에 예외(NSRangeException)가 발생합니다. 그래서 인덱스를 사용하기 전에 if 조건문을 통해 인덱스의 범위를 확인하는 것이 안전합니다.

Objective-C Collection/Array/AccessElement/AccessElementObjC/main.m#Block3
```objc
NSArray* fruits = @[@"Apple", @"Orange", @"Banana"];
NSInteger index = 100;
if (index >= 0 && index < fruits.count) {
    NSLog(@"%@", fruits[index]);
} else {
    NSLog(@"Out of bounds");
}
// Out of bounds
```

Swift Collection/Array/AccessElement/AccessElement.playground#Page3
```swift
let fruits: NSArray = ["Apple", "Orange", "Banana"]
let index = 100
if index >= 0 && index < fruits.count {
    print(fruits[index])
} else {
    print("Out of bounds")
}
// Out of bounds
```

Array 배열은 startIndex, endIndex 속성을 제공합니다. 첫 번째 인덱스와 마지막 인덱스를 정수로 지정하는 것보다 속성을 제공하는 값을 사용하는 것이 안전합니다. endIndex 속성은 배열의 마지막 요소 다음의 인덱스를 리턴합니다. 그러므로 유효한 인덱스 범위는 startIndex 부터 endIndex - 1 까지 입니다.

```
Swift  Collection/Array/AccessElement/AccessElement.playground#Page4
let fruits = ["Apple", "Orange", "Banana"]
let index = 100
if index >= fruits.startIndex && index < fruits.endIndex {
    // …
}
```

배열은 첫 번째 요소와 마지막 요소에 접근할 수 있는 특별한 속성을 제공합니다. NSArray 배열은 firstObject와 lastObject, Array 배열은 first, last라는 이름을 사용합니다. 이 속성들은 배열이 비어있는 경우 nil을 리턴하므로 값을 사용하기 전에 유효한 값이 리턴되었는지 확인해야 합니다. Swift에서는 if 조건문 보다 옵셔널 바인딩 문법을 활용하는 것이 좋습니다.

```
Objective-C  Collection/Array/AccessElement/AccessElementObjC/main.m#Block4
NSArray* fruits = @[@"Apple", @"Orange", @"Banana"];
NSString* first = fruits.firstObject;
if (first != nil) {
    // ...
}

NSString* last = fruits.lastObject;
if (last != nil) {
    // ...
}
```

```
Swift  Collection/Array/AccessElement/AccessElement.playground#Page5
let fruits = ["Apple", "Orange", "Banana"]

if let first = fruits.first {
    // ...
}

if let last = fruits.last {
    // ...
}
```

3.3 요소 검색

containsObject(_:) 메소드는 파라미터로 전달된 객체가 NSArray 배열에 포함되어 있는지 확인합니다. 이 메소드는 파라미터로 전달된 객체의 isEqual(_:) 메소드를 통해 객체를 비교합니다.

Objective-C Collection/Array/Existence/ExistenceObjC/main.m

```objc
NSArray* alphabet = @[@"A", @"B", @"C", @"D", @"E"];
if ([alphabet containsObject:@"A"]) {
    NSLog(@"contains A");
}
```

Swift Collection/Array/Existence/Existence.playground#Page1

```swift
let alphabet: NSArray = ["A", "B", "C", "D", "E"]

#if swift(>=3.0)
if alphabet.contains("A") {
    print("contains A")
}
#else
if alphabet.containsObject("A") {
    print("contains A")
}
#endif
// contains A
```

특정 요소의 인덱스를 파악하고 싶다면 indexOfObject(_:) 메소드를 사용합니다. 배열에 전달된 요소가 포함되어 있다면 해당 요소의 인덱스가 리턴되고, 포함되어 있지 않다면 NSNotFound가 리턴됩니다.

Objective-C Collection/Array/FindIndex/FindIndexObjC/main.m

```objc
NSArray* alphabet = @[@"A", @"B", @"C", @"D", @"E"];
NSUInteger index = [alphabet indexOfObject:@"C"];
if (index != NSNotFound) {
    NSLog(@"index of C: %ld", index);
}
// index of C: 2
```

```swift
let alphabet: NSArray = ["A", "B", "C", "D", "E"]

#if swift(>=3.0)
let index = alphabet.index(of: "C")
#else
let index = alphabet.indexOfObject("C")
#endif

if index != NSNotFound {
    print("index of C: \(index)")
}
// index of C: 2
```

검색 조건을 지정하여 조건과 일치하는 요소를 파악하고 싶다면 NSArray의 filteredArrayUsing Predicate(_:) 메소드를 사용합니다. 이 메소드는 검색 조건을 지정하는 NSPredicate 객체를 통해 요소를 비교한 후 조건이 일치하는 요소들을 새로운 배열로 리턴합니다. NSMutableArray 역시 유사한 메소드를 제공하는데 가변 배열의 특성상 새로운 배열을 리턴하지 않고 현재 배열에 포함된 요소 중 조건이 일치하는 요소를 제외한 나머지 요소를 삭제합니다.

> #### Beginner Note
>
> Predicate는 검색 조건을 지정하기 위해 사용합니다. NSPredicate 클래스를 통해 구현되며 배열, 코어 데이터, 스포트라이트 등 다양한 범위에서 활용됩니다.

```objc
NSPredicate* prefixPredicate = [NSPredicate
    predicateWithFormat:@"SELF BEGINSWITH %@", @"i"];
NSArray* productNames = @[@"iPhone", @"iPad", @"Mac Pro", @"iPad Pro",
    @"Macbook Pro"];
NSArray* filteredArray = [productNames
    filteredArrayUsingPredicate:prefixPredicate];
NSLog(@"%@", filteredArray);
// ["iPhone", "iPad", "iPad Pro"]

prefixPredicate = [NSPredicate
    predicateWithFormat:@"SELF ENDSWITH %@", @"o"];
NSMutableArray* mutableProductNames = [NSMutableArray
    arrayWithArray:productNames];
[mutableProductNames filterUsingPredicate:prefixPredicate];
NSLog(@"%@", mutableProductNames);
// ["""Mac Pro", "iPad Pro", "Macbook Pro"]
```

Swift Collection/Array/FilterUsingPredicate/FilterUsingPredicate.playground

```
let productNames: NSArray = ["iPhone", "iPad", "Mac Pro", "iPad Pro",
    "Macbook Pro"]

#if swift(>=3.0)
let prefixPredicate = Predicate(format: "SELF BEGINSWITH %@", "i")
let filteredArray = productNames.filtered(using: prefixPredicate)
#else
let prefixPredicate = NSPredicate(format: "SELF BEGINSWITH %@", "i")
let filteredArray = productNames.filteredArrayUsingPredicate(
    prefixPredicate)
#endif

print(filteredArray)
// ["iPhone", "iPad", "iPad Pro"]

let mutableProductNames = NSMutableArray(array: productNames)

#if swift(>=3.0)
let suffixPredicate = Predicate(format: "SELF ENDSWITH %@", "o")
mutableProductNames.filter(using: suffixPredicate)
#else
let suffixPredicate = NSPredicate(format: "SELF ENDSWITH %@", "o")
mutableProductNames.filterUsingPredicate(suffixPredicate)
#endif

print(mutableProductNames)
// [""Mac Pro", "iPad Pro", "Macbook Pro"]
```

Array 배열에서 지정된 요소가 포함되어 있는지 확인하는 메소드는 contains(_:) 입니다. 이 메소드는 클로저를 통해 검색 조건을 더욱 상세하게 구현할 수 있습니다.

Swift Collection/Array/Existence/Existence.playground#Page2

```
let alphabet = ["A", "B", "C", "D", "E"]
if alphabet.contains("C") {
    print("contains C")
}
// contains C

#if swift(>=3.0)
if alphabet.contains(where: { $0 == "A"}) {
    print("contains A")
}
#else
if alphabet.contains({ $0 == "A"}) {
    print("contains A")
}
#endif

// contains A
```

Array는 NSPredicate 객체를 사용해서 검색 조건을 지정하는 NSArray와 달리 클로저를 통해 검색 조건을 구현합니다.

Swift Collection/Array/FilterUsingClosure.playground
```swift
let productNames = ["iPhone", "iPad", "Mac Pro", "iPad Pro", "Macbook Pro"]
let filteredArray = productNames.filter { (element) -> Bool in
    return element.hasPrefix("i")
}
print(filteredArray)
// ["iPhone", "iPad", "iPad Pro"]
```

indexOf(_:) 메소드는 파라미터로 전달된 요소의 인덱스를 옵셔널로 리턴합니다. 즉, 전달된 요소가 배열에 존재한다면 요소의 인덱스가 리턴되고, 존재하지 않는다면 nil이 리턴됩니다. NSNotFound 상수를 통해 검색 결과를 리턴하는 NSArray와 대조되는 부분입니다.

Swift Collection/Array/FindIndex/FindIndex.playground#Page2
```swift
let alphabet = ["A", "B", "C", "D", "E"]
#if swift(>=3.0)
if let index = alphabet.index(of: "C") {
    print("index of C: \(index)")
}
#else
if let index = alphabet.indexOf("C") {
    print("index of C: \(index)")
}
#endif
// index of C: 2
```

3.4 배열 비교

두 배열이 동일한 배열인지 판단하는 조건은 두 가지입니다. 첫 번째 조건은 요소의 순서이고 두 번째 조건은 isEqual(_:) 메소드의 결과(NSArray) 또는 == 연산자로 비교한 결과(Array)입니다. 배열에 포함된 모든 요소가 동일한 순서대로 저장되어 있고 동일한 인덱스를 isEqual(_:) 메소드로 비교한 결과가 true라면 두 배열은 동일한 배열이라고 판단합니다.

NSArray 배열을 비교하는 메소드는 isEqualToArray(_:) 입니다. 예를 들어 다음과 같이 문자열 배열을 비교하면 요소가 저장된 순서와 대소문자가 완전히 일치하는 경우에만 같은 배열로 판단합니다. NSString의 isEqual(_:) 메소드는 대소문자가 동일한 경우에만 true를 리턴하기 때문입니다.

Objective-C Collection/Array/Compare/CompareObjC/main.m#Block1
```objc
NSArray* alphabet = @[@"A", @"B", @"C", @"D", @"E"];
NSArray* upper = @[@"A", @"B", @"C", @"D", @"E"];
NSArray* shuffled = @[@"E", @"B", @"C", @"A", @"D"];
```

```objc
NSArray* lower = @[@"a", @"b", @"c", @"d", @"e"];
NSArray* mixed = @[@"A", @"b", @"C", @"d", @"e"];

if ([alphabet isEqualToArray:upper]) {
    NSLog(@"alphabet == upper");
} else {
    NSLog(@"alphabet != upper");
}

if ([alphabet isEqualToArray:shuffled]) {
    NSLog(@"alphabet == shuffled");
} else {
    NSLog(@"alphabet != shuffled");
}

if ([alphabet isEqualToArray:lower]) {
    NSLog(@"alphabet == lower");
} else {
    NSLog(@"alphabet != lower");
}

if ([alphabet isEqualToArray:mixed]) {
    NSLog(@"alphabet == mixed");
} else {
    NSLog(@"alphabet != mixed");
}

// alphabet == upper
// alphabet != shuffled
// alphabet != lower
// alphabet != mixed
```

Swift Collection/Array/Compare/Compare.playground#Page1

```swift
let alphabet: NSArray = ["A", "B", "C", "D", "E"]
let upper = ["A", "B", "C", "D", "E"];
let shuffled = ["E", "B", "C", "A", "D"];
let lower = ["a", "b", "c", "d", "e"];
let mixed = ["A", "b", "C", "d", "e"];

#if swift(>=3.0)
if alphabet.isEqual(to: upper) {
    print("alphabet == upper")
} else {
    print("alphabet != upper")
}

if alphabet.isEqual(to: shuffled) {
    print("alphabet == shuffled")
} else {
```

```
        print("alphabet != shuffled")
    }

    if alphabet.isEqual(to: lower) {
        print("alphabet == lower")
    } else {
        print("alphabet != lower")
    }

    if alphabet.isEqual(to: mixed) {
        print("alphabet == mixed")
    } else {
        print("alphabet != mixed")
    }
#else
    if alphabet.isEqualToArray(upper) {
        print("alphabet == upper")
    } else {
        print("alphabet != upper")
    }

    if alphabet.isEqualToArray(shuffled) {
        print("alphabet == shuffled")
    } else {
        print("alphabet != shuffled")
    }

    if alphabet.isEqualToArray(lower) {
        print("alphabet == lower")
    } else {
        print("alphabet != lower")
    }

    if alphabet.isEqualToArray(mixed) {
        print("alphabet == mixed")
    } else {
        print("alphabet != mixed")
    }
#endif

// alphabet == upper
// alphabet != shuffled
// alphabet != lower
// alphabet != mixed
```

NSArray 배열을 비교할 때 isEqual(_:)의 결과로 인해 원하는 결과를 얻을 수 없다면 배열의 모든 요소를 열거하면서 두 배열에 포함된 요소를 비교하는 코드를 직접 구현해야 합니다. 이번 예제는 요소의 대소문자에 관계없이 요소의 수와 저장된 순서가 같다면 동일한 배열로 판단하도록 구현한 코드입니다.

Objective—C Collection/Array/Compare/CompareObjC/main.m#Block2

```objectivec
NSArray* alphabet = @[@"A", @"B", @"C", @"D", @"E"];
NSArray* lower = @[@"a", @"b", @"c", @"d", @"e"];

BOOL equal = YES;
if ([alphabet count] == [lower count]) {
    for (int i = 0; i < [alphabet count]; i++) {
        NSString* lhs = alphabet[i];
        NSString* rhs = lower[i];
        if ([lhs caseInsensitiveCompare:rhs] != NSOrderedSame) {
            equal = NO;
            break;
        }
    }
}

if (equal) {
    NSLog(@"alphabet == lower");
} else {
    NSLog(@"alphabet != lower");
}
// alphabet == lower
```

Swift Collection/Array/Compare/Compare.playground#Page2

```swift
let alphabet: NSArray = ["A", "B", "C", "D", "E"]
let lower = ["a", "b", "c", "d", "e"];

var equal = true
if alphabet.count == lower.count {
    for i in 0..<alphabet.count {
        let lhs = alphabet[i] as! NSString
        let rhs = lower[i]

        #if swift(>=3.0)
            if lhs.caseInsensitiveCompare(rhs) != .orderedSame {
                equal = false
                break
            }
        #else
            if lhs.caseInsensitiveCompare(rhs) != .OrderedSame {
                equal = false
                break
            }
        #endif
    }
}

if equal {
```

```
        print("alphabet == lower")
} else {
        print("alphabet != lower")
}
// alphabet == lower
```

Array는 isEqualToArray(_:) 메소드에 대응하는 elementsEqual(_:) 메소드를 제공합니다. 이 메소드 역시 요소의 순서가 동일하고 두 요소를 == 연산자로 비교한 결과가 true인 경우에만 동일한 배열로 판단합니다. Swift는 == 연산자로 요소뿐만 아니라 배열 자체를 비교할 수 있기 때문에 elementsEqual(_:) 메소드 대신 사용할 수 있습니다.

Swift Collection/Array/Compare/Compare.playground#Page3
```
let alphabet = ["A", "B", "C", "D", "E"]
let lower = ["a", "b", "c", "d", "e"];

if alphabet == lower {
        print("alphabet == lower")
} else {
        print("alphabet != lower")
}
// alphabet != lower
```

elementsEqual(_:isEquivalent:) 메소드는 요소의 비교 조건을 상세하게 지정할 때 활용합니다. 비교 조건은 클로저로 전달합니다. 이 클로저는 두 개의 요소를 비교한 결과를 Bool로 리턴합니다.

Swift Collection/Array/Compare/Compare.playground#Page4
```
let alphabet = ["A", "B", "C", "D", "E"]
let lower = ["a", "b", "c", "d", "e"];

#if swift(>=3.0)
if alphabet.elementsEqual(lower,
    isEquivalent: { $0.lowercased() == $1.lowercased() }) {
    print("alphabet == lower")
} else {
    print("alphabet != lower")
}
#else
if alphabet.elementsEqual(lower,
    isEquivalent: { $0.lowercaseString == $1.lowercaseString }) {
    print("alphabet == lower")
} else {
    print("alphabet != lower")
}
#endif
```

3.5 새로운 요소 추가

NSMutableArray 클래스는 새로운 요소를 추가할 수 있는 메소드를 제공합니다. addObject(_:) 메소드는 새로운 요소를 배열의 마지막에 추가하고, insertObject(_:atIndex:) 메소드는 원하는 위치에 새로운 요소를 추가합니다.

Objective-C Collection/Array/Insert/InsertObjC/main.m
```objectivec
NSMutableArray* alphabet = [NSMutableArray array];
[alphabet addObject:@"B"];
NSLog(@"%@", alphabet);
// ["B"]

[alphabet insertObject:@"A" atIndex:0];
NSLog(@"%@", alphabet);
// ["A", "B"]
```

Swift Collection/Array/Insert/Insert.playground#Page1
```swift
let alphabet = NSMutableArray()

#if swift(>=3.0)
alphabet.add("B")
#else
alphabet.addObject("B")
#endif

print(alphabet)
// ["B"]

#if swift(>=3.0)
alphabet.insert("A", at: 0)
#else
alphabet.insertObject("A", atIndex: 0)
#endif

print(alphabet)
// ["A", "B"]
```

var로 선언된 Array는 append(_:) 메소드와 insert(_:atIndex:) 메소드를 통해 새로운 요소를 추가할 수 있습니다. let으로 선언한 불변 배열은 새로운 요소를 추가할 수 없습니다.

Swift Collection/Array/Insert/Insert.playground#Page2
```swift
var alphabet = [String]()
alphabet.append("B")

#if swift(>=3.0)
alphabet.insert("A", at: 0)
#else
alphabet.insert("A", atIndex: 0)
#endif
```

3.6 요소 교체

배열에 포함된 요소는 두 가지 방식으로 교체할 수 있습니다. 첫 번째는 특정 인덱스에 있는 하나의 요소를 새로운 요소로 교체하는 것입니다. NSMutableArray 배열은 replaceObjectAtIndex(_:withObject:) 메소드를 제공합니다.

Objective-C Collection/Array/Replace/ReplaceObjC/main.m
```objc
NSMutableArray* alphabet = [NSMutableArray arrayWithObjects:@"A",
    @"B", @"C", nil];
[alphabet replaceObjectAtIndex:0 withObject:@"Z"];
NSLog(@"%@", alphabet);
// ["Z", "B", "C"]
```

Swift Collection/Array/Replace/Replace.playground#Page1
```swift
var alphabet = NSMutableArray(array: ["A", "B", "C"])

#if swift(>=3.0)
alphabet.replaceObject(at: 0, with: "Z")
#else
alphabet.replaceObjectAtIndex(0, withObject: "Z")
#endif

print(alphabet)
// ["Z", "B", "C"]
```

하지만 메소드를 사용한 코드보다는 서브스크립트 문법을 활용하는 방식을 주로 사용합니다. 다음과 같이 교체할 인덱스를 지정한 후 값을 할당하면 새로운 값으로 교체됩니다.

Objective-C
```objc
alphabet[0] = @"Z";
```

Swift
```swift
alphabet[0] = "Z"
```

Array 배열은 하나의 요소를 교체할 수 있는 메소드를 제공하지 않으므로 항상 서브스크립트 문법을 사용합니다.

Swift Collection/Array/Replace/Replace.playground#Page2
```swift
var alphabet = ["A", "B", "C"]
alphabet[0] = "Z"
print(alphabet)
// ["Z", "B", "C"]
```

두 번째 방식은 특정 범위에 있는 요소들을 새로운 요소들로 교체하는 것입니다. NSMutableArray 배열은 NSRange 구조체로 지정된 범위를 새로운 배열에 포함된 요소로 교체하는 replaceObjectsIn Range(_:withObjectsFromArray:) 메소드를 제공합니다.

Objective-C Collection/Array/ReplaceRange/ReplaceRangeObjC/main.m
```objc
NSMutableArray* alphabet = [NSMutableArray arrayWithObjects:@"A", @"B",
    @"C", nil];
NSRange range = NSMakeRange(0, 2);
[alphabet replaceObjectsInRange:range withObjectsFromArray:@[@"X", @"Y"]];
NSLog(@"%@", alphabet);
// ["X", "Y", "C"]
```

Swift Collection/Array/ReplaceRange/ReplaceRange.playground#Page1
```swift
var alphabet = NSMutableArray(array: ["A", "B", "C"])
let range = NSRange(location: 0, length: 2)

#if swift(>=3.0)
alphabet.replaceObjects(in: range, withObjectsFrom: ["X", "Y"])
#else
alphabet.replaceObjectsInRange(range, withObjectsFromArray: ["X", "Y"])
#endif

print(alphabet)
// ["X", "Y", "C"]
```

Array 배열은 Range⟨Int⟩ 구조체로 지정된 범위를 교체하는 replaceRange(_:with:) 메소드를 제공합니다. 이 메소드에 사용되는 범위는 범위 연산자를 활용하여 쉽게 생성할 수 있습니다.

Swift Collection/Array/ReplaceRange/ReplaceRange.playground#Page2
```swift
var alphabet = ["A", "B", "C"]

#if swift(>=3.0)
alphabet.replaceSubrange(0..<2, with: ["X", "Y"])
#else
alphabet.replaceRange(0..<2, with: ["X", "Y"])
```

```
#endif

print(alphabet)
// ["X", "Y", "C"]
```

요소의 범위를 컴파일 시점에 정확히 파악할 수 없다면 정수를 사용해서 범위를 구성하는 것보다 배열이 제공하는 startIndex, endIndex 속성을 활용하여 범위를 구성하는 것이 안전합니다.

Swift Collection/Array/ReplaceRange/ReplaceRange.playground#Page3
```
var alphabet = ["A", "B", "C"]

#if swift(>=3.0)
alphabet.replaceSubrange(alphabet.startIndex..<alphabet.endIndex.
    advanced(by: -1), with: ["X", "Y"])
#else
alphabet.replaceRange(alphabet.startIndex..<alphabet.endIndex.
    advancedBy(-1), with: ["X", "Y"])
#endif

print(alphabet)
// ["X", "Y", "C"]
```

Swift의 경우 서브스크립트 문법으로 범위를 지정할 수 있으므로 다음과 같이 더욱 단순하고 직관적인 코드를 작성할 수 있습니다.

Swift Collection/Array/ReplaceRange/ReplaceRange.playground#Page4
```
var alphabet = ["A", "B", "C"]

#if swift(>=3.0)
alphabet[alphabet.startIndex..<alphabet.endIndex.advanced(by: -1)]
    = ["X", "Y"]
#else
alphabet[alphabet.startIndex..<alphabet.endIndex.advancedBy(-1)]
    = ["X", "Y"]
#endif

print(alphabet)
// ["X", "Y", "C"]
```

지정된 범위와 교체할 요소의 수에 따라서 요소를 교체하기 전과 후의 요소 수가 달라질 수 있습니다. 그러므로 요소의 수에 따라 결과가 달라지는 코드가 있다면 반드시 요소를 교체한 후 배열의 요소 수를 확인하도록 신중하게 코드를 작성해야 합니다.

배열에 포함된 모든 요소를 새로운 요소로 교체하려면 setArray(_:) 메소드를 사용합니다. 특히, 빈 배열을 파라미터로 전달하여 모든 요소를 삭제하는 방식으로 활용할 수 있습니다.

Objective-C Collection/Array/Reset/ResetObjC/main.m

```objc
NSMutableArray* alphabet = [NSMutableArray arrayWithObjects:@"A",
    @"B", @"C", nil];
[alphabet setArray:@[@"K", @"R"]];
NSLog(@"%@", alphabet);
// ["K", "R"]

[alphabet setArray:@[]];
NSLog(@"%@", alphabet);
// [] 빈 배열
```

Swift Collection/Array/Reset/Reset.playground#Page1

```swift
var alphabet = NSMutableArray(array: ["A", "B", "C"])
alphabet.setArray(["K", "R"])
print(alphabet)
// ["K", "R"]

alphabet.setArray([])
print(alphabet)
// [] 빈 배열
```

Array 배열은 setArray(_:) 와 유사한 메소드를 제공하지 않습니다. 앞의 코드와 동일한 결과를 얻으려면 다음과 같이 새로운 배열을 할당합니다.

Swift Collection/Array/Reset/Reset.playground#Page2

```swift
var alphabet = ["A", "B", "C"]
alphabet = ["K", "R"]
print(alphabet)
// ["K", "R"]

alphabet = []
print(alphabet)
// []
```

3.7 요소 삭제

NSMutableArray는 특정 인덱스 또는 범위의 요소를 삭제하는 메소드를 제공합니다. 특정 인덱스의 요소를 삭제할 때 removeObjectAtIndex(_:) 메소드를 사용하고, 삭제할 요소의 범위를 지정할 때 removeObjectsInRange(_:) 메소드를 사용합니다.

Objective-C Collection/Array/Remove/RemoveObjC/main.m#Block1

```objc
NSMutableArray* alphabet = [NSMutableArray arrayWithObjects:@"A",
    @"B", @"C", @"D", @"E", nil];
[alphabet removeObjectAtIndex:0];
```

```
NSLog(@"%@", alphabet);
// ["B", "C", "D", "E"]

[alphabet removeObjectsInRange:NSMakeRange(0, 3)];
NSLog(@"%@", alphabet);
// ["E"]
```

Swift Collection/Array/Remove/Remove.playground#Page1
```
var alphabet = NSMutableArray(array: ["A", "B", "C", "D", "E"])

#if swift(>=3.0)
alphabet.removeObject(at: 0)
#else
alphabet.removeObjectAtIndex(0)
#endif

print(alphabet)
// ["B", "C", "D", "E"]

#if swift(>=3.0)
alphabet.removeObjects(in: NSMakeRange(0, 3))
#else
alphabet.removeObjectsInRange(NSMakeRange(0, 3))
#endif

print(alphabet)
// ["E"]
```

removeLastObject() 메소드는 배열의 마지막 요소를 삭제합니다. NSMutableArray는 이 메소드에 대응되는 removeFristObject() 메소드는 제공하지 않으므로 첫 번째 요소를 삭제할 때는 앞에서 설명한 removeObjectAtIndex(_:) 메소드에 인덱스 0을 전달합니다. removeAllObjects() 메소드는 배열에 포함된 모든 요소를 삭제합니다.

Objective-C Collection/Array/Remove/RemoveObjC/main.m#Block2
```
NSMutableArray* alphabet = [NSMutableArray arrayWithObjects:@"A",
    @"B", @"C", @"D", @"E", nil];
[alphabet removeLastObject];
NSLog(@"%@", alphabet);
// ["A", "B", "C", "D"]

[alphabet removeAllObjects];
NSLog(@"%@", alphabet);
// []
```

```swift
var alphabet = NSMutableArray(array: ["A", "B", "C", "D", "E"])
alphabet.removeLastObject()
print(alphabet)
// ["A", "B", "C", "D"]

alphabet.removeAllObjects()
print(alphabet)
// []
```

삭제할 요소를 특정할 수 있다면 removeObject(_:) 메소드를 사용할 수 있습니다. 이 메소드는 먼저 indexOfObject(_:) 메소드를 통해 전달된 요소를 검색한 후, 유효한 인덱스가 리턴된 경우에만 removeObjectAtIndex(_:) 메소드를 호출합니다. 인덱스로 요소를 삭제할 경우 잘못된 인덱스를 전달하여 NSRangeException 예외가 발생할 위험이 있지만 removeObject(_:) 메소드는 전달된 요소가 배열에 존재하지 않을 경우 아무런 동작을 하지 않기 때문에 조금 더 안전한 방식입니다.

```objc
NSMutableArray* alphabet = [NSMutableArray arrayWithObjects:@"A",
    @"B", @"C", @"D", @"E", nil];
[alphabet removeObject:@"C"];
NSLog(@"%@", alphabet);
// ["A", "B", "D", "E"]
```

```swift
var alphabet = NSMutableArray(array: ["A", "B", "C", "D", "E"])

#if swift(>=3.0)
alphabet.remove("C")
#else
alphabet.removeObject("C")
#endif

print(alphabet)
// ["A", "B", "D", "E"]
```

removeObject(_:) 메소드는 전달된 요소를 배열에 저장된 모든 요소와 비교한 후 삭제할 요소를 결정합니다. 만약 비교할 요소의 범위를 한정해야 한다면 removeObject(_:inRange:) 메소드를 사용합니다. 예를 들어 앞의 예제와 같이 "C"를 파라미터로 전달하되 비교할 요소의 범위를 처음 두 개의 요소로 한정하면 "C"는 범위에 포함되지 않기 때문에 삭제되지 않습니다.

Objective-C Collection/Array/Remove/RemoveObjC/main.m#Block4

```objc
NSMutableArray* alphabet = [NSMutableArray arrayWithObjects:@"A",
    @"B", @"C", @"D", @"E", nil];
[alphabet removeObject:@"C" inRange:NSMakeRange(0, 2)];
NSLog(@"%@", alphabet);
// ["A", "B", "C", "D", "E"]
```

Swift Collection/Array/Remove/Remove.playground#Page4

```swift
var alphabet = NSMutableArray(array: ["A", "B", "C", "D", "E"])

#if swift(>=3.0)
alphabet.remove("C", in: NSMakeRange(0, 2))
#else
alphabet.removeObject("C", inRange: NSMakeRange(0, 2))
#endif

print(alphabet)
// ["A", "B", "C", "D", "E"]
```

Array 배열은 NSMutableArray와 유사한 메소드뿐만 아니라 삭제할 요소를 더욱 상세하게 지정할 수 다양한 메소드를 제공합니다. removeAtIndex(_:) 메소드는 지정된 인덱스의 요소를 삭제하고 삭제된 요소를 리턴합니다. NSMutableArray에서 대응되는 메소드와 달리 삭제된 요소를 확인해야 할 때 유용합니다.

Swift Collection/Array/Remove/Remove.playground#Page5

```swift
var alphabet = ["A", "B", "C", "D", "E"]

#if swift(>=3.0)
let removed = alphabet.remove(at: 0)
#else
let removed = alphabet.removeAtIndex(0)
#endif

print(removed)
// A

print(alphabet)
// ["B", "C", "D", "E"]
```

removeFirst(), removeLast() 메소드는 각각 첫 번째 요소와 마지막 요소를 삭제합니다. remove AtIndex(_:) 메소드와 마찬가지로 삭제된 요소를 리턴합니다. 정수를 파라미터로 전달할 경우 첫 번째 요소 또는 마지막 요소부터 n개의 요소를 삭제할 수 있고, 이 경우에는 삭제된 요소를 리턴하지 않습니다.

Swift Collection/Array/Remove/Remove.playground#Page6

```
var alphabet = ["A", "B", "C", "D", "E"]

let first = alphabet.removeFirst()
print(first)
// A

print(alphabet)
// ["B", "C", "D", "E"]

alphabet.removeFirst(2)
print(alphabet)
// ["D", "E"]

let last = alphabet.removeLast()
print(last)
// E

print(alphabet)
// ["D"]
```

removeLast() 메소드는 빈 배열에서 호출할 경우 오류가 발생합니다. 런타임에 배열의 길이를 정확히 판단할 수 없는 상황에서 마지막 요소를 삭제해야 한다면 popLast() 메소드를 사용할 수 있습니다. 이 메소드는 삭제된 요소를 옵셔널로 리턴합니다. 그래서 배열이 비어 있거나 다른 이유로 인해 요소가 삭제되지 않은 경우 nil을 리턴할 뿐 오류가 발생하지는 않습니다.

Swift Collection/Array/Remove/Remove.playground#Page

```
var alphabet = ["A", "B", "C", "D", "E"]

if let last = alphabet.popLast() {
    print(last)
    // "E"
}
print(alphabet)
// ["A", "B", "C", "D"]
```

removeAll(keepCapacity:) 메소드는 배열에 포함된 모든 요소와 저장 공간을 삭제합니다. 만약, 요소를 모두 삭제한 후 이어서 새로운 요소를 채운다면 keepCapacity 파라미터로 true를 전달하여 저장 공간을 그대로 유지할 수 있습니다. 이 경우 불필요한 저장 공간의 할당과 해제가 일어나지 않아서 성능 향상에 도움이 됩니다.

```swift
var alphabet = ["A", "B", "C", "D", "E"]

#if swift(>=3.0)
alphabet.removeAll(keepingCapacity: true)
#else
alphabet.removeAll(keepCapacity: true)
#endif

print(alphabet)
// []
```

3.8 정렬

배열을 정렬할 때 가장 중요한 것은 두 요소의 순서를 판단하는 코드를 작성하는 것입니다. NSArray 는 주로 셀렉터, 블록, Sort Descriptor 중 하나를 사용해서 요소의 순서를 지정합니다.

sortedArrayUsingSelector(_:) 메소드는 파라미터로 전달된 셀렉터를 사용해서 두 요소의 순서 를 비교한 후 정렬된 새로운 배열을 리턴합니다. MSMutableArray는 sortUsingSelector(_:) 메 소드로 저장된 요소를 정렬합니다. 셀렉터를 전달할 때 주의할 점은 배열에 포함된 요소가 제공 하는 메소드의 셀렉터를 전달해야 한다는 것입니다. 그렇지 않은 경우에는 런타임 오류가 발생 합니다. 이번 예제는 대소문자 문자열이 저장된 alphabet 배열의 요소 순서를 무작위로 섞은 후 caseInsensitiveCompare(_:) 메소드로 정렬하는 코드를 보여줍니다. 배열의 정렬 결과는 코드를 실 행할 때마다 조금씩 달라질 수 있는데, 이것은 "a"와 "A"를 caseInsensitiveCompare(_:) 메소드로 비 교한 결과가 .OrderedSame이기 때문입니다. 즉, "b"는 항상 "a"와 "A" 다음에 정렬되지만 "a"와 "A" 의 정렬 위치는 서로 바뀔 수 있습니다.

Objective-C Collection/Array/Sort/SortObjC/main.m

```objc
NSMutableArray* alphabet = [NSMutableArray arrayWithArray:@[@"A",
    @"B", @"C", @"a", @"b", @"c"]];

NSUInteger count = [alphabet count];
for (NSUInteger i = 0; i < count - 1; ++i) {
    NSInteger remainingCount = count - i;
    NSInteger exchangeIndex = i + arc4random_uniform(
        (u_int32_t)remainingCount);
    [alphabet exchangeObjectAtIndex:i withObjectAtIndex:exchangeIndex];
}

NSLog(@"%@", alphabet);
// ["C", "b", "a", "c", "B", "A"]

NSArray* sortedArray = [alphabet
```

```
    sortedArrayUsingSelector:@selector(caseInsensitiveCompare:)];
NSLog(@"%@", sortedArray);
// ["a", "A", "B", "b", "C", "c"]

[alphabet sortUsingSelector:@selector(caseInsensitiveCompare:)];
NSLog(@"%@", alphabet);
// ["a", "A", "B", "b", "C", "c"]
```

Swift Collection/Array/Sort/Sort.playground#Page1
```
let alphabet = NSMutableArray(array: ["A", "B", "C", "a", "b", "c"])

for i in 0 ..< (alphabet.count - 1) {
    let j = Int(arc4random_uniform(UInt32(alphabet.count - i))) + i
    swap(&alphabet[i], &alphabet[j])
}

print(alphabet)
// ["C", "b", "a", "c", "B", "A"]

#if swift(>=3.0)
let sortedArray = alphabet.sortedArray(
    using: #selector(NSString.caseInsensitiveCompare(_:)))
#else
let sortedArray = alphabet.sortedArrayUsingSelector(
    #selector(NSString.caseInsensitiveCompare(_:)))
#endif

print(sortedArray)
// ["a", "A", "B", "b", "C", "c"]

#if swift(>=3.0)
alphabet.sort(using: #selector(NSString.caseInsensitiveCompare(_:)))
#else
alphabet.sortUsingSelector(#selector(NSString.caseInsensitiveCompare(_:)))
#endif

print(alphabet)
// ["a", "A", "B", "b", "C", "c"]
```

이 예제는 다음과 같이 블록(Objective-C) 또는 클로저(Swift)를 사용하여 정렬하는 코드로 변경할 수 있습니다.

Objective-C Collection/Array/Comparator/ComparatorObjC/main.m
```
NSMutableArray* alphabet = [NSMutableArray arrayWithArray:@[@"A",
    @"B", @"C", @"a", @"b", @"c"]];

NSArray* sortedArray = [alphabet
    sortedArrayUsingComparator:^NSComparisonResult(id  obj1, id  obj2) {
```

```
        return [obj1 caseInsensitiveCompare:obj2];
}];
NSLog(@"%@", sortedArray);
// ["a", "A", "B", "b", "C", "c"]

[alphabet sortUsingComparator:^NSComparisonResult(id  obj1, id  obj2) {
        return [obj1 caseInsensitiveCompare:obj2];
}];
NSLog(@"%@", alphabet);
// ["a", "A", "B", "b", "C", "c"]
```

Swift Collection/Array/Comparator/Comparator.playground
```
let alphabet = NSMutableArray(array: ["A", "B", "C", "a", "b", "c"])

#if swift(>=3.0)
let sortedArray = alphabet.sortedArray(comparator: {
    (obj1, obj2) -> ComparisonResult in
    return (obj1 as! String).caseInsensitiveCompare(obj2 as! String)
})
#else
let sortedArray = alphabet.sortedArrayUsingComparator {
    (obj1, obj2) -> NSComparisonResult in
    return obj1.caseInsensitiveCompare(obj2 as! String)
}
#endif

print(sortedArray)
// ["a", "A", "B", "b", "C", "c"]

#if swift(>=3.0)
alphabet.sort(comparator: { (obj1, obj2) -> ComparisonResult in
    return (obj1 as! String).caseInsensitiveCompare(obj2 as! String)
})
#else
alphabet.sortUsingComparator { (obj1, obj2) -> NSComparisonResult in
    return obj1.caseInsensitiveCompare(obj2 as! String)
}
#endif

print(alphabet)
// ["a", "A", "B", "b", "C", "c"]
```

Sort Descriptor는 요소를 정렬할 때 기준이 되는 대상 또는 속성을 지정하며 NSSortDescriptor 클래스를 통해 사용할 수 있습니다. 배열에 KVC를 지원하는 요소가 저장되어 있을 때 오름차순 또는 내림차순으로 정렬하는 코드를 쉽게 작성할 수 있습니다.

Objective-C Collection/Array/SortDescriptor/SortDescriptorObjC/main.m

```objc
NSMutableArray* alphabet = [NSMutableArray arrayWithArray:@[@"A",
    @"B", @"C", @"D", @"E"]];

NSUInteger count = [alphabet count];
for (NSUInteger i = 0; i < count - 1; ++i) {
    NSInteger remainingCount = count - i;
    NSInteger exchangeIndex = i + arc4random_uniform(
        (u_int32_t)remainingCount);
    [alphabet exchangeObjectAtIndex:i withObjectAtIndex:exchangeIndex];
}

NSLog(@"%@", alphabet);
// ["B", "E", "C", "A", "D"]

NSSortDescriptor* asc = [NSSortDescriptor sortDescriptorWithKey:@"self"
    ascending:YES];
NSArray* sortedArray = [alphabet sortedArrayUsingDescriptors:@[asc]];
NSLog(@"%@", sortedArray);
// ["A", "B", "C", "D", "E"]

NSSortDescriptor* desc = [NSSortDescriptor sortDescriptorWithKey:@"self"
    ascending:NO];
sortedArray = [alphabet sortedArrayUsingDescriptors:@[desc]];
NSLog(@"%@", sortedArray);
// ["E", "D", "C", "B", "A"]
```

Swift Collection/Array/SortDescriptor/SortDescriptor.playground

```swift
var alphabet = NSMutableArray(array: ["A", "B", "C", "D", "E"])

for i in 0 ..< (alphabet.count - 1) {
    let j = Int(arc4random_uniform(UInt32(alphabet.count - i))) + i
    swap(&alphabet[i], &alphabet[j])
}
print(alphabet)
// ["B", "E", "C", "A", "D"]

#if swift(>=3.0)
let asc = SortDescriptor(key: "self", ascending: true)
var sortedArray = alphabet.sortedArray(using: [asc])
#else
let asc = NSSortDescriptor(key: "self", ascending: true)
var sortedArray = alphabet.sortedArrayUsingDescriptors([asc])
#endif

print(sortedArray)
// ["A", "B", "C", "D", "E"]

#if swift(>=3.0)
```

```
let desc = SortDescriptor(key: "self", ascending: false)
sortedArray = alphabet.sortedArray(using: [desc])
#else
let desc = NSSortDescriptor(key: "self", ascending: false)
sortedArray = alphabet.sortedArrayUsingDescriptors([desc])
#endif

print(sortedArray)
// ["E", "D", "C", "B", "A"]
```

Array는 NSArray에 비해 비교적 적은 코드로 정렬을 구현할 수 있습니다. 배열에 포함된 요소를 〈 연산자로 비교할 수 있다면 sort() 또는 sortInPlace() 메소드로 정렬할 수 있습니다. 전자는 정렬된 새로운 배열을 리턴하고, 후자는 배열에 포함된 요소를 정렬합니다.

Swift Collection/Array/Sort/Sort.playground#Page2
```
var alphabet = ["A", "B", "C", "D", "E"]

for i in 0 ..< (alphabet.count - 1) {
    let j = Int(arc4random_uniform(UInt32(alphabet.count - i))) + i
    guard i != j else { continue }
    swap(&alphabet[i], &alphabet[j])
}
print(alphabet)
// ["B", "E", "D", "C", "A"]

#if swift(>=3.0)
let sortedArray = alphabet.sorted()
#else
let sortedArray = alphabet.sort()
#endif

print(sortedArray)
// ["A", "B", "C", "D", "E"]

#if swift(>=3.0)
alphabet.sort()
#else
alphabet.sortInPlace()
#endif

print(alphabet)
// ["A", "B", "C", "D", "E"]
```

앞에서 사용한 두 메소드는 클로저를 파라미터로 받을 수 있습니다. 예를 들어 요소를 내림차순으로 정렬하고 싶다면 〉 연산자로 두 요소를 비교하는 클로저를 전달합니다.

```
Swift  Collection/Array/Sort/Sort.playground#Page3
var alphabet = ["A", "B", "C", "D", "E"]

for i in 0 ..< (alphabet.count - 1) {
    let j = Int(arc4random_uniform(UInt32(alphabet.count - i))) + i
    guard i != j else { continue }
    swap(&alphabet[i], &alphabet[j])
}
print(alphabet)
// ["B", "E", "D", "C", "A"]

#if swift(>=3.0)
let sortedArray = alphabet.sorted { $0 > $1 }
#else
let sortedArray = alphabet.sort { $0 > $1 }
#endif

print(sortedArray)
// ["E", "D", "C", "B", "A"]

#if swift(>=3.0)
alphabet.sort { $0 > $1 }
#else
alphabet.sortInPlace { $0 > $1 }
#endif

print(alphabet)
// ["E", "D", "C", "B", "A"]
```

요소의 저장 순서를 역순으로 정렬하려면 reverse() 메소드를 사용합니다. 이 메소드의 리턴 값은 형식 추론을 통해 ReverseRandomAccessCollection이 되기 때문에 자료형을 직접 지정해 주거나 생성자에 전달하면 별도의 형변환 없이 역순으로 정렬된 배열을 쉽게 얻을 수 있습니다.

```
Swift  Collection/Array/ReverseSort.playground
let alphabet = ["A", "B", "C", "D", "E"]

#if swift(>=3.0)
var result = alphabet.reversed()
#else
var result = alphabet.reverse()
#endif

print(result)
// ReverseRandomAccessCollection<Array<String>>(_base: ["A", "B", "C", "D",
"E"])
```

```
#if swift(>=3.0)
var result2: [String] = alphabet.reversed()
#else
var result2: [String] = alphabet.reverse()
#endif

print(result2)
// ["E", "D", "C", "B", "A"]

#if swift(>=3.0)
result2 = [String](alphabet.reversed())
#else
result2 = [String](alphabet.reverse())
#endif

print(result2)
// ["E", "D", "C", "B", "A"]
```

3.9 범위 추출

특정 범위에 있는 요소들을 새로운 배열로 추출하려면 NSArray의 subarrayWithRange(_:) 메소드를 사용합니다.

Objective-C Collection/Array/Subarray/SubarrayObjC/main.m
```
NSArray* alphabet = @[@"A", @"B", @"C", @"D", @"E"];
NSArray* subArray = [alphabet subarrayWithRange:NSMakeRange(1, 3)];
NSLog(@"%@", subArray);
// ["B", "C", "D"]
```

Swift Collection/Array/Subarray/Subarray.playground#Page1
```
let alphabet: NSArray = ["A", "B", "C", "D", "E"]

#if swift(>=3.0)
let subArray = alphabet.subarray(with: NSMakeRange(1, 3))
#else
let subArray = alphabet.subarrayWithRange(NSMakeRange(1, 3))
#endif

print(subArray)
// ["B", "C", "D"]
```

Array 배열은 서브스크립트 문법과 범위 연산자를 조합하여 배열을 추출합니다.

Collection/Array/Subarray/Subarray.playground#Page2

```swift
let alphabet = ["A", "B", "C", "D", "E"]
let subArray = alphabet[1..<4]
print(subArray)
// ["B", "C", "D"]
```

dropFirst() 메소드는 배열의 첫 번째 요소를 제외한 나머지 요소를 새로운 배열로 리턴합니다. 두 개 이상의 요소를 제외할 경우 dropFirst(_:) 메소드로 정수 파라미터를 전달합니다. 아래와 같이 3을 전달할 경우 처음 3개의 요소를 제외한 나머지 요소의 배열이 리턴됩니다.

Swift Collection/Array/Subarray/Subarray.playground#Page3

```swift
let alphabet = ["A", "B", "C", "D", "E"]

var result = alphabet.dropFirst()
print(result)
// ["B", "C", "D", "E"]

result = alphabet.dropFirst(3)
print(result)
// ["D", "E"]
```

dropLast(), dropLast(_:) 메소드는 앞서 설명한 메소드와 유사하지만 배열 마지막 부분에 있는 요소를 제외한다는 차이점이 있습니다.

Swift Collection/Array/Subarray/Subarray.playground#Page4

```swift
let alphabet = ["A", "B", "C", "D", "E"]

var result = alphabet.dropLast()
print(result)
// ["A", "B", "C", "D"]

result = alphabet.dropLast(3)
print(result)
// ["A", "B"]
```

prefix(_:) 메소드는 배열의 처음부터 n개의 요소를 추출하여 새로운 배열로 리턴합니다. 파라미터로 전달하는 값은 인덱스가 아닌 추출할 요소의 수입니다. 그래서 배열에 포함된 요소의 수 보다 큰 값을 전달하더라도 오류가 발생하지 않으며 전체 배열이 리턴됩니다.

prefixUpTo(_:) 메소드는 배열의 시작 인덱스부터 지정한 인덱스 이전까지의 요소를 추출하여 새로운 배열로 리턴합니다. 추출되는 범위는 0..<param과 동일합니다.

prefixThrough(_:) 메소드는 prefixUpTo(_:) 메소드와 유사하지만 파라미터로 전달한 인덱스에 위치한 요소까지 포함하여 추출한다는 차이점이 있습니다. 추출되는 범위는 0...param입니다.

```swift
let alphabet = ["A", "B", "C", "D", "E"]

var result = alphabet.prefix(2)
print(result)
// ["A", "B"]

#if swift(>=3.0)
result = alphabet.prefix(upTo: 2)
#else
result = alphabet.prefixUpTo(2)
#endif

print(result)
// ["A", "B"]

#if swift(>=3.0)
result = alphabet.prefix(through: 2)
#else
result = alphabet.prefixThrough(2)
#endif

print(result)
// ["A", "B", "C"]
```

suffix(_:) 메소드는 배열의 마지막에 위치한 n개의 요소를 새로운 배열로 리턴합니다. suffixFrom(_:) 메소드는 파라미터로 전달한 인덱스를 포함하여 이후의 모든 요소를 새로운 배열로 리턴합니다. 추출되는 범위는 param..<endIndex입니다.

```swift
let alphabet = ["A", "B", "C", "D", "E"]

var result = alphabet.suffix(2)
print(result)
// ["D", "E"]

#if swift(>=3.0)
result = alphabet.suffix(from: 2)
#else
result = alphabet.suffixFrom(2)
#endif

print(result)
// ["C", "D", "E"]
```

split(_:allowEmptySlices:isSeperator:) 메소드는 배열에 포함된 요소 중 분리자로 사용되는 요소를 판단하는 클로저를 통해 배열을 분리한 후 2차원 배열로 리턴합니다. 첫 번째 파라미터는 결과 배열의 수로 기본 값은 Int.max이고 실제 리턴되는 배열의 수가 파라미터로 전달한 수보다 크다면 나머지 요소들은 마지막 배열에 모두 포함됩니다. 예를 들어 배열이 10개로 분리되지만 파라미터로 2를 전달했다면 결과 배열에는 총 3개의 배열이 포함됩니다. 첫 번째, 두 번째 배열은 분리자로 분리된 결과 배열이고 세 번째 배열은 나머지 요소가 모두 포함된 배열입니다. 만약 0을 전달한다면 분리되지 않은 원본 배열 하나를 담고 있는 배열이 리턴됩니다.

이 메소드를 통해 분리된 배열 중 길이가 0인 배열은 결과 배열에 포함되지 않습니다. 만약 빈 배열도 결과 배열에 포함시켜야 한다면 allowEmptySlices 파라미터로 true를 전달합니다.

split(_:allowEmptySlices:isSeperator:) 메소드는 분리자를 지정하기 위해 클로저를 전달해야 하지만 split(_:maxSplit:allowEmptySlices:)는 배열의 요소와 동일한 자료형의 분리자를 직접 파라미터로 전달할 수 있습니다.

Swift Collection/Array/Subarray/Subarray.playground#Page7

```swift
let alphabet = ["A", "B", "#", "C", "#", "#", "D", "E"]

var result = alphabet.split { (element) -> Bool in
    return element == "#"
}
print(result)
// [["A", "B"], ["C"], ["D", "E"]]

#if swift(>=3.0)
result = alphabet.split(separator: "#")
#else
result = alphabet.split("#")
#endif

print(result)
// [["A", "B"], ["C"], ["D", "E"]]

#if swift(>=3.0)
result = alphabet.split(maxSplits: 3, omittingEmptySubsequences: false,
    isSeparator: { (element) -> Bool in
    return element == "#"
})
#else
result = alphabet.split(3, allowEmptySlices: true, isSeparator: {
    (element) -> Bool in
    return element == "#"
})
#endif

print(result)
// [["A", "B"], ["C"], [], ["D", "E"]]
```

```
#if swift(>=3.0)
result = alphabet.split(separator:"#", maxSplits: 3,
omittingEmptySubsequences: false)
#else
result = alphabet.split("#", maxSplit: 3, allowEmptySlices: true)
#endif

print(result)
// [["A", "B"], ["C"], [], ["D", "E"]]

#if swift(>=3.0)
result = alphabet.split(maxSplits: 3, omittingEmptySubsequences: true,
    isSeparator: { (element) -> Bool in
    return element == "#"
})
#else
result = alphabet.split(3, allowEmptySlices: false, isSeparator: {
    (element) -> Bool in
    return element == "#"
})
#endif

print(result)
// [["A", "B"], ["C"], ["D", "E"]]

#if swift(>=3.0)
result = alphabet.split(maxSplits: 2, omittingEmptySubsequences: false,
    isSeparator: { (element) -> Bool in
    return element == "#"
})
#else
result = alphabet.split(2, allowEmptySlices: true, isSeparator: {
    (element) -> Bool in
    return element == "#"
})
#endif

print(result)
// [["A", "B"], ["C"], ["#", "D", "E"]]
```

3.10 배열 변환

componentJoinedByString(_:) 메소드는 NSArray 배열에 저장된 요소를 파라미터로 전달한 분리자로 연결한 문자열을 리턴합니다.

Objective-C Collection/Array/Join/JoinObjC/main.m

```objc
NSArray* alphabet = @[@"A", @"B", @"C", @"D", @"E"];
NSString* str = [alphabet componentsJoinedByString:@"#"];
NSLog(@"%@", str);
// A#B#C#D#E
```

Swift Collection/Array/Join/Join.playground#Page1

```swift
let alphabet: NSArray = ["A", "B", "C", "D", "E"]

#if swift(>=3.0)
let str = alphabet.componentsJoined(by: "#")
#else
let str = alphabet.componentsJoinedByString("#")
#endif

print(str)
// A#B#C#D#E
```

Array 배열은 joinWithSeparator(_:) 메소드를 통해 앞의 예제와 동일한 코드를 구현합니다.

Swift Collection/Array/Join/Join.playground#Page2

```swift
let alphabet = ["A", "B", "C", "D", "E"]

#if swift(>=3.0)
let str = alphabet.joined(separator: "#")
#else
let str = alphabet.joinWithSeparator("#")
#endif

print(str)
// A#B#C#D#E
```

map(_:) 메소드는 Array 배열의 모든 요소를 순회하면서 파라미터로 전달한 클로저를 실행한 결과 값을 포함하고 있는 새로운 배열을 리턴합니다. 예를 들어서 alphabet 배열에 저장된 대문자를 소문자로 변경한 배열을 얻으려면 다음과 같이 구현할 수 있습니다.

Swift Collection/Array/Map.playground

```swift
let alphabet = ["A", "B", "C", "D", "E"]

#if swift(>=3.0)
let result = alphabet.map { $0.lowercased() }
#else
let result = alphabet.map { $0.lowercaseString }
#endif

print(result)
// ["a", "b", "c", "d", "e"]
```

3.11 ContiguousArray, ArraySlice

Swift는 Array와 동일한 인터페이스를 가진 ContiguousArray, ArraySlice 배열을 제공합니다. 이 두 배열은 특수한 경우에 코드의 성능향상을 높이기 위해 사용할 수 있습니다. ContiguousArray는 Array와 두 가지 큰 차이점이 있습니다. 먼저 Array와 달리 Objective-C 배열과 호환되지 않습니다. 그리고 모든 요소가 항상 연속된 메모리 공간에 저장됩니다. 배열의 포함된 요소가 값 형식인 경우에는 Array와 뚜렷한 성능 차이가 없으나 클래스나 Objective-C 프로토콜을 저장하는 경우에는 큰 성능향상을 기대할 수 있습니다. ArraySlice는 ContiguousArray와 마찬가지로 연속적인 저장 공간을 사용하며 Objective-C 배열과 호환되지 않습니다. 그러나 Array, ContiguousArray와 달리 프로그램 내에서 일정시간 이상 유지되는 데이터를 저장하는 용도로는 적합하지 않으며 주로 배열의 특정 범위를 추출하여 작업을 처리하는 용도로 사용됩니다.

3.12 Array 배열의 메모리 공간과 최적화

배열은 초기화에 사용된 요소의 수에 따라 최초 저장 공간의 크기가 결정됩니다. 이후 새로운 요소가 추가될 때마다 저장 공간을 확인하고, 요소를 추가할 공간이 부족하다면 새로운 저장 공간을 할당한 후, 이전 요소와 추가할 요소를 새로운 저장 공간으로 복사합니다. 새로운 저장 공간의 크기는 항상 이전 저장 공간의 2배입니다. 이러한 방식을 Exponential Growth Strategy라고 하며 성능에 영향을 줄 수 있는 저장 공간 할당 작업이 최대한 적게 발생하도록 합니다.

예를 들어 3개의 문자열로 초기화된 list 배열의 초기 저장 공간의 크기는 3이 됩니다. 저장 공간의 크기는 capacity 속성으로 확인할 수 있습니다. 그 후, 하나의 요소를 추가하면 배열의 길이는 4가 되지만 용량은 3의 두 배인 6으로 늘어납니다. 다시 다섯 개의 요소를 추가하면 6의 두 배인 12로 늘어납니다. 하지만 배열의 요소를 삭제하여 길이가 줄더라도 저장 공간이 축소되지는 않습니다.

배열을 사용할 때 필요한 저장 공간의 크기를 미리 예측할 수 있다면 reserveCapacity(_:) 메소드를 통해 필요한 저장 공간을 할당할 수 있습니다. 이 메소드로 할당되는 공간의 크기는 파라미터로 전달한 크기보다 크거나 같습니다. 저장 공간을 미리 할당하는 것은 저장 공간 할당 횟수를 줄여주므로 성능 향상에 큰 도움이 됩니다.

```Swift
Swift  Collection/Array/Capacity.playground
var list = ["A", "B", "C"]
print("total: \(list.capacity), current: \(list.count)")
// total: 3, current: 3

list += ["D"]
print("total: \(list.capacity), current: \(list.count)")
// total: 6, current: 4

list += ["E", "F", "G", "H", "I"]
print("total: \(list.capacity), current: \(list.count)")
```

```
// total: 12, current: 9

list[1..<6] = ["A"]
print("total: \(list.capacity), current: \(list.count)")
// total: 12, current: 5

var reservedList = [String]()
reservedList.reserveCapacity(100)
print("total: \(reservedList.capacity), current: \(reservedList.count)")
// total: 105, current: 0
```

4. 딕셔너리

딕셔너리는 키와 값으로 구성된 요소를 순서 없이 저장하는 컬렉션입니다. 이름처럼 사전과 유사한 구조를 가지고 있으며, 키는 단어, 값은 단어의 뜻으로 비유할 수 있습니다. 단어의 뜻을 알고 싶으면 먼저 단어를 찾아야 하는 것처럼 저장된 값에 접근하려면 항상 키를 사용해야 합니다. 키는 딕셔너리에서 값을 유일하게 식별해야 하기 때문에 하나의 딕셔너리에는 중복된 키가 존재할 수 없습니다. 하지만 동일한 값을 중복 저장하는 것은 문제가 없습니다.

키는 일반적으로 문자열이지만 NSDate, NSNumber 등 NSCopying(Objective-C), Hashable(Swift) 프로토콜을 채용한 객체를 키로 사용할 수 있습니다. 또한 NSCopying(Objective-C), Hashable(Swift) 프로토콜을 채용한 커스텀 클래스를 직접 구현하여 키로 사용할 수 있습니다. 그러나 반드시 필요한 경우를 제외하고 문자열을 키로 사용하는 것이 좋습니다. 문자열 키는 KVC의 이점을 활용할 수 있고, 해싱과 연관된 복잡한 처리를 직접 구현할 필요가 없습니다. 커스텀 키를 사용하는 경우 구현된 해싱 알고리즘에 따라서 딕셔너리의 성능이 크게 저하될 위험이 있으므로 주의해야 합니다.

Foundation 컬렉션에서 딕셔너리를 대표하는 클래스는 NSDictionary이고 가변 클래스인 NSMutableDictionary를 함께 제공합니다. 일반적으로 문자열 키를 사용하며 저장되는 객체의 자료형을 제한하지 않습니다. Swift 컬렉션에서 딕셔너리를 대표하는 자료형은 Dictionary입니다. Dictionary는 참조 형식과 값 형식을 모두 저장할 수 있지만 요소의 자료형이 동일해야 합니다.

Objective-C에서 딕셔너리 리터럴은 @{ 와 } 사이에 요소를 나열한 형태를 가지고 있습니다. 요소는 키:값 형태로 표현합니다.

Objective-C
```
@{키1:값1, 키2:값2, 키n:값n}
@{}      // 빈 딕셔너리
```

Swift의 딕셔너리 리터럴은 배열 리터럴과 유사하지만 요소를 표현하는 방식이 다르기 때문에 쉽게 구분할 수 있습니다.

```
Swift
[키1:값1, 키2:값2, 키n:값n]
[:]     // 빈 딕셔너리
```

딕셔너리 리터럴은 선언과 동시에 초기화할 때 자주 사용됩니다. 예를 들어 임의의 단어를 저장하는 딕셔너리를 다음과 같이 선언하고 초기화할 수 있습니다.

Objective-C Collection/Dictionary/MakeNewDictionary/MakeNewDictionaryObjC/main.m#Block1
```
NSDictionary* words = @{@"A": @"Apple", @"B": @"Banana", @"C":@"City"};
```

Swift Collection/Dictionary/MakeNewDictionary/MakeNewDictionary.playground#Page1
```
// Swift Dictionary
let words = ["A": "Apple", "B": "Banana", "C": "City"]

// Foundation Dictionary
let nsWords: NSDictionary = ["A": "Apple", "B": "Banana", "C": "City"]
```

선언시에 추가할 요소가 없다면 빈 딕셔너리를 선언할 수 있습니다. 이후에 새로운 요소를 추가해야 하므로 보통 NSMutableDictionary 또는 var로 선언된 Dictionary를 사용합니다.

Objective-C Collection/Dictionary/MakeNewDictionary/MakeNewDictionaryObjC/main.m#Block2
```
NSMutableDictionary* emptyDict = [NSMutableDictionary dictionary];
```

Swift Collection/Dictionary/MakeNewDictionary/MakeNewDictionary.playground#Page2
```
var emptyWordDict1: Dictionary<String, String> = [:]
var emptyWordDict2: [String:String] = [:]
var emptyWordDict3 = [String:String]()

let emptyNSDict = NSMutableDictionary()
```

Swift에서 Dictionary를 빈 딕셔너리로 초기화하는 경우에는 반드시 키와 값의 자료형을 지정해야 합니다. Array와 마찬가지로 단축 문법을 제공하며 Swift에서는 주로 단축 문법을 사용합니다.

```
Swift
Dictionary<키의 자료형, 값의 자료형>
[키의 자료형: 값의 자료형]
```

NSDictionary는 Dictionary에 비해 다양한 생성자를 제공합니다. 그 중 대표적인 두 개의 생성자로 딕셔너리를 생성하는 코드를 작성해 보겠습니다. 첫 번째 생성자는 키와 값을 별도의 배열로 전달하고, 두 번째 생성자는 [값, 키, 값, 키, ..]의 순서로 동시에 전달합니다.

```objectivec
NSDictionary* words1 = [NSDictionary dictionaryWithObjects:@[@"Apple",
    @"Banana", @"City"] forKeys:@[@"A", @"B", @"C"]];

NSDictionary* words2 = [NSDictionary dictionaryWithObjectsAndKeys:@"Apple",
    @"A", @"Banana", @"B", @"City", @"C", nil];
```

4.1 딕셔너리에 포함된 요소의 수

NSDictionary에 저장된 요소의 수는 count 속성으로 확인할 수 있습니다. count 속성을 0과 비교하면 딕셔너리가 비어있는지 확인할 수 있습니다. 딕셔너리는 키와 값을 하나의 요소로 보기 때문에 words 딕셔너리에 저장된 요소의 수는 6개가 아닌 3개입니다.

Objective-C Collection/Dictionary/Count/CountObjC/main.m

```objectivec
NSDictionary* words = @{@"A": @"Apple", @"B": @"Banana", @"C":@"City"};
NSUInteger countOfWords = words.count;

if (countOfWords > 0) {
    NSLog(@"%ld element(s)", countOfWords);
} else {
    NSLog(@"empty dictionary");
}
// 3 element(s)
```

Swift Collection/Dictionary/Count/Count.playground#Page1

```swift
let words: NSDictionary = ["A": "Apple", "B": "Banana", "C": "City"]
let countOfWords = words.count

if countOfWords > 0 {
    print("\(countOfWords) element(s)")
} else {
    print("empty dictionary")
}
// 3 element(s)
```

Dictionary는 NSDictionary와 마찬가지로 count 속성을 제공합니다. 딕셔너리가 비어 있는지 확인하기 위해서 isEmpty 속성을 사용할 수 있습니다

Swift Collection/Dictionary/Count/Count.playground#Page2

```swift
let words = ["A": "Apple", "B": "Banana", "C": "City"]
let countOfWords = words.count

if !words.isEmpty {
    print("\(countOfWords) element(s)")
} else {
```

```
    print("empty dictionary")
}
// 3 element(s)
```

4.2 요소에 접근

딕셔너리에 저장된 요소는 키와 값이 한 쌍을 이룹니다. 요소에 접근할 때 키를 전달하면 키와 연관된 값을 읽거나 변경할 수 있습니다. 키는 메소드 또는 서브스크립트 문법으로 전달할 수 있습니다.

NSDictionary 클래스는 키를 통해 값을 얻을 수 있는 objectForKey(_:) 메소드를 제공합니다.

Objective-C Collection/Dictionary/KeyAndValue/KeyAndValueObjC/main.m#Block1
```
NSDictionary* words = @{@"A": @"Apple", @"B": @"Banana", @"C":@"City"};

NSString* aValue = [words objectForKey:@"A"];
NSLog(@"%@", aValue);
// Apple

NSString* zValue = [words objectForKey:@"Z"];
NSLog(@"%@", zValue);
// (null)
```

Swift Collection/Dictionary/KeyAndValue/KeyAndVaule.playground#Page1
```
let words: NSDictionary = ["A": "Apple", "B": "Banana", "C": "City"]

#if swift(>=3.0)
let aValue = words.object(forKey: "A")
#else
let aValue = words.objectForKey("A")
#endif

print(aValue)
// Optional(Apple)

#if swift(>=3.0)
let zValue = words.object(forKey: "Z")
#else
let zValue = words.objectForKey("Z")
#endif

print(zValue)
// nil
```

이 메소드는 파라미터로 전달된 키가 딕셔너리에 존재하지 않을 경우 nil을 리턴합니다. 배열의 경우 존재하지 않는(또는 범위를 벗어난) 인덱스를 전달할 경우 런타임 오류가 발생하지만 딕셔너리는 존재하지 않는 키를 전달하더라도 런타임 오류가 발생하지 않습니다. 그러므로 키를 통해 얻은 값을 사용하기 전에 if 조건문으로 nil 체크를 하는 것이 안전합니다. Swift의 경우 리턴 값이 옵셔널 형식이므로 옵셔널 바인딩 구문을 활용할 수 있습니다.

Objective–C Collection/Dictionary/KeyAndValue/KeyAndValueObjC/main.m#Block2

```objc
NSDictionary* words = @{@"A": @"Apple", @"B": @"Banana", @"C":@"City"};

NSString* aValue = [words objectForKey:@"A"];
if (aValue != nil) {
    // ...
}
```

Swift Collection/Dictionary/KeyAndValue/KeyAndVaule.playground#Page2

```swift
let words: NSDictionary = ["A": "Apple", "B": "Banana", "C": "City"]

#if swift(>=3.0)
if let aValue = words.object(forKey: "A") {
    // ...
}
#else
if let aValue = words.objectForKey("A") {
    // ...
}
#endif
```

배열과 마찬가지로 요소에 접근할 때 서브스크립트 문법을 사용할 수 있습니다. 배열의 서브스크립트 문법과 동일하지만 인덱스 대신 키를 전달합니다.

Objective–C Collection/Dictionary/KeyAndValue/KeyAndValueObjC/main.m#Block3

```objc
NSDictionary* words = @{@"A": @"Apple", @"B": @"Banana", @"C":@"City"};

NSString* aValue = words[@"A"];
if (aValue != nil) {
    NSLog(@"%@", aValue);
} else {
    NSLog(@"Not found");
}
// Apple

NSString* zValue = words[@"Z"];
if (zValue != nil) {
    NSLog(@"%@", zValue);
} else {
    NSLog(@"Not found");
}
// Not found
```

```
let words = ["A": "Apple", "B": "Banana", "C": "City"]

if let aValue = words["A"] {
    print(aValue)
} else {
    print("Not found")
}
// Apple

if let zValue = words["Z"] {
    print(zValue)
} else {
    print("Not found")
}
// Not found
```

딕셔너리는 저장된 키와 값을 확인할 수 있는 속성을 제공합니다. NSDictionary 클래스는 allKeys 속성을 통해 모든 키를 배열로 리턴하고, allValues 속성을 통해 모든 값을 배열로 리턴합니다.

Objective-C Collection/Dictionary/EnumerateKeyAndValue/EnumerateKeyAndValueObjC/main.m

```
NSDictionary* words = @{@"A": @"Apple", @"B": @"Banana", @"C":@"City"};

NSArray* keys = words.allKeys;
NSLog(@"%@", keys);
// ["A", "B", "C"]

NSArray* values = words.allValues;
NSLog(@"%@", values);
// ["Apple", "Banana", "City"]
```

Swift Collection/Dictionary/EnumerateKeyAndValue/EnumerateKeyAndValue.playground#Page1

```
let words:NSDictionary = ["A": "Apple", "B": "Banana", "C": "City"]

let keys = words.allKeys
print(keys)
// ["A", "B", "C"]

let values = words.allValues
print(values)
// ["Apple", "Banana", "City"]
```

Dictionary는 동일한 속성을 keys, values 라는 이름으로 제공합니다. NSDictionary의 속성은 배열을 리턴하지만 이 속성들은 LazyMapCollection을 리턴합니다. 배열로 변경하려면 아래와 같이 리턴된 LazyMapCollection을 Array의 생성자로 전달합니다.

```
let words = ["A": "Apple", "B": "Banana", "C": "City"]

let keys = Array(words.keys)
print(keys)
// ["A", "B", "C"]

let values = Array(words.values)
print(values)
// ["Apple", "Banana", "City"]
```

4.3 키, 값 검색

NSDictionary는 저장된 키를 검색할 때 objectForKey(_:) 메소드를 활용합니다. 이 메소드가 리턴하는 값을 통해 키가 존재하는지 확인할 수 있습니다. 또는 allKeys 속성을 통해 키 배열을 얻은 후 배열이 제공하는 contains(_:) 메소드를 활용할 수 있습니다. 예를 들어 words 딕셔너리에 "K"라는 키가 존재하는지 확인하는 코드를 다음과 같이 구현할 수 있습니다.

```
NSDictionary* words = @{@"A": @"Apple", @"B": @"Banana", @"C":@"City"};
NSString* key = @"K";

if ([words objectForKey:key] != nil) {
    NSLog(@"The key \"%@\" exists.", key);
} else {
    NSLog(@"The key \"%@\" not exists.", key);
}

if ([words.allKeys containsObject:key]) {
    NSLog(@"The key \"%@\" exists.", key);
} else {
    NSLog(@"The key \"%@\" not exists.", key);
}
// The key "K" not exists.
```

```
let words: NSDictionary = ["A": "Apple", "B": "Banana", "C": "City"]
let key = "K"

#if swift(>=3.0)
if let _ = words.object(forKey: key) {
    print("The key \"\(key)\" exists.")
} else {
    print("The key \"\(key)\" not exists.")
```

```
    }

    if words.allKeys.contains(where: { String(stringLiteral: $0 as! String) ==
        key }) {
        print("The key \"\(key)\" exists.")
    } else {
        print("The key \"\(key)\" not exists.")
    }
    #else
    if let _ = words.objectForKey(key) {
        print("The key \"\(key)\" exists.")
    } else {

        print("The key \"\(key)\" not exists.")
    }

    if words.allKeys.contains({ String($0) == key }) {
        print("The key \"\(key)\" exists.")
    } else {
        print("The key \"\(key)\" not exists.")
    }
    #endif

    // The key "K" not exists.
```

allKeysForObject(_:) 메소드는 객체와 연관된 키를 검색합니다. 파라미터로 전달한 객체와 연관된 키가 있다면 배열로 리턴하고, 없다면 빈 배열을 리턴합니다. 이 배열의 count 속성을 확인하여 특정 객체와 연관된 키의 존재 여부를 확인할 수 있습니다.

Objective-C Collection/Dictionary/AllKeys/AllKeysObjC/main.m

```objc
NSDictionary* words = @{@"A": @"Apple", @"B": @"Banana", @"C":@"City"};
NSArray* keys = [words allKeysForObject:@"Apple"];
NSLog(@"Key count of Apple: %ld", keys.count);
// Key count of Apple: 1
```

Swift Collection/Dictionary/AllKeys/AllKeys.playground

```swift
let words: NSDictionary = ["A": "Apple", "B": "Banana", "C": "City"]

#if swift(>=3.0)
let keys = words.allKeys(for: "Apple")
#else
let keys = words.allKeysForObject("Apple")
#endif

print("Key count of Apple: \(keys.count)")
// Key count of Apple: 1
```

상세한 검색 조건을 구현하고 싶다면 keysOfEntriesPassingTest(_:) 메소드를 사용합니다. 이 메소드는 검색 조건을 구현한 블록을 파라미터로 받습니다. 이 블록에는 딕셔너리에 저장되어 있는 요소의 키와 값이 순서대로 전달됩니다. 검색 조건과 일치하는 경우 블록에서 YES를 리턴하고, YES를 리턴한 모든 키가 셋으로 리턴됩니다. Swift에서는 동일한 파라미터와 리턴 값을 가진 클로저를 파라미터로 받습니다. words 딕셔너리에 저장된 값 중 "a" 또는 "A"가 포함된 값을 검색하고 싶다면 다음과 같이 구현할 수 있습니다.

Objective-C Collection/Dictionary/Test/TestObjC/main.m#Block1

```objc
let words: NSDictionary = ["A": "Apple", "B": "Banana", "C": "City"]
NSDictionary* words = @{@"A": @"Apple", @"B": @"Banana", @"C":@"City"};

NSSet* result = [words keysOfEntriesPassingTest:^BOOL(id _Nonnull key,
    id _Nonnull obj, BOOL * _Nonnull stop) {
    return [obj rangeOfString:@"a" options:NSCaseInsensitiveSearch].location
        != NSNotFound;
}];

for (NSString* key in result) {
    NSLog(@"%@ - %@", key, words[key]);
}
// A - Apple
// B - Banana
```

Swift Collection/Dictionary/Test/Test.playground#Page1

```swift
let words: NSDictionary = ["A": "Apple", "B": "Banana", "C": "City"]

#if swift(>=3.0)
let result = words.keysOfEntries(options: [], passingTest: {
    (key, obj, stop) -> Bool in
    if let value = obj as? String {
        return value.range(of: "a", options: .caseInsensitive) != nil;
    }
    return false
})

for keyObj in result {
    if let key = keyObj as? NSString, let value = words[key] {
        print("\(key) - \(value)")
    }
}
#else
let result = words.keysOfEntriesPassingTest { (key, obj, stop) -> Bool in
    if let value = obj as? String {
        return value.rangeOfString("a", options: .CaseInsensitiveSearch) !=
            nil
```

```
        }
        return false
    }

    for keyObj in result {
        if let key = keyObj as? NSString, value = words[key] {
            print("\(key) - \(value)")
        }
    }
    #endif

    // A - Apple
    // B - Banana
```

이 메소드는 딕셔너리에 저장된 모든 요소를 대상으로 블록을 실행합니다. 딕셔너리에 100개의 요소가 저장되어 있다면 블록은 총 100번 실행됩니다. 원하는 검색 결과를 얻은 후 더 이상 블록이 실행되지 않도록 하는 것이 성능에 유리합니다. 블록 내부에서 실행한 return 명령문은 개별 블록의 실행을 중지할 뿐 전체 블록의 실행을 중지하지는 않습니다. 전체 블록의 실행을 중지할 때는 블록으로 전달된 stop 파라미터를 사용합니다. 검색 조건과 일치하는 첫 번째 요소를 찾은 후 검색을 종료하려면 다음과 같이 구현할 수 있습니다. stop 파라미터는 포인터로 전달되므로 stop 파라미터가 가리키는 메모리의 값을 변경해야 합니다.

Objective-C Collection/Dictionary/Test/TestObjC/main.m#Block2
```objc
NSDictionary* words = @{@"A": @"Apple", @"B": @"Banana", @"C":@"City"};

NSSet* result = [words keysOfEntriesPassingTest:^BOOL(id _Nonnull key,
    id _Nonnull obj, BOOL * _Nonnull stop) {
    if ([obj rangeOfString:@"a" options:NSCaseInsensitiveSearch].location
        != NSNotFound) {
        *stop = YES;
        return YES;
    }

    return NO;
}];

for (NSString* key in result) {
    NSLog(@"%@ - %@", key, words[key]);
}
// A - Apple
```

```swift
let words: NSDictionary = ["A": "Apple", "B": "Banana", "C": "City"]

#if swift(>=3.0)
let result = words.keysOfEntries(options: [], passingTest: {
    (key, obj, stop) -> Bool in
    if let value = obj as? String {
        stop.pointee = true
        return value.range(of: "a", options: .caseInsensitive) != nil
    }

    return false
})

for keyObj in result {
    if let key = keyObj as? NSString, let value = words[key] {
        print("\(key) - \(value)")
    }
}
#else
let result = words.keysOfEntriesPassingTest {
    (key, obj, stop) -> Bool in
    if let value = obj as? String {
        stop.memory = true
        return value.rangeOfString("a", options: .CaseInsensitiveSearch)
            != nil
    }

    return false
}

for keyObj in result {
    if let key = keyObj as? NSString, value = words[key] {
        print("\(key) - \(value)")
    }
}
#endif

// A - Apple
```

Dictionary에 특정 키나 값이 저장되어 있는지 확인할 때 contains(_:) 메소드를 사용합니다. 이 메소드는 검색 조건을 구현하는 클로저를 파라미터로 받습니다. 딕셔너리에 저장된 각 요소는 튜플 형태로 클로저에 전달됩니다. 이어지는 예제는 words 딕셔너리에 "A" 키와 "City" 값이 존재하는지 확인합니다.

```
Swift  Collection/Dictionary/Contains.playground
let words = ["A": "Apple", "B": "Banana", "C": "City"]

#if swift(>=3.0)
if words.contains(where: { (key, value) -> Bool in return key == "A"}) {
    print("contains A key.")
}

if words.contains(where: { $0.1 == "City" }) {
    print("contains City value.")
}
#else
if words.contains({ (key, value) -> Bool in return key == "A"}) {
    print("contains A key.")
}

if words.contains({ $0.1 == "City" }) {
    print("contains City value.")
}
#endif

// contains A key.
// contains City value.
```

filter(_:) 메소드는 지정된 조건으로 딕셔너리를 검색한 후 조건과 일치하는 요소를 튜플 배열로 리턴합니다. words 딕셔너리에 저장된 값 중 "a" 또는 "A"가 포함된 값을 검색하고 싶다면 다음과 같이 구현할 수 있습니다.

```
Swift  Collection/Dictionary/Filter.playground
let words = ["A": "Apple", "B": "Banana", "C": "City"]

#if swift(>=3.0)
let result = words.filter { (key, value) -> Bool in
    return value.lowercased().contains("a")
}
#else
let result = words.filter { (key, value) -> Bool in
    return value.lowercaseString.containsString("a")
}
#endif

for (key, value) in result {
    print("\(key) - \(value)")
}
// B - Banana
// A - Apple
```

4.4 딕셔너리 비교

딕셔너리를 비교할 때 저장된 요소의 수가 동일하고 키와 값이 모두 일치하면 동일한 딕셔너리라고 판단합니다. 딕셔너리는 정렬되지 않은 컬렉션이기 때문에 요소가 저장된 순서는 비교 조건에서 제외됩니다.

NSDictionary는 isEqualtoDictionary(_:) 메소드로 두 개의 딕셔너리를 비교합니다.

Objective-C Collection/Dictionary/Compare/CompareObjC/main.m
```objc
NSDictionary* words = @{@"A": @"Apple", @"B": @"Banana", @"C":@"City"};
NSDictionary* anotherWords = @{@"B": @"Banana", @"C":@"City",
    @"A": @"Apple"};
NSDictionary* countryCodes = @{@"KR": @"South Korea",
    @"US": @"United States"};

if ([words isEqualToDictionary:anotherWords]) {
    NSLog(@"words == anotherWords");
} else {
    NSLog(@"words != anotherWords");
}
// words == anotherWords

if ([words isEqualToDictionary:countryCodes]) {
    NSLog(@"words == countryCodes");
} else {
    NSLog(@"words != countryCodes");
}
// words != countryCodes
```

Swift Collection/Dictionary/Compare/Compare.playground#Page1
```swift
let words: NSDictionary = ["A": "Apple", "B": "Banana", "C": "City"]
let anotherWords = ["B": "Banana", "C": "City", "A": "Apple"]
let countryCodes = ["KR": "South Korea", "US": "United States"]

#if swift(>=3.0)
if words.isEqual(to: anotherWords) {
    print("words == anotherWords")
} else {
    print("words != anotherWords")
}
#else
if words.isEqualToDictionary(anotherWords) {
    print("words == anotherWords")
} else {
    print("words != anotherWords")
}
#endif
// words == anotherWords
```

```
#if swift(>=3.0)
if words.isEqual(to: countryCodes) {
    print("words == countryCodes")
} else {
    print("words != countryCodes")
}
#else
if words.isEqualToDictionary(countryCodes) {
    print("words == countryCodes")
} else {
    print("words != countryCodes")
}
#endif
// words != countryCodes
```

Swift의 == 연산자와 != 연산자는 Dictionary를 비교할 수 있도록 재정의되어 있습니다. == 연산자를 사용하여 두 딕셔너리를 비교하면 NSDictionary의 isEqualtoDictionary(_:) 메소드와 동일한 결과를 얻을 수 있습니다.

Swift Collection/Dictionary/Compare/Compare.playground#Page2
```
let words = ["A": "Apple", "B": "Banana", "C": "City"]
let anotherWords = ["B": "Banana", "C": "City", "A": "Apple"]
let countryCodes = ["KR": "South Korea", "US": "United States"]

if words == anotherWords {
    print("words == anotherWords")
} else {
    print("words != anotherWords")
}
// words == anotherWords

if words == countryCodes {
    print("words == countryCodes")
} else {
    print("words != countryCodes")
}
// words != countryCodes
```

== 연산자는 딕셔너리에 저장된 개별 요소를 == 연산자로 비교합니다. == 연산자를 문자열을 비교할 때 대소문자를 구분합니다. 그래서 "Apple" 값과 "APPLE" 값을 다른 값으로 판단합니다. 그래서 다음과 같이 대소문자가 다른 값을 비교하면 서로 다른 딕셔너리라고 판단합니다.

```
let words = ["A": "Apple", "B": "Banana", "C": "City"]
let upperWords = ["A": "APPLE", "B": "BANANA", "C": "CITY"]

if words == upperWords {
    print("words == upperWords")
} else {
    print("words != upperWords")
}
// words != upperWords
```

elementsEqual(_:isEquivalent:) 메소드는 비교 조건을 상세하게 구현해야 할 때 유용합니다. 이 메소드의 두 번째 파라미터는 딕셔너리에 포함된 각 요소를 비교하여 결과를 Bool로 리턴하는 클로저입니다. words와 upperWords를 비교할 때 대소문자를 무시하도록 구현하면 두 딕셔너리의 비교 결과는 true가 됩니다.

```
let words = ["A": "Apple", "B": "Banana", "C": "City"]
let upperWords = ["A": "APPLE", "B": "BANANA", "C": "CITY"]

#if swift(>=3.0)
let equals = words.elementsEqual(upperWords) { (lhs, rhs) -> Bool in
    return lhs.0.lowercased() == rhs.0.lowercased()
        && lhs.1.lowercased() == rhs.1.lowercased()
}
#else
let equals = words.elementsEqual(upperWords) { (lhs, rhs) -> Bool in
    return lhs.0.lowercaseString == rhs.0.lowercaseString
        && lhs.1.lowercaseString == rhs.1.lowercaseString
}
#endif

print(equals)
// true
```

4.5 새로운 요소 추가와 교체

NSDictionary는 불변 딕셔너리이므로 초기화된 후에 요소를 편집할 수 없습니다. 초기화된 후에 새로운 요소를 추가하거나 교체해야 한다면 가변 클래스인 NSMutableDictionary를 사용합니다. NSMutableDictionary가 제공하는 setObject(_:forKey:) 메소드는 파라미터로 전달한 키가 딕셔너리에 존재하지 않을 경우 새로운 요소를 추가하고, 이미 존재하는 경우 키와 연관된 값을 첫 번째 파라미터의 값으로 교체합니다.

```objc
NSMutableDictionary* words = [NSMutableDictionary dictionary];
[words setObject:@"Apple" forKey:@"A"];
[words setObject:@"Banana" forKey:@"B"];
NSLog(@"%@", words);
// ["B": "Banana", "A": "Apple"]

[words setObject:@"Blue" forKey:@"B"];
NSLog(@"%@", words);
// ["B": "Blue", "A": "Apple"]
```

```swift
let words = NSMutableDictionary()

#if swift(>=3.0)
words.setObject("Apple", forKey: "A" as NSCopying)
words.setObject("Banana", forKey: "B" as NSCopying)
#else
words.setObject("Apple", forKey: "A")
words.setObject("Banana", forKey: "B")
#endif
print(words)
// ["B": "Banana", "A": "Apple"]

#if swift(>=3.0)
words.setObject("Blue", forKey: "B" as NSCopying)
#else
words.setObject("Blue", forKey: "B")
#endif

print(words)
// ["B": "Blue", "A": "Apple"]
```

이 코드는 서브스크립트 문법으로 완전히 대체할 수 있습니다.

```objc
NSMutableDictionary* words = [NSMutableDictionary dictionary];
words[@"A"] = @"Apple";
words[@"B"] = @"Banana";
NSLog(@"%@", words);
// ["B": "Banana", "A": "Apple"]

words[@"B"] = @"Blue";
NSLog(@"%@", words);
// ["B": "Blue", "A": "Apple"]
```

```
Swift  Collection/Dictionary/Upsert/Upsert.playground#Page2
let words = NSMutableDictionary()
words["A"] = "Apple"
words["B"] = "Banana"
print(words)
// ["B": "Banana", "A": "Apple"]

words["B"] = "Blue"
print(words)
// ["B": "Blue", "A": "Apple"]
```

Dictionary는 NSDictionary와 마찬가지로 서브스크립트 문법을 사용하여 요소를 추가하거나 교체합니다.

```
Swift  Collection/Dictionary/Upsert/Upsert.playground#Page3
var words = [String: String]()
words["A"] = "Apple"
words["B"] = "Banana"
print(words)
// ["B": "Banana", "A": "Apple"]

words["B"] = "Blue"
print(words)
// ["B": "Blue", "A": "Apple"]
```

또한 Dictionary는 updateValue(_:forKey:) 메소드를 제공합니다. 이 메소드는 NSDictionary의 setObject(_:forKey:) 메소드와 동일한 기능을 제공하지만, 파라미터로 전달한 키가 이미 존재하는 경우 키와 연관된 현재 값(교체되기 전 값)을 리턴합니다. 키가 존재하지 않는 경우에는 nil을 리턴하므로 리턴 값을 통해 값의 추가와 교체를 구분할 수 있습니다.

```
Swift  Collection/Dictionary/Upsert/Upsert.playground#Page4
var words = [String: String]()
if let oldValue = words.updateValue("Apple", forKey: "A") {
    print("\(oldValue) => \(words["A"]!)")
} else {
    print("+ \(words["A"]!)")
}
// + Apple

if let oldValue = words.updateValue("Apricot", forKey: "A") {
    print("\(oldValue) => \(words["A"]!)")
} else {
    print("+ \(words["A"]!)")
}
// Apple => Apricot
```

4.6 요소 삭제

요소를 삭제하는 가장 간단한 방법은 서브스크립트 문법을 사용하여 키와 연관된 값을 nil로 변경하는 것입니다. 서브스크립트로 전달한 키가 딕셔너리에 존재할 경우 요소를 삭제하고, 존재하지 않는 경우에는 무시됩니다.

Objective-C Collection/Dictionary/Remove/RemoveObjC/main.m#Block1

```objectivec
NSMutableDictionary* words = [NSMutableDictionary dictionaryWithDictionary:
    @{@"A": @"Apple", @"B": @"Banana", @"C":@"City"}];
words[@"C"] = nil;
NSLog(@"%@", words);
// ["A": "Apple", "B": "Banana"]
```

Swift Collection/Dictionary/Remove/Remove.playground#Page1

```swift
// Swift Dictionary
var words = ["A": "Apple", "B": "Banana", "C": "City"]
words["C"] = nil
print(words)
// ["A": "Apple", "B": "Banana"]

// Foundation Dictionary
let nsWords = NSMutableDictionary(dictionary: ["A": "Apple", "B": "Banana",
    "C": "City"])
nsWords["C"] = nil
print(nsWords)
// ["A": "Apple", "B": "Banana"]
```

NSMutableDictionary는 요소를 삭제할 수 있는 세 가지 메소드를 제공합니다. removeObject ForKey(_:) 메소드는 하나의 요소를 삭제할 수 있고, removeObjectsForKeys(_:) 메소드는 두 개 이상의 요소를 동시에 삭제할 수 있습니다. removeAllObjects() 메소드는 모든 요소를 삭제합니다.

Objective-C Collection/Dictionary/Remove/RemoveObjC/main.m#Block2

```objectivec
NSMutableDictionary* words = [NSMutableDictionary dictionaryWithDictionary:
    @{@"A": @"Apple", @"B": @"Banana", @"C": @"City", @"D": @"Drama",
    @"E": @"Earth", @"F": @"Fuel"}];
[words removeObjectForKey:@"D"];
NSLog(@"%@", words);
// ["B": "Banana", "A": "Apple", "F": "Fuel", "C": "City", "E": "Earth"]

[words removeObjectsForKeys:@[@"A", @"F"]];
NSLog(@"%@", words);
// ["C": "City", "B": "Banana", "E": "Earth"]

[words removeAllObjects];
NSLog(@"%@", words);
// [:]
```

```swift
let words = NSMutableDictionary(dictionary: ["A": "Apple", "B": "Banana",
    "C": "City", "D": "Drama", "E": "Earth", "F": "Fuel"])

#if swift(>=3.0)
words.removeObject(forKey: "D")
#else
words.removeObjectForKey("D")
#endif

print(words)
// ["B": "Banana", "A": "Apple", "F": "Fuel", "C": "City", "E": "Earth"]

#if swift(>=3.0)
words.removeObjects(forKeys: ["A", "F"])
#else
words.removeObjectsForKeys(["A", "F"])
#endif

print(words)
// ["C": "City", "B": "Banana", "E": "Earth"]

words.removeAllObjects()
print(words)
// [:]
```

Dictionary에 저장된 하나의 요소를 삭제하는 메소드는 removeValueForKey(_:) 입니다. 이 메소드는 요소를 정상적으로 삭제한 경우 삭제된 요소의 값을 리턴합니다. 리턴되는 값을 nil과 비교하거나 옵셔널 바인딩 구문을 활용하면 요소가 실제로 삭제되었는지 확인할 수 있습니다. removeAll() 메소드는 모든 요소와 메모리 공간을 삭제합니다.

```swift
var words = ["A": "Apple", "B": "Banana", "C": "City", "D": "Drama",
    "E": "Earth", "F": "Fuel"]

#if swift(>=3.0)
if let removedValue = words.removeValue(forKey: "D") {
    print("\(removedValue) removed!")
}
#else
if let removedValue = words.removeValueForKey("D") {
    print("\(removedValue) removed!")
}
#endif

// Drama removed!
```

```
print(words)
// ["B": "Banana", "A": "Apple", "F": "Fuel", "C": "City", "E": "Earth"]

words.removeAll()
print(words)
// [:]
```

딕셔너리의 요소를 모두 삭제한 후 이어서 새로운 요소를 추가한다면 removeAll(keepCapacity:) 메소드에 true를 전달하여 메모리 공간이 삭제되지 않도록 지정할 수 있습니다. 불필요한 메모리 공간의 삭제와 재할당을 방지하는 것은 코드의 성능을 향상시킬 수 있습니다.

Swift Collection/Dictionary/Remove/Remove.playground#Page3
```
#if swift(>=3.0)
words.removeAll(keepingCapacity: true)
#else
words.removeAll(keepCapacity: true)
#endif
```

5. 셋

셋은 수학의 집합이라는 개념을 구현한 컬렉션입니다. 셋에 저장되는 요소는 정렬되지 않으며 동일한 요소는 한번만 저장됩니다. 컬렉션에 데이터를 저장할 때 정렬 순서보다 검색 속도가 중요할 때 배열에 비해 더 나은 성능을 제공합니다.

Foundation 컬렉션에서 셋을 대표하는 클래스는 NSSet이고, 가변 클래스인 NSMutableSet이 함께 제공됩니다. 그리고 동일한 요소가 저장된 횟수를 확인할 수 있는 NSCountedSet을 제공합니다. Swift 컬렉션에서 셋을 대표하는 자료형은 Set으로 Swift 1.2 버전에서 추가되었습니다. Set은 Array와 매우 유사한 메소드를 제공하지만 요소가 정렬되어 있지 않은 컬렉션이기 때문에 일부 메소드는 효용성이 떨어집니다.

> **Expert Note**
>
> 셋에 추가된 요소는 딕셔너리의 키와 마찬가지로 hash, isEqual: 메소드를 구현해야 합니다. 요소의 해시 메소드 성능에 따라 셋의 전체 성능이 결정됩니다.

Objective-C는 셋 리터럴을 제공하지 않습니다. Swift는 배열과 동일한 리터럴을 사용합니다.

Swift
```
[요소1, 요소2, 요소3, 요소N]
[] // 빈 셋
```

새로운 NSSet은 이미 존재하는 배열이나 다른 셋을 기반으로 생성할 수 있습니다. 원하는 요소로 초기화하거나 빈 셋을 생성할 수도 있습니다.

Objective-C Collection/Set/MakeNewSet/MakeNewSetObjC/main.m
```objc
NSArray* fruitsArray = @[@"Apple", @"Orange", @"Melon"];

NSSet* fruitsFromArray = [NSSet setWithArray:fruitsArray];
NSSet* fruitsFromSet = [NSSet setWithSet:fruitsFromArray];
NSSet* fruits = [NSSet setWithObjects:@"Apple", @"Orange", @"Melon", nil];
NSSet* emptySet = [NSSet set];
```

Swift Collection/Set/MakeNewSet/MakeNewSet.playground#Page1
```swift
let fruitsArray = ["Apple", "Orange", "Melon"]

let fruitsFromArray = NSSet(array: fruitsArray)
let fruitsFromSet = NSSet(set: fruitsFromArray)
let fruits = NSSet(objects: "Apple", "Orange", "Melon")
let emptySet = NSSet()
```

Swift에서 리터럴을 통해 셋을 초기화하는 경우에는 반드시 자료형을 지정해야 합니다. [String]과 같은 단축문법은 배열을 표현하는 것이므로 셋에는 사용할 수 없습니다. 선언과 동시에 초기화하는 경우 형식추론을 통해 셋에 저장할 요소의 자료형을 생략할 수 있지만 Type Annotation 자체를 생략할 수는 없습니다. 예를 들어 numbers 셋을 선언할 때 초기화 값을 통해 요소의 자료형을 Int로 추론할 수 있고 Type Annotation에서 〈Int〉를 생략할 수 있습니다. 그러나 전체 Type Annotation을 생략할 경우 numbers는 Int 배열이 됩니다.

Swift Collection/Set/MakeNewSet/MakeNewSet.playground#Page2
```swift
let fruits: Set<String> = ["Apple", "Orange", "Melon"]
let numbers: Set = [1, 2, 3]
let emptySet = Set<String>()
```

5.1 요소의 수

셋에 포함된 요소의 수는 count 속성으로 확인합니다. NSSet은 anyObject() 메소드를 통해 배열이 비어있는지 확인할 수 있고, Set은 isEmpty 속성으로 확인합니다.

Objective-C Collection/Set/Count/CountObjC/main.m
```objc
NSSet* fruits = [NSSet setWithObjects:@"Apple", @"Orange", @"Melon", nil];
NSUInteger countOfFruits = fruits.count;

if ([fruits anyObject] != nil) {
```

```
        NSLog(@"%ld element(s)", countOfFruits);
    } else {
        NSLog(@"empty set");
    }
    // 3 element(s)
```

Swift Collection/Set/Count/Count.playground
```
    // Swift Set
    let fruits: Set<String> = ["Apple", "Orange", "Melon"]
    var countOfFruits = fruits.count

    if !fruits.isEmpty {
        print("\(countOfFruits) element(s)")
    } else {
        print("empty set")
    }
    // 3 element(s)

    // Foundation NSSet
    let nsFruits = NSSet(set: fruits)
    countOfFruits = nsFruits.count

    if let _ = nsFruits.anyObject() {
        print("\(countOfFruits) element(s)")
    } else {
        print("empty set")
    }
    // 3 element(s)
```

5.2 요소 검색

셋에 포함된 요소를 검색하는 방법은 배열과 동일합니다. NSSet은 containsObject(_:) 메소드를 통해 파라미터로 전달한 객체가 셋에 존재하는지 확인합니다.

Objective-C Collection/Set/Contains/ContainsObjC/main.m
```
NSSet * fruits = [NSSet setWithObjects:@"Apple", @"Orange", @"Melon", nil];
if ([fruits containsObject:@"Orange"]) {
    // ...
}
```

Swift Collection/Set/Contains/Contains.playground#Page1
```
let fruits: NSSet = ["Apple", "Orange", "Melon"]

#if swift(>=3.0)
if fruits.contains("Apple") {
```

```
        // ...
    }
#else
    if fruits.containsObject("Apple") {
        // ...
    }
#endif
```

Set은 contains(_:) 메소드를 통해 동일한 기능을 제공합니다.

Swift Collection/Set/Contains/Contains.playground#Page2
```
let fruits = ["Apple", "Orange", "Melon"]
if fruits.contains("Apple") {
    // ...
}
```

NSSet은 NSPredicate를 활용하여 상세한 검색 조건을 지정할 수 있습니다. filteredSetUsing Predicate(_:) 메소드는 NSPredicate를 통해 지정한 조건과 일치하는 요소를 새로운 셋으로 리턴합니다. 아래의 코드는 접두어, 접미어 검색을 하는 예제입니다.

Objective-C Collection/Set/Filter/FilterObjC/main.m
```
NSPredicate* prefixPredicate = [NSPredicate
    predicateWithFormat:@"SELF BEGINSWITH %@", @"i"];
NSSet* productSet = [NSSet setWithObjects:@"iPhone", @"iPad", @"Mac Pro",
    @"iPad Pro", @"Macbook Pro", nil];
NSSet* filteredSet = [productSet filteredSetUsingPredicate:prefixPredica
te];
NSLog(@"%@", filteredSet);
// {"iPhone", "iPad", "iPad Pro"}

NSPredicate* suffixPredicate = [NSPredicate
    predicateWithFormat:@"SELF ENDSWITH %@", @"o"];
NSMutableSet* mutableProductSet = [NSMutableSet setWithSet:productSet];
[mutableProductSet filterUsingPredicate:suffixPredicate];
NSLog(@"%@", mutableProductSet);
// ["Mac Pro", "iPad Pro", "Macbook Pro"]
```

Swift Collection/Set/Filter/Filter.playground#Page1
```
let productSet = NSSet(objects: "iPhone", "iPad", "Mac Pro", "iPad Pro",
    "Macbook Pro")

#if swift(>=3.0)
let prefixPredicate = NSPredicate(format: "SELF BEGINSWITH %@", "i")
let filteredSet = productSet.filtered(using: prefixPredicate)
#else
let prefixPredicate = NSPredicate(format: "SELF BEGINSWITH %@", "i")
```

```
    let filteredSet = productSet.filteredSetUsingPredicate(prefixPredicate)
    #endif

    print(filteredSet)
    // {"iPhone", "iPad", "iPad Pro"}

    let mutableProductSet = NSMutableSet(set: productSet)

    #if swift(>=3.0)
    let suffixPredicate = NSPredicate(format: "SELF ENDSWITH %@", "o")
    mutableProductSet.filter(using: suffixPredicate)
    #else
    let suffixPredicate = NSPredicate(format: "SELF ENDSWITH %@", "o")
    mutableProductSet.filterUsingPredicate(suffixPredicate)
    #endif

    print(mutableProductSet)
    // {"Mac Pro", "iPad Pro", "Macbook Pro"}
```

Set에서 상세한 검색 조건을 구현하려면 filter(_:) 메소드를 사용합니다. 이 메소드는 검색 조건이 구현된 클로저를 파라미터로 받으며 검색 결과를 새로운 셋으로 리턴합니다.

Swift Collection/Set/Filter/Filter.playground#Page2
```swift
let productSet: Set = ["iPhone", "iPad", "Mac Pro", "iPad Pro",
    "Macbook Pro"]
let filteredSet = productSet.filter { (element) -> Bool in
    return element.hasPrefix("i")
}
print(filteredSet)
// {"iPhone", "iPad", "iPad Pro"}
```

5.3 요소 추가

addObject(_:) 메소드는 새로운 요소를 NSMutableSet에 추가합니다. 배열에 저장되어 있는 모든 요소를 추가하려면 addObjectsFromArray(_:) 메소드를 사용합니다. 추가할 요소가 이미 존재하는 경우에는 추가되지 않습니다.

Objective-C Collection/Set/Insert/InsertObjC/main.m
```objc
NSMutableSet* set = [NSMutableSet set];
[set addObject:@"Apple"];
[set addObject:@"Apple"];
NSLog(@"%@", set);
// {"Apple"}

NSArray* alphabet = @[@"A", @"B"];
[set addObjectsFromArray:alphabet];
```

```objc
NSLog(@"%@", set);
// {"Apple", "A", "B"}

alphabet = @[@"A", @"B", @"C"];
[set addObjectsFromArray:alphabet];
NSLog(@"%@", set);
// {"Apple", "A", "B", "C"}
```

Swift Collection/Set/Insert/Insert.playground#Page1
```swift
let set = NSMutableSet()

#if swift(>=3.0)
set.add("Apple")
set.add("Apple")
#else
set.addObject("Apple")
set.addObject("Apple")
#endif

print(set)
// {"Apple"}

var alphabet = ["A", "B"]

#if swift(>=3.0)
set.addObjects(from: alphabet)
#else
set.addObjectsFromArray(alphabet)
#endif

print(set)
// {"Apple", "A", "B"}

alphabet = ["A", "B", "C"]

#if swift(>=3.0)
set.addObjects(from: alphabet)
#else
set.addObjectsFromArray(alphabet)
#endif

print(set)
// {"Apple", "A", "B", "C"}
```

Set에 새로운 요소를 추가할 때는 insert(_:) 메소드를 사용합니다. Swift 3.0부터 이 메소드는 튜플을 통해 메소드 실행 결과를 리턴합니다. 셋에 새로운 요소를 추가한 경우 (true, 새로운 요소 값) 튜플이 리턴되고, 이미 동일한 요소가 존재하는 경우에는 (false, 이미 존재하는 요소 값) 튜플이 리턴됩니다.

```swift
var set: Set<String> = []
set.insert("Apple")
print(set)
// {"Apple"}

#if swift(>=3.0)
var result = set.insert("Orange")
print(result)
// {true, "Orange"}

print(set)
// {"Apple", "Orange}

result = set.insert("Orange")
print(result)
// {false, "Orange"}

print(set)
// {"Apple", "Orange}
#endif
```

5.4 요소 삭제

NSMutableSet에 저장된 하나의 요소를 삭제할 때 removeObject(_:) 메소드를 사용합니다. 모든 요소를 삭제하려면 removeAllObjects() 메소드를 사용합니다.

Objective-C Collection/Set/Remove/RemoveObjC/main.m

```objc
NSMutableSet* set = [NSMutableSet setWithObjects:@"Apple", @"Orange",
    @"Melon", nil];
[set removeObject:@"Apple"];
NSLog(@"%@", set);
// {"Orange", "Melon"}

[set removeAllObjects];
NSLog(@"%@", set);
// {}
```

Swift Collection/Set/Remove/Remove.playground#Page1

```swift
let set = NSMutableSet(array: ["Apple", "Orange", "Melon"])
#if swift(>=3.0)
set.remove("Apple")
#else
set.removeObject("Apple")
#endif
print(set)
```

```
// {"Orange", "Melon"}

set.removeAllObjects()
print(set)
// {}
```

remove(_:) 메소드는 Set에 저장된 요소를 삭제하고 삭제된 요소를 리턴합니다. 파라미터로 전달된 요소가 존재하지 않는 경우에는 nil을 리턴하므로 리턴 값을 통해서 실제 삭제여부를 확인할 수 있습니다. 모든 요소를 삭제할 경우 removeAll() 메소드를 사용합니다. 배열과 마찬가지로 keepingCapacity 파라미터를 사용해서 메모리 사용을 최적화할 수 있습니다.

Swift Collection/Set/Remove/Remove.playground#Page2
```
var set: Set = ["Apple", "Orange", "Melon"]

if let removed = set.remove("Apple") {
    print("\(removed) has been removed!")
}
// Apple has been removed!

print(set)
// {"Orange", "Melon"}

#if swift(>=3.0)
set.removeAll(keepingCapacity: true)
#else
set.removeAll(keepCapacity: true)
#endif

print(set)
// {}
```

5.5 비교, 부분집합

NSSet을 비교하는 메소드는 isEqualToSet(_:) 입니다.

Objective-C Collection/Set/Compare/CompareObjC/main.m
```
NSSet * favoriteFruits = [NSSet setWithObjects:@"Apple", @"Orange",
    @"Melon", @"Kiwi", nil];
NSSet * tropicalFruits = [NSSet setWithObjects:@"Banana", @"Papaya",
    @"Kiwi", @"Pineapple", nil];

if ([favoriteFruits isEqualToSet:tropicalFruits]) {
    NSLog(@"favoriteFruits == tropicalFruits");
} else {
    NSLog(@"favoriteFruits != tropicalFruits");
}
// favoriteFruits != tropicalFruits
```

Swift Collection/Set/Compare/Compare.playground#Page1

```swift
let favoriteFruits = NSSet(objects: "Apple", "Orange", "Melon")
let tropicalFruits = NSSet(objects: "Banana", "Papaya", "Kiwi", "Pineapple")

#if swift(>=3.0)
if favoriteFruits.isEqual(to: tropicalFruits as Set<NSObject>) {
    print("favoriteFruits == tropicalFruits")
} else {
    print("favoriteFruits != tropicalFruits")
}
#else
if favoriteFruits.isEqualToSet(tropicalFruits as Set<NSObject>) {
    print("favoriteFruits == tropicalFruits")
} else {
    print("favoriteFruits != tropicalFruits")
}
#endif

// favoriteFruits != tropicalFruits
```

Set은 비교 연산자를 통해 비교하거나 elementsEqual(_:) 메소드로 비교할 수 있습니다.

Swift Collection/Set/Compare/Compare.playground#Page2

```swift
let favoriteFruits = Set(["Apple", "Orange", "Melon"])
let tropicalFruits = Set(["Banana", "Papaya", "Kiwi", "Pineapple"])

if favoriteFruits == tropicalFruits {
    print("favoriteFruits == tropicalFruits")
} else {
    print("favoriteFruits != tropicalFruits")
}

if favoriteFruits.elementsEqual(tropicalFruits) {
    print("favoriteFruits == tropicalFruits")
} else {
    print("favoriteFruits != tropicalFruits")
}
// favoriteFruits != tropicalFruits
```

두 집합 A, B가 있을 때, 집합 A에 포함된 모든 요소가 집합 B에 속하면 집합 A는 집합 B의 부분집합 입니다. isSubsetOfSet(_:) 메소드는 NSSet이 파라미터로 전달된 집합의 부분집합일 때 YES 또는 true를 리턴합니다.

Objective-C Collection/Set/Subset/SubsetObjC/main.m

```objc
NSSet* favoriteFruits = [NSSet setWithObjects:@"Apple", @"Orange",
```

```objc
        @"Melon", @"Kiwi", nil];
    NSSet * tropicalFruits = [NSSet setWithObjects:@"Banana", @"Papaya",
        @"Kiwi", @"Pineapple", nil];
    NSSet * yellowFruits = [NSSet setWithObjects:@"Banana", nil];

    if ([yellowFruits isSubsetOfSet:tropicalFruits]) {
        NSLog(@"yellowFruits ⊂ tropicalFruits");
    } else {
        NSLog(@"yellowFruits ⊄ tropicalFruits");
    }
    // yellowFruits ⊂ tropicalFruits
```

Swift Collection/Set/Subset/Subset.playground#Page1
```swift
let tropicalFruits = Set(["Banana", "Papaya", "Kiwi", "Pineapple"])
let yellowFruits = NSSet(array: ["Banana"])

#if swift(>=3.0)
if yellowFruits.isSubset(of: tropicalFruits) {
    print("yellowFruits ⊂ tropicalFruits")
} else {
    print("yellowFruits ⊄ tropicalFruits")
}
#else
if yellowFruits.isSubsetOfSet(tropicalFruits) {
    print("yellowFruits ⊂ tropicalFruits")
} else {
    print("yellowFruits ⊄ tropicalFruits")
}
#endif

// yellowFruits ⊂ tropicalFruits
```

Set은 동일한 기능을 isSubsetOf(_:) 메서드로 제공합니다. 집합 A가 집합 B의 진부분집합인지 확인하려면 isStrictSubsetOf(_:) 메소드를 사용할 수 있습니다. 반대로 isSupersetOf(_:) 메소드로 집합 B가 집합 A의 상위집합인지 확인할 수 있고, isStrictSupersetOf(_:) 메소드로 진상위집합인지 확인할 수 있습니다.

Swift Collection/Set/Subset/Subset.playground#Page2
```swift
let tropicalFruits = Set(["Banana", "Papaya", "Kiwi", "Pineapple"])
let yellowFruits = Set(["Banana"])

#if swift(>=3.0)
if yellowFruits.isSubset(of: tropicalFruits) {
    print("yellowFruits ⊂ tropicalFruits")
} else {
    print("yellowFruits ⊄ tropicalFruits")
```

```
}
#else
if yellowFruits.isSubsetOf(tropicalFruits) {
    print("yellowFruits ⊂ tropicalFruits")
} else {
    print("yellowFruits ⊄ tropicalFruits")
}
#endif

// yellowFruits ⊂ tropicalFruits

#if swift(>=3.0)
if yellowFruits.isStrictSubset(of: tropicalFruits) {
    print("yellowFruits ⊂ tropicalFruits")
} else {
    print("yellowFruits ⊄ tropicalFruits")
}
#else
if yellowFruits.isStrictSubsetOf(tropicalFruits) {
    print("yellowFruits ⊂ tropicalFruits")
} else {
    print("yellowFruits ⊄ tropicalFruits")
}
#endif

// yellowFruits ⊂ tropicalFruits

#if swift(>=3.0)
if tropicalFruits.isSuperset(of: yellowFruits) {
    print("tropicalFruits ⊃ yellowFruits")
} else {
    print("tropicalFruits ⊅ yellowFruits")
}
#else
if tropicalFruits.isSupersetOf(yellowFruits) {
    print("tropicalFruits ⊃ yellowFruits")
} else {
    print("tropicalFruits ⊅ yellowFruits")
}
#endif

// tropicalFruits ⊃ yellowFruits

#if swift(>=3.0)
if tropicalFruits.isStrictSuperset(of: yellowFruits) {
    print("tropicalFruits ⊃ yellowFruits")
} else {
    print("tropicalFruits ⊅ yellowFruits")
}
```

```
#else
if tropicalFruits.isStrictSupersetOf(yellowFruits) {
    print("tropicalFruits ⊃ yellowFruits")
} else {
    print("tropicalFruits ⊅ yellowFruits")
}
#endif

// tropicalFruits ⊃ yellowFruits
```

5.6 집합 연산 – 교집합

두 집합 A, B에 동시에 속하는 요소의 집합을 교집합이라고 합니다. NSSet은 intersectsSet(_:) 메소드로 두 집합에 공통적인 요소가 포함되어 있는지 확인합니다. NSMutableSet이 제공하는 intersectSet(_:) 메소드는 현재 집합에서 파라미터로 전달한 집합과의 교집합을 제외한 나머지 요소를 삭제합니다.

Objective-C Collection/Set/IntersectionSet/IntersectionSetObjC/main.m

```objc
NSSet * favoriteFruits = [NSSet setWithObjects:@"Apple", @"Orange",
    @"Melon", @"Kiwi", nil];
NSMutableSet * tropicalFruits = [NSMutableSet setWithObjects:@"Banana",
    @"Papaya", @"Kiwi", @"Pineapple", nil];

if ([favoriteFruits intersectsSet:tropicalFruits]) {
    NSLog(@"favoriteFruits ∩ tropicalFruits");

    [tropicalFruits intersectSet:favoriteFruits];
    NSLog(@"%@", tropicalFruits);
} else {
    NSLog(@"favoriteFruits ∩ tropicalFruits = ø");
}
// favoriteFruits ∩ tropicalFruits
// {"Kiwi"}
```

Swift Collection/Set/IntersectionSet/IntersectionSet.playground#Page1

```swift
NSSet * favoriteFruits = [NSSet setWithObjects:@"Apple", @"Orange",
    @"Melon", @"Kiwi", nil];
NSMutableSet * tropicalFruits = [NSMutableSet setWithObjects:@"Banana",
    @"Papaya", @"Kiwi", @"Pineapple", nil];

if ([favoriteFruits intersectsSet:tropicalFruits]) {
    NSLog(@"favoriteFruits ∩ tropicalFruits");

    [tropicalFruits intersectSet:favoriteFruits];
```

```
        NSLog(@"%@", tropicalFruits);
    } else {
        NSLog(@"favoriteFruits ∩ tropicalFruits = ø");
    }
    // favoriteFruits ∩ tropicalFruits
    // {"Kiwi"}
```

Set이 제공하는 isDisjointWith(_:) 메소드는 NSSet과 반대로 두 집합이 서로소인지 확인합니다. intersect(_:) 메소드는 두 집합의 교집합을 새로운 셋으로 리턴합니다. intersectInPlace(_:) 메소드는 현재 집합에서 파라미터로 전달한 집합과의 교집합을 제외한 나머지 요소를 삭제합니다.

Swift Collection/Set/IntersectionSet/IntersectionSet.playground#Page2
```
let favoriteFruits = Set(["Apple", "Orange", "Melon", "Kiwi"])
var tropicalFruits = Set(["Banana", "Papaya", "Kiwi", "Pineapple"])

#if swift(>=3.0)
if favoriteFruits.isDisjoint(with: tropicalFruits) {
    print("favoriteFruits ∩                    tropicalFruits = ø")
} else {
    print("favoriteFruits ∩                    tropicalFruits")
}
#else
if                                             favoriteFruits.
isDisjointWith(tropicalFruits) {
    print("favoriteFruits ∩ tropicalFruits = ø")
} else {
    print("favoriteFruits ∩ tropicalFruits")
}
#endif

// favoriteFruits ∩ tropicalFruits

#if swift(>=3.0)
let commonSet = favoriteFruits.intersection(tropicalFruits)
#else
let commonSet = favoriteFruits.intersect(tropicalFruits)
#endif

print(commonSet)
// {"Kiwi"}

#if swift(>=3.0)
tropicalFruits.formIntersection(favoriteFruits)
#else
tropicalFruits.intersectInPlace(favoriteFruits)
#endif

print(tropicalFruits)
// {"Kiwi"}
```

5.7 집합 연산 – 합집합

집합 A에 속하거나 집합 B에 속하는 모든 요소로 이루어진 집합을 합집합이라고 합니다. unionSet(_:) 메소드는 파라미터로 전달된 집합의 요소 중 NSMutableSet에 존재하지 않는 요소를 추가합니다. 결과적으로 두 집합의 합집합이 됩니다

Objective-C Collection/Set/UnionSet/UnionSetObjC/main.m

```objc
NSSet* favoriteFruits = [NSSet setWithObjects:@"Apple", @"Orange",
    @"Melon", @"Kiwi", nil];
NSSet* tropicalFruits = [NSMutableSet setWithObjects:@"Banana", @"Papaya",
    @"Kiwi", @"Pineapple", nil];

NSMutableSet* unionSet = [NSMutableSet setWithSet:favoriteFruits];
[unionSet unionSet:tropicalFruits];
NSLog(@"%@", unionSet);
// {"Orange", "Banana", "Papaya", "Pineapple", "Kiwi", "Apple", "Melon"}
```

Swift Collection/Set/UnionSet/UnionSet.playground#Page1

```swift
let favoriteFruits = Set(["Apple", "Orange", "Melon", "Kiwi"])
var tropicalFruits = Set(["Banana", "Papaya", "Kiwi", "Pineapple"])

let unionSet = NSMutableSet(set: favoriteFruits)

#if swift(>=3.0)
unionSet.union(tropicalFruits)
#else
unionSet.unionSet(tropicalFruits)
#endif

print(unionSet)
// {"Orange", "Banana", "Papaya", "Pineapple", "Kiwi", "Apple", "Melon"}
```

Set의 union(_:) 메소드는 두 집합의 합집합을 새로운 셋으로 리턴합니다. unionInPlace(_:) 메소드는 현재 집합에 파라미터로 전달한 집합의 요소를 추가합니다.

Swift Collection/Set/UnionSet/UnionSet.playground#Page2

```swift
let favoriteFruits = Set(["Apple", "Orange", "Melon", "Kiwi"])
let tropicalFruits = Set(["Banana", "Papaya", "Kiwi", "Pineapple"])

var unionSet = favoriteFruits.union(tropicalFruits)
print(unionSet)
// {"Orange", "Banana", "Papaya", "Pineapple", "Kiwi", "Apple", "Melon"}

unionSet = Set(favoriteFruits)
```

```
#if swift(>=3.0)
unionSet.formUnion(tropicalFruits)
#else
unionSet.unionInPlace(tropicalFruits)
#endif

print(unionSet)
// {"Orange", "Banana", "Papaya", "Pineapple", "Kiwi", "Apple", "Melon"}
```

5.8 집합 연산 – 차집합

집합 A에 속하지만 집합 B에 속하지 않는 요소를 A에 대한 B의 차집합이라고 합니다. NSMutableSet
에서 차집합은 minusSet(_:) 메소드로 구현되어 있습니다. 이 메소드는 파라미터로 전달된 집합에 있
는 모드는 요소를 현재 집합에서 제거합니다.

Objective-C Collection/Set/MinusSet/MinusSetObjC/main.m
```
NSMutableSet * favoriteFruits = [NSMutableSet setWithObjects:@"Apple",
    @"Orange", @"Melon", @"Kiwi", nil];
NSSet * tropicalFruits = [NSSet setWithObjects:@"Banana", @"Papaya",
    @"Kiwi", @"Pineapple", nil];

[favoriteFruits minusSet:tropicalFruits];
NSLog(@"%@", favoriteFruits);
// {"Apple", "Orange", "Melon"}
```

Swift Collection/Set/MinusSet/MinusSet.playground#Page1
```
let favoriteFruits = NSMutableSet(array: ["Apple", "Orange", "Melon",
    "Kiwi"])
let tropicalFruits = Set(["Banana", "Papaya", "Kiwi", "Pineapple"])

#if swift(>=3.0)
favoriteFruits.minus(tropicalFruits)
#else
favoriteFruits.minusSet(tropicalFruits)
#endif

print(favoriteFruits)
// {"Apple", "Orange", "Melon"}
```

Set의 subtract(_:) 메소드는 두 집합의 차집합을 새로운 셋으로 리턴합니다. subractInPlace(_:) 메
소드는 현재 집합에서 파라미터로 전달한 집합과의 교집합을 제거합니다.

Swift Collection/Set/MinusSet/MinusSet.playground#Page2
```
var favoriteFruits = Set(["Apple", "Orange", "Melon", "Kiwi"])
let tropicalFruits = Set(["Banana", "Papaya", "Kiwi", "Pineapple"])
```

```
#if swift(>=3.0)
let uncommonSet = favoriteFruits.subtracting(tropicalFruits)
#else
let uncommonSet = favoriteFruits.subtract(tropicalFruits)
#endif

print(uncommonSet)
// {"Apple", "Orange", "Melon"}

#if swift(>=3.0)
favoriteFruits.subtract(tropicalFruits)
#else
favoriteFruits.subtractInPlace(tropicalFruits)
#endif

print(favoriteFruits)
// {"Apple", "Orange", "Melon"}
```

5.9 집합 연산 – 여집합

Set이 제공하는 exclusiveOr(_:) 메소드는 여집합을 구하는데 활용할 수 있습니다. 이 메소드는 두 집합에 공통적으로 존재하는 요소를 제외한 나머지 요소들을 새로운 셋으로 리턴합니다. 즉, 교집합의 여집합을 리턴합니다. exclusiveOrInPlace(_:) 메소는 새로운 셋을 리턴하지 않고 현재 셋의 내용을 변경합니다.

Swift 2.3 Collection/Set/ExclusiveSet.playground
```
var favoriteFruits = Set(["Apple", "Orange", "Melon", "Kiwi"])
let tropicalFruits = Set(["Banana", "Papaya", "Kiwi", "Pineapple"])

let exclusiveSet = favoriteFruits.exclusiveOr(tropicalFruits)
print(exclusiveSet)
// {"Apple", "Orange", "Melon", "Banana", "Pineapple", "Papaya"}

favoriteFruits.exclusiveOrInPlace(tropicalFruits)
print(favoriteFruits)
// {"Apple", "Orange", "Melon", "Banana", "Pineapple", "Papaya"}
```

Swift 3.0부터 두 메소드의 이름은 각각 symmetricDifference(_:), formSymmetricDifference(_:) 로 변경되었습니다.

Swift 3 Collection/Set/ExclusiveSet.playground
```
var favoriteFruits = Set(["Apple", "Orange", "Melon", "Kiwi"])
let tropicalFruits = Set(["Banana", "Papaya", "Kiwi", "Pineapple"])
```

```
let exclusiveSet = favoriteFruits.symmetricDifference(tropicalFruits)
print(exclusiveSet)
// {"Apple", "Orange", "Melon", "Banana", "Pineapple", "Papaya"}

favoriteFruits.formSymmetricDifference(tropicalFruits)
print(favoriteFruits)
// {"Apple", "Orange", "Melon", "Banana", "Pineapple", "Papaya"}
```

5.10 NSCountedSet

셋은 기본적으로 요소의 중복을 허용하지 않습니다. NSCountedSet은 중복을 허용하는 특수한 셋입니다. 하지만 중복을 허용하는 방식이 배열과 다릅니다. 배열의 경우 동일한 요소를 추가할 경우 이미 존재하는 요소와 별도의 요소로 저장됩니다. 그러나 NSCountedSet은 별도로 요소를 저장하지 않고 해당 요소가 저장된 횟수를 함께 저장합니다. 1000개의 동일한 요소가 추가되어야 하는 경우 배열은 "요소의 크기 x 1000"의 메모리 공간이 필요하지만, NSCountedSet은 "요소의 크기 + 횟수를 저장할 공간의 크기"만으로 충분합니다. 이 시나리오에서 메모리 공간을 효율적으로 사용한다는 장점이 있습니다. 다만, 동일한 요소를 셋에서 완전히 제거하려면 추가된 횟수만큼 반복적으로 삭제해야 한다는 것에 주의해야 합니다.

NSCountedSet은 NSMutableSet을 상속한 클래스이므로 앞에서 설명한 모든 메소드를 제공합니다.

Objective-C Collection/Set/CountedSet/CountedSetObjC/main.m

```objc
NSCountedSet* set = [NSCountedSet set];

[set addObject:@"Apple"];
[set addObject:@"Apple"];
[set addObject:@"Apple"];
NSLog(@"%@", set);

NSUInteger countOfApple = [set countForObject:@"Apple"];
NSLog(@"%ld", countOfApple);

[set removeObject:@"Apple"];
NSLog(@"%@", set);

countOfApple = [set countForObject:@"Apple"];
NSLog(@"%ld", countOfApple);

[set removeObject:@"Apple"];
[set removeObject:@"Apple"];
NSLog(@"%@", set);

countOfApple = [set countForObject:@"Apple"];
NSLog(@"%ld", countOfApple);
```

Swift Collection/Set/CountedSet/CountedSet.playground

```swift
#if swift(>=3.0)
let set = NSCountedSet()
set.add("Apple")
set.add("Apple")
set.add("Apple")
#else
let set = NSCountedSet()
set.addObject("Apple")
set.addObject("Apple")
set.addObject("Apple")
#endif

print(set)
// {"Apple"}

#if swift(>=3.0)
var countOfApple = set.count(for: "Apple")
#else
var countOfApple = set.countForObject("Apple")
#endif

print(countOfApple)
// 3

#if swift(>=3.0)
set.remove("Apple")
#else
set.removeObject("Apple")
#endif

print(set)
// {"Apple"}

#if swift(>=3.0)
countOfApple = set.count(for: "Apple")
#else
countOfApple = set.countForObject("Apple")
#endif

print(countOfApple)
// 2

#if swift(>=3.0)
set.remove("Apple")
set.remove("Apple")
#else
set.removeObject("Apple")
set.removeObject("Apple")
```

```
#endif

print(set)
// {}

#if swift(>=3.0)
countOfApple = set.count(for: "Apple")
#else
countOfApple = set.countForObject("Apple")
#endif

print(countOfApple)
// 0
```

6. Fast Enumeration

컬렉션에 저장된 모든 데이터를 순회하면서 필요한 작업을 수행하는 것을 열거라고 합니다. 반복문을 통해 컬렉션을 열거할 수 있지만 열거의 범위를 벗어나거나 일부 요소를 누락시키는 실수가 많이 발생합니다. 그래서 컬렉션을 열거할 때는 대부분 빠른 열거 문법을 사용합니다. 빠른 열거 문법이 도입되기 전에 사용되던 NSEnumerator는 나름 만족할만한 성능을 제공해 주었지만 현재는 역순으로 열거하는 경우를 제외하고 거의 사용되지 않습니다.

> **Expert Note**
>
> NSFastEnumeration(Objective-C), SequenceType(Swift) 프로토콜을 채용한 자료형은 모두 빠른 열거를 수행할 수 있습니다. Foundation 컬렉션과 Swift 컬렉션은 모두 이 프로토콜을 채용하고 있습니다.

빠른 열거는 NSEnumerator에 비해 단순한 문법으로 더 나은 성능의 코드를 구현할 수 있는 장점이 있습니다. 그리고 멀티쓰레드 환경에서 다수의 열거를 동시에 수행할 수 있습니다. 그러나 열거를 수행하는 동안 컬렉션의 요소를 수정할 수 없다는 제한을 가지고 있습니다.

빠른 열거는 for-in 반복문 또는 블록(또는 클로저) 기반의 메소드로 구현합니다. 대부분 for-in 반복문으로 구현하지만, 블록을 사용할 경우 각 순회 단계마다 인덱스와 요소가 함께 전달된다는 장점이 있습니다.

> **Beginner Note**
>
> 빠른 열거에서 Swift 코드는 Foundation 컬렉션의 예제를 제공하지 않습니다. 대부분의 경우 Swift 컬렉션을 열거하는 것과 동일한 코드로 Foundation 컬렉션을 열거할 수 있기 때문입니다.

6.1 배열, 셋 열거

Objective-C
```
for (요소의 자료형 요소 상수 in 배열 또는 셋) {
    // ...
}
```

Swift
```
for 요소 상수 in 배열 또는 셋 {
    // ...
}
```

배열과 셋을 열거하는 방법은 동일합니다. 빠른 열거를 수행하는 동안 컬렉션에 포함된 요소가 요소 상수를 통해 순차적으로 전달됩니다. 배열은 요소가 항상 오름차순으로 전달되지만 셋은 전달되는 순서가 달라질 수 있습니다.

Objective-C Collection/FastEnumeration/FastEnumerationObjC/main.m#Block1
```objc
NSArray* array = @[@"Apple", @"Orange", @"Melon"];
for (NSString* obj in array) {
    NSUInteger index = [array indexOfObject:obj];
    NSLog(@"%ld - %@", index, obj);
}
// 0 - Apple
// 1 - Orange
// 2 - Melon

NSSet* set = [NSSet setWithArray:array];
for (NSString* obj in set) {
    NSLog(@"%@", obj);
}
// Apple
// Melon
// Orange
```

Swift Collection/FastEnumeration/FastEnumeration.playground#Page1
```swift
let array = ["Apple", "Orange", "Melon"]

#if swift(>=3.0)
for value in array {
    if let index = array.index(of: value) {
        print("\(index) - \(value)")
    }
}
#else
for value in array {
```

```
        if let index = array.indexOf(value) {
            print("\(index) - \(value)")
        }
    }
    #endif

    // 0 - Apple
    // 1 - Orange
    // 2 - Melon

    let set = Set(array)
    for value in set {
        print(value)
    }
    // Apple
    // Orange
    // Melon
```

배열은 항상 오름차순으로 열거됩니다. 내림차순으로 열거해야 한다면 다음과 같이 열거에 대상을 배열의 역순 열거자로 지정합니다. NSArray의 reverseObjectEnumerator() 메소드는 NSEnumerator 형의 역순 열거자를 리턴하고, Array의 reverse() 메소드는 역순으로 정렬된 새로운 배열을 리턴합니다.

Objective-C Collection/FastEnumeration/FastEnumerationObjC/main.m#Block2

```objectivec
NSArray* array = @[@"Apple", @"Orange", @"Melon"];
for (NSString* obj in [array reverseObjectEnumerator]) {
    NSUInteger index = [array indexOfObject:obj];
    NSLog(@"%ld - %@", index, obj);
}
// 2 - Melon
// 0 - Apple
// 1 - Orange
```

Swift Collection/FastEnumeration/FastEnumeration.playground#Page2

```swift
let array = ["Apple", "Orange", "Melon"]

#if swift(>=3.0)
for value in array.reversed() {
    if let index = array.index(of: value) {
        print("\(index) - \(value)")
    }
}
#else
for value in array.reverse() {
    if let index = array.indexOf(value) {
        print("\(index) - \(value)")
```

```
            }
    }
    #endif
    // 2 - Melon
    // 0 - Apple
    // 1 - Orange
```

enumerate() 메소드를 사용하면 순회의 각 단계마다 인덱스와 값으로 구성된 튜플을 얻을 수 있습니다. 배열을 순회할 때마다 인덱스를 사용할 때 유용합니다. 아래와 같이 튜플의 인덱스를 사용해서 값에 접근하거나 인덱스와 값을 바인딩한 후에 사용할 수 있습니다.

Swift Collection/FastEnumeration/FastEnumeration.playground#Page3
```
let alphabet = ["A", "B", "C"]

#if swift(>=3.0)
for t in alphabet.enumerated() {
    print("#\(t.0) - \(t.1)")
}

for (index, char) in alphabet.enumerated() {
    print("#\(index) - \(char)")
}
#else
for t in alphabet.enumerate() {
    print("#\(t.0) - \(t.1)")
}

for (index, char) in alphabet.enumerate() {
    print("#\(index) - \(char)")
}
#endif

// #0 - A
// #1 - B
// #2 - C
```

NSArray와 NSSet은 블록 기반의 열거를 수행할 수 있는 메소드를 제공합니다. 이 메소드는 Concurrent, Reverse 옵션을 지정할 수 있습니다. 옵션을 지정하지 않은 경우에는 오름차순으로 하나씩 열거를 수행합니다. 다음 예제는 블록을 통해 오름차순 열거, 내림차순 열거, 비동기 열거를 구현한 코드입니다. Concurrent 옵션을 지정한 경우 가용한 CPU 자원을 활용하여 동시에 여러 개의 요소를 열거합니다. 지면 관계상 출력 결과를 포함할 수 없지만 실행 결과를 직접 확인해 보면 비동기 열거와 일반 열거의 차이점을 확실히 파악하실 수 있을 것입니다. 일반 열거는 순서대로 하나씩 열거되기 때문에 출력되는 인덱스 역시 순서대로 출력되지만, 비동이 열거에서는 인덱스가 순서에 관계없이 먼저 열거되는 순으로 출력됩니다.

```objc
NSArray* array = @[@"Apple", @"Orange", @"Melon"];
NSMutableArray* bigArray = [NSMutableArray arrayWithArray:array];

for (int i = 0; i < 20; i++) {
    [bigArray addObjectsFromArray:array];
}

NSLog(@"== Normal Order");
[bigArray enumerateObjectsUsingBlock:^(id  _Nonnull obj, NSUInteger idx,
    BOOL * _Nonnull stop) {
    NSLog(@"%ld - %@", idx, obj);
}];

NSLog(@"\n");
NSLog(@"== Reverse Order");
[bigArray enumerateObjectsWithOptions:NSEnumerationReverse
    usingBlock:^(id _Nonnull obj, NSUInteger idx, BOOL * _Nonnull stop) {
    NSLog(@"%ld - %@", idx, obj);
}];

NSLog(@"\n");
NSLog(@"== Concurrent");
[bigArray enumerateObjectsWithOptions:NSEnumerationConcurrent
    usingBlock:^(id _Nonnull obj, NSUInteger idx, BOOL * _Nonnull stop) {
    NSLog(@">> %ld - %@", idx, obj);
}];
```

6.2 딕셔너리 열거

Objective-C
```objc
for (키의 자료형 키 상수 in 딕셔너리) {
}
```

Swift
```swift
for 요소 튜플 상수 in 딕셔너리 {
}
```

두 언어는 딕셔너리를 열거하는 방식이 조금 다릅니다. Objective-C는 빠른 열거를 통해 요소의 키를 열거합니다. Swift는 요소를 튜플 형태로 열거합니다.

Objective-C Collection/FastEnumeration/FastEnumerationObjC/main.m#Block4
```objc
NSDictionary* dict = @{@"A": @"Apple", @"B": @"Banana", @"C": @"City"};
for (NSString* key in dict) {
    NSLog(@"%@: %@", key, dict[key]);
}
```

```
// A: Apple
// B: Banana
// C: City
```

Swift Collection/FastEnumeration/FastEnumeration.playground#Page4
```
let dict = ["A": "Apple", "B": "Banana", "C": "City"]
for (key, value) in dict {
    print("\(key): \(value)")
}
// C: City
// B: Banana
// A: Apple
```

키 또는 값 하나만을 순회할 때는 딕셔너리에서 제공하는 두 개의 속성을 사용합니다. keys 속성은 딕셔너리의 키 컬렉션을 리턴합니다. values 속성은 딕셔너리의 값 컬렉션을 리턴합니다. 다음 코드와 같이 for-in 반복문을 사용하여 순회할 수 있습니다.

Swift Collection/FastEnumeration/FastEnumeration.playground#Page5
```
let words = ["A":"Apple", "B":"Banana", "C":"City"]

for key in words.keys {
    print(key)
}
// C
// B
// A

for val in words.values {
    print(val)
}
// City
// Banana
// Apple
```

Objective-C와 달리 keys, values 속성을 통해 리턴되는 컬렉션은 배열이 아니기 때문에 배열형태로 조작하려면 새로운 배열을 직접 생성해야 합니다.

Swift Collection/FastEnumeration/FastEnumeration.playground#Page6
```
let words = ["A":"Apple", "B":"Banana", "C":"City"]

let keyArray = Array(words.keys)
// ["C", "B", "A"]

let valueArray = Array(words.values)
// ["City", "Banana", "Apple"]
```

NSDictionary는 키와 값을 각각 열거할 수 있는 열거자를 제공합니다. 열거자는 keyEnumerator(), objectEnumerator() 메소드를 통해 얻을 수 있습니다. 열거자의 nextObject() 메소드는 열거할 내용이 존재하는 경우 다음 요소로 이동하고 열거를 완료한 경우 nil을 리턴합니다. 열거자는 아래의 예제와 같이 while 반복문과 조합하여 사용합니다. Swift는 튜플 상수로 전달되는 값 중 필요 없는 값을 _ 문자로 생략하는 방식으로 훨씬 단순하게 구현할 수 있습니다.

Objective-C Collection/FastEnumeration/FastEnumerationObjC/main.m#Block5
```objc
NSDictionary* dict = @{@"A": @"Apple", @"B": @"Banana", @"C": @"City"};
NSEnumerator* keyEnumerator = [dict keyEnumerator];
id key;
while ((key = [keyEnumerator nextObject])) {
    NSLog(@"%@", key);
}
// A
// B
// C

NSEnumerator* valueEnumerator = [dict objectEnumerator];
id value;
while ((value = [valueEnumerator nextObject])) {
    NSLog(@"%@", value);
}
// Apple
// Banana
// City
```

Swift Collection/FastEnumeration/FastEnumeration.playground#Page7
```swift
let dict = ["A": "Apple", "B": "Banana", "C": "City"]
for (key, _) in dict {
    print(key)
}
// C
// B
// A

for (_, value) in dict {
    print(value)
}
// City
// Banana
// Apple
```

배열이나 셋과 마찬가지로 블록 기반의 열거를 사용할 수 있습니다. 요소가 정렬되어 있지 않기 때문에 Reverse 옵션은 거의 사용되지 않지만, Concurrent 옵션은 좀 더 나의 열거 성능이 필요할 때 유용합니다.

Objective-C Collection/FastEnumeration/FastEnumerationObjC/main.m#Block5

```objc
[dict enumerateKeysAndObjectsUsingBlock:^(id _Nonnull key,
    id _Nonnull obj, BOOL * _Nonnull stop) {
    // ...
}];

[dict enumerateKeysAndObjectsWithOptions:NSEnumerationConcurrent
    usingBlock:^(id _Nonnull key, id _Nonnull obj, BOOL * _Nonnull stop)
{
    // ...
}];
```

6.3 열거 중 요소 편집

컬렉션을 열거할 때 for-in 반복문 내부에서 요소를 추가하거나 삭제하는 것은 매우 위험합니다. 예를 들어 array 배열을 열거하면서 "Melon" 요소를 삭제하는 코드를 실행하면 런타임 오류가 발생합니다. 경우에 따라서(운이 좋아서) 코드가 런타임 오류 없이 정상적으로 실행될 수도 있지만 언젠가는 반드시 오류가 발생합니다. Xcode 콘솔 창에서 "＊＊＊ Terminating app due to uncaught exception 'NSGenericException', reason: '＊＊＊ Collection … was mutated while being enumerated…'" 라는 로그가 출력된다면 열거 중 요소를 편집하는 코드를 수정해야 합니다.

Objective-C

```objc
NSMutableArray* array = [NSMutableArray arrayWithObjects:@"Apple",
    @"Orange", @"Melon", @"Apple", @"Orange", @"Melon", nil];
for (NSString* obj in array) {
    if ([obj isEqualToString:@"Melon"]) {
        [array removeObject:obj];        // Error
    }
}
```

Swift

```swift
var array = ["Apple", "Orange", "Melon", "Apple", "Orange", "Melon"]
for value in array {
    if value == "Melon" {
        if let index = array.indexOf(value) {
            array.removeAtIndex(index)      // Error
        }
    }
}
```

이 문제는 빠른 열거를 통해 삭제 대상을 새로운 셋으로 저장한 후, 삭제 대상 셋을 열거하면서 삭제 메소드를 호출하는 방식으로 해결할 수 있습니다.

Objective-C Collection/FastEnumeration/FastEnumerationObjC/main.m#Block6
```objc
NSMutableArray* array = [NSMutableArray arrayWithObjects:@"Apple",
    @"Orange", @"Melon", @"Apple", @"Orange", @"Melon", nil];
NSMutableSet* deleteSet = [NSMutableSet set];

for (NSString* obj in array) {
    if ([obj isEqualToString:@"Melon"]) {
        [deleteSet addObject:obj];
    }
}

for (NSString* obj in deleteSet) {
    [array removeObject:obj];
}

NSLog(@"%@", array);
// ["Apple", "Orange", "Apple", "Orange"]
```

Swift Collection/FastEnumeration/FastEnumeration.playground#Page8
```swift
var array = ["Apple", "Orange", "Melon", "Apple", "Orange", "Melon"]
var deleteSet = Set<String>()

for value in array {
    if value == "Melon" {
        deleteSet.insert(value)
    }
}

#if swift(>=3.0)
for value in deleteSet {
    var index = array.index(of: value)

    while index != nil {
        array.remove(at: index!)
        index = array.index(of: value)
    }
}
#else
for value in deleteSet {
    var index = array.indexOf(value)

    while index != nil {
        array.removeAtIndex(index!)
        index = array.indexOf(value)
    }
}
#endif
```

```
print(array)
// ["Apple", "Orange", "Apple", "Orange"]
```

7. 컬렉션 성능

배열에서 수행되는 대부분의 작업은 상수 시간이 소요됩니다. 배열의 중간에 새로운 요소를 추가하는 것은 메모리 공간을 이동시키는 작업이 필요하기 때문에 선형 시간이 소요됩니다.

딕셔너리는 키의 해시 알고리즘이 어떻게 구현되어 있는가에 따라 성능이 결정됩니다. Foundation 프레임워크를 통해 제공되는 클래스들은 최적의 해시 알고리즘을 구현하고 있기 때문에 딕셔너리 키로 사용하면 모든 작업을 상수 기간에 처리할 수 있습니다. 커스텀 키를 직접 구현한 경우에는 해시 알고리즘에 성능에 따라서 선형 시간이 소요될 수 있습니다.

셋의 성능은 요소의 해시 성능에 따라 결정됩니다. Foundation 프레임워크를 통해 제공되는 자료형의 데이터를 저장할 경우 모든 작업을 상수 시간에 처리할 수 있습니다.

	배열	딕셔너리	셋
요소에 접근	상수	상수	상수
추가/삭제	상수	상수	상수
요소 교체	상수	상수	상수
중간에 새로운 요소 추가	선형	N/A	N/A

8. Summary

- 컬렉션은 데이터 모음을 처리하는데 사용되는 자료형으로 배열, 딕셔너리, 셋이 제공됩니다.
- Foundation 프레임워크에서 제공하는 컬렉션은 참조 형식만 저장할 수 있고 서로 다른 형식을 하나의 컬렉션에 저장할 수 있습니다.
- Swift 컬렉션은 값 형식과 참조 형식을 모두 저장할 수 있지만 하나의 컬렉션에는 동일한 형식만 저장할 수 있습니다.
- Foundation 컬렉션의 가변성은 가변 클래스와 불변 클래스를 통해 결정되고 Swift 컬렉션의 가변성은 let, var 키워드를 통해 결정됩니다.
- 컬렉션의 가변성은 요소의 가변성에 영향을 주지 않습니다.
- Foundation 컬렉션은 클래스로 구현되어 있고 Swift 컬렉션은 구조체롤 구현되어 있습니다.
- Swift는 copy-on-write 최적화를 통해 값 형식의 컬렉션에서 발생할 수 있는 복사 성능 문제를 해결합니다.
- 배열은 데이터를 순서대로 저장하는 컬렉션입니다.

- 배열에 저장된 요소는 인덱스를 통해 접근할 수 있습니다.
- 배열은 동일한 요소를 중복 저장할 수 있습니다.
- Foundation 컬렉션은 NSArray, NSMutableArray 클래스를 통해 배열을 제공하고 Swift 컬렉션은 Array 구조체를 통해 배열을 제공합니다.
- 배열 리터럴은 아래와 같이 표현합니다.

```
Objective-C
@[요소1, 요소2, 요소3, 요소N]
@[] // 빈 배열
```

```
Swift
[요소1, 요소2, 요소3, 요소N]
[] // 빈 배열
```

- Array 배열을 선언할 때는 반드시 요소의 자료형을 지정해야 합니다.

```
Swift
Array<요소의 자료형>
[요소의 자료형]
```

- 딕셔너리는 키와 값을 하나의 쌍으로 저장하는 컬렉션입니다.
- 딕셔너리는 요소를 순서에 관계없이 저장하며 키를 통해 값에 접근합니다.
- 키는 딕셔너리 내에서 유일해야 하며 값은 중복될 수 있습니다.
- Foundation 컬렉션은 NSDictionary, NSMutableDictionary 클래스를 통해 딕셔너리를 제공하고 Swift 컬렉션은 Dictionary 구조체를 통해 딕셔너리를 제공합니다.
- 딕셔너리 리터럴은 아래와 같이 표현합니다.

```
Objective-C
@{키1:값1, 키2:값2, 키n:값n}
@{}     // 빈 딕셔너리
```

```
Swift
[키1:값1, 키2:값2, 키n:값n]
[:]     // 빈 딕셔너리
```

- 셋은 배열과 유사하며 집합 연산을 지원하는 컬렉션입니다.
- 셋에 저장되는 요소는 정렬되지 않으며 동일한 요소는 한번만 저장됩니다.
- Foundation 컬렉션은 NSSet, NSMutableSet, NSCountedSet 클래스를 통해 셋을 제공하고 Swift 컬렉션은 Set 구조체를 통해 셋을 제공합니다.

- 컬렉션은 빠른 열거 문법을 통해 열거할 수 있습니다.

Objective-C

```
for (요소의 자료형 요소 상수 in 배열 또는 셋) {
    // ...
}

for (키의 자료형 키 상수 in 딕셔너리) {
    // ...
}
```

Swift

```
for 요소 상수 in 배열 또는 셋 {
    // ...
}

for 요소 튜플 상수 in 딕셔너리 {
    // ...
}
```

열거형

열거형은 서로 연관된 상수 집합에 이름을 붙이고 새로운 자료형으로 만드는 매우 단순한 역할을 하지만 코드의 가독성을 크게 높여줍니다. 그래서 대부분의 언어들은 기본 프레임워크를 구현할 때 열거형을 다양하게 활용합니다. 코코아 프레임워크에서도 NSTextAlignment, NSLineBreakMode와 같이 열거형을 활용한 예를 다양하게 찾아볼 수 있습니다.

1. Objective-C 열거형

Objective-C는 C 스타일의 열거형을 사용합니다. 열거형은 enum 키워드로 선언합니다. 열거형의 이름은 CamelCase 방식으로 지정하는 것이 관례입니다. 열거형에 포함된 각 요소를 열거형 멤버라고 하며 ,로 구분하여 원하는 수만큼 나열할 수 있습니다. 열거형 멤버의 이름도 CamelCase 방식으로 지정합니다.

```
Objective-C
enum 열거형 이름 { 열거형 멤버1, 열거형 멤버2, 열거형 멤버N };
```

요일을 나타내는 Weekday 열거형을 선언해 보겠습니다.

```
Objective-C
enum Weekday { Sunday, Monday, Tuesday, Wednesday, Thursday, Friday,
    Saturday };
```

가독성을 위해서 열거형 멤버를 선언할 때마다 줄바꿈을 할 수 있습니다.

```
Objective-C
enum Weekday {
    Sunday,
    Monday,
    Tuesday,
    Wednesday,
    Thursday,
    Friday,
    Saturday
};
```

Weekday 열거형에 포함된 각 멤버는 선언된 순서에 따라 0부터 시작하는 정수형 원시 값을 가집니다. 즉, Sunday 멤버의 원시 값은 0, Monday 멤버는 1, Saturday 멤버는 6입니다. 열거형을 코드에서 사용할 때 열거형 멤버를 상수와 동일한 방식으로 사용할 수 있습니다. 예를 들어 열거형 멤버의 원시 값을 출력하는 코드를 다음과 같이 구현할 수 있습니다.

```objectivec
Objective-C
NSLog(@"%d", Sunday);
// 0

NSLog(@"%d", Monday);
// 1

NSLog(@"%d", Tuesday);
// 2

NSLog(@"%d", Wednesday);
// 3

NSLog(@"%d", Thursday);
// 4

NSLog(@"%d", Friday);
// 5

NSLog(@"%d", Saturday);
// 6
```

멤버의 원시 값을 직접 지정하고 싶다면 선언 시점에 원하는 값을 직접 할당합니다. 이어지는 멤버의 원시 값을 직접 지정하지 않는다면 1씩 증가된 값으로 자동으로 할당됩니다. 예를 들어 Thursday 멤버의 원시 값을 10으로 지정하면 Friday 멤버의 원시 값은 11, Saturday 멤버의 원시 값은 12가 됩니다.

```objectivec
Objective-C
enum 열거형 이름 { 열거형 멤버1 = 원시 값, 열거형 멤버N };
```

```objectivec
Objective-C
enum Weekday { Sunday, Monday, Tuesday, Wednesday, Thursday = 10, Friday,
    Saturday };
```

열거형 변수를 선언할 때는 다음과 같이 열거형 앞에 enum 키워드를 사용해야 합니다.

```objectivec
Objective-C
enum Weekday week = Sunday;
```

실제 프로그래밍에서는 열거형에 새로운 이름을 부여한 후 enum 키워드 없이 일반 자료형처럼 사용합니다.

Objective-C
```objc
typedef enum _Weekday { Sunday, Monday, Tuesday, Wednesday, Thursday = 10,
    Friday, Saturday } Weekday;

Weekday week = Sunday;
```

최신 Objective-C는 Xcode의 코드 자동완성 기능을 향상시키고 열거형의 안정성을 높이기 위해서 NS_ENUM이라는 열거형 매크로를 사용합니다. Xcode 에서 nsenum 을 입력하고 자동완성 목록에서 아래와 같은 항목을 선택하면 열거형을 선언할 수 있는 코드가 자동으로 생성됩니다. 특별할 이유가 없다면 이 방석으로 열거형을 선언하는 것이 좋습니다.

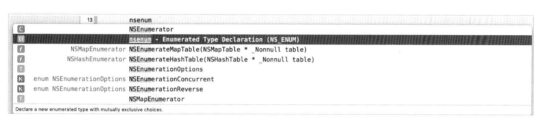

Objective-C
```objc
typedef NS_ENUM(NSUInteger, Weekday) { Sunday, Monday, Tuesday, Wednesday,
    Thursday, Friday, Saturday };
```

열거형 변수에 저장된 값은 주로 switch 조건문으로 비교합니다. 예를 들어 오늘의 요일을 출력하는 코드는 다음과 같이 구현할 수 있습니다. 코코아 프레임워크에서 일요일은 정수 1과 같습니다. 이번 예제는 Sunday 멤버의 원시 값을 1로 지정하여 NSDateComponents가 사용하는 요일 상수와 일치시킵니다.

Objective-C Enumeration/Today/TodayObjC/main.m
```objc
typedef NS_ENUM(NSUInteger, Weekday) { Sunday = 1, Monday, Tuesday,
    Wednesday, Thursday, Friday, Saturday };

NSCalendar* calendar = [NSCalendar currentCalendar];
Weekday week = [calendar component:NSCalendarUnitWeekday
    fromDate:[NSDate date]];

switch (week) {
    case Sunday:
        NSLog(@"Today is Sunday");
        break;
    case Monday:
```

```
                NSLog(@"Today is Monday");
                break;
        case Tuesday:
                NSLog(@"Today is Tuesday");
                break;
        case Wednesday:
                NSLog(@"Today is Wednesday");
                break;
        case Thursday:
                NSLog(@"Today is Thursday");
                break;
        case Friday:
                NSLog(@"Today is Friday");
                break;
        case Saturday:
                NSLog(@"Today is Saturday");
                break;
        default:
                NSLog(@"Invalid weekday");
                break;
}
// Today is Wednesday
```

Objective-C의 열거형은 코드의 가독성에 도움이 되지만 몇 가지 문제점을 가지고 있습니다. 그 중 가장 큰 문제점은 열거형 멤버의 원시 값과 일치하지 않는 정수를 할당하더라도 컴파일러가 오류를 발견하지 못한다는 것입니다.

Objective-C
```
Weekday week = 100;  // ???
```

if 조건문 또는 switch 조건문을 사용하여 열거형을 비교할 때는 반드시 원시 값 이외의 값을 처리할 수 있는 코드를 작성해야 합니다. 조금 전 예제에서 switch 조건문에 포함된 default 블록이 한 예 입니다.

또 다른 문제점은 두 개 이상의 열거형 멤버가 동일한 원시 값을 가질 수 있다는 것입니다. 예를 들어 Sunday 멤버와 Monday 멤버의 원시 값을 모두 1로 지정한 경우 프로그램 내에서 논리적 오류가 발생할 가능성이 높습니다.

Objective-C
```
typedef NS_ENUM(NSUInteger, Weekday) { Sunday = 1, Monday = 1, Tuesday,
Wednesday, Thursday, Friday, Saturday };

Weekday week = 1;
```

```
if (week == Sunday) {
    // ...
} else if (week == Monday) {
    // ...
}
```

2. Swift 열거형

Swift의 열거형은 C 스타일의 열거형이 가지고 있는 문제점들을 개선하고 클래스나 구조체가 가지고 있던 다양한 기능들을 차용하였습니다. 특히 계산된 속성, 인스턴스 메소드, 생성자를 가질 수 있고 프로토콜을 채용할 수 있게 되어 열거형을 활용할 수 있는 범위가 상당히 넓어졌습니다. 또한 First-class Citizen으로 일반 자료형과 동일한 지위를 가지게 되었습니다.

여기에서는 열거형을 선언하고 사용하는 방법에 대해 공부합니다. Objective-C의 열거형과 비교해서 새롭게 추가된 내용들은 이후에 설명합니다.

Swift 열거형을 선언할 때는 enum 키워드를 사용합니다. 열거형 멤버를 나열할 때는 case 키워드를 사용하고 하나의 case에서 여러 멤버를 동시에 나열할 때는 ,로 구분해 줍니다. 열거형 이름은 CamelCase 방식으로 지정합니다. 열거형 멤버의 이름은 Swift 2.3 버전까지 CamelCase 방식으로 지정하였지만 3 버전부터는 camelBack 방식으로 지정합니다.

> **Beginner Note**
>
> 이 책에서는 멤버의 이름을 지정할 때 Swift 버전을 구분하지 않고 camelBack 방식을 사용합니다.

Swift
```
enum 열거형 이름 {
    case 멤버 1
    case 멤버 2
    case 멤버 3, 멤버 4, 멤버 5
    case 멤버 n
}
```

Objective-C에서 구현했던 Weekday 열거형을 Swift로 구현해 보겠습니다.

Swift
```
enum Weekday {
    case sunday, monday, tuesday, wednesday, thursday, friday, saturday
}
```

각 멤버를 개별 라인에 선언하고 싶다면 반드시 case 키워드를 모든 멤버 선언 앞에 추가해야 합니다.

```Swift
enum Weekday {
    case sunday
    case monday
    case tuesday
    case wednesday
    case thursday
    case friday
    case saturday
}
```

Objective-C 열거형의 멤버는 0부터 1씩 증가하는 원시 값을 가집니다. 그래서 열거형 멤버와 정수를 직접 비교할 수 있습니다.

```Objective-C
if (Sunday == 0) {
    // ...
}
```

그러나 Swift의 열거형 멤버는 명시적으로 원시 값을 지정하지 않는 한 원시 값을 가지지 않습니다. Objective-C와 같이 정수와 비교하는 코드는 사용할 수 없습니다.

```Swift
if Weekday.sunday == 0 {    // Error
    // ...
}
```

열거형은 자체로 Int, Double 등과 같은 독립적인 자료형입니다. 그래서 변수의 자료형으로 지정할 때 Objective-C처럼 enum 키워드를 추가할 필요가 없습니다. 또한, 열거형을 사용할 때는 반드시 아래와 같은 문법으로 사용해야 합니다.

```Swift
열거형 이름.열거형 멤버 이름
```

```Swift
let week  = Weekday.sunday
```

형식 추론을 통해 week의 자료형은 Weekday가 됩니다. week의 자료형을 직접 지정하는 경우에는 다음과 같이 열거형 이름을 생략할 수 있습니다.

```Swift
let week: Weekday = .sunday
```

열거형 이름을 생략한 경우에는 형식 추론을 사용할 수 없으므로 다음과 같은 코드는 컴파일 오류가 발생합니다.

```Swift
let week = .sunday            // Error
```

오늘을 요일을 출력하는 코드는 다음과 같이 구현할 수 있습니다.

```Swift
```
Swift Enumeration/Today/Today.playground
```Swift
enum Weekday: Int {
    case sunday = 1, monday, tuesday, wednesday, thursday, friday, saturday
}

#if swift(>=3.0)
let calendar = NSCalendar.current
let week = Weekday(rawValue: calendar.component(Calendar.Component.weekday,
    from: Date())))!
#else
let calendar = NSCalendar.currentCalendar()
let week = Weekday(rawValue: calendar.component([.Weekday],
    fromDate: NSDate())))!
#endif

switch week {
case .sunday:
    print("Today is Sunday")
case .monday:
    print("Today is Monday")
case .tuesday:
    print("Today is Tuesday")
case .wednesday:
    print("Today is Wednesday")
case .thursday:
    print("Today is Thursday")
case .friday:
    print("Today is Friday")
case .saturday:
    print("Today is Saturday")
}

// Today is Wednesday
```

2.1 원시 값

Swift의 열거형은 기본적으로 원시 값을 가지지 않지만, 선언 시점에 원시 값의 자료형을 지정하면 원시 값을 가지게 됩니다. Objective-C 열거형과 달리 문자열, 실수 등 다양한 자료형의 원시 값을 가질 수 있습니다. 원시 값의 자료형을 지정할 때는 다음과 같은 문법을 사용합니다.

```Swift
enum 열거형 이름: 원시 값 자료형 {
    case 멤버 1
    case 멤버 2
    case 멤버 3, 멤버 4, 멤버 5
    case 멤버 n
}
```

Weekday 열거형의 원시 값 자료형을 Int로 지정하면 Objective-C와 유사한 열거형을 선언할 수 있습니다.

```Swift
enum Weekday: Int {
    case sunday, monday, tuesday, wednesday, thursday, friday, saturday
}
```

멤버의 원시 값은 0부터 1씩 증가하는 값으로 초기화됩니다. Float, Double와 같이 숫자 형태의 자료형을 지정하는 경우에도 동일하게 적용됩니다. 필요하다면 특정 멤버의 원시 값을 직접 지정할 수 있습니다.

```Swift
enum Weekday: Int {
    case sunday, monday, tuesday, wednesday, thursday = 10, friday, saturday
}
```

Swift 열거형의 멤버는 반드시 열거형 내에서 유일한 원시 값을 가져야 합니다. 만약 두 멤버의 원시 값을 동일한 값으로 지정하면 컴파일 오류가 발생합니다.

```Swift
enum Weekday: Int {
    case sunday, monday, tuesday, wednesday = 10, thursday = 10,
        friday, saturday    // Error: Raw value of enum case is not unique.
}
```

이번에는 문자열 원시 값을 가지는 열거형을 선언해 보겠습니다. 멤버의 원시 값을 직접 지정하지 않으면 멤버와 동일한 이름의 문자열로 초기화됩니다. 즉, sunday 멤버의 원시 값은 "SUN"이고, monday 멤버의 원시 값은 "monday" 입니다.

```Swift
enum WeekdayName: String {
    case sunday = "SUN", monday, tuesday, wednesday, thursday,
        friday, saturday
}
```

원시 값을 직접 확인해 보겠습니다. Objective-C에서 열거형 멤버를 출력하면 멤버의 원시 값이 출력됩니다. 하지만 Swift에서는 멤버의 rawValue 속성을 사용해야 합니다.

Swift Enumeration/RawValue.playground
```
print(WeekdayName.sunday)
// sunday

print(WeekdayName.sunday.rawValue)
// SUN

print(WeekdayName.monday)
// monday

print(WeekdayName.monday.rawValue)
// monday
```

2.2 연관 값

Swift는 연관 값을 통해서 열거형 멤버에 부가적인 정보를 저장할 수 있습니다. 연관 값은 원시 값과 달리 각각의 멤버가 서로 다른 자료형을 사용할 수 있고, 자료형의 종류에 제한이 없습니다. 원시 값은 열거형이 선언되는 시점에 초기화되지만, 연관 값은 열거형을 자료형으로 사용하는 변수나 상수를 초기화 할 때 멤버 중 하나를 기반으로 초기화할 수 있습니다. 초기화된 원시 값은 변경할 수 없으므로 동일한 열거형 멤버는 항상 동일한 원시 값을 가지게 됩니다. 그러나 연관 값은 초기화된 후에 다른 값을 할당할 수 있기 때문에 동일한 멤버라도 서로 다른 연관 값을 가질 수 있습니다. Swift 열거형은 이러한 특징 때문에 다른 언어에서 사용하는 Discriminated Unions, Tagged Unions, Variants 등과 유사한 요소로 볼 수 있습니다.

연관 값을 가진 새로운 열거형을 선언해 보겠습니다. DateFormat 열거형은 날짜의 형식을 구분하는 데 사용할 수 있는 두 개의 멤버를 가지고 있습니다. long 멤버는 〈년-월-일 요일〉 형식의 연관 값을 가질 수 있도록 (Int, Int, Int, String) 형으로 정의되어 있고, short 멤버는 〈월-일〉 형식에 적합한 (Int, Int) 형으로 정의되어 있습니다.

Swift Enumeration/AssociatedValue.playground
```
enum DateFormat {
    case long(Int, Int, Int, String)
    case short(Int, Int)
}
```

열거형 멤버가 연관 값을 가지도록 선언된 경우에는 원시 값을 가질 수 없습니다. 그러므로 멤버를 원시 값으로 초기화하거나 rawValue 속성에 접근하는 코드는 컴파일 오류를 발생시킵니다.

```Swift
enum DateFormat {
    case long(Int, Int, Int, String) = (1970, 1, 1, "Thursday") // Error
    case short(Int, Int) = (1, 1)    // Error
}
```

열거형 멤버의 연관 값은 열거형을 변수나 상수에 할당하는 시점에 초기화합니다. endDate 변수처럼 서로 다른 연관 값을 가지는 새로운 멤버를 자유롭게 할당할 수 있습니다. endDate 변수에 새로운 멤버를 할당하는 시점에는 이미 endDate 변수의 자료형을 알 수 있기 때문에 .short 과 같이 축약된 형태를 사용할 수 있습니다.

Swift Enumeration/AssociatedValue.playground
```Swift
let startDate = DateFormat.long(2016, 5, 1, "Sunday")
var endDate = DateFormat.long(2016, 5, 7, "Saturday")
endDate = .short(8, 31)
endDate = .short(9, 2)

switch startDate {
case .long(let year, let month, let day, let weekday):
    print("\(year)-\(month)-\(day) \(weekday)")
case .short(let month, let day):
    print("\(month)-\(day)")
}

// 2016-5-1 Sunday
```

연관 값을 사용하는 경우 switch의 각 case에 값 바인딩 구문을 사용해서 연관 값을 변수나 상수로 받아올 수 있습니다. 이 코드에서 startDate는 .long에 매칭되고 .long에 할당되어 있는 날짜와 요일이 값 바인딩 구문의 각 상수에 순서대로 할당됩니다. 만약 값 바인딩 구문에 포함된 요소가 상수나 변수 중 하나로 통일되어 있다면 다음과 같이 let 키워드를 case 키워드 다음으로 이동시킬 수 있습니다. 특정 요소를 사용하지 않는 경우에는 _ 문자를 사용해서 값 바인딩에서 제외할 수 있습니다.

Swift Enumeration/AssociatedValue.playground
```Swift
switch startDate {
case let .long(year, month, day, weekday):
    print("\(year)-\(month)-\(day) \(weekday)")
case .short(let month, _):
    print("\(month)")
}
```

Associated Values	Raw Values
값의 자료형이 다를 수 있음	자료형이 동일함
생성자를 통해 값을 생성	선언 시점에 값이 결정됨
인스턴스에 따라 저장된 값이 다를 수 있음.	멤버의 값은 모든 인스턴스가 동일함.

3. Summary

- 열거형은 연관된 상수 집합을 새로운 형식으로 선언할 수 있습니다.
- Objective-C는 C와 동일한 문법으로 열거형을 선언합니다.

> **Objective-C**
> enum 열거형 이름 { 열거형 멤버1, 열거형 멤버2, 열거형 멤버N };

- Objective-C 열거형은 정수형 원시 값을 가집니다.
- Objective-C 열거형의 원시 값은 직접 지정하는 경우를 제외하고 0부터 1씩 증가하는 값으로 지정됩니다.
- Swift 열거형은 메소드, 속성, 생성자를 구현할 수 있습니다.
- Swift 열거형은 enum 키워드를 통해 선언합니다.

> **Swift**
> enum 열거형 이름 {
>   case 멤버 1
>   case 멤버 2
>   case 멤버 3, 멤버 4, 멤버 5
>   case 멤버 n
> }

- Swift 열거형은 명시적으로 원시 값의 형식을 선언하지 않으면 원시 값을 가지지 않습니다.
- Swift 열거형은 정수 이외에 문자열, 실수 등 다양한 형식의 원시 값을 가질 수 있습니다.

> **Swift**
> enum 열거형 이름: 원시 값 자료형 {
>   case 멤버 1
>   case 멤버 2
>   case 멤버 3, 멤버 4, 멤버 5
>   case 멤버 n
> }

- Swift 열거형의 원시 값은 동일한 열거형 내에서 유일해야 합니다.
- Swift 열거형은 연관 값을 통해 열거형 멤버에 부가적인 정보를 저장할 수 있습니다.

CHAPTER

18

구조체와 클래스

사용자 정의 자료형을 구현할 때 대표적으로 사용되는 요소는 구조체와 클래스입니다. Objective-C
의 구조체는 클래스에 비해 구현할 수 있는 기능이 매우 제한적입니다. 게다가 Objective-C 런타임
의 이점을 활용할 수 없기 때문에 사용자 정의 자료형을 값 형식으로 구현해야 하는 경우를 제외하고
항상 클래스로 구현합니다. Swift의 구조체는 생성자, 메소드 등 Objective-C에서 클래스에 제한되
었던 기능을 구현할 수 있도록 개선되었습니다. 클래스를 선호하는 Objective-C와 반대로 Swift는
값 형식인 구조체를 선호합니다. 동적 바인딩과 Dynamic Dispatch 등 클래스를 사용할 때 발생하는
부하를 피할 수 있기 때문입니다. 그래서 상속이 필요하거나 반드시 참조 형식으로 구현해야 하는 경
우를 제외하고 구조체로 구현합니다.

형식	Objective-C 구조체	Swift 구조체	Objective-C 클래스	Swift 클래스
	값 형식	값 형식	참조 형식	참조 형식
속성 구현	O	O	O	O
생성자 구현	X	O	O	O
소멸자 구현	X	X	O	O
메소드 구현	X	O	O	O
서브스크립트 구현	X	O	O	O
익스텐션으로 구현 확장	X	O	O	O
프로토콜 채용	X	O	O	O
상속	X	X	O	O
참조 카운팅	X	X	O	O

1. Objective-C 구조체

Objective-C 구조체는 struct 키워드로 선언합니다. 구조체의 이름은 CamelCase, 멤버의 이름은
camelBack 방식으로 지정합니다.

```
Objective-C
struct 구조체 이름 {
    멤버1 자료형 멤버1 이름;
    멤버2 자료형 멤버2 이름;
    멤버N 자료형 멤버N 이름;
};
```

예를 들어 이름과 나이를 저장할 수 있는 구조체를 다음과 같이 선언할 수 있습니다. 메모리 관리 모델로 ARC를 사용하는 경우 멤버의 자료형을 Objective-C 객체로 지정할 수 없습니다. 그래서 문자열을 멤버의 자료형은 char * 로 지정해야 합니다. Objective-C에서 구조체를 자주 활용하지 않는 이유 중 하나입니다.

```
Objective-C
struct Person {
    char* name;
    int age;
};
```

구조체를 자료형으로 지정할 때는 struct 키워드를 앞에 추가하여 자료형이 구조체라는 것을 선언해야 합니다.

```
Objective-C
struct Person someone;
```

변수를 선언할 때마다 struct 키워드를 추가하는 것이 불편하기 때문에 실제 프로그래밍에서는 typedef로 새로운 이름을 지정하는 방식을 주로 사용합니다. 이 경우에는 자료형으로 지정할 때 struct 키워드를 생략할 수 있습니다.

```
Objective-C  Structure/Person/PersonObjC/main.m
typedef struct {
    char* name;
    int age;
} Person;

Person someone;
```

이 코드에서 someone 변수의 멤버는 초기화되지 않은 상태입니다. 멤버는 선언과 동시에 초기화하거나 선언 후에 초기화 할 수 있습니다. 멤버의 초기값은 { } 사이에 콤마로 나열하여 전달합니다.

```
Objective-C  Structure/Person/PersonObjC/main.m#Block1
Person someone = { "John doe", 0 };
```

전달된 초기값은 멤버가 선언된 순서대로 할당됩니다. 즉, "John doe"는 name 멤버에 할당되고 0은 age 멤버에 할당됩니다. NSString 문자열 @"John doe" 대신 C 문자열 "John doe"를 사용하는 것은 name 멤버의 자료형이 char * 이기 때문입니다.

멤버와 초기값을 직접 지정하고 싶다면 다음과 같이 초기화할 수 있습니다. 멤버를 명시적으로 지정했기 때문에 전달되는 순서는 멤버가 선언된 순서와 일치하지 않아도 됩니다.

Objective-C
```
Person someone = { .age = 0, .name = "John doe" };
```

구조체 멤버에 접근할 때는 점 문법을 사용합니다. 멤버의 접근할 때는 구조체 이름 대신 구조체 변수의 이름으로 접근해야 합니다.

Objective-C Structure/Person/PersonObjC/main.m#Block2
```
Person someone = { .age = 0, .name = "John doe" };
NSLog(@"%s", someone.name);
NSLog(@"%d", someone.age);
// John doe
// 0

someone.name = "James";
someone.age = 34;
NSLog(@"%s", someone.name);
NSLog(@"%d", someone.age);
// James
// 34
```

2. Swift 구조체

Swift에서 구조체를 선언하는 키워드는 Objective-C와 동일한 struct이고 구조체 이름은 Camel Case, 멤버의 이름은 camelBack 방식으로 지정합니다.

Swift
```
struct 구조체 이름 {
    var 또는 let 멤버1 이름: 멤버1 자료형
    var 또는 let 멤버2 이름: 멤버2 자료형
    var 또는 let 멤버N 이름: 멤버N 자료형
}
```

이름과 나이를 저장할 수 있는 Person 구조체는 다음과 같이 선언할 수 있습니다.

Swift Structure/Person/Person.playground

```
struct Person {
    var name: String
    var age: Int
}
```

새로운 구조체 변수를 선언하는 방법은 일반 변수와 동일합니다. Swift는 구조체 멤버의 값을 읽거나 새로운 값을 할당하기 전에 반드시 유효한 값으로 초기화되어야 한다는 제약을 가지고 있습니다. 그러므로 선언과 동시에 초기화하거나 멤버를 선언할 때 기본 값을 지정해야 합니다. 구조체를 초기화할 때는 생성자를 사용합니다. Person과 같이 생성자를 직접 구현하지 않은 경우 멤버별 생성자가 자동으로 제공됩니다. 아래의 코드는 멤버별 생성자를 통해 someone 구조체를 초기화합니다. 멤버의 기본 값을 선언하는 방법과 생성자를 구현하는 방법은 이후에 상세하게 설명합니다.

Swift Structure/Person/Person.playground

```
var someone = Person(name: "John doe", age: 0)
```

구조체 멤버의 값을 읽거나 새로운 값을 할당하려면 점 문법을 사용합니다. 멤버의 값을 변경하려면 구조체를 var로 선언해야 합니다. let으로 선언할 경우 멤버의 값을 읽을 수 있지만, 멤버의 값을 변경하는 코드에서는 컴파일 오류가 발생합니다

Swift Structure/Person/Person.playground

```
var someone = Person(name: "John doe", age: 0)
print(someone.name)
print(someone.age)
// John doe
// 0

someone.name = "James"
someone.age = 34
print(someone.name)
print(someone.age)
// James
// 34
```

3. 클래스

우리 주변에 있는 모든 사물과 개념들은 모두 객체입니다. 도로에 있는 자동차도 객체이고, 자동차를 운전하는 사람도 객체입니다. 프로그램은 객체의 상태와 동작을 조작하여 특정한 목표를 달성하는 도구입니다. 프로그램은 객체를 코드로 표현하기 위해서 객체가 가진 속성과 동작을 추상화합니다. 추상화는 객체의 특징 중 프로그램에서 필요한 속성과 메소드를 도출하는 과정입니다. 예를 들어 학생

관리 프로그램은 사람이라는 객체를 소속, 성적 등의 속성을 가지도록 추상화합니다. 피트니스 회원 관리 프로그램은 신장, 체중, 등록일과 같은 속성을 가지도록 추상화합니다.

클래스는 객체를 추상화 한 설계도 입니다. 객체의 특징과 상태는 속성으로 구현되고 객체의 동작은 메소드로 구현됩니다. 클래스를 사용하면 추상화 된 객체를 원하는 만큼 생성할 수 있습니다. 클래스 를 통해 생성된 객체는 인스턴스입니다. 동일한 클래스를 통해 생성된 객체는 동일한 속성과 메소드 를 가지지만 속성에 저장된 값은 인스턴스마다 달라질 수 있습니다. 마찬가지로 메소드의 실행 결과 는 인스턴스가 가진 속성 값에 따라서 달라질 수 있습니다.

프로그램은 대부분 다수의 클래스를 가지고 있고, 클래스를 통해 생성된 객체 사이의 상호작용을 처리 합니다. 객체와의 상호작용은 객체가 제공하는 메소드를 호출하는 것과 동일합니다. OOP에서는 이것 을 "메시지를 보낸다."라고 표현합니다. 코코아에서는 메시지를 보내는 객체를 Sender, 메시지를 전 달 받는 객체를 Receiver라고 표현합니다.

4. Objective-C 클래스

Objective-C 클래스는 선언과 구현이 분리되어 있습니다. 헤더 파일(.h)에 선언 코드를 작성하고 구 현 파일(.m)에 구현 코드를 작성합니다. 파일의 이름은 클래스의 이름과 동일하게 지정하는 것이 관 례입니다.

클래스 이름은 CamelCase 방식으로 짓는 것이 관례이고 프로젝트 내에서 유일해야 합니다. 이름 충 돌을 피하기 위해서 클래스 이름 앞에 두 자리 또는 세 자리 접두어를 붙이기도 합니다.

새로운 클래스는 다음 중 하나의 방법을 선택하여 추가할 수 있습니다.

4.1 메뉴를 통해 클래스 추가

메뉴를 통해 클래스를 추가하면 클래스 이름, 상위 클래스 이름, 파일 이름, 파일 저장 위치, 구현 언 어를 직접 지정할 수 있습니다.

STEP **01**

File > New > File...(⌘N) 메뉴를 선택합니다. 또는 프로 젝트 네비게이터의 컨텍스트 메뉴에서 New File... 메뉴 를 선택합니다.

STEP **02**

템플릿 선택 화면에서 iOS > Cocoa Touch Class 항목(또는 macOS > Cocoa Class)을 선택한 후 Next 버튼을 클릭합니다.

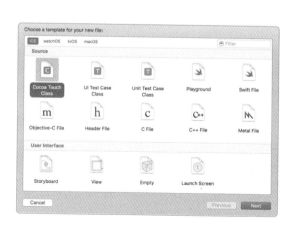

STEP 03

클래스 이름, 상위 클래스 이름, 구현 언어를 선택한 후
Next 버튼을 클릭합니다.

STEP 04

파일 이름을 입력하고 저장 위치를 선택한 후 Create 버
튼을 클릭합니다.

일반적으로 입력되어 있는 기본 값을 그대로 사용합니다.

4.2 File Template Library 에서 추가

NSObject 클래스를 상속하는 Objective-C 클래스를 생성하는 가장 쉬운 방법은 템플릿을 File Template Library에서 프로젝트 네비게이터로 드래그하는 것입니다.

STEP 01

View 〉 Utilities 〉 Show File Template Library (⌃⌥⌘1) 메뉴를 선택하여 File Template Library를 엽니다.

STEP 02

Cocoa Touch Class 항목(또는 Cocoa Class)을 선택한 후 프로젝트 네비게이터로 드래그합니다.

STEP 03

파일 이름을 입력하고 저장 위치를 선택한 후 Create 버튼을 클릭합니다.

이 단계에서 입력한 파일 이름은 클래스 이름으로 사용됩니다.

4.3 @interface

@interface는 Objective-C 클래스를 선언하는 지시어이고, @end는 클래스 선언을 완료하는 지시
어 입니다. 클래스 선언 문법은 다음과 같습니다.

```
Objective-C
@interface 클래스 이름: 상위 클래스 이름 {
    인스턴스 변수 선언 목록
}

@property 선언 목록

메소드 선언 목록

@end
```

클래스 선언은 클래스가 제공하는 공개 속성과 메소드를 선언합니다. 다른 소스 파일에서 클래스를 사용하려면 클래스 선언이 포함된 헤더 파일을 임포트 합니다. 클래스 이름과 상위 클래스 이름은 필수 요소이지만 나머지 선언 목록은 생략할 수 있습니다.

Objective-C의 모든 클래스는 반드시 NSObject 또는 NSObject를 상속한 클래스를 상속해야 합니다. 그러므로 상위 클래스 이름은 생략할 수 없습니다. 직접 클래스를 선언하는 경우에 특별히 상속할 클래스가 없다면 NSObject로 지정합니다.

인스턴스 변수 선언 목록에는 클래스의 속성을 나타내는 변수들이 선언됩니다. 이 부분에서 선언되는 변수는 기본적으로 클래스 내부에서만 접근할 수 있습니다. 인스턴스 변수를 선언하지 않는 경우에는 {}를 함께 생략할 수 있습니다.

@property 선언 목록에서 선언된 속성들은 클래스 외부에서 접근할 수 있습니다. 메모리 관리와 연관된 특성을 지정할 수 있는 장점이 있어서 인스턴스 변수에 비해 활용도가 높습니다. 메소드 선언 목록에는 클래스가 제공하는 공개 기능 목록이 나열됩니다.

Beginner Note

Objective-C는 @으로 시작하는 다양한 컴파일러 지시어를 제공합니다.

예제로 구현할 Person 클래스는 이름과 나이를 저장할 수 있는 속성과 간단한 자기소개 문자열을 출력하는 메소드를 제공하는 클래스입니다.

Objective-C Class/Person/PersonObjC/Person.h
```
@interface Person : NSObject

@property (strong, nonatomic) NSString * name;
@property (assign, nonatomic) NSUInteger age;

- (void)sayHello;

@end
```

4.4 @implementation

@implementation 은 Objective-C 클래스의 구현을 시작하는 지시어입니다. @interface 지시어와 마찬가지로 @end 지시어로 끝납니다. 클래스 구현에는 @interface 에 선언되어 있는 공개 메소드와 클래스 내부에서 사용할 비공개 메소드의 실제 구현이 포함됩니다. 클래스 내부에서만 접근할 수 있는 인스턴스 변수를 선언할 수 있지만 자주 활용되지는 않습니다.

```
Objective-C
@implementation 클래스 이름 {
    인스턴스 변수 선언 목록
}

메소드 구현 목록

@end
```

클래스 구현 부분에서는 클래스 이름 뒤에 상위 클래스를 지정할 필요가 없습니다. 이미 클래스 선언 부분에서 상위 클래스를 지정했기 때문입니다. 인스턴스 변수 선언 목록은 { }와 함께 생략할 수 있습니다.

Person 클래스의 구현은 아래와 같습니다. name, age 속성은 선언만으로 충분하며 구현 부분에서 별도의 코드가 필요하지는 않습니다. 반면, sayHello 메소드는 구현 부분에서 반드시 실제 동작을 구현해 주어야 합니다. 그리고 메소드 선언과 리턴형, 메소드 이름, 파라미터 목록이 모두 동일해야 합니다. doSomething 메소드와 같이 클래스 선언에 포함되어 있지 않은 메소드는 Person 클래스의 구현 부분에서만 사용할 수 있는 비공개 메소드입니다. 이 메소드를 공개 메소드로 변경하려면 sayHello 메소드와 같이 클래스 선언에 메소드 선언을 추가하면 됩니다.

```
Objective-C   Class/Person/PersonObjC/Person.m
@implementation Person

- (void)doSomething {
    // ..
}

- (void)sayHello {
    NSLog(@"Hello, World! I'm %@.", self.name);
}

@end
```

4.5 @class

앞에서 작성한 Person 클래스를 다른 코드에서 사용하려면 헤더 파일을 임포트해야 합니다. Person 클래스를 사용하는 Car 클래스를 추가한 후 아래와 같이 구현해 보겠습니다.

Objective-C Class/Person/PersonObjC/Car.h
```objc
#import "Person.h"

@interface Car : NSObject
@property (strong, nonatomic) Person* lessee;
@end
```

Objective-C Class/Person/PersonObjC/Car.m
```objc
@implementation Car
- (void)report {
    NSLog(@"%@", self.lessee.name);
}
@end
```

Car 클래스의 lessee 속성의 자료형은 Person 클래스로 선언되어 있습니다. Person 클래스를 인식할 수 있도록 Car.h 파일에 Person.h 파일을 임포트 하는 코드를 추가해야 합니다.

이번에는 Person 클래스에 Car 자료형의 속성을 하나 추가합니다. 그리고 Car 클래스를 인식할 수 있도록 Car.h 파일을 임포트합니다.

Objective-C Class/Person/PersonObjC/Person.h
```objc
#import "Car.h"

@interface Person : NSObject

@property (strong, nonatomic) NSString* name;
@property (assign, nonatomic) NSUInteger age;
@property (strong, nonatomic) Car* rentedCar;

- (void)sayHello;

@end
```

이 코드를 컴파일 하면 rentedCar 속성을 선언하는 코드에서 오류가 발생합니다. 오류 메시지를 보면 "Unknown type name 'Car'"가 출력됩니다. 분명히 Car.h 파일을 임포트 했는데 Car 클래스를 인식할 수 없다는 것입니다.

이 문제의 원인은 Car.h 파일과 Person.h 파일이 서로를 임포트하고 있는 것입니다. 컴파일러는 컴파일 과정에서 #import 부분을 헤더 파일에 구현되어 있는 코드로 대체합니다. Car.h 파일을 컴파일 할 때 #import "Person.h" 부분을 Person.h 파일의 내용으로 대체합니다. 이를 위해 Person.h 파일을 컴파일 할 때 #import "Car.h" 부분을 Car.h 파일의 내용으로 대체합니다. 서로를 임포트하고 있기 때문에 이 과정이 무한정 반복되고 정상적으로 컴파일을 완료할 수 없습니다. 이 문제를 "헤더 파일 상호 참조 문제"라고 합니다.

상호 참조 문제를 해결하려면 헤더를 임포트하지 않고 클래스를 인식시킬 수 있는 방법이 필요합니다. Objective-C는 @class 지시어를 통해 클래스를 선언할 수 있는 방법을 제공합니다. 이런 방법을 클래스 전방 선언이라고 합니다.

Objective-C
```
@class 클래스 이름;
```

Car 클래스 선언에서 전방 선언을 사용하도록 코드를 수정하겠습니다. Person.h 파일을 임포트 하는 코드를 더 이상 필요가 없으므로 삭제합니다.

Objective-C Class/Person/PersonObjC/Car.h
```
// #import "Person.h" // 삭제

@class Person;

@interface Car : NSObject
@property (strong, nonatomic) Person* lessee;
@end
```

Person 클래스를 전방 선언으로 선언했기 때문에 Car.h 에서 Person이 클래스 이름이라는 것을 인식할 수 있습니다. 하지만 코드를 빌드하면 여전히 오류가 발생합니다. 이번에는 Car 클래스의 report 메소드에서 오류가 발생합니다. 전방 선언으로 선언된 Person의 name 속성을 인식할 수 없다는 오류 메시지가 출력됩니다. 전방 선언은 대상이 클래스라는 것 이외에 다른 정보를 알려주지 못합니다. 그래서 전방 선언된 클래스를 실제로 사용하는 코드에서 헤더 파일을 임포트해야 합니다. 즉, Car.m 파일에서 Person.h 파일을 임포트해야 합니다.

Objective-C Class/Person/PersonObjC/Car.m
```
#import "Person.h"

@implementation Car
- (void)report {
    NSLog(@"%@", self.lessee.name);
}
@end
```

코드를 다시 빌드하면 정상적으로 빌드됩니다. 클래스 전방 선언을 통해 헤더 파일의 상호 참조 문제를 해결하였습니다.

다시 정리하면, 두 클래스의 헤더 파일이 서로를 임포트할 때 하나의 헤더 파일은 반드시 다른 클래스를 전방 선언으로 선언해야 합니다. 그리고 구현 파일에서 전방 선언된 클래스의 속성과 메소드를 인식할 수 있도록 헤더 파일을 임포트해야 합니다.

5. Swift 클래스

Swift 클래스는 선언과 구현이 분리되어 있지 않습니다. Java, C#과 동일한 방식으로 하나의 파일에서 클래스를 구현합니다. Swift는 동일한 모듈에 있는 클래스를 자동으로 인식할 수 있으므로 파일을 임포트할 필요가 없습니다. 하지만 다른 모듈에 있는 클래스를 사용하려면 해당 모듈을 임포트해야 합니다.

이 책은 Playground를 통해 클래스를 설명하고 있지만 Swift 프로젝트에서 클래스를 추가하는 방법에 대해 먼저 설명합니다.

5.1 메뉴를 통해 클래스 추가

메뉴를 통해 클래스를 추가하면 클래스 이름, 상위 클래스 이름, 파일 이름, 파일 저장 위치, 구현 언어를 직접 지정할 수 있습니다.

STEP **01**

File 〉 New 〉 File...(⌘N) 메뉴를 선택합니다. 또는 프로젝트 네비게이터의 컨텍스트 메뉴에서 New File... 메뉴를 선택합니다.

STEP **02**

템플릿 선택 화면에서 iOS 〉 Cocoa Touch Class 항목(또는 macOS 〉 Cocoa Class)을 선택한 후 Next 버튼을 클릭합니다.

STEP **03**

클래스 이름, 상위 클래스 이름, 구현 언어를 선택한 후 Next 버튼을 클릭합니다.

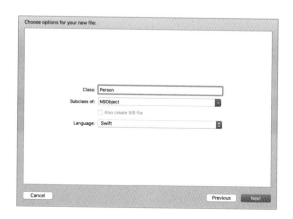

STEP 04

파일 이름을 입력하고 저장 위치를 선택한 후 Create 버튼을 클릭합니다.

일반적으로 입력되어 있는 기본 값을 그대로 사용합니다.

앞에서 설명한 방식은 Objective-C 코드와 호환되는 Swift 클래스를 생성합니다. 만약 Swift에서만 사용되는 클래스를 생성한다면 STEP 02에서 Swift File 항목을 선택합니다.

5.2 File Template Library 에서 추가

Swift 소스 파일을 추가하는 가장 쉬운 방법은 템플릿을 File Template Library에서 프로젝트 네비게이터로 드래그하는 것입니다.

STEP 01

View 〉 Utilities 〉 Show File Template Library (^⌥⌘1) 메뉴를 선택하여 File Template Library를 엽니다.

STEP 02

Swift File 항목을 선택한 후 프로젝트 네비게이터로 드래그합니다.

STEP 03

파일 이름을 입력하고 저장 위치를 선택한 후 Create 버튼을 클릭합니다.

5.3 class

Swift의 클래스는 class 키워드로 선언합니다. 클래스 선언 문법은 다음과 같습니다. Objective-C 와 달리 특정 클래스(NSObject)를 반드시 상속해야 한다는 제약이 없기 때문에 상위 클래스 이름을 생략할 수 있습니다. 상위 클래스가 없는 클래스는 다른 클래스의 상위 클래스 역할을 수행하는 기초 클래스가 됩니다.

```Swift
class 클래스 이름: 상위 클래스 이름 {
    속성 목록
    메소드 목록
}
```

이름과 나이를 속성으로 가지고 이름을 출력하는 메소드를 가진 Person 클래스는 다음과 같이 구현할 수 있습니다.

Swift Class/Person/Person.playground

```swift
class Person {
    var name = ""
    var age = 0

    func sayHello() {
        print("Hello, World! I'm \(name)")
    }
}
```

6. 초기화 문법

6.1 Objective-C

Objective-C에서 init으로 시작하는 이름을 가진 메소드를 생성자 메소드라고 합니다. 생성자 메소드는 다른 OOP 언어에서 제공하는 생성자의 역할을 대신합니다. Objective-C에서 클래스의 인스턴스를 생성하려면 생성자 메소드를 호출해야 합니다.

인스턴스의 초기화는 항상 2단계로 이루어집니다. 첫 번째 단계는 메모리에 필요한 공간을 할당하고 모든 속성의 값을 0 또는 nil로 설정하는 것으로 alloc 메소드가 담당합니다. 두 번째 단계는 기본 초기화 메소드인 init이 담당합니다. init 메소드는 속성의 값을 유효한 값으로 초기화하고, 객체의 기본 상태를 설정합니다.

새로운 Person 클래스의 인스턴스는 다음과 같이 생성할 수 있습니다. Objective-C에서 alloc 메소드와 init 메소드는 항상 연달아 호출됩니다.

Objective-C Class/Person/PersonObjC/main.m#Block1

```objc
Person* p = [[Person alloc] init];
```

이 코드는 다음과 같이 new 메소드로 대체할 수 있습니다. new 메소드는 alloc 메소드와 init 메소드를 연달아 호출하도록 구현되어 있습니다.

Objective-C Class/Person/PersonObjC/main.m#Block2

```objc
Person* p = [Person new];
```

6.2 Swift

Swift 클래스는 생성자를 직접 구현하지 않을 경우 파라미터가 없는 기본 생성자를 자동으로 생성합니다. 앞에서 구현한 Person 클래스도 생성자를 구현하지 않았기 때문에 기본 생성자가 자동으로 생성됩니다. 새로운 Person 인스턴스는 다음과 같은 생성자 문법으로 생성할 수 있습니다.

Swift Class/Person/Person.playground
```swift
let p = Person()
```

7. 인스턴스 비교

값 형식과 달리 참조 형식의 인스턴스는 주소와 값을 비교할 수 있습니다. Objective-C의 == 연산자는 인스턴스의 메모리 주소를 비교합니다. 인스턴스에 저장된 값을 비교할 때는 isEqual: 메소드 또는 isEqual...로 시작하는 이름을 가진 메소드를 사용합니다. 두 개의 Person 인스턴스를 생성한 후 == 연산자와 isEqual: 메소드로 비교해 보면 동일한 결과를 얻을 수 있습니다. isEqual: 메소드는 기본적으로 == 연산자처럼 메모리 주소를 비교하기 때문입니다.

Objective-C Class/Person/PersonObjC/main.m#Block3
```objc
Person* p1 = [[Person alloc] init];
Person* p2 = [[Person alloc] init];

if (p1 == p2) {
    NSLog(@"%@ == %@", p1, p2);
} else {
    NSLog(@"%@ != %@", p1, p2);
}
// <Person: 0x100301580> != <Person: 0x1003031d0>

if ([p1 isEqual:p2]) {
    NSLog(@"%@ == %@", p1, p2);
} else {
    NSLog(@"%@ != %@", p1, p2);
}
// <Person: 0x100301580> != <Person: 0x1003031d0>
```

Person 인스턴스의 값을 비교하려면 isEqual: 메소드를 재정의 하거나 유사한 패턴의 이름을 가진 비교 메소드를 구현해야 합니다. 예를 들어 NSString 클래스는 문자열 값을 비교하기 위해서 isEqualToString: 메소드를 구현하고 있습니다.

Person 인스턴스의 값을 비교하는 isEqualToPerson: 메소드를 구현해 보겠습니다. 이 메소드는 먼저 isEqual: 메소드를 통해 두 인스턴스의 메모리 주소를 비교합니다. 메모리 주소가 동일하다면 값이 비교할 필요가 없기 때문에 바로 YES를 리턴합니다. 두 인스턴스가 다른 주소에 있다면 name 속성의 값과 age 속성의 값을 비교하고 두 값이 동일한 경우에만 YES를 리턴하도록 구현합니다.

Objective-C Class/Person/PersonObjC/Person.h

```objc
@interface Person : NSObject

//...
- (BOOL)isEqualToPerson:(Person*)p;

@end
```

Objective-C Class/Person/PersonObjC/Person.m

```objc
@implementation Person

// ...
- (BOOL)isEqualToPerson:(Person*)p {
    if ([self isEqual:p]) {
        return YES;
    }

    return [p.name isEqualToString:self.name] && p.age == self.age;
}

@end
```

다시 Person 인스턴스의 값이 비교해 보겠습니다. 이번에는 각 인스턴스의 name 속성과 age 속성의 값을 지정합니다. isEqualToPerson: 메소드를 통해 p1과 p2를 비교하면 서로 다른 인스턴스이지만 동일한 속성 값을 가지고 있기 때문에 참으로 평가됩니다.

Objective-C Class/Person/PersonObjC/main.m#Block4

```objc
Person* p1 = [[Person alloc] init];
p1.name = @"James";
p1.age = 34;

Person* p2 = [[Person alloc] init];
p2.name = @"James";
p2.age = 34;

Person* p3 = [[Person alloc] init];
p3.name = @"Steve";
p3.age = 50;

if (p1 == p2) {
    NSLog(@"%@ == %@", p1, p2);
} else {
```

```
        NSLog(@"%@ != %@", p1, p2);
    }
    // <Person: 0x100303800> != <Person: 0x1003038a0>

    if ([p1 isEqualToPerson:p2]) {
        NSLog(@"%@ == %@", p1, p2);
    } else {
        NSLog(@"%@ != %@", p1, p2);
    }
    // <Person: 0x100303800> == <Person: 0x1003038a0>

    if ([p1 isEqualToPerson:p3]) {
        NSLog(@"%@ == %@", p1, p3);
    } else {
        NSLog(@"%@ != %@", p1, p3);
    }
    // <Person: 0x100303800> != <Person: 0x1003037d0>
```

isEqualToPerson: 메소드는 인스턴스의 동일성을 비교합니다. 이번에는 값의 크고 작음을 비교하는 메소드를 구현해 보겠습니다. Objective-C에서 값의 크기를 비교할 때는 NSComparisonResult 열거형을 리턴하는 compare: 메소드를 구현합니다. 반드시 이 규칙을 따라야 하는 것은 아니지만 Objective-C 런타임의 이점을 활용할 수 없게 됩니다.

Objective-C Class/Person/PersonObjC/Person.h
```
@interface Person : NSObject

//...
- (NSComparisonResult)compare:(Person *)p;

@end
```

Objective-C Class/Person/PersonObjC/Person.m
```
@implementation Person

// ...
- (NSComparisonResult)compare:(Person *)p {
    return [@(self.age) compare:@(p.age)];
}

@end
```

Person 클래스의 compare: 메소드는 age 속성의 값을 비교한 결과를 리턴합니다. 아래와 같이 값을 직접 비교하도록 구현할 수 있지만 이미 제공되는 기능을 재사용하는 것이 좋습니다. compare: 메소드는 age 속성을 NSNumber 인스턴스로 변경한 후 NSNumber 클래스의 compare: 메소드를 호출하고 결과를 리턴합니다.

```objc
Objective-C
- (NSComparisonResult)compare:(Person*)p {
    if (self.age < p.age) {
        return NSOrderedAscending;
    } else if (self.age > p.age) {
        return NSOrderedDescending;
    } else {
        return NSOrderedSame;
    }
}
```

이제 Person 인스턴스는 age 속성을 기준으로 크기를 비교할 수 있습니다.

```objc
Objective-C  Class/Person/PersonObjC/main.m#Block5
Person* p1 = [[Person alloc] init];
p1.name = @"James";
p1.age = 34;

Person* p2 = [[Person alloc] init];
p2.name = @"Steve";
p2.age = 50;

switch ([p1 compare:p2]) {
    case NSOrderedAscending:
        NSLog(@"%d < %d", p1.age, p2.age);
        break;
    case NSOrderedDescending:
        NSLog(@"%d > %d", p1.age, p2.age);
        break;
    case NSOrderedSame:
        NSLog(@"%d == %d", p1.age, p2.age);
        break;
}
// 34 < 50
```

Swift는 == 연산자를 통해 값을 비교하고 === 연산자를 통해 메모리 주소를 비교합니다. == 연산자를 재정의 하면 인스턴스의 동일성을 비교할 수 있습니다. 그리고 비교 연산자를 재정의하면 인스턴스에 저장된 값의 크기를 비교할 수 있습니다. 연산자를 재정의 하는 방법은 "연산자 함수" 부분에서 상세히 설명하고 있습니다.

8. 값 형식의 구조체 vs 참조 형식의 클래스

값 형식은 값이 전달될 때 새로운 복사본이 생성됩니다. 원시 자료형과 열거형, 튜플, 구조체는 모두 값 형식에 속합니다. 구조체의 특징을 알아보기 위해서 예제를 작성해 보겠습니다.

Objective-C Class/ValueVSReference/ValueVSReferenceObjC/main.m#Block1
```objc
CGPoint startPoint = CGPointMake(0.0, 0.0);
CGPoint endPoint = startPoint;

endPoint.x = 100;
endPoint.y = 200;

NSLog(@"start point: {%.1f, %.1f}", startPoint.x, startPoint.y);
NSLog(@"end point: {%.1f, %.1f}", endPoint.x, endPoint.y);
// start point: {0.0, 0.0}
// end point: {100.0, 200.0}
```

Swift Class/ValueVSReference/ValueVSReference.playground#Page1
```swift
let startPoint = CGPoint(x: 0.0, y: 0.0)
var endPoint = startPoint

endPoint.x = 100
endPoint.y = 200

print("start point: {\(startPoint.x), \(startPoint.y)}")
print("end point: {\(endPoint.x), \(endPoint.y)}")
// start point: {0.0, 0.0}
// end point: {100.0, 200.0}
```

startPoint는 {0.0, 0.0} 값을 가지는 CGPoint로 초기화되어 있습니다. 새로운 endPoint 변수를 선언하고 startPoint의 값으로 초기화합니다. 앞서 설명한 것과 같이 구조체는 값 형식이기 때문에 endPoint에 할당되는 값은 startPoint와 동일한 값을 가진 복사본입니다. 그래서 동일한 값을 가지고 있지만 두 값은 아무런 연관성을 가지고 있지 않습니다. 이후에 endPoint의 좌표 값을 수정하더라도 startPoint의 좌표 값은 변하지 않습니다. 이러한 동작을 Copy by Value라고 합니다.

구조체로 구현된 Swift 컬렉션 자료형은 비교적 큰 데이터를 담을 수 있고 복사 시점에 코드의 성능에 영향을 줄 수 있습니다. Swift는 이러한 문제점을 해결하기 위해서 반드시 필요한 경우에만 복사가 수행되도록 copy-on-write 최적화를 수행합니다.

값 형식과 대비되는 개념은 참조 형식입니다. 참조 형식은 코드를 통해 전달될 때 값이 복사되지 않고 원래 값을 가리키는 참조가 전달됩니다. 이러한 동작 방식을 Call by Reference라고 합니다. 클래스는 대표적인 참조 형식입니다.

참조 형식의 특징을 알아보기 위해서 CGPoint와 동일한 형식을 클래스로 구현합니다.

Objective-C Class/ValueVSReference/ValueVSReferenceObjC/MyPoint.h
```objc
@interface MyPoint : NSObject
@property CGFloat x;
@property CGFloat y;
- (instancetype)initWithX:(CGFloat)x y:(CGFloat)y;
@end
```

```objc
@implementation MyPoint
- (instancetype)initWithX:(CGFloat)x y:(CGFloat)y {
    self = [super init];
    if (self) {
        _x = x;
        _y = y;
    }
    return self;
}
@end
```

```swift
class MyPoint {
    var x = 0.0
    var y = 0.0
}
```

그리고 구조체 예제와 동일한 예제를 작성합니다. 예제는 새로운 MyPoint 인스턴스를 생성하고 모든 속성을 0.0으로 초기화한 후 startPoint에 할당합니다. 이어서 endPoint를 선언한 후 startPoint를 할당합니다. 값 형식과 달리 endPoint는 startPoint의 참조를 저장합니다. 즉, startPoint와 endPoint는 동일한 인스턴스를 가리킵니다. 그러므로 endPoint의 속성을 변경하는 것은 startPoint의 속성을 변경하는 것입니다.

```objc
MyPoint* startPoint = [[MyPoint alloc] initWithX:0.0 y:0.0];
MyPoint* endPoint = startPoint;

endPoint.x = 100;
endPoint.y = 200;

NSLog(@"start point: {%.1f, %.1f}", startPoint.x, startPoint.y);
NSLog(@"end point: {%.1f, %.1f}", endPoint.x, endPoint.y);
// start point: {100.0, 200.0}
// end point: {100.0, 200.0}
```

```swift
let startPoint = MyPoint()
let endPoint = startPoint

endPoint.x = 100
endPoint.y = 200

print("start point: {\(startPoint.x), \(startPoint.y)}")
print("end point: {\(endPoint.x), \(endPoint.y)}")
// start point: {100.0, 200.0}
// end point: {100.0, 200.0}
```

9. 클래스 객체

클래스는 인스턴스를 생성하기 위한 설계도로 사용됩니다. 지금까지는 설계도를 통해 생성된 인스턴스를 주로 사용했지만 설계도 자체를 사용할 수 있습니다. 프로그램이 시작되면 클래스를 대표하는 하는 객체가 하나씩 생성됩니다. 이 객체를 클래스 객체라고 하며 인스턴스와 달리 클래스마다 오직 하나만 생성됩니다. 클래스 객체는 주로 클래스의 멤버십을 확인하거나 특정 인스턴스에 종속되지 않은 메소드를 호출할 때 사용합니다.

Objective-C는 클래스 객체를 팩토리라는 별칭으로 부릅니다. 그리고 +로 선언된 클래스 메소드를 팩토리 메소드라고 부릅니다. 팩토리 메소드는 주로 새로운 인스턴스를 생성하는 역할을 수행합니다. Swift는 Objective-C와 달리 클래스, 구조체, 열거형이 모두 팩토리 메소드(즉, 형식과 연관된 메소드)를 가질 수 있기 때문에 조금 더 일반적인 이름인 형식 메소드라고 부릅니다.

10. Summary

• 구조체는 struct 키워드를 통해 선언합니다.

```
Objective-C
struct 구조체 이름 {
    멤버1 자료형 멤버1 이름;
    멤버2 자료형 멤버2 이름;
    멤버N 자료형 멤버N 이름;
};
```

```
Swift
struct 구조체 이름 {
    var 또는 let 멤버1 이름: 멤버1 자료형
    var 또는 let 멤버2 이름: 멤버2 자료형
    var 또는 let 멤버N 이름: 멤버N 자료형
}
```

• 구조체 멤버에 접근할 때는 . 문법을 사용합니다.

```
구조체 인스턴스.멤버
```

• Objective-C 클래스는 선언과 구현이 분리되어 있습니다. 헤더 파일(.h)에 선언 코드를 작성하고 구현 파일(.m)에 구현 코드를 작성합니다.
• @interface는 Objective-C 클래스를 선언하는 지시어입니다.

```
Objective-C
@interface 클래스 이름: 상위 클래스 이름 {
    인스턴스 변수 선언 목록
}

@property 선언 목록

메소드 선언 목록

@end
```

- Objective-C의 모든 클래스는 반드시 NSObject 또는 NSObject를 상속한 클래스를 상속해야 합니다.
- @implementation 은 Objective-C 클래스의 구현을 시작하는 지시어입니다.

```
Objective-C
@implementation 클래스 이름 {
    인스턴스 변수 선언 목록
}

메소드 구현 목록

@end
```

- 헤더 파일의 상호 참조 문제는 @class 지시어를 통해 해결할 수 있습니다.
- Swift 클래스는 선언과 구현이 분리되어 있지 않습니다.
- Swift의 클래스는 class 키워드로 선언합니다.

```
Swift
class 클래스 이름: 상위 클래스 이름 {
    속성 목록
    메소드 목록
}
```

- Swift 클래스는 NSObject 클래스를 반드시 상속해야 한다는 제한을 가지고 있지 않습니다.
- 새로운 클래스 인스턴스를 생성할 때는 생성자 문법을 사용합니다.
- Objective-C의 == 연산자는 인스턴스의 메모리 주소를 비교합니다.
- Swift는 == 연산자를 통해 인스턴스의 값을 비교하고 === 연산자를 통해 메모리 주소를 비교합니다.
- 모든 클래스는 클래스 객체를 하나씩 가집니다.

CHAPTER
19

속성

속성은 형식의 특징을 결정합니다. 예를 들어 과일을 정의하는 형식은 이름, 색, 당도, 수확시기를 속성으로 가질 수 있습니다. 사람을 정의하는 형식은 이름, 나이, 키, 몸무게 등을 속성으로 가질 수 있습니다. 두 언어 모두 구조체와 클래스에 속성을 선언할 수 있습니다. 특히 Swift는 열거형에 속성을 선언할 수 있습니다.

속성의 이름은 camelBack 방식으로 지정하는 것이 관례입니다. 속성의 이름은 동일한 형식 내부에서 유일한 이름이어야 합니다. 속성에 접근할 때 객체 이름이나 형식 이름을 통해 접근하기 때문에 서로 다른 형식이 동일한 속성 이름을 가지는 것은 문제가 없습니다.

Objective-C의 경우 속성의 이름은 new, alloc, copy, init으로 시작할 수 없습니다.

1. 속성과 . 문법

접 문법으로 속성에 저장된 값을 읽거나 새로운 값을 할당할 수 있습니다. 예를 들어 Person 클래스의 name 속성은 다음과 같이 읽을 수 있습니다.

```
Objective-C
Person* p = [[Person alloc] init];
NSString* name = p.name;
```

```
Swift
let p = Person()
let name = p.name
```

2. Objective-C 클래스의 속성

Objective-C의 속성은 두 가지 방식으로 선언할 수 있습니다.

2.1 인스턴스 변수

인스턴스 변수는 클래스 선언과 구현에 모두 추가할 수 있고 지시어를 통해 직접 공개되도록 선언하지 않은 경우 외부에서 접근할 수 없습니다. @property 지시어로 선언한 속성과 구분하기 위해 이름 앞에 _ 문자를 추가하기도 합니다.

```
Objective-C
속성 자료형 속성 이름;
속성 자료형 _속성 이름;
```

Person 클래스의 선언 부분(.h 파일)에 다음과 같이 _age 속성을 선언하면 Person 클래스와 Person 클래스를 상속하는 클래스에 내부에서 자유롭게 접근할 수 있습니다.

```
Objective-C
@interface Person : NSObject {
    NSInteger _age;
}
@end
```

클래스 구현 부분(.m 파일)에 속성을 선언할 경우에는 Person 클래스 내부에서만 접근할 수 있습니다.

```
Objective-C
@implementation Person {
    NSUInteger _age;
}
@end
```

Person 클래스 내부에서 _age 변수에 접근할 때는 변수에 직접 접근할 수 있습니다. 예를 들어 _age 에 저장된 값을 출력하는 메소드를 다음과 같이 구현할 수 있습니다.

```
Objective-C
@implementation Person {
    NSUInteger _age;
}

- (void)printAge {
    NSLog(@"%ld", _age);
}

@end
```

_age 변수를 클래스 외부에서 직접 접근할 수 있게 하려면 @public 지시어를 사용하여 공개 속성으로 선언해야 합니다.

```
Objective-C   Property/InstanceVar/InstanceVarObjC/Person.h
@interface Person : NSObject {
    @public NSInteger _age;
}
@end
```

이제 _age 속성은 Person 클래스의 인스턴스를 생성한 후 **인스턴스 이름->인스턴스 변수 이름**과 같은 형태로 접근할 수 있습니다. 이것은 포인터로 구조체 멤버에 접근하는 문법과 동일합니다.

```
Objective-C
인스턴스 이름->인스턴스 변수 이름
```

```
Objective-C   Property/InstanceVar/InstanceVarObjC/main.m
Person* p = [[Person alloc] init];
NSInteger age = p->_age;
```

Objective-C는 인스턴스 변수의 공개 범위를 지정할 수 있는 3개의 지시어를 제공합니다. @public 지시어는 클래스 외부로 공개하는 지시어 입니다. @protected 지시어는 인스턴스 변수를 선언한 클래스와 이 클래스를 상속한 하위 클래스에서 접근할 수 있도록 선언하는 지시어이고, 클래스 선언 부분에서 지시어 없이 선언할 경우 기본 값으로 사용됩니다. @private 지시어는 인스턴스 변수의 접근 범위를 선언된 클래스 내부로 제한합니다. 클래스 구현 부분에서 지시어 없이 선언할 경우 기본 값으로 사용됩니다.

> **Beginner Note**
> 인스턴스 변수의 공개 범위를 가시성으로 표현하기도 합니다.

Objective-C에서 클래스 외부에서 인스턴스 변수에 직접 접근하는 것은 안티패턴 중 하나입니다. 인스턴스 변수는 반드시 접근자 메소드를 통해 접근해야 합니다.

2.2 접근자 메소드

접근자 메소드는 클래스에 선언되어 있는 인스턴스 변수에 접근하기 위한 특별한 메소드입니다. 값을 읽는 메소드를 getter, 값을 쓰는 메소드를 setter 메소드라고 합니다.

접근자 메소드는 반드시 특별한 형식으로 작성해야 합니다. getter 메소드의 이름은 인스턴스 변수의 이름과 동일해야 하며 리턴형은 인스턴스 변수의 자료형과 동일해야 합니다. setter 메소드는 값을 리턴하지 않고 인스턴스 변수와 동일한 자료형의 파라미터를 선언해야 합니다. 그리고 이름은 set인스턴스 변수 이름의 형태로 지정하고 인스턴스 변수 이름의 첫 글자는 대문자로 작성해야 합니다. 인스턴스 변수 이름에 _ 문자가 포함된 경우 무시합니다.

예를 들어 _age 변수의 접근자는 다음과 같이 구현해야 합니다.

Objective-C Property/AccessorMethod/AccessorMethodObjC/Person.h

```objc
@interface Person : NSObject {
    NSInteger _age;
}

- (NSInteger)age;
- (void)setAge:(NSInteger)age;

@end
```

Objective-C Property/AccessorMethod/AccessorMethodObjC/Person.m

```objc
@implementation Person

- (NSInteger)age {
    return _age;
}

- (void)setAge:(NSInteger)age {
    _age = age;
}

@end
```

구현이 완료되면 getter와 setter 메소드를 호출하여 _age 변수에 접근할 수 있습니다.

Objective-C Property/AccessorMethod/AccessorMethodObjC/main.m#Block1

```objc
Person* p = [[Person alloc] init];
[p setAge:30];
NSInteger age = [p age];
```

또한, 점 문법을 통해 접근할 수 있습니다. 점 문법으로 접근하는 것은 실제로 접근자 메소드를 호출하는 것과 동일합니다.

Objective-C Property/AccessorMethod/AccessorMethodObjC/main.m#Block2

```objc
Person* p = [[Person alloc] init];
p.age = 30;
NSInteger age = p.age;
```

인스턴스 변수에 직접 접근하는 방법 대신 조금은 복잡한 접근자 메소드를 사용하는 이유는 OOP의 특징 중 하나인 정보 은닉을 구현하기 위해서입니다. 클래스 외부에서 _age에 직접 접근하는 코드는 클래스의 구현이 변경되거나 _age 자체가 삭제되는 경우 코드가 정상적으로 실행되지 않은 가능성이 높습니다. 하지만 접근자 메소드로 접근하는 경우에는 클래스 구현이 수정되는 경우에도 외부에서 접근하는 코드는 영향을 받지 않습니다.

2.3 Declared Property

인스턴스 변수로 클래스의 속성을 선언하는 방식은 여러 가지 단점으로 인해 더 이상 사용하지 않습니다. 최근에는 Objective-C 2.0에서 도입된 Declared Property로 속성을 선언합니다. Declared Property의 가장 큰 장점은 속성의 접근자 메소드를 자동으로 생성해 준다는 것입니다.

Declared Property는 @property 지시어로 선언합니다.

> **Objective-C**
> ```
> @property 속성 자료형 속성 이름;
> ```

인스턴스 변수로 선언했던 age 속성은 다음과 같이 Declared Property로 변경할 수 있습니다. 이제 age 속성의 접근자 메소드가 컴파일 시점에 자동으로 생성되므로 직접 구현할 필요가 없습니다.

> **Objective-C** Property/DeclaredProperty/DeclaredPropertyObjC/Person.h
> ```
> @interface Person : NSObject
> @property NSInteger age;
> @end
> ```

> **Expert Note**
>
> Xcode 4.5 버전 이전에는 @property 지시어로 속성을 선언한 경우 클래스 구현에서 @synthesize 지시어 추가해야 했습니다. 하지만 Xcode 4.5 버전부터 컴파일러가 연관된 작업을 처리해주기 때문에 더 이상 사용할 필요가 없습니다.

@property 지시어로 선언한 속성을 클래스 외부에서 접근하는 문법은 인스턴스 변수에서 설명한 방법과 동일합니다. 접근자 메소드를 직접 호출하는 방식과 점 문법으로 접근하는 방식을 모두 사용할 수 있으며 주로 점 문법으로 접근하는 방식을 사용합니다.

> **Objective-C** Property/DeclaredProperty/DeclaredPropertyObjC/main.m
> ```
> Person* p = [[Person alloc] init];
> p.age = 30;
> NSInteger age = p.age;
> ```

@property 지시어는 속성 이름과 유사한 이름을 가진 인스턴스 변수를 자동으로 생성합니다. 인스턴스 변수의 이름은 속성 이름 앞에 _ 문자가 추가된 형태입니다. 인스턴스 변수는 @property를 통해 선언한 속성의 실제 값을 저장하는 용도로 사용됩니다. 그리고 @property를 통해 생성된 접근자 메소드는 실제로 이 인스턴스 변수에 접근합니다. 이런 특성으로 인해 내부 저장소라고 표현하기도 합니다.

클래스 내부에서 @property 지시어로 선언한 속성에 접근할 때는 반드시 self 키워드를 통해 접근해야 합니다. self는 현재 인스턴스를 나타내는 특별한 키워드입니다. 예를 들어 age 속성에 접근하려면 self.age로 접근해야 합니다.

Objective-C Property/DeclaredProperty/DeclaredPropertyObjC/Person.m

```objc
@implementation Person

- (void)printAge {
    NSLog(@"%ld", self.age);
}

@end
```

self 키워드를 사용하지 않고 다음과 같이 접근하는 경우에는 컴파일 오류가 발생합니다.

Objective-C

```objc
@implementation Person

- (void)printAge {
    NSLog(@"%ld", age);        // Error
}

@end
```

다음과 같이 속성의 내부 저장소에 직접 접근할 수 있지만, 이 경우 @property 지시어의 이점을 활용할 수 없으므로 사용하지 않는 것이 좋습니다.

Objective-C

```objc
@implementation Person

- (void)printAge {
    NSLog(@"%ld", _age);
}

@end
```

2.4 @property의 특성

@property 지시어는 "속성을 선언한다."라는 표현보다 "컴파일러가 속성의 내부 저장소(인스턴스 변수)와 접근자 메소드를 생성하는데 필요한 지침을 제공한다."라는 표현이 적합합니다. 이 "지침"들은 다양한 특성을 통해 지정할 수 있습니다.

특성	대상	역할
readonly	모두	읽기 전용 속성 선언
readwrite	모두	읽기와 쓰기가 모두 가능한 속성 선언(기본 값)
assign	값 형식	setter에서 새로운 값을 속성에 단순 대입(기본 값)
strong	참조 형식	setter에서 새로운 값을 속성에 대입할 때 소유권을 획득
weak	참조 형식	assign과 마찬가지로 단순 대입을 수행하지만, 대상 인스턴스가 메모리에서 해제된 경우 속성의 값을 nil로 초기화
copy	참조 형식	setter에서 새로운 값을 속성에 대입할 때 복사
atomic	모두	여러 스레드에서 동시에 접근할 수 없음.(기본 값)
nonatomic	모두	여러 스레드에서 동시에 속성에 접근할 수 있음
getter	모두	getter 이름 변경
setter	모두	setter 이름 변경

앞에서 선언한 age 속성은 특성을 가지고 있지 않습니다. 특성을 명시적으로 지정하지 않은 경우 기본 값인 readwrite, assign 특성이 지정됩니다.

특성을 지정할 때는 다음과 같은 문법을 사용합니다. 두 개 이상의 특성을 동시에 지정할 경우 ,로 구분하여 나열합니다.

```
Objective-C
@property (특성1, 특성2, 특성N) 자료형 속성 이름;
```

readwrite 특성은 값을 읽고 쓸 수 있는 속성을 선언하며, 내부적으로 getter와 setter를 모두 생성합니다. 이것과 대비되는 readonly 특성은 setter를 생성하지 않고 속성을 읽기 전용으로 선언합니다. age 속성을 다음과 같이 readonly로 선언할 경우 값을 쓰는 코드에서 컴파일 오류가 발생합니다.

```
Objective-C  Property/ReadOnly/ReadOnlyObjC/Person.h
@interface Person : NSObject
@property (readonly) NSInteger age;
@end
```

```
Objective-C  Property/ReadOnly/ReadOnlyObjC/main.m
Person* p = [[Person alloc] init];
p.age = 30;            // Error: Assignment to readonly property
NSInteger age = p.age;
```

readonly로 선언된 속성은 클래스 내부에서도 읽기 전용입니다. 그러므로 클래스 내부에서 값을 변경하려면 속성의 내부 저장소에 직접 접근해야 합니다.

Objective-C Property/ReadOnly/ReadOnlyObjC/Person.m
```objc
@implementation Person

- (void)doSomething {
    _age = 30;
    self.age = 30;  // Error: Assignment to readonly property
}

@end
```

Beginner Note

@property로 선언된 속성은 익스텐션을 통해 특성을 재정의할 수 있습니다. 자세한 구현 방법은 익스텐션에서 설명합니다.

---

assign 특성은 setter에서 새로운 값을 속성에 할당할 때 단순 대입을 수행하도록 선언합니다. 예를 들어 컴파일러는 assign 특성을 가진 age 속성의 setter를 다음과 같이 생성합니다.(개념을 설명하기 위한 것이므로 실제 생성되는 코드와는 다를 수 있습니다.)

Objective-C
```objc
- (void)setAge:(NSInteger)age {
    _age = age;
}
```

age와 같이 값 형식인 경우에는 단순 대입이 문제가 되지 않습니다. 그러나 속성이 참조 형식으로 선언되어 있다면 단순 대입은 메모리 오류를 발생시킵니다. 어떤 오류가 발생하는지 설명하기 위해 Person 클래스에 참조 형식의 속성을 추가하겠습니다.

Objective-C
```objc
@interface Person : NSObject

@property (assign) NSString * name;
@property NSInteger age;

@end
```

컴파일러는 name 속성의 setter를 age 속성과 동일하게 생성합니다.

```objectivec
Objective-C
- (void)setName:(NSString *)name {
    _name = name;
}
```

name 속성에 저장되어 있던 문자열 인스턴스는 파라미터로 전달된 문자열 인스턴스로 대체됩니다. 이 과정에서 단순 대입만 수행하기 때문에 두 인스턴스의 참조 카운트는 변하지 않습니다. 이전에 저장되어 있던 문자열 인스턴스는 올바르게 해제되지 않아서 메모리 누수가 발생합니다. 그리고 새롭게 할당한 문자열 인스턴스가 다른 부분에서 해제된 경우 name 속성은 댕글링 포인터가 되어 버립니다. 이 경우 name 속성에 접근하면 BAD ACCESS 오류가 발생하고 프로그램이 비정상적으로 종료됩니다.

Beginner Note

메모리 관리에서 설명하고 있는 ARC, MRR, 소유 정책에 관해 미리 읽어보시면 이 내용을 이해하는데 도움이 됩니다.

이 문제를 해결하려면 특성을 strong으로 지정해야 합니다.

```objectivec
Objective-C
@interface Person : NSObject

@property (strong) NSString* name;
@property NSInteger age;

@end
```

컴파일러는 strong 특성을 가진 name 속성의 setter를 생성할 때 내부 저장소에 저장된 이전 인스턴스를 해제하고 새로운 인스턴스의 소유권을 획득하는 코드를 추가합니다. 결과적으로 이전 인스턴스는 메모리 누수 없이 정상적으로 해제되며, 새롭게 할당된 인스턴스는 다른 곳에서 해제되더라도 Person 인스턴스가 유지되는 동안 메모리에서 해제되지 않습니다.

```objectivec
Objective-C
- (void)setName:(NSString *)name {
    if (_name != name) {
        [_name release];
        _name = [name retain];
    }
}
```

만약 참조 형식으로 선언된 속성에서 소유권을 획득할 필요가 없다면 weak 특성을 사용합니다. weak 특성은 assign과 동일하게 단순 대입을 수행하는 setter를 생성하지만, 속성에 저장된 인스턴스의 메모리가 해제될 경우 속성의 값을 자동으로 nil로 초기화합니다. 그래서 인스턴스가 해제된 후에 속성에 접근하더라도 BAD ACCESS 오류가 발생하지 않습니다. 또한, strong 특성으로 인해 발생할 수 있는 참조 사이클 문제는 해결하는데 유용하게 사용됩니다. 이와 연관된 내용은 메모리 관리 부분에서 상세하게 설명합니다.

copy 특성은 setter의 파라미터로 전달된 인스턴스의 소유권을 획득하지 않고 새로운 복사본을 생성합니다. 예를 들어 name 속성의 특성을 copy로 변경하면 setter가 아래와 같이 생성됩니다.

```objectivec
Objective-C
- (void)setName:(NSString *)name {
    if (_name != name) {
        [_name release];
        _name = [name copy];
    }
}
```

strong, weak, copy 특성은 서로 베타적인 특성이므로 동시에 사용할 수 없습니다.

Expert Note

속성의 자료형을 블록으로 지정한 경우 반드시 copy 특성을 사용해야 합니다. copy 특성은 블록이 캡처 상태를 계속 유지할 수 있도록 해 줍니다.

@property 지시어가 생성한 접근자 메소드는 기본적으로 여러 스레드에서 동시에 실행되지 않습니다. 지금까지 선언한 name, age 속성은 모두 기본 값인 atomic 특성을 가지고 있고, 자동으로 생성된 접근자 메소드에는 동기화 코드가 추가됩니다. 예를 들어 name 속성의 접근자 메소드를 다음과 같이 생성됩니다.

```objectivec
Objective-C
- (NSString *)name {
    @synchronized (self) {
        // ...
    }
}

- (void)setName:(NSString *)name {
    @synchronized (self) {
        // ...
    }
}
```

이번에 설명할 nonatomic 특성은 접근자 메소드에 동기화 코드가 포함되지 않도록 지정합니다. 여러 스레드에서 setter를 동시에 호출하는 경우 값의 유효성에 문제가 생기거나 데드락이 발생할 위험이 있습니다. 그러나 읽기 전용 속성이나 여러 스레드에서 동시에 접근하지 않는 속성의 경우 접근 속도를 높일 수 있습니다.

getter, setter 특성은 접근자 메소드의 이름을 변경할 때 사용할 수 있습니다. 예를 들어 name 접근자의 setter 이름을 updateUserName:으로 변경하려면 다음과 같이 구현할 수 있습니다.

```objectivec
Objective-C
@property (strong, setter=updateUserName:) NSString* name;
```

2.5 사용자 정의 접근자 메소드

클래스 구현에서 접근자 메소드를 직접 구현할 경우 컴파일러는 해당 접근자 메소드를 자동으로 생성하지 않습니다. 예를 들어 name 속성의 setter를 직접 구현했다면, 컴파일러는 getter만 자동으로 생성합니다. 만약 getter와 setter를 모두 구현했다면 컴파일러는 접근자 메소드를 자동으로 생성하지 않습니다.

접근자 메소드를 직접 구현할 때 자주 하게 되는 실수는 접근자 메소드 내부에서 속성에 접근할 때 self를 통해 접근하는 것입니다. name 속성의 getter를 직접 구현할 때 self.name을 리턴하면 getter가 무한 호출되는 오류가 발생합니다. self.name이 name 속성의 getter를 호출하는 코드와 동일하기 때문에 getter가 또 다른 getter를 계속 호출하게 되는 것입니다.

```objectivec
Objective-C
- (NSString*)name {
    return self.name;        // Logical Error
}
```

접근자 메소드에서 속성에 접근할 때는 반드시 내부 저장소에 직접 접근해야 합니다.

```objectivec
Objective-C
- (NSString*)name {
    return _name;
}
```

또 다른 실수는 접근자 메소드의 선언 규칙을 따르지 않는 것입니다. 접근자 메소드를 직접 구현할 때는 조금 전 "접근자 메소드" 섹션에서 설명한 규칙을 반드시 따라야 합니다.

2.6 지연 속성

Person 클래스에 portrait 속성을 추가해 보겠습니다. 이 속성은 PNG 파일로 저장된 사진을 저장하는 속성입니다.

```
Objective-C
@interface Person : NSObject

@property (strong) NSString* name;
@property NSInteger age;
@property (strong, nonatomic) NSData* portrait;

@end
```

사진 데이터는 비교적 큰 데이터입니다. 새로운 Person 인스턴스가 생성될 때마다 파일을 읽은 후 portrait 속성에 저장하면 많은 메모리 공간이 소비됩니다. 만약 portrait 속성을 사용하지 않고 프로그램을 종료한다면 메모리 공간의 낭비는 물론이고 프로그램의 성능도 저하됩니다. 특히, 스마트폰과 같이 메모리 용량이 상대적으로 작은 경우에는 문제가 더 심각해집니다. 하지만 portrait에 저장할 파일을 읽는 시점을 인스턴스가 생성되는 시점이 아니라 portrait 속성에 처음 접근하는 시점으로 바꾸면 메모리 공간을 효율적으로 사용할 수 있습니다. portrait 속성에 전혀 접근하지 않는 경우에는 불필요한 파일 로딩 작업이 실행되지 않고 메모리 공간도 소비되지 않으므로 성능 저하 문제도 사라집니다. 이처럼 크기가 큰 데이터의 초기화 시점을 최초 접근 시점으로 연기시키는 것을 지연 초기화 또는 지연 로딩 패턴이라고 합니다. 그리고 지연 로딩 패턴으로 값을 초기화하는 속성을 지연 속성이라고 합니다.

Objective-C는 사용자 정의 접근자 메소드를 통해 지연 속성을 구현합니다. portrait 속성의 getter를 아래와 같이 구현하면 속성에 처음 접근하는 시점에 속성 값이 초기화됩니다. 또한, 이미 초기화된 값을 가지고 있는 경우 그 값을 그대로 리턴합니다. 이렇게 할 경우 초기화된 값을 재사용하므로 메모리 공간을 효율적으로 사용하게 되고 속성에 접근할 때마다 값을 초기화하는 불필요한 작업을 방지할 수 있습니다.

```
Objective-C
- (NSData*)portrait {
    if (!_portrait) {
        _portrait = ...;
    }

    return _portrait;
}
```

3. Swift 속성

Swift는 인스턴스 변수와 속성을 따로 구분하지 않습니다. Swift에서는 3가지 형태의 속성을 제공합니다.

- 저장 속성
- 계산 속성 또는 계산된 속성
- 형식 속성

3.1 Stored Property

저장 속성은 가장 일반적인 형태의 속성으로 클래스와 구조체에 추가할 수 있습니다. 저장 속성을 선언하는 방식은 변수나 상수를 선언하는 방식과 동일합니다. Person 클래스에 name, age 저장 속성을 추가해 보겠습니다.

Swift
```
var 또는 let 속성 이름: 속성 자료형
var 또는 let 속성 이름: 속성 자료형 = 기본 값
```

Swift
```
class Person {
    var name: String = ""
    var age: Int = 0
}
```

var로 선언된 저장 속성을 변수 저장 속성, let으로 선언된 저장 속성을 상수 저장 속성이라고 합니다. Objective-C의 경우 속성을 선언한 뒤 초기화하지 않으면 자동으로 0 또는 nil로 초기화되지만 Swift는 반드시 속성의 기본 값을 지정하거나 생성자를 구현하여 모든 속성을 초기화해야 합니다.

Swift 속성은 별도의 내부 저장소가 존재하지 않고 속성 선언 자체가 값이 저장되는 저장소를 선언하는 것입니다. 그래서 내부 저장소에 대한 접근자 메소드를 합성하는 과정도 필요하지 않습니다.

선언과 동시에 기본 값을 지정한다면 형식 추론을 통해 자료형을 생략할 수 있습니다.

Swift Property/StoredProperty.playground
```
class Person {
    var name = ""
    var age = 0
}
```

구조체에 저장 속성을 선언하는 방법은 클래스와 동일합니다. 연락처를 저장할 수 있는 새로운 구조체를 선언해 보겠습니다. Contact 구조체의 세 속성은 모두 옵셔널로 선언되어 있습니다. 옵셔널 속

성은 기본 값을 지정하지 않은 경우 자동으로 nil로 초기화됩니다.

```
Swift  Property/StoredProperty.playground
struct Contact {
    var email: String?
    var mobile: String?
    var fax: String?
}
```

구조체의 저장 속성은 구조체의 가변성에 영향을 받습니다. 예를 들어 새로운 구조체 인스턴스를 변수로 선언하면 속성의 값을 언제든지 변경할 수 있습니다.

```
Swift  Property/StoredProperty.playground
var james = Contact()
james.email = "james@example.com"
```

그러나 상수로 선언하면 저장 속성의 선언에 관계없이 항상 상수 저장 속성이 되어 값을 변경할 수 없습니다.

```
Swift
let james = Contact()
james.email = "james@example.com"   // Error
```

3.2 Lazy Stored Property

모든 저장 속성은 인스턴스의 초기화가 완료된 시점에 적절한 값으로 초기화 되어야 합니다. 만약 파일에 저장되어 있는 값으로 초기화해야 하는 속성이 있다면 다른 속성에 비해 많은 메모리 공간이 필요하고 초기화에 소요되는 시간이 길어질 수 있습니다. 그리고 프로그램이 실행되는 동안 이 속성을 한 번도 사용하지 않는다면 불필요한 메모리가 낭비됩니다. 조금 전 Objective-C 지연 속성에서 설명했던 것처럼 지연 로딩 패턴을 활용하면 이 문제를 해결할 수 있습니다. Swift는 지연 저장 속성을 선언할 수 있는 lazy 키워드를 제공합니다.

```
Swift
lazy var 속성 이름: 속성 자료형 = 초기화 표현식
```

lazy로 선언된 지연 저장 속성은 반드시 선언 부분에서 기본 값을 지정해야 합니다. 기본 값은 리터럴을 사용할 수 있지만 일반적으로 생성자를 호출하는 표현식을 사용합니다. 초기화 표현식을 통해 형식 추론이 가능하므로 속성 자료형을 생략할 수 있습니다.

Person 클래스에 연락처 정보를 저장하는 지연 저장 속성을 추가하겠습니다. contacts 속성은 Contact 구조체 형식으로 선언하고, 구조체가 생성되는 시점을 확인하기 위해서 생성자에 로그를 출력하는 코드를 추가합니다. 이 코드를 실행하면 새로운 Person 인스턴스를 생성하고 name, age 속성에 접근할 때까지 "new Contact instance"라는 로그 메시지가 출력되지 않습니다. 이 시점까지 contact 속성은 초기화되지 않은 상태이며 메모리 공간도 생성되지 않은 상태입니다. 이 후 contacts 속성에 접근하여 값을 변경하는 시점에 "new Contact instance" 로그가 출력됩니다.

```
Swift  Property/LazyProperty.playground
struct Contact {
    var email: String?
    var mobile: String?
    var fax: String?

    init() {
        print("new Contact instance")
    }
}

class Person {
    var name = ""
    var age = 0

    lazy var contacts = Contact()

    init() {
        print("new Person instance")
    }
}

let james = Person()
// new Person instance

print(james.name)
print(james.age)

james.contacts.email = "james@example.com"
// new Contact instance
```

이처럼 지연 저장 속성으로 선언된 속성은 초기화 과정에서 초기화되지 않고 속성에 처음 접근하는 시점에 초기화됩니다. 지연 저장 속성은 큰 값을 저장하거나 속성의 값이 초기화 이후에 결정되는 값에 의존적인 경우 활용할 수 있습니다. 그러나 여러 스레드에서 동시에 접근하는 경우 속성이 두 번 이상 초기화 될 가능성이 있으므로 주의해야 합니다.

3.3 Computed Property

계산 속성은 저장 속성과 달리 값을 직접 저장하지 않습니다. 대신 저장 속성의 값을 기반으로 계산된 새로운 값을 리턴하거나 전달된 값을 토대로 다른 속성의 값을 갱신합니다. 계산 속성은 클래스, 구조체, 열거형에 추가할 수 있습니다.

계산 속성은 get 블록과 set 블록으로 구성됩니다. get 블록은 접근자 메소드의 getter와 동일한 역할을 하며, set 블록은 setter와 동일한 역할을 합니다. 계산 속성은 다음과 같은 문법으로 선언합니다.

```Swift
var 속성 이름: 속성 자료형 {
    get {
        속성을 리턴하는 코드
    }
    set {
        속성을 새로운 값으로 설정하는 코드
    }
}
```

계산 속성은 항상 var로 선언해야 합니다. get 블록은 필수이지만 set 블록은 생략할 수 있습니다. set 블록은 생략할 경우 읽기전용 계산 속성이 됩니다.

Person 클래스의 age 속성을 계산 속성으로 변경해 보겠습니다. birthDate라는 새로운 속성을 추가하고 생년월일을 날짜 형식으로 저장합니다. age 속성은 계산 속성의 get 블록을 구현하여 birthDate에 저장된 날짜를 통해 나이를 계산하여 리턴합니다. set 블록은 오늘 날짜에서 age에 할당된 수만큼의 연도를 뺀 날로 birthDate 값을 변경합니다.

```Swift
Swift 2.3   Property/ComputedProperty.playground#Page1
class Person {
    var name: String = ""
    var birthDate: NSDate?
    var age: Int {
        get {
            if let date = birthDate {
                let calendar = NSCalendar.currentCalendar()
                let components = calendar.components(NSCalendarUnit.Year,
                    fromDate: date, toDate: NSDate(), options: [])
                return components.year
            }

            return -1
        }
        set {
            let calendar = NSCalendar.currentCalendar()
            birthDate = calendar.dateByAddingUnit([.Year], value: newValue
```

```
                * -1, toDate: NSDate(), options: [])
            }
        }
    }
```

Swift 3 Property/ComputedProperty.playground#Page2

```
class Person {
    var name: String = ""
    var birthDate: Date?
    var age: Int {
        get {
            if let date = birthDate {
                let calendar = NSCalendar.current
                let components = calendar.dateComponents(
                    [Calendar.Component.year], from: date, to: Date())
                return components.year ?? -1
            }

            return -1
        }
        set {
            let calendar = NSCalendar.current
            birthDate = calendar.date(byAdding: .year,
                value: newValue * -1, to: Date())
        }
    }
}
```

age 속성은 다음과 같이 접근할 수 있습니다. birthDate에 저장된 날짜에 따라 계산된 값이 리턴되고, 새로운 값을 할당할 경우 birthDate의 값이 변경되는 것을 확인할 수 있습니다.

Swift 2.3 Property/ComputedProperty.playground#Page1

```
let calendar = NSCalendar.currentCalendar()
let componets = NSDateComponents()
componets.year = 1983
componets.month = 3
componets.day = 17

let james = Person()
james.birthDate = calendar.dateFromComponents(componets)
print(james.age)
// 33

james.age = 10
print(james.birthDate)
// 2006-05-03 …
```

Swift 3 Property/ComputedProperty.playground#Page2

```
let calendar = NSCalendar.current
var componets = DateComponents()

componets.year = 1983
componets.month = 3
componets.day = 17

let james = Person()
james.birthDate = calendar.date(from: componets)
print(james.age)
// 33

james.age = 10
print(james.birthDate)
// 2006-05-03 …
```

set 블록에서 age 속성에 할당된 새로운 값은 newValue 상수로 읽을 수 있습니다. 필요하다면 아래
와 같이 새로운 값을 전달할 파라미터를 직접 선언할 수 있습니다. 이 경우 newValue 상수는 더 이
상 사용할 수 없게 됩니다.

Swift 2.3

```
set (year) {
    let calendar = NSCalendar.currentCalendar()
    birthDate = calendar.dateByAddingUnit([.Year], value: year * -1,
        toDate: NSDate(), options: [])
}
```

Swift 3

```
set (year) {
    let calendar = NSCalendar.current
    birthDate = calendar.date(byAdding: .year, value: year * -1, to:
Date())
}
```

set 블록은 필수요소가 아니기 때문에 생략할 수 있습니다. set 블록은 생략하면 get 블록을 감싸는 {
}와 get 키워드를 생략할 수 있습니다. set 블록을 생략하고 읽기전용 계산 속성으로 구현한 age 속
성을 다음과 같습니다.

Swift 2.3

```
class Person {
    var name: String = ""
    var birthDate: NSDate?
    var age: Int {
        if let date = birthDate {
```

```
            let calendar = NSCalendar.currentCalendar()
            let components = calendar.components(NSCalendarUnit.Year,
                fromDate: date, toDate: NSDate(), options: [])
            return components.year
        }

        return -1
    }
}
```

```
Swift 3
class Person {
    var name: String = ""
    var birthDate: Date?
    var age: Int {
        if let date = birthDate {
            let calendar = NSCalendar.current
            let components = calendar.dateComponents(
                [Calendar.Component.year], from: date, to: Date())
            return components.year ?? -1
        }

        return -1
    }
}
```

3.4 Type Property

저장 속성과 계산 속성은 인스턴스와 연관되어 있는 속성이고 인스턴스마다 다른 값을 가질 수 있습니다. 형식 속성은 이와 반대로 형식 자체에 연관되어 있는 속성이고 동일한 형식으로 생성된 모든 인스턴스는 형식 속성에 저장되어 있는 값을 공유합니다.

형식 속성은 다시 저장 형식 속성과 계산 형식 속성으로 구분할 수 있습니다. 저장 형식 속성은 var 또는 let으로 선언할 수 있지만 계산 형식 속성은 항상 var로 선언해야 합니다. 그리고 형식 자체에 연관된 특성상 생성자를 통해 초기화할 수 없고 반드시 선언과 동시에 기본 값을 할당해야 합니다.

저장 형식 속성은 지연 저장 속성처럼 최초 접근 시점에 초기화됩니다. 그러므로 lazy 키워드를 명시적으로 추가할 필요가 없습니다. 지연 저장 속성과 달리 다중 스레드 환경에서 동시에 접근하더라도 초기화는 항상 한 번만 수행됩니다.

형식 속성은 static 키워드로 선언하며 클래스, 구조체, 열거형에 모두 추가할 수 있습니다. 클래스의 경우 하위 클래스에서 형식 속성을 재정의 할 수 있도록 허용해야 한다면 class 키워드로 선언합니다.

```Swift
static var 속성 이름: 속성 자료형 = 초기화 표현식
class var 속성 이름: 속성 자료형 = 초기화 표현식
```

이번에는 Weekday 열거형에 형식 속성을 추가해 보겠습니다. targetLocale은 요일 이름을 출력할 언어를 지정하는 저장 형식 속성이고, localizedWeekdayNames는 지정된 언어에 적합한 요일 이름을 배열로 리턴하는 계산 형식 속성입니다.

Swift Property/TypeProperty.playground#Page1
```Swift
enum Days: Int {
    static var targetLocale = "en"
    static var localizedWeekdayNames: [String] {
        switch Days.targetLocale {
        case "kr":
            return ["일요일", "월요일", "화요일", "수요일", "목요일", "금요일", "토요일"]
        default:
            return ["Sunday", "Monday", "Tuesday", "Wednesday", "Thursday",
                "Friday", "Saturday"]
        }
    }

    case sunday, monday, tuesday, wednesday, thursday, friday, saturday
}
```

형식 속성은 형식의 모든 인스턴스가 공유하는 값이기 때문에 인스턴스를 통해서 접근할 수 있다고 생각하기 쉽습니다. 그러나 다음과 같이 인스턴스 이름으로 접근할 경우 컴파일 오류가 발생합니다.

Swift
```Swift
let today = Days.friday
today.targetLocale = "us"            // Error
```

형식 속성은 항상 형식 이름으로 접근해야 합니다. 아래의 코드와 같이 targetLocale의 값을 "us"로 변경하면 today, tomorrow 인스턴스가 모두 영향을 받아 영어로 요일 이름을 출력합니다. 이 값을 "kr"로 변경하면 역시 모든 인스턴스가 한국어로 요일 이름을 출력합니다.

Swift Property/TypeProperty.playground#Page1
```Swift
let today = Days.friday
let tomorrow = Days.saturday

Days.targetLocale = "us"
print(Days.localizedWeekdayNames[today.rawValue])
print(Days.localizedWeekdayNames[tomorrow.rawValue])
// Friday
```

```
// Saturday

Days.targetLocale = "kr"
print(Days.localizedWeekdayNames[today.rawValue])
print(Days.localizedWeekdayNames[tomorrow.rawValue])
// 금요일
// 토요일
```

static으로 선언된 형식 속성은 하위 클래스에서 재정의할 수 없는 final 속성을 가지고 있습니다. 예를 들어 A 클래스에서 static 으로 선언된 형식 속성을 B 클래스에서 재정의 하면 컴파일 오류가 발생합니다.

Swift Property/TypeProperty.playground#Page2

```
class A {
    static var sharedValue: Int {
        return 10
    }
}

class B: A {
    override class var sharedValue: Int {  // Error
        return 20
    }
}
```

하위 클래스에서 형식 속성을 재정의 할 수 있도록 허용하려면 다음과 같이 class 키워드로 선언해야 합니다. 만약 B 클래스를 상속하는 또 다른 클래스가 형식 속성을 재정의 해야 한다면 B 클래스의 형식 속성도 class 키워드로 선언해야 하지만, 그렇지 않은 경우에는 static으로 선언할 수 있습니다. 하위 클래스의 형식 속성은 상위 클래스의 형식 속성과 다른 키워드로 선언될 수 있지만 속성의 이름과 자료형은 반드시 동일해야 합니다.

Swift Property/TypeProperty.playground#Page3

```
class A {
    class var sharedValue: Int {
        return 10
    }
}

class B: A {
    override class var sharedValue: Int {
        return 20
    }
}
```

```
print(A.sharedValue)
// 10

print(B.sharedValue)
// 20
```

4. 속성 감시자

속성 감시자는 Swift에서 새롭게 제공하는 기능 중 하나로 속성 값의 갱신 전후에 특정 코드를 실행하는 수단을 제공합니다. 다른 언어에서도 옵저버 패턴 또는 통지 패턴, 대리자 패턴을 구현하여 유사한 기능을 제공하고 있습니다. Objective-C의 KVO와 로컬 통지가 바로 이러한 패턴을 구현한 것입니다.

속성 감시자는 이전에 없던 완전히 새로운 개념은 아니지만 구현의 간결함은 다른 언어보다 뛰어납니다. 특히 옵저버나 델리게이트를 등록하고 별도의 리스너 메소드를 구현해야 하는 작업이 필요 없고 속성 선언과 같은 위치에서 감시자를 구현하기 때문에 클래스와 속성 간의 상호작용 등을 더욱 쉽게 파악할 수 있습니다.

속성 감시자는 지연 저장 속성을 제외한 저장 속성에 구현할 수 있고, 하위 클래스에서 속성을 재정의하는 경우에는 저장 속성과 계산 속성에 모두 구현할 수 있습니다. 속성 감시자는 willSet, didSet이라는 두 개의 코드 블록으로 구현됩니다. willSet 블록은 속성 값이 설정되기 전에 호출되고 새로운 값은 newValue라는 상수 파라미터로 접근할 수 있습니다. didSet 블록은 속성 값이 새로운 값으로 설정된 후에 호출되며 oldValue 상수 파라미터를 통해 이전 값에 접근할 수 있습니다. 두 개의 블록을 모두 구현해야 하는 것은 아니므로 필요에 따라 하나의 블록만 구현해도 됩니다. 이렇게 구현된 속성 감시자 블록은 속성 값이 처음 초기화되는 시점에서는 실행되지 않기 때문에 초기화와 관련된 코드를 구현하기에는 적합하지 않습니다.

```
Swift
var 속성 이름: 속성 자료형  = 기본 값 {
    willSet {
        속성 값이 설정되기 전에 호출되는 코드
    }
    didSet {
        속성 값이 설정된 후에 호출되는 코드
    }
}
```

Person 클래스의 name 속성에 속성 감시자를 추가하여 값의 변경 내용을 추적하는 로그를 출력해 보겠습니다. 새로운 Person 인스턴스가 생성될 때마다 name 속성은 기본 값인 "John doe"로 초기화됩니다. 이 시점에는 속성 감시자가 호출되지 않습니다. 속성 감시자가 호출되어 로그가 처음 출력되는 시점은 name의 값을 "James"로 변경한 후 입니다. willSet 블록은 새로운 속성 값을 할당하기 전에 실행되기 때문에 현재 값은 여전히 "John doe"입니다. 새로운 값은 newValue 파라미터를 통해 접근할 수 있고, 현재 값은 속성을 통해 직접 접근할 수 있으므로 currentValue 같은 파라미터는 제공되지 않습니다. didSet 블록은 속성 값이 변경된 후 호출됩니다. 이 시점에 name의 값은 "James"가 되고 이전 값은 oldValue 파라미터를 통해 접근할 수 있습니다.

```
Swift    Property/PropertyObserver.playground
class Person {
    var name = "John doe" {
        willSet {
            print("Current name is \(name). New name is \(newValue).")
        }
        didSet {
            print("Current name is \(name). Old name is \(oldValue).")
        }
    }
}

let p = Person()
p.name = "James"
// Current name is John doe. New name is James.
// Current name is James. Old name is John doe.
```

만약 newValue와 oldValue 상수를 다른 파라미터로 전달받고 싶다면 계산 속성에서 설명한 것과 동일한 문법으로 직접 지정할 수 있습니다.

```
Swift
class Person {
    var name = "John doe" {
        willSet (newName) {
            print("Current name is \(name). New name is \(newName).")
        }
        didSet (oldName) {
            print("Current name is \(name). Old name is \(oldName).")
        }
    }
}
```

5. Summary

• 속성은 형식의 특징을 결정합니다.
• 속성은 점 문법으로 접근할 수 있습니다.

> 인스턴스 이름.속성

- Objective-C 클래스의 속성은 인스턴스 변수와 @property 속성으로 선언할 수 있습니다.
- Objective-C 클래스는 인스턴스 변수로 선언된 속성의 공개 범위를 @public, @protected, @private 지시어를 통해 지정합니다.
- 접근자 메소드는 클래스에 선언되어 있는 인스턴스 변수에 접근하는 메소드입니다.
- 접근자 메소드 중 getter 메소드의 이름은 인스턴스 변수의 이름과 동일하며, setter 메소드의 이름은 변수 이름 앞에 set이 추가된 형태를 가지고 있습니다.
- Declared Property는 @property 지시어로 선언합니다.

> **Objective-C**
> @property 속성 자료형 속성 이름;

- Declared Property는 속성 이름과 동일한 인스턴스 변수와 접근자 메소드를 자동으로 생성합니다. 생성 방식은 다양한 특성을 통해 지정할 수 있습니다.
- Declared Property는 반드시 self 키워드를 통해 접근해야 합니다

> **Objective-C**
> @property (특성1, 특성2, 특성N) 자료형 속성 이름;

- 클래스 구현에서 접근자 메소드를 직접 구현할 경우 컴파일러는 해당 접근자 메소드를 자동으로 생성하지 않습니다.
- Swift는 저장 속성, 계산 속성, 형식 속성을 선언할 수 있습니다.
- 저장 속성은 클래스와 구조체에서 선언할 수 있으며 선언 문법은 변수/상수의 선언 문법과 동일합니다.

> **Swift**
> var 또는 let 속성 이름: 속성 자료형
> var 또는 let 속성 이름: 속성 자료형 = 기본 값

- 구조체의 저장 속성은 구조체의 가변성에 영향을 받습니다.
- lazy 키워드를 통해 지연 저장 속성을 선언할 수 있습니다.

> **Swift**
> lazy var 속성 이름: 속성 자료형 = 초기화 표현식

계산 속성은 값을 직접 저장하지 않고 다른 속성에 저장된 값을 기반으로 새로운 값을 리턴하거나 전달된 값을 기반으로 다른 속성의 값을 갱신합니다.

```Swift
var 속성 이름: 속성 자료형 {
    get {
        속성을 리턴하는 코드
    }
    set {
        속성을 새로운 값으로 설정하는 코드
    }
}
```

- 계산 속성은 항상 var로 선언해야 하며 get 블록은 필수이지만 set 블록은 생략할 수 있습니다.
- 형식 속성은 형식과 연관된 속성으로 동일한 형식의 모든 인스턴스가 값을 공유합니다.
- 형식 속성은 static 키워드로 선언합니다. 하위 클래스에서 형식 속성을 재정의할 수 있도록 허용해야 한다면 class 키워드로 선언합니다.

```Swift
static var 속성 이름: 속성 자료형 = 초기화 표현식
class var 속성 이름: 속성 자료형 = 초기화 표현식
```

- 형식 속성은 항상 형식 이름으로 접근해야 합니다.
- 속성 감시자는 지연 저장 속성을 제외한 저장 속성에 구현할 수 있고, 하위 클래스에서 속성을 재정의 하는 경우에는 저장 속성과 계산 속성에 모두 구현할 수 있습니다.

```Swift
var 속성 이름: 속성 자료형  = 기본 값 {
    willSet {
        속성 값이 설정되기 전에 호출되는 코드
    }
    didSet {
        속성 값이 설정된 후에 호출되는 코드
    }
}
```

메소드

속성이 형식의 성격을 결정하는 것이라면 메소드는 형식의 동작을 구현하는 것입니다. Objective –C 에서 메소드는 클래스의 전유물입니다. 그래서 CGRect, CGPoint와 같이 자주 사용되는 구조체를 처리할 때는 CGPointMake, CGRectContainsPoint와 같은 전역 함수를 사용하고 있습니다. 함수의 이름을 통해 역할을 파악하는데 큰 무리가 없지만 구조체를 처리할 수 있는 대부분의 함수를 파악하기 위해서 개발문서를 반드시 참고해야 한다는 어려움이 있습니다.

Swift는 클래스뿐만 아니라 구조체와 열거형에 메소드를 구현할 수 있습니다. 이 책에서는 클래스를 대상으로 설명하고 있지만 구조체와 열거형에서도 동일한 방식으로 구현할 수 있다는 것을 기억해 두시기 바랍니다.

메소드는 특정 형식과 연관된 함수를 전역 함수와 구분하기 위한 용어입니다. Objective-C에서 함수와 메소드는 서로 다른 문법으로 선언되고 호출하는 방식도 다릅니다. 하지만 Swift의 경우 선언되는 위치만 다를 뿐 선언 문법과 호출 문법이 동일합니다.

1. 인스턴스 메소드

인스턴스와 연관된 메소드를 인스턴스 메소드라고 합니다. 인스턴스 메소드는 다음과 같은 문법으로 선언할 수 있습니다. Objective-C의 경우 메소드 선언이 – 문자로 시작하기 때문에 – 메소드라고 부르기도 합니다.

Objective-C
```
- (리턴형)메소드 이름:(파라미터 자료형) 파라미터 이름 {
    실행할 코드
}
```

Swift
```
func 메소드 이름(파라미터 이름: 파라미터 자료형) -> 리턴형 {
    실행할 코드
}
```

새로운 SuperHero 클래스를 만들어 보겠습니다. 그리고 자신의 개인 비서를 호출할 수 있는 인스턴스 메소드를 구현합니다. callSecretary 메소드는 파라미터가 없는 메소드의 예를 보여줍니다. Objective-C의 경우 클래스 외부에서 이 메소드를 호출해야 한다면 반드시 클래스 선언에 메소드 선언을 추가해야 합니다. 그렇지 않으면 클래스 내부에서만 호출할 수 있는 지역 메소드가 됩니다.

Objective-C Method/SuperHero/SuperHeroObjC/SuperHero.h

```objc
@interface SuperHero : NSObject

@property (strong, nonnull) NSString* name;
@property (strong, nonnull) NSString* secretary;

- (instancetype)initWithHeroName:(NSString*)heroName
    secretaryName:(NSString*)secretaryName;
- (void)callSecretary;

@end
```

Objective-C Method/SuperHero/SuperHeroObjC/SuperHero.m

```objc
@implementation SuperHero

- (instancetype)initWithHeroName:(NSString*)heroName
    secretaryName:(NSString*)secretaryName {
    self = [super init];
    if (self) {
        _name = heroName;
        _secretary = secretaryName;
    }

    return self;
}

- (void)callSecretary {
    if (self.secretary != nil) {
        NSLog(@"Hey, %@!", self.secretary);
    } else {
        NSLog(@"%@ is working along.", self.name);
    }
}

@end
```

Swift Method/SuperHero/SuperHero.playground
```swift
class SuperHero {
    var name: String
    var secretary: String?

    init(heroName: String, secretaryName: String? = nil) {
        name = heroName
        secretary = secretaryName
    }

    func callSecretary() {
        if let name = secretary {
            print("Hey, \(name)!")
        } else {
            print("\(name) is working alone.")
        }
    }
}
```

인스턴스 메소드는 동일한 클래스에 선언된 속성에 자유롭게 접근할 수 있습니다. Swift의 경우 인스턴스 메소드에서 저장 속성에 접근할 때 self 키워드를 생략할 수 있습니다. 형식 속성에 접근할 경우에는 반드시 형식 이름을 통해 접근해야 합니다.

이번에는 파라미터를 가진 메소드를 구현해 보겠습니다. attack 메소드는 무기 이름과 공격할 대상의 이름을 파라미터로 전달 받습니다. Swift의 인스턴스 메소드는 함수와 동일한 문법을 사용하므로 파라미터 선언 문법이 익숙하지만, Objective-C에서 인스턴스 메소드의 파라미터를 선언하는 문법은 한 번에 이해하기 어렵습니다.

Objective-C Method/Attack/AttackObjC/SuperHero.h
```objc
@interface SuperHero : NSObject
// ...
- (BOOL)attackWithWeapon:(NSString *)weaponName target:(NSString *)enemyName;
@end
```

Objective-C Method/Attack/AttackObjC/SuperHero.m
```objc
@implementation SuperHero

// ...

- (BOOL)attackWithWeapon:(NSString *)weaponName target:(NSString *)enemyName
{
    if (enemyName != nil) {
        [self callSecretary];
        NSLog(@"Attack %@ with %@!!!", enemyName, weaponName);
        return YES;
```

```
        }

        return NO;
    }

@end
```

Swift Method/Attack/Attack.playground
```swift
class SuperHero {
    // ...

    func attack(weapon: String, target: String?) -> Bool {
        if let target = target {
            callSecretary()
            print("Attack \(target) with \(weapon)!!!")
            return true
        }

        return false
    }
}
```

Objective-C 인스턴스 메소드의 파라미터는 메소드 이름 뒤에 : 을 적고 "(자료형)파라미터 이름" 형태로 선언합니다.

Objective-C
메소드 이름: (파라미터 자료형) 파라미터 이름

첫 번째 파라미터의 이름은 weaponName, 두 번째 파라미터의 이름은 enemyName입니다. 두 번째 파라미터의 : 앞에 있는 target은 메소드 이름의 일부입니다. Objective-C의 메소드 이름은 파라미터의 수만큼 분할해서 작성할 수 있습니다. 첫 번째 파라미터 앞에 위치하는 메소드 이름은 메소드의 역할과 첫 번째 파라미터의 역할을 유추할 수 있는 이름으로 지어야 하며 주로 with, by와 같은 전치사를 활용합니다. 예제에서 구현한 메소드의 이름에서 attack은 전체 메소드의 역할을 설명하고 WithWeapon은 첫 번째 파라미터로 무기를 전달받는 다는 것을 설명합니다. 이후의 모든 파라미터는 파라미터의 역할을 설명하는 메소드 이름을 가집니다. 여기에서 구현한 메소드의 전체 이름은 attackWithWeapon:target: 입니다. Swift의 메소드와 비교하면 메소드 이름은 인자 레이블에 해당됩니다.

인스턴스 메소드는 동일한 클래스에 구현되어 있는 메소드를 자유롭게 호출할 수 있습니다. Objective-C는 조금 후에 설명할 메시지 표현식을 통해 self를 리시버로 지정한 후 메소드를 호출해야 합니다. 반면, Swift는 self를 생략하고 함수 이름만으로 호출할 수 있습니다.

```objc
[self callSecretary];
```

Swift
```swift
self.callSecretary()
callSecretary()
```

2. 메시지 표현식과 점 문법

OOP 언어에서 인스턴스는 다른 인스턴스에 메시지를 보내는 방식으로 상호작용합니다. 인스턴스에 메시지를 보내는 것은 인스턴스가 제공하는 공개 메소드를 호출하는 것입니다.

Objective-C는 메시지 표현식을 통해 메소드를 호출합니다. 메시지 표현식은 [ ] 사이에 리시버와 메시지(호출할 메소드)로 구성됩니다. 리시버는 메시지를 전달받을 인스턴스를 의미합니다. 클래스 메소드를 호출하는 경우에는 클래스 형식이 리시버가 됩니다.

Objective-C
```objc
[리시버 메소드 이름];
[리시버 메소드 이름:파라미터1 메소드 이름:파라미터N];
```

SuperHero 클래스의 메소드는 다음과 같이 호출할 수 있습니다.

Objective-C Method/Attack/AttackObjC/main.m
```objc
SuperHero* ironMan = [[SuperHero alloc] initWithHeroName:@"Iron Man"
    secretaryName:@"Jarvis"];
[ironMan callSecretary];
[ironMan attackWithWeapon:@"Repulsor Beam" target:@"Mandarin"];
// Hey, Jarvis!
// Hey, Jarvis!
// Attack Mandarin with Repulsor Beam!!!

SuperHero* thor = [[SuperHero alloc] initWithHeroName:@"Thor"
secretaryName:nil];
[thor callSecretary];
[thor attackWithWeapon:@"Mjölnir" target:@"Laufey"];
// Thor is working along.
// Thor is working along.
// Attack Laufey with Mjölnir!!!
```

만약 메소드가 리턴 값을 가지고 있고, 리턴 값이 리시버가 될 수 있다면 다음과 같은 형식으로 메소드 표현식을 중첩할 수 있습니다.

Objective-C
```objc
[[리시버 호출할 메소드] 호출할 메소드];
```

Objective-C에서 nil에 메시지를 보내는 것은 오류가 아닙니다. 예를 들어 메소드를 호출하기 전에 thor 변수에 nil을 할당하면 thor 인스턴스가 해제됩니다. 이 상태에서 다음과 같이 메소드를 호출할 수 있지만 리시버가 nil입니다. Objective-C는 리시버가 nil인 경우 메소드 호출을 취소합니다. 그래서 아무것도 실행되지 않은 것과 동일하고 로그도 출력되지 않습니다.

Objective-C Method/Attack/AttackObjC/main.m
```
thor = nil;
[thor callSecretary];
[thor attackWithWeapon:@"Mjölnir" target:@"Laufey"];
```

Swift는 점 문법으로 메소드를 호출합니다. 메소드 이름 앞에 인스턴스 이름이나 형식 이름이 있다는 점을 제외하고 함수를 호출하는 방식과 동일합니다. 인스턴스 메소드를 호출할 때는 리시버를 인스턴스 이름으로 지정하고, 형식 메소드를 호출할 때는 형식 이름으로 지정합니다. 동일한 형식에 선언되어 있는 인스턴스 메소드를 형식 구현 내부에서 호출할 때는 리시버를 생략할 수 있습니다.

Swift
```
리시버.메소드 이름(인자 레이블: 인자)
```

SuperHero 클래스의 메소드는 Swift에서 다음과 같이 호출할 수 있습니다.

Swift Method/Attack/Attack.playground
```
let ironMan = SuperHero(heroName: "Iron Man", secretaryName: "Jarvis")
ironMan.callSecretary()

#if swift(>=3.0)
ironMan.attack(weapon: "Repulsor Beam", target: "Mandarin")
#else
ironMan.attack("Repulsor Beam", target: "Mandarin")
#endif

// Hey, Jarvis!
// Hey, Jarvis!
// Attack Mandarin with Repulsor Beam!!!

let thor = SuperHero(heroName: "Thor")
thor.callSecretary()

#if swift(>=3.0)
thor.attack(weapon: "Mjölnir", target: "Laufey")
#else
thor.attack("Mjölnir", target: "Laufey")
#endif

// Thor is working along.
// Thor is working along.
// Attack Laufey with Mjölnir!!!
```

3. 값 형식의 인스턴스 메소드

Swift의 구조체와 열거형은 인스턴스 메소드를 구현할 수 있습니다. 인스턴스 메소드를 설명하기 위해 새로운 구조체를 구현합니다. Weapon 구조체는 이름과 내구성 속성을 가지고 있고 use() 함수에서 내구성을 1씩 감소시킵니다.

```Swift
Swift  Method/Weapon.playground#Page1
struct Weapon {
    var name: String
    var durability: Int

    func use() {
        if durability > 0 {
            durability -= 1 // Error
        }
    }
}
```

이 구조체가 포함된 소스 코드를 컴파일 하면 컴파일 오류가 발생합니다. 구조체, 열거형과 같은 값형식의 인스턴스 메소드는 참조 형식인 클래스의 인스턴스 메소드와 조금 다릅니다. 참조 형식의 인스턴스 메소드는 속성의 값을 자유롭게 변경할 수 있습니다. 그러나 값 형식의 인스턴스 메소드는 기본적으로 속성의 값을 변경할 수 없습니다. 인스턴스 메소드 구현에 속성 값을 변경하는 코드가 있다면 반드시 메소드를 mutating 키워드로 선언해야 합니다. 이 키워드는 func 키워드 앞에 위치합니다.

```Swift
Swift  Method/Weapon.playground#Page2
struct Weapon {
    var name: String
    var durability: Int

    mutating func use() {
        if durability > 0 {
            durability -= 1
        }
    }
}

var repulsorBeam = Weapon(name: "Repulsor Beam", durability: 10)
repulsorBeam.use()
print(repulsorBeam.durability)
// 9

repulsorBeam.use()
print(repulsorBeam.durability)
// 8
```

값 형식은 let으로 선언할 경우 모든 속성이 상수 속성이 된다는 특성을 가지고 있습니다. 그래서 속성이 변수로 선언되어 있고 함수를 mutating 키워드로 선언했다 하더라도 인스턴스를 let으로 선언한다면 함수를 호출할 수 없습니다.

```Swift
let repulsorBeam = Weapon(name: "Repulsor Beam", durability: 10)
repulsorBeam.use()          // Error
```

값 형식은 인스턴스 변수 내에서 인스턴스 자체를 완전히 교체할 수 있습니다. 다음과 같이 mutating으로 선언한 인스턴스 함수 내에서 self에 새로운 인스턴스를 할당하면 현재 인스턴스가 새로운 인스턴스로 교체됩니다.

Swift Method/Weapon.playground#Page3
```Swift
struct Weapon {
    var name: String
    var durability: Int

    mutating func use() {
        if durability > 0 {
            durability -= 1
        }
    }

    mutating func switchWeapon(_ name: String, durability: Int = 10) {
        self = Weapon(name: name, durability: durability)
    }
}

var myWeapon = Weapon(name: "Repulsor Beam", durability: 10)
print(myWeapon.name, myWeapon.durability)
// Repulsor Beam 10

myWeapon.switchWeapon("Mjölnir", durability: 10000)
print(myWeapon.name, myWeapon.durability)
```

4. 클래스 메소드와 형식 메소드

인스턴스 메소드는 형식의 인스턴스와 연관된 메소드입니다. 이와 반대로 형식에 연관된 메소드를 구현할 수 있습니다. Objective-C에서 클래스 형식 자체에 연관된 메소드를 클래스 메소드라고 합니다. 인스턴스 메소드가 – 문자로 시작되는 것과 달리 + 문자로 시작되어 + 메소드라고 부르기도 합니다. 클래스 메소드는 주로 새로운 인스턴스를 생성하는 메소드를 구현하는데 사용합니다. 이러한 역할을 하는 클래스 메소드를 팩토리 메소드라고 합니다. Swift는 형식과 연관된 메소드를 형식 메소드라고 합니다. 형식 속성과 마찬가지로 static 키워드로 선언할 수 있고, 하위 클래스에서 재정의 할 수 있도록 선언하려면 class 키워드로 선언합니다.

Objective-C

```
+ (리턴형)메소드 이름:(파라미터 자료형) 파라미터 이름 {
    실행할 코드
}
```

Swift

```
static func 메소드 이름(파라미터 이름: 파라미터 자료형) -> 리턴형 {
    실행할 코드
}
```

```
class func 메소드 이름(파라미터 이름: 파라미터 자료형) -> 리턴형 {
    실행할 코드
}
```

5. 메소드 표기법

코드 내에서 메소드를 식별하거나 레퍼런스 문서에서 메소드를 언급할 때 두 언어는 서로 다른 방식으로 메소드를 표기합니다. Objective-C는 메소드 이름을 그대로 표기하고 파라미터가 있을 경우 :을 함께 표기합니다. Swift는 메소드의 이름을 표기한 후 파라미터가 없을 때는 빈 ( )를 뒷부분에 붙여줍니다. 파라미터가 있을 경우에는 인자 레이블과 : 을 함께 표기합니다. 인자 레이블이 없는 파라미터의 경우 _ 문자로 대체합니다. 예를 들어 SuperHero 클래스의 메소드는 두 언어에서 다음과 같이 표기합니다.

Objective-C	Swift 2.3	Swift 3
callSecretary	callSecretary()	callSecretary()
attackWithWeapon:target:	attack(_:target:)	attack(weapon:target:)

메소드 표기법이 중요한 이유는 이어서 설명할 셀렉터를 생성할 때 사용되기 때문입니다. 코코아 프레임워크는 다양한 부분에서 셀렉터를 사용하므로 메소드 표기법을 정확히 익혀두어야 합니다.

6. 셀렉터

셀렉터는 메소드를 식별하기 위해 사용하는 객체로 C의 함수 포인터와 유사한 개념입니다. 셀렉터의 자료형은 SEL 입니다. Objective-C에서 셀렉터를 생성할 때는 @selector 지시어를 사용합니다. 예를 들어 attackWithWeapon:target: 메소드의 셀렉터를 다음과 같이 생성할 수 있습니다.

```
Objective-C
SEL attackSelector = @selector(attackWithWeapon:target:);
```

Swift 2.1 버전까지는 문자열을 통해 셀렉터를 생성했지만, Swift 2.2 버전부터 #selector를 통해 셀렉터를 생성합니다. Objective-C와 달리 형식의 이름이 셀렉터에 포함됩니다.

```
Swift 2.3
let attackSelector = #selector(SuperHero.attack(_:target:))
```

```
Swift 3
let attackSelector = #selector(SuperHero.attack(weapon:target:))
```

또한 셀렉터의 대상이 되는 메소드는 다음과 같이 @objc 키워드로 선언해야 합니다.

```
Swift
@objc func attack(weapon: String, target: String?) -> Bool {
    // ...
}
```

셀렉터는 코코아 프레임워크에서 특정 이벤트가 발생했을 때 실행하거나, 지연시간을 두고 실행해야 하는 메소드를 파라미터로 전달할 때 주로 사용합니다. 예를 들어 버튼을 눌렀을 때 공격 메소드를 실행하는 코드를 구현할 때, 버튼과 연결할 메소드를 SEL 형식의 파라미터로 전달합니다.

```
Objective-C
UIButton* button = [[UIButton alloc] init];
[button addTarget:ironMan action:@selector(attackWithWeapon:target:)
    forControlEvents:UIControlEventTouchUpInside];
```

```
Swift
let button = UIButton()
button.addTarget(ironMan, action: attackSelector,
    forControlEvents: .TouchUpInside)
```

7 .Summary
- 메소드는 형식을 동작을 구현합니다.
- Objective-C는 클래스에 한해서 메소드를 구현할 수 있지만 Swift는 클래스, 구조체, 열거형에 메소드를 구현할 수 있습니다.
- 인스턴스 메소드는 인스턴스와 연관된 메소드로 인스턴스 이름을 통해 호출합니다.

```
Objective-C
- (리턴형)메소드 이름:(파라미터 자료형) 파라미터 이름 {
    실행할 코드
}
```

```
Swift
func 메소드 이름(파라미터 이름: 파라미터 자료형) -> 리턴형 {
    실행할 코드
}
```

- Objective-C는 메시지 표현식을 통해 메소드를 호출합니다.

```
Objective-C
[리시버 메소드 이름];
[리시버 메소드 이름:파라미터1 메소드 이름:파라미터N];
```

- Swift는 점 문법을 통해 메소드를 호출합니다.

```
Swift
리시버.메소드 이름(인자 레이블: 인자)
```

- 값 형식의 인스턴스 메소드에서 속성 값을 변경해야 한다면 메소드 선언 앞에 mutating 키워드를 추가해야 합니다.
- 형식 메소드는 형식과 연관된 메소드를 형식 이름을 통해 호출합니다. Objective-C에서는 형식 메소드를 클래스 메소드 또는 팩토리 메소드라고 부릅니다. Swift의 형식 메소드는 static 키워드로 선언하며 하위 클래스에서 오버라이딩 할 수 있도록 선언해야 하는 경우 class 키워드를 사용합니다.

```
Objective-C
+ (리턴형)메소드 이름:(파라미터 자료형) 파라미터 이름 {
    실행할 코드
}
```

```
Swift
static func 메소드 이름(파라미터 이름: 파라미터 자료형) -> 리턴형 {
    실행할 코드
}

class func 메소드 이름(파라미터 이름: 파라미터 자료형) -> 리턴형 {
    실행할 코드
}
```

- 셀렉터는 메소드를 식별하기 위해 사용하는 객체로 Objective-C에서는 @selector 지시어를 사용하여 생성할 수 있습니다. 셀렉터의 형식은 SEL 입니다. Swift는 #selector 명령문을 통해 생성할 수 있으며 형식은 Selector 입니다.

서브스크립트

서브스크립트는 [ ]과 첨자를 사용해서 인스턴스 속성에 접근할 수 있는 문법입니다. 서브스크립트는 컬렉션에 포함된 요소에 접근할 때 주로 사용됩니다.

```objc
Objective-C
NSArray* list = @[@"iPhone", @"iPad", @"iPod", @"Mac Pro"];
NSString* product = list[1];

NSDictionary* country = @{@"kr":@"한국", @"us":@"미국"};
NSString* korea = country[@"kr"];
```

```swift
Swift
let list = ["iPhone", "iPad", "iPod", "Mac Pro"]
let product = list[1]

let country = ["kr": "한국", "us": "미국"]
let korea = country["kr"]
```

서브스크립트 문법은 크게 정수 인덱스를 사용하는 배열 방식과 키를 사용하는 딕셔너리 방식으로 구분할 수 있습니다.

1. Objective-C의 서브스크립트

Objective-C는 초기 버전에서 서브스크립트 문법을 제공하지 않았습니다. 그래서 컬렉션의 요소에 접근할 때 반드시 메소드를 사용해야 했고 서브스크립트를 직접 구현할 수 있는 문법이 제공되지 않았습니다. Apple은 최신 언어 트렌드를 따르기 위해 WWDC 2012에서 서브스크립트 지원이 추가된 Objective-C 업데이트를 발표하였습니다. 최신 Objective-C는 컬렉션에 서브스크립트 문법을 사용할 수 있고, 서브스크립트를 직접 구현할 수 있는 문법을 제공합니다.

Objective-C에서 서브스크립트 문법을 직접 구현할 수 있는 대상은 클래스로 제한됩니다. 그리고 클래스에서 아래의 메소드들을 구현해야 합니다. 처음 두 개의 메소드는 배열처럼 정수 인덱스를 사용하는 서브스크립트를 구현할 때 구현해야 하는 메소드입니다. 나머지 두 개의 메소드는 딕셔너리처럼 키를 사용하는 서브스크립트를 구현할 때 사용되며 NSCopying을 채용한 객체를 키로 사용할 수 있습니다. Objective-C 컴파일러는 클래스가 서브스크립트 메소드를 구현하고 있는지 확인한 후 서브스크립트 문법을 연관된 메소드 호출로 변경합니다.

```objectivec
Objective-C
// for array style
- (void)setObject:(id)obj atIndexedSubscript:(NSUInteger)idx;
- (id)objectAtIndexedSubscript:(NSUInteger)idx;

// for dictionary style
- (id)objectForKeyedSubscript:(id)key;
- (void)setObject:(id)obj forKeyedSubscript:(id <NSCopying>)key;
```

2. Swift의 서브스크립트

Swift는 최신 언어답게 서브스크립트 구현 문법을 기본으로 제공합니다. 지정된 메소드를 구현해야 하는 Objective-C와 달리 subscript 키워드를 통해 구현할 수 있고, 클래스뿐만 아니라 구조체와 열거형에 서브스크립트를 구현할 수 있습니다.

Swift의 서브스크립트 구현은 subscript 키워드로 시작합니다. 서브스크립트는 일종의 접근자 메소드로 볼 수 있고 파라미터 목록과 리턴형을 선언하는 문법은 메소드와 동일합니다. 메소드의 경우 파라미터와 리턴형을 모두 생략할 수 있지만 서브스크립트는 반드시 리턴형을 지정해야 합니다.

서브스크립트 구현 내부에는 get 블록과 set 블록이 포함됩니다. 계산 속성과 마찬가지로 get 블록은 필수이고 set 블록은 생략할 수 있습니다. get 블록만 구현된 서브스크립트를 읽기 전용 서브스크립트Read-only Subscript라고 합니다.

```swift
Swift
subscript(파라미터 목록) -> 리턴형 {
    get {
        값을 리턴하는 코드
    }
    set {
        값을 설정하는 코드
    }
}
```

파라미터 목록은 서브스크립트 문법으로 접근할 때 [ ] 사이에 전달하는 서브스크립트의 수와 자료형을 지정합니다. 일반적으로 하나의 정수 파라미터나 문자열 파라미터를 선언하지만, 필요에 따라 두 개 이상의 파라미터를 선언하거나 파라미터의 자료형을 정수, 문자열 이외의 자료형으로 지정할 수 있습니다. 하지만 파라미터에 기본 값을 지정할 수 없고, 입출력 파라미터를 사용할 수 없는 제한을 가지고 있습니다.

3. 서브스크립트 구현

서브스크립트를 구현하는데 사용할 예제 클래스를 구현합니다. 이 클래스는 슈퍼 히어로의 본부를 추상화한 클래스이고 슈퍼 히어로의 목록을 저장하는 squad 배열을 하나 가지고 있습니다. 이 예제에 포함된 생성자 메소드와 익명 카테고리에 대해서는 이후에 자세히 설명합니다.

Objective-C Subscript/Headquarters/HeadquartersObjC/Headquarters.h
```objectivec
@interface Headquarters : NSObject
- (instancetype)initWithHeroses:(NSArray *)heroArray;
- (void)setObject:(id)obj atIndexedSubscript:(NSUInteger)idx;
- (id)objectAtIndexedSubscript:(NSUInteger)idx;
- (id)objectForKeyedSubscript:(id)key;
- (void)setObject:(id)obj forKeyedSubscript:(id <NSCopying>)key;
@end
```

Objective-C Subscript/Headquarters/HeadquartersObjC/Headquarters.m
```objectivec
@interface Headquarters()
@property (strong, nonatomic) NSMutableArray * squad;
@end

@implementation Headquarters
- (instancetype)initWithHeroses:(NSArray *)heroArray {
    self = [super init];
    if (self) {
        _squad = [[NSMutableArray alloc] initWithArray:heroArray];
    }

    return self;
}
@end
```

Swift Subscript/Headquarters/Headquarters.playground
```swift
class Headquarters {
    private var squad: [SuperHero]

    init(heroes: [SuperHero]) {
        squad = heroes
    }
}
```

이전 예제의 구현 목적은 정수 인덱스와 문자열 키를 통해서 squad에 접근할 수 있는 서브스크립트를 구현하는 것입니다. 먼저 정수 인덱스를 사용하는 서브스크립트를 구현해 보겠습니다.

Objective-C에서 아래의 두 메소드를 구현합니다. 첫 번째 메소드는 서브스크립트를 통해 값을 읽을 때 호출되는 메소드로 [ ] 사이에 전달되는 인덱스는 idx 파라미터로 전달됩니다. idx로 전달된 값이 squad의 인덱스 범위 내에 있는 경우 해당 인덱스의 SuperHero를 리턴하고, 인덱스 범위를 벗어난 경우 nil을 리턴하도록 구현합니다.

두 번째 메소드는 값을 쓸 때 호출되는 메소드로 [ ] 사이에 전달되는 인덱스는 idx 파라미터, 대입 연산자를 통해 할당되는 값은 obj 파라미터로 전달됩니다. obj로 유효한 값이 전달된 경우 인덱스의 범위를 확인합니다. squad 인덱스 범위 내에 있는 경우 SuperHero를 교체하고, 인덱스 범위를 벗어난 경우에는 배열 마지막에 추가합니다. obj로 nil이 전달된 경우 삭제로 간주하고 인덱스 범위를 확인합니다. 유효한 인덱스 범위 내에 있는 경우 해당 인덱스의 SuperHero를 삭제합니다.

Objective-C Subscript/Headquarters/HeadquartersObjC/Headquarters.m

```objectivec
- (id)objectAtIndexedSubscript:(NSUInteger)idx {
    if (idx < self.squad.count) {
        return self.squad[idx];
    }

    return nil;
}

- (void)setObject:(id)obj atIndexedSubscript:(NSUInteger)idx {
    if (obj) {
        if (idx < self.squad.count) {
            [self.squad replaceObjectAtIndex:idx withObject:obj];
        } else {
            [self.squad insertObject:obj atIndex:idx];
        }
    } else {
        if (idx < self.squad.count) {
            [self.squad removeObjectAtIndex:idx];
        }
    }
}
```

동일한 서브스크립트의 Swift 구현은 다음과 같습니다. [ ] 사이에 전달되는 인덱스의 자료형은 파라미터 선언으로 지정합니다. 그리고 값을 읽거나 쓸 때 사용할 자료형을 SuperHero로 지정하고 nil을 전달하거나 리턴할 수 있도록 옵셔널로 선언합니다. get 블록과 set 블록의 역할은 앞에서 설명한 두 메소드와 동일합니다.

Swift Subscript/Headquarters/Headquarters.playground

```swift
subscript(index: Int) -> SuperHero? {
    get {
        if index < squad.count {
            return squad[index]
        }

        return nil
    }
}
```

```swift
    set {
        if let hero = newValue {
            if index < squad.count {
                squad[index] = hero
            } else {
                squad.append(hero)
            }
        } else {
            if index < squad.count {
                #if swift(>=3.0)
                squad.remove(at: index)
                #else
                squad.removeAtIndex(index)
                #endif
            }
        }
    }
}
```

이번에는 문자열을 키로 사용하는 서브스크립트를 구현합니다. 예제는 SuperHero의 name 속성을 키로 사용합니다. 키로 값을 읽을 때는 배열을 순회하면서 키와 SuperHero의 name 속성을 비교합니다. 두 값이 일치하는 경우 SuperHero를 리턴하고 일치하는 SuperHero가 없으면 nil을 리턴합니다.

키로 값을 쓰는 경우에는 먼저 대상 인덱스를 검색합니다. 유효한 인덱스가 존재한다면 할당된 값에 따라서 값을 교체하거나 삭제합니다. 인덱스가 존재하지 않는다면 squad 배열 마지막에 추가합니다.

Objective-C Subscript/Headquarters/HeadquartersObjC/Headquarters.m

```objc
- (id)objectForKeyedSubscript:(id)key {
    for (SuperHero* hero in self.squad) {
        if ([hero.name isEqualToString:key]) {
            return hero;
        }
    }

    return nil;
}

- (void)setObject:(id)obj forKeyedSubscript:(id <NSCopying>)key {
    NSUInteger index = [self.squad
        indexOfObjectPassingTest:^BOOL(id obj, NSUInteger idx, BOOL* stop)
    {
        SuperHero* hero = (SuperHero*)obj;
        if ([hero.name isEqualToString:key]) {
            *stop = YES;
            return YES;
        }
```

```
            return NO;
    }];

    if (index != NSNotFound) {
        if (obj) {
            self.squad[index] = obj;
        } else {
            [self.squad removeObjectAtIndex:index];
        }

    } else {
        if (obj) {
            [self.squad addObject:obj];
        }
    }
}
```

Swift Subscript/Headquarters/Headquarters.playground

```
subscript(key: String) -> SuperHero? {
    get {
        for hero in squad {
            if hero.name == key {
                return hero
            }
        }

        return nil
    }
    set {
        #if swift(>=3.0)
            if let index = squad.index(where: { $0.name == key }) {
            if let hero = newValue {
                squad[index] = hero
            } else {
                squad.remove(at: index)
            }
        } else {
            if let hero = newValue {
                squad.append(hero)
            }
        }
        #else
        if let index = squad.indexOf({ $0.name == key }) {
            if let hero = newValue {
                squad[index] = hero
            } else {
                squad.removeAtIndex(index)
            }
        } else {
```

```
            if let hero = newValue {
                squad.append(hero)
            }
        }
        #endif
    }
}
```

마지막으로 squad 배열에 포함되어 있는 SuperHero의 name 속성을 출력하는 유틸리티 메소드를 구현합니다.

Objective-C Subscript/Headquarters/HeadquartersObjC/Headquarters.h
```objc
@interface Headquarters : NSObject
// ...
- (void)printSquad;
@end
```

Objective-C Subscript/Headquarters/HeadquartersObjC/Headquarters.m
```objc
- (void)printSquad {
    NSMutableArray* list = [[NSMutableArray alloc] init];
    for (SuperHero* hero in self.squad) {
        [list addObject:hero.name];
    }

    NSLog(@"%@", [list componentsJoinedByString:@", "]);
}
```

Swift Subscript/Headquarters/Headquarters.playground
```swift
func printSquad() {
    var list = [String]()
    for hero in squad {
        list.append(hero.name)
    }

    #if swift(>=3.0)
    print(list.joined(separator: ", "))
    #else
    print(list.joinWithSeparator(", "))
    #endif
}
```

이제 구현한 서브스크립트를 직접 테스트해 보겠습니다. 먼저 세 명의 SuperHero와 이들이 소속될 Headquarters를 생성합니다. 현재의 스쿼드를 출력해 보면 Headquarters의 생성자로 전달한 Iron Man과 Thor가 출력됩니다.

Objective-C Subscript/Headquarters/HeadquartersObjC/main.m

```objc
SuperHero* ironMan = [[SuperHero alloc] initWithHeroName:@"Iron Man"
    secretaryName:@"Jarvis"];
SuperHero* thor = [[SuperHero alloc] initWithHeroName:@"Thor"
    secretaryName:nil];
SuperHero* captainAmerica = [[SuperHero alloc] initWithHeroName:@"Captain
America"
    secretaryName:nil];
Headquarters* shield = [[Headquarters alloc]
    initWithHeroses:@[ironMan, thor]];
[shield printSquad];
// Iron Man, Thor
```

Swift Subscript/Headquarters/Headquarters.playground

```swift
let ironMan = SuperHero(heroName: "Iron Man", secretaryName: "Jarvis")
let thor = SuperHero(heroName: "Thor")
let captainAmerica = SuperHero(heroName: "Captain America")

let shield = Headquarters(heroes: [ironMan, thor])
shield.printSquad()
// Iron Man, Thor
```

0을 서브스크립트로 전달하면 squad 배열의 첫 번째 요소인 ironMan이 리턴됩니다. 서브스크립트 0에 captainAmerica를 할당하면 첫 번째 요소가 교체됩니다. 배열 방식의 서브스크립트가 의도한대로 잘 구현되었습니다.

Objective-C Subscript/Headquarters/HeadquartersObjC/main.m

```objc
SuperHero* firstHero = shield[0];
NSLog(@"%@", firstHero.name);
// Iron Man

shield[0] = captainAmerica;
firstHero = shield[0];
NSLog(@"%@", firstHero.name);
// Captain America
```

Swift Subscript/Headquarters/Headquarters.playground

```swift
var firstHero = shield[0]
print(firstHero?.name)
// Iron Man

shield[0] = captainAmerica
firstHero = shield[0]
print(firstHero?.name)
// Captain America
```

현재 squad에는 아이언맨이 포함되어 있지 않습니다. 그래서 Iron Man 키를 서브스크립트로 전달하면 nil이 리턴됩니다. Iron Man 키에 ironMan 상수를 할당하면 squad에 새롭게 추가되고 다시 키를 전달하면 아이언 맨 인스턴스가 리턴됩니다.

Objective-C Subscript/Headquarters/HeadquartersObjC/main.m
```
SuperHero* hero = shield[@"Iron Man"];
NSLog(@"%@", hero.name);
// (null)

shield[@"Iron Man"] = ironMan;
hero = shield[@"Iron Man"];
NSLog(@"%@", hero.name);
// Iron Man

[shield printSquad];
// Captain America, Thor, Iron Man
```

Swift Subscript/Headquarters/Headquarters.playground
```
var hero = shield["Iron Man"]
print(hero?.name)
// nil

shield["Iron Man"] = ironMan
hero = shield["Iron Man"]
print(hero?.name)
// Iron Man

shield.printSquad()
// Captain America, Thor, Iron Man
```

마지막으로 nil을 할당하여 squad에 저장된 요소를 삭제하는 코드를 테스트합니다.

Objective-C Subscript/Headquarters/HeadquartersObjC/main.m
```
shield[0] = nil;
[shield printSquad];
// Thor, Iron Man

shield[@"Thor"] = nil;
[shield printSquad];
// Iron Man
```

Swift Subscript/Headquarters/Headquarters.playground
```
shield[0] = nil
shield.printSquad()
// Thor, Iron Man

shield["Thor"] = nil
shield.printSquad()
// Iron Man
```

4 .Summary

- 서브스크립트는 [ ]와 첨자를 사용해서 인스턴스 속성에 접근할 수 있는 문법입니다.
- 서브스크립트 문법은 정수 인덱스를 사용하는 방식과 키를 사용하는 방식으로 구분합니다.
- Objective-C는 클래스에서 아래의 메소드를 구현하여 서브스크립트를 구현합니다.

```Objective-C
// for array style
- (void)setObject:(id)obj atIndexedSubscript:(NSUInteger)idx;
- (id)objectAtIndexedSubscript:(NSUInteger)idx;

// for dictionary style
- (id)objectForKeyedSubscript:(id)key;
- (void)setObject:(id)obj forKeyedSubscript:(id <NSCopying>)key
```

- Swift는 subscript 키워드를 통해 서브스크립트를 구현합니다.

```Swift
subscript(파라미터 목록) -> 리턴형 {
    get {
        값을 리턴하는 코드
    }
    set {
        값을 설정하는 코드
    }
}
```

옵셔널 체이닝 (Swift Only)

클래스와 구조체의 속성은 옵셔널 형식으로 선언될 수 있습니다. 아래의 코드에서 Person 클래스는 옵셔널 형식으로 선언된 contact 속성을 가지고 있고, Contact 클래스는 옵셔널 형식으로 선언된 세 개의 문자열 속성을 가지고 있습니다.

```Swift
class Person {
    var contact: Contact?
}

class Contact {
    var address: String?
    var tel: String?
    var email: String?
}

let p = Person()
var email = p.contact!.email!
```

이 코드는 email 속성 값을 읽기 위해서 옵셔널 형식으로 선언된 속성에 접근하고 있습니다. 옵셔널 형식인 contact와 email의 값을 추출하기 위해 ! 연산자를 사용해서 강제로 값을 추출하고 있지만, 이 경우에는 contact의 값이 nil이기 때문에 런타임 오류가 발생합니다. 옵셔널 형식에 저장된 값을 읽을 때는 if 조건문이나 옵셔널 바인딩 구문을 통해 옵셔널 값을 안전하게 추출해야 합니다.

```Swift
if let contact = p.contact {
    if let email = contact.email {
        print(email)
    }
    else {
        print("nil email")
    }
}
else {
    print("nil contact")
}
// nil contact
```

이 코드는 속성의 값이 nil인 경우에도 런타임 오류가 발생하지 않는 안전한 코드이지만 속성이나 메소드 호출이 중첩되는 횟수만큼 if 조건문이 중첩되어 코드가 복잡해지는 단점이 있습니다. 그래서 Swift는 옵셔널 형식이 연속적으로 호출되는 문장에서 사용할 수 있는 옵셔널 체이닝 문법을 제공합니다. 앞에서 구현한 코드를 옵셔널 체이닝 문법으로 다시 구현하면 아래와 같습니다. 옵셔널 체이닝은 강제 추출과 문법적으로 유사하지만 ! 연산자 대신 물음표(?)를 사용해서 호출을 연결합니다. 여기에 사용된 ?는 체이닝 연산자라고 부릅니다.

```Swift
let p = Person()
var email = p.contact?.email
```

옵셔널 체이닝에서 ? 연산자는 옵셔널 형식에 저장되어 있는 값을 확인하고 추출합니다. 만약 유효한 값을 가지고 있다면 성공으로 판단하고 값을 추출한 후, 호출 체인에 있는 다음 속성에 접근하거나 메소드를 호출합니다. 반대로 nil이라면 실패로 판단하고 호출 체인에 있는 나머지 요소들을 무시하고 nil을 리턴합니다. 이 코드에서 contact 속성의 값은 nil이고 ? 연산자가 값을 확인하는 과정에서 옵셔널 체이닝이 실패한 것으로 평가됩니다. 그래서 이어지는 email 속성에 접근하지 않고 nil을 리턴합니다. 이처럼 옵셔널 체이닝은 nil을 리턴할 수 있는 상황에서도 연속적으로 호출되는 문장을 런타임 오류 없이 안전하게 처리할 수 있습니다.

옵셔널 체이닝이 실패할 경우 nil을 리턴한다는 것을 응용하여 옵셔널 바인딩 패턴과 결합할 수 있습니다. 이 코드는 옵셔널을 사용할 때 단순하지만 매우 안정적인 코드를 작성할 수 있는 필수 패턴이므로 반드시 기억해 주시기 바랍니다.

```Swift
if let email = p.contact?.email {
    //...
}
```

1. 옵셔널 체이닝과 값 쓰기

옵셔널 체이닝을 통해 값을 읽을 때와 마찬가지로 값을 쓸 때도 옵셔널 체이닝이 성공한 경우에만 값이 정상적으로 변경됩니다. 아래의 코드는 옵셔널 체이닝을 통해 email 속성에 새로운 값을 설정하고 있지만, 옵셔널 체이닝이 실패하기 때문에 email 속성 값에는 아무런 변화가 없습니다.

```Swift
// ...
p.contact?.email? = "whoami@gmail.com"

if let email = p.contact?.email {
```

```
        print(email)
    }
    else {
        print("nil email")
    }
    // nil email
```

반대로 아래와 같이 옵셔널 체이닝이 성공한 경우에는 값을 정상적으로 쓸 수 있습니다. 이 코드에서 옵셔널 체이닝이 성공하는 이유는 contact 속성과 email 속성이 유효한 값을 초기화되어 있어서 옵셔널 체인에 있는 모든 요소가 nil이 아닌 유효한 값을 리턴하기 때문입니다.

```Swift
class Person {
    var contact: Contact?

    init() {
        contact = Contact()
    }
}

class Contact {
    var address: String?
    var tel: String?
    var email: String? = "N/A"
}

let p = Person()

p.contact?.email? = "whoami@gmail.com"

if let email = p.contact?.email {
    print(email)
}
else {
    print("nil email")
}
// whoami@gmail.com
```

2. 옵셔널 형식으로 자동 변경

Contact 클래스의 email 속성 자료형을 String?에서 String으로 수정하고 유효한 이메일 문자열로 초기화합니다.

```Swift
class Contact {
    var address: String?
    var tel: String?
    var email: String = "whoami@gmail.com"
}

let p = Person()
p.contact = Contact()

let email = (p.contact?.email)!
// whoami@gmail.com

if let email = p.contact?.email {
    print(email)
}
else {
    print("nil email")
}
// whoami@gmail.com
```

옵셔널 체이닝의 결과로 리턴되는 값의 자료형은 항상 옵셔널 형식입니다. 그래서 email 속성의 자료형이 String이지만 실제로 리턴되는 값은 String?이 됩니다. 이 코드에서는 옵셔널 체이닝으로 리턴된 값을 추출하기 위해서 강제 추출을 사용하고 있습니다. 옵셔널 체이닝 구문을 괄호로 묶은 후에 ! 연산자를 사용한 것은 리턴된 옵셔널 형식 값을 추출하기 위해서 입니다. 괄호 없이 email 뒤에 바로 ! 연산자를 붙일 경우 email 속성을 String?으로 인식하게 되고, 컴파일러가 예상한 자료형과 선언되어 있는 자료형이 달라서 컴파일 오류가 발생합니다. 그래서 강제 추출을 사용하는 것보다 옵셔널 바인딩 구문을 사용하는 것이 좋습니다.

3 .Summary

• 옵셔널 형식으로 선언되어 있는 속성 또는 옵셔널 형식을 리턴하는 메소드를 연속적으로 호출할 때 체이닝 연산자를 통해 호출하는 문법을 옵셔널 체이닝이라고 합니다.
• ? 연산자는 옵셔널 형식에 저장되어 있는 값을 확인하고 추출합니다.
• ? 연산자가 유효한 값을 리턴한다면 호출 체인에 있는 다음 속성에 접근하거나 메소드를 호출하고 nil을 리턴한다면 호출 체인에 있는 나머지 요소를 무시하고 nil을 리턴합니다.
• 옵셔널 체이닝은 nil을 리턴할 수 있는 상황에서도 연속적으로 호출되는 문장을 런타임 오류 없이 안전하게 처리할 수 있습니다.
• 옵셔널 체이닝의 결과로 리턴되는 값의 자료형은 항상 옵셔널 형식입니다.

상속

상속은 클래스를 정의할 때 다른 클래스의 속성과 메소드를 그대로 가져와 사용하는 것으로 클래스를 다른 사용자 정의 자료형과 구분하는 대표적인 특징입니다. 클래스를 상속하여 새로운 클래스를 정의하는 것을 서브클래싱이라고 합니다. 클래스에 새로운 속성과 메소드를 추가하여 기능을 확장하거나 기존 클래스의 동작을 변경하고 싶을 때 서브클래싱을 활용합니다.

상속 관계에 있는 클래스들은 클래스 계층(또는 상속 계층)을 구성합니다. 클래스 계층의 최상위에 있는 클래스를 최상위 클래스라고 합니다. 상속 관계에서 상위에 위치한 클래스는 상위 클래스 또는 부모 클래스라고 합니다. 반대로 하위에 위치하는 클래스는 하위 클래스 또는 자식 클래스라고 합니다. C++와 같은 언어에서는 기반 클래스(base class), 파생 클래스(derived class)라고 표현하기도 합니다.

하위 클래스는 상위 클래스의 비공개 속성과 비공개 메소드를 제외한 나머지 요소를 모두 상속합니다. 상속된 요소들은 마치 하위 클래스에서 직접 선언한 것처럼 사용할 수 있습니다. 반대로 상위 클래스는 하위 클래스의 존재를 알 수 없기 때문에 하위 클래스의 속성과 메소드를 사용할 수 없습니다.

Objective-C에서 NSObject는 모든 클래스 계층의 최상위에 위치하는 유일한 최상위 클래스입니다. 그리고 모든 Objective-C 클래스는 NSObject 클래스를 직간접적으로 상속해야 합니다. 그래서 Objective-C 클래스를 선언할 때 상속 구문을 생략할 수 없습니다. 반면 Swift에는 이런 제약이 존재하지 않기 때문에 모든 클래스가 최상위 클래스가 될 수 있습니다.

Objective-C와 Swift는 다중 상속을 지원하지 않습니다. 즉, 하나의 클래스만 상속할 수 있고 두 개 이상의 클래스를 상속받을 경우 컴파일 오류가 발생합니다.

1. 상속 문법

두 언어의 상속 문법은 동일합니다. 클래스를 선언할 때 클래스 이름 뒤에 : 을 적고 상속할 클래스의 이름을 지정합니다.

```
Objective-C
@interface 클래스 이름: 상위클래스 이름
// ...
@end
```

Swift
```swift
class 클래스 이름: 상위 클래스 이름 {
// ...
}
```

value 속성과 doSomething() 메소드를 가진 A 클래스와 A 클래스를 상속하는 B 클래스를 구현해 보겠습니다.

Objective-C
```objc
@interface A : NSObject
@property (strong, nonatomic) NSString* value;
- (void)doSomething;
@end
```

Objective-C
```objc
@implementation A
- (void)doSomething {
    NSLog(@"Hello");
}

- (void)doSomethingPrivate {
    //...
}
@end
```

Objective-C
```objc
@interface B : A

@end
```

Objective-C
```objc
@implementation B

@end
```

Swift
```swift
class A {
    var value = ""

    func doSomething() {
        print("Hello")
    }

    private func doSomethingPrivate() {
```

```
        print("Hello")
    }
}

class B : A {

}
```

B 클래스는 A 클래스에 선언되어 있는 value 속성과 doSomething() 메소드를 상속합니다. 그래서 마치 자신의 클래스에 선언되어 있는 것처럼 속성과 메소드를 사용할 수 있습니다.

Objective-C
```
A* a = [[A alloc] init];
a.value = @"value";
[a doSomething];

B* b = [[B alloc] init];
b.value = @"value";
[b doSomething];
```

Swift
```
let a = A()
a.value = "value"
a.doSomething()

let b = B()
b.value = "value"
b.doSomething()
```

상속 대상은 클래스의 공개 속성과 공개 메소드를 제한됩니다. 그래서 비공개로 선언되어 있는 doSomethingPrivate() 메소드는 상속되지 않습니다. 만약 b 인스턴스에서 doSomethingPrivate() 메소드를 호출하면 컴파일 오류가 발생합니다.

Objective-C
```
[b doSomethingPrivate];      // Error
```

Swift
```
b.doSomethingPrivate()       // Error
```

1.1 final

다른 클래스가 상속할 수 없는 클래스를 Final Class라고 합니다. Objective-C는 언어 자체적으로 클래스의 상속을 금지하는 문법을 제공하지 않습니다. 그래서 전처리기의 도움을 받아 특별한 컴파일 속성을 추가해야 합니다. 아래의 코드와 같이 클래스 선언 부분에 objc_subclassing_restricted 속성을 추가하면 다른 클래스가 A 클래스를 상속할 수 없습니다. 이 방식은 컴파일러가 objc_subclassing_restricted 속성을 지원하지 않는 경우 여전히 클래스를 상속할 수 있으므로 완벽한 해결책은 아닙니다.

```objc
Objective-C
#if defined(__has_attribute) && __has_attribute(objc_subclassing_restricted)
# define FINAL_CLASS __attribute__((objc_subclassing_restricted))
#else
# define FINAL_CLASS
#endif

FINAL_CLASS
@interface A : NSObject
// ...
@end
```

Swift는 클래스 상속을 금지하는 final 키워드를 제공합니다. 다음과 같이 class 키워드 앞에 final 키워드를 추가하면 Final Class가 됩니다.

```swift
Swift
final class A {
    //...
}
```

2. SuperHero와 Person 수정

앞에서 작성한 SuperHero 클래스가 Person 클래스를 상속하도록 바꾸어 보겠습니다. SuperHero 클래스의 name 속성은 Person 클래스를 통해 상속되는 속성과 중복되므로 더 이상 필요하지 않습니다. 그리고 이어지는 내용에서 필요한 생성자를 Person 클래스에 추가하고 SuperHero 클래스의 생성자를 수정합니다.

```objc
Objective-C   Inheritence/InheritenceObjC/Person.h
@interface Person : NSObject

@property (strong, nonatomic) NSString* name;
@property NSInteger age;
@property (strong, nonatomic) NSData* portrait;

- (instancetype)initWithName:(NSString*)name age:(NSInteger)age;

@end
```

```objc
@implementation Person

- (instancetype)initWithName:(NSString *)name age:(NSInteger)age {
    self = [super init];
    if (self) {
        _name = name;
        _age = age;
    }
    return self;
}

- (void)sayHello {
    NSLog(@"Hello, World! I'm %@.", self.name);
}

@end
```

```objc
@interface SuperHero : Person

@property (strong, nonnull) NSString * secretary;

- (instancetype)initWithHeroName:(NSString *)heroName
secretaryName:(NSString *)secretaryName;
- (void)callSecretary;
- (BOOL)attackWithWeapon:(NSString *)weaponName target:(NSString *)enemyName;

@end
```

```objc
@implementation SuperHero

- (instancetype)initWithHeroName:(NSString *)heroName
    secretaryName:(NSString *)secretaryName {
    self = [super initWithName:heroName age:-1];
    if (self) {
        _secretary = secretaryName;
    }

    return self;
}

- (void)callSecretary {
    if (self.secretary != nil) {
        NSLog(@"Hey, %@!", self.secretary);
    } else {
```

```
            NSLog(@"%@ is working along.", self.name);
        }
    }

    - (BOOL)attackWithWeapon:(NSString *)weaponName target:(NSString *)enemyName
    {
        if (enemyName != nil) {
            [self callSecretary];
            NSLog(@"Attack %@ with %@!!!", enemyName, weaponName);
            return YES;
        }

        return NO;
    }

    @end
```

Swift로 구현된 SuperHero 클래스도 Objective-C와 마찬가지로 Person 클래스를 상속하도록 수 정하겠습니다.

Swift Inheritence/Inheritence.playground
```
class Person {
    var name: String
    var age: Int
    var portrait: NSData?

    init(name: String, age: Int) {
        self.name = name
        self.age = age
    }

    func sayHello() {
        print("Hello, World! I'm \(name)")
    }
}

class SuperHero: Person {
    var secretary: String?

    init(heroName: String, secretaryName: String? = nil) {
        secretary = secretaryName
        super.init(name: heroName, age: -1)
    }

    func callSecretary() {
        if let name = secretary {
            print("Hey, \(name)!")
        } else {
```

```
                print("\(name) is working alone.")
            }
        }

        func attack(weapon: String, target: String?) -> Bool {
            if let target = target {
                callSecretary()
                print("Attack \(target) with \(weapon)!!!")
                return true
            }

            return false
        }
    }
```

3. Summary

- 클래스를 상속하여 새로운 클래스를 정의하는 것을 서브클래싱이라고 합니다.
- 클래스 계층의 최상위에 있는 클래스를 최상위 클래스라고 합니다.
- 상속 관계에서 상위에 있는 클래스를 상위 클래스, 하위에 있는 클래스를 하위 클래스라고 합니다.
- 하위 클래스는 상위 클래스의 비공개 속성과 비공개 메소드를 제외한 나머지 요소를 모두 상속합니다.
- Objective-C 클래스는 반드시 NSObject 클래스를 직간접적으로 상속해야 합니다.
- Objective-C와 Swift는 다중 상속을 지원하지 않습니다.
- 상속 문법은 다음과 같습니다.

    Objective-C
    ```
    @interface 클래스 이름: 상위클래스 이름
    // ...
    @end
    ```

    Swift
    ```
    class 클래스 이름: 상위 클래스 이름 {
    // ...
    }
    ```

- final 키워드로 선언한 Swift 클래스는 다른 클래스가 상속할 수 없는 Final Class가 됩니다.

CHAPTER

24

생성자와 소멸자

생성자는 인스턴스가 생성될 때 호출되는 특별한 메소드입니다.

1. 기본 생성자

Objective-C에서 클래스의 인스턴스는 생성자 메소드를 통해 생성됩니다. 모든 Objective-C 클래스는 NSObject로부터 기본 생성자 메소드 init을 상속합니다.

```
Objective-C
- (instancetype)init
```

NSObject의 init 메소드는 메모리 공간에 생성된 인스턴스의 참조를 리턴합니다. 일반적으로 하위 클래스에서 속성을 초기화할 수 있도록 재정의합니다. 재정의 된 init 메소드는 반드시 상위 클래스의 지정 생성자를 호출해야 합니다. 그리고 인스턴스가 정상적으로 초기화된 경우 참조를 리턴하고, 그렇지 않은 경우에는 nil을 리턴하도록 구현합니다. 하위 클래스에서 init 메소드를 재정의 하지 않거나 다른 생성자 메소드를 구현하지 않은 경우에도 init 메소드를 통해 인스턴스를 생성할 수 있습니다. 이 경우에는 하위 클래스의 모든 속성이 0 또는 nil로 초기화됩니다. 이런 초기화 방식을 Set-to-zero Initialization이라고 합니다.

새로운 Simple 클래스를 구현하겠습니다. 이 클래스는 참조 형식의 속성과 값 형식의 속성을 하나씩 가지고 있고 생성자 메소드를 구현하고 있지 않습니다.

```
Objective-C    Initializer/Simple/SimpleObjC/Simple.h
@interface Simple : NSObject
@property (strong, nonatomic) NSString* str;
@property (nonatomic) NSInteger num;
@end
```

이 클래스의 인스턴스를 생성할 때는 NSObject에서 상속한 init 메소드를 사용합니다. 클래스가 가진 두 속성은 Set-to-zero Initialization을 통해 초기화됩니다.

```objc
Simple* s = [[Simple alloc] init];
NSLog(@"%@", s.str);
// (null)

NSLog(@"%ld", s.num);
// 0
```

Swift에서 구조체와 클래스의 인스턴스는 생성자를 통해 생성됩니다. 구조체와 클래스의 모든 속성이 기본 값을 가지고 있고 생성자를 직접 구현하지 않았다면 파라미터가 없는 기본 생성자를 사용할 수 있습니다. 예를 들어 아래와 같이 구현된 Simple 클래스는 기본 생성자를 통해 인스턴스를 생성할 수 있습니다.

Swift Initializer/Simple/Simple.playground
```swift
class Simple {
    var str = "Default String"
    var num = 0
}

let s = Simple()
print(s.str)
// Default String

print(s.num)
// 0
```

두 언어의 기본 생성자는 몇 가지 차이점을 가지고 있습니다. Objective-C의 기본 생성자 메소드는 NSObject로부터 상속된 메소드이고 하위 클래스에서 생성자 메소드를 직접 구현한 경우에도 사용할 수 있습니다. Swift의 기본 생성자는 모든 속성이 기본 값을 가지고 있고 클래스에서 생성자를 구현하지 않은 경우에 컴파일러가 자동으로 생성하는 생성자입니다. 속성이 0 또는 nil로 자동으로 초기화 되는 Objective-C와 달리 기본 값을 가지지 않은 속성이 있을 경우에는 컴파일 오류가 발생합니다. 그리고 클래스에서 생성자를 직접 구현한 경우 더 이상 사용할 수 없습니다. 만약 기본 생성자를 계속 사용하고 싶다면 직접 구현해야 합니다.

2. Memberwise Initializer (Swift Only)

Swift 구조체는 기본 생성자가 자동으로 생성되는 조건에서 Memberwise Initializer라고 하는 특별한 생성자를 하나 더 생성합니다. 이 생성자는 구조체의 속성과 동일한 이름의 파라미터를 가지고 있어서 모든 속성을 생성자 문법을 통해 초기화할 수 있습니다.

이어지는 예제에서 Color 구조체는 0.0으로 초기화된 3개의 속성을 가지고 있고 생성자를 직접 구현하지 않습니다. 그러므로 파라미터가 없는 기본 생성자와 멤버 생성자가 함께 제공됩니다. Color 구조체의 인스턴스는 black 상수와 같이 기본 생성자를 통해 생성하거나, red 상수와 같이 멤버 생성자를 통해 생성할 수 있습니다.

```swift
Swift   Initializer/Color.playground#Page1
struct Color {
    var red = 0.0
    var greed = 0.0
    var blue = 0.0
}

let black = Color()
let red = Color(red: 1.0, greed: 0.0, blue: 0.0)
```

아래와 같이 속성의 모든 기본 값을 삭제하면 기본 생성자가 제공되는 조건을 만족시킬 수 없습니다. 그래서 기본 생성자로 인스턴스를 생성하는 구문에서 컴파일 오류가 발생합니다. 하지만 멤버 생성자는 직접 생성자를 구현하지 않은 경우에 항상 생성되므로, 기본 생성자를 사용할 수 없는 상황에서도 정상적으로 사용할 수 있습니다.

```swift
Swift   Initializer/Color.playground#Page2
struct Color {
    var red: Double
    var greed: Double
    var blue: Double
}

// let black = Color() // Error
let red = Color(red: 1.0, greed: 0.0, blue: 0.0)
```

3. Objective-C 생성자 메소드

Objective-C의 생성자 메소드의 구현 문법은 다음과 같습니다. 생성자 메소드는 먼저 상위 클래스의 생성자 메소드를 호출하고 리턴 값을 self에 할당합니다. self에 할당된 값이 nil이 아니라면 초기화 코드를 실행하고 self를 리턴합니다. Objective-C에서 구현되는 생성자 메소드는 모두 같은 방식으로 구현됩니다.

Objective-C

```objc
- (instancetype) init {
    self = [super init];
    if (self) {
        초기화 코드
    }
    return self;
}
```

생성자 메소드가 인스턴스를 정상적으로 초기화한 경우에는 self를 통해 새롭게 생성된 인스턴스의 참조가 리턴됩니다. 이 시점에 생성자 메소드에서 초기화하지 않은 속성들은 0 또는 nil로 초기화됩니다.

초기화에 실패한 경우에는 nil을 리턴합니다. 만약 상위 클래스의 인스턴스를 정상적으로 초기화하지 못했다면 self에 nil이 할당되고 초기화 코드는 실행되지 않습니다. 현재 클래스의 초기화 코드를 오류 없이 실행할 수 있다고 하더라도 상위 클래스를 초기화하지 못했다면 인스턴스 자체가 정상적인 인스턴스가 아니기 때문에 초기화 코드를 실행하는 것은 의미가 없기 때문입니다.

초기화 코드에서 속성을 접근할 때는 반드시 속성의 내부 저장소에 직접 접근해야 합니다. 속성이 KVC 통지를 전송하거나 setter를 직접 구현하여 부가적인 작업을 수행하는 경우 self를 통해 속성에 접근하면 초기화 과정에서 예상치 못한 문제가 발생할 수 있습니다. 예를 들어 setter에 다른 속성 값에 의존하는 코드가 있고 초기화 과정에서 대상 속성이 아직 초기화되지 않았다면 setter의 대상 속성 역시 정상적으로 초기화되지 않습니다.

SuperHero 클래스를 다시 보겠습니다. 이 클래스는 영웅의 이름과 비서의 이름을 파라미터로 받는 생성자 메소드를 구현하고 있습니다. 위에서 언급한 것처럼 초기화 코드에서 _secretary 와 같이 내부 저장소에 직접 접근하고 있습니다. 그리고 영웅의 이름을 파라미터로 받는 새로운 생성자 메소드를 구현합니다. initWithHeroName: 메소드는 초기화 코드가 중복되는 것을 피하기 위해 initWithHeroName:secretaryName: 메소드를 호출합니다.

Objective-C Initializer/SuperHero/SuperHeroObjC/SuperHero.h

```objc
@interface SuperHero : Person

@property (strong, nonnull) NSString* secretary;

- (instancetype)initWithHeroName:(NSString*)heroName
    secretaryName:(NSString*)secretaryName;
- (instancetype)initWithHeroName:(NSString*)heroName;

@end
```

```objc
@implementation SuperHero

- (instancetype)initWithHeroName:(NSString *)heroName
    secretaryName:(NSString *)secretaryName {
    self = [super initWithName:heroName age:-1];
    if (self) {
        _secretary = secretaryName;
    }

    return self;
}

- (instancetype)initWithHeroName:(NSString *)heroName {
    return [self initWithHeroName:heroName secretaryName:nil];
}
// ...
@end
```

이제 SuperHero 클래스의 인스턴스는 두 개의 생성자 메소드를 통해 생성할 수 있습니다.

```objc
SuperHero * ironMan = [[SuperHero alloc] initWithHeroName:@"Iron Man"
    secretaryName:@"Jarvis"];
SuperHero * thor = [[SuperHero alloc] initWithHeroName:@"Thor"];
```

파라미터를 가진 생성자 메소드의 이름은 initWith...로 시작하는 것이 관례입니다. 코코아 프레임워크에서 제공하는 클래스들은 모두 이런 패턴의 생성자 메소드를 제공합니다. 예를 들어 NSArray 클래스는 아래와 같은 생성자 메소드를 제공합니다.

Objective-C
```objc
- init
- initWithArray:
- initWithArray:copyItems:
- initWithContentsOfFile:
- initWithContentsOfURL:
- initWithObjects:
- initWithObjects:count:
```

SuperHero 클래스가 직접 생성자 메소드를 구현하고 있지만 여전히 NSObject로부터 상속한 init 메소드를 통해 인스턴스를 생성할 수 있습니다. 이 경우에는 name, secretary 속성이 nil로 초기화된 인스턴스가 생성됩니다.

```objc
SuperHero * namelessVoid = [[SuperHero alloc] init];
```

4. Swift 생성자

Swift 생성자는 다음과 같은 문법으로 구현할 수 있습니다. 생성자의 이름은 항상 init입니다. 생성자 오버로딩을 지원하기 때문에 Objective-C처럼 initWith... 패턴으로 이름을 지을 필요가 없습니다. 그리고 생성자에서 초기화된 인스턴스를 리턴하지 않습니다.

Swift
```
init(파라미터 목록) {
    초기화 코드
}
```

Swift는 생성자의 실행이 완료되는 시점에 클래스의 모든 속성이 유효한 초기값을 가지는 경우 인스턴스가 정상적으로 초기화되었다고 판단합니다. 그렇지 않은 경우에는 컴파일 오류가 발생합니다. 여기에서는 클래스를 기준으로 설명하고 있지만 구조체와 열거형도 생성자를 구현할 수 있습니다.

Swift로 구현한 SuperHero 클래스는 두 개의 문자열 파라미터를 받는 생성자를 구현하고 있습니다. Objective-C로 구현한 클래스의 경우 이름을 파라미터로 받는 생성자 메소드를 별도로 구현했지만, Swift에서는 두 번째 파라미터의 기본 값을 지정하는 것으로 충분합니다.

Swift Initializer/SuperHero/SuperHero.playground
```
class SuperHero: Person {
    var secretary: String?

    init(heroName: String, secretaryName: String? = nil) {
        secretary = secretaryName
        super.init(name: heroName, age: -1)
    }
    // ...
}
```

SuperHero 클래스의 인스턴스는 다음과 같이 생성할 수 있습니다.

Swift Initializer/SuperHero/SuperHero.playground
```
let ironMan = SuperHero(heroName: "Iron Man", secretaryName: "Jarvis")
let thor = SuperHero(heroName: "Thor")
```

생성자를 직접 구현한 경우에는 기본 생성자가 더 이상 제공되지 않으므로 아래와 같은 코드는 컴파일 오류입니다.

Swift
```
let namelessVoid = SuperHero()      // Error
```

5. 지정 생성자

지정 생성자는 클래스의 생성자 중 가장 높은 우선순위를 가지는 생성자입니다. 모든 클래스는 상위 클래스로부터 지정 생성자를 상속하는 경우를 제외하고 반드시 하나 이상의 지정 생성자를 구현해야 합니다. 지정 생성자가 아닌 경우 인스턴스 초기화 과정에서 호출되지 않을 수 있지만 지정 생성자는 항상 호출됩니다.

NSObject 클래스의 지정 생성자는 init 메소드입니다. NSObject를 상속하는 클래스는 상속된 init 메소드를 그대로 사용하거나 재정의할 수 있습니다. 만약 다른 생성자 메소드를 지정 생성자로 선언하고 싶다면 다음과 같이 NS_DESIGNATED_INITIALIZER 매크로를 생성자 메소드 선언 뒤에 추가합니다.

Objective-C
```
- (instancetype)initWithHeroName:(NSString *)heroName
    secretaryName:(NSString *)secretaryName NS_DESIGNATED_INITIALIZER;
```

Swift의 생성자는 기본적으로 지정 생성자입니다. 여러 개의 생성자를 구현하는 경우 모든 속성을 초기화하고 상위 클래스의 지정 생성자를 호출하는 생성자를 하나 구현하고 나머지 생성자들이 이 생성자를 호출하도록 구현하는 것이 일반적입니다.

6. 편의 생성자

지정 생성자 외에 다양한 파라미터를 통해 인스턴스를 생성할 수 있도록 편의 생성자를 구현할 수 있습니다. 편의 생성자는 지정 생성자와 달리 동일한 클래스에 구현되어 있는 다른 지정 생성자를 호출합니다. 경우에 따라서 다른 편의 생성자를 호출할 수 있는데 최종적으로 지정 생성자가 호출되도록 구현되어 있어야 합니다.

SuperHero 클래스에 딕셔너리를 파라미터로 받는 새로운 편의 생성자를 구현해 보겠습니다. 이번 예제에서 생성자로 전달되는 딕셔너리는 name 키와 secretary 키를 반드시 포함하고 있다고 가정합니다. initWithDictionary: 메소드는 딕셔너리에서 값을 추출한 후 지정 생성자 메소드는 initWithHeroName:secretaryName: 메소드로 전달한 후 메소드의 리턴 값을 그대로 리턴합니다.

Objective-C Initializer/Convenience/ConvenienceObjC/SuperHero.h
```
@interface SuperHero : Person
// ...
- (instancetype)initWithDictionary:(NSDictionary *)dict;
// ...
@end
```

Objective-C Initializer/Convenience/ConvenienceObjC/SuperHero.m

```objc
@implementation SuperHero
// ...
- (instancetype)initWithDictionary:(NSDictionary *)dict {
    NSString * name = dict[@"name"];
    NSString * sName = dict[@"secretary"];
    return [self initWithHeroName:name secretaryName:sName];
}
// ...
@end
```

Swift에서 편의 생성자를 선언할 때는 convenience 키워드를 사용합니다.

Swift

```swift
convenience init(파라미터 목록) {
    초기화 코드
    지정 생성자 또는 다른 편의 생성자를 호출하는 코드
}
```

Swift Initializer/Convenience/Convenience.playgroun

```swift
class SuperHero {
// ...
    convenience init(dict: [String: String]) {
        let name = dict["name"]!
        let sName = dict["secretary"]!

        self.init(heroName: name, secretaryName: sName)
    }
// ...
}
```

편의 생성자는 다른 생성자와 동일한 방식으로 호출할 수 있습니다. 딕셔너리를 통해 인스턴스를 생성하는 코드는 다음과 같습니다.

Objective-C Initializer/Convenience/ConvenienceObjC/main.m

```objc
NSDictionary * dict = @{@"name": @"Iron Man", @"secretary": @"Jarvis"};
SuperHero * ironMan = [[SuperHero alloc] initWithDictionary:dict
```

Swift Initializer/Convenience/Convenience.playground

```swift
let dict = ["name": "Iron Man", "secretary": "Jarvis"]
let ironMan = SuperHero(dict: dict)
```

7. 생성자 델리게이션

생성자는 초기화 과정에서 동일한 클래스에 있는 다른 생성자나 상위 클래스에 있는 생성자를 호출할 수 있습니다. 이처럼 생성자가 다른 생성자를 호출하는 것을 생성자 델리게이션이라고 합니다. 생성자 델리게이션의 목적은 초기화 코드의 중복을 줄이고 상속 계층에 있는 모든 지정 생성자가 올바르게 호출되도록 하는 것입니다.

상속 관계에 있는 클래스는 직접 선언한 속성뿐만 아니라 상위 클래스로부터 상속한 속성을 가지게 됩니다. 그래서 상위 클래스로부터 상속한 모든 속성을 초기화하는 것이 매우 중요합니다.

두 언어는 몇 가지 동일한 생성자 델리게이션 규칙을 가지고 있습니다.

* 상위 클래스로부터 지정 생성자를 상속한 경우를 제외하고 하나 이상의 지정 생성자를 구현해야 합니다.
* 지정 생성자는 반드시 상위 클래스의 지정 생성자를 호출해야 합니다.
* 지정 생성자 이외의 생성자는 상위 클래스의 생성자를 호출하지 않아야 하며, 반드시 동일한 클래스에 구현되어 있는 지정 생성자를 호출해야 합니다.

7.1 Objective-C 클래스의 생성자 델리게이션

Objective-C의 인스턴스 초기화는 Top Down 방식입니다. 최상위 클래스의 초기화가 가장 먼저 수행되며 하위 클래스의 초기화는 상위 클래스의 초기화 결과에 영향을 받습니다. 만약, 상속 계층에 속한 클래스 중 하나가 초기화에 실패한다면 전체 초기화 과정이 실패합니다. 초기화가 최상위 클래스부터 시작될 수 있도록 지정 생성자는 다음과 같은 규칙에 따라 구현해야 합니다.

* 반드시 상위 클래스의 지정 생성자를 먼저 호출 합니다.
* 상위 클래스가 리턴한 인스턴스를 확인합니다. nil이 리턴된 경우 더 이상 초기화를 진행할 수 없으므로 nil을 리턴하고 생성자 메소드를 종료합니다.
* 상위 클래스가 유효한 인스턴스를 리턴한 경우 초기화를 진행하고 self를 리턴합니다.

SuperHero 클래스의 initWithDictionary: 메소드를 통해 인스턴스를 생성할 때 생성자 델리게이션이 어떻게 진행되는지 알아보겠습니다.

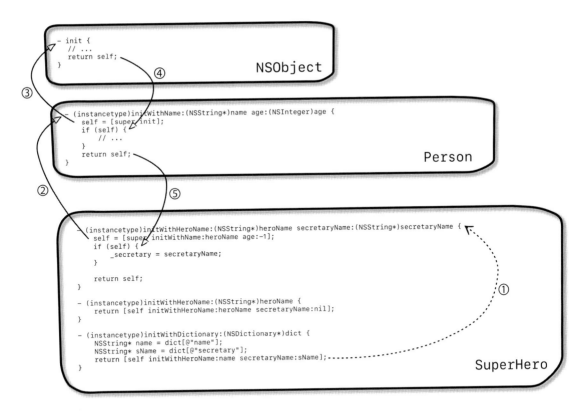

```
- init {
    // ...
    return self;
}                                        NSObject

③                                          ④

- (instancetype)initWithName:(NSString*)name age:(NSInteger)age {
    self = [super init];
    if (self) {
        // ...
    }
    return self;                                Person
}

②                          ⑤

- (instancetype)initWithHeroName:(NSString*)heroName secretaryName:(NSString*)secretaryName {
    self = [super initWithName:heroName age:-1];
    if (self) {
        _secretary = secretaryName;
    }

    return self;
}                                                ①

- (instancetype)initWithHeroName:(NSString*)heroName {
    return [self initWithHeroName:heroName secretaryName:nil];
}

- (instancetype)initWithDictionary:(NSDictionary*)dict {
    NSString* name = dict[@"name"];
    NSString* sName = dict[@"secretary"];
    return [self initWithHeroName:name secretaryName:sName];
}                                                SuperHero
```

1. 편의 생성자인 initWithDictionary: 메소드는 동일한 클래스의 지정 생성자인 initWithHero
   Name:secretary: 메소드를 호출합니다.

2. SuperHero 클래스의 initWithHeroName:secretary: 메소드는 앞에서 설명한 규칙에 따라 상
   위 클래스의 지정 생성자인 initWithName:age: 메소드를 호출합니다.

3. Person 클래스의 initWithName:age: 메소드는 다시 상위 클래스의 지정 생성자인 init 메소드
   를 호출합니다.

4. NSObject 클래스는 더 이상 상위 클래스가 없으므로 초기화 코드를 실행한 후 결과를 리턴합니다.
   nil이 아닌 값이 리턴될 경우 Person 클래스의 초기화 코드가 실행됩니다. 이 시점에 Person 클래
   스의 name, age 속성이 전달된 파라미터로 초기화됩니다.

5. Person 클래스의 초기화 코드가 실행된 후 nil이 아닌 결과가 리턴되면 SuperHero 클래스의 초
   기화 코드가 실행됩니다. 이 시점에 SuperHero 클래스의 secretary 속성이 전달된 파라미터로 초
   기화됩니다. 앞의 단계를 거치는 동안 오류가 발생하지 않았다면 초기화된 인스턴스의 참조가 리
   턴되고, 그렇지 않은 경우에는 nil이 리턴됩니다.

1, 2, 3번 과정은 최상위 클래스의 지정 생성자를 호출하기 위해 상속 계층을 따라 위로 올라가는 과
정입니다. 생성자 메소드에 구현되어 있는 초기화 코드가 실행되는 시점은 최상위 클래스의 지정 생

성자가 호출된 3번 과정 이후 입니다. 결과적으로 NSObject 〉 Person 〉 SuperHero 순으로 초기
화 코드가 실행됩니다. 만약 NSObject의 초기화가 실패한 경우 nil이 리턴되고 이어지는 Person,
SuperHero의 초기화 코드는 실행되지 않습니다. 마찬가지로 NSObject의 초기화는 성공했지만
Person을 초기화하지 못한 경우 SuperHero의 초기화 코드가 실행되지 않습니다. 이처럼 상속 계층
에서 초기화가 단 한 번이라도 실패한다면 전체 초기화가 실패합니다.

7.2 Swift 값 형식의 생성자 델리게이션

값 형식은 상속을 지원하지 않기 때문에 생성자 델리게이션이 비교적 간단합니다. 모든 속성을 초기
화하는 지정 생성자를 구현한 후 나머지 생성자가 지정 생성자를 호출하도록 구현합니다.

예제 코드에서 Color 구조체는 세 개의 생성자를 가지고 있습니다. 첫 번째 생성자는 모든 속성을 초
기화하는 지정 생성자이고 나머지 생성자는 지정 생성자를 호출하는 일반 생성자입니다. 이 코드에
서 redColor, grayColor, blackColor 상수는 서로 다른 생성자를 통해 생성되었지만 생성자 델리게
이션을 통해 항상 첫 번째 생성자를 호출합니다. 이처럼 모든 속성을 초기화하는 지정 생성자를 구현
하고 나머지 생성자들이 생성자 델리게이션을 통해 지정 생성자를 호출하도록 구현하면 중복되는 초
기화 코드를 줄일 수 있습니다.

```Swift
struct Color {
    var red: Double
    var green: Double
    var blue: Double

    init(r: Double, g: Double, b: Double) {
        red = r
        green = g
        blue = b
    }

    init() {
        self.init(r: 0, g:0, b:0)
    }

    init(white: Double) {
        self.init(r: white, g:white, b:white)
    }
}

let redColor = Color(r: 1.0, g: 0.0, b: 0.0)
let grayColor = Color(white: 0.5)
let blackColor = Color()
```

7.3 Swift 클래스의 생성자 델리게이션

Swift 클래스의 인스턴스 초기화는 Bottom Up 방식입니다. Objective-C와 반대로 최상위 클래스의 초기화가 마지막에 수행되며 상위 클래스의 지정 생성자를 호출하기 전에 클래스의 모든 속성을 초기화해야 합니다. 상위 클래스는 하위 클래스의 초기화 코드에 영향을 받습니다. 즉, 하위 클래스의 초기화가 정상적으로 완료된 경우에만 상위 클래스의 초기화 코드가 실행됩니다.

Swift의 생성자 델리게이션은 다음과 같은 규칙으로 구현되어야 합니다. 모든 규칙을 만족시키지 못하는 경우에는 컴파일 오류가 발생합니다.

- 상위 클래스의 지정 생성자를 호출하기 전에 모든 속성을 초기화해야 합니다.
- 상위 클래스로부터 상속된 속성은 상위 클래스의 지정 생성자를 호출한 후에 접근할 수 있습니다.
- 편의 생성자는 속성의 값을 초기화하기 전에 다른 생성자를 먼저 호출해야 합니다.

SuperHero 클래스의 init(dict:) 생성자를 통해 인스턴스를 생성할 때 생성자 델리게이션이 어떻게 진행되는지 알아보겠습니다.

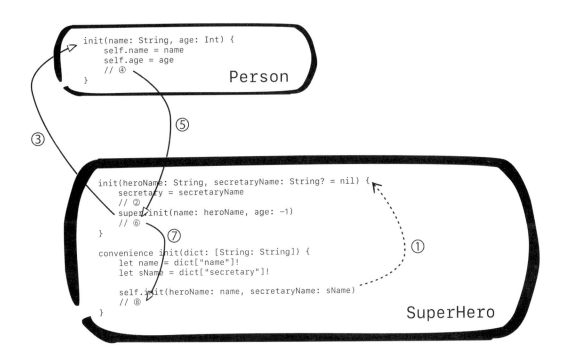

1. init(dict:) 생성자는 지정 생성자인 init(heroName:secretaryName:) 생성자를 호출합니다. 이 시점에 메모리 공간이 할당됩니다.

2. 지정 생성자는 (2)에서 SuperHero 클래스의 모든 속성이 초기화되어 있는지 확인합니다. 만약 초기화 되어 있지 않은 속성이 있다면 컴파일 오류가 발생합니다.

3. SuperHero 클래스의 모든 속성이 초기화되어 있다면 상위 클래스의 지정 생성자를 호출합니다.

4. Person 클래스는 최상위 클래스이므로 상위 클래스의 지정 생성자를 호출하는 코드 없이 자신의 속성을 초기화 합니다. 이 시점(4) 까지 도달하면 모든 속성이 초기화된 것입니다. 인스턴스의 메모리 공간 역시 정상적으로 초기화된 상태이고 2단계 초기화 과정 중 1단계가 완료된 것입니다.

5. SuperHero 클래스의 지정 생성자로 제어권이 넘어 옵니다.

6. (6) 에서 부가적인 초기화 작업을 수행합니다. 이 시점에는 self를 통해 속성에 접근하거나 인스턴스 메소드를 호출할 수 있습니다.

7. SuperHero 클래스의 지정 생성자가 실행이 완료되면 1 단계에서 호출한 편의 생성자로 제어권이 넘어옵니다.

8. (8) 에서 부가적인 초기화 작업을 수행합니다. 6 단계와 마찬가지로 self를 통해 속성에 접근하거나 인스턴스 메소드를 호출할 수 있습니다.

9. 모든 생성자 델리게이션이 완료되면 인스턴스의 초기화가 완료됩니다.

8. Failable Initializer (Swift Only)

생성자의 초기화 작업은 잘못된 파라미터 값, 외부 리소스의 부재 등으로 인해 실패할 수 있습니다. 생성자는 Swift 1.0 버전까지 앞서 설명한 규칙에 따라 초기화를 완료하도록 구현한 경우에만 정상적으로 빌드되었습니다. 이러한 제약은 초기화되지 않은 속성으로 인한 잠재적인 오류를 방지하는데 도움을 주었습니다. 그러나 초기화에 사용되는 데이터가 파일이나 네트워크를 통해 전달되거나 잘못된 파라미터가 전달되는 경우 발생할 수 있는 오류를 처리하기 어려웠습니다. 그래서 Swift 1.1 버전부터 Failable Initializer가 도입되었습니다.

이 생성자는 인스턴스 초기화가 실패할 경우 새로운 인스턴스를 리턴하지 않으며 상속 관계에 있는 경우 상위 생성자가 불필요하게 실행되는 것을 방지합니다. 인스턴스의 초기화가 파일, 데이터베이스, 네트워크 등 외부 요소에 영향을 받는 경우 Failable Initializer로 구현하는 것이 좋습니다.

Failable Initializer를 선언할 때는 init 키워드 다음에 ? 문자 또는 ! 문자를 추가합니다.

```Swift
init?(파라미터 목록) {
    if fail { return nil }
    초기화 코드
}

init!(파라미터 목록) {
    if fail { return nil }
    초기화 코드
}
```

? 문자에서 유추할 수 있듯이 Failable Initializer를 통해 생성되는 인스턴스는 옵셔널 형식입니다. Failable Initializer에서 초기화가 실패할 경우 nil을 리턴합니다. 실제로 리턴되는 인스턴스도 nil이 되기 때문에 생성자가 리턴 값을 가지는 것으로 생각할 수 있습니다. 그러나 return nil 구문은 메소드에서 호출될 때와 달리 초기화가 실패했다는 것을 나타낼 뿐 다른 의미를 가지지 않습니다. 즉, return nil 구문이 실행되는 경우 초기화에 실패한 것이고, 그 외의 경우에는 초기화에 성공했다는 것입니다.

SuperHero 클래스의 init(dict:) 생성자를 다시 보겠습니다. 이 생성자는 dict를 통해 전달되는 딕셔너리가 반드시 name, secretary 키를 가지고 있다고 가정합니다. 만약 이 가정이 만족되지 않는다면 런타임 오류가 발생합니다.

```Swift
Swift  Initializer/Failable.playground#Page1
class SuperHero: Person {
    // ...
    convenience init(dict: [String: String]) {
        let name = dict["name"]!
        let sName = dict["secretary"]!

        self.init(heroName: name, secretaryName: sName)
    }
    // ...
}

let dict = ["a": "b"]
let hero = SuperHero(dict: dict)    // Error
```

이 생성자를 Failable Initializer로 구현하여 name, secretary 키가 포함되어 있을 경우에만 초기화가 완료되도록 수정해 보겠습니다. 아래의 예제는 guard 구문을 통해 딕셔너리에 name, secretary 키가 포함되어 있는지 확인합니다. 키가 없을 경우 초기화에 실패한 것이므로 nil을 리턴하고 생성자를 종료합니다.

```Swift
Swift  Initializer/Failable.playground#Page2
class SuperHero: Person {
    // ...
    convenience init?(dict: [String: String]) {
        guard let name = dict["name"] else {
            return nil
        }

        guard let sName = dict["secretary"] else {
            return nil
        }

        self.init(heroName: name, secretaryName: sName)
    }
    // ...
}
```

Failable Initializer로 생성하는 인스턴스의 자료형이 옵셔널 형식입니다. 그래서 SuperHero 클래스의 init?(dict:) 생성자는 SuperHero? 형식의 인스턴스를 초기화합니다. 초기화가 완료된 경우 유효한 인스턴스가 리턴되고, 실패한 경우 nil이 리턴되므로 조건문이나 옵셔널 바인딩을 통해 초기화 성공 여부를 확인할 수 있습니다.

```Swift
Swift   Initializer/Failable.playground#Page2
let dict = ["a": "b"]
if let hero = SuperHero(dict: dict) {
    print("\(hero.name), at your sevice!")
} else {
    print("There's something wrong with super hero :(")
}
// There's something wrong with super hero :(
```

Failable Initializer를 선언할 때 ? 대신 ! 문자를 사용하면 초기화되는 인스턴스의 자료형이 Super Hero!가 됩니다. 즉, 인스턴스를 추출 없이 사용할 수 있습니다. 하지만 초기화에 실패한 경우 인스턴스에 접근하는 코드에서 런타임 오류가 발생할 수 있으므로 주의해야 합니다.

Failable Initializer는 다른 생성자와 마찬가지로 동일한 클래스의 다른 생성자나 상위 클래스의 생성자를 호출할 수 있습니다. 생성자 델리게이션 과정에서 nil이 리턴되어 초기화가 실패하게 되면 전체 초기화 과정이 즉시 실패하고 이어지는 생성자 델리게이션도 함께 중단됩니다.

9. 열거형의 Failable Initializer

열거형에 Failable Initializer를 구현하면 다양한 값으로부터 열거형을 초기화할 수 있습니다. init?(value:) 생성자는 파라미터로 전달된 정수와 열거형 멤버에 할당되어 있는 원시 값을 비교합니다. 일치하는 멤버가 존재하는 경우 self를 해당 멤버로 초기화하고, 일치하는 멤버를 찾지 못한 경우에는 nil을 리턴합니다. init?(abbr:) 생성자는 파라미터로 전달된 약어를 열거형에서 인식할 수 있다면 self를 연관된 멤버로 초기화합니다.

```Swift
Swift   Initializer/Weekday.playground
enum Weekday: Int {
    case sunday = 1, monday, tuesday, wednesday, thursday, friday, saturday

    init?(value: Int) {
        switch value {
        case Weekday.sunday.rawValue:
            self = .sunday
        case Weekday.monday.rawValue:
            self = .monday
        case Weekday.tuesday.rawValue:
            self = .tuesday
```

```swift
            case Weekday.wednesday.rawValue:
                self = .wednesday
            case Weekday.thursday.rawValue:
                self = .thursday
            case Weekday.friday.rawValue:
                self = .friday
            case Weekday.saturday.rawValue:
                self = .saturday
            default:
                return nil
            }
    }

    init?(abbr: String) {
        switch abbr {
        case "SUN":
            self = .sunday
        case "MON":
            self = .monday
        case "TUE":
            self = .tuesday
        case "WED":
            self = .wednesday
        case "THU":
            self = .thursday
        case "FRI":
            self = .friday
        case "SAT":
            self = .saturday
        default:
            return nil
        }
    }
}

var validWeekday = Weekday(value: 1)
print(validWeekday)
// Weekday.sunday

validWeekday = Weekday(abbr: "SAT")
print(validWeekday)
// Weekday.saturday

var invalidWeekday = Weekday(value: 1000)
print(invalidWeekday)
// nil

invalidWeekday = Weekday(abbr: "ONE")
print(invalidWeekday)
// nil
```

10. Required Initializer

하위 클래스에서 반드시 구현해야 하는 생성자는 필수 생성자로 선언할 수 있습니다. 필수 생성자는 required 키워드를 통해 선언할 수 있습니다.

```Swift
required init(파라미터 목록) {
    초기화 코드
}
```

예를 들어 A 클래스의 init 생성자가 필수 생성자로 선언되어 있다면 A를 상속한 B 클래스도 init 생성자를 구현해야 합니다. 또한 B를 상속한 클래스가 init 생성자를 구현하도록 필수 생성자로 선언해야 합니다.

```Swift
class A {
    required init() {
        // ...
    }
}

class B: A {
    required init() {
        // ...
    }
}
```

11. 생성자 상속

Objective-C 클래스는 상위 클래스의 모든 공개 생성자 메소드를 상속합니다. 반면 Swift는 기본적으로 상위 클래스의 생성자를 상속하지 않습니다. Swift는 다음과 같은 조건이 만족되는 경우에만 생성자를 상속합니다.

• 하위 클래스의 모든 속성을 선언할 때 기본 값을 지정한 경우
• 하위 클래스에서 생성자를 구현하지 않은 경우

Swift 클래스가 위의 조건을 만족하고 지정 생성자를 구현하지 않은 경우 상위 클래스의 모든 지정 생성자를 상속합니다. 그리고 지정 생성자를 모두 상속하거나 하위 클래스에서 상위 클래스의 지정 생성자를 모두 구현한 경우 상위 클래스의 편의 생성자를 모두 상속합니다.

12. 소멸자

소멸자는 클래스의 인스턴스가 해제되기 직전에 호출되는 특별한 메소드입니다. ARC를 사용하는 경우 인스턴스가 해제될 때 속성이 자동으로 해제되므로 대부분의 경우에는 소멸자를 직접 구현할 필요가 없습니다. 하지만 인스턴스에 파일, DB, 네트워크 등 외부 리소스와 연결된 속성이 있다면 소멸자에서 연관된 메모리를 직접 해제해야 합니다.

소멸자는 생성자와 마찬가지로 직접 구현하지 않는 경우 빈 소멸자가 자동으로 생성됩니다. 소멸자는 인스턴스가 해제되기 전에 자동으로 호출되며 코드를 통해 직접 호출하는 것은 허용되지 않습니다. 인스턴스는 소멸자의 실행이 끝나기 전까지 해제되지 않습니다. 그래서 소멸자 내부에서 속성에 접근하거나 인스턴스 메소드를 호출할 수 있습니다.

ARC를 사용하는 경우 소멸자 내부에서 상위 클래스의 소멸자를 호출할 필요가 없습니다. 그러나 MRR을 사용하는 경우에는 반드시 상위 클래스의 소멸자를 호출해야 합니다.

소멸자를 구현하는 문법은 아래와 같습니다.

Objective-C
```
- (void)dealloc {
    인스턴스 정리 코드
}
```

Swift
```
deinit {
    인스턴스 정리 코드
}
```

13 .Summary

* 생성자 메소드(Objective-C)와 생성자(Swift)는 인스턴스가 생성될 때 호출되는 메소드입니다.
* Objective-C 클래스는 NSObject로부터 기본 생성자 메소드 init을 상속합니다.
* Objective-C 생성자 메소드는 반드시 상위 클래스의 지정 생성자를 호출해야 합니다.
* Objective-C 생성자 메소드는 아래와 같은 형태로 구현합니다.

Objective-C
```
- (instancetype) init {
    self = [super init];
    if (self) {
        초기화 코드
    }
    return self;
}
```

- Objective-C는 Set-to-zero Initialization을 통해 속성을 0 또는 nil로 초기화합니다.
- Swift는 구조체와 클래스에 생성자를 구현할 수 있습니다. 모든 속성이 기본 값을 가지고 있고 생성자를 직접 구현하지 않은 경우 파라미터가 없는 기본 생성자가 자동으로 생성됩니다.
- Swift 생성자는 아래와 같은 형태로 구현합니다.

```Swift
init(파라미터 목록) {
    초기화 코드
}
```

- Swift 구조체는 기본 생성자가 자동으로 생성되는 조건에서 Memberwise Initializer를 자동으로 생성합니다.
- Swift는 생성자의 실행이 완료되는 시점에 클래스의 모든 속성이 유효한 초기값을 가지는 경우 인스턴스가 정상적으로 초기화되었다고 판단합니다.
- 지정 생성자는 클래스의 생성자 중 가장 높은 우선순위를 가지는 생성자입니다.
- Swift에서 편의 생성자를 선언할 때는 convenience 키워드를 사용합니다.

```Swift
convenience init(파라미터 목록) {
    초기화 코드
    지정 생성자 또는 다른 편의 생성자를 호출하는 코드
}
```

- 편의 생성자는 동일한 클래스에 구현되어 있는 다른 지정 생성자를 호출할 수 있으며 최종적으로 지정 생성자가 호출되도록 구현해야 합니다.
- 상위 클래스로부터 지정 생성자를 상속한 경우를 제외하고 하나 이상의 지정 생성자를 구현해야 합니다.
- 지정 생성자는 반드시 상위 클래스의 지정 생성자를 호출해야 합니다.
- 지정 생성자 이외의 생성자는 상위 클래스의 생성자를 호출하지 않아야 하며, 반드시 동일한 클래스에 구현되어 있는 지정 생성자를 호출해야 합니다.
- Failable Initializer는 인스턴스 초기화가 실패할 경우 새로운 인스턴스를 리턴하지 않으며 상속 관계에 있는 경우 상위 생성자가 불필요하게 실행되는 것을 방지합니다.
- Failable Initializer를 선언할 때는 init 키워드 다음에 ? 문자 또는 ! 문자를 추가합니다.

```Swift
init?(파라미터 목록) {
    if fail { return nil }
    초기화 코드
}
```

```
init!(파라미터 목록) {
    if fail { return nil }
    초기화 코드
}
```

- 하위 클래스에서 반드시 구현해야 하는 생성자는 required 키워드를 통해 필수 생성자로 선언할
  수 있습니다.

Swift
```
required init(파라미터 목록) {
    초기화 코드
}
```

- Objective-C 클래스는 상위 클래스의 모든 공개 생성자 메소드를 상속합니다.
- Swift는 하위 클래스의 모든 속성이 기본 값을 가지고 있고 하위 클래스에서 생성자를 직접 구현
  하지 않은 경우에만 생성자가 상속됩니다.
- 소멸자는 클래스 인스턴스가 해제되기 전에 호출되는 메소드입니다.

Objective-C
```
- (void)dealloc {
    인스턴스 정리 코드
}
```

Swift
```
deinit {
    인스턴스 정리 코드
}
```

CHAPTER

25

다형성

1. 오버로딩

함수의 이름은 함수를 식별하기 위한 요소입니다. 만약 동일한 이름의 함수를 선언하면 중복 선언 오류가 발생합니다. 함수의 이름은 반드시 함수의 사용범위 내에서 유일해야 합니다. 그렇지 않은 경우 함수를 호출하는 코드가 어떤 함수를 지칭하는지 명확히 파악할 수 없기 때문입니다.

```
Objective-C
void doSomething() {
    // ...
}

void doSomething() { // Error
    // ...
}
```

```
Swift
func doSomething() {
    // ...
}

func doSomething() { // Error
    // ...
}
```

Objective-C는 함수의 이름에 NS, CGRect와 같은 접두어를 붙이거나 with와 같은 전치사를 활용하여 함수의 이름이 중복되는 것을 방지합니다. 하지만 이 방식은 유사한 기능을 처리하기 위한 함수의 수가 지나치게 많아진다는 단점이 있습니다. 사용법을 익혀야 할 함수가 많아진다는 것은 프로그래머에게 큰 부담입니다.

대부분의 OOP 언어는 오버로딩을 통해 이 문제를 해결합니다. 오버로딩을 지원하는 언어는 동일한 이름의 함수를 중복해서 선언할 수 있습니다. 오버로딩을 지원하지 않는 언어는 함수의 이름으로 함수를 식별하지만 오버로딩을 지원하는 언어는 함수의 이름과 파라미터의 수, 자료형으로 함수를 식별합니다. 즉, 함수의 시그니처를 통해 함수를 식별합니다.

int형의 값과 double형의 값을 처리할 수 있는 process() 함수를 선언해야 한다고 가정해 보겠습니다. 오버로딩을 지원하지 않는 Objective-C에서는 서로 구별되는 이름을 가진 함수를 선언해야 합니다. 처리해야 하는 자료형이 늘어나는 만큼 선언해야 할 함수의 수가 늘어나고 함수를 사용하는 프로그래머가 기억해야할 함수의 이름이 늘어납니다.

```
Objective-C
void processInteger(int value) {
    // ...
}

void processDouble(int value) {
    // ...
}
```

Swift는 Objective-C와 달리 오버로딩을 지원합니다. Swift에서 오버로딩을 지원하는 대상은 함수, 메소드, 서브스크립트, 생성자, 연산자입니다. 오버로딩을 구현할 때는 다음과 같은 규칙에 따라야 합니다. 이 규칙은 함수를 기준으로 기술하고 있지만 메소드, 서브스크립트, 생성자에 동일하게 적용됩니다.

- 이름이 동일한 함수는 선언된 파라미터의 수로 구분할 수 있어야 합니다.
- 함수의 이름과 파라미터의 수가 동일한 경우 파라미터의 자료형으로 구분할 수 있어야 합니다.
- 함수의 이름과 파라미터의 수, 자료형이 모두 동일한 경우(즉, 시그니처가 동일한 경우) Argument Label로 구분할 수 있어야 합니다.
- 시그니처와 Argument Label이 모두 동일한 경우 리턴형으로 구분할 수 있어야 합니다. 이 경우에는 리턴되는 값이 할당되는 변수의 자료형을 통해 호출될 함수가 결정되므로 반드시 리턴되는 값을 사용해야 합니다.

1.1 함수 오버로딩

조금 전 process() 함수의 예로 돌아가겠습니다. Swift는 두 함수를 동일한 이름으로 선언할 수 있습니다. 파라미터의 자료형을 통해 두 함수를 구분할 수 있기 때문에 정상적으로 컴파일됩니다. process(_:) 함수를 호출할 경우 전달된 파라미터의 자료형을 통해 호출 대상 함수가 결정됩니다. 예를 들어 정수 1을 파라미터로 전달하면 첫 번째 process(_:) 함수가 호출되고, 1.0을 전달하면 두 번째 함수가 호출됩니다.

Swift Polymorphism/Overloading.playground#Page1

```swift
func process(_ value: Int) {
    print("process integer")
}

func process(_ value: Double) {
    print("process double")
}

process(1)
// process integer

process(1.0)
// process double
```

파라미터의 Argument Label은 파라미터의 수, 자료형과 함께 함수를 구분할 수 있는 요소입니다. 아래의 코드에서 process() 함수의 이름, 파라미터 수, 자료형이 동일하지만 Argument Label을 통해 세 함수를 구분할 수 있습니다.

Swift Polymorphism/Overloading.playground#Page3

```swift
func process(_ value: String) {
    print("process(_:)")
}

func process(string value: String) {
    print("process(string:)")
}

func process(str value: String) {
    print("process(str:)")
}

process("swift")
// process(_:)

process(string: "swift")
// process(string:)

process(str: "swift")
// process(str:)
```

오버로딩을 사용할 때 주의해야 할 점은 다음과 같이 함수의 시그니처가 동일한 경우 리턴형을 통해 호출할 함수가 결정되므로 반드시 리턴되는 값을 사용해야 한다는 것입니다.

```swift
func process(_ value: Double) -> Int {
    print("process double return inteter")
    return Int(value)
}

func process(_ value: Double) -> Double {
    print("process double return double")
    return value
}
```

이 함수를 호출할 때 리턴 값을 사용하지 않는 경우 어떤 함수를 호출해야 할지 모호해지기 때문에 컴파일 오류가 발생합니다.

```swift
process(1.0)              // Error
```

process(_:) 함수가 리턴하는 값을 사용하도록 수정하면 정상적으로 컴파일 할 수 있습니다. 오버로딩 함수의 리턴 값을 반드시 사용해야 한다는 점을 기억하면 큰 문제가 없지만 가능하다면 파라미터의 수와 자료형만으로 구분할 수 있도록 함수를 선언하는 것이 좋습니다. 그리고 리턴 값을 사용하는 경우에도 자료형을 명시적으로 지정하지 않으면 함수 호출이 모호해 진다는 점을 주의해야 합니다. 즉, 이 경우에는 형식 추론을 사용할 수 없습니다.

```swift
let intResult: Int = process(1.0)
// process double return inteter

let doubleResult: Double = process(1.0)
// process double return double

let result = process(1.0)              // Error
```

파라미터에 기본 값이 지정되어 있는 경우 파라미터가 없는 함수와 동일한 방식으로 호출할 수 있는 경우가 있습니다. 예를 들어 value 파라미터에 기본 값이 설정되어 있다면 process() 와 같이 파라미터 없이 호출할 수 있고 파라미터를 받지 않는 process() 함수를 호출하는 코드와 동일합니다. 이 경우에는 파라미터가 없는 함수가 우선권을 가집니다.

```swift
func process() {
    print("process something")
}
```

```swift
func process(_ value: String = "str") {
    print("process string")
}

process()
// process something

process("str")
// process string
```

1.2 메소드 오버로딩

Swift에서 함수와 메소드는 선언되는 위치가 다를 뿐 문법은 동일합니다. 그래서 형식에 선언되어 있는 메소드는 "함수 오버로딩"에서 설명한 방식으로 오버로딩할 수 있습니다.

Swift Polymorphism/Overloading.playground#Page5
```swift
class MyClass {
    func process(_ value: Int) {
        print("process integer - instance")
    }

    static func process(_ value: Int) {
        print("process integer - type")
    }

    func process(_ value: Double) {
        print("process double")
    }
}

let cls = MyClass()

cls.process(1)
// process integer - instance

cls.process(1.0)
// process double

MyClass.process(1)
// process integer - type
```

함수와 달리 메소드를 호출할 때 형식 또는 인스턴스를 대상으로 호출하기 때문에 형식 함수와 인스턴스 함수가 동일한 시그니처를 가질 수 있습니다. MyClass 클래스에서 정수를 처리하는 process(_:)는 동일한 시그니처를 가지고 있지만 인스턴스 메소드와 형식 메소드로 구분되기 때문에 전혀 문제가 없습니다.

1.3 생성자 오버로딩

생성자는 이름이 init으로 고정되어 있고 리턴형을 지정하지 않기 때문에 파라미터의 수와 자료형, Argument Label을 기준으로 식별됩니다. 생성자는 종류에 관계없이 하나의 형식 내에서 유일하게 식별될 수 있어야 합니다.

Swift Polymorphism/Overloading.playground#Page6

```swift
class MyClass {
    init() {
        // ...
    }

    init(value: Int = 0) {
        // ...
    }

    init?(value: Double) {
        // ...
    }

    convenience init(value: String) {
        self.init()
        // ...
    }
}
```

1.4 Subscript 오버로딩

서브스크립트의 오버로딩은 이름이 subscript 키워드로 고정되어 있는 것을 제외하고 메소드의 오버로딩과 동일합니다.

Swift Polymorphism/Overloading.playground#Page7

```swift
class MyClass {
    subscript(index: Int) -> Int {
        print("integer subscript return integer")
        return 0
    }

    subscript(index: Int) -> Double {
        print("integer subscript return double")
        return 0.0
    }

    subscript(key: String) -> Double {
        print("string subscript return double")
        return 0.0
```

```
    }
}

let a = MyClass()

let integerResult: Int = a[0]
// integer subscript return integer

let doubleResult: Double = a[0]
// integer subscript return double

let result = a["key"]
// string subscript return double
```

2. 오버라이딩

상속 관계에서 하위 클래스는 상위 클래스의 모든 공개 요소를 상속 받습니다. 하위 클래스는 상속받은 요소를 그대로 사용할 수 있지만 하위 클래스의 구현에 적합하지 않을 수 있습니다. 상속받은 요소를 재정의하는 것을 오버라이딩이라고 합니다.

Objective-C에서 재정의할 수 있는 대상은 메소드로 제한됩니다. 상위 클래스에 선언되어 있는 메소드와 동일한 시그니처를 가진 메소드를 하위 클래스에서 선언하면 이 메소드는 상위 클래스의 메소드를 오버라이딩합니다. 오버라이딩된 메소드를 지칭하는 특별한 키워드가 없기 때문에 메소드의 오버라이딩 여부를 정확히 파악하기 위해서 상위 클래스의 선언을 참고해야 합니다. Swift는 override 키워드를 통해 오버라이딩 여부를 명시적으로 선언합니다. 속성, 메소드, 서브스크립트, 생성자를 오버라이딩할 수 있고 상위 클래스에 오버라이딩한 요소가 존재하지 않는다면 컴파일 오류가 발생합니다.

아래의 코드는 상속 관계에 있는 두 클래스를 구현하고 있습니다. 상위 클래스인 Super 클래스는 hello 메소드를 가지고 있으며 이 메소드는 자신이 어떤 클래스인지 로그를 출력합니다. Super 클래스를 상속받은 Sub 클래스는 hello 메소드를 상속합니다.

Objective-C
```
@interface Super : NSObject
- (void)hello;
@end
```

Objective-C
```
@implementation Super
- (void)hello {
    NSLog(@"Hello, I'm Super Class");
}
@end
```

Objective-C
```
@interface Sub : Super
@end
```

Objective-C
```
@implementation Sub
@end
```

Swift
```swift
class Super {
    var value = 0

    func hello() {
        print("Hello, I'm Super class")
    }
}

class Sub: Super {

}
```

2.1 Objective-C 메소드 오버라이딩

Super 클래스의 인스턴스와 Sub 클래스의 인스턴스는 모두 hello 메소드를 호출할 수 있습니다. 두 인스턴스는 Super 클래스에 선언되어 있는 hello 메소드를 호출합니다.

Objective-C
```
Super* a = [[Super alloc] init];
[a hello];
// Hello, I'm Super Class

Sub* b = [[Sub alloc] init];
[b hello];
// Hello, I'm Super Class
```

Sub 클래스의 경우 I'm Super Class를 출력하는 것이 적합하지 않습니다. I'm Sub Class로 출력하도록 변경해 보겠습니다. 먼저 helloSub 메소드를 Sub 클래스에서 구현하는 것을 고려해 볼 수 있습니다. Super 클래스에서는 hello 메소드를 호출하고 Sub 클래스에서 helloSub 메소드를 호출하면 원하는 결과를 얻을 수 있습니다.

```
Objective-C
@implementation Sub
- (void)helloSub {
    NSLog(@"Hello, I'm Sub Class");
}
@end
```

하지만 이 방식은 동일한 기능을 수행하는 메소드를 여러 개 구현해야 한다는 점에서 매우 비효율적입니다. Sub 클래스에서 여전히 hello 메소드를 호출할 수 있기 때문에 잘못된 결과를 얻을 가능성도 매우 높습니다. 이런 상황에서 hello 메소드를 재정의하면 새로운 메소드를 구현하지 않고 동일한 이름으로 두 인스턴스에 적합한 동작을 수행하는 메소드를 구현할 수 있습니다. 하위 클래스에서 상위 클래스에 선언되어 있는 메소드와 동일한 시그니처를 가진 메소드를 선언하면, 컴파일러는 이 메소드를 오버라이딩된 메소드로 인식합니다. 다시 말해, Sub 클래스에 Super 클래스와 동일한 hello 메소드를 구현하면 Sub 클래스의 hello 메소드는 Super 클래스의 hello 메소드를 재정의합니다.

```
Objective-C
@implementation Sub
- (void)hello {
    NSLog(@"Hello, I'm Sub Class");
}
@end
```

다시 두 클래스의 인스턴스를 생성한 후 메소드를 호출하면 이전과 다른 결과가 출력됩니다. Super 클래스의 인스턴스(a)에서 hello 메소드를 호출할 때는 Super 클래스에 정의되어 있는 메소드가 호출됩니다. 반면, Sub 클래스의 인스턴스(b)에서 hello 메소드를 호출하면 Super 클래스의 메소드를 오버라이딩 한 Sub 클래스의 hello 메소드가 호출됩니다.

```
Objective-C
Super* a = [[Super alloc] init];
[a hello];
// Hello, I'm Super Class

Sub* b = [[Sub alloc] init];
[b hello];
// Hello, I'm Sub Class
```

이처럼 메소드 오버라이딩을 통해 상속되는 메소드를 각 클래스에 적합한 동작을 수행하도록 변경할 수 있습니다. 만약 하위 클래스의 메소드가 상위 클래스의 메소드를 기반으로 동작해야 한다면 super 키워드를 통해 상위 클래스의 메소드를 호출할 수 있습니다.

```objc
@implementation Sub
- (void)hello {
    [super hello];
    NSLog(@"Hello, I'm Sub Class");
}
@end
```

다시 b 인스턴스에서 hello 메소드를 호출하면 Super 클래스와 Sub 클래스에 구현되어 있는 hello 메소드가 차례대로 호출됩니다.

Objective-C

```objc
Super* a = [[Super alloc] init];
[a hello];
// Hello, I'm Super Class

Sub* b = [[Sub alloc] init];
[b hello];
// Hello, I'm Super Class
// Hello, I'm Sub Class
```

2.2 Swift 메소드 오버라이딩

Super 클래스의 인스턴스와 Sub 클래스의 인스턴스는 모두 hello() 메소드를 호출할 수 있습니다. 두 인스턴스는 Super 클래스에 선언되어 있는 hello() 메소드를 호출합니다.

Swift

```swift
let a = Super()
a.hello()
// Hello, I'm Super class

let b = Sub()
b.hello()
// Hello, I'm Super class
```

Sub 클래스의 경우 I'm Super Class를 출력하는 것이 적합하지 않습니다. I'm Sub Class로 출력하도록 변경해 보겠습니다. 먼저 helloSub() 메소드를 Sub 클래스에서 구현하는 것을 고려해 볼 수 있습니다. Super 클래스에서는 hello() 메소드를 호출하고 Sub 클래스에서 helloSub() 메소드를 호출하면 원하는 결과를 얻을 수 있습니다.

```Swift
class Sub: Super {
    func helloSub() {
        print("Hello, I'm Sub class")
    }
}
```

하지만 이 방식은 동일한 기능을 수행하는 메소드를 여러 개 구현해야 한다는 점에서 매우 비효율적입니다. Sub 클래스에서 여전히 hello() 메소드를 호출할 수 있기 때문에 잘못된 결과를 얻을 가능성도 매우 높습니다. 이런 상황에서 hello() 메소드를 재정의하면 새로운 메소드를 구현하지 않고 동일한 이름으로 두 인스턴스에 적합한 동작을 수행하는 메소드를 구현할 수 있습니다. 하위 클래스에서 상위 클래스에 선언되어 있는 메소드와 동일한 시그니처를 가진 메소드를 선언하고 func 키워드 앞에 override 키워드를 추가하면, 컴파일러는 이 메소드를 오버라이딩된 메소드로 인식합니다. 다시 말해, Sub 클래스에 Super 클래스와 동일한 hello() 메소드를 구현하면 Sub 클래스의 hello() 메소드는 Super 클래스의 hello() 메소드를 재정의합니다. 만약 하위 클래스에서 오버라이딩 된 메소드로 인식된 메소드가 상위 클래스에 존재하지 않는다면 컴파일 오류가 발생합니다.

```Swift
class Sub: Super {
    override func hello() {
        print("Hello, I'm Sub class")
    }
}
```

다시 두 클래스의 인스턴스를 생성한 후 메소드를 호출하면 이전과 다른 결과가 출력됩니다. Super 클래스의 인스턴스(a)에서 hello() 메소드를 호출할 때는 Super 클래스에 정의되어 있는 메소드가 호출됩니다. 반면, Sub 클래스의 인스턴스(b)에서 hello() 메소드를 호출하면 Super 클래스의 메소드를 오버라이딩 한 Sub 클래스의 hello() 메소드가 호출됩니다.

```Swift
let a = Super()
a.hello()
// Hello, I'm Super class

let b = Sub()
b.hello()
// Hello, I'm Sub class
```

이처럼 메소드 오버라이딩을 통해 상속되는 메소드를 각 클래스에 적합한 동작을 수행하도록 변경할 수 있습니다. 만약 하위 클래스의 메소드가 상위 클래스의 메소드를 기반으로 동작해야 한다면 super 키워드를 통해 상위 클래스의 메소드를 호출할 수 있습니다.

```Swift
class Sub: Super {
    override func hello() {
        super.hello()
        print("Hello, I'm Sub class")
    }
}
```

다시 b 인스턴스에서 hello 메소드를 호출하면 Super 클래스와 Sub 클래스에 구현된 hello 메소드가 차례대로 호출됩니다.

```Swift
let a = Super()
a.hello()
// Hello, I'm Super class

let b = Sub()
b.hello()
// Hello, I'm Super class
// Hello, I'm Sub class
```

2.3 Swift 속성 오버라이딩

Sub 클래스는 Super 클래스로부터 value 속성을 상속합니다. Swift 클래스는 상속받은 속성을 재정의할 수 있습니다. 메소드의 경우 override 키워드를 제외하면 상위 클래스와 하위 클래스의 선언 부분이 동일합니다. 하지만 속성은 다음과 같이 override 키워드를 추가한다고 해서 오버라이딩 되지 않습니다.

```Swift
class Super {
    var value = 0
}

class Sub: Super {
    override var value = 0   // Error
}
```

속성은 두 가지 방식으로 오버라이딩할 수 있습니다. 첫 번째 방식은 상속된 속성의 getter와 setter를 구현하는 것입니다.

```Swift
class Super {
    var value = 0
```

```
    }

class Sub: Super {
    override var value: Int {
        get {
            print("getter of value")
            return super.value
        }
        set {
            print("setter of value")
            super.value = newValue
        }
    }
}
```

Super 클래스의 인스턴스는 value 속성에 바로 접근합니다. 반면 Sub 클래스의 인스턴스는 오버라이딩된 value 속성의 getter와 setter를 통해 속성에 접근합니다.

```
Swift
let a = Super()
a.value = 123
print(a.value)
// 123

let b = Sub()
b.value = 456
// setter of value

print(b.value)
// getter of value
// 456
```

속성을 오버라이딩할 때 주의해야 할 점은 읽기/쓰기가 가능한 속성을 읽기 전용 속성으로 오버라이딩할 수 없다는 것입니다. 조금 전 예제에서 value 속성은 읽기/쓰기가 가능하기 때문에 Sub 클래스에서 getter와 setter를 모두 구현해야 합니다. 만약 다음과 같이 getter만 구현한다면 컴파일 오류가 발생합니다. 반대로 읽기 전용 속성을 읽기/쓰기가 가능한 속성으로 오버라이딩하는 것은 허용됩니다.

```
Swift
class Sub: Super {
    override var value: Int {        // Error
        get {
            print("getter of value")
            return super.value
        }
    }
}
```

또 하나 주의할 점은 getter와 setter에서 속성에 접근할 때 super 키워드를 통해 접근해야 한다는 것입니다. 만약 self 키워드를 통해 속성에 접근한다면 재귀 호출로 인해 프로그램이 비정상적으로 종료됩니다.

```Swift
class Sub: Super {
    override var value: Int {
        get {
            print("getter of value")
            return self.value              // Error
        }
        set {
            print("setter of value")
            self.value = newValue   // Error
        }
    }
}
```

두 번째 방식은 상속된 속성에 속성 감시자를 추가하는 것입니다. 상위 클래스에서 선언된 속성이 let으로 선언된 상수이거나 읽기 전용 계산 속성인 경우 속성 감시자를 추가할 수 없으므로 주의해야 합니다.

```Swift
class Sub: Super {
    override var value: Int {
        didSet {
            print("didSet value")
        }
    }
}

let a = Super()
a.value = 123

let b = Sub()
b.value = 456
// didSet value
```

2.4 생성자 오버라이딩

하위 클래스는 상위 클래스의 생성자를 오버라이딩할 수 있습니다. 두 언어에서 생성자를 오버라이딩 하는 방법은 메소드를 오버라이딩 하는 방법과 동일합니다. 생성자를 오버라이딩할 때는 생성자 델리게이션이 정상적으로 실행되도록 상위 클래스의 생성자를 호출해 주는 것이 매우 중요합니다.

Swift의 경우 상위 클래스의 지정 생성자를 오버라이딩할 경우 생성자 상속 규칙에 따라 다른 지정 생성자가 상속되지 않습니다. 예를 들어 Super 클래스에 두 개의 지정 생성자가 선언되어 있다고 가정하겠습니다.

```Swift
class Super {
    var value = 0

    init() {
        value = 0
    }

    init(value: Int) {
        self.value = value
    }
}
```

Super 클래스를 상속하는 Sub 클래스에서 생성자를 오버라이딩하지 않으면 Super 클래스의 모든 생성자를 상속합니다. 그래서 다음과 같이 상속된 생성자를 통해 Sub 클래스의 인스턴스를 생성할 수 있습니다.

```Swift
class Sub: Super {

}

let a = Sub()
let b = Sub(value: 123)
```

Sub 클래스에서 Int 파라미터를 받는 생성자를 오버라이딩하면 파라미터가 없는 기본 생성자는 더 이상 상속되지 않습니다. Sub 클래스의 인스턴스를 생성할 때 오버라이딩한 생성자를 사용할 수 있지만 파라미터가 없는 기본 생성자를 사용하면 컴파일 오류가 발생합니다.

```Swift
class Sub: Super {
    override init(value: Int) {
        super.init(value: value)
    }
}

let a = Sub()                 // Error
let b = Sub(value: 123)
```

그러므로 하위 클래스에서 지정 생성자를 오버라이딩하는 경우 모든 지정 생성자를 오버라이딩하거나 하위 클래스에서 오버라이딩한 생성자만 사용해야 합니다.

2.5 final

클래스를 선언할 때 final 키워드를 추가하면 다른 클래스가 상속할 수 없는 Final Class가 됩니다. final 키워드는 클래스의 속성, 메소드, 서브스크립트 선언에 개별적으로 추가할 수 있습니다. final 키워드와 함께 선언된 속성, 메소드, 서브스크립트는 하위 클래스에 상속되지만 하위 클래스에서 오버라이딩 할 수 없습니다. 예를 들어 Super 클래스의 hello() 메소드를 final로 선언하면 Sub 클래스에서 오버라이딩 할 수 없습니다.

```Swift
class Super {
    final func hello() {
        print("Hello, I'm Super class")
    }
}

class Sub: Super {
    override func hello() {              // Error
        print("Hello, I'm Sub class")
    }
}
```

3. 정적 타이핑과 동적 타이핑

값의 형식을 지정하거나 확인하는 것을 타이핑이라고 합니다. 컴파일 타임에 값의 형식을 확인하는 것을 정적 타이핑, 런타임에 값의 형식을 확인하는 것을 동적 타이핑라고 합니다.

정적 타이핑은 값의 형식을 명확히 지정하기 때문에 컴파일러가 값의 유실이나 자동 형변환으로 인해 발생할 수 있는 오류를 쉽게 발견할 수 있습니다. 컴파일 타임에 모든 형식이 결정되기 때문에 코드의 가독성이 높고 동적 타이핑에 비해 높은 성능을 제공합니다. 예를 들어 정적 타이핑으로 NSString 인스턴스 변수를 선언하려면 다음과 같이 형식을 NSString으로 명시적으로 지정합니다.

```Objective-C
NSString* str = [[NSString alloc] init];
```

```Swift
var str = NSString()
```

컴파일러는 컴파일 타임에 str 변수의 형식과 제공하는 속성, 메소드를 모두 파악할 수 있습니다. 그래서 NSString 클래스가 제공하지 않는 속성에 접근하거나 잘못된 메소드를 호출하면 컴파일 오류가 발생합니다.

Objective-C
```
NSUInteger result = str.countOfCharacter;          // Error
```

Swift
```
let result = str.countOfCharacter          // Error
```

동적 타이핑은 값의 형식을 명확히 지정하지 않고 범용적인 형식을 사용합니다. Objective-C에서는 id 형식을 사용하며 Swift에서는 Any, AnyObject 형식을 사용합니다. 값의 실제 형식은 런타임에 결정되므로 코드를 비교적 이해하기 어려울 수 있지만 유연한 코드를 작성할 수 있는 장점이 있습니다. 정적 타이핑과 달리 런타임에 값의 실제 형식을 판단하는 과정이 필요하므로 정적 타이핑에 비해 낮은 성능을 제공합니다.

3.1 id

id는 Objective-C에서 모든 참조 형식을 대표할 수 있는 특별한 형식입니다. 다음과 같이 NSString 인스턴스를 id 형식에 저장하면 컴파일러는 변수 str이 참조 형식이라는 것 이외에 다른 정보를 알지 못합니다. 동적 타이핑으로 선언된 값의 형식은 런타임에 결정되므로 컴파일 타임에 메소드 호출과 속성 접근이 올바른지 판단할 수 없습니다. 그래서 NSString 클래스가 제공하지 않는 메소드를 호출하더라도 컴파일 시점에는 오류로 판단하지 않습니다. 하지만 런타임에는 잘못된 호출로 인해 프로그램이 비정상적으로 종료됩니다.

Objective-C
```
id str = [[NSString alloc] init];
NSUInteger result = [str removeAllObjects];          // Runtime Error
```

3.2 Any, AnyObject

Any와 AnyObject는 Swift에서 사용하는 범용 자료형입니다. Swift는 형식에 엄격한 언어이기 때문에 Objective-C의 호환성을 위해 사용하는 경우를 제외하고 두 형식을 거의 활용하지 않습니다. Any는 값 형식과 참조 형식을 모두 대표할 수 있는 형식이고, AnyObject는 참조 형식을 대표할 수 있는 형식으로 Objective-C의 id와 유사합니다. NSString 인스턴스를 AnyObject 형식으로 저장하면 Objective-C와 마찬가지로 str이 참조 형식이라는 것 이외에 다른 정보가 유실됩니다. 그래서 NSString 클래스가 제공하지 않는 메소드를 호출하더라도 런타임 이전에는 오류가 발생하지 않습니다.

Swift
```
var str: AnyObject = NSString()
let result = str.removeAllObjects()          // Runtime Error
```

이처럼 호출 가능한 메소드를 판단하는 시점이 런타임으로 미루어지는 것을 동적 바인딩이라고 합니다. 동적 바인딩은 런타임 오류가 발생할 위험이 크기 때문에 인트로스펙션을 통해 인스턴스의 실제 형식을 확인하는 코드를 추가합니다.

4. 인트로스펙션(Introspection)

형식이 제공하는 메소드, 속성 등 형식 자체에 대한 정보를 메타 데이터라고 합니다. OOP 언어는 런타임에 형식의 메타 데이터를 확인할 수 있는 여러 메소드와 연산자를 제공합니다. 형식의 메타 데이터를 확인하는 것을 인트로스펙션이라고 합니다. 자바와 같은 다른 OOP 언어에서는 리플렉션이라는 용어를 사용합니다.

이해를 돕기 위해 상속 관계에 있는 새로운 클래스를 선언합니다. Shape 클래스는 임의의 도형을 추상화 한 클래스로 도형을 그리는 draw() 메소드를 가지고 있습니다.

Objective-C Polymorphism/Introspection/IntrospectionObjC/Shape.h

```objective-c
@interface Shape : NSObject
- (void)draw;
@end
```

Objective-C Polymorphism/Introspection/IntrospectionObjC/Shape.m

```objective-c
@implementation Shape
- (void)draw {
    NSLog(@"draw shape");
}
@end
```

Swift Polymorphism/Introspection/Introspection.playground

```swift
class Shape: NSObject {
    func draw() {
        print("draw shape")
    }
}
```

사각형을 추상화한 Rectangle 클래스는 Shape 클래스를 상속하고 사각형을 그리도록 draw() 메소드를 오버라이딩합니다.

Objective-C Polymorphism/Introspection/IntrospectionObjC/Rectangle.h

```objective-c
@interface Rectangle : Shape
@end
```

Objective-C Polymorphism/Introspection/IntrospectionObjC/Rectangle.m

```objc
@implementation Rectangle
- (void)draw {
    NSLog(@"draw rectangle");
}
@end
```

Swift Polymorphism/Introspection/Introspection.playground

```swift
class Rectangle: Shape {
    override func draw() {
        print("draw rectangle")
    }
}
```

정사각형을 추상화한 Square 클래스는 Rectangle 클래스를 상속하고 정사각형을 그리도록 draw() 메소드를 오버라이딩합니다

Objective-C Polymorphism/Introspection/IntrospectionObjC/Square.h

```objc
@interface Square : Rectangle
@end
```

Objective-C Polymorphism/Introspection/IntrospectionObjC/Square.m

```objc
@implementation Square
- (void)draw {
    NSLog(@"draw square");
}
@end
```

Swift Polymorphism/Introspection/Introspection.playground

```swift
class Square: Rectangle {
    override func draw() {
        print("draw square")
    }
}
```

원을 추상화한 Circle 클래스는 Shape 클래스를 상속하고 원을 그리도록 draw() 메소드를 오버라이딩합니다. 그리고 radius 속성과 roll() 메소드를 구현합니다.

Objective-C Polymorphism/Introspection/IntrospectionObjC/Circle.h

```objc
@interface Circle : Shape
@property double radius;
- (void)roll;
@end
```

Objective-C Polymorphism/Introspection/IntrospectionObjC/Circle.m

```objc
@implementation Circle
- (void)draw {
    NSLog(@"draw circle");
}

- (void)roll {
    NSLog(@"rolling circle");
}
@end
```

Swift Polymorphism/Introspection/Introspection.playground

```swift
class Circle: Shape {
    var radius = 0.0

    override func draw() {
        print("draw circle")
    }

    func roll() {
        print("rolling circle")
    }
}
```

Objective-C에서 모든 객체는 NSObject를 상속하므로 Objective-C 런타임이 제공하는 인트로스펙션을 활용할 수 있습니다. NSObject 클래스와 NSObject 프로토콜에는 클래스의 메타 데이터를 확인할 수 있는 다양한 메소드가 선언되어 있습니다. Swift에서 NSObject 클래스를 상속하는 클래스 역시 이 메소드를 사용할 수 있습니다.

4.1 클래스 계층구조

isKindOfClass(_:), isMemberOfClass(_:), isSubclassOfClass(_:) 메소드는 클래스 인스턴스의 형식과 상속관계를 파악하는데 사용됩니다. isMemberOfClass(_:) 메소드는 인스턴스가 파라미터로 전달된 클래스의 인스턴스인 경우 true를 리턴합니다. 이 메소드는 상속관계를 고려하지 않으므로 상속 계층에 있는 다른 클래스를 전달하면 false를 리턴합니다. 아래의 코드에서 Rectangle 클래스를 파라미터로 전달하면 r이 Rectangle 클래스의 인스턴스이므로 true가 리턴됩니다. 하지만 Shape 클래스를 전달한 경우에는 false를 리턴합니다.

Objective-C Polymorphism/Introspection/IntrospectionObjC/main.m#Block1

```objc
Rectangle* r = [[Rectangle alloc] init];

if ([r isMemberOfClass:[Rectangle class]]) {
    NSLog(@"r is a member of Rectangle class");
```

```
    } else {
        NSLog(@"r is not a member of Rectangle class");
    }
    // r is a member of Rectangle class

    if ([r isMemberOfClass:[Shape class]]) {
        NSLog(@"r is a member of Shape class");
    } else {
        NSLog(@"r is not a member of Shape class");
    }
    // r is not a member of Shape class
```

Swift 2.3 Polymorphism/Introspection/Introspection.playground#Page1
```
let r = Rectangle()

if r.isMemberOfClass(Rectangle.self) {
    print("r is a member of Rectangle class")
} else {
    print("r is not a member of Rectangle class")
}
// r is a member of Rectangle class

if r.isMemberOfClass(Shape.self) {
    print("r is a member of Shape class")
} else {
    print("r is not a member of Shape class")
}
// r is not a member of Shape class
```

Swift 3 Polymorphism/Introspection/Introspection.playground#Page1
```
let r = Rectangle()

if r.isMember(of: Rectangle.self) {
    print("r is a member of Rectangle class")
} else {
    print("r is not a member of Rectangle class")
}
// r is a member of Rectangle class

if r.isMember(of: Shape.self) {
    print("r is a member of Shape class")
} else {
    print("r is not a member of Shape class")
}
// r is not a member of Shape class
```

반면 isKindOfClass(_:) 메소드는 인스턴스가 파라미터로 전달된 클래스의 인스턴스이거나 이 클래스를 상속한 클래스의 인스턴스인 경우 true를 리턴합니다. 그래서 Rectangle 클래스와 Shape 클래스를 전달한 경우 모두 true를 리턴합니다.

Objective-C Polymorphism/Introspection/IntrospectionObjC/main.m#Block2

```objc
if ([r isKindOfClass:[Rectangle class]]) {
    NSLog(@"r is a kind of Rectangle class");
} else {
    NSLog(@"r is not a kind of Rectangle class");
}
// r is a kind of Rectangle class

if ([r isKindOfClass:[Shape class]]) {
    NSLog(@"r is a kind of Shape class");
} else {
    NSLog(@"r is not a kind of Shape class");
}
// r is a kind of Shape class
```

Swift 2.3 Polymorphism/Introspection/Introspection.playground#Page2

```swift
if r.isKindOfClass(Rectangle.self) {
    print("r is a kind of Rectangle class")
} else {
    print("r is not a kind of Rectangle class")
}
// r is a kind of Rectangle class

if r.isKindOfClass(Shape.self) {
    print("r is a kind of Shape class")
} else {
    print("r is not a kind of Shape class")
}
// r is a kind of Shape class
```

Swift 3 Polymorphism/Introspection/Introspection.playground#Page2

```swift
if r.isKind(of: Rectangle.self) {
    print("r is a kind of Rectangle class")
} else {
```

```
        print("r is not a kind of Rectangle class")
    }
    // r is a kind of Rectangle class

    if r.isKind(of: Shape.self) {
        print("r is a kind of Shape class")
    } else {
        print("r is not a kind of Shape class")
    }
    // r is a kind of Shape class
```

isSubclassOfClass(_:) 메소드는 클래스 객체가 파라미터로 전달된 클래스이거나 이 클래스를 상속한 클래스인 경우 true를 리턴합니다. 클래스 메소드이므로 인스턴스를 대상으로 호출할 수 없습니다.

Objective-C Polymorphism/Introspection/IntrospectionObjC/main.m#Block3

```objc
if ([Circle isSubclassOfClass:[Shape class]]) {
    NSLog(@"Circle is a subclass of Shape");
} else {
    NSLog(@"Circle is not a subclass of Shape");
}
// Circle is a subclass of Shape
```

Swift 2.3 Polymorphism/Introspection/Introspection.playground#Page3

```swift
if Circle.isSubclassOfClass(Shape.self) {
    print("Circle is a subclass of Shape")
} else {
    print("Circle is not a subclass of Shape")
}
// Circle is a subclass of Shape
```

Swift 3 Polymorphism/Introspection/Introspection.playground#Page3

```swift
if Circle.isSubclass(of: Shape.self) {
    print("Circle is a subclass of Shape")
} else {
    print("Circle is not a subclass of Shape")
}
// Circle is a subclass of Shape
```

4.2 프로토콜

conformsToProtocol(_:) 메소드는 프로토콜 채용 여부를 확인할 때 사용합니다. 대상이 파라미터로 전달한 프로토콜을 채용하고 있다면 true를 리턴합니다.

Objective-C Polymorphism/Introspection/IntrospectionObjC/main.m#Block4

```objc
if ([Shape conformsToProtocol:@protocol(NSObject)]) {
    NSLog(@"Shape conforms to the NSObject protocol");
} else {
    NSLog(@"Shape doesn't conforms to the NSObject protocol");
}
// Shape conforms to the NSObject protocol
```

Swift 2.3 Polymorphism/Introspection/Introspection.playground#Page4

```swift
if Shape.conformsToProtocol(NSObjectProtocol.self) {
    print("Shape conforms to the NSObjectProtocol protocol")
} else {
    print("Shape doesn't conforms to the NSObjectProtocol protocol")
}
// Shape conforms to the NSObjectProtocol protocol
```

Swift 3 Polymorphism/Introspection/Introspection.playground#Page4

```swift
if Shape.conforms(to: NSObjectProtocol.self) {
    print("Shape conforms to the NSObjectProtocol protocol")
} else {
    print("Shape doesn't conforms to the NSObjectProtocol protocol")
}
// Shape conforms to the NSObjectProtocol protocol
```

4.3 메소드

클래스가 특정 메소드를 구현하고 있는지 확인할 때는 respondsToSelector(_:) 메소드와 instances RespondToSelector(_:) 메소드를 사용합니다. 전자는 인스턴스 메소드이고 후자는 클래스 메소드입니다. 두 메소드는 클래스에 지정된 메소드가 구현되어 있는 경우 true를 리턴합니다.

Objective-C Polymorphism/Introspection/IntrospectionObjC/main.m#Block5

```objc
if ([Shape instancesRespondToSelector:@selector(draw)]) {
    NSLog(@"Shape can respond to draw");
} else {
    NSLog(@"Shape cannot respond to draw");
}
// Shape can respond to draw

if ([r respondsToSelector:@selector(length)]) {
    NSLog(@"r can respond to length");
} else {
    NSLog(@"r cannot respond to length");
}
// r cannot respond to length
```

```
if Shape.instancesRespondToSelector("draw") {
    print("Shape can respond to draw")
} else {
    print("Shape cannot respond to draw")
}
// Shape can respond to draw

if r.respondsToSelector("length") {
    print("r can respond to length")
} else {
    print("r cannot respond to length")
}
// r cannot respond to length
```

```
if Shape.instancesRespond(to: "draw") {
    print("Shape can respond to draw")
} else {
    print("Shape cannot respond to draw")
}
// Shape can respond to draw

if r.responds(to: "length") {
    print("r can respond to length")
} else {
    print("r cannot respond to length")
}
// r cannot respond to length
```

Swift는 #selector 명령문을 통해 컴파일 타임에 메소드 구현 여부를 확인할 수 있기 때문에 문자열로 셀렉터를 표시하는 방식은 더 이상 사용되지 않습니다. 앞의 예제는 주로 다음과 같은 형식으로 사용됩니다.

```
if Shape.instancesRespondToSelector(#selector(Shape.draw)) {
    // ...
}
```

```
if Shape.instancesRespond(to: #selector(Shape.draw)) {
    // ...
}
```

4.4 Swift의 Instrospection

앞에서 설명한 메소드는 Swift에서 NSObject를 상속한 클래스에 한해서 사용할 수 있습니다. Swift는 NSObject 클래스가 제공하는 메소드 대신 새로 도입된 is 연산자(Type Check Operator)를 통해 동일한 기능을 구현합니다. is 연산자는 이항 연산자로 왼쪽 피연산자의 실제 형식과 프로토콜 채용 여부를 확인할 수 있습니다. 그리고 is 연산자는 값 형식과 참조 형식에 모두 사용할 수 있습니다.

> **Swift**
> 인스턴스 is 형식 또는 프로토콜

앞에서 작성한 예제는 is 연산자를 통해 다음과 같이 구현할 수 있습니다.

> **Swift** Polymorphism/Introspection/Introspection.playground#Page7
```swift
let r: AnyObject = Rectangle()

if r is Rectangle {
    print("r is a kind of Rectangle class")
} else {
    print("r is not a kind of Rectangle class")
}
// r is a kind of Rectangle class

if r is Shape {
    print("r is a kind of Shape class")
} else {
    print("r is not a kind of Shape class")
}
// r is a kind of Shape class

if r is NSObjectProtocol {
    print("r conforms to the NSObjectProtocol protocol")
} else {
    print("r doesn't conforms to the NSObjectProtocol protocol")
}
// r conforms to the NSObjectProtocol protocol
```

Swift에서 메소드 구현 여부를 확인할 때는 다음과 같이 메소드 이름과 () 사이에 ? 문자를 추가하는 방식을 사용합니다. 만약 메소드가 구현되어 있다면 메소드가 호출되고 nil이 아닌 값이 리턴됩니다. 반대로 메소드가 구현되어 있지 않다면 nil이 리턴됩니다. 이런 특징을 활용하여 옵셔널 바인딩 구문과 결합하면 메소드 구현 여부를 쉽게 확인할 수 있습니다.

> **Swift** Polymorphism/Introspection/Introspection.playground#Page7
```swift
if let _ = r.draw?() {
```

```
      print("r can respond to draw")
} else {
    print("r cannot respond to draw")
}
// r cannot respond to draw

if let _ = r.length?() {
    print("r can respond to length")
} else {
    print("r cannot respond to length")
}
// r cannot respond to length
```

실제 프로그래밍에서 respondsToSelector(_:) 메소드는 런타임 오류를 방지하기 위해서 메소드를 호출하기 전에 인스턴스가 메소드를 구현하고 있는지 확인하기 위해 주로 사용합니다.

Objective-C
```
if ([r respondsToSelector:@selector(removeAllObjects)]) {
    [r removeAllObjects];
}
```

Swift는 앞에서 설명한 방식을 통해 if 조건문 없이 동일한 코드를 작성할 수 있습니다. r이 removeAllObjects() 메소드를 호출할 수 있는 경우 메소드를 호출하고, 호출할 수 없는 경우에는 아무런 작업을 수행하지 않습니다.

Swift
```
r.removeAllObjects?()
```

5. 업캐스팅과 다운캐스팅

상속 계층에 있는 상위 클래스의 형식은 하위 클래스의 인스턴스를 저장할 수 있습니다. 예를 들어 Shape 클래스 형식은 Rectangle, Square, Circle 클래스의 인스턴스를 저장할 수 있습니다. 아래의 코드에서 메모리에 생성된 Circle 인스턴스는 Shape 형식으로 변환되어 변수 s에 저장됩니다. 이와 같이 하위 클래스의 인스턴스가 상위 클래스의 형식으로 변환되는 것을 업캐스팅이라고 합니다.

Objective-C
```
Shape* s = [[Circle alloc] init];
```

Swift
```swift
var s: Shape = Circle()
```

Shape 형식으로 업캐스팅된 변수 s를 통해 Shape 클래스에 선언되어 있는 속성과 메소드에 접근할 수 있지만 Circle 클래스에 선언되어 있는 radius 속성에 접근하거나 roll() 메소드를 호출하는 것은 불가능합니다. 메모리에 저장된 실제 인스턴스에 관계없이 s는 Shape 클래스의 인스턴스로 인식되기 때문입니다.

Objective-C
```objc
s.radius = 10;// Error
[s roll];          // Error
```

Swift
```swift
s.radius = 10 // Error
s.roll()          // Error
```

서로 다른 형식의 도형을 하나의 배열에 저장하는 코드를 고려해 보겠습니다. NSArray 배열은 인스턴스의 형식에 관계없이 하나의 배열에 저장할 수 있습니다

Objective-C
```objc
Shape* shape = [[Shape alloc] init];
Rectangle* rect = [[Rectangle alloc] init];
Square* square = [[Square alloc] init];
Circle* circle = [[Circle alloc] init];

NSArray* list = @[shape, rect, square, circle];
```

Swift 배열은 하나의 배열에 동일한 형식만 저장할 수 있다는 제한을 가지고 있습니다. 이 제한은 배열에 저장할 모든 요소가 동일한 상속 계층에 포함되어 있는 경우에는 적용되지 않습니다. 그래서 shape, rect, square, circle을 하나의 배열에 저장할 수 있습니다. 이때 배열의 자료형은 모든 요소의 공통 상위 클래스 배열인 [Shape]가 됩니다. 즉, 모든 인스턴스가 Shape로 업캐스팅되어 저장됩니다.

Swift
```swift
let shape = Shape()
let rect = Rectangle()
let square = Square()
let circle = Circle()

let list = [shape, rect, square, circle]
```

list 배열을 순회하면서 요소의 형식을 확인하고 Circle 형식인 경우 roll() 메소드를 호출해야 한다고 가정해 보겠습니다.

Objective-C에서 서로 다른 형식의 요소를 저장하고 있는 배열을 순회할 때는 루프 상수의 자료형을 모든 요소의 공통 상위 클래스 또는 id로 지정해야 합니다. 아래의 코드는 요소의 형식을 확인하기 위해서 isMemberOfClass(_:) 메소드에 Circle 클래스를 전달합니다. 이 메소드가 true를 리턴한 경우 roll() 메소드를 호출합니다. 하지만 Shape 형식의 루프 상수 element는 Circle 클래스에 선언되어 있는 roll() 메소드를 호출할 수 없습니다. 그래서 element 상수를 Circle 형식으로 변환한 후 roll() 메소드를 호출합니다. 업캐스팅 된 형식을 원래의 형식 또는 다른 하위 클래스 형식으로 변환하는 것을 다운캐스팅이라고 합니다.

Objective-C
```
for (Shape* element in list) {
    if ([element isMemberOfClass:[Circle class]]) {
        Circle* circle = (Circle*)element;
        [circle roll];
    }
}
```

Swift는 다운캐스팅에 사용되는 형식 변환 연산자(Type Cast Operator)를 제공합니다. 이 연산자는 두 가지 형태를 가지고 있습니다. as? 연산자는 변환에 성공한 경우 변환된 인스턴스를 리턴하고 실패한 경우 nil을 리턴합니다. as! 연산자는 as? 연산자와 동일하지만 변환에 실패할 경우 런타임 오류가 발생합니다.

Swift
인스턴스 as? 형식 또는 프로토콜
인스턴스 as! 형식 또는 프로토콜

Swift에서는 형식 변환 연산자와 옵셔널 바인딩 구문을 조합하여 형식을 확인하는 코드와 다운캐스팅 코드를 단순하게 구현할 수 있습니다.

Swift
```
for element in list {
    if let circle = element as? Circle {
        circle.roll()
    }
}
```

6. 정적 바인딩과 동적 바인딩

정적 타이핑으로 선언된 형식은 호출할 메소드가 컴파일 타임에 결정됩니다. 메소드를 호출하는 코드를 메모리에 저장된 실제 코드와 연결하는 것을 바인딩이라고 하며 바인딩이 컴파일 타임에 수행되는 방식을 정적 바인딩이라고 합니다.

정적 바인딩과 반대로 바인딩이 런타임에 수행되는 방식을 동적 바인딩이라고 합니다. 동적 타이핑으로 선언된 형식이나 업캐스팅된 형식에서 호출하는 메소드는 컴파일 타임에 정확한 형식을 판단할 수 없기 때문에 바인딩이 런타임으로 보류됩니다. 동적 바인딩의 경우 런타임에 실제 형식을 확인하고 메소드와 바인딩 하는 시간이 필요하기 때문에 정적 바인딩에 비해 속도가 느립니다. 하지만 실제 형식에 따라 오버라이딩된 메소드가 호출되는 장점을 가지고 있습니다.

Objective-C와 Swift는 모두 동적 바인딩을 지원합니다. 그래서 list 배열에 저장되어 있는 요소의 draw() 메소드를 호출하면 루프 상수의 형식에 관계없이 오버라이딩된 실제 인스턴스의 메소드가 호출됩니다.

```
Objective-C
for (Shape* element in list) {
    [element draw];
}
// draw shape
// draw rectangle
// draw square
// draw circle
```

```
Swift
for element in list {
    element.draw()
}
// draw shape
// draw rectangle
// draw square
// draw circle
```

동적 바인딩 방식으로 메소드를 호출할 때는 항상 런타임 오류에 주의해야 합니다. 안전한 코드를 작성하기 위해서는 Introspection에서 설명한 코드를 활용하여 메소드 구현 여부를 미리 확인해야 합니다.

7. Summary

- Swift는 오버로딩을 통해 동일한 이름의 함수를 중복해서 선언할 수 있습니다.
- Objective-C는 함수의 이름만으로 함수를 식별하지만, Swift는 함수의 이름, 파라미터 수, 자료형으로 함수를 식별합니다.
- 이름이 동일한 함수는 선언된 파라미터의 수로 구분할 수 있어야 합니다.
- 함수의 이름과 파라미터의 수가 동일한 경우 파라미터의 자료형으로 구분할 수 있어야 합니다.
- 함수의 이름과 파라미터의 수, 자료형이 모두 동일한 경우(즉, 시그니처가 동일한 경우) Argument Label로 구분할 수 있어야 합니다.
- 시그니처와 Argument Label이 모두 동일한 경우 리턴형으로 구분할 수 있어야 합니다. 이 경우에는 리턴되는 값이 할당되는 변수의 자료형을 통해 호출될 함수가 결정되므로 반드시 리턴되는 값을 사용해야 합니다.
- Swift에서 오버로딩을 지원하는 대상은 함수, 메소드, 서브스크립트, 생성자, 연산자입니다.
- 상속받은 속성과 메소드를 재정의하는 것을 오버라이딩이라고 합니다.
- Objective-C에서 재정의할 수 있는 대상은 메소드로 제한됩니다.
- Swift는 override 키워드를 통해 오버라이딩 여부를 명시적으로 선언하며 속성, 메소드, 서브스크립트, 생성자를 오버라이딩할 수 있습니다.
- 생성자를 오버라이딩할 때는 생성자 델리게이션이 정상적으로 실행되도록 상위 클래스의 생성자를 호출해 주는 것이 매우 중요합니다.
- final 키워드와 함께 선언된 속성, 메소드, 서브스크립트는 하위 클래스에 상속되지만 하위 클래스에서 오버라이딩할 수 없습니다.
- 정적 타이핑은 값의 형식을 명확히 지정하기 때문에 컴파일러가 값의 유실이나 자동 형변환으로 인해 발생할 수 있는 오류를 쉽게 발견할 수 있습니다. 컴파일 타임에 모든 형식이 결정되기 때문에 코드의 가독성이 높고 동적 타이핑에 비해 높은 성능을 제공합니다.
- 동적 타이핑은 값의 형식을 명확히 지정하지 않고 범용적인 형식을 사용합니다. 값의 실제 형식은 런타임에 결정되므로 코드를 비교적 이해하기 어려울 수 있지만 유연한 코드를 작성할 수 있는 장점이 있습니다.
- id는 Objective-C에서 모든 참조 형식을 대표할 수 있는 특별한 형식입니다.
- Any와 AnyObject는 Swift에서 사용하는 범용 자료형입니다.

- NSObject 클래스를 통해 제공되는 메소드를 통해 클래스의 메타 데이터를 확인할 수 있습니다.
- Swift는 is 연산자를 통해 클래스의 메타 데이터를 확인합니다.

Swift
인스턴스 is 형식 또는 프로토콜

- 하위 클래스의 인스턴스가 상위 클래스의 형식으로 변환되는 것을 업캐스팅이라고 합니다.
- 업캐스팅된 형식을 원래의 형식 또는 다른 하위 클래스 형식으로 변환하는 것을 다운캐스팅이라고 합니다.
- Swift는 다운캐스팅에 사용되는 형식 변환 연산자를 제공합니다.

Swift
```
인스턴스 as? 형식 또는 프로토콜
인스턴스 as! 형식 또는 프로토콜
```

- 메소드를 호출하는 코드를 메모리에 저장된 실제 코드와 연결하는 것을 바인딩이라고 합니다.
- 바인딩이 컴파일 타임에 수행되는 방식을 정적 바인딩이라고 하며 런타임에 수행되는 방식을 동적 바인딩이라고 합니다.

CHAPTER

프로토콜

26

현실 세계에서 프로토콜은 특정 업무를 처리하기 위해 따라야 하는 공통적인 규약을 의미합니다. 조금 더 범위를 좁혀보면, 컴퓨터를 조립할 때 Nvidia, AMD, Intel, Samsung 등 다양한 제조사의 제품을 혼합해서 쓸 수 있는 것도 공통적인 요구사항을 만족시키는 만들었기 때문입니다. 프로그래밍으로 범위를 좁혀보면, 프로토콜은 형식에서 공통적으로 제공하는 기능 목록으로 Java, C#의 인터페이스와 유사한 개념입니다.

클래스와 구조체 같은 형식들은 프로토콜로 정의되어 있는 기능을 메소드나 속성으로 구현합니다. 이것을 "프로토콜을 따른다.", "프로토콜을 채용하고 있다." 등으로 표현합니다. 코코아 프레임워크가 광범위하게 활용하고 있는 델리게이트 패턴은 프로토콜을 통해 구현됩니다. UITableViewDataSource, UIScrollViewDelegate를 구현해 보았다면 프로토콜에 대해서 쉽게 이해할 수 있을 것입니다.

프로토콜은 형식이 공통적으로 구현해야 할 기능 목록을 정의하는 것으로 프로토콜 선언에는 메소드와 속성의 선언만 포함됩니다. 실제 구현은 프로토콜을 채용한 형식이 담당합니다. 그래서 프로토콜이 정한 규칙만 따른다면 형식 내부의 구현은 아무런 상관이 없습니다. Objective-C의 프로토콜은 프로토콜을 채용한 클래스가 공통적으로 구현해야 할 메소드 목록을 선언할 수 있습니다. Swift는 프로토콜을 채용한 클래스, 구조체, 열거형이 공통적으로 구현해야 할 메소드와 속성 목록을 선언할 수 있습니다. 그리고 프로토콜을 채용한 형식에서 반드시 구현해야 하는 필수 요소와 선택적으로 구현할 수 있는 옵션 요소를 구분하여 선언할 수 있습니다.

이 책은 미디어 재생 기능과 리모컨 조작 기능을 프로토콜로 선언하고 이 프로토콜을 채용하는 TV 클래스를 구현하는 방법을 보여줍니다. 예제에서 사용할 프로토콜의 이름은 MediaPlayable, RemoteControllable 이고, 각각 다음과 같은 기능 목록을 선언합니다. RemoveControllable 프로토콜은 MediaPlayable 프로토콜을 상속하도록 선언합니다.

MediaPlayable
- 재생
- 일시중지
- 정지
- 다음 트랙 〈선택적 기능〉
- 이전 트랙 〈선택적 기능〉

RemoteControllable

- 전원 On
- 전원 Off
- 음량 조절
- 이전 채널 〈선택적 기능〉
- 다음 채널 〈선택적 기능〉

추가로 예제에서 함께 사용할 클래스를 구현합니다.

Objective-C Protocol/ProtocolObjC/Device.h
```objc
@interface Device : NSObject
@property (strong, nonnull) NSString* modelName;
- (instancetype)initWithModelName:(NSString*)name;
@end
```

Objective-C Protocol/ProtocolObjC/Device.m
```objc
@implementation Device
- (instancetype)initWithModelName:(NSString*)name {
    self = [super init];
    if (self) {
        _modelName = name;
    }
    return self;
}
@end
```

Swift Protocol/Protocol.playground
```swift
class Device: NSObject {
    var modelName: String;

    init(name: String) {
        modelName = name
    }
}
```

1. Objective-C 프로토콜

Objective-C 프로토콜은 @protocol 지시어로 선언합니다. 프로토콜 이름은 클래스와 마찬가지로 CamelCase 방식으로 짓는 것이 관례입니다.

Objective-C
```objc
@protocol 프로토콜 이름
    메소드 선언 목록
@end
```

프로토콜은 클래스 상속과 유사하게 다른 프로토콜에 선언되어 있는 메소드 목록을 상속할 수 있습니다.

```objc
Objective-C
@protocol 프로토콜 이름 <상속할 프로토콜 이름1, 상속할 프로토콜 이름N>
        메소드 선언 목록
@end
```

메소드 선언 목록에 포함된 메소드는 기본적으로 필수 메소드가 됩니다. 필수 메소드는 @required 지시어를 사용해서 명시적으로 선언할 수 있지만 일반적으로 생략합니다. 메소드 선언 앞에 @optional 지시어를 추가하여 선택적 메소드로 선언할 수 있습니다. 프로토콜을 채용한 클래스는 선택적 메소드를 구현하지 않아도 됩니다. @optional 지시어는 @end 또는 @required 지시어 사이에 포함된 모든 메소드를 선택적 메소드로 선언합니다. 마찬가지로 @required 지시어는 @end 또는 @optional 사이의 메소드를 필수 메소드로 선언합니다.

```objc
Objective-C
@protocol 프로토콜 이름
        필수 메소드 선언 1

        @optional
        선택적 메소드 선언 1
        선택적 메소드 선언 2

        @required
        필수 메소드 선언 2
@end
```

MediaPlayable, RemoteControllable 프로토콜은 Objective-C에서 다음과 같이 선언합니다. 예제 코드에서 특정 인스턴스가 프로토콜을 채용하고 있는지 확인할 수 있도록 NSObject 프로토콜을 상속합니다.

```objc
Objective-C  Protocol/ProtocolObjC/Protocols.h
@protocol MediaPlayable <NSObject>
- (void)play;
- (void)pause;
- (void)stop;

@optional
- (void)nextMedia;
- (void)prevMedia;
@end

@protocol RemoteControllable <MediaPlayable>
```

```
- (void)on;
- (void)off;
- (void)volumeUp;
- (void)volumeDown;

@optional
- (void)nextChannel;
- (void)prevChannel;
@end
```

1.1 프로토콜 전방 선언

Objective-C 프로토콜은 대부분 헤더 파일에 선언합니다. 클래스 헤더 파일과 마찬가지로 헤더 파일 상호 참조 문제가 발생할 수 있습니다. 이 경우 @protocol 지시어를 통해 프로토콜을 선언하면 상호 참조 문제를 해결할 수 있습니다. 이 방식을 프로토콜 전방 선언이라고 합니다. 프로토콜 전방 선언은 지정된 식별자가 프로토콜이라는 것 이외에 다른 정보를 제공하지 못하므로 프로토콜을 채용하는 파일에서 반드시 헤더 파일을 임포트해야 합니다.

Objective-C
```
@protocol 프로토콜 이름;
```

2. Swift 프로토콜

Swift 프로토콜은 protocol 키워드로 선언합니다. Objective-C와 달리 속성 선언과 생성자 선언을 추가할 수 있습니다.

Swift
```
protocol 프로토콜 이름 {
    속성 선언 목록
    메소드 선언 목록
    생성자 선언 목록
}
```

프로토콜은 다른 프로토콜로부터 선언을 상속할 수 있고, 클래스와 달리 다중 상속을 허용하므로 여러 프로토콜을 상속할 수도 있습니다. 상속 문법은 클래스 상속 문법과 동일합니다.

Swift
```
protocol 프로토콜 이름: 상속할 프로토콜 이름1, 상속할 프로토콜 이름N {
    // ...
}
```

Swift 프로토콜 선언에 포함된 요소들은 기본적으로 필수 요소입니다. 만약 선택적 요소로 선언하고 싶다면 optional 키워드를 선언 앞에서 추가합니다. 그리고 프로토콜 선언과 요소의 선언 앞에 반드시 @objc 속성을 추가해야 합니다. 그리고 이 프로토콜을 채용할 수 있는 대상은 Objective-C 클래스로부터 상속된 클래스 또는 @objc 속성으로 선언된 클래스로 제한됩니다.

```Swift
@objc protocol 프로토콜 이름 {
    @objc optional 속성 선언
    @objc optional 메소드 선언
}
```

MediaPlayable, RemoteControllable 프로토콜은 Swift에서 다음과 같이 선언합니다.

```Swift  Protocol/Protocol.playground
@objc protocol MediaPlayable {
    func play()
    func pause()
    func stop()

    @objc optional func nextMedia()
    @objc optional func prevMedia()
}

@objc protocol RemoteControllable: MediaPlayable {
    func on()
    func off()
    func volumeUp()
    func volumeDown()

    @objc optional func nextChannel()
    @objc optional func prevChannel()
}
```

2.1 프로토콜 속성 선언

Swift 프로토콜은 프로토콜을 채용한 형식이 반드시 가져야 하는 속성을 선언할 수 있습니다. 속성을 선언할 때는 속성 이름과 자료형, 속성의 읽기/쓰기 특성을 지정합니다. 속성은 반드시 var로 선언해야 하며 형식 속성을 선언하려면 static 키워드를 선언 앞부분에 추가합니다. 읽기/쓰기 특성은 get, set 키워드로 지정합니다.

```Swift
static var 속성 이름: 자료형 { 읽기/쓰기 특성 }
var 속성 이름: 자료형 { 읽기/쓰기 특성 }
```

RemoteControllable 프로토콜에 다음과 같이 속성 선언을 추가합니다. firmwareVersion은 프로토콜의 버전을 나타내는 형식 속성이고, isOn은 전원 상태를 나타내는 인스턴스 속성입니다. Swift에서 RemoteControllable 프로토콜을 채용한 형식은 반드시 두 속성을 선언해야 합니다. 속성의 종류는 상관이 없지만 이름과 자료형은 반드시 일치해야 합니다.

Swift Protocol/Protocol.playground
```
@objc protocol RemoteControllable: MediaPlayable {
    static var firmwareVersion: String { get }
    var isOn: Bool { get set }
    // ...
}
```

2.2 프로토콜 메소드 선언

메소드 선언은 메소드 이름, 파라미터 목록, 리턴형으로 구성됩니다. 메소드 구현에서 { }와 함수의 본문이 빠진 형태입니다. 형식 메소드를 선언하려면 static 키워드를 추가해야 하고, 파라미터 목록과 리턴형은 필요에 따라 생략할 수 있습니다. 메소드 구현과 달리 파라미터에 기본 값을 지정하는 것은 허용되지 않습니다.

Swift
```
static func 메소드 이름(파라미터 목록) -> 리턴형
func 메소드 이름(파라미터 목록) -> 리턴형
```

만약 프로토콜에 포함된 메소드가 형식의 속성을 변경할 가능성이 있고, 값 형식이 프로토콜을 채용한다면 메소드 선언에 mutating 키워드를 추가해야 합니다.

Swift
```
mutatic func 메소드 이름(파라미터 목록) -> 리턴형
```

2.3 프로토콜 생성자 선언

프로토콜을 채용한 형식이 공통적으로 제공해야할 생성자를 선언할 수 있습니다

Swift
```
init(파라미터 목록)
init?(파라미터 목록)
init!(파라미터 목록)
```

프로토콜에 생성자가 포함되어 있다면 이 프로토콜을 채용한 클래스는 생성자 선언 앞에 required 키워드를 추가해야 합니다. 만약 클래스가 final로 선언되어 있다면 생략할 수 있습니다. 하위 클래

스에서 생성자를 재정의 하는 경우에는 생성자 선언 앞에 required 키워드와 override 키워드를 모두 추가해야 합니다.

3. 프로토콜 채용

프로토콜을 채용하는 형식은 선언부에 자신이 채용하는 프로토콜 목록을 명시해야 합니다. Objective-C 클래스는 상위 클래스 이름 다음에 〈 〉를 적고 프로토콜 목록을 나열합니다.

```
Objective-C
@interface 클래스 이름: 상위 클래스 이름 <프로토콜 이름 목록>
// ...
@end
```

Swift는 상속과 동일한 문법으로 채용할 프로토콜 목록을 명시합니다. 클래스의 경우 상위 클래스 이름이 항상 프로토콜 이름 목록 앞에 와야 합니다.

```
Swift
class 클래스 이름: 상위 클래스 이름, 프로토콜 이름 목록 {
    // ...
}

struct 구조체 이름: 프로토콜 이름 목록 {
    // ...
}

enum 열거형 이름: 프로토콜 이름 목록 {
    // ...
}
```

앞에서 구현한 프로토콜을 채용한 클래스를 구현해 보겠습니다. 프로토콜에 집중하기 위해서 메소드 구현은 실제 기능 대신 로그 출력으로 대체합니다.

먼저 DVDPlayer 클래스를 구현합니다. 이 클래스는 미디어 재생 기능 리모컨 조작 기능을 모두 제공하지만 채널 이동 기능과 미디어 이동 기능은 지원하지 않는다고 가정합니다. 클래스 선언에서 다음과 같이 두 프로토콜을 채용하도록 선언합니다. 프로토콜에 선언된 메소드 목록은 프로토콜을 채용한 클래스의 공개 메소드가 되므로 클래스 선언에서 포함시킬 필요가 없습니다. eject 메소드는 DVD를 꺼내는 공개 메소드입니다.

```
Objective-C  Protocol/ProtocolObjC/DVDPlayer.h
@interface DVDPlayer : Device <MediaPlayable, RemoteControllable>
- (void)eject;
@end
```

이어서 DVDPlayer 구현에서 프로토콜 메소드를 구현합니다. 이 클래스는 채널 이동과 미디어 이동을 지원하지 않으므로 두 프로토콜의 선택적 메소드는 구현하지 않습니다.

Objective-C Protocol/ProtocolObjC/DVDPlayer.h

```
@implementation DVDPlayer

- (void)play {
    NSLog(@"%@: call %s", NSStringFromClass([self class]), __FUNCTION__);
}

- (void)pause {
    NSLog(@"%@: call %s", NSStringFromClass([self class]), __FUNCTION__);
}

- (void)stop {
    NSLog(@"%@: call %s", NSStringFromClass([self class]), __FUNCTION__);
}

- (void)on {
    NSLog(@"%@: call %s", NSStringFromClass([self class]), __FUNCTION__);
}

- (void)off {
    NSLog(@"%@: call %s", NSStringFromClass([self class]), __FUNCTION__);
}

- (void)volumeUp {
    NSLog(@"%@: call %s", NSStringFromClass([self class]), __FUNCTION__);
}

- (void)volumeDown {
    NSLog(@"%@: call %s", NSStringFromClass([self class]), __FUNCTION__);
}

- (void)eject {
    NSLog(@"%@: call %s", NSStringFromClass([self class]), __FUNCTION__);
}

@end
```

Swift로 구현한 DVDPlayer 클래스는 @objc 속성으로 선언합니다. Device 클래스가 NSObject를 상속하고, MediaPlayable, RemoteControllable 프로토콜이 선택적 메소드를 선언하기 위해 @objc 속성으로 선언되었기 때문입니다.

```swift
@objc class DVDPlayer: Device, MediaPlayable, RemoteControllable {
    static var firmwareVersion: String = "1.0"
    var isOn: Bool = false

    func play() {
        #if swift(>=3.0)
        print("\(String(describing: DVDPlayer.self)): call \(#function)")
        #else
        print("\(String(DVDPlayer.self)): call \(#function)")
        #endif
    }

    func pause() {
        #if swift(>=3.0)
        print("\(String(describing: DVDPlayer.self)): call \(#function)")
        #else
        print("\(String(DVDPlayer.self)): call \(#function)")
        #endif
    }

    func stop() {
        #if swift(>=3.0)
        print("\(String(describing: DVDPlayer.self)): call \(#function)")
        #else
        print("\(String(DVDPlayer.self)): call \(#function)")
        #endif
    }

    func on() {
        #if swift(>=3.0)
        print("\(String(describing: DVDPlayer.self)): call \(#function)")
        #else
        print("\(String(DVDPlayer.self)): call \(#function)")
        #endif
    }

    func off() {
        #if swift(>=3.0)
        print("\(String(describing: DVDPlayer.self)): call \(#function)")
        #else
        print("\(String(DVDPlayer.self)): call \(#function)")
        #endif
    }

    func volumeUp() {
        #if swift(>=3.0)
        print("\(String(describing: DVDPlayer.self)): call \(#function)")
        #else
```

```
            print("\(String(DVDPlayer.self)): call \(#function)")
            #endif
        }

        func volumeDown() {
            #if swift(>=3.0)
            print("\(String(describing: DVDPlayer.self)): call \(#function)")
            #else
            print("\(String(DVDPlayer.self)): call \(#function)")
            #endif
        }

        func eject() {
            #if swift(>=3.0)
            print("\(String(describing: DVDPlayer.self)): call \(#function)")
            #else
            print("\(String(DVDPlayer.self)): call \(#function)")
            #endif
        }
    }
```

Swift로 선언한 RemoteControllable 프로토콜은 firmwareVersion, isOn 속성을 선언하고 있습니다. 이 프로토콜을 채용하는 형식은 반드시 두 속성을 선언해야 합니다. 속성의 이름과 자료형이 일치한다면 저장 속성과 계산 속성 중 하나로 구현할 수 있습니다. 앞에서 저장 속성으로 선언한 속성을 계산 속성으로 바꾸어도 프로토콜의 요구사항을 만족시킬 수 있습니다.

```
Swift
@objc class DVDPlayer: Device, MediaPlayable, RemoteControllable {
    static var firmwareVersion: String {
        return "1.0"
    }

    var isOn: Bool {
        get {
            return self.isOn
        }
        set {
            self.isOn = newValue
        }
    }
    // ...
}
```

프로토콜에서 읽기 전용 속성으로 선언되어 있는 속성은 클래스에서 읽기/쓰기 속성으로 선언될 수 있습니다. 그러나 읽기/쓰기 속성은 읽기 전용 속성이나 상수로 선언될 수 없습니다.

Swift
```swift
@objc class DVDPlayer: Device, MediaPlayable, RemoteControllable {
    // ...
    var isOn: Bool {          // Error
        return self.isOn
    }
    // ...
}
```

이번에 구현할 MP3Player 클래스는 미디어 재생 기능을 지원하지만 리모컨 조작 기능은 지원하지 않습니다.

Objective-C Protocol/ProtocolObjC/MP3Player.h
```objc
@interface MP3Player : Device <MediaPlayable>
@end
```

Objective-C Protocol/ProtocolObjC/MP3Player.m
```objc
@implementation MP3Player

- (void)play {
    NSLog(@"%@: call %s", NSStringFromClass([self class]), __FUNCTION__);
}

- (void)pause {
    NSLog(@"%@: call %s", NSStringFromClass([self class]), __FUNCTION__);
}

- (void)stop {
    NSLog(@"%@: call %s", NSStringFromClass([self class]), __FUNCTION__);
}

- (void)nextMedia {
    NSLog(@"%@: call %s", NSStringFromClass([self class]), __FUNCTION__);
}

- (void)prevMedia {
    NSLog(@"%@: call %s", NSStringFromClass([self class]), __FUNCTION__);
}

@end
```

Swift Protocol/Protocol.playground
```swift
@objc class MP3Player: Device, MediaPlayable {
    func play() {
        #if swift(>=3.0)
            print("\(String(describing: MP3Player.self)):
                call \(#function)")
```

```swift
        #else
            print("\(String(MP3Player.self)): call \(#function)")
        #endif
    }

    func pause() {
        #if swift(>=3.0)
            print("\(String(describing: MP3Player.self)):
                call \(#function)")
        #else
            print("\(String(MP3Player.self)): call \(#function)")
        #endif
    }

    func stop() {
        #if swift(>=3.0)
            print("\(String(describing: MP3Player.self)):
                call \(#function)")
        #else
            print("\(String(MP3Player.self)): call \(#function)")
        #endif
    }

    func nextMedia() {
        #if swift(>=3.0)
            print("\(String(describing: MP3Player.self)):
                call \(#function)")
        #else
            print("\(String(MP3Player.self)): call \(#function)")
        #endif
    }

    func prevMedia() {
        #if swift(>=3.0)
            print("\(String(describing: MP3Player.self)):
                call \(#function)")
        #else
            print("\(String(MP3Player.self)): call \(#function)")
        #endif
    }
}
```

마지막 SmartTV 클래스를 구현합니다. RemoteControllable 프로토콜이 MediaPlayable 프로토콜을 상속하고 있으므로 아래와 같이 RemoteControllable 프로토콜만 지정하더라도 DVDPlayer 클래스처럼 두 프로토콜을 모두 지정한 것과 같습니다. 이 클래스는 두 프로토콜에 선언되어 있는 모든 메소드를 구현합니다. 추가로 현재 볼륨을 저장할 수 있는 속성을 선언합니다.

Objective-C Protocol/ProtocolObjC/SmartTV.h
```objc
@interface SmartTV : Device <RemoteControllable>
@property (nonatomic) NSUInteger volume;
@end
```

```objc
@implementation SmartTV

- (void)play {
    NSLog(@"%@: call %s", NSStringFromClass([self class]), __FUNCTION__);
}

- (void)pause {
    NSLog(@"%@: call %s", NSStringFromClass([self class]), __FUNCTION__);
}

- (void)stop {
    NSLog(@"%@: call %s", NSStringFromClass([self class]), __FUNCTION__);
}

- (void)nextMedia {
    NSLog(@"%@: call %s", NSStringFromClass([self class]), __FUNCTION__);
}

- (void)prevMedia {
    NSLog(@"%@: call %s", NSStringFromClass([self class]), __FUNCTION__);
}

- (void)on {
    NSLog(@"%@: call %s", NSStringFromClass([self class]), __FUNCTION__);
}

- (void)off {
    NSLog(@"%@: call %s", NSStringFromClass([self class]), __FUNCTION__);
}

- (void)volumeUp {
    NSLog(@"%@: call %s", NSStringFromClass([self class]), __FUNCTION__);

    self.volume = MIN(100, ++self.volume);
    NSLog(@"%@: volume %ld", NSStringFromClass([self class]), self.volume);
}

- (void)volumeDown {
    NSLog(@"%@: call %s", NSStringFromClass([self class]), __FUNCTION__);

    self.volume = MAX(0, --self.volume);
    NSLog(@"%@: volume %ld", NSStringFromClass([self class]), self.volume);
}

- (void)nextChannel {
    NSLog(@"%@: call %s", NSStringFromClass([self class]), __FUNCTION__);
}
```

```objc
- (void)prevChannel {
    NSLog(@"%@: call %s", NSStringFromClass([self class]), __FUNCTION__);
}

@end
```

Swift Protocol/Protocol.playground
```swift
@objc class SmartTV: Device, RemoteControllable {
    static var firmwareVersion: String = "1.0"
    var isOn: Bool = false
    var volume = 0

    func play() {
        #if swift(>=3.0)
            print("\(String(describing: SmartTV.self)): call \(#function)")
        #else
            print("\(String(SmartTV.self)): call \(#function)")
        #endif
    }

    func pause() {
        #if swift(>=3.0)
            print("\(String(describing: SmartTV.self)): call \(#function)")
        #else
            print("\(String(SmartTV.self)): call \(#function)")
        #endif
    }

    func stop() {
        #if swift(>=3.0)
            print("\(String(describing: SmartTV.self)): call \(#function)")
        #else
            print("\(String(SmartTV.self)): call \(#function)")
        #endif
    }

    func nextMedia() {
        #if swift(>=3.0)
            print("\(String(describing: SmartTV.self)): call \(#function)")
        #else
            print("\(String(SmartTV.self)): call \(#function)")
        #endif
    }

    func prevMedia() {
        #if swift(>=3.0)
            print("\(String(describing: SmartTV.self)): call \(#function)")
        #else
```

```
            print("\(String(SmartTV.self)): call \(#function)")
        #endif
    }

    func on() {
        #if swift(>=3.0)
            print("\(String(describing: SmartTV.self)): call \(#function)")
        #else
            print("\(String(SmartTV.self)): call \(#function)")
        #endif
    }

    func off() {
        #if swift(>=3.0)
            print("\(String(describing: SmartTV.self)): call \(#function)")
        #else
            print("\(String(SmartTV.self)): call \(#function)")
        #endif
    }

    func volumeUp() {
        #if swift(>=3.0)
            print("\(String(describing: SmartTV.self)): call \(#function)")
        #else
            print("\(String(SmartTV.self)): call \(#function)")
        #endif

        volume = min(100, volume + 1)

        #if swift(>=3.0)
            print("\(String(describing: SmartTV.self)): volume \(volume)")
        #else
            print("\(String(SmartTV.self)): volume \(volume)")
        #endif
    }

    func volumeDown() {
        #if swift(>=3.0)
            print("\(String(describing: SmartTV.self)): call \(#function)")
        #else
            print("\(String(SmartTV.self)): call \(#function)")
        #endif

        volume = max(0, volume - 1)

        #if swift(>=3.0)
            print("\(String(describing: SmartTV.self)): volume \(volume)")
        #else
            print("\(String(SmartTV.self)): volume \(volume)")
```

```
            #endif
    }

    func nextChannel() {
        #if swift(>=3.0)
            print("\(String(describing: SmartTV.self)): call \(#function)")
        #else
            print("\(String(SmartTV.self)): call \(#function)")
        #endif
    }

    func prevChannel() {
        #if swift(>=3.0)
            print("\(String(describing: SmartTV.self)): call \(#function)")
        #else
            print("\(String(SmartTV.self)): call \(#function)")
        #endif
    }
}
```

4. 프로토콜 형식

이번에는 RemoteController 클래스를 구현하겠습니다. 이 클래스의 주된 기능은 앞에서 구현한 클래스와 연동하여 조작하는 것입니다. 먼저 연동되어 있는 클래스를 저장할 속성을 선언해야 합니다. 이 속성의 자료형은 무엇으로 선언해야 할까요?

Objective-C Protocol/ProtocolObjC/RemoteController.h
```
@interface RemoteController : Device <RemoteControllable>
@property (strong, nonatomic) ??? pairedDevice;
@end
```

Swift Protocol/Protocol.playground
```
@objc class RemoteController: Device, RemoteControllable {
    var pairedDevice: ???
}
```

자료형을 DVDPlayer로 지정한다면 MP3Player 인스턴스와 SmartTV 인스턴스를 저장할 수 없습니다. Objective-C에서는 pairedDevice 속성에 SmartTV 인스턴스를 할당하더라도 컴파일 오류는 발생하지 않습니다. 그러나 런타임에 SmartTV 인스턴스가 구현하지 않은 eject 메소드를 호출하면 런타임 오류가 발생합니다.

Objective-C

```objc
@interface RemoteController : Device <RemoteControllable>
@property (strong, nonatomic) DVDPlayer* pairedDevice;
@end

RemoteController* r = [[RemoteController alloc] init];
r.pairedDevice = [[SmartTV alloc] init];
[r.pairedDevice eject];              // Error
```

Swift 코드의 경우 DVDPlayer 자료형에 SmartTV 인스턴스를 저장할 수 없으므로 컴파일 오류가 발생합니다. 런타임에 오류가 발생하는 Objective-C에 비해 조금 더 안전합니다.

Swift

```swift
@objc class RemoteController: Device {
    var pairedDevice: DVDPlayer
}

let r = RemoteController()
r.pairedDevice = SmartTV()   // Error
```

세 클래스의 공통 상위 클래스인 Device로 지정하면 세 클래스의 인스턴스를 모두 저장할 수 있습니다. 하지만 Device는 MediaPlayable, RemoteControllable 프로토콜 채용하고 있지 않기 때문에 세 클래스에서 구현한 프로토콜 메소드를 호출할 수 없습니다. 또한 리모컨 조작을 지원하지 않은 MP3Player 인스턴스를 저장하는 것은 적절하지 않습니다.

Objective-C

```objc
@interface RemoteController : Device <RemoteControllable>
@property (strong, nonatomic) Device* pairedDevice;
@end

RemoteController* r = [[RemoteController alloc] init];
r.pairedDevice = [[MP3Player alloc] init];
[r.pairedDevice stop];       // Error
```

Swift

```swift
@objc class RemoteController: Device {
    var pairedDevice: Device
}

let r = RemoteController()
r.pairedDevice = SmartTV()
r.pairedDevice.play()// Error
```

pairedDevice 속성의 자료형은 RemoteControllable 프로토콜을 채용한 형식이 되어야 합니다. Objective-C에서는 다음과 같은 문법으로 지정할 수 있습니다.

Objective-C
```
id <프로토콜 이름>
```

Objective-C에서 pairedDevice 속성의 자료형을 다음과 같이 지정하면 DVDPlayer, SmartTV 인스턴스를 모두 저장할 수 있고, RemoteControllable 프로토콜에 선언되어 있는 모든 메소드를 호출할 수 있습니다. 또한 정적 형식 검사를 지원하기 때문에 pairedDevice 속성에 MP3Player와 같이 RemoteControllable 프로토콜을 채용하지 않은 클래스의 인스턴스를 저장할 경우 경고를 표시해 줍니다.

Objective-C Protocol/ProtocolObjC/RemoteController.h
```
id <RemoteControllable> pairedDevice;
```

Swift에서는 프로토콜 자체가 자료형이 될 수 있습니다. 그래서 pairedDevice 속성을 다음과 같이 선언할 수 있습니다. 인스턴스가 생성되는 시점에는 연동된 디바이스가 없으므로 옵셔널로 선언합니다.

Swift Protocol/Protocol.playground
```
var pairedDevice: RemoteControllable?
```

RemoteController 클래스의 전체 구현은 아래와 같습니다. pair(with:) 메소드는 파라미터로 전달된 디바이스와 리모컨을 연동하는 메소드입니다. 파라미터의 자료형을 pairedDevice 속성과 동일하게 지정하여 RemoteControllable을 채용한 모든 형식을 전달할 수 있게 구현합니다.

Objective-C Protocol/ProtocolObjC/RemoteController.h
```
@interface RemoteController : Device <RemoteControllable>
@property (strong, nonatomic) id <RemoteControllable> pairedDevice;
- (BOOL)pairWith:(id <RemoteControllable>) device;
@end
```

Objective-C Protocol/ProtocolObjC/RemoteController.m
```
@implementation RemoteController

- (void)play {
    if (self.pairedDevice) {
        [self.pairedDevice play];
    }
}
```

```objc
- (void)pause {
    if (self.pairedDevice) {
        [self.pairedDevice pause];
    }
}

- (void)stop {
    if (self.pairedDevice) {
        [self.pairedDevice stop];
    }
}

- (void)nextMedia {
    if (self.pairedDevice) {
        [self.pairedDevice play];
    }
}

- (void)prevMedia {
    if (self.pairedDevice) {
        [self.pairedDevice prevMedia];
    }
}

- (void)on {
    if (self.pairedDevice) {
        [self.pairedDevice on];
    }
}

- (void)off {
    if (self.pairedDevice) {
        [self.pairedDevice off];
    }
}

- (void)volumeUp {
    if (self.pairedDevice) {
        [self.pairedDevice volumeUp];
    }
}

- (void)volumeDown {
    if (self.pairedDevice) {
        [self.pairedDevice volumeDown];
    }
}
```

```objc
- (void)nextChannel {
    if (self.pairedDevice) {
        [self.pairedDevice nextChannel];
    }
}

- (void)prevChannel {
    if (self.pairedDevice) {
        [self.pairedDevice prevChannel];
    }
}

- (BOOL)pairWith:(id <RemoteControllable>) device {
    self.pairedDevice = nil;

    if ([device conformsToProtocol:@protocol(RemoteControllable)]) {
        self.pairedDevice = device;
        return YES;
    }

    return NO;
}

@end
```

Swift Protocol/Protocol.playground

```swift
@objc class RemoteController: Device {
    var pairedDevice: RemoteControllable?
    static var firmwareVersion: String = "1.0"
    var isOn: Bool = false

    func play() {
        guard let paired = pairedDevice else {
            return
        }

        paired.play()
    }

    func pause() {
        guard let paired = pairedDevice else {
            return
        }

        paired.pause()
    }

    func stop() {
        guard let paired = pairedDevice else {
```

```swift
            return
        }

        paired.stop()
    }

    func nextMedia() {
        guard let paired = pairedDevice else {
            return
        }

        paired.nextMedia!()
    }

    func prevMedia() {
        guard let paired = pairedDevice else {
            return
        }

        paired.prevMedia!()
    }

    func on() {
        guard let paired = pairedDevice else {
            return
        }

        paired.on()
    }

    func off() {
        guard let paired = pairedDevice else {
            return
        }

        paired.off()
    }

    func volumeUp() {
        guard let paired = pairedDevice else {
            return
        }

        paired.volumeUp()
    }

    func volumeDown() {
        guard let paired = pairedDevice else {
            return
```

```
        }

        paired.volumeDown()
    }

    func nextChannel() {
        guard let paired = pairedDevice else {
            return
        }

        paired.nextChannel!()
    }

    func prevChannel() {
        guard let paired = pairedDevice else {
            return
        }

        paired.prevChannel!()
    }

    func pair(with device: RemoteControllable) -> Bool {
        pairedDevice = device
        return true
    }
}
```

5. Objective-C의 프로토콜 적합성 검사

RemoteController 클래스의 pair(with:) 메소드를 조금 더 상세히 보겠습니다. 이 메소드의 Objective-C 구현은 파라미터로 전달된 인스턴스가 RemoteControllable 프로토콜을 채용하고 있는지 확인합니다. 프로토콜을 채용하고 있는 경우 인스턴스를 pairedDevice 속성으로 저장하고 YES를 리턴합니다. 그렇지 않은 경우에는 NO를 리턴합니다.

Objective-C
```
- (BOOL)pairWith:(id <RemoteControllable>) device {
    self.pairedDevice = nil;

    if ([device conformsToProtocol:@protocol(RemoteControllable)]) {
        self.pairedDevice = device;
        return YES;
    }

    return NO;
}
```

프로토콜을 채용하고 있는지 나타내는 척도를 프로토콜 적합성이라고 합니다. Objective-C에서 프로토콜 적합성은 conformsToProtocol: 메소드로 확인할 수 있습니다. 이 메소드는 프로토콜을 Protocol * 자료형으로 전달 받습니다. 메소드를 파라미터로 전달하기 위해 @selector 지시어를 사용한 것과 비슷하게 @protocol 지시어를 사용하여 프로토콜을 전달해야 합니다.

conformsToProtocol: 메소드는 인스턴스가 아닌 클래스 자체의 프로토콜 적합성을 테스트할 수 있습니다. 예를 들어 MP3Player 클래스와 SmartTV 클래스의 RemoteControllable 프로토콜 적합성은 다음과 같이 확인할 수 있습니다.

Objective-C Protocol/ProtocolObjC/main.m#Block1

```
if ([MP3Player conformsToProtocol:@protocol(RemoteControllable)]) {
    NSLog(@"conforming to %@",
        NSStringFromProtocol(@protocol(RemoteControllable)));
} else {
    NSLog(@"not conforming to %@",
        NSStringFromProtocol(@protocol(RemoteControllable)));
}
// not conforming to RemoteControllable

if ([SmartTV conformsToProtocol:@protocol(RemoteControllable)]) {
    NSLog(@"conforming to %@",
        NSStringFromProtocol(@protocol(RemoteControllable)));
} else {
    NSLog(@"not conforming to %@",
        NSStringFromProtocol(@protocol(RemoteControllable)));
}
// conforming to RemoteControllable
```

6. Swift의 프로토콜 적합성 검사

Swift는 프로토콜 형식을 자료형으로 사용할 수 있기 때문에 pair(with:) 메소드 내부에서 별도의 적합성 검사를 하지 않아도 됩니다. RemoteControllable 프로토콜을 채용하지 않은 파라미터가 전달될 경우 컴파일 오류가 발생하기 때문입니다.

Swift

```
func pair(with device: RemoteControllable) -> Bool {
    pairedDevice = device
    return true
}
```

Swift의 프로토콜 적합성 검사는 is 연산자와 as 연산자가 담당합니다. is 연산자는 왼쪽 피연산자로 전달된 인스턴스 오른쪽 피연산자로 전달된 프로토콜을 채용하고 있을 경우 true를 리턴합니다.

is 연산자를 통해 다음과 같이 인스턴스가 RemoteControllable 프로토콜을 채용하고 있는지 확인할 수 있습니다. Swift 컴파일러는 인스턴스가 어떤 프로토콜을 채용하고 있는지 컴파일 시점에 인식할 수 있기 때문에 아래의 if 조건문은 항상 성공합니다.

Swift Protocol/Protocol.playground#Page1
```swift
let lgSmartTV = SmartTV(name: "LG 60LF6500")

if lgSmartTV is RemoteControllable {
    print("conforming to RemoteControllable")
} else {
    print("not conforming to RemoteControllable")
}
// conforming to RemoteControllable
```

형식 자체의 프로토콜 적합성을 테스트하기 위해 다음과 같은 코드를 사용할 경우 잘못된 결과를 얻을 수 있으므로 주의해야 합니다. is 연산자의 왼쪽 피연산자는 항상 인스턴스가 되어야 합니다.

Swift
```swift
if MP3Player.self is RemoteControllable {          // Error
    print("conforming to RemoteControllable")
} else {
    print("not conforming to RemoteControllable")
}
```

as 연산자는 형변환 연산자로 인스턴스의 프로토콜 적합성 확인 결과를 옵셔널로 리턴합니다. 인스턴스가 프로토콜을 채용하고 있지 않다면 nil을 리턴하므로 guard 구문 또는 옵셔널 바인딩과 결합하여 사용할 수 있습니다. 예를 들어 주변에 모든 장치를 검색한 후 리모컨과 연동할 수 있는지 확인하는 코드를 다음과 같이 작성할 수 있습니다. 검색된 장치가 nearbyDevices 배열에 저장되어 있다고 가정합니다.

Swift Protocol/Protocol.playground#Page2
```swift
let nearbyDevices: [AnyObject] = [
    SmartTV(name: "LG 60LF6500"),
    MP3Player(name: "Apple iPod nano"),
    DVDPlayer(name: "SONY DVD-D01")
]

for device in nearbyDevices {
    guard let controllableDevice = device as? RemoteControllable else {
```

```
        continue
    }

    if let d = device as? Device {
        print(d.modelName)
    }
}
// LG 60LF6500
// SONY DVD-D01
```

as? 연산자는 as! 연산자로 대체할수 있습니다. 여기에서 사용된 !는 강제추출 연산자와 동일합니다. as! 연산자를 사용한다면 프로토콜 적합성 검사가 실패할 때 런타임 오류가 발생합니다.

7. 테스트

지금까지 구현한 코드를 테스트할 시간입니다. 우선 RemoteController 인스턴스를 하나 생성하고, 이 리모컨과 연동할 세 개의 인스턴스를 생성합니다. 먼저 lgSmartTV와 연동하고 결과를 확인합니다. SmartTV 클래스가 RemoteControllable 프로토콜을 채용하고 있으므로 정상적으로 연동되고 프로토콜 메소드를 호출하여 로그를 확인할 수 있습니다.

Objective-C Protocol/ProtocolObjC/main.m#Block2

```objective-c
RemoteController* magicRemote = [[RemoteController alloc]
initWithModelName:@"Magic Remote Controller"];

SmartTV* lgSmartTV = [[SmartTV alloc] initWithModelName:@"LG 60LF6500"];
MP3Player* iPod = [[MP3Player alloc] initWithModelName:@"Apple iPod nano"];
DVDPlayer* sonyDVDPlayer = [[DVDPlayer alloc]
    initWithModelName:@"SONY DVD-D01"];

if ([magicRemote pairWith:lgSmartTV]) {
    [magicRemote on];
    [magicRemote volumeUp];
    [magicRemote volumeUp];
    [magicRemote nextChannel];
    [magicRemote off];
} else {
    NSLog(@"Pairing Failed");
}
// SmartTV: call -[SmartTV on]
// SmartTV: call -[SmartTV volumeUp]
// SmartTV: volume 1
// SmartTV: call -[SmartTV volumeUp]
// SmartTV: volume 2
// SmartTV: call -[SmartTV nextChannel]
// SmartTV: call -[SmartTV off]
```

```swift
let magicRemote = RemoteController(name: "Magic Remote Controller")

let lgSmartTV = SmartTV(name: "LG 60LF6500")
let iPod = MP3Player(name: "Apple iPod nano")
let sonyDVDPlayer = DVDPlayer(name: "SONY DVD-D01")

if magicRemote.pair(with: lgSmartTV) {
    magicRemote.on()
    magicRemote.volumeUp()
    magicRemote.volumeUp()
    magicRemote.nextChannel()
    magicRemote.off()
} else {
    print("Pairing Failed")
}
// SmartTV: call on()
// SmartTV: call volumeUp()
// SmartTV: volume 1
// SmartTV: call volumeUp()
// SmartTV: volume 2
// SmartTV: call nextChannel()
// SmartTV: call off()
```

이번에는 iPod과 리모컨을 연동합니다. MP3Player 클래스는 RemoteControllable 프로토콜을 채용하고 있지 않기 때문에 연동이 실패합니다. Objective-C의 경우 pairWith: 메소드에 iPod 인스턴스를 전달하면 경고만 출력되고 정상적으로 컴파일됩니다. 하지만 런타임에 메소드에 포함된 프로토콜 적합성 검사를 통과하지 못하므로 의도한 결과를 얻을 수 있습니다.

```objc
if ([magicRemote pairWith:iPod]) {
    [magicRemote on];
    [magicRemote off];
} else {
    NSLog(@"Pairing Failed");
}
// Pairing Failed
```

Swift의 경우 iPod 인스턴스가 RemoteControllable 프로토콜을 채용한 클래스의 인스턴스가 아니기 때문에 컴파일 오류가 발생합니다.

```swift
if magicRemote.pair(with: iPod) {   // Error
    magicRemote.on()
    magicRemote.off()
```

```
    } else {
        print("Pairing Failed")
    }
```

sonyDVDPlayer와 연동 후 결과를 확인합니다. DVDPlayer 클래스는 RemoteControllable 프로토콜을 채용하고 있지만 채널 이동 기능은 지원하지 않기 때문에 nextChannel, prevChannel 메소드를 구현하지 않았습니다. 그래서 연동 후 nextChannel 메소드를 호출하는 부분에서 런타임 오류가 발생합니다.

Objective-C Protocol/ProtocolObjC/main.m#Block2
```objectivec
if ([magicRemote pairWith:sonyDVDPlayer]) {
    [magicRemote on];
    [magicRemote play];
    [magicRemote nextChannel];  // Error
    [magicRemote stop];
    [magicRemote off];
} else {
    NSLog(@"Pairing Failed");
}
// DVDPlayer: call -[DVDPlayer on]
// DVDPlayer: call -[DVDPlayer play]
// -[DVDPlayer nextChannel]: unrecognized selector
// sent to instance 0x100102930
```

Swift Protocol/Protocol.playground#Page5
```swift
if magicRemote.pair(with: sonyDVDPlayer) {
    magicRemote.on()
    magicRemote.play()
    magicRemote.nextChannel()   // Error
    magicRemote.stop()
    magicRemote.off()
} else {
    print("Pairing Failed")
}

// DVDPlayer: call on()
// DVDPlayer: call play()
// -[__lldb_expr_62.DVDPlayer nextChannel]: unrecognized selector
// sent to instance 0x7f8ffb60f200
```

이 문제를 해결하기 위해 RemoteController 클래스의 채널 변경 메소드에 실제 메소드 구현 여부를 확인하는 코드를 추가합니다. Objective-C는 respondsToSelector: 메소드를 통해 확인할 수 있습니다.

```objc
Objective-C
@implementation RemoteController
// ...
- (void)nextChannel {
    if ([self.pairedDevice respondsToSelector:@selector(nextChannel)]) {
        [self.pairedDevice nextChannel];
    }
}

- (void)prevChannel {
    if ([self.pairedDevice respondsToSelector:@selector(prevChannel)]) {
        [self.pairedDevice prevChannel];
    }
}
// ...
@end
```

Swift의 메소드 구현을 자세히 보면 메소드 이름과 ( ) 사이에 ! 연산자가 있습니다. Swift에서 옵셔
널로 선언된 메소드의 형식은 선언에 관계없이 옵셔널 형식이 됩니다. nextChannel() 메소드의 형식
은 () –⟩ () 이지만 RemoteControllable 프로토콜에서 선택적 메소드로 선언되어 있기 때문에 (() –⟩
())? 입니다. 그래서 이 메소드를 호출하기 위해 옵셔널로 저장된 메소드를 추출해야 합니다. 옵셔널
변수의 값이 nil일 때 ! 연산자로 값을 추출하면 런타임 오류가 발생하는 것처럼 ! 연산자로 구현되어 있
지 않은 메소드를 강제 추출하면 런타임 오류가 발생합니다.

Swift *Protocol/Protocol.playground#Page5*
```swift
@objc class RemoteController: Device {
    // ...
    func nextChannel() {
        guard let paired = pairedDevice else {
            return
        }

        paired.nextChannel!()
    }

    func prevChannel() {
        guard let paired = pairedDevice else {
            return
        }

        paired.prevChannel!()
    }
    // ...
}
```

Swift에서는 ! 연산자를 ? 연산자로 바꾸면 오류를 수정할 수 있습니다.

Swift Protocol/Protocol.playground#Page6

```swift
@objc class RemoteController: Device {
    // ...
    func nextChannel() {
        guard let paired = pairedDevice else {
            return
        }

        paired.nextChannel?()
    }

    func prevChannel() {
        guard let paired = pairedDevice else {
            return
        }

        paired.prevChannel?()
    }
    // ...
}
```

sonyDVDPlayer 연동 코드를 다시 실행하면 구현되지 않은 기능은 무시되고 나머지 코드가 정상적
으로 실행됩니다.

Objective-C

```objc
if ([magicRemote pairWith:sonyDVDPlayer]) {
    [magicRemote on];
    [magicRemote play];
    [magicRemote nextChannel];
    [magicRemote stop];
    [magicRemote off];
} else {
    NSLog(@"Pairing Failed");
}
// DVDPlayer: call -[DVDPlayer on]
// DVDPlayer: call -[DVDPlayer play]
// DVDPlayer: call -[DVDPlayer stop]
// DVDPlayer: call -[DVDPlayer off]
```

Swift

```swift
if magicRemote.pair(with: sonyDVDPlayer) {
    magicRemote.on()
    magicRemote.play()
    magicRemote.nextChannel()
    magicRemote.stop()
```

```
        magicRemote.off()
} else {
    print("Pairing Failed")
}

// DVDPlayer: call on()
// DVDPlayer: call play()
// DVDPlayer: call stop()
// DVDPlayer: call off()
```

8. Protocol Composition

새로운 프로토콜을 선언합니다. Repairable 프로토콜은 수리 가능한 디바이스가 채용할 수 있고 repair 메소드를 선언합니다. AppleRepairable 프로토콜은 수리 가능한 애플 디바이스가 채용할 수 있고, Repairable 프로토콜을 상속한 후 checkAppleWarranty 메소드 선언을 추가합니다.

Objective-C Protocol/Composition/CompositionObjC/Protocols.h
```
@protocol Repairable <NSObject>
- (void)repair;
@end

@protocol AppleRepairable <Repairable>
- (BOOL)checkAppleWarranty;
@end
```

두 프로토콜은 선택적 프로토콜을 선언하지 않기 때문에 @objc 속성을 사용하지 않습니다

Swift Protocol/Composition/Composition.playground
```
protocol Repairable {
    func repair()
}

protocol AppleRepairable: Repairable {
    func checkAppleWarranty() -> Bool
}
```

MP3Player 클래스가 Repairable 프로토콜을 채용하도록 선언을 수정하고 repair 메소드를 추가합니다.

Objective-C Protocol/Composition/CompositionObjC/MP3Player.h
```
@interface MP3Player : Device <MediaPlayable, Repairable>
@end
```

Objective-C Protocol/Composition/CompositionObjC/MP3Player.m

```objc
@implementation MP3Player
- (void)repair {
    NSLog(@"%@: call %s", NSStringFromClass([self class]), __FUNCTION__);
}
// ...
@end
```

Swift Protocol/Composition/Composition.playground

```swift
@objc class MP3Player: Device, MediaPlayable, Repairable {
    // ...
    func repair() {
        #if swift(>=3.0)
        print("\(String(describing: MP3Player.self)): call \(#function)")
        #else
        print("\(String(MP3Player.self)): call \(#function)")
        #endif
    }
}
```

AppleRepairable 프로토콜을 채용한 MacBook 클래스와 AppleMusicDevice 클래스를 구현합니다.

Objective-C Protocol/Composition/CompositionObjC/MacBook.h

```objc
@interface MacBook : Device <AppleRepairable>
@end
```

Objective-C Protocol/Composition/CompositionObjC/MacBook.m

```objc
@implementation MacBook

- (void)repair {
    NSLog(@"%@: call %s", NSStringFromClass([self class]), __FUNCTION__);
}

- (BOOL)checkAppleWarranty {
    NSLog(@"%@: call %s", NSStringFromClass([self class]), __FUNCTION__);
    return YES;
}

@end
```

Swift Protocol/Composition/Composition.playground

```swift
class MacBook: class MacBook: Device, AppleRepairable {
    func repair() {
        #if swift(>=3.0)
        print("\(String(describing: MacBook.self)): call \(#function)")
        #else
```

```
            print("\(String(MacBook.self)): call \(#function)")
            #endif
    }

    func checkAppleWarranty() -> Bool {
        #if swift(>=3.0)
        print("\(String(describing: MacBook.self)): call \(#function)")
        #else
        print("\(String(MacBook.self)): call \(#function)")
        #endif

        return true;
    }
}
```

AppleMusicDevice는 MP3Player를 상속합니다. 클래스 선언에 AppleRepairable 프로토콜만 선언되어 있지만 MP3Player가 채용하고 있는 프로토콜을 모두 채용하고 있는 것으로 간주됩니다. 그리고 MP3Player 클래스에 포함되어 있는 프로토콜 구현이 모두 상속됩니다.

Objective-C Protocol/Composition/CompositionObjC/AppleMusicDevice.h
```
@interface AppleMusicDevice : MP3Player <AppleRepairable>
@end
```

Objective-C Protocol/Composition/CompositionObjC/AppleMusicDevice.m
```
@implementation AppleMusicDevice

- (void)repair {
    NSLog(@"%@: call %s", NSStringFromClass([self class]), __FUNCTION__);
}

- (BOOL)checkAppleWarranty {
    NSLog(@"%@: call %s", NSStringFromClass([self class]), __FUNCTION__);
    return YES;
}

@end
```

Swift Protocol/Composition/Composition.playground
```
class AppleMusicDevice: MP3Player, AppleRepairable {
    override func repair() {
        #if swift(>=3.0)
        print("\(String(describing: AppleMusicDevice.self)): call \
(#function)")
        #else
        print("\(String(AppleMusicDevice.self)): call \(#function)")
        #endif
```

```
        }

    func checkAppleWarranty() -> Bool {
        #if swift(>=3.0)
        print("\(String(describing: AppleMusicDevice.self)): call \
(#function)")
        #else
        print("\(String(AppleMusicDevice.self)): call \(#function)")
        #endif

        return true;
    }
}
```

이번에 구현할 AppleMediaDeviceCenter 클래스는 애플의 미디어 재생기기를 수리할 수 있는 AS 센터를 추상화한 클래스입니다. 이 클래스는 MediaPlayable, AppleRepairable 프로토콜을 모두 채용하고 있는 디바이스만 수리할 수 있습니다. 다음과 같이 repairMediaDevice 메소드를 구현할 때 파라미터의 자료형을 어떻게 지정해야 할까요??

RemoteController 클래스의 pairedDevice 속성을 다시 상기해 보면 아래와 같은 코드를 고려할 수 있습니다. 그러나 이 방식은 특정 프로토콜 하나만 대표할 수 있고, 두 프로토콜이 서로 연관성을 가지고 있지 않기 때문에 적합하지 않습니다.

Objective-C
```
@interface AppleMediaDeviceCenter : NSObject
- (BOOL)repairMediaDevice:(id <MediaPlayable?? AppleRepairable??>)device;
@end
```

이처럼 두 개 이상의 프로토콜을 대표하는 형식을 지정하려면 프로토콜 컴포지션을 사용합니다. 프로토콜 컴포지션은 다음과 같은 문법을 사용합니다.

Objective-C
```
id <프로토콜 이름1, 프로토콜 이름N>
```

Swift 2.3
```
protocol<프로토콜 이름1,프로토콜 이름2,프로토콜 이름N>
```

Swift 3
```
프로토콜 이름1 & 프로토콜 이름2 & 프로토콜 이름N
```

AppleMediaDeviceCenter 클래스의 전체 구현은 다음과 같습니다. repairMediaDevice(device:) 메소드는 파라미터의 자료형을 프로토콜 컴포지션으로 지정합니다. Objective-C의 메소드 구현은 내부에서 프로토콜 적합성과 메소드 구현 여부를 확인합니다.

```objc
@interface AppleMediaDeviceCenter : NSObject
- (BOOL)repairMediaDevice:(id <MediaPlayable, AppleRepairable>)device;
@end
```

```objc
@implementation AppleMediaDeviceCenter

- (BOOL)repairMediaDevice:(id <MediaPlayable, AppleRepairable>)device {
    if (![device conformsToProtocol:@protocol(MediaPlayable)]
        || ![device conformsToProtocol:@protocol(AppleRepairable)]) {
        return NO;
    }

    if (![device respondsToSelector:@selector(repair)]) {
        return NO;
    }

    if ([device checkAppleWarranty]) {
        [device repair];
    }

    return YES;
}

@end
```

```swift
class AppleMediaDeviceCenter {
#if swift(>=3.0)
    func repairMediaDevice(device: MediaPlayable&AppleRepairable) -> Bool {
        if device.checkAppleWarranty() {
            device.repair()
            return true
        }

        return false
    }
#else
    func repairMediaDevice(device: protocol<MediaPlayable, AppleRepairable>)
        -> Bool {
        if device.checkAppleWarranty() {
            device.repair()
            return true
        }

        return false
    }
```

```
  #endif
}
```

이제 프로토콜 컴포지션 예제를 테스트 해 보겠습니다. 먼저 AppleMediaDeviceCenter 인스턴스를 하나 생성하고 테스트에 사용할 네 개의 디바이스 인스턴스를 생성합니다. 먼저 lgSmartTV 인스턴스를 repairMediaDevice(device:) 메소드에 전달합니다. 이 인스턴스는 MediaPlayable 프로토콜을 채용하고 있지만 AppleRepairable 프로토콜은 채용하고 있지 않기 때문에 프로토콜 적합성 테스트를 통화하지 못합니다. 그래서 Objective-C에서는 cannot repair가 출력되고, Swift에서는 컴파일 오류가 발생합니다.

Objective-C Protocol/Composition/CompositionObjC/main.m
```objectivec
AppleMediaDeviceCenter* repairCenter = [AppleMediaDeviceCenter new];

SmartTV* lgSmartTV = [[SmartTV alloc] initWithModelName:@"LG Smart TV"];
MP3Player* sonyWalkman = [[MP3Player alloc]
    initWithModelName:@"Sony Walkman"];
AppleMusicDevice* iPodNano = [[AppleMusicDevice alloc]
    initWithModelName:@"iPod Nano"];
MacBook* macBookPro = [[MacBook alloc] initWithModelName:@"MacBook Pro"];

if ([repairCenter repairMediaDevice:lgSmartTV]) {
    NSLog(@"done");
} else {
    NSLog(@"cannot repair");
}
// cannot repair
```

Swift Protocol/Composition/Composition.playground#Page1
```swift
let repairCenter = AppleMediaDeviceCenter()

let lgSmartTV = SmartTV(name: "LG Smart TV")
let sonyWalkman = MP3Player(name: "Sony Walkman")
let iPodNano = AppleMusicDevice(name: "iPod Nano")
let macBookPro = MacBook(name: "MacBook Pro")

if repairCenter.repairMediaDevice(lgSmartTV) {  // Error
    print("done")
} else {
    print("cannot repair")
}
```

sonyWalkman 인스턴스와 macBookPro 인스턴스 역시 두 프로토콜을 모두 채용하고 있는 것이 아니기 때문에 프로토콜 적합싱 테스트를 통과하지 못합니다.

Objective-C Protocol/Composition/CompositionObjC/main.m

```objc
if ([repairCenter repairMediaDevice:sonyWalkman]) {
    NSLog(@"done");
} else {
    NSLog(@"cannot repair");
}
// cannot repair

if ([repairCenter repairMediaDevice:macBookPro]) {
    NSLog(@"done");
} else {
    NSLog(@"cannot repair");
}
// cannot repair
```

Swift Protocol/Composition/Composition.playground#Page1

```swift
if repairCenter.repairMediaDevice(sonyWalkman) {  // Error
    print("done")
} else {
    print("cannot repair")
}

if repairCenter.repairMediaDevice(macBookPro) {  // Error
    print("done")
} else {
    print("cannot repair")
}
```

다른 인스턴스들과 반대로 iPodNano 인스턴스는 두 프로토콜을 모두 채용한 클래스의 인스턴스입니다. 그러므로 프로토콜 적합성 테스트를 통과할 수 있습니다. 이후 AppleRepairable 프로토콜에 선언되어 있는 두 메소드가 호출되고 done 로그가 정상적으로 출력됩니다.

Objective-C Protocol/Composition/CompositionObjC/main.m

```objc
if ([repairCenter repairMediaDevice:iPodNano]) {
    NSLog(@"done");
} else {
    NSLog(@"cannot repair");
}
// AppleMusicDevice: call -[AppleMusicDevice checkAppleWarranty]
// AppleMusicDevice: call -[AppleMusicDevice repair]
// done
```

```
#if swift(>=3.0)
if repairCenter.repairMediaDevice(device: iPodNano) {
    print("done")
} else {
    print("cannot repair")
}
#else
if repairCenter.repairMediaDevice(iPodNano) {
    print("done")
} else {
    print("cannot repair")
}
#endif
// AppleMusicDevice: call checkAppleWarranty()
// AppleMusicDevice: call repair()
// done
```

9. Summary

• 프로토콜은 형식이 공통적으로 구현해야 할 기능 목록을 정의하는 것으로 프로토콜 선언에는 메소드와 속성의 선언이 포함됩니다.

• Objective-C 프로토콜은 프로토콜을 채용한 클래스가 공통적으로 구현해야 할 메소드 목록을 선언할 수 있습니다.

• Objective-C 프로토콜은 @protocol 지시어로 선언합니다.

```
Objective-C
@protocol 프로토콜 이름
    메소드 선언 목록
@end

@protocol 프로토콜 이름 <상속할 프로토콜 이름1, 상속할 프로토콜 이름N>
    메소드 선언 목록
@end

@protocol 프로토콜 이름
    필수 메소드 선언 1

    @optional
    선택적 메소드 선언 1
    선택적 메소드 선언 2

    @required
    필수 메소드 선언 2
@end
```

- 필수 메소드는 @required 지시어를 사용해서 명시적으로 선언할 수 있지만 일반적으로 생략합니다.
- 메소드 선언 앞에 @optional 지시어를 추가하여 선택적 메소드로 선언할 수 있습니다.
- Objective-C 클래스는 상위 클래스 이름 다음에 〈 〉를 적고 채용할 프로토콜 목록을 나열합니다.

```
Objective-C
@interface 클래스 이름: 상위 클래스 이름 <프로토콜 이름 목록>
// ...
@end
```

- Objective-C에서 프로토콜 형식은 아래와 같이 선언할 수 있습니다.

```
Objective-C
id <프로토콜 이름>
```

- Swift 프로토콜은 프로토콜을 채용한 클래스, 구조체, 열거형이 공통적으로 구현해야 할 메소드와 속성 목록을 선언할 수 있습니다.
- Swift 프로토콜은 protocol 키워드로 선언합니다.

```
Swift
protocol 프로토콜 이름 {
    속성 선언 목록
    메소드 선언 목록
    생성자 선언 목록
}

protocol 프로토콜 이름: 상속할 프로토콜 이름1, 상속할 프로토콜 이름N {
    // ...
}
```

- Swift 프로토콜 선언에 포함된 요소들은 기본적으로 필수 요소입니다.
- 선택적 요소를 선언할 때는 optional 키워드를 선언 앞에서 추가하고 @objc 속성을 추가합니다.

```
Swift
@objc protocol 프로토콜 이름 {
    @objc optional 속성 선언
    @objc optional 메소드 선언
}
```

- 선택적 요소를 가진 프로토콜을 채용할 수 있는 대상은 Objective-C 클래스로부터 상속된 클래스 또는 @objc 속성으로 선언된 클래스로 제한됩니다.
- Swift 프로토콜에서 속성을 선언할 때는 속성 이름과 자료형, 속성의 읽기/쓰기 특성을 지정합니다.

Swift

```swift
static var 속성 이름: 자료형 { 읽기/쓰기 특성 }
var 속성 이름: 자료형 { 읽기/쓰기 특성 }
```

- Swift 프로토콜의 메소드 선언은 메소드 이름, 파라미터 목록, 리턴형으로 구성됩니다.

Swift

```swift
static func 메소드 이름(파라미터 목록) -> 리턴형
func 메소드 이름(파라미터 목록) -> 리턴형
mutatic func 메소드 이름(파라미터 목록) -> 리턴형
```

- Swift는 상속과 동일한 문법으로 채용할 프로토콜 목록을 명시합니다.

Swift

```swift
class 클래스 이름: 상위 클래스 이름, 프로토콜 이름 목록 {
    // ...
}

struct 구조체 이름: 프로토콜 이름 목록 {
    // ...
}

enum 열거형 이름: 프로토콜 이름 목록 {
    // ...
}
```

- Swift에서는 프로토콜 자체가 자료형이 될 수 있습니다.
- 프로토콜을 채용하고 있는지 나타내는 척도를 프로토콜 적합성이라고 합니다.
- Objective-C에서 프로토콜 적합성은 conformsToProtocol: 메소드로 확인할 수 있습니다.
- Swift에서 프로토콜 적합성은 is 연산자와 as 연산자를 통해 확인할 수 있습니다.
- 두 개 이상의 프로토콜을 대표하는 형식을 지정하려면 프로토콜 컴포지션을 사용합니다.

Objective-C

```
id <프로토콜 이름1, 프로토콜 이름N>
```

Swift 2.3

```
protocol<프로토콜 이름1,프로토콜 이름2,프로토콜 이름N>
```

Swift 3

```
프로토콜 이름1 & 프로토콜 이름2 & 프로토콜 이름N
```

익스텐션

설계에 많은 시간과 노력을 투자해도 단 한 번에 모든 요구사항을 충족시키는 코드를 구현하는 것은 매우 어려운 일입니다. 코드는 계속해서 개선되고 때로는 새로운 기능이 추가되어야 합니다. 익스텐션은 프로그래밍 언어가 제공하는 다양한 기능 중 사용자 정의 자료형의 확장에 중심을 두고 있습니다.

익스텐션은 사용자 정의 자료형을 확장한다는 점에서 상속과 유사합니다. 상속은 항상 새로운 클래스를 구현해야 한다는 부담이 있지만 익스텐션은 이미 존재하는 클래스에 새로운 기능을 직접 추가할 수 있습니다. 클래스의 소스 코드를 직접 수정할 수 없는 경우에도 상속 없는 확장이 가능해 매우 유용합니다. 또한, 사용자 정의 자료형의 구현이 복잡할 때 기능별로 분리하는 용도로 활용할 수 있습니다.

Objective-C는 익스텐션을 카테고리라고 부르고, 구현 방식에 따라 일반 카테고리와 익명 카테고리로 분류합니다. 일반 카테고리는 클래스에 새로운 메소드를 추가할 수 있고, 익명 카테고리는 속성과 메소드를 추가할 수 있습니다.

Swift의 익스텐션은 Objective-C와 달리 이름을 가지고 있지 않습니다. 클래스뿐만 아니라 구조체와 열거형, 프로토콜을 모두 확장할 수 있습니다. 새로운 속성, 메소드, 생성자, 서브스크립트 구현을 추가할 수 있고, 이미 존재하는 형식의 구현을 변경하지 않고 프로토콜을 채용할 수 있습니다.

1. Objective-C 카테고리

Objective-C의 카테고리는 Smalltalk에서 차용한 개념으로 기존 클래스에 새로운 메소드를 추가하거나 연관된 메소드를 개별 그룹으로 묶을 수 있습니다. 추가된 메소드는 기존 클래스에 있는 속성에 접근하거나 메소드를 호출할 수 있습니다.

카테고리를 선언하는 문법은 클래스의 문법과 매우 유사합니다.

```
Objective-C
@interface 확장할 클래스 이름 (카테고리 이름)
    메소드 선언 목록
@end

@implementation 확장할 클래스 이름 (카테고리 이름)
    메소드 구현
@end
```

클래스와 마찬가지로 선언과 구현을 별도의 파일에 작성합니다. 각 파일의 이름은 일반적으로 클래스 이름+카테고리 이름.확장자의 형태를 사용합니다. 예를 들어 NSDate 클래스를 확장하는 Util 카테고리의 헤더 파일과 구현 파일의 이름은 아래와 같습니다.

```
Objective-C
NSDate+Util.h
NSDate+Util.m
```

1.1 NSDate 확장

NSDate 클래스에 yesterday, tomorrow 메소드를 추가하는 카테고리를 구현해 보겠습니다. 프로젝트에 카테고리 파일을 추가하는 방법은 클래스 파일을 추가하는 방법과 유사합니다.

STEP 01

File 〉 New 〉 File...(⌘N) 메뉴를 선택합니다. 또는 프로젝트 네비게이터의 컨텍스트 메뉴에서 New File... 메뉴를 선택합니다.

STEP 02

템플릿 선택 화면에서 iOS(또는 macOS) 〉 Objective-C 항목을 선택한 후 Next 버튼을 클릭합니다.

STEP 03

파일 이름, 파일 형식, 확장할 클래스를 선택한 후 Next 버튼을 클릭합니다. File Type 항목에서 Category를 선택하고 Class 항목에서 NSDate를 선택합니다.

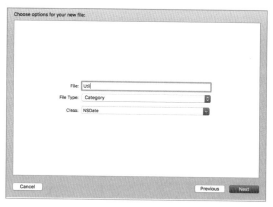

STEP 04

저장 위치를 선택한 후 Create 버튼을 클릭합니다.

카테고리 파일을 추가한 후 아래와 같이 구현합니다.

```objc
@interface NSDate (Util)
+ (NSDate*)yesterday;
+ (NSDate*)tomorrow;
@end
```

```objc
@implementation NSDate (Util)

+ (NSDate*)yesterday {
    return [NSDate dateWithTimeIntervalSinceNow:60 * 60 * 24 * -1];
}

+ (NSDate*)tomorrow {
    return [NSDate dateWithTimeIntervalSinceNow:60 * 60 * 24];
}

@end
```

카테고리를 통해 추가된 메소드를 사용하려면 반드시 해당 소스 파일에 카테고리 헤더를 임포트 해야 합니다. 그렇지 않은 경우에는 카테고리로 추가한 메소드를 인식할 수 없어서 컴파일 오류가 발생합니다. 카테고리 헤더를 임포트한 후 다음과 같이 메소드를 호출할 수 있습니다.

```objc
NSDate* yesterday = [NSDate yesterday];
NSDate* tomorrow = [NSDate tomorrow];
```

카테고리로 선언한 메소드와 동일한 메소드가 기존 클래스에 존재하고 있다면 카테고리 메소드가 우선순위를 갖습니다. 두 개 이상의 카테고리에서 동일한 이름의 메소드를 구현한 경우 컴파일 오류 없이 정상적으로 실행되지만 어떤 메소드가 호출될지 불분명하기 때문에 피해야할 패턴 중 하나입니다.

만약 기존 메소드 구현을 확장하기 위해서 카테고리 메소드 내에서 다음과 같이 메소드를 호출하면 재귀호출이 일어납니다. 예를 들어 아래와 같이 NSDate 메소드의 date 메소드를 구현하고 내부에서 다시 date 메소드를 호출하는 코드는 재귀호출로 인해 런타임 오류가 발생합니다.

```objc
+ (NSDate*)date {
    NSDate* date = [NSDate date];
    // ..
    return date;
}
```

기존 구현을 그대로 유지하면서 확장하는 경우에는 서브클래싱이 더 나은 선택입니다.

2. Objective-C 익스텐션

Objective-C 2.0에서 추가된 익스텐션은 일반 카테고리와 달리 속성을 추가할 수 있고 원본 클래스의 구현 파일에서 구현합니다. 원본 클래스의 구현 파일을 수정할 수 없다면 익스텐션을 추가할 수 없습니다. 앞에서 카테고리를 추가했던 NSDate 역시 원본 구현 파일을 직접 수정할 수 없기 때문에 익스텐션을 추가할 수 없습니다.

익스텐션을 선언하는 문법은 카테고리와 동일하지만 ( ) 사이에 이름을 적지 않습니다. 그래서 익스텐션을 익명 카테고리라고 부르기도 합니다. 선언 위치는 @implementation 지시어 앞부분입니다.

```
Objective-C
@interface 확장할 클래스 이름 ()
// ...
@end

@implementation 확장할 클래스 이름
// ...
@end
```

익스텐션은 주로 클래스 내부에서 사용할 수 있는 속성과 메소드를 선언하거나 인터페이스 파일에 선언되어 있는 속성의 특성을 변경하기 위해 사용합니다.

예를 들어 Foo 클래스는 다음과 같이 두 개의 속성을 선언하고 있습니다.

```
Objective-C  Extension/Foo/Foo.h
@interface Foo : NSObject
@property (readonly) NSUInteger barNumber;
@property (strong, nonatomic) NSString* barString;
@end
```

barNumber 속성은 읽기 전용이기 때문에 클래스 외부는 물론 내부에서도 self.barNumber로 접근하여 값을 변경할 수 없습니다.

```
Objective-C
@implementation Foo
- (void)doSomething {
    _barNumber = 0;
    self.barNumber = 0; // Error
}
@end
```

이 경우 익스텐션을 통해 속성을 재정의할 수 있습니다. 클래스 외부에서는 여전히 읽기 전용이지만 클래스 내부에서는 self.barNumber로 접근하여 값을 변경할 수 있습니다.

Objective-C Extension/Foo/Foo.m

```objc
@interface Foo ()
@property (assign) NSUInteger barNumber;
@end

@implementation Foo

- (void)doSomething {
    self.barNumber = 0;
}

@end
```

익스텐션은 readonly 특성을 readwrite 특성으로 재정의 할 수 있으나 그 반대의 경우는 불가능합니다. 선언 부분에서 readwrite 특성으로 선언되어 있는 barString을 익스텐션에서 다음과 같이 선언하면 컴파일 오류가 발생합니다.

Objective-C

```objc
@interface Foo ()
@property (assign) NSUInteger barNumber;
@property (strong, nonatomic, readonly) NSString* barString;    // Error
@end
```

익스텐션에 메소드를 추가하는 방법은 클래스와 동일합니다. 익스텐션 선언은 클래스 선언과 마찬가지로 메소드 선언만 포함할 수 있습니다. 메소드의 실제 구현은 익스텐션 대상 클래스의 구현 부분에 포함되어야 합니다. 예를 들어 bar 메소드는 다음과 같이 추가할 수 있습니다.

Objective-C

```objc
@interface Foo ()
@property (assign) NSUInteger barNumber;
- (void)bar;
@end

@implementation Foo

- (void)bar {
    // ...
}

- (void)doSomething {
    [self bar];
}

@end
```

익스텐션으로 추가한 속성과 메소드는 해당 클래스에서만 사용할 수 있는 private한 성격을 가지고 있어서 다른 클래스나 하위 클래스에서 사용할 수 없습니다.

3. Swift 익스텐션

Swift의 익스텐션은 이름이 없다는 점에서 Objective-C의 익스텐션(익명 카테고리)과 유사하지만 실제로는 일반 카테고리와 유사합니다. Objective-C와 달리 확장 가능한 형식이 클래스, 구조체, 열거형으로 더 많습니다. 또한 이미 존재하는 형식에 프로토콜 구현을 추가할 수 있습니다.

익스텐션은 extension 키워드로 선언합니다. extension 선언은 확장할 형식의 구현 파일이나 별도의 파일에 위치할 수 있습니다. 익스텐션으로 확장된 기능은 동일한 모듈에서 별도의 임포트 과정 없이 사용할 수 있습니다.

Swift
```
extension 확장할 형식 이름 {
    // ...
}

extension 확장할 형식 이름:프로토콜1, 프로토콜n {
    // ...
}
```

3.1 계산 속성

Swift 익스텐션은 형식에 새로운 계산 속성을 추가할 수 있습니다. 예를 들어 호도법 변환을 수행하는 계산 속성을 Double 자료형에 추가할 수 있습니다.

Swift Extension/Extension.playground#Page1
```
public let π = M_PI

extension Double {
    var radianValue: Double {
        return (π * self) / 180.0
    }

    var degreeValue: Double {
        return self * 180.0 / π
    }
}

let degreeValue = 45.0
print("\(degreeValue) degree = \(degreeValue.radianValue) radian")
// 45.0 degree = 0.785398163397448 radian
```

```
let radianValue = 3.0
print("\(radianValue) radian = \(radianValue.degreeValue) degree")
// 3.0 radian = 171.887338539247 degree
```

저장 속성과 속성 감시자를 추가하는 문법은 아직 지원되지 않습니다.

3.2 메소드

익스텐션을 통해 인스턴스 메소드와 형식 메소드를 추가할 수 있습니다. 예를 들어 날짜를 문자열로
변환하는 유틸리티 메소드를 NSDate 클래스에 추가할 수 있습니다.

Swift 2.3 Extension/Extension.playground#Page2
```
extension NSDate {
    func toString(format: String = "yyyyMMdd") -> String {
        let privateFormatter = NSDateFormatter()
        privateFormatter.dateFormat = format
        return privateFormatter.stringFromDate(self)
    }
}

let today = NSDate()
print(today.toString())
// 20160520

print(today.toString("MM/dd/yyyy"))
// 05/20/2016
```

Swift 3 Extension/Extension.playground#Page3
```
extension Date {
    func toString(format: String = "yyyyMMdd") -> String {
        let privateFormatter = DateFormatter()
        privateFormatter.dateFormat = format
        return privateFormatter.string(from: self)
    }
}

let today = Date()
print(today.toString())
// 20160520

print(today.toString(format: "MM/dd/yyyy"))
// 05/20/2016
```

3.3 편의 생성자

익스텐션으로 새로운 생성자를 추가할 수 있습니다. 하지만 클래스의 경우 편의 생성자 외에 지정 생성자나 소멸자를 추가할 수 없습니다. 익스텐션으로 추가된 편의 생성자는 반드시 원래 클래스의 지정 생성자를 호출해야 합니다.

Swift Extension/Extension.playground#Page4

```swift
extension Double {
    init(sizeInKB: Double) {
        self = sizeInKB * 1024.0
    }

    init(sizeInMB: Double) {
        self = sizeInMB * 1024.0 * 1024.0
    }
}

let fileSize = Double(sizeInKB: 20)
print(fileSize)
// 20480.0

let dirSize = Double(sizeInMB: 700)
print(dirSize)
// 734003200.0
```

3.4 서브스크립트

이어지는 예제는 String 자료형에 서브스크립트를 추가하는 코드를 보여줍니다.

Swift Extension/Extension.playground#Page5

```swift
#if swift(>=3.0)
extension String {
    subscript(idx: Int) -> String? {
        if idx >= self.characters.count || idx < 0 {
            return nil
        }

        return String(self.characters[self.index(self.startIndex,
            offsetBy: idx)])
    }
}
#else
extension String {
    subscript(idx: Int) -> String? {
```

```
            if idx >= self.characters.count || idx < 0 {
                return nil
            }

            return String(self.characters[self.startIndex.advancedBy(idx)])
        }
    }
}
#endif

let str = "Swift Language"
if let char = str[2] {
    print(char)
} else {
    print("out of bounds");
}
// i

if let char = str[23] {
    print(char)
} else {
    print("out of bounds");
}
// out of bounds
```

3.5 Nested Type

익스텐션을 통해 내포된 자료형을 추가할 수 있습니다. 이번 예제는 Double 자료형에 파일 크기를 나타내는 Size 열거형을 추가합니다. 이 열거형은 toString 함수를 통해 문자열로 변환할 때 크기 단위를 쉽게 활용할 수 있도록 원시 값을 문자열로 지정하고 있습니다.

Swift Extension/Extension.playground#Page6
```
extension Double {
    enum Size: String {
        case B = "B"
        case KB = "KB"
        case MB = "MB"
    }

    func toString(_ s: Size) -> String {
        switch s {
        case .KB:
            return "\(self / 1024.0) \(Size.KB.rawValue)"
        case .MB:
            return "\(self / (1024.0 * 1024.0)) \(Size.MB.rawValue)"
        default:
```

```
                return "\(self) \(Size.B.rawValue)"
            }
        }
    }

    let dirSize = 123452416.0
    print(dirSize.toString(.MB))
    // 117.7333984375 MB
```

4. Summary

- Objective-C는 익스텐션을 카테고리라고 부르고, 구현 방식에 따라 일반 카테고리와 익명 카테고리로 분류합니다.
- 일반 카테고리는 클래스에 새로운 메소드를 추가할 수 있고, 익명 카테고리는 속성과 메소드를 추가할 수 있습니다.
- Objective-C 카테고리를 선언하는 문법은 다음과 같습니다.

    Objective-C
    ```
    @interface 확장할 클래스 이름 (카테고리 이름)
        메소드 선언 목록
    @end

    @implementation 확장할 클래스 이름 (카테고리 이름)
        메소드 구현
    @end
    ```

- Objective-C 익명 카테고리를 선언하는 문법은 다음과 같습니다.

    Objective-C
    ```
    @interface 확장할 클래스 이름 ()
    // ...
    @end

    @implementation 확장할 클래스 이름
    // ...
    @end
    ```

- Swift의 익스텐션은 이름을 가지고 있지 않으며 클래스, 구조체, 열거형, 프로토콜을 모두 확장할 수 있습니다.
- Swift 익스텐션은 extension 키워드로 선언합니다.

```
Swift
extension 확장할 형식 이름 {
    // ...
}

extension 확장할 형식 이름:프로토콜1, 프로토콜n {
    // ...
}
```

• Swift는 익스텐션을 통해 내포된 자료형을 추가할 수 있습니다.

제네릭

Generics 또는 Generics Programming은 한글로 일반화 프로그래밍이라고 합니다. 일반화 프로그래밍(이하 제네릭)은 자료형에 의존하지 않는 범용 코드를 작성하여 재사용성과 편의성을 높이는 프로그래밍 방법입니다. 이미 C++, C#, Java와 같은 다양한 언어가 지원하고 있고 수많은 개발자들에게 진가를 인정받은 기술입니다.

1. Objective-C 제네릭(Lightweight Generics)

Objective-C는 여러모로 훌륭한 언어이지만 일반화 프로그래밍을 지원하지 않는 점은 아쉬운 부분입니다. 하지만 WWDC 2015에서 Lightweight Generics가 추가된 Objective-C 개선사항이 발표되면서 아주 미약하나마 제네릭이라는 타이틀을 쓸 수 있게 되었습니다. Lightweight 라는 단어가 의미하는 것처럼 완벽한 일반화 프로그래밍을 구현할 수 있는 것은 아닙니다. Objective-C의 제네릭은 Swift와의 코드 호환성에 초점을 두고 있습니다.

Objective-C에서 하나의 컬렉션에 저장할 수 있는 인스턴스의 자료형은 제한이 없습니다. 예를 들어 NSArray 배열에 NSDate와 NSString 인스턴스를 함께 저장할 수 있습니다.

```
Objective-C
NSArray* a = [NSArray arrayWithObjects:@"String", [NSDate date], nil];
```

Objective-C 컴파일러는 컴파일 타임에 배열에 저장된 인스턴스의 자료형을 고려하지 않으므로 아래와 같은 코드에서 발생하는 오류를 런타임 이전에 발견하기 어렵습니다. 컴파일 경고가 표시되지 않는 것은 물론이고 정적 분석기에서도 오류를 발견하지 못합니다.

```
Objective-C
NSDate* date = a[0];
NSLog(@"%f", [date timeIntervalSince1970]);        // Error
```

배열 a는 Swift 코드로 변환될 때 [AnyObject]!(Swift 2.3), [Any]! (Swift 3) 배열이 됩니다. Swift에서 Any와 AnyObject는 반드시 필요한 경우를 제외하고 사용하지 않는 것이 좋습니다. 또한 코드 내에서 배열에 저장된 인스턴스에 접근할 때 as 연산자를 통한 형변환이 필요합니다.

Swift

```
for obj in a {
    if let strObj = obj as? String {
        print(strObj.characters.count)
    }

    if let dateObj = obj as? NSDate {
        print(dateObj.timeIntervalSince1970)
    }
}
```

배열에 여러 자료형을 가진 인스턴스가 저장되어야 한다면 조금 전 코드와 같이 요소에 접근하기 전에 요소의 자료형을 확인해야 안전합니다. 만약 배열에 동일한 자료형의 인스턴스를 저장한다면 제네릭을 사용하여 두 가지 이점을 얻을 수 있습니다.

Objective-C 제네릭은 파운데이션 프레임워크에서 제공하는 모든 컬렉션 클래스에서 사용할 수 있습니다. 제네릭 문법은 컬렉션에 저장될 요소의 자료형을 지정하는 것이며 다음과 같이 클래스 이름과 * 사이에 포함됩니다.

Objective-C

```
컬렉션 클래스<요소의 자료형> *
```

a 배열을 NSString 인스턴스를 저장하는 제네릭 배열로 선언하면 다음과 같습니다.

Objective-C

```
NSArray<NSString*>* a = [NSArray arrayWithObjects:@"String1",
    @"String2", nil];
```

제네릭 배열을 통해 얻을 수 있는 첫 번째 이점은 컴파일러 경고를 통해 일치하지 않는 자료형으로 인한 오류를 사전에 발견할 수 있다는 것입니다. 예를 들어 첫 번째 요소를 NSDate 인스턴스에 할당하면 일치하지 않는 포인터 형식에 대한 경고를 표시해 줍니다.

Objective-C

```
NSDate* date = a[0]; // Warning
NSLog(@"%f", [date timeIntervalSince1970]);
```

두 번째 이점은 Swift 코드로 전환될 때 지정된 자료형의 배열이 된다는 것입니다. a 배열은 Swift에서 [String]! 배열로 변환되므로 형변환 없이 바로 요소에 접근할 수 있고, Swift 형식 안정성의 이점도 그대로 얻을 수 있습니다.

Swift

```
for obj in a {
    print(obj.characters.count)
}
```

2. Swift 제네릭

Swift는 제네릭을 적극적으로 활용합니다. 특히, Array, Dictionary와 같은 자료형은 제네릭으로 구현되어 있습니다. 그래서 자료형의 관계없이 일관된 기능을 사용할 수 있습니다.

제네릭을 설명할 때 단골로 등장하는 주제가 있습니다. 이 책도 대세를 따라 두 개의 정수 값을 교체하는 함수를 살펴보겠습니다.

Swift Generic/Generic.playground#Page1
```swift
#if swift(>=3.0)
func swapInteger(lhs: inout Int, rhs: inout Int) {
    let tmp = lhs
    lhs = rhs
    rhs = tmp
}
#else
func swapInteger(inout lhs lhs: Int, inout rhs: Int) {
    let tmp = lhs
    lhs = rhs
    rhs = tmp
}
#endif

var a = 10
var b = 20

swapInteger(lhs: &a, rhs: &b)
print(a, b)
// 20 10
```

이 함수는 Int 자료형의 정수를 교체할 때 문제없이 동작합니다. 하지만 인자 a와 b의 자료형이 Int16 또는 Double 이라면 컴파일 오류가 발생합니다. 파라미터의 자료형으로 지정된 Int 외에 다른 자료형의 값은 받아들일 수 없기 때문입니다.

Swift
```swift
var a = 10.0
var b = 20.0
swapInteger(lhs: &a, rhs: &b)    // Error
```

만약 다른 자료형의 값을 교체하는 함수가 필요하다면 자료형의 수만큼 개별적으로 함수를 구현해야 합니다. 이렇게 구현된 함수들은 문법적으로 아무 문제가 없고 오류 없이 잘 실행됩니다. 그러나 함수 내부 구현이 중복되어 있고, 값을 교체하는 방식을 바꾸어야 한다면 각 함수에 포함된 코드를 하나하나 수정해야 하는 문제점을 가지고 있습니다.

```Swift
func swapInteger16(lhs: inout Int16, rhs: inout Int16) {
    // ...
}

func swapDouble(lhs: inout Double, rhs: inout Double) {
    // ...
}
```

앞에서 구현한 swap... 함수들은 함수의 이름과 파라미터 자료형을 제외한 나머지 부분이 동일합니다. 이 함수를 제네릭으로 구현하기 위해 각 함수의 이름과 자료형을 포괄적인 형태로 바꿔야 합니다.

아래의 코드는 제네릭으로 구현된 swapValue 함수를 보여줍니다.

Swift Generic/Generic.playground#Page2
```Swift
#if swift(>=3.0)
func swapValue<T>(lhs: inout T, rhs: inout T) {
    let tmp = lhs
    lhs = rhs
    rhs = tmp
}
#else
func swapValue<T>(inout lhs lhs: T, inout rhs: T) {
    let tmp = lhs
    lhs = rhs
    rhs = tmp
}
#endif
```

일반 함수와 다른 점은 함수 이름 뒤에 〈T〉가 있고 파라미터의 자료형이 T로 지정되어 있다는 것입니다. 〈 〉 사이에 포함된 T는 제네릭에서 일반화할 자료형을 지정하는 형식 파라미터입니다. 형식 파라미터는 제네릭 함수에서 파라미터 자료형이나 리턴형으로 사용됩니다. 함수 내부에서 자료형 대신 사용되기도 합니다. 컴파일러는 함수가 호출될 때 파라미터로 전달된 자료형에 적합한 코드를 생성합니다. 즉, 파라미터로 전달한 데이터의 자료형이 Int라면 T가 Int로 대체된 코드가 생성되고, Double 이라면 T가 Double로 대체된 코드가 생성됩니다. 제네릭 함수는 자료형에 관계없이 동작하기 때문에 단 하나의 구현으로 모든 자료형을 처리할 수 있습니다. 일반 함수로 구현하는 것에 비해 작성해야 하는 코드의 양을 비약적으로 줄일 수 있는 장점이 있습니다.

Swift Generic/Generic.playground#Page2
```Swift
var a = 10
var b = 20
swapValue(lhs: &a, rhs: &b)
print(a, b)
// 20 10
```

```
    var c = 30.0
    var d = 40.0
    swapValue(lhs: &c, rhs: &d)
    print(c, d)
    // 40.0 30.0
```

형식 파라미터의 이름을 T로 사용하는 것은 오래된 관례이지만 다른 문자를 사용하거나 두 글자 이상의 단어를 사용해도 됩니다.

Swift
```
func swapValue<V>(lhs: inout V, rhs: inout V) {
    // ...
}

func swapValue<Value>(lhs: inout Value, rhs: inout Value) {
    // ...
}
```

형식 파라미터를 두 개 이상 선언하는 경우에는 〈 〉 사이에 콤마로 구분하여 나열합니다.

Swift
```
func doSomething<T, V>(lhs: T, rhs: V) {
    // ...
}
```

제네릭은 함수뿐만 아니라 클래스, 구조체, 열거형에 적용할 수 있습니다. 사용자 정의 형식을 제네릭으로 구현할 때는 형식 이름 뒤에 형식 파라미터 선언을 추가합니다.

Swift
```
struct 구조체 이름<형식 파라미터> {
    // ...
}

class 클래스 이름<형식 파라미터> {
    // ...
}

enum 열거형 이름<형식 파라미터> {
    // ...
}
```

예를 들어 제네릭 구조체를 다음과 같이 구현할 수 있습니다. 이 예제에서 형식 파라미터 T는 구조체 속성의 자료형을 대체합니다. 생성자에 Int 값을 전달하면 속성의 자료형은 모두 Int가 되고 Double 값을 전달하면 모두 Double이 됩니다.

```
Swift  Generic/Generic.playground#Page3
struct Color<T> {
    var red: T
    var green: T
    var blue: T
}

let intColor = Color(red: 128, green: 80, blue: 200)
// Color<Int>

let doubleColor = Color(red: 128.0, green: 80.0, blue: 200.0)
// Color<Double>
```

2.1 Type Erasure & Reification

제네릭을 구현하기 위해서 가장 많이 사용되는 방식은 Type Erasure와 Reification입니다. Swift는 이 중 Reification 방식으로 제네릭을 구현하고 있습니다.

먼저 Type Erasure는 형식 파라미터를 가장 일반적인 자료형으로 다운캐스팅 하는 방식입니다. 이 방식은 Java에서 제네릭을 구현하기 위해 사용하는 방식이기도 합니다. Swift 언어에 맞게 설명하면 형식 파라미터 T가 Any 또는 AnyObject로 교체되는 것입니다. 앞서 구현해 본 swapValue 함수가 Type Erasure 방식으로 컴파일하면 다음과 같은 코드가 생성됩니다. (쉬운 이해를 돕기 위해서 Swift 언어로 최대한 단순하게 표현하였기 때문에 실제 생성되는 코드와 완벽히 일치하지는 않습니다.)

```
func swapValue<T>(inout lhs: T, inout rhs: T)
```
↓
```
func swapValue(inout lhs: Any, inout rhs: Any)
```

Type Erasure는 다운캐스팅 과정에서 형식 정보가 제거되기 때문에 최종적으로 생성되는 함수가 형식 파라미터에 관계없이 동일한 시그니처를 가지게 됩니다. 특히, 다음과 같이 제네릭 클래스가 오버로딩된 메소드를 가지고 있는 경우, Type Erasure를 사용하는 언어에서는 정상적으로 컴파일 할 수 없습니다. (이 클래스는 이해를 돕기 위해서 Swift 언어로 구현된 것이고, Type Erasure에서 설명한 내용들은 Swift와 관련이 없습니다.)

```
Swift
class MyClass<T, K> {
    func doSomething(param: T) {
        // ...
    }

    func doSomething(param: K) {
        // ...
    }
}
```

정상적으로 컴파일 할 수 없는 이유는 MyClass 클래스에 포함된 두 메소드가 최종적으로 동일한 시그니처를 가지게 되기 때문입니다.

```
func doSomething(param: T) -> func doSomething(param: Any)
func doSomething(param: K) -> func doSomething(param: Any)
```

반면 Swift가 사용하는 Reification 방식은 형식 정보를 제거하지 않습니다. 그래서 형식 파라미터를 다운캐스팅하는 과정이 필요 없고, 동일한 메소드 시그니처로 인한 문제도 발생하지 않습니다.

```
func swapValue<T>(inout lhs: T, inout rhs: T)
                         ↓
func swapValue(inout lhs: T, inout rhs: T)
```

Reification 방식으로 구현된 Swift의 제네릭은 형식 안정성과 성능 측면에서 큰 이점을 가지고 있습니다.

2.2 Type Constraints

이번에는 값을 비교하는 compare 메소드를 제네릭으로 구현해 보겠습니다.

Swift
```
func compare<T>(lhs: T, rhs: T) -> Bool {
    return lhs == rhs
}
```

이 메소드는 문법적으로 전혀 문제가 없어 보이지만 == 연산자로 파라미터를 비교하는 부분에서 컴파일 오류가 발생합니다. T로 전달되는 자료형이 == 연산을 지원하지 않을 수 있기 때문입니다.

compare 함수를 정상적으로 컴파일하기 위해서는 T로 전달할 수 있는 자료형을 == 연산을 지원하는 자료형으로 제한해야 합니다. 이것을 형식 제약이라고 합니다. == 연산을 지원하는 자료형은 공통적으로 Equatable 프로토콜을 채용하고 있으므로 이 프로토콜을 형식 제약으로 지정할 수 있습니다.

Swift Generic/Generic.playground#Page4
```
#if swift(>=3.0)
func compare<T: Equatable>(lhs: T, rhs: T) -> Bool {
    return lhs == rhs
}
#else
func compare<T: Equatable>(lhs lhs: T, rhs: T) -> Bool {
    return lhs == rhs
}
#endif
```

형식 제약 문법은 클래스 상속 문법과 유사합니다. 〈 〉 안에 형식 파라미터 이름과 :을 적은 후 제약할 형식을 지정합니다.

```Swift
<형식 파라미터: 클래스 이름 또는 프로토콜 이름>
```

형식 제약으로 지정할 수 있는 형식은 클래스와 프로토콜로 한정됩니다. 그래서 다음과 같이 구조체를 형식 제약으로 지정할 경우 컴파일 오류가 발생합니다.

```Swift
func compare<T: CGRect>(lhs: T, rhs: T) -> Bool {        // Error
    return lhs == rhs
}
```

Swift가 제공하는 모든 기본 자료형은 Equatable 프로토콜을 채용하고 있습니다. 그래서 다음과 같이 compare 함수의 인자로 전달하면 해당 값에 적합한 코드가 실행됩니다.

```Swift Generic/Generic.playground#Page4
let a = 10
let b = 20
var result = compare(lhs: a, rhs: b)
// false

let c = "Apple"
let d = "Apple"
result = compare(lhs: c, rhs: d)
// true
```

하지만 조금 전에 제레닉으로 구현했던 Color 구조체와 같이 Equatable 프로토콜을 채용하지 않은 자료형의 값을 인자로 전달하면 형식 제약을 만족시킬 수 없기 때문에 컴파일 오류가 발생합니다.

```Swift Generic/Generic.playground#Page5
let black = Color(red: 0, green: 0, blue: 0)
let white = Color(red: 255, green: 255, blue: 255)
let result = compare(lhs: black, rhs: white)    // Error
```

Color 구조체가 compare 함수의 형식 제약을 만족시키려면 아래와 같이 Equatable 프로토콜을 채용해야 합니다.

```Swift Generic/Generic.playground#Page6
struct Color<T: Equatable>: Equatable {
    var red: T
```

```
        var green: T
        var blue: T
}

#if swift(>=3.0)
func compare<T: Equatable>(lhs: T, rhs: T) -> Bool {
    return lhs == rhs
}
#else
func compare<T: Equatable>(lhs lhs: T, rhs: T) -> Bool {
    return lhs == rhs
}
#endif

func ==<T>(lhs lhs: Color<T>, rhs rhs: Color<T>) -> Bool {
    return lhs.red == rhs.red && lhs.green == rhs.green
        && lhs.blue == rhs.blue
}

let black = Color(red: 0, green: 0, blue: 0)
let white = Color(red: 255, green: 255, blue: 255)
let result = compare(lhs: black, rhs: white)
// false
```

2.3 Specialization

제네릭으로 구현된 함수는 기본적으로 자료형에 관계없이 동일한 코드를 실행합니다. 하지만 특정 자료형에 대해서는 별도의 코드를 실행해야 할 경우가 있습니다. 이해를 돕기 위해 제네릭으로 구현된 함수와 일반 함수를 아래와 같이 구현해 보겠습니다. 각 함수에 포함된 로그를 통해 어떤 함수가 호출되었는지 확인할 수 있습니다.

Swift Generic/Generic.playground#Page7
```
func doSomething<T>(_ param: T) {
    print("generic version")
}

func doSomething(_ param: String) {
    print("specialized version")
}
```

아래와 같이 doSomething 함수를 호출할 때 정수나 실수를 인자로 전달하면 제네릭으로 구현된 함수가 호출됩니다. 하지만 문자열을 인자로 전달하면 일반 함수가 호출됩니다.

Swift Generic/Generic.playground#Page7
```
doSomething(1)
doSomething(2.3)
doSomething("Swift")
```

```
// generic version
// generic version
// specialized version
```

이처럼 제네릭 함수와 동일한 이름을 가지고 있고 파라미터의 자료형이 특정된 함수를 구현하는 것을 특수화라고 합니다. 특수화를 통해 구현된 함수는 제네릭 함수를 오버로딩한 함수로 인식됩니다. 이 함수는 제네릭 함수보다 높은 우선순위를 가지고 있습니다. 그래서 doSomething 함수가 호출될 때 특수화 된 함수의 구현여부와 파라미터의 자료형 일치 여부를 먼저 확인합니다. 1이나 2.3을 파라미터로 전달한 경우에는 특수화 된 함수가 구현되어 있지만 자료형이 일치하지 않기 때문에 제네릭으로 구현된 함수가 호출됩니다. 반면 문자열을 파라미터로 전달한 경우에는 특수화된 함수가 호출됩니다.

2.4 Generics Queue

제네릭을 통해 간단한 큐를 구현해 보도록 하겠습니다. 큐와 관련된 기본적인 내용들은 다음 링크를 참고해 주시기 바랍니다. 여기에서 구현할 큐는 링크드 리스트로 구현된 선형 큐입니다.

http://ko.wikipedia.org/wiki/큐_(자료_구조

〈Node〉

먼저 큐에 저장되는 요소를 노드 구조체 구현합니다. 노드는 이전 노드와 다음 노드를 가리키는 속성과 현재 노드에 저장된 값을 속성으로 선언합니다. 자료형에 관계없이 모든 값을 저장할 수 있도록 제네릭으로 선언합니다.

Swift
```
struct Node<T> {
    var value: T?
    var prev: Node<T>?
    var next: Node<T>?

    init(value: T) {
        self.value = value
    }
}
```

Node 구조체의 value 속성은 현재 노드의 값을 저장합니다. 이 코드에서는 값이 nil이 될 수 있도록 옵셔널 형식으로 선언하고 있습니다. prev 속성과 next 속성은 큐에서 이전 노드와 다음 노드를 참조하는 속성입니다. 노드의 위치에 따라서 이전 노드나 다음 노드가 존재하지 않은 경우가 있으므로 value 속성과 마찬가지로 옵셔널 형식으로 선언합니다. 마지막으로 노드에 저장할 값을 파라미터로 받는 생성자를 구현합니다.

이 코드는 문법적으로 전혀 문제가 없어 보이지만 컴파일 오류가 발생합니다. 그 이유는 Swift의 구조

체는 자신과 동일한 자료형의 속성을 가질 수 없기 때문입니다. 문제가 되는 prev, next 속성의 자료형을 Any로 수정하면 컴파일 오류를 해결할 수 있지만, 추가적인 형변환 코드를 작성해야 하므로 효율적인 해결책은 아닙니다. Swift에서 자신과 동일한 자료형의 속성을 구현해야 하는 경우에는 클래스로 구현하는 것이 좋습니다. Swift의 구조체와 클래스는 매우 유사하기 때문에 다음과 같이 struct 키워드를 class 키워드로 교체하는 것만으로도 구조체 구현을 클래스로 변경할 수 있습니다.

Swift Generic/Queue.playground
```swift
class Node<T> {
    var value: T?
    var prev: Node<T>?
    var next: Node<T>?

    init(value: T) {
        self.value = value
    }
}
```

〈Queue〉

큐를 링크드 리스트로 구현하기 위해서는 큐의 길이와 첫 번째 노드, 마지막 노드를 속성으로 저장해야 합니다. 아래와 같이 제네릭 큐를 선언한 후 큐의 길이를 나타내는 length 속성과 앞서 언급한 두 개의 노드를 저장하는 front, rear 속성을 선언합니다. front, rear 속성의 자료형은 Node 클래스로 지정하고 nil을 할당할 수 있도록 옵셔널 형식으로 선언합니다.

Swift Generic/Queue.playground
```swift
class Queue<T> {
    var length = 0
    var front: Node<T>?
    var rear: Node<T>?
}
```

큐에 새로운 노드를 추가하거나 삭제할 때 큐가 비어있는지 쉽게 확인할 수 있도록 isEmpty 메소드를 구현합니다.

Swift Generic/Queue.playground
```swift
class Queue<T> {
    // ...
    func isEmpty() -> Bool {
        return length == 0
    }
}
```

이어서 큐에 새로운 노드를 추가하는 enqueue 메소드를 구현합니다. 이 메소드가 일반화된 파라미터를 받아들일 수 있도록 파라미터의 자료형을 Queue 클래스의 형식 파라미터 T로 선언합니다. 파라미터로 전달된 값으로 새로운 Node 인스턴스를 생성하고 큐의 길이에 따라 적절한 위치에 추가합니다. 현재 큐에 저장되어 있는 노드가 존재하지 않는다면 새로운 노드가 첫 번째 노드이자 마지막 노드가 됩니다. 그러므로 큐의 front 속성과 rear 속성에 동일한 노드를 할당합니다. 반대로 큐에 다른 노드들이 존재한다면 새로운 노드를 마지막 부분에 추가합니다. rear 속성에 저장되어 있는 노드를 옵셔널 바인딩 패턴을 통해 읽은 후 새로운 노드와 연결합니다. 이제 새로운 노드가 큐의 마지막 노드가 되었기 때문에 rear 속성에 새로운 노드를 할당합니다. 마지막으로 length 속성의 값을 1 증가시켜 새로운 노드가 추가된 후 큐의 길이를 반영합니다.

Swift Generic/Queue.playground

```swift
class Queue<T> {
    // ...
    func enqueue(_ value: T) {
        let newNode = Node<T>(value: value)

        if self.isEmpty() {
            self.front = newNode
            self.rear = newNode
        }
        else {
            if let rear = self.rear {
                newNode.prev = rear;
                rear.next = newNode;
                self.rear = newNode
            }
        }

        self.length += 1
    }
}
```

이어서 큐에 저장되어 있는 노드를 삭제하는 dequeue 메소드를 구현합니다. 큐는 선입선출 구조를 가지고 있으므로 rear 속성이 아닌 front 속성에 저장되어 있는 노드를 삭제하도록 구현합니다.

Swift Generic/Queue.playground

```swift
class Queue<T> {
    // ...
    func dequeue() -> T? {
        if self.isEmpty() {
            return nil
        }
        else {
            var ret: T? = nil
            if let val = self.front?.value {
                ret = val
            }

            if self.length == 1 {
```

```
                        self.front = nil
                        self.rear = nil
                    }
                    else {
                        if let node = self.front?.next {
                            node.prev = nil
                            self.front = node
                        }
                    }

                    self.length -= 1

                    return ret
                }
            }
        }
```

dequeue 메소드는 front 속성에 저장되어 있는 노드를 제거하고, 노드에 저장되어 있는 값을 리턴합니다. 리턴되는 값의 자료형을 클래스의 형식 파라미터 T로 선언하고, 큐가 비어있을 경우 nil을 리턴할 수 있도록 옵셔널 형식으로 선언합니다. 큐가 비어있지 않다면 front 속성에 저장되어 있는 노드를 삭제합니다. 삭제할 노드에 저장되어 있는 값을 리턴해야 하므로 노드를 삭제하기 전에 값을 미리 저장합니다. 큐에 포함되어 있는 노드의 수가 1이라면 첫 번째 노드와 마지막 노드가 동일하므로 front 속성과 rear 속성을 모두 nil로 설정하여 노드를 삭제합니다. 큐에 두 개 이상의 노드가 포함되어 있다면 두 번째 노드에서 삭제할 첫 번째 노드를 가리키고 있는 prev 속성을 nil로 설정하고 큐의 front 속성에 두 번째 노드를 할당합니다. 이 시점에 front 속성에 할당되어 있던 첫 번째 노드가 삭제됩니다. 마지막으로 length 속성을 업데이트 한 후 삭제된 노드를 리턴합니다.

구현이 완료된 Queue 클래스는 아래와 같습니다. 제네릭 클래스로 구현되어 있기 때문에 모든 코드가 특정 자료형에 종속되어 있지 않습니다. 이전에 설명하지 않았지만 큐의 내용을 쉽게 확인하기 위한 printQueue 메소드가 추가로 구현되어 있습니다.

```
Swift  Generic/Queue.playground
class Queue<T> {
    var length = 0
    var front: Node<T>?
    var rear: Node<T>?

    func isEmpty() -> Bool {
        return length == 0
    }

    func enqueue(_ value: T) {
        let newNode = Node<T>(value: value)

        if self.isEmpty() {
            self.front = newNode
```

```
                self.rear = newNode
        }
        else {
            if let rear = self.rear {
                newNode.prev = rear;
                rear.next = newNode;
                self.rear = newNode
            }
        }

        self.length += 1
    }

    func dequeue() -> T? {
        if self.isEmpty() {
            return nil
        }
        else {
            var ret: T? = nil
            if let val = self.front?.value {
                ret = val
            }

            if self.length == 1 {
                self.front = nil
                self.rear = nil
            }
            else {
                if let node = self.front?.next {
                    node.prev = nil
                    self.front = node
                }
            }

            self.length -= 1

            return ret
        }
    }

    func printQueue() {
        print("Queue Length: \(self.length)")
        var node = self.front
        while (node != nil) {
            if let value = node?.value {
                print(value)
            }

            node = node?.next
        }
    }
}
```

이제 Queue 클래스를 테스트해 보겠습니다. 먼저 Int, Double, String 값을 저장할 수 있는 큐를 생성합니다. 일반 클래스의 생성자 문법과 동일하지만 클래스 이름과 ( ) 사이에 형식 파라미터를 대체할 자료형을 명시해야 합니다.

Swift Generic/Queue.playground#Page1
```swift
let intQueue = Queue<Int>()
let doubleQueue = Queue<Double>()
let stringQueue = Queue<String>()
```

문자열을 저장하는 stringQueue의 enqueue 메소드를 통해 새로운 문자열("Swift")을 큐에 추가합니다. 이 시점에 큐의 길이는 1이고, front 속성과 rear 속성에는 모두 "Swift" 노드가 할당됩니다.

Swift Generic/Queue.playground#Page1
```swift
stringQueue.enqueue("Swift")
stringQueue.printQueue()
// Queue Length: 1
// Swift
```

이어서 또 다른 문자열("iOS")을 큐에 추가합니다. 이 시점에 큐의 길이는 2이고, rear 속성에는 방금 추가한 "iOS" 노드가 할당됩니다. 그리고 "Swift" 노드의 next 속성에는 "iOS" 노드가 할당되고, "iOS" 노드의 prev 속성에는 "Swift" 노드가 할당됩니다.

Swift Generic/Queue.playground#Page1
```swift
stringQueue.enqueue("iOS")
stringQueue.printQueue()
// Queue Length: 2
// Swift
// iOS
```

이번에는 dequeue 메소드를 호출하여 가정 처음 추가된 노드를 삭제합니다. 이 메소드는 삭제할 노드에 저장되어 있는 값을 리턴합니다. deletedValue 상수에 저장되어 있는 값을 확인해보면 가정 먼저 추가한 "Swift" 노드의 값이 출력되는 것을 확인할 수 있습니다.

Swift Generic/Queue.playground#Page1
```swift
let deletedValue = stringQueue.dequeue()!
print(deletedValue)
// Swift

stringQueue.printQueue()
// Queue Length: 1
// iOS
```

이 시점에 큐의 길이는 다시 1이 되고, 큐의 저장되어 있던 두 번째 노드인 "iOS" 노드가 front 속성에 할당됩니다. 그리고 "iOS" 노드의 prev 속성은 nil로 초기화됩니다.

2.5 Associated Types

프로토콜을 제네릭으로 선언하는 방법은 앞에서 설명한 것과 조금 다릅니다. 이해를 돕기 위해 큐가 제공해야 하는 기능들은 선언한 Queueable 프로토콜의 예를 보겠습니다.

```Swift
protocol Queueable {
    var front: Node<...>? { get set }
    var rear: Node<...>? { get set }

    func isEmpty() -> Bool
    func enqueue(value: ...)
    func dequeue() -> ...?
}
```

... 으로 표시된 부분을 어떻게 선언해야 할까요? 앞에서 공부한 것과 같이 형식 파라미터를 사용하는 코드를 고려해 볼 수 있습니다. 그러나 아쉽게도 이런 코드는 Swift에서 허용되지 않습니다.

```Swift
protocol Queueable<T> {                    //Error
    var front: Node<T>? { get set }
    var rear: Node<T>? { get set }

    func isEmpty() -> Bool
    func enqueue(value: T)
    func dequeue() -> T?
}
```

프로토콜을 제네릭으로 선언하려면 연관 형식을 사용해야 합니다. 연관 형식은 다음과 같은 문법으로 선언할 수 있습니다.

```Swift 2.3
typealias 연관 형식 이름
```

```Swift 3
associatedtype 연관 형식 이름
```

Queueable 프로토콜의 올바른 선언은 다음과 같습니다. 프로토콜을 선언하는 시점에 ElementType 은 프로토콜이 채용될 때 대체될 자료형의 플레이스홀더 입니다. Queueable 프로토콜을 채용한 형식 은 반드시 구현 부분에서 ElementType의 자료형을 명시해야 합니다.

```Swift Generic/Queue.playground#Page2
protocol Queueable {
#if swift(>=3.0)
```

```
        associatedtype ElementType
#else
        typealias ElementType
#endif

        var front: Node<ElementType>? { get set }
        var rear: Node<ElementType>? { get set }

        func isEmpty() -> Bool
        func enqueue(_ value: ElementType)
        func dequeue() -> ElementType?
}
```

Queueable 프로토콜을 채용한 PersonDataSource 클래스를 구현하고 연관 형식의 자료형을 명시하는 방법을 알아보겠습니다. 이 코드에서 가장 중요한 부분은 클래스 구현의 첫 번째 라인입니다.

Swift

```
typealias 연관 형식 이름 = 실제 자료형
```

typealias를 통해 프로토콜에서 선언한 연관 형식의 자료형을 Person으로 지정합니다. 사실 이 부분은 생략해도 문제가 없습니다. PersonDataSource 클래스에 선언되어 있는 속성과 메소드의 자료형을 통해 ElementType의 자료형을 유추할 수 있기 때문입니다

Swift Generic/Queue.playground#Page2
```
class Person {
    var name: String = "John doe"
    var age = 0
}

class PersonDataSource: Queueable {
    typealias ElementType = Person

    var length = 0
    var front: Node<Person>? = nil
    var rear: Node<Person>? = nil

    func isEmpty() -> Bool {
        return length == 0
    }

    func enqueue(_ value: Person) {
        let newNode = Node<Person>(value: value)

        if self.isEmpty() {
            self.front = newNode
            self.rear = newNode
        } else {
```

```swift
            if let rear = self.rear {
                newNode.prev = rear;
                rear.next = newNode;
                self.rear = newNode
            }
        }

        self.length += 1
    }

    func dequeue() -> Person? {
        if self.isEmpty() {
            return nil
        }
        else {
            var ret: Person? = nil
            if let val = self.front?.value {
                ret = val
            }

            if self.length == 1 {
                self.front = nil
                self.rear = nil
            }
            else {
                if let node = self.front?.next {
                    node.prev = nil
                    self.front = node
                }
            }

            self.length -= 1

            return ret
        }
    }

    func printDataSource() {
        print("DataSource Length: \(self.length)")
        var node = self.front
        while (node != nil) {
            if let value = node?.value {
                print(value.name)
            }

            node = node?.next
        }
    }
}
```

2.6 Where

where 절은 연관 형식의 제약을 선언할 수 있습니다. where 절은 형식 파라미터 목록 뒤에 추가하며, 하나 이상의 자료형 제약이나 연관 형식 비교 구문을 추가할 수 있습니다.

matches 함수는 두 개의 형식 파라미터(Q1, Q2)를 가지고 있고, 형식 제약을 통해 Queueable 프로토콜을 채용한 자료형으로 제약하고 있습니다. 그런 다음 where 키워드를 적은 후 연관 형식과 관련된 두 개의 제약을 선언합니다. where 절에 포함된 첫 번째 제약은 두 형식 파라미터의 연관 형식이 동일해야 한다고 선언합니다. 두 번째 제약은 Q1의 연관 형식이 Equatable 프로토콜을 채용해야 한다고 선언합니다. matches 함수로 전달되는 파라미터는 반드시 형식 제약과 where 절에서 선언한 제약을 모두 만족해야 합니다. 그렇지 않은 경우에는 컴파일 오류가 발생합니다.

Swift
```swift
func matches<Q1: Queueable, Q2: Queueable
    where Q1.ValueType == Q2.ValueType, Q1.ValueType: Equatable>
    (lhs: Q1, rhs: Q2) -> Bool {
        if lhs.length != rhs.length {
            return false
        }

        // ...

        return true
}
```

3. Summary

* Objective-C의 제네릭은 Swift와의 코드 호환성에 초점을 두고 있으며 컬렉션에 저장할 요소의 자료형을 선언하는 문법을 제공합니다.

    Objective-C
    ```
    컬렉션 클래스<요소의 자료형> *
    ```

* Swift는 구조체, 클래스, 열거형, 함수를 제네릭으로 구현할 수 있습니다.

    Swift
    ```swift
    func 함수 이름<형식 파라미터>(파라미터 목록) -> 리턴형 {
        // ...
    }

    struct 구조체 이름<형식 파라미터> {
        // ...
    ```

```
    }

    class 클래스 이름<형식 파라미터> {
        // ...
    }

    enum 열거형 이름<형식 파라미터> {
        // ...
    }
```

- 형식 파라미터에 제약을 추가할 수 있습니다.

    Swift
    <형식 파라미터: 클래스 이름 또는 프로토콜 이름>

- 제네릭 함수와 동일한 이름을 가지고 있고 파라미터의 자료형이 특정된 함수를 구현하는 것을 특수화라고 합니다.
- 특수화를 통해 구현된 함수는 제네릭 함수를 오버로딩한 함수로 인식됩니다.
- 프로토콜을 제네릭으로 선언하려면 연관 형식을 사용해야 합니다.

    Swift 2.3
    typealias 연관 형식 이름

    Swift 3
    associatedtype 연관 형식 이름

- where 절은 연관 형식의 제약을 선언하는데 사용됩니다.

연산자 함수와 사용자 정의 연산자

Swift는 연산자 함수와 사용자 정의 연산자를 통해 연산자 오버로딩을 지원합니다. 클래스 선언 내에서 연산자 오버로딩을 구현하는 C#, C++와 달리 Swift는 전역 공간에서 구현합니다. 그래서 연산자 "메소드"가 아닌 연산자 "함수"라고 부르는 것입니다.

연산자 함수와 사용자 정의 연산자는 피연산자를 파라미터를 통해 지정하므로 클래스, 구조체와 연관된 연산자를 자유롭게 오버로딩할 수 있고, 심지어 열거형에도 적용할 수 있습니다. 그리고 서로 다른 자료형을 피연산자로 사용하는데도 제한이 없습니다.

예제에서 사용할 사용자 정의 자료형을 다음과 같이 선언합니다.

```Swift
struct KSize {
    var width = 0.0
    var height = 0.0
}

struct KOffset {
    var x = 0.0
    var y = 0.0
}

enum KSwitch: String {
    case on = "Switch On"
    case off = "Switch Off"
    case auto = "Switch Auto"
}

class KView {
    var origin = KOffset()
    var size = KSize()
}
```

Swift Operator/Operator.playground

1. 연산자 함수

연산자 함수는 기본적으로 제공되는 연산자 구현에 새로운 구현을 추가할 때(오버로딩) 사용합니다.

예를 들어 두 수를 더하는 + 연산자는 Swift에서 두 문자열을 병합하는데 사용되기도 합니다. 이것은 연산자 함수를 통해 문자열을 피연산자로 받는 연산자 함수가 구현되어 있기 때문입니다.

연산자 함수는 일반적인 함수와 마찬가지로 func 키워드를 통해 선언하며 파라미터와 리턴 값을 가집니다. 다음과 같이 함수를 선언하는 문법과 매우 유사하지만 구현을 추가할 대상 연산자가 함수 이름 대신 사용됩니다.

Swift
```
func 연산자(파라미터 목록) -> 리턴형 {
    // ...
}
```

Swift 표준 라이브러리에는 다양한 연산자 함수가 구현되어 있습니다. 앞서 언급한 문자열의 + 연산을 지원하는 연산자 함수는 아래와 같이 구현되어 있습니다.

Swift
```
public func +(lhs: String, rhs: String) -> String
```

Swift 컴파일러는 연산자 함수에 선언되어 있는 파라미터의 자료형을 통해 연산자의 지원유무를 판단합니다. 피연산자의 자료형이 일치하는 경우 해당 연산자 함수를 호출하고 이 함수에서 리턴하는 값을 연산의 결과로 리턴합니다.

1.1 단항 연산자 오버로딩

단항 연산자는 +a, a--와 같이 피연산자가 하나인 연산자입니다. 단항 연산자는 피연산자의 앞이나 뒤에 위치할 수 있습니다. 연산자가 피연산자의 앞에 위치하는 경우 전치 연산자, 피연산자의 뒤에 위치하는 경우 후치 연산자로 구분합니다.

전치 연산자를 오버로딩할 때는 prefix 키워드를 사용합니다. 아래의 코드는 - 연산자를 KOffset 구조체에 사용할 수 있도록 오버로딩한 코드입니다. 이 연산자는 KOffset에 저장되어 있는 값이 음수일 경우 양수로 바꾸고, 양수일 경우 음수로 바꾸는 간단한 연산을 수행합니다.

Swift Operator/Operator.playground#Page1
```
prefix func -(offset: KOffset) -> KOffset {
    return KOffset(x: -offset.x, y: -offset.y)
}

let offset = KOffset(x: -100, y: 200)
let newOffset = -offset
print(newOffset)
// {100, -200}
```

후치 연산자를 오버로딩할 때는 postfix 키워드를 사용합니다. 후치 연산자 중 가장 빈번하게 오버로딩되는 것은 증가 연산자(++)와 감소 연산자(−−) 입니다. 아래의 코드는 후치 증가 연산자를 오버로딩한 코드입니다. 비교를 위해서 전치 증가 연산자도 함께 오버로딩하고 있습니다.

```swift
Swift  Operator/Operator.playground#Page1
#if swift(>=3.0)
postfix func ++(size: inout KSize) -> KSize {
    let current = size;
    size = KSize(width: size.width + 1, height: size.height + 1)
    return current
}

prefix func ++(size: inout KSize) -> KSize {
    size.width += 1;
    size.height += 1;
    return size;
}
#else
postfix func ++(inout size: KSize) -> KSize {
    let current = size;
    size = KSize(width: size.width + 1, height: size.height + 1)
    return current
}

prefix func ++(inout size: KSize) -> KSize {
    size.width += 1;
    size.height += 1;
    return size;
}
#endif

var boxSize = KSize(width: 100, height: 200)
let newSize = ++boxSize
print(newSize)
print(boxSize)
// newSize: {101.0, 201.0}
// boxSize: {101.0, 201.0}

let anotherSize = boxSize++
print(anotherSize)
print(boxSize)
// anotherSize: {101.0, 201.0}
// boxSize: {102.0, 202.0}
```

이 코드에서 주목할 점은 입출력 파라미터입니다. 증가 연산자는 값을 리턴함과 동시에 피연산자의 값을 변경해야 하기 때문에 피연산자를 입출력 파라미터로 전달해야 합니다. 후치 증가 연신자 구현은 current 상수에 size 파리미터로 전달된 구조체의 현재 값을 저장한 후, size 파라미터에 width, height 속성이 1씩 증가한 새로운 KSize 구조체를 할당하고 current 상수에 저장된 값을 리턴합니다. size 파라미터가 입출력 파라미터로 선언되어 있으므로 실제 피연산자가 새로운 KSize 구조체로 대체됩니다. 전치 증가 연산자 구현은 파라미터로 전달된 구조체의 속성 값을 1씩 증가시킨 후 리턴합니다. 이 구현에서는 size 파라미터에 새로운 구조체를 할당하는 방법 대신 파라미터의 속성을 직접 변경하고 있습니다. 후치 증가 연산자 구현과 마찬가지로 입출력 파라미터로 선언되어 있기 때문에 피연산자의 속성이 변경되며 코드의 실행 결과는 새로운 구조체를 할당하는 방식과 동일합니다.

열거형과 연산자 오버로딩을 결합하면 열거형 멤버를 순회하는 코드를 쉽게 구현할 수 있습니다. KSwitch 열거형은 On, Off, Auto라는 세 가지 동작 모드를 가지고 있습니다. 스위치를 누를 때마다 On-〉Off-〉Auto 순으로 모드가 바뀌어야 한다면 다음과 같이 ++ 연산자를 오버로딩 모드를 순회하도록 구현할 수 있습니다.

Swift Operator/Operator.playground#Page2

```swift
enum KSwitch: String {
    case on = "Switch On"
    case off = "Switch Off"
    case auto = "Switch Auto"

    mutating func push() {
        ++self
    }
}

#if swift(>=3.0)
prefix func ++(s: inout KSwitch) -> KSwitch {
    switch s {
    case KSwitch.on:
        s = KSwitch.off
    case KSwitch.off:
        s = KSwitch.auto
    case KSwitch.auto:
        s = KSwitch.on
    }

    return s
}
#else
prefix func ++(inout s: KSwitch) -> KSwitch {
    switch s {
    case KSwitch.on:
        s = KSwitch.off
    case KSwitch.off:
        s = KSwitch.auto
    case KSwitch.auto:
        s = KSwitch.on
    }
```

```
        return s
    }
#endif

var roomSwitch = KSwitch.on
print(roomSwitch.rawValue)
// Switch On

roomSwitch.push()
print(roomSwitch.rawValue)
// Switch Off

roomSwitch.push()
print(roomSwitch.rawValue)
// Switch Auto

roomSwitch.push()
print(roomSwitch.rawValue)
// Switch On
```

1.2 이항 연산자 오버로딩

이항 연산자는 a + b와 같이 피연산자가 두 개인 연산자입니다. 단항 연산자와 달리 피연산자의 가운데에 위치하므로 전치나 후치를 구분하지 않습니다. Swift 베타 버전 초기에는 prefix, postfix 키워드와 구분하기 위해 infix 키워드를 사용했지만 지금은 사용하지 않습니다. 아래의 코드는 두 개의 KSize 인스턴스를 더할 수 있도록 + 연산자를 오버로딩하고, KSize의 속성 값과 실수의 연산을 지원하도록 * 연산자를 오버로딩 코드입니다.

Swift Operator/Operator.playground#Page3
```swift
func + (lhs: KSize, rhs: KSize) -> KSize {
    return KSize(width: lhs.width + rhs.width,
        height: lhs.height + rhs.height)
}

func * (lhs: KSize, times: Double) -> KSize {
    return KSize(width: lhs.width * times, height: lhs.height * times)
}

let size1 = KSize(width: 50, height: 100)
let size2 = KSize(width: 100, height: 200)

var newSize = size1 + size2
print(newSize)
// {150.0, 300.0}
```

```
newSize = newSize * 2.5
print(newSize)
// {375.0, 750.0}
```

이항 연산자는 피연산자가 두 개이므로 연산자 함수에 전달되는 파라미터 역시 두 개입니다. 첫 번째 파라미터로 연산자의 왼쪽에 있는 피연산자가 전달되고, 두 번째 파라미터로 연산자의 오른쪽에 있는 피연산자가 전달됩니다. 이항 연산자는 피연산자의 값에 영향을 주지 않기 때문에 연산의 결과를 새로운 인스턴스에 담아 리턴하는 것이 일반적입니다.

1.3 복합 할당 연산자 오버로딩

복합 할당 연산자는 앞서 설명한 이항 연산자이지만 한 가지 중요한 요구사항을 가지고 있습니다. 복합 할당 연산자는 연산의 결과가 왼쪽 피연산자에 할당되기 때문에 왼쪽 피연산자를 반드시 입출력 파라미터로 전달해야 합니다.

Swift Operator/Operator.playground#Page4
```
#if swift(>=3.0)
func +=(lhs: inout KSize, rhs: KSize) {
    lhs = KSize(width: lhs.width + rhs.width,
        height: lhs.height + rhs.height)
}
#else
func +=(inout lhs: KSize, rhs: KSize) {
    lhs = KSize(width: lhs.width + rhs.width,
        height: lhs.height + rhs.height)
}
#endif

var size = KSize(width: 50, height: 100)
size += KSize(width: 100, height: 200)
print(size)
// {150.0, 300.0}
```

복합 할당 연산자의 오버로딩 구현은 첫 번째 파라미터가 입출력 파라미터로 선언되어 있고, 일반적으로 리턴 값을 가지지 않는다는 것을 제외하고 이항 연산자의 구현과 동일합니다. 앞에서 + 연산자를 활용하여 아래와 같이 더욱 간단히 구현할 수 있습니다.

Swift
```
func +=(inout lhs: KSize, rhs: KSize) {
    lhs = lhs + rhs
}
```

1.4 비교 연산자 구현

Swift는 Int, String과 같은 원시 자료형에 대한 비교 연산자 구현을 기본적으로 제공합니다. 그러나 사용자 정의 자료형에 대한 비교 연산자는 제공되지 않습니다. 그래서 사용자 정의 자료형을 피연산자로 가지는 비교 연산 코드에서는 컴파일 오류가 발생합니다. 비교 연산자를 통해 클래스 인스턴스의 참조를 비교할 수 있는 기능을 기본적으로 제공하는 Objective-C와 대비되는 부분입니다.

Swift
```swift
if size1 == size2 {   // Error
    // ...
}
```

두 인스턴스를 비교하는 기능은 빈번히 사용되기 때문에 사용자 정의 자료형을 구현할 때 연산자 함수를 통해 ==, != 연산자를 함께 오버로딩하는 것이 좋습니다. 비교 연산자는 이항 연산자의 한 종류이므로 앞서 설명한 것과 동일한 방식으로 오버로딩하는 연산자 함수의 리턴형에 제약이 있는 것은 아니지만 연산의 결과가 "같음"과 "다름" 중 하나이므로 일반적으로 Bool을 리턴합니다.

Swift Operator/Operator.playground#Page5
```swift
func == (lhs: KOffset, rhs: KOffset) -> Bool {
    return lhs.x == rhs.x && lhs.y == rhs.y
}

func != (lhs: KOffset, rhs: KOffset) -> Bool {
    return lhs.x != rhs.x || lhs.y != rhs.y
}

func == (lhs: KSize, rhs: KSize) -> Bool {
    return lhs.width == rhs.width && lhs.height == rhs.height
}

func != (lhs: KSize, rhs: KSize) -> Bool {
    return lhs.width != rhs.width || lhs.height != rhs.height
}

func == (lhs: KView, rhs: KView) -> Bool {
    return lhs.origin == rhs.origin && lhs.size == rhs.size
}

func != (lhs: KView, rhs: KView) -> Bool {
    return lhs.origin != rhs.origin || lhs.size != rhs.size
}

var view1 = KView()
var view2 = KView()
```

```
    if view1 == view2 {
        print("equal")
    } else {
        print("not equal")
    }
    // equal
```

이 코드는 KView 클래스를 비교 연산자로 비교할 수 있도록 필요한 연산자들을 오버로딩. 처음 4개의 연산자 함수는 각각 KOffset, KSize 구조체의 비교 연산자를 오버로딩하고 있습니다. 이렇게 오버로딩 연산자 함수는 KView 클래스의 origin, size 속성을 직접 비교하는데 사용됩니다. view1과 view2는 KView의 기본 생성자를 통해 초기화됩니다. 두 인스턴스의 origin, size가 모두 0.0으로 초기화되어 있기 때문에 == 연산의 결과는 true가 됩니다. Objective-C의 경우 기본적으로 비교 연산자를 통해 인스턴스의 메모리 주소를 비교하지만, Swift는 비교 연산자를 통해 인스턴스에 포함된 속성 값을 비교한다는 것을 기억해 두어야 합니다.

1.5 항등 연산자

구조체, 열거형과 같은 값 형식의 자료형은 비교 연산자를 통해 속성의 값을 비교하는 것이 자연스럽습니다. 하지만 클래스는 참조 형식이므로 속성의 값을 비교하는 기능에 더해 참조(메모리 주소)를 비교할 수 있는 기능이 필요합니다. 앞서 살펴본 비교 연산자(==, !=)는 값 형식, 참조 형식에 관계없이 인스턴스에 저장되어 있는 속성 값을 비교하는데 사용됩니다. 참조 형식의 메모리 주소를 비교할 때는 Swift에서 새로 도입된 항등 연산자를 사용합니다. 항등 연산자는 비교 연산자에서 =이 하나 더 붙은 형태입니다.

Swift
```
a === b
a !== b
```

비교 연산자와 항등 연산자의 결과를 비교해 보겠습니다. 이 예제에서 view1과 view2는 서로 다른 메모리 공간에 생성된 개별 인스턴스이지만, 내부에 저장되어 있는 속성 값은 기본 값으로 동일합니다. 그래서 비교 연산의 결과는 true가 되고 "Equal"이 출력됩니다. 하지만 항등 연산자는 속성 값에 관계없이 참조를 비교하기 때문에 false가 되고 "Not Identical"이 출력됩니다.

Swift Operator/Operator.playground#Page5
```
var view1 = KView()
var view2 = KView()

if view1 == view2 {
    print("Equal")
}
```

```
else {
    print("Not Equal")
}
// Equal

if view1 === view2 {
    print("Identical")
}
else {
    print("Not Identical")
}
// Not Identical
```

참조를 비교하는지 확인하기 위해서 view2에 view1을 할당합니다. 이전에 view2가 가리키고 있던 인스턴스는 해제되고 view1과 동일한 인스턴스를 가리키게 됩니다. 이 코드에서 view1과 view2는 동일한 인스턴스를 가리키고 있기 때문에 비교식은 false로 평가되고 "Identical"이 출력됩니다.

Swift Operator/Operator.playground#Page5
```
view2 = view1

if view1 !== view2 {
    print("Not Identical")
}
else {
    print("Identical")
}
// Identical
```

Swift의 비교 연산자와 항등 연산자는 역할이 뚜렷하게 구별되어 있습니다. 비교 연산자는 인스턴스가 할당된 메모리 공간에 관계없이 오직 인스턴스의 속성 값을 비교합니다. 반대로 항등 연산자는 두 인스턴스가 할당되어 있는 메모리 공간을 비교합니다. 사용자 정의 자료형을 구현할 때 이러한 차이점을 염두에 두고 Swift의 기본 구현과 일치하도록 구현해야 합니다.

2. 사용자 정의 연산자

앞서 설명했던 내용들은 모두 Swift에서 제공하는 기본 연산자의 동작을 변경하는 것입니다. Swift에서는 한발 더 나아가 기존에 존재하지 않는 새로운 형태의 연산자를 구현할 수 있습니다. 이렇게 구현된 연산자를 사용자 정의 연산자라고 합니다.

사용자 정의 연산자를 구현하는 방법은 연산자 함수와 유사합니다. Swift는 유니코드를 충실히 지원하는 언어이기 때문에 사용자 정의 연산자에서 유니코드로 표현할 수 있는 다양한 문자들을 사용할 수 있습니다. 하지만 딩벳(✈)이니 하트 문자(♥)처럼 연산자와 거리가 먼 문자를 사용하는 경우에는 코드의 가독성에 도움이 되지 않습니다. 그러므로 사용자 정의 연산자를 구현할 때는 다음과 같이 단순하고 익숙한 문자들의 조합을 사용하는 것이 좋습니다.

```
/ = - + * % < > ! & | ^ . ~ ?
```

사용자 정의 연산자는 연산자 함수와 달리 기존에 존재하지 않는 연산자를 구현하는 것이어서 연산자를 선언하는 코드가 필요합니다. 사용자 정의 연산자를 선언할 때는 operator 키워드를 사용하며 반드시 전역 범위에서 선언해야 합니다. 또한 prefix, infix, postfix 키워드 중 하나를 통해 피연산자의 수 또는 전치/후치를 구분해야 합니다.

```
Swift 2.3
prefix operator 연산자 { }
infix operator 연산자 { }
postfix operator 연산자 { }
```

```
Swift 3
prefix operator 연산자
infix operator 연산자
postfix operator 연산자
```

Swift 2.3에서 연산자의 우선순위와 결합규칙은 다음과 같은 문법으로 선언할 수 있습니다. 우선순위와 결합규칙을 생략할 경우 우선순위는 100, 결합규칙은 none으로 지정됩니다.

```
Swift 2.3
infix operator 연산자 { associativity 결합규칙 precedence 우선순위 }
```

Swift 3부터 우선순위 그룹이 새롭게 도입되었습니다. 우선순위 그룹은 precedencegroup 키워드를 통해 선언하며 다른 우선순위 그룹과의 관계와 결합규칙을 지정할 수 있습니다.

```
Swift 3
precedencegroup 우선순위 그룹 이름 {
    higherThan: 현재 그룹보다 우선순위가 낮은 그룹 목록
    lowerThan: 현재 그룹보다 우선순위가 높은 그룹 목록
    associativity: 결합규칙
}
```

Swift 3의 기본 연산자의 결합규칙과 우선순위 그룹은 다음과 같이 선언되어 있습니다.

연산자	결합규칙	우선순위 그룹

`<<`
`>>`
	None	`precedencegroup BitwiseShiftPrecedence {`
		    `higherThan: MultiplicationPrecedence`
		`}`

`*`
`/`
`%`
`& *`
`&`
	Left	`precedencegroup MultiplicationPrecedence {`
		    `associativity: left`
		    `higherThan: AdditionPrecedence`
		`}`

`+`
`−`
`&+`
`&−`
`|`
`^`
	Left	`precedencegroup AdditionPrecedence {`
		    `associativity: left`
		    `higherThan: RangeFormationPrecedence`
		`}`

`..<`
`...`
	None	`precedencegroup RangeFormationPrecedence {`
		    `higherThan: CastingPrecedence`
		`}`

`is`
`as`
`as?`
`as!`
	Left	`precedencegroup CastingPrecedence {`
		    `higherThan: NilCoalescingPrecedence`
		`}`

`??`	Right	`precedencegroup NilCoalescingPrecedence {`
		    `associativity: right`
		    `higherThan: ComparisonPrecedence`
		`}`

`<, <=`
`>, >=`
`==, !=`
`===, !==`
`~=`
	None	`precedencegroup ComparisonPrecedence {`
		    `higherThan: LogicalConjunctionPrecedence`
		`}`

`&&`	Left	`precedencegroup LogicalConjunctionPrecedence {`
		    `associativity: left`
		    `higherThan: LogicalDisjunctionPrecedence`
		`}`

`||`	Left	`precedencegroup LogicalDisjunctionPrecedence {`
		    `associativity: left`
		    `higherThan: TernaryPrecedence`
		`}`

`?:`	Right	`precedencegroup TernaryPrecedence {`
		    `associativity: right`
		    `higherThan: AssignmentPrecedence`
		`}`

`=`
`*=, /=, %=`
`+=, −=`
`<<=, >>=`
`&=, |=, ^=`
	Right	`precedencegroup AssignmentPrecedence {`
		    `assignment: true`
		    `associativity: right`
		`}`

기본 우선순위 그룹은 다음과 같이 선언되어 있습니다.

```
Swift 3
precedencegroup DefaultPrecedence {
    higherThan: TernaryPrecedence
}
```

Swift 3에서 연산자의 우선순위 그룹은 다음과 같은 문법으로 선언할 수 있습니다. 우선순위 그룹을 생략한 경우 DefaultPrecedence 그룹으로 추론됩니다.

```
Swift 3
infix operator 연산자 : 우선순위 그룹
```

단항 전치 연산자와 이항 연산자로 사용할 수 있는 ** 연산자는 아래와 같이 선언할 수 있습니다.

```
Swift 2.3  Operator/Operator.playground#Page6
prefix operator ** { }
infix operator ** { }
```

```
Swift 3  Operator/Operator.playground#Page6
prefix operator **
infix operator **
```

** 연산자 선언은 Swift 코드에서 **을 연산자로 사용하겠다는 선언일 뿐 실제 연산자로 사용할 수 있는 것은 아닙니다. 그러므로 특정 형식과 연관된 연산자 함수를 구현해야 합니다. 예를 들어 KSize 구조체와 연관된 ** 연산자 함수를 아래와 같이 구현할 수 있습니다.

```
Swift  Operator/Operator.playground#Page6
prefix func **(size: KSize) -> KSize {
    return KSize(width: size.width * size.width,
        height: size.height * size.height)
}

func ** (lhs: KSize, rhs: KSize) -> KSize {
    return KSize(width: lhs.width * rhs.width,
        height: lhs.height * rhs.height)
}

let size = KSize(width: 10, height: 20)
let newSize = **size
print(newSize)
// newSize: {100.0, 400.0}

let anotherSize = size ** newSize
print(anotherSize)
// anotherSize: {1000.0, 8000.0}
```

2.1 연산자 우선순위

실제 수학에 적용되어 있는 연산자의 우선순위는 Swift 언어에 그대로 적용되어 있습니다. 1 + 2 * 3이라는 수식에서 우선순위가 높은 곱하기 연산이 먼저 실행된 후에 더하기 연산이 실행됩니다. 그래서 결과는 9가 아닌 7이 됩니다.

Swift 2.3은 precedence 속성을 통해 연산자의 우선순위를 결정합니다. 기본으로 제공되는 + 연산자의 우선순위는 140이고, * 연산자의 우선순위는 150입니다. 앞서 예로든 수식에서 * 연산자의 우선순위가 더 크기 때문에 3 * 2가 먼저 계산됩니다.

Swift 2.3
```
infix operator + {
    associativity left
    precedence 140
}

infix operator * {
    associativity left
    precedence 150
}
```

Swift 3은 우선순위 그룹을 통해 연산자의 우선순위를 결정합니다. + 연산자는 AdditionPrecedence 그룹에 속하며 * 연산자는 MultiplicationPrecedence 그룹에 속합니다. MultiplicationPrecedence 그룹이 더 높은 우선순위를 가지고 있으므로 3 * 2가 먼저 계산됩니다.

Swift 3
```
infix operator + : AdditionPrecedence
infix operator * : MultiplicationPrecedenc
```

이러한 방식은 C나 Objective-C에 비해 훨씬 단순합니다. 그리고 사용자 정의 연산자와 기본 연산자를 함께 사용할 때 연산자의 우선순위를 예측하는데 큰 도움을 줍니다.

Swift 2.3에서 precedence 속성의 기본 값은 100이고 연산자 선언에서 precedence 속성을 생략하면 기본 값이 할당됩니다. 그러므로 이항 연산자 ** 의 우선순위는 100이 되고 + 연산자나 * 연산자에 비해 낮은 우선순위를 가지게 됩니다. 그래서 아래와 같은 식에서 + 연산이 먼저 실행됩니다.

Swift 2.3 Operator/Operator.playground#Page7
```
let size = KSize(width: 10, height: 20)
let newSize = KSize(width: 5, height: 50)
let finalSize = size + size ** newSize
print (finalSize)
// finalSize: {100.0, 2000.0}
```

이 코드의 실행결과는 {(10 + 10) * 5, (20 + 20) * 50}을 계산한 것과 동일합니다. 이번에는 * * 연산자의 우선순위를 150으로 선언하고 결과를 다시 확인합니다. 이번에는 * * 연산이 먼저 실행되고 연산의 결과는 {10 + (10 * 5), 20 + (20 * 50)}을 계산한 것과 동일합니다.

Swift 2.3 Operator/Operator.playground#Page8
```
infix operator ** {
    precedence 150
}
// ...
let finalSize = size + size ** newSize
print(filanSize)
// finalSize: {60.0, 1020.0}
```

Swift 3에서 우선순위 그룹을 지정하지 않은 경우 DefaultPrecedence 그룹으로 추론됩니다. Default Precedence 그룹과 AdditionPrecedence 그룹 사이의 우선순위를 판단할 수 없기 때문에 size + size * * newSize 코드에서 컴파일 오류가 발생합니다.

Swift 3 Operator/Operator.playground#Page7
```
let size = KSize(width: 10, height: 20)
let newSize = KSize(width: 5, height: 50)
let finalSize = size + size ** newSize          // Error
```

컴파일 오류를 해결하려면 * * 연산자의 우선순위 그룹을 DefaultPrecedence 그룹 이외의 그룹으로 직접 지정해야 합니다. 앞의 예제와 동일한 결과를 얻으려면 다음과 같이 MultiplicationPrecedence 그룹에 추가합니다.

Swift 3 Operator/Operator.playground#Page8
```
infix operator **: MultiplicationPrecedence
// ...
let finalSize = size + size ** newSize
print(filanSize)
// finalSize: {60.0, 1020.0}
```

2.2 연산자 결합규칙

이항 * * 연산자의 우선순위가 + 연산자와 동일하다면 a + b * * c라는 수식에서 a + b와 b * * c 중 어떤 식을 먼저 계산할지 모호해 집니다. Swift 컴파일러는 이러한 모호함을 방지하기 위해서 연산자의 결합규칙을 통해 연산의 수행방향(즉, 어느 쪽에 있는 식을 먼저 계산할지)을 결정합니다. 만약 서로 대치되는 결합규칙이 발견된다면 잘못된 계산을 실행하지 않도록 컴파일 오류를 발생시킵니다.

Swift 2.3은 associativity 속성을 통해 결합규칙을 지정합니다. 이 속성에는 left, right, none 중 하나의 값을 설정할 수 있고, 생략되어 있는 경우에는 기본 값인 none으로 설정됩니다. 대입 연산자를 제외한 대부분의 이항 연산자는 왼쪽부터 결합됩니다. 즉, a + b + c라는 식에서 왼쪽에 있는 a + b가 먼저 계산됩니다. ＊＊ 연산자 역시 다른 이항 연산자와 호환이 되도록 associativity 속성을 left로 설정합니다.

Swift 2.3 Operator/Operator.playground#Page9
```
infix operator ** {
    precedence 140
    associativity left
}
// ...
let size = KSize(width: 10, height: 20)
let newSize = KSize(width: 5, height: 50)
var finalSize = size + size ** newSize
print(finalSize)
// {100.0, 2000.0}

finalSize = newSize ** size + size
print(finalSize)
// {60.0, 1020.0}
```

첫 번째 계산식은 왼쪽 결합규칙에 따라 size + size가 먼저 계산된 후, (size + size 계산 결과) ＊＊ newSize가 계산됩니다. 그래서 finalSize의 width 속성에는 (10 + 10) ＊ 5의 결과인 100이 할당되어 있습니다. 두 번째 계산식과 같이 피연산자와 식의 순서를 변경하면 계산 결과가 완전히 달라집니다.

Swift 3에서 결합규칙을 직접 설정하려면 새로운 우선순위 그룹을 선언하거나 Swift가 제공하는 기본 우선순위 그룹 중 동일한 결합규칙을 가지고 있는 그룹을 사용합니다. ＊＊ 연산자의 우선순위 그룹을 AdditionPrecedence 그룹으로 선언하면 앞의 예제와 동일한 결과를 얻을 수 있습니다.

Swift 3 Operator/Operator.playground#Page9
```
infix operator **: AdditionPrecedence
// ...
let size = KSize(width: 10, height: 20)
let newSize = KSize(width: 5, height: 50)
var finalSize = size + size ** newSize
print(finalSize)
// {100.0, 2000.0}

finalSize = newSize ** size + size
print(finalSize)
// {60.0, 1020.0}
```

앞서 살펴본 것과 같이 연산자의 우선순위와 결합규칙은 계산 순서를 결정하고 최종 계산 결과에 영향을 미치는 매우 중요한 요소입니다. 만약 계산식에 다수의 연산자가 포함되어 있다면 우선순위와 결합규칙에 따라 의도하지 않은 값을 얻을 수 있습니다. 그래서 괄호를 사용해서 우선순위를 직접 지정해주는 것이 좋습니다. 이러한 방식은 개발자가 의도한 순서대로 계산되도록 보장해주는 장점이 있습니다. 예를 들어 아래와 같은 코드는 괄호 안에 포함된 size + size가 항상 먼저 계산되기 때문에 피연산자와 연산자의 순서에 관계없이 계산 결과가 동일합니다.

```Swift
var finalSize = (size + size) ** newSize
// {100.0, 2000.0}

finalSize = newSize ** (size + size)
// {100.0, 2000.0}
```

3. Summary

• 연산자 함수는 기본적으로 제공되는 연산자 구현에 새로운 구현을 추가합니다.

```Swift
func 연산자(파라미터 목록) -> 리턴형i {
    // ...
}
```

• Swift 컴파일러는 연산자 함수에 선언되어 있는 파라미터의 자료형을 통해 연산자의 지원유무를 판단합니다.
• Swift에서는 사용자 정의 연산자를 통해 기존에 존재하지 않는 새로운 형태의 연산자를 구현할 수 있습니다.
• 사용자 정의 연산자를 구현할 때는 아래와 같은 특수문자의 조합을 사용합니다.

```
/ = - + * % < > ! & | ^ . ~ ?
```

• 사용자 정의 연산자를 선언할 때는 operator 키워드를 사용하며 반드시 전역 범위에서 선언해야 합니다.

```Swift 2.3
prefix operator 연산자 { }
infix operator 연산자 { }
postfix operator 연산자 { }
```

```Swift 3
prefix operator 연산자
infix operator 연산자
postfix operator 연산자
```

• Swift 2.3은 연산자의 우선순위를 결정할 때 precedence 속성을 사용합니다. 결합규칙 속성을 지정할 때는 associativity 속성을 사용합니다.

Swift 2.3

```
infix operator 연산자 { associativity 결합규칙 precedence 우선순위 }
```

- Swift 3은 연산자의 우선순위와 결합규칙을 결정할 때 우선순위 그룹을 사용합니다.

Swift 3

```
precedencegroup 우선순위 그룹 이름 {
    higherThan: 현재 그룹보다 우선순위가 낮은 그룹 목록
    lowerThan: 현재 그룹보다 우선순위가 높은 그룹 목록
    associativity: 결합규칙
}

infix operator 연산자 : 우선순위 그룹
```

CHAPTER

30

전처리기

전처리기는 컴파일러가 소스 코드를 컴파일하기 전에 전처리 명령문을 처리하는 텍스트 프로세서입니다. Objective-C 컴파일러는 전처리기를 내장하고 있으며 C 언어에서 제공하는 모든 전처리 명령문을 사용할 수 있습니다.

#으로 시작하는 전처리 명령문을 전처리 지시어라고 합니다. 일반 명령문이나 선언문과 달리 문장 마지막에 ;을 붙이지 않으며 일반적으로 코드 파일의 시작 부분에 위치합니다.

1. #define, #undef

#define은 상수를 선언하는 전처리 지시자입니다. #define으로 선언된 상수를 매크로 상수라고 합니다. 매크로 상수의 이름은 모두 대문자로 작성하거나 소문자 k로 시작하는 이름을 사용하는 것이 관례입니다. 이름은 공백을 포함할 수 없기 때문에 여러 단어로 구성된 이름을 사용할 경우 _ 문자로 공백을 대신합니다.

Objective-C
```
#define 매크로_상수_이름 값 또는 표현식
```

예를 들어 원주율을 나타내는 매크로 상수는 다음과 같이 선언할 수 있습니다.

Objective-C Preprocessor/Define/main.m
```
#define PI 3.14
```

매크로 상수 PI는 일반 상수와 동일한 방식으로 코드에서 사용할 수 있습니다.

Objective-C Preprocessor/Define/main.m
```
NSLog(@"%d", PI);
// 3.140000
```

전처리 과정에서 코드에서 사용된 PI는 3.14로 대체됩니다. PI를 여러 곳에서 사용한 경우에도 선언 부분만 수정하면 모든 부분에 수정된 값이 적용됩니다. 만약 원주율을 계산하는 코드에서 매크로 상수 대신 3.14를 직접 실수로 입력했다면 값의 수정이 필요할 때 모든 코드를 일일이 수정해야 합니다.

매크로 상수가 항상 값을 가져야 하는 것은 아닙니다. 상수의 선언 여부를 판단하는 것으로 충분한 경우에는 값을 생략할 수 있습니다. 이렇게 선언된 매크로 상수는 조건 컴파일에 활용됩니다.

> **Objective-C**
> ```
> #define 매크로_상수_이름
> ```

#define은 함수를 선언하는데 활용할 수 있습니다. #define으로 선언된 함수를 매크로 함수라고 합니다. 예를 들어 두 수 중 큰 수를 판단하는 함수를 아래와 같이 선언할 수 있습니다. 일반 함수와 달리 파라미터의 자료형과 리턴형을 지정하지 않습니다.

> **Objective-C** Preprocessor/Define/main.m
> ```
> #define MAX_VALUE(a, b) a < b ? b : a
> ```

매크로 함수를 호출하는 방법은 일반 함수와 동일합니다. 하지만 매크로 함수는 전처리 과정에서 선언된 텍스트로 교체됩니다. 예를 들어 MAX_VALUE 매크로 함수를 호출하는 코드는

> **Objective-C** Preprocessor/Define/main.m
> ```
> NSLog(@"%d", MAX_VALUE(1, 2));
> // 2
> ```

전처리 과정이 완료된 후 아래와 같은 코드로 교체됩니다.

> **Objective-C**
> ```
> NSLog(@"%d", 1 < 2 ? 2 : 1);
> // 2
> ```

이처럼 전처리 과정에서 텍스트로 교체되기 때문에 연산자 우선순위에 주의해야 합니다. 파라미터로 전달된 값에 2를 곱하는 WRONG_DOUBLE 매크로 함수에 1을 전달하면 의도한대로 2가 리턴됩니다. 하지만 다른 계산식을 전달하면 우선순위에 따라 잘못된 결과를 얻을 수 있습니다. 아래와 같이 num + 2를 전달하면 num + 2 * 2로 대체되고 2 * 2가 먼저 계산됩니다. 의도한 결과 값은 6이지만 실제로는 5가 리턴됩니다.

> **Objective-C** Preprocessor/Define/main.m
> ```
> #define WRONG_DOUBLE(a) a * 2
>
> int num = 1;
> NSLog(@"%d", WRONG_DOUBLE(num));
> // 2
>
> NSLog(@"%d", WRONG_DOUBLE(num + 2));
> NSLog(@"%d", num + 2 * 2);
> // 5
> ```

매크로 함수를 선언할 때는 ( )를 통해 연산자 우선순위를 직접 지정해 주어야 항상 올바른 결과를 얻을 수 있습니다. 다음과 같이 파라미터로 전달된 a를 ( )로 감싸주면 계산식이 전달된 경우에도 올바른 결과를 얻을 수 있습니다.

Objective-C Preprocessor/Define/main.m
```
#define DOUBLE(a) (a) * 2

NSLog(@"%d", WRONG_DOUBLE(num + 2));
NSLog(@"%d", (num + 2) * 2);
// 6
```

#undef는 #define으로 선언된 매크로 함수와 매크로 상수를 해제하는데 사용됩니다. #undef로 해제된 매크로는 소스 코드에서 더 이상 사용할 수 없습니다. 하지만 #define으로 동일한 이름을 가지는 매크로 상수와 매크로 함수를 다시 정의할 수 있습니다.

Objective-C
```
#undef 매크로_상수_또는_매크로_함수_이름
```

1.1 \ 연산자 (Macro Continuation Operator)

#define 지시어는 기본적으로 동일한 라인의 코드만 선언에 포함시킵니다. 매크로 함수를 선언할 때 함수의 코드가 두 줄 이상으로 선언되어야 한다면 각 라인 마지막 부분에 \ 연산자를 추가해야 합니다. 예를 들어 두 변수의 값을 교체하는 SWAP 매크로 함수를 선언할 때 \ 연산자를 사용하여 여러 줄에 걸쳐 함수를 선언할 수 있습니다.

Objective-C Preprocessor/Multiline/main.m
```
#define SWAP(a, b) { \
    (a) ^= (b); \
    (b) ^= (a); \
    (a) ^= (b); \
}

int a = 1;
int b = 2;
SWAP(a, b);

NSLog(@"%d %d", a, b);
// 2 1
```

1.2 미리 선언된 상수

Objective-C는 다양한 매크로 상수와 매크로 함수를 제공합니다. 불린 값을 표현하기 위해 사용하는

YES는 값이 1인 매크로 상수이고 NO는 값이 0인 매크로 상수 입니다. Objective-C에서 NULL이 0과 같은 값으로 평가되는 이유는 void * 형으로 변환된 0 값을 가지는 매크로 상수이기 때문입니다.

Objective-C
```
#define YES (BOOL)1
#define NO (BOOL)0
#define NULL ((void *)0)
```

최솟값, 최댓값, 절댓값은 MIN, MAX, ABS 매크로 함수를 통해 얻을 수 있습니다.

Objective-C Preprocessor/Define/main.m
```
NSLog(@"%d", MAX(1, 2));
// 2

NSLog(@"%d", MIN(1, 2));
// 1

NSLog(@"%d", ABS(-1));
// 1
```

__로 시작하는 매크로 함수는 주로 디버깅에 활용되거나 시스템의 내부 동작을 처리하는데 사용됩니다. 그 중 __FILE__, __LINE__, __DATE__, __TIME__, __TIMESTAMP__ 매크로 함수가 자주 사용됩니다.

Objective-C Preprocessor/Define/main.m
```
NSLog(@"%s", __FILE__);
// Path/to/main.m

NSLog(@"%d", __LINE__);
// (라인번호)

NSLog(@"%s", __DATE__);
// (현재 날짜)

NSLog(@"%s", __TIME__);
// (현재 시간)

NSLog(@"%s", __TIMESTAMP__);
// (현재 날짜와 시간)
```

2. #include, #import

#include와 #import는 전처리 과정에서 지정된 헤더 파일을 현재 위치로 복사합니다. #include와

#import는 동일한 역할을 수행하지만 #include는 중복 참조 오류를 자동으로 처리하지 못하기 때문에 거의 사용되지 않습니다. #import는 헤더 파일이 여러 파일로 복사되더라도 중복 참조 오류가 발생하지 않도록 처리해 줍니다.

```objc
Objective-C
#import "헤더파일.h"
#import <헤더파일.h>
```

헤더 파일을 ""로 감싸는 경우 동일한 프로젝트에서 헤더 파일을 검색한 후 빌드 설정에 정의되어 있는 경로를 검색합니다. <>로 감싸는 경우에는 기본적으로 제공되는 시스템 헤더 경로를 검색합니다. 만약 모든 경로에서 지정된 헤더 파일을 찾을 수 없다면 컴파일 오류가 발생합니다.

3. #if, #elif, #else, #endif

전처리기는 if 조건문과 동일한 역할을 수행하는 전처리 지시어를 제공합니다. #if는 if, #elif는 else if, #else는 else와 동일합니다. if 조건문과 달리 실행할 코드를 { }로 감싸지 않으며 #endif 지시어를 마지막에 적어 주어야 합니다.

```objc
Objective-C
#if 조건1
    조건1이 참일 때 컴파일 대상에 포함시킬 코드
#elif 조건n
    조건n이 참일 때 컴파일 대상에 포함시킬 코드
#else
    모든 조건이 거짓일 때 컴파일 대상에 포함시킬 코드
#endif
```

이어지는 예제에서 MAX_VAL 상수는 500으로 선언되어 있습니다. #if에서 지정한 조건이 거짓으로 평가되기 때문에 #else와 #endif 사이의 코드가 컴파일 대상에 포함됩니다. 그래서 MULTIPLIER 상수의 값을 출력해 보면 1.0이 출력됩니다.

```objc
Objective-C   Preprocessor/If/main.m
#define MAX_VAL 500

#if MAX_VAL > 1000
#define MULTIPLIER ((double)0.5)
#else
#define MULTIPLIER ((double)1)
#endif
```

#if와 #endif는 필수 요소이며 반드시 짝을 맞추어 작성해야 합니다. #elif와 #else는 생략할 수 있습니다. #elif를 사용하는 경우에는 반드시 #if와 #else 또는 #endif 사이에 와야 하며 원하는 만큼 사용할

수 있습니다. #else를 사용하는 경우에는 #if 또는 #elif와 #endif 사이에서 하나만 사용할 수 있습니다.

4. #ifdef, #ifndef

#ifdef와 #ifndef는 매크로의 선언 여부를 판단하는데 사용합니다. #ifdef는 지정된 매크로가 선언되어 있을 때 #endif 사이에 있는 코드를 컴파일 대상에 포함시키고 #ifndef는 반대로 동작합니다.

Objective-C
```
#ifdef 매크로 상수 또는 매크로 함수
    매크로 상수 또는 매크로 함수가 선언되어 있을 때 컴파일 대상에 포함시킬 코드
#endif

#ifndef 매크로 상수 또는 매크로 함수
    매크로 상수 또는 매크로 함수가 선언되어 있지 않을 때 컴파일 대상에 포함시킬 코드
#endif
```

예를 들어 NSLog 함수를 통해 로그를 출력하는 코드가 디버그 모드에 제한적으로 포함되도록 조건 컴파일 코드를 작성할 수 있습니다.

Objective-C Preprocessor/Ifdef/main.m
```
#ifdef DEBUG
    NSLog(@"Debug Mode");
#endif
```

4.1 defined()

#ifdef와 #ifndef 지시어는 defined() 연산자로 대체할 수 있습니다.

Objective-C
```
#if defined(매크로 상수 또는 매크로 함수)
    매크로 상수 또는 매크로 함수가 선언되어 있을 때 컴파일 대상에 포함시킬 코드
#endif
```

5. #line

Objective-C는 현재 소스 파일의 이름으로 대체되는 __FILE__ 매크로 상수와 라인 번호로 대체되는 __LINE__ 매크로 상수를 제공합니다. 두 상수는 포함된 실제 포함된 파일과 라인 번호를 반영하지만 #line을 통해 임의로 변경할 수 있습니다.

Objective-C
```
#line 대체할 라인 번호
#line 대체할 라인 번호 대체할 파일 이름
```

```
Objective-C  Preprocessor/Line/main.m
NSLog(@"%s#%d", __FILE__, __LINE__);
// /Path/to/main.m#13

#line 100
NSLog(@"%s#%d", __FILE__, __LINE__);
// /Path/to/main.m#100

#line 200 "newfile.m"
NSLog(@"%s#%d", __FILE__, __LINE__);
// newfile.m#200
```

6. #error

#error는 전처리 과정을 강제로 종료합니다. 전처리 지시어를 사용할 때 반드시 충족되어야 하는 조건을 확인하고, 조건을 만족되지 않을 경우 오류 메시지를 출력하는 방식으로 주로 활용됩니다.

```
Objective-C
#error 오류 메시지
```

예를 들어 MAX_VALUE 상수가 반드시 100보다 크거나 동일한 값으로 선언되어 있어야 한다면 다음과 같이 #if로 크기를 판단한 후 오류 메시지를 출력할 수 있습니다.

```
Objective-C  Preprocessor/Error/main.m
#define MAX_VALUE 100

#if MAX_VALUE < 100
#error minimum MAX_VALUE is 100
#endif
```

7. 전처리 연산자(Preprocessor Operator)

7.1 # 연산자 (Stringizing Operator)

연산자는 피연산자를 ""로 감싼 C 문자열 상수로 치환합니다.

```
Objective-C
#C_문자열로_치환할_토큰
```

아래의 코드에서 TOSTR 매크로 함수는 파라미터로 전달된 토큰을 C 문자열 상수로 치환합니다. TOSTR(APPLE)은 전처리 과정이 완료된 후 "APPLE"로 대체됩니다.

```
Objective-C  Preprocessor/Stringizing/main.m
#define TOSTR(str) #str
NSLog(@"%s", TOSTR(APPLE));
NSLog(@"%s", "APPLE");
```

7.2 ## 연산자 (Token-Pasting Operator)

연산자는 두 개의 토큰을 하나로 연결합니다.

> **Objective-C**
> 토큰##토큰

이어지는 예제에서 TOKENIZER 매크로 함수는 파라미터로 전달된 두 토큰을 연결합니다. TOKENIZER(my, Name) 코드는 전처리 과정이 완료된 후 myName으로 대체됩니다.

> **Objective-C** Preprocessor/TokenPasting/main.m
> ```objc
> #define TOKENIZER(token1, token2) token1##token2
>
> NSString* myName = @"James";
> NSLog(@"%@", TOKENIZER(my, Name));
> NSLog(@"%@", myName);
> ```

8. Swift와 전처리 지시어

Swift 컴파일러는 전처리기를 내장하고 있지 않으며 컴파일 속성, 조건 컴파일 블록과 언어 자체의 기능으로 Objective-C 전처리기와 동일한 기능을 구현합니다. 그리고 전처리 지시어는 Swift와의 호환성을 가지고 있지 않기 때문에 Swift와 Objective-C 코드를 함께 사용될 때 자동으로 임포트 되지 않습니다. Swift는 #으로 시작하는 다양한 표현식을 제공하지만 Objective-C에서 제공하는 전처리 지시어와 연관성이 없는 요소입니다.

Swift에서 매크로 상수는 전역 범위에서 선언된 상수로 선언할 수 있습니다. 전역 범위에 선언된 함수는 매크로 함수와 동일한 역할을 수행합니다.

Objective-C에서 #if, #ifdef 지시어를 통해 구현하는 조건 컴파일은 Swift의 조건 컴파일 블록으로 구현할 수 있습니다.

> **Swift**
> ```swift
> #if 조건식
>     조건식이 참일 때 컴파일 대상에 포함시킬 코드
> #endif
> ```

조건식 부분에는 빌드 설정에 선언되어 있는 컴파일 플래그 또는 플랫폼 상태 함수가 사용됩니다. Swift는 다음과 같은 플랫폼 상태 함수를 제공하며 함수의 파라미터는 미리 정의되어 있는 파라미터만 사용할 수 있습니다.

8.1 os()

os() 함수는 코드가 컴파일 되는 OS를 확인합니다. 파라미터로 전달할 수 있는 값은 OSX, macOS, iOS, tvOS, watchOS, tvOS, Linux 입니다. 이 함수는 OS의 종류를 판단할 수 있지만 버전은 확인할 수 없습니다.

Swift Preprocessor/os.playground
```swift
#if os(OSX) || os(macOS)
    print("macOS")
#elseif os(iOS)
    print("iOS")
#elseif os(tvOS)
    print("tvOS")
#elseif os(watchOS)
    print("watchOS")
#elseif os(Linux)
    print("Linux")
#else
    print("Unknown OS")
#endif
```

8.2 arch()

arch() 함수는 코드가 컴파일 되는 플랫폼을 확인합니다. 파라미터로 전달할 수 있는 값은 x86_64, arm, arm64, i386 입니다.

Swift Preprocessor/arch.playground
```swift
#if arch(x86_64)
    // ...
#elseif arch(arm) || arch(arm64)
    // ...
#elseif arch(i386)
    // ...
#else
    // ...
#endif
```

8.3 swift()

swift() 함수는 Swift 코드의 버전을 분기할 때 사용할 수 있습니다. 파라미터에 >= 연산자와 버전 번호를 전달합니다.

Swift Preprocessor/swift.playground
```swift
#if swift(>=3.0)
    // Swift 3.0 버전 코드
#else
    // Swift 3.0 이전 버전 코드
#endif
```

9. Summary

- 전처리기는 컴파일러가 소스 코드를 컴파일 하기 전에 전처리 명령문을 처리하는 텍스트 프로세서입니다.

- #define은 매크로 상수와 매크로 함수를 선언하는 전처리 지시자입니다.

  Objective-C
  ```
  #define 매크로_상수_이름 값 또는 표현식
  #define 매크로_상수_이름
  ```

- #undef는 #define으로 선언된 매크로 함수와 매크로 상수를 해제하는데 사용됩니다.

  Objective-C
  ```
  #undef 매크로_상수_또는_매크로_함수_이름
  ```

- #include와 #import는 전처리 과정에서 지정된 헤더 파일을 현재 위치로 복사합니다.
- 전처리기는 if 조건문과 동일한 역할을 수행하는 전처리 지시어를 제공합니다.

  Objective-C
  ```
  #if 조건1
      조건1이 참일 때 컴파일 대상에 포함시킬 코드
  #elif 조건n
      조건n이 참일 때 컴파일 대상에 포함시킬 코드
  #else
      모든 조건이 거짓일 때 컴파일 대상에 포함시킬 코드
  #endif
  ```

- #ifdef와 #ifndef는 매크로의 선언 여부를 판단하는데 사용합니다.

  Objective-C
  ```
  #ifdef 매크로 상수 또는 매크로 함수
      매크로 상수 또는 매크로 함수가 선언되어 있을 때 컴파일 대상에 포함시킬 코드
  #endif

  #ifndef 매크로 상수 또는 매크로 함수
      매크로 상수 또는 매크로 함수가 선언되어 있지 않을 때 컴파일 대상에 포함시킬 코드
  #endif
  ```

- #ifdef와 #ifndef 지시어는 defined() 연산자로 대체할 수 있습니다.

  Objective-C
  ```
  #if defined(매크로 상수 또는 매크로 함수)
      매크로 상수 또는 매크로 함수가 선언되어 있을 때 컴파일 대상에 포함시킬 코드
  #endif
  ```

- Swift 컴파일러는 전처리기를 내장하고 있지 않으며 컴파일 속성, 조건 컴파일 블록과 언어 자체의 기능으로 Objective-C 전처리기와 동일한 기능을 구현합니다.
- Objective-C에서 #if, #ifdef 지시어를 통해 구현하는 조건 컴파일은 Swift의 조건 컴파일 블록으로 구현할 수 있습니다.

```
Swift
#if 조건식
    조건식이 참일 때 컴파일 대상에 포함시킬 코드
#endif
```

Memory Management

PART 04

메모리 관리

객체의 메모리가 필요한 만큼 정상적으로 할당되었다가 더 이상 필요하지 않은 시점에 완전하게 해제되도록 하는 것은 프로그래밍에서 매우 중요한 부분입니다. 메모리는 프로그램의 성능에 많은 영향을 줍니다. 더 이상 사용하지 않는 객체의 메모리가 해제되지 않고 계속 유지되는 경우 프로그램이 사용할 수 있는 메모리가 점점 줄어들고 성능이 저하됩니다. 심지어 다른 프로그램의 성능에 영향을 주기도 합니다. 더 이상 사용할 수 있는 메모리가 없는 경우 OS는 메모리 공간을 확보하기 위해서 프로그램을 강제로 종료합니다. 이런 문제가 발생하지 않도록 메모리를 효율적으로 관리하는 것은 매우 중요합니다.

두 언어는 메모리 관리를 위한 두 가지 모델을 제공합니다. 코코아 환경에서 처음 도입한 메모리 관리 모델은 Manual Retain Release(MRR) 모델입니다. 이 모델은 Manual Reference Counting(MRC)으로 부르기도 합니다. MRR은 객체의 소유권을 기반으로 메모리를 관리합니다. 모든 객체는 하나 이상의 소유자가 있는 경우 메모리에 유지됩니다. 소유자는 메모리가 더 이상 필요 없는 경우 소유권을 포기하고 소유자가 하나도 없는 메모리는 해제됩니다. MRR은 객체의 소유권을 관리하기 위해 참조 카운트를 사용합니다. 참조 카운트는 객체를 소유할 때마다 1씩 증가하고, 소유권을 포기할 때마다 1씩 감소하는 단순한 규칙을 가지고 있습니다. 이 모델을 사용하여 프로그램을 개발한다면 retain, release, autorelease 메소드를 사용해서 객체 소유권과 관련된 코드를 직접 구현해야 합니다. 하지만 여러 객체가 상호 작용하는 코드에서 소유권을 올바르게 처리하는 코드를 작성하는 것은 매우 어려운 작업입니다. 작성해야 하는 코드의 양이 증가하는 만큼 메모리 오류의 가능성과 디버깅 난이도도 함께 증가하게 됩니다. 더불어 코드를 유지보수하는데도 많은 노력과 시간이 필요합니다.

애플은 이러한 문제점을 해결하기 위해 Automatic Reference Counting(ARC)을 도입했습니다. MRR과 동일한 참조 카운트 모델을 사용하지만 향상된 컴파일러가 메모리 관리 코드를 자동으로 추가합니다. 프로그래머는 더 이상 메모리 관리 코드를 작성할 필요가 없고 프로그램의 기능에 더욱 집중할 수 있습니다.

Objective-C는 MRR과 ARC 중 하나의 메모리 관리 모델을 선택할 수 있습니다. Swift는 ARC를 기본 메모리 관리 모델로 사용합니다. 특별한 이유가 없다면 ARC를 사용하는 것이 좋습니다.

1. 소유 정책

참조 카운트를 관리하는 규칙을 소유 정책이라고 합니다. 코코아의 메모리 관리 모델은 매우 단순하고 직관적인 소유 정책을 가지고 있습니다.

- 모든 객체는 생성될 때 참조 카운트가 1이 됩니다.
- 객체에 retain 메시지를 보내면 참조 카운트가 1 증가합니다. 이 메시지를 보낸 호출자는 객체를 소유합니다.
- 객체에 release 메시지를 보내면 참조 카운트가 1 감소합니다. 이 메시지를 보낸 호출자는 객체의 소유권을 포기합니다.
- autorelease 메시지를 보내면 현재 사용 중인 오토릴리즈 풀 블록의 실행이 종료되는 시점에 참조 카운트가 1 감소합니다. 이 메시지를 보낸 호출자는 객체의 소유권을 포기합니다.
- 참조 카운트가 0이 되면 객체의 메모리가 해제됩니다.

Manual Retain Release(MRR)

Swift가 ARC를 기본으로 채택하고 있고, Objective-C에서도 대부분 ARC를 사용하는 추세이므로 앞으로 MRR을 사용하게 되는 경우는 극히 드물 것입니다. 하지만 MRR의 동작 방식을 이해하는 것은 메모리 관리에 큰 도움이 됩니다.

메모리 관리에 사용되는 메소드는 NSObject 프로토콜과 NSObject 클래스에 선언되어 있습니다. NSObject 클래스는 NSObject 프로토콜을 채용하고 있고, 모든 Objective-C 클래스는 NSObject 클래스를 상속합니다. 그래서 모든 Objective-C 객체는 기본적으로 메모리 관리 메소드를 사용할 수 있습니다.

```objectivec
Objective-C
@protocol NSObject
// ...
- (instancetype)retain Objective-C_ARC_UNAVAILABLE;
- (oneway void)release Objective-C_ARC_UNAVAILABLE;
- (instancetype)autorelease Objective-C_ARC_UNAVAILABLE;
- (NSUInteger)retainCount Objective-C_ARC_UNAVAILABLE;
//...
@end

@interface NSObject <NSObject>
// ...
- (void)dealloc;
// ...
@end
```

MRR은 다음과 같은 메모리 관리 규칙을 사용합니다.

* alloc, new, copy, mutableCopy로 시작하는 이름을 가진 메소드로 생성한 객체는 호출자(리시버)가 소유권을 획득합니다.
* 객체를 메모리에 유지하려면 retain 메소드를 통해 객체의 소유권을 획득해야 합니다.
* 객체가 더 이상 필요하지 않다면 release, autorelease 메소드를 통해 객체의 소유권을 포기해야 합니다.
* 1과 2에서 설명한 규칙을 통해 소유권을 획득하지 않았다면 해당 객체의 소유권을 포기할 수 없습니다. 즉, 자신이 소유한 객체의 소유권만 포기할 수 있습니다.

이 규칙은 ARC에서도 동일하게 적용됩니다. ARC에서는 프로그래머 대신 컴파일러가 메모리 관리 코드를 생성한다는 차이가 있을 뿐입니다.

아래의 코드는 MRR 모델로 메모리를 관리하는 코드입니다.

```objective-c
Objective-C
Person* p = [[Person alloc] init];
NSString* name = p.name;
[p release];
```

이 코드는 새로운 Person 인스턴스를 생성하기 위해 alloc 메소드를 사용하고 있습니다. 앞서 설명한 1번 규칙에 따라 p는 새롭게 생성된 객체를 소유합니다. 이 시점에서 객체의 참조 카운트는 1입니다. Person 인스턴스의 name 속성 값을 name 변수에 저장할 때는 retain 메소드를 사용하지 않습니다. 그래서 name 변수는 p.name 속성에 저장되어 있는 문자열 객체를 소유하지 않습니다. 마지막 코드와 같이 p에 release 메시지를 보내면 객체의 참조 카운트가 1 감소합니다. 이 코드에서 객체의 참조 카운트가 0이 되므로 p에 할당된 메모리는 즉시 해제됩니다.

이처럼 객체는 참조 카운트가 0이 되는 순간 바로 해제되기 때문에 메소드에서 객체를 리턴할 때 해제된 객체를 리턴하지 않도록 주의해야 합니다. 또한 리턴되는 메모리가 정상적으로 해제되도록 구현해야 합니다.

```objective-c
Objective-C
- (NSString*)returnSomething
{
    NSString* str = [[NSString alloc] initWithString:@"Something"];
    return str;
}
```

returnSomething 메소드는 문자열을 리턴합니다. 메소드에서 생성된 문자열은 str이 소유하고 참조 카운트는 1이 됩니다. 이어서 문자열을 리턴하고 메소드 실행을 종료합니다. 이 메소드에는 str의 소유권을 포기하는 코드가 없습니다. 그래서 리턴된 문자열의 메모리는 해제되지 않는 상태로 남아있게 됩니다. 아래와 같이 메소드 실행이 종료되기 전에 객체의 소유권을 포기할 수 있지만 메소드가 해제된 문자열을 리턴하게 되어 런타임 오류의 원인이 됩니다.

```objective-c
Objective-C
- (NSString*)returnSomething
{
    NSString* str = [[NSString alloc] initWithString:@"Something"];
    [str release];
    return str;
}
```

이런 문제를 해결하기 위해서는 release 대신 autorelease를 사용해야 합니다. autorelease 메소드는 객체의 소유권을 포기하고 오토릴리즈 풀에 등록합니다. 이 객체는 오토릴리즈 풀이 존재하는 동안 메모리에 유지됩니다. 그래서 문자열을 리턴 받는 곳에서도 값을 안전하게 사용할 수 있고 오토릴리즈 풀이 해제될 때 객체의 메모리도 함께 해제되므로 메모리 누수 문제도 해결됩니다.

Objective-C
```objc
- (NSString*)returnSomething
{
    NSString* str = [[NSString alloc] initWithString:@"Something"];
    [str autorelease];
    return str;
}
```

실제로 메소드에서 리턴할 객체를 생성할 때는 팩토리 메소드를 주로 사용합니다. 팩토리 메소드를 통해 생성된 문자열은 참조 카운트를 증가시키지 않고 자동으로 오토릴리즈 풀에 등록됩니다. 앞서 보여준 코드에 비해 단순하지만 메모리 누수와 해제된 메모리가 리턴되는 문제를 동시에 해결합니다.

Objective-C
```objc
- (NSString*)returnSomething
{
    NSString* str = [NSString stringWithString:@"Something"];
    return str;
}

// 또는

- (NSString*)returnSomething
{
    return [NSString stringWithString:@"Something"];
}
```

Beginner Note – 팩토리 메소드

팩토리 메소드는 객체의 생성과 초기화 과정을 동시에 수행한 후 생성된 객체를 리턴하는 메소드입니다. alloc, init 메소드의 조합을 통해 객체를 생성하는 방식과 달리 새로 생성된 객체를 전달받는 클라이언트는 객체를 소유하지 않습니다. 그러므로 객체 소유 정책에 따라 객체를 해제할 필요도 없습니다. 팩토리 메소드로 생성된 객체는 자동으로 오토릴리즈 풀에 등록되고 오토릴리즈 풀이 해제될 때 함께 해제됩니다.

코코아 프레임워크는 다음과 같이 다양한 팩토리 메소드를 제공합니다.

```objc
+ (instancetype)stringWithFormat:(NSString *)format,, ...
+ (instancetype)stringWithString:(NSString *)aString
+ (instancetype)arrayWithArray:(NSArray *)anArray
+ (id)arrayWithContentsOfFile:(NSString *)aPath
(instancetype)dictionaryWithObject:(id)anObject forKey:(id<NSCopying>)aKey
```

코코아 메모리 관리 모델에서 객체를 리턴하는 메소드는 반드시 팩토리 메소드를 통해 생성된 객체나 autorelease 메시지로 해제한 객체만 리턴해야 한다는 것을 반드시 기억해 두시기 바랍니다.

MRR 모델에서는 객체가 해제될 때, 속성이 할당받은 메모리를 직접 해제해야 합니다. 이 작업은 dealloc 메소드를 통해 구현됩니다. 이 메소드는 객체가 해제될 때 자동으로 호출됩니다. ARC와 달리 MRR에서는 반드시 상위 클래스의 dealloc 메소드를 호출해야 합니다.

```objectivec
Objective-C
- (void)dealloc
{
    [_name release];
    [super dealloc];
}
```

Autorelease Pool

오토릴리즈 풀은 autorelease 메시지를 받은 객체가 해제되기 전까지 저장되는 공간입니다. 이 공간에 저장된 객체들은 오토릴리즈 풀이 해제될 때 release 메시지를 받습니다. 하나의 객체가 여러 번 추가되었다면 추가된 횟수만큼 release 메시지를 받습니다.

코코아 환경에서 오토릴리즈 풀은 필수입니다. 만약 오토릴리즈 풀이 생성되지 않은 상태에서 객체로 autorelease 메시지를 보내면 이 객체는 release 메시지를 받을 수 없고 메모리 누수의 원인이 됩니다. 그래서 Xcode로 생성한 모든 프로젝트는 메인 스레드에서 동작하는 기본 오토릴리즈 풀을 제공합니다. 모든 스레드는 오토릴리즈 풀 스택을 가지고 있고, 새롭게 생성된 오토릴리즈 풀은 스택 최상위에 추가됩니다. autorelease 메시지를 받은 객체는 자신의 스레드에 존재하는 오토릴리즈 풀 중 스택의 최상위에 있는 풀에 추가됩니다. 오토릴리즈 풀이 해제되는 경우 스택에서 제거되고 여기에 포함되어 있는 객체들은 release 메시지를 받습니다. 스레드 자체가 종료되는 경우에도 스택에 있는 모든 풀이 자동으로 해제됩니다.

MRR 환경에서 오토릴리즈 풀을 생성할 때는 NSAutoreleasePool 클래스를 사용합니다.

```objectivec
Objective-C
NSAutoreleasePool *pool = [[NSAutoreleasePool alloc] init];
    // ...
[pool release];
```

ARC 환경에서는 NSAutoreleasePool 클래스 대신 @autoreleasepool 블록을 사용합니다. 아래의 코드는 Objective-C에서 오토릴리즈 풀 블록을 사용하는 코드입니다. 이 블록은 MRR 환경에서도 사용할 수 있고 NSAutoreleasePool 클래스보다 더 효율적으로 동작합니다.

```objectivec
Objective-C
@autoreleasepool {
    // ...
}
```

Swift는 다음과 같이 autoreleasepool 앞에 @ 문자가 붙지 않은 형태의 블록을 사용합니다.

Swift
```
autoreleasepool {
    // ...
}
```

프로그램을 개발할 때 기본적으로 제공하는 오토릴리즈 풀을 사용할 수 있습니다. 하지만 다음과 같은 세 가지 경우에는 프로그래머가 직접 오토릴리즈 풀을 생성해야 합니다.

- 명령줄 도구와 같이 UI 프레임워크를 사용하지 않는 프로그램을 개발할 때
- 반복문에서 다수의 임시 객체를 생성할 때
- 스레드를 직접 생성할 때

Automatic Reference Counting(ARC)

ARC는 MRR 모델에서 지적되었던 여러 단점을 개선한 메모리 관리 모델입니다. 향상된 컴파일러가 코드를 분석한 후 객체의 생명주기에 적합한 메모리 관리 코드를 추가하는 방식을 사용합니다. 프로그래머가 메모리 관리 코드를 직접 작성할 필요가 없어서 MRR 모델에 비해 개발 난이도와 복잡도가 상당히 낮아졌습니다. WWDC 2011에서 발표한 자료에 따르면 ARC 방식을 도입할 경우 retain/release 성능이 2.5배, @autoreleasebpool 블록의 성능이 NSAutoreleasePool 클래스에 비해 6배, obj_msgSend 성능이 33% 향상됩니다.

ARC는 프로그래머가 직접 메모리를 관리하지 않는다는 측면에서 가비지 컬렉션(이하 GC)과 유사합니다. 하지만 런타임에 주기적으로 메모리를 정리하는 GC와 달리 컴파일 시점에 코드가 자동으로 추가되는 방식이므로 런타임에 메모리 관리를 위한 오버헤드가 발생하지 않습니다. ARC는 객체를 생성할 때마다 객체에 대한 정보를 저장하는 별도의 메모리 공간을 생성합니다. 이 공간에는 객체에 대한 형식 정보와 속성 값이 저장됩니다. ARC는 이 정보를 기반으로 메모리를 관리합니다.

MRR 모델에서 사용하던 메모리 관리 규칙과 소유 정책은 ARC에 동일하게 적용됩니다. 하지만 컴파일러가 올바른 메모리 관리 코드를 추가할 수 있도록 몇 가지 추가적인 규칙에 따라 코드를 작성해야 합니다. 자세한 내용은 Transitioning to ARC Release Notes에서 제공합니다.

* dealloc 메소드를 직접 호출할 수 없습니다. 하위 클래스의 dealloc 메소드 구현에서 상위 클래스의 구현을 호출할 수 없습니다.
* retain, release, autorelease, retainCount 메소드를 구현하거나 직접 호출할 수 없습니다.
* NSAllocateObject, NSDeallocatedObject 클래스를 사용할 수 없습니다.
* C 구조체에서 객체 포인터를 사용할 수 없습니다.
* NSAutoreleasePool 객체 대신 @autoreleasepool 블록을 사용해야 합니다.
* 속성이름은 new로 시작할 수 없습니다. 반드시 new로 시작하는 이름을 사용해야 한다면 속성을 선언할 때 getter의 메소드 이름을 직접 지정해 주어야 합니다.

1. Strong Reference

해제된 객체에 접근하는 코드는 런타임 오류의 원인이 됩니다. ARC는 이러한 문제를 방지하기 위해 객체를 참조하고 있는 속성, 상수, 변수를 추적합니다. 활성화된 참조가 하나라도 존재한다면 객체는 해제되지 않습니다. 이를 위해서 새로 생성된 객체는 자신이 할당되는 속성 또는 변수와 강한 참조를 유지합니다.

```objectivec
// Objective-C
@interface Person: NSObject
@property (strong, nonatomic) NSString* name;
@end

@implementation Person
- (instancetype)init {
    self = [super init];
    if (self) {
        _name = @"John Doe";
    }
    return self;
}

- (void)dealloc {
    NSLog(@"%@ is being deinitialized", self.name);
}
@end

Person* person1;
Person* person2;
Person* person3;

person1 = [[Person alloc] init];
```

```swift
// Swift
class Person {
    var name = "John Doe"

    deinit {
        println("\(name) is being deinitialized")
    }
}

var person1: Person?
var person2: Person?
var person3: Person?

person1 = Person()
```

person1 변수는 새로운 Person 객체와 강한 참조를 유지합니다. person2, person3 변수에 person1을 할당하면 두 변수 역시 Person 객체와 강한 참조를 유지합니다.

Objective-C
```objectivec
person2 = person1;
person3 = person1;
```

Swift
```swift
person2 = person1
person3 = person1
```

코드가 여기까지 실행되면 Person 객체의 참조 카운트는 3이 됩니다. 0보다 큰 참조 카운트를 가진 객체는 메모리에 유지된다는 소유 정책에 따라 Person 객체는 메모리에 계속 유지됩니다.

Objective-C
```objectivec
person1 = nil;
person2 = nil;
```

Swift
```swift
person1 = nil
person2 = n
```

person1, person2 변수에 nil을 할당하면 객체에 대한 강한 참조가 해제됩니다. 즉, 두 변수는 자신이 소유하고 있는 Person 객체에 대한 소유권을 포기합니다. 이것은 MRR 모델에서 release 메시지를 보내는 것과 동일합니다. person3 변수는 여전히 Person 객체에 대한 강한 참조를 가지고 있기 때문에 여기에서도 객체는 계속 메모리에 유지됩니다.

Objective-C
```objectivec
person3 = nil;
```

Swift
```swift
person3 = nil
```

마지막으로 person3 변수에 nil을 할당하면 Person 객체에 대한 모든 강한 참조가 해제됩니다. 객체에 대한 강한 참조가 더 이상 존재하지 않기 때문에 메모리에서 해제됩니다.

이어지는 코드는 Person 클래스와 Car 클래스를 정의하고 있습니다. Person 클래스는 car라는 Car? 자료형의 속성을 가지고 있고, Car 클래스는 Person? 자료형의 lessee 속성을 가지고 있습니다. 두 클래스의 deinit 메소드는 해제 시점을 확인할 수 있는 메시지를 출력합니다.

Objective-C
```objectivec
@class Car;
@interface Person: NSObject
@property (strong, nonatomic) NSString* name;
```

```objc
@property (strong, nonatomic) Car* car;
@end

@implementation Person
- (instancetype)init {
    self = [super init];
    if (self) {
        _name = @"John Doe";
    }
    return self;
}

- (void)dealloc {
    NSLog(@"%@ is being deinitialized", self.name);
}
@end

@interface Car: NSObject
@property (strong, nonatomic) NSString* model;
@property (strong, nonatomic) Person* lessee;
- (instancetype)initWithModel:(NSString*)model;
@end

@implementation Car
- (instancetype)initWithModel:(NSString*)model {
    self = [super init];
    if (self) {
        _model = model;
    }
    return self;
}

- (void)dealloc {
    NSLog(@"%@ is being deinitialized", self.model);
}
@end

Person* person = [[Person alloc] init];
Car* rentedCar = [[Car alloc] initWithModel:@"Porsche 911"];
```

Swift
```swift
class Person {
    var name = "John Doe"
    var car: Car?

    deinit {
        println("\(name) is being deinitialized")
    }
```

```
    }

    class Car {
        var model: String
        var lessee: Person?

        init(model: String) {
            self.model = model
        }

        deinit {
            println("\(model) is being deinitialized")
        }
    }

    var person: Person? = Person()
    var rentedCar: Car? = Car(model: "Porsche 911")
```

새로 생성된 Person 객체는 person 변수에 할당됩니다. person 변수는 Person 객체와 강한 참조를
유지하고, 이 객체의 참조 카운트는 1이 됩니다. rentedCar 변수에는 새로운 Car 객체가 할당되고
person 변수와 마찬가지로 자신에게 할당된 Car 객체와 강한 참조를 유지합니다. Swift 코드는 나중
에 nil을 할당할 수 있도록 옵셔널로 선언되어 있습니다.

Objective-C
```
person.car = rentedCar;
rentedCar.lessee = person;
```

Swift
```
person!.car = rentedCar
rentedCar!.lessee = person
```

Person 객체의 car 속성에 rentedCar 변수를 할당하면 car 속성과 rentedCar 변수가 소유하고 있
는 객체 사이에 강한 참조가 유지됩니다. 이 시점에서 Car 객체와 유지되고 있는 강한 참조는 두 개
이고, 참조 카운트는 2가 됩니다. 이어서 Car 객체의 lessee 속성에 person 변수를 할당하고 있습니
다. lessee 속성과 person 변수가 소유하고 있는 객체 사이에 새로운 강한 참조가 유지되고, 참조 카
운트는 2가 됩니다.

Person 객체와 Car 객체는 자신이 가진 속성을 통해 다른 객체와 강한 참조를 유지합니다. 아래의
코드와 같이 person 변수와 rentedCar 변수에 nil을 할당하더라도 두 객체 사이의 강한 참조는 유
지됩니다. 그래서 소멸자에서 지정한 메시지가 출력되지 않습니다. 두 객체 사이의 강한 참조를 해제
할 수 있는 방법이 필요한데 이미 person 변수와 rentedCar 변수에는 nil이 할당되어 있어서 객체
에 접근할 수 없습니다. 결국 강한 참조를 해제할 방법이 없기 때문에 두 객체는 불필요한 메모리를
차지하게 됩니다.

```
person = nil;
rentedCar = nil;
```

```
person = nil
rentedCar = nil
```

이렇게 객체 사이의 강한 참조로 인해 메모리가 정상적으로 해제되지 않는 문제를 강한 참조 사이클, 또는 줄여서 참조 사이클이라고 합니다. ARC는 메모리를 자동으로 관리해주는 편리한 기능이지만 CG와 달리 참조 사이클 문제를 스스로 처리하지 못합니다.

2. Weak Reference

참조 사이클 문제를 해결하기 위해 가장 처음 도입된 것은 약한 참조입니다. 약한 참조는 자신이 참조하는 객체에 대해 강한 참조를 유지하지 않습니다. ARC 초기 버전에서 약한 참조는 자신이 참조하고 있는 객체가 해제되었을 경우 댕글링 포인터가 되는 문제가 있었습니다. 그래서 약한 참조가 댕글링 포인터가 되지 않도록 참조하고 있는 객체가 해제되면 약한 참조를 nil로 설정해 주어야 했습니다. 하지만 이러한 방식 역시 MRR처럼 메모리 관리를 어렵게 만들었습니다.

이후 ARC에는 Zeoring Weak Reference라고 하는 새로운 약한 참조가 도입되었습니다. 이 참조는 자신이 참조하기 있는 객체가 해제될 때 자신의 값을 nil로 초기화합니다. Objective-C에서 속성을 약한 참조로 선언하려면 strong 특성 대신 weak 특성을 사용합니다. 아래의 코드는 lessee 속성의 특성을 weak로 선언합니다.

```
Objective-C
@interface Car: NSObject
@property (strong, nonatomic) NSString* model;
@property (weak, nonatomic) Person* lessee;
//...
@end

Person* person = [[Person alloc] init];
Car* rentedCar = [[Car alloc] initWithModel:@"Porsche 911"];

person.car = rentedCar;
rentedCar.lessee = person;
```

Swift에서 속성을 약한 참조로 선언하려면 반드시 옵셔널로 선언해야 합니다. 약한 참조를 선언할 때는 weak 키워드를 사용합니다.

```Swift
class Car {
    var model: String
    weak var lessee: Person?
    // ...
}

var person: Person? = Person()
var rentedCar: Car? = Car(model: "Porsche 911")

person!.car = rentedCar
rentedCar!.lessee = person
```

person 변수와 rentedCar 변수는 이전과 마찬가지로 자신에게 할당된 객체와 강한 참조를 유지합니다. Person 객체의 car 속성에 rentedCar를 할당한 경우에도 강한 참조가 유지됩니다. 하지만 lessee 속성은 약한 참조로 선언되어 있어서 person과 강한 참조를 유지하지 않습니다. 즉, person 변수에 저장되어 있는 객체를 참조하지만 소유하지는 않습니다. 그래서 Person 객체의 참조 카운트도 증가하지 않습니다.

여기까지 코드가 실행되면 Person 객체에 대한 강한 참조를 유지하고 있는 것은 person 변수이고 객체의 참조 카운트는 1입니다. Car 객체에 대한 강한 참조를 유지하고 있는 것은 rentedCar 변수와 Person 객체의 car 속성이고, 참조 카운트는 2입니다.

```Objective-C
person = nil;
// John Doe is being deinitialized
```

```Swift
person = nil
// John Doe is being deinitialized
```

person 변수에 nil을 할당하여 Person 객체에 대한 강한 참조를 해제하면 person 변수가 Person 객체의 유일한 소유자이므로 참조 카운트는 0이 되고, 객체가 점유하고 있던 메모리가 즉시 해제됩니다. 그리고 Person 객체의 소멸자가 호출되어 메시지가 출력됩니다. Person 객체가 해제되는 과정에서 car 속성은 Car 객체에 대한 소유권을 포기합니다. 그래서 이 시점에서 Car 객체와 강한 참조를 유지하고 있는 것은 rentedCar 변수뿐입니다.

```Objective-C
rentedCar = nil;
// Porsche 911 is being deinitialized
```

```Swift
rentedCar = nil
// Porsche 911 is being deinitialized
```

마지막으로 rentedCar 변수에 nil을 할당하면 더 이상 Car 객체와 강한 참조를 유지하고 있는 소유자가 없으므로 이 객체도 바로 해제됩니다. 두 객체가 서로를 참조하고 있었지만 약한 참조를 사용했기 때문에 참조 사이클 문제와 메모리 누수 문제가 모두 해결되었습니다.

3. Unowned Reference (Swift Only)

Swift에서 새로 도입된 비소유 참조는 참조 대상에 대한 강한 참조를 유지하지 않지만, 항상 유효한 대상을 참조합니다. 즉, 약한 참조와 달리 옵셔널로 선언되지 않고 nil 값을 가질 수 없습니다. 참조 대상이 해제되는 경우 자동으로 nil로 변경되지 않기 때문에 런타임 오류가 발생할 가능성이 큽니다. 그래서 비소유 참조는 참조 대상이 항상 존재한다고 확신할 수 있는 경우에만 제한적으로 사용해야 합니다.

```Swift
class Person {
    var name = "John Doe"
    var fitnessMembership: Membership?

    deinit {
        println("\(name) is being deinitialized")
    }
}

class Membership {
    let membershipId: String
    unowned var owner: Person

    init(owner: Person) {
        self.owner = owner
        self.membershipId = "20160001"
    }

    deinit {
        println("\(membershipId) membership is being deinitialized")
    }
}
```

Membership 클래스는 피트니스 멤버십을 추상화한 클래스입니다. 모든 사람이 피트니스 멤버십을 가지고 있는 것은 아니고, 멤버십을 가지고 있는 경우에도 언제든지 해지할 수 있기 때문에 Person 클래스의 fitnessMembership 속성은 옵셔널로 선언되어 있습니다. 하지만 모든 피트니스 멤버십은 반드시 한 명의 회원과 연관되어 있으므로 owner 속성은 옵셔널이 아닌 속성으로 선언되어 있습니다. 아울러 이 속성은 unowned 키워드를 통해 비소유 참조로 선언되어 있어서 Person 객체와 강한 참조를 유지하지 않습니다. 그래서 약한 참주와 마찬가지로 참조 사이클 문제를 해결할 수 있습니다.

```
Swift
var p: Person? = Person()
p!.fitnessMembership = Membership(owner: p!)
```

이 코드는 새로운 Person 객체를 p에 할당합니다. 변수 p는 객체에 대한 소유권을 가지고 강한 참조를 유지합니다. 참고로 이 변수를 옵셔널로 선언한 이유는 나중에 값을 nil로 설정하여 강한 참조를 강제로 해제하기 위해서입니다.

이어서 fitnessMembership 속성에 새로운 Membership 객체를 할당합니다. 이 속성과 새로운 객체는 강한 참조를 유지합니다. Membership의 생성자로 전달된 Person 객체는 owner 속성에 할당됩니다. 하지만 이 속성이 비소유 참조로 선언되어 있어서 강한 참조는 유지되지 않습니다. Person 객체는 fitnessMembership 속성을 통해 Membership 객체와 강한 참조를 유지하고, Membership 객체는 owner 속성을 통해 Person 객체와 비소유 참조를 유지합니다. 그래서 두 객체 사이에는 참조 사이클 문제가 발생하지 않습니다. 동시에 두 객체 모두 유효한 소유자를 가지고 있어서 메모리에 정상적으로 유지됩니다.

```
Swift
p = nil
// John Doe is being deinitialized
// 20160001 membership is being deinitialize
```

마지막으로 p 변수에 nil을 할당하여 Person 객체를 해제하면 두 객체가 모두 해제되고 소멸자에서 지정한 메시지가 출력됩니다. Membership 객체는 자신과 강한 참조를 유지하고 있는 fitnessMembership 속성이 해제될 때 함께 해제됩니다.

4. 클로저와 블록의 강한 참조 사이클 문제

클로저와 블록은 클래스와 마찬가지로 참조 형식입니다. 그래서 참조 사이클 문제로부터 자유로울 수 없습니다. 새로운 Car 클래스를 구현한 후 참조 사이클이 발생하는 코드와 해결하는 코드를 구현해 보겠습니다.

```
Objective-C
typedef double (^SimpleBlock)();

@interface Car: NSObject
@property double totalDrivingDistance;
@property double totalUsedGas;
@property (copy, nonatomic) SimpleBlock gasMileage;
-(void)drive;
@end
```

```objc
@implementation Car
- (instancetype)init {
    self = [super init];
    if (self) {
        _totalDrivingDistance = 0.0;
        _totalUsedGas = 0.0;
        _gasMileage = ^{
            return self.totalDrivingDistance / self.totalUsedGas;
        };
    }
    return self;
}

- (void)drive {
    self.totalDrivingDistance = 1200.0;
    self.totalUsedGas = 73.0;
}

- (void)dealloc {
    NSLog(@"Car is being deinitialized");
}
@end
```

Swift
```swift
class Car {
    var totalDrivingDistance: Double = 0.0
    var totalUsedGas: Double = 0.0

    lazy var gasMileage: () -> Double = {
        return self.totalDrivingDistance / self.totalUsedGas
    }

    func drive() {
        self.totalDrivingDistance = 1200.0
        self.totalUsedGas = 73.0
    }

    deinit {
        println("Car is being deinitialized")
    }
}
```

Car 클래스는 참조 사이클의 원인이 되는 gasMileage 속성을 가지고 있습니다. 이 속성에 할당된 클로저와 블록 내부에서 self를 참조하고 있습니다. Swift에서 속성이 lazy로 선언되어 있는 이유는 객체의 초기화가 완료되기 전까지 self에 접근할 수 없기 때문입니다. 만약 lazy로 선언하지 않는다면 클로저 내부에서 self를 인식할 수 없으므로 컴파일 오류가 발생합니다. gasMileage 속성은 자신에게 할당된 클로저/블록과 강한 참조를 유지합니다. 그리고 이 클로저/블록은 내부에서 self의 참조를 캡처합니다. 클로저와 블록 내부에서 참조를 캡처할 때는 횟수에 관계없이 해당 참조에 대한 강한 참조가 하나 생성됩니다. 그래서 클로저와 블록이 유지되는 동안 self로 참조한 객체와 강한 참조를 유지됩니다. 결과적으로 객체와 클로저/블록 사이에 참조 사이클이 생기면서 메모리 누수가 발생합니다.

```objectivec
Objective-C
Car* myCar = [[Car alloc] init];
[myCar drive];
myCar.gasMileage();

myCar = nil;                    // Not released
```

```swift
Swift
var myCar: Car? = Car()
myCar!.drive()
myCar!.gasMileage()

myCar = nil                     // Not released
```

Objective-C에서 블록의 참조 사이클 문제는 블록 내부에서 약한 참조를 캡처하도록 수정하면 해결됩니다. gasMileage 속성에 블록을 할당하기 전에 __weak 지시어로 self를 참조하는 변수를 선언하고 블록 내부에서 이 변수를 통해 속성에 접근합니다.

```objectivec
Objective-C
- (instancetype)init {
    self = [super init];
    if (self) {
        _totalDrivingDistance = 0.0;
        _totalUsedGas = 0.0;

        Car* __weak weakSelf = self;
        _gasMileage = ^{
            return weakSelf.totalDrivingDistance / weakSelf.totalUsedGas;
        };
    }
    return self;
}
```

Swift는 클로저와 클래스 사이의 참조 사이클 문제를 클로저 캡처 목록을 통해 해결할 수 있습니다. 클로저 캡처 목록은 [ ]사이에 ,로 구분하여 나열합니다. 각 항목은 캡처 대상과 weak 또는 unowned 키워드의 조합으로 구성됩니다. 클로저 캡처 목록은 파라미터와 리턴형 선언 앞에 위치합니다. 파라미터와 리턴형이 없는 경우에는 반드시 in 키워드를 통해 본문과 구분해주어야 합니다.

```Swift
{
    [weak 캡처 대상] (파라미터 목록) -> 리턴형 in
    클로저에서 실행할 코드
}

{
    [weak 캡처 대상, unowned 캡처 대상] in
    클로저에서 실행할 코드
}
```

이어지는 코드는 getMileage 속성에 할당된 클로저에 클로저 캡처 목록을 추가합니다. 이 코드에서 self는 비소유 참조(unowned)로 선언되어 있습니다. 그래서 클로저에서 self를 캡처할 때 강한 참조 대신 비소유 참조를 유지하게 됩니다.

```Swift
class Car {
    // ...
    lazy var gasMileage: () -> Double = {
        [unowned self] in
        return self.totalDrivingDistance / self.totalUsedGas
    }
    // ...
}
```

이전에는 myCar 변수에 nil을 할당하더라도 객체와 클로저 사이에 존재하는 참조 사이클로 인해 객체가 해제되지 않았습니다. 하지만 이 코드에서는 클로저 캡처 목록을 통해 클로저와 self 사이의 강한 참조를 제거했기 때문에 객체가 정상적으로 해제되고 소멸자에서 지정한 메시지가 출력됩니다.

```Objective-C
Car* myCar = [[Car alloc] init];
[myCar drive];
myCar.gasMileage();

myCar = nil;
// Car is being deinitialized
```

```Swift
var myCar: Car? = Car()
myCar!.drive()
myCar!.gasMileage()

myCar = nil
// Car is being deinitialized
```

Xcode

PART
05

CHAPTER

Xcode Workspace

01

Xcode의 작업영역은 크게 툴바 영역, 네비게이터 영역, 편집기 영역, 디버그 영역, 유틸리티 영역으로 구분할 수 있습니다.

1. Toolbar

Xcode 상단 툴바 영역은 View 〉 Hide Toolbar(⌥⌘T)로 감추거나 View 〉 Show Toolbar(⌥⌘T)로 표시할 수 있습니다. 툴바를 표시하지 않을 경우 Xcode가 진행 중인 작업 내용을 파악하기 어렵기 때문에 화면 공간이 부족한 경우가 아니라면 항상 표시하는 것이 좋습니다.

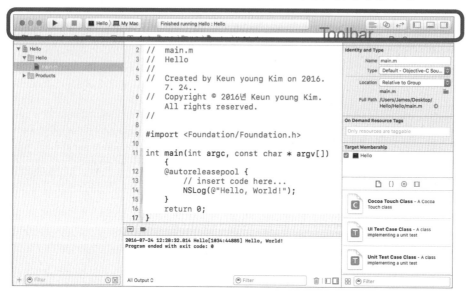

1.1 Action Button

Xcode에서 프로그램을 실행하고 단위 테스트 또는 분석 기능을 실행하는 것을 Action이라고 합니다. 툴바에는 Run, Stop 버튼이 있고 각각 Action을 시작하고 종료하는 기능을 수행합니다.

Run 버튼 위로 마우스 포인터를 가져가면 버튼 아래쪽에 화살표가 표시됩니다. 이것은 선택할 수 있는 다른 Action이 있다는 것을 의미합니다. Run 버튼을 1초 이상 누르면 선택할 수 있는 Action 목록이 표시됩니다. 선택된 Action은 이후 Run 버튼의 기본 Action이 됩니다.

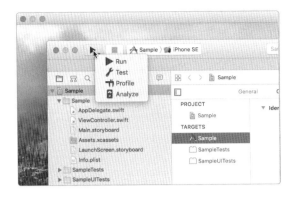

1.2 Scheme Menu

Xcode에서 Action을 실행하기 전에 반드시 Scheme과 Run Destination을 선택해야 합니다. Scheme은 Action을 실행하는 방식을 지정하고 Run Destination은 대상 디바이스를 지정합니다. Scheme Menu는 Scheme 팝업 메뉴와 Run Destination 팝업 메뉴로 구성되어 있습니다.

Scheme 팝업 메뉴는 프로젝트에 포함되어 있는 Scheme 목록과 Scheme 관리 메뉴를 제공합니다. Scheme 항목을 선택하면 해당 Scheme을 실행할 수 있는 Run Destination 목록을 표시합니다.

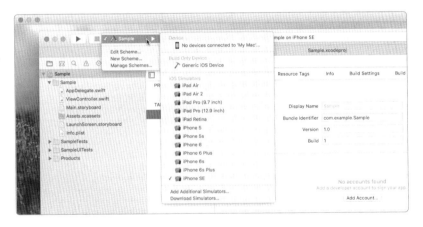

Run Destination 팝업 메뉴는 Scheme을 실행할 수 있는 디바이스 목록과 관리 메뉴를 제공합니다. iOS 앱을 개발하는 경우 시뮬레이터 목록과 맥에 연결되어 있는 실제 디바이스 목록이 표시됩니다.

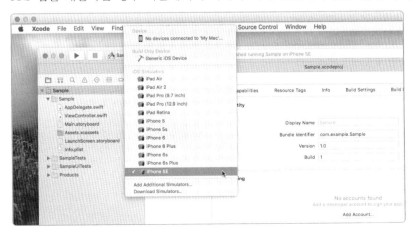

1.3 Activity Viewer

Activity Viewer는 Xcode가 실행 중인 Action의 진행 상황과 결과, 주목해야할 메시지의 종류와 수를 표시합니다. Activity Viewer 오른쪽에는 최근 Action에서 발견된 오류나 경고의 수가 표시됩니다. 숫자 옆에 있는 아이콘을 클릭하면 네비게이터 영역에 Issue Navigator를 열고 연관된 목록을 표시합니다.

 Xcode가 실행 중인 작업은 하단의 프로그레스 바를 통해 실행시간을 예측할 수 있습니다. 작업을 중지할 수 있다면 오른쪽에 X 버튼이 표시됩니다. 이 버튼을 클릭하면 해당 작업이 즉시 중지됩니다.

동시에 두 개 이상의 작업을 실행하고 있는 경우 왼쪽에 작업 수가 표시됩니다. 이 숫자를 클릭하면 실행중인 전체 작업 목록과 진행상황이 팝업으로 표시됩니다.

1.4 Editor Configuration Buttons

Xcode는 편집기 영역에 표준 편집기, 보조 편집기, 버전 편집기 중 하나를 표시할 수 있습니다. 편집기 구성 버튼 중 Show the Standard editor 버튼을 선택하면 표준 편집기를 표시할 수 있습니다. View 〉 Standard Editor 〉 Show Standard Editor (⌘←) 메뉴를 통해 동일한 기능을 사용할 수 있습니다. 표준 편집기는 네비게이터 영역에서 선택한 항목에 적합한 편집기나 뷰어를 표시합니다.

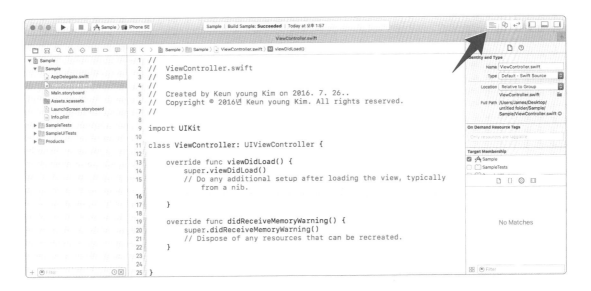

Show the Assistant editor 버튼을 선택하면 편집기 영역에 보조 편집기가 표시됩니다. 보조 편집기는 편집기 영역을 가로 또는 세로로 분할하여 연관된 항목을 동시에 표시할 수 있습니다. View 〉 Assistant Editor 〉 Show Assistant Editor (⌥⌘↩) 메뉴를 통해 동일한 기능을 사용할 수 있습니다.

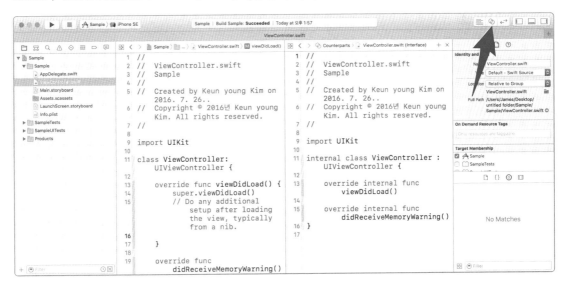

보조 편집기는 기본적으로 화면을 세로로 분할합니다. Show the Assistant editor 버튼을 1초 이상 누르면 기본 분할 방법을 지정할 수 있는 팝업 메뉴가 표시됩니다. 이 메뉴 또는 View 〉 Assistant Editor 하위 메뉴를 통해 화면 분할 방식을 변경할 수 있습니다.

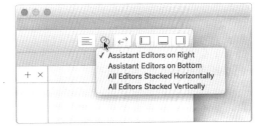

Show the Version editor 버튼을 선택하면 버전 편집기가 표시됩니다. 버전 편집기는 소스 제어가 활성화된 프로젝트에서 사용할 수 있습니다. 소스 코드의 변경 이력을 확인하고 특정 버전의 소스 코드와 현재 소스 코드를 비교할 수 있습니다. Show the Version editor 버튼을 1초 이상 누르면 선택할 수 있는 옵션이 표시되며 View 〉 Version Editor 하위 메뉴를 통해서 사용할 수도 있습니다.

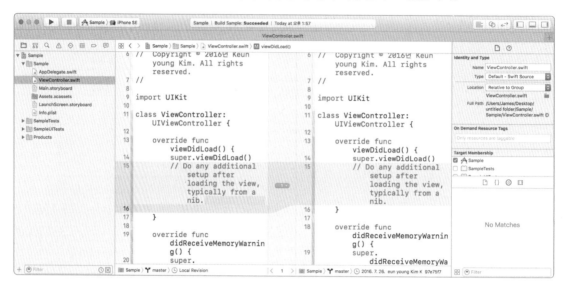

1.5 Workspace Configuration Buttons

Xcode의 작업 영역에서 편집기 영역을 제외한 영역은 필요에 따라 숨기거나 표시할 수 있습니다. Workspace Configuration 버튼은 네비게이터 영역, 디버그 영역, 유틸리티 영역의 표시 상태를 토글 합니다. 아이콘 색상이 파란색이면 화면에 표시된 상태이고, 회색이면 표시되지 않은 상태입니다.

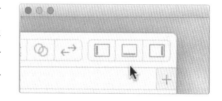

네비게이터 영역을 토글하려면 Hide or show the Navigator 버튼(첫 번째 버튼)을 클릭하거나 View 〉 Navigators 〉 Show / Hide Navigator (⌘0) 메뉴를 선택합니다. 디버그 영역을 토글하려면 Hide or show the Debug area 버튼(가운데 버튼)을 클릭하거나 View 〉 Debug Area 〉 Show / Hide Debug Area (⇧⌘Y) 메뉴를 선택합니다. 유틸리티 영역을 토글 하려면 Hide or show the Utilities 버튼(세 번째 버튼)을 클릭하거나 View 〉 Utilities 〉 Show / Hide Utilities (⌥⌘0) 메뉴를 선택합니다.

2. Navigator Area

Xcode 작업영역 왼쪽에 표시되는 네비게이터 영역은 프로젝트와 연관된 다양한 항목들을 표시합니다. 네비게이터 영역에서 표시된 항목을 선택하면 편집기 영역에 연관된 편집기 또는 뷰어가 표시됩니다.

네비게이터 영역 상단에는 네비게이터를 전환할 수 있는 네비게이션 바가 있습니다. 네비게이션 바에서 선택할 수 있는 네비게이터는 모두 8개입니다. 현재 선택된 네비게이터는 푸른색 아이콘으로 표시됩니다.

- Project navigator
- Symbol navigator
- Search navigator
- Issue navigator
- Test navigator
- Debug navigator
- Breakpoint navigator
- Report navigator

네비게이터 영역 하단에는 필터바가 공통적으로 표시됩니다. 필터바는 네비게이터 영역에 표시된 내용을 검색할 수 있는 검색 바와 특정 항목을 선택적으로 표시할 수 있는 필터링 메뉴를 제공합니다. 특정 네비게이터는 새로운 항목을 추가할 수 있는 부가 메뉴를 제공하기도 합니다.

네비게이터의 내용이 계층구조로 표시되는 경우 각 항목 앞에 있는 삼각형 버튼은 하위 항목이 존재한다는 것을 나타냅니다. 삼각형 버튼을 클릭하면 하위 항목을 탐색할 수 있습니다. ⌥키를 누른 상태에서 클릭하면 모든 하위 항목을 토글 할 수 있습니다.

2.1 Project Navigator

프로젝트 네비게이터는 프로젝트에 포함된 파일을 계층 구조로 보여줍니다. 프로젝트 파일과 연관된 대부분의 작업은 여기에서 수행됩니다.

프로젝트에 새로운 파일을 추가할 때는 아래의 방법 중 하나를 선택할 수 있습니다.

- File 〉 New 〉 File... (⌘N) 메뉴를 선택합니다.
- 프로젝트 네비게이터에서 컨텍스트 메뉴를 표시한 후 New File... 메뉴를 선택합니다.
- 프로젝트 네비게이터 아래쪽에 있는 + 버튼을 클릭한 후 File... 메뉴를 선택합니다.
- File Template Library에서 원하는 항목을 프로젝트 네비게이터로 드래그합니다.

프로젝트에 기존 파일을 추가할 때는 아래의 방법 중 하나를 선택할 수 있습니다.

- File 〉 Add Files to "프로젝트 이름"... (⌥⌘A) 메뉴를 선택합니다.
- 프로젝트 네비게이터에서 컨텍스트 메뉴를 표시한 후 Add Files to "프로젝트 이름"... 메뉴를 선택합니다.
- 프로젝트 네비게이터 아래쪽에 있는 + 버튼을 클릭한 후 Add Files to "프로젝트 이름"... 메뉴를

선택합니다.

• 추가할 파일을 파인더에서 프로젝트 네비게이터로 드래그합니다.

파일을 삭제할 때는 프로젝트 네비게이터에서 삭제할 항목을 선택한 후 delete 키를 누르거나 Edit 〉 Delete (⌘delete) 메뉴를 선택합니다. 파일 삭제 경고 창에서 Remove Referece 항목을 선택하면 파일이 프로젝트에서 제거되지만 파일 자체가 삭제되지는 않습니다. 그래서 나중에 프로젝트에 다시 추가 할 수 있습니다. 파일을 완전히 삭제하려면 Move to Trash 항목을 선택합니다.

필터바 오른쪽에 있는 Show only recent files 버튼을 선택하면 최근에 편집된 파일 목록이 표시됩니다. Show only files with source-control status 버튼은 소스 제어 대상 파일을 표시합니다.

2.2 Symbol Navigator

심벌 네비게이터는 프로젝트를 구성하는 클래스, 메소드, 프로퍼티, 함수, 구조체 등과 같은 심벌 목록을 제공합니다. 상단에 있는 Hierarchical 버튼을 선택하면 심벌을 상속 관계에 따른 계층 구조로 표시합니다. Flat 버튼을 선택하면 각 심벌을 개별적으로 나열합니다.

<u>Beginner Note</u>

프로젝트를 생성한 직후에는 심벌 목록이 표시되지 않을 수 있습니다. 프로젝트의 심벌 인덱싱이 완료된 후 정상적으로 표시됩니다.

심벌 네비게이터는 아이콘으로 심벌의 종류를 표시합니다.

C Class	M Method	P Property	V Variable
Pr Protocol	f Function	S Struct	U Union
E Enum	T Type		

각 심벌을 선택하면 편집기 영역에 해당 심벌이 포함되어 있는 소스 파일이 표시되고 회색 음영으로 강조됩니다.

필터바를 통해 심벌을 검색할 수 있고, Show only class and protocol symbols 버튼을 선택하면 목록에 표시되는 심벌은 클래스와 프로토콜로 제한합니다. Show only project-defined symbols 버튼을 선택하면 프로젝트에서 직접 선언하지 않은 심벌은 목록에서 제외됩니다. Show only containers 버튼을 선택하면 형식 내부에 선언된 심벌을 목록에 표시하지 않습니다.

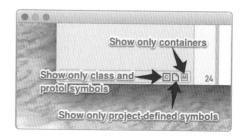

2.3 Find Navigator

검색 네비게이터는 프로젝트 내의 심벌을 검색하고 심벌의 이름을 일괄적으로 수정할 때 사용합니다. 접두어, 접미어, 정규표현식 등 다양한 조건을 지정하여 검색할 수 있습니다.

- Find 〉 Find in Project... (⇧⌘F)
- Find 〉 Find and Replace in Project... (⌥⇧⌘F)
- Find 〉 Find Next in Project (^⌘G)
- Find 〉 Find Previous in Project (^⇧⌘G)

상단의 Find 〉 Text 〉 Containing 으로 표시된 부분은 현재 검색 네비게이터에 설정되어 있는 검색 조건을 보여줍니다. 각 텍스트를 선택하면 다른 옵션을 선택할 수 있는 팝업 메뉴가 표시됩니다.

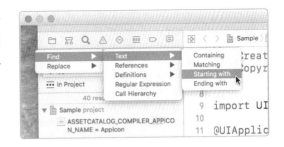

검색 범위는 기본적으로 현재 프로젝트로 설정됩니다. 검색 바 왼쪽 하단의 In Project 레이블은 현재 검색 범위를 표시합니다. 이 레이블을 클릭하면 검색 범위를 지정할 수 있는 화면이 표시됩니다.

검색 바 오른쪽 하단의 Ignoring Case 레이블은 검색을 할 때 대소문자를 구분하지 않는다는 것을 나타냅니다. 이 레이블을 클릭하면 대소문자 처리 방식을 선택할 수 있는 팝업 메뉴가 표시됩니다.

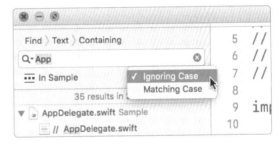

Find 모드는 검색 범위 내에서 검색어와 일치하는 모든 심벌을 검색한 후 파일별로 검색된 결과를 표시합니다. 각 항목을 선택하면 편집기 영역에 해당 파일이 열리고 검색된 심벌이 강조됩니다. Replace 모드로 전환하면 대체할 텍스트를 입력할 수 있는 필드와 3개의 버튼이 표시됩니다.

검색 결과 항목 중 하나를 선택하고 Replace 버튼을 클릭하면 해당 항목의 검색어가 새로운 문자열로 대체됩니다. Replace All 버튼은 모든 항목을 대체할 때 사용할 수 있습니다. 소스 제어를 사용하지 않는 경우 소스 코드를 이전 상태로 복원하기 어렵기 때문에 Preview 버튼을 클릭하여 Replace 전후의 코드를 검토해 보는 것이 좋습니다.

Preview 화면 왼쪽에는 변경되는 항목들이 표시됩니다. 체크박스를 해제하면 특정 항목을 변경 대상에서 제외할 수 있습니다. 오른쪽에는 변경 전후의 소스 코드가 분할되어 표시됩니다. 왼쪽 분할 영역에는 변경 후의 소스 코드가 표시되고, 오른쪽 분할 영역에는 변경 전의 소스 코드가 표시됩니다. 가운데 영역에 있는 스위치를 클릭하여 변경 대상에서 제외하거나 추가할 수 있습니다.

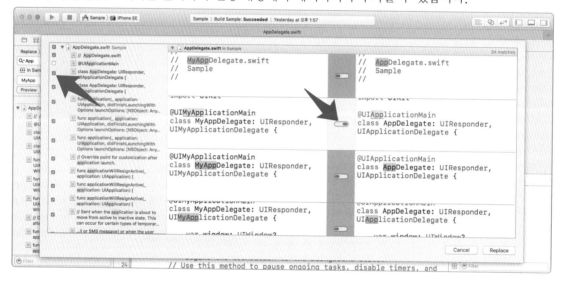

2.4 Issue Navigator

이슈 네비게이터는 프로젝트에서 발생한 경고와 오류 목록을 표시합니다. 항목 앞에는 문제의 성격을 나타내는 아이콘이 표시됩니다. 경고의 경우 ⚠️ 아이콘이 표시되고, 오류의 경우 ❗ 아이콘이 표시됩니다. 이슈 네비게이터 상단에는 빌드 시점에 발생한 이슈와 런타임에 발생한 이슈의 수가 표시됩니다. 각 레이블을 클릭하여 빌드 이슈와 런타임 이슈를 전환할 수 있습니다.

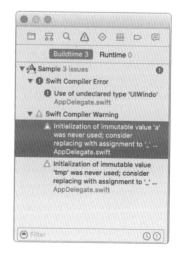

만약 Fix-it 기능을 통해 수정이
가능한 경우 아이콘이 각각 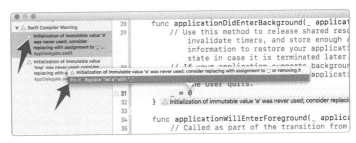,
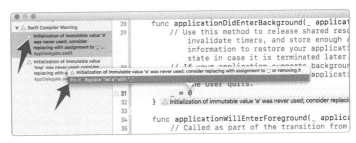 아이콘으로 변경됩니다. 이
버튼을 클릭하면 Xcode가 제안한
수정 방법이 표시됩니다. 각 항목
을 이동하면 소스 편집기에 변경
후의 코드를 미리 보여주며 항목을 선택하면 제안된 코드로 변경됩니다.

이슈 네비게이터는 기본적으로 모든 경고와 오류를 출력
합니다. Show only issues from the latest build 버튼
을 선택해 마지막 빌드 시점에 발견된 이슈만 표시하거
나 Show only errors 버튼을 선택하여 오류만 표시하도
록 설정할 수 있습니다.

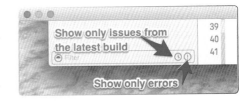

2.5 Test Navigator

테스트 네비게이터는 프로젝트에 포함된 단위 테스트와 UI 테스트
목록을 표시합니다. 이전 테스트 결과를 아이콘으로 표시해주고, 개
별 항목에 마우스 포인터를 가져가면 테스트를 실행할 수 있는 버튼
이 표시됩니다.

테스트 네비게이터의 필터바에 있는 + 버튼을 클릭하
면 새로운 테스트를 추가할 수 있는 메뉴가 표시됩니다.
Show only tests in currently selected scheme 버튼
을 클릭하면 Scheme 메뉴에서 선택된 scheme에 포함
된 테스트 목록만 표시합니다. 테스트가 완료된 후 Show
only failing tests 버튼을 클릭하면 실패한 테스트만 표
시할 수 있습니다.

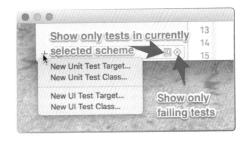

2.6 Debug Navigator

디버그 네비게이터는 Xcode가 실행중인 프로그램의 디버깅 정보를 표시합니다. 네비게이터 상단에
는 실행중인 프로그램의 이름과 프로세스 ID가 표시됩니다. iOS 앱을 실행한 경우 CPU, Memory,
Disk, Network 게이지가 표시됩니다. 게이지의 종류는 실행 중인 프로그램의 종류에 따라 달라질
수 있습니다.

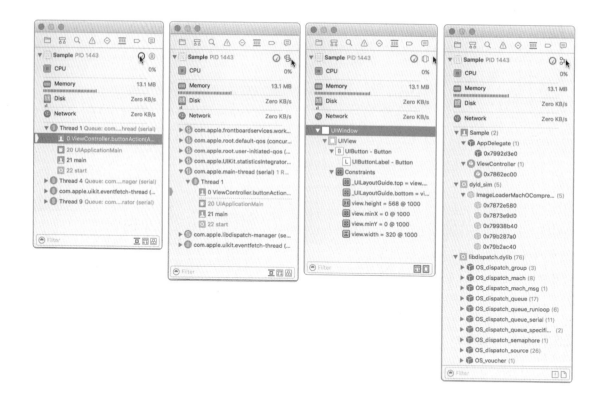

게이지는 상단의 Show / Hide Debug Guages 버튼으로 토글할 수 있고, 각 게이지를 선택하면 편집기 영역에 연관된 Report 화면이 표시됩니다.

디버그 네비게이터는 중단점에서 프로그램의 실행이 일시 중지되면 해당 시점의 정보를 표시합니다. Show / Hide Debug Guages 옆에 있는 버튼을 클릭하면 디버그 네비게이터에 표시할 정보의 종류를 선택할 수 있는 팝업 메뉴가 표시됩니다.

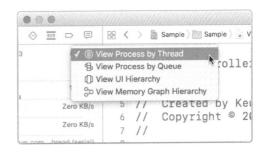

View Process by Thread 항목을 선택하면 스레드로 분리된 프로세스 정보가 표시됩니다. View Process by Thread 항목을 선택하면 큐로 분리된 프로세스 정보가 표시됩니다. View UI Hierarchy 항목은 현재 화면에 표시된 UI의 계층 구조를 표시하고, View Memory Graph Hierarchy 항목은 메모리 그래프를 표시합니다.

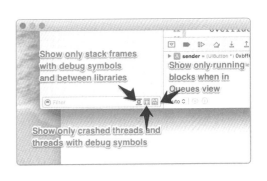

디버그 네비게이터에 너무 많은 프로세스 목록이 표시된다면 Show only stack frames with debug symbols and between libraries 버튼을 선택하여 프로젝트와 간접적으로 연관된 프로세스 목록을 숨길 수 있습니다. 크래시가 발생한 스레드를 찾을 때는 Show only crashed threads and threads with debug symbols 버튼이 유용합니다. 디버그 네비게이터에 표시할 정보를 View Process by Queue로 선택했다면 Show only running blocks when in Queues view 버튼을 선택해 실행 중인 블록을 필터링할 수 있습니다.

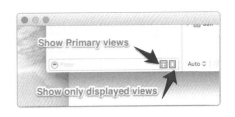

뷰 계층 구조를 표시하고 있다면 필터바에 Show primary views 버튼과 Show only displayed views 버튼이 표시됩니다.

메모리 그래프의 경우 Show only leaked blocks 버튼을 선택하여 누수가 발생된 메모리 블록만 표시하거나 Show only content from workspace 버튼을 선택하여 프로젝트와 직접적으로 연관된 메모리 블록만 표시할 수 있습니다.

2.7 Breakpoint Navigator

중단점 네비게이터는 프로젝트에 설정되어 있는 중단점을 파일별로 표시합니다. 각 항목은 중단점이 설정된 메소드 이름과 라인 번호를 표시합니다. 항목을 선택하면 편집기 영역에 중단점이 설정된 부분이 표시됩니다.

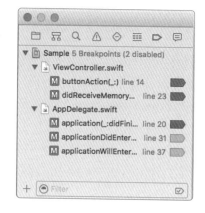

중단점은 두 가지 상태로 표현됩니다. 아이콘은 활성화된 상태를, 아이콘은 비활성화 된 상태를 의미하며 아이콘을 클릭하여 활성화 상태를 변경할 수 있습니다.

중단점을 추가하는 가장 쉬운 방법은 소스 편집기에서 중단점을 추가할 라인의 Gutter를 클릭하는 것입니다.

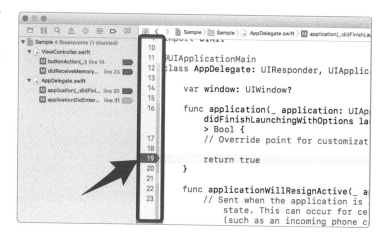

중단점 네비게이터 하단에 + 버튼을 클릭하면 중단점을 추가할 수 있는 팝업 메뉴가 표시됩니다.

중단점을 삭제할 때는 항목을 선택한 후 delete 키를 누르거나, 항목을 네비게이터 외부로 드래그합니다. 또는 컨텍스트 메뉴에서 Delete Breakpoint 메뉴를 선택합니다. 컨텍스트 메뉴는 삭제 외에도 다양한 기능을 제공합니다.

2.8 Report Navigator

리포트 네비게이터는 Xcode에서 실행한 작업에 대한 로그를 제공합니다. 로그는 Task Report, Debugging Session Log, Bot Report로 구분합니다. Task Report는 Build, Test, Analyze, Archive 작업의 상세 로그를 제공합니다. Debugging Session Log는 Xcode를 통해 앱을 실행하는 동안 생성된 로그를 제공합니다. NSLog, print 함수를 통해 출력한 로그가 여기에 속합니다. Bot Report는 Bot의 Continuous Integration 작업에 대한 로그를 제공합니다.

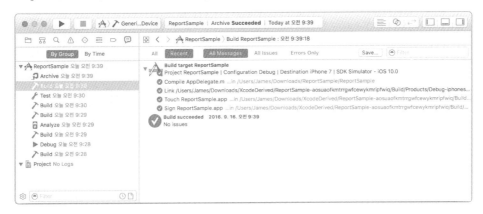

3. Editor Area

편집기 영역에는 네비게이터 영역에서 선택한 항목을 편집할 수 있는 편집기가 표시됩니다. Xcode 가 편집할 수 없는 항목은 Quick Look과 유사한 미리보기가 표시됩니다. 툴바 오른쪽에 있는 Editor Configuration 버튼이나 메뉴를 통해 편집기 영역에 표시할 편집기를 설정할 수 있습니다.

- View 〉 Standard Editor 〉 Show Standard Editor (⌘↩)
- View 〉 Assistant Editor 〉 Show Assistant Editor (⌥⌘↩)
- View 〉 Version Editor〉 Show Version Editor (⌥⇧⌘↩)

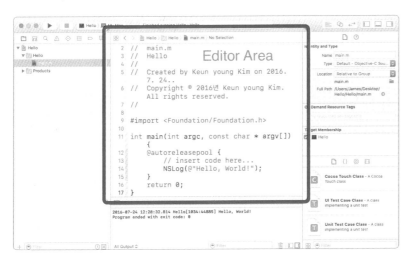

3.1 Standard Editor

가장 기본적인 표준 편집기는 편집기 영역에 선택한 항목의 편집기 또는 뷰어를 표시합니다. Xcode는 소스 편집기, 프로젝트 편집기, 에셋 편집기 등 매우 다양한 편집기를 제공합니다.

3.2 Assistant Editor

보조 편집기는 편집기 영역을 분할해서 연관된 항목을 동시에 표시할 수 있습니다. 하나의 기본 편집기와 다수의 보조 편집기로 구성되며, 기본 편집기에는 주로 네비게이터에서 선택한 항목이 표시되고, 보조 편집기에는 기본 편집기에 표시된 항목과 가장 연관성이 높이 항목이 자동적으로 표시됩니다. 편집기에 있는 Jump bar를 통해 편집기에 표시할 항목을 변경할 수 있습니다.

보조 편집기는 필요에 따라 두 개 이상의 보조 편집기를 추가할 수 있다. View 〉 Assistant Editor 〉 Add Assistant Editor 메뉴를 통해 새로운 보조 편집기를 추가하고 View 〉 Assistant Editor 〉 Remove Assistant Editor (^⇧⌘W) 메뉴를 통해 제거할 수 있습니다. 기본 편집기가 선택된 상태에서는 보조 편집기가 추가된 순서의 역순으로 제거되고 보조 편집기가 선택된 상태에서는 해당 보조 편집기가 제거됩니다. Reset Editor(⌥⇧⌘Z) 메뉴는 가장 처음에 표시된 하나의 보조 편집기를 제외한 나머지 보조 편집기를 제거합니다.

보조 편집기의 Jump bar에는 두 개의 버튼이 추가적으로 표시됩니다. 앞에서 설명한 메뉴와 마찬가지로 Add Assistant Editor 버튼을 통해 보조 편집기를 추가하거나 Remove Assistant Editor 버튼을 통해 보조 편집기를 제거할 수 있다.

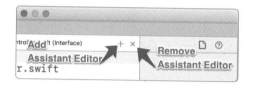

보조 편집기는 기본적으로 오른쪽 영역에 표시되고 2개 이상의 보조 편집기는 오른쪽 영역을 가로로 분할해서 표시되지만 View 〉 Assistant Editor 하위 메뉴를 통해 표시될 위치를 변경할 수 있습니다. Assistant Editors on Bottom은 보조 편집기를 아래쪽에 표시하고 영역으로 세로로 분할해서 편집기를 표시합니다. All Editors Stacked Horizontally는 편집기 영역을 세로로 분할해서 표시하고 All Editors Stacked Vertically는 가로로 분할해서 표시합니다.

3.3 Version Editor

버전 편집기는 편집기 영역을 분할하여 소스 코드의 이력을 표시합니다. 버전 편집기는 소스 제어에서 상세히 설명합니다.

4. Debug Area

디버그 영역은 프로그램이 실행되는 동안 메모리 정보와 콘솔 로그를 표시합니다.

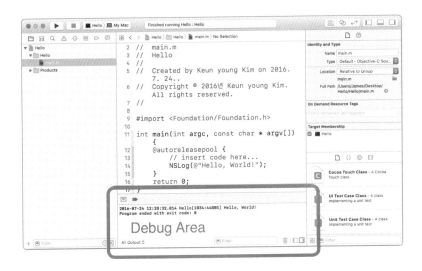

디버그 영역은 Debug Bar, Variables View, Console로 구성되어 있고, 오른쪽 하단에 있는 버튼을 통해 표시할 요소를 선택할 수 있습니다. 휴지통 모양의 버튼을 클릭하면 콘솔의 내용이 삭제됩니다.

4.1 Debug Bar

디버그 바는 Xcode를 통해 프로그램을 실행할 때 다양한 디버그 메뉴 버튼을 제공합니다. 디버그 바의 첫 번째 버튼은 디버그 영역을 토글 합니다. View > Debug Area > Show / Hide Debug Area (⇧⌘Y) 메뉴와 동일합니다.

중단점 버튼은 프로젝트에 포함된 모든 중단점의 활성화 상태를 토글합니다. 아이콘이 파란색으로 표시된 경우 모든 중단점이 활성화된 상태이고, 회색으로 표시된 경우 비활성화된 상태입니다.

Pause program execution 버튼은 프로그램의 실행을 일시 중지합니다. Continue program execution 버튼으로 프로그램의 다시 실행시킬 수 있습니다. 프로그램의 실행이 일시 중지되면 현재 스레드의 어셈블리가 편집기 영역에 표시되고 디버스 네비게이터를 통해 스택 프레임과 메모리 정보를 확인할 수 있습니다.

Step over 버튼은 실행이 중지된 라인의 코드를 실행하고 다음 라인으로 이동합니다. Step into 버튼은 실행할 코드가 함수 호출인 경우 해당 함수의 첫 번째 라인으로 이동합니다. Step out 버튼은 함수 실행을 종료하고 함수를 호출한 코드의 다음 라인으로 이동합니다. 이 세 가지 버튼은 기본적으로 소스 코드의 라인을 기준으로 동작합니다.

Debug View Hierarchy 버튼을 클릭하면 디버그 네비게이터에 뷰 계층구조가 표시됩니다. 항목 중하나를 선택하면 편집기 영역에 뷰 디버깅 화면이 표시됩니다.

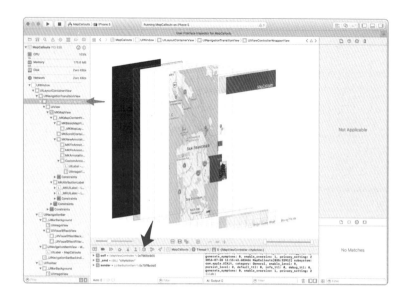

Debug Memory Graph 버튼을 클릭하면 디버그 네비게이터의 할당된 메모리 목록이 표시됩니다. 항목 중 하나를 선택하면 편집기 영역에 메모리의 할당 그래프가 표시됩니다.

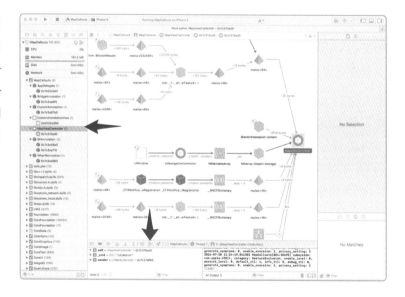

Simulate Location 버튼을 클릭하면 가상의 위치를 설정할 수 있는 팝업 메뉴가 표시됩니다. 위치 기반 앱을 개발할 때 유용하게 사용할 수 있습니다.

마지막 Jump bar는 실행이 중지된 시점의 스레드와 스택 정보를 탐색할 수 있는 팝업 메뉴를 제공합니다.

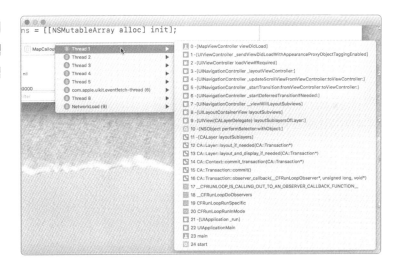

4.2 Variables View

Variables View는 프로그램의 실행이 중단된 시점의 메모리 정보를 제공합니다. 왼쪽 하단의 Auto 레이블을 클릭하면 표시할 메모리 정보의 범위를 지정할 수 있는 팝업 메뉴가 표시됩니다. Auto는 Xcode가 현재 문맥에 따라 적합한 목록을 구성합니다. Local Variables로 지정할 경우 중단된 지점의 지역 변수만 표시되고, All

Variables, Registers, Globals and Statics로 지정할 경우 제공할 수 있는 모든 메모리 목록을 표시합니다.

하나의 항목을 선택한 후 Quick Look 버튼을 누르면 해당 변수의 개요가 표시됩니다. 변수에 저장된 값이 뷰나 이미지인 경우 미리보기가 표시됩니다

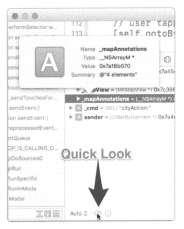
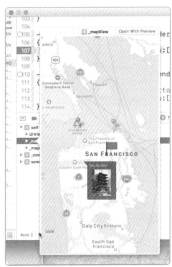

Print Description 버튼을 클릭하면 선택한 항목의 개요를 Console에 출력합니다. Quick Look으로 미리보기를 표시하는 항목들의 개요를 확인할 때 유용한 기능입니다.

Variables View는 여러 가지 컨텍스트 메뉴를 제공합니다. 가장 유용한 View Memory of ... 메뉴는 선택한 변수가 저장된 메모리 영역을 편집기 영역에 표시합니다.

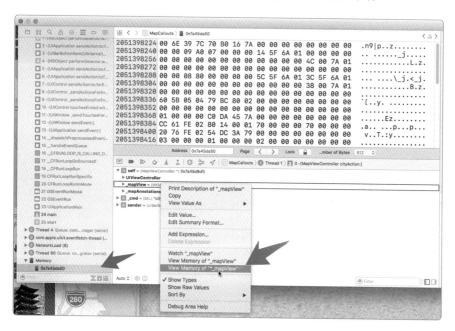

4.3 Console

콘솔은 프로그램이 실행되는 동안 생성된 모든 로그를 출력합니다. 왼쪽 하단에 있는 All Output 레이블을 클릭하면 출력할 범위를 지정할 수 있는 팝업 메뉴가 표시됩니다. 기본 값인 All Output은 모든 로그를 출력하고, Debugger Output은 사용 중인 디버거의 로그만 출력합니다. Target Output는 현재 실행중인 타깃의 로그를 출력합니다. NSLog, print 함수를 통해 출력한 로그가 여기에 속합니다.

5. Utilities Area

유틸리티 영역은 편집기나 네비게이터에서 선택한 항목에 대한 속성 편집 UI와 라이브러리 UI를 제공합니다. 이 영역은 툴바의 Workspace Configuration 버튼이나 View 〉 Utilities 〉 Show/Hide Utilities (⌥⌘0) 메뉴를 통해 토글할 수 있습니다.

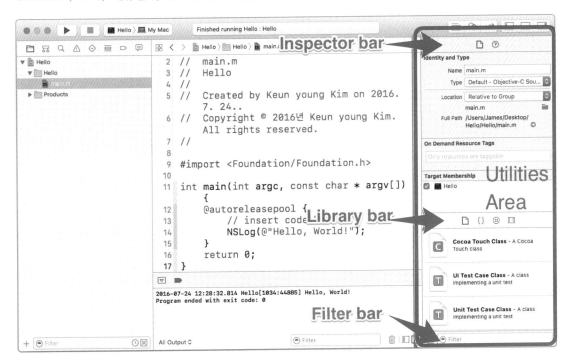

유틸리티 영역의 위쪽에는 속성 편집기가 표시됩니다. 속성 편집기의 종류는 네비게이터와 편집기 영역에서 선택한 항목에 따라 달라지지만 File Inspector와 Quick Help Inspector는 항상 표시됩니다. Inspector bar에 표시된 아이콘을 클릭하거나 View 〉 Utilities 하위에 있는 메뉴를 통해 속성 편집기를 전환할 수 있습니다.

- View 〉 Utilities 〉 Show File Inspector (⌥⌘1)
- View 〉 Utilities 〉 Show Quick Help Inspector (⌥⌘2)
- View 〉 Utilities 〉 Show Identity Inspector (⌥⌘3)
- View 〉 Utilities 〉 Show Data Model Inspector (⌥⌘3) (코어데이터 모델 파일이 선택된 경우)
- View 〉 Utilities 〉 Show Attribute Inspector (⌥⌘4)
- View 〉 Utilities 〉 Show Size Inspector (⌥⌘5)
- View 〉 Utilities 〉 Show Connection Inspector (⌥⌘6)

속성 편집기는 하나 이상의 섹션으로 구분되어 있습니다. 섹션의 타이틀은 진한 폰트로 표시되어 있습니다. 타이틀로 마우스 포인터를 가져가면 오른쪽에 Show/Hide 레이블이 표시됩니다. 이 레이블을 클릭하면 섹션을 토글할 수 있습니다.

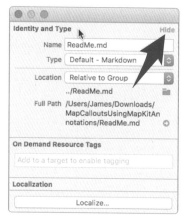 

속성 편집기의 아래쪽에는 네 개의 라이브러리가 표시됩니다. 라이브러리는 프로젝트에서 자주 사용되는 파일 템플릿이나 코드 조각, UI 컴포넌트 같은 다양한 요소들을 제공하며 드래그를 통해 손쉽게 프로젝트에 추가할 수 있습니다. Library bar에 표시된 아이콘을 클릭하거나 View 〉 Utilities 하위에 있는 메뉴를 통해 속성 편집기를 전환할 수 있습니다.

• View 〉 Utilities 〉 Show File Template Library (^⌥⌘1)
• View 〉 Utilities 〉 Show Code Snippet Library (^⌥⌘2)
• View 〉 Utilities 〉 Show Object Library (^⌥⌘3)
• View 〉 Utilities 〉 Show Media Library (^⌥⌘4)

필터바의 View Selector 버튼을 클릭하면 라이브러리의 목록 표시 방식을 Icon View 또는 List View로 전환할 수 있습니다.

 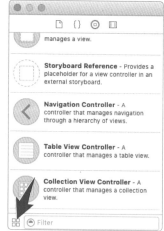

5.1 File Inspector

File Inspector는 프로젝트 네비게이터와 편집기 영역에서 선택한 항목에 대한 메타데이터를 확인하고 수정할 수 있습니다. 주로 지역화 설정과 Target Membership 설정을 변경하는데 사용합니다.

Localization 섹션은 파일에서 지원하는 지역화 언어 목록이 표시됩니다. 지역화되지 않은 파일은 Localize... 버튼을 클릭하여 지역화할 수 있습니다.

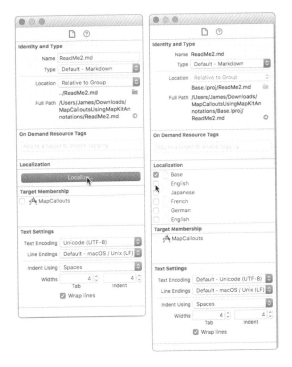

Target Membership 섹션은 현재 프로젝트에 포함된 타깃 목록을 표시합니다. 이 섹션에서 특정 파일을 타깃에 추가하거나 제외할 수 있습니다.

5.2 Quick Help Inspector

Quick Help Inspector는 선택한 심벌에 대한 간략한 도움말과 링크를 제공합니다. 파란색 레이블을 클릭하면 새로운 창에 연관된 개발자 문서가 표시됩니다.

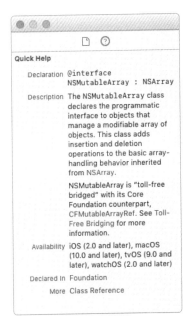

5.3 File Template Library

File Template Library는 프로젝트에 추가할 수 있는 파일 목록을 제공합니다. 라이브러리에서 항목을 선택한 후 프로젝트 네비게이터로 드래그하여 간편하게 추가할 수 있습니다.

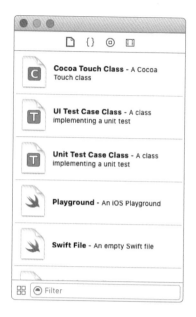

5.4 Code Snippet Library

Code Snippet Library는 소스 편집기에 추가할 수 있는 코드 조각 목록을 제공합니다. 코드 조각을 드래그해서 소스 코드에 추가하거나, 자주 사용하는 코드 조각을 저장할 수 있습니다.

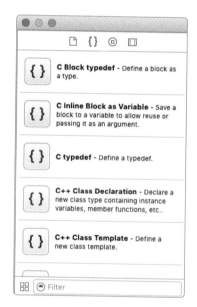

코드 조각은 하나 이상의 Placeholder를 포함할 수 있습니다. Placeholder는 코드 조각에서 직접 대체해야 부분을 나타냅니다. 코드 조각을 소스 편집기에 추가한 후 탭 키를 통해 다른 Placeholder로 쉽게 이동할 수 있습니다.

- Navigate 〉 Jump to Next Placeholder (^/)
- Navigate 〉 Jump to Previous Placeholder (^?)

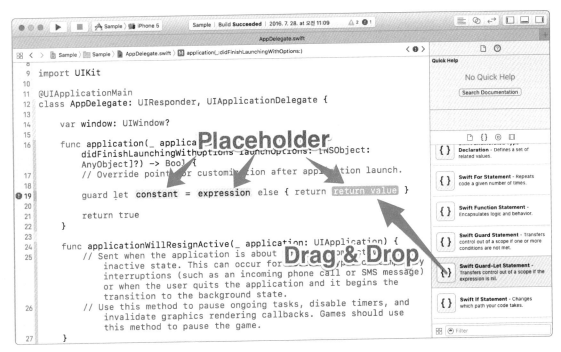

Xcode가 기본 제공하는 코드 조각 외에 자주 사용하는 코드 조각을 등록해두면 코드 작성 시간을 단축할 수 있습니다. 사용자가 직접 등록한 코드 조각은 기본 코드 조각 이후에 표시되고 아이콘에 User 레이블이 추가되어 있어서 쉽게 구분할 수 있습니다.

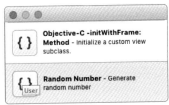

새로운 코드 조각을 등록하기 전에 Placeholder를 지정하는 방법에 대해 알아보겠습니다. Placeholder는 〈#과 #〉 사이에 이름이 포함되어 있는 형태입니다. 소스 편집기는 이런 형태의 코드를 Placeholder로 대체합니다.

> <#Name#>

예를 들어 〈#Max#〉로 Placeholder를 추가하면 소스 편집기에서 아래와 같이 표시됩니다

```
16      func application(_ application: UIApplication,
            didFinishLaunchingWithOptions launchOptions: [NSObject:
            AnyObject]?) -> Bool {
17          // Override point for customization after application launch.
18
19          let rand = Int(arc4random_uniform( Max ))
20
21          return true
22      }
23
```

새로운 코드 조각을 등록해 보겠습니다.

STEP 01

코드 조각으로 등록할 코드 영역을 선택하고 마우스 포인터가 화살표로 변경될 때까지 마우스 버튼을 클릭한 채로 유지합니다.

STEP 02

Code Snippet Library로 드래그&드롭합니다.

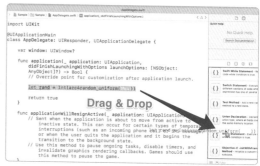

STEP 03

코드 조각의 정보를 입력합니다.

Title은 Code Snippet 목록에서 진하게 표시되는 코드 조각 이름입니다. Summary는 코드 조각을 설명하는 것으로 생략 가능합니다.

STEP 04

Platform을 선택합니다.

기본 값인 All은 모든 플랫폼의 소스 코드에 추가할 수 있습니다. 특정 플랫폼을 선택하면 다른 플랫폼에서는 Code Snippet 목록에 포함되지 않습니다.

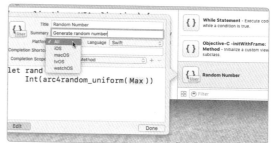

STEP 05

Language 팝업 메뉴에서 언어를 선택합니다.

일반적으로 코드 조각의 언어를 자동으로 인식하므로 기본 값을 그대로 사용합니다.

Completion Shortcut을 입력합니다.

입력된 문자열을 코드 조각을 입력하는 단축키로 사용됩니다.

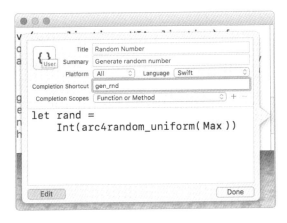

소스 편집기에서 Completion Shortcut을 입력하면 자동 완성 목록에 표시됩니다.

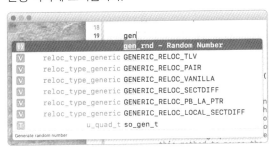

Completion Scope를 선택합니다.

자동 완성 목록에 표시되는 범위를 지정하는 것으로 기본 값은 추가할 코드 조각의 위치를 기반으로 결정됩니다. All 항목을 선택하여 범위에 관계없이 항상 표시되도록 설정할 수 있습니다. 만약 몇 개의 특정 영역을 지정하려면 + 버튼을 클릭합니다.

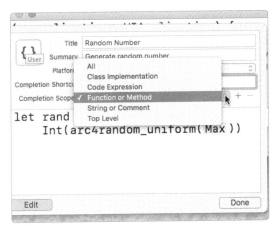

Done 버튼을 클릭하면 코드 조각 등록이 완료됩니다.

방금 추가한 코드 조각을 Code Snippet 목록에서 클릭하면 약 1초 뒤에 팝업을 통해 개요가 표시됩니다. 팝업을 즉시 표시하려면 더블 클릭합니다. 팝업에서 Edit 버튼을 클릭하면 코드 조각을 편집할 수 있습니다.

코드 조각을 삭제할 때는 목록에서 코드 조각을 선택한 후 Delete 키를 누릅니다.

5.5 Object Library

Object Library는 인터페이스 파일에 추가할 수 있는 UI 컴포넌트를 제공합니다. 항목을 클릭하면 약 1초 뒤에 팝업을 통해 개요가 표시됩니다.

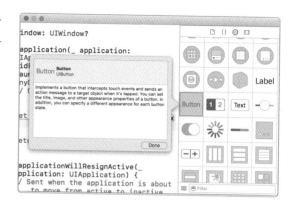

항목을 인터페이스 파일로 드래그하여 편하게 추가할 수 있습니다. 드래그 중 Esc 키를 누르면 취소할 수 있습니다.

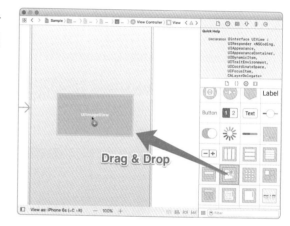

5.6 Media Library

Media Library는 프로젝트에 포함된 이미지, 사운드 등 미디어 목록을 제공합니다. 이미지의 경우 인터페이스 파일로 드래그&드롭하면 이미지뷰가 자동으로 추가됩니다.

6. Window & Tab

Xcode의 작업 화면은 보통 하나의 Window와 Tab으로 구성됩니다. 필요에 따라서 두 개 이상의 Window를 사용하거나 하나의 Window 아래의 두 개 이상의 Tab을 생성할 수 있습니다. Window와 Tab을 적절히 활용하면 Xcode 편집 능률을 높일 수 있습니다.

6.1 Tab

탭바는 툴바 아래쪽에 표시됩니다. 탭바가 표시되지 않은 상태라면 View 〉 Show Tab Bar 메뉴로 표시할 수 있습니다.

새로운 탭은 컨텍스트 메뉴 또는 + 버튼을 클릭하여 추가할 수 있습니다.

* File 〉 New 〉 Tab (⌘T)

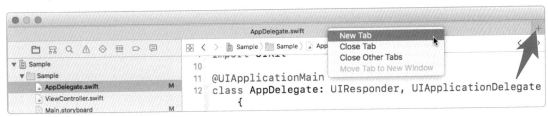

탭 이름은 기본적으로 선택된 항목의 이름으로 설정됩니다. 탭 제목 레이블을 더블 클릭하여 수정할 수 있습니다. 탭의 순서는 탭을 원하는 위치로 드래그하여 변경할 수 있습니다.

* Window 〉 Show Next Tab (⌘})
* Window 〉 Show Previous Tabl (⌘})

탭바에 마우스 포인터를 가져가면 왼쪽에 X 버튼이 표시됩니다. X 버튼을 클릭하여 탭을 닫거나 컨텍스트 메뉴에서 탭을 닫을 수 있습니다. Close Tab 메뉴는 선택한 탭을 닫고 Close Other Tabs 메뉴는 선택한 탭을 제외한 나머지 탭을 닫습니다. X 버튼을 클릭할 때 ⌥키를 누르면 Close Other Tabs 메뉴는 선택한 것과 동일합니다.

* File 〉 Close Tab (⌘W)

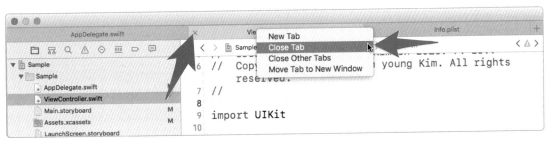

6.2 Window

듀얼 모니터를 사용한다면 작업영역을 두 개의 Window로 나누어서 작업능률을 높일 수 있습니다. Window는 하나 이상의 탭을 포함할 수 있는 컨테이너입니다. 새로운 Window는 File 〉 New 〉 Window (⇧⌘T) 메뉴로 추가할 수 있습니다.

이미 존재하는 탭을 새로운 Window에 열려면 컨텍스트 메뉴에서 Move Tab to New Window 메뉴를 선택합니다. 탭을 현재 Window 밖으로 드래그하여 새 Window 를 열 수 있습니다. 같은 방법으로 하나의 Window에 있는 탭을 다른 Window의 탭으로 이동할 수 있습니다.

6.3 Navigation Chooser

프로젝트 네비게이터에서 선택한 항목은 기본적으로 현재 Window의 탭에 표시됩니다. Navigation Preferences에서 연관된 속성을 설정할 수 있습니다.

선택한 항목이 열리는 위치를 시각적으로 지정하고 싶다면 Navigation Chooser를 사용합니다. ⌥키와 ⇧ 키를 누른 상태에서 항목을 선택하면 Navigation Chooser가 표시됩니다. Navigation Chooser는 현재 Xcode의 Window와 탭을 그대로 반영합니다. 원하는 영역을 선택하면 푸른색으로 활성화 됩니다. 해당 영역을 더

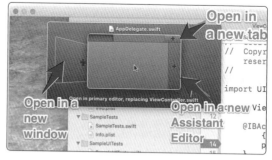

블클릭하거나 return 키를 누르면 선택이 완료됩니다. 선택한 항목이 이미 열려있다면 해당 영역에 별이 표시됩니다.

• Navigate 〉 Open in... (⌥⌘〈)

Open in a new window 부분을 클릭하면 새로운 Window에 항목을 엽니다. Open in a new Assistant Editor는 새로운 보조 편집기에 항목을 열고, Open in a new tab은 새로운 탭에 항목을 엽니다.

CHAPTER 02 Editors

1. Open Quickly

Xcode에서 파일을 열 때 가장 많이 사용하는 메뉴는 Open Quickly 입니다.

- File 〉 Open Quickly (⇧⌘O)

이 메뉴는 파일 이름뿐만 아니라 심벌 이름을 검색할 수 있어서 매우 유용합니다. 프로젝트 네비게이터를 통해 파일을 여는 방법에 비해 크게 두 가지 장점을 가지고 있습니다. 먼저 마우스 조작 없이 원하는 파일을 열 수 있습니다. 단축키를 통해 Open Quickly 메뉴를 실행한 후 검색 결과에서 원하는 항목을 선택하면 현재 편집기에 해당 파일이 열리고 검색된 위치로 이동합니다. 항목을 선택할 때 ⌥키를 누르면 보조 편집기에 파일을 열 수 있고, ⇧⌥키를 누르면 Navigation Chooser를 통해 파일을 열 위치를 직접 선택할 수 있습니다.

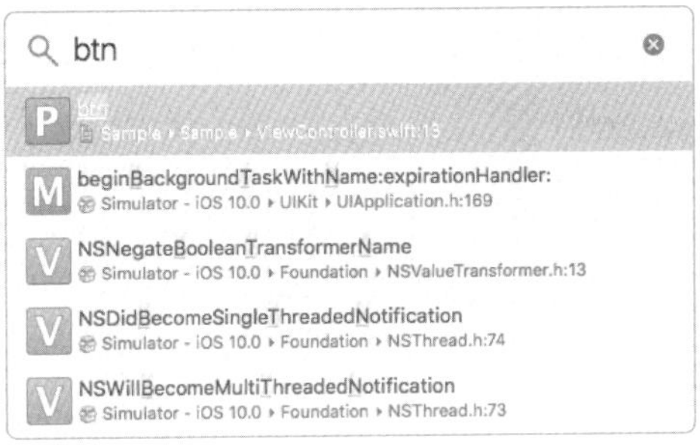

두 번째 장점은 특정 파일을 열고 원하는 라인으로 바로 이동할 수 있다는 것입니다. 검색어 뒤에 :〈라인 번호〉를 추가하면 파일을 열 때 해당 라인으로 바로 이동합니다.

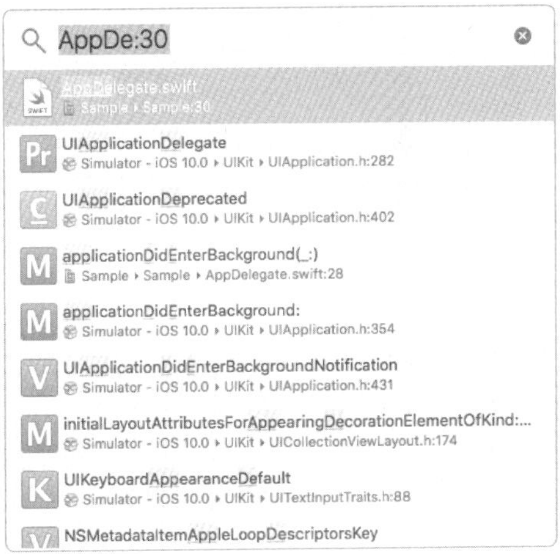

Open Quickly 메뉴의 검색 결과는 프로젝트에 포함된 심벌과 파일을 우선적으로 표시합니다. 또한 검색어는 대소문자를 구분하지 않습니다

2. Jump bar

편집기 영역에 표시되는 모든 편집기는 상단에
Jump bar를 표시합니다. Jump bar는 4개의 메
뉴로 구성되어 있습니다.

Related Items 버튼을 클릭하면 편집기에 표시된 내용과 연관된 항목들이 팝업 메뉴로 표시됩니다.
메뉴 이름 뒤에 표시된 괄호는 연관된 항목의 수를 나타냅니다. Recent Files 메뉴는 편집기에서 열
었던 최근 파일의 목록을 표시합니다. 하위에 있는 Clear Menu를 선택하여 최근 목록을 모두 지울
수 있습니다. 기본적으로 최근 파일 목록의 수는 10개로 제한되지만 Number of Recent Files 메뉴
에서 원하는 수를 설정할 수 있습니다.

Recent Files 메뉴 아래쪽에 표시되는 메뉴들은 편
집기에 표시되어 있는 항목에 따라 달라집니다. 연
관된 항목이 없는 메뉴들은 회색으로 표시됩니다.

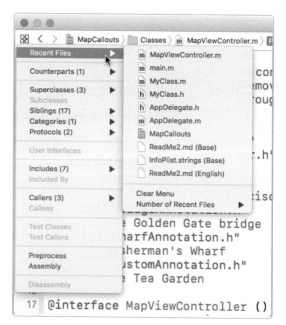

* Counterparts : 헤더 파일과 구현 파일처럼 하나의 쌍을 이루는 파일에 대한 바로가기 메뉴를 제
  공합니다. 예를 들어 편집기에 Objective-C 구현 파일(.m)이 열려 있다면 헤더 파일(.h)이 표시
  됩니다. Swift 파일이 열려 있다면 컴파일러가 자동으로 생성한 스위프트 인터페이스 파일이 표
  시됩니다.

- **Superclasses** : 편집기에 표시되어 있는 파일에 클래스 선언 또는 구현이 포함되어 있는 경우, 이 클래스가 상속하는 상위 클래스의 목록이 표시됩니다. 각 항목을 선택하면 클래스 선언 파일이 편집기 영역에 표시됩니다.

- **Subclasses** : 편집기에 표시되어 있는 파일에 클래스 선언 또는 구현이 포함되어 있는 경우, 이 클래스를 상속하는 하위 클래스의 목록이 표시됩니다. 각 항목을 선택하면 클래스 선언 파일이 편집기 영역에 표시됩니다.

- **Siblings** : 동일한 상위 클래스를 상속 받은 클래스 목록이 표시됩니다.

- **Categories** : 편집기에 표시되어 있는 파일에 포함된 카테고리 목록이 표시됩니다. 각 항목을 선택하면 카테고리가 선언되어 있는 파일이 표시됩니다.

- **Protocols** : 편집기에 표시되어 있는 파일이 채용하고 있는 프로토콜 목록이 표시됩니다.

- **User Interfaces** : 편집기에 표시되어 있는 파일과 연관된 인터페이스 파일 목록이 표시됩니다.

- **Includes** : 편집기에 표시되어 있는 파일에서 #import나 #include 지시어로 포함시킨 헤더 파일 목록이 표시됩니다.

- **Included By** : 편집기에 표시되어 있는 헤더 파일을 임포트하고 있는 파일 목록이 표시됩니다.

- **Callers** : 편집기에서 선택된 심벌에 접근하는 메소드 목록이 표시됩니다.

- **Callees** : 편집기에서 선택된 심벌(특히, 메소드/함수 구현)이 호출하는 메소드 목록이 표시됩니다.

- **Preprocess** : 파일의 전처리 결과를 표시합니다. Show Preprocessed Output for 팝업 메뉴를 통해 원하는 Action을 선택할 수 있습니다. Refresh 버튼을 클릭하면 전처리 결과가 다시 생성됩니다.

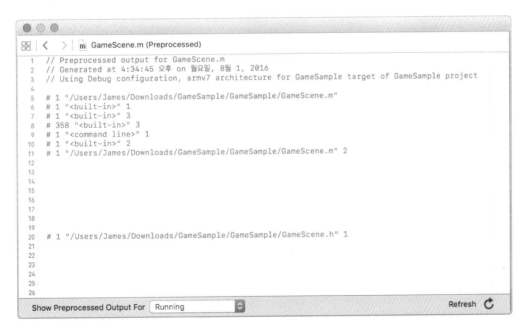

- **Assembly** : 파일의 어셈블리 생성 결과를 표시합니다. Preprocess 메뉴와 동일한 팝업메뉴와 Refresh 버튼을 제공합니다.

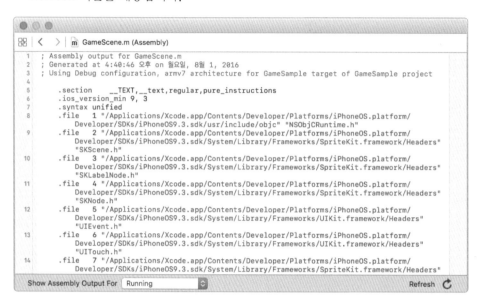

- **Disassembly** : 중단점에서 프로그램 실행이 중지된 경우 디스어셈블리를 표시합니다.

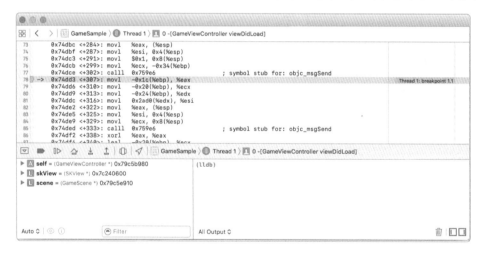

- **Automatic** : 인터페이스 빌더나 데이터 모델 편집기에서 선택한 항목과 연관된 파일 목록을 표시합니다.
- **Top Level Objects** : xib 파일에 포함되어 있는 File's Owner와 연관된 파일, First Responder 의 헤더파일, 최상위 UI 객체들의 헤더파일 목록이 표시됩니다.
- **Preview** : 인터페이스 파일에서 선택항 항목에 대한 미리보기를 표시합니다. 프로그램을 실행하지 않고 다양한 화면 크기와 방향에 따른 UI 구성을 미리 확인할 수 있습니다.

History 메뉴는 편집기에서 열었던 파일 목록을 탐색할 수 있는 Go back, Go forward 버튼을 제공합니다. 버튼을 클릭하면 목록의 이전/다음 파일을 열 수 있습니다. 그리고 버튼을 1초 이상 클릭하면 선택할 수 있는 이전/다음 목록이 팝업 메뉴로 표시됩니다.

- Navigate 〉 Go Forward (^⌘→)
- Navigate 〉 Go Back (^⌘←)

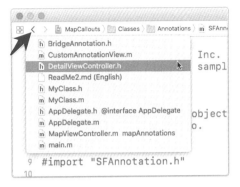

Hierarchical path 메뉴는 편집기에 표시된 항목의 계층 구조를 보여주고, 각 단계의 레이블을 클릭하면 하위 계층 구조를 탐색할 수 있는 팝업 메뉴를 표시합니다.

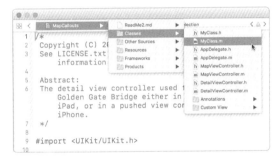

팝업 메뉴가 표시된 상태에서 검색어를 입력하면 메뉴 목록이 필터링됩니다.

빌드 과정에서 오류 또는 경고가 발생했다면 Jump bar 오른쪽에 Issue navigation 메뉴가 표시됩니다. 〈 버튼과 〉 버튼으로 이슈를 탐색할 수 있고, 버튼 사이에 있는 아이콘을 클릭하면 이슈 목록이 팝업으로 표시됩니다.

- Navigate 〉 Jump to Next Issue (⌘')
- Navigate 〉 Jump to Previous Issue (⌘")

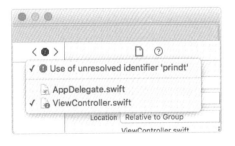

3. Hex Editor

Xcode는 주로 텍스트 형태의 소스 파일을 편집하기 위해 사용합니다. 소스 코드 이외의 이진 파일은 Hex Editor를 통해 내용을 보거나 편집할 수 있습니다. 프로젝트 네비게이터에서 이진 파일을 선택하면 기본적으로 Quick Look과 동일한 내용이 표시됩니다. 파일을 선택한 후 컨텍스트 메뉴에서 Open As 〉 Hex 메뉴를 선택하면 Hex Editor를 열 수 있습니다.

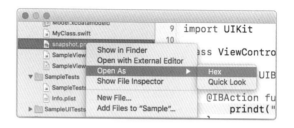

Hex Editor의 왼쪽 영역에는 라인 번호가 표시되고 가운데 영역에는 바이너리가 16진수 형태로 표시됩니다. 기본적으로 16진수 하나는 하나의 바이트를 표현합니다. Editor 〉 Byte Grouping 메뉴를 통해 하나의 컬럼에서 표시할 바이트 수를 지정할 수 있습니다. 오른쪽 영역에는 바이트에 저장된 값의 ASCII 문자가 표시됩니다.

```
88  <  >    Sample  >  Sample  >  snapshot.png

   0  89 50 4E 47 0D 0A 1A 0A 00 00 00 0D 49 48 44 52 00    .PNG  . ... IHDR.
  17  00 05 E8 00 00 04 46 08 06 00 00 00 43 A7 50 B7 00    ......F.....C.P..
  34  00 18 2B 69 43 43 50 49 43 43 20 50 72 6F 66 69 6C    ..+iCCPICC Profil
  51  65 00 00 58 85 95 59 05 58 55 4D B7 9E 7D F6 29 E2    e..X..Y.XUM..}.).
  68  10 87 EE 92 EE 3E 80 74 77 A7 48 1D BA 3B 55 14 01    .....> tw.H..;U..
  85  15 50 10 15 10 10 11 14 10 15 14 24 54 04 09 03 41    .P.........$T. .A
 102  4A 04 15 44 52 45 50 11 01 C5 E2 6E 42 BF FF FE B7    J..DREP....nB....
 119  9E 3B CF B3 F7 7E 59 B3 66 CD 3B B3 66 66 CD E2 00    .;..~Y.f.;.ff....
 136  C0 C1 EA 19 1E 1E 8C A2 03 20 24 34 3A D2 C6 50 87    ......... $4:..P.
 153  D7 C9 D9 85 17 37 09 70 80 08 B0 00 02 5C 9E E4 A8    .....7 p ....\...
 170  70 6D 2B 2B 33 80 94 3F DF FF 5C D6 46 10 3D A4 3C    pm++3 .?..\.F.=.<
 187  95 DC B4 F5 5F EB FF D7 42 EF ED 13 45 06 00 B2 42    ...._...B...E...B
 204  B0 97 77 14 39 04 C1 37 01 40 B3 93 C3 23 A3 01 C0    ..w.9..7.@...#...
 221  0C 20 72 81 B8 E8 F0 4D BC 82 60 C6 48 84 20 00 58    . rW...M...`.H. .X
 238  FC 26 F6 DB C6 9C 9B D8 6B 1B CB 6C E9 D8 D9 E8 22    .&......k..l...."
```

Hex Editor를 통해 바이너리를 직접 수정하려면 Editor 〉 Overwrite Mode (⌥⇧⌘O) 메뉴를 통해 수정 모드로 전환해야 합니다.

4. Source Code Editor

Xcode를 통해 프로그램을 개발할 때 가장 많이 사용하는 편집기는 소스 코드 편집기(이하 소스 편집기)입니다. 코딩에 도움이 되는 다양한 기능을 제공하며 이 책에서 설명하고 있는 Xcode 내용 중 가장 기초적이고 중요한 부분입니다.

> **Beginner Note**
>
> 여기에서 설명하고 있는 내용은 Text Editing Preferences에서 Line numbers 옵션과 Code folding ribbon 옵션이 선택되어 있다고 가정합니다.

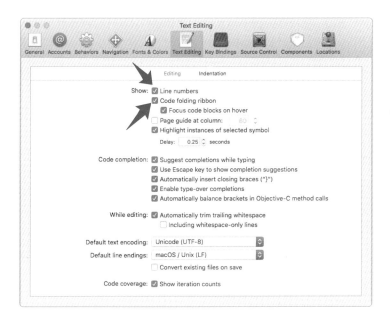

4.1 Gutter, Edit area, Jump bar

소스 편집기 상단에는 앞에서 설명한 Jump bar가 표시됩니다. Jump bar 아래쪽으로 코드를 편집할 수 있는 편집 영역이 위치합니다. 편집 영역 왼쪽에 표시되는 영역을 Gutter라고 합니다.

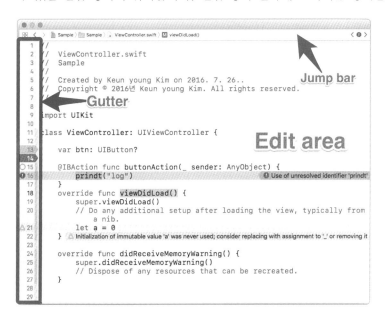

Gutter 영역에는 라인 번호가 표시됩니다. 그리고 Gutter 영역을 클릭하면 해당 라인에 중단점이 추가됩니다. 추가된 중단점을 클릭하여 활성화 상태를 토글할 수 있고, 중단점을 Gutter 영역 밖으로 드래그하면 삭제됩니다. 소스 코드에 인터페이스 파일과 연결된 Outlet이나 Action이 있다면 ○ 모양의 Connection Well이 표시됩니다. Connection Well의 사용법은 인터페이스 빌더에서 상세히 설명합니다.

4.2 Live Issue & Fix-it

Xcode는 Live Issue라는 기능을 통해 소스 편집기에 입력된 코드를 실시간으로 분석하고 오류와 경고를 표시합니다. Xcode에서 오류는 붉은색, 경고는 노란색으로 표시됩니다. 문제가 발생한 라인은 색상을 통해 강조되고 편집 영역에 문제에 대한 간략한 설명을 표시합니다.

오류는 붉은색 원형 아이콘으로 표시되고, 경고는 노란색 삼각형 아이콘으로 표시됩니다. Xcode가 수정 방법을 제안할 수 있다면 아이콘 내부에 흰색 원이 표시되고 나머지 경우에는 ! 가 표시됩니다. 흰색 원이 표시된 아이콘을 클릭하면 간략한 설명과 함께 수정할 수 있는 옵션 목록이 표시됩니다. 옵션 목록 중 하나를 선택하면 소스 편집기에 수정 사항이 반영됩니다. 이 기능을 Fix-it이라고 부릅니다.

Live Issue와 Fix-it은 LLVM 컴파일러 또는 Swift 컴파일러로 소스를 빌드할 때만 사용할 수 있습니다. 그리고 프로젝트 인덱싱이 완료되지 않은 경우 정상적으로 표시되지 않을 수 있습니다.

Editor > Issues > Show/Hide All Issues (^⌘M) 메뉴를 통해 편집 영역에 표시된 오류와 경과 메시지를 토글 할 수 있습니다. Hide All Issues 메뉴는 Gutter 영역에 표시된 아이콘을 제외한 나머지 요소들을 소스 편집기에서 제거합니다.

4.3 Code folding

Gutter 영역과 편집 영역 사이에 회색 음영으로 표시되는 영역을 Code folding ribbon이라고 합니다. Code folding ribbon은 소스 코드의 들여쓰기 단계를 음영으로 표시합니다. 들여쓰기 단계가 높을수록 진한 음영으로 표시됩니다.

이 영역에 마우스 포인터를 가져가면 해당 단계의 코드가 편집기 영역에 강조됩니다. 이 상태에서 영역을 클릭하면 해당 영역은 편집영역에서 ... 으로 표시됩니다. ... 으로 표시된 영역을 클릭하면 생략된 코드가 다시 표시됩니다.

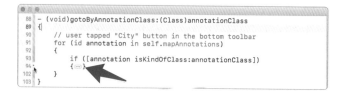

Xcode는 Editor 〉 Code Folding 하위 메뉴를 통해서 다양한 Code folding 메뉴를 제공합니다. 이 메뉴는 Code folding ribbon과 달리 입력 포인터의 위치를 기준으로 동작합니다.

- Editor 〉 Code Folding 〉 Fold (⌥⌘←) : 입력 포인터가 위치한 영역을 접습니다.

- Editor 〉 Code Folding 〉 Unfold (⌥⌘→) : 입력 포인터가 위치한 곳에 접힌 영역이 있다면 다시 펼칩니다.

- Editor 〉 Code Folding 〉 Unfold All : 접혀있는 모든 영역을 펼칩니다.

- Editor 〉 Code Folding 〉 Fold Methods & Functions (⌥⇧⌘←) : 편집기에 열려있는 파일에 포함된 모든 메소드와 함수를 접습니다.

- Editor 〉 Code Folding 〉 Unfold Methods & Functions (⌥⇧⌘→) : 편집기에 열려있는 파일에 포함된 모든 메소드와 함수를 다시 펼칩니다.

- Editor 〉 Code Folding 〉 Fold Comment Blocks (⌃⇧⌘←) : /* 와 */ 사이에 포함된 주석을 접습니다. 한줄 주석과 한줄 주석이 연달아 있는 경우에는 접히지 않습니다.

- Editor 〉 Code Folding 〉 Unfold Comment Blocks (⌃⇧⌘→) : 접힌 주석을 다시 펼칩니다.

- Editor 〉 Code Folding 〉 Focus Follows Selection : 이 옵션을 선택하면 입력 포인터의 위치가 바뀔 때마다 해당 영역이 강조됩니다.

4.4 Code Completion

편집 영역에 텍스트를 입력하면 연관된 자동 완성 목록이 팝업으로 표시됩니다. Esc 키를 눌러 목록을 닫거나 ^키와 space 키를 눌러 다시 표시할 수 있습니다. 항목 중 하나를 선택하면 입력된 텍스트가 교체됩니다. 동일한 접두어로 시작하는 목록이 두 개 이상 존재하는 경우 Tab 키를 누르면 동일한 접두어가 자동으로 입력됩니다. 예를 들어서 UIIm을 입력한 후 자동 완성 목록에서 UIImageView로 포커스를 이동시키고 Tab 키를 누르면 UIImage가 자동으로 입력됩니다.

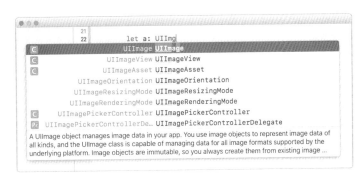

4.5 Comment

Editor 〉 Structure 〉 Comment Selection (⌘/) 메뉴를 선택하면 입력 포인터가 위치한 라인 전체가 주석으로 변경됩니다. 특정 영역을 선택한 경우에는 영역 전체가 주석으로 변경됩니다. 주석으로 표시된 라인에 입력 포인터를 두거나 주석 영역을 선택한 후 Editor 〉 Structure 〉 Uncomment Selection (⌘/) 메뉴를 선택하면 주석이 제거됩니다.

4.6 Quick Help

⌥키를 누른 상태로 소스 코드에 포함된 심벌 위로 마우스 포인터를 가져가면 포인터가 ?로 변경됩니다. 그리고 심벌의 텍스트 색상이 파란색으로 변경되고 아래쪽에 점선이 표시됩니다. 이 상태에서 심벌을 클릭하면 심벌과 연관된 도움말이 팝업으로 표시됩니다. 팝업에 표시되는 내용은 Quick Help Inspector와 동일합니다.

- Help > Quick Help for Selected Item (⌃⌘?)

4.8 Navigation

Navigate 메뉴는 다양한 탐색 메뉴를 제공합니다.

- Navigate > Jump to Line in "파일 이름"... (⌘L)

특정 라인으로 바로 이동할 수 있는 팝업을 표시합니다. 팝업에 라인 번호를 입력한 후 return 키를 누르면 해당 라인으로 이동합니다.

- Navigate > Jump to Next Counterpart (⌃⌘↑)
- Navigate > Jump to Previous Counterpart (⌃⌘↓) : 현재 편집중인 소스 파일과 연관된 소스 파일로 이동합니다. 예를 들어 Objective-C 소스 파일에서 이 메뉴를 선택하면 연관된 헤더 파일로 이동합니다.
- Navigate > Jump to Selection (⇧⌘L) : 입력 포인터 또는 선택 영역으로 이동합니다.
- Navigate > Jump to Definition (⌃⌘J) : 선택한 심벌이 선언되어 있는 파일로 이동합니다. ⌘키를 누른 상태에서 심벌을 클릭하면 메뉴를 사용하지 않고 더욱 빠르게 이동할 수 있습니다.

4.8 Text Editing

- Editor 〉Structure 〉Shift Right (⌘]) : 선택된 영역을 한 단계 내어 쓰기 합니다.
- Editor 〉Structure 〉Shift Left (⌘[) : 선택된 영역을 한 단계 들여쓰기 합니다.
- Editor 〉Structure 〉Re-Indent (^I) : 선택된 영역을 Xcode 기본 들여쓰기 설정으로 다시 들여 쓰기 합니다.
- Editor 〉Structure 〉Move Line Up (⌥⌘[) : 선택된 영역을 한 단계 위로 이동 시킵니다.
- Editor 〉Structure 〉Move Line Down (⌥⌘]) : 선택된 영역을 한 단계 아래로 이동 시킵니다.
- Editor 〉Show/Hide Invisibles : 편집영역에 조판부호를 표시하거나 숨깁니다.
- Editor 〉Syntax Coloring : 소스 코드의 색상 테마를 변경합니다.

4.9 Find & Replace

Find Navigator는 기본적으로 프로젝트 전체를 검색합니다. 소스 편집기에 표시된 파일 내에서 검색 하고 싶다면 Find 메뉴를 사용합니다. Find 〉Find… (⌘F) 메뉴를 선택하면 Jump bar 아래쪽에 Find bar가 표시됩니다.

Find bar에 검색어를 입력하고 return 키를 누르면 편집 영역에 검색된 결과가 노란색 음영으로 강조됩니다. 이후 return 키를 누를 때마다 포커스가 다음 검색 결과로 이동합니다. 이전 검색 결과로 이동할 때는 ⇧ 키와 return 키 조합을 사용합니다.

- Find 〉Find Next (⌘G)
- Find 〉Find Previous (⇧⌘G)

입력 필드 오른쪽에는 검색 결과의 수가 표시됩니다. x 버튼을 클릭하면 입력된 검색어가 삭제되고 편집 영역의 강조 효과도 초기화됩니다. 가장 오른쪽에 있는 Done 버튼을 클릭하면 검색을 종료하고 Find bar를 닫습니다.

- Find 〉Hide Find Bar

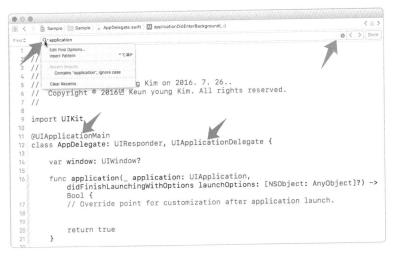

검색어 입력 필드에 있는 돋보기 아이콘을 클릭하면 검색 조건을 지정할 수 있는 메뉴와 이전 검색 목록이 팝업으로 표시됩니다. Recent Results 섹션에 있는 항목을 선택하면 이전과 동일한 조건으로 다시 검색할 수 있습니다. Clear Recents 메뉴를 선택하면 이전 검색 목록이 모두 삭제됩니다.

Edit Find Options... 메뉴를 선택하면 검색 옵션을 상세하게 지정할 수 있는 팝업이 표시됩니다. Matching Style 메뉴에서 Textual 옵션을 선택하면 일반 텍스트로 검색을 하고, Regular Expression 옵션을 선택하면 정규 표현식으로 검색을 합니다. Hits Must 메뉴는 네 가지 옵션을 제공합니다.

- **contain search term** : 입력된 검색어를 포함한 모든 텍스트를 검색합니다.
- **start with search term** : 입력된 검색어와 접두어가 일치하는 텍스트를 검색합니다.
- **match search term** : 입력된 검색어와 완전히 일치하는 텍스트를 검색합니다.
- **end with search term** : 입력된 검색어와 접미어가 일치하는 텍스트를 검색합니다.

Match Case 옵션을 선택하면 대소문자를 구분하여 검색합니다. Wrap 옵션을 선택하면 파일 마지막 부분에서 검색이 완료되었을 때 다시 시작 부분으로 이동하여 검색을 계속 수행합니다.

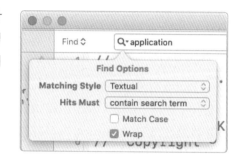

Insert Pattern (⌃⌥P) 메뉴를 선택하면 패턴을 입력할 수 있는 팝업 메뉴가 표시됩니다. 정규 표현식을 쓰지 않고 단순한 패턴을 검색할 때 유용합니다.

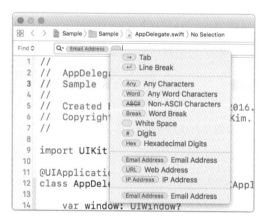

Find bar는 두 가지 모드를 가지고 있습니다. 지금까지 설명한 모드는 Find 모드입니다. Find bar 왼쪽에 있는 Find 레이블을 클릭하면 Find 모드와 Replace 모드를 전환할 수 있는 팝업이 표시됩니다. Replace 모드를 선택하면 아래쪽에 대체할 텍스트를 입력할 수 있는 UI가 표시됩니다. 대체할 텍스트를 입력한 후 All 버튼을 클릭하면 모든 검색 결과가 대체됩니다. Replace 버튼은 검색 결과를 하나씩 대체할 때 사용합니다.

- Find 〉 Find and Replace... (⌥⌘F)
- Find 〉 Replace
- Find 〉 Replace All
- Find 〉 Replace and Find Next
- Find 〉 Replace and Find Previous

Find bar가 표시된 상태에서 소스 코드에 포함된 단어를 검색어로 지정하고 싶을 때 Find 〉 Use Selection for Find (⌘E) 메뉴를 사용합니다. 그리고 대체할 텍스트로 지정하고 싶다면 Find 〉 Use Selection for Replace (⇧⌘E) 메뉴를 사용할 수 있습니다.

Find 〉 Find Selected Text in Project 메뉴와 Find 〉 Find Selected Symbol in Project (⌃⇧⌘F) 메뉴는 소스 코드에 포함된 텍스트나 심벌을 프로젝트 내에서 검색할 때 유용합니다.

Find 〉 Find Call Hierarchy (⌃⇧⌘H) 메뉴는 상위 클래스에서 상속된 메소드가 호출되는 과정을 간략히 보여줍니다.

4.10 Edit All in Scope

심벌의 이름을 변경해야 한다면 Find & Replace 보다 Edit All in Scope가 적합합니다. Edit All in Scope는 동일한 범위에 포함되어 있는 모든 심벌 이름을 인라인으로 편집할 수 있습니다. 대부분의 경우 형식 선언에 포함되어 있는 속성의 이름 또는 메소드 내부의 임시 변수 이름을 변경하기 위해 사용합니다.

심벌 이름에 마우스 포인터를 가져가면 약 0.3초 후에 이름 아래쪽에 점선이 표시됩니다. 오른쪽에 표시된 화살표 버튼을 클릭하면 컨텍스트 메뉴가 표시되고, 여기에서 Edit All in Scope 메뉴를 선택하면 대상 심벌 이름이 편집 모드로 전환됩니다.

- Editor 〉 Edit All in Scope (⌃⌘E)

편집 모드에서는 동일한 범위에 있는 모든 대상 심벌 이름이 점선 박스로 강조됩니다. 하나의 심벌 이름을 수정하면 나머지 심벌 이름도 함께 수정됩니다. 수정을 완료한 후에는 반드시 return 키를 누르거나 편집 영역의 빈 곳을 클릭하여 편집 모드를 종료해야 합니다.

```swift
11  class ViewController: UIViewController {
12
13      var sampleBtn: UIButton?
14
15      @IBAction func buttonAction(_ sender: AnyObject) {
16          print(sampleBtn?.titleLabel?.text)
17      }
18
19      override func viewDidLoad() {
20          super.viewDidLoad()
21
22          sampleBtn?.titleLabel?.text = "OK"
23      }
24
25      override func didReceiveMemoryWarning() {
26          super.didReceiveMemoryWarning()
27          // Dispose of any resources that can be recreated.
28      }
29
30      func updateButtonTitle() {
31          sampleBtn?.titleLabel?.text = "Something"
32      }
33  }
```

Beginner Note

여기에서 설명한 방식은 Text Editing Preferences에서 Highlight instance of selected symbol 옵션이 활성화되어 있다고 가정합니다.

4.11 Refactor

Edit All in Scope는 편집 가능한 범위가 현재 파일에 속한 동일한 범위로 제한됩니다. 예를 들어 ViewController 클래스의 sampleBtn 속성을 Edit All in Scope 메뉴로 수정하면 동일한 범위 내에 있는 이름은 모두 변경됩니다. 그러나 다른 파일에서 sampleBtn 속성에 접근하는 코드가 있다면 이 코드는 변경되지 않습니다. 그래서 심벌 이름이 프로젝트 전반에 걸쳐 사용되는 경우 Edit All in Scope는 적합하지 않습니다.

Beginner Note

Refactor 메뉴는 C 또는 Objective-C 코드에서 사용할 수 있습니다. 현재(2016년 8월) 시점에서 Swift 코드는 지원하지 않습니다.

Xcode는 Refactor 메뉴를 통해 리팩토링 기능을 제공합니다. 그 중 Rename 메뉴를 사용하여 앞서 설명한 Edit All in Scope의 문제점을 해결할 수 있습니다. 이름을 변경할 심벌을 선택한 후 아래의 메뉴를 선택하면 편집기 영역 상단에 경고 시트가 표시됩니다.

- Edit 〉 Refactor 〉 Rename...
- 심벌 컨텍스트 메뉴 〉 Refactor 〉 Rename...

입력창에 새로운 이름을 입력한 후 Preview 버튼을 클릭하면 변경 전후의 코드를 비교할 수 있는 미리보기 화면이 표시됩니다. Rename related files 옵션을 선택하면 연관된 파일 이름도 함께 변경됩니다. 변경 내용을 검토한 후 Save 버튼을 클릭하면 심벌 이름이 새로운 이름으로 변경됩니다.

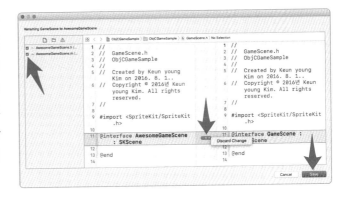

Playgrounds

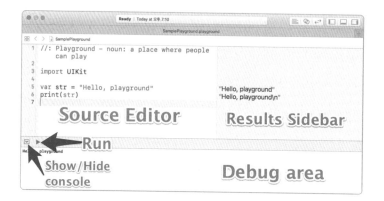

Playground는 Project Navigator, Symbol Navigator, Find Navigator, Issue Navigator를 제공합니다. Project Navigator는 프로젝트 대신 Playground의 내부 구조를 관리합니다. Playground 파일은 파일 래퍼로 내부에 Playground를 구성하는 소스 파일과 리소스 파일이 포함되어 있습니다. Playground 파일의 컨텍스트 메뉴에서 패키지 내용 보기 메뉴를 선택하면 내부 파일을 볼 수 있습니다.

가장 기본적인 Playground는 3개의 파일로 구성되어 있습니다. Contents.swift 파일은 Playground에서 입력한 소스 코드가 저장되는 파일입니다. contents.xcplayground 파일은 Playground의 구성 정보가 xml 형

태로 저장되어 있는 파일이고, playground.xcworkspace 파일은 Xcode의 workspace 파일과 동일합니다.

Playgournd는 두 개의 특별한 디렉토리를 가지고 있습니다. Sources 디렉토리는 새로운 Swift 코드 파일을 추가할 때 자동으로 생성됩니다. 이 디렉토리에 포함된 파일은 모듈 형태로 컴파일 되므로 Playground에서 임포트해서 사용할 수 있습니다. 이미지나 파일과 같은 리소스를 추가하면 Resources 디렉토리가 자동으로 생성됩니다.

Resources

Sources

playground.xcworks
pace

Contents.swift

contents.xcplaygro
und

새로운 페이지를 추가하면 내부 구조가 변경됩니다. 페이지 구성 파일을 저장하는 Pages 디렉토리가 생성되고 소스 코드를 저장하는 Contents.swift 파일은 페이지 구성파일 내부로 이동합니다.

Pages

Resources

Sources

playground.xcworks
pace

contents.xcplaygro
und

Pages 디렉토리 내부에는 .xcplaygroundpage 파일이 포함되어 있습니다. 이 파일은 Playground 파일과 마찬가지로 파일 래퍼입니다. 파일 내부에는 Contents.swift 파일과 Resource, Sources 디렉토리가 포함되어 있습니다.

1. Playground Platform Settings

Playground 파일은 플랫폼에 따라 사용할 수 있는 프레임워크가 다릅니다. 예를 들어 macOS 플랫폼의 Playground는 UIKit 프레임워크를 임포트 할 수 없습니다. Playground를 생성할 때 선택한 플랫폼은 File Inspector에서 언제든지 변경할 수 있습니다.

Playground가 지원하는 플랫폼은 iOS, macOS, tvOS 입니다.

2. Run Mode

Playground는 두 가지 실행 모드를 제공합니다. 기본 값은 Automatically Run으로 코드를 입력할 때마다 실행하고 결과를 업데이트 합니다. 실행 모드를 변경하려면 Run 버튼을 1초 이상 클릭한 후 팝업 메뉴에서 원하는 모드를 선택합니다. Manually Run 모드를 선

택한 경우에는 Run 버튼을 클릭하거나 Editor 〉 Execute Playground 메뉴를 선택해서 코드를 실행합니다.

3. Debug area & Console

Playground의 디버그 영역에는 콘솔이 표시됩니다. 콘솔은 로그 출력 함수의 결과를 표시합니다. 콘솔에 표시되는 내용은 Results Sidebar에서도 표시됩니다.

4. Results Sidebar

Results Sidebar(이하 사이드바)는 동일한 라인에 있는 코드의 평가 결과를 표시합니다. 문자열과 숫자, 배열 등과 같이 비교적 단순한 값은 값의 특성을 유추할 수 있는 문자열로 출력합니다. 반복문과 같이 동일한 코드가 여러 번 실행되는 경우에는 실행된 횟수를 표시합니다. UIView와 같이 문자열로 표시하기 어려운 값은 클래스의 이름을 표시합니다.

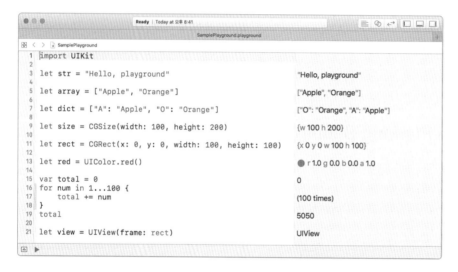

마우스 포인터를 사이드바에 표시된 특정 결과 값으로 가져가면 라인이 회색 음영으로 강조되고 오른쪽에 두 개의 메뉴 버튼이 표시됩니다.

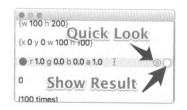

5. Quick Look

Quick Look 버튼을 클릭하면 값에 대한 개요가 팝업으로 표시됩니다. 사이드바에 출력되는 문자열에 비해 조금 더 시각적으로 값을 확인할 수 있습니다.

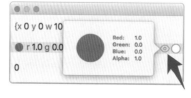 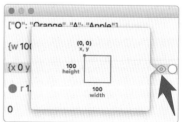

5.1 Custom Quick Look

Playground는 각 데이터 형식에 적합한 Quick Look 을 표시합니다. 대부분의 경우 표시 방식을 변경할 수 없지만 NSObject를 상속한 클래스의 경우 표시 방식을 직접 구현할 수 있습니다.

NormalCircle 클래스와 CustomQuickLookCircle 클래스가 다음과 같이 구현되어 있다고 가정하겠습니다. 두 클래스는 클래스 이름과 debugQuickLookObject() 메소드를 제외한 나머지 부분이 동일합니다. debugQuickLookObject() 메소드는 주로 색상, 문자열, 이미지, 베지어패스를 리턴하도록 구현합니다.

```Swift
class NormalCircle: NSObject {
    var radius: CGFloat = 30
    var color: UIColor = UIColor.blue
}

class CustomQuickLookCircle: NSObject {
    var radius: CGFloat = 30
    var color: UIColor = UIColor.blue

    func debugQuickLookObject() -> AnyObject {
        let frame = CGRect(x:0, y:0, width:radius * 2, height:radius * 2)
        let path = UIBezierPath(ovalIn: frame)
        color.set()
        path.fill()

        return path
    }
}
```

두 클래스의 객체를 생성한 후 Quick Look 버튼 또는 Show Result 버튼을 클릭하면 서로 다른 방식으로 표시되는 것을 확인할 수 있습니다.

6. Show Result

Show Result 버튼을 클릭하면 코드 아래쪽에 Quick Look이 추가됩니다. 편집 영역 내부에 추가된 Quick Look을 Results View라고 합니다. Results View는 코드가 변경될 때마다 업데이트되므로 시각적으로 값의 변화를 확인할 때 도움이 됩니다. 하지만 Results View 수가 많아질수록 실행시간이 늘어날 수 있습니다.

- Editor > Show Result for Current Line

Results View를 클릭하면 파란색 실선이 표시되고 선택 상태로 전환됩니다. 마우스 포인터를 뷰 경계로 가져가면 화살표로 변경됩니다. 이 상태에서 드래그하여 원하는 크기로 변경할 수 있습니다.

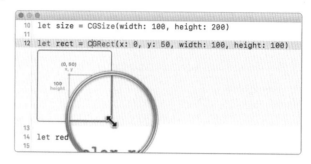

Results View가 선택된 상태에서 오른쪽 마우스 버튼을 클릭 (또는 Control + 클릭) 하면 선택 가능한 Display Mode가 표시됩니다. 대부분의 값은 Latest value 모드로 표시되고 다른 모드를 선택할 수 없습니다.

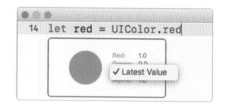

Playground는 세 가지 Result Display Mode를 제공합니다.

- **Latest Value** : Results View에 가장 최근 값을 표시합니다.
  Editor > Result Display Mode > Latest Value
- **Value History** : 초기값과 최종 값 사이의 모든 값을 목록으로 표시합니다.
  Editor > Result Display Mode > Value History
- **Graph** : 값의 변화를 그래프로 표시합니다.
  Editor > Result Display Mode > Graph

반복문과 같이 시간에 흐름에 따라 값이 변하는 경우에는 세 가지 모드로 표시할 수 있습니다.

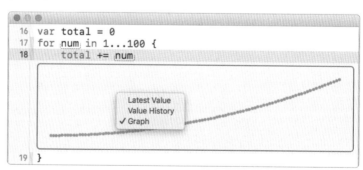

Show Result 버튼을 한 번 클릭하면 편집 영역에서 Results View가 제거됩니다.

- Editor > Hide Result for Current Line

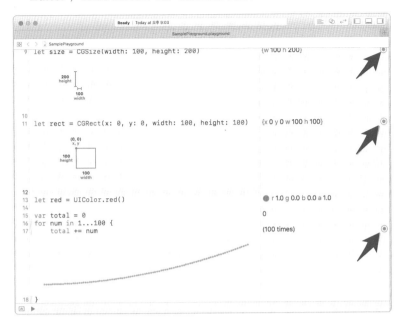

7. Literals

Playground는 소스 코드에서 자주 사용되는 리소스를 리터럴 형태로 추가할 수 있습니다.

Playground는 이미지 리터럴, 파일 리터럴, 컬러 리터럴을 지원합니다. 이미지와 파일 리터럴은 파일을 Playground 편집 영역으로 드래그해서 추가할 수 있습니다. 추가된 파일은 Resources 폴더에 자동으로 저장됩니다.

- Editor > Insert Image Literal…
- Editor > Insert File Literal…

컬러 리터럴을 추가하는 가장 쉬운 방법은 편집 영역에 color를 입력한 후 자동 완성 목록에서 color-Swift Color Literal 항목을 선택하는 것입니다.

- Editor > Insert Color Literal

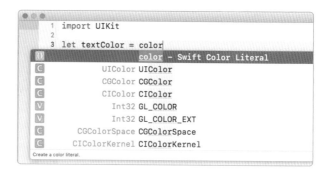

그러면 컬러를 선택할 수 있는 팝업이 표시됩니다. 팝업에 원하는 컬러가 없다면 Other... 버튼을 클릭해서 시스템 컬러 피커를 사용할 수 있습니다.

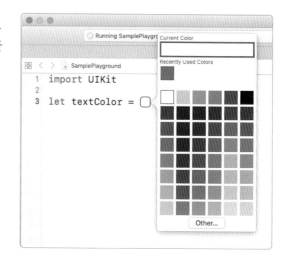

리터럴은 편집 영역에서 작은 라운드 아이콘으로 표시됩니다. 리터럴을 더블클릭하면 리터럴을 편집할 수 있는 팝업이 표시됩니다. 팝업에는 Resources 폴더에 있는 리소스 목록이 표시됩니다. 원하는 항목을 선택하면 리터럴이 교체됩니다. Other... 버튼을 클릭하여 다른 폴더에 있는 파일을 선택할 수 있습니다.

이미지 리터럴은 UIImage(iOS, tvOS) 또는 NSImage(macOS) 인스턴스입니다. 파일 리터럴은 NSURL 인스턴스이고, 컬러 리터럴은 UIColor(iOS, tvOS) 또는 NSColor(macOS) 인스턴스입니다. 소스 코드와 다른 형태로 표시되지만 소스 코드처럼 자유롭게 복사하거나 붙여넣기할 수 있습니다. 그리고 형식이 일치하는 경우 직접 인자로 전달할 수 있습니다.

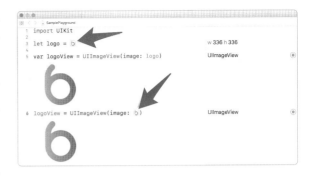

리터럴을 선택한 후 드래그하여 원하는 위치로 이동시킬 수 있습니다. ⌥키를 누른 상태에서 드래그하면 리터럴이 복사됩니다.

8. Resources

Resources 폴더에는 소스 코드에서 참조할 수 있는 파일이 포함됩니다. Playground 편집 영역으로 드래그하는 모든 파일은 자동으로 이 폴더에 추가됩니다. 새로운 리소스 파일을 직접 추가할 때는 Project Navigator에서 Resources 폴더를 선택한 후 하단에 있는 + 버튼을 클릭하고 Add Files to "Resources"... 메뉴를 선택합니다. 파일을 직접 Resources 폴더로 드래그하여 추가할 수도 있습니다.

• File 〉 Add Files to "Resources"... (⌥⌘A)

Resources 폴더에 있는 리소스는 앞에서 설명한 리터럴로 참조하거나 이름으로 참조할 수 있습니다. 리터럴로 참조할 때는 프로젝트 네비게이터에서 파일을 편집 영역으로 드래그합니다. 이름으로 참조할 때는 파일의 이름을 사용합니다.

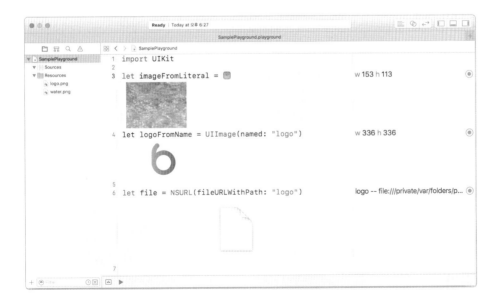

9. Auxiliary Code

Playground 또는 Playground Page에서 공통적으로 사용되는 코드가 있다면 Sources 폴더에 Swift 파일을 추가할 수 있습니다. 이러한 코드를 Auxiliary Code라고 합니다. Sources 폴더에 포함된 Auxiliary Code는 컴파일된 후 모듈 형태로 임포트됩니다.

새로운 Auxiliary Code 파일을 추가하려면 프로젝트 네비게이터에서 Sources 폴더를 선택한 후 하단에 있는 + 버튼을 클릭하고 File 메뉴를 선택합니다.

- File 〉 New 〉 File (⌘N)

Auxiliary Code를 구현할 때 주의할 점은 Playground 소스 코드에서 접근할 요소를 public으로 선언해야 한다는 것입니다. Auxiliary Code가 모듈로 컴파일 되면 public으로 선언되지 않은 요소들은 모듈 외부에서 접근할 수 없기 때문입니다.

Sources 폴더에 새로운 Swift 파일을 추가하고 아래와 같은 코드를 추가합니다. public으로 선언된 PublicThing 구조체는 Playground 코드에서 사용할 수 있지만, InternalThing 구조체는 사용할 수 없습니다.

```Swift
public struct PublicThing {
    public var publicProperty = 0
    public var internalProperty = 0
}

struct InternalThing {
    public var publicProperty = 0
    var internalProperty = 0
}
```

Playground 소스 편집 화면으로 이동한 후 새로운 PublicThing 인스턴스를 생성하면 오류가 발생합니다.

```Swift
let thing = PublicThing()    // Error
```

PublicThing의 두 속성이 모두 public으로 선언되어 있어서 문제가 없어 보이지만 자동으로 생성된 멤버 생성자의 접근 레벨이 internal이기 때문에 오류가 발생하는 것입니다. 다음과 같이 PublicThing 선언에 public으로 선언된 생성차를 추가하면 오류가 해결됩니다.

```Swift
public struct PublicThing {
    public var publicProperty = 0
```

```
    public var internalProperty = 0

    public init() {
        // ...
    }
}
```

10. Markup

Playground는 다양한 마크업을 지원합니다. 마크업을 사용하여 리치 텍스트 형태의 주석을 추가할 수 있습니다. 이미지, URL 링크, 목록 등을 자유롭게 추가할 수 있어서 일반 주석에 비해 풍부한 문서화가 가능합니다. 특히 프로그래밍 교육 자료를 만들 때 유용합니다. 마크업은 이 책의 범위를 벗어나기 때문에 애플 개발자 홈페이지에 있는 Markup Formatting Reference를 참고해 주시기 바랍니다. 이 책에서는 마크업을 렌더링하고 편집하는 방법을 설명합니다.

Markup Formatting Reference

https://developer.apple.com/library/ios/documentation/Xcode/Reference/xcode_markup_formatting_ref

아래와 같은 마크업을 입력하고 Editor 〉Show Rendered Markup 메뉴를 선택하면 리치 텍스트 형태로 출력되는 것을 확인할 수 있습니다.

Swift
```
/*:
 ## Markup Overview
 Use markup to create playgrounds that show formatted text in rendered
 documentation mode and to show Quick Help for your Swift code symbols.

 1. Using Markup
 2. Comment Markers for Markup
 3. Inserting Links
 */
```

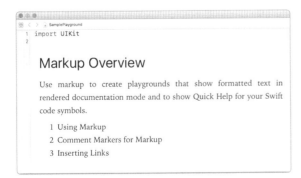

마크업을 편집하려면 Editor 〉 Show Raw Markup 메뉴를 선택하여 Raw markup mode로 전환해야 합니다. File Inspector를 연 후 Render Documentation 체크 박스를 클릭하여 마크업 모드를 전환할 수도 있습니다.

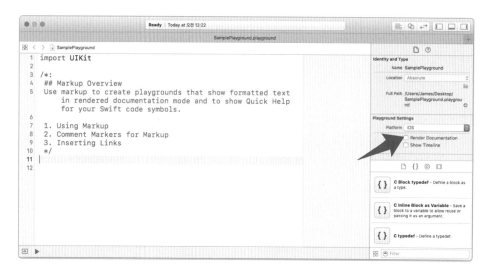

11. Pages

새로운 페이지는 File 〉 New 〉 Playground Page (⌥⌘N) 메뉴를 선택하거나 프로젝트 네비게이터에서 + 버튼을 클릭한 후 New Page 메뉴를 선택하여 추가할 수 있습니다. 처음 페이지를 추가하면 Playground 하위에 두 개의 페이지가 생성됩니다. 프로젝트 네비게이터에서 페이지를 선택한 후 return 키를 누르면 이름을 변경할 수 있습니다. 페이지의 순서는 프로젝트 네비게이터에 나열된 순서와 동일합니다. 즉, 첫 페이지는 페이지 목록 가장 위에 위치합니다. 페이지를 원하는 위치로 드래그하여 순서를 변경할 수 있습니다.

페이지의 장점 중 하나는 마크업을 통해 이전/다음 페이지 또는 특정 페이지로 바로 이동할 수 있다는 것입니다.

```swift
Swift
// 다음 페이지 마크업
//: [링크 텍스트](@next)

// 이전 페이지 마크업
//: [링크 텍스트](@previous)

// 페이지 이동 마크업
//: [링크 텍스트](페이지 이름)
```

실제 페이징을 구현해 보겠습니다. 앞에서 설명한 방식으로 세 개의 페이지를 추가한 후 페이지의 이름을 각각 First Page, Second Page, Third Page로 변경합니다. 그런 다음 각 페이지 마크업을 추가합니다.

```Swift
// First Page
/*:
 ## First
 */

//: [Go to Next Page](@next)
```

```Swift
// Second Page
//: [Go to Previous Page](@previous)

/*:
 ## Second
 */

//: [Go to Next Page](@next)
```

```Swift
// Third Page
//: [Go to Previous Page](@previous)

/*:
 ## Third
 */

//: [Go to First Page](First%20Page)
```

마크업을 추가한 후 Editor 〉 Show Rendered Markup 메뉴를 선택합니다. 파란색 텍스트로 표시되는 링크를 클릭하면 이전/다음 페이지 또는 첫 번째 페이지로 이동하는 것을 확인할 수 있습니다. First Page와 같이 페이지 이름에 공백이 포함되어 있다면 공백을 %20으로 대체해야 합니다.

Interface Builder

인터페이스 빌더는 Xcode에 내장된 UI 편집기입니다. 인터페이스 빌더는 .xib, .storyboard 확장자를 가진 UI 파일을 편집할 수 있습니다. 두 파일은 내부적으로 XML 형태로 저장됩니다. Xcode는 프로그램을 컴파일할 때 인터페이스 파일을 nib이라는 특별한 바이너리 파일로 변환합니다.

이 책은 인터페이스 빌더를 설명할 때 스토리보드를 사용합니다. 인터페이스 빌더에 익숙해지면 동일한 방식으로 Xib 파일을 편집할 수 있기 때문에 따로 설명하지 않습니다. 그리고 용어와 UI 객체들은 iOS 플랫폼을 기준으로 설명합니다.

새로운 iOS Single View Application을 생성하고 프로젝트의 이름과 언어는 원하는 대로 설정합니다.

프로젝트를 생성한 후 프로젝트 네비게이터를 열어보면 Main.storyboard 파일이 포함되어 있습니다. 이 파일을 선택하면 편집기 영역에 인터페이스 빌더가 표시됩니다. 인터페이스 빌더 왼쪽에는 Outline View, 아래쪽에는 Device Configuration Pane이 위치합니다. Canvas 영역에는 UI를 구성하는 Scene이 포함되어 있습니다.

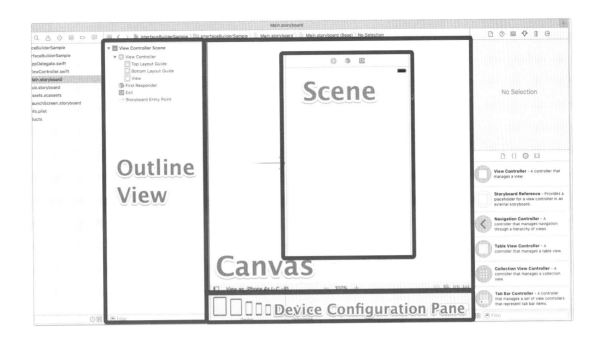

1. Storyboard

스토리보드는 Xcode 4.2에서 새롭게 추가된 기능입니다. Xib 파일에 개별 화면을 구성하는 방식과 달리 하나의 캔버스에 Scene을 추가하고 Segue로 연결하여 프로그램의 전체 흐름을 시각적으로 구성할 수 있습니다.

일반적으로 하나의 스토리보드 내에 모든 Scene을 구성합니다. 그러나 Scene의 수 또는 라이브 렌더링을 사용하는 UI 객체가 많아질수록 인터페이스 빌더의 처리 속도가 느려집니다. 이 경우 다수의 스토리보드를 생성하여 기능별로 Scene을 분리할 수 있습니다. 기본 스토리보드는 프로그램 시작 시 자동으로 로딩되지만 나머지 스토리보드는 직접 로딩해야 합니다.

새로운 스토리보드 파일을 프로젝트에 추가합니다. 스토리보드 파일은 메뉴를 통해 추가하거나 File Template Library에서 추가할 수 있습니다. 이 파일은 스토리보드 레퍼런스를 설명할 때 사용됩니다.

먼저 메뉴를 통해 추가하는 방법을 설명합니다.

STEP 01

File 〉 New 〉 File... (⌘N) 메뉴 선택합니다.

STEP 02

템플릿 선택 창에서 iOS를 선택한 후 User Interface 섹
션에서 Storyboard 항목을 선택합니다.

STEP 03

파일 이름을 Sub로 지정한 후 Create 버튼을 클릭합니다.

이어서 File Template Library에서 추가하는 방법을 설명합니다.

STEP 01

유틸리티 영역에서 File Template Library를 선택합니다.

STEP 02

Storybard 항목을 프로젝트 네비게이터로 드래그&드
롭합니다.

STEP 03

파일 이름을 Sub로 지정한 후 Create 버튼을 클릭합니다.

1.1 Initial View Controller

스토리보드에 포함된 Scene 중 첫 번째 Scene
을 Initial View Controller(이하 IVC)라고 합니
다. 메인 스토리보드의 IVC는 프로그램 시작 시
점에 자동으로 로딩됩니다. IVC로 지정된 Scene
왼쪽에는 -〉 화살표가 표시됩니다. 화살표를 드
래그하여 다른 Scene으로 이동시키면 IVC가 변
경됩니다.

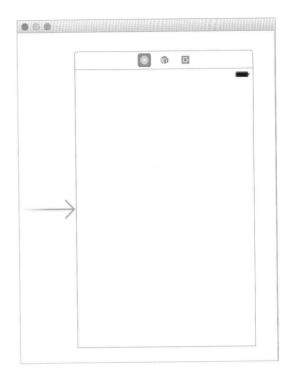

Attribute Inspector에서 IVC를 변경하는 방법은 아래와 같습니다.

STEP **01**

Canvas에서 IVC로 설정할 Scene을 선택합니다. Scene
Dock에서 File's Owner 아이콘을 선택합니다.

STEP **02**

유틸리티 영역에 Attribute Inspector를 표시합니다.

STEP **03**

View Controller 섹션에서 Is Initial View Controller 옵
션을 체크합니다

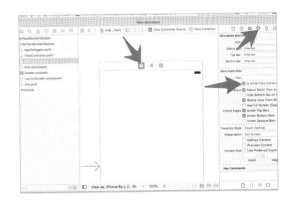

1.2 Main Interface 설정

새로운 프로젝트를 만들면 Main.storyboard가 자동으로 생성되고 Main Interface로 지정됩니다. Main Interface는 프로그램 시작 시점에 자동으로 로딩되는 스토리보드 파일입니다. Main Interface 는 타깃 설정에서 지정할 수 있습니다.

STEP **01**

프로젝트 네비게이터에서 프로젝트 이름을 클릭합니다.

STEP **02**

프로젝트 편집기에서 편집할 타깃을 선택합니다.

STEP **03**

프로젝트 편집기 상단에서 General을 클릭합니다.

STEP **04**

Deployment Info 섹션에서 Main Interface 항목을 클릭 하고 팝업에서 Main.storyboard를 선택합니다.

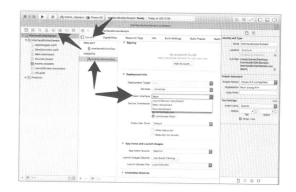

2. Object Library

인터페이스 빌더에 추가할 수 있는 UI 객체는 Object Library를 통해 제공됩니다. UI 객체 는 뷰와 뷰 컨트롤러로 구분되어 있습니다.

뷰는 화면에 직접 그려지는 객체입니다. 레이블, 버튼, 텍스트뷰 등이 여기에 속합니다. 뷰는 하위 뷰를 가질 수 있고 터치 이벤트를 받아서 처리할 수 있습니다. Object Library에서 뷰는 화면에 그려지는 모습과 동일한 썸네일로 표시됩니다. 뷰는 Scene에 추가할 수 있지만 Canvas에 직접 추가할 수 없습니다.

뷰 컨트롤러는 하나 이상의 뷰를 관리하는 객체입니다. 뷰 컨트롤러는 하나의 최상위 뷰를 가지고 있으며 화면을 구성하는 나머지 뷰를 하위 뷰로 관리합니다. 아웃렛과 액션 연결을 통해 뷰에서 전달된 이벤트를 처리하거나 뷰의 상태를 변경할 수 있습니다. Object Library에서 뷰 컨트롤러는 노란색 원 배경을 가진 아이콘으로 표시됩니다. 뷰와 반대로 Canvas에 추가할 수 있지만 Scene에는 추가할 수 없습니다.

3. Canvas

Canvas 영역에는 하나 이상의 Scene이 포함되고 각 Scene은 Segue를 통해 연결됩니다. 앞에서 설명한 것과 같이 Canvas 영역에는 뷰 컨트롤러를 추가할 수 있습니다.

STEP 01

Object Library에서 View Controller를 선택합니다.

STEP 02

Canvas의 빈 영역 또는 Outline View의 빈 영역으로 드래그&드롭합니다.

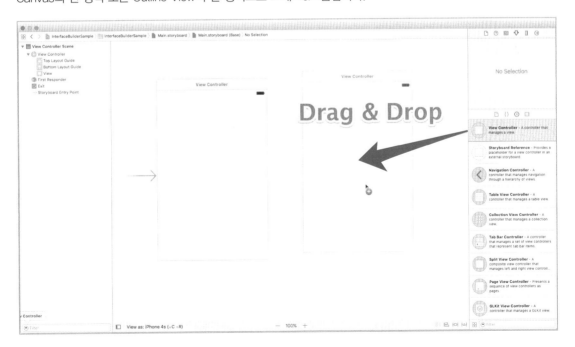

새로 추가한 뷰 컨트롤러를 드래그하여 기존에 있던 Scene 오른쪽에 둡니다.

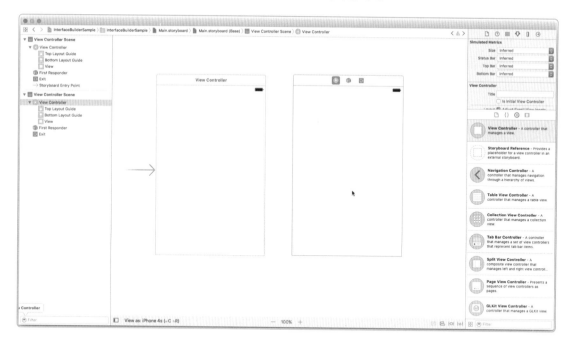

Object Library에서 원하는 항목을 드래그할 때, 해당 항목을 현재 마우스 포인터 위치에 추가할 수 있다면 초록색 + 아이콘이 표시됩니다. 반대로 추가할 수 없는 경우에는 드래그 이미지가 선택한 항목의 썸네일 이미지로 변경되고 원하는 위치에 드롭하면 애니메이션을 통해 다시 원래 위치로 돌아갑니다.

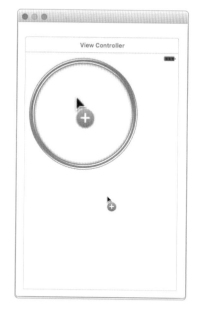

스토리보드에서 뷰 컨트롤러는 Scene과 1:1로 매칭됩니다. Canvas에서 Scene을 선택하는 것은 뷰 컨트롤러 객체를 선택하는 것과 동일합니다.

Canvas에서 Scene을 클릭하면 선택 상태로 전환됩니다. Scene을 선택할 경우 외곽선 색상이 파란 색으로 변경되고, Scene에 포함된 특정 뷰를 선택한 경우 진한 회색으로 변경됩니다. 선택되지 않 은 Scene의 외곽선은 연한 회색으로 표시됩니다. Scene을 선택하려면 Scene Dock에 있는 File's Owner 아이콘을 클릭하거나 Outline View에서 Scene 이름을 클릭합니다.

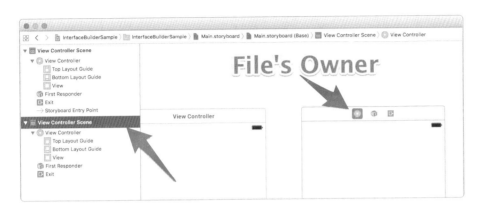

Scene을 선택한 상태에서 delete 키를 누르면 삭제됩니다.

3.1 Zoom

캔버스 하단 중앙에는 Canvas의 확대비율이 표시됩니다. Xcode 7 버전까지 설정할 수 있는 비율의 범위가 12.5% ~ 100% 사이로 제한되어 있어서 레이아웃을 정밀하게 편집하는데 어려움이 있었습니 다. 하지만 Xcode 8 버전부터 설정할 수 있는 범위가 6.25% ~ 400%로 확장되어 불편함이 해소되 었습니다.

확대비율 레이블을 클릭하면 확대비율을 설정할 수 있 는 팝업이 표시됩니다. 레이블 양쪽에 표시된 +, − 버 튼을 클릭하여 확대 또는 축소할 수 있습니다. Canvas 의 빈 공간에서 오른쪽 마우스 버튼을 클릭(또는 ⌃ + 클릭)하면 동일한 기능을 제공하는 팝업 메뉴가 표시 됩니다.

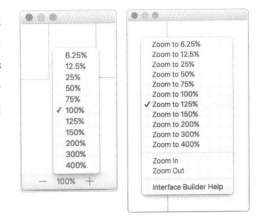

- Editor 〉 Zoom 〉 Zoom to 100% (⌃⌘=)
- Editor 〉 Zoom 〉 Zoom In
- Editor 〉 Zoom 〉 Zoom Out

Canvas 영역의 빈 공간을 더블 클릭하면 25%와 100% 비율로 번갈아 가면서 전환됩니다. 사용자가 원하는 비율을 직접 지정할 수 있는 기능은 아직 제공되지 않습니다.

4. Scene

Scene은 뷰 컨트롤러를 통해 관리되는 하나의 화면 영역입니다. 앞서 언급했던 것처럼 스토리보드에서 Scene과 뷰 컨트롤러는 동일한 개념으로 생각할 수 있습니다. 아이폰, 애플 TV에서 실행되는 앱은 하나의 Scene을 화면에 표시할 수 있지만 아이패드와 macOS에서 실행되는 앱은 동시에 두 개 이상의 Scene을 표시할 수 있습니다.

모든 Scene은 반드시 하나의 뷰를 가지고 있습니다. Scene에 추가하는 모든 뷰는 이 뷰의 내부에 추가됩니다. 첫 번째 Scene에 텍스트 필드와 버튼을 하나씩 추가해 보겠습니다.

STEP 01

Object Library에서 Text Field를 선택합니다. Text Field를 찾기 어렵다면 Filter bar에 Text Field를 입력합니다.

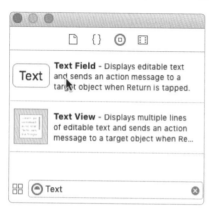

STEP 02

첫 번째 Scene 영역으로 드래그합니다. 점선 가이드가 표시되는 지점에서 드롭합니다.

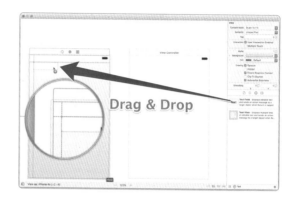

STEP 03

텍스트 필드의 조절점(□)을 점선 가이드가 표시될 때까지 오른쪽으로 드래그하여 너비를 변경합니다.

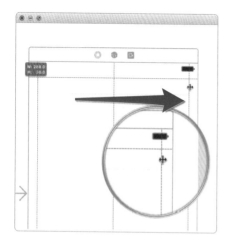

STEP 04

텍스트 필드를 선택한 상태에서 Canvas 하단에 있는 Pin 버튼을 클릭합니다.

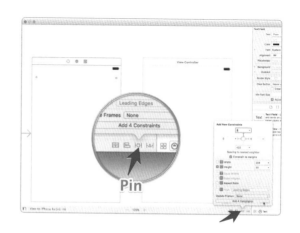

아래 그림에서 화살표로 표시된 부분을 클릭하여 제약을 추가한 후 Add Constraints 버튼을 클릭합니다.

Object Library에서 Button을 선택합니다.

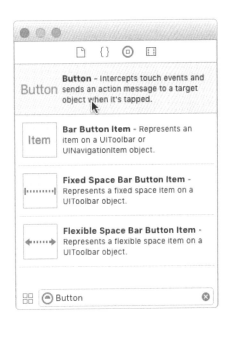

첫 번째 Scene 영역으로 드래그한 후, 텍스트 필드 아래쪽에서 드롭합니다.

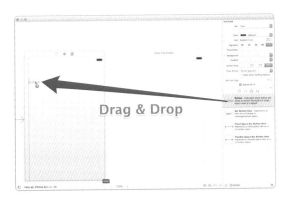

텍스트 필드와 같은 너비로 변경합니다.

버튼을 더블클릭하여 수정 모드로 전환한 후 Print를 입력하고 return 키를 누릅니다.

텍스트 필드를 선택한 상태에서 Canvas 하단에 있는 Pin 버튼을 클릭합니다.

STEP **11**

아래 그림에서 화살표로 표시된 부분을 클릭하여 제약
을 추가한 후 Add Constraints 버튼을 클릭합니다.

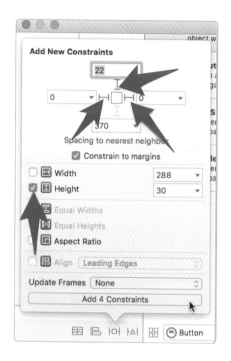

STEP **12**

Product 〉 Run (⌘R) 메뉴를 선택합니다. iOS 시뮬레이
터가 실행된 후 UI가 정상적으로 표시되는지 확인합니
다. 만약 오류가 발생한다면 조금 전에 설명했던 "Main
Interface 설정"을 참고하여 Main Interface를 Main.
storyboard로 설정합니다.

STEP **13**

시뮬레이터를 종료하거나 Product 〉 Stop (⌘.) 메뉴를
선택하여 앱 실행을 종료합니다.

4.1 Scene Dock

Scene 상단에는 Scene Dock이 표
시됩니다. Scene이 선택되지 않은
상태에서는 Scene의 이름이 표시되
고 선택된 상태에서는 File's Owner,
First Responder, Exit 아이콘이 표
시됩니다.

File's Owner는 Scene의 클래스를 나타냅니다. UIViewController 또는 이 클래스를 상속하는 뷰
컨트롤러 클래스가 설정됩니다. File's Owner로 설정되어 있는 클래스는 Identity Inspector에서 확
인할 수 있습니다. File's Owner 클래스가 사용자 정의 클래스인 경우 Class 항목의 값이 해당 클래
스의 이름으로 표시됩니다. File's Owner 클래스가 지정되지 않은 경우에는 기본 뷰 컨트롤러 클래

스의 이름이 연한 회색으로 표시
됩니다. 대부분의 경우 Scene의
File's Owner는 프로젝트에 구현
되어 있는 사용자 정의 클래스로
설정합니다. File's Owner를 설
정하는 방법은 뒤에서 다시 설명
합니다.

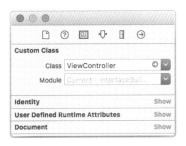
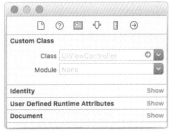

First Responder는 사용자와 상호작용 중인 UI 객체를 나타냅니다. 예를 들어 사용자가 텍스트 필드
에 문자열을 입력하고 있다면 이 텍스트 필드가 First Responder가 됩니다. 키보드 입력 외에 제스
처, 리모컨 조작 등 다양한 상호작용 이벤트를 처리하는 UI 객체를 지정할 수 있습니다.

Exit는 Unwind Segue를 추가할 때 사용합니다. Unwind Segue는 Segue 부분에서 다시 설명합니다.

Scene 이름은 기본적으로 View Controller로 할당됩니다. 뷰 컨트롤러의 클래스를 사용자 정의 클
래스로 변경하면 해당 클래스 이름으로 변경됩니다. Scene의 이름을 직접 설정할 때는 Attributes
Inspector에서 Title 옵션의 값을 설정합니다.

STEP 01

Canvas 또는 Outline View에서 첫 번째 Scene을 선
택합니다.

STEP 02

유틸리티 영역에서 Attributes Inspector를 엽니다.

STEP 03

Title 입력 필드에 First를 입력하고 return 키를 누릅니다. Outline View에서 Scene의 이름이 First로 변경된 것을
확인합니다.

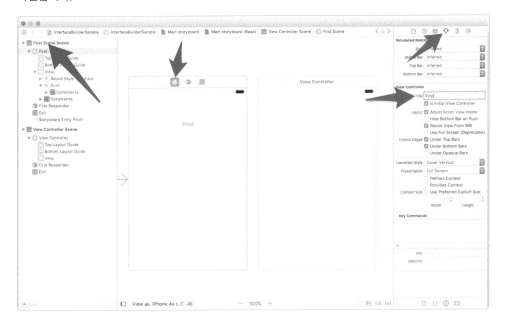

Canvas 또는 Outline View에서 두 번째 Scene을 선택합니다.

Title 입력 필드에 Second를 입력하고 return 키를 누릅니다. Outline View에서 Scene의 이름이 Second로 변경된 것을 확인합니다.

이어지는 내용부터 첫 번째 Scene을 First Scene, 두 번째 Scene을 Second Scene라고 부릅니다.

4.2 Extra View

Scene에 추가된 뷰는 Scene이 화면에 표시될 때 함께 표시됩니다. 팝업 메뉴나 코치 마크와 같이 특정 상황에서만 표시되는 뷰는 Extra View로 추가할 수 있습니다. Extra View는 Scene의 View 영역이 아닌 Scene Dock에 추가됩니다. 선택적으로 표시되는 뷰를 Extra View로 추가하는 것은 View 영역에 직접 추가하는 것에 비해 두 가지 장점이 있습니다. 첫 번째 장점은 뷰를 숨기기 위해서 hidden 속성을 설정할 필요가 없다는 것입니다. Extra View는 Scene이 생성될 때 함께 생성되지만 화면에 직접 추가하지 전까지 화면에 표시되지 않기 때문입니다. 두 번째 장점은 Scene 내부에서 위치가 겹치는 경우를 줄일 수 있어서 UI 계층 구조가 단순해지고 편집이 쉬워진다는 것입니다.

Scene Dock에 Extra View를 추가하고 팝업 형태로 메시지 표시할 수 있도록 UI를 구성합니다. Extra View 내부에는 메시지를 출력하는 레이블과 팝업을 닫을 수 있는 버튼이 포함됩니다.

STEP **01**

Canvas에서 First Scene을 선택합니다.

STEP **02**

Object Library 에서 View를 선택합니다.

STEP **03**

First Scene의 Scene Dock으로 드래그&드롭합니다.

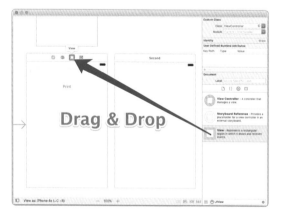

STEP **04**

Object Library 에서 Label을 선택합니다.

STEP **05**

STEP 03에서 추가한 Extra View로 드래그&드롭합니다. 그리고 레이블의 너비를 조절합니다.

STEP **06**

Object Library에서 Button을 선택합니다.

STEP **07**

Extra View로 드래그&드롭합니다. 버튼의 위치와 너비를 아래 그림과 같이 조절합니다. 그런 다음 버튼을 더블 클릭하여 타이틀을 Close로 변경합니다.

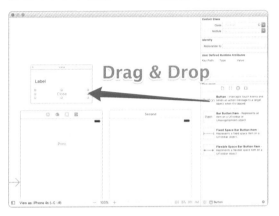

STEP **08**

레이블을 선택한 후 높이를 조절합니다.

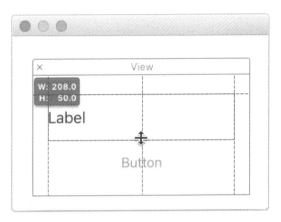

STEP **09**

레이블이 선택된 상태에서 Pin 버튼을 클릭합니다. 아래의 그림에서 화살표로 된 부분을 클릭하여 제약을 추가한 후 Add Constraints 버튼을 클릭합니다.

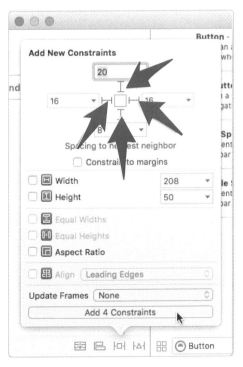

STEP **10**

버튼을 선택한 후 Pin 버튼을 클릭합니다. 아래의 그림에서 화살표로 된 부분을 클릭하여 제약을 추가한 후 Add Constraints 버튼을 클릭합니다.

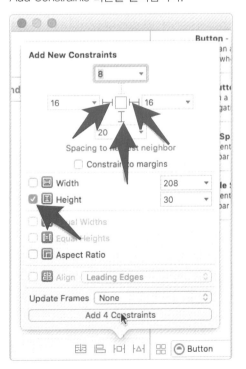

Extra View는 왼쪽 상단에 표시되어 있는 X 버튼을 클릭해서 닫을 수 있습니다. Scene에서 삭제되는 것은 아니며 Scene Dock에서 Extra View 아이콘을 클릭하면 다시 표시됩니다.

5. Document Outline

인터페이스 빌더의 왼쪽 영역에는 Outline View가 표시됩니다. Outline View는 스토리보드에 포함된 Scene과 각 Scene에 포함된 UI 객체의 목록을 계층 구조로 표시합니다. Outline View는 Canvas 영역 왼쪽 하단에 있는 Show/Hide Document Outline 버튼을 클릭해서 토글할 수 있습니다.

* Editor 〉 Show Document Outline
* Editor 〉 Hide Document Outline

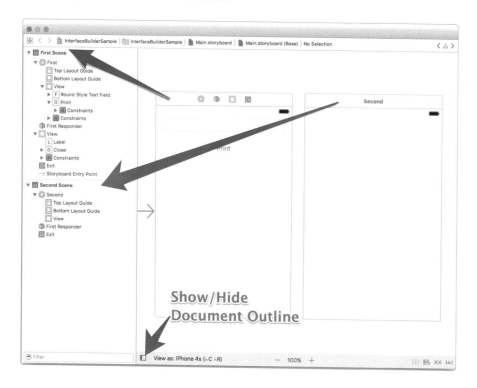

6. 선택

인터페이스 빌더 내에서 원하는 요소를 클릭하면 Canvas 영역과 Outline View에 있는 해당 요소가 강조되고 메뉴와 유틸리티 영역이 해당 요소에 적합하게 업데이트됩니다.

하나의 요소를 선택할 때는 마우스 왼쪽 버튼을 클릭하고, 두 개 이상의 요소를 동시에 선택할 때는 ⌘ 키를 누른 상태에서 마우스 왼쪽 비튼을 클릭합니다. Outline View에서 연속된 두 개 이상의 요소를 동시에 선택할 때는 ⇧키를 누른 상태에서 첫 번째 요소와 마지막 요소를 선택합니다. Canvas에서 특정 영역을 드래그하면 영역에 포함되는 모든 UI 객체를 동시에 선택할 수 있습니다.

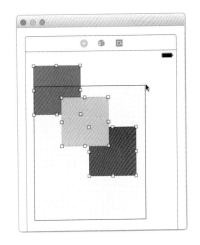

여러 UI 객체가 겹쳐있는 경우에는 뒤쪽에 있는 UI 객체를 선택하기 어렵습니다. Outline View에서 원하는 뷰를 선택할 수 있지만 계층 구조가 복잡하거나 뷰의 이름을 지정하지 않은 경우에는 원하는 뷰를 찾기가 어렵습니다. 이 경우에 겹쳐진 영역에서 ⇧ 키를 누른 상태로 마우스 오른쪽 버튼을 클릭하면 마우스 포인터 아래에 있는 모든 UI 객체 목록이 팝업으로 표시됩니다. 목록의 순서는 Outline View와 마찬가지로 우선순위가 높은 UI 객체가 아래쪽에 표시됩니다. 이 방식을 사용하면 UI 객체의 중첩에 관계없이 원하는 객체를 쉽게 선택할 수 있습니다.

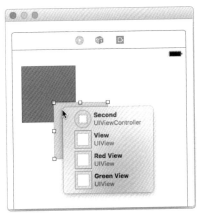

7. 우선순위(Z-Order)

Scene에 추가된 모든 뷰는 화면에 표시되는 우선순위를 가지고 있습니다. 우선순위가 높은 UI 객체는 우선순위가 낮은 객체 위에 그려집니다. 우선순위가 낮은 UI 객체는 우선순위가 높은 객체에 의해 일부 또는 전체가 가려질 수 있습니다. 우선순위는 Z-Index 또는 Z-Order 라는 용어로 표현하기도 합니다. 포토샵과 같은 이미지 편집 프로그램에서 우선순위가 높은 요소는 목록의 위쪽에 오는 것이 일반적입니다. 하지만 Xcode에서는 우선순위가 높은 요소가 목록 아래쪽에 위치합니다.

UI 객체의 우선순위에 대해 공부하기 위해서 Second Scene에 뷰를 추가합니다.

STEP **01**

Canvas에서 Second Secene을 선택합니다.

STEP **02**

Object Library에서 Label을 Scene 영역으로 드래그& 드롭 합니다.

유틸리티 영역에서 Size Inspector를 연 후 너비와 높이
를 100으로 설정합니다.

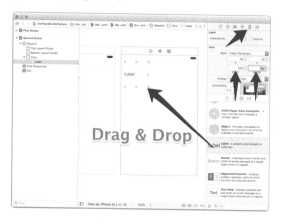

Attributes Inspector를 연 후 Background 항목의 팝업
버튼을 클릭합니다.

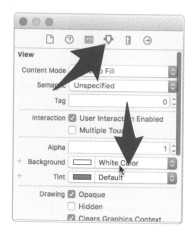

팝업 메뉴에서 Other…을 선택한 후 컬러 피커가 표시되
면 빨간색을 선택합니다. 컬러 피커의 십자 포인터를 드
래그하여 원하는 색을 선택할 수 있습니다.

Label 섹션으로 이동합니다. 텍스트 입력 필드에 R을
입력합니다. Color 팝업을 클릭한 후 White Color 항
목을 선택합니다. 바로 아래에 있는 T 아이콘을 클릭
한 후 Size에 100을 입력합니다. Alignment 옵션에서
두 번째 버튼을 클릭하여 레이블의 텍스트를 가운데 정
렬합니다.

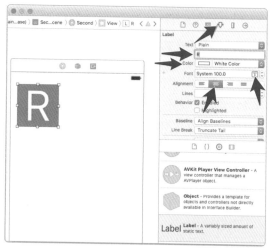

R 레이블이 선택된 상태에서 Edit 〉 Duplicate (⌘D) 메
뉴를 선택하여 레이블을 복제합니다. 복제된 레이블은
원본 레이블과 동일한 속성을 가지고 있습니다.

복제된 레이블 선택한 후 Size Inpector에서 너비와 높이를 100으로 수정하고 Attributes Inspector에서 배경색을 초록색으로 변경합니다. 레이블의 위치를 R 레이블과 조금 겹치도록 수정한 후 더블클릭하여 텍스트를 G로 수정합니다.

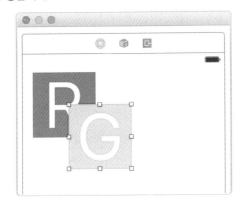

G 레이블이 선택된 상태에서 Edit 〉 Duplicate (⌘D) 메뉴를 선택하여 다시 복제합니다. 복제된 레이블을 선택한 후 너비와 높이를 100으로 수정하고 배경색을 파란색으로 변경합니다. 레이블의 위치를 G 레이블과 조금 겹치도록 수정한 후 더블클릭하여 텍스트를 B로 수정합니다.

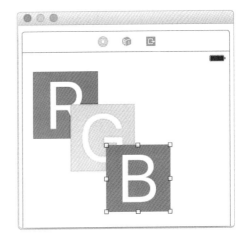

여기에서 설명한 과정을 완료하면 B 레이블이 가장 위에 그려지고 G 레이블, R 레이블 순으로 그려집니다. Outline View에는 우선순위가 가장 낮은 R 레이블이 위에, 가장 높은 B 레이블이 아래쪽에 위치합니다.

G 레이블을 선택한 다음 Editor 〉 Arrange 〉 Send to Front 메뉴를 선택합니다. 이 메뉴는 선택한 뷰에 가장 높은 우선순위를 부여합니다. 그래서 G 레이블이 나머지 레이블 위에 그려집니다. 우선순위는 G 〉 R 〉 B 순으로 변경되고, Outline View의 순서는 (위에서부터) B 〉 R 〉 G 순으로 변경됩니다.

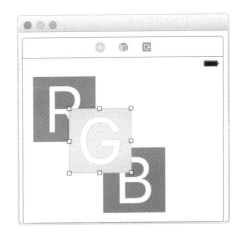

Editor ⟩ Arrange ⟩ Send to Back 메뉴를 선택합니다. 이 메뉴는 선택한 뷰에 가장 낮은 우선순위를 부여합니다. 이번에는 G 레이블이 나머지 레이블 아래쪽에 그려집니다. 우선순위는 R ⟩ B ⟩ G 순으로 변경되고, Outline View의 순서는 G ⟩ B ⟩ R 순으로 변경됩니다.

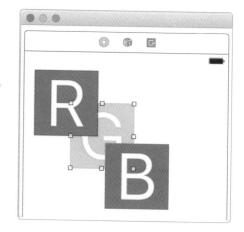

Editor ⟩ Arrange ⟩ Send Forward 메뉴를 선택합니다. 이 메뉴는 선택한 뷰의 우선순위를 한 단계 높입니다. 우선순위는 R ⟩ G ⟩ B 순으로 변경되고, Outline View 순서는 B ⟩ G ⟩ R 순으로 변경됩니다.

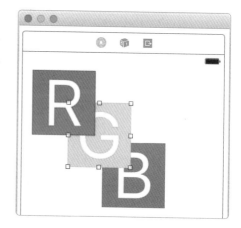

Editor ⟩ Arrange ⟩ Send Backward 메뉴는 Send Forward와 반대로 뷰의 우선순위를 한 단계 낮춥니다. 이 메뉴를 선택하면 Send Forward 메뉴를 선택하기 이전 상태로 돌아갑니다.

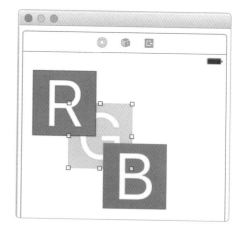

우선순위는 앞에서 사용한 메뉴를 사용하여 변경할 수 있지만 Outline View에서 원하는 순서로 드래그하는 방식이 가장 편합니다. 예를 들어 현재 우선순위가 가장 높은 Red View를 맨 뒤로 보내려면 Outline View의 맨 위로 드래그&드롭합니다. Outline View에서 뷰를 드래그할 때 이동할 위치를 나타내는 파란색 라인이 표시됩니다.

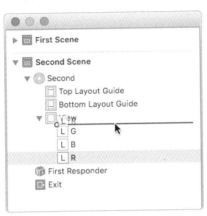
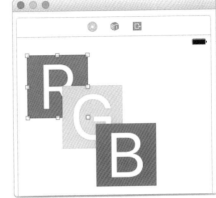

8. Guide

인터페이스 빌더는 Canvas 영역에서 뷰를 드래그할 때 다른 뷰와 쉽게 정렬할 수 있도록 가이드를 표시합니다. 이 가이드는 파란색 점선으로 표시되며 드래그를 완료하면 사라집니다.

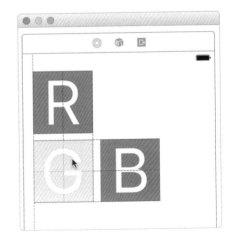

Editor 〉 Guides 〉 메뉴를 통해 수평 가이드와 수직 가이드를 직접 추가할 수 있습니다. 직접 추가한 가이드는 삭제하기 전까지 항상 표시됩니다.

• Editor 〉 Guides 〉 Add Horizontal Guide ⌘_)
• Editor 〉 Guides 〉 Add Vertical Guide (⌘|)

가이드의 기준이 될 UI 객체를 선택한 후 앞에서 나열한 메뉴를 선택하면 노란색 실선 가이드가 선택한 UI 객체의 중앙에 추가됩니다. 가이드를 드래그하여 위치를 변경할 수 있고, 드래그가 진행되는 동안 가이드와 경계 사이의 거리가 표시됩니다.

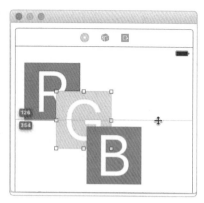 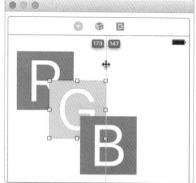

가이드를 삭제하려면 Scene 영역 밖으로 드래그합니다.

UI 객체를 드래그할 때 가이드 주변으로 이동하면 자석에 붙는 것처럼 가이드의 위치와 일치되고 가이드는 파란색 실선으로 표시됩니다. Editor 〉 Snap to Guides 옵션을 비활성화하면 더 이상 가이드에 자동으로 붙지 않습니다. 또한, 자동으로 표시되는 가이드도 표시되지 않습니다. 특별한 이유가 없다면 이 옵션을 항상 활성화시켜 두는 것이 좋습니다.

9. Align

Align 메뉴는 UI 객체를 정렬하는데 필요한 기능을 제공합니다.

하나의 UI 객체를 선택한 상태에서는 수평 중앙 또는 수직 중앙으로 위치를 변경할 수 있습니다.

- Editor 〉 Align 〉 Horizontally in Container
- Editor 〉 Align 〉 Vertically in Container

G 레이블을 선택한 후 Horizontally in Container 메뉴를 선택하면 수평 중앙으로 이동합니다. Vertically in Container 메뉴를 선택하면 수직 중앙으로 이동합니다.

 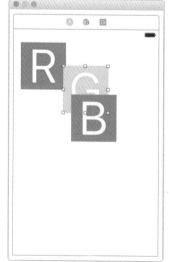 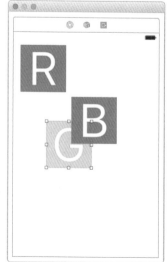

▲ Normal   ▲ Horizontally in Container   ▲ Vertically in Container

두 개 이상의 UI 객체를 선택하면 나머지 Align 메뉴가 활성화됩니다. 대부분 쉽게 이해할 수 있는 메뉴이기 때문에 각 메뉴를 실행한 결과 화면으로 설명을 대신합니다.

- Editor 〉 Align 〉 Left Edges (⌘[)
- Editor 〉 Align 〉 Right Edges (⌘])
- Editor 〉 Align 〉 Top Edges
- Editor 〉 Align 〉 Bottom Edges
- Editor 〉 Align 〉 Horizontal Centers
- Editor 〉 Align 〉 Vertical Centers
- Editor 〉 Align 〉 Baselines

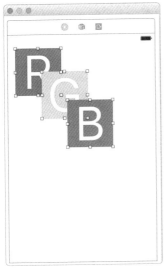

▲ Normal

▲ Left Edges

▲ Right Edges

▲ Top Edges

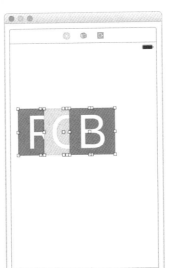

▲ Bottom Edges

▲ Horizontal Centers

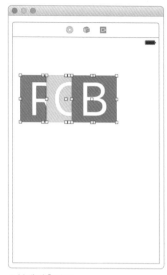
▲ Vertical Centers

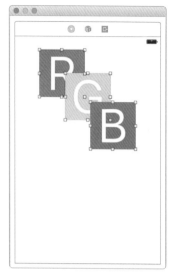
▲ Horizontally in Container

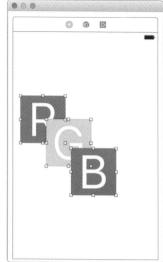
▲ Vertically in Container

10. Container Scene & Content Scene

Canvas 영역에 추가되는 대부분의 Scene은 Content Scene입니다. Content Scene은 주로 UIViewController를 상속한 뷰 컨트롤러, UITableViewController, UICollectionViewController 와 연관된 Scene으로 화면에 표시할 내용을 구성합니다. Container Scene은 하나 이상의 Content Scene을 하위 Scene으로 추가하고 Scene 사이의 전환을 관리합니다. Container Scene과 연관된 컨 트롤러 클래스는 UINavigationController, UITabBarController가 대표적입니다.

Container Scene과 Content Scene 사이의 관계는 Relationship Connection(또는 Relationship Segue)으로 지정합니다. 하나 이상의 Content Scene이 Container Scene에 포함되어 있는 형태로 부모-자식 관계 또는 Containment 관계로 표현합니다. Containment 관계에서 Container Scene 이 생성될 때 포함되어 있는 모든 Scene이 함께 생성됩니다.

Content Scene 사이의 관계는 Segue로 지정합니다. Segue는 Container Scene의 유무에 따라 선 택할 수 있는 옵션이 달라집니다. 기본적으로 네 가지 Segue가 제공되며 필요에 따라 Segue를 직접 구현할 수 있습니다.

Relationship Connection은 Container Scene이 화면에 표시될 때 실행되고, Segue는 Content Scene이 화면에 표시되거나 Segue와 연결된 액션과 함께 실행됩니다. Relationship Connection 과 Segue를 실행하는 Scene을 Source Scene 또는 Source View Controller라고 합니다. 그리고 실행의 결과로 화면에 표시되는 Scene을 Destination Scene 또는 Destination View Controller라 고 합니다.

Outline View에서 Scene이 가지고 있는 Relationship Connection과 Segue 목록을 확인할 수 있 습니다.

11. Relationship Connection

Canvas에 Navigation Controller 또는 Tab Bar Controller를 추가하면 Relationship Connection 으로 연결된 Container Scene과 Content Scene이 추가됩니다.

Relationship Connection은 아래와 같은 아이콘과 화살표의 조합으로 표시됩니다. 화살표는 Container Scene에서 Content Scene으로 향합니다. 화살표가 시작되는 Scene은 Source Scene, 화살표가 향하는 Scene은 Destination Scene 입니다.

네비게이션 컨트롤러를 통해 Relationship Connection을 추가하고 삭제해 보겠습니다

STEP 01

Object Library에서 Navigation Controller를 선택한 후 Canvas의 빈 영역으로 드래그&드롭합니다. 그러면 Canvas에 Container Scene과 Content Scene의 하나 씩 추가되고 두 Scene은 Relationship Connection으로 연결되어 있습니다.

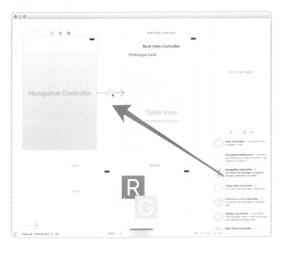

STEP 02

Canvas 에서 Relationship Connection을 선택한 후 delete 키를 눌러 삭제합니다. Root View Controller Scene도 함께 삭제합니다.

STEP 03

Object Library에서 View Controller를 Canvas로 드래 그&드롭합니다.

STEP 04

Navigation Controller Scene을 선택하고 ^ 키를 누른 상태에서 STEP 03에서 추가한 뷰 컨트롤러로 드래그 합니다. 뷰 컨트롤러가 파란색으로 강조되면 마우스 버 튼을 놓습니다.

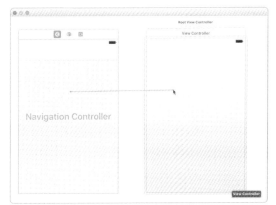

STEP **05**

팝업 메뉴에서 root view controller 항목을 선택합니다.

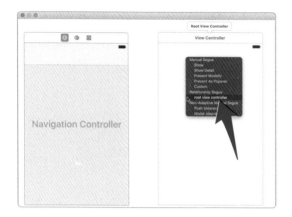

STEP **06**

Navigation Controller Scene을 선택하고 Attribute Inspector를 엽니다. Title 입력창에 Modal Navigation Controller를 입력합니다. Title 속성을 변경하는 이유는 Canvas에 포함된 다른 네비게이션 컨트롤러와 쉽게 구분하기 위해서 입니다. 여기에서 추가한 네비게이션 컨트롤러는 Modal Segue를 설명할 때 사용됩니다.

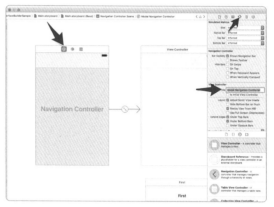

앞에서 설명한 과정을 완료하면 Navigation Controller Scene과 View Controller Scene 사이에 Relationship Connection이 추가됩니다. root view controller는 네비게이션 컨트롤러가 가장 먼저 표시할 Scene을 지정합니다.

Editor 〉 Embed in 메뉴를 사용하면 이미 존재하는 Content Scene을 네비게이션 컨트롤러와 쉽게 연결할 수 있습니다.

- Editor 〉 Embed in 〉 Navigation Controller
- Editor 〉 Embed in 〉 Tab Bar Controller

First Scene을 네비게이션 컨트롤러와 연결해 보겠습니다.

STEP **01**

Canvas에서 First Scene을 선택합니다.

STEP **02**

Editor 〉 Embed in 〉 Navigation Controller 메뉴를 선택합니다.

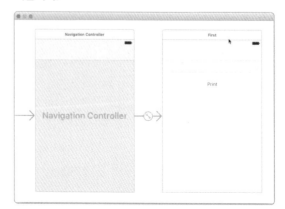

방금 추가한 Navigation Controller Scene을 선택한 후 Title 속성을 Main Navigation Controller로 변경합니다.

First Scene과 네비게이션 컨트롤러 사이에 Relationship Connection이 추가되었습니다. Initial View Controller는 네비게이션 컨트롤러로 변경됩니다. 앱이 시작될 때 네비게이션 컨트롤러가 생성되고 네비게이션 컨트롤러의 root view controller로 연결되어 있는 First Scene이 화면에 표시됩니다.

Product 〉 Run (⌘R) 메뉴를 선택하여 앱을 실행하면 이전과 달리 화면 상단에 네비게이션 바가 표시됩니다.

First Scene의 네비게이션 바 영역을 더블 클릭하면 네비게이션 바의 제목을 설정할 수 있습니다. 제목을 First로 지정한 후 다시 실행하면 네비게이션 바에 제목이 표시되는 것을 확인할 수 있습니다.

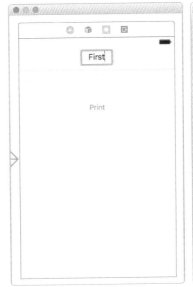

12. Segue

Segue는 Content Scene 사이의 관계를 지정합니다. iOS 스토리보드에서 주로 사용하는 Segue는 다음과 같습니다.

이름	아이콘	설명
Show		Container Scene이 Split View Controller인 경우 Destination Scene이 Detail 영역에 푸시 됩니다. 그 외의 경우에는 Destination Scene이 전체 화면 영역에 푸시됩니다.
Show Detail		Container Scene이 Split View Controller인 경우 Destination Scene이 Detail 영역에 표시된 Scene을 대체합니다. 그 외의 경우에는 Destination Scene이 전체 화면 영역에 푸시됩니다.
Present Modally		모달 형태로 Scene을 표시합니다. Presentation style과 Transition style을 지정할 수 있습니다.
Present as Popover		팝오버 형태로 Scene을 표시합니다. 특정 뷰와 앵커로 연결됩니다.
Custom		화면 전환을 직접 구현합니다.

First Scene과 Second Scene 사이에 Show Segue를 추가하겠습니다. First Scene에 버튼을 하나 추가하고 이 버튼을 터치하면 Second Scene이 오른쪽에서 왼쪽으로 푸시되도록 구현합니다.

STEP 01

First Scene에 Button을 추가합니다. 버튼의 너비를 Print 버튼과 동일하게 조절합니다. 버튼을 더블 클릭하여 제목을 Push로 변경합니다.

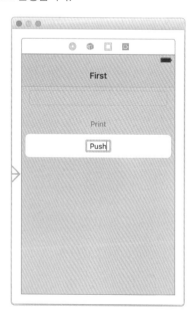

STEP 02

Pin 버튼을 클릭한 후 아래의 그림과 같이 제약을 추가하고 Add Constraints 버튼을 클릭합니다.

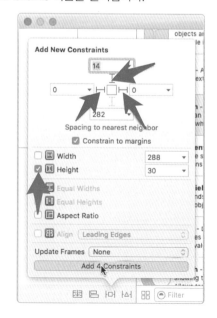

^키를 누른 상태로 Push 버튼에서 Second Scene으로
드래그합니다. Second Scene이 파란색으로 강조되면
마우스 버튼을 놓습니다.

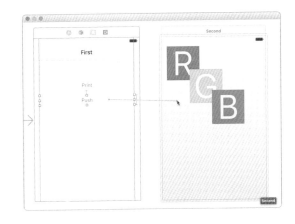

팝업 메뉴가 표시되면 Show를 선택합니다.

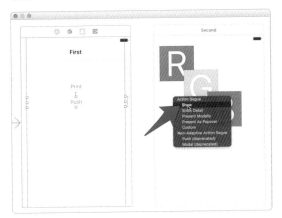
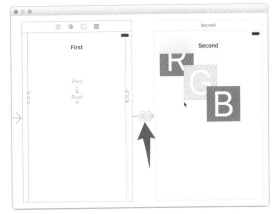

이제 First Scene과 Second Scene 사
이에 Show Segue가 추가되었습니다.
시뮬레이터에서 앱을 실행한 후 Push
버튼을 클릭하면 Second Scene이 오
른쪽에서 왼쪽으로 푸시Push되는 것
을 확인할 수 있습니다. Second Scene
의 네비게이션 바에 표시되어 있는 〈
First 버튼을 클릭하면 First Scene으
로 돌아갑니다. Second Scene이 오른
쪽으로 이동하면서 사라지는 화면 전
환을 팝이라고 합니다. 이처럼 네비
게이션 컨트롤러는 푸시와 팝을 통해
Scene을 전환합니다.

이번에는 Second Scene에 새로운 버튼을 추가하고 앞에서 추가했던 Modal Navigation Controller 와 Modal Segue로 연결해 보겠습니다.

STEP 01

Second Scene 하단에 버튼을 추가하고 제목을 Modal 로 변경합니다.

STEP 02

Pin 버튼을 클릭한 후 아래와 같이 제약을 추가합니다.

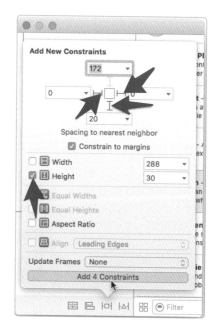

STEP 03

Outline View에서 Modal Navigation Controller Scene 을 클릭합니다. Outline View에서 Scene을 클릭하면 해당 Scene에 Canvas 영역 가운데에 표시됩니다.

STEP 04

Outline View에서 Second Scene에 추가한 버튼을 선택합니다.

STEP 05

^키를 누른 상태로 버튼에서 Modal Navigation Controller Scene으로 드래그합니다. Modal Navigation Controller Scene이 파란색으로 강조되면 마우스 버튼을 놓습니다. 이 방법은 Scene을 Segue로 연결할 때 한 화면 안에서 드래그할 수 없는 경우에 유용합니다.

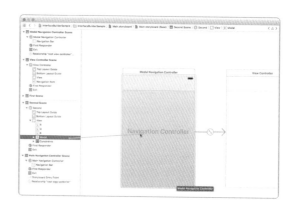

STEP 06

팝업 메뉴에서 Present Modally 항목을 선택합니다.

STEP 07

Modal Navigation Controller Scene과 연결된 View Controller Scene에 버튼을 추가하고 제목을 Close로 변경합니다. 그리고 Pin 버튼을 눌러 제약을 추가합니다. 이 버튼은 이어지는 예제에서 Modal 방식으로 표시된 화면을 닫는 액션과 연결됩니다.

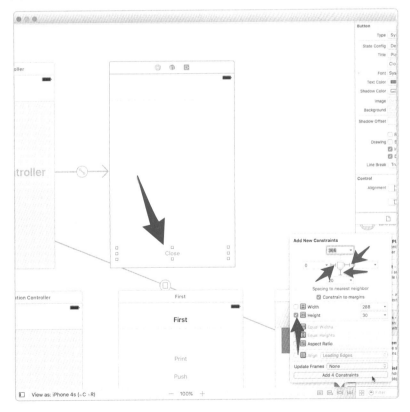

시뮬레이터에서 앱을 실행한 후 Second Scene에 추가된 Modal 버튼을 클릭하면 Modal Navigation Controller Scene이 화면 아래쪽에서 위로 표시됩니다. Show Segue에 달리 네비게이션 바에 뒤로 가기 버튼이 표시되지 않습니다. Modal 형태로 표시된 Scene은 화면을 닫는 코드를 직접 구현해야 합니다. Close 버튼과 화면을 닫는 코드를 연결하는 방법은 조금 후에 설명합니다.

Modal Segue는 Presentation style과 Transition style을 지정할 수 있습니다. Canvas 또는 Outline View에서 조금 전에 추가한 Modal Segue를 선택하면 Attributes Inspector에 선택 가능한 옵션이 표시됩니다. 두 옵션에 대한 자세한 설명은 인터페이스 빌더의 범위를 벗어나므로 생략합니다. 직접 값을 변경한 후 실행해보면 차이점을 쉽게 확인할 수 있을 것입니다.

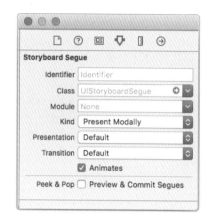

13. Storyboard Reference

Canvas에 추가된 Scene와 Segue가 늘어날수록 스토리보드가 복잡해지고 편집 속도로 상당히 느려집니다. 아래와 같이 복잡한 스토리보드는 앱의 흐름을 한눈에 파악하기 어려워서 스토리보드의 장점을 살리지 못합니다. 그래서 기능별로 Scene을 묶은 다음 개별 스토리보드로 분리하는 방식으로 리팩토링하는 경우가 많습니다. 스토리보드가 도입된 초기에는 분리된 스토리보드를 연결하는 방법이 매끄럽지 못했지만 Storyboard Reference가 추가되면서 스토리보드 리팩토링이 수월해졌습니다.

> Expert Note
>
> Editor 〉 Refactor to Storyboard... 메뉴를 통해 스토리보드를 리팩토링할 수 있습니다.

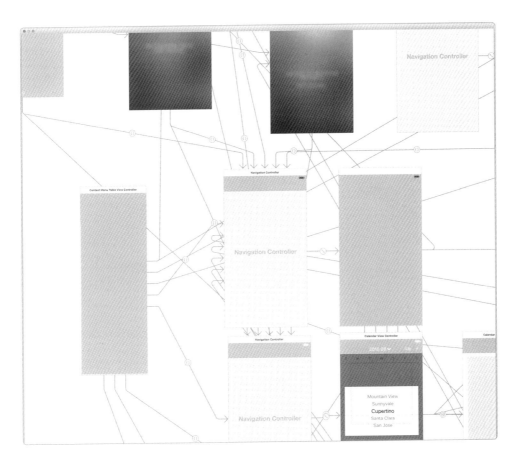

Storyboard Reference는 스토리보드에 포함되어 있는 Scene에 대한 참조 객체입니다. Relationship Connection과 Segue는 Storyboard Reference와 연결할 수 있습니다. 특정 Scene을 Storyboard Reference가 참조하고 있는 Scene과 직접 연결하는 것과 Storyboard Reference와 연결하는 것은 동일합니다.

먼저 Storyboard Reference를 통해 동일한 스토리보드에 있는 Scene을 연결하는 방법을 알아보겠습니다. 이번 예제는 Second Scene의 Modal 버튼과 Modal Navigation Controller Scene을 연결한 Modal Segue를 Storyboard Reference로 대체합니다.

STEP 01

Second Scene의 Modal 버튼과 Modal Navigation Controller Scene을 연결한 Modal Segue를 선택한 후 delete 키를 눌러 삭제합니다.

Modal Navigation Controller Scene을 선택한 후 Identity Inspector에서 Storyboard ID를 ModalNav로 설정합니다.

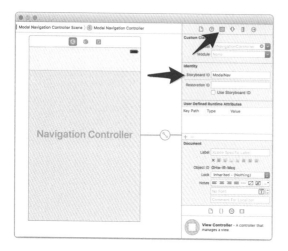

STEP **03**

Object Library에서 Storyboard Reference를 선택한 후 Second Scene 오른쪽에 드래그&드롭하여 추가합니다.

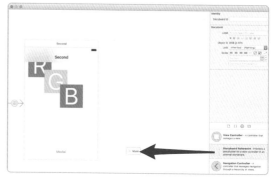

STEP **04**

STEP 03에서 추가한 Storyboard Reference를 선택한 후 Attributes Inspector를 엽니다. Storyboard 옵션에서 Main을 선택하고 Referenced ID에 ModalNav를 입력합니다. 이제 이 Storyboard Reference는 Modal Navigation Controller Scene을 참조합니다.

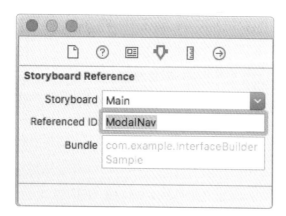

STEP **05**

Second Scene에서 Modal 버튼을 선택합니다. ^키를 누른 상태로 Storyboard Reference로 드래그합니다. Storyboard Reference가 파란색으로 강조되면 마우스 버튼을 놓습니다.

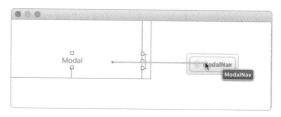

STEP **06**

팝업 메뉴에서 Present Modally를 선택합니다. 이제 Modal 버튼과 Storyboard Reference가 Modal Segue로 연결되었습니다.

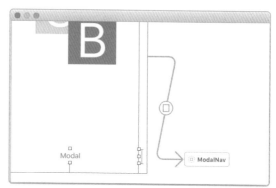

시뮬레이터에서 앱을 실행하고 Modal 버튼을 클릭하면 Modal Navigation Controller Scene과 직접 연결한 것과 동일하게 동작하는 것을 확인할 수 있습니다.

Storyboard Reference를 통해 참조할 Scene은 반드시 Storyboard ID를 설정해야 합니다. 참조할 Scene의 Storyboard ID와 Storyboard Reference의 Referenced ID가 일치하지 않는 경우 컴파일 오류가 발생하므로 정확한 ID를 입력해야 합니다.

이어서 다른 스토리보드에 있는 Scene을 연결하는 방법에 대해서 알아보겠습니다.

STEP 01
프로젝트 네비게이터에서 Sub.storyboard를 선택합니다.

STEP 02
Object Library에서 Tab Bar Controller를 선택한 후 Canvas에 추가합니다.

STEP 03
Tab Bar Controller Scene을 선택한 후 Identity Inspector를 엽니다. Storyboard ID에 ModalTab을 입력합니다.

STEP 04
프로젝트 네비게이터에서 Main.storyboard를 선택합니다.

STEP 05
First Scene의 Push 버튼 아래쪽에 새로운 Button을 추가한 후 너비를 Push 버튼과 동일하게 조절합니다. 그리고 제목을 Modal Tab으로 변경합니다.

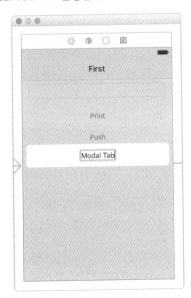

STEP 06
Pin 버튼을 클릭한 후 제약을 추가합니다.

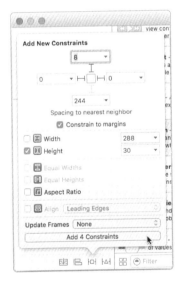

Object Library에서 Storyboard Reference를 선택한 후 First Scene 아래쪽에 추가합니다.

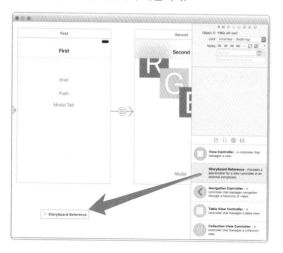

STEP 07에서 추가한 Storyboard Reference를 선택한 후 Attributes Inspector를 엽니다. Storyboard 목록에서 Sub를 선택한 후 Referenced ID에 ModalTab을 입력합니다.

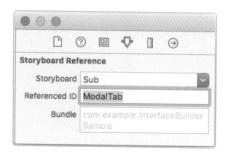

First Scene에서 Motal Tab 버튼을 선택합니다. ^ 키를 누른 상태로 Storyboard Reference로 드래그합니다.

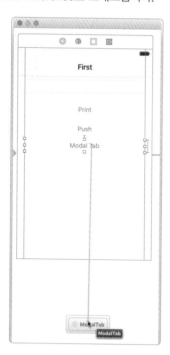

팝업 메뉴에서 Present Modally를 선택합니다. 이제 Modal Tab 버튼과 Sub 스토리보드에 있는 탭바 컨트롤러가 Modal Segue로 연결되었습니다.

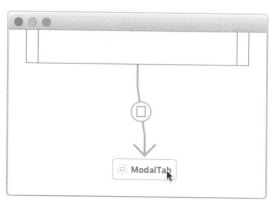

시뮬레이디에서 앱을 실행한 후 Modal Tab 버튼을 클릭하면 탭바가 모달 형태로 표시됩니다.

14. Custom Class

이번에는 새로운 클래스를 생성한 후 Scene과 연결합니다. Scene에 추가된 객체를 코드와 연결하려면 반드시 UIViewController를 상속한 클래스와 연결해야 합니다.

STEP **01**

File 〉 New 〉 File... (⌘N) 메뉴를 선택합니다.

STEP **02**

iOS를 선택한 후 Source 섹션에서 Cocoa Touch Class를 선택하고 Next 버튼을 클릭합니다.

STEP **03**

Class 입력 필드에서 FirstViewController를 입력합니다. Subclass... 항목에 UIViewController가 선택되어 있지 않다면 UIViewController를 입력하거나 팝업 메뉴에서 UIViewController를 선택합니다. 스토리보드를 사용하기 때문에 Also create XIB file 옵션은 체크하지 않습니다. Language는 프로젝트에 적합한 언어를 선택합니다.

STEP **04**

저장 위치를 선택한 후 Create 버튼을 클릭합니다. 프로젝트 네비게이터에 FisrtViewController 파일이 추가되었는지 확인합니다.

```
Swift - FisrtViewController.swift
Objective-C - FisrtViewController.h, FisrtViewController.m
```

STEP **05**

프로젝트 네비게이터에서 Main.storyboard 파일을 선택한 후 First Scene을 선택합니다.

유틸리티 영역에서 Identity Inspector를 엽니다. Custom Class 섹션에 있는 Class 입력 필드에 First ViewController를 입력합니다. 이제 First Scene과 FirstViewController가 연결되었습니다. 즉, First Scene의 File's Owner가 FirstViewController 설정되었습니다.

STEP 07

프로젝트 네비게이터에서 프로젝트 최상위 폴더를 선택합니다. 컨텍스트 메뉴를 표시한 후 New File... 메뉴를 선택합니다.

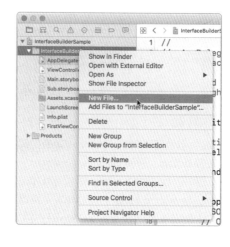

STEP 08

STEP 02 ~ 04의 과정을 반복하여 새로운 SecondViewController 파일을 추가합니다.

```
Swift - SecondViewController.swift
Objective-C - SecondViewController.h, SecondViewController.m
```

STEP 09

프로젝트 네비게이터에서 Main.storyboard 파일을 선택한 후 Second Scene을 선택합니다.

STEP 10

유틸리티 영역에서 Identity Inspector를 엽니다. Custom Class 섹션에 있는 Class 입력 필드에 SecondViewController를 입력합니다. Second Scene의 File's Owner가 SecondViewController 설정되었습니다.

STEP 11

STEP 02 ~ 04의 과정을 반복하여 새로운 ModalContentViewController 파일을 추가합니다.

```
Swift - ModalContentViewController.swift
Objective-C - ModalContentViewController.h, ModalContentViewController.m
```

프로젝트 네비게이터에서 Main.storyboard 파일을 선택한 후 Modal Navigation Controller Scene과 연결된 Scene 을 선택합니다.

유틸리티 영역에서 Identity Inspector를 엽니다. Custom Class 섹션에 있는 Class 입력 필드에 ModalContentView Controller를 입력합니다. File's Owner가 ModalContentViewController 설정되었습니다.

15. Connections

Scene에 Custom Class 클래스를 설정한 후 소스 코드에서 UI 객체에 접근하거나 버튼 터치와 같은 이벤트를 처리할 수 있습니다. Scene과 소스 코드를 연결하는 방법은 다음과 같습니다.

- **Outlet** : UI 객체와 컨트롤러 객체를 소스 코드에 포함된 속성과 연결합니다. 소스 코드에서 UI 객체를 조작할 때 사용합니다.
- **Action** : UI 객체와 소스 코드에 포함된 메소드를 연결합니다. UI 객체에서 이벤트가 발생할 때 실행할 코드를 구현하기 위해 필요합니다.
- **Bindings** : UI 객체와 데이터 객체를 연결합니다. macOS 에서만 사용할 수 있습니다.

15.1 Outlet

Outlet은 UI 객체와 클래스의 속성을 연결합니다. Outlet이 정상적으로 연결된 후 코드를 통해 UI 객체를 자유롭게 조작할 수 있습니다.

First Scene을 선택한 후 툴바에서 Show the Assistant editor 버튼을 클릭합니다.

- View 〉 Assistant Editor 〉 Show Assistant Editor (⌥⌘↩)

보조 편집기에 FirstViewController 파일이 표시되지 않 는다면 Jump bar에서 Automatic을 선택합니다.

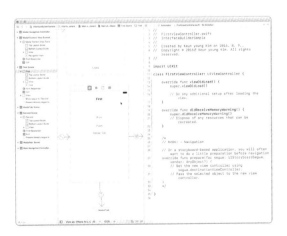

First Scene에서 텍스트 필드를 선택합니다. ^ 키를 누른 상태로 텍스트 필드에서 클래스 구현 내부로 드래그합니다. 대상 라인이 파란색 라인으로 강조되고 Insert Outlet, Action, or Outlet Collection 팝업이 표시되면 마우스 버튼을 놓습니다.

Swift – 클래스 선언 시작 부분({ 다음 라인)으로 드래그합니다..
Objective–C – @interface와 @end 사이로 드래그합니다.

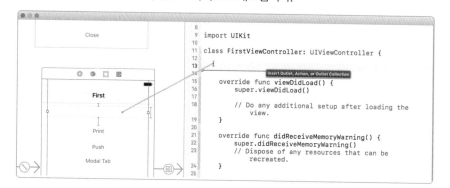

팝업창이 표시되면 Name 입력 필드에 inputField를 입력하고 Connect 버튼을 클릭합니다. 이제 First Scene의 텍스트 필드는 FirstViewController 클래스의 inputField 속성과 연결되었습니다.

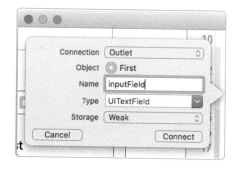

First Scene의 Scene Dock에 추가되어 있는 Extra View를 클릭합니다.

Extra View에 추가되어 있는 레이블을 선택한 후 ^ 키를 누른 상태로 드래그하여 STEP 03 ~ 04 에서 설명한 것과 같이 새로운 속성을 추가합니다. 팝업 창에서 messageLabel을 입력한 후 Connect 버튼을 클릭합니다.

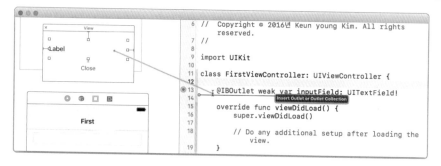

Extra View에서 레이블을 선택한 후 오른쪽 마우스 버튼을 클릭합니다.
Connections Panel이 표시되면 아래 그림에 표시된 X 버튼을 클릭합니다.
그러면 STEP 06에서 추가한 아웃렛 연결이 삭제됩니다.

보조 편집기의 Gutter 영역에 표시된
Connection Well로 마우스 포인터를 가져
갑니다. O 으로 표시된 아이콘이 ⊕ 아이콘
으로 변경됩니다.

⊕ 아이콘으로 변경된 상태로 Connection Well에서 레이블로 드래그합니다. 레이블이 파란색으로 강조하면 마우스
버튼을 놓습니다. 연결 방향만 다를 뿐 STEP 03, 06에서 연결한 Outlet과 동일합니다. Scene에서 소스 코드로 드
래그하는 방식에서는 ^ 키를 눌러야 하지만 이 방식에서는 키를 누르지 않아도 됩니다.

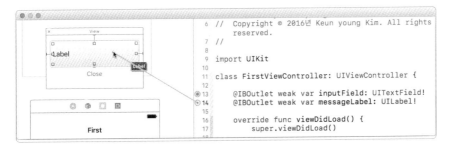

messageLabel 속성 아래에 messageView 속성 선언을 추가합니다.

> **Swift**
> @IBOutlet weak var messageView: UIView!

> **Objective-C**
> @property (weak, nonatomic) IBOutlet UIView *messageView;

First Scene을 선택한 후 유틸리티 영역에서 Connections Inspector를 엽니다. messageView 속성 옆에 있는 Connection Well을 Scene Dock에 있는 Extra View로 드래그하여 연결합니다.

앞에서 설명한 방식에 비해 자주 사용되지 않지만 Connections Inspector에서 Outlet과 Action 목록을 확인하고 드래그를 통해 연결할 수 있습니다. 이제 messageView 속성과 Extra View가 Outlet으로 연결되었습니다.

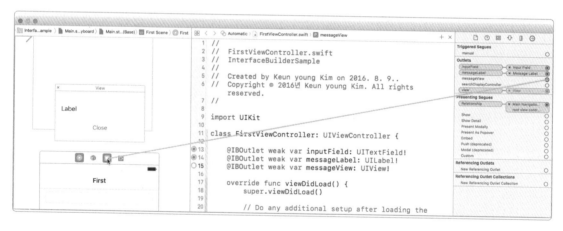

Outlet을 연결하는 마지막 방법을 알아보기 위해 방금 연결한 Outlet을 삭제합니다. Connections Inspector에서 Message View 항목에 있는 X 버튼을 클릭합니다.

First Scene의 File's Owner 아이콘에서 마우스 오른쪽 버튼을 클릭합니다. Connections Panel에서 message View의 Connection Well을 Extra View로 드래그하여 연결합니다.

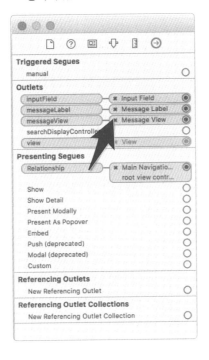

15.2 Connection Well

Connection Well은 Gutter 영역에서 Outlet, Action의 연결 상태를 아이콘으로 표시합니다.

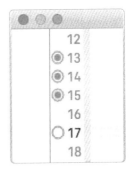

O 아이콘은 연결된 Outlet과 Action이 없다는 것을 의미합니다. Connection Well을 원하는 UI 객체 또는 Outline View에 있는 UI 객체로 드래그하여 연결을 추가할 수 있습니다. 연결 가능한 대상인 경우에는 대상 UI 객체가 파란색으로 강조됩니다. 반대로 연결할 수 없는 대상인 경우에는 대상이 강조되지 않습니다.

UI 객체와 코드가 연결되어 있다면 Connection Well이 ⊙ 아이콘으로 표시됩니다. 마우스 포인터를 Connection Well로 가져가면 Canvas 영역에서 연결된 UI 객체가 강조됩니다. Connection Well을 클릭하면 연결된 UI 객체 목록이 팝업

으로 표시됩니다. 원하는 항목을 선택 하면 현재 편집기에 해당 Scene을 표 시합니다.

Connection Well을 원하는 UI 객체로 드래그하여 새로운 연결을 설정할 수 있지만 반대로 UI 객체 를 빈 Connection Well로 드래그하여 연결하는 것은 불가능합니다.

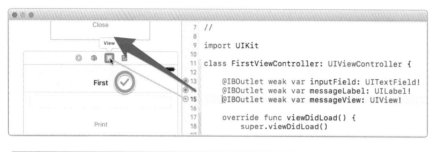

UI 객체를 이미 존재하는 Outlet 또는 Action과 연결할 때는 반드시 대상 코드가 파란색으로 강조된 상태에서 마우스 버튼을 놓아야 합니다.

15.3 Action

UI 객체에서 이벤트가 발생했을 때 처리할 코드를 Action으로 연결합니다.

First Scene을 선택한 후 보조 편집기를 표시합니다. 보조 편집기에 FirstViewController를 표시합니다.

- View 〉 Assistant Editor 〉 Show Assistant Editor (⌥⌘←)

Print 버튼을 선택한 후 ^ 키를 누른 상태로 속성 아래쪽으로 드래그&드롭 합니다.

팝업 메뉴가 표시되면 Connection 옵션에서 Action을 선택합니다. Name에 showMessage를 입력한 후 Connect 버튼을 클릭합니다. 그러면 Print 버튼과 Action으로 연결된 showMessage 메소드가 추가됩니다.

showMessage 메소드를 아래와 같이 구현합니다.

Objective-C
```objectivec
- (IBAction)showMessage:(id)sender {
    self.messageLabel.text = self.inputField.text;

    CGRect frame = CGRectMake((self.view.bounds.size.width / 2) - 70,
        (self.view.bounds.size.height / 2) - 70, 140, 140);
    self.messageView.frame = frame;
    [self.view addSubview:self.messageView];

    [self.inputField resignFirstResponder];
}
```

Swift
```swift
@IBAction func showMessage(_ sender: AnyObject) {
    messageLabel.text = inputField.text

    let frame = CGRect(x:(view.bounds.width / 2) - 70, y:(view.bounds.height / 2) - 70,
        width: 140, height: 140)
    messageView.frame = frame
    view.addSubview(messageView)

    inputField.resignFirstResponder()
}
```

STEP 05

Close 버튼을 선택한 후 ⌃ 키를 누른 상태로 showMessage 메소드 아래쪽으로 드래그&드롭합니다. STEP 03과 마찬가지로 Connection 옵션에서 Action을 선택합니다. Name에 closeMessage를 입력한 후 Connect 버튼을 클릭합니다.

STEP 06

closeMessage 메소드를 아래와 같이 구현합니다.

Objective-C

```objective-c
- (IBAction)closeMessage:(id)sender {
    [self.messageView removeFromSuperview];
    self.inputTextField.text = nil;
}
```

Swift

```swift
@IBAction func closeMessage(_ sender: AnyObject) {
    messageView.removeFromSuperview()
    inputField.text = nil
}
```

STEP 07

viewDidLoad 메소드를 아래와 같이 수정합니다.

Objective-C

```objective-c
- (void)viewDidLoad {
    [super viewDidLoad];

    self.messageLabel.textColor = [UIColor whiteColor];
    self.messageView.backgroundColor = [UIColor redColor];
}
```

Swift

```swift
override func viewDidLoad() {
    super.viewDidLoad()

    messageLabel.textColor = UIColor.white
    messageView.backgroundColor = UIColor.red
}
```

STEP **08**

Modal Content View Controller Scene을 선택합니다. 보조 편집기에 ModalContentViewController 파일이 표시되지 않는다면 Jump bar에서 Automatic을 선택하여 ModalContentViewController 파일이 표시되도록 합니다.

STEP **09**

Print 버튼을 선택한 후 ^ 키를 누른 상태로 viewDidLoad 메소드 위에 드래그&드롭합니다.

STEP **10**

Connection 옵션에서 Action을 선택합니다. Name에 closeModalScene을 입력한 후 Connect 버튼을 클릭합니다.

STEP **11**

closeModalScene 메소드를 아래와 같이 구현합니다.

> **Objective-C**
> ```objc
> - (IBAction)closeModalScene:(id)sender {
>     [self dissmissViewControllerAnimated:YES completion:nil];
> }
> ```
>
> **Swift**
> ```swift
> @IBAction func closeModalScene(_ sender: AnyObject) {
>     dismiss(animated: true, completion: nil)
> }
> ```

시뮬레이터에서 앱을 실행한 후 텍스트 필드에 Hello를 입력하고 Print 버튼을 클릭하면 Extra View와 입력한 메시지가 표시되는 것을 확인할 수 있습니다. Close 버튼을 클릭하면 Extra View가 화면에서 사라집니다.

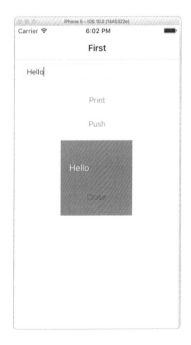

15.4 Connections Panel

Canvas 또는 Outline View에서 특정 항목을 선택한 후 마우스 오른쪽 버튼을 클릭하면 Connections Panel이 표시됩니다. Connections Panel은 선택한 항목과 연결할 수 있는 Segue, Action, Outlet 목록을 표시합니다. 예를 들어 First Scene과 Print 버튼의 Connections Panel은 아래와 같습니다. Connections Panel은 연결의 종류에 따라 나열하며 연결되어 있는 항목은 오른쪽에 대상을 표시합니다. X 버튼을 눌러 연결을 삭제하거나 오른쪽에 있는 Connection Well을 드래그하여 새로운 연결을 추가할 수 있습니다.

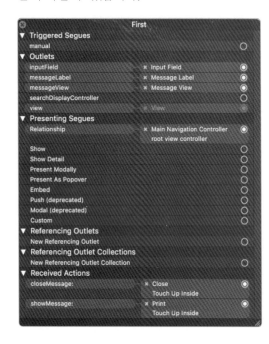 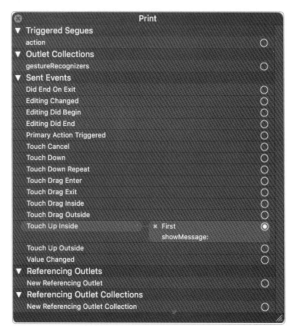

Connection Panel은 Connections Panel 바깥 영역을 클릭할 경우 사라집니다. 만약 Connections Panel 계속 표시해 두고 싶다면 원하는 위치로 드래그합니다. 위치가 변경된 Connections Panel은 왼쪽 상단에 있는 X 버튼을 누르기 전까지 사라지지 않습니다.

16. Inspectors

인터페이스 빌더에서 특정 항목을 선택하면 Inspector 영역이 해당 항목에 적합한 내용으로 갱신됩니다. Inspector를 통해 연관된 정보를 얻거나 속성을 설정할 수 있으며, UI 객체의 경우 Attributes Inspector와 Size Inspector를 자주 활용합니다.

이 책은 Inspector를 통해 제공되는 기능 중 공통적이거나 자주 사용되는 기능에 대해 설명합니다.

16.1 File Inspector

File Inspector는 스토리보드 파일 또는 XIB 파일의 메타데이터를 설정할 수 있습니다.

• View > Utilities > Show File Inspector (⌥⌘1)

Identity and Type 섹션은 선택된 인터페이스 파일의 이름과 형식, 파일 경로를 보여줍니다. Full Path 항목의 마지막에 있는 화살표 아이콘을 클릭하면 로컬에 저장되어 있는 인터페이스 파일을 Finder를 통해 보여줍니다.

On Demand Resource Tags 섹션은 인터페이스 파일의 On Demand Resource 태그를 설정할 수 있는 입력 필드를 표시합니다. On Demand Resource는 Assets 에서 상세히 설명합니다.

Interface Builder Document 섹션은 인터페이스 파일의 메타데이터를 설정하는 옵션을 제공합니다. Opens in 옵션과 Builds for 옵션을 변경하는 경우는 거의 없습니다. Use Auto Layout 옵션은 인터페이스 파일의 Auto Layout 사용여부를 설정합니다. Use Trait Variations 옵션은 Trait Variations 사용여부를 설정합니다. 두 옵션은 크기가 다른 디바이스에서 동작하는 UI를 구성할 때 활용할 수 있는 기능으로 기본적으로 활성화되어 있습니다. Auto Layout과 Trait Variations에 대해서는 조금 후에 상세히 설명합니다. Use as Launch Screen 옵션은 현태 인터페이스 파일을 시작화면으로 설정할 때 사용합니다.

Localization 섹션은 인터페이스 파일을 지역화 할 수 있는 옵션을 제공합니다. 프로젝트에 추가되어 있는 언어 목록이 표시되고 언어 이름에 있는 체크박스를 통해 지원여부를 설정할 수 있습니다. 새로운 프로젝트는 기본적으로 영어를 지원하며 프로젝트 설정에서 원하는 언어를 추가하고 인터페이스 파일을 지역화할 수 있습니다.

Target Membership 섹션은 선택된 파일을 타깃의 빌드 대상에 포함시키거나 제외할 수 있는 옵션을 제공합니다.

인터페이스 빌더를 지역화가 적용된 간단한 예제를 만들어보겠습니다.

STEP **01**

새로운 iOS Single View Application을 생성합니다.

STEP **02**

프로젝트 네비게이터에서 프로젝트를 선택합니다.

STEP **03**

PROJECT 목록에서 프로젝트를 선택합니다.

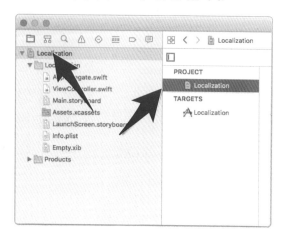

STEP **04**

Localizations 섹션에서 + 버튼을 클릭합니다. 팝업 메뉴에서 Korean (ko) 항목을 선택합니다.

STEP **05**

추가된 언어를 적용할 파일을 선택할 수 있습니다. 여기에서는 기본 값을 그대로 둔 채로 Finish 버튼을 클릭합니다.

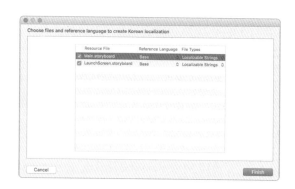

프로젝트 네비게이터에서 Main.storyboard 파일을 선택합니다. 파일 이름 앞에 있는 삼각형을 클릭하여 목록을 확장하면 Main.strings (Korean) 항목이 추가되어 있습니다. 이 파일에는 인터페이스 파일에 포함되어 있는 문자열의 목록이 포함되어 있습니다. 이 단계에서는 스토리보드에 포함되어 있는 문자열이 없기 때문에 파일이 비어 있습니다.

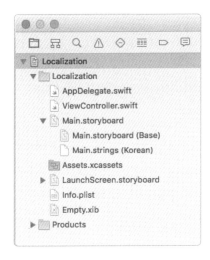

STEP 07

File Inspector를 열고 Localization 섹션에 Korean 항목이 추가되어 있는 것을 확인합니다. STEP 05에서 Main.storyboard에 한국어를 추가했기 때문에 이미 활성화되어 있습니다.

STEP 08

View Controller Scene에 Label과 Button을 하나씩 추가하고 너비를 조금 크게 변경한 후 텍스트를 Hello와 OK로 변경합니다.

STEP 09

Localization 섹션에서 Korean 항목의 체크를 해제합니다. 지역화 제거 경고창이 표시되면 Remove 버튼을 클릭합니다.

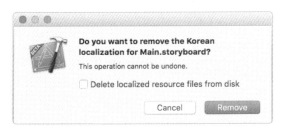

STEP 10

Localization 섹션에서 Korean 항목을 다시 체크합니다. 이 과정은 STEP 08에서 추가한 UI 객체의 문자열을 지역화 대상에 자동으로 추가합니다.

프로젝트 네비게이터에서 Main.strings (Korean) 파일을 선택합니다. 이 파일에는 인터페이스 파일에 포함되어있는
문자열과 연관된 컨트롤 속성이 포함되어 있습니다. "Hello"를 "안녕하세요"로, "OK"를 확인으로 수정합니다.

```
/* Class = "UILabel"; text = "Hello"; ObjectID = "GdA-Qq-Hog"; */
"GdA-Qq-Hog.text" = "안녕하세요";

/* Class = "UIButton"; normalTitle = "OK"; ObjectID = "LkQ-OQ-7sn"; */
"LkQ-OQ-7sn.normalTitle" = "확인";
```

시뮬레이터에서 앱을 실행하면 레이블과 버튼의 텍스트가 기본 값이 영어로 출력됩니다. 시뮬레이터
의 언어를 한국어로 변경하면 한국어로 출력되는 것을 확인할 수 있습니다

시뮬레이터의 언어를 설정하는 방법은 시뮬레이터 부분에서 설명하고 있습니다.

16.2 Quick Help Inspector

Quick Help Inspector는 인터페이스 빌더에서 선택한 항목에 대한 개요를 제공합니다.

• View 〉 Utilities 〉 Show Quick Help Inspector (⌥⌘2)

16.3 Identity Inspector

Identity Inspector는 인터페이스 빌더에서 선택한 항목에 대한 식별정보를 확인하고 설정하는 옵션
을 제공합니다. 그리고 iOS의 손쉬운 사용 기능과 연관된 속성을 설정할 수 있습니다.

- View 〉 Utilities 〉 Show Identity Inspector (⌥⌘3)

Custom Class 섹션은 이전 예제에서 사용했던 것처럼 선택한 항목의 연관 클래스를 설정할 수 있는 옵션을 제공합니다. 설정하려는 클래스가 다른 모듈에 정의되어 있는 경우 Module 옵션을 통해 지정할 수 있습니다.

Identity 섹션은 선택한 항목의 ID를 지정할 수 있는 옵션을 제공합니다. Storyboard ID는 스토리보드 또는 소스 코드에서 Scene을 식별하는데 사용되는 ID를 설정합니다. Restoration ID는 뷰 컨트롤러의 상태 복원에 사용되는 ID를 설정합니다. 상태 복원에 대한 상세한 정보는 View Controller Programming Guide for iOS 문서에서 제공합니다.

User Defined Runtime Attributes 섹션은 선택항 항목과 연관되어 있는 런타임 속성 목록을 표시합니다. + 버튼을 통해 새로운 런타임 속성을 추가하거나, − 버튼으로 런타임 속성을 삭제할 수 있습니다. 런타임 속성은 런타임에 nib 파일이 메모리에 로드될 때 setValue:forKeyPath: 메소드를 통해 설정됩니다.

Document 섹션은 Xcode에서 사용하는 메타데이터를 설정할 수 있는 옵션을 제공합니다. 여기에서 주목한 속성은 Object ID 입니다. 이전에 만들었던 지역화 예제에서 Main.strings (Korean) 파일에 아래와 같은 코드가 포함되어 있었습니다.

```
/* Class = "UILabel"; text = "Hello"; ObjectID = "GdA-Qq-Hog"; */
"GdA-Qq-Hog.text" = "안녕하세요";
```

여기에서 포함되어 있는 "GdA-Qq-Hog"라는 문자열은 인터페이스 파일 내에서 레이블을 식별하는 Object ID입니다. UI 객체의 Object ID를 통해 문자열 파일에서 대상 객체를 검색하거나 새로운 번역 항목을 직접 추가할 수 있습니다.

Accessibility 섹션은 손쉬운 사용에 연관된 옵션을 설정할 수 있습니다. 자세한 내용은 아래의 링크를 참고해 주시기 바랍니다.

https://developer.apple.com/accessibility/

16.4 Attributes Inspector

Attributes Inspector는 주로 시각적인 속성을 지정할 수 있는 옵션을 제공합니다. 인터페이스 빌더에서 선택한 항목에 따라 다양한 옵션을 제공합니다.

• View 〉 Utilities 〉 Show Attributes Inspector (⌥⌘4)

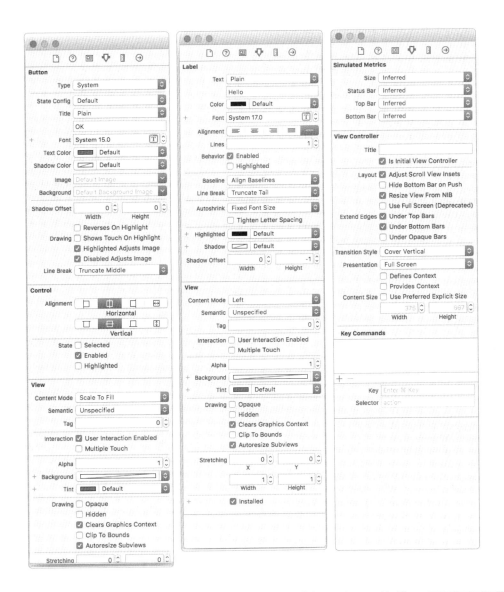

Attributes Inspector를 통해 설정할 수 있는 속성은 모두 코드를 통해서 변경할 수 있습니다. 속성의 값이 동적으로 변경되어야 한다면 다른 선택이 없지만 항상 동일한 속성을 가지고 있다면 Attributes Inspector에서 변경하는 것이 좋습니다.

이 책은 가장 기본적인 View 섹션에 대해서 설명합니다.

인터페이스 파일에 포함된 객체 중 UIView에서 파생된 UI 객체를 선택하면 Attributes Inspector 마지막 부분에 View 섹션이 표시됩니다. View 섹션은 UIView가 공통적으로 제공하는 속성을 설정할 수 있는 옵션을 제공합니다.

Content Mode 옵션은 UI 객체가 자신의 내용을 그리는 방식을 지정합니다. 이 옵션은 UIView 클래스의 contentMode 속성과 연관되어 있습니다.

- **Scale To Fill** : 객체의 내용을 객체의 전체 영역에 채워서 그립니다. 내용의 종횡비는 유지되지 않습니다.
- **Aspect Fit** : 객체의 내용을 객체의 전체 영역에 채워서 그립니다. 내용의 종횡비를 유지하기 때문에 빈 공간이 생길 수 있습니다.
- **Aspect Fill** : Aspect Fit과 같지만 빈 공간이 생기지 않도록 내용을 확대해서 그립니다. 그래서 내용의 일부가 잘릴 수 있습니다.
- **Redraw** : setNeedsDisplay 메소드를 호출하거나 크기를 변경한 경우와 같이 UI 객체를 다시 그려야 할 때 내용을 다시 그립니다.
- **Center** : 내용을 객체 영역 중앙에 그립니다.
- **Top** : 내용을 객체 영역 상단에 그립니다.
- **Bottom** : 내용을 객체 영역 하단에 그립니다.
- **Left** : 내용을 객체 영역 왼쪽에 그립니다.
- **Right** : 내용을 객체 영역 오른쪽에 그립니다.
- **Top Left** : 내용을 객체 영역 왼쪽 상단에 그립니다.
- **Top Right** : 내용을 객체 영역 오른쪽 상단에 그립니다.
- **Bottom Left** : 내용을 객체 영역 왼쪽 하단에 그립니다.
- **Bottom Right** : 내용을 객체 영역 오른쪽 하단에 그립니다.

Semantic 옵션은 iOS 9에서 새로 도입된 지역화 기능과 연관된 옵션입니다. 아랍어와 같이 좌우가 바뀌어야 하는 UI를 구성할 때 힌트를 제공합니다. 자세한 내용은 UIView Class Reference를 참고해 주시기 바랍니다.

Tag 옵션은 UIView 클래스의 tag 속성과 연관된 옵션으로 UI 객체를 식별하는 정수를 지정합니다. 0 이외의 정수를 태그로 지정하면 Outlet을 연결하지 않고 viewWithTag(_:) 메소드를 통해 UI 객체를 식별할 수 있습니다.

Interaction 옵션은 UI 객체의 상호작용과 연관된 두 개의 세부 옵션을 제공합니다. User Interaction Enabled 옵션을 선택하면 UI 객체가 사용자의 터치 이벤트를 처리합니다. 그러나 이 옵션이 선택되지 않은 경우에는 UI 객체를 대상으로 하는 모든 사용자 터치 이벤트가 무시되고 이벤트 큐에서 처리되지 않은 상태로 제거됩니다. 이 옵션은 UIView의 userInteractionEnabled 속성을 통해 코드에서 접근할 수 있습니다. Multiple Touch 옵션은 UI 객체의 멀티터치 처리 여부를 설정하며 multipleTouchEnabled 속성을 통해 코드에서 접근할 수 있습니다.

Alpha 옵션은 UI 객체의 전체 투명도를 조절합니다. 0 ~ 1 사이의 값을 설정할 수 있고 0은 완전 투명, 1은 완전 불투명을 나타냅니다. 코드를 통해 투명도를 조절할 때는 alpha 속성을 사용합니다.

Background 옵션은 UI 객체의 배경색상을 설정합니다. 이 옵션과 연관된 속성은 backgroundColor 입니다.

Tint 옵션은 UI 객체의 테마 색상(또는 강조색상)을 설정합니다. 이 옵션과 연관된 속성은 tintColor 입니다.

Drawing 옵션은 UI 객체의 내용을 그리는 방식과 연관된 네 개의 세부 옵션을 제공합니다. Opaque 옵션이 설정되어 있는 경우 우선순위가 낮은 객체의 영역 중 선택한 UI 객체의 의해 가려지는 부분이 그리기 대상에서 제외됩니다. UI 객체가 완전히 불투명한 경우 이 옵션을 설정하면 화면 그리기 성능이 향상됩니다. Hidden 옵션이 설정되어 있는 UI 객체는 화면에 그려지지 않으며 사용자의 터치 입력을 처리하지 않습니다. Clears Graphics Context 옵션이 설정되어 있는 경우 객체의 내용을 다시 그리기 전에 그리기 버퍼를 지웁니다. Clip Subviews 옵션은 UI 객체의 경계선에서 객체의 내용을 자를지를 결정합니다. 이 옵션이 선택되어 있는 경우 객체의 영역을 벗어나는 내용은 그려지지 않습니다. Autoresize Subviews 옵션을 선택하면 UI 객체의 크기가 변경될 때, 모든 하위 뷰의 크기를 함께 변경합니다.

Stretching 옵션은 객체의 크기가 변경될 때 자동으로 늘어날 수 있는 정규화된 사각 영역을 지정하기 위해 사용합니다. 예를 들어 UI 객체의 너비가 100 pt이고 x 값이 0.2, width가 0.6으로 설정되어 있다면, 20pt 부터 80 pt 사이가 늘어날 수 있는 영역으로 설정됩니다.

16.5 Size Inspector

Canvas 에서 UI 객체를 선택하면 객체 주변에 조절점(□)이 표시됩니다. 조절점을 드래그하여 크기를 변경할 수 있습니다. 만약 정확한 수치를 통해 크기를 변경하고 싶다면 Size Inspector가 제공하는 옵션을 사용할 수 있습니다.

• View 〉 Utilities 〉 Show Size Inspector (⌥⌘5)

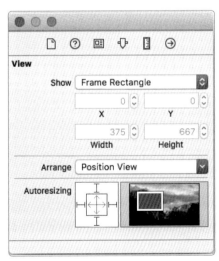

Show 옵션은 기본적으로 Frame Rectangle이 선택되어 있습니다. 이 옵션은 Frame Rectangle과 Alignment Rectangle 중 하나를 선택할 수 있습니다. Frame Rectangle은 UI 객체의 원래 영역을 의미하며 Alignment Rectangle은 Frame Rectangle에 OS가 UI를 그리면서 자동으로 추가한 영역이 포함된 영역을 나타냅니다. 대부분의 경우 Frame Rectangle과 Alignment Rectangle은 동일합니다. 아래의 메뉴를 통해 Canvas에서 두 영역을 표시할 수 있습니다.

- Editor 〉 Canvas 〉 Show Layout Rectangles
- Editor 〉 Canvas 〉 Show Bounds Rectangles

아래에 있는 X, Y, Width, Height 입력창을 통해 UI 객체의 왼쪽 상단 좌표, 너비, 높이를 정확한 수치로 설정할 수 있습니다.

Arrange 옵션은 Editor 〉 Align 메뉴와 동일한 정렬 기능을 제공합니다. 팝업을 통해 제공되는 메뉴 중 Fill Container Horizontally, Fill Container Vertically 메뉴는 UI 객체의 크기를 컨테이너와 동일한 너비 또는 높이로 변경할 때 유용합니다.

Autosizing 옵션은 컨테이너(상위 뷰)의 크기가 변경될 때 UI 객체의 위치와 크기를 변경하는 방식을 설정합니다. Auto Layout이 도입되기 전에 사용했던 Springs & Structs 방식과의 호환성을 위해 제공됩니다. 이 옵션은 각 조절점을 클릭하여 뷰의 Autosizing Mask를 설정합니다. 클릭 가능한 조절점은 모두 여섯 개이고 조절점을 클릭할 때마다 오른쪽 미리보기 화면에서 설정 결과를 확인할 수 있습니다.

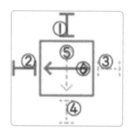

① Flexible / Fixed Top Margin
② Flexible / Fixed Left Margin
③ Flexible / Fixed Right Margin
④ Flexible / Fixed Bottom Margin
⑤ Flexible / Fixed Width
⑥ Flexible / Fixed Height

① ~ ④번 조절점은 컨테이너의 경계와 UI 객체의 경계 사이의 거리가 자동적으로 증가하거나 감소하는지를 설정합니다. ①번 조절점과 같이 붉은색 실선으로 표시되어 있는 경우 컨테이너의 크기 변화에 관계없이 거리가 고정됩니다. 반면 ③번 조절점과 같이 점선으로 표시되는 경우에는 컨테이너의 크기에 따라 거리가 자동적으로 증가되거나 감소됩니다. 즉, ①, ②번 조절점은 Autoresizing Mask를 Fixed Margin으로 설정한 것이고 ③, ④번 조절점은 Flexible Margin으로 설정한 것입니다.

예를 들어 UI 객체의 X 좌표가 20이고 아래와 같이 Fixed Left Margin이 설정되어 있다면 컨테이너의 크기에 관계없이 X 좌표가 항상 고정된 값을 가집니다.

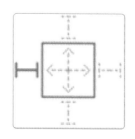

반대로 Flexible Left Margin으로 설정되어 있다면 컨테이너의 크기에 따라 X 좌표가 변경됩니다.

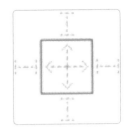

⑤, ⑥번 조절점은 컨테이너의 크기가 변경될 때 너비와 높이를 변경하는 방식을 지정합니다. ⑤번 조절점과 점선으로 표시되어 있는 경우 컨테이너의 크기에 관계없이 항상 동일한 높이를 가집니다. 그러나 ⑥번 조절점과 같이 실선으로 표시되어 있는 경우 컨테이너의 크기에 따라 너비가 변경됩니다.

① ~ ④번 조절점의 경우 붉은색 실선이 Fixed Mask이지만, ⑤, ⑥번 조절점은 점선이 Fixed Mask 입니다.

Autosizing Mask는 Auto Layout을 적용하기 전에 UI를 프로토타이핑 하는 용도로 적합하며 실제 프로젝트에서는 Auto Layout을 사용하는 것이 좋습니다. Auto Layout에 대해서는 조금 후에 상세히 설명합니다.

16.6 Connections Inspector

Connections Inspector는 Connections Panel과 동일한 정보를 표시하고 사용법도 동일하므로 상세한 설명은 생략합니다.

• View 〉 Utilities 〉 Show Connections Inspector (⌥⌘6)

C H A P T E R

Assets

05

Xcode에서 관리하는 모든 리소스를 에셋이라고 합니다. Xcode는 이미지 파일과 사운드 파일, 텍스트 파일 등을 프로젝트에 추가하고 관리할 수 있으며, 특히 다양한 디바이스 해상도에 대응하는 이미지 리소스를 쉽게 관리할 수 있습니다.

1. Asset Catalog

Xcode는 리소스를 Asset Catalog를 통해 관리합니다. iOS 프로젝트를 생성하면 프로젝트에 Assets.xcassets 파일이 자동으로 생성됩니다. 이 파일을 선택하면 편집기 영역에 Asset Catalog가 표시됩니다. 기본 Asset Catalog는 앱이 아이콘 이미지를 구성할 수 있는 App Icon Set을 가지고 있습니다.

Assets Catalog의 왼쪽에는 Outline View가 표시됩니다. Outline View는 카탈로그에 추가된 항목을 표시합니다. 아래쪽에 있는 + 버튼과 - 버튼을 통해 에셋 목록을 편집할 수 있습니다. 필요에 따라 폴더를 추가하여 에셋을 계층적으로 관리할 수 있습니다. Outline View에서 항목을 선택하면 Set Viewer에 구성 화면이 표시됩니다.

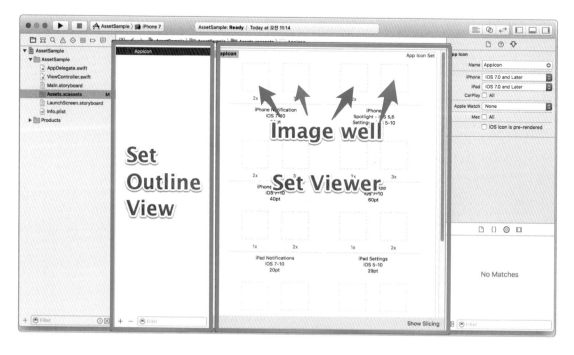

이미지 리소스의 경우 점선으로 표시된 Image Well이 표시됩니다. Image Well로 이미지를 드래그하여 이미지 리소스를 추가할 수 있고, 다른 Image Well로 드래그하여 이미지가 사용될 대상 디바이스 조건을 쉽게 변경할 수 있습니다.

리소스 파일을 추가하는 가장 쉬운 방법은 Outline View로 파일을 드래그하는 것입니다. 드래그한 파일은 Assets Catalog 패키기 내부로 복사되어 관리됩니다. Outline View 아래쪽에 있는 +, − 버튼, Editor 〉 Add Assets 메뉴, Outline View의 컨텍스트 메뉴를 통해 다양한 리소스를 추가할 수 있는 메뉴를 제공합니다.

Set Viewer는 두 가지 모드로 동작합니다. Overview 모드는 다양한 조건에 대응하는 리소스를 구성할 수 있는 편집 화면을 표시합니다. Slicing 모드는 Resizable Image를 편집할 수 있는 화면을 표시합니다. Resizable Image는 안드로이드의 9−Patch Image와 동일하며 이미지의 크기가 변경될 때 늘어날 수 있는 부분과 원래의 해상도를 유지해야 하는 부분을 지정할 수 있습니다. Set Viewer 모드는 오른쪽 아래에 있는 레이블을 클릭하거나 메뉴를 통해 변경할 수 있습니다.

- Editor 〉 Show Overview
- Editor 〉 Show Slicing

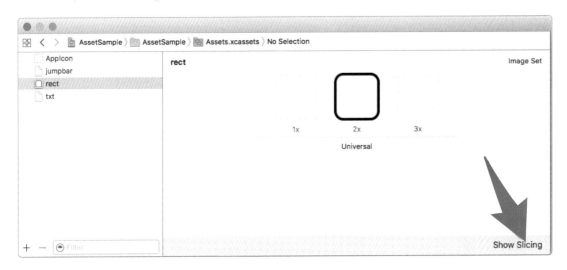

Asset Catalog에 추가한 리소스는 기본적으로 Universal 리소스로 관리됩니다. Universal 리소스는 프로젝트가 지원하는 모든 디바이스에서 공통적으로 사용됩니다. 만약 특정 디바이스에 제한적으로 사용되는 리소스를 추가하려면 Attribute Inspector에서 조건을 추가할 수 있습니다.

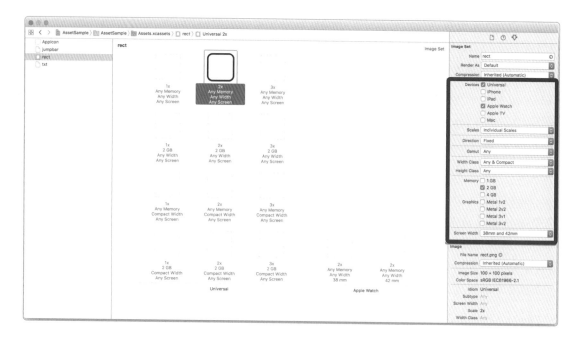

1.1 App Icon Set

App Icon Set은 앱의 아이콘을 구성할 수 있는
특별한 리소스입니다. 홈 화면에 표시되는 아이콘
뿐만 아니라 스포트라이트, 설정, 푸시 메시지에
서 사용되는 아이콘을 버전, 디바이스 종류별로
구성할 수 있습니다. 각 항목의 아래쪽에는 이미
지가 사용되는 부분과 OS 버전, 대상 디바이스,
이미지 크기가 표시됩니다. 아이콘 이미지를 생성
한 후 각 항목의 Image Well로 드래그하면 아이
콘 구성이 완료됩니다.

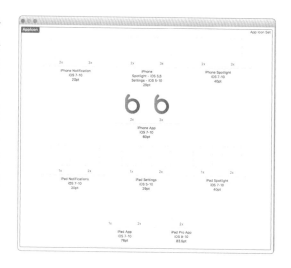

반드시 모든 아이콘을 구성해야 하는 것은 아닙니다. 예를 들어
iPhone App 아이콘을 구성해 두면 iOS가 이 아이콘을 필요에
따라 확대/축소하여 사용합니다.

Xcode는 앱 아이콘에 라운드 효과를 자동으로 추가합니다.
아이콘의 라운드 효과를 직접 추가한 경우에는 Attribute
Inspector에서 iOS icon is pre-rendered 항목을 선택하여
기본 라운드 효과가 추가되지 않도록 설정해야 합니다.

앱 아이콘은 타깃별로 구성할 수 있습니다. 프로젝트 편집기에서 원하는 타깃을 선택한 후 General 〉 App Icon and Launch Images 섹션에서 앱 아이콘으로 사용할 리소스를 선택할 수 있습니다.

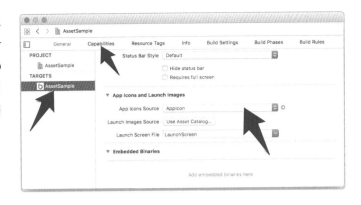

1.2 Data Set

이미지를 제외한 모든 리소스는 Data Set으로 추가됩니다. 텍스트, 동영상, JSON 파일, 스크립트 파일, 텍스트 파일 등 프로젝트에서 자주 사용되는 형식의 파일을 추가할 수 있습니다.

1.3 Image Set

이미지는 Image Set으로 추가됩니다. Image Set은 기본적으로 1x, 2x, 3x 해상도의 리소스를 구성할 수 있습니다. 1x 이미지는 레티나 디스플레이가 탑재되지 않은 구형 디바이스에서 사용됩니다. 2x 이미지와 3x 이미지는 레티나 디스플레이가 탑재된 디바이스에서 사용됩니다. 만약 모든 해상도의 리소스를 구성하지 않은 경우 다른 해상도의 리소스가 확대/축소되어 사용됩니다.

Image Set에 포함된 이미지 리소스는 Resizable Image로 변경할 수 있습니다. 예를 들어 아래와 같이 라운드 처리된 이미지를 확대해서 출력하면 원본의 디테일이 모두 사라집니다.

▲ 원본 출력   ▲ 확대 출력

이미지를 Resizable Image로 변경하면 출력되는 크기에 관계없이 일정한 품질로 출력할 수 있습니다.

STEP 01

Outline View에서 원하는 이미지 리소스를 선택하고 Image Set에서 슬라이싱을 적용할 항목을 선택합니다.

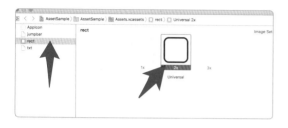

STEP 02

Editor 〉 Show Slicing 메뉴를 선택하거나 Viewer 하단에서 Show Slicing 레이블을 클릭하여 Slicing 모드로 변경합니다.

Viewer 아래쪽에 있는 확대 버튼을 클릭하면 화면을 확대하면 조금 더 편하고 정교하게 작업할 수 있습니다.

STEP 03

이미지에 표시된 Start Slicing 버튼을 클릭합니다.

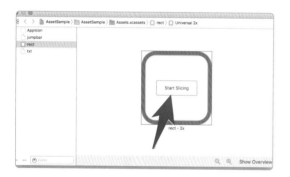

STEP 04

이미지 슬라이싱 방식을 선택합니다.

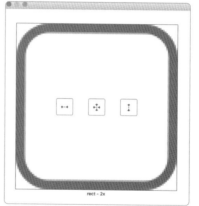

STEP 05

편집 화면에 표시된 핸들을 조절하여 늘러날 영역과 늘어나지 않는 영역을 지정합니다.

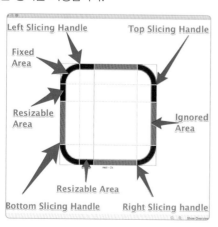

• Slice Horizontally 버튼을 클릭하면 가로 방향으로 늘어나는 이미지를 구성할 수 있습니다.

• Slice Horizontally and Vertically 버튼을 클릭하면 양방향으로 늘어나는 이미지를 구성할 수 있습니다.

• Slice Vertically 버튼을 클릭하면 세로 방향으로 늘어나는 이미지를 구성할 수 있습니다.

위의 그림과 같이 슬라이싱 핸들을 조절한 후 결과를
다시 확인해 보면 출력되는 크기에 관계없이 원본의
품질이 유지됩니다.

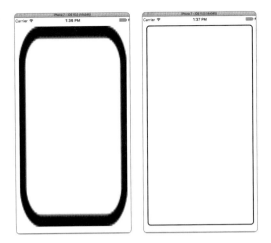

슬라이싱이 적용된 이미지는 Attribute Inspector > Slicing
섹션에서 수정할 수 있습니다. Slices 팝업에서 None을 선택
하면 이미지에 적용된 슬라이싱이 삭제됩니다.

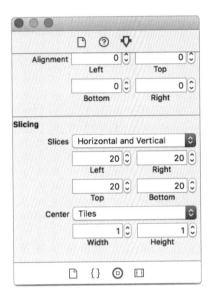

Simulator

Xcode는 시뮬레이터를 통해 개발 중인 앱을 간편하게 테스트할 수 있는 방법을 제공합니다. 시뮬레이터는 실제 디바이스와 동일한 UI를 제공하며 키보드와 마우스를 통해 다양한 제스처를 입력할 수 있습니다. Xcode는 iOS, watchOS, tvOS 앱을 테스트할 수 있는 시뮬레이터를 모두 제공하고 현재 출시되어 있는 실제 디바이스와 OS 버전을 지정하여 다양한 시뮬레이터를 생성할 수 있습니다.

시뮬레이터는 Mac에서 구동되기 때문에 Mac의 하드웨어를 공유합니다. 그래서 실제 디바이스보다 높은 성능을 제공합니다. 그리고 실제 디바이스에 설치되어 있는 일부 하드웨어와 특정 기능은 시뮬레이션 할 수 없습니다.

지원되지 않는 하드웨어

- 가속도계, 자이로스코프
- 카메라, 마이크
- 근접 센서
- 기압계
- 주변광 센서

지원되지 않는 기능

- Push Notification
- 개인정보 관련 경고(사진, 연락처, 달력, 리마인더 접근시)
- UIBackgroundModes 키
- Handoff

지원되지 않는 프레임워크

- External Accessory
- Media Player
- Message UI
- UIVideoEditorController 클래스

1. 시뮬레이터 추가 설치

Xcode를 처음 설치한 경우 가장 최신 버전의 시뮬
레이터가 함께 설치됩니다. Window ＞ Devices
(⇧⌘2) 메뉴를 선택하면 Devices 창에서 설치된
시뮬레이터 목록을 확인할 수 있습니다.

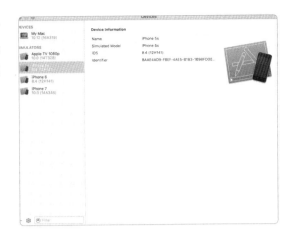

시뮬레이터 목록 아래에 있는 + 버튼을
클릭한 후 Add Simulator 메뉴를 선택
하여 새로운 시뮬레이터를 추가할 수 있
습니다. Device Type 항목을 클릭하면
디바이스 종류를 선택할 수 있는 팝업이
표시됩니다. iPhone 4S부터 iPad Pro,
Apple Watch까지 현재 출시되어 있는
모든 디바이스를 선택할 수 있습니다.

OS Version의 경우 Xcode를 처음 설치한 경
우 최신 OS 버전만 선택할 수 있습니다. 팝업
에서 Download more simulator runtimes…
메뉴를 선택하면 Components Preferences로
이동합니다. Simulators 섹션에는 다운로드
가능한 시뮬레이터 목록이 표시되어 있습니다.
이름 앞에 있는 다운로드 버튼을 클릭하면 다운
로드할 수 있습니다.

시뮬레이터 목록 아래에 있는 기어 버튼(⚙)은 설정 메뉴가 표시됩니다. Rename 메뉴는 시뮬레이
터의 이름을 변경할 때 사용합니다. 시뮬레이터 목록에서 시뮬레이터를 선택한 후 return 키를 눌러
이름을 변경할 수도 있습니다. delete 키를 누르거나 설정 메뉴에서 Delete 메뉴를 통해 선택된 시

뮬레이터를 삭제할 수 있습니다. Show in Run Destinations Menu를 선택하면 툴바에 있는 Run Destinations 목록에 표시됩니다. 프로젝트에서 특정 디바이스 버전을 테스트하기 위해 시뮬레이터를 추가했다면 반드시 이 옵션을 활성화해야 테스트에 사용할 수 있습니다.

2. 시뮬레이터 실행

툴바에 있는 Run Destinations 목록에서 원하는 디바이스를 선택한 후 Run 버튼을 클릭하면 시뮬레이터가 실행됩니다. 그리고 선택한 타깃으로 생성된 앱이 설치된 후 자동으로 실행됩니다.

• Product 〉 Run (⌘R)

앱을 실행하지 않고 시뮬레이터를 실행하고 싶다면 Xcode 〉 Open Developer Tool 〉 Simulator 메뉴를 선택합니다.

현재 실행중인 디바이스의 종류와 OS 버전을 변경하고 싶다면 Hardware 〉 Device 메뉴를 사용합니다. Device 메뉴는 선택 가능한 OS와 디바이스 목록을 나열합니다. 목록 마지막에 있는 Manage Devices... 메뉴를 선택하면 조금 전 설명했던 Devices 창으로 바로 이동합니다.

Hardware 〉 Reboot 메뉴는 시뮬레이터의 설치된 OS를 다시 시작합니다.

3. 시뮬레이터 크기 조절

iPhone 6s Plus나 iPad Pro 시뮬레이터와 같이 해상도가 매우 높은 시뮬레이터는 4K 모니터가 아닌 경우 한 화면에 표시하기 어렵습니다. 이런 경우에는 Window 〉 Scale 메뉴를 통해 시뮬레이터의 해상도를 조절할 수 있습니다.

• Window 〉 Scale 〉 100% (⌘1)
• Window 〉 Scale 〉 75% (⌘2)
• Window 〉 Scale 〉 50% (⌘3)
• Window 〉 Scale 〉 33% (⌘4)
• Window 〉 Scale 〉 25% (⌘5)

시뮬레이터의 해상도를 축소해서 표시하면 비율에 맞게 최적화되어 렌더링 성능이 향상됩니다. Debug 〉 Optimize Rendering for Window Scale 메뉴를 통해 이 옵션을 끄거나 켤 수 있습니다.

4. 시뮬레이터 기본 앱

시뮬레이터에는 테스트에 필요한 기본 앱이 설치되어 있습니다. 기본 앱의 종류는 시뮬레이터의 OS 버전에 따라 다를 수 있습니다. 예를 들어 iOS 10 시뮬레이터는 iMessage에서 스티커 팩을 테스트할 수 있도록 메시지 앱을 설치합니다. iOS 9에서는 스티커 팩을 사용할 수 없기 때문에 iOS 9 시뮬레이터는 메시지 앱을 설치하지 않습니다.

▲ iOS 9.3 Simulator

▲ iOS 10 Simulator

5. 설정

시뮬레이터에 설치되어 있는 설정 앱을 통해 다양한 디바이스 설정을 변경할 수 있습니다. Simulator > Reset Content and Settings... 메뉴를 선택하면 시뮬레이터에 설치된 모든 사용자 앱이 삭제되고 모든 설정이 초기화됩니다.

6. 스크린샷

File > Save Screen Shot (⌘S) 메뉴를 선택하면 시뮬레이터에 표시되어 있는 현재 화면이 PNG 파일로 바탕화면에 저장됩니다. Edit > Copy Screen 메뉴를 선택하여 화면을 비트맵 형태로 복사하고 Pages, Photoshop과 같은 편집 프로그램에서 바로 붙여 넣을 수 있습니다.

7. 회전 및 흔들기

iOS 시뮬레이터는 화면 회전과 흔들기 동작을 지원합니다.

iOS 디바이스는 홈 버튼의 위치에 따라 디바이스 방향을 네 가지로 구분합니다.

▲ Portrait   ▲ Landscape Left

▲ Upside Down   ▲ Landscape Right

Hardware 〉Rotate Left (⌘←) 메뉴와 Hardware 〉Rotate Right (⌘→) 메뉴는 시뮬레이터의 방향을 회전시킵니다.

Hardware 〉Shake Gesture (⌃⌘Z) 메뉴를 선택하면 디바이스 흔들기 동작을 재현할 수 있습니다. 이 메뉴는 시뮬레이터에서 실행 중인 앱에 모션 이벤트(UIEventSubtypeMotionShake)를 전달합니다.

8. 하드웨어 버튼

iOS, watchOS 시뮬레이터는 홈 버튼과 잠금 버튼의 동작을 재현할 수 있습니다.

* Hardware 〉Home (⇧⌘H)
* Hardware 〉Lock (⌘L)

Home 메뉴의 단축키를 빠르게 두 번 누르면 App Switcher가 표시됩니다.

watchOS 시뮬레이터는 사이트 버튼의 동작을 재현할 수 있는 메뉴를 추가로 사용할 수 있습니다.

* Hardware 〉Side Button (⇧⌘B)

9. Touch ID

실제 디바이스에서 Touch ID를 지원하는 시뮬레이터를 선택하면 Touch ID를 가상으로 테스트할 수 있습니다.

Hardware 〉Touch ID 〉Toggle Enrolled State 메뉴는 Touch ID를 활성화 또는 비활성화합니다. 이 메뉴가 체크되어 있는 경우 실제 디바이스에서 지문을 등록하고 Touch ID를 활성화한 것과 동일합니다. 이후 Hardware 〉Touch ID 〉Matching Touch (⌥⌘M) 메뉴를 선택하여 지문이 일치한 상황을 테스트하거나 Hardware 〉Touch ID 〉Non-matching Touch (⌥⌘N) 메뉴를 선택하여 일치하지 않은 상황을 테스트할 수 있습니다.

10. Apple Pay

Hardware 〉Authorize Apple Pay (⌥⌘A) 메뉴는 가상의 Apple Pay 결제를 실행하고 테스트용 결제 데이터를 앱으로 전달합니다.

11. Remote Controller

Hardware 〉 Show Apple TV Remote (⇧⌘R) 메뉴는 가상의 Apple TV 리모컨을 화면에 표시합니다.

12. Memory Warning

Hardware 〉 Simulate Memory Warning (⇧⌘M) 메뉴는 시뮬레이터에서 실행 중은 앱으로 메모리 부족 경고를 보냅니다. 메모리 부족 상황을 처리하는 코드를 테스트할 때 유용합니다.

13. In-Call Status Bar

Hardware 〉 Toggle In-Call Status Bar (⌘Y) 메뉴는 상태바를 통화 중 상태로 전환합니다. 상태바 상태에 따라 UI가 올바르게 업데이트되는지 확인할 때 사용합니다.

14. Hardware Keyboard

시뮬레이터는 기본적으로 맥 키보드와 연동되어 있습니다. 그래서 맥 키보드를 통해 시뮬레이터에 텍스트를 입력할 수 있습니다. Hardware 〉 Keyboard 〉 Toggle Software Keyboard (⌘K) 메뉴를 선택하면 시뮬레이터 화면에서 키보드가 토글 됩니다. Hardware 〉 Keyboard 〉 Connect Hardware Keyboard (⇧⌘K) 메뉴를 통해 맥 키보드 연동여부를 선택할 수 있습니다.

15. 3D Touch

3D Touch를 지원하는 시뮬레이터를 실행하면 가상의 3D Touch 이벤트를 테스트할 수 있는 메뉴가 활성화 됩니다.

Hardware 〉 Touch Pressure 〉 Shallow Press (⇧⌘1) 메뉴가 선택된 상태에서는 마우스 클릭이 약한 누르기로 인식됩니다. 강한 누르기로 인식시키려면 Hardware 〉 Touch Pressure 〉 Deep Press (⇧⌘2) 메뉴를 선택합니다.

맥에 Force-Touch를 지원하는 트랙패드가 설치되어 있다면 Hardware 〉 Touch Pressure 〉 Use Trackpad Force 메뉴를 선택하여 연동할 수 있습니다.

16. External Display

Hardware 〉 External Displays 메뉴는 가상의 외부 디스플레이를 추가할 수 있는 메뉴를 제공합니다. 640x480부터 1920x1080까지 다섯 가지 해상도를 선택할 수 있습니다. Disabled 메뉴를 통해 가상의 외부 디스플레이를 제거할 수 있습니다.

아이폰 시뮬레이터에서 동영상을 재생한 후 Hardware 〉 External Displays 〉 640×480 메뉴를 선택하면 가상의 외부 디스플레이에서 동영상이 재생되는 것을 확인할 수 있습니다.

17. 제스처

시뮬레이터는 마우스 버튼과 기능키의 조합을 통해 자주 사용하는 제스처를 재현할 수 있습니다.

제스처	마우스, 기능키 조합	iOS	watchOS
Tap	마우스 한 번 클릭	O	O
Double Tap	마우스 두 번 클릭	O	O
Touch & Hold	마우스 버튼 1초 이상 누르고 있기	O	–
Drag, Swipe	마우스 버튼을 누른 상태로 드래그	O	–
Two Finger Drag	⌥키를 누른 상태에서 손가락 위치를 지정한 후 ⇧ 키를 누르고 원하는 방향으로 드래그	O	–
Slide Over (iPad Multitasking)	오른쪽 가장자리에서 드래그	O	–
Flick	마우스 버튼을 누른 상태로 빠르게 드래그한 후 마우스 버튼 놓기	O	–
Pinch	⌥키를 누른 상태로 한 방향으로 드래그	O	–
Rotate	⌥키를 누른 상태로 원형으로 드래그	O	–
시계 방향으로 크라운 돌리기	위로 드래그	–	O
반시계 방향으로 크라운 돌리기	아래로 드래그	–	O
크라운 빠르게 돌리기	빠르게 드래그	–	O

18. 사진 추가

시뮬레이터에 사진 앱은 5장의 샘플 사진을 가지고 있지만 앱을 테스트하기에 부족한 경우도 있습니다. 시뮬레이터에 원하는 사진을 추가하는 방법은 매우 단순합니다. Finder 에서 원하는 사진을 선택한 후 시뮬레이터로 드래그하면 카메라 롤에 자동으로 추가됩니다.

19. UI 애니메이션 디버깅

Debug 〉 Slow Animations (⌘T) 메뉴를 선택하면 UI 애니메이션이 지정된 시간보다 느리게 실행됩니다. 코드에서 애니메이션 실행 시간을 직접 변경하는 것보다 이 메뉴를 사용하는 것이 편리합니다.

20. 그래픽 품질 조절

오래된 디바이스의 시뮬레이터는 블러 효과와 같은 최신 그래픽 효과를 부드럽게 처리하지 못합니다. 이 경우 Debug 〉 Graphics Quality Override 〉 Low Quality 메뉴를 선택하여 그래픽 효과를 사용하지 않도록 설정하면 시뮬레이터의 실행 성능이 형상됩니다. 최신 디바이스의 시뮬레이터에서는 반대로 Debug 〉 Graphics Quality Override 〉 High Quality 메뉴를 선택하여 모든 그래픽 효과를 사용하도록 설정할 수 있습니다.

▲ Low Quality

▲ High Quality

21. 위치 디버깅

시뮬레이터는 가상의 위치를 설정할 수 있습니다. 네비게이션과 같이 위치를 기반으로 하는 앱을 테스트할 때 직접 원하는 장소로 이동하지 않고 시뮬레이션된 위치를 기반으로 테스트할 수 있습니다.

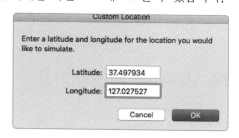

위도와 경도를 직접 지정할 때는 Debug > Location > Custom Locations... 메뉴를 사용합니다. 예를 들어 위도와 경도를 각각 37.497934, 127.027527로 설정하면 시뮬레이터의 가상 위치가 강남역으로 설정됩니다.

위치를 지정한 후 시뮬레이터에 설치된 지도 앱을 실행하고 왼쪽 하단에 있는 현재 위치 버튼을 클릭하면 지도에 강남역이 표시되는 것을 확인할 수 있습니다.

특정 위치의 위도와 경도는 구글 지도에서 쉽게 확인할 수 있습니다. https://www.google.co.kr/maps URL로 이동한 후 원하는 위치를 클릭하면 아래쪽에 위도와 경도가 표시됩니다. 그리고 주소줄에 표시된 URL을 확인하면 마지막 부분에 현재 지도의 중앙에 해당되는 위도와 경도가 표시되어 있습니다.

Debug > Location > Apple 메뉴를 선택하면 Apple 본사의 위치가 가상의 위치로 설정됩니다.

Debug > Location > City Bicycle Ride 메뉴는 미리 지정된 경로를 따라 자전거로 이동하는 상태를 재현하고 City Run 메뉴는 지정된 경로를 달리는 상태를 재현합니다. 위치 기반 피트니스 앱을 테스트할 때 유용하게 사용할 수 있는 메뉴입니다. 이와 마찬가지로 Debug > Location > Freeway Drive 메뉴를 선택하면 지정된 경로를 자동차로 이동하는 상태를 지현할 수 있습니다.

Static Analyzer

Xcode는 프로젝트에 포함되어 있는 소스 코드를 분석하고 문제점을 찾아주는 정적 분석기를 제공합니다. 정적 분석기를 사용하면 소스 코드에 존재하는 논리적인 오류와 메모리 오류를 쉽게 발견할 수 있습니다.

> **Beginner Note** – 정적 프로그램 분석과 동적 프로그램 분석
>
> 정적 프로그램 분석은 프로그램을 실행하지 않고 소스 코드나 목적 코드를 통해 프로그램을 분석합니다. 이와 반대되는 동적 프로그램 분석은 프로그램을 실제 프로세서가 가상 프로세서에서 실행한 상태로 프로그램을 분석하는 방식입니다.

정적 분석기가 분석할 수 있는 메모리 오류 중 Dead Store는 지역 변수가 초기화 이후 사용되지 않는 오류입니다. 이 오류는 메모리 누수나 런타임 오류의 원인이 되는 것은 아닙니다. 하지만 불필요한 프로세스와 메모리 자원을 낭비합니다. 특히 짧은 시간동안 많은 수의 Dead Store가 발생한다면 메모리의 순간 점유율이 높아지므로 시스템 성능 저하가 발생할 수 있습니다. Potential Leak은 잠재적인 메모리 누수 오류입니다. "확정적인" 메모리 누수가 아닌 이유는 정적 분석기의 정확도가 100%에 미치지 못하기 때문입니다. 정적 분석기는 메모리 누수가 발생될 수 있다고 판단되는 코드의 위치와 예상 원인에 대한 정보를 제공합니다. 프로그래머는 이 정보를 토대로 코드를 분석하고 메모리 누수를 해결할 수 있습니다.

Product 〉 Analyze (⇧⌘B) 메뉴를 선택하면 Scheme Popup에 선택되어 있는 Target을 대상으로 정적 분석이 실행됩니다. 정적 분석이 완료되면 이슈 네비게이터에 분석 결과가 표시됩니다. 분석 결과는 아래와 같은 아이콘으로 표시되며 각 항목의 왼쪽에 있는 ▶ 버튼을 클릭하면 상세한 Issue Path를 확인할 수 있습니다.

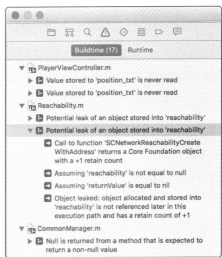

이슈 네비게이터에서 정적 분석 결과를 선택하면 소스 편집기에 연관된 소스 코드가 표시됩니다. 분석 결과에 연관된 라인이 파란색으로 강조되고 Gutter 영역에는 정적 분석 아이콘이 표시됩니다. 그리고 동일한 라인의 오른쪽에는 간단한 분석 결과가 표시됩니다.

이슈 네비게이터에서 세부 결과 항목을 선택하거나 오른쪽에 표시된 분석 결과 메시지를 클릭하면 소스 코드에 상세한 Issue Path가 표시됩니다. Issue Path는 분석된 문제가 발생하는 예상 과정을 시각적으로 보여줍니다.

소스 편집기의 Jump bar 아래에는 Issue Path를 탐색할 수 있는 새로운 바가 표시됩니다. 이슈 단계를 설명하는 메시지를 클릭하면 각 단계로 이동할 수 있는 팝업 메뉴가 표시됩니다. 오른쪽이 있는 화살표 버튼을 클릭하여 이전 단계나 다음 단계로 이동할 수 있고, Done 버튼을 클릭하면 Issue Path가 소스 편집기에서 제거됩니다.

Product 〉 Clean 메뉴를 선택하면 모든 분석 결과가 초기화됩니다. 그리고 이슈 네비게이터와 소스 편집기에 표시되어 있는 모든 분석 결과가 사라집니다.

징적 분석기는 메모리 오류와 논리적인 오류 외에 API 호출 오류, 형변환 오류, 지역화 오류 등 다양한 문제점을 분석할 수 있습니다. 정적 분석기의 분석 범위는 Build Settings에서 설정할 수 있습니다.

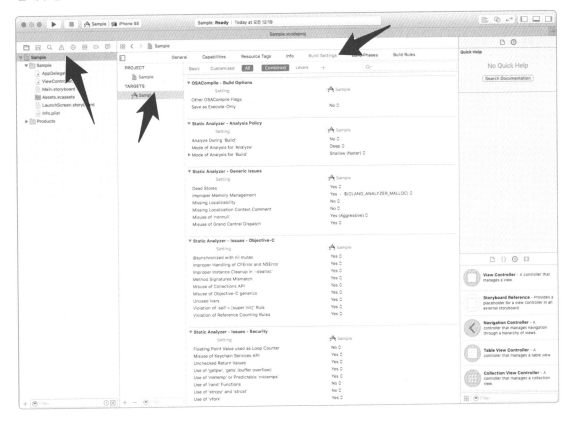

- **Analyze During** : 'Build'YES로 설정할 경우 빌드 과정에서 정적 분석을 실행합니다.
- **Mode of Analysis for 'Analyze'** : Analyze 명령의 정적 분석 모드를 지정합니다. Deep과 Shallow 중 하나를 선택할 수 있습니다.
- **Mode of Analysis for 'Build'Build** : 명령의 정적 분석 모드를 지정합니다. Deep과 Shallow 중 하나를 선택할 수 있습니다.
- **Dead Store** : YES로 설정한 경우 Dead Store를 검출합니다.
- **Missing Localizability, Missing Localization Context Comment** : YES로 설정한 경우 지역화되지 않은 문자열을 검출합니다.
- **Misuse of 'nonnull'** : 잘못된 nonnull 사용을 검출합니다.
- **Misuse of Grand Central Dispatch** : GCD를 잘못 사용한 코드를 검출합니다.
- **Misuse of Collections** : API컬렉션 API를 잘못 사용한 코드를 검출합니다.
- **Misuse of Objective-C generics** : Objective-C generics를 잘못 사용한 코드를 검출합니다.
- **Unused Ivars** : 선언 후 사용하지 않는 L-Value를 검출합니다.
- **Violation of 'self = [super init]' Rule** : 생성자 메소드 구현 규칙을 지키지 않은 Objective-C 코드를 검출합니다.
- **Violation of Reference Counting Rules** : 참조 카운트 규칙을 지키지 않은 코드를 검출합니다.

Instruments

C H A P T E R

08

Instruments는 Xcode에 통합되어 있는 고수준의 분석 도구입니다. 최초에는 Xray라는 이름을 가진 별도의 프로그램으로 제공되었다가 Xcode 3.0 출시와 함께 Instruments로 이름이 변경되고 Xcode 에 통합되었습니다.

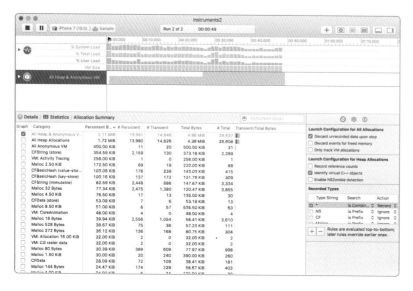

Instruments는 시뮬레이터와 iPhone, iPad 등 실제 디바이스에서 실행중인 앱의 다양한 성능 데이터를 수집하고 분석할 수 있습니다.

- 시스템 자원 사용량
- 프로세스 상세 정보, 멀티코어 성능 정보 (스레드 상태, 디스패치 큐, 블록 사용량 등)
- 메모리 할당량과 누수
- 파일 시스템 이벤트(파일 추가, 삭제, 권한 변경 등)
- 코어 데이터 이벤트
- 전원 사용량
- GPU 및 OpenGL ES 성능
- 네트워크 이벤트 및 성능

Instruments의 전체 기능과 사용법은 Apple 개발자 사이트에서 제공하는 Instruments User Guide

를 참고해 주시기 바랍니다. 이 책은 메모리와 관련된 기능을 중심으로 설명합니다.

1. Instruments 시작하기

Instruments는 Xcode에서 실행하거나 Xcode를 실행하지 않고 개별적으로 실행할 수 있습니다. 대부분의 경우 코드 편집과 병행하기 때문에 Xcode에서 실행하는 방식을 주로 사용합니다.

1.1 Xcode에서 Instruments 시작하기

STEP 01

Scheme Menu에서 실행 대상을 선택합니다.

STEP 02

Product 〉 Profile 메뉴를 선택합니다.

STEP 03

템플릿 선택 창에서 원하는 템플릿을 선택한 후 Choose 버튼을 클릭합니다.

STEP 04

File 〉 Record Trace 메뉴를 선택하거나 상단 툴바에 있는 Record 버튼을 클릭합니다.

1.2 Instruments 실행 설정

Profile 메뉴를 통해 Instruments를 실행하면 기본적으로 템플릿 선택 창이 표시됩니다. Scheme 설정에서 특정 템플릿을 사용하도록 설정하면 템플릿을 선택하는 단계를 거치지 않고 Instruments를 더욱 빠르게 실행할 수 있습니다.

STEP 01

Scheme Menu에서 실행 대상을 선택합니다.

STEP 02

Scheme Menu 하단에 있는 Edit Scheme... 항목을 선택합니다.

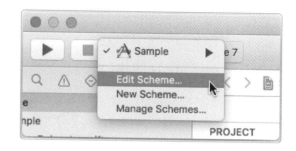

STEP 03

Scheme 편집창 왼쪽 영역에서 Profile 항목을 선택한 후 오른쪽 영역에서 Info 항목을 선택합니다.

STEP 04

Instruments 팝업 메뉴에서 템플릿을 선택합니다.

앞에서 설명한 방식으로 원하는 템플릿을 지정하면 Instruments가 실행된 후 자동으로 분석을 시작합니다.

1.3 디버그 리포트 화면에서 Instruments 실행하기

Xcode 5 이상의 버전은 디버그 네비게이터를 통해 현재 실행 중인 디버그 세션의 성능 정보를 제공합니다. 소스 편집 영역에 표시되는 리포트는 "Profile In Instruments" 버튼을 가지고 있습니다. 이 버튼을 클릭하면 현재 디버그 세션 정보를 Instruments로 이전하여 테스트를 수행할 수 있습니다.

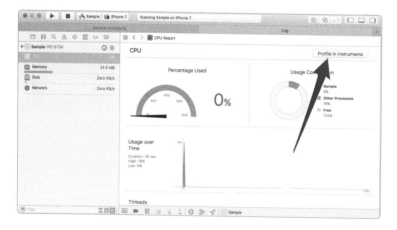

2. Instruments 화면 구성

Instruments의 작업영역은 Xcode와 유사한 구조로 구성되어 있습니다. Toolbar, Instruments Pane, Track Pane을 제외한 나머지 영역은 필요에 따라 숨길 수 있습니다. 그리고 Instruments Pane과 Track Pane이 합쳐진 영역을 Timeline Pane이라고 부릅니다.

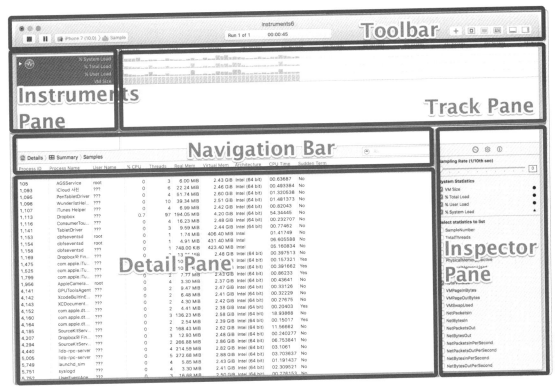

2.1 Toolbar

Toolbar 영역은 Xcode의 툴바와 매우 유사합니다. 왼쪽에 있는 Record, Pause 버튼은 Instruments의 동작을 제어합니다. Record 버튼은 실행 상태에 따라 Stop 버튼으로 전환됩니다.

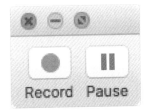

Xcode를 통해 Instruments를 실행하는 경우 Target Device와 Target Process가 자동으로 설정됩니다. 만약 Instruments를 직접 실행하거나 프로파일링을 실행할 디바이스를 변경하고 싶다면 Target 메뉴에서 선택할 수 있습니다.

Toolbar 중앙에 있는 Activity Viewer는 프로
파일링이 실행된 시간과 횟수를 보여줍니다.

새로운 프로파일링 템플릿을 추가하려면 + 버튼을 클릭하고 원하는
템플릿을 더블 클릭하거나 Instruments Pane으로 드래그합니다.
Strategy 버튼은 Timeline Pane에 표시할 데이터의 종류를 설정합
니다.

View 버튼은 Detail Pane과 Inspector Pane을 표시 상태를 설정합니다. 이것
과 동일한 기능은 View 메뉴를 통해서 제공됩니다.

- View 〉 Detail (⌘D)
- View 〉 Inspectors 〉Show Record Settings (⌘1)
- View 〉 Inspectors 〉Show Display Settings (⌘2)
- View 〉 Inspectors 〉Show Extended Settings (⌘3)

2.2 Instruments pane

현재 사용 중인 모듈의 목록이 표시됩니다. Toolbar에서 + 버튼을 누른 후 새로운 모듈을 추가할 수
있고 모듈을 선택한 후 Delete 키를 누르면 모듈이 삭제됩니다. Instruments Pane에서 모듈을 선택
하면 Detail Pane과 Inspector Pane이 연관된 정보로 업데이트 됩니다. 각 모듈의 경계를 드래그하
면 모듈의 크기가 변경됩니다.

2.3 Track pane

Instruments pane에 포함된 모듈이 수집한 데이터를 시각적으로 표시합니다. 기본적으로
Instruments Strategy View 방식으로 데이터를 표시합니다. Toolbar에 있는 버튼을 통해 데이터
표시 방식을 변경할 수 있습니다.

2.4 Navigation bar

Detail Pane에 표시할 데이터를 선택할 수 있는 메뉴와 검색창을 제공합니다. 다양한 팝업 메뉴를 통
해 수집된 데이터를 쉽게 탐색할 수 있습니다.

2.5 Detail pane

현재 선택되어 있는 모듈이 수집한 상세 데이터를 표시합니다. 상단에 표시된 제목에서 오른쪽 마우
스 버튼을 클릭하면 표시할 데이터의 종류를 선택할 수 있습니다. 각 항목의 제목을 클릭하면 데이터

의 정렬 방식을 변경할 수 있습니다. 데이터로 마우스 포인터를 가져가면 오른쪽에 화살표 아이콘이 표시됩니다. 이 아이콘을 클릭하면 해당 항목의 상세 데이터를 표시합니다.

2.6 Inspector pane

Timeline Pane, Detail Pane에서 선택한 항목에 대한 설정화면을 표시합니다. 수집할 데이터의 범위를 지정하거나 데이터를 표시하는 방식 등을 설정할 수 있습니다.

3. Instruments와 템플릿

Instruments에서 성능 데이터를 수집하는 모듈을 Instrument라고 부릅니다. 프로그램의 이름이 Instruments인 것은 다양한 Instrument를 제공하기 때문입니다. (이 책에서는 프로그램 이름인 Instruments를 "Instruments"로, 개별 모듈을 나타내는 Instrument는 "모듈"로 표현하고 있습니다.)

템플릿은 자주 사용하는 모듈을 하나의 묶음으로 제공합니다. File 〉 New 메뉴를 선택하면 템플릿 선택 창이 표시됩니다. 메모리 분석에 주로 사용하는 템플릿은 Allocations, Leaks, Zombies이고, Activity Monitor, System Trace, System Usage 템플릿도 메모리와 관련된 정보를 제공합니다. Instruments가 제공하는 템플릿에 새로운 모듈을 추가하거나 Blank 템플릿에 새로운 모듈을 추가하여 새로운 템플릿을 만들 수 있습니다.

3.1 Activity Monitor Template

분석 대상의 CPU, 메모리, 디스크, 네트워크 사용량 정보를 제공합니다. macOS, iOS 앱을 분석할 수 있으며 Activity Monitor 모듈이 포함되어 있습니다.

3.2 Allocations Template

분석 대상이 사용 중인 힙 메모리와 가상 메모리 크기, 객체의 할당과 해제에 관한 정보를 분석할 때 사용합니다. macOS, iOS 앱을 분석할 수 있으며 Allocations, VM Tracker 모듈이 포함되어 있습니다.

3.3 Energy Log Template

iOS 디바이스에 내장되어 있는 다양한 하드웨어의 동작 상태와 전원 사용량을 분석할 수 있습니다. iOS 디바이스에 한해서 사용할 수 있으며 맥이나 시뮬레이터를 대상으로 사용할 수 없습니다. 이 템플릿은 Energy Usage Log, CPU Activity Log, Network Activity Log, Display Brightness Log, Sleep/Wake Log, Bluetooth On/Off Log, Wi-Fi On/Off Log, GPS On/Off Log 모듈로 구성되어 있습니다.

3.4 Leaks Template

메모리 누수를 분석할 때 사용합니다. 클래스가 할당한 메모리와 히스토리, 정상적으로 해제되지 않은 메모리 블록에 대한 자세한 정보를 제공합니다. Allocations 모듈과 Leaks 모듈로 구성되어 있습니다.

3.5 Zombies Template

좀비 객체를 찾을 때 사용합니다. 프로그램이 할당한 메모리에 관한 전반적인 정보를 함께 제공합니다. 좀비 객체를 인식하는 옵션(Enable NSZombie detection)이 활성화되어 있는 하나의 Allocations 모듈로 구성되어 있습니다.

3.6 새로운 모듈 추가

Toolbar에 있는 + 버튼(라이브러리 버튼)을 통해 새로운 모듈을 추가할 수 있습니다.

[STEP **01**]

File 〉New 메뉴를 선택한 후, 템플릿 선택 창에서 원하는 템플릿을 선택합니다.

[STEP **02**]

툴바에 있는 + 버튼을 클릭합니다.

[STEP **03**]

라이브러리 팝업에서 원하는 모듈을 Instruments Pane으로 드래그하거나 더블 클릭합니다.

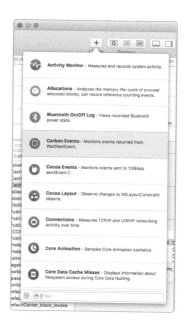

일부 모듈은 분석 대상이나 함께 사용할 수 있는 모듈에 제한이 있습니다. 이러한 모듈이 추가되면 Track pane 오른쪽에 경고 메시지가 표시되고 Record 버튼과 메뉴가 비활성화됩니다. 예를 들어 iOS 시뮬레이터를 대상으로 분석하는 경우 Display Brightness Log 모듈을 사용할 수 없습니다.

4. Allocations Instrument

Allocations 모듈(Instrument)은 메모리 할당과 해제에 관한 상세한 정보를 제공합니다. 이 모듈로 수집된 데이터는 Statistics, Call Trees, Allocations List, Generations 뷰 중 하나로 분석할 수 있습니다. 뷰는 네비게이션 바에 있는 Detail view 메뉴를 통해 선택할 수 있습니다.

4.1 Statistics

Statistics 뷰는 메모리 사용량에 대한 개요를 제공합니다.

Graph	Category	Persistent B... ∨	# Persistent	# Transient	Total Bytes	# Total	Transient/Total Bytes
☑	All Heap & Anonymous V...	6.55 MiB	14,085	11,594	9.77 MiB	25,679	
☐	All Heap Allocations	1.80 MiB	14,068	11,564	4.26 MiB	25,632	
☐	All Anonymous VM	4.75 MiB	17	30	5.52 MiB	47	
☐	VM: CoreServices	2.47 MiB	1	0	2.47 MiB	1	
☐	VM: Dispatch continuati...	2.00 MiB	1	0	2.00 MiB	1	
☐	VM: CoreAnimation	160.00 KiB	10	0	160.00 KiB	10	
☐	CFBasicHash (value-stor...	81.23 KiB	607	571	148.92 KiB	1,178	
☐	CFBasicHash (key-store)	78.50 KiB	575	498	135.77 KiB	1,073	
☐	Malloc 4.00 KiB	76.00 KiB	19	39	232.00 KiB	58	
☐	Malloc 8.50 KiB	68.00 KiB	8	13	178.50 KiB	21	
☐	UIStatusBarComposedD...	63.00 KiB	21	0	63.00 KiB	21	
☐	CFString (immutable)	59.34 KiB	1,104	0	59.34 KiB	1,104	
☐	CFDictionary (mutable)	58.69 KiB	939	0	58.69 KiB	939	
☐	Malloc 8.00 KiB	56.00 KiB	7	13	160.00 KiB	20	
☐	CFData	55.62 KiB	171	0	55.62 KiB	171	
☐	Malloc 2.00 KiB	52.00 KiB	26	17	86.00 KiB	43	
☐	Malloc 512 Bytes	49.00 KiB	98	71	84.50 KiB	169	
☐	VM: Allocation 16.00 KiB	48.00 KiB	3	19	352.00 KiB	22	
☐	VM: CG raster data	48.00 KiB	1	4	240.00 KiB	5	
☐	OS_xpc_dictionary	39.38 KiB	210	0	39.38 KiB	210	

Details › Statistics › Allocation Summary   Instrument Detail

- **Graph** : Track pane에 표시할 데이터를 선택할 수 있습니다. 체크 박스를 선택하면 관련된 메모리의 크기와 생성시간, 지속시간이 Track pane에 표시됩니다.
- **Category** : 할당된 메모리의 종류를 표시합니다. VM:으로 시작하는 카테고리는 가상 메모리에 할당된 항목입니다. 카테고리 이름 오른쪽에 있는 화살표 버튼을 클릭하면 해당 카테고리에 속한 상세 목록을 표시합니다.
- **Persistent Bytes** : 현재 할당되어 사용 중인 메모리의 크기를 표시합니다.
- **# Persistent** : 사용 중인 메모리 공간에 포함된 객체와 메모리 블록의 수를 표시합니다.
- **# Transient** : 할당되었다가 해제된 객체와 메모리 블록의 수를 표시합니다.
- **Total Bytes** : 할당된 전체 메모리 크기를 표시합니다. 여기에는 해제된 메모리의 크기가 포함됩니다.
- **# Total** : 할당된 전체 객체와 메모리 블록의 수를 표시합니다. 해제된 객체와 메모리 블록의 수도 포함됩니다.

- **# Transient/Total** : 사용 중인 메모리와 할당된 전체 메모리의 비율을 막대그래프로 표시합니다. +++로 표시되어 있는 경우 항목을 더블클릭하여 갱신할 수 있습니다.

4.2 Call Trees

Call Trees 뷰는 메모리 할당에 사용된 함수(메소드) 호출에 대한 정보를 제공합니다.

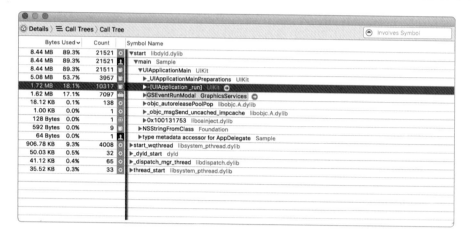

- **Bytes Used** : 심벌에 할당된 메모리 크기와 비율을 표시합니다.
- **Count** : 심벌이 호출된 횟수를 표시합니다.
- **Self Bytes** : 호출에 사용된 메모리의 크기를 표시합니다.
- **Self %** : 호출에 사용된 메모리 비율을 표시합니다.
- **Parent %** : 호출의 상위 호출에서 사용된 메모리 비율을 표시합니다.
- **Source Path** : 호출이 발생한 소스 파일의 경로를 표시합니다.
- **Category** : 호출의 종류를 나타내는 아이콘을 표시합니다.
- **Library** : 호출이 발생한 라이브러리 이름을 표시합니다.
- **Symbol Name** : 메모리를 할당한 심벌 이름을 표시합니다. 심벌 이름 왼쪽에 있는 ▶ 버튼을 클릭하면 하위 목록이 표시됩니다. 하위 목록으로 갈수록 메모리를 할당한 함수 또는 메소드에 대한 구체적인 정보가 제공됩니다.

4.3 Allocations List

Allocations List 뷰는 개별 메모리가 할당된 순서와 시점에 대한 상세한 정보를 제공합니다.

Details > Allocations List > All Allocations — Instrument Detail

#	Address	Category	Timestamp	Live	Size	Responsible Library	Responsible Caller
0	0x102a80000	Malloc 48.00 KiB	00:06.286.901		48.00 KiB	dyld	_dyld_start
1	0x12f6a3f20	Malloc 128 Bytes	00:06.287.199	•	128 Bytes	dyld	_dyld_start
2	0x12f6a47f0	Malloc 128 Bytes	00:06.289.366	•	128 Bytes	dyld	_dyld_start
3	0x12f6a38c0	Malloc 128 Bytes	00:06.289.647	•	128 Bytes	dyld	_dyld_start
4	0x12f6a4e80	Malloc 128 Bytes	00:06.289.663	•	128 Bytes	dyld	_dyld_start
5	0x12f6a3e70	Malloc 128 Bytes	00:06.289.792	•	128 Bytes	dyld	_dyld_start
6	0x12f6a4be0	Malloc 128 Bytes	00:06.289.824	•	128 Bytes	dyld	_dyld_start
7	0x12f6a5a00	Malloc 128 Bytes	00:06.290.309	•	128 Bytes	dyld	_dyld_start
8	0x12f6a3d20	Malloc 128 Bytes	00:06.290.334	•	128 Bytes	dyld	_dyld_start
9	0x12f6a4f30	Malloc 128 Bytes	00:06.290.722	•	128 Bytes	dyld	_dyld_start
10	0x12f6a31b0	Malloc 16 Bytes	00:06.292.040	•	16 Bytes	libswiftDispatch.dylib	_dispatch_overlay_constructor()
11	0x12f6a3390	Malloc 32 Bytes	00:06.292.062		32 Bytes	libswiftDispatch.dylib	_dispatch_overlay_constructor()
12	0x12f6a2840	Malloc 16 Bytes	00:06.292.064		16 Bytes	libswiftDispatch.dylib	_dispatch_overlay_constructor()
13	0x12f6a3390	Malloc 32 Bytes	00:06.292.066		32 Bytes	libswiftDispatch.dylib	_dispatch_overlay_constructor()
14	0x12f6a27b0	Malloc 16 Bytes	00:06.292.070		16 Bytes	libswiftDispatch.dylib	_dispatch_overlay_constructor()
15	0x12f6a3700	Malloc 48 Bytes	00:06.292.073		48 Bytes	libswiftDispatch.dylib	_dispatch_overlay_constructor()
16	0x12f6a2410	Malloc 16 Bytes	00:06.292.075		16 Bytes	libswiftDispatch.dylib	_dispatch_overlay_constructor()
17	0x12f6a3700	Malloc 48 Bytes	00:06.292.076		48 Bytes	libswiftDispatch.dylib	_dispatch_overlay_constructor()
18	0x12f6a2460	Malloc 16 Bytes	00:06.292.078		16 Bytes	libswiftDispatch.dylib	_dispatch_overlay_constructor()
19	0x12f6a36c0	Malloc 64 Bytes	00:06.292.079		64 Bytes	libswiftDispatch.dylib	_dispatch_overlay_constructor()
20	0x12f6a1f90	Malloc 16 Bytes	00:06.292.081		16 Bytes	libswiftDispatch.dylib	_dispatch_overlay_constructor()
21	0x12f6a36c0	Malloc 64 Bytes	00:06.292.082		64 Bytes	libswiftDispatch.dylib	_dispatch_overlay_constructor()
22	0x12f6a1ce0	Malloc 16 Bytes	00:06.292.085	•	16 Bytes	libswiftDispatch.dylib	_dispatch_overlay_constructor()
23	0x12f6a3760	Malloc 80 Bytes	00:06.292.086		80 Bytes	libswiftDispatch.dylib	_dispatch_overlay_constructor()
24	0x12f6a0220	Malloc 16 Bytes	00:06.292.088		16 Bytes	libswiftDispatch.dylib	_dispatch_overlay_constructor()

- **#** : 메모리 할당 번호를 표시합니다.
- **Address** : 할당된 메모리 블록의 주소를 표시합니다. 오른쪽에 있는 화살표를 클릭하면 다음과 같이 메모리의 할당 히스토리를 볼 수 있습니다. Record Settings에서 설정한 구성에 따라 모든 히스토리가 표시되지 않을 수도 있습니다.

Details > Allocations List > All Allocations > History: 0x12f6a3390

#	Event Type	Δ RefCt	RefCt	Timestamp	Responsible Li...	Responsible Caller
0	Malloc	+1	1	00:06.292.062	libswiftDispat...	_dispatch_overlay_constructor()
1	Realloc		1	00:06.292.066	libswiftDispat...	_dispatch_overlay_constructor()
2	Realloc		1	00:06.292.073	libswiftDispat...	_dispatch_overlay_constructor()
3	Realloc		1	00:06.292.076	libswiftDispat...	_dispatch_overlay_constructor()
4	Realloc		1	00:06.292.079	libswiftDispat...	_dispatch_overlay_constructor()
5	Realloc		1	00:06.292.082	libswiftDispat...	_dispatch_overlay_constructor()
6	Realloc		1	00:06.292.086	libswiftDispat...	_dispatch_overlay_constructor()
7	Realloc		1	00:06.292.089	libswiftDispat...	_dispatch_overlay_constructor()
8	Realloc		1	00:06.292.093	libswiftDispat...	_dispatch_overlay_constructor()
9	Realloc		1	00:06.292.096	libswiftDispat...	_dispatch_overlay_constructor()
10	Realloc		1	00:06.292.100	dyld	_dyld_start

△RefCt 컬럼은 참조 카운트의 변화에 대한 정보를 제공합니다. RefCt 컬럼은 특정 시점의 참조 카운트를 보여줍니다. 이 화면은 메모리 누수를 분석할 때 자주 참고하는 화면입니다.

- **Category** : 할당된 메모리 종류를 표시합니다.
- **Identifier** : 객체의 식별자를 표시합니다.
- **Timestamp** : 메모리가 할당된 시간을 표시합니다.
- **Live** : 현재 사용 중인 메모리 블록인 경우 ● 문자가 표시됩니다.
- **Size** : 메모리 블록의 크기를 표시합니다.
- **Responsible Library** : 메모리를 할당한 라이브러리의 이름을 표시합니다.
- **Responsible Caller** : 메모리를 할당한 구체적인 함수 또는 메소드 이름을 표시합니다.

4.4 Generations

Generations 뷰는 특정 시점의 메모리 스냅샷 정보를 제공합니다. 메모리 스냅샷은 Display Settings Inspector에 있는 Make Generation 버튼을 클릭하면 생성할 수 있습니다. Display Settings Inspector는 View 〉 Inspectors 〉 Show Display Settings (⌘2) 메뉴를 통해 표시할 수 있습니다.

새로운 스냅샷이 생성되면 Generations 뷰에 생성된 순서대로 나열됩니다. 그리고 Track pane의 타임라인에는 스냅샷이 생성된 시간을 나타내는 붉은색 플래그가 표시됩니다. Generations 뷰에서 특정 스냅샷의 상세 화면을 표시하면 다음과 같이 해당 영역이 하늘색으로 강조됩니다.

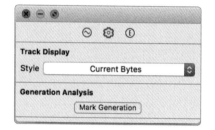

Snapshot	Timestamp	Growth	# Persistent
▶Generation A ⊕	00:12.862.720	6.04 MiB	10,107
▶Generation B	00:15.832.808	0 Bytes	0
▶Generation C	00:17.115.651	0 Bytes	0
▶Generation D	00:17.812.989	0 Bytes	0
▶Generation E	00:21.277.800	0 Bytes	0

5. Leaks Instrument

Leaks 모듈은 정상적으로 해제되지 않은 메모리 정보를 수집합니다. 수집된 정보는 Leaks, Cycles & Roots, Call Tree 뷰를 통해 제공됩니다. 이 책에서는 Leaks 뷰에 대해서만 설명합니다. Cycles & Roots 뷰가 제공하는 정보는 일반적으로 큰 도움이 되지 않고, Call Tree 뷰는 Allocations 모듈에서 제공하는 Call Trees 뷰와 매우 유사하기 때문입니다.

Leaks 모듈은 기본적으로 10초 단위로 메모리 스냅샷을 생성하고, 이 정보를 분석하여 메모리 누수 여부를 판단합니다. 스냅샷 생성 주기에 따라 수집 결과가 달라질 수 있으므로 다양한 주기를 설정하여 반복적으로 데이터를 수집한 후 모든 데이터에 공통적으로 존재하는 항목을 중심으로 분석하는 것이 적합합니다. 스냅샷 생성주기를 10초 이하로 할 경우 비정상적으로 종료되는 경우가 있으므로 주의해야 합니다. 스냅샷 생성주기는 Leaks 모듈의 Display Settings Inspector에서 설정할 수 있습니다.

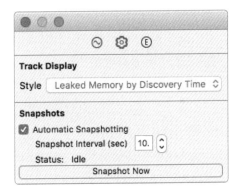

Instruments는 메모리 누수가 발견되거나 스냅샷 생성 주기가 만료되면 타임라인에 아이콘을 표시합니다. 메모리 누수가 발견된 경우 빨간색 X 아이콘을 표시하고, 메모리 누수가 발견되지 않은 경우에는 회색 – 아이콘을 표시합니다.

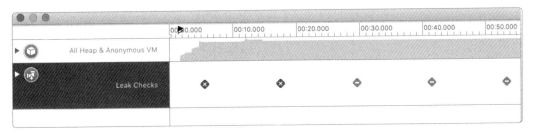

5.1 Leaks

Leaks 뷰는 정상적으로 해제되지 않은 메모리에 대한 개요를 제공합니다.

Leaked Object	#	Address	Size	Responsible Library	Responsible Frame
▼Malloc 272 Bytes	3	< multiple >	816 Bytes	smilereader_mobile	0x1002ca273
Malloc 272 Bytes	1	0x14603ed70	272 Bytes	smilereader_mobile	0x1002ca273
Malloc 272 Bytes	1	0x14607fc40	272 Bytes	smilereader_mobile	0x1002ca273
Malloc 272 Bytes	1	0x144f8bc80	272 Bytes	smilereader_mobile	0x1002ca273
__NSCFString	1	0x144fa1130	64 Bytes	smilereader_mobile	0x1002ca273
Malloc 3.00 KiB	1	0x145855400	3.00 KiB	Foundation	-[NSConcreteMutableData initWithCapacity:]
Malloc 272 Bytes	1	0x144fa0c70	272 Bytes	smilereader_mobile	0x1002ca273
▶Malloc 208 Bytes	3	< multiple >	624 Bytes	smilereader_mobile	0x1002ca273
▼__NSCFString	2	< multiple >	128 Bytes	smilereader_mobile	0x1002ca31b
__NSCFString	1	0x146033080	64 Bytes	smilereader_mobile	0x1002ca31b
__NSCFString	1	0x14603ab30	64 Bytes	smilereader_mobile	0x1002ca31b
__NSCFString	1	0x14602d580	64 Bytes	smilereader_mobile	0x1002ca31b
HTTPHeaderDict	1	0x144f53b00	32 Bytes	CFNetwork	HTTPMessage::mutableHeaders()
Malloc 272 Bytes	1	0x144fab410	272 Bytes	smilereader_mobile	0x1002ca273
__NSMallocBlock__	1	0x144f49530	64 Bytes	smilereader_mobile	0x10008c23f

- Leaked Object : 정상적으로 해제되지 않은 객체와 메모리 블록을 표시합니다. 동일한 형식의 요소는 하나의 그룹으로 표시되고, 왼쪽에 있는 ▶ 버튼을 클릭하면 개별 항목을 확인할 수 있습니다.
- # : 메모리 누수가 발생한 횟수를 표시합니다.
- Address : 정상적으로 해제되지 않은 메모리 주소를 표시합니다. 주소 오른쪽에 있는 화살표 버

튼을 클릭하면 참조 카운트와 메모리 할당/해제 시점을 확인할 수 있는 History View가 표시됩니다. 참조 카운트의 변화와 객체의 소유권을 확인할 수 있어서 메모리 누수를 분석하는데 가장 많은 도움이 되는 화면입니다.

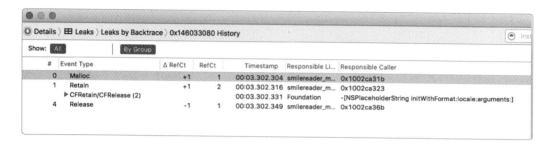

- **Size** : 정상적으로 해제되지 않은 메모리 크기를 표시합니다.
- **Responsible Library** : 누수의 원인이 된 라이브러리 이름을 표시합니다.
- **Responsible Frame** : 누수의 원인이 된 코드 호출을 표시합니다.

6. Instruments로 메모리 누수 분석하기

ARC를 기본 메모리 관리 모델로 선택한 경우 MRR 모델을 선택한 경우에 비해 메모리 누수가 발생할 가능성이 낮습니다. 하지만 ARC는 참조 사이클로 인한 메모리 누수 문제를 자동으로 해결하지 못하기 때문에 직접 처리해야 합니다. 이 책은 참조 사이클 문제를 발생시키는 샘플 코드를 통해 Instruments에서 메모리 누수를 분석하는 방법을 설명합니다.

STEP **01**

새로운 iOS Single View Application을 생성합니다.

STEP **02**

새로운 Car 클래스를 추가한 후 아래와 같이 구현합니다.

Objective-C Instruments/LeaksObjC/Car.h
```objc
typedef double (^SimpleBlock)();

@interface Car: NSObject
@property double totalDrivingDistance;
@property double totalUsedGas;
@property (copy, nonatomic) SimpleBlock gasMileage;
-(void)drive;
@end
```

Objective-C Instruments/LeaksObjC/Car.m

```objc
@implementation Car
- (instancetype)init {
    self = [super init];
    if (self) {
        _totalDrivingDistance = 0.0;
        _totalUsedGas = 0.0;
        _gasMileage = ^{
            return self.totalDrivingDistance / self.totalUsedGas;
        };
    }
    return self;
}

- (void)drive {
    self.totalDrivingDistance = 1200.0;
    self.totalUsedGas = 73.0;
}

- (void)dealloc {
    NSLog(@"Car is being deinitialized");
}
@end
```

Swift Instruments/LeaksSwift/Car.swift

```swift
class Car {
    var totalDrivingDistance: Double = 0.0
    var totalUsedGas: Double = 0.0

    lazy var gasMileage: () -> Double = {
        return self.totalDrivingDistance / self.totalUsedGas
    }

    func drive() {
        self.totalDrivingDistance = 1200.0
        self.totalUsedGas = 73.0
    }
}
```

STEP **03**

ViewController 클래 스에 myCar 속성을 추가합니다.

Objective-C Instruments/LeaksObjC/ViewController.h

```objc
@property (strong, nonatomic) Car* myCar;
```

Swift Instruments/LeaksSwift/ViewController.h
```swift
var myCar: Car?
```

STEP **04**

프로젝트 네비게이터에서 Main.storyboard 파일을 선택합니다.

STEP **05**

View Controller Scene에 버튼을 추가한 후 제목을 Leak으로 수정합니다.

STEP **06**

Leak 버튼을 makeLeak(_:) 메소드와 Action으로 연결한 후 아래와 같이 구현합니다.

Objective-C Instruments/LeaksObjC/ViewController.m
```objectivec
- (IBAction)makeLeak:(id)sender {
    self.myCar = [[Car alloc] init];
    [self.myCar drive];
    [self.myCar gasMileage];
}
```

Swift Instruments/LeaksSwift/ViewController.m
```swift
@IBAction func makeLeak(sender: AnyObject) {
    self.myCar = Car()
    myCar?.drive()
    myCar?.gasMileage()
}
```

이 메소드는 버튼을 클릭할 때마다 새로운 Car 인스턴스를 생성합니다. myCar 속성에 새로운 인스턴스가 할당되면 이전에 할당되어 있던 인스턴스는 해제되어야 합니다. 하지만 Car 클래스의 gasMileage 속성이 클로저로 구현되어 있고, 클로저 내부에서 self를 캡처하고 있어서 참조 사이클로 인한 메모리 누수가 발생합니다.

STEP **07**

Leak 버튼 아래쪽에 새로운 버튼을 추가한 후 제목을 Release로 수정합니다.

STEP **08**

Release 버튼을 releaseCar(_:) 메소드와 Action으로 연결한 후 아래와 같이 구현합니다.

Objective-C Instruments/LeaksObjC/ViewController.m
```objectivec
- (IBAction)releaseCar:(id)sender {
    self.myCar = nil;
}
```

```
Swift  Instruments/LeaksSwift/ViewController.m
@IBAction func releaseCar(sender: AnyObject) {
    myCar = nil
}
```

STEP **09**

Product 〉 Build 또는 Product 〉 Run 메뉴를 통해 프로젝트가 정상적으로 빌드되는지 확인합니다.

6.1 정적 분석기 실행

메모리 누수를 분석하는 첫 번째 단계는 정적 분석기를 실행하는 것입니다. 정적 분석기는 메모리 누수, Dead Store와 같은 문제들을 검출할 수 있습니다. 하지만 참조 사이클과 같이 비교적 복잡한 메모리 문제는 제대로 검출하지 못하는 단점을 가지고 있습니다.

STEP **10**

Product 〉 Analyze (⇧⌘B) 메뉴를 선택합니다.

STEP **11**

이슈 네비게이터에서 발견된 문제점을 검토합니다. 이 예제에서는 정적 분석기가 참조 사이클 문제를 발견하지 못합니다.

6.2 Instruments 실행

만약 정적 분석기가 발견한 문제를 수정했다면 Instruments를 통해 수정 결과를 검증할 수 있습니다. 또한, 이 예제와 같이 정적 분석기가 발견하지 못한 메모리 문제를 파악하기 위해 다양한 정보를 수집할 수 있습니다.

STEP **12**

Product 〉 Profile (⌘I) 메뉴를 선택합니다.

STEP **13**

템플릿 선택 창에서 Leaks 템플릿을 선택한 후 Choose 버튼을 클릭합니다.

이 템플릿에는 Allocations, Leaks 모듈이 기본적으로 포함되어 있습니다.

STEP **14**

Allocations 모듈을 선택한 후 View 〉 Inspectors 〉 Show Display Settings (⌘2) 메뉴를 선택합니다.

Allocation Lifespan 섹션에서 All Allocations 옵션을 선택합니다.

Toolbar에 있는 Record 버튼을 클릭합니다.

시뮬레이터에서 앱이 시작되면 화면에 있는 Leak 버튼을 1초 간격으로 10회 이상 클릭합니다.

첫 번째 스냅샷 주기에서는 메모리 누수가 발견되지 않지만 두 번째 스냅샷 주기부터 메모리 누수가
발견되고 타임라인에 빨간색 X 아이콘이 표시됩니다. (경우에 따라서 첫 번째 주기부터 메모리 누수
가 발견될 수 있습니다.)

약 30초 정도 경과된 후 Toolbar에 있는 Stop 버튼을 클릭합니다.

6.3 Leaks 모듈이 수집한 데이터 검토

Instruments Pane에서 Leaks 모듈을 선택하면 Detail Pane에 메모리 누수가 예상되는 객체의 목
록이 표시됩니다. Leaked Object 컬럼을 보면 예제에서 구현했던 Car 클래스가 표시되어 있습니다.
이것을 통해 Car 클래스에서 메모리 누수가 발생하고 있다는 첫 번째 힌트를 얻을 수 있습니다. 이름
앞에 있는 화살표를 클릭하면 세부 내용이 펼쳐집니다.

Address 컬럼으로 마우스 포인터를 가져가면 오른쪽에 화살표 버튼이 표시됩니다. 화살표 버튼을 클릭하면 메모리의 할당 히스토리를 확인할 수 있습니다. History View 하단에는 메모리의 참조 횟수를 보여줍니다. +1은 해제되지 않은 참조가 있다는 것을 의미합니다. 그리고 Responsible Caller 컬럼을 보면 makeLeak(_:) 메소드에서 두 번의 Retain이 발생했지만 Release는 한 번 밖에 발생하지 않는다는 두 번째 힌트를 얻을 수 있습니다.

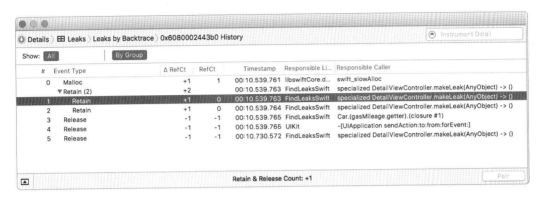

STEP **19**

View 〉 Inspectors 〉 Show Extended Detail (⌘3) 메뉴를 선택하여 Extended Detail Inspector를 표시합니다.

Extended Detail Inspector에는 메모리 할당과 관련된 Stack Trace 목록이 표시됩니다. 목록에 포함된 항목 중 검은색 아바타 아이콘으로 표시된 항목을 더블 클릭하면 Detail Pane에 연관된 코드가 표시됩니다. 이러한 정보를 토대로 ViewController 클래스의 makeLeak(_:) 메소드 내에서 누수가 예상된다는 세 번째 힌트를 얻을 수 있습니다.

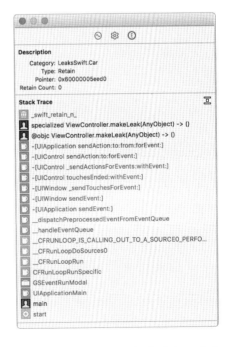

Leaks 모듈은 설정된 주기마다 반복적으로 메모리 스냅샷을 생성하고 메모리 누수가 의심되는 객체를 파악합니다. 만약 객체의 생명주기가 Leaks 모듈의 스냅샷 생성주기보다 길거나 두 생성주기에 걸치게 된다면 정상적으로 해제되는 객체도 누수된 객체로 판단할 수 있습니다. 그래서 Allocations 모듈을 통해 Car 인스턴스의 할당과 해제 상태를 추가적으로 검토해 보아야 합니다.

6.4 Allocations 모듈이 수집한 Car 인스턴스 데이터 검토

Allocations 모듈을 선택하면 Detail pane에 할당된 모든 항목이 표시됩니다. 대부분의 경우 수천 개의 항목이 표시되어 있는데, 네비게이션 바에 있는 검색창을 사용하면 원하는 항목을 쉽게 찾을 수 있습니다.

STEP **20**

Instruments Pane에서 Allocations 모듈을 선택한 후 Navigation Bar의 검색창에 Car를 입력합니다.

Graph	Category	# Persistent	Persistent B... ✓	# Transient	Total Bytes	# Total	Transient/Total Bytes
☐	_CFXNotificationNameW...	81	5.06 KiB	0	5.06 KiB	81	
☐	LeaksSwift.Car	45	2.11 KiB	0	2.11 KiB	45	

Car 인스턴스가 실제로 해제되지 않는지 확인할 때는 # Persistent, # Transient, # Total 섹션의 데이터를 확인합니다. 위의 그림과 같이 Car 인스턴스는 45개가 생성되었고(# Total), 현재 메모리에 남아있는 인스턴스 수는 45개, 정상적으로 해제된 인스턴스의 수는 0개입니다. 정상적인 경우라면 makeLeak(_:) 메소드에서 myCar 속성에 새로운 Car 인스턴스를 할당할 때 기존 인스턴스가 정상적으로 해제되어 # Persistent 섹션의 값이 1, # Transient 섹션의 값이 44, # Total 섹션의 값이 45가 되어야 합니다.

지금까지 Leaks 모듈과 Allocations 모듈이 수집한 데이터를 통해 ViewController에서 사용하는 Car 인스턴스의 메모리 누수를 확인하였습니다.

6.5 코드 수정

앞에서 수집한 정보를 토대로 ViewController와 Car 클래스의 코드를 분석합니다.

Objective-C 코드는 init 메소드에서 _gasMileage 속성을 초기화할 때 self와 블록 사이에 강한 참조가 발생합니다. 아래와 같이 self를 약한 참조로 캡처하도록 수정합니다.

Objective-C Instruments/LeaksObjC/Car.m
```
- (instancetype)init {
    self = [super init];
    if (self) {
        _totalDrivingDistance = 0.0;
        _totalUsedGas = 0.0;

        Car* __weak weakSelf = self;
        _gasMileage = ^{
            return weakSelf.totalDrivingDistance / weakSelf.totalUsedGas;
        };
```

```
        }
    return self;
}
```

Swift 코드는 gasMileage 속성을 초기화할 때 self와 클로저 사이에 강한 참조가 발생합니다. 클로저 캡처 목록을 추가하여 self를 비소유 참조로 캡처하도록 수정합니다.

Swift Instruments/LeaksSwift/Car.swift
```swift
lazy var gasMileage: () -> Double = {
    [unowned self] in
    return self.totalDrivingDistance / self.totalUsedGas
}
```

6.6 수정 결과 재검토

코드 수정이 완료되면 실제로 메모리 누수가 해결되었는지 다시 한 번 확인해야 합니다. 이번에는 Car 인스턴스가 정상적으로 해제되는지 확인하는 것이므로 다른 데이터가 수집되지 않도록 필터링을 적용합니다.

STEP **01**

Product 〉 Profile (⌘I) 메뉴를 선택합니다.

STEP **02**

템플릿 선택 창에서 Leaks 템플릿을 선택한 후 Choose 버튼을 클릭합니다.

STEP **03**

Allocations 모듈을 선택한 후 View 〉 Inspectors 〉 Show Record Settings (⌘1) 메뉴를 선택합니다.

STEP **04**

Recorded Types 테이블에 있는 모든 항목의 체크를 해제합니다.

STEP **05**

+ 버튼을 눌러 새로운 레코드 항목을 추가합니다. 레코드 항목의 이름을 Car로 입력하고 나머지 항목은 기본값으로 둡니다.

STEP **06**

Toobar에 있는 Record 버튼을 클릭합니다.

시뮬레이터에서 앱이 실행되면 이전과 마찬가지로 1초 주기로 Leak 버튼을 10회 이상 클릭합니다. 몇 번의 스냅샷 주기가 지난 후 Detail pane에 표시되어 있는 # Persistent, # Transient, # Total 컬럼의 값을 확인합니다.

이전과 달리 참조 사이클이 발생하지 않으므로 버튼을 누를 때마다 새로운 인스턴스가 생성되고 이전 인스턴스는 즉시 해제됩니다. 그래서 # Transient 컬럼의 값이 버튼을 누를 때마다 증가합니다. 이 시점에서 ViewController의 myCar 속성에 마지막으로 할당된 인스턴스는 메모리에 유지됩니다. 그래서 # Persistent 섹션의 값은 1, # Total 섹션의 값은 인스턴스의 생성 횟수, # Transient 섹션의 값은 (# Total − # Persistent)가 됩니다.

STEP 07

시뮬레이터 화면에 있는 Release 버튼을 클릭합니다.

이 시점에 myCar 속성에 저장되어 있던 인스턴스가 해제됩니다. 모든 Car 인스턴스의 메모리가 정상적으로 해제되었기 때문에 Car 항목은 Detail Pane 목록에서 사라집니다.

6.7 한계점 및 주의사항

앞에서 설명한 과정을 반복하면 대부분의 메모리 누수 원인을 파악하고, 정상적으로 해결되었는지 검증할 수 있습니다. 하지만 모듈의 설정에 따라 필요한 데이터가 수집되지 않을 수 있으므로 자료 수집을 시작하기 전에 모듈 설정을 확인하는 습관을 가지는 것이 좋습니다.

메모리 누수와 같은 문제는 시뮬레이터를 통해 확인하는 것이 문제가 되지 않습니다. 하지만 시뮬레이터에서는 일부 데이터가 유실되는 문제가 발생할 수 있고 맥의 하드웨어를 사용하기 때문에 실제 디바이스의 성능 데이터와 차이가 발생할 수 있습니다. 그러므로 Instruments를 통해 앱을 분석할 때는 가능한 실제 디바이스를 사용하는 것이 좋습니다.

Source Control

소스 코드의 변경 사항을 시간의 흐름에 따라 저장하고 필요에 따라 특정 시점의 코드와 비교하거나 복원하는 과정을 소스 컨트롤(또는 Source Control Management, 이하 SCM)이라고 합니다.

Xcode는 가장 많이 사용되고 있는 SCM 도구인 Git과 Subversion(SVN)을 지원합니다. SVN은 원격 서버에서 코드를 관리하는 중앙집중식 버전 관리 시스템을 사용합니다. 이 방식은 서버를 관리하기 쉽다는 장점이 있지만 서버에 장애가 발생할 경우 모든 소스 관리 작업이 불가능 해지는 단점이 있습니다. Git은 분산 버전 관리 시스템을 사용합니다. 이 방식은 버전 관리를 위해서 서버를 구현할 필요가 없고 로컬에서 모든 버전 관리 작업을 수행할 수 있는 장점이 있습니다. 그리고 중앙집중식과 마찬가지로 원격 서버를 구성하여 다른 팀원과 협업을 진행할 수 있습니다. 하지만 동일한 소스 코드를 동시에 수정한 경우 소스 충돌이 발생하고 충돌 문제를 수동으로 처리해야 하는 단점이 있습니다.

SCM의 기초와 사용법에 대한 자세한 정보는 아래의 링크를 참고해 주시기 바랍니다. 이 책에서는 Xcode를 통해 로컬 저장소와 원격 저장소를 설정하는 방법에 대해 설명합니다.

http://git-scm.com/book/ko
http://www.raywenderlich.com/ko/57201

1. Source Control

Xcode는 Git과 SVN을 모두 지원하며 Git과 더 긴밀하게 통합되어 있습니다. Git은 저장소를 사용하기 위해서 별도의 서버를 구성할 필요가 없고 Xcode가 제공하는 메뉴를 통해 대부분의 기능을 쉽게 사용할 수 있습니다. 여기에서 설명하는 모든 내용은 Git을 기준으로 하고 있습니다.

우선 소스 컨트롤과 관련된 용어를 익혀야 합니다. 소스 컨트롤을 통해 관리되는 소스 코드는 저장소라는 특별한 공간에 저장됩니다. 로컬에 있는 저장소를 로컬 저장소, 서버에 있는 저장소 원격 저장소로 구분합니다. 저장소에 저장된 소스 코드를 통해 작업하려면 소스 코드를 원하는 위치에 복사해야 합니다. 이 작업을 Check Out이라고 합니다. Check Out으로 복사된 소스 코드는 저장소에 저장된 최신 버전의 소스 코드로 Working Copy라고 합니다. Working Copy의 변경 사항은 Xcode의 파일 저장을 통해 저장소에 저장되지 않습니다. 반드시 Commit 명령을 통해 변경 사항을 저장소에 저장해야 합니다. 저장소에 저장된 소스 코드는 Commit 될 때마다 Revision이라고 하는 고유의 버전 번호를 할당받습니다. Commit 된 소스 코드는 Push 명령을 통해 원격 저장소로 전송할 수 있습니다. 원격 저장소에 있는 새로운 변경 사항은 Pull 명령을 통해 로컬 저장소로 다운로드할 수 있습니다.

Xcode의 Source Control Preference는 소스 컨트롤과 관련된 몇 가지 설정을 제공합니다. 특별한 이유가 없다면 아래와 같이 모든 설정을 활성화하는 것이 좋습니다.

2. Local Repository

Xcode는 새 프로젝트를 생성할 때 로컬 저장소를 자동으로 구성할 수 있는 메뉴를 제공합니다. 프로젝트 생성 마지막 단계에서 Source Control 옵션을 체크하면 로컬 저장소가 구성된 프로젝트가 생성되고 모든 소스 컨트롤 기능을 바로 사용할 수 있습니다.

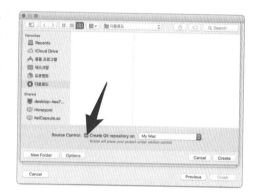

기존 프로젝트는 Source Control > Create Working Copy... 메뉴를 통해 로컬 저장소를 구성하고 현재 작업 중인 내용을 Working Copy로 전환할 수 있습니다.

소스 컨트롤을 사용하는 프로젝트는 프로젝트 네비게이터를 통해 소스 컨트롤 상태를 표시합니다. 상태는 파일 이름 옆에 배지 형태로 표시됩니다. A 배지는 마지막 Commit 이후 새롭게 추가된 파일을 나타냅니다. M 배지는 마지막 Commit 이후 소스 코드가 변경된 파일을 나타냅니다. ? 배지가 표시되는 파일은 소스 컨트롤 상태를 파악할 수 없는 파일로 Source Control > Add Selected Files 메뉴를 통해 소스 컨트롤 대상으로 추가할 수 있습니다. 그리고 프로젝트 네비게이터 하단에 있는 Show only files with source-control status 버튼을 클릭하면 마지막 Commit 이후 변경된 상태를 가진 파일만 표시할 수 있습니다.

Working Copy에서 수정한 소스 코드는 Commit 명령을 통해 로컬 저장소에 저장합니다. Source Control 〉 Commit…(⌥⌘C) 메뉴를 선택하면 Commit 화면이 표시됩니다. 이 화면은 Commit 대상 파일의 목록과 변경된 내용을 검토할 수 있는 Version Editor를 제공합니다. 그리고 Commit 메시지를 입력할 수 있는 입력 필드를 제공합니다. Commit 메시지는 소스 코드의 변경 사항을 빠르게 파악할 수 있는 힌트로 사용되므로 가능한 상세히 입력하는 것이 좋습니다. 변경 사항을 검토한 후 Commit n Files 버튼을 클릭하면 로컬 저장소에 변경 사항이 저장됩니다.

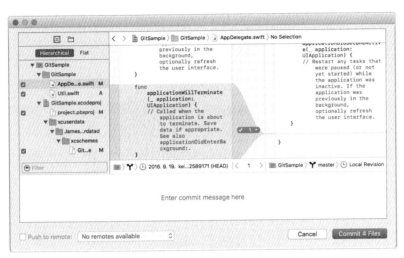

저장소의 소스 컨트롤 로그는 Source Control 〉 History 메뉴를 통해 확인할 수 있습니다. 각 항목에 있는 Show modified files 레이블을 클릭하면 변경 내용을 검토할 수 있는 팝업 화면이 표시됩니다.

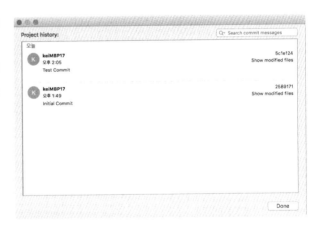

Source Control Preference에서 저장소의 상태를 자동으로 확인하는 옵션을 활성화하지 않았다면 Source Control 〉 Refresh Status 메뉴를 통해 수동으로 상태를 확인할 수 있습니다.

소스 코드의 변경 사항을 취소할 때는 Undo 명령을 사용할 수 있습니다. Undo 명령은 선택한 파일에서 작업한 내용을 단계적으로 취소합니다. 마지막 Commit 이후 변경된 모든 내용을 취소할 때는 Source Control 〉 Discard All Changes… 메뉴를 사용할 수 있습니다. 그리고 Source Control 〉 Discard Changes in Selected Files… 메뉴를 통해 선택된 파일의 변경 사항을 선택적으로 취소할 수 있습니다.

2.1 Version Editor

소스 코드의 변경 내용은 버전 편집기를 통해 비교하고 편집할 수 있습니다. View 〉 Show Version Editor (⌥⇧⌘←) 메뉴를 선택하거나 편집기 구성 버튼 중 세 번째 버튼을 클릭하면 버전 편집기로 전환됩니다.

버전 편집기는 세 가지 모드로 코드를 표시합니다. 각 모드는 메뉴와 편집기 구성 버튼의 팝업 메뉴를 통해 전환할 수 있습니다.

* View 〉 Show Comparison View
* View 〉 Show Blame View
* View 〉 Show Log View

Comparison View는 두 버전의 소스 코드를 나란히 표시합니다. 기본적으로 왼쪽 편집기에 현재 버전의 소스 코드가 표시되고 오른쪽 편집기에 마지막으로 Commit 된 버전의 소스 코드가 표시됩니다. 버전 편집기 하단에 있는 Jump bar를 통해 표시할 버전을 직접 선택할 수 있습니다. 두 Jump bar 사이에는 변경된 영역의 수와 탐색 버튼이 표시됩니다. 〈 버튼과 〉 버튼을 클릭하면 변경 사항으로 포커스가 이동합니다. 편집기 사이의 Gutter 영역에는 소스 코드의 변경 사항을 취소할 수 있는 라운드 버튼이 표시됩니다. 이 버튼을 클릭한 후 Discard Change 메뉴를 선택하면 변경 사항이 취소됩니다.

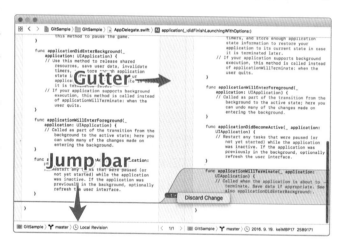

Blame View는 소스 코드를 수정한 계정에 대한 정보와 수정 날짜, Commit 메시지를 표시합니다.

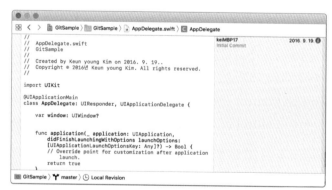

Log View는 선택한 파일의 변경 내역
을 시간 순으로 표시합니다.

2.2 Branch

저장소에 저장된 코드는 항상 최신의 상태를 유지하고 오류 없이 실행되어야 합니다. 만약 새로운 기
능을 개발해야 한다면 새로운 복사본을 생성하고 개발과 테스트를 완료한 후 원본 저장소에 저장하는
것이 좋습니다. 저장소에 있는 코드를 기반으로 생성된 새로운 복사본을 Branch라고 합니다.

Git 저장소를 구성하면 기본적으로 master Branch가 생성됩니다. 앞에서 설명했던 내용은 모두
master Branch를 대상으로 작업한 것입니다. 즉, Working Copy가 master Branch로 지정되어 있
는 상태입니다. 새로운 Branch를 생성하지 않고 새로운 기능을 추가하는 시나리오를 고려해 보겠습
니다. 예를 들어 새로운 카메라 기능을 개발하는 동안 SNS 연동 기능에서 발생하는 오류를 수정해야
한다고 가정하겠습니다. 이 오류를 수정하려면 카메라 기능의 구현이 완료될 때까지 보류하거나 완
성되지 않은 카메라 기능을 그대로 둔 채로 SNS 연동 기능을 수정한 후 배포해야 합니다. 완성되지
않은 카메라 기능 코드가 수정된 배포버전에 포함되기 때문에 앱의 안정성에 영향을 줄 수 있습니다.
이번에는 새로운 Branch를 생성하는 시나리오를 고려해 보겠습니다. 새로운 camera Branch를 생
성한 후 Working Copy로 지정했다고 가정하겠습니다. Branch는 소스 코드의 변경 사항을 독립적으
로 관리할 수 있기 때문에 camera Branch에 추가한 소스 코드는 master Branch에 영향을 주지 않
습니다. SNS 연동 기능을 수정할 때 master Branch에는 카메라와 연관된 소스 코드가 추가되어 있
지 않은 상태이기 때문에 완성되지 않은 소스 코드로 인한 문제를 신경 쓰지 않아도 됩니다. camera
Branch에서 개발과 테스트를 완료한 후 master Branch로 병합하면 master Branch는 계속해서 최
신 코드를 안정적으로 유지할 수 있습니다.

새로운 Branch를 생성할 때는 Source Control 〉 프로젝트 이름 – Branch 〉 New Branch... 메뉴
를 사용합니다.

Branch 이름을 입력한 후 Create
버튼을 클릭하면 로컬 저장소
에 새로운 Branch가 생성되고
Working Copy가 master에서 새

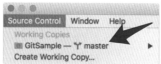 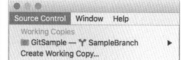

로운 Branch로 전환됩니다. 전환 후 실행되는 모든 작업은 다른 Branch로 전환하기 전까지 새로운
Branch를 대상으로 실행됩니다.

Branch를 전환할 때는 Source Control 〉 프로
젝트 이름 – Branch 〉 Switch to Branch... 메
뉴를 선택합니다. Branch 목록에서 원하는 항목
을 선택한 후 Switch 버튼을 클릭하면 Working
Copy가 선택한 Branch로 전환됩니다.

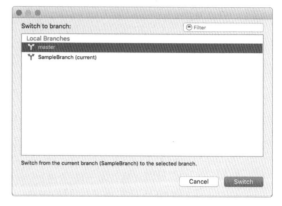

새로운 Branch에서 작업한 내용은 아래의 메뉴를 통해 master Branch 또는 다른 Branch로 병합
할 수 있습니다.

- Source Control 〉 프로젝트 이름 – Branch 〉
  Merge from Branch...
- Source Control 〉 프로젝트 이름 – Branch 〉
  Merge into Branch...

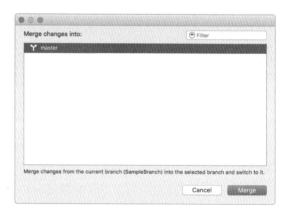

병합할 Branch를 선택한 후 Merge
버튼을 클릭하면 병합 결과를 검토
할 수 있는 미리보기 화면이 표시됩
니다. 이 화면에서 병합의 방향을 개
별적으로 설정할 수 있습니다.

저장소의 포함된 모든 Branch 목록은 Source Control 〉 프로젝트 이름 – Branch 〉 Configure 프로젝트 이름... 메뉴를 선택한 후 화면 위에 있는 Branches 레이블을 클릭하여 확인할 수 있습니다. 이 화면에서 +, – 버튼을 통해 새로운 Branch를 추가하거나 삭제할 수 있습니다.

3. Remote Repository

다른 개발자와 코드를 공유해야 한다면 원격 저장소를 구축해야 합니다. 서버 구축에 대한 경험이 부족한 경우 Git 서버를 직접 구축하는 것은 조금 어려울 수 있습니다. 이런 경우에는 Github, Bitbucket과 같은 상용 서비스를 사용하는 것이 좋습니다. 또는 조금 후 설명할 macOS Server를 통해 Git 서버를 구축할 수 있습니다.

3.1 Github

Github는 원격 저장소에 SNS를 결합한 서비스로 가장 유명한 저장소 서비스입니다. Github에 대한 상세한 정보는 아래의 링크에서 얻을 수 있습니다.

https://github.com
http://channy.creation.net/blog/626#.VCfXeyl_s9I
http://occamsrazr.net/tt/254

Github에 원격 저장소를 구축하려면 먼저 Github 홈페이지에서 회원 등록을 진행해야 합니다. 회원 등록과 이메일 주소 검증을 완료하면 아래와 같은 화면이 표시됩니다. Start a project 버튼을 클릭하거나 상단의 + 버튼을 클릭하면 새로운 원격 저장소를 생성할 수 있는 화면으로 이동합니다.

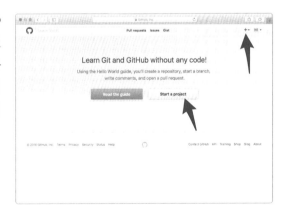

저장소 이름을 입력한 후 공개 방식을 지정하고 Create repository 버튼을 클릭하면 저장소 생성이 완료됩니다. Github는 공개 저장소를 무료로 제공하지만 비공개 저장소를 생성하려면 유료 계정으로 전환해야 합니다.

저장소 생성이 완료되면 아래와 같은 화면으로 이동합니다. 화살표로 표시된 URL이 원격 저장소의 URL입니다. Xcode에서 원격 저장소를 구성하려면 이 URL이 필요합니다. Github의 저장소 URL은 다음과 같은 패턴으로 구성됩니다.

https://github.com/사용자 계정/저장소 이름.git

3.2 Bitbucket

Bitbucket은 Jira로 유명한 Atlassian에서 제공하는 소스 저장소 서비스입니다. 5명의 사용자까지 무료로 사용할 수 있고, SourceTree라는 무료 툴을 제공하여 저장소를 더욱 편리하게 관리할 수 있습니다. 그리고 Atlassian에서 제공하는 Jira, Confluence와 쉽게 통합할 수 있는 장점을 가지고 있습니다. Bitbucket에 대한 상세한 정보는 아래의 링크에서 얻을 수 있습니다.

https://www.atlassian.com/software/bitbucket/overview
https://www.atlassian.com/software/sourcetree/overview

Bitbucket에 원격 저장소를 구축하려면 먼저 회원 등록을 진행해야 합니다. 회원 등록과 이메일 주소 검증을 완료하면 아래와 같은 화면이 표시됩니다. Create a repository 버튼을 클릭하면 새로운 원격 저장소를 생성할 수 있는 화면으로 이동합니다.

Bitbucket은 Github와 달리 비공개 저장소를 무료로 제공합니다. 그리고 저장소 형식을 Git과 Mercurial 중에서 선택할 수 있습니다. Advanced setting 버튼을 클릭하면 저장소에 대한 상세 구성 옵션이 표시됩니다. 다른 옵션은 기본으로 두고 저장소 이름을 입력한 후 Create repository 버튼을 클릭하면 저장소 생성이 완료됩니다.

저장소 생성이 완료되면 아래와 같은 화면으로 이동합니다. 화살표로 표시된 URL이 원격 저장소의 URL입니다. Xcode에서 원격 저장소를 구성하려면 이 URL이 필요합니다. Bitbucket의 저장소 URL은 다음과 같은 패턴으로 구성됩니다.

https://사용자 계정@bitbucket.org/사용자 계정/소문자로 변환된 저장소 이름.git

3.3 Repository Setting

이제 원격 저장소를 구성해 보겠습니다. Source Control 〉 프로젝트 이름 – Branch 〉 Configure 프로젝트 이름... 메뉴를 선택한 후 화면 위에 있는 Remotes 레이블을 클릭하면 아래와 같은 화면이 표시됩니다. 이 화면은 프로젝트와 연결되어 있는 원격 저장소 목록을 표시합니다. 화면 아래쪽에 있는 +, – 버튼을 클릭하여 새로운 원격 저장소를 추가하거나 삭제할 수 있습니다.

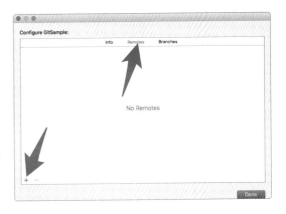

버튼을 클릭한 후 Add Remote... 메뉴를 선택하면 새로운 원격 저장소를 추가할 수 있는 화면이 표시됩니다. Address 필드에 원격 저장소의 URL을 입력한 후 Add Remote 버튼을 클릭하면 원격 저장소가 등록됩니다. 원격 저장소를 최초로 등록

하는 경우에는 사용자 계정을 입력하는 팝업이 표시됩니다. 유효한 계정을 입력한 후 계정 확인이 정상적으로 완료되면 계정 정보가 Xcode에 저장됩니다. 이후 이 저장소에 접근할 때는 계정 정보를 입력할 필요가 없습니다.

원격 저장소를 정상적으로 등록하면 Commit 화면에 있는 Push to remote 옵션이 활성화 됩니다. 이 옵션을 선택하면 변경 사항을 로컬 저장소에 Commit 한 후 원격 저장소로 Push 합니다. 다수의 원격 저장소가 구성되어 있다면 팝업 메뉴를 통해 Push 할 원격 저장소를 선택할 수 있습니다.

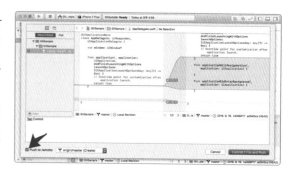

이미 Commit 된 내용은 Source Control 〉 Push… 메뉴를 통해 원격 저장소로 Push 할 수 있고, Source Control 〉 Pull… 메뉴를 통해 원격 저장소의 새로운 변경 사항을 로컬 저장소로 복사할 수 있습니다.

3.4 Check Out

원격 저장소에서 새로운 Working Copy를 Check Out 할 때는 Source Control 〉 Check Out… 메뉴를 사용합니다. Check Out 화면에는 Xcode에 등록되어 있는 저장소 목록이 표시됩니다. 이 목록에서 저장소를 선택하거나 저장소 URL을 직접 입력한 후 Next 버튼을 클릭하면 Working Copy를 다운로드할 경로를 지정하고 Check Out 할 수 있습니다.

Continuous Integration

프로그램을 개발하는 과정만큼 프로그램을 테스트하고 배포하는 과정도 매우 중요합니다. 소프트웨어 공학에서 프로그램의 품질을 높이고 배포를 자동화하는 과정을 지속적인 통합(Continuous Integration, CI)이라고 합니다. 이 책은 Xcode를 통해 테스트와 배포를 자동화하는 방법을 설명합니다.

Xcode는 macOS Server와 연동된 Bot을 통해 정적 분석, 단위 테스트 실행, 빌드 및 아카이브 작업을 자동화합니다. 이 기능은 프로젝트 후반부에 QA팀과 테스트를 진행할 때 진가를 발휘합니다. 개발팀이 오류를 수정한 다음 원격 저장소에 소스 코드를 전송하면 서버에서 자동으로 단위 테스트, 디바이스 테스트, 정적 분석이 수행되고 테스트용 배포 버전이 생성됩니다. 그리고 테스트를 담당하는 팀원에게 업데이트에 대한 메일을 전송하도록 Bot을 구성하면 더 이상 작업 완료에 대한 문의를 받을 필요가 없습니다. 그리고 QA 팀원은 배포 파일을 개발팀에게 요청할 필요 없이 Bots Website에서 직접 다운로드 하거나 OTA 방식으로 테스트 디바이스에 바로 설치할 수 있습니다. 지금까지 수동으로 해왔던 귀찮은 작업들이 모두 자동으로 이루어지기 때문에 개발팀과 QA팀 모두에게 사랑받을 수 있는 기능입니다.

1. Setup

Xcode의 CI를 사용하기 위해서는 macOS Server와 Xcode가 설치되어 있어야 하고 두 프로그램의 버전은 반드시 호환성을 가져야 합니다. 이 책은 macOS Server 5.2 버전과 Xcode 8 버전을 동일한 맥에 설치하고 구성하는 방법을 설명합니다. macOS Server를 별도의 맥에 설치하는 경우에는 반드시 모든 맥에 Xcode를 설치해야 합니다.

2. macOS Server

macOS Server는 맥에 설치할 수 있는 서버 소프트웨어로 다음과 같이 다양한 서버 기능을 제공합니다. Xcode 서버는 Bot을 통해 Xcode의 CI 기능을 지원합니다. 그리고 자체 Git 서버를 통해 원격 저장소를 쉽게 구축할 수 있습니다. 프로파일 관리자는 다수의 디바이스를 원격으로 관리할 수 있습니다. 예를 들어 업무용으로 사용되는 디바이스에서 특정 기능의 사용을 금지하거나 접근 가능한 네트워크를 제한할 수 있습니다.

- Xcode Server

  빌드 및 아카이브, 정적 분석, 단위 테스트를 수행할 수 있는 Bot 생성

  macOS 및 iOS 앱의 테스트 자동화

  Git 저장소 제공
- 프로파일 관리자

  Mac 및 iOS 기기를 위한 모바일 기기 관리

  OS 배포 및 관리

  기기 등록 프로그램 및 웹 관리 콘솔 제공
- 파일 공유

  Mac, PC, iOS 디바이스 간의 자유로운 파일 공유 및 권한 설정
- Caching Server

  Apple에서 배포한 소프트웨어의 다운로드 속도 증가

  앱, 책, iTunes U, 소프트웨어 업데이트
- Time Machine

  네트워크상에서 Mac용 백업 공간 제공

  백업한 컴퓨터, 최근 백업 시간, 백업 크기에 대해 모니터링

  사용자별 이용 가능한 Time Machine 저장 공간 제한
- 캘린더 서버

  캘린더 공유, 미팅 및 이벤트 일정 수립, 회의실 예약, 일정 검색

  Mac, iPad, iPhone, PC에서 접근 가능한 표준 기반 CalDAV 서버

  이메일 초대 및 푸시 알림
- 연락처 서버

  Mac, iOS 디바이스의 연락처 동기화

  다수의 사용자가 연락처에 접근 및 업데이트 가능

  표준 기반 CardDAV 서버
- Wiki 서버

  포인트 앤 클릭 방식의 페이지 편집 기능 지원

  접근 제어 및 수정 내역 추적

  태그 및 코멘트
- Mail 서버

  SSL 암호화를 지원하는 표준 기반 SMTP, IMAP, POP 서버

  푸시 알림

  정크 메일 필터링

  바이러스 탐지 및 격리

- VPN (Virtual Private Network)

  네트워크 서비스에 원격 액세스

  암호화된 VPN으로 Mac, iPad, iPhone, PC에 연결

- Server 앱

  로컬 및 원격 관리

  사용자 및 그룹 설정

  서버 사용량 및 로그

macOS Server는 앱스토어와 애플 개발자 사이트에서 다운로드할 수 있습니다. 개발자 프로그램에 등록되어 있는 경우 무료로 제공됩니다. 개발자용 리딤 코드는 개발자 사이트에서 확인할 수 있습니다.

macOS Server 앱을 설치하는 방법은 매우 단순하기 때문에 따로 설명하지 않습니다. 다만, 설치 과정에서 관리자 권한을 요청하는 경우 유효한 관리자 계정을 입력하고 권한을 허용해 주어야 합니다. 설치를 완료한 후 Server 앱을 실행하면 다음과 같은 화면이 표시됩니다.

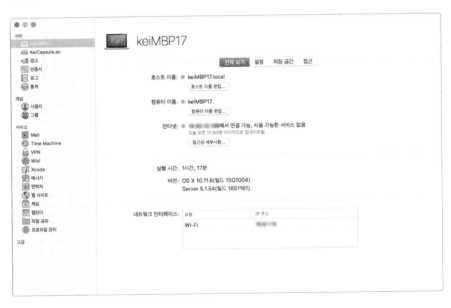

3. Xcode Server

Xcode Server(또는 Xcode Service)는 정적 분석, 단위 테스트, 빌드 및 아카이브를 자동화하는 CI 시스템입니다. Xcode Server는 자동화 명령을 구성하고 있는 Bot을 통해 자동화 작업을 수행합니다. 자동화 작업은 특별히 통합Integration이라는 용어를 사용합니다. 통합은 소스 저장소에 저장된 최신 소스를 기반으로 실행되며 Xcode Server는 자체적으로 Git 서버를 제공합니다.

macOS Server를 설치한 후 아래에서 설명하는 과정을 통해 Xcode Server를 구성합니다.

STEP **01**

서비스 목록에서 Xcode를 선택합니다.

STEP **02**

Xcode 선택... 버튼을 클릭합니다.

STEP **03**

응용 프로그램 목록에서 Xcode 8 버전을 선택합니다.

STEP **04**

사용자 계정 입력 화면이 표시되면 사용자 계정 팝업에서 현재 맥에 로그인 한 계정을 선택합니다.

프로젝트 통합에 사용되는 계정을 별도로 생성하는 것을 권장하지만 동일한 맥에 Server를 설치한 경우에는 조금 번거로울 수 있습니다. 그래서 이 책에서는 현재 사용 중인 계정을 그대로 사용합니다.

STEP **05**

SDK 사용권 계약 화면이 표시될 경우 Agree 버튼을 클릭합니다.

Xcode 구성이 이미 완료되어 있는 경우에는 SDK 사용권 계약 화면이 표시되지 않습니다.

STEP **06**

보안 및 개인 정보 보호 환경설정으로 이동합니다. 개인 정보 보호 탭에서 손쉬운 사용 항목을 선택한 후 Xcode Helper가 컴퓨터를 제어할 수 있도록 설정합니다.

STEP **07**

Xcode 서버의 상태를 확인합니다.

상태 항목에 초록색 아이콘이 표시되고 오른쪽 위에 있는 스위치가 초록색으로 표시되면 정상적으로 구성이 완료된 것입니다. 이후 이 스위치를 통해 Xcode 서버의 동작을 제어할 수 있습니다.

Apple 개발자 계정을 보유하고 있다면 팀 추가... 버튼을 클릭하여 개발자 계정을 등록합니다. 유효한 개발자 계정이 등록되어 있지 않은 경우 Bot의 일부 기능(설치 파일 생성)이 올바르게 동작하지 않습니다.

4. Xcode 구성

macOS Server와 Xcode Server의 구성을 완료한 후 Xcode에 서버를 추가합니다. 이 과정이 정상적으로 완료되어야 Xcode에서 Bot을 생성할 수 있습니다.

STEP **01**

Xcode 〉 Preferences... (⌘,) 메뉴를 선택하여 환경설정 화면을 표시합니다.

STEP **02**

Accounts 항목을 선택합니다.

STEP **03**

+ 버튼을 클릭한 후 Add Server... 메뉴를 선택합니다

STEP **04**

목록에서 서버를 선택하거나 서버 주소를 입력한 후 Next 버튼을 클릭합니다. 예제에서는 Server를 설치한 맥을 선택합니다.

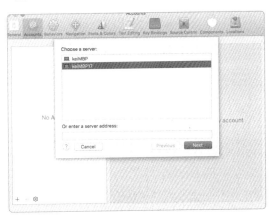

Next 버튼을 클릭한 후 다음 화면으로 넘어가지 않는다면 서버 주소 입력필드에 localhost 또는 127.0.0.1을 입력합니다.

STEP 05

서버 접속 계정을 입력한 후 Add 버튼을 클릭합니다

STEP 06

등록 결과를 검토합니다.

서버 등록이 완료되면 Servers 목록에 표시됩니다. Address 항목에 있는 화살표를 클릭하면 웹 브라우저를 통해 Bots website가 표시됩니다. 이 사이트를 통해 통합의 결과를 확인하고 Bot이 생성한 앱 배포 파일을 다운로드 할 수 있습니다.

Beginner Note

크롬 브라우저에서 "연결이 비공개로 설정되어 있지 않습니다." 라는 경고가 표시될 경우 고급 버튼을 클릭한 후 "....local(안전하지 않음)으로 이동"을 클릭합니다.

5. Bot

Xcode의 자동화 명령은 Bot을 통해 구성합니다. Bot은 최신 소스 코드와 Xcode 프로젝트에 포함된 Scheme을 사용하여 정적 분석, 단위 테스트, 빌드 및 아카이브를 자동으로 실행합니다. 리포트 네비게이터를 통해 Bot의 실행 주기와 보고 방식, 아카이브 대상, 빌드 구성, 테스트 대상 디바이스 등 다양한 항목을 설정하고 통합 결과를 검토할 수 있습니다. 필요에 따라 통합 전후에 실행되는 스크립트를 직접 추가할 수 있습니다.

Xcode의 CI는 소스 저장소를 기반으로 실행되기 때문에 반드시 Xcode Server가 접근할 수 있는 원격 저장소를 구성해야 합니다. GitHub와 같은 서비스를 사용하거나 Xcode Server가 제공하는 Git 서버를 사용할 수 있습니다. 여기에서는 Xcode Server가 제공하는 Git을 사용합니다.

STEP 01

새로운 iOS Single View Application을 생성합니다.

STEP 02

프로젝트 이름을 BotSample로 입력하고 Include Unit Tests, Include UI Tests 항목을 선택합니다.

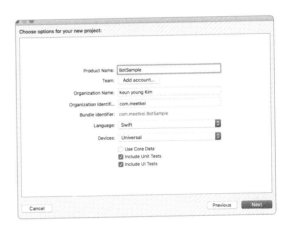

STEP 03

Create Git repository on 항목을 체크 한 후 팝업 메뉴에서 조금 전 구성한 서버를 선택합니다.

My Mac을 선택할 경우 원격 저장소를 수동으로 구성해야 합니다. Xcode Server가 구성되어 있는 서버를 선택할 경우 저장소 구성이 자동으로 완료됩니다.

STEP **04**

정상적으로 완료된 경우 STEP 05로 이동하고 저장소를 생성할 수 없는 오류가 발생하면 아래에서 설명하는 과정을 통해 원격 저장소를 수동으로 구성합니다.

STEP **04-01**

Server 앱을 실행한 후 Xcode 서비스로 이동합니다.

STEP **04-02**

저장소 탭을 클릭합니다. 저장소 섹션에 있는 + 버튼을 클릭합니다.

STEP **04-03**

저장소 이름을 BotSample로 입력한 후 생성 버튼을 클릭합니다.

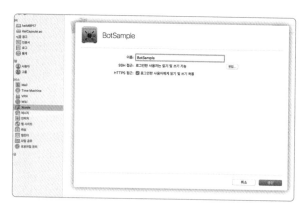

STEP **04-04**

생성된 저장소를 더블 클릭한 후 상세 화면에서 URL을 복사합니다.

STEP **04-05**

Xcode에서 BotSample-master 〉 Configure BotSample... 메뉴를 선택합니다.

STEP **04-06**

Remotes 버튼을 클릭한 후 + 버튼을 클릭하고 Add
Remote... 메뉴를 선택합니다.

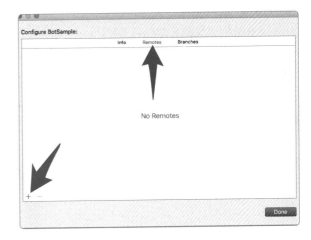

STEP **04-07**

원격 서버의 이름을 입력하고 Address 입력 창에
STEP 04-04에서 복사한 URL을 붙여넣기 합니다.
그리고 Add Remote 버튼을 클릭합니다.

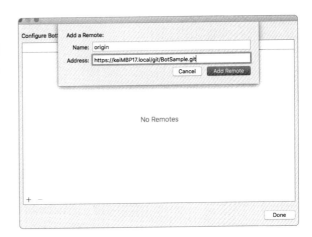

STEP **04-08**

Done 버튼을 클릭하여 대화상자를 닫습니다.

STEP **04-09**

원격 저장소 구성이 올바르게 완료되었는지 확인하기 위해 Source Control 〉 Commit... (⌥⌘C) 메뉴를 선택합니다.

STEP **04-10**

Push to remote 옵션을 선택한 후 STEP 04-07에서 추가한 원격 저장소를 선택합니다. Commit 메시지를 입력한 후 Commit Files and Push 버튼을 클릭합니다.

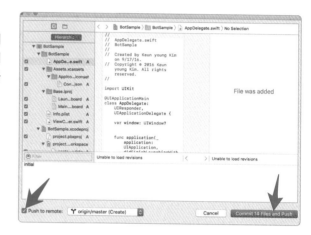

STEP **04-11**

원격 저장소 계정을 입력하는 대화창이 표시되면 Server의 관리자 계정과 비밀번호를 입력합니다. 예제에서는 현재 사용 중인 계정과 동일합니다.

STEP **05**

Product 〉 Create Bot... 메뉴를 선택합니다.

STEP **06**

Bot의 이름을 HelloBot으로 입력한 후 Next 버튼을 클릭합니다.

Server 이름 옆에 노란색 경고 아이콘이 표시된다면 서버 접속에 문제가 있는 것입니다. 서버에 접속할 수 없는 경우 Bot을 정상적으로 생성할 수 없기 때문에 아래의 설명을 참고하여 접속 문제를 해결해야 합니다.

• Server 앱을 실행한 후 경고 메시지를 확인합니다. 각 메시지의 상세 정보를 참고하여 문제를 해결합니다. 아래와 같은 인증서 문제가 자주 발생하는데 Create 버튼을 클릭하면 새로운 인증서가 생성되고 연관된 문제가 자동으로 해결됩니다.

- 이전 방법으로 접속 문제가 해결되지 않은 경우 Server 앱에서 Xcode 서비스를 다시 시작하거나 맥을 재시동합니다.
- 이전 방법으로 접속 문제가 해결되지 않은 경우 Xcode 환경 설정에 서버를 다시 등록합니다. 서버를 등록할 때 localhost 또는 127.0.0.1 주소로 등록합니다.
- 이전 방법으로 접속 문제가 해결되지 않은 경우 터미널에서 아래의 명령어를 입력하여 서버를 초기화하고 Xcode 서버를 다시 구성합니다.

```
sudo xcrun xcscontrol --reset
```

STEP 07

Bot이 사용할 원격 저장소를 선택합니다.

목록에 빨간색 오류 메시지가 표시된다면 오른쪽에 있는 버튼을 클릭하여 오류를 해결해야 합니다. 대부분의 오류는 몇 번의 클릭만으로 쉽게 해결할 수 있습니다.

- The Server SSL certificate failed to verify 오류가 표시된 경우 View... 버튼을 클릭하고 팝업 화면에서 Trust 버튼을 클릭합니다.

- Provide credentials to Xcode Server can check out from this repository 오류가 표시된 경우 Sign In... 버튼을 클릭하여 저장소 접속 계정을 입력합니다. 이 예제에서는 사용자 계정과 동일합니다.

저장소 목록에서 모든 오류를 해결한 후 Next 버튼을 클릭하여 다음 화면으로 이동합니다.

STEP 09

Bot이 사용할 Scheme을 지정합니다. 반드시
Share scheme 항목을 체크하여 scheme이 원격
저장소로 Commit 되도록 설정해야 Bot이 정상적으
로 작동합니다.

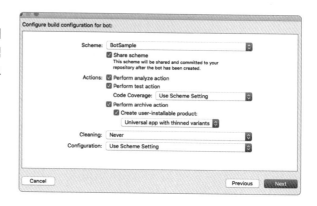

STEP 10

Bot이 실행할 Action을 지정합니다.

- **Perform analyze action** : Bot이 통합 작업을 실행할 때 정적 분석을 실행합니다.
- **Perform test action** : Bot이 통합 작업을 실행할 때 단위 테스트를 실행합니다.
- **Perform archive action** : 아카이브 파일을 자동으로 생성합니다. Create user-installable product 옵션을 선택하면 테스터에게 배포하거나 앱스토어에 제출할 수 있는 파일을 함께 생성합니다. 팝업 메뉴를 통해 App Thinning이 적용된 유니버설 앱을 생성하도록 설정할 수 있습니다.

STEP 11

Bot이 통합 작업을 완료한 후 파일을 지우는 방식을 설정합니다.

Cleaning 팝업에서 Never를 선택하면 파일을 지우지 않고 변경되지 않은 파일을 다음 빌드에 재사용합니다. Always, Once a day, Once a week 항목 중 하나를 선택하여 파일을 지우는 주기를 설정할 수 있습니다. Always를 선택하면 매번 전체 빌드를 수행하기 때문에 작업 시간이 늘어날 수 있습니다.

STEP 12

Bot이 사용할 구성을 선택합니다.

Debug와 Release 구성 중 하나를 선택할 수 있지만 일반적으로 Use Scheme Setting 항목을 선택합니다.

STEP **13**

기본 값을 그대로 두고 Next 버튼을 클릭하여 다음 화면으로 이동합니다.

STEP **14**

Bot이 통합 작업을 실행할 주기를 설정합니다. On Commit 항목을 선택한 후 Next 버튼을 클릭합니다.

- **Periodically** : 시간 단위, 일 단위, 주 단위로 실행 주기를 설정할 수 있습니다.
- **On Commit** : 소스 저장소에 새로운 코드가 Commit 될 때마다 통합 작업을 실행합니다.
- **Manual** : Bot이 자동으로 실행되지 않으며 Xcode를 통해 직접 실행시켜야 합니다.

STEP **15**

테스트에 사용할 디바이스와 시뮬레이터를 선택합니다. All iOS Devices and Simulators 항목을 선택한 후 Next 버튼을 클릭합니다.

All iOS Devices and Simulators 항목은 모든 디바이스와 시뮬레이터를 테스트 대상으로 추가합니다. All iOS Devices 항목과 All iOS Simulators 항목은 각각 디바이스 또는 시뮬레이터를 대상으로 추가합니다. Specific iOS Device 항목을 선택하면 테스트 대상을 직접 선택할 수 있습니다.

테스트에 사용되는 디바이스는 반드시 Server가 설치된 맥에 연결되어 있어야 합니다. 마찬가지로 테스트에 사용되는 시뮬레이터는 Server가 설치된 맥에 모두 설치되어 있어야 합니다. 또한 모든 대상이 Bot이 사용하는 Scheme의 최소 배포 버전 이상의 OS 버전을 가지고 있어야 합니다.

STEP **16**

환경 변수를 추가한 후 Next 버튼을 클릭합니다. 예제에서는 환경 변수를 입력하지 않습니다.

환경 변수에 대한 자세한 정보는 Xcode Server and Continuous Integration Guide와 Xcode Server Environment Variable Reference를 참고해 주시기 바랍니다.

STEP **17**

Bot이 통합 작업 전후에 실행할 작업(트리거)을 구성합니다. 예제에서는 작업을 구성하지 않습니다.

- **Pre-integration Script, Post-integration Script** : 작업 전후에 실행할 스크립트를 추가할 수 있습니다. Post-integration Script의 경우 결과에 따라 실행 여부를 지정할 수 있습니다.
- **Email on New Issues** : 이슈가 발생할 때마다 담당자에게 메일을 전송하도록 구성할 수 있습니다.
- **Periodic Email Report** : 이메일 리포트를 전송할 주기와 내용을 구성할 수 있습니다.

> **Beginner Note**
>
> 이메일과 연관된 작업은 Server가 설치된 맥의 구성과 메일 서비스에 따라서 정상적으로 전달되지 않을 수 있습니다.

STEP **18**

Create 버튼을 클릭하여 Bot을 생성합니다.

STEP **19**

프로젝트의 변경사항을 원격 저장소로 전송하는 화면이 표시됩니다. Commit 메시지를 입력한 후 Commit n Files and Push 버튼을 클릭합니다.

경우에 따라서 원격 저장소 신원 인증 오류 창이 표시될 수 있습니다. 이 경우 Trust 버튼을 클릭합니다.

새로 생성된 Bot은 리포트 네비게이터에 표시되고 첫 번째 통합 작업이 자동으로 실행됩니다. 맥의 성능에 따라서 통합 작업이 오래 걸릴 수도 있습니다(최대 10분 이상). 리포트 네비게이터에서 HelloBot을 확장하면 아래쪽에 통합 작업 목록이 표시됩니다. 현재 진행 중인 항목을 선택하면 자세한 진행 상황을 확인할 수 있습니다.

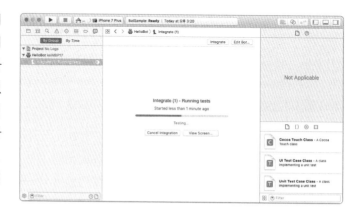

STEP 20

수고하셨습니다. 통합 작업이 완료될 때까지 잠시 쉬세요 :)

첫 번째 통합 작업은 Xcode와 Server를 설치한 상황에 따라서 성공하거나 실패할 수 있습니다. 맥에 Xcode와 Server를 처음 설치한 경우라면 통합 작업이 성공할 것입니다. 하지만 이전 Xcode 버전에서 Xcode 8로 업데이트 했고, Xcode 8 프로젝트의 기본 배포 대상인 iOS 10 이전의 시뮬레이터가 설치되어 있다면 통합 작업이 실패할 것입니다.

> ### Beginner Note
> STEP 22 ~ 24까지의 과정은 통합 작업이 실패한 경우에만 해당되는 내용입니다.

통합 작업의 상세 화면을 보면 Build Service Issues 섹션에 앞이 설명과 연관된 오류 내용이 표시됩니다. 통합 작업이 정상적으로 실행될 수 있도록 테스트 대상을 수정합니다.

STEP 22

오류 항목 오른쪽에 있는 Fix it... 버튼을 클릭합니다.

STEP 23

팝업 메뉴에서 Specific iOS Devices 항목을 선택한 후 iPhone 7 (10.0) 항목을 체크하고 Done 버튼을 클릭합니다.

리포트 네비게이터에서 HelloBot의 컨텍스트 메뉴를 표시한 후 Integrate 메뉴를 선택하여 통합 작업을 시작합니다.

이번에는 통합 작업이 정상적으로 완료됩니다.

5.1 Manage Bot

Bot은 리포트 네비게이터에서 관리합니다. Bot 앞에 있는 ▶ 버튼을 클릭하면 Bot과 연관된 통합 작업 목록이 표시됩니다. Bot을 클릭하면 Bot의 개요가 표시되고 통합 작업을 선택하면 해당 작업의 진행 상황 또는 상세 작업 결과가 표시됩니다.

Bot 또는 통합 작업을 선택한 후 컨텍스트 메뉴를 표시하면 다양한 관리 메뉴가 표시됩니다. 일부 메뉴는 선택된 항목에 따라서 사용할 수 없습니다.

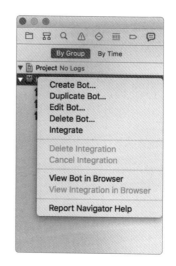

* Create Bot... : 새로운 Bot을 생성합니다.
* Duplicate Bot... : 선택한 Bot을 복사합니다.
* Edit Bot... : 선택한 Bot의 구성을 편집합니다.
* Delete Bot... : 선택한 Bot을 삭제합니다.
* Integrate : 선택한 Bot의 통합 작업을 실행합니다.
* Delete Integration : 선택한 통합 작업을 삭제합니다.
* Cancel Integration : 실행 중인 통합 작업을 취소합니다.
* View Bot in Browser
* View Integration in Browser : 브라우저를 통해 Bots website를 표시합니다

5.2 Bot Viewer

리포트 네비게이터에서 Bot 또는 통합 작업을 선택하면 편집기 영역에 Bot Viewer가 표시됩니다.

Bot을 선택하면 Bot Viewer를 통해 다음과 같은 내용을 확인할 수 있습니다. Bot Viewer 상단에 표시된 Integrate 버튼을 클릭하여 통합 작업을 실행할 수 있고, Edit Bot... 버튼을 클릭하여 Bot의 구성을 편집할 수 있습니다.

* Bot 구성 개요
* 통합 작업 수, 성공 비율
* 소스 저장소 Commit 횟수
* 단위 테스트 수
* 빌드, 단위 테스트, Code Coverage 실행 내역

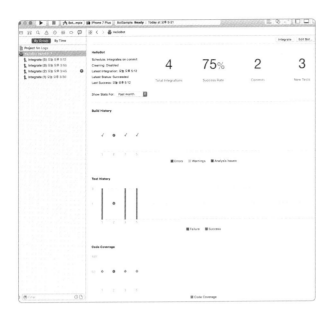

통합 작업을 선택하면 다섯 개의 섹션을 통해 상세 정보를 표시합니다. Summary 섹션은 실행 결과에 대한 개요를 표시합니다. 실행 중에 발생한 경고와 오류, 디바이스 테스트 결과 등을 확인할 수 있습니다. 그리고 아카이브를 실행하도록 구성한 경우 자동으로 생성된 배포 파일과 아카이브 파일이 표시됩니다.

Tests 섹션은 단위 테스트의 상세 실행 결과를 표시합니다.

Commits 섹션은 통합 작업과
연관된 Commit 내역을 표시
합니다.

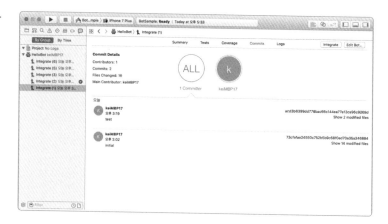

Logs 섹션은 통합 작업의 상세
로그를 표시합니다.

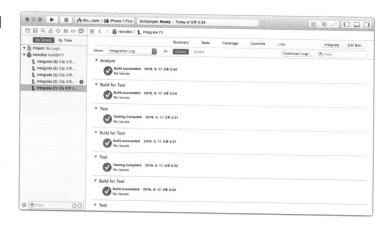

5.3 Bots Website

Bots Website는 Xcode 서버를 통해 호스팅 되는 웹사이트로 Bot의 실행 결과를 검토하고 새로운
통합 작업을 시작할 수 있습니다. Bots Website는 아래의 방법 중 하나를 통해 접근할 수 있습니다.

- Bot 컨텍스트 메뉴에서 View Bot in Browser 메뉴를 선택합니다.
- 웹 브라우저에서 Xcode 서버가 설치된 서버의 주소를 직접 입력합니다.
- Server 앱에서 Xcode 서비스로 이동한 후 봇 보기 버튼을 클릭합니다.

Bots Website는 Xcode 서버가 관리하
고 있는 Bot의 목록과 상태를 표시합니다.
Integrate 버튼을 클릭하면 새로운 통합 작
업이 실행됩니다. Big Screen 버튼을 클릭
하면 큰 화면에서 표시하기 적합한 UI로 변
경됩니다.

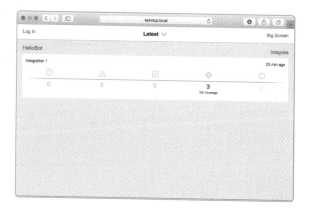

Bot을 더블 클릭하면 다음과 같은 상세 화면이 표시됩니다. 상세 화면에 있는 Product 버튼을 클릭하면 배포 파일을 다운로드 할 수 있습니다.

모바일 브라우저에서 Bots Website에 접속하면 OTA 방식으로 앱을 직접 설치할 수 있습니다.

STEP 01

iOS 디바이스에서 Bots Website에 접속합니다.

STEP 02

Bot을 선택하여 상세 화면으로 이동합니다.

STEP 03

PROFILE 버튼을 클릭하여 Xcode Server Over-the-Air Installation Profile을 설치합니다. 기기 선택 화면이 표시되면 iPhone을 선택합니다.

프로파일 설치 화면에서 설치 버튼을 클릭합니다.

프로파일 설치가 완료되면 Bot 상세 화면에서 INSTALL 버튼을 클릭합니다.

다음과 같은 설치 경고창이 표시되지 않는다면 프로파일이 정상적으로 설치되지 않은 것이므로 앞에서 설명한 방법으로 프로파일을 다시 설치해야 합니다.

설치 경고 화면에 설치 버튼을 클릭합니다.

설치 버튼을 클릭한 후 홈 화면으로 이동하면 앱 설치가 진행되는 것을 확인할 수 있습니다.

Auto Layout

PART 06

Overview

Auto Layout은 제약(Constraints) 기반의 서술형 레이아웃 시스템입니다. WWDC 2011에서 OS X Lion과 함께 Cocoa Auto Layout이라는 이름으로 처음 발표되었습니다. 첫 번째 버전은 OS X 플랫폼 전용 기술이었습니다. 하지만 WWDC 2012에서 iOS 6 이상의 버전에 대한 지원을 추가하고 명칭을 플랫폼에 제한적이지 않은 Auto Layout으로 변경하였습니다.

아직도 많은 개발자들이 Auto Layout 보다 하드 코딩 방식(또는 Springs & Struts)을 선호하고 있습니다. Auto Layout을 사용하지 않는 이유를 물어봤을 때 대부분 배우기 어렵고 하드 코딩이 편하다고 답했습니다. iPhone 6 시리즈 출시 이전에는 UI 구성에 사용되는 화면 너비가 동일하고 높이만 고려하면 문제가 없었습니다. 그래서 Auto Layout을 배움으로써 얻는 이점이 하드 코딩 방식의 익숙함을 뛰어 넘지 못했습니다. 하지만 iPhone 6 시리즈 출시 이후 화면 크기가 다양화 된 시점에서 Auto Layout은 더 이상 선택사항이 아닌 반드시 익숙해져야 하는 필수사항이 되었습니다.

Auto Layout의 가장 큰 매력은 하드 코딩 방식에 비해 월등히 적은 양의 코드(또는 코드 없이)로 다양한 화면 크기와 방향에 대응할 수 있는 UI를 쉽게 개발할 수 있다는 것입니다. Auto Layout을 사용하면서 항상 염두에 두고 있어야하는 중요한 개념은 "frame, bound, center 속성을 통해 뷰의 크기와 위치를 조절하는 주체는 개발자가 아닌 레이아웃 시스템이다." 라는 것입니다. 개발자가 의도에 적합한 제약들을 구성해 두면 레이아웃 시스템이 화면 크기나 방향에 따라 좌표를 "자동"으로 계산하고 적용합니다. Auto 라는 단어가 들어가 있어서 레이아웃을 자동으로 만들어 준다는 것으로 생각할 수 있지만, 안타깝게도 그런 인공지능은 아직 존재하지 않습니다. Auto Layout을 사용할 때는 화면 좌표가 아닌 다른 요소와의 관계를 고려해야 합니다. 예를 들어 하드 코딩 방식에서 뷰를 추가할 때 다음과 같이 좌표와 크기를 숫자 값으로 정합니다.

A뷰는 좌표 (100,100)에 위치하고 (200,200)의 크기를 가진다.
B뷰는 좌표(130, 0)에 위치하고 (60, 40)의 크기를 가진다.

Auto Layout에서는 좌표 대신 인접한 다른 뷰 또는 상위 뷰와의 관계를 생각해야 합니다.

A뷰는 상위 뷰의 시작점과 100만큼의 여백을 가지고 200×200의 고정된 크기를 가진다.
B뷰는 화면 상단 중앙에 위치하고 포함된 내용에 따라 크기가 변경되도록 Intrinsic Size를 사용한다.

처음에는 이 두 가지 생각의 차이가 어떤 것이지 잘 느껴지지 않을 수도 있습니다. 중요한 것은 뷰의 특성이나 뷰와 뷰 사이의 관계를 제약으로 구성할 수 있는 능력이고, 이 능력을 키우기 위해서는 다양한 제약을 구성하는 연습을 해야 합니다.

Auto Layout은 다양한 장점을 가지고 있습니다.

- 화면 크기와 디바이스 방향에 따라 유연하게 업데이트 되는 UI를 비교적 쉽게 구현할 수 있습니다.
- 향후 새로운 해상도의 디바이스가 출시되더라도 업데이트 없이 일관된 UI를 유지할 수 있습니다.
- 화면 좌표를 직접 계산하거나 수많은 분기 코드를 작성할 필요가 없습니다.
- 우선순위와 활성화 속성을 활용하여 특정 조건에 따라 업데이트 되는 UI를 구현할 수 있습니다.
- 지역화 문자열을 사용할 때 문자열의 너비에 따라 버튼이나 레이블의 너비가 자동으로 업데이트 됩니다.
- Content Hugging과 Compression Resistance의 우선순위를 조절하여 동적인 UI를 더욱 세부적으로 제어할 수 있습니다.
- 뷰 애니메이션, 모션 이펙트와 함께 사용할 수 있습니다.
- 동일한 계층구조에 존재하지 않는 뷰 사이의 관계를 설정할 수 있습니다. (Spring and Struts 모델에서는 부모-자식 관계에 있는 뷰 사이의 관계만 설정할 수 있습니다. 특히, 부모 뷰의 크기나 위치는 자식 뷰에게 영향을 줄 수 있지만, 자식 뷰의 크기나 위치는 부모 뷰에게 영향을 주지 않습니다.)
- 스토리보드에서 제약을 쉽게 추가할 수 있습니다. 코드를 통해 런타임에 동적으로 추가하거나 제거할 수 있습니다.

Auto Layout의 단점은 하드 코딩 방식에 대한 익숙함이 사라질 때까지 매우 불편하고 어렵다는 것 뿐입니다.

Constraint

제약은 "버튼은 화면 상단 중앙에 있어야 한다.", "A뷰와 B뷰의 여백은 8pt 보다 커야한다", "컨테이너 뷰는 항상 화면 전체를 채워야 한다."와 같은 요구사항들을 레이아웃 시스템이 해석할 수 있는 방식으로 표현한 요소입니다. 레이아웃 시스템은 제약을 기반으로 가장 적합한 좌표와 크기를 계산하여 뷰에 할당합니다. 다시 한 번 강조하지만 뷰의 좌표와 크기를 결정하는 것은 레이아웃 시스템입니다. 정말 중요한 개념입니다! 하드 코딩 방식에서 뷰의 위치와 크기를 변경하기 위해서 frame, bound, center 중 어떤 속성을 사용할지를 먼저 고민했다면, Auto Layout에서는 어떻게 제약으로 표현할지 고민해야 합니다.

1. Constraint Fomular

제약은 y = m * x + b라는 공식을 사용합니다. 이 공식을 우리에게 좀 더 익숙한 형태로 바꾸면 다음과 같은 공식이 됩니다.

```
targetView.attribute = multiplier * referenceView.attribute + constant
```

targetView는 제약을 추가할 대상 뷰이고 attribute는 제약을 적용할 속성입니다. referenceView는 대상 뷰의 제약을 적용할 때 참조할 뷰입니다. attribute에 사용할 수 있는 속성에는 left, right, top, bottom, leading, trailing, width, height, centerX, centerY, baseline이 있습니다.

multiplier는 참조 대상이 되는 뷰 속성에 곱해지는 배율로 CGFloat 자료형의 값입니다. 예를 들어 A버튼의 너비가 B버튼 너비의 2배라면 multiplier는 2.0이고 공식으로 표현하면 A.width = 2 * B.width + 0 이 됩니다. 이 값은 제약이 생성된 후에 변경될 수 없다는 것을 기억해 두시기 바랍니다.

constant는 참조되는 뷰 속성 값과 배율의 곱셈 결과에 더해지는 추가적인 CGFloat 값으로 레이아웃 시스템에서는 px가 아닌 pt값으로 해석됩니다. constant라는 이름과 달리 제약이 생성된 후에 새로운 값을 할당할 수 있기 때문에 런타임에 제약의 속성을 업데이트하는데 활용됩니다. 예를 들어 A버튼의 가로 위치가 상위 뷰의 중앙에서 10pt 떨어진 위치라면 constant는 10이고 공식으로 표현하면 A.centerX = 1 * SuperView.centerX + 10 이 됩니다. 런타임에 constant 값을 20으로 변경하면 중앙에서 20pt 떨어진 위치로 이동하게 됩니다.

마지막으로 위의 공식에서는 쉬운 이해를 돕기 위해 =(같다)를 기준으로 설명했지만, >=(크거나 같다)와 <=(작거나 같다)도 사용할 수 있습니다.

2. Cumulative

제약은 누적되는 성질을 가지고 있습니다. 쉽게 말해서 너비 제약을 가지고 있는 뷰에 새로운 너비 제약을 추가하면 이전에 존재하던 너비 제약이 업데이트되거나 삭제되지 않는다는 것입니다. 이처럼 하나의 뷰에 동일한 속성에 대한 제약이 2개 이상 존재하고, 각 제약의 우선순위가 모두 동일하다면 레이아웃 오류가 발생합니다. 그러므로 새로운 제약을 추가하기 전에 동일한 성격과 우선순위를 가지는 제약이 존재하는지 확인한 다음 직접 제거해야 합니다.

이전 제약을 제거하고 새로운 제약을 추가하는 방식은 오류를 발생시킬 확률이 높고 성능에 영향을 줄 수 있습니다. 제약의 constant 속성을 변경하여 원하는 효과를 얻을 수 있다면 이 방식을 사용하는 것이 좋습니다. 반드시 같은 종류의 제약을 2개 이상 추가해야 하는 경우라면 각 제약의 우선순위에 차이를 두고, 각 우선순위가 조건에 따라 적절히 업데이트되도록 신경 써야 합니다.

3. Intrinsic Content Size

Intrinsic content size를 우리말로 그대로 옮기면 "본질적인 내용의 크기"가 됩니다. 개발자에게 좀 더 친숙한 언어로 옮기면"뷰의 핵심적인 내용을 모두 표시할 수 있는 가장 작은 영역의 크기"라고 할 수 있습니다. 예를 들어 버튼의 Intrinsic size는 타이틀을 클리핑 없이 모두 출력할 수 있는 크기입니다. 만약 버튼에 배경 이미지가 지정되어 있다면 타이틀과 배경 이미지를 모두 출력할 수 있는 크기가 됩니다. 또한 레이블의 Intrinsic size는 text 값을 클리핑 없이 출력할 수 있는 크기입니다.

레이아웃 시스템은 레이아웃 과정에서 뷰가 Intrinsic size를 가지고 있는지, 그렇다면 그 크기는 얼마인지 확인합니다. 그리고 이 크기와 주변 뷰의 제약을 토대로 뷰의 크기를 계산합니다. 버튼이나 레이블과 같은 표준 뷰들은 대부분 Intrinsic size를 가지고 있고 뷰에 표시되는 내용이 변경될 때 이 값도 함께 변경됩니다. 슬라이더와 같은 일부 뷰들은 높이에 한해서만 Intrinsic size를 가지고 있습니다. 슬라이더에서 높이는 UI를 유지하기 위해서 특정 값으로 고정되지만, 너비는 어떠한 값을 가지더라도 슬라이더 자체를 표시하는데 큰 영향을 주지 않기 때문입니다. 컨테이너 역할을 하는 일부 뷰들은 Intrinsic size를 가지고 있지 않습니다.

뷰의 Intrinsic size를 확인할 때는 UIView의 intrinsicContentSize 속성을 사용합니다. 이 속성은 CGSize형이고, 뷰가 Intrinsic Size를 가지고 있지 않다면 CGSize(UIViewNoIntricsicMetric, UIViewNoIntrinsicMetric)를 리턴합니다. 슬라이더처럼 높이에 한해서만 Intrinsic size를 가지고 있다면 CGSize(UIViewNoIntricsicMetric, xx.x)를 리턴합니다.

커스텀 뷰를 구현하고 있다면 뷰의 내용이 업데이트 될 때마다 invalidateIntrinsicContentSize 메소드를 호출해야 합니다.

Intrinsic Size를 통해 얻게 되는 가장 큰 이점은 뷰의 내용에 따라 크기가 자동으로 변경되는 것입니다. 그러나 뷰에 고정된 너비 제약이나 높이 제약을 추가하게 된다면 이러한 이점을 더 이상 사용할 수 없게 됩니다. 그래서 Auto Layout을 사용할 때 피해야 할 안티 패턴 중 하나입니다. Auto Layout에서 고정된 너비/높이 제약을 사용해야 하는 경우는 Intrinsic Size가 디자인 요구사항에 부합하지 않을 때뿐입니다. 사실 이런 경우에도 너비/높이 제약을 사용하는 것보다는 디자인 요구사항을 변경할 수 있는지를 먼저 검토해 보는 것이 좋습니다. 검토 결과 반드시 사용해야 한다면 = 대신 〈= 또는 〉=를 사용하는 것이 좋습니다.

3.1 Compression Resistance & Content Hugging

Intrinsic Size를 가지고 있는 뷰는 런타임에 각 방향별로 두 개의 제약을 자동으로 추가합니다. 예를 들어 버튼의 Intrinsic Size가 (100, 50)이라면 다음과 같은 제약들이 추가됩니다.

- width 〈= 100
- height 〈= 50
- width 〉= 100
- height 〉= 50

첫 번째 제약은 버튼의 너비가 100보다 커지는 것을 막고, 두 번째 제약은 높이가 50보다 커지는 것을 막습니다. 이렇게 Intrinsic Size를 통해 최대 크기에 제한을 두는 것을 Content Hugging이라고 합니다.

세 번째 제약은 버튼의 너비가 100보다 작아지는 것을 막고, 네 번째 제약은 높이가 50보다 작아지는 것을 막습니다. 이처럼 최소 크기에 제한을 두는 것을 Compression Resistance라고 합니다.

이와 관련된 내용은 글보다 예제를 통해 설명하는 것이 훨씬 이해하기 쉽기 때문에 이어지는 글에서 상세하게 설명하도록 하겠습니다. 지금은 여기에서 설명하는 내용만 기억해 주시기 바랍니다.

Interface Builder

Auto Layout을 사용하는 가장 손쉬운 방법은 인터페이스 빌더에서 제공하는 메뉴를 활용하는 것입니다.

첫 번째 Auto Layout 예제는 레이블과 버튼이 하나씩 포함되어 있는 UI를 구성하는 예제입니다. 각각의 컨트롤은 다음과 같은 요구사항을 가지고 있습니다.

- 레이블은 항상 화면 중앙에 위치합니다.
- 레이블은 문자열에 길이에 따라 자동으로 너비가 업데이트되어야 합니다.
- 버튼은 화면 하단 중앙에 위치합니다. 부모 뷰와의 하단 여백은 10pt 입니다.
- 버튼의 크기는 (100, 50)으로 고정되어야 합니다.
- 버튼을 클릭하면 미리 정의되어 있는 문자열 중 하나를 레이블에 출력합니다.

STEP **01**

새로운 iOS Single View Application 프로젝트를 생성합니다. 프로젝트 이름은 "FirstAutoLayout" 또는 원하는 이름으로 지정합니다.

STEP **02**

프로젝트 네비게이터에서 Main.storyboard 파일을 선택합니다.

STEP **03**

Canvas에 Label을 추가합니다.

Storyboard에 처음 추가된 컨트롤은 아무런 제약을 가지고 있지 않습니다. 만약 이 상태로 실행한다면 런타임에 사용될 기본 제약이 자동으로 추가됩니다. 이러한 제약을 Automatic Constraint라고 합니다. 이 제약은 고정된 크기와 위치를 가지고 있기 때문에 개발자의 의도와 다르게 표시될 수 있습니다. Automatic Constraint는 뷰에 하나 이상의 제약이 추가되어 있을 때는 추가되지 않습니다.

제약을 추가하기 전에 컨트롤을 미리 원하는 위치로 이동시켜두면 제약을 추가할 때 오류가 발생할 확률이 줄어듭니다. 하지만, 제약을 추가하면서 이러한 오류를 바로 해결할 수 있으므로 아무 위치에 추가해도 괜찮습니다. 레이블의 위치가 Canvas 중앙이라면 중앙이 아닌 곳으로 이동시킵니다.

STEP 04

방금 추가한 레이블을 선택한 후 Canvas 하단에 있는 Align 버튼을 클릭합니다. Horizontally in Container, Vertically in Container 항목을 선택한 후 Add Constraint 버튼을 클릭합니다.

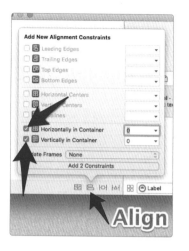

이제 1번 요구사항을 구현하기 위한 제약이 추가되었습니다. 제약이 추가된 후 Xcode 화면에는 몇 가지 추가적인 정보가 표시됩니다.

컨트롤의 Size Inspector에는 추가된 제약의 목록이 표시됩니다. Canvas에는 컨트롤 주위에 제약과 연관된 선이 표시됩니다.

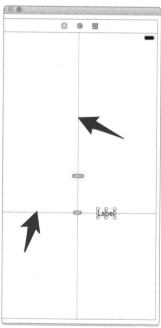

예제에서는 노란색 선과 붉은색 점선이 표시됩니다. Auto Layout에서 노란색과 붉은색은 제약에 문제가 있다는 것을 뜻합니다. 만약 문제가 없다면 파란색 선으로 표시될 것입니다. 이 예제에서 문제가 발생하는 이유는 Canvas 상의 레이블 위치와 사각 점선으로 표시된 런타임 상의 위치가 일치하지 않기 때문입니다. 이러한 오류를 "Misplaced Views"라고 합니다. 이 문제는 "Resolve Auto Layout Issues" 메뉴나 Outline View에서 제공하는 메뉴를 통해 해결할 수 있습니다.

Outline View에서 방금 추가한 제약을 확인할 수 있습니다. 여기에서 제약이 추가된 위치에 주목해야 합니다. 방금 추가한 제약은 레이블이 아니라 레이블의 상위 뷰에 추가되었습니다. 뷰의 위치와 관련된 제약은 뷰의 상위 뷰에 추가된다는 것을 기억해 두시기 바랍니다.

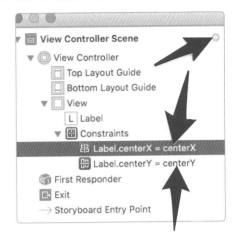

추가된 제약을 하나 선택하면 Canvas에 표시된 제약이 진하게 강조됩니다. 그리고 Size Inspector와 Attribute Inspector에는 편집 가능한 제약 속성이 표시됩니다.

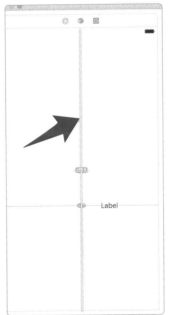

STEP 05

이 Scene은 앞서 설명한 것처럼
"Misplaced Views" 오류를 가지고
있습니다. Scene에 Auto Layout 오
류가 있다면 Scene 이름 오른쪽에
노란색 또는 빨간색 버튼이 표시됩
니다. 이 버튼을 클릭하면 다음과 같
이 오류의 목록이 표시됩니다.

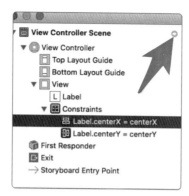

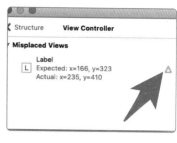

STEP 06

Misplaced Views 목록에 있는 노
란색 삼각형 아이콘을 클릭합니다.
Update Frame 항목을 선택한 후 Fix
Misplacement 버튼을 클릭합니다.

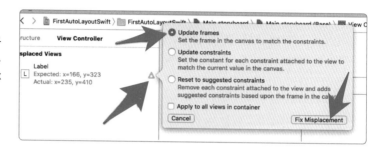

Misplaced Views 오류는 세 가지 방식 중 하나로 해결할 수 있습니다.

- **Update Frame** : 뷰의 현재 위치를 런타임 상의 위치로 업데이트합니다. 이 경우 뷰에 추가되어 있
  는 제약에는 변화가 없습니다.
- **Update Constraints** : 뷰에 추가되어 있는 제약을 Canvas 상의 현재 위치에 적합한 제약으로 업
  데이트 합니다. 이 경우에는 뷰의 제약이 업데이트됩니다.
- **Reset to Suggested Constraints** : 뷰에 추가되어 있는 제약을 모두 제거하고 가장 적합한 제약
  을 자동으로 추가합니다. 하지만 새롭게 추가된 제약은 개발자의 의도에 부합하지 않을 수도 있습
  니다.

Fix Misplacement 버튼을 클릭하면 레이블이 Canvas 중앙으로 이동하
고 노란색 선이 파란색 선으로 변경됩니다. 이와 같은 상태가 모든 제약
이 올바르게 설정된 상태입니다. Scene 이름 옆에 표시되어 있던 노란색
버튼도 더 이상 표시되지 않습니다.

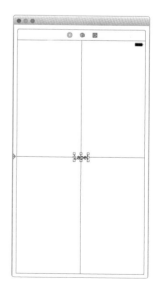

Edit 〉 Undo ... (⌘Z) 메뉴를 선택하여 이전 작업을 취소합니다.

STEP 08

레이블을 선택한 후 Canvas 하단에 있는 Resolve Auto Layout Issues 버튼을 클릭합니다. 그리고 Selected Views 섹션에 있는 Clear Constraints 메뉴를 선택합니다. 그러면 레이블에 추가한 모든 제약이 삭제됩니다.

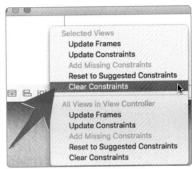

STEP 09

STEP 04와 같이 Align 버튼을 클릭한 후 Horizontally in Container와 Vertically in Container를 선택합니다. 이번에는 Update Frames 옵션을 None 대신 Items of New Constraints를 선택한 후 Add Constraints 버튼을 클릭합니다.

STEP 04의 결과와 달리 레이블이 Canvas의 중앙으로 자동으로 이동하고 Misplaced Views 오류도 발생하지 않습니다. 이처럼 Update Frame 메뉴를 통해 새로운 제약이 적용된 뷰의 위치를 자동으로 업데이트 할 수 있습니다. Items of New Constraints 항목은 새롭게 추가되는 제약의 대상 뷰만 업데이트 합니다. All Frame in Container 항목을 선택하면 Scene에 추가되어 있는 모든 뷰가 업데이트 됩니다.

STEP 10

레이블의 배경색을 노란색으로 변경합니다.

STEP 11

Button을 Canvas에 추가한 다음 제목을 Update로 수정합니다 방금 추가한 버튼을 선택한 상태로 Align 버튼을 클릭합니다.
Horizontally in Container 항목을 선택한 후 Add Constraint 버튼을
클릭합니다.

이 시점에서 발생하는 레이아웃 오류는 조금 후에 수정할 것이므로 무시하고 다음 단계로 넘어갑니다.

STEP 13

Pin 버튼을 클릭한 후 아래와 같이 제약을 추가합니다. 화살표로 표시
된 I 빔을 클릭한 후 입력 필드에 10을 입력하고 return 키를 누르거나
Add Constraint 버튼을 클릭합니다.

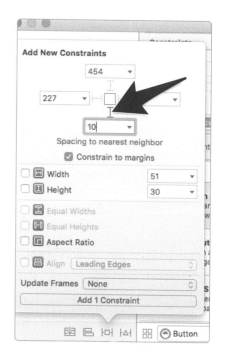

STEP 13까지 완료하면 3번 요구사항을 구현하기 위한 제약이 모두 추가된 것입니다.

iOS 8에서 새롭게 추가된 Layout Margin은 Auto Layout의 동작에 영향을 줍니다. Constrain to
margins 메뉴가 체크되어 있다면 뷰의 경계가 아닌 Layout Margin을 기준으로 계산됩니다. 예를
들어 버튼을 포함하고 있는 뷰의 Layout Margin이 (10, 10, 10, 10)이고 Constrain to margins 메
뉴를 선택한 상태에서 제약을 추가했다면 버튼의 하단과 뷰 사이의 거리는 20pt가 됩니다. 그러나

Constrain to margins 메뉴를 선택하지 않았다면 10pt가 됩니다. 이 기능은 iOS 8에서 지원하는 기능이기 때문에, iOS 8 이전 버전을 지원해야 한다면 반드시 Constrain to margins 메뉴를 선택하지 않아야 합니다. 그렇지 않을 경우에는 크래시가 발생하거나 레이아웃이 의도한 것과 다르게 출력될 수 있습니다.

STEP **14**

Resolve Auto Layout Issues 버튼을 클릭한 후 Selected Views 섹션에 있는 Update Frames 메뉴를 선택합니다.

Resolve Auto Layout Issues 메뉴에서 제공하는 항목의 역할은 Outline View에서 제공하는 팝업 메뉴(STEP 06 참고)의 역할과 동일합니다. Add Missing Constraints 항목은 Canvas 상의 위치를 기반으로 부족한 제약을 자동으로 추가합니다. Clear Constraints 항목은 모든 제약을 삭제합니다. Selected Views 섹션의 항목들은 현재 선택되어 있는 뷰를 대상으로 동작하고, All Views in View Controller 섹션의 항목들은 이름처럼 Scene에 추가되어 있는 모든 뷰를 대상으로 동작합니다.

STEP **15**

버튼을 선택한 다음 Pin 버튼을 클릭합니다. Width, Height 옵션에 각각 100, 50을 입력한 후 Add Constraints 버튼을 클릭합니다. Update Frames 옵션은 Items of New Constraints로 설정합니다.

이제 4번 요구사항을 만족시키는 제약이 추가되었습니다.

STEP **16**

보조 편집기를 표시하고 Jump bar에서 Automatic을 선택하여 ViewController 파일을 표시합니다.

STEP **17**

레이블을 myLabel 속성과 Outlet으로 연결하고, 버튼은 updateLabel 메소드와 Action으로 연결합니다. updateLabel 메소드를 아래와 같이 구현합니다.

```
Objective-C
@interface ViewController ()
@property (weak, nonatomic) IBOutlet UILabel *myLabel;
@end

@implementation ViewController
- (IBAction)updateLabel:(id)sender {
    NSArray* list = @[@"iPhone 6", @"iPad", @"iMac Retina 5K", @"Mac Mini",
        @"Macbook Pro"];
    NSString* selected = list[arc4random() % [list count]];
    self.myLabel.text = selected;
}
//...
@end
```

Swift

```swift
class ViewController: UIViewController {
    @IBOutlet weak var myLabel: UILabel!

    @IBAction func updateLabel(_ sender: AnyObject) {
        let list = ["iPhone 6", "iPad", "iMac Retina 5K", "Mac Mini",
            "Macbook Pro"]
        let selected = list[Int(arc4random()) % list.count]
        self.myLabel.text = selected
    }
    //...
}
```

STEP **18**

시뮬레이터에서 앱을 실행한 후 Update 버튼을 누를 때마다 레이블의 문자열이 변경되는지 확인합니다.

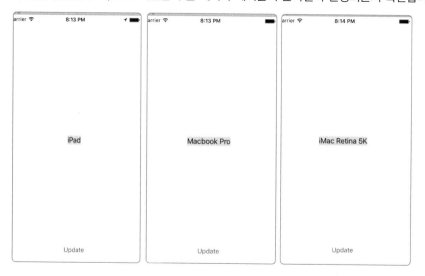

레이블을 주목해서 봐야 합니다. 어떤 길이의 문자열이 표시되더라도 문자열이 잘리지 않습니다. Canvas 에 추가되어 있는 레이블의 초기 너비는 분명 iMac Retina 5K와 같은 문자열을 모두 표시하기에는 부족합니다. 그리고 레이블을 선택한 다음 Attributes Inspector를 확인해 보면 Line Breaks 항목이 Truncate Tail로 설정되어 있습니다. 바로 이 시점에서 Intrinsic Size와 Auto Layout의 콜라보가 진가를 발휘합니다.

시간을 조금 거슬러 올라가 STEP 09에서 레이블의 제약을 추가할 때, 위치와 관련된 2개의 제약을 추가했지만 크기와 관련된 제약은 추가하지 않았습니다. 레이블과 같이 Intrinsic Size를 가지고 있는 뷰들은 너비/높이 제약을 제공하지 않으면 Intrinsic Size를 사용합니다. 문자열의 길이에 따라 너비가 변경되는 것은 레이블이 자신에게 할당된 문자열이 변경될 때마다 Intrinsic Size를 함께 업데이트하기 때문입니다. 너비/높이 제약을 추가하지 않는 것만으로 이 예제의 2번 요구사항을 자연스럽게 만족시킬 수 있습니다.

뷰에 고정된 너비/높이 제약을 추가하는 것은 Auto Layout에서 피해야할 안티패턴이라고 설명했습니다. 이제 그 이유를 확인해 보겠습니다.

STEP 19

레이블을 선택한 후 Pin 버튼을 클릭합니다. Width, Height 항목을 선택한 후 Add Constraints 버튼을 클릭합니다.

이제 레이블에는 고정된 너비/높이 제약이 추가되었습니다. 레이아웃 시스템은 이전과 달리 Intrinsic Size를 무시하고 방금 추가한 제약을 사용해서 레이블을 출력합니다.

STEP 20

시뮬레이터에서 앱을 실행한 후 결과를 다시 확인합니다.

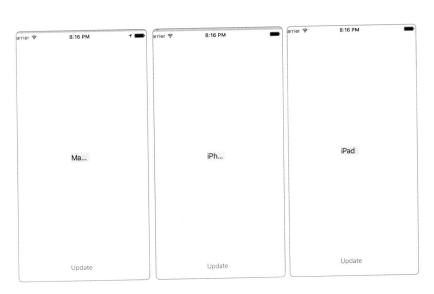

STEP 17의 실행결과와 달리 레이블의 너비가 항상 고정되어 있고, Truncate Tail 설정에 따라 레이블의 너비보다 긴 문자열은 뒷부분이 …으로 출력됩니다. 만약 너비/높이 제약을 추가한 상태에서 이전과 같은 결과를 얻으려면 문자열의 너비를 계산한 후 width 제약의 constant 값을 업데이트하는 과정이 필요합니다.

이제 너비/높이 제약을 안티패턴이라고 설명한 이유가 확실히 이해되었을 것입니다. 문자열과 같은 내용이 클리핑 없이 출력되는 것이 중요한 뷰에서는 Intrinsic Size를 활용하는 것이 좋습니다. 만약 너비/높이 제약을 반드시 추가해야 하는 경우라면 = 보다는 >=, <= 관계를 가지도록 하는 것이 좋습니다.

지금까지는 Align, Pin 메뉴를 통해서 제약을 추가했습니다. 인터페이스 빌더는 제약을 더 쉽게 추가할 수 있는 기능을 제공합니다. Outlet, Action을 연결할 때처럼 원하는 대상으로 ∧ 키를 누른 상태로 드래그하면 설정할 수 있는 제약의 목록이 팝업으로 표시됩니다.

앞에서 작성했던 예제에 다음과 같은 요구사항을 추가하겠습니다.

• 레이블 하단에서 5pt 떨어진 위치에 새로운 뷰를 추가합니다.
• 뷰의 배경색상은 빨간색으로 지정합니다.
• 뷰는 가로 중앙 위치는 항상 레이블의 가로 중앙 위치와 동일합니다.
• 뷰의 너비는 항상 레이블의 너비와 동일합니다.
• 뷰는 4pt의 고정된 높이를 가집니다.

STEP 21

레이블에 추가되어 있는 너비/높이 제약을 삭제합니다.

제약은 여러 가지 방법으로 선택할 수 있습니다. 첫 번째 방법은 Canvas에서 바로 선택하는 방법입니다. 레이블 아래쪽에 표시되어 있는 I빔을 클릭하면 다음과 같이 너비 제약을 선택할 수 있습니다. 선택된 제약은 진하게 강조됩니다.

좁은 공간에 여러 제약이 위치하고 있어서 선택하기 어려울 경우에는 ⇧ 키를 누른 상태로 오른쪽 마우스 버튼을 클릭합니다.

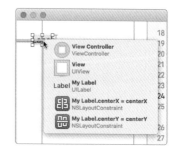

두 번째 방법은 Outline View에서 선택하는 방법입니다. 첫 번째 방법과 두 번째 방법 중 하나를 사용하여 너비/높이 제약을 모두 삭제합니다.

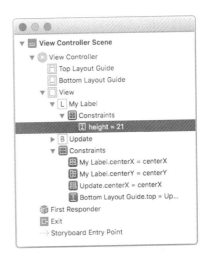

STEP **22**

Canvas 에 View를 추가합니다. 레이블 아래쪽에 적당한 크기로 위치시키고 배경색을 빨간색으로 지정합니다.(2번 요구사항)

STEP **23**

방금 추가한 뷰를 선택하고 ^ 키를 누른 상태로 뷰에서 레이블로 드래그합니다.

아래와 같이 드래그 경로가 선으로 표시되고 대상은 파란색 박스로 강조됩니다. 마우스 포인터를 놓으면 설정할 수 있는 제약의 목록이 표시됩니다. 표시되는 목록은 드래그 경로의 각도와 대상 뷰의 종류에 따라 달라집니다. 이 예제에서는 두 뷰 사이의 공백 제약을 추가하기 위해 약간 비스듬한 경로로 드래그합니다. 두 뷰 사이를 수직 경로로 드래그하면 팝업 메뉴의 목록이 달라지는 것을 확인할 수 있을 것입니다.

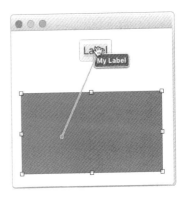

STEP **24**

팝업 메뉴에서 Vertical Spacing 항목을 선택합니다.

방금 추가한 제약을 선택한 후 Attributes Inspector에서 Constant 항목을 5로 수정합니다.

이제 첫 번째 요구사항을 만족시키는 제약이 추가되었습니다.
Scene에 존재하는 제약 오류들은 일단 무시합니다

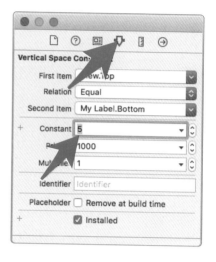

다시 뷰를 선택한 후 ⌃ 키를 누른 상태로 레이블로 드래그합니다. 팝업 메뉴에서 Center Horizontally 항목을 선택
합니다.

참고로 이미 추가되어 있는 제약이 있다면 해당 항목 앞에 흰색
원이 표시됩니다

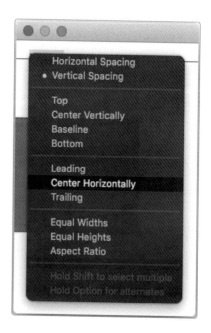

방금 추가한 제약을 선택한 후 Attributes Inspector에서 Constant 값을 0으로 수정합니다. 이제 3번 요구사항을 만
족시키는 제약이 추가되었습니다.

STEP **28**

다시 뷰를 선택한 후 ^ 키를 누른 상태로 레이블로 드래그하다. 팝업 메뉴에서 Equal Widths 항목을 선택합니다. 이제 4번 요구사항을 만족시키는 제약이 추가되었습니다.

STEP **29**

^ 키를 누른 상태로 다시 드래그하되 이번에는 레이블이 아닌 뷰 내부의 다른 영역으로 드래그합니다.

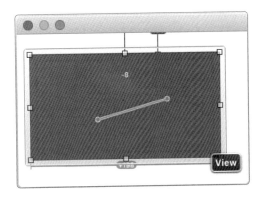

STEP **30**

팝업 메뉴에서 Height 항목을 선택합니다.

STEP **31**

방금 추가한 제약을 선택한 후 Attributes Inspector에서 Constant 값을 4로 설정합니다.

이제 예제의 조건을 만족시키는 모든 제약이 추가되었습니다. 하지만 빨간색 뷰의 Canvas 위치가 런타임 위치와 일치하지 않는 Misplaced Views 오류를 가지고 있습니다.

STEP **32**

Editor 〉 Resolve Auto Layout Issues 하위 메뉴에서 All Views in View Controller 섹션에 있는 Update Frames 메뉴를 선택하여 Misplaced Views 오류를 해결합니다.

STEP **33**

시뮬레이터에서 앱을 실행한 후 결과를 확인합니다.

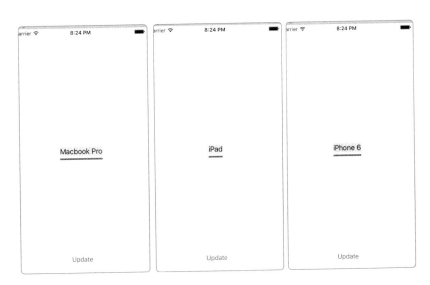

Auto Layout with Code

대부분의 경우 인터페이스 빌더에서 제공하는 기능만으로 다양한 조건을 만족시키는 제약을 추가할 수 있습니다. 제약을 WYSIWYG 방식으로 쉽게 추가할 수 있고, 제약에 문제가 있을 경우 즉각적으로 시각적인 피드백을 받을 수 있다는 점은 큰 장점입니다. 하지만 좀 더 복잡하고 동적인 제약을 구성하기 위해서는 코드를 통해 제약을 사용하는 방식에 익숙해져야 합니다.

인터페이스 빌더를 통해 구현한 UI와 레이아웃 제약은 코드만으로 동일하게 구현할 수 있습니다. Springs & Struts 방식에 비해 작성해야 하는 코드의 양이 많고 난이도가 조금 높지만 익숙해지는데 많은 시간이 걸리지 않습니다.

1. NSLayoutConstraint

Auto Layout에서 제약은 NSLayoutConstraint 클래스의 객체 입니다. 이 클래스가 제공하는 속성들을 살펴보면 Auto Layout의 장점과 지원하는 기능들을 조금 더 명확하게 알 수 있습니다. 특히 주목할 만한 속성은 priority, active, identifier 입니다.

1.1 firstItem, secondItem

제약 공식에서 targetView와 referenceView에 해당되는 속성입니다. firstItem은 필수 속성이지만 secondItem은 생략할 수 있습니다.

```
Objective-C
@property(readonly, assign) id firstItem
@property(readonly, assign) id secondItem
```

```
Swift
unowned(unsafe) var firstItem: AnyObject { get }
unowned(unsafe) var secondItem: AnyObject? { get }
```

1.2 firstAttribute, secondAttribute

제약 공식에서 attribute에 해당되는 속성입니다. 이 속성의 자료형은 NSLayoutAttribute 열거형 입니다.

Objective-C

```
@property(readonly) NSLayoutAttribute firstAttribute
@property(readonly) NSLayoutAttribute secondAttribute

enum {
    NSLayoutAttributeLeft = 1,
    NSLayoutAttributeRight,
    NSLayoutAttributeTop,
    NSLayoutAttributeBottom,
    NSLayoutAttributeLeading,
    NSLayoutAttributeTrailing,
    NSLayoutAttributeWidth,
    NSLayoutAttributeHeight,
    NSLayoutAttributeCenterX,
    NSLayoutAttributeCenterY,
    NSLayoutAttributeBaseline,

    NSLayoutAttributeNotAnAttribute = 0
};
typedef NSInteger NSLayoutAttribute;
```

Swift

```
var firstAttribute: NSLayoutAttribute { get }
var secondAttribute: NSLayoutAttribute { get }

enum NSLayoutAttribute : Int {
    case Left
    case Right
    case Top
    case Bottom
    case Leading
    case Trailing
    case Width
    case Height
    case CenterX
    case CenterY
    case Baseline
    case FirstBaseline
    case LeftMargin
    case RightMargin
    case TopMargin
    case BottomMargin
    case LeadingMargin
    case TrailingMargin
    case CenterXWithinMargins
    case CenterYWithinMargins
    case NotAnAttribute
}
```

1.3 relation

제약 공식에서 =에 해당되는 속성입니다. NSLayoutRelation 열거형으로 =, >=, <=과 같이 세 가지 관계를 표현할 수 있습니다.

```objectivec
Objective-C
@property(readonly) NSLayoutRelation relation

enum {
    NSLayoutRelationLessThanOrEqual = -1,
    NSLayoutRelationEqual = 0,
    NSLayoutRelationGreaterThanOrEqual = 1,
};
typedef NSInteger NSLayoutRelation;
```

```swift
Swift
var relation: NSLayoutRelation { get }

enum NSLayoutRelation : Int {
    case LessThanOrEqual
    case Equal
    case GreaterThanOrEqual
}
```

1.4 multiplier

제약 공식에서 multiplier에 해당되는 속성입니다.

```objectivec
Objective-C
@property(readonly) CGFloat multiplier
```

```swift
Swift
var multiplier: CGFloat { get }
```

1.5 constant

제약 공식에서 constant에 해당되는 속성입니다. 제약을 생성한 후에 값을 변경할 수 있기 때문에 런타임에 제약을 동적으로 업데이트 하는데 활용됩니다. constant 값을 변경하는 것으로 요구사항을 충족시킬 수 있다면 이전 제약을 제거하고 새로운 제약을 추가하는 것보다 constant 값을 변경한 후 제약을 업데이트하는 것이 성능에 유리합니다.

```
@property CGFloat constant
```

```
var constant: CGFloat
```

1.6 priority

제약의 우선순위를 지정하는 속성으로 1에 1000 사이의 값을 할당할 수 있습니다. 일반적으로 숫자 값을 직접 할당하지 않고 UILayoutPriority 열거형을 사용합니다.

제약은 할당된 우선순위에 따라서 필수 제약과 옵션 제약으로 구분됩니다. 필수 제약은 우선순위가 1000(UILayoutPriorityRequired)이고, 옵션 제약은 1~999 사이의 우선순위를 가집니다. 옵션 제약은 더 높은 우선순위를 가진 동일한 제약이 있을 경우 무시될 수 있다는 것을 의미합니다.

우선순위를 동적으로 적용할 때 주의할 점은 필수 제약을 옵션 제약으로 변경하거나 옵션 제약을 필수 제약으로 변경할 수 없다는 것입니다. 즉, 우선순위를 1000으로 할당한 제약은 런타임에 우선순위를 변경할 수 없고, 1~999 사이의 우선순위 값으로 생성한 제약은 1000으로 변경할 수 없습니다. 만약 이런 시도를 한다면 예외가 발생할 것입니다. 런타임에 우선순위를 동적으로 변경할 제약을 생성할 때는 반드시 1000보다 작은 값으로 설정해야 합니다.

100보다 작은 우선순위를 할당하면 레이아웃 시스템이 임의로 조절 할 수 있게 되고, 레이아웃 과정에서 발생한 오류를 레이아웃 시스템 스스로 해결하도록 할 수 있습니다.(물론 100이하로 할당한다고 해서 모든 오류를 해결할 수 있는 것은 아닙니다.)

```
@property UILayoutPriority priority;

enum {
    UILayoutPriorityRequired = 1000,
    UILayoutPriorityDefaultHigh = 750,
    UILayoutPriorityDefaultLow = 250,
    UILayoutPriorityFittingSizeLevel = 50,
};
typedef float UILayoutPriority;
```

```
var priority: UILayoutPriority

typealias UILayoutPriority = Float
```

1.7 activate

제약의 활성화 상태를 지정하는 속성입니다. 특정 조건에 따라서 동작하는 제약을 만드는 용도로 활용할 수 있습니다. 비활성화 된 제약은 우선순위에 관계없이 레이아웃 계산 과정에서 제외됩니다.

Objective-C
```
@property(getter=isActive) BOOL active
```

Swift
```
var active: Bool
```

1.8 identifier

제약에 특별한 이름을 부여할 수 있는 속성입니다. 필수 속성은 아니지만 가독성이 높은 이름을 할당해두면 디버깅에 도움이 됩니다.

Objective-C
```
@property(copy) NSString *identifier
```

Swift
```
var identifier: String?
```

2. 제약 공식을 통한 제약 생성

코드를 통해 제약을 생성하는 방식은 크게 두 가지로 구분할 수 있습니다. 첫 번째는 "제약 공식을 활용하는 방식"이고 두 번째는 "Visual Format Language를 사용하는 방식"입니다.

첫 번째 방식은 아래의 생성자를 통해 새로운 제약을 생성합니다.

Objective-C
```
+ (instancetype)constraintWithItem:(id)view1
                attribute:(NSLayoutAttribute)attr1
                relatedBy:(NSLayoutRelation)relation
                   toItem:(id)view2
                attribute:(NSLayoutAttribute)attr2
               multiplier:(CGFloat)multiplier
                 constant:(CGFloat)c
```

Swift
```swift
convenience init(item view1: AnyObject,
           attribute attr1: NSLayoutAttribute,
          relatedBy relation: NSLayoutRelation,
             toItem view2: AnyObject?,
           attribute attr2: NSLayoutAttribute,
      multiplier multiplier: CGFloat,
              constant c: CGFloat)
```

생성자의 파라미터는 앞에서 설명한 제약 공식의 요소와 1:1로 연결됩니다.

Swift
```swift
targetView.attribute = multiplier * referenceView.attribute + constant
```

제약 공식	파라미터
targetView	view1
(targetView).attribute	attr1
>=, <=, =	relation
multiplier	multiplier
referenceView	view2
(referenceView).attribute	attr2
constant	constant

view1 파라미터는 제약을 추가할 대상 뷰입니다. 이 파라미터는 반드시 nil이 아닌 유효한 뷰를 전달해야 합니다. view2 파라미터는 제약을 추가할 때 참조하는 뷰로 경우에 따라서 nil이 될 수 있습니다. 예를 들어 고정된 크기 제약을 추가하는 경우 다른 뷰를 참조할 필요가 없기 때문에 이 파라미터로 nil을 전달합니다.

attr1, attr2 파라미터는 제약의 종류를 지정합니다. NSLayoutAttribute 열거형 값을 적용할 수 있으며, view2 파라미터가 nil인 경우 attr2 파라미터에는 NSLayoutAttributeNotAnAttribute(Objective-C), NSLayoutAttribute.NotAnAttribute(Swift)를 전달합니다.

relation은 제약 공식에서 두 변의 관계를 나타내는 값으로 코드에서는 NSLayoutRelation 열거형을 할당합니다.

나머지 multiplier와 constant는 제약 공식에서 설명했던 것과 동일한 의미를 가지며 모두 CGFloat 값을 할당합니다.

이제 이 첫 번째 방식으로 제약을 만들어 보겠습니다. 추가할 제약은 조금 전 인터페이스 빌더에서 만들었던 예제 중 화면 중앙의 레이블에 추가되는 제약입니다. 이 레이블에는 다음과 같이 두 개의 제약이 추가되어야 합니다. 앞서 설명한 생성자는 하나의 제약을 생성하기 때문에 총 두 번의 생성자 호출이 필요합니다.

- 상위 뷰의 centerX와 레이블의 centerX를 = 관계로 연결하는 제약
- 상위 뷰의 centerY와 레이블의 centerY를 = 관계로 연결하는 제약

STEP **01**

새로운 iOS Single View Application 프로젝트를 생성합니다.

STEP **02**

프로젝트 네비게이터에서 ViewController 파일을 선택합니다.

STEP **03**

viewDidLoad 메소드에 새로운 레이블과 제약을 추가하는 코드를 구현합니다.

```objectivec
Objective-C
@implementation ViewController

- (void)viewDidLoad {
    [super viewDidLoad];

    // Point #1
    UILabel* centerLabel = [UILabel new];
    centerLabel.text = @"Hello Auto Layout";
    centerLabel.backgroundColor = [UIColor yellowColor];
    centerLabel.translatesAutoresizingMaskIntoConstraints = NO;

    // Point #2
    NSLayoutConstraint* centerXConstraint = [NSLayoutConstraint
        constraintWithItem:centerLabel attribute:NSLayoutAttributeCenterX
        relatedBy:NSLayoutRelationEqual toItem:self.view
        attribute:NSLayoutAttributeCenterX multiplier:1.0f constant:0.0f];

    // Point #3
    NSLayoutConstraint* centerYConstraint = [NSLayoutConstraint
        constraintWithItem:self.view attribute:NSLayoutAttributeCenterY
        relatedBy:NSLayoutRelationEqual toItem:centerLabel
        attribute:NSLayoutAttributeCenterY multiplier:1.0f constant:0.0f];

    // Point #4
    [self.view addConstraint:centerXConstraint];
    [self.view addConstraint:centerYConstraint];

    // Point #5
    [self.view addSubview:centerLabel];
}
@end
```

Swift

```swift
class ViewController: UIViewController {
    override func viewDidLoad() {
        super.viewDidLoad()

        // Point #1
        let centerLabel = UILabel()
        centerLabel.text = "Hello Auto Layout"

        #if swift(>=3.0)
        centerLabel.backgroundColor = UIColor.yellow
        centerLabel.translatesAutoresizingMaskIntoConstraints = false

        // Point #2
        var centerXConstraint = NSLayoutConstraint(item: centerLabel,
            attribute: .centerX, relatedBy: .equal, toItem: self.view,
attribute: .centerX,
            multiplier: 1.0, constant: 0.0)

        // Point #3
        let centerYConstraint = NSLayoutConstraint(item: self.view,
            attribute: .centerY, relatedBy: .equal, toItem: centerLabel,
attribute: .centerY,
            multiplier: 1.0, constant: 0.0)
        #else
        centerLabel.backgroundColor = UIColor.yellowColor()
        centerLabel.setTranslatesAutoresizingMaskIntoConstraints(false)

        // Point #2
        var centerXConstraint = NSLayoutConstraint(item: centerLabel,
            attribute: .CenterX, relatedBy: .Equal, toItem: self.view,
attribute: .CenterX,
            multiplier: 1.0, constant: 0.0)

        // Point #3
        let centerYConstraint = NSLayoutConstraint(item: self.view,
            attribute: .CenterY, relatedBy: .Equal, toItem: centerLabel,
attribute: .CenterY,
            multiplier: 1.0, constant: 0.0)
        #endif

        // Point #4
        self.view.addConstraint(centerXConstraint)
        self.view.addConstraint(centerYConstraint)

        // Point #5
        self.view.addSubview(centerLabel)
    }
}
```

[Point #1]

새로운 레이블을 생성합니다. Springs & Struts 방식과 달리 생성시점에 frame이나 bound 값을 지정하는 것은 아무런 의미가 없습니다. 그래서 일반적으로 파라미터가 없는 기본 생성자를 사용하거나 (Swift), init 또는 new 메소드를 사용합니다(Objective-C). 추가로 레이블의 위치와 크기를 쉽게 확인할 수 있도록 임의의 문자열과 배경색을 지정합니다.

뷰에 제약을 직접 추가하지 않으면 Automatic Constraint가 자동으로 추가됩니다. UIView는 iOS 6 이후의 버전부터 Autoresizing Mask를 Auto Layout 제약으로 자동 변환하는 속성을 가지고 있습니다. 이 속성의 기본 값이 YES이기 때문에 Automatic Constraint가 자동으로 추가되는 것입니다. 그러나 인터페이스 빌더에서 제약을 추가할 때와 달리 제약의 추가여부에 관계없이 Automatic Constraint가 항상 추가됩니다. 이로 인해 하나의 뷰에 동일한 제약이 함께 추가되고 "제약 충돌" 오류의 원인이 됩니다. 이와 관련된 내용은 조금 후에 살펴보도록 하겠습니다. 코드를 통해서 제약을 추가할 때는 반드시 아래와 같이 Autoresizing Mask가 레이아웃 제약으로 자동 변환되는 것을 막아야 합니다.

Objective-C
```objectivec
centerLabel.translatesAutoresizingMaskIntoConstraints = NO;
```

Swift 2.3
```swift
centerLabel.setTranslatesAutoresizingMaskIntoConstraints(false)
```

Swift 3
```swift
centerLabel.translatesAutoresizingMaskIntoConstraints = false
```

[Point #2]

레이블을 가로 방향 중앙에 두는 제약을 추가합니다.

[Point #3]

레이블을 세로 방향 중앙에 두는 제약을 추가합니다. 이 코드에서 주목해서 볼 것은 Point #2와 달리 view1과 view2 파라미터가 서로 바뀌어 있다는 것입니다. 제약은 이전에 설명했던 "누적되는 특성" 과 더불어 순환되는 특성을 가지고 있습니다. 그래서 레이아웃 시스템이 UI를 구성하는데 모호함이 없다면 제약이 추가되는 대상이 바뀌어도 문제가 없습니다.

[Point #4]

제약을 추가할 때는 UIView의 UIConstraintBasedLayoutInstallingConstraints 카테고리에서 제공하는 메소드를 사용합니다. 여기에서는 addConstraint: 메소드(Objective-C) 또는 addConstraint (_:) 메소드(Swift)를 사용해서 제약을 하나씩 추가하고 있습니다. 여러 제약을 동시에 추가할 때는

addConstraints: 메소드(Objective-C) 또는 addConstraints(_:) 메소드(Swift)를 사용할 수도 있습니다.

코드를 통해 제약을 추가할 때 특히 주의해야 하는 것은 제약이 추가되는 위치입니다. 고정된 크기 제약을 추가할 때는 다른 뷰를 참조할 필요가 없기 때문에 뷰 자체에 추가됩니다. 그러나 참조 뷰를 가지고 있는, 즉, view2 파라미터가 nil이 아닌 경우에는 두 뷰의 공통 부모 뷰에 제약을 추가해야 합니다.

예를 들어 뷰 D를 대상으로 하는 제약이 뷰 E를 참조하고 있다면 이 제약은 뷰 B에 추가해야 하고, 뷰 C 또는 F를 참조하고 있다면 가장 인접한 공통 조상인 뷰 A에 추가해야 합니다. 그리고 예제와 같이 동일한 뷰 계층구조에 있는 부모와 자식(또는 자손) 관계일 때는 부모 뷰에 제약을 추가합니다.

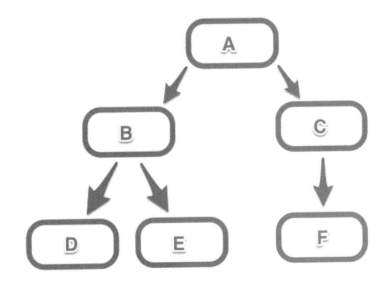

[Point #5]
centerLabel를 뷰에 추가합니다.

STEP 04
시뮬레이터에서 앱을 실행한 후 결과를 확인합니다.

안타깝게도 한눈에 파악하기 힘든 로그를 출력하고 프로그램 실행이 중지될 것입니다. 인터페이스 빌더에서 제약을 추가할 때는 제약과 관련된 오류를 즉각적으로 발견할 수 있지만, 코드를 통해서 추가할 때는 컴파일 타임에 오류를 발견하기가 어렵습니다. 그래서 코드를 능숙하게 다루기 전까지 다양한 런타임 오류를 마주하게 됩니다. 다행스럽게도 Xcode는 제약의 문제점을 추적할 수 있는 다양한 디버깅 도구를 제공합니다.

이 예제가 정상적으로 실행되지 않는 이유는 STEP 03에서 설명한 내용에서 힌트를 얻을 수 있습니다. 참조 뷰가 존재하지 않는 제약을 제외한 나머지 제약들은 부모 뷰 또는 인접한 공통 부모 뷰에 추가해야 한다고 설명했습니다. 레이아웃 시스템은 제약이 추가되는 시점에 대상 뷰와 참조되는 뷰가 위치한 뷰의 계층구조를 파악할 수 있어야 합니다. 하지만 [Point #4]에서 제약을 추가할 때, centerLabel은 어떠한 뷰에도 속하지 않은 상태입니다. 레이아웃 시스템이 추가된 제약에 따라 UI를 업데이트해야 하는데 centerLabel의 계층구조를 파악할 수 없어서 런타임 오류가 발생합니다. 예제를 정상적으로 실행하려면 제약을 추가하기 전에 cunterLabel을 상위 뷰에 추가해야 합니다.

STEP 05

[Point #4]의 코드와 [Point #5]의 코드의 순서를 변경합니다.

```objectivec
Objective-C
@implementation ViewController

- (void)viewDidLoad {
    // ...

    // Point #4
    [self.view addSubview:centerLabel];

    // Point #5
    [self.view addConstraint:centerXConstraint];
    [self.view addConstraint:centerYConstraint];
}
@end
```

```swift
Swift
class ViewController: UIViewController {
    override func viewDidLoad() {
        // ...

        // Point #4
        self.view.addSubview(centerLabel)

        // Point #5
        self.view.addConstraint(centerXConstraint)
        self.view.addConstraint(centerYConstraint)
    }
}
```

시뮬레이터에서 앱을 실행한 후 결과를 다시 확인합니다.

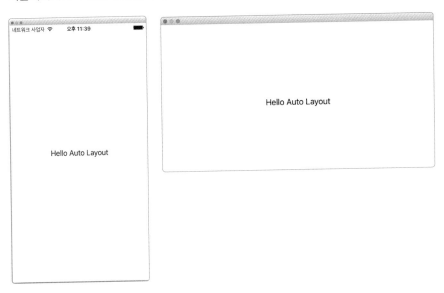

3. Visual Format Language

Visual Format Language(이하 VFL)는 레이아웃 제약을 간결한 문법으로 표현하기 위해서 Apple에서 새롭게 개발한 언어입니다. VFL을 사용하기 위해서는 몇 가지 새로운 문법에 익숙해져야 합니다.

VFL에서 뷰를 표현할 때는 [ ] 안에 바인딩 이름을 적어줍니다.

```
[View Binding Name]
```

View Binding Name은 VFL 문자열 내부에서 뷰를 참조하기 위해 사용합니다. 뷰 바인딩을 지정하는 방법은 조금 뒤에 설명합니다.

두 뷰를 특수문자 없이 연결하면 화면에서 여백 없이 연속적으로 배치됩니다.

```
[view1][view2]
```

VFL은 한 번에 하나의 방향에 대해서만 표현할 수 있습니다. 가로방향이 기본 값이기 때문에 view1과 view2는 가로 방향으로 배치됩니다. 명시적으로 가로방향을 지정할 때는 H: 접두어를 추가합니다.

```
H:[view1][view2]
```

세로방향을 지정할 때는 V: 접두어를 추가합니다.

```
V:[view1][view2]
```

하이픈(−) 문자는 두 뷰 사이에 기본 여백을 추가합니다.

```
[view1]-[view2]
```

여백의 크기를 직접 지정할 때는 뷰 사이에 두 개의 하이픈 문자를 추가하고, 하이픈 문자 사이에 원하는 여백 값을 표기합니다.

```
[view1]-10-[view2]
```

| 문자는 상위 뷰를 나타냅니다. 예를 들어 view1이 상위 뷰의 원점에서 10pt 아래쪽에 위치해야 한다면 아래와 같이 표현합니다.

```
V:|-10-[view1]
```

뷰의 너비를 지정할 때는 View Binding Name 이름 옆에 ( )를 적고 원하는 크기를 표기합니다. H: 접두어는 생략할 수 있습니다.

```
[view1(100)]
```

뷰의 높이를 지정할 때는 V: 접두어를 추가합니다.

```
V:[view1(100)]
```

제약의 우선순위는 @문자와 함께 표기합니다. 우선순위가 생략된 제약은 기본적으로 1000이 할당됩니다.

```
[view1(100)]-(10@750)-[view2(200@500)]
```

이 VFL에서 view1의 너비는 100pt이고 1000의 우선순위를 가집니다. view1과 view2 사이의 여백은 10pt이고 우선순위는 750입니다. view2의 너비는 200이고 우선순위는 500입니다. @ 양쪽에 위치한 값의 성격을 혼동할 수 있으므로 주의해야 합니다.

두 뷰의 너비나 높이를 동일하게 설정하려면 ( ) 안에 고정된 크기 대신 Predicate와 대상 뷰를 표기합니다. Predicate는 ==, >=, <=와 같이 세 가지 관계를 표현할 수 있습니다.

```
[view1(==view2)]
V:[view1(==view2)]
```

예를 들어 상위 뷰의 시작점에서 10pt 떨어진 위치에 있는 100pt 너비의 뷰는

```
|-(10)-[view(100)]
```

와 같이 표현할 수 있습니다. 만약 10pt 이상 떨어진 위치에 있고, 크기가 100pt보다 작아질 수 있다면 다음과 같이 표현할 수 있습니다.

```
|-(>=10)-[view(<=100)]
```

좀 더 복잡한 조건을 추가하여 view의 최소 너비가 30pt 이상이어야 한다면

```
|-(>=10)-[view(>=30, <=100)]
```

와 같이 표현할 수 있습니다. 이처럼 괄호 사이에는 두 개 이상의 조건을 추가할 수 있습니다.

4. VFL을 통해 제약 생성

VFL을 사용해서 제약을 추가해 보겠습니다. 이전에 사용했던 예제를 이어서 사용합니다. 이번에는 코드를 통해 새로운 버튼을 추가하고 하단 중앙에 (100, 50)의 고정된 크기로 표시되도록 제약을 추가합니다.

VFL을 통해서 제약을 추가할 때는 아래와 같은 메소드를 사용합니다. 제약 공식을 사용하는 생성자와 달리 VFL에 포함되어 있는 모든 제약을 배열을 리턴합니다.

Objective-C
```
+ (NSArray *)constraintsWithVisualFormat:(NSString *)format
                          options:(NSLayoutFormatOptions)opts
                          metrics:(NSDictionary *)metrics
                            views:(NSDictionary *)views
```

Swift
```
class func constraintsWithVisualFormat(_ format: String,
        options opts: NSLayoutFormatOptions,
     metrics metrics: [String : NSNumber]?,
        views views: [String : AnyObject]) -> [NSLayoutConstraint]
```

format 파라미터는 VFL 문자열을 전달합니다.

opts 파라미터는 VFL 내에서 참조하고 있는 뷰의 정렬방식을 지정하는데 사용됩니다. metrics 파라미터는 VFL 내에서 사용하는 상수의 값을 담고 있는 딕셔너리입니다. 두 파라미터에 대한 사용법은 이어지는 예제에서 설명할 예정입니다.

views 파라미터는 VFL 내에서 참조하고 있는 뷰의 목록을 담고 있는 딕셔너리입니다. VFL 내부의 상수와 뷰를 연결하는 매우 중요한 역할을 합니다.

STEP 01

viewDidLoad 메소드에 새로운 버튼을 추가하는 코드를 추가합니다.

버튼의 배경색과 제목을 지정한 후 Autoresizing Mask가 레이아웃 제약으로 전환되는 것을 금지합니다.

```objectivec
Objective-C
@implementation ViewController
- (void)viewDidLoad {
    // ...

    UIButton* updateButton = [UIButton new];
    updateButton.backgroundColor = [UIColor redColor];
    [updateButton setTitle:@"Update" forState:UIControlStateNormal];
    updateButton.translatesAutoresizingMaskIntoConstraints = NO;

    [self.view addSubview:updateButton];
}
@end
```

```swift
Swift
class ViewController: UIViewController {
    override func viewDidLoad() {
        // ...
        let updateButton = UIButton()

        #if swift(>=3.0)
        updateButton.backgroundColor = UIColor.red
        updateButton.setTitle("Update", for: UIControlState.normal)
        updateButton.translatesAutoresizingMaskIntoConstraints = false
        #else
        updateButton.backgroundColor = UIColor.redColor()
        updateButton.setTitle("Update", forState: UIControlState.Normal)
        updateButton.setTranslatesAutoresizingMaskIntoConstraints(false)
        #endif

        self.view.addSubview(updateButton)
    }
}
```

STEP 02

VFL 문자열에서 사용할 뷰 바인딩 딕셔너리를 생성합니다.

뷰 바인딩 딕셔너리의 키는 VFL 문자열 내부에서 사용할 View Binding Name이고, 이 키와 연결할
뷰를 값으로 지정합니다.

매크로를 지원하지 않는 Swift와 달리 Objective-C에서는 NSDictionaryOfVariableBindings 매
크로를 사용해서 바인딩 딕셔너리를 쉽게 구성할 수 있습니다. 물론 이 매크로를 사용하지 않고 직접
딕셔너리를 생성해도 됩니다.

```objc
Objective-C
@implementation ViewController
- (void)viewDidLoad {
    // ...
    NSDictionary* views = NSDictionaryOfVariableBindings(updateButton);
}
@end
```

```swift
Swift
class ViewController: UIViewController {
    override func viewDidLoad() {
        // ...
        var views: [String: AnyObject] = ["updateButton": updateButton]
    }
}
```

STEP 03

버튼에 추가할 제약을 생성합니다.

```objc
Objective-C
@implementation ViewController
- (void)viewDidLoad {
    // ...
    // Point #1
    centerXConstraint = [NSLayoutConstraint constraintWithItem:updateButton
        attribute:NSLayoutAttributeCenterX relatedBy:NSLayoutRelationEqual
toItem:self.view
        attribute:NSLayoutAttributeCenterX multiplier:1.0f constant:0.0f];

    // Point #2
    NSArray* horzConstraints = [NSLayoutConstraint
        constraintsWithVisualFormat:@"[updateButton(100)]" options:0
metrics:nil
        views:views];
```

```
    // Point #3
    NSArray* vertConstraints = [NSLayoutConstraint
        constraintsWithVisualFormat:@"V:[updateButton(50)]-10-|" options:0
        metrics:nil views:views];
}
@end
```

Swift
```
class ViewController: UIViewController {
    override func viewDidLoad() {
        // ...
        #if swift(>=3.0)
        // Point #1
        centerXConstraint = NSLayoutConstraint(item: updateButton,
            attribute: .centerX, relatedBy: .equal, toItem: self.view,
attribute: .centerX,
            multiplier: 1.0, constant: 0.0)

        // Point #2
        var horzConstraints = NSLayoutConstraint.constraints(
            withVisualFormat: "[updateButton(100)]", options:[], metrics:
nil,
            views: views)

        // Point #3
        var vertConstraints = NSLayoutConstraint.constraints(
            withVisualFormat: "V:[updateButton(50)]-10-|", options: [],
            metrics: nil, views: views)
        #else
        // Point #1
        centerXConstraint = NSLayoutConstraint(item: updateButton,
            attribute: NSLayoutAttribute.CenterX, relatedBy:
NSLayoutRelation.Equal,
            toItem: self.view, attribute: .CenterX, multiplier: 1.0,
constant: 0.0)

        // Point #2
        var horzConstraints = NSLayoutConstraint.
constraintsWithVisualFormat(
            "[updateButton(100)]", options:NSLayoutFormatOptions.allZeros,
            metrics: nil, views: views)

        // Point #3
        var vertConstraints = NSLayoutConstraint.
constraintsWithVisualFormat(
            "V:[updateButton(50)]-10-|", options: NSLayoutFormatOptions.
allZeros,
            metrics: nil, views: views)
        #endif
    }
}
```

[Point #1]

제약 공식을 사용하는 첫 번째 방법을 통해 가로 방향 중앙에 위치하는 제약을 추가합니다. VFL은 표현의 "풍부함"보다는 "간결함"에 중점을 두고 있어서 일부 제약은 표현하기 어렵습니다. centerX와 같은 제약이 그 중 하나입니다. 그래서 제약 공식을 사용하는 방식과 VFL을 사용하는 방식을 함께 사용하는 것이 좋습니다. 뷰에 제약을 추가할 때 어느 한 가지 방법으로 통일해야 하는 것은 아닙니다.

[Point #2]

update 버튼의 너비 제약을 추가합니다. Objective-C에서 options가 metrics 파라미터를 사용하지 않을 때는 각각 0, nil을 전달합니다. Swift에서는 빈 브래킷([ ])을 전달합니다.

STEP 02에서 생성한 바인딩 딕셔너리를 마지막 파라미터로 전달합니다. 이를 통해 updateButton과 VFL 문자열 내부에서 사용되는 updateButton이 연결됩니다.

[Point #3]

버튼의 수직 방향 제약을 추가합니다. V: 접두어가 추가된 것과 상위 뷰를 나타내는 | 문자가 오른쪽 마지막 부분에만 추가되어 있을 것을 염두에 두고 해석해 보면 쉽게 이해되는 VFL 문자열입니다. 이 문자열은 버튼의 하단 여백과 높이를 나타내는 두 개의 제약을 표현하고 있고, 메소드를 통해 리턴되는 배열에는 이 두 개의 제약이 포함되어 있습니다.

STEP 04

생성한 제약을 적절한 위치에 추가합니다.

horzConstraints는 다른 뷰와 연관되지 않은 제약이므로 updateButton에 추가합니다. 나머지 제약들은 updateButton의 상위 뷰와 연관된 제약이기 때문에 상위 뷰에 추가합니다.

```objc
Objective-C
@implementation ViewController
- (void)viewDidLoad {
    // ...
    [updateButton addConstraints:horzConstraints];
    [self.view addConstraint:centerXConstraint];
    [self.view addConstraints:vertConstraints];
}
@end
```

```swift
Swift
class ViewController: UIViewController {
    override func viewDidLoad() {
        // ...
        updateButton.addConstraints(horzConstraints)
        self.view.addConstraint(centerXConstraint)
        self.view.addConstraints(vertConstraints)
    }
}
```

STEP 05

시뮬레이터에서 실행 결과를 확인합니다.

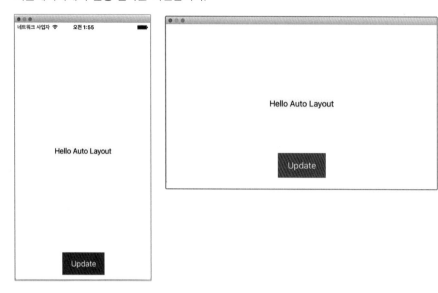

4.1 Metric Binding

마지막으로 레이블 아래쪽에 4pt의 라인 뷰를 추가하는 예제를 통해 Metric Binding에 대해 알아보 겠습니다.

VFL 문자열에는 다양한 숫자 값이 포함됩니다. 이 값이 특정 조건에 따라 달라져야 한다면 다음과 같 이 형식화 문자열을 활용할 수 있습니다.

```objc
Objective-C
NSUInteger width = 100;
NSString* VFL = [NSString stringWithFormat:@"[view(%lu)]",
    (unsigned long)width];
```

```swift
Swift
let width = 100
let VFL = "[view(\(width))]"
```

Auto Layout은 Metric Binding을 통한 좀 더 세련된 방법을 제공합니다. Metric Binding은 View Binding과 동일한 개념을 사용하여 VFL 문자열에서 사용할 식별자와 실제 값을 연결합니다.

이번 예제 역시 이전 예제를 이어서 사용합니다.

viewDidLoad 메소드에 아래의 코드를 추가합니다.

이 코드는 레이블 아래쪽에 표시할 라인 뷰를 추가합니다.

Objective-C
```objc
@implementation ViewController
- (void)viewDidLoad {
    // ...
    UIView* lineView = [UIView new];
    lineView.backgroundColor = [UIColor redColor];
    lineView.translatesAutoresizingMaskIntoConstraints = NO;

    [self.view addSubview:lineView];
}
@end
```

Swift
```swift
class ViewController: UIViewController {
    override func viewDidLoad() {
        // ...
        let lineView = UIView()

        #if swift(>=3.0)
        lineView.backgroundColor = UIColor.red
        lineView.translatesAutoresizingMaskIntoConstraints = false
        #else
        lineView.backgroundColor = UIColor.redColor()
        lineView.setTranslatesAutoresizingMaskIntoConstraints(false)
        #endif

        self.view.addSubview(lineView)
    }
}
```

STEP **02**

뷰 바인딩 딕셔너리를 생성합니다.

Objective-C
```objc
@implementation ViewController
- (void)viewDidLoad {
    // ...
    views = NSDictionaryOfVariableBindings(centerLabel, lineView);
}
@end
```

Swift

```swift
class ViewController: UIViewController {
    override func viewDidLoad() {
        // ...
        views = ["centerLabel": centerLabel, "lineView": lineView]
    }
}
```

STEP **03**

lineView와 centerLabel의 너비를 일치시키는 제약을 추가합니다.

Objective-C

```objc
@implementation ViewController
- (void)viewDidLoad {
    // ...
    horzConstraints = [NSLayoutConstraint
        constraintsWithVisualFormat:@"[lineView(==centerLabel)]" options:0
        metrics:nil views:views];
}
@end
```

Swift

```swift
class ViewController: UIViewController {
    override func viewDidLoad() {
        // ...
        #if swift(>=3.0)
        horzConstraints = NSLayoutConstraint.constraints(
            withVisualFormat:"[lineView(==centerLabel)]", options:[],
            metrics: nil, views: views)
        #else
        horzConstraints = NSLayoutConstraint.constraintsWithVisualFormat(
            "[lineView(==centerLabel)]", options: [], metrics: nil,
            views: views)
        #endif
    }
}
```

STEP **04**

lineView의 높이와 centerLabel과의 여백을 지정하는 제약을 추가합니다.

metrics 딕셔너리는 VFL 문자열에서 사용할 식별자와 값을 포함하고 있습니다. 딕셔너리의 키는 반드시 문자열이어야 하고, 값은 반드시 NSNumber 형이어야 합니다. 이 딕셔너리에 포함된 margin 식별자는 VFL 문자열 내부에서 centerLabel과 lineView 사이의 여백을 지정하는 데 사용됩니다. VFL 문자열에 포함된 식별자가 metrics 딕셔너리에 존재한다면 해당 값으로 교체됩니다.

이전에는 메소드를 통해 centerX 제약을 명시적으로 추가했습니다. 이번에는 정렬 옵션을 통해서 동일한 효과를 구현합니다. 정렬 옵션은 VFL 문자열에 포함된 뷰의 정렬 방식을 지정하는데 사용됩니다. 아래의 코드와 같이 NSLayoutFormatAlignAllCenterX를 전달하면 centerLabel과 lineView를 가운데 정렬할 수 있습니다. centerLabel에는 가운데 정렬을 위한 제약이 이미 추가되어 있기 때문에 이 플래그를 통해 두 뷰를 가운데 정렬하면 lineView를 명시적으로 가운데 정렬한 것과 동일한 효과를 얻을 수 있습니다.

Objective-C
```objectivec
@implementation ViewController
- (void)viewDidLoad {
    // ...
    NSDictionary* metrics = @{@"margin":@5, @"lineViewHeight":@4};
    vertConstraints = [NSLayoutConstraint constraintsWithVisualFormat:
        @"V:[centerLabel]-margin-[lineView(lineViewHeight)]"
        options:NSLayoutFormatAlignAllCenterX metrics:metrics views:views];
}
@end
```

Swift
```swift
class ViewController: UIViewController {
    override func viewDidLoad() {
        // ...
        #if swift(>=3.0)
        let metrics = ["margin":NSNumber(value: 5),
            "lineViewHeight":NSNumber(value: 4)]
        vertConstraints = NSLayoutConstraint.constraints(withVisualFormat:
            "V:[centerLabel]-margin-[lineView(lineViewHeight)]",
            options:.alignAllCenterX, metrics: metrics, views: views)
        #else
        let metrics = ["margin":NSNumber(integer: 5),
            "lineViewHeight":NSNumber(integer: 4)]
        vertConstraints = NSLayoutConstraint.constraintsWithVisualFormat(
            "V:[centerLabel]-margin-[lineView(lineViewHeight)]",
            options: .AlignAllCenterX, metrics: metrics, views: views)
        #endif
    }
}
```

STEP **05**

생성된 제약을 뷰에 추가합니다.

lineView의 너비는 centerLabel의 너비와 연관되어 있고, 연관 값이 있는 제약은 공통 부모 뷰에 추가해야 하기 때문에 self.view에 제약을 추가합니다.

Objective-C
```objc
@implementation ViewController
- (void)viewDidLoad {
    // ...
    [self.view addConstraints:horzConstraints];
    [self.view addConstraints:vertConstraints];
}
@end
```

Swift
```swift
class ViewController: UIViewController {
    override func viewDidLoad() {
        // ...
        self.view.addConstraints(horzConstraints)
        self.view.addConstraints(vertConstraints)
    }
}
```

STEP 06

시뮬레이터에서 결과를 확인합니다.

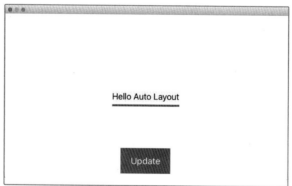

Concurrency Programming

PART 07

Overview

컴퓨터의 두뇌를 담당하는 CPU는 데이터 처리 속도를 결정합니다. CPU 개발 초기에는 단일 코어의 클럭 속도를 높이는 방식으로 CPU의 성능을 향상시켰습니다. 하지만 기술력에 한계와 발열로 인해 무작정 클럭 속도를 높이는 방식에서 다수의 코어와 가상의 스레드를 지원하는 방식으로 패러다임이 전환되었습니다. 현재 많이 사용되는 CPU는 대부분 듀얼 코어 또는 쿼드 코어 CPU입니다. 인텔의 데스크탑용 i7 CPU는 네 개의 코어와 여덟 개의 스레드를 가지고 있습니다. iPhone 7에 탑재된 A10 Fusion CPU 역시 네 개의 코어를 탑재하고 있습니다. A10 Fusion CPU는 최초의 iPhone에 탑재된 CPU에 비해 120배 빠른 성능을 제공하여 A9 CPU에 비해 약 40% 빠른 성능을 제공합니다. 모바일 CPU의 성능이 나날이 발전하면서 데스크탑 수준의 성능을 제공하기 시작했고, 그만큼 다수의 코어를 활용하여 앱의 성능을 높이는 기술도 중요해졌습니다.

하나의 코어는 동시에 두 개 이상의 작업을 실행할 수 없습니다. 그럼에도 여러 작업을 동시에 실행하고 있는 것처럼 느껴지는 이유는 각 코어가 가상의 스레드를 관리하면서 매우 짧은 시간동안 작업을 번갈아 가면서 실행하기 때문입니다.

기본적으로 코드는 하나의 코어에서 실행됩니다. 멀티 코어의 장점을 활용하려면 특별한 구현이 필요합니다. 프로그래머는 스레드를 생성하고 여러 스레드가 동시에 코드를 실행하도록 구현해야 합니다. 스레드는 저수준의 API를 직접 호출해야 하기 때문에 많은 경험이 필요하고 스레드로 인해 발생하는 오류를 디버깅 하는 것도 매우 어렵습니다.

iOS 앱을 개발할 때 스레드를 직접 다루는 경우는 거의 없습니다. 애플이 제공하는 Operation과 GCD 를 사용하면 스레드 구현 경험이 부족한 경우에도 비교적 쉽게 구현할 수 있고 스레드로 인해 발생하는 오류의 상당부분을 해결할 수 있습니다.

Thread

홈 화면에서 앱을 실행하면 iOS는 앱을 실행할 프로세스를 생성합니다. 이 프로세스는 하나의 메인 스레드를 가집니다. 그리고 필요에 따라 백그라운드 스레드를 생성합니다. 메인 스레드는 주로 사용자 이벤트를 처리하고 UI 업데이트를 담당합니다. 백그라운드 스레드는 비교적 오랜 시간이 소요되는 작업과 계산 작업을 실행합니다. 백그라운드 스레드는 Worker Thread, Secondary Thread라고 부르기도 합니다.

메인 스레드에서 모든 작업을 처리하면 구현 난이도는 낮아지지만 UI 응답성이 매우 낮아집니다. 그리고 동일한 시간에 처리할 수 있는 작업의 수가 한정되기 때문에 전체적인 성능 역시 감소합니다. 그래서 UI 응답성이 매우 중요한 모바일 앱에서 스레드의 사용은 필수입니다. 스레드는 앱의 성능과 UI 응답성을 높일 수 있는 기술이지만 상대적으로 구현하기 어렵고 저수준의 API를 직접 호출해야 하기 때문에 많은 경험을 필요로 합니다. 스레드를 잘못 구현한 경우 성능상의 이점을 얻지 못할 수 있고 문제점을 디버깅 하는 방법도 복잡합니다. 특히 여러 스레드가 동일한 리소스에 접근하면서 발생하는 동기화 문제는 앱의 복잡도를 높이는 가장 큰 원인입니다. 또한 CPU가 더 많은 작업을 실행 하면서 발생하는 배터리 소모 문제와 발열 문제도 함께 고려해야 합니다.

앞서 잠깐 언급했던 것처럼 iOS 앱을 개발할 때는 스레드와 연관된 작업을 대신 처리해주는 Operation과 GCD를 사용합니다. 스레드를 직접 구현하는 경우는 거의 없지만 스레드와 연관된 기초적인 내용을 이해하고 있으면 많은 도움이 됩니다.

스레드에서 실행하는 작업을 Task라고 합니다. 하나의 Task는 셀렉터 또는 블록(클로저)으로 구현됩니다. 스레드가 Task를 실행하는 방식은 크게 Serial 방식과 Concurrent 방식으로 구분됩니다. Serial 방식은 Task를 지정된 순서대로 실행하며 이런 방식으로 실행되는 Task를 Serial Task라고 합니다. 반대로 Concurrent 방식은 다수의 Task를 동시에 실행하는 방식으로 코어의 수, 시스템 가용 자원에 따라 실행 가능한 Task의 수가 결정됩니다. 동시에 실행되는 Task를 Concurrent Task라고 합니다. Task가 다른 Task의 실행이 완료되기를 기다리는 것, 또는 Task의 실행이 완료될 때까지 다른 Task의 실행을 막는 것을 Blocking이라고 합니다. Task를 Synchronous(동기) 방식으로 실행하면 Blocking이 발생합니다. 즉, 하나의 Task가 실행을 완료하고 리턴(종료)한 후 다음 Task가 실행됩니다. Asynchronous(비동기) 방식은 Task의 실행이 시작된 후 바로 다음 Task가 실행됩니다. 즉, Blocking이 발생하지 않습니다.

다수의 스레드가 동시에 동일한 리소스에 접근할 때 경합 상황이 발생할 수 있습니다. 영어로는 Race Condition 또는 Resource Contention이라고 합니다. 만약 두 스레드가 동일한 변수의 값을 동시에 변경한다면 최종 값을 예측하기 어렵고 값의 유효성을 담보할 수 없습니다. 그래서 모든 스레드가 예측 가능한 순서대로 변수에 접근하도록 동기화해야 합니다. 동기화가 구현된 코드 영역 또는 동시에 실행될 수 없는 코드 영역을 Critical Section이라고 합니다. 이미 Critical Section을 실행 중인 스레드가 있다면 다른 스레드는 이 스레드가 실행을 마칠 때까지 대기합니다. 동기화를 올바르게 구현하지 않은 경우 두 개의 스레드가 서로의 작업이 완료되기를 기다리는 상황이 발생할 수 있습니다. 이런 상황을 Deadlock이라고 합니다. 스레드는 작업을 중지하고 대기하고 있는 상태이기 때문에 다른 작업을 처리할 수 없습니다. 이로 인해 앱이 긴 시간동안 반응하지 않거나 비정상적으로 종료되기도 합니다. 이런 이유로 앱의 구조를 설계할 때 Critical Section을 가능한 제거하는 것이 좋습니다.

1. Thread Safety

"스레드에 안전하다"는 것은 다수의 스레드에서 동시에 접근하거나 호출할 때 오류 없이 정상적으로 처리할 수 있다는 것을 의미합니다. 코코아에서 제공하는 API를 사용할 때는 스레드 안정성을 고려해야 합니다. 일반적으로 불변 객체는 스레드 안정성을 가지고 있습니다. 하지만 가변 객체는 다수의 스레드에서 동시에 접근할 때 동기화를 구현해야 합니다. UIView와 같이 UI와 연관된 클래스는 스레드에 안전하지 않으며 반드시 메인 스레드에서 사용해야 합니다.

자주 사용되는 클래스 중 스레드에 안전한 클래스와 안전하지 않은 클래스의 목록은 아래와 같습니다.

스레드에 안전한 클래스	안전하지 않은 클래스
NSArray	NSArchiver
NSAttributedString	NSBundle
NSCalendarDate	NSCalendar
NSCharacterSet	NSCoder
NSData	NSCountedSet
NSDate	NSDateFormatter
NSDecimalNumber	NSEnumerator
NSDeserializer	NSFileHandle
NSDictionary	NSFormatter
NSException	NSInvocation
NSFileManager	NSMutableArray
NSLog/NSLogv	NSMutableAttributedString
NSNotification	NSMutableCharacterSet
NSNotificationCenter	NSMutableData
NSNumber	NSMutableDictionary
NSObject	NSMutableSet
NSSet	NSMutableString
NSString	NSNotificationQueue
NSThread	NSNumberFormatter
NSTimer	NSProcessInfo
NSTimeZone	NSRunLoop
NSUserDefaults	NSScanner
NSValue	NSSerializer
UIImage	NSTask
UIResponder	NSUnarchiver
UIWindow	NSUndoManager
	UIKit이 제공하는 뷰 클래스

2. Main Thread

메인 스레드는 사용자 이벤트와 UI 업데이트를 처리하는 특별한 스레드입니다. UIKit은 앱 시작 시점에 메인 스레드를 자동으로 생성합니다. 메인 스레드는 앱의 반응성에 직접적인 영향을 주는 스레드이므로 비교적 긴 시간이 소요되는 작업은 메인 스레드에서 실행하지 않아야 합니다. 예를 들어 메인 스레드에서 파일을 읽거나 네트워크 응답을 기다리는 작업은 앱의 반응성에 나쁜 영향을 줍니다. 이런 작업들은 반드시 백그라운드 스레드에서 실행해야 합니다.

메인 스레드가 생성될 때 기본 Autorelease Pool이 함께 생성됩니다. 백그라운드 스레드에서 자동 해제된 객체를 생성하는 경우 Autorelease Pool를 직접 생성해야 합니다. 그렇지 않은 경우 백그라운드 스레드에서 메모리 누수가 발생합니다.

3. 동기화

여러 스레드가 동시에 동일한 리소스에 접근하는 경우 경합 상황이 발생합니다. 리소스 경합을 해결하는 첫 번째 방법은 다양한 디자인 패턴을 활용하여 동시에 접근되는 리소스를 제거하는 것입니다. 프로그램의 복잡도가 낮아지는 장점이 있고 대부분의 경우 추천되는 방법입니다. 첫 번째 방법으로 해결할 수 없는 경우 동기화를 구현해야 합니다.

동기화는 동시에 접근할 수 없는 영역을 Critical Section으로 지정하고 스레드가 접근하는 순서를 조절하는 작업입니다. 동기화에 사용하는 대표적인 기술은 Mutex와 Semaphore입니다.

가장 일반적으로 사용되는 Lock은 한 번에 하나의 스레드가 Critical Section에 접근하도록 제한하는 Mutual Exclusion Lock입니다. 줄여서 뮤텍스라고 부릅니다. Lock을 열쇠, Critical Section을 열쇠로 열고 들어가야 하는 금고로 비유하면 쉽게 이해할 수 있습니다. 뮤텍스로 동기화된 스레드는 Critical Section에 접근하기 전에 Lock을 획득한 스레드가 있는지 확인합니다. Lock을 획득한 스레드가 없다면 Lock을 획득한 후 Critical Section에 접근합니다. 이 과정은 열쇠로 금고를 열고 들어간 후 다른 스레드가 들어올 수 없도록 금고를 잠그는 과정으로 비유할 수 있습니다. 반대로 Lock을 이미 획득한 스레드가 있다면 Lock이 반환될 때까지 대기합니다. Lock을 획득한 스레드는 Critical Section에서 작업을 완료한 후 Lock을 반환합니다. 이 과정은 금고를 열고 나와 다음 스레드에게 열쇠를 전달하는 과정으로 비유할 수 있습니다. 만약 Lock을 획득한 스레드가 Lock을 정상적으로 반환하지 않으면 다른 스레드가 무한정 대기하는 문제가 발생합니다. 그래서 Lock의 획득과 반환을 올바르게 구현하는 것이 매우 중요합니다.

세마포어는 Critical Section에 동시에 접근할 수 있는 스레드의 수를 제한합니다. 뮤텍스는 사실 접근할 수 있는 스레드의 수가 1로 고정된 세마포어입니다. 세마포어는 Critical Section에 접근할 수 있는 스레드의 수를 저장합니다. 스레드가 Critical Section에 접근하기 위해 Lock을 획득할 때마다 저장된 수를 1 감소시키고 Lock을 반납할 때마다 1 증가시킵니다. 저장된 수가 0이라면 스레드가 획득한 Lock을 반납할 때까지 나머지 스레드를 대기시킵니다.

Lock은 NSLock 클래스를 통해 구현할 수 있지만 GCD와 @synchronized 블록이 도입된 후 거의 사용되지 않습니다. NSLock 클래스는 주로 아래와 같은 패턴으로 구현합니다.

Objective
```objectivec
NSLock* lock = [[NSLock alloc] init];
if ([lock tryLock]) {
    Critical Section

    [lock unlock];
}
```

Swift 2.3
```swift
let lock = NSLock()
if lock.tryLock() {
    Critical Section

    lock.unlock()
}
```

Swift 3
```swift
let lock = NSLock()
if lock.try() {
    Critical Section

    lock.unlock()
}
```

Objective-C에서는 @synchronized 블록을 통해 뮤텍스를 쉽게 구현할 수 있습니다.

Objective-C
```objectivec
@synchronized (토큰) {
    // Critical Section
}
```

4. Quality Of Service

iOS 8부터 스레드의 우선순위는 Quality Of Service(이하 QoS)를 통해 지정할 수 있습니다. QoS는 스레드가 처리해야 할 작업을 중요도에 따라 네 가지 카테고리로 분류합니다. QoS는 Objective-C 와 Swift 2.3에서 NSQualityOfService 열거형으로 표현합니다. Swift 3에서는 QualityOfService 로 이름이 변경되었습니다.

Objective-C	Swift 2.3	Swift 3
NSQualityOfService	NSQualityOfService	QualityOfService
NSQualityOfServiceUserInteractive	.UserInteractive	.userInteractive
NSQualityOfServiceUserInitiated	.UserInitiated	.userInitiated
NSQualityOfServiceUtility	.Utility	.utility
NSQualityOfServiceBackground	.Background	.background
NSQualityOfServiceDefault	.Default	.default

UserInteractive QoS는 가장 높은 우선순위를 나타내며 주로 UI 업데이트, 애니메이션을 처리하는 데 적합합니다. UserInitiated QoS는 사용자와의 상호 작용을 통해 생성된 작업이나 즉시 결과를 얻 어야 하는 작업을 처리하는데 적합합니다. 예를 들어 사용자가 이메일 목록에서 항목을 선택했을 때 이메일을 읽어오는 작업이 여기에 속합니다. Utility QoS는 즉시 결과를 얻지 않아도 되는 작업과 사 용자 상호 작용과 연관되지 않은 긴 작업을 처리하는데 적합합니다. Newstand 앱에서 지정된 시간에 새로운 내용을 다운로드하는 작업이 여기에 속합니다. Background QoS는 가장 낮은 우선순위를 가 지며 백업, 데이터 동기화, 인덱싱 등 사용자의 상호 작용에 영향을 주지 않는 작업을 처리하는데 적 합합니다. Default QoS는 다른 스레드로부터 상속된 QoS를 사용합니다. 만약 QoS를 상속할 수 없 는 경우 UserInitiated, Utility 중 하나가 사용됩니다.

5. Basic Rules

앱을 구현할 때는 항상 아래의 규칙을 염두에 두어야 합니다.

* 뷰를 조작하는 작업, 애니메이션 작업 등 UI 연관된 작업은 반드시 메인 스레드에서 실행해야 합 니다.
* UI와 연관되지 않은 작업과 비교적 오랜 시간이 소요되는 작업은 반드시 백그라운드 스레드에서 실행해야 합니다.
* 앱 시작 시점에는 UI를 최대한 빨리 구성해야 하므로 UI 구성에 반드시 필요한 작업을 제외하고 백그라운드 스레드에서 실행해야 합니다.

NSThread

NSThread 클래스는 스레드를 생성하고 실행을 제어할 수 있는 다양한 속성과 메소드를 제공합니다. 이 클래스를 통해 스레드를 생성하는 방법은 세 가지로 구분됩니다. 첫 번째 방법은 NSThread 클래스를 서브클래싱한 후 main() 메소드를 오버라이딩 하고 백그라운드 스레드에서 실행할 작업을 구현하는 것입니다.

Objective-C
```objc
@interface BackgroundTask : NSThread
@end

@implementation BackgroundTaskThread
- (void)main {
    Background Task
}
@end
```

Swift 2.3
```swift
class BackgroundTaskThread: NSThread {
    override func main() {
        Background Task
    }
}
```

Swift 3
```swift
class BackgroundTaskThread: Thread {
    override func main() {
        Background Task
    }
}
```

첫 번째 방법으로 스레드를 실행하려면 새로운 인스턴스를 생성한 후 start() 메소드를 호출합니다.

Objective-C
```objc
BackgroundTaskThread* thread = [[BackgroundTaskThread alloc] init];
[thread start];
```

```Swift
Swift
let thread = BackgroundTaskThread()
thread.start()
```

두 번째 방법은 백그라운드에서 실행할 작업을 메소드로 구현한 후 새로운 NSThread 인스턴스를 생성할 때 전달하는 것입니다. 첫 번째 방법과 마찬가지로 start() 메소드를 호출해야 백그라운드 스레드가 실행됩니다.

```objc
Objective-C
NSThread* thread = [[NSThread alloc] initWithTarget:타깃 selector:
    @selector(백그라운드에서 실행할 메소드) object:호출 시점에 전달할 객체];
[thread start];
```

```swift
Swift 2.3
let thread = NSThread(target: 타깃, selector: #selector(백그라운드에서 실행할 메소드),
    object: 호출 시점에 전달할 객체)
thread.start()
```

```swift
Swift 3
let thread = Thread(target: 타깃, selector: #selector(백그라운드에서 실행할 메소드),
    object: 호출 시점에 전달할 객체)
thread.start()
```

세 번째 방법은 detachNewThreadSelector(_:toTarget:withObject:) 메소드를 호출하는 것입니다. 두 번째 방법과 달리 호출과 동시에 백그라운드 스레드가 자동으로 시작되므로 start() 메소드를 호출할 필요가 없습니다.

```objc
Objective-C
[NSThread detachNewThreadSelector:@selector(백그라운드에서 실행할 메소드)
    toTarget:타깃 withObject:호출 시점에 전달할 객체];
```

```swift
Swift 2.3
NSThread.detachNewThreadSelector(#selector(백그라운드에서 실행할 메소드),
    toTarget: 타깃, withObject: 호출 시점에 전달할 객체)
```

```swift
Swift 3
Thread.detachNewThreadSelector(#selector(백그라운드에서 실행할 메소드),
    toTarget: 타깃, with: 호출 시점에 전달할 객체)
```

iOS 10 이상에서는 detachNewThreadWithBlock(_:) 메소드를 통해 백그라운드 스레드에서 실행할 작업을 블록으로 구현할 수 있습니다.

```objc
[NSThread detachNewThreadWithBlock:^{
    Background Task
}];
```

Swift 2.3

```swift
NSThread.detachNewThreadWithBlock {
    Background Task
}
```

Swift 3

```swift
NSThread.detachNewThread {
    Background Task
}
```

NSThread 클래스는 start() 메소드 외에 스레드 실행을 제어할 수 있는 다양한 메소드를 제공합니다. exit() 메소드는 메소드를 호출한 스레드의 실행을 즉시 종료합니다. 메인 스레드에서 이 메소드를 호출할 경우 앱이 정상적으로 동작하지 못하므로 주의해야 합니다. 그리고 백그라운드 스레드에서 이 메소드를 호출하면 스레드에서 사용 중인 리소스가 누수될 수 있습니다. 그래서 이 메소드가 사용되는 경우는 거의 없습니다. 스레드를 중지할 때는 cancel() 메소드를 호출합니다. 이 메소드는 스레드의 cancelled 속성을 true로 변경합니다. 백그라운드 작업을 실행하는 코드는 cancelled 속성의 값을 통해 스레드의 상태를 주기적으로 확인하도록 구현되어야 합니다.

Objective-C

```objc
@implementation BackgroundTaskThread
- (void)main {
    while (!self.cancelled) {
        백그라운드 작업
    }

    리소스 정리
}
@end
```

Swift 2.3

```swift
class BackgroundTaskThread: NSThread {
    override func main() {
        while !self.cancelled {
            백그라운드 작업
        }

        리소스 정리
    }
}
```

```
Swift 3
class BackgroundTaskThread: Thread {
    override func main() {
        while !self.isCancelled {
            백그라운드 작업
        }

        리소스 정리
    }
}
```

NSThread 클래스는 cancelled 속성 외에 executing, finished 속성을 제공합니다.

sleepUntilDate(_:), sleepForTimeInterval(_:) 메소드는 스레드의 실행을 잠시 동안 중지할 때 사용합니다. 예를 들어 1초 동안 실행을 중지하는 코드는 다음과 같이 구현할 수 있습니다.

Objective-C
```
[NSThread sleepForTimeInterval:1];
```

Swift 2.3
```
NSThread.sleepForTimeInterval(1)
```

Swift 3
```
Thread.sleep(forTimeInterval: 1)
```

현재 스레드가 메인 스레드인지 확인할 때는 isMainThread 속성을 사용합니다.

Objective-C
```
if ([NSThread isMainThread]) {
    // ...
}

if ([[NSThread currentThread] isMainThread]) {
    // ...
}
```

Swift 2.3
```
if NSThread.isMainThread() {
    // ...
}

if NSThread.currentThread().isMainThread {
    // ...
}
```

```
Swift 3
if Thread.isMainThread {
    // ...
}

if Thread.current.isMainThread {
    // ...
}
```

isMultiThreaded 속성은 앱에서 백그라운드 스레드가 생성되었는지 판단하는데 사용할 수 있습니다. 이 속성은 앱에서 detachNewThread... 메소드 또는 start() 메소드를 통해 새로운 스레드를 실행한 경우 true를 리턴합니다.

NSThread 클래스는 이 외에도 스레드 정보에 접근할 수 있는 다양한 속성을 제공합니다.

name	스레드 이름
stackSize	스레드의 스택 크기
threadPriority	스레드 우선 순위
qualityOfService	스레드의 Quanlity Of Service
callStackSymbols	스레드의 호출 스택에 포함된 심볼 배열

1. NSThread Sample

이제 NSThread 클래스를 통해 백그라운드 스레드를 생성하고 작업을 실행하는 예제를 구현해 보겠습니다.

STEP 01

새로운 iOS Single View Application을 생성합니다.

STEP 02

View Controller Scene 위쪽에 Label을 추가한 후 속성을 아래와 같이 변경합니다.

너비 – 화면 전체를 채우도록 너비 변경
폰트 – 50pt
정렬 – 가운데 정렬
텍스트 – 0

STEP 03

방금 추가한 레이블을 runningTaskCountLabel 속성과 Outlet으로 연결합니다.

이 레이블은 실행중인 백그라운드 작업의 수를 표시합니다.

Objective-C
```objective-c
@property (weak, nonatomic) IBOutlet UILabel *runningTaskCountLabel;
```

Swift
```swift
@IBOutlet weak var runningTaskCountLabel: UILabel!
```

STEP 04

ViewController 클래스에 runningTaskCount 속성을 추가합니다.

이 속성은 실행중인 백그라운드 작업의 수를 저장하는데 사용됩니다.

Objective-C
```objective-c
@property NSUInteger runningTaskCount;
```

Swift 2.3
```swift
var runningTaskCount = 0
```

STEP 05

ViewController 클래스에 stop 속성을 추가합니다.

이 속성은 실행 중인 백그라운드 작업을 종료하기 위해 사용하는 플래그입니다.

Objective-C
```objective-c
@property BOOL stop;
```

Swift
```swift
var stop = false
```

STEP 06

View Controller Scene에 Button을 추가한 후 제목을 Start Task로 변경합니다.

STEP 07

Start Task 버튼을 startTask(_:) 메소드와 Action으로 연결합니다.

Objective-C
```objective-c
- (IBAction)startTask:(id)sender {
    self.stop = NO;
    self.runningTaskCount += 1;
```

```
    int cnt = 1;

    self.runningTaskCountLabel.text = [NSString stringWithFormat:@"%ld",
        self.runningTaskCount];

    NSLog(@"start task in %@...", [NSThread currentThread]);

    while (!self.stop && cnt <= 1000) {
        NSLog(@"run task #%d in %@...", cnt, [NSThread currentThread]);
        cnt += 1;
        [NSThread sleepForTimeInterval:0.3];
    }

    NSLog(@"end task in %@...", [NSThread currentThread]);
}
```

Swift 2.3

```
@IBAction func startTask(sender: AnyObject) {
    stop = false
    runningTaskCount += 1
    var cnt = 1

    runningTaskCountLabel.text = "\(runningTaskCount)"

    print("start task in \(NSThread.currentThread())...")

    while !stop && cnt <= 1000 {
        print("run task #\(cnt) in \(NSThread.currentThread())...")
        cnt += 1
        NSThread.sleepForTimeInterval(0.3)
    }

    print("end task in \(NSThread.currentThread())...")
}
```

Swift 3

```
@IBAction func startTask(_ sender: AnyObject) {
    stop = false
    runningTaskCount += 1
    var cnt = 1

    runningTaskCountLabel.text = "\(runningTaskCount)"

    print("start task in \(Thread.current)...")

    while !stop && cnt <= 1000 {
        print("run task #\(cnt) in \(Thread.current)...")
```

```
            cnt += 1
            Thread.sleep(forTimeInterval: 0.3)
        }

        print("end task in \(Thread.current)...")
    }
```

이 메소드는 stop 속성의 값이 false이거나 cnt 변수의 값이 1000 이하일 때 작업을 실행합니다. 작업은 로그를 출력하는 것으로 대체합니다. 그리고 sleepForTimeInterval(_:) 메소드를 통해 작업을 0.3초씩 지연시킵니다.

STEP **08**

View Controller Scene에 버튼을 추가한 후 제목을 Stop Task로 변경합니다.

STEP **09**

Start Task 버튼을 stopTask(_:) 메소드와 Action으로 연결합니다.

Objective-C
```objc
- (IBAction)stopTask:(id)sender {
    self.stop = YES;

    self.runningTaskCount = 0;
    self.runningTaskCountLabel.text = [NSString stringWithFormat:@"%ld",
        self.runningTaskCount];
}
```

Swift
```swift
@IBAction func stopTask(_ sender: AnyObject) {
    stop = true

    runningTaskCount = 0
    runningTaskCountLabel.text = "\(runningTaskCount)"
}
```

이 메소드는 실행 중인 작업이 즉시 종료되도록 stop 속성의 값을 true로 변경합니다. 그리고 running TaskCount 속성의 값을 초기화하고 레이블을 업데이트합니다.

STEP **10**

시뮬레이터에서 앱을 실행한 후 결과를 검토합니다.

Start Task 버튼을 클릭하면 startTask(_:) 메소드에 구현된 로그가 디버그 영역에서 0.3초 주기로 출력됩니다. 하지만 작업이 시작된 후 다른 버튼을 클릭해도 반응하지 않습니다. 마찬가지로 runningTaskCountLabel 레이블도 정상적으로 업데이트 되지 않습니다. startTask(_:) 메소드의 코드는 메인 스레드에서 실행되고 메인 스레드는 작업을 순서대로 처리하기 때문에 startTask(_:) 메소드의 실행이 종료될 때까지 다른 작업을 처리하지 못합니다. 앞에서 설명한 규칙에 따라 오랜 시간이 소요되는 작업은 백그라운드 스레드에서 실행하고 메인 스레드는 사용자 이벤트와 UI 업데이트를 즉시 처리할 수 있도록 최대한 유휴 상태를 유지해야 합니다. 이번 예제는 백그라운드에서 실행할 작업을 별도의 메소드로 구현한 후 NSThread 클래스를 통해 실행합니다.

STEP 11

backgroundTask 메소드를 추가한 후 아래와 같이 구현합니다.

Objective-C
```objc
- (void)backgroundTask {
    self.stop = NO;
    int cnt = 1;

    NSLog(@"start task in %@...", [NSThread currentThread]);

    while (!self.stop && cnt <= 1000) {
        NSLog(@"run task #%d in %@...", cnt, [NSThread currentThread]);
        cnt += 1;
        [NSThread sleepForTimeInterval:0.3];
    }

    NSLog(@"end task in %@...", [NSThread currentThread]);
}
```

Swift 2.3
```swift
func backgroundTask() {
    stop = false
    var cnt = 1

    print("start task in \(NSThread.currentThread())...")

    while !stop && cnt <= 1000 {
        print("run task #\(cnt) in \(NSThread.currentThread())...")
        cnt += 1
        NSThread.sleepForTimeInterval(0.3)
    }

    print("end task in \(NSThread.currentThread())...")
}
```

```
Swift 3
func backgroundTask() {
    stop = false
    var cnt = 1

    print("start task in \(Thread.current)...")

    while !stop && cnt <= 1000 {
        print("run task #\(cnt) in \(Thread.current)...")
        cnt += 1
        Thread.sleep(forTimeInterval: 0.3)
    }

    print("end task in \(Thread.current)...")
}
```

STEP 12

startTask(_:) 메소드를 아래와 같이 수정합니다.

detachNewThreadSelector(_:toTarget:withObject:) 메소드를 통해 백그라운드에서 실행할 메소드를 backgroundTask() 메소드로 설정합니다.

```
Objective-C
- (IBAction)startTask:(id)sender {
    self.runningTaskCount += 1;
    self.runningTaskCountLabel.text = [NSString stringWithFormat:@"%ld",
        self.runningTaskCount];

    [NSThread detachNewThreadSelector:@selector(backgroundTask)
        toTarget:self withObject:nil];
}
```

```
Swift 2.3
@IBAction func startTask(sender: AnyObject) {
    runningTaskCount += 1
    runningTaskCountLabel.text = "\(runningTaskCount)"

    NSThread.detachNewThreadSelector(#selector(ViewController.
        backgroundTask), toTarget: self, withObject: nil)
}
```

```
Swift 3
@IBAction func startTask(_ sender: AnyObject) {
    runningTaskCount += 1
    runningTaskCountLabel.text = "\(runningTaskCount)"

    Thread.detachNewThreadSelector(#selector(ViewController.backgroundTask),
        toTarget: self, with: nil)
}
```

시뮬레이터에서 앱을 실행한 후 결과를 검토합니다.

Start Task 버튼을 클릭하면 backgroundTask() 메소드에 구현된 코드가 백그라운드 스레드에서 실행됩니다. 메인 스레드는 유휴 상태로 대기하고 있기 때문에 runningTaskCountLabel 레이블의 값이 현재 실행중인 작업의 수로 즉시 업데이트되고 다른 버튼을 클릭할 수 있습니다. Start Task 버튼을 누를 때마다 새로운 백그라운드 스레드가 생성됩니다. 그래서 버튼을 몇 번 누른 후 로그를 확인해 보면 스레드의 메모리 주소가 서로 다른 것을 확인할 수 있습니다.

```
start task in <NSThread: 0x7fdcd0c44cd0>{number = 2, name = (null)}...
run task #1 in <NSThread: 0x7fdcd0c44cd0>{number = 2, name = (null)}...
run task #2 in <NSThread: 0x7fdcd0c44cd0>{number = 2, name = (null)}...
run task #3 in <NSThread: 0x7fdcd0c44cd0>{number = 2, name = (null)}...
run task #4 in <NSThread: 0x7fdcd0c44cd0>{number = 2, name = (null)}...
run task #5 in <NSThread: 0x7fdcd0c44cd0>{number = 2, name = (null)}...
start task in <NSThread: 0x7fdcd0f29070>{number = 3, name = (null)}...
run task #1 in <NSThread: 0x7fdcd0f29070>{number = 3, name = (null)}...
run task #6 in <NSThread: 0x7fdcd0c44cd0>{number = 2, name = (null)}...
run task #2 in <NSThread: 0x7fdcd0f29070>{number = 3, name = (null)}...
run task #7 in <NSThread: 0x7fdcd0c44cd0>{number = 2, name = (null)}...
run task #3 in <NSThread: 0x7fdcd0f29070>{number = 3, name = (null)}...
```

Stop Task 버튼을 클릭하면 stop 속성이 true로 변경되고 while 반복문의 조건이 false로 평가되기 때문에 실행중인 모든 백그라운드 스레드가 모두 종료됩니다.

```
end task in <NSThread: 0x7fdcd0c44cd0>{number = 2, name = (null)}...
end task in <NSThread: 0x7fdcd0f29070>{number = 3, name = (null)}...
```

backgroundTask() 메소드의 반복 횟수와 지연 시간을 각각 100, 0.1로 수정합니다.

```objectivec
Objective-C
- (void)backgroundTask {
    // ...
    while (!self.stop && cnt <= 100) {
        // ...
        [NSThread sleepForTimeInterval:0.1];
    }
    // ...
}
```

Swift 2.3
```
func backgroundTask() {
    // ...
    while !stop && cnt <= 100 {
        // ...
        NSThread.sleepForTimeInterval(0.1)
    }
    // ...
}
```

Swift 3
```
func backgroundTask() {
    // ...
    while !stop && cnt <= 100 {
        // ...
        Thread.sleep(forTimeInterval: 0.1)
    }
    // ...
}
```

STEP **15**

시뮬레이터에서 앱을 실행한 후 Start Task 버튼을 2회 이상 클릭하고 모든 백그라운드 작업이 완료될 때까지 기다립니다.

모든 백그라운드 작업이 정상적으로 완료되었지만 레이블이 업데이트되지 않습니다.

STEP **16**

backtroundTask() 메소드를 다음과 같이 수정합니다.

백그라운드 작업이 끝날 때마다 runningTaskCount 속성의 값을 1씩 감소시키고 runningTaskCount Label 레이블의 값을 업데이트하는 코드를 추가합니다.

Objective-C
```
- (void)backgroundTask {
    // ...
    self.runningTaskCount -= 1;
    self.runningTaskCountLabel.text = [NSString stringWithFormat:@"%ld",
        self.runningTaskCount];
}
```

Swift

```swift
func backgroundTask() {
    // ...
    runningTaskCount -= 1
    runningTaskCountLabel.text = "\(runningTaskCount)"
}
```

STEP **17**

시뮬레이터에서 앱을 실행한 후 Start Task 버튼을 2회 이상 클릭하고 모든 백그라운드 작업이 완료될 때까지 기다립니다.

이번에는 작업이 완료될 때마다 runningTaskCount 속성과 runningTaskCountLabel 레이블이 정상적으로 업데이트됩니다. 하지만 이 코드는 몇 가지 문제점을 가지고 있습니다.

첫 번째 문제점은 메인 스레드와 백그라운드 스레드가 runningTaskCount 속성에 동시에 접근할 수 있다는 것입니다. 동시에 여러 스레드가 접근할 수 없도록 동기화해야 합니다.

두 번째 문제점은 backgroundTask() 메소드에서 레이블 속성에 접근하고 있다는 것입니다. 뷰와 관련된 작업은 반드시 메인 스레드에서 실행해야 합니다. 메인 스레드는 추가된 작업을 한 번에 하나씩 순서대로 처리하므로 text 속성을 변경하는 코드는 동기화하지 않아도 됩니다.

세 번째 문제점은 text 속성에 할당되는 문자열이 누수될 수 있다는 것입니다. 메인 스레드와 달리 백그라운드 스레드는 Autorelease Pool을 직접 추가해 주어야 합니다. 예제와 같이 백그라운드 스레드에서 Autorelease Pool을 추가하지 않고 자동 해제된 객체를 생성하면 해당 객체가 누수됩니다.

STEP **18**

runningTaskCount 속성에 접근하는 코드를 동기화합니다. Objective-C는 @synchronized 블록을 사용하고, Swift는 NSLock 클래스를 사용합니다.

Objective-C

```objc
- (void)backgroundTask {
    // ...
    @synchronized (self) {
        self.runningTaskCount -= 1;
    }
    // ...
}

- (IBAction)startTask:(id)sender {
    @synchronized (self) {
        self.runningTaskCount += 1;
    }
```

```
    // ...
}
```

Swift 2.3

```
class ViewController: UIViewController {
    // ...
    let lock = NSLock()

    func backgroundTask() {
        // ...
        if lock.tryLock() {
            runningTaskCount -= 1
            lock.unlock()
        }
        // ...
    }

    @IBAction func startTask(sender: AnyObject) {
        if lock.tryLock() {
            runningTaskCount += 1
            lock.unlock()
        }

        // ...
    }
    // ...
}
```

Swift 3

```
class ViewController: UIViewController {
    // ...
    let lock = NSLock()

    func backgroundTask() {
        // ...
        if lock.try() {
            runningTaskCount -= 1
            lock.unlock()
        }
        // ...
    }

    @IBAction func startTask(_ sender: AnyObject) {
        if lock.try() {
            runningTaskCount += 1
            lock.unlock()
        }
```

```
        // ...
    }
    // ...
}
```

STEP 19

레이블의 text 속성을 메인 스레드에서 업데이트 하도록 backgroundTask() 메소드를 수정합니다.

Objective-C

```objc
- (void)updateLabel {
    self.runningTaskCountLabel.text = [NSString stringWithFormat:@"%ld",
        self.runningTaskCount];
}

- (void)backgroundTask {
    // ...
    [self performSelectorOnMainThread:@selector(updateLabel) withObject:nil
        waitUntilDone:NO];
}
```

Swift 2.3

```swift
func updateLabel() {
    runningTaskCountLabel.text = "\(runningTaskCount)"
}

func backgroundTask() {
    // ...
    performSelectorOnMainThread(#selector(updateLabel), withObject: self,
        waitUntilDone: false)
}
```

Swift 3

```swift
func updateLabel() {
    runningTaskCountLabel.text = "\(runningTaskCount)"
}

func backgroundTask() {
    // ...
    performSelector(onMainThread: #selector(updateLabel), with: self,
        waitUntilDone: false)
}
```

STEP 20

backgroundTask() 메소드에 Autorelease Pool을 추가합니다.

Objective-C

```objective-c
- (void)updateLabel {
    self.runningTaskCountLabel.text = [NSString stringWithFormat:@"%ld",
        self.runningTaskCount];
}

- (void)backgroundTask {
    @autoreleasepool {
        self.stop = NO;
        int cnt = 1;

        NSLog(@"start task in %@...", [NSThread currentThread]);
        while (!self.stop && cnt <= 100) {
            NSLog(@"run task #%d in %@...", cnt, [NSThread currentThread]);
            cnt += 1;
            [NSThread sleepForTimeInterval:0.1];
        }
        NSLog(@"end task in %@...", [NSThread currentThread]);

        @synchronized (self) {
            self.runningTaskCount -= 1;
        }

        [self performSelectorOnMainThread:@selector(updateLabel)
            withObject:nil waitUntilDone:NO];
    }
}
```

Swift 2.3

```swift
func updateLabel() {
    runningTaskCountLabel.text = "\(runningTaskCount)"
}

func backgroundTask() {
    autoreleasepool {
        stop = false
        var cnt = 1

        print("start task in \(NSThread.currentThread())...")

        while !stop && cnt <= 100 {
            print("run task #\(cnt) in \(NSThread.currentThread())...")
            cnt += 1
            NSThread.sleepForTimeInterval(0.1)
        }

        print("end task in \(NSThread.currentThread())...")

        if lock.tryLock() {
```

```
                runningTaskCount -= 1
                lock.unlock()
            }

            performSelectorOnMainThread(#selector(updateLabel),
                withObject: self, waitUntilDone: false)
        }
    }
```

Swift 3
```swift
func updateLabel() {
    runningTaskCountLabel.text = "\(runningTaskCount)"
}

func backgroundTask() {
    autoreleasepool {
        stop = false
        var cnt = 1

        print("start task in \(Thread.current)...")

        while !stop && cnt <= 100 {
            print("run task #\(cnt) in \(Thread.current)...")
            cnt += 1
            Thread.sleep(forTimeInterval: 0.1)
        }

        print("end task in \(Thread.current)...")

        if lock.try() {
            runningTaskCount -= 1
            lock.unlock()
        }

        performSelector(onMainThread: #selector(updateLabel),
            with: self, waitUntilDone: false)
    }
}
```

STEP 21

시뮬레이터에서 앱을 실행한 후 결과를 확인합니다.

이전 결과와 눈에 띄는 차이점은 없지만 runningTaskCount 속성이 동기화 되었고 레이블을 변경하는 코드는 항상 메인 스레드에서 실행됩니다. 그리고 백그라운드 스레드에서 실행하는 코드가 Autorelease Pool에서 실행되므로 메모리 누수가 발생하지 않습니다.

Operation

Operation은 백그라운드 스레드에서 실행할 Task를 캡슐화한 객체입니다. Operation 객체는 NSOperation 클래스를 통해 구현할 수 있습니다. NSOperation 클래스는 추상 클래스이므로 서브클래싱을 통해 Custom Operation을 구현하거나 기본으로 제공되는 NSInvocationOperation, NSBlockOperation 클래스를 사용합니다. NSInvocationOperation 클래스는 백그라운드 스레드에서 실행할 메소드를 Operation으로 캡슐화할 때 사용하고 NSBlockOperation 클래스는 블록을 Operation으로 캡슐화합니다.

Operation이 제공하는 주요한 기능은 다음과 같습니다.

- 작업의 의존성 설정
- 작업 취소
- 완료 블록
- KVC 호환, KVO를 통해 상태 변화 감시
- 우선 순위 설정

Operation은 세 가지 상태를 가지고 있습니다. Ready 상태는 Operation을 실행할 수 있는 상태를 의미합니다. Operation을 실행하면 Executing 상태로 전환됩니다. Operation이 정상적으로 종료되거나 중간에 취소된 경우 Finished 상태로 전환됩니다. 한 번 실행된 Operation은 다시 실행할 수 없습니다. 그러므로 동일한 작업을 반복하려면 새로운 Operation 인스턴스를 생성해야 합니다.

Operation은 캡슐화 한 작업의 수에 따라 Non-Concurrent Operation과 Concurrent Operation으로 구분됩니다. Non-Concurrent Operation은 하나의 작업을 캡슐화 합니다. Concurrent Operation은 두 개 이상의 작업을 캡슐화하고 동시에 실행할 수 있습니다.

Operation은 일반적으로 Operation Queue를 통해 실행합니다. Operation Queue는 NSOperation Queue 클래스를 통해 제공됩니다. Operation을 단독으로 실행할 수 있지만 Operation이 제공하는 이점을 모두 활용할 수 없기 때문에 거의 사용되지 않습니다. Operation 객체를 통해 Task를 캡슐화 한 후 Operation Queue에 추가하면 자동으로 작업이 실행됩니다. 실행해야 할 Task를 필요 이상으로 세분화 하는 것은 성능에 부정적인 영향을 줄 수 있으므로 주의해야 합니다.

NSOperation 클래스와 NSOperationQueue 클래스는 모두 스레드에 안전한 클래스입니다. 그래서 별도의 동기화를 구현하지 않고 여러 스레드에서 안전하게 접근할 수 있습니다. NSOperation 클래스를 서브클래싱 하는 경우에는 기본적으로 제공되는 다른 Operation 객체 또는 Operation Queue 와 오류 없이 동작할 수 있도록 동기화를 직접 구현해야 합니다.

1. NSInvocationOperation

NSInvocationOperation 클래스는 백그라운드 스레드에서 실행할 메소드를 Operation으로 캡슐화 합니다. 아래와 같은 코드를 통해 생성할 수 있으며 Objective-C에서만 사용할 수 있습니다.

```objective-c
Objective-C
NSInvocationOperation* op = [[NSInvocationOperation alloc]
    initWithTarget:타깃 selector:@selector(메소드) object:메소드로 전달할 객체];
```

2. NSBlockOperation

NSBlockOperation 클래스는 블록(클로저)으로 구현된 코드를 Operation으로 캡슐화 합니다. 하나 의 Block Operation은 동시에 두 개 이상의 블록을 동시에 실행할 수 있습니다. 그리고 모든 블록의 실행이 완료된 후에 Finished 상태로 전환됩니다. Block Operation에 새로운 블록을 추가할 때는 addExecutionBlock(_:) 메소드를 사용합니다.

```objective-c
Objective-C
NSBlockOperation* op = [NSBlockOperation blockOperationWithBlock:^{
    Background Task
}];

[op addExecutionBlock:^{
    Background Task
}];
```

```swift
Swift 2.3
let op = NSBlockOperation {
    Background Task
}

op.addExecutionBlock {
    Background Task
}
```

```
let op = BlockOperation {
    Background Task
}

op.addExecutionBlock {
    Background Task
}
```

3. Custom Operation

Custom Operation을 구현할 때는 NSOperation 클래스를 서브클래싱 합니다. 백그라운드에서 실행할 작업은 main() 메소드를 오버라이딩한 후 구현합니다. main() 메소드는 대부분 다음과 같은 형태로 구현됩니다. Autorelease Pool을 통해 자동 해제된 객체가 누수되지 않도록 해야 하며 주기적으로 isCancelled 속성의 값을 확인하는 코드를 추가하여 Operation이 취소될 때 리소스가 정상적으로 정리되도록 구현해야 합니다.

```
Objective-C
- (void)main {
    @autoreleasepool {
        if (self.isCancelled) {
            리소스 정리
            return;
        }

        Backgorund Task 1

        if (self.isCancelled) {
            리소스 정리
            return;
        }

        Backgorund Task N
    }
}
```

```
Swift 2.3
override func main() {
    autoreleasepool {
        if cancelled {
            리소스 정리
            return
        }
```

```
                Backgorund Task 1

                if cancelled {
                    리소스 정리
                    return
                }

                Backgorund Task N
            }
        }
```

Swift 3
```
override func main() {
    autoreleasepool {
        if isCancelled {
            리소스 정리
            return
        }

        Backgorund Task 1

        if isCancelled {
            리소스 정리
            return
        }

        Backgorund Task N
    }
}
```

Custom Operation이 속성을 가지고 있다면 이 속성을 초기화하는 생성자를 별도로 구현해야 합니다.

Custom Operation은 기본적으로 Non-Concurrent Operation입니다. Concurrent Operation으로 구현할 경우에는 main() 메소드 외에 start() 메소드, isAsynchronous, isExecuting, isFinished 속성을 오버라이딩 해야 합니다.

4. Dependency

Operation은 다른 Operation에 종속될 수 있습니다. 예를 들어 Operation B가 Operation A에 종속되어 있다면 Operation B는 Operation A의 실행이 완료된 후에 실행됩니다. 종속성을 활용하면 Operation의 실행 순서를 지정할 수 있습니다. Operation 사이의 종속성은 addDependency(_:) 메소드를 통해 추가하거나 removeDependency(_:) 메소드를 통해 제거할 수 있습니다. 종속싱은 Operation을 시작하거나 Operation Queue에 추가하기 전에 설정해야 합니다. 한 가지 주의할 점은 이전 Operation을 취소한 경우에도 완료로 판단한다는 것입니다. 이전 Operation의 취소 여부에 따라 Operation 실행 여부를 지정하는 코드는 직접 구현해야 합니다.

5. Priority

모든 Operation은 Queue Priority를 가지고 있습니다. Queue Priority는 queuePriority 속성을 통해 지정할 수 있습니다. Very Low, Low, Normal, High, Very High 중 하나의 우선순위를 가질 수 있으며 기본 값은 Normal 입니다. 우선순위는 NSOperationQueuePriority 열거형으로 표현합니다.

Objective-C	Swift 2.3	Swift 3
NSOperationQueuePriority	NSOperationQueuePriority	Operation.QueuePriority
NSOperationQueuePriorityVeryLow	.VeryLow	.veryLow
NSOperationQueuePriorityLow	.Low	.low
NSOperationQueuePriorityNormal	.Normal	.normal
NSOperationQueuePriorityHigh	.High	.high
NSOperationQueuePriorityVeryHigh	.VeryHigh	.veryHigh

Queue Priority는 동일한 Operation Queue에 추가되어 있는 Operation의 실행 우선순위를 결정하는 힌트로 사용됩니다. Operation이 종속성을 가지고 있는 경우에는 무시됩니다.

Operation을 실행하는 스레드의 우선순위는 threadPriority 속성을 통해 지정합니다. 이 속성은 0.0 ~ 1.0 사이의 값으로 우선순위를 지정합니다. 우선순위를 지정하지 않을 경우 0.5가 기본 값으로 할당됩니다. Queue Priority와 달리 OS가 스레드의 실행 빈도를 결정하는 힌트로 사용됩니다. 우선순위가 높은 스레드는 더 많은 실행 기회가 주어집니다.

iOS 8부터 threadPriority 속성은 더 이상 사용되지 않으며 qualityOfService 속성을 통해 스레드의 QoS를 지정합니다.

6. Completion Block

Operation은 완료 블록을 추가하여 작업을 완료한 후 추가로 실행할 코드를 구현할 수 있습니다. 완료 블록은 리턴 값과 파라미터를 가지고 있지 않으며 completionBlock 속성으로 지정합니다.

```
Objective-C
[Operation 인스턴스 setCompletionBlock:^{
    // ...
}];
```

```
Swift
Operation 인스턴스.completionBlock = {
    // ...
}
```

완료 블록은 Operation의 상태가 Finished로 변경된 후에 실행됩니다. iOS 8 이후에는 완료 블록이 실행된 후 completionBlock 속성이 nil로 설정됩니다.

7. Operation Queue

Operation Queue는 NSOperationQueue 클래스의 인스턴스로 Operation의 실행을 관리합니다. GCD를 기반으로 구현되어 있고 시스템 리소스를 고려하여 가능한 많은 작업을 동시에 실행합니다. 동시에 실행할 수 있는 Operation 수를 maxConcurrentOperationCount 속성을 통해 변경할 수 있지만 OS가 사용 가능한 리소스에 따라 자동으로 관리할 수 있도록 기본 값을 그대로 사용하는 것이 좋습니다.

Operation은 addOperation(_:) 메소드를 통해 추가할 수 있습니다. 다수의 Operation을 동시에 추가할 때는 addOperations(_:waitUntilFinished:) 메소드를 사용합니다. addOperationWithBlock(_:) 메소드를 통해 Operation을 사용하지 않고 블록을 직접 추가할 수 있습니다. 추가된 블록은 Operation 객체로 캡슐화 됩니다. Operation Queue에 추가된 Operation 수는 operationCount 속성으로 확인한 수 있고, operations 속성을 통해 Operation 목록을 얻을 수 있습니다.

Operation Queue는 기본적으로 백그라운드 스레드에서 Operation을 실행합니다. 메인 스레드에서 실행해야 하는 Operation은 Main Operation Queue에 추가해야 합니다. Main Operation Queue 는 mainQueue 속성을 통해 얻을 수 있습니다.

```
Objective-C
[NSOperationQueue mainQueue]
```

```
Swift 2.3
NSOperationQueue.mainQueue()
```

```
Swift 3
OperationQueue.main
```

Operation Queue에 추가된 Operation은 Finished 상태로 전환되기 전까지 큐에 존재합니다. 큐에 추가된 Operation은 직접 제거할 수 없습니다. Operation을 큐에서 제거하는 유일한 방법은 Operation을 취소하는 것입니다. cancel() 메소드를 통해 개별 Operation을 취소하거나 cancelAllOperations()

메소드를 호출하여 큐에 포함된 모든 Operation을 취소할 수 있습니다. Operation을 취소하면 isCancelled 속성의 값이 true로 변경되고 조금 후 Finished 상태로 전환됩니다. Operation이 Finished 상태로 전환되면 큐에서 자동으로 제거됩니다. Custom Operation을 구현할 때 main() 함수에서 isCancelled 속성을 확인하지 않으면 Operation을 취소할 수 없으므로 주의해야 합니다.

Operation Queue는 qualityOfService 속성을 통해 큐에 추가되는 Operation의 QoS를 지정할 수 있습니다. 만약 Operation의 QoS가 이미 지정되어 있다면 Operation Queue의 QoS는 무시됩니다.

Operation Queue는 suspended 속성을 통해 실행을 일시 중지할 수 있습니다. 이 속성의 값을 true로 설정하면 Operation이 시작되지 않습니다. 하지만 이미 시작된 Operation은 계속 실행됩니다. suspended 속성의 값을 false로 설정하면 대기 중인 Operation이 다시 실행됩니다.

8. Operation Sample

지금까지 공부한 내용을 토대로 예제를 만들어 보겠습니다.

[STEP **01**]

새로운 iOS Single View Application을 생성합니다.

[STEP **02**]

새로운 Cocoa Touch Class 항목을 추가한 후 NSOperation을 상속한 SumOperation 클래스를 아래와 같이 구현합니다.

```objectivec
Objective-C
@interface SumOperation : NSOperation
@property (strong, nonatomic) NSArray* list;
@property NSInteger result;
- (instancetype)initWithData:(NSArray*)dataList;
@end

@implementation SumOperation
- (instancetype)initWithData:(NSArray*)dataList {
    self = [super init];
    if (self) {
        _result = 0;
        _list = dataList;
    }

    return self;
}
```

```objc
- (void)main {
    @autoreleasepool {
        for (NSNumber* num in self.list) {
            if (self.isCancelled) {
                self.result = 0;
                return;
            }

            NSLog(@"Run Sum Operation...");

            self.result += [num integerValue];
            [NSThread sleepForTimeInterval:0.05];
        }
    }
}
@end
```

Swift 2.3
```swift
class SumOperation: NSOperation {
    let list: [Int]
    var result = 0

    init(dataList: [Int]) {
        list = dataList

        super.init()
    }

    override func main() {
        autoreleasepool {
            for num in list {
                if cancelled {
                    result = 0
                    return
                }

                print("Run Sum Operation...")

                result += num
                NSThread.sleepForTimeInterval(0.05)
            }
        }
    }
}
```

```
Swift 3
class SumOperation: Operation {
    let list: [Int]
    var result = 0

    init(dataList: [Int]) {
        list = dataList

        super.init()
    }

    override func main() {
        autoreleasepool {
            for num in list {
                if isCancelled {
                    result = 0
                    return
                }

                print("Run Sum Operation...")

                result += num
                Thread.sleep(forTimeInterval: 0.05)
            }
        }
    }
}
```

SumOperation 클래스는 전달된 수의 합을 result 속성에 저장합니다. Operation의 취소 매커니즘을 구현하기 위해서 반복문을 시작할 때마다 isCancelled 속성을 확인합니다. Operation이 취소된 경우 result 속성을 초기화하고 실행을 종료합니다.

STEP 03

새로운 Cocoa Touch Class 항목을 추가한 후 NSOperation을 상속한 AvgOperation 클래스를 아래와 같이 구현합니다.

```
Objective-C
@interface AvgOperation : NSOperation
@property (strong, nonatomic) NSArray* list;
@property double result;
- (instancetype)initWithData:(NSArray*)dataList;
@end

@implementation AvgOperation
- (instancetype)initWithData:(NSArray*)dataList {
```

```objc
        self = [super init];
        if (self) {
            _result = 0;
            _list = dataList;
        }

        return self;
}

- (void)main {
    @autoreleasepool {
        int sum = 0;

        for (NSNumber* num in self.list) {
            if (self.isCancelled) {
                self.result = 0.0;
                return;
            }

            NSLog(@"Run AVG Operation...");

            sum += [num integerValue];
            [NSThread sleepForTimeInterval:0.05];
        }

        if (self.isCancelled) {
            self.result = 0.0;
            return;
        }

        self.result = sum / (double)self.list.count;
    }
}
@end
```

Swift 2.3

```swift
class AvgOperation: NSOperation {
    let list: [Int]
    var result = 0.0

    init(dataList: [Int]) {
        list = dataList

        super.init()
    }

    override func main() {
        autoreleasepool {
```

```
        var sum = 0.0

        for num in list {
            if cancelled {
                result = 0
                return
            }

            print("Run Avg Operation...")

            sum += Double(num)
            NSThread.sleepForTimeInterval(0.05)
        }

        if cancelled {
            result = 0
            return
        }

        result = sum / Double(list.count)
        }
    }
}
```

Swift 3

```
class AvgOperation: Operation {
    let list: [Int]
    var result = 0.0

    init(dataList: [Int]) {
        list = dataList

        super.init()
    }

    override func main() {
        autoreleasepool {
            var sum = 0.0

            for num in list {
                if isCancelled {
                    result = 0
                    return
                }

                print("Run Avg Operation...")

                sum += Double(num)
                Thread.sleep(forTimeInterval: 0.05)
```

```
        }

        if isCancelled {
            result = 0
            return
        }

        result = sum / Double(list.count)
      }
    }
}
```

AvgOperation 클래스는 전달된 수의 평균을 result 속성에 저장합니다. SumOperation과 마찬가지로 반복문을 시작할 때마다 isCancelled 속성을 확인합니다. 그리고 평균을 계산하기 전에 isCancelled 속성을 다시 확인합니다. 이와 같이 특정 작업을 진행할 때마다 isCancelled 속성을 확인하도록 구현하는 것이 좋습니다.

STEP 04

새로운 Cocoa Touch Class 항목을 추가한 후 NSOperation을 상속한 StringOperation 클래스를 아래와 같이 구현합니다.

Objective-C
```objectivec
@interface StringOperation : NSOperation
@property (strong, nonatomic) NSURL * targetUrl;
- (instancetype)initWithUrlString:(NSString *)urlStr;
@end

@implementation StringOperation

- (instancetype)initWithUrlString:(NSString *)urlStr {
    self = [super init];
    if (self) {
        _targetUrl = [NSURL URLWithString:urlStr];
    }

    return self;
}

- (void)main {
    @autoreleasepool {
        if (self.isCancelled) {
            return;
        }

        if (self.targetUrl) {
```

```
            NSError* error = nil;
            NSString* str = [NSString stringWithContentsOfURL:self.
                targetUrl encoding:NSUTF8StringEncoding error:&error];

        if (self.isCancelled) {
            return;
        }

        if (!error) {
            NSArray* list = [str componentsSeparatedByString:@"\n"];

            if (self.isCancelled) {
                return;
            }

            for (NSString* str in list) {
                if (self.isCancelled) {
                    return;
                }

                NSString* trimmedString = [str
                    stringByTrimmingCharactersInSet:
                    [NSCharacterSet whitespaceCharacterSet]];
                if ([trimmedString length] > 5) {
                    trimmedString = [trimmedString substringToIndex:4];
                }

                NSLog(@"%@ => %@", trimmedString,
                    trimmedString.uppercaseString);

                [NSThread sleepForTimeInterval:0.003];
            }
        }
    }
}
}

@end
```

Swift 2.3
```
class StringOperation: NSOperation {
    var targetUrl: NSURL?

    init(urlString: String) {
        targetUrl = NSURL(string: urlString, relativeToURL: nil)

        super.init()
    }
```

```swift
    override func main() {
        autoreleasepool {
            if cancelled {
                return
            }

            if let targetUrl = targetUrl {
                do {
                    let str = try NSString(contentsOfURL: targetUrl,
                        encoding: NSUTF8StringEncoding)

                    if cancelled {
                        return
                    }

                    let list = str.componentsSeparatedByString("\n")

                    if cancelled {
                        return
                    }

                    for str in list {
                        if cancelled {
                            return
                        }

                        var trimmedString = str.stringByTrimmingCharactersI
nSet(
                            NSCharacterSet.whitespaceCharacterSet())
                        if trimmedString.characters.count > 5 {
                            trimmedString = trimmedString.substringToIndex(
                                trimmedString.startIndex.advancedBy(4))
                        }

                        print("\(trimmedString) => \(trimmedString.
                            uppercaseString)")

                        NSThread.sleepForTimeInterval(0.003)
                    }

                } catch {
                    return
                }
            }
        }
    }
}
```

Swift 3

```swift
class StringOperation: Operation {
    var targetUrl: URL?

    init(urlString: String) {
        targetUrl = URL(string: urlString)

        super.init()
    }

    override func main() {
        autoreleasepool {
            if isCancelled {
                return
            }

            if let targetUrl = targetUrl {
                do {
                    let str = try NSString(contentsOf: targetUrl,
                        encoding: String.Encoding.utf8.rawValue)

                    if isCancelled {
                        return
                    }

                    let list = str.components(separatedBy: "\n")

                    if isCancelled {
                        return
                    }

                    for str in list {
                        if isCancelled {
                            return
                        }

                        var trimmedString = str.trimmingCharacters(in:
                            CharacterSet.whitespaces)
                        if trimmedString.characters.count > 5 {
                            trimmedString = trimmedString.substring(to:
                                trimmedString.index(trimmedString.
startIndex,

                                    offsetBy: 4))
                        }

                        print("\(trimmedString) => \(trimmedString.
                            uppercased())")

                        Thread.sleep(forTimeInterval: 0.003)
                    }
```

```
                } catch {
                    return
                }
            }
        }
    }
}
```

StringOperation 클래스는 전달된 URL로부터 전송된 HTML 문자열을 대상으로 임의의 문자열 작업을 실행합니다. 앞에서 구현한 Operation 클래스와 마찬가지로 세부 작업 사이에 isCancelled 속성을 확인하는 코드를 추가합니다.

STEP 05

ViewController 클래스에 Operation Queue 속성과 배열 속성을 추가합니다. Swift는 속성을 선언과 동시에 초기화합니다.

Objective-C
```objc
@property (strong, nonatomic) NSOperationQueue* opQueue;
@property (strong, nonatomic) NSMutableArray* dataList;
```

Swift 2.3
```swift
var opQueue: NSOperationQueue = {
    let queue = NSOperationQueue()
    queue.qualityOfService = NSQualityOfService.UserInitiated
    return queue
}()

var dataList: [Int] = {
  let cnt = arc4random_uniform(100) + 50
    var list = [Int]()
    for index in 0..<cnt {
        list.append(Int(arc4random_uniform(1000) + 1))
    }
    return list
}()
```

Swift 3
```swift
var opQueue: OperationQueue = {
    let queue = OperationQueue()
    queue.qualityOfService = QualityOfService.userInitiated
    return queue
}()

var dataList: [Int] = {
    let cnt = arc4random_uniform(100) + 50
```

```
    var list = [Int]()
    for index in 0..<cnt {
        list.append(Int(arc4random_uniform(1000) + 1))
    }
    return list
}()
```

STEP 06

viewDidLoad() 메소드에서 Operation Queue 인스턴스를 생성하고 QoS를 UserInitiated로 설정합니다. 그리고 Operation에서 사용할 임의의 숫자를 배열에 저장합니다. Swift는 STEP 05에서 이미 초기화를 완료했기 때문에 이 단계를 건너뜁니다.

Objective-C
```objc
- (void)viewDidLoad {
    [super viewDidLoad];

    self.opQueue = [[NSOperationQueue alloc] init];
    self.opQueue.qualityOfService = NSQualityOfServiceUserInitiated;

    int cnt = arc4random_uniform(100) + 50;
    self.dataList = [[NSMutableArray alloc] initWithCapacity:cnt];
    for (int i = 0; i < cnt; i++) {
        [self.dataList addObject:@(arc4random_uniform(1000) + 1)];
    }
}
```

STEP 07

View Controller Scene에 세 개의 버튼을 추가하고 제목을 각각 Concurrent Operation, Serial Operation, Cancel All Operations로 설정합니다.

STEP 08

Concurrent Operation 버튼과 performConcurrentMode(_:) 메소드를 Action으로 연결하고 아래와 같이 구현합니다.

Objective-C
```objc
- (IBAction)performConcurrentMode:(id)sender {
    // Point 1
    if (self.opQueue.operationCount > 0) {
        [self.opQueue cancelAllOperations];
    }

    // Point 2
```

```objc
SumOperation* sumOp = [[SumOperation alloc]
    initWithData:self.dataList];
sumOp.queuePriority = NSOperationQueuePriorityVeryHigh;
__weak SumOperation* weakSumOp = sumOp;
[sumOp setCompletionBlock:^{
    if (weakSumOp.isCancelled) {
        NSLog(@"Sum Operation is cancelled. %ld", weakSumOp.result);
    } else {
        NSLog(@"Sum Operation is finished. %ld", weakSumOp.result);
    }
}];

AvgOperation* avgOp = [[AvgOperation alloc]
    initWithData:self.dataList];
avgOp.queuePriority = NSOperationQueuePriorityVeryLow;
__weak AvgOperation* weakAvgOp = avgOp;
[avgOp setCompletionBlock:^{
    if (weakAvgOp.isCancelled) {
        NSLog(@"Avg Operation is cancelled. %f", weakAvgOp.result);
    } else {
        NSLog(@"Avg Operation is finished. %f", weakAvgOp.result);
    }
}];

StringOperation* strOp = [[StringOperation alloc]
    initWithUrlString:@"https://www.apple.com"];
avgOp.queuePriority = NSOperationQueuePriorityVeryLow;
__weak StringOperation* weakStrOp = strOp;
[strOp setCompletionBlock:^{
    if (weakStrOp.isCancelled) {
        NSLog(@"String Operation is cancelled.");
    } else {
        NSLog(@"String Operation is finished.");
    }
}];

// Point 3
[self.opQueue addOperations:@[sumOp, avgOp, strOp]
    waitUntilFinished:NO];

// Point 4
[self.opQueue addOperationWithBlock:^{
    int cnt = 0;
    while (cnt < 50) {
        NSLog(@"run Block Operation #%d", cnt);
        cnt += 1;

        [NSThread sleepForTimeInterval:0.2];
    }
}];
}
```

Swift 2.3

```swift
@IBAction func performConcurrentMode(_ sender: AnyObject) {
    // Point 1
    if opQueue.operationCount > 0 {
        opQueue.cancelAllOperations()
    }

    // Point 2
    let sumOp = SumOperation(dataList: dataList)
    sumOp.queuePriority = NSOperationQueuePriority.VeryHigh
    sumOp.completionBlock = { [weak sumOp] in
        if let sumOp = sumOp {
            if sumOp.cancelled {
                print("Sum Operation is cancelled. \(sumOp.result)")
            } else {
                print("Sum Operation is finished. \(sumOp.result)")
            }
        }
    }

    let avgOp = AvgOperation(dataList: dataList)
    avgOp.queuePriority = NSOperationQueuePriority.VeryLow
    avgOp.completionBlock = { [weak avgOp] in
        if let avgOp = avgOp {
            if avgOp.cancelled {
                print("Avg Operation is cancelled. \(avgOp.result)")
            } else {
                print("Avg Operation is finished. \(avgOp.result)")
            }
        }
    }

    let strOp = StringOperation(urlString: "https://www.apple.com")
    strOp.queuePriority = NSOperationQueuePriority.VeryLow
    strOp.completionBlock = { [weak strOp] in
        if let strOp = strOp {
            if strOp.cancelled {
                print("String Operation is cancelled.")
            } else {
                print("String Operation is finished.")
            }
        }
    }

    // Point 3
    opQueue.addOperations([sumOp, avgOp, strOp], waitUntilFinished: false)

    // Point 4
    opQueue.addOperationWithBlock {
```

```
            var cnt = 0
            while cnt < 50 {
                print("run Block Operation #\(cnt)")
                cnt += 1

                NSThread.sleepForTimeInterval(0.2)
            }
        }
    }
}
```

Swift 3

```
@IBAction func performConcurrentMode(_ sender: AnyObject) {
    // Point 1
    if opQueue.operationCount > 0 {
        opQueue.cancelAllOperations()
    }

    // Point 2
    let sumOp = SumOperation(dataList: dataList)
    sumOp.queuePriority = Operation.QueuePriority.veryHigh
    sumOp.completionBlock = { [weak sumOp] in
        if let sumOp = sumOp {
            if sumOp.isCancelled {
                print("Sum Operation is cancelled. \(sumOp.result)")
            } else {
                print("Sum Operation is finished. \(sumOp.result)")
            }
        }
    }

    let avgOp = AvgOperation(dataList: dataList)
    avgOp.queuePriority = Operation.QueuePriority.veryLow
    avgOp.completionBlock = { [weak avgOp] in
        if let avgOp = avgOp {
            if avgOp.isCancelled {
                print("Avg Operation is cancelled. \(avgOp.result)")
            } else {
                print("Avg Operation is finished. \(avgOp.result)")
            }
        }
    }

    let strOp = StringOperation(urlString: "https://www.apple.com")
    strOp.queuePriority = Operation.QueuePriority.veryLow
    strOp.completionBlock = { [weak strOp] in
        if let strOp = strOp {
            if strOp.isCancelled {
                print("String Operation is cancelled.")
```

```
                } else {
                    print("String Operation is finished.")
                }
            }
        }


        // Point 3
        opQueue.addOperations([sumOp, avgOp, strOp], waitUntilFinished: false)


        // Point 4
        opQueue.addOperation {
            var cnt = 0
            while cnt < 50 {
                print("run Block Operation #\(cnt)")
                cnt += 1

                Thread.sleep(forTimeInterval: 0.2)
            }
        }
    }
}
```

[Point 1]

operationCount 속성을 통해 Operation Queue에 Operation이 있는지 확인한 후 이미 추가되어 있는 모든 Operation을 취소합니다. 취소된 Operation은 Finished 상태로 전환된 후 Operation Queue에서 제거됩니다.

[Point 2]

세 개의 Operation 인스턴스를 생성합니다. 먼저 queuePriority 속성을 통해 동일한 큐에 포함된 Operation과의 실행 우선순위를 지정합니다. VeryHigh로 설정된 sumOp는 VeryLow로 설정된 다른 Operation 보다 더 많은 실행 기회를 얻습니다. 각 Operation은 Completion Block을 구현하고 로그를 출력합니다. isCancelled 속성의 값을 확인하면 Operation이 정상적으로 완료되었는지, 또는 중간에 취소되었는지 확인할 수 있습니다. Completion Block 내부에서 Operation의 인스턴스 변수에 바로 접근할 경우 참조 사이클 문제가 발생하기 때문에 약한 참조를 생성한 후 블록 내부에서 약한 참조를 통해 접근합니다.

[Point 3]

addOperations(_:waitUntilFinished:) 메소드를 통해 다수의 Operation을 Operation Queue에 추가합니다. 여기에서 추가하는 Operation은 종속성을 가지고 있지 않기 때문에 추가된 후 바로 실행됩니다. waitUntilFinished 파라미터로 true를 전달할 경우 큐에 포함된 모든 Operation의 실행이 완료될 때까지 현재 스레드를 중지합니다. 메인 스레드에서 true를 전달할 경우 UI가 정상적으로 업데이트되지 않으므로 주의해야 합니다.

[Point 4]

addOperationWithBlock(_:) 메소드를 통해 Operation 인스턴스를 생성하지 않고 블록으로 구현된 작업을 추가합니다. Operation Queue는 내부에서 블록을 Operation으로 캡슐화합니다. Operation 인스턴스를 직접 생성하는 방식에 비해 작업을 간편하게 추가할 수 있는 장점을 가지고 있습니다. 하지만 블록 내부에서 isCancelled 속성에 접근할 수 없고 Completion Block을 추가할 수 없는 단점이 있습니다.

STEP 09

Cancel All Operations 버튼과 cancelAllOperations(_:) 메소드를 Action으로 연결하고 아래와 같이 구현합니다.

이 메소드는 cancelAllOperations() 메소드를 호출하여 Operation Queue에 추가된 모든 Operation의 실행을 취소합니다.

```objectivec
Objective-C
- (IBAction)cancelAllOperations:(id)sender {
    [self.opQueue cancelAllOperations];
}
```

```swift
Swift
@IBAction func cancelAllOperations(_ sender: AnyObject) {
    opQueue.cancelAllOperations()
}
```

STEP 10

시뮬레이터에서 앱을 실행한 후 결과를 확인합니다.

Concurrent Operation 버튼을 클릭하면 Operation Queue에 추가된 네 개의 Operation이 동시에 실행됩니다. sumOp가 다른 Operation 보다 높은 우선순위를 가지고 있기 때문에 더 많은 실행기회를 부여 받지만 반드시 다른 Operation보다 먼저 완료되는 것은 아닙니다.

작업이 완료되기를 기다렸다가 다시 Concurrent Operation 버튼을 클릭하고 2~3초 후에 Cancel All Operations 버튼을 클릭하면 모든 Operation의 실행을 취소합니다. Sum Operation, Avg Operation, String Operation 모두 isCancelled 속성을 확인하도록 구현했기 때문에 버튼 클릭과 거의 동시에 작업을 취소하고 Finished 상태로 전환됩니다. 하지만 addOperationWithBlock(_:) 메소드를 통해 추가한 작업은 취소되지 않고 계속 실행됩니다. 이 메소드를 통해 작업을 추가하는 방식은 취소 매커니즘을 올바르게 처리하지 못하는 단점을 가지고 있습니다. 그래서 취소 여부에 관계없이 계속해서 실행할 수 있는 작업을 추가하는 용도로만 사용해야 합니다. 블록으로 작업을 추가할 때 취소 매커니즘을 구현하는 방법은 조금 후에 설명합니다.

Serial Operation 버튼과 performSerialMode(_:) 메소드를 Action으로 연결한 후 아래와 같이 구현합니다.

Objective-C

```objc
- (IBAction)performSerialMode:(id)sender {
    if (self.opQueue.operationCount > 0) {
        [self.opQueue cancelAllOperations];
    }

    SumOperation* sumOp = [[SumOperation alloc]
        initWithData:self.dataList];
    sumOp.queuePriority = NSOperationQueuePriorityVeryHigh;
    __weak SumOperation* weakSumOp = sumOp;
    [sumOp setCompletionBlock:^{
        if (weakSumOp.isCancelled) {
            NSLog(@"Sum Operation is cancelled. %ld", weakSumOp.result);
        } else {
            NSLog(@"Sum Operation is finished. %ld", weakSumOp.result);
        }
    }];

    AvgOperation* avgOp = [[AvgOperation alloc]
        initWithData:self.dataList];
    avgOp.queuePriority = NSOperationQueuePriorityVeryLow;
    __weak AvgOperation* weakAvgOp = avgOp;
    [avgOp setCompletionBlock:^{
        if (weakAvgOp.isCancelled) {
            NSLog(@"Avg Operation is cancelled. %f", weakAvgOp.result);
        } else {
            NSLog(@"Avg Operation is finished. %f", weakAvgOp.result);
        }
    }];
    // Point 1
    [avgOp addDependency:sumOp];

    StringOperation* strOp = [[StringOperation alloc]
        initWithUrlString:@"https://www.apple.com"];
    avgOp.queuePriority = NSOperationQueuePriorityVeryLow;
    __weak StringOperation* weakStrOp = strOp;
    [strOp setCompletionBlock:^{
        if (weakStrOp.isCancelled) {
            NSLog(@"String Operation is cancelled.");
        } else {
            NSLog(@"String Operation is finished.");
        }
    }];
    [strOp addDependency:avgOp];

    NSBlockOperation* blockOp = [NSBlockOperation
        blockOperationWithBlock:^{
```

```objc
        int cnt = 0;
        while (cnt < 50) {
            NSLog(@"run Block Operation #%d", cnt);
            cnt += 1;

            [NSThread sleepForTimeInterval:0.2];
        }
    }];
    __weak NSBlockOperation* weakBlockOp = blockOp;
    [blockOp setCompletionBlock:^{
        if (weakBlockOp.isCancelled) {
            NSLog(@"Block Operation is cancelled.");
        } else {
            NSLog(@"Block Operation is finished.");
        }
    }];
    [blockOp addDependency:strOp];

    [self.opQueue addOperations:@[sumOp, avgOp, strOp, blockOp]
        waitUntilFinished:NO];

    NSBlockOperation* mainThreadOp = [NSBlockOperation
        blockOperationWithBlock:^{
        if ([NSThread isMainThread]) {
            int cnt = 0;
            while (cnt < 10) {
                NSLog(@"run Main Thread Operation #%d", cnt);
                cnt += 1;

                [NSThread sleepForTimeInterval:0.1];
            }
        }
    }];
    [mainThreadOp addDependency:blockOp];

    // Point 2
    [[NSOperationQueue mainQueue] addOperation:mainThreadOp];

    // Point 3
    NSBlockOperation* cancellableBlockOp = [[NSBlockOperation alloc] init];
    [cancellableBlockOp addExecutionBlock:^{
        if ([NSThread isMainThread]) {
            int cnt = 0;
            while (cnt < 10 && !cancellableBlockOp.isCancelled) {
                NSLog(@"run Cancellable Main Thread Operation #%d", cnt);
                cnt += 1;

                [NSThread sleepForTimeInterval:0.1];
            }
        }
    }];
```

```
        [cancellableBlockOp addDependency:mainThreadOp];

        [self.opQueue addOperation:cancellableBlockOp];
}
```

Swift 2.3
```
@IBAction func performSerialMode(_ sender: AnyObject) {
    if opQueue.operationCount > 0 {
        opQueue.cancelAllOperations()
    }

    let sumOp = SumOperation(dataList: dataList)
    sumOp.queuePriority = NSOperationQueuePriority.VeryHigh
    sumOp.completionBlock = { [weak sumOp] in
        if let sumOp = sumOp {
            if sumOp.cancelled {
                print("Sum Operation is cancelled. \(sumOp.result)")
            } else {
                print("Sum Operation is finished. \(sumOp.result)")
            }
        }
    }

    let avgOp = AvgOperation(dataList: dataList)
    avgOp.queuePriority = NSOperationQueuePriority.VeryLow
    avgOp.completionBlock = { [weak avgOp] in
        if let avgOp = avgOp {
            if avgOp.cancelled {
                print("Avg Operation is cancelled. \(avgOp.result)")
            } else {
                print("Avg Operation is finished. \(avgOp.result)")
            }
        }
    }
    // Point 1
    avgOp.addDependency(sumOp)

    let strOp = StringOperation(urlString: "https://www.apple.com")
    strOp.queuePriority = NSOperationQueuePriority.VeryLow
    strOp.completionBlock = { [weak strOp] in
        if let strOp = strOp {
            if strOp.cancelled {
                print("String Operation is cancelled.")
            } else {
                print("String Operation is finished.")
            }
        }
    }
```

```
        strOp.addDependency(avgOp)

        let blockOp = NSBlockOperation {
            var cnt = 0
            while cnt < 50 {
                print("run Block Operation #\(cnt)")
                cnt += 1

                NSThread.sleepForTimeInterval(0.2)
            }
        }
        blockOp.completionBlock = { [weak blockOp] in
            if let blockOp = blockOp {
                if blockOp.cancelled {
                    print("Block Operation is cancelled.")
                } else {
                    print("Block Operation is finished.")
                }
            }
        }
        blockOp.addDependency(strOp)

        opQueue.addOperations([sumOp, avgOp, strOp, blockOp],
            waitUntilFinished: false)

        let mainThreadOp = NSBlockOperation {
            if NSThread.isMainThread() {
                var cnt = 0
                while cnt < 10 {
                    print("run Main Thread Operation #\(cnt)")
                    cnt += 1

                    NSThread.sleepForTimeInterval(0.1)
                }
            }
        }
        mainThreadOp.addDependency(blockOp)

        // Point 2
        NSOperationQueue.mainQueue().addOperation(mainThreadOp)

        // Point 3
        let cancellableBlockOp = NSBlockOperation()
        cancellableBlockOp.addExecutionBlock { [weak cancellableBlockOp] in
            if let cancellableBlockOp = cancellableBlockOp {
                var cnt = 0
                while cnt < 10 && !cancellableBlockOp.cancelled {
                    print("run Cancellable Main Thread Operation #\(cnt)")
                    cnt += 1
```

```
                NSThread.sleepForTimeInterval(0.1)
            }
        }
    }
    cancellableBlockOp.addDependency(mainThreadOp)

    opQueue.addOperation(cancellableBlockOp)
}
```

Swift 3
```
@IBAction func performSerialMode(_ sender: AnyObject) {
    if opQueue.operationCount > 0 {
        opQueue.cancelAllOperations()
    }

    let sumOp = SumOperation(dataList: dataList)
    sumOp.queuePriority = Operation.QueuePriority.veryHigh
    sumOp.completionBlock = { [weak sumOp] in
        if let sumOp = sumOp {
            if sumOp.isCancelled {
                print("Sum Operation is cancelled. \(sumOp.result)")
            } else {
                print("Sum Operation is finished. \(sumOp.result)")
            }
        }
    }

    let avgOp = AvgOperation(dataList: dataList)
    avgOp.queuePriority = Operation.QueuePriority.veryLow
    avgOp.completionBlock = { [weak avgOp] in
        if let avgOp = avgOp {
            if avgOp.isCancelled {
                print("Avg Operation is cancelled. \(avgOp.result)")
            } else {
                print("Avg Operation is finished. \(avgOp.result)")
            }
        }
    }
    // Point 1
    avgOp.addDependency(sumOp)

    let strOp = StringOperation(urlString: "https://www.apple.com")
    strOp.queuePriority = Operation.QueuePriority.veryLow
    strOp.completionBlock = { [weak strOp] in
        if let strOp = strOp {
            if strOp.isCancelled {
                print("String Operation is cancelled.")
            } else {
```

```
                print("String Operation is finished.")
            }
        }
    }
    strOp.addDependency(avgOp)

    let blockOp = BlockOperation {
        var cnt = 0
        while cnt < 50 {
            print("run Block Operation #\(cnt)")
            cnt += 1

            Thread.sleep(forTimeInterval: 0.2)
        }
    }
    blockOp.completionBlock = { [weak blockOp] in
        if let blockOp = blockOp {
            if blockOp.isCancelled {
                print("Block Operation is cancelled.")
            } else {
                print("Block Operation is finished.")
            }
        }
    }
    blockOp.addDependency(strOp)

    opQueue.addOperations([sumOp, avgOp, strOp, blockOp],
        waitUntilFinished: false)

    let mainThreadOp = BlockOperation {
        if Thread.isMainThread {
            var cnt = 0
            while cnt < 10 {
                print("run Main Thread Operation #\(cnt)")
                cnt += 1

                Thread.sleep(forTimeInterval: 0.1)
            }
        }
    }
    mainThreadOp.addDependency(blockOp)

    // Point 2
    OperationQueue.main.addOperation(mainThreadOp)

    // Point 3
    let cancellableBlockOp = BlockOperation()
    cancellableBlockOp.addExecutionBlock { [weak cancellableBlockOp] in
        if let cancellableBlockOp = cancellableBlockOp {
            var cnt = 0
            while cnt < 10 && !cancellableBlockOp.isCancelled {
```

```
                    print("run Cancellable Main Thread Operation #\(cnt)")
                    cnt += 1

                    Thread.sleep(forTimeInterval: 0.1)
                }
            }
        }
        cancellableBlockOp.addDependency(mainThreadOp)

        opQueue.addOperation(cancellableBlockOp)
    }
```

[Point 1]

addDependency(_:) 메소드를 통해 Operation 사이에 종속성을 추가합니다. 리시버로 지정된 Operation은 파라미터로 전달된 Operation의 실행이 완료된 후 실행됩니다.

[Point 2]

Operation의 종속성은 Operation Queue에 관계없이 적용됩니다. 이 코드에서 mainThreadOp와 blockOp는 서로 다른 Operation Queue에 추가되지만 항상 blockOp가 실행된 후 mainThreadOp 가 실행됩니다.

[Point 3]

블록 방식으로 작업을 추가할 때 취소 매커니즘을 구현하는 코드를 보여줍니다. 블록을 추가하기 전에 Operation 인스턴스의 참조를 얻으면 서브클래싱 방식처럼 isCancelled 속성을 블록 내부에서 확인할 수 있습니다.

STEP 12

시뮬레이터에서 앱을 실행한 후 결과를 확인합니다.

Serial Operation 버튼을 클릭하면 지정된 종속성에 따라 Sum Operation -> Avg Operation -> String Operation -> Block Operation -> Main Thread Operation -> Cancellable Main Thread Operation 순으로 실행됩니다. Cancel All Operations 버튼을 클릭하면 Main Operation Queue에 추가된 mainThreadOp를 제외한 나머지 Operation이 취소됩니다. 한 가지 기억해야 할 점은 Ready 상태로 대기 중인 Operation을 취소하더라도 바로 Finished 상태로 전환되지 않는다는 것입니다. 모든 Operation은 반드시 Executing 상태를 거쳐 Finished 상태로 전환됩니다. 정상적으로 취소되는 Operation은 작업을 실행하기 전에 isCancelled 속성을 확인하기 때문에 작업을 취소한 경우 바로 Finished 상태로 전환될 수 있습니다. 하지만 mainThreadOp와 같이 블록 내에서 isCancelled 속성을 확인하지 않는 코드는 취소 여부에 관계없이 계속 실행됩니다.

Grand Central Dispatch

GCD는 iOS에서 스레드를 직접 다루지 않고 동시성 문제를 처리하는 핵심 기술로 다음과 같은 장점을 가지고 있습니다.

- 스레드 생성과 관리를 안정적으로 처리합니다.
- 스레드 풀을 통해 스레드를 재사용합니다.
- 직관적이고 단순한 API를 제공합니다.
- 어셈블리 최적화를 통해 빠른 성능을 제공합니다.
- 메모리를 효율적으로 사용합니다.
- 동기화 문제를 유연하게 처리합니다.

GCD에서 Task는 블록(또는 메소드)을 통해 캡슐화됩니다. Dispatch Queue에 블록을 추가하면 나머지 작업은 GCD가 자동으로 처리합니다. GCD는 사용 가능한 시스템 자원을 기반으로 동시에 처리할 수 있는 작업의 수를 관리합니다. CPU의 코어 수, 다른 앱이 실행하고 있는 작업의 수에 따라 앱이 실행할 수 있는 작업의 수가 동적으로 변경됩니다.

앞에서 NSLock 클래스를 통해 동기화를 구현하는 방법을 설명했습니다. GCD가 제공하는 Serial Dispatch Queue를 사용하면 큐 기반의 동기화를 쉽게 구현할 수 있습니다. 큐 기반의 동기화는 NSLock을 통한 동기화에 비해 효율적입니다.

GCD가 제공하는 API는 C 함수로 제공되기 때문에 Objective-C와 Swift에 어울리는 방식은 아닙니다. Swift 3은 C 함수로 제공되는 GCD API를 DispatchQueue, DispatchGroup, DispatchSemaphore, DispatchWorkItem 등 클래스와 구조체로 대체하였습니다. 이전 방식에 비해 더 간결하고 직관적인 API를 통해 GCD를 구현할 수 있습니다.

1. Dispatch Queue

Dispatch Queue는 작업을 관리하고 실행 순서를 제어합니다. Dispatch Queue는 FIFO 방식으로 구현되어 있기 때문에 기본적으로 먼저 추가된 작업이 먼저 실행됩니다. GCD는 세 가지 기본 Dispatch Queue를 제공하며 이들을 활용하면 대부분의 스레드 작업을 쉽게 처리할 수 있습니다. Dispatch Queue는 스레드에 안전하므로 다수에 스레드에서 동시에 접근할 수 있습니다. 앞에서 설명한 NSThread와 Operation은 Autorelease Pool을 직접 관리해야 하지만 Dispatch Queue는 Autorelease Pool을 자동으로 생성하고 관리해 줍니다.

1.1 Serial Dispatch Queue

Serial Dispatch Queue는 한 번에 하나의 작업을 실행합니다. 큐에 추가된 순서는 작업이 실행되는 순서와 동일합니다. 두 개 이상의 작업이 동시에 실행되지 않기 때문에 Lock의 대안으로 활용되기도 합니다.

Serial Dispatch Queue는 dispatch_queue_create() 함수를 통해 생성합니다. 첫 번째 파라미터의 큐의 이름으로 사용됩니다. 큐의 특성을 나타내는 이름을 지정하면 Instruments와 같은 프로파일링 툴에서 쉽게 식별할 수 있습니다. 두 번째 파라미터는 큐의 속성을 지정하는데 사용되며 DISPATCH_QUEUE_SERIAL을 전달하면 Serial Dispatch Queue가 생성됩니다.

Objective-C
```
dispatch_queue_t serialQueue = dispatch_queue_create("queue_name", DISPATCH_QUEUE_SERIAL);
```

Swift 2.3
```
let serialQueue = dispatch_queue_create("queue_name", DISPATCH_QUEUE_SERIAL)
```

Swift 3에서는 DispatchQueue 클래스를 통해 생성합니다.

Swift 3
```
let serialQueue = DispatchQueue(label: "queue_name")
```

1.2 Main Dispatch Queue

Main Dispatch Queue는 메인 스레드에서 작업을 실행하는 Serial Dispatch Queue로 앱 내에서 전역적으로 사용할 수 있습니다. Main Dispatch Queue는 직접 생성하지 않고 dispatch_get_main_queue() 함수를 통해 요청합니다.

Objective-C
```
dispatch_queue_t mainQueue = dispatch_get_main_queue();
```

Swift 2.3
```
let mainQueue = dispatch_get_main_queue()
```

Swift 3에서는 DispatchQueue 클래스의 main 속성을 통해 Main Dispatch Queue를 사용할 수 있습니다.

```
let mainQueue = DispatchQueue.main
```

1.3 Concurrent Dispatch Queue

Concurrent Dispatch Queue는 작업을 동시에 실행합니다. 작업의 시작 시점은 큐에 추가된 순서에 따라 정해지지만 종료 시점은 작업의 내용에 따라 달라집니다. 모든 네 개의 기본 Concurrent Dispatch Queue를 자동으로 생성합니다. 이런 큐를 특별히 Global Queue라고 부릅니다. Global Queue의 우선순위는 High, Default, Low, Background로 구분되고 dispatch_get_global_queue() 함수를 통해 Global Queue를 요청할 때 전달합니다.

Objective-C

```
dispatch_queue_t globalQueue = dispatch_get_global_queue(DISPATCH_QUEUE_
PRIORITY_HIGH, 0)
```

Swift 2.3

```
let globalQueue = dispatch_get_global_queue(DISPATCH_QUEUE_PRIORITY_HIGH, 0)
```

Swift 3에서는 global(priority:) 메소드를 통해 Global Queue를 요청합니다.

Swift 3

```
let globalQueue = DispatchQueue.global(priority: DispatchQueue.
GlobalQueuePriority.high)
```

첫 번째 파라미터는 요청할 Global Queue의 우선순위를 지정합니다. 우선순위는 다음과 같은 상수와 열거형을 통해 지정합니다. dispatch_get_global_queue() 함수의 두 번째 파라미터는 예약된 파라미터로 항상 0을 전달합니다.

Objective-C & Swift 2.3	Swift 3
DISPATCH_QUEUE_PRIORITY_HIGH	DispatchQueue.GlobalQueuePriority.high
DISPATCH_QUEUE_PRIORITY_DEFAULT	DispatchQueue.GlobalQueuePriority.default
DISPATCH_QUEUE_PRIORITY_LOW	DispatchQueue.GlobalQueuePriority.low
DISPATCH_QUEUE_PRIORITY_BACKGROUND	DispatchQueue.GlobalQueuePriority.background

Concurrent Dispatch Queue를 직접 생성할 때는 dispatch_queue_create() 함수로 DISPATCH_QUEUE_CONCURRENT를 전달합니다.

Objective-C

```
dispatch_queue_t concurrentQueue = dispatch_queue_create("queue_name",
DISPATCH_QUEUE_CONCURRENT);
```

Swift 2.3
```
let concurrentQueue = dispatch_queue_create("queue_name", DISPATCH_QUEUE_
CONCURRENT)
```

Swift 3에서는 DispatchQueue 클래스의 생성자에 .concurrent 옵션을 전달하면 Concurrent Dispatch Queue를 생성할 수 있습니다.

Swift 3
```
let concurrentQueue = DispatchQueue(label: "queuename", attributes:
.concurrent)
```

1.4 Quality of Service

iOS 8부터 앞에서 설명한 우선순위는 QoS로 대체되었습니다

Objective-C
```
dispatch_queue_attr_t qosAttribute = dispatch_queue_attr_make_with_qos_
class(DISPATCH_QUEUE_CONCURRENT, QOS_CLASS_USER_INITIATED, 0);
dispatch_queue_t qosQueue = dispatch_queue_create("queue_name",
qosAttribute);
```

Swift 2.3
```
let qosAttribute = dispatch_queue_attr_make_with_qos_class(DISPATCH_QUEUE_
CONCURRENT, QOS_CLASS_USER_INITIATED, 0)
let qosQueue = dispatch_queue_create("queue_name", qosAttribute)
```

Swift 3
```
let qosQueue = DispatchQueue(label: "queue_name", qos: DispatchQoS.
userInitiated, attributes: DispatchQueue.Attributes.concurrent)
```

Global Queue의 네 가지 우선순위는 다음과 같이 QoS와 맵핑됩니다. Main Dispatch Queue의 QoS는 User Interactive로 설정됩니다.

Global Queue 우선순위	QoS
DISPATCH_QUEUE_PRIORITY_HIGH	User Initiated
DISPATCH_QUEUE_PRIORITY_DEFAULT	Default
DISPATCH_QUEUE_PRIORITY_LOW	Utility
DISPATCH_QUEUE_PRIORITY_BACKGROUND	Background

예를 들어 High 우선순위를 가진 Global Queue는 iOS 8부터 User Initiated QoS를 지정해서 얻을 수 있습니다.

Objective-C
```
dispatch_queue_t userInitiatedQueue = dispatch_get_global_queue(QOS_CLASS_
USER_INITIATED, 0);
```

Swift 2.3
```
let userInitiatedQueue = dispatch_get_global_queue(QOS_CLASS_USER_INITIATED,
0)
```

Swift 3
```
let userInitiatedQueue = DispatchQueue.global(qos: DispatchQoS.QoSClass.
userInitiated)
```

Dispatch Queue의 QoS는 dispatch_queue_get_qos_class() 함수를 통해 얻을 수 있습니다. 이 함수는 QoS를 dispatch_qos_class_t 형식으로 리턴합니다. Swift 3에서는 DispatchQueue 클래스의 qos 속성을 통해 얻을 수 있고 DispatchQoS 형식으로 리턴합니다.

Objective-C
```
dispatch_qos_class_t qosClass = dispatch_queue_get_qos_class(globalQueue,
NULL);
```

Swift 2.3
```
let qosClass = dispatch_queue_get_qos_class(globalQueue, nil)
```

Swift 3
```
let qosClass = globalQueue.qos
```

스레드의 QoS를 확인할 때는 qos_class_self() 함수와 qos_class_main() 함수를 호출합니다. qos_class_self() 함수는 현재 스레드의 QoS를 리턴하고 qos_class_main() 함수는 메인 스레드의 QoS를 리턴합니다.

Objective-C
```
qos_class_t mainThreadQoS = qos_class_main();
qos_class_t currentThreadQoS = qos_class_self();
```

Swift
```
let mainThreadQoS = qos_class_main()
let currentThreadQoS = qos_class_self()
```

1.5 dispatch_async, dispatch_sync

작업을 실행하기 위해서는 Dispatch Queue에 작업을 추가해야 합니다. 작업은 동기 방식과 비동기 방식으로 추가할 수 있습니다. 작업을 추가한 이후에 모든 작업은 Dispatch Queue가 담당합니다.

dispatch_sync() 함수는 작업을 동기 방식으로 추가합니다. 첫 번째 파라미터는 작업을 추가할 Dispatch Queue이고 두 번째 파라미터는 백그라운드에서 실행할 작업을 구현한 블록입니다. Swift 3에서는 DispatchQueue 클래스가 제공하는 sync(_:) 메소드를 사용합니다.

Objective-C
```
dispatch_async(Dispatch Queue 인스턴스, ^{ Background Task });
```

Swift 2.3
```
dispatch_sync(Dispatch Queue 인스턴스) { Background Task }
```

Swift 3
```
DispatchQueue 인스턴스.sync { Background Task }
```

dispatch_async() 함수는 작업을 비동기 방식으로 추가합니다. 파라미터의 역할은 dispatch_sync() 함수와 동일합니다.

Objective-C
```
dispatch_async(Dispatch Queue 인스턴스, ^{ Background Task });
```

Swift 2.3
```
dispatch_async(Dispatch Queue 인스턴스) { Background Task }
```

Swift 3
```
DispatchQueue 인스턴스.async { Background Task }
```

두 함수의 가장 큰 차이점은 스레드 블로킹 여부입니다. 동기 방식은 큐에 추가한 작업이 완료될 때까지 현재 스레드를 중지합니다. 반대로 비동기 방식은 큐에 작업을 추가한 후 이어지는 코드를 바로 실행합니다. 두 방식에 따른 실행 결과를 조금 후 예제를 통해 상세히 설명합니다.

GCD를 사용할 때 가장 자주 사용하는 패턴은 백그라운드에서 작업을 실행한 후 UI를 업데이트하는 패턴과 메소드 내부에서 백그라운드 작업을 실행한 후 파라미터로 전달된 완료 블록을 호출하는 패턴입니다. 첫 번째 패턴은 다음과 같은 구조의 코드로 구현합니다.

Objective-C
```
dispatch_queue_t globalQueue = dispatch_get_global_queue(DISPATCH_QUEUE_
PRIORITY_HIGH, 0);
dispatch_async(globalQueue, ^{
    Background Task
```

```
        dispatch_async(dispatch_get_main_queue(), ^{
            UI Update Task
        });
    });
});
```

Swift 2.3
```
let globalQueue = dispatch_get_global_queue(DISPATCH_QUEUE_PRIORITY_HIGH, 0)
dispatch_async(globalQueue) {
    Background Task

    dispatch_async(dispatch_get_main_queue(), {
        UI Update Task
    })
}
```

Swift 3
```
DispatchQueue.global().async {
    Background Task

    DispatchQueue.main.async {
        UI Update Task
    }
}
```

두 번째 패턴은 완료 블록을 파라미터로 전달 받은 후 블록 내부에서 호출합니다.

Objective-C
```
typedef void (^CompletionBlock)(void);

- (void)doSomethingWithCompletion:(CompletionBlock)completion {
    dispatch_queue_t globalQueue = dispatch_get_global_queue(DISPATCH_QUEUE_
        PRIORITY_HIGH, 0);
    dispatch_async(globalQueue, ^{
        Background Task

        completion();
    });
}
```

Swift 2.3
```
func doSomething(completion: ()->()) {
    let globalQueue = dispatch_get_global_queue(DISPATCH_QUEUE_PRIORITY_
        HIGH, 0)
    dispatch_async(globalQueue) {
        Background Task
```

```
                completion()
            }
        }
```

Swift 3
```swift
func doSomething(completion: @escaping ()->()) {
    DispatchQueue.global().async {
        Background Task

        completion()
    }
}
```

이렇게 구현된 메소드는 다음과 같이 호출할 수 있습니다. 메소드에서 실행하는 블록의 실행이 완료되면 파라미터로 전달한 완료 블록이 호출됩니다.

Objective-C
```objc
[self doSomethingWithCompletion:^{
    Completion Block
}];
```

Swift
```swift
doSomething {
    Completion Block
}
```

1.6 dispatch_apply

dispatch_apply() 함수는 세 번째 파라미터로 전달된 블록을 지정된 횟수만큼 Dispatch Queue에 추가합니다. 이 함수는 코드의 열거 성능을 높이는데 주로 활용됩니다. Serial Dispatch Queue를 작업을 추가할 큐로 전달할 경우 성능 향상을 기대할 수 없으므로 대부분 Concurrent Dispatch Queue를 전달합니다. 이 함수는 큐에 추가된 모든 작업이 완료될 때까지 대기합니다. 그리고 GCD는 블록을 실행할 때마다 반복 상수를 파라미터로 전달합니다. 예를 들어 반복 횟수로 3을 전달하면 0, 1, 2가 반복 상수로 전달됩니다. 하지만 반복 상수가 전달되는 순서는 실제 실행 순선에 따라 달라질 수 있습니다.

Objective-C
```objc
dispatch_apply(반복 횟수, 작업을 추가할 큐, ^(size_t 반복 상수) {
    Background Task
});
```

```
Swift 2.3
dispatch_apply(반복 횟수, 작업을 추가할 큐) { (반복 상수) in
    Background Task
}
```

Swift 3에서 dispatch_appley() 함수는 DispatchQueue 클래스가 제공하는 concurrentPerform(iterations:execute:) 메소드로 대체되었습니다.

```
Swift 3
DispatchQueue.concurrentPerform(iterations: 반복 횟수) { (반복 상수) in
    Background Task
}
```

1.7 dispatch_after

작업을 지정된 시간만큼 지연시킨 후 실행시켜야 한다면 dispatch_after() 함수를 활용할 수 있습니다. 지연 시간은 dispatch_time() 함수를 통해 dispatch_time_t 형식으로 생성합니다.

```
Objective-C
dispatch_time_t delay = dispatch_time(DISPATCH_TIME_NOW, (int64_t)(지연 시간(
초) * NSEC_PER_SEC));
dispatch_after(delay, 작업을 추가할 큐, ^{
    Task
});
```

```
Swift 2.3
let delay = dispatch_time(DISPATCH_TIME_NOW, Int64(지연 시간(초) * NSEC_PER_
SEC))
dispatch_after(delay, 작업을 추가할 큐) {
    Task
}
```

Swift 3은 DispatchTime 형식으로 지연 시간을 설정하고 DispatchQueue 클래스가 제공하는 asyncAfter(deadline:qos:flags:execute:) 메소드를 사용합니다. qos, flags 파라미터는 필요에 따라 생략할 수 있습니다.

```
Swift 3
let delay = DispatchTime.now() + 지연 시간(초)
DispatchQueue.global().asyncAfter(deadline: delay) {
    Task
}
```

1.8 dispatch_suspend, dispatch_resume

dispatch_suspend() 함수와 dispatch_resume() 함수는 Dispatch Queue의 동작을 일시중지 하거나 다시 시작할 때 사용합니다. Dispatch Queue는 내부적으로 Suspension Reference Count를 유지하고 이 값이 0보다 큰 경우 추가된 작업을 실행하지 않습니다. dispatch_suspend() 함수는 호출될 때마다 Suspension Reference Count를 1씩 증가시키므로 중지된 Dispatch Queue를 다시 실행하려면 dispatch_suspend() 함수를 호출한 횟수만큼 dispatch_resume() 함수를 호출해야 합니다. 그리고 이미 실행중인 작업은 중지되지 않는다는 것과 Dispatch Queue와 연관된 스레드의 실행을 중지하는 것은 아니라는 것을 기억해 두어야 합니다.

```
Objective-C
dispatch_suspend(Dispatch Queue);
dispatch_resume(Dispatch Queue);
```

```
Swift 2.3
dispatch_suspend(Dispatch Queue)
dispatch_resume(Dispatch Queue)
```

Swift 3에서는 DispatchQueue 클래스가 제공하는 suspend(), resume() 메소드를 사용합니다.

```
Swift 3
DispatchQueue 인스턴스.suspend()
DispatchQueue 인스턴스.resume()
```

2. Dispatch Group

Dispatch Group는 Dispatch Queue에 추가된 작업을 가상의 그룹으로 관리합니다. 하나의 그룹에 포함될 수 있는 작업은 동일한 Dispatch Queue에 추가된 작업으로 제한되지 않습니다. 그래서 서로 다른 Dispatch Queue에 추가된 작업을 하나의 그룹으로 묶을 수 있습니다. 그룹은 작은 작업이 모든 하나의 큰 작업으로 생각할 수 있습니다. 그래서 그룹에 포함된 모든 작업의 실행이 완료되는 시점이 그룹의 실행이 완료된 시점이 됩니다.

Dispatch Group는 Objective-C와 Swift 2.3에서 dispatch_group_t 형식으로 dispatch_group_create() 함수를 통해 생성합니다. Swift 3에서 DispatchGroup 클래스로 대체되었습니다.

```
Objective-C
dispatch_group_t taskGroup = dispatch_group_create();
```

```
Swift 2.3
let taskGroup = dispatch_group_create()
```

```
Swift 3
let taskGroup = DispatchGroup()
```

작업을 그룹에 추가할 때는 dispatch_group_async() 함수를 사용합니다. 이 함수는 작업을 Dispatch Queue에 추가할 때 지정된 그룹과 작업을 연결합니다.

```
Objective-C
dispatch_group_async(Dispatch Group, Dispatch Queue, ^{
    Task
});
```

```
Swift 2.3
dispatch_group_async(Dispatch Group, Dispatch Queue) {
    Task
}
```

```
Swift 3
DispatchQueue 인스턴스.async(group: Dispatch Group) {
    Task
}
```

dispatch_group_async() 함수는 비동기 방식으로 작업을 추가한 후 코드를 계속 실행합니다. 만약 그룹에 포함된 모든 작업이 완료될 때까지 기다려야 한다면 dispatch_group_wait() 함수를 사용합니다. 이 함수의 첫 번째 파라미터는 작업 완료를 기다릴 그룹이고 두 번째 파라미터는 최대 대기 시간입니다. 대기 시간은 일반적으로 DISPATCH_TIME_FOREVER 상수로 지정합니다. 이름에서 유추할 수 있듯이 모든 작업이 완료될 때까지 무한정 대기합니다. 최대 대기 시간을 한정하려면 dispatch_time_t 형식으로 만료 시간을 전달합니다. dispatch_group_wait() 함수는 그룹에 포함된 모든 작업이 완료된 후 0을 리턴하고 이어지는 코드를 실행합니다. 만약 지정된 만료 시간이 경과하거나 오류가 발생한 경우 0이 아닌 값을 리턴합니다. 이 값을 통해 대기 결과를 확인할 수 있습니다.

```
Objective-C
long result = dispatch_group_wait(Dispatch Group, 만료 시간);
if (result == 0) {
    // Success
} else {
    // Error or Timeout
}
```

```
Swift 2.3
let result = dispatch_group_wait(Dispatch Group, 만료 시간)
if result == 0 {
    // Success
} else {
    // Error or Timeout
}
```

Swift 3은 DispatchGroup 클래스가 제공하는 메소드를 사용합니다. wait() 메소드는 dispatch_group_wait() 함수로 DISPATCH_TIME_FOREVER 상수를 전달한 것과 동일합니다. 유한한 만료 시간을 지정할 때는 wait(timeout:) 메소드를 호출합니다. wait(timeout:) 메소드는 대기 결과를 DispatchTimeoutResult 열거형으로 리턴합니다.

```
Swift 3
DispatchGroup 인스턴스.wait()

let result = DispatchGroup 인스턴스.wait(timeout: 만료 시간)
switch result {
case .success:
    // Success
case .timedOut:
    // Timed Out
}
```

dispatch_group_wait() 함수와 wait(), wait(timeout:) 메소드는 현재 스레드의 실행을 일시 중지합니다. 스레드가 계속해서 다른 코드를 실행해야 한다면 dispatch_group_notify() 함수를 활용할 수 있습니다. 이 함수는 대상 그룹에 포함된 모든 작업이 완료되었을 때 실행할 작업을 블록으로 지정하고 원하는 큐에 추가할 수 있습니다.

```
Objective-C
dispatch_group_notify(Dispatch Group, Dispatch Queue, ^{
    Task
});
```

```
Swift 2.3
dispatch_group_notify(Dispatch Group, Dispatch Queue) {
    Task
}
```

Swift 3에서 dispatch_group_notify() 함수는 DispatchGroup 클래스가 제공하는 notify(queue: execute:) 메소드로 대체되었습니다.

```
Swift 3
DispatchGroup 인스턴스.notify(queue: Dispatch Queue) {
    Task
}
```

3. Dispatch Semaphore

GCD는 스레드가 제공하는 전통적인 세마포어에 비해 효율적인 세마포어를 제공합니다. GCD는 세마포어를 사용할 때 커널에 직접 접근해야 하는 횟수를 줄여주므로 성능 향상을 기대할 수 있습니다.

Objective-C와 Swift 2.3에서 세마포어를 생성할 때는 dispatch_semaphore_create() 함수를 사용합니다. 이 함수를 호출할 때는 세마포어를 통해 동기화하는 리소스에 접근할 수 있는 최대 작업의 수를 파라미터로 전달합니다. 이 값은 세마포어 내부에서 카운트 변수로 관리됩니다. Swift 3에서는 DispatchSemaphore 클래스를 통해 세마포어를 구현합니다.

Objective-C
```
dispatch_semaphore_t countingSemaphore = dispatch_semaphore_create(최대 작업 수);
```

Swift 2.3
```
let countingSemaphore = dispatch_semaphore_create(최대 작업 수)
```

Swift 3
```
let countingSemaphore = DispatchSemaphore(value: 최대 작업 수)
```

세마포어를 통해 동기화된 리소스에 접근하려면 먼저 dispatch_semaphore_wait() 함수를 호출하여 가용성을 확인해야 합니다. 이 함수는 세마포어가 관리하고 있는 카운트 변수의 값이 0보다 큰 경우 값을 1 감소시키고 리턴합니다. 만약 카운트 변수의 값이 0이라면 다른 작업이 dispatch_semaphore_signal() 함수를 호출하여 카운트 변수의 값을 0보다 큰 값으로 증가시킬 때까지 현재 스레드의 실행을 중지합니다. 그래서 dispatch_semaphore_wait() 함수를 호출하여 작업을 실행한 후 dispatch_semaphore_signal() 함수를 호출하는 것이 매우 중요합니다. dispatch_semaphore_signal() 함수를 호출하지 않을 경우 스레드가 무한정 대기하는 오류가 발생할 수 있습니다.

세마포어를 통해 동기화된 리소스에 접근하는 코드는 대부분 다음과 같은 패턴으로 구현합니다.

Objective-C
```
dispatch_semaphore_wait(세마포어, 만료 시간);
Critical Section
dispatch_semaphore_signal(세마포어);
```

Swift 2.3
```
dispatch_semaphore_wait(세마포어, 만료 시간)
Critical Section
dispatch_semaphore_signal(세마포어)
```

Swift 3에서 두 함수는 각각 DispatchSemaphore 클래스가 제공하는 메소드로 대체되었습니다.

> **Swift 3**
> 세마포어 인스턴스.wait()
> `Critical Section`
> 세마포어 인스턴스.signal(

4. GCD Sample

지금까지 공부한 내용을 토대로 예제를 만들어 보겠습니다.

STEP **01**

새로운 iOS Single View Application을 생성합니다.

STEP **02**

ViewController 클래스 파일을 연 후 샘플에서 사용되는 블록의 자료형을 쉽게 지정할 수 있도록 typedef, typealias 명령문을 통해 블록에 새로운 이름을 부여하는 코드를 추가합니다.

> **Objective-C**
> ```
> typedef void (^SimpleBlock)(void);
> typedef void (^ResultCompletionBlock)(int result);
> ```

> **Swift 2.3**
> ```
> typealias SimpleBlock = ()->()
> typealias ResultCompletionBlock = (Int)->()
> ```

Swift 3의 경우 새로운 DispatchWorkItem 클래스로 작업을 캡슐화할 예정이므로 이 단계를 생략합니다.

STEP **03**

샘플에서 반복적으로 사용되는 세 개의 작업을 속성으로 선언합니다.

> **Objective-C**
> ```
> @property (copy, nonatomic) SimpleBlock task1;
> @property (copy, nonatomic) SimpleBlock task2;
> @property (copy, nonatomic) SimpleBlock task3;
> ```

> **Swift 2.3**
> ```
> let task1: SimpleBlock = {
>     print("start Task #1")
> ```

```
        for index in 0..<3 {
            print("run Task #1")
            NSThread.sleepForTimeInterval(0.3)
        }

        print("end Task #1")
    }

    let task2: SimpleBlock = {
        print("start Task #2")

        for index in 0..<3 {
            print("run Task #2")
            NSThread.sleepForTimeInterval(0.3)
        }

        print("end Task #2")
    }

    let task3: SimpleBlock = {
        print("start Task #3")

        for index in 0..<10 {
            print("run Task #3")
            NSThread.sleepForTimeInterval(0.3)
        }

        print("end Task #3")
    }
```

Swift 3은 새로 도입된 DispatchWorkItem 클래스를 통해 작업을 캡슐화합니다.

```
Swift 3
var task1: DispatchWorkItem = {
    let item = DispatchWorkItem(block: {
        print("start Task #1")

        for index in 0..<3 {
            print("run Task #1")
            Thread.sleep(forTimeInterval: 0.3)
        }

        print("end Task #1")
    })

    return item
}()
```

```
var task2: DispatchWorkItem = {
    let item = DispatchWorkItem(block: {
        print("start Task #2")

        for index in 0..<3 {
            print("run Task #2")
            Thread.sleep(forTimeInterval: 0.3)
        }

        print("end Task #2")
    })

    return item
}()

var task3: DispatchWorkItem = {
    let item = DispatchWorkItem(block: {
        print("start Task #3")

        for index in 0..<10 {
            print("run Task #3")
            Thread.sleep(forTimeInterval: 0.3)
        }

        print("end Task #3")
    })

    return item
}()
```

task1, test2 속성에 할당된 작업은 0.3초 주기로 3회 반복하면서 로그를 출력합니다. task3 속성에 할당된 작업은 0.3초 주기로 10회 반복하면서 로그를 출력합니다.

STEP 04

viewDidLoad() 메소드에서 STEP 03에서 선언한 속성을 블록으로 초기화 합니다.

Swift의 경우 이전 단계에서 이미 초기화를 완료했기 때문에 이 단계를 생략합니다.

Objective-C
```
- (void)viewDidLoad {
    [super viewDidLoad];

    self.task1 = ^{
        NSLog(@"start Task #1");
```

```
            for (int i = 0; i < 3; i++) {
                NSLog(@"run Task #1");
                [NSThread sleepForTimeInterval:0.3];
            }

            NSLog(@"end Task #1");
        };

    self.task2 = ^{
        NSLog(@"start Task #2");

            for (int i = 0; i < 3; i++) {
                NSLog(@"run Task #2");
                [NSThread sleepForTimeInterval:0.3];
            }

            NSLog(@"end Task #2");
        };

    self.task3 = ^{
        NSLog(@"start Task #3");

            for (int i = 0; i < 10; i++) {
                NSLog(@"run Task #3");
                [NSThread sleepForTimeInterval:0.3];
            }

            NSLog(@"end Task #3");
        };
    }
```

STEP 05

View Controller Scene에 새로운 Button을 추가한 후 제목을 Submit Task Synchronously to Serial Queue로 변경합니다.

STEP 06

STEP 05에서 추가한 버튼을 submitTaskSynchronouslyToSerialQueue(_:) 메소드와 Action으로 연결한 후 아래와 같이 구현합니다.

이 메소드는 Serial Dispatch Queue를 생성한 후 dispatch_sync() 함수를 통해 두 개의 작업을 추가합니다. 각 작업의 순서를 파악할 수 있도록 작업 추가 전후에 로그를 출력합니다.

Objective-C
```
- (IBAction)submitTaskSynchronouslyToSerialQueue:(id)sender {
```

```
    dispatch_queue_t taskQueue = dispatch_queue_create("serial_queue",
        DISPATCH_QUEUE_SERIAL);

    NSLog(@"before submit Task #1");
    dispatch_sync(taskQueue, self.task1);
    NSLog(@"after submit Task #1");

    NSLog(@"before submit Task #2");
    dispatch_sync(taskQueue, self.task2);
    NSLog(@"after submit Task #2");
}
```

Swift 2.3
```
@IBAction func submitTaskSynchronouslyToSerialQueue(_ sender: AnyObject) {
    let taskQueue = dispatch_queue_create("serial_queue",
        DISPATCH_QUEUE_SERIAL)

    print("before submit Task #1")
    dispatch_sync(taskQueue, task1)
    print("after submit Task #1");

    print("before submit Task #2")
    dispatch_sync(taskQueue, task2)
    print("after submit Task #2");
}
```

Swift 3은 DispatchQueue 클래스를 통해 Dispatch Queue를 생성하고 이 클래스가 제공하는 sync(execute:) 메소드를 통해 작업을 추가합니다.

Swift 3
```
@IBAction func submitTaskSynchronouslyToSerialQueue(_ sender: AnyObject) {
    let taskQueue = DispatchQueue(label: "serial_queue")

    print("before submit Task #1")
    taskQueue.sync(execute: task1)
    print("after submit Task #1")

    print("before submit Task #2")
    taskQueue.sync(execute: task2)
    print("after submit Task #2")
}
```

STEP 07

View Controller Scene에 새로운 Button을 추가한 후 제목을 Submit Task Synchronously to Concurrent Queue 로 변경합니다.

STEP 07에서 추가한 버튼을 submitTaskSynchronouslyToConcurrentQueue(_:) 메소드와 Action으로 연결한 후 아래와 같이 구현합니다.

이 메소드는 Concurrent Dispatch Queue를 생성한 후 dispatch_sync() 함수를 통해 두 개의 작업을 추가합니다. 각 작업의 순서를 파악할 수 있도록 작업 추가 전후에 로그를 출력합니다.

```objectivec
Objective-C
- (IBAction)submitTaskSynchronouslyToConcurrentQueue:(id)sender {
    dispatch_queue_t taskQueue = dispatch_queue_create("concurrent_queue",
        DISPATCH_QUEUE_CONCURRENT);

    NSLog(@"before submit Task #1");
    dispatch_sync(taskQueue, self.task1);
    NSLog(@"after submit Task #1");

    NSLog(@"before submit Task #2");
    dispatch_sync(taskQueue, self.task2);
    NSLog(@"after submit Task #2");
}
```

```swift
Swift 2.3
@IBAction func submitTaskSynchronouslyToConcurrentQueue(_ sender:AnyObject)
{
    let taskQueue = dispatch_queue_create("concurrent_queue",
        DISPATCH_QUEUE_CONCURRENT)

    print("before submit Task #1")
    dispatch_sync(taskQueue, task1)
    print("after submit Task #1");

    print("before submit Task #2")
    dispatch_sync(taskQueue, task2)
    print("after submit Task #2");
}
```

Swift 3은 DispatchQueue 클래스를 통해 Dispatch Queue를 생성하고 이 클래스가 제공하는 sync(execute:) 메소드를 통해 작업을 추가합니다. 생성자의 attributes 파라미터로 .concurrent 옵션을 전달하면 Concurrent Dispatch Queue가 생성됩니다.

```swift
Swift 3
@IBAction func submitTaskSynchronouslyToConcurrentQueue(_ sender:AnyObject)
{
    let taskQueue = DispatchQueue(label: "concurrent_queue",
```

```
                    attributes: .concurrent)

        print("before submit Task #1")
        taskQueue.sync(execute: task1)
        print("after submit Task #1")

        print("before submit Task #2")
        taskQueue.sync(execute: task2)
        print("after submit Task #2")
    }
```

STEP 09

시뮬레이터에서 앱을 실행한 후 결과를 확인합니다.

Submit Task Synchronously to Serial Queue 버튼을 클릭하면 다음과 같은 로그가 출력됩니다.

```
before submit Task #1
start Task #1
run Task #1
run Task #1
run Task #1
end Task #1
after submit Task #1
before submit Task #2
start Task #1
run Task #2
run Task #2
run Task #2
end Task #2
after submit Task #2
```

dispatch_sync() 함수(Objective-C, Swift 2.3)와 sync(execute:) 메소드(Swift 3)는 큐에 추가한 작업이 완료될 때까지 대기합니다. 그래서 task1에 할당된 작업이 완료된 후 task2에 할당된 작업이 큐에 추가되고, 이어서 Dispatch Queue가 이 작업을 실행합니다. 로그를 보면 end Task #1이 출력된 후 after submit Task #1과 before submit Task #2, start Task #2가 연달아 출력되는 것을 확인할 수 있습니다.

Submit Task Synchronously to Concurrent Queue 버튼을 클릭하면 이전과 동일한 로그가 출력됩니다.

```
before submit Task #1
start Task #1
run Task #1
run Task #1
run Task #1
```

```
end Task #1
after submit Task #1
before submit Task #2
start Task #1
run Task #2
run Task #2
run Task #2
end Task #2
after submit Task #2
```

Concurrent Queue는 동시에 여러 개의 작업을 실행할 수 있지만 dispatch_sync() 함수와 sync (execute:) 메소드가 하나의 작업이 완료된 후 다른 작업을 큐에 추가하기 때문에 작업이 순서대로 실행됩니다.

이번에는 dispatch_async() 함수와 async(execute:) 메소드로 작업을 추가할 때 결과가 어떻게 되는지 확인해 보겠습니다.

STEP **10**

새로운 Button을 추가한 후 제목을 Submit Task Asynchronously to Serial Queue로 변경합니다.

STEP **11**

STEP 10에서 추가한 버튼과 submitTaskAsynchronouslyToSerialQueue(_:) 메소드를 Action으로 연결한 후 아래와 같이 구현합니다.

Objective-C

```objectivec
- (IBAction)submitTaskAsynchronouslyToSerialQueue:(id)sender {
    dispatch_queue_t taskQueue = dispatch_queue_create("serial_queue",
        DISPATCH_QUEUE_SERIAL);

    NSLog(@"before submit Task #1");
    dispatch_async(taskQueue, self.task1);
    NSLog(@"after submit Task #1");

    NSLog(@"before submit Task #2");
    dispatch_async(taskQueue, self.task2);
    NSLog(@"after submit Task #2");
}
```

Swift 2.3

```swift
@IBAction func submitTaskAsynchronouslyToSerialQueue(_ sender: AnyObject) {
    let taskQueue = dispatch_queue_create("serial_queue",
        DISPATCH_QUEUE_SERIAL)
```

```
    print("before submit Task #1")
    dispatch_async(taskQueue, task1)
    print("after submit Task #1");

    print("before submit Task #2")
    dispatch_async(taskQueue, task2)
    print("after submit Task #2");
}
```

Swift 3

```swift
@IBAction func submitTaskAsynchronouslyToSerialQueue(_ sender: AnyObject) {
    let taskQueue = DispatchQueue(label: "serial_queue")

    print("before submit Task #1")
    taskQueue.async(execute: task1)
    print("after submit Task #1")

    print("before submit Task #2")
    taskQueue.async(execute: task2)
    print("after submit Task #2")
}
```

STEP **12**

새로운 Button을 추가한 후 제목을 Submit Task Asynchronously to Concurrent Queue로 변경합니다.

STEP **13**

STEP 12에서 추가한 버튼과 메소드를 Action으로 연결한 후 아래와 같이 구현합니다.

Objective-C

```objectivec
- (IBAction)submitTaskAynchronouslyToConcurrentQueue:(id)sender {
    dispatch_queue_t taskQueue = dispatch_queue_create("concurrent_queue",
        DISPATCH_QUEUE_CONCURRENT);

    NSLog(@"before submit Task #1");
    dispatch_async(taskQueue, self.task1);
    NSLog(@"after submit Task #1");

    NSLog(@"before submit Task #2");
    dispatch_async(taskQueue, self.task2);
    NSLog(@"after submit Task #2");
}
```

Swift 2.3

```swift
@IBAction func submitTaskAsynchronouslyToConcurrentQueue(_ sender:
    AnyObject) {
    let taskQueue = dispatch_queue_create("concurrent_queue",
        DISPATCH_QUEUE_CONCURRENT)

    print("before submit Task #1")
    dispatch_async(taskQueue, task1)
    print("after submit Task #1");

    print("before submit Task #2")
    dispatch_async(taskQueue, task2)
    print("after submit Task #2");
}
```

Swift 3

```swift
@IBAction func submitTaskAsynchronouslyToConcurrentQueue(_ sender:
    AnyObject) {
    let taskQueue = DispatchQueue(label: "concurrent_queue",
        attributes: .concurrent)

    print("before submit Task #1")
    taskQueue.async(execute: task1)
    print("after submit Task #1")

    print("before submit Task #2")
    taskQueue.async(execute: task2)
    print("after submit Task #2")
}
```

STEP 14

시뮬레이터에서 앱을 실행한 후 결과를 확인합니다.

Submit Task Asynchronously to Serial Queue 버튼을 클릭하면 다음과 같이 로그가 출력됩니다.

```
before submit Task #1
after submit Task #1
start Task #1
before submit Task #2
run Task #1
after submit Task #2
run Task #1
run Task #1
end Task #1
start Task #2
```

```
run Task #2
run Task #2
run Task #2
end Task #2
```

실제로 출력되는 로그는 책에 표시된 로그와 조금 다를 수 있지만 항상 다음과 같은 순서를 유지합니다.

• dispatch_async() 함수(Objective-C, Swift 2.3)와 async(execute:) 메소드(Swift 3)는 작업을 추가한 후 작업이 완료될 때가지 대기하지 않고 이어지는 코드를 바로 실행하기 때문에 before submit 로그가 출력된 후 after submit 로그가 바로 출력됩니다.

• after submit Task #n 로그는 end Task #n 로그가 출력되기 전에 호출됩니다.

task2는 task1이 Serial Queue에 추가된 후 바로 이어서 추가됩니다. Serial Queue는 작업을 추가된 순서대로 하나씩 처리하므로 예제와 같이 두 개의 작업을 연달아 추가하더라도 하나씩 순서대로 처리합니다. 그래서 task1이 완료된 후 task2가 시작됩니다.

Submit Task Asynchronously to Concurrent Queue 버튼을 클릭하면 다음과 같이 로그가 출력됩니다.

```
before submit Task #1
after submit Task #1
start Task #1
before submit Task #2
run Task #1
after submit Task #2
start Task #2
run Task #2
run Task #2
run Task #1
run Task #2
run Task #1
end Task #1
end Task #2
```

조금 전과 마찬가지로 두 개의 작업이 연달아 큐에 추가됩니다. 하지만 Concurrent Queue는 여러 작업을 동시에 실행할 수 있기 때문에 task1과 task2가 동시에 실행됩니다.

지금까지 로그를 통해 확인한 것처럼 dispatch_sync() 함수와 dispatch_async() 함수, sync(execute:) 메소드와 async(execute:) 메소드는 블로킹 여부에 따라서 큐에 작업이 추가되는 시점에 영향을 줄 수 있습니다. 하지만 큐 자체에 동작 방식에는 영향을 주지 않습니다.

이번에는 백그라운드에서 작업을 실행한 후 UI를 업데이트하는 코드를 구현해 보겠습니다.

View Controller Scene에 Label을 추가한 후 resultLabel 속성과 Outlet으로 연결합니다.

> **Objective-C**
>
> ```
> @property (weak, nonatomic) IBOutlet UILabel *resultLabel
> ```

> **Swift**
>
> ```
> @IBOutlet weak var resultLabel: UILabel!
> ```

ViewController 클래스에 runBackgroundTask(completion:) 메소드를 추가합니다.

이 메소드는 백그라운드에서 1에서 100까지의 수를 더한 후 결과 값을 완료 블록으로 전달합니다. 그리고 작업의 각 단계를 나타내는 로그를 레이블에 출력합니다. 백그라운드에서는 UI 객체에 직접 조작할 수 없으므로 UI를 업데이트하는 블록을 Main Dispatch Queue로 전달합니다. 이 패턴은 백그라운드에서 UI를 업데이트할 때 활용되는 패턴입니다. 작업을 완료한 후 파라미로 전달된 완료 블록을 실행합니다. Objective-C의 경우 completion 파라미터로 nil을 전달할 경우 런타임 오류가 발생할 수 있으므로 완료 블록을 호출하기 전에 nil 체크를 수행합니다. 유효한 블록이 전달된 경우 블록을 호출하고 결과를 파라미터로 전달합니다.

메소드 중간에 포함된 스레드 지연 코드는 예제의 결과를 쉽게 확인하기 위해 추가한 것입니다.

> **Objective-C**
>
> ```objectivec
> - (void)runBackgroundTaskWithCompletion:(ResultCompletionBlock)completion {
>     __weak ViewController* weakSelf = self;
>
>     dispatch_async(dispatch_get_global_queue(QOS_CLASS_USER_INITIATED, 0),
>         ^{
>         dispatch_async(dispatch_get_main_queue(), ^{
>             weakSelf.resultLabel.text = @"Start";
>         });
>
>         [NSThread sleepForTimeInterval:2];
>
>         int sum = 0;
>         for (int i = 1; i <= 100; i++) {
>             sum += i;
>
>             dispatch_async(dispatch_get_main_queue(), ^{
>                 weakSelf.resultLabel.text = [NSString
> stringWithFormat:@"Processing #%d...", i];
>             });
> ```

```objc
            [NSThread sleepForTimeInterval:0.1];
        }

        dispatch_async(dispatch_get_main_queue(), ^{
            weakSelf.resultLabel.text = @"Done! Waiting for result";
        });

        if (completion) {
            completion(sum);
        }
    });
}
```

Swift 2.3

```swift
func runBackgroundTask(completion: ResultComplectionBlock) {
    let queue = dispatch_get_global_queue(QOS_CLASS_USER_INITIATED, 0)
    dispatch_async(queue, { [weak self] in
        dispatch_async(dispatch_get_main_queue(), {
            self?.resultLabel.text = "Start"
        })

        NSThread.sleepForTimeInterval(2)

        var sum = 0
        for index in 1...100 {
            sum += index

            dispatch_async(dispatch_get_main_queue(), {
                self?.resultLabel.text = "Processing #\(index)..."
            })

            NSThread.sleepForTimeInterval(0.1)
        }

        dispatch_async(dispatch_get_main_queue(), {
            self?.resultLabel.text = "Done! Waiting for result"
        })

        completion(sum)
    })
}
```

Swift 3

```swift
func runBackgroundTask(completion: @escaping (Int)->()) {
    let queue = DispatchQueue.global(qos:
        DispatchQoS.QoSClass.userInitiated)
    queue.async { [weak self] in
```

```
            DispatchQueue.main.async {
                self?.resultLabel.text = "Start"
            }

            Thread.sleep(forTimeInterval: 2)

            var sum = 0
            for index in 1...100 {
                sum += index

                DispatchQueue.main.async {
                    self?.resultLabel.text = "Processing #\(index)..."
                }

                Thread.sleep(forTimeInterval: 0.1)
            }

            DispatchQueue.main.async {
                self?.resultLabel.text = "Done! Waiting for result"
            }

            completion(sum)
        }
    }
```

STEP 17

새로운 Button을 추가한 후 제목을 Run Background Task And Update UI로 변경합니다.

STEP 18

STEP 17에서 추가한 버튼을 runBackgroundTaskAndUpdateUI(_:) 메소드와 Action으로 연결한 후 아래와 같이
구현합니다.

이 메소드는 STEP 16에서 구현한 runBackgroundTask(completion:) 메소드를 호출합니다. 파라
미터로 전달된 블록은 메소드의 실행이 완료된 후 실행됩니다. runBackgroundTask(completion:)
메소드는 백그라운드에서 완료 블록을 호출하기 때문에 파라미터로 전달된 블록에 포함된 코드 역시
백그라운드에서 실행됩니다. UI에 접근하는 코드를 백그라운드에서 실행할 수 없다는 규칙에 따라 레
이블을 업데이트 하는 작업을 Main Dispatch Queue에서 실행합니다.

Objective-C
```
- (IBAction)runBackgroundTaskAndUpdateUI:(id)sender {
    __weak ViewController* weakSelf = self;

    [self runBackgroundTaskWithCompletion:^(int result) {
```

```
        [NSThread sleepForTimeInterval:2];

        dispatch_async(dispatch_get_main_queue(), ^{
            weakSelf.resultLabel.text = @(result).stringValue;
        });
    }];
}
```

Swift 2.3

```
@IBAction func runBackgroundTaskAndUpdateUI(_ sender: AnyObject) {
    runBackgroundTask { (result) in
        NSThread.sleepForTimeInterval(2)

        dispatch_async(dispatch_get_main_queue(), { [weak self] in
            self?.resultLabel.text = "\(result)"
        })
    }
}
```

Swift 3

```
@IBAction func runBackgroundTaskAndUpdateUI(_ sender: AnyObject) {
    runBackgroundTask { (result) in
        Thread.sleep(forTimeInterval: 2)

        DispatchQueue.main.async { [weak self] in
            self?.resultLabel.text = "\(result)"
        }
    }
}
```

STEP **19**

시뮬레이터에서 앱을 실행한 후 결과를 확인합니다.

Run Background Task And Update UI 버튼을 클릭하면 Global Dispatch Queue와 Main Dispatch Queue에서 다음과 같은 순서대로 작업이 실행됩니다.

Main Dispatch Queue	Global Dispatch Queue
버튼과 연결된 Action 메소드 호출	
runBackgroundTask(completion:) 메소드 호출	
Global Dispatch Queue로 작업 추가	
	백그라운드 작업 시작
레이블을 "Start"로 업데이트	
	2초 지연

Main Dispatch Queue	Global Dispatch Queue
	n회차 반복 시작
	더하기 연산 실행
레이블을 "Processing #n..."으로 업데이트	
	0.1초 지연
	n회차 반복 종료
레이블을 "Done! Waiting for result"로 업데이트	
	runBackgroundTask(completion:) 메소드의 파라미터로 전달된 완료 블록 호출
	완료 블록 실행
	2초 지연
레이블은 완료 블록으로 전달된 값으로 업데이트	

STEP 20

View Controller Scene에 두 개의 버튼을 추가한 후 제목을 각각 Run Task Group and Wait, Run Task Group and Notify로 변경합니다.

STEP 21

Run Task Group and Wait 버튼을 runTaskGroupAndWait(_:) 메소드와 Action으로 연결한 후 아래와 같이 구현합니다.

이 메소드는 세 개의 작업을 동일한 그룹에 추가한 후 dispatch_group_wait() 함수를 호출합니다. 그리고 각 코드가 실행되는 시점을 확인할 수 있도록 로그를 출력합니다.

```objectivec
Objective-C
- (IBAction)runTaskGroupAndWait:(id)sender {
    dispatch_queue_t globalQueue = dispatch_get_global_queue(
        QOS_CLASS_UTILITY, 0);
    dispatch_group_t taskGroup = dispatch_group_create();

    NSLog(@"before submit Tasks");
    dispatch_group_async(taskGroup, globalQueue, self.task1);
    dispatch_group_async(taskGroup, globalQueue, self.task2);
    dispatch_group_async(taskGroup, globalQueue, self.task3);
    NSLog(@"after submit Tasks");

    dispatch_group_wait(taskGroup, DISPATCH_TIME_FOREVER);
    NSLog(@"done!");
    NSLog(@"after wait");
}
```

```
Swift 2.3
@IBAction func runTaskGroupAndWait(_ sender: AnyObject) {
    let globalQueue = dispatch_get_global_queue(QOS_CLASS_UTILITY, 0)
    let taskGroup = dispatch_group_create()

    print("before submit Tasks")
    dispatch_group_async(taskGroup, globalQueue, task1)
    dispatch_group_async(taskGroup, globalQueue, task2)
    dispatch_group_async(taskGroup, globalQueue, task3)
    print("after submit Tasks")

    dispatch_group_wait(taskGroup, DISPATCH_TIME_FOREVER)
    print("done!")
    print("after wait")
}
```

Swift 3은 DispatchGroup 클래스를 통해 Dispatch Group을 생성합니다. 작업을 그룹에 추가할 때는 DispatchQueue 클래스가 제공하는 async(group:execute:) 메소드를 사용하고, 그룹에 포함된 모든 작업이 완료될 때까지 기다릴 때는 DispatchGroup 클래스가 제공하는 wait() 메소드를 사용합니다.

```
Swift 3
@IBAction func runTaskGroupAndWait(_ sender: AnyObject) {
    let globalQueue = DispatchQueue.global(qos: .utility)
    let taskGroup = DispatchGroup()

    print("before submit Tasks")
    globalQueue.async(group: taskGroup, execute: task1)
    globalQueue.async(group: taskGroup, execute: task2)
    globalQueue.async(group: taskGroup, execute: task3)
    print("after submit Tasks")

    taskGroup.wait()
    print("done!")
    print("after wait")
}
```

STEP 22

Run Task Group and Notify 버튼을 runTaskGroupAndNotify(_:) 메소드와 Action으로 연결한 후 아래와 같이 구현합니다.

이 메소드는 세 개의 작업을 동일한 그룹에 추가한 후 dispatch_group_notify() 함수를 호출합니다. 그리고 각 코드가 실행되는 시점을 확인할 수 있도록 로그를 출력합니다.

Objective-C

```
- (IBAction)runTaskGroupAndNotify:(id)sender {
    dispatch_queue_t globalQueue = dispatch_get_global_queue(
        QOS_CLASS_UTILITY, 0);
    dispatch_group_t taskGroup = dispatch_group_create();

    NSLog(@"before submit Tasks");
    dispatch_group_async(taskGroup, globalQueue, self.task1);
    dispatch_group_async(taskGroup, globalQueue, self.task2);
    dispatch_group_async(taskGroup, globalQueue, self.task3);
    NSLog(@"after submit Tasks");

    dispatch_group_notify(taskGroup, globalQueue, ^{
        NSLog(@"done!");
    });
    NSLog(@"after notify");
}
```

Swift 2.3

```
@IBAction func runTaskGroupAndNotify(_ sender: AnyObject) {
    let globalQueue = dispatch_get_global_queue(QOS_CLASS_UTILITY, 0)
    let taskGroup = dispatch_group_create()

    print("before submit Tasks")
    dispatch_group_async(taskGroup, globalQueue, task1)
    dispatch_group_async(taskGroup, globalQueue, task2)
    dispatch_group_async(taskGroup, globalQueue, task3)
    print("after submit Tasks")

    dispatch_group_notify(taskGroup, globalQueue) {
        print("done!")
    }

    print("after notify")
}
```

Swift 3

```
@IBAction func runTaskGroupAndNotify(_ sender: AnyObject) {
    let globalQueue = DispatchQueue.global(qos: .utility)
    let taskGroup = DispatchGroup()

    print("before submit Tasks")
    globalQueue.async(group: taskGroup, execute: task1)
    globalQueue.async(group: taskGroup, execute: task2)
    globalQueue.async(group: taskGroup, execute: task3)
    print("after submit Tasks")
```

```
        taskGroup.notify(queue: globalQueue) {
            print("done!")
        }

        print("after wait")
    }
```

STEP 23

시뮬레이터에서 앱을 실행한 후 결과를 확인합니다.

Run Task Group and Wait 버튼을 클릭하면 다음과 같이 로그가 출력됩니다.

```
before submit Tasks
after submit Tasks
start Task #1
start Task #2
start Task #3
run Task #1
...
end Task #1
end Task #2
...
end of Task #3
done!

after wait
```

세 작업을 dispatch_group_async() 함수(Objective-C, Swift 2.3)와 async(group:execute:) 메소드(Swift 3)를 통해 추가했기 때문에 작업이 연달아 큐에 추가됩니다. 그래서 before submit 로그가 출력된 후 바로 이어서 after submit 로그가 출력됩니다. Global Queue에 추가된 task1, task2는 0.9초 동안 작업을 실행하고, task3은 3초 동안 작업을 실행합니다. dispatch_group_wait() 함수와 wait() 메소드는 동일한 그룹에 포함된 모든 작업이 완료될 때까지 대기합니다. 그래서 가장 오래 실행되는 task3이 완료된 후 이어지는 코드를 실행합니다. 즉, end of Task #3이 출력된 후 done! 과 after wait가 이어서 출력됩니다.

Run Task Group and Notify 버튼을 클릭하면 다음과 같이 로그가 출력됩니다.

```
before submit Tasks
after submit Tasks
start Task #1
run Task #1
after notify
start Task #2
run Task #2
start Task #3
run Task #3
```

```
...
end Task #2
end Task #1
run Task #3
...
end of Task #3
done!
```

세 작업을 그룹에 추가하는 과정은 동일합니다. 하지만 dispatch_group_notify() 함수와 notify (queue:execute) 메소드는 그룹에 포함된 작업의 실행이 완료될 때까지 대기하지 않습니다. 대신 그룹에 포함된 모든 작업이 완료되면 실행할 작업을 두 번째 파라미터로 전달한 큐에 추가합니다. 그래서 after submit 로그가 출력된 후 바로 after notify 로그가 출력됩니다. done! 로그를 출력하는 코드는 그룹에 포함된 모든 작업의 실행이 완료된 후 globalQueue에서 실행됩니다.

STEP 24

새로운 Button을 추가한 후 제목을 Semaphore로 변경합니다.

STEP 25

Semaphore 버튼을 synchronizeWithSemaphore(_:) 메소드와 Action으로 연결한 후 아래와 같이 구현합니다.

이 메소드는 세마포어를 통해 Critical Section에 접근(실행)할 수 있는 최대 수를 3으로 제한합니다. 그리고 dispatch_semaphore_wait() 함수 호출 −> 블록 실행 −> dispatch_semaphore_signal() 함수 호출을 10회 반복합니다. 블록은 랜덤으로 생성된 지연 시간만큼 작업을 지연한 후 로그를 출력하고 dispatch_semaphore_signal() 함수를 호출합니다.

```objc
Objective-C
- (IBAction)synchronizeWithSemaphore:(id)sender {
    dispatch_queue_t globalQueue = dispatch_get_global_queue(
        QOS_CLASS_USER_INITIATED, 0);
    dispatch_semaphore_t sem = dispatch_semaphore_create(3);

    for (int i = 1; i <= 10; i++) {
        dispatch_semaphore_wait(sem, DISPATCH_TIME_FOREVER);
        NSLog(@"start task #%d", i);

        dispatch_async(globalQueue, ^{
            NSTimeInterval randomInterval = (arc4random_uniform(20)+5) * 0.1;
            [NSThread sleepForTimeInterval:randomInterval];

            NSLog(@"done task #%d", i);
            dispatch_semaphore_signal(sem);
        });
    }
}
```

Swift 2.3

```swift
@IBAction func synchronizeWithSemaphore(_ sender: AnyObject) {
    let globalQueue = dispatch_get_global_queue(QOS_CLASS_USER_INITIATED, 0)
    let sem = dispatch_semaphore_create(3)

    for index in 1...10 {
        dispatch_semaphore_wait(sem, DISPATCH_TIME_FOREVER)
        print("start task #\(index)")

        dispatch_async(globalQueue, {
            let randomInterval = Double(arc4random_uniform(20) + 5) * 0.1
            NSThread.sleepForTimeInterval(randomInterval)

            print("done task #\(index)")
            dispatch_semaphore_signal(sem)
        })
    }
}
```

Swift 3은 DispatchSemaphore 클래스를 통해 세마포어를 생성합니다. dispatch_semaphore_wait() 함수와 dispatch_semaphore_signal() 함수는 각각 이 클래스가 제공하는 wait(), signal() 메소드로 대체되었습니다.

Swift 3

```swift
@IBAction func synchronizeWithSemaphore(_ sender: AnyObject) {
    let globalQueue = DispatchQueue.global(qos: .userInitiated)
    let sem = DispatchSemaphore(value: 3)

    for index in 1...10 {
        sem.wait()
        print("start task #\(index)")

        globalQueue.async {
            let randomInterval = Double(arc4random_uniform(20) + 5) * 0.1

            Thread.sleep(forTimeInterval: randomInterval)

            print("done task #\(index)")
            sem.signal()
        }
    }
}
```

STEP 26

시뮬레이터에서 앱을 실행한 후 결과를 확인합니다.

Semaphore 버튼을 클릭하면 다음과 같은 로그가 출력됩니다. 세마포어가 3으로 선언되어 있기 때문에 처음 3회의 반복은 연속적으로 실행됩니다. 반복문 시작 부분에서 dispatch_semaphore_wait() 함수(Objective-C, Swift 2.3)와 wait() 메소드(Swift 3)가 세 번 호출되었으므로 세마포어가 관리하는 카운트 변수는 0이 됩니다. 그래서 4회 차의 반복문에서 dispatch_semaphore_wait() 함수와 wait() 메소드는 task #1, #2, #3 중 하나가 dispatch_semaphore_signal() 함수 또는 signal() 메소드를 호출할 때까지 대기했다가 나머지 코드를 실행합니다. 이후 나머지 반복을 실행하는 동안 다른 작업이 완료될 때까지(즉, dispatch_semaphore_signal() 함수 또는 signal() 메소드가 호출될 때까지) 대기하는 과정을 반복합니다.

```
start task #1
start task #2
start task #3
done task #1
start task #4
done task #2
start task #5
done task #3
start task #6
done task #6
start task #7
done task #5
start task #8
done task #4
start task #9
done task #8
start task #10
done task #9
done task #7
done task #10
```

블록에 포함된 randomInterval의 값을 1.0으로 고정한 후 앱을 다시 실행하면 다음과 같이 로그가 출력됩니다. 최대 3개의 블록이 동시에 실행된다는 것을 더 쉽게 확인할 수 있습니다.

```
start task #1
start task #2
start task #3
done task #1
done task #2
done task #3
start task #4
start task #5
start task #6
done task #5
done task #6
done task #4
start task #7
```

```
start task #8
start task #9
done task #8
done task #7
done task #9
start task #10
done task #10
```

STEP 27

새로운 Button을 추가한 후 제목을 Concurrent Loop로 변경합니다.

STEP 28

Concurrent Loop 버튼을 runConcurrentLoop(_:) 메소드와 Action으로 연결한 후 아래와 같이 구현합니다.

이 메소드는 동일한 문자열 작업을 for-in 반복문과 dispatch_apply() 함수를 통해 실행하고 실행
시간을 비교합니다.

```objc
Objective-C
- (IBAction)runConcurrentLoop:(id)sender {
    dispatch_queue_t globalQueue = dispatch_get_global_queue(
        QOS_CLASS_USER_INITIATED, 0);
    dispatch_async(globalQueue, ^{
        NSURL* url = [NSURL URLWithString:@"https://www.apple.com"];
        NSError* error = nil;
        NSString* str = [NSString stringWithContentsOfURL:url
            encoding:NSUTF8StringEncoding error:&error];
        if (!error) {
            NSArray* list = [str componentsSeparatedByString:@"\n"];

            CFAbsoluteTime startTime = CFAbsoluteTimeGetCurrent();

            for (NSString* str in list) {
                NSString* trimmedString = [str stringByTrimmingCharactersIn
    Set:
                    [NSCharacterSet whitespaceCharacterSet]];
                if ([trimmedString length] > 5) {
                    trimmedString = [trimmedString substringToIndex:4];
                }

                [NSThread sleepForTimeInterval:0.001];
            }

            CFAbsoluteTime timeElapsed = CFAbsoluteTimeGetCurrent()
                - startTime;
            NSLog(@"for-in loop: %f", timeElapsed);

            startTime = CFAbsoluteTimeGetCurrent();
```

```
                dispatch_apply([list count], globalQueue, ^(size_t index) {
                    NSString* str = list[index];
                    NSString* trimmedString = [str stringByTrimmingCharactersIn
Set:
                        [NSCharacterSet whitespaceCharacterSet]];
                    if ([trimmedString length] > 5) {
                        trimmedString = [trimmedString substringToIndex:4];
                    }

                    [NSThread sleepForTimeInterval:0.001];
                });

                timeElapsed = CFAbsoluteTimeGetCurrent() - startTime;
                NSLog(@"concurrent loop: %f", timeElapsed);
            }
        });
}
```

Swift 2.3

```
@IBAction func runConcurrentLoop(_ sender: AnyObject) {
    let globalQueue = dispatch_get_global_queue(QOS_CLASS_USER_INITIATED, 0)
    dispatch_async(globalQueue) {
        do {
            if let url = NSURL(string: "https://www.apple.com") {
                let str = try NSString(contentsOfURL: url,
                    encoding: NSUTF8StringEncoding)

                let list = str.componentsSeparatedByString("\n")

                var startTime = CFAbsoluteTimeGetCurrent()

                for str in list {
                    var trimmedString = str.stringByTrimmingCharactersInSet(
                        NSCharacterSet.whitespaceCharacterSet())
                    if trimmedString.characters.count > 5 {
                        trimmedString = trimmedString.substringToIndex(
                            trimmedString.startIndex.advancedBy(4))
                    }

                    NSThread.sleepForTimeInterval(0.001)
                }

                var timeElapsed = CFAbsoluteTimeGetCurrent() - startTime
                print("for-in loop: \(timeElapsed)")

                startTime = CFAbsoluteTimeGetCurrent()

                dispatch_apply(list.count, globalQueue, { (index) in
```

```
                    let str = list[index]
                    var trimmedString = str.stringByTrimmingCharactersInSet(
                        NSCharacterSet.whitespaceCharacterSet())
                    if trimmedString.characters.count > 5 {
                        trimmedString = trimmedString.substringToIndex(
                            trimmedString.startIndex.advancedBy(4))
                    }

                    NSThread.sleepForTimeInterval(0.001)
                })

                timeElapsed = CFAbsoluteTimeGetCurrent() - startTime
                print("concurrent loop: \(timeElapsed)")
            }
        } catch {
            return
        }
    }
}
```

Swift 3에서 dispatch_apply() 함수는 DispatchQueue 클래스가 제공하는 concurrentPerform(iteration:execute:) 메소드로 대체되었습니다.

```
Swift 3
@IBAction func runConcurrentLoop(_ sender: AnyObject) {
    DispatchQueue.global().async {
        do {
            if let url = URL(string: "https://www.apple.com") {
                let str = try NSString(contentsOf: url, encoding:
                    String.Encoding.utf8.rawValue)
                let list = str.components(separatedBy: "\n")

                var startTime = CFAbsoluteTimeGetCurrent()

                for str in list {
                    var trimmedString = str.trimmingCharacters(in:
                        CharacterSet.whitespaces)
                    if trimmedString.characters.count > 5 {
                        trimmedString = trimmedString.substring(to:
                            trimmedString.index(trimmedString.startIndex,
                            offsetBy: 4))
                    }

                    Thread.sleep(forTimeInterval: 0.001)
                }

                var timeElapsed = CFAbsoluteTimeGetCurrent() - startTime
                print("for-in loop: \(timeElapsed)")
```

```
                    startTime = CFAbsoluteTimeGetCurrent()

                    DispatchQueue.concurrentPerform(iterations: list.count,
                        execute: { (index) in
                        let str = list[index]
                        var trimmedString = str.trimmingCharacters(in:
                            CharacterSet.whitespaces)
                        if trimmedString.characters.count > 5 {
                            trimmedString = trimmedString.substring(to:
                                trimmedString.index(trimmedString.startIndex,
                                offsetBy: 4))
                        }

                        Thread.sleep(forTimeInterval: 0.001)
                    })

                    timeElapsed = CFAbsoluteTimeGetCurrent() - startTime
                    print("concurrent loop: \(timeElapsed)")
                }
            } catch {
                return
            }
        }
    }
}
```

STEP **29**

시뮬레이터에서 앱을 실행한 후 결과를 확인합니다.

Concurrent Loop 버튼을 클릭하면 Global Queue에서 두 개의 반복 작업을 실행하고 실행 시간을
출력합니다.

```
for-in loop: 2.1509892349
concurrent loop: 0.288456897234
```

for-in 반복문은 list 배열에 저장된 데이터를 하나씩 순서대로 처리하지만 dispatch_apply() 함수와
concurrentPerform(iteration:execute:) 메소드는 가능한 많은 작업을 동시에 처리합니다. 블록을
통해 인덱스가 전달되므로 동일한 데이터가 중복 처리될 가능성은 없지만 데이터의 처리 순서는 보장
되지 않습니다. 시뮬레이터 실행 결과를 단순 수치로만 비교하면 약 10배 정도 빠르게 작업을 처리합
니다. 실제 디바이스에 동일한 코드를 테스트 하는 경우에도 약 2배 정도 빠르게 작업을 처리합니다.
이처럼 데이터 처리 순서가 중요하지 않은 경우 dispatch_apply() 함수와 concurrentPerform(iter
ation:execute:) 메소드를 통해 반복 성능을 향상시킬 수 있습니다.

iOS Development

PART 08

App Design Pattern

iOS 앱 개발이 처음이라면 기초적인 개념을 잘 습득해야 합니다. 하나의 앱은 다양한 SDK와 디자인 패턴의 조합으로 구성되어 있습니다. 개발하려는 앱의 형태의 관계없이 반드시 알아야 할 몇 가지 기초적인 패턴과 기술이 존재합니다. 코코아 프레임워크에서 다양하게 활용하고 있는 패턴에 대해 이해하고 활용하는 능력은 iOS 개발의 기초이자 필수 사항입니다.

1. MVC

Model-View-Controller 디자인 패턴은 앱을 구성하는 객체를 역할에 따라 Model, View, Controller 로 구분합니다. 각 객체의 앞 글자를 따서 MVC 패턴이라고 합니다. 코코아에 제공하는 다양한 기술들은 MVC 패턴을 기반으로 구현되어 있습니다. MVC 패턴은 하나의 객체가 다른 객체와 독립성을 유지하면서 메시지를 통해 필요한 데이터와 이벤트를 전달합니다. 독립성으로 인해 다른 객체에 영향을 주지 않고 구현을 변경하거나 새로운 기능을 추가할 수 있다는 장점을 가지고 있습니다.

Model 객체는 앱의 데이터를 추상화 합니다. 앱에서 클래스, 구조체를 통해 정의되며 데이터를 저장하고 조작하는 속성과 메소드를 가지고 있습니다. Model 객체에 저장된 데이터는 주로 View 객체가 화면에 표시할 내용을 구성할 때 사용됩니다. 하지만 Model 객체와 View 객체는 직접적으로 연결되어 있지 않으며 Controller 객체 또는 노티피케이션을 통해 필요한 데이터를 주고받습니다.

View 객체는 Model 객체에 저장된 데이터를 시각적으로 출력합니다. View 객체는 구현된 로직에 따라 비트맵 데이터를 생성합니다. 이 데이터는 Model 객체를 기반으로 생성되었지만 서로 연관성을 가지고 있는 것은 아닙니다. View 객체는 제공된 데이터를 지정된 방식으로 화면에 그릴 뿐 데이터의 성격이나 역할은 고려하지 않습니다. View 객체의 로직을 변경하면 다른 객체에 영향을 주지 않고 데이터를 출력하는 방법을 변경할 수 있습니다. View 객체는 UIView 클래스 또는 이 클래스를 상속한 클래스를 통해 구현되며, 코코아 프레임워크는 일반적인 앱 개발에 사용할 수 있는 다양한 시스템 뷰 객체를 제공합니다.

Controller 객체는 주로 View 객체와 Model 객체의 연결을 담당합니다. View 객체에서 이벤트가 발생하면 데이터가 업데이트 되도록 Model 객체로 이벤트를 전달합니다. 반대로 데이터가 내부적으로 업데이트 되면 View 객체로 이벤트를 전달하여 출력되는 내용을 업데이트합니다. Controller 객체는 다른 객체의 역할을 직접 수행하기도 합니다. Model 객체와 Controller 객체가 합쳐진

Model Controller 객체는 앱이 사용하는 데이터를 Controller 객체가 직접 관리합니다. View 객체와 Controller 객체가 합쳐진 View Controller 객체는 하나의 뷰를 소유하고 이 뷰에서 발생하는 이벤트와 레이아웃 변경을 처리합니다. View Controller 객체는 UIViewController 클래스 또는 이 클래스를 상속한 뷰 컨트롤러 클래스를 통해 구현됩니다. 코코아 프레임워크는 View Controller 객체의 전환을 처리하는 UINavigationViewController, UITabBarController, 세로 목록으로 내용을 출력하는 UITableViewController, 그리드 방식으로 내용을 출력하는 UICollectionViewController 등 다양한 시스템 뷰 컨트롤러 객체를 제공합니다.

2. Delegation

Delegation 디자인 패턴은 대리자 패턴으로 번역됩니다. 대리자 패턴에서 대리자 객체는 다른 객체가 스스로 처리할 수 없는 작업을 대신 처리합니다. 예를 들어 연락처 앱은 테이블 뷰를 통해 사용자의 디바이스에 등록된 연락처 목록을 출력합니다. 테이블 뷰는 셀을 수직으로 배열하여 화면에 표시하는 방법을 알고 있지만 목록의 수와 셀에 표시할 내용은 알 수 없습니다. 만약 테이블 뷰가 목록의 수를 직접 판단해야 한다면 0개부터 무한대에 이르는 모든 경우의 수를 처리해야 합니다. 마찬가지로 셀의 디자인은 프로그램의 특성과 디자이너의 의도에 따라 달라지기 때문에 무한대의 디자인을 구성하는 모든 코드를 포함해야 합니다. 이것을 프로그래밍으로 구현하는 것은 불가능합니다. 테이블 뷰는 대리자 패턴을 통해 이 문제를 해결합니다. 테이블 뷰는 자신과 연관된 대리자 객체에게 표시해야 할 목록의 수와 표시해야할 셀을 요청합니다. 대리자 객체는 Model 객체에 저장된 데이터를 통해 테이블 뷰에 표시할 목록의 수를 리턴합니다. 그리고 프로그램에 적합한 디자인으로 구성된 셀을 생성하여 테이블 뷰로 전달합니다. 코코아에서 이런 역할을 담당하는 대리자 객체를 Data Source 객체라고 부릅니다. Data Source 객체는 다른 객체가 사용할 데이터를 제공하는데 중점을 두고 있으며 나머지 작업은 Delegate 객체가 담당합니다. 다시 테이블 뷰의 예를 들어보겠습니다. 테이블 뷰는 셀에서 발생하는 이벤트를 처리하는 방식에 대해 알지 못합니다. 대신 셀에서 이벤트가 발생하면 Delegate 객체로 이벤트를 전달합니다. 연락처 앱의 Delegate 객체는 상세 연락처 화면으로 이동하고, 메일 앱의 Delegate 객체는 메일 읽기 화면으로 이동하도록 구현되어 있습니다.

iOS 앱에서 대리자 객체가 될 수 있는 객체의 종류는 제한이 없습니다. 하지만 주로 View Controller 객체가 대리자 객체의 역할 수행합니다. 테이블 뷰, 컬렉션 뷰, 텍스트 필드, 웹 뷰와 같이 사용자와의 상호작용이 필요한 뷰는 대리자 패턴을 통해 이벤트를 처리합니다. 대리자 객체로 이벤트를 전달할 때는 대리자 객체가 구현하고 있는 메소드를 호출합니다. 이러한 메소드는 …DataSource 또는 …Delegate와 같은 패턴의 이름을 가진 프로토콜로 선언되어 있습니다. 예를 들어 테이블 뷰가 데이터를 요청하기 위해 호출하는 메소드는 UITableViewDataSource 프로토콜에 선언되어 있고, 이벤트를 처리하기 위해 호출하는 메소드는 UITableViewDelegate 프로토콜에 선언되어 있습니다.

대리자 패턴을 구현하는 방식은 매우 단순하며 주로 아래와 같은 순서로 구현합니다.

1. 뷰 컨트롤러 객체를(또는 임의의 객체) 대리자 객체로 지정합니다.
2. 뷰 컨트롤러의 선언 부분에서 대리자 객체의 역할에 적합한 프로토콜을 채용합니다.
3. 뷰 컨트롤러의 구현 부분에서 프로토콜에 선언되어 있는 메소드를 구현합니다.

3. Singleton

Singleton 디자인 패턴은 프로그램 내에서 중복되지 않는 하나의 객체를 생성하기 위해서 사용되는 패턴입니다. 싱글톤 패턴으로 생성된 객체에 접근할 때는 매번 새로운 인스턴스가 생성되지 않고 최초에 생성된 인스턴스가 사용됩니다. 보통 환경 설정이나 디바이스 하드웨어와 같은 공유 자원을 사용하는 객체를 싱글톤 객체로 구현합니다. 코코아 프레임워크는 UIApplication, UIDevice, NSUserDefaults 등과 같은 다양한 싱글톤 객체를 제공합니다.

Objective-C에서 싱글톤 객체를 직접 구현할 때는 shared..., current...와 같은 패턴의 이름을 가진 팩토리 메소드를 구현합니다. 예를 들어 클래스의 이름이 NetworkManager라고 가정하면 다음과 같이 팩토리 메소드를 구현합니다.

```
Objective-C
+ (instancetype)sharedManager {
    static NetworkManager* sharedMyManager = nil;
    static dispatch_once_t onceToken;
    dispatch_once(&onceToken, ^{
        sharedMyManager = [[self alloc] init];
    });
    return sharedMyManager;
}
```

Swift는 형식 상수를 통해 싱글톤 패턴을 쉽게 구현할 수 있습니다.

```
Swift
class NetworkManager {
    static let sharedManager = NetworkManager()
}
```

4. Target-Action

Target-Action 디자인 패턴은 이벤트가 발생할 때 다른 객체로 전달할 메시지를 저장하는 패턴입니다. 메시지는 전달 대상(Target)과 호출할 메소드의 셀렉터(Action)로 구성됩니다. 예를 들어 뷰에 추가된 버튼은 자신이 포함되어 있는 뷰 컨트롤러를 Target으로 등록하고 특정 이벤트가 발생할 때마다 뷰 컨트롤러에 구현되어 있는 메소드를 호출합니다.

이 패턴에서 Target이 될 수 있는 객체의 종류에는 제한이 없지만 메소드는 반드시 특정한 형식으로 구현되어야 합니다. 이런 메소드를 Action Method라고 하며 하나의 파라미터를 가지고 있고 값을 리턴하지 않습니다.

Objective-C
```
- (IBAction)메소드 이름:(id)sender {
    // ...
}
```

Swift
```
@IBAction func 메소드 이름(_ sender: AnyObject) {
    // ...
}
```

Action Method는 일반 메소드와 구별하기 위해 리턴형을 void 대신 IBAction으로 지정하거나 (Objective-C) @IBAction 지시어와 함께 선언합니다(Swift). Xcode는 메소드 시그니처에 IBAction 이 포함되어 있는 경우 Action Method로 인식하고 Gutter 영역에 Connection Well을 표시합니다.

sender 파라미터는 메시지를 전달한 객체의 참조를 전달합니다. 일반적으로 id, AnyObject 자료형으로 선언되지만 UIButton, UISwitch와 같이 특정 객체의 자료형으로 선언하기도 합니다.

iOS Architecture

iOS SDK는 iOS 앱을 개발하는데 필요한 다양한 기술을 제공
합니다. iOS SDK는 모든 기능을 역할에 따라 네 개의 레이어
로 구분하고 각 레이어의 역할을 수행하는 다양한 프레임워크
를 제공합니다. 대부분의 경우 Cocoa Touch 레이어에서 제
공하는 프레임워크를 통해 앱을 개발하고 하드웨어에 접근하
거나 다양한 시스템 자원에 접근할 때 나머지 레이어가 제공
하는 프레임워크를 사용합니다.

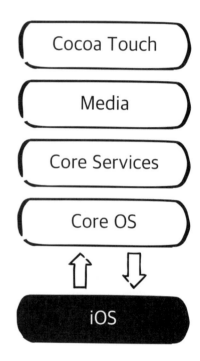

1. Cocoa Touch Layer

코코아 터치 레이어는 앱 개발에 기초적이고 필수적인 기능을 제공하는 프레임워크로 구성되어 있습
니다.

1.1 제공되는 기능

- Standard System View Controller
- Auto Layout, Storyboard

- Apple Push Notification Service, Local Notification
- Gesture Recognizer
- Multitasking
- App Extension
- Handoff
- Document Picker
- Air Drop
- TextKit
- UIKit Dynamics

1.2 주요 프레임워크

프레임워크 이름	주요 기능
UIKit	• 터치, 모션, 키패드 입력과 같은 사용자 상호작용 이벤트 처리 • 카메라, 디바이스 앨범을 사용할 수 있는 API 제공 • 다양한 디바이스 정보를 검색할 수 있는 API 제공 • 뷰와 윈도우 관리 • 시스템 뷰와 뷰 컨트롤러 제공 • 프린터로 내용을 출력하거나 PDF로 변환하는 API 제공 • Copy, Paste, Cut 기능 지원 • UI 애니메이션 제공 • 사용자에게 통지를 전달할 수 있는 API 제공 • 이메일, 트위터, 페이스북 등 다른 서비스와 연동하는데 필요한 API 제공
AddressBookUI	주소록에 접근할 수 있는 표준 UI 제공
EventKitUI	달력과 일정 데이터에 접근할 수 있는 표준 UI 제공
GameKit	Game Center를 통해 사용자의 게임 경험을 극대화하고 다양한 데이터를 온라인으로 공유하는데 필요한 API 제공
MapKit	• 앱에 추가할 수 있는 지도 제공 • 지도에 핀을 추가하거나 오버레이 뷰를 추가하여 특정 장소나 도착 경로를 표시하는데 필요한 API 제공 • iOS 디바이스에 내장된 지도 앱과 연동 지원
MessageUI	이메일과 SMS 전송에 필요한 표준 UI 제공
NotificationCenter	iOS Notification Center에 표시되는 위젯을 만들고 관리하는데 필요한 API 제공

2. Media Layer

미디어 레이어는 앱에서 다양한 미디어 기능을 구현하는데 필요한 프레임워크를 제공합니다. 이 레이어가 제공하는 프레임워크를 사용하여 오디오, 비디오 하드웨어를 쉽게 조작할 수 있고 고품질의 그래픽 효과를 쉽게 구현할 수 있습니다

2.1 주요 프레임워크

프레임워크 이름	주요 기능
AssetsLibrary	디바이스에 저장된 사진과 동영상에 접근하는 API 제공 (iOS 9부터 Photos 프레임워크로 대체됨)
Photos	AssetsLibrary 기능을 대체하며 라이브 포토와 같은 새로운 기능을 사용할 수 있는 API 제공
PhotosUI	Photos 프레임워크와 연관된 표준 UI와 사진 편집 익스텐션을 개발하는데 필요한 API 제공
CoreGraphics	2D 그리기 API 제공
GameController	MFi 인증을 받은 게임 컨트롤러와 연동하는데 필요한 API 제공
GLKit	OpenGL 또는 OpenGL ES 프로그래밍을 위한 수학 라이브러리, 배경 텍스처 로딩, 세이더 이펙트 API 제공
Metal	Open GL ES를 능가하는 강력한 3D 그래픽 엔진을 제공
SceneKit	3D 그래픽을 사용하는 UI 또는 단순한 게임을 구현하는데 필요한 API 제공
SpriteKit	2D, 2.5D 게임에서 사용하는 하드웨어 가속, 물리 엔진, 이벤트 처리 API 제공
AVFoundation	오디오, 비디오의 재생, 녹화, 편집을 위한 API 제공 Air Play를 통한 스트리밍 지원
AVKit	표준 미디어 재생 UI 제공
CoreImage	다양한 내장 필터를 통해 이미지와 동영상을 편집할 수 있는 API 제공
CoreText	텍스트와 폰트 처리를 위한 텍스트 레이아웃 엔진과 API 제공

3. Core Services Layer

코어 서비스 레이어는 iOS가 제공하는 다양한 시스템 서비스에 저장된 데이터에 접근하고 앱에 통합하는데 필요한 다양한 API를 제공합니다. 이 레이어에서 제공하는 프레임워크를 통해 In-App Purchase, iCloud, SNS 연동, P2P 통신을 쉽게 구현할 수 있습니다.

3.1 제공되는 기능

- GCD, Block
- In-App Purchase
- iCloud Document Storage, iCloud Key-Value Data Storage, CloudKit Storage
- Data Protection
- File-Sharing, Peer-to-Peer Services
- SQLite, XML

3.2 주요 프레임워크

프레임워크 이름	주요 기능
Foundation	• 문자열, 날짜 처리 자료형 제공 • 컬렉션 자료형 제공 • 번들 API • URL, 네트워크 스트림 처리 • 스레드, 런루프 제공 • 봉주르 서비스 지원 • 앱 지역화 지원 • 정규식 처리 API
CoreFoundation	• Foundation 프레임워크가 제공하는 기능을 C API로 제공 • Toll-free bridging을 통해 Foundation 프레임워크와의 호환성 제공
CFNetwork	• C 기반의 네트워크 API 제공 • BSD 소켓 • SSL, TLS를 통한 암호화된 연결 • HTTP, HTTPS, FTP 서버 연동 API • 봉주르 서비스 API
WebKit	HTML을 출력하는데 필요한 API 제공
CloudKit	iCloud 연동 API 제공
CoreData	SQLite, XML, 메모리 기반의 객체 그래프 서비스 제공
CoreLocation	• 디바이스에 내장되어 있는 다양한 하드웨어를 활용하여 위치와 방향 정보를 제공 • 블루투스 비콘 모니터링 지원
CoreMotion	• 가속도계와 자이로스코프에서 전달되는 모션 데이터를 처리할 수 있는 API 제공 • Step-Counting 하드웨어가 내장되어 있는 경우 사용자의 움직임을 정밀하게 추적
AddressBook	사용자의 연락처 정보에 접근할 수 있는 API 제공
EventKit	사용자의 달력과 미리 알림 정보에 접근할 수 있는 API 제공
HeakthKit	사용자의 건강 정보를 관리하는 프레임워크로 다양한 앱에서 생성되는 건강 데이터를 저장할 수 있는 중앙 저장소를 제공
HomeKit	IoT 디바이스와 연동할 수 있는 API 제공
MultipeerConnectivity	Wi-Fi와 블루투스를 활용하여 근처에 있는 디바이스를 인식하고 P2P 통신을 구현할 수 있는 API 제공
NewstandKit	• 뉴스스탠드 앱에 제공되는 잡지와 뉴스를 제작하는데 필요한 API 제공 • Background 다운로드 지원
PassKit	쿠폰, 입장권, 비행기표 등을 생성, 배포할 수 있는 API 제공
Accounts	사용자의 Accounts DB에 저장되어 있는 계정 정보에 접근할 수 있는 API 제공
Social	• 사용자의 SNS(페이스북, 트위터 등) 계정에 접근할 수 있는 API 제공 • 새로운 글을 작성할 수 있는 표준 UI 제공
StoreKit	In-App Purchase를 구현하는데 필요한 API 제공

4. Core OS Layer

코어 OS 레이어는 보안, 하드웨어 연동과 관련된 프레임워크를 제공합니다. 블루투스 디바이스와 같은 외부 디바이스를 연동하거나 Touch ID를 연동할 때 주로 사용합니다.

4.1 주요 프레임워크

프레임워크 이름	주요 기능
CoreBluetooth	• 블루투스 4.0 LE 디바이스와 통신하는데 필요한 API 제공 • 블루투스 디바이스 스캔, 연결, 해제 • iOS 디바이스를 블루투스 디바이스로 활용 • iOS 디바이스를 블루투스 비콘으로 구현하여 비콘 데이터 브로드캐스팅 • 블루투스 연결 상태 보존/자동 재연결 • 블루투스 디바이스의 상태 변화 알림
ExternalAccessory	USB, 블루투스, 라이트닝 커넥터를 통해 연결된 디바이스를 연동하는데 필요한 API 제공
LocalAuthentication	Touch ID를 연동하여 사용자 인증 기능을 구현하는데 필요한 API 제공
Security	키체인에 접근할 수 있는 API 제공 인증서, 공개키 관리 암호화 지원

iOS 앱을 구성하는 객체

CHAPTER 03

1. UIApplication

UIApplication 객체는 앱이 시작될 때 UIApplicationMain 함수를 통해 생성되며 모든 앱은 하나의 UIApplication 객체를 가집니다. UIApplication 객체는 이벤트 루프를 관리하면서 앱으로 전달되는 이벤트를 대상 객체로 전달합니다. 그리고 앱의 Window를 관리하며 Key Window를 지정합니다.

2. App Delegate

UIApplication 객체와 마찬가지로 UIApplicationMain 함수를 통해 생성되는 싱글톤 객체입니다. 중요한 시스템 이벤트가 발생할 때마다 UIApplication 객체가 호출하는 메소드를 구현한 델리게이트 객체이며, 호출되는 메소드 목록은 UIApplicationDelegate 프로토콜에 선언되어 있습니다.

App Delegate 객체는 앱의 초기화 코드를 구현하며, 앱의 상태가 전환될 때 필요한 작업을 수행합니다. 그리고 앱으로 전달되는 푸시 노티피케이션, 다운로드 완료 노티피케이션 등을 처리합니다.

3. Window

UIWindow 객체인 윈도우는 화면에 뷰를 출력하는 역할을 담당합니다. 대부분의 앱은 하나의 윈도우를 가지고 있지만 외부 디스플레이를 지원하는 경우 그 이상의 윈도우를 가질 수 있습니다. 윈도우는 생성 후 교체되거나 변경되지 않으며 윈도우에 표시되는 뷰가 교체됩니다. 윈도우는 뷰의 계층구조를 관리하며 뷰와 뷰 컨트롤러에서 발생하는 이벤트를 대상 객체로 전달합니다.

4. View Controller

UIViewController 객체인 뷰 컨트롤러는 화면에 표시되는 뷰를 관리합니다. 뷰 컨트롤러는 하나의 최상위 뷰를 가지고 있고, 화면에 표시되는 뷰는 최상위 뷰의 하위 뷰로 추가됩니다. 앱의 윈도우에 뷰를 추가하여 자신이 관리하는 뷰가 화면에 표시되도록 합니다. 최상위 뷰에 포함되어 있는 모든 뷰의 배치를 담당하며 사용자의 상호작용이나 시스템 이벤트가 발생할 때 연관된 앱 데이터와 뷰를 업데이트 합니다.

5. View

사각 영역에 앱 데이터를 시각적으로 표시하는 역할을 담당하는 UIView 객체입니다. 자신의 영역에서 발생하는 이벤트를 처리하며 데이터가 변경될 때마다 내용을 다시 그립니다. 뷰는 하위에 다른 뷰를 포함할 수 있으며 상위 뷰는 하위 뷰의 배치와 계층 구조를 관리합니다.

iOS는 UIKit 프레임워크를 통해 레이블, 버튼, 이미지뷰와 같은 다양한 기본 뷰를 제공하며 UIView를 상속하여 직접 뷰를 구현할 수 있습니다.

Sandbox

모든 iOS 앱은 시스템과 다른 앱을 보호하기 위해 샌드박스 내에 위치합니다. 샌드박스는 앱에서 발생한 문제가 다른 앱이나 시스템 전체로 전파되는 것을 방지하는 일종의 울타리와 같습니다. 샌드박스 내부에는 App Bundle 파일과 다수의 기본 디렉토리가 포함되어 있습니다. 앱은 자신이 포함된 샌드박스 내부에 존재하는 자원에 직접 접근할 수 있습니다. 하지만 샌드박스 외부에 있는 다른 앱이나 자원에 접근하려면 반드시 시스템이 제공하는 API의 도움을 받아야 합니다.

1. App Bundle

앱 번들은 iOS 앱을 구성하는 파일을 담고 있는 패키지 파일(.app)로 다음과 같은 파일이 포함되어 있습니다.

• 앱 실행 파일
• **Info.plist** : 앱의 메타데이터를 저장하고 있는 Property List 파일
• **리소스** : 앱 아이콘, 시작 이미지, 앱 UI를 구성하는 이미지 등의 리소스 파일
• **인터페이스 파일** : 스토리보드 파일 또는 nib 파일
• **배포용 아이콘 이미지 (옵션)** : AdHoc 배포에 사용되는 512x512 크기의 아이콘 이미지
• **Setting Bundle (옵션)** : 앱 설정 정보를 담고 있는 Property List 파일과 리소스

2. Info.plist

Info.plist 파일은 앱의 메타데이터를 저장하는 매우 중요한 파일입니다. Xcode는 프로젝트 종류에 따라 적합한 Info.plist 파일을 자동으로 생성해주며 프로젝트 편집기에서 설정한 정보가 자동으로 Info.plist 파일에 저장됩니다.

이 파일은 iOS가 앱과 상호작용하는 방식을 지정하고 앱이 요구하는 디바이스 기능을 지정합니다. 앱 스토어는 이 파일을 참고하여 지원되지 않는 디바이스에 앱이 설치되는 것을 방지합니다. Info.plist 파일이 앱 번들에 포함되어 있지 않으면 앱을 앱스토어에 제출할 수 없으므로 실수로 지우지 않도록 주의해야 합니다.

Xcode가 자동으로 생성한 Info.plist 파일에는 UIRequiredDeviceCapabilities 키(Required device capabilities)가 포함되어 있습니다. 아래의 나열된 값을 추가하여 앱이 요구하는 기능을 지정할 수 있습니다.

값	요구되는 기능	최소 iOS 버전
accelerometer	가속도계	iOS 3.0
magnetometer	자기계	iOS 3.0
still-camera	카메라	iOS 3.0
video-camera	비디오 녹화가 가능한 카메라	iOS 3.0
auto-focus-camera	오토 포커시를 지원하는 카메라	iOS 3.0
camera-flash	카메라 플래시	iOS 3.0
front-facing-camera	전면 카메라	iOS 3.0
bluetooth-le	블루투스 LE	iOS 5.0
location-services gps	Wi-Fi, Cellular, GPS	iOS 3.0
healthkit	헬스킷	iOS 8.0
microphone	내장 마이크 또는 마이크 악세사리	iOS 3.0
peer-peer	블루투스 P2P 통신	iOS 3.1
wifi	네트워크 연결	iOS 3.0
telephony	전화 연결	iOS 3.0
sms	SMS 전송	iOS 3.0

STEP **01**

새로운 iOS Single View Application을 생성합니다.

STEP **02**

프로젝트 네비게이터에서 Info.plist 파일을 선택합니다. Required device capabilities 항목 앞에 있는 화살표를 클릭하여 확장합니다.

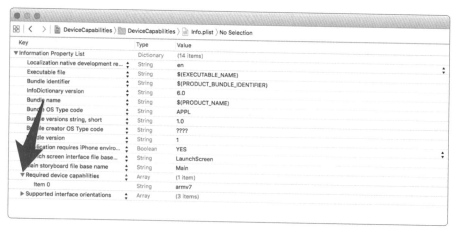

Item 0으로 마우스 포인터를 가져가면 + 버튼과 − 버튼이 표시됩니다. + 버튼을 눌러 새로운 항목을 추가합니다. 입력창에 원하는 값을 입력합니다. 항목당 하나의 값을 입력할 수 있으므로 여러 값을 입력해야 한다면 + 버튼으로 필요한 만큼 항목을 추가해야 합니다.

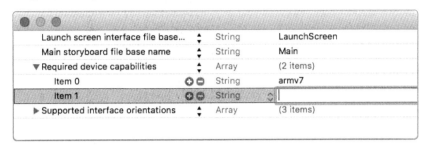

3. Settings Bundle

셋팅 번들은 앱과 연관된 환경설정 항목을 담고 있는 번들입니다. 셋팅 번들에 포함된 내용은 설정 앱에 표시됩니다. 아이폰 설정 앱을 실행하면 시스템 설정 아래쪽에 설치된 앱 목록이 표시됩니다. 앱을 선택하면 설정 가능한 항목이 표시됩니다. 예를 들어 WWDC 앱은 로그아웃 방식과 비디오 품질을 설정할 수 있습니다.

Beginner Note

셋팅 번들에 대한 상세한 정보는 Preferences and Settings Programming Guide에서 얻을 수 있습니다.

셋팅 번들의 가장 큰 장점은 환경 설정 화면을 직접 구성할 필요가 없다는 것입니다. Property list 파일을 통해 설정 항목의 메타데이터를 셋팅 번들로 저장하면 설정 앱은 셋팅 번들에 포함된 메타데이터를 통해 표준 설정 화면을 구성합니다.

설정 앱을 통해 앱의 환경 설정을 변경하려면 앱을 벗어나야 하기 때문에 사용자가 자주 변경하는 설정을 셋팅 번들에 포함시키는 것은 적절하지 않습니다. 자주 변경되고 변경 즉시 앱의 동작에 영향을 주는 설정들은 앱 내에서 설정할 수 있도록 구현하는 것이 좋습니다. 셋팅 번들은 자주 변경되지 않는 설정을 제공하거나 비교적 중요도가 떨어지는 정보를 표시하는데 적합합니다.

STEP 01

새로운 iOS Single View Application을 생성합니다. 프로젝트의 이름을 Settings로 설정합니다.

STEP 02

다음 중 한 가지 방법으로 셋팅 번들을 추가합니다. 이름은 기본 이름을 그대로 사용합니다.

* File 〉 New 〉 File... (⌘N) 메뉴를 선택한 후 iOS 〉 Resources 섹션에서 Setting Bundle 항목을 선택합니다.
* 프로젝트 네비게이터의 컨텍스트 메뉴에서 New File... 메뉴를 선택한 후 iOS 〉 Resources 섹션에서 Setting Bundle 항목을 선택합니다.
* File Template Library에서 Settings Bundle 항목을 프로젝트 네비게이터로 드래그 합니다.

프로젝트 네비게이터에서 Settings.bundle 파일을 확장하면 en.lproj 디렉토리와 Root.plist 파일이 포함되어 있습니다. Root.plist 파일에는 샘플 항목이 미리 추가되어 있습니다.

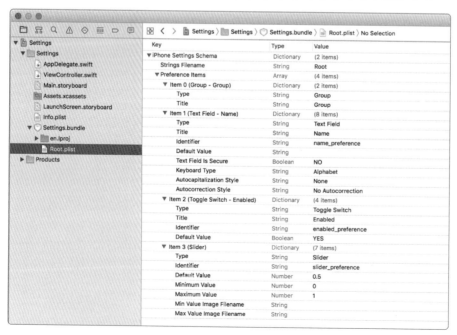

시뮬레이터에서 앱을 실행합니다.

홈 화면으로 이동한 후 설정 앱을 실행합니다. 목록 마지막 부분에 Settings 항목이 추가된 것을 확인할 수 있습니다. 이 항목을 선택하면 Root.plist 파일에 저장되어 있는 설정 목록이 표시됩니다.

Root.plist 파일은 최상위에 iPhone Settings Schema 항목이 있고 한단계 아래에 Preference Items 항목이 있습니다. 환경 설정에 추가할 항목은 모두 Preference Items 항목 아래에 추가해야 합니다. 환경 설정 항목은 딕셔너리 형태로 지정하며 키는 미리 정해진 키만 사용할 수 있습니다. 잘못된 키를 입력하거나 Root.plist 파일이 올바르게 구성되어 있지 않은 경우 설정 항목들이 제대로 표시되지 않으므로 주의해야 합니다.

새로운 설정을 추가해 보겠습니다. Login이라는 새로운 그룹을 추가한 후 ID와 비밀번호를 입력할 텍스트 필드를 추가합니다. 그리고 국가를 선택할 수 있는 항목을 추가합니다.

STEP 04

Root.plist 파일에서 Preference Items 항목을 선택한 후 오른쪽에 표시된 + 버튼을 클릭합니다.

STEP 05

팝업 메뉴에서 Group을 선택합니다. 그리고 선택된 항목을 목록 마지막 부분으로 드래그합니다.

STEP 06

그룹 항목을 확장 한 후 Title 값을 Login으로 설정합니다.

STEP 07

Preference Items 항목을 선택한 후 오른쪽에 표시된 + 버튼을 클릭합니다. Text Field 항목을 선택한 후 목록 마지막 부분으로 드래그 합니다. 항목을 확장한 후 Title 값을 ID, Identifier 값을 userId로 설정합니다.

STEP 08

STEP 07과 동일한 과정으로 텍스트 필드를 추가한 후 Title 값을 비밀번호, Identifier 값을 userPassword로 설정합니다.

STEP 09

Identifier 항목에 표시된 + 버튼을 클릭하여 새로운 항목을 추가한 후 IsSecure 키를 입력합니다. 그리고 값을 YES로 설정합니다.

이 과정은 텍스트 필드에 입력된 글자를 • 으로 표시합니다.

STEP 10

Preference Items 항목을 선택한 후 오른쪽에 표시된 + 버튼을 클릭합니다. Multi Value 항목을 선택한 후 목록 마지막 부분으로 드래그 합니다. 항목을 확장한 후 Title 값을 국가, Identifier 값을 userCountry로 설정합니다.

STEP 11

Default Value 항목에 있는 + 버튼을 클릭하여 새로운 항목을 추가하고 항목의 종류를 Titles로 선택합니다. 그리고 Titles 항목 아래에 Korea, China, US 항목을 추가합니다.

STEP 12

Titles 항목에 있는 + 버튼을 클릭하여 새로운 항목을 추가하고 항목의 종류를 Values로 선택합니다. 그리고 Values 항목 아래에 세개의 하위 항목을 추가한 후 Type을 Number로 변경하고 값을 각각 0, 1, 2로 설정합니다. Default Value 항목의 값을 0으로 설정한 후 Type을 Number로 변경합니다.

STEP 12 까지 완료한 Root.plist 파일은 아래와 같습니다.

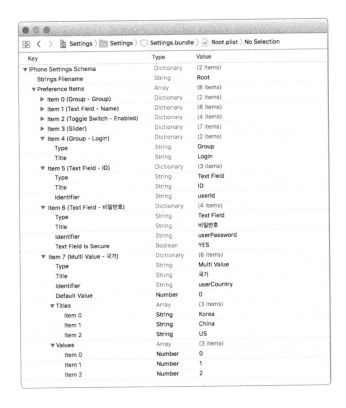

STEP 12

시뮬레이터에서 앱을 실행한 후 셋팅 번들이 적용되었는지 확인합니다.

설정 앱에서 Settings 항목을 선택하면 다음과 같이 새로운 Login 그룹이 추가되어 있는 것을 확인할 수 있습니다. 국가 항목을 선택하면 세부 설정을 선택할 수 있는 화면으로 이동합니다. 다음 단계를 진행하기 위해 ID에 값을 입력하고 원하는 국가를 선택합니다.

3.1 User Defaults System

User Defaults System(이하 UDS)은 사용자의 환경 설정 내용을 저장하고 관리합니다. UDS가 관리하는 환경 설정은 영구적으로 저장되기 때문에 앱을 실행할 때마다 새롭게 구성하지 않아도 됩니다. UDS는 문자열, 숫자, 날짜와 같이 기본적인 자료형의 작은 값을 저장하는데 최적화되어 있습니다. NSData 형식의 바이너리 값을 저장할 수 있지만 UDS에 적합하지 않습니다. 바이너리 파일은 일반 파일로 저장하는 것이 좋습니다.

셋팅 번들을 통해 설정에 추가된 환경 설정 항목들은 UDS에 추가됩니다. UDS에 있는 환경 설정 값은 Root.plist 파일에서 지정했던 Identifier 값을 통해 접근할 수 있습니다. NSUserDefaults 클래스는 UDS에 저장되어 있는 설정 값을 읽거나 새로운 설정 값을 추가할 수 있는 API를 제공합니다. UDS에 저장할 수 있는 설정은 셋팅 번들에 포함된 항목으로 제한되지 않습니다. 그러므로 원하는 키-값 쌍의 설정 데이터를 자유롭게 저장할 수 있습니다.

값을 저장할 때는 set...(_:forKey:) 메소드를 사용합니다.

Objective-C
```objc
[[NSUserDefaults standardUserDefaults] setBool:YES forKey:@"boolKey"];
[[NSUserDefaults standardUserDefaults] setFloat:12.3f forKey:@"floatKey"];
[[NSUserDefaults standardUserDefaults] setDouble:12.3 forKey:@"doubleKey"];
[[NSUserDefaults standardUserDefaults] setInteger:123 forKey:@"intKey"];

NSURL* url = [NSURL URLWithString:@"http://www.apple.com"];
[[NSUserDefaults standardUserDefaults] setURL:url forKey:@"urlKey"];

[[NSUserDefaults standardUserDefaults] setObject:@"String Value"
forKey:@"strKey"];
```

Swift 2.3
```swift
NSUserDefaults.standardUserDefaults().setBool(true, forKey: "boolKey")
NSUserDefaults.standardUserDefaults().setFloat(Float(12.3),
    forKey: "floatKey")
NSUserDefaults.standardUserDefaults().setDouble(12.3, forKey: "doubleKey")
NSUserDefaults.standardUserDefaults().setInteger(123, forKey: "intKey")

let url = NSURL(string: "http://www.apple.com")
NSUserDefaults.standardUserDefaults().setURL(url, forKey: "urlKey")

NSUserDefaults.standardUserDefaults().setObject("String Value",
    forKey: "strKey")
```

```
Swift 3
UserDefaults.standard.set(true, forKey: "boolKey")
UserDefaults.standard.set(Float(12.3), forKey: "floatKey")
UserDefaults.standard.set(12.3, forKey: "doubleKey")
UserDefaults.standard.set(123, forKey: "intKey")

let url = URL(string: "http://www.apple.com")
UserDefaults.standard.set(url, forKey: "urlKey")

UserDefaults.standard.set("String Value", forKey: "strKey")
```

저장된 값은 주기적으로 UDS에 저장(Automatic synchronization)됩니다. UDS에 저장되기 전까지 메모리 캐시에 저장되는데 UDS에 영구적으로 저장되기 전에 앱을 종료한다면 값이 유실될 수 있습니다. 그래서 값을 추가하거나 변경한 후에는 synchronize 메소드를 호출하여 즉시 UDS에 저장하는 것이 좋습니다.

```
Objective-C
[[NSUserDefaults standardUserDefaults] synchronize];
```

```
Swift 2.3
NSUserDefaults.standardUserDefaults().synchronize()
```

```
Swift 2.3
UserDefaults.standard.synchronize()
```

UDS에 저장되어 있는 값을 읽을 때는 …forKey(_:) 메소드를 사용합니다. 키는 대소문자를 구분하므로 반드시 정확한 키를 전달해야 합니다. 만약 키와 연관된 값이 존재하지 않는다면 nil 또는 0, false가 리턴됩니다. Swift의 경우 옵셔널 형식으로 값을 리턴하므로 옵셔널 바인딩이나 guard 구문과 결합해서 사용합니다.

```
Objective-C
NSArray * arrValur = [[NSUserDefaults standardUserDefaults]
    arrayForKey:@"arrayKey"];
NSData * dataValue = [[NSUserDefaults standardUserDefaults]
    dataForKey:@"dataKey"];
NSDictionary * dictValue = [[NSUserDefaults standardUserDefaults]
    dictionaryForKey:@"dictKey"];
id objValue = [[NSUserDefaults standardUserDefaults]
    objectForKey:@"objKey"];
NSString * strValue = [[NSUserDefaults standardUserDefaults]
    stringForKey:@"strKey"];
NSArray * strArrayValue = [[NSUserDefaults standardUserDefaults]
    stringArrayForKey:@"strArrayKey"];
```

```objc
NSURL * urlValue = [[NSUserDefaults standardUserDefaults]
    URLForKey:@"urlKey"];

double doubleValue = [[NSUserDefaults standardUserDefaults]
    doubleForKey:@"doubleKey"];
float floatValue = [[NSUserDefaults standardUserDefaults]
    floatForKey:@"floatKey"];
NSInteger intValue = [[NSUserDefaults standardUserDefaults]
    integerForKey:@"intKey"];
BOOL boolVluew = [[NSUserDefaults standardUserDefaults]
    boolForKey:@"boolKey"];
```

Swift 2.3

```swift
if let value = NSUserDefaults.standardUserDefaults().arrayForKey("arrayKey")
{
    // ...
}

if let value = NSUserDefaults.standardUserDefaults().dataForKey("dataKey") {
    // ...
}

if let value = NSUserDefaults.standardUserDefaults()
    .dictionaryForKey("dictKey") {
    // ...
}

if let value = NSUserDefaults.standardUserDefaults().objectForKey("objKey")
{
    // ...
}

if let value = NSUserDefaults.standardUserDefaults().stringForKey("strKey")
{
    // ...
}

if let value = NSUserDefaults.standardUserDefaults()
    .stringArrayForKey("strArrayKey") {
    // ...
}

if let value = NSUserDefaults.standardUserDefaults().URLForKey("urlKey") {
    // ...
}

let doubleValue = NSUserDefaults.standardUserDefaults().
    doubleForKey("doubleKey")
let floatValue = NSUserDefaults.standardUserDefaults().
    floatForKey("floatKey")
let intValue = NSUserDefaults.standardUserDefaults().integerForKey("intKey")
let boolValue = NSUserDefaults.standardUserDefaults().boolForKey("boolKey")
```

```swift
if let value = UserDefaults.standard.array(forKey: "arrayKey") {
    // ...
}

if let value = UserDefaults.standard.data(forKey: "dataKey") {
    // ...
}

if let value = UserDefaults.standard.dictionary(forKey: "dictKey") {
    // ...
}

if let value = UserDefaults.standard.object(forKey: "objKey") {
    // ...
}

if let value = UserDefaults.standard.string(forKey: "strKey") {
    // ...
}

if let value = UserDefaults.standard.stringArray(forKey: "strArrayKey") {
    // ...
}

if let value = UserDefaults.standard.url(forKey: "urlKey") {
    // ...
}

let doubleValue = UserDefaults.standard.float(forKey: "doubleKey")
let floatValue = UserDefaults.standard.float(forKey: "floatKey")
let intValue = UserDefaults.standard.integer(forKey: "intKey")
let boolValue = UserDefaults.standard.bool(forKey: "boolKey")
```

다시 예제로 돌아가 ID와 국가 설정에 저장되어 있는 값을 읽어 보겠습니다.

STEP 14

ViewController 클래스의 viewDidLoad(_:) 메소드는 ID, 국가 설정에 저장된 값을 읽는 코드를 추가합니다.

ID 설정을 읽을 때는 userId 키를 사용하고 국가 설정을 읽을 때는 userCountry 키를 사용합니다. 여기에서 사용한 키는 Root.plist 파일에서 지정한 Identifier 항목의 값입니다.

```objc
Objective-C
- (void)viewDidLoad {
    [super viewDidLoad];
```

```
        NSString* userId = [[NSUserDefaults standardUserDefaults]
            stringForKey:@"userId"];
        NSLog(@"%@", userId);

        NSInteger country = [[NSUserDefaults standardUserDefaults]
            integerForKey:@"userCountry"];
        NSLog(@"%ld", country);
}
```

Swift 2.3
```
override func viewDidLoad() {
    super.viewDidLoad()

    if let userId = NSUserDefaults.standardUserDefaults().stringForKey("userId")
{
        print(userId)
    }

    let country = NSUserDefaults.standardUserDefaults().
integerForKey("userCountry")
    print(country)
}
```

Swift 3
```
override func viewDidLoad() {
    super.viewDidLoad()

    if let userId = UserDefaults.standard.string(forKey: "userId") {
        print(userId)
    }

    let country = UserDefaults.standard.integer(forKey: "userCountry")
    print(country)
}
```

STEP **15**

시뮬레이터에서 실행한 후 출력되는 로그를 확인합니다.

STEP 13에서 입력한 ID과 선택한 국가의 값이 출력될 것입니다.

4. App Backup 및 파일 관리

iCloud 백업 설정이 활성화 되어 있거나 iTunes 앱을 통해서 디바이스를 동기화할 때 앱에 저장된 데이터가 백업 됩니다. 앱 샌드박스 내에서 파일이 저장된 위치는 파일의 백업 여부를 결정합니다. 기본적으로 아래의 디렉토리에 저장되어 있는 파일은 백업 대상에서 제외됩니다.

- ⟨Application_Home⟩/AppName.app
- ⟨Application_Home⟩/Library/Caches
- ⟨Application_Home⟩/tmp

다른 디렉토리에 저장된 파일은 백업 대상이 됩니다. 다수의 파일이 백업 대상이 될 경우 백업 속도가 느려지고 불필요한 iCloud 저장 공간을 점유할 수 있으므로 불필요한 파인은 백업 대상에서 제외시키는 것이 좋습니다.

사용자가 직접 생성한 파일처럼 앱이 자동으로 생성할 수 없는 파일은 ⟨Application_Home⟩/Documents 디렉토리에 저장합니다. 앱을 실행하는데 필요하지만 다시 다운로드 할 수 있거나 재생성할 수 있는 파일은 ⟨Application_Home⟩/Library/Application Support 디렉토리에 저장합니다. 이 디렉토리에 저장된 파일들은 기본적으로 백업 대상에 포함됩니다. 만약 여기에 저장된 파일들을 백업 대상에서 제외시키지 않으면 앱 심사 기준 위반으로 심사를 통과할 수 없게 됩니다. 그러므로 반드시 아래의 메소드를 구현한 후 개별 파일을 백업 대상에서 제외시켜야 합니다.

```objectivec
Objective-C
- (BOOL)addSkipBackupAttributeToItemAtPath:(NSString *)filePath {
    NSURL* URL= [NSURL fileURLWithPath: filePath];
    assert([[NSFileManager defaultManager] fileExistsAtPath: [URL path]]);

    NSError *error = nil;
    BOOL success = [URL setResourceValue: [NSNumber numberWithBool: YES]
        forKey: NSURLIsExcludedFromBackupKey error: &error];
    if(!success){
        NSLog(@"Error excluding %@ from backup %@",
            [URL lastPathComponent], error);
    }

    return success;
}
```

```swift
Swift 2.3
func addSkipBackupAttributeToItemAtURL(filePath:String) -> Bool {
    let URL:NSURL = NSURL.fileURLWithPath(filePath)

    assert(NSFileManager.defaultManager().fileExistsAtPath(filePath),
        "File \(filePath) does not exist")

    var success: Bool
    do {
        try URL.setResourceValue(true, forKey:NSURLIsExcludedFromBackupKey)
        success = true
    } catch let error as NSError {
        success = false
```

```
            print("Error excluding \(URL.lastPathComponent) from
                backup \(error)");
        }

        return success
    }
```

Swift 3
```swift
func addSkipBackupAttributeToItemAtURL(filePath:String) -> Bool {
    let URL: NSURL = NSURL(fileURLWithPath: filePath)

    assert(FileManager.default.fileExists(atPath: filePath),
        "File \(filePath) does not exist")

    var success: Bool
    do {
        try URL.setResourceValue(true,
            forKey:URLResourceKey.isExcludedFromBackupKey)
        success = true
    } catch let error as NSError {
        success = false
        print("Error excluding \(URL.lastPathComponent) from
            backup \(error)");
    }

    return success
}
```

잡지, 신문, 지도 등에 사용되는 DB 캐시 파일이나 나중에 다시 다운로드 할 수 있는 캐시 파일들은 〈Application_Home〉/Library/Caches 디렉토리에 저장합니다. iOS는 사용 가능한 디스크 공간을 확보하기 위해서 이 디렉토리에 저장된 파일을 언제든지 삭제할 수 있습니다. 그러므로 이러한 상황을 처리하는 코드를 올바르게 작성해 두어야 합니다.

특정 작업에 사용되는 임시 파일은 〈Application_Home〉/tmp 디렉토리에 저장합니다. 사용이 끝난 파일은 바로 삭제하는 것이 좋습니다.

앱이 업데이트할 때 Documents 디렉토리와 Library 디렉토리에 저장된 파일은 그대로 보존됩니다. 하지만 다른 디렉토리에 저장되어 있는 파일은 보존되지 않으므로 업데이트에 관계없이 항상 저장되어 있어야 하는 파일은 앞에서 언급한 두 디렉토리에 저장해야 합니다.

필요에 따라서 직접 디렉토리를 만들 수 있지만 가능한 앞에서 설명한 디렉토리를 사용하거나 하위 디렉토리로 만드는 것이 좋습니다.

기본으로 생성되어 있는 디렉토리의 URL은 다음과 같이 얻을 수 있습니다.

```objc
// Document Directory
NSArray* urls = [[NSFileManager defaultManager]
    URLsForDirectory:NSDocumentDirectory inDomains:NSUserDomainMask];
NSURL* documentUrl = urls.firstObject;

// Library Directory
urls = [[NSFileManager defaultManager]
    URLsForDirectory:NSLibraryDirectory inDomains:NSUserDomainMask];
NSURL* libraryUrl = urls.firstObject;

// Application Support Directory
urls = [[NSFileManager defaultManager]
    URLsForDirectory:NSApplicationSupportDirectory
inDomains:NSUserDomainMask];
NSURL* appSupportUrl = urls.firstObject;

// Caches Directory
urls = [[NSFileManager defaultManager]
    URLsForDirectory:NSCachesDirectory inDomains:NSUserDomainMask];
NSURL* cachesUrl = urls.firstObject;

// Temporary Directory
NSURL* tempUrl = [NSURL fileURLWithPath:NSTemporaryDirectory()];
```

```swift
// Document Directory
var urls = NSFileManager.defaultManager().URLsForDirectory(
    .DocumentDirectory, inDomains: .UserDomainMask)
if let documentUrl = urls.first {
    // ...
}

// Library Directory
urls = NSFileManager.defaultManager().URLsForDirectory(
    .LibraryDirectory, inDomains: .UserDomainMask)
if let libraryUrl = urls.first {
    // ...
}

// Application Support Directory
urls = NSFileManager.defaultManager().URLsForDirectory(
    .ApplicationSupportDirectory, inDomains: .UserDomainMask)
if let appSupportUrl = urls.first {
    // ...
}

// Caches Directory
urls = NSFileManager.defaultManager().URLsForDirectory(
    .CachesDirectory, inDomains: .UserDomainMask)
if let cachesUrl = urls.first {
```

```
    // ...
}

// Temporary Directory
let tempUrl = NSURL(fileURLWithPath: NSTemporaryDirectory())
```

```
// Document Directory
var urls = FileManager.default.urls(for: .documentDirectory, in:
    .userDomainMask)
if let documentUrl = urls.first {
    // ...
}

// Library Directory
urls = FileManager.default.urls(for: .libraryDirectory, in: .userDomainMask)
if let libraryUrl = urls.first {
    // ...
}

// Application Support Directory
urls = FileManager.default.urls(for: .applicationSupportDirectory, in:
    .userDomainMask)
if let appSupportUrl = urls.first {
    // ...
}

// Caches Directory
urls = FileManager.default.urls(for: .cachesDirectory, in: .userDomainMask)
if let cachesUrl = urls.first {
    // ...
}

// Temporary Directory
let tempUrl = FileManager.default.temporaryDirectory
```

iOS 디바이스의 저장 공간은 컴퓨터에 비해 제한되어 있고 저장 공간으로 사용되는 플래시 드라이브는 제한된 수명을 가지고 있습니다. 파일을 읽고 쓰는 작업은 상대적으로 느리기 때문에 앱의 성능에 영향을 줄 수 있습니다. 그래서 가능하다면 변경사항을 취합하여 한 번에 쓰는 것이 좋고 파일의 일부분을 변경하기 위해서 파일 전체를 다시 쓰는 것은 피해야 합니다. 회원 목록이나 통계 데이터와 같이 구조적인 데이터는 파일 보다 DB에 저장하는 것이 좋습니다.

Application Life Cycle

CHAPTER
05

iOS 앱이 시작한 후 종료되기 전까지의 기간을 생명 주기라고 합니다. 앱은 생명 주기 내에서 화면에 표시되어 사용자와 상호 작용하거나 다른 앱에 의해 가려질 수 있습니다. 앱이 화면에 표시되어 있는 상태를 Foreground, 앱이 메모리에 존재하지만 화면에 표시되어 있지 않은 상태를 Background 상태라고 합니다. iOS는 Foreground에서 실행 중인 앱에 리소스를 우선적으로 제공하며 Foreground 앱이 사용할 수 있는 리소스가 부족한 경우 Background 상태에 있는 앱으로부터 사용하지 않는 리소스를 회수합니다.

iOS 앱은 다섯 가지 상태를 가지고 있으며 생명 주기 동안 반드시 하나의 상태에 속하게 됩니다. 앱의 상태는 사용자의 상호 작용과 시스템 이벤트를 통해 전환될 수 있습니다.

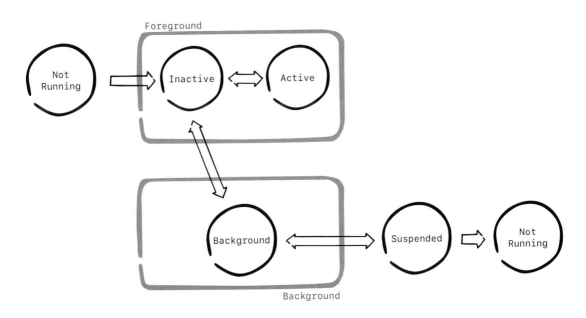

Not Running은 앱이 실행되고 있지 않으며 어떠한 디바이스 리소스도 점유하고 있지 않는 상태입니다. 사용자가 홈 화면에서 앱을 실행하면 Inactive 상태로 전환됩니다. Inactive 상태는 앱이 Foreground에서 실행되고 있지만 이벤트를 받고 있지 않은 상태입니다. 앱이 Foreground에서 이벤트를 받으면 Active 상태로 전환됩니다. 일반적으로 앱이 실행되고 있는 상태를 의미합니다. 사용자가 홈 버튼을 누르거나 다른 앱으로 전환하면 Background 상태로 전환됩니다. Background 상태에서 앱의 UI는 화면에 표시되지 않지만 코드를 실행할 수 있습니다. Background에서 코드를 실행할 경우 실행 시간을 명시적으로 요청해야 합니다. 만약 실행할 코드가 없다면 바로 Suspended 상태로 전환됩니다. Suspended 상태로 전환된 앱은 디바이스의 리소스를 점유하고 있지만 어떠한 코드도 실행하지 않습니다. 디바이스의 메모리가 부족한 경우 OS에 의해 Not Running 상태로 전환될 수 있습니다.

훌륭한 사용자 경험을 제공하기 위해서는 App Delegate 객체를 통해 상태 전환을 적절히 처리해야 합니다. 상태 전환을 처리하지 않는 경우 데이터 손실이 발생하거나 오류가 발생할 수 있으므로 주의해야 합니다. iOS 앱은 앱의 상태가 전환될 때마다 App Delegate 객체에 구현되어 있는 메소드를 호출합니다. 간단한 예제를 통해 메소드가 호출되는 시점과 순서를 확인해 보겠습니다.

STEP 01

새로운 iOS Single View Application을 생성하고 프로젝트 네비게이터에서 AppDelegate 소스 파일을 선택합니다.

```
Objective-C - AppDelegate.m
Swift - AppDelegate.swift
```

STEP 02

아래와 같이 각 메소드에 로그 출력 코드를 추가합니다.

```objectivec
Objective-C
@implementation AppDelegate

- (BOOL)application:(UIApplication *)application
    willFinishLaunchingWithOptions:(NSDictionary *)launchOptions {
    NSLog(@"will finish launching");
    return YES;
}

- (BOOL)application:(UIApplication *)application
    didFinishLaunchingWithOptions:(NSDictionary *)launchOptions {
    NSLog(@"did finish launching");
    return YES;
}

- (void)applicationWillResignActive:(UIApplication *)application {
    NSLog(@"will resign active");
}

- (void)applicationDidEnterBackground:(UIApplication *)application {
    NSLog(@"did enter background");
}

- (void)applicationWillEnterForeground:(UIApplication *)application {
```

```objc
    NSLog(@"will enter foreground");
}

- (void)applicationDidBecomeActive:(UIApplication *)application {
    NSLog(@"did become active");
}

- (void)applicationWillTerminate:(UIApplication *)application {
    NSLog(@"will terminate");
}

- (void)applicationDidReceiveMemoryWarning:(UIApplication *)application {
    NSLog(@"did receive memory warning");
}

@end
```

Swift

```swift
@UIApplicationMain
class AppDelegate: UIResponder, UIApplicationDelegate {
    var window: UIWindow?

#if swift(>=3.0)
    func application(_ application: UIApplication,
        willFinishLaunchingWithOptions launchOptions:
        [UIApplicationLaunchOptionsKey : Any]? = nil) -> Bool {
        print("will finish launching")
        return true
    }

    func application(_ application: UIApplication,
didFinishLaunchingWithOptions
        launchOptions: [UIApplicationLaunchOptionsKey: Any]?) -> Bool {
        print("did finish launching")
        return true
    }

    func applicationWillResignActive(_ application: UIApplication) {
        print("will resign active")
    }

    func applicationDidEnterBackground(_ application: UIApplication) {
        print("did enter background")
    }

    func applicationWillEnterForeground(_ application: UIApplication) {
        print("will enter foreground")
    }

    func applicationDidBecomeActive(_ application: UIApplication) {
        print("did become active")
```

```swift
    }

    func applicationWillTerminate(_ application: UIApplication) {
        print("will terminate")
    }

    func applicationDidReceiveMemoryWarning(_ application: UIApplication) {
        print("did receive memory warning")
    }
#else
    func application(application: UIApplication,
willFinishLaunchingWithOptions
        launchOptions: [NSObject : AnyObject]?) -> Bool {
        print("will finish launching")
        return true
    }

    func application(application: UIApplication,
didFinishLaunchingWithOptions
        launchOptions: [NSObject: AnyObject]?) -> Bool {
        print("did finish launching")
        return true
    }

    func applicationWillResignActive(application: UIApplication) {
        print("will resign active")
    }

    func applicationDidEnterBackground(application: UIApplication) {
        print("did enter background")
    }

    func applicationWillEnterForeground(application: UIApplication) {
        print("will enter foreground")
    }

    func applicationDidBecomeActive(application: UIApplication) {
        print("did become active")
    }

    func applicationWillTerminate(application: UIApplication) {
        print("will terminate")
    }

    func applicationDidReceiveMemoryWarning(application: UIApplication) {
        print("did receive memory warning")
    }
#endif
}
```

시뮬레이터에서 앱을 실행한 후 출력되는 로그를 확인합니다.

처음 실행하면 다음과 같은 순서로 로그가 출력됩니다.

```
will finish launching
did finish launching
did become active
```

앱이 Not Running 상태에서 Active 상태로 전환되었습니다. Hardware 〉 Home (⇧⌘H) 메뉴를 선택하여 홈 화면으로 이동하면 아래의 로그가 이어서 출력됩니다

```
will resign active
did enter background
```

앱은 Active 상태에서 Background 상태를 거쳐 Suspended 상태로 전환되었습니다. 홈 화면에서 앱 아이콘을 클릭하면 Suspended 상태에 있던 앱이 Active 상태로 전환됩니다.

```
will enter foreground
did become active
```

Hardware 〉 Simulate Memory Warning (⇧⌘M) 메뉴를 선택하면 아래의 로그가 이어서 출력됩니다.

```
did receive memory warning
```

⇧⌘H 키를 두 번 빠르게 눌러 App Switcher를 표시하면 앱이 Inactive 상태로 전환됩니다.

```
will resign active
```

App Switcher에서 앱을 다시 선택하면 다시 Active 상태로 전환됩니다. 이와 마찬가지로 전화 수신 알림이나 시스템 경고창이 화면에 표시되는 경우 앱은 Inactive 상태로 전환되었다가 Active 상태로 전환됩니다.

```
did become active
```

다시 App Aswitcher를 표시한 후 앱을 위로 드래그하여 종료하면 Background, Suspended 상태를 거쳐 최종적으로 Not Running 상태로 전환됩니다.

```
did enter background
will terminate
```

이 예제를 통해서 AppDelegate가 구현하고 있는 델리게이션 메소드가 호출되는 시점을 파악할 수 있습니다.

앱의 현재 상태는 UIApplication 클래스의 applicationState 속성으로 확인할 수 있습니다.

Objective-C
```objc
UIApplicationState currentState = [[UIApplication sharedApplication]
applicationState];
switch (currentState) {
    case UIApplicationStateActive:
        // ...
        break;
    case UIApplicationStateInactive:
        // ...
        break;
    case UIApplicationStateBackground:
        // ...
        break;
}
```

Swift
```swift
#if swift(>=3.0)
let currentState = UIApplication.shared.applicationState
switch currentState {
case .active:
// ...
case .inactive:
// ...
case .background:
// ...
}
#else
let currentState = UIApplication.sharedApplication().applicationState
switch currentState {
case .Active:
// ...
case .Inactive:
// ...
case .Background:
    // ...
}
#endif
```

1. Background Task

사용자가 홈 버튼을 누르거나 다른 앱으로 전환하면 현재 실행 중인 앱은 Background 상태를 거쳐 Suspended 상태로 전환됩니다. 만약 앱에서 파일을 다운로드하고 있었다면 다운로드가 즉시 중지 됩니다.

앱은 실행 중인 Background Task가 존재하는 경우 Task가 완료되거나 실행 가능한 시간이 만료될 때까지 Background 상태를 유지합니다. Background Task는 UIApplication 클래스의 beginBack groundTask(expirationHandler:) 메소드를 통해 시작할 수 있습니다. 이 메소드는 UIBackground TaskIdentifier 형식의 Background Task 식별자를 리턴하고 실행 가능한 시간이 만료되었을 때 호 출되는 클로저를 파라미터로 전달합니다. 실행이 완료되었거나 실행시간이 만료된 Background Task 는 반드시 endBackgroundTask(_:) 메소드를 통해 종료시켜 주어야 합니다. 이 메소드는 beginBac kgroundTask(expirationHandler:) 메소드가 리턴한 식별자를 파라미터로 받습니다. Background Task는 대부분 아래와 같은 형태로 구현됩니다.

```objectivec
Objective-C
UIApplication* sharedApp = [UIApplication sharedApplication];
_taskId = [sharedApp beginBackgroundTaskWithExpirationHandler:^{
    작업 정리 코드

    [sharedApp endBackgroundTask:_taskId];
    _taskId = UIBackgroundTaskInvalid;
}];

dispatch_async(dispatch_get_global_queue(DISPATCH_QUEUE_PRIORITY_DEFAULT,
0), ^{
    실행할 코드

    [sharedApp endBackgroundTask:_taskId];
    _taskId = UIBackgroundTaskInvalid;
});
```

```swift
Swift 2.3
let sharedApp = UIApplication.sharedApplication()
taskId = sharedApp.beginBackgroundTaskWithExpirationHandler({ [weak self] in
    작업 정리 코드

    if let strongSelf = self {
        sharedApp.endBackgroundTask(strongSelf.taskId)
        strongSelf.taskId = UIBackgroundTaskInvalid
    }
})

dispatch_async(dispatch_get_global_queue(DISPATCH_QUEUE_PRIORITY_DEFAULT,
```

```
0)) {  [weak self] in
    실행할 코드

    if let strongSelf = self {
        sharedApp.endBackgroundTask(strongSelf.taskId)
        strongSelf.taskId = UIBackgroundTaskInvalid
    }
}
```

Swift 3
```
let sharedApp = UIApplication.shared
taskId = sharedApp.beginBackgroundTask(expirationHandler: { [weak self] in
    작업 정리 코드

    if let strongSelf = self {
        sharedApp.endBackgroundTask(strongSelf.taskId)
        strongSelf.taskId = UIBackgroundTaskInvalid
    }
})

DispatchQueue.global().async { [weak self] in
    실행할 코드

    if let strongSelf = self {
        sharedApp.endBackgroundTask(strongSelf.taskId)
        strongSelf.taskId = UIBackgroundTaskInvalid
    }
}
```

실행시간이 만료되기까지 남아있는 시간은 backgroundTimeRemaining 속성으로 얻을 수 있습니다.

Objective-C
```
NSTimeInterval remainingTime = sharedApp.backgroundTimeRemaining;
```

Swift
```
let remainingTime = sharedApp.backgroundTimeRemaining
```

간단한 예제를 통해서 Background Task를 처리하는 방법에 대해 공부해 보겠습니다.

STEP 01

새로운 iOS Single View Application을 생성하고 View Controller Scene에 세 개의 버튼을 추가합니다. 버튼의 제목을 각각 Task, Background Task, Message로 변경합니다..

ViewController 클래스에 taskId 속성을 추가합니다.

> Objective-C
> ```
> @property UIBackgroundTaskIdentifier taskId;
> ```
>
> Swift
> ```
> var taskId: UIBackgroundTaskIdentifier = UIBackgroundTaskInvalid
> ```

STEP 03

다운로드를 시뮬레이션할 메소드를 구현합니다.

이 메소드는 1초에 한 번씩 가상의 다운로드 로그를 출력하고 현재 앱의 상태를 출력합니다. 그리고
앱이 Background 상태에 있다면 남아있는 실행 시간을 출력합니다.

> Objective-C
> ```
> - (void)simulateDownload {
>     for (int i = 0; i < 200; i++) {
>         NSLog(@"download # %i", i);
>
>         UIApplicationState currentState = [[UIApplication sharedApplication]
>             applicationState];
>         switch (currentState) {
>             case UIApplicationStateActive:
>                 NSLog(@"active");
>                 break;
>             case UIApplicationStateInactive:
>                 NSLog(@"inactive");
>                 break;
>             case UIApplicationStateBackground:
>                 NSLog(@"background");
>                 NSLog(@"Remaining Time: %.1f", [[UIApplication
>                     sharedApplication] backgroundTimeRemaining]);
>                 break;
>         }
>
>         [NSThread sleepForTimeInterval:1];
>     }
> }
> ```
>
> Swift 2.3
> ```
> func simulateDownload() {
>     for index in 0..<200 {
>         print("download # \(index)")
> ```

```swift
        let currentState = UIApplication.sharedApplication()
            .applicationState
        switch currentState {
        case .Active:
            print("active")
        case .Inactive:
            print("inactive")
        case .Background:
            print("background")
            print("Remaining Time: \(UIApplication.sharedApplication()
                .backgroundTimeRemaining)")
        }

        NSThread.sleepForTimeInterval(1)
    }
}
```

Swift 3
```swift
func simulateDownload() {
    for index in 0..<200 {
        print("download # \(index)")

        let currentState = UIApplication.shared.applicationState
        switch currentState {
        case .active:
            print("active")
        case .inactive:
            print("inactive")
        case .background:
            print("background")
            print("Remaining Time: \(UIApplication.shared
                .backgroundTimeRemaining)")
        }

        Thread.sleep(forTimeInterval: 1)
    }
}
```

STEP 04

Task 버튼을 performTask(_:) 메소드와 Action으로 연결한 후 아래와 같이 구현합니다.

이 메소드는 메인 스레드에서 simulateDownload() 메소드를 호출합니다.

Objective-C
```objectivec
- (IBAction)performTask:(id)sender {
    [self simulateDownload];
}
```

Swift 2.3
```swift
@IBAction func performTask(sender: AnyObject) {
    simulateDownload()
}
```

Swift 3
```swift
@IBAction func performTask(_ sender: AnyObject) {
    simulateDownload()
}
```

STEP 05

Background Task 버튼을 performBackgroundTask(_:) 메소드와 Action으로 연결한 후 아래와 같이 구현합니다.

이 메소드는 Background Task를 시작한 후 Background 스레드에서 simulateDownload() 메소드를 호출합니다.

Objective-C
```objc
- (IBAction)performBackgroundTask:(id)sender {
    UIApplication* sharedApp = [UIApplication sharedApplication];
    _taskId = [sharedApp beginBackgroundTaskWithExpirationHandler:^{
        [sharedApp endBackgroundTask:_taskId];
        _taskId = UIBackgroundTaskInvalid;
    }];

    dispatch_async(dispatch_get_global_queue(
        DISPATCH_QUEUE_PRIORITY_DEFAULT, 0), ^{
        [self simulateDownload];

        [sharedApp endBackgroundTask:_taskId];
        _taskId = UIBackgroundTaskInvalid;
    });
}
```

Swift 2.3
```swift
@IBAction func performBackgroundTask(sender: AnyObject) {
    let sharedApp = UIApplication.sharedApplication()
    taskId = sharedApp.beginBackgroundTaskWithExpirationHandler({
        [weak self] in
        if let strongSelf = self {
            sharedApp.endBackgroundTask(strongSelf.taskId)
            strongSelf.taskId = UIBackgroundTaskInvalid
        }
    })
```

```
    dispatch_async(dispatch_get_global_queue(
        DISPATCH_QUEUE_PRIORITY_DEFAULT, 0)) {  [weak self] in
        if let strongSelf = self {
            strongSelf.simulateDownload()
            sharedApp.endBackgroundTask(strongSelf.taskId)
            strongSelf.taskId = UIBackgroundTaskInvalid
        }
    }
}
```

Swift 3

```
@IBAction func performBackgroundTask(_ sender: AnyObject) {
    let sharedApp = UIApplication.shared
    taskId = sharedApp.beginBackgroundTask(expirationHandler: {
        [weak self] in
        if let strongSelf = self {
            sharedApp.endBackgroundTask(strongSelf.taskId)
            strongSelf.taskId = UIBackgroundTaskInvalid
        }
    })

    DispatchQueue.global().async { [weak self] in
        if let strongSelf = self {
            strongSelf.simulateDownload()
            sharedApp.endBackgroundTask(strongSelf.taskId)
            strongSelf.taskId = UIBackgroundTaskInvalid
        }
    }
}
```

STEP 06

Message 버튼을 showMessage(_:) 메소드와 Action으로 연결한 후 아래와 같이 구현합니다.

Objective-C

```
- (IBAction)showMessage:(id)sender {
    NSLog(@"Process Button Touch");
}
```

Swift 2.3

```
@IBAction func showMessage(sender: AnyObject) {
    print("Process Button Touch")
}
```

Swift 3

```
@IBAction func showMessage(_ sender: AnyObject) {
    print("Process Button Touch")
}
```

시뮬레이터에서 앱을 실행합니다.

앱을 실행한 후 Task 버튼을 클릭하면 메인 스레드에서 가상의 다운로드 작업이 시작되고 1초에 한 번씩 다운로드 로그와 현재 앱 상태가 출력됩니다. 홈 화면으로 이동하면 여전히 Active 상태에서 로그가 출력됩니다. 앱 아이콘을 다시 클릭하면 앱 화면이 표시되지만 버튼을 클릭해도 반응이 없습니다. 메인 스레드에서 실행 중인 simulateDownload() 메소드가 리턴되지 않았기 때문입니다. 이 메소드의 실행이 종료되면 그동안 메시지 큐에 추가되어 있던 메시지가 한 번에 전달됩니다. 이것은 매우 나쁜 사용자 경험을 제공하기 때문에 반드시 피해야 하는 안티 패턴입니다. 메인 스레드에서 실행 시간이 긴 코드를 실행하면 안 됩니다.

앱을 다시 실행한 후 Background Task 버튼을 클릭하면 Background Task가 시작되고 Background 스레드에서 가상의 다운로드 작업이 실행됩니다. 홈 화면으로 이동하면 이전과 달리 Background 상태에서 로그가 출력됩니다. 앱 아이콘을 클릭하여 다시 앱을 실행하면 Active 상태로 전환됩니다. 메인 스레드가 이벤트를 처리할 수 있기 때문에 Message 버튼을 클릭하면 즉시 로그가 출력되는 것을 확인할 수 있습니다.

Background Task를 실행할 수 있는 시간은 대략 180초 정도이지만 더 짧은 시간이 주어질 수 있으므로 작업을 가능한 빨리 완료하는 것이 좋습니다.

2. Background Modes

Background에서 항상 실행되어야 하는 앱은 특별한 권한을 요청해야 합니다. 예를 들어 음악 앱은 재생을 시작한 후 Background 상태로 전환되어도 중단 없이 계속 재생됩니다. 만약 음악 앱이 Background 실행 권한을 가지고 있지 않다면 앱이 Background 상태로 전환될 때 재생 중이던 음악이 중지될 것입니다. Background 실행 권한은 Info.plist 파일에 Background Mode를 추가하는 방식으로 요청합니다. Info.plist에 UIBackgroundModes 키와 지원하는 값을 직접 추가할 수 있지만 프로젝트 편집기에서 더 쉽게 추가할 수 있습니다.

프로젝트 편집기에서 원하는 타깃을 선택한 후 Capabilities 클릭합니다. Background Modes 섹션에 있는 스위치를 클릭하여 ON으로 변경하면 추가할 수 있는 Background Mode 목록이 표시됩니다. 원하는 항목을 클릭하면 Info.plist에 선택한 모드가 자동으로 추가됩니다.

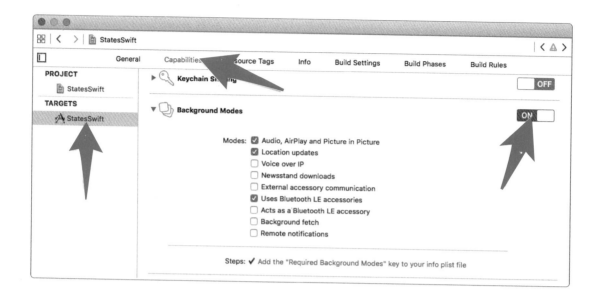

3. Idle Timer

iOS는 일정 시간동안 사용자의 터치 입력이 없으면 전원을 절약하기 위해서 디바이스의 화면을 끕니다. 이 시간을 판단하는 것은 Idle Timer입니다. Idle Timer는 화면을 터치할 때마다 초기화 되고 지정된 시간에 도달하면 화면을 끕니다. 만약 터치 입력에 관계없이 화면이 항상 켜진 상태로 있어야 한다면 Idle Timer를 꺼야 합니다.

Idle Timer는 UIApplication 클래스의 idleTimerDisabled 속성을 통해 제어할 수 있습니다. 이 속성의 값을 true로 설정하면 Idle Timer가 꺼집니다.

Objective-C
```objectivec
if (![[UIApplication sharedApplication] isIdleTimerDisabled]) {
    [[UIApplication sharedApplication] setIdleTimerDisabled:YES];
}
```

Swift 2.3
```swift
if !UIApplication.sharedApplication().idleTimerDisabled {
    UIApplication.sharedApplication().idleTimerDisabled = true
}
```

Swift 3
```swift
if !UIApplication.shared.isIdleTimerDisabled {
    UIApplication.shared.isIdleTimerDisabled = true
}
```

보통 Idle Timer를 끄는 코드는 AppDelegate 클래스의 applicationDidBecomeActive(_:) 메소드에 구현하고 다시 켜는 코드는 applicationWillResignActive(_:) 메소드에 구현합니다.

URL Scheme

iOS 앱은 다른 앱과 직접 통신할 수 없습니다. 다른 앱의 샌드박스에 저장된 데이터를 읽거나 데이터를 전송하는 것은 허용되지 않습니다. 대신 iOS가 제공하는 간접적인 방법을 사용해야 합니다. 이번에 공부할 URL Scheme은 미리 정해진 형식의 URL을 통해 다른 앱과 통신할 수 있는 수단을 제공합니다. URL Scheme을 통해 다른 앱의 실행을 요청하거나 간단한 데이터를 전달할 수 있습니다. 그리고 Custom URL Scheme을 구현하여 직접 URL Scheme을 정의하고 다른 앱으로부터 전달된 데이터를 처리하도록 구현할 수 있습니다.

URL Scheme은 다음과 같은 형식의 문자열로 표현됩니다. 프로토콜은 mailto, tel 등과 같이 앱을 식별하는데 사용됩니다. 앱으로 전달할 데이터의 형식은 프로토콜에 따라 달라집니다.

> **프로토콜:앱으로 전달할 데이터**

일반적으로 URL Scheme을 사용하는 과정은 다음과 같습니다.

1. URL Scheme 문자열을 통해 URL 인스턴스를 생성합니다.
2. UIApplication 클래스의 canOpenURL(_:) 메소드를 통해 URL Scheme의 유효성을 확인합니다.
3. 유효한 URL Scheme으로 확인된 경우 openURL(_:) 메소드를 호출합니다.

openURL(_:) 메소드는 iOS 10에서 사용이 중지되었고 새로운 openURL(_:options:completionHandler:) 메소드를 사용합니다. options 파라미터는 빈 딕셔너리를 전달하거나 UIApplicationOpenURLOptionUniversalLinksOnly 키가 포함된 딕셔너리를 전달할 수 있습니다. 이 키의 값을 true로 설정하면 URL Scheme이 유효하지 않거나 사용자가 해당 URL Scheme의 사용을 금지한 경우 완료 블록으로 false를 전달한 후 종료합니다.

완료 블록은 URL Scheme을 사용한 후 부가작업을 처리하는데 활용할 수 있습니다. 블록으로 전달되는 파라미터를 통해 메소드의 성공 여부를 확인할 수 있습니다.

1. Built-in URL Scheme

iOS는 기본으로 설치된 메일, 전화, 메시지, 지도 앱과 통신할 수 있는 내장 URL Scheme을 제공합니다. 자세한 정보와 사용법은 Apple URL Scheme Reference를 통해 얻을 수 있습니다.

http://웹사이트 URL https://웹사이트 URL	Safari 앱을 통해 웹사이트 표시
mailto:이메일 주소	메일 앱을 통해 새로운 메일 작성 화면 표시
tel:전화번호	전화 연결
sms:전화번호	메시지 앱을 통해 새로운 메시지 입력 화면 표시
facetime://FaceTime ID	FaceTime 연결
facetime-audio://FaceTime ID	FaceTime Audio 연결
http://maps.apple.com/?q=검색어 http://maps.apple.com/?ll=위도,경도	지도 앱을 통해 지역 표시
itms://itunes.apple.com/us/app/apple-store/앱 ID	App Store 앱을 통해 앱 정보 표시

예제를 통해 URL Scheme을 사용하는 코드를 구현해 보겠습니다.

STEP 01

새로운 iOS Single View Application을 생성합니다.

STEP 02

ViewController 클래스에 openURL(_:) 메소드를 추가한 후 아래와 같이 구현합니다

이 메소드는 URL Scheme 문자열을 파라미터로 받습니다. 이 문자열을 기반으로 URL 인스턴스를 생성한 후 canOpenURL(_:) 메소드를 통해 URL Scheme의 유효성을 확인합니다. canOpenURL(_:) 메소드가 true를 리턴하면 iOS 버전에 따라 호출할 메소드를 선택합니다. iOS 10에서는 openURL(_:options:completionHandler:) 메소드를 호출하고 iOS 9를 포함한 이전 버전에서는 openURL(_:) 메소드를 호출합니다. canOpenURL(_:) 메소드가 false를 리턴하면 경고를 표시합니다.

```objectivec
Objective-C
- (void)openURL:(NSString*)urlString {
    NSURL* url = [NSURL URLWithString:[urlString
        stringByAddingPercentEscapesUsingEncoding:NSUTF8StringEncoding]];
    if (url && [[UIApplication sharedApplication] canOpenURL:url]) {
        // iOS 10
        if ([UIApplication instancesRespondToSelector:
            @selector(openURL:options:completionHandler:)]) {
            [[UIApplication sharedApplication] openURL:url options:@{}
                completionHandler:^(BOOL success) {
                if (success) {
                    // Success
                }
            }];
```

```objc
        }
        // iOS 9 or lower
        else {
            if ([[UIApplication sharedApplication] openURL:url]) {
                // Success
            }
        }
    } else {
        UIAlertController* alert = [UIAlertController
            alertControllerWithTitle:@"URL Schemes"
            message:@"사용할 수 없는 URL Scheme 입니다."
            preferredStyle:UIAlertControllerStyleAlert];
        [alert addAction:[UIAlertAction actionWithTitle:@"확인"
            style:UIAlertActionStyleCancel handler:nil]];
        [self presentViewController:alert animated:YES completion:nil];
    }
}
```

Swift 2.3
```swift
func openURL(urlString: String) {
    guard let str = urlString.stringByReplacingPercentEscapesUsingEncoding(
        NSUTF8StringEncoding) else {
        return
    }

    guard let url = NSURL(string: str) else {
        return
    }

    if UIApplication.sharedApplication().canOpenURL(url) {
        if #available(iOS 10, *) {
            UIApplication.sharedApplication().openURL(url, options: [:],
                completionHandler: { (success) in
                // Success
            })
        } else {
            if UIApplication.sharedApplication().openURL(url) {
                // Success
            }
        }
    } else {
        let alert = UIAlertController(title: "URL Schemes", message:
            "사용할 수 없는 URL Scheme 입니다.", preferredStyle: .Alert)
        alert.addAction(UIAlertAction(title: "확인", style: .Cancel,
            handler: nil))
        presentViewController(alert, animated: true, completion: nil)
    }
}
```

Swift 3

```swift
func openURL(_ urlString: String) {
    guard let str = urlString.replacingPercentEscapes(using:
        String.Encoding.utf8) else {
        return
    }

    guard let url = URL(string: str) else  {
        return
    }

    if (UIApplication.shared.canOpenURL(url)) {
        if #available(iOS 10, *) {
            UIApplication.shared.open(url, options: [:], completionHandler:
{
                (success) in
                if success {
                    // Success
                }
            })
        } else {
            if UIApplication.shared.openURL(url) {
                // Success
            }
        }
    } else {
        let alert = UIAlertController(title: "URL Schemes", message:
            "사용할 수 없는 URL Scheme 입니다.", preferredStyle: .alert)
        alert.addAction(UIAlertAction(title: "확인", style: .cancel,
            handler: nil))
        present(alert, animated: true, completion: nil)
    }
}
```

STEP 03

View Controller Scene에 여덟 개의 Button을 추가한 후 제목을 각각 Website, Email, Phone, SMS, FaceTime, FaceTime Audio, Map, AppStore로 설정합니다.

STEP 04

Website 버튼과 openWebsite(_:) 메소드를 Action으로 연결한 후 아래와 같이 구현합니다.

이 메소드는 애플 홈페이지로 이동하는 URL Scheme 문자열을 전달합니다.

Objective-C

```objc
- (IBAction)openWebsite:(id)sender {
    [self openURL:@"https://www.apple.com"];
}
```

Swift

```swift
@IBAction func openWebsite(_ sender: AnyObject) {
    openURL("https://www.apple.com")
}
```

STEP 05

Email 버튼과 openEmail(_:) 메소드를 Action으로 연결한 후 아래와 같이 구현합니다.

이 메소드는 userid@example.com으로 메일을 보내는 URL Scheme 문자열을 전달합니다.

Objective-C

```objc
- (IBAction)openEmail:(id)sender {
    [self openURL:@"mailto:userid@example.com"];
}
```

Swift

```swift
@IBAction func openEmail(_ sender: AnyObject) {
    openURL("mailto:userid@example.com")
}
```

STEP 06

Phone 버튼과 openPhone(_:) 메소드를 Action으로 연결한 후 아래와 같이 구현합니다.

이 메소드는 010-0000-0000으로 전화 연결을 하는 URL Scheme 문자열을 전달합니다.

Objective-C

```objc
- (IBAction)openPhone:(id)sender {
    [self openURL:@"tel:010-0000-0000"];
}
```

Swift

```swift
@IBAction func openPhone(_ sender: AnyObject) {
    openURL("sms:010-0000-0000")
}
```

SMS 버튼과 openMessage(_:) 메소드를 Action으로 연결한 후 아래와 같이 구현합니다.

이 메소드는 010-0000-0000으로 SMS을 전송 하는 URL Scheme 문자열을 전달합니다.

Objective-C
```
- (IBAction)openMessage:(id)sender {
    [self openURL:@"sms:010-0000-0000"];
}
```

Swift
```
@IBAction func openMessage(_ sender: AnyObject) {
    openURL("sms:010-0000-0000")
}
```

FaceTime 버튼과 openFaceTime(_:) 메소드를 Action으로 연결한 후 아래와 같이 구현합니다.

이 메소드는 userid@example.com으로 FaceTime 연결을 하는 URL Scheme 문자열을 전달합니다.

Objective-C
```
- (IBAction)openFaceTime:(id)sender {
    [self openURL:@"facetime://userid@example.com"];
}
```

Swift
```
@IBAction func openFaceTime(_ sender: AnyObject) {
    openURL("facetime://userid@example.com")
}
```

FaceTime Audio 버튼과 openFaceTimeAudio(_:) 메소드를 Action으로 연결한 후 아래와 같이 구현합니다.

이 메소드는 userid@example.com으로 FaceTime Audio 연결을 하는 URL Scheme 문자열을 전달합니다.

Objective-C
```
- (IBAction)openFaceTimeAudio:(id)sender {
    [self openURL:@"facetime-audio://userid@example.com"];
}
```

```
Swift
@IBAction func openFaceTimeAudio(_ sender: AnyObject) {
    openURL("facetime-audio://userid@example.com")
}
```

STEP **10**

Map 버튼과 openMap(_:) 메소드를 Action으로 연결한 후 아래와 같이 구현합니다.

이 메소드는 LA 다저스 구장을 지도에 표시하는 URL Scheme 문자열을 전달합니다.

```
Objective-C
- (IBAction)openMap:(id)sender {
    [self openURL:@"http://maps.apple.com/?q=LA+dodgers+stadium"];
}
```

```
Swift
@IBAction func openMap(_ sender: AnyObject) {
    openURL("http://maps.apple.com/?q=LA+dodgers+stadium")
}
```

STEP **11**

AppStore 버튼과 openAppStore(_:) 메소드를 Action으로 연결한 후 아래와 같이 구현합니다.

이 메소드는 WWDC 앱의 앱스토어 페이지로 이동하는 URL Scheme 문자열을 전달합니다.

```
Objective-C
- (IBAction)openAppStore:(id)sender {
    [self openURL:
        @"itms://itunes.apple.com/us/app/apple-store/id640199958?mt=8"];
}
```

```
Swift
@IBAction func openAppStore(_ sender: AnyObject) {
    openURL(
        "itms://itunes.apple.com/us/app/apple-store/id640199958?mt=8")
}
```

STEP **12**

시뮬레이터에서 앱을 실행한 후 결과를 확인합니다.

먼저 Website 버튼을 클릭하면 Safari를 통해 애플 홈페이지가 표시됩니다. Map 버튼을 클릭하면 LA 다저스 구장의 위치가 지도 앱을 통해 표시됩니다. 나머지 URL Scheme은 시뮬레이터에서 지원하지 않기 때문에 버튼을 클릭하면 사용할 수 없다는 경고가 표시됩니다. 나머지 실행 결과는 실제 디바이스를 통해서만 정상적으로 확인할 수 있습니다.

2. Custom URL Scheme

앱에서 직접 URL Scheme을 처리하려면 Custom URL Scheme을 구현해야 합니다. 먼저 Info.plist 파일에 URL types 항목을 구성해야 합니다. 그리고 App Delegate를 통해 URL Scheme이 전달될 때 호출되는 메소드를 구현해야 합니다. 조금 후 예제를 통해 자세히 알아보겠습니다.

Custom URL Scheme은 보통 다음과 같은 구조로 정의합니다. Scheme Host와 Scheme Path는 앱 내에서 데이터가 전달될 위치를 지정하는데 주로 사용합니다.

> 프로토콜://Scheme Host/Scheme Path?Query String

Query String은 다음과 같은 형식으로 구성된 문자열입니다. 키와 값은 = 문자로 구분되고 하나의 키-값 쌍은 & 문자로 구분됩니다.

> 키1=값1&키2=값2&키N=값N

URL Scheme은 URL 인스턴스 형태로 다른 앱에 전달됩니다. NSURL 클래스(Objective-C, Swift 2.3) 또는 URL 구조체(Swift 3)가 제공하는 host, path, query 속성을 활용하면 URL Scheme의 특정 요소를 쉽게 추출할 수 있습니다.

이제 Custom URL Scheme을 구현하는 예제를 만들어 보겠습니다. 이번 예제는 두 개의 앱이 필요합니다. 첫 번째 앱은 프로토콜이 vv로 지정된 Custom URL Scheme을 처리할 수 있도록 구현합니다. vv URL Scheme은 Query String을 통해 두 개의 값을 전달받으며 str, num 키를 사용한다고 가정합니다. 두 번째 앱은 vv URL Scheme을 통해 첫 번째 앱으로 데이터를 전달합니다. 전달된 데이터는 첫 번째 앱의 화면에 표시됩니다.

STEP 01

새로운 iOS Single View Application을 생성합니다.

예제에서는 프로젝트의 이름을 ValueViewer로 지정합니다. 그리고 두 번째 앱과 구분하기 위해 Viewer로 지칭합니다. 참고로 두 번째 앱은 Sender로 지칭합니다.

Info.plist 파일은 선택한 후 아래와 같이 새로운 키를 추가합니다.

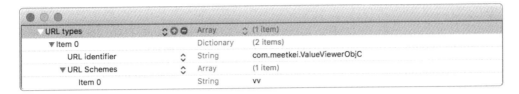

URL Scheme을 파싱한 후 전달할 Notification의 이름을 정의하는 코드를 추가합니다.

Objective-C의 경우 AppDelegate.h 파일에 추가합니다.

```
Objective-C
#define VVURLSchemeDataDidParseNotification @"VVURLSchemeDataDidParseNotifi
cation"
```

Swift의 경우 AppDelegate.swift 파일에 추가합니다.

```
Swift
let VVURLSchemeDataDidParseNotification = "VVURLSchemeDataDidParseNotificat
ion"
```

AppDelegate 클래스에 parseQueryString(_:) 메소드를 구현합니다.

이 메소드는 URL Scheme을 통해 전달된 데이터를 파싱한 후 Notification을 전송합니다. 예제에서
는 단순히 파싱된 데이터의 수를 통해 유효성을 검증하고 있지만 실제 프로젝트에서는 반드시 정해진
규칙에 따라 유효성을 검증해야 합니다.

```
Objective-C
- (BOOL)parseQueryString:(NSString *)query {
    NSMutableDictionary* dict = [[NSMutableDictionary alloc] init];
    NSArray* queryComponents = [query componentsSeparatedByString:@"&"];

    for (NSString* theComponent in queryComponents) {
        NSArray* elements = [theComponent
            componentsSeparatedByString:@"="];
        NSString* key = [elements[0]
            stringByReplacingPercentEscapesUsingEncoding:NSUTF8StringEncodi
ng];
        NSString* val = [elements[1]
```

```
            stringByReplacingPercentEscapesUsingEncoding:NSUTF8StringEncodi
ng];

        dict[key] = val;
    }

    if (dict.count == 0) {
        return NO;
    }

    [[NSNotificationCenter defaultCenter] postNotificationName:
        VVURLSchemeDataDidParseNotification object:dict];

    return YES;
}
```

Swift 2.3

```
func parseQueryString(_ query: String) -> Bool {
    var dict = [String:String]()
    let queryComponents = query.componentsSeparatedByString("&")

    for theComponent in queryComponents {
        let elements = theComponent.componentsSeparatedByString("=")
        guard let key = elements[0].stringByReplacingPercentEscapes
            UsingEncoding(NSUTF8StringEncoding) else {
            continue
        }

        guard let val = elements[1].stringByReplacingPercentEscapesUsing
            Encoding(NSUTF8StringEncoding) else {
            continue
        }

        dict[key] = val
    }

    if dict.count == 0 {
        return false
    }

    NSNotificationCenter.defaultCenter().postNotificationName(
        VVURLSchemeDataDidParseNotification, object: dict)

    return true
}
```

Swift 3

```
func parseQueryString(_ query: String?) -> Bool {
    guard let query = query else {
        return false
```

```
        }

        var dict = [String:String]()
        let queryComponents = query.components(separatedBy: "&")

        for theComponent in queryComponents {
            let elements = theComponent.components(separatedBy: "=")
            guard let key = elements[0].replacingPercentEscapes(using:
                String.Encoding.utf8) else {
                continue
            }

            guard let val = elements[1].replacingPercentEscapes(using:
                String.Encoding.utf8) else {
                continue
            }

            dict[key] = val
        }

        if dict.count == 0 {
            return false
        }

        NotificationCenter.default.post(name: NSNotification.Name(
            VVURLSchemeDataDidParseNotification), object: dict)

        return true
    }
```

STEP **05**

AppDelegate 클래스에 델리게이트 메소드를 구현합니다.

Sender 앱에서 URL Scheme을 통해 Viewer 앱을 실행하면 Viewer 앱에 구현되어 있는 application
(_:handleOpenURL:) 메소드가 호출됩니다. 그리고 URL Scheme이 url 파라미터로 전달됩니다.
query 속성을 통해 Query String 부분을 추출한 후 parseQueryString(_:) 메소드로 전달합니다.
이 메소드는 URL Scheme의 처리 결과를 리턴해야 합니다. 그래서 parseQueryString(_:) 메소드가
리턴한 결과를 그대로 리턴하도록 구현합니다.

application(_:handleOpenURL:) 메소드는 iOS 9부터 application(_:openURL:options:) 메
소드로 대체되었습니다. 아래와 같이 두 메소드가 모두 구현되어 있는 경우 iOS 9 이상에서는
application(_:openURL:options:) 메소드가 호출되고 application(_:handleOpenURL:) 메소드
는 무시됩니다. 만약 application(_:handleOpenURL:) 메소드만 구현되어 있다면 이 메소드가 호
출됩니다.

Objective-C

```objc
- (BOOL)application:(UIApplication *)app openURL:(NSURL *)url options:(
    NSDictionary<UIApplicationOpenURLOptionsKey,id> *)options {
    return [self parseQueryString:[url query]];
}

- (BOOL)application:(UIApplication *)application handleOpenURL:(NSURL *)url {
    return [self parseQueryString:[url query]];
}
```

Swift 2.3

```swift
func application(app: UIApplication, openURL url: NSURL, options:
    [String : AnyObject]) -> Bool {
    return parseQueryString(url.query)
}

func application(application: UIApplication, handleOpenURL url:
    NSURL) -> Bool {
    return parseQueryString(url.query)
}
```

Swift 3

```swift
func application(_ app: UIApplication, open url: URL, options:
[UIApplicationOpenURLOptionsKey : Any] = [:]) -> Bool {
    return parseQueryString(url.query)
}

func application(_ application: UIApplication, handleOpen url: URL) -> Bool
{
    return parseQueryString(url.query)
}
```

STEP 06

View Controller Scene에 두 개의 Label을 추가한 후 각각 stringValueLabel, numberValueLabel과 Outlet으로 연결합니다.

Objective-C

```objc
@property (weak, nonatomic) IBOutlet UILabel *stringValueLabel;
@property (weak, nonatomic) IBOutlet UILabel *numberValueLabel;
```

Swift

```swift
@IBOutlet weak var stringValueLabel: UILabel!
@IBOutlet weak var numberValueLabel: UILabel!
```

STEP 07

ViewController.m 파일에 AppDelegate.h 파일을 임포트 하는 코드를 추가합니다.

Objective-C
```objc
#import "AppDelegate.h"
```

STEP 08

viewDidLoad() 메소드에서 Notification Observer로 등록하는 코드를 구현합니다.

Objective-C
```objc
- (void)viewDidLoad {
    [super viewDidLoad];

    [[NSNotificationCenter defaultCenter] addObserver:self selector:
        @selector(handleNotification:) name:VVURLSchemeDataDidParseNotifica
tion
        object:nil];
}
```

Swift 2.3
```swift
override func viewDidLoad() {
    super.viewDidLoad()

    NSNotificationCenter.defaultCenter().addObserver(self, selector:
        #selector(ViewController.handleNotification(_:)),
        name: VVURLSchemeDataDidParseNotification, object: nil)
}
```

Swift 3
```swift
override func viewDidLoad() {
    super.viewDidLoad()

    NotificationCenter.default.addObserver(self, selector:
        #selector(ViewController.handleNotification(_:)),
        name: NSNotification.Name(VVURLSchemeDataDidParseNotification),
        object: nil)
}
```

STEP 09

ViewController 클래스에 handleNotification(_:) 메소드를 구현합니다.

이 메소드는 Notification의 이름이 VVURLSchemeDataDidParseNotification과 동일한 경우 object 속성을 통해 전달된 데이터를 얻습니다. 그 후 미리 지정된 키(str, num)를 통해 데이터를 추출한 후 레이블에 표시합니다.

Objective-C

```objc
- (void)handleNotification:(NSNotification*)notification {
    if ([notification.name isEqualToString:
        VVURLSchemeDataDidParseNotification]) {
        if (notification.object) {
            self.stringValueLabel.text = notification.object[@"str"];
            self.numberValueLabel.text = notification.object[@"num"];
        }
    }
}
```

Swift 2.3

```swift
func handleNotification(notification: NSNotification) {
    if notification.name == VVURLSchemeDataDidParseNotification {
        if let object = notification.object as? [String: String] {
            stringValueLabel.text = object["str"]
            numberValueLabel.text = object["num"]
        }
    }
}
```

Swift 3

```swift
func handleNotification(_ notification: NSNotification) {
    if notification.name.rawValue == VVURLSchemeDataDidParseNotification {
        if let object = notification.object as? [String: String] {
            stringValueLabel.text = object["str"]
            numberValueLabel.text = object["num"]
        }
    }
}
```

이제 URL Scheme을 처리하는 앱이 완료되었습니다.

STEP 10

시뮬레이터에서 앱을 실행합니다.

이 과정은 시뮬레이터에 앱을 설치하기 위한 과정으로 앱이 실행되면 다음 단계로 이동합니다.

STEP 11

새로운 iOS Single View Application을 생성합니다.

예제에서는 프로젝트의 이름을 ValueSender로 지정합니다. 그리고 첫 번째 앱과 구분하기 위해 Sender로 지칭합니다.

View Controller Scene에 두 개의 Text Field를 추가한 후 각각 stringValueField, numberValueField 속성과 Outlet
으로 연결합니다.

> Objective-C
> ```objc
> @property (weak, nonatomic) IBOutlet UITextField *stringValueField;
> @property (weak, nonatomic) IBOutlet UITextField *numberValueField;
> ```
>
> Swift
> ```swift
> @IBOutlet weak var stringValueField: UITextField!
> @IBOutlet weak var numberValueField: UITextField!
> ```

STEP 13

스토리보드에서 numberValueField를 선택한 후 Attribute Inspector에서 Keyboard Type을 Number Pad로 변경
합니다.

STEP 14

Built-in URL Scheme에서 사용한 예제에서 openURL(_:) 메소드를 복사한 후 ViewController 붙여넣기 합니다.

STEP 15

View Controller Scene에 새로운 Button을 추가한 후 제목을 Send로 변경합니다

STEP 16

Send 버튼을 sendValue(_:) 메소드와 Outlet으로 연결한 후 아래와 같이 구현합니다.

> Objective-C
> ```objc
> - (IBAction)sendValues:(id)sender {
>     NSString* strVal = [self.stringValueField.text
>         stringByReplacingPercentEscapesUsingEncoding:NSUTF8StringEncoding];
>     NSString* numVal = [self.numberValueField.text
>         stringByReplacingPercentEscapesUsingEncoding:NSUTF8StringEncoding];
>     NSString* schemeStr = [NSString stringWithFormat:
>         @"vv://def_host/def_path?str=%@&num=%@", strVal, numVal];
>
>     [self openURL:schemeStr];
> }
> ```

Swift 2.3
```swift
@IBAction func sendValue(_ sender: AnyObject) {
    guard let strVal = stringValueField.text?
        .stringByReplacingPercentEscapesUsingEncoding(NSUTF8StringEncoding)
        else {
        return
    }

    guard let numVal = numberValueField.text?
        .stringByReplacingPercentEscapesUsingEncoding(NSUTF8StringEncoding)
        else {
        return
    }

    let schemeStr = "vv://def_host/def_path?str=\(strVal)&num=\(numVal)"
    openURL(schemeStr)
}
```

Swift 3
```swift
@IBAction func sendValue(_ sender: AnyObject) {
    guard let strVal = stringValueField.text?.replacingPercentEscapes(using:
        String.Encoding.utf8) else {
        return
    }

    guard let numVal = numberValueField.text?.replacingPercentEscapes(using:
        String.Encoding.utf8) else {
        return
    }

    let schemeStr = "vv://def_host/def_path?str=\(strVal)&num=\(numVal)"
    openURL(schemeStr)
}
```

STEP 17

시뮬레이터에서 앱을 실행한 후 결과를 확인합니다.

두 텍스트 필드에 값을 입력한 후 Send 버튼을 클릭하면 사용할 수 없다는 경고창이 표시될 것입니다. 앞에서 설명했던 것처럼 이 앱은 vv로 시작하는 URL Scheme을 사용할 수 없습니다. 디버그 영역을 확인해 보면 다음과 같은 오류 메시지가 출력되어 있습니다.

```
-canOpenURL: failed for URL: "vv://def_host/def_path?str=iOS&num=10" - error:
"This app is not allowed to query for scheme vv"
```

iOS 9부터 Custom URL Scheme을 사용하는 앱은 반드시 사용할 URL Scheme을 Info.plist 파일에 추가해야 합니다. 그렇지 않을 경우 URL Scheme의 유효성과 관계없이 canOpenURL(_:) 메소드가 false를 리턴하고 사용할 수 없게 됩니다.

이 문제를 해결하려면 Info.plist 파일에 URL Scheme 사용을 명시해야 합니다.

STEP 18

Info.plist 파일을 연 후 아래와 같이 LSApplicationQueriesSchemes 키를 추가하고 하위 항목으로 vv를 추가합니다.

▶ Supported interface orientations	↕	Array	(3 items)
▼ LSApplicationQueriesSchemes	↕ ⊕ ⊖	Array	↕ (1 item)
Item 0		String	vv
▶ Supported interface orientations (iPad)	↕	Array	(4 items)

STEP 19

시뮬레이터에서 앱을 실행한 후 결과를 다시 확인합니다.

이전과 마찬가지로 값을 입력한 후 Send 버튼을 클릭하면 경고창이 표시됩니다. 이 경고창은 보안을 위해서 다른 앱을 열기 전에 사용자에게 확인을 요청합니다. Open 메뉴를 선택하면 요청된 권한이 허가되고 Viewer 앱이 열린 후 전달된 값이 화면에 표시됩니다. 이후부터는 권한 요청 없이 작업을 처리합니다.

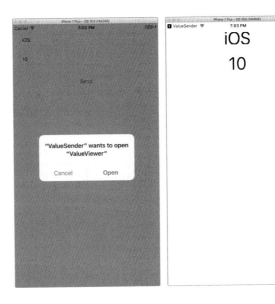

Soft Keyboard

앱 화면에서 사용자의 입력을 받을 수 있는 컨트롤을 터치하면 입력 모드로 전환되고 화면 아래쪽에 키보드가 표시됩니다. 그리고 입력 상태의 컨트롤이 포커스를 잃거나 다른 화면으로 전환하면 키보드가 자동으로 사라집니다. 이런 방식으로 동작하는 대표적인 컨트롤은 텍스트 필드와 텍스트뷰 입니다.

iOS는 다양한 형태의 기본 키보드를 제공합니다.

▲ ASCII Capable

▲ Url

▲ Email Address

▲ Number Pad

▲ Decimal Pad

▲ Phone Pad

▲ Twitter

▲ Numbers and Punctuation

텍스트 필드가 입력 모드로 전환될 때 표시되는 키보드의 종류는 Keyboard Type 속성을 통해 지정할 수 있습니다.

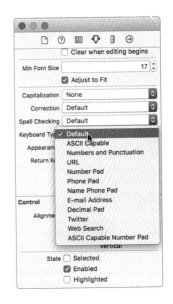

코드를 통해 키보드를 표시할 때는 becomeFirstResponder() 메소드를 사용합니다. 반대로 resignFirstResponder() 메소를 호출하면 키보드가 사라집니다. 예를 들어 로그인 화면을 구현할 때 자동으로 키보드를 표시해 준다면 좋은 사용자 경험을 제공할 수 있습니다.

이번 예제는 코드를 통해 키보드를 제어하는 방법을 보여줍니다.

STEP 01

새로운 iOS Single View Application을 생성합니다.

STEP 02

View Controller Scene에 하나의 텍스트 필드와 두 개의 버튼을 추가합니다. 버튼의 제목은 각각 Show, Hide로 변경합니다.

STEP 03

텍스트 필드를 ViewController 클래스의 inputField 속성과 Outlet으로 연결합니다.

```objectivec
Objective-C
@property (weak, nonatomic) IBOutlet UITextField *inputField;
```

```swift
Swift
@IBOutlet weak var inputField: UITextField!
```

Show 버튼을 ViewController 클래스의 showKeyboard(_:) 메소드와 Action으로 연결합니다. Swift의 경우 파라미터의 자료형을 AnyObject에서 AnyObject?로 수정합니다.

이 메소드는 canBecomeFirstResponder() 메소드를 통해 inputField가 First Responder가 될 수 있는지 확인합니다. 그리고 isFirstResponder() 메소드를 통해 현재 First Responder가 아닌지 확인합니다. First Responder가 될 수 있고 현재 First Responder가 아니라면 becomeFirstResponder() 메소드를 호출하여 First Responder로 지정합니다. 텍스트 필드는 First Responder가 되면 입력 모드로 전환되고 Keyboard Type으로 지정된 키보드를 화면에 표시합니다.

Objective-C

```objc
- (IBAction)showKeyboard:(id)sender {
    if (self.inputField.canBecomeFirstResponder
        && !self.inputField.isFirstResponder) {
        [self.inputField becomeFirstResponder];
    }
}
```

Swift 2.3

```swift
@IBAction func showKeyboard(sender: AnyObject?) {
    if inputField.canBecomeFirstResponder()
        && !inputField.isFirstResponder() {
        inputField.becomeFirstResponder()
    }
}
```

Swift 3

```swift
@IBAction func showKeyboard(_ sender: AnyObject?) {
    if inputField.canBecomeFirstResponder && !inputField.isFirstResponder {
        inputField.becomeFirstResponder()
    }
}
```

Hide 버튼을 ViewController 클래스의 hideKeyboard(_:) 메소드와 Action으로 연결하고 아래와 같이 구현합니다.

이 메소드는 inputField가 First Responder인 경우 resignFirstResponder() 메소드를 호출하여 First Responder를 해제합니다. 그러면 inputField의 입력 모드가 종료되고 키보드가 화면에서 사라집니다.

Objective-C

```objectivec
- (IBAction)hideKeyboard:(id)sender {
    if (self.inputField.isFirstResponder) {
        [self.inputField resignFirstResponder];
    }
}
```

Swift 2.3

```swift
@IBAction func hideKeyboard(sender: AnyObject) {
    if inputField.isFirstResponder() {
        inputField.resignFirstResponder()
    }
}
```

Swift 3

```swift
@IBAction func hideKeyboard(_ sender: AnyObject) {
    if inputField.isFirstResponder {
        inputField.resignFirstResponder()
    }
}
```

STEP 06

ViewController 클래스에 viewDidAppear(_:) 메소드를 추가한 후 아래와 같이 구현합니다.

이 코드는 화면이 표시될 때 키보드가 자동으로 표시되도록 합니다.

Objective-C

```objectivec
- (void)viewDidAppear:(BOOL)animated {
    [super viewDidAppear:animated];

    [self showKeyboard:nil];
}
```

Swift 2.3

```swift
override func viewDidAppear(animated: Bool) {
    super.viewDidAppear(animated)

    showKeyboard(nil)
}
```

Swift 3

```swift
override func viewDidAppear(_ animated: Bool) {
    super.viewDidAppear(animated)

    showKeyboard(nil)
}
```

STEP 07

시뮬레이터에서 앱을 실행한 후 결과를 확인합니다.

앱이 실행된 후 화면이 표시되면 inputField가 입력 모드로 전환되고 키보드가 자동으로 표시됩니다. Hide 버튼을 클릭하면 키보드가 사라지고 Show 버튼을 클릭하면 키보드가 다시 표시됩니다.

시뮬레이터가 하드웨어 키보드와 연동되어 있는 경우 키보드가 표시되지 않을 수 있습니다. Hardware 〉Keyboard 〉Connect Hardware Keyboard (⇧⌘K) 메뉴를 선택 해제하면 정상적으로 결과를 확인할 수 있습니다.

메모리 관리

Not Running 이외의 상태에 존재하는 모든 앱은 디바이스의 메모리를 사용합니다. 메모리는 성능에 영향을 줄 수 있는 다양한 요소 중에서 가장 큰 비중을 차지합니다. 한정된 메모리를 모든 앱이 공유하기 때문에 가능한 작은 크기의 메모리를 짧은 시간동안 사용하는 것이 매우 중요합니다.

앱이 사용할 수 있는 메모리가 부족한 경우 iOS는 메모리 부족 경고를 앱으로 전달합니다. iOS 메모리를 다섯 단계로 구분하여 관리합니다. Any 단계와 Normal 단계는 메모리 관리에 문제가 없는 상태를 의미합니다. Warning 단계는 가용 메모리가 조금 부족한 상태입니다. iOS는 메모리를 사용하고 있는 모든 앱에 메모리 부족 경고를 보내 불필요한 메모리 공간을 해제하도록 요청합니다. 이 과정에서 일부 Background 앱이 종료되거나 재시작될 수 있습니다. Warning 단계에서 일정 시간동안 가용 메모리를 확보하지 못한 경우 Urgent 단계로 올라갑니다. 이 단계에서는 Background 앱이 강제로 종료될 수 있고 이전 단계와 마찬가지로 모든 앱에 메모리 부족 경고를 보냅니다. 이후 가용 메모리 확보에 실패하면 Critical 단계로 올라갑니다. 이 단계에 도달하면 Foreground에서 실행중인 앱이 강제로 종료되고 경우에 따라서 디바이스가 재부팅되기도 합니다.

앱은 iOS가 메모리 부족 경고를 보낼 때 필수적인 객체를 제외하고 나중에 다시 생성할 수 있거나 더 이상 필요 없는 모든 객체를 해제하여 가용한 메모리를 확보할 수 있게 해야 합니다. iOS는 앱에 구현되어 있는 특정 메소드를 호출하거나 노티피케이션을 전달하는 방법으로 메모리 부족 경고를 보냅니다.

- App Delegate 클래스에 구현되어 있는 applicationDidReceiveMemoryWarning(_:) 메소드 호출
- 뷰 컨트롤러 클래스에 구현되어 있는 didReceiveMemoryWarning() 메소드 호출
- UIApplicationDidReceiveMemoryWarningNotification 통지 전송

App Delegate 객체와 뷰 컨트롤러 객체는 앞에서 설명한 메소드를 구현하여 메모리를 정리해야 합니다. 나머지 다른 객체들은 UIApplicationDidReceiveMemoryWarningNotification 통지의 옵저버로 등록한 후 통지가 전달될 때마다 자신이 관리하고 있는 불필요한 메모리를 정리해야 합니다.

메모 부족 경고를 잘 처리하는 것만큼 메모리 누수를 최대한 제거하는 것도 매우 중요합니다. 앱을 개발하는 동안 주기적으로 정적 분석기를 실행하면 Dead Store와 잠재적인 메모리 누수를 예방하는데 도움이 됩니다. 앱 개발 후반에는 Instruments 앱을 통해 메모리 누수를 비롯한 다양한 프로파일링을 수행해야 합니다.

앱에서 사용되는 리소스를 미리 읽거나 객체를 미리 만들어 두는 것은 특정 상황에서 성능에 도움이 될 수 있지만 대부분의 경우 불필요한 성능 저하의 원인이 됩니다. 반드시 미리 생성해야 하는 객체를 제외하고 필요한 시점에 생성하고 사용이 완료되면 즉시 제거해야 합니다. 크기가 큰 객체나 특정 상황에서 사용되는 객체는 지연 로딩 패턴이나 Swift의 지연 속성으로 생성하는 것이 좋습니다.

Point VS Pixel

iOS는 디바이스의 화면 해상도에 독립적인 Point 단위(이하 pt)를 사용합니다. 예를 들어 레티나 디스플레이가 탑재되어 있지 않은 디바이스에서 100px × 100px 이미지는 화면에서 100px × 100px 로 그려집니다. 레티나 디스플레이가 탑재되어 있는 디바이스에서도 마찬가지로 100px × 100px 로 그려지지만 화면 해상도가 2배이기 때문에 실제로 출력되는 크기는 절반으로 축소됩니다. 그러나 100px × 100px 이미지를 100pt × 100pt 크기로 그리면 레티나 디스플레이가 탑재되어 있는 디바이스에서 200px × 200px 크기로 그려집니다. 그래서 두 디바이스의 해상도에 관계없이 동일한 크기로 출력됩니다.

UIKit, Quartz, Core Graphics, Core Animation 프레임워크에서 제공하는 API는 pt 단위를 사용합니다. iOS는 화면을 출력하기 전에 pt 단위의 값을 디바이스에 해상도에 따라 px 단위로 맵핑합니다. 레티나 디스플레이가 탑재되지 않은 구형 디바이스에서는 pt와 px가 1:1로 맵핑됩니다. 레티나 디스플레이가 탑재되어 있는 디바이스에서는 해상도에 따라 1:2 또는 1:3으로 맵핑됩니다. 해상도는 UIScreen 클래스의 scale 속성을 통해 확인할 수 있습니다. 이 속성은 디바이스에 설치되어 있는 디스플레이에 따라 고정된 scale factor를 리턴합니다. 레티나 디스플레이가 탑재되지 않은 구형 디바이스의 경우 1을 리턴하고, 레티나 디스플레이가 탑재되어 있는 디바이스에서는 2를 리턴합니다. iPhone 6S+, iPhone 7+와 같은 초고해상도 디바이스에서는 3을 리턴합니다.

디바이스	pt	Rendered px	Physical px	Scale Factor
iPhone 4S	320 ×480	640 ×960	640 ×960	2
iPhone 5, 5S	320 ×568	640 ×1136	640 ×1136	2
iPhone 6, 6S, 7	375 ×667	750 ×1334	750 ×1334	2
iPhone 6+, 6S+, 7+	414 ×736	1242 ×2208	1080 ×1920	3
iPad 2	768 ×1024	768 ×1024	768 ×1024	1
iPad Retina	768 ×1024	1536 ×2048	1536 ×2048	2
iPad Air, Air 2	768 ×1024	1536 ×2048	1536 ×2048	2
iPad Pro (9.7")	768 ×1024	1536 ×2048	1536 ×2048	2
iPad Pro (12.9")	1024 ×1366	2048 ×2732	2048 ×2732	2

Environment Check

CHAPTER

10

1. Deployment Target Check

타깃 설정의 Deployment Target 설정에 따라 사용할 코드를 분기할 때는 __IPHONE_OS_VERSION_ MIN_REQUIRED 상수를 사용합니다. 이 상수는 Objective-C에서 매크로 상수로 선언되어 있고 전처리 과정에서 타깃의 Deployment Target 값으로 대체됩니다. Swift에서는 읽기 전용 전역 변수로 선언되어 있으며 타깃의 Deployment Target 값을 리턴합니다. if 조건문이나 조건 컴파일 구문을 통해 iOS 버전 상수와 비교하면 Deployment Target에 따라 코드를 분기할 수 있습니다.

```
Objective-C
#if __IPHONE_OS_VERSION_MIN_REQUIRED < iOS 버전 상수
    Deployment Target이 iOS 버전 상수 미만일 때 포함시킬 코드
#endif
```

```
Swift
if __IPHONE_OS_VERSION_MIN_REQUIRED < iOS 버전 상수 {
    Deployment Target이 iOS 버전 상수 미만일 때 포함시킬 코드
}
```

예를 들어 iOS 버전 상수를 iOS 9.0으로 지정하려면 __IPHONE_9_0 상수를 사용합니다. 사용 가능한 iOS 버전 상수는 아래와 같습니다.

```
__IPHONE_2_0
__IPHONE_2_1
__IPHONE_2_2
__IPHONE_3_0
__IPHONE_3_1
__IPHONE_3_2
__IPHONE_4_0
__IPHONE_4_1
__IPHONE_4_2
__IPHONE_4_3
__IPHONE_5_0
__IPHONE_5_1
__IPHONE_6_0
__IPHONE_6_1
```

```
__IPHONE_7_0
__IPHONE_7_1
__IPHONE_8_0
__IPHONE_8_1
__IPHONE_8_2
__IPHONE_8_3
__IPHONE_8_4
__IPHONE_9_0
__IPHONE_9_1
__IPHONE_9_2
__IPHONE_9_3
__IPHONE_10_0
```

2. iOS Version Check

iOS의 버전은 다양한 방식으로 확인할 수 있습니다. 첫 번째 방법은 NSFoundationVersionNumber 상수를 사용하는 것입니다. 이 상수는 내부적으로 유지되는 OS의 버전 번호를 리턴합니다. 새로운 OS가 출시되거나 업데이트 될 때마다 값이 증가하며 각 버전을 나타내는 NSFoundation 버전 상수가 선언되어 있습니다. 예를 들어 iOS 버전이 iOS 8.4인지 확인하는 코드를 아래와 같이 구현할 수 있습니다.

Objective-C
```objective-c
if (NSFoundationVersionNumber == NSFoundationVersionNumber_iOS_8_4) {
    // ...
}
```

Swift
```swift
if NSFoundationVersionNumber == Double(NSFoundationVersionNumber_iOS_8_4) {
    // ...
}
```

사용 가능한 NSFoundation 버전 상수는 아래와 같습니다.

```
NSFoundationVersionNumber_iPhoneOS_2_0
NSFoundationVersionNumber_iPhoneOS_2_1
NSFoundationVersionNumber_iPhoneOS_2_2
NSFoundationVersionNumber_iPhoneOS_3_0
NSFoundationVersionNumber_iPhoneOS_3_1
NSFoundationVersionNumber_iPhoneOS_3_2
NSFoundationVersionNumber_iOS_4_0
NSFoundationVersionNumber_iOS_4_1
NSFoundationVersionNumber_iOS_4_2
NSFoundationVersionNumber_iOS_4_3
```

```
NSFoundationVersionNumber_iOS_5_0
NSFoundationVersionNumber_iOS_5_1
NSFoundationVersionNumber_iOS_6_0
NSFoundationVersionNumber_iOS_6_1
NSFoundationVersionNumber_iOS_7_0
NSFoundationVersionNumber_iOS_7_1
NSFoundationVersionNumber_iOS_8_0
NSFoundationVersionNumber_iOS_8_1
NSFoundationVersionNumber_iOS_8_2
NSFoundationVersionNumber_iOS_8_3
NSFoundationVersionNumber_iOS_8_4
NSFoundationVersionNumber_iOS_8_x_Max
NSFoundationVersionNumber_iOS_9_0
NSFoundationVersionNumber_iOS_9_1
NSFoundationVersionNumber_iOS_9_2
NSFoundationVersionNumber_iOS_9_3
NSFoundationVersionNumber_iOS_9_4
NSFoundationVersionNumber_iOS_9_x_Max
```

두 번째 방법은 UIDevice 클래스의 systemVersion 속성을 사용하는 것입니다. 이 속성은 iOS 버전을 문자열로 리턴합니다.

Objective-C
```
NSString* versionString = [[UIDevice currentDevice] systemVersion];
```

Swift 2.3
```
let versionString = UIDevice.currentDevice().systemVersion
```

Swift 3
```
let versionString = UIDevice.current.systemVersion
```

세 번째 방법은 NSProcessInfo 클래스가 제공하는 속성과 메소드를 사용하는 것입니다. 앞에서 설명한 두 가지 방법과 달리 Deployment Target이 iOS 8.0 이상으로 설정된 경우에만 사용할 수 있습니다. 이 클래스가 제공하는 operatingSystemVersion 속성은 버전 정보를 담고 있는 NSOperatingSystemVersion 구조체를 리턴합니다. majorVersion, minorVersion, patchVersion 속성을 통해 버전을 구성하는 세부 버전을 개별적으로 확인할 수 있습니다.

Objective-C
```
NSOperatingSystemVersion osVersion = [[NSProcessInfo processInfo]
operatingSystemVersion];
NSInteger majorVer = osVersion.majorVersion;
NSInteger minorVer = osVersion.minorVersion;
NSInteger patchVer = osVersion.patchVersion;
```

```
Swift 2.3
let osVersion = NSProcessInfo.processInfo().operatingSystemVersion
let majorVer = osVersion.majorVersion
let minorVer = osVersion.minorVersion
let patchVer = osVersion.patchVersion
```

```
Swift 3
let osVersion = ProcessInfo.processInfo.operatingSystemVersion
let majorVer = osVersion.majorVersion
let minorVer = osVersion.minorVersion
let patchVer = osVersion.patchVersion
```

버전을 비교할 때는 isOperatingSystemAtLeast(_:) 메소드를 사용합니다. 이 메소드는 NSOperating
SystemVersion 구조체를 파라미터로 받습니다. iOS의 버전이 파라미터로 전달된 버전과 같거나 높
을 경우 true를 리턴합니다. 예를 들어 iOS 버전이 9.0보다 높은지 확인하는 코드는 다음과 같이 구
현할 수 있습니다.

```
Objective-C
NSOperatingSystemVersion iOS9Ver = {9, 0, 0};
if ([[NSProcessInfo processInfo] isOperatingSystemAtLeastVersion:iOS9Ver]) {
    // ...
};
```

```
Swift 2.3
let iOS9Ver = NSOperatingSystemVersion(majorVersion: 9, minorVersion: 0,
    patchVersion: 0)
if NSProcessInfo.processInfo().isOperatingSystemAtLeastVersion(iOS9Ver) {
    // ...
}
```

```
Swift 3
let iOS9Ver = OperatingSystemVersion(majorVersion: 9, minorVersion: 0,
    patchVersion: 0)
if ProcessInfo.processInfo.isOperatingSystemAtLeast(iOS9Ver) {
    // ...
}
```

3. API Availability Check

앱을 개발하면서 골치 아픈 문제 중 하나는 다양한 OS 버전을 지원하는 것입니다. iOS는 새로운 버전
으로 업데이트 될 때마다 새로운 API가 추가되고 일부 API는 이름이 변경되거나 삭제되기도 합니다.
iOS 10에서 새롭게 추가된 SiriKit을 앱에 추가하는 경우를 생각해 보겠습니다. SiriKit을 구현한 코

드를 추가한 후 앱을 업데이트 하면 iOS 10으로 업데이트한 사용자는 문제없이 사용할 수 있지만 이전 버전의 iOS 사용자는 앱을 사용할 수 없습니다. iOS 10 미만 버전은 SiriKit이 제공하는 API를 인식할 수 없기 때문에 런타임 오류가 발생하고 앱이 비정상적으로 종료됩니다. Deployment Target을 10.0으로 변경한 후 배포하면 런타임 오류를 방지할 수 있지만 이전 버전의 OS를 사용하는 사용자는 업데이트에서 제외되는 문제가 있습니다.

앱을 개발할 때 다양한 버전의 API를 사용하는 규칙은 매우 단순합니다. API의 최소 요구 버전이 타깃의 Deployment Target 보다 높은 API는 반드시 사용 가능성을 확인한 후 호출해야 합니다. 가장 단순한 방식은 앞에서 설명한 OS 버전 확인 코드를 사용하는 것입니다.

3.1 Objective-C의 Availability Check

Objective-C는 Objective-C 런타임이 제공하는 인트로스펙션 메소드를 통해 사용 가능성을 확인할 수 있습니다. 클래스 객체를 리턴하는 class 메소드는 사용할 수 없는 클래스의 경우 nil을 리턴합니다. 이점을 활용하면 클래스의 사용 가능성을 확인할 수 있습니다. 예를 들어 SiriKit에 포함된 INIntent 클래스의 사용 가능성을 확인하는 코드를 아래와 같이 구현할 수 있습니다.

```
Objective-C
if ([INIntent class]) {
    // INIntent 사용 가능
} else {
    // INIntent 사용 불가능
}
```

개별 메소드의 사용 가능성은 instancesRespondToSelector: 메소드 또는 respondsToSelector: 메소드를 통해 확인할 수 있습니다. 클래스의 최소 요구 버전은 Deployment Target 버전보다 낮지만 사용하려는 메소드가 Deployment Target 버전보다 높을 때 주로 활용합니다. 예를 들어 UIViewController 클래스의 allowedChildViewControllersForUnwindingFromSource: 메소드는 iOS 9.0 버전부터 사용할 수 있습니다. 이 메소드의 사용 가능성을 확인하는 코드는 아래와 같이 구현할 수 있습니다.

```
Objective-C
if ([UIViewController instancesRespondToSelector:
    @selector(allowedChildViewControllersForUnwindingFromSource:)]) {
    // 메소드 호출 가능
} else {
    // 메소드 호출 불가능
}
```

함수의 사용 가능성을 비교할 때는 다음과 같이 함수 이름과 NULL을 비교합니다. 함수의 이름은 함수의 포인터로 사용되므로 현재 iOS 버전에서 함수를 호출할 수 없다면 NULL과 동일합니다.

```objectivec
Objective-C
if (CGRectMake != NULL) {
    // 함수 호출 가능
} else {
    // 함수 호출 불가능
}
```

하지만 앞에서 설명한 방식은 한 가지 큰 문제를 가지고 있습니다. 확인 대상이 비공개 API로 선언되어 있는 경우에도 사용할 수 있는 것으로 판단하기 때문에 100% 정확한 결과를 보장하지 않습니다.

3.2 Swift의 Availability Check

Swift는 새로운 Availability Condition 구문을 통해 사용 가능성을 확인합니다. 이 구문은 여러 OS의 버전을 하나의 구문에서 확인할 수 있는 장점이 있습니다. OS 상수는 iOS, macOS, watchOS, tvOS 중 하나의 상수를 사용할 수 있고, OS 버전은 유효한 버전 숫자로 지정합니다. 목록 마지막에 있는 * 문자는 앞에서 나열하지 않은 다른 모든 OS를 의미하는 문자로 생략할 수 없습니다. 이 구문은 현재 사용 중인 OS의 버전이 목록에 나열된 OS의 버전과 같거나 높을 때 true를 리턴합니다.

```swift
Swift
#available(OS 상수1 OS 버전1, OS 상수N OS 버전N, *)
```

#available 구문은 주로 if 조건문, guard 구문과 함께 사용합니다.

```swift
Swift
if #available(OS 상수1 OS 버전1, OS 상수N OS 버전N, *) {
    // ...
} else {
    // ...
}

guard #available(OS 상수1 OS 버전1, OS 상수N OS 버전N, *) else {
    return
}
```

예를 들어 iOS 9부터 사용할 수 있는 API를 호출할 때 다음과 같이 사용 가능성 코드를 구현할 수 있습니다.

```swift
Swift
if #available(iOS 9, *) {
    // iOS 9부터 사용할 수 있는 API 호출 가능
} else {
    // ...
}
```

Swift는 사용 가능성을 직접 지정할 수 있는 @available 속성을 제공합니다. # 문자가 @ 문자로 바뀐 것을 제외하면 #available 구문과 문법이 동일합니다.

```Swift
@available(OS 상수1 OS 버전1, OS 상수N OS 버전N, *)
```

@available 속성은 대부분의 선언 부분에 추가할 수 있습니다. iOS 9 버전부터 호출할 수 있는 함수는 아래와 같이 선언할 수 있습니다.

```Swift
@available(iOS 9, *)
func doSomething() {
    // ...
}
```

Xcode는 컴파일 타임에 @available 속성을 기반으로 사용 가능성을 체크한 후 경고 또는 오류를 출력합니다. 그리고 Fix-it을 통해 #available 구문으로 변경할 수 있는 메뉴를 제공합니다.

4. Run Destination Type Check

앱을 개발하다보면 실제 디바이스와 시뮬레이터에서 실행되는 코드를 분기하거나 iPhone과 iPad에서 실행되는 코드를 분기해야 하는 경우가 있습니다. 먼저 디바이스와 시뮬레이터를 구분하는 방법에 대해 공부해 보겠습니다. Objective-C는 매크로 상수를 통해 컴파일 타임에 코드를 분기할 수 있습니다.

```Objective-C
#if TARGET_IPHONE_SIMULATOR
    시뮬레이터에서 실행되는 코드
#else
    디바이스에서 실행되는 코드
#endif

#if TARGET_OS_SIMULATOR
    시뮬레이터에서 실행되는 코드
#else
    디바이스에서 실행되는 코드
#endif
```

UIDevice 클래스의 model 속성은 시뮬레이터에서 "Simulator"가 포함된 이름을 리턴합니다. 런타임에 시뮬레이터를 체크해야 한다면 문자열 비교 메소드를 통해 "Simulator"라는 단어가 모델명에 포함되었는지 확인합니다. 하지만 이 방식은 거의 사용되지 않습니다.

Swift에서 TARGET_IPHONE_SIMULATOR와 TARGET_OS_SIMULATOR는 Int32 형식의 전역 변수로 선언되어 있습니다. 이 변수는 시뮬레이터에서 실행할 때 1을 리턴하고 디바이스에서 실행할 때 0을 리턴하므로 다음과 같이 if 조건문을 통해 코드를 분기할 수 있습니다.

```Swift
if TARGET_IPHONE_SIMULATOR == 1 {
    시뮬레이터에서 실행되는 코드
} else {
    디바이스에서 실행되는 코드
}

if TARGET_OS_SIMULATOR == 1 {
    시뮬레이터에서 실행되는 코드
} else {
    디바이스에서 실행되는 코드
}
```

Swift는 Platform condition 함수를 통해 시뮬레이터의 종류를 세부적으로 구분할 수 있습니다.

```Swift
#if (arch(i386) || arch(x86_64)) && os(iOS)
    iOS 시뮬레이터에서 실행되는 코드
#endif

#if (arch(i386) || arch(x86_64)) && os(watchOS)
    watchOS 시뮬레이터에서 실행되는 코드
#endif

#if (arch(i386) || arch(x86_64)) && os(tvOS)
    tvOS 시뮬레이터에서 실행되는 코드
#endif

#if (arch(i386) || arch(x86_64)) && (os(tvOS))
    tvOS 시뮬레이터에서 실행되는 코드
#endif

#if (arch(i386) || arch(x86_64)) && (os(iOS) || os(watchOS) || os(tvOS))
    시뮬레이터에서 실행되는 코드
#endif
```

이번에는 디바이스의 종류를 확인하는 방법에 대해 알아보겠습니다. UIDevice 클래스는 userInterfaceIdiom 속성을 통해 디바이스에서 사용 중인 인터페이스의 스타일을 리턴합니다. 이 속성의 값을 통해 iPhone, iPad를 구분할 수 있고 iOS 9 이상에서는 TV와 Car Play를 구분할 수 있습니다. 속성에 직접 접근할 수도 있지만 주로 UI_USER_INTERFACE_IDIOM() 함수를 사용합니다.

Objective-C

```objc
UIUserInterfaceIdiom idiom = UI_USER_INTERFACE_IDIOM();
switch (idiom) {
    case UIUserInterfaceIdiomPhone:
        // iPhone
        break;
    case UIUserInterfaceIdiomPad:
        // iPad
        break;
    case UIUserInterfaceIdiomTV:
        // Apple TV
        break;
    case UIUserInterfaceIdiomCarPlay:
        // Car Play
        break;
    case UIUserInterfaceIdiomUnspecified:
        // Unspecified
        break;
}
```

Swift 2.3

```swift
let idiom = UI_USER_INTERFACE_IDIOM()
switch idiom {
case .Phone:
    // iPhone
case .Pad:
    // iPad
case .TV:
    // Apple TV
case .CarPlay:
    // Car Play
case .Unspecified:
    // Unspecified
}
```

Swift 3

```swift
let idiom = UI_USER_INTERFACE_IDIOM()
switch idiom {
case .phone:
    // iPhone
case .pad:
    // iPad
case .tv:
    // Apple TV
case .carPlay:
    // Car Play
case .unspecified:
    // Unspecified
}
```

5. Build Configuration Check

Xcode 프로젝트는 기본적으로 디버그 모드에서만 DEBUG 상수를 선언하도록 구성되어 있습니다. 이 상수를 활용하면 디버그 모드와 릴리즈 모드를 구분할 수 있습니다.

Objective-C
```
#ifdef DEBUG
        디버그 모드에서 실행할 코드
#else
        릴리즈 모드에서 실행할 코드
#endif
```

Swift
```
#if DEBUG
        디버그 모드에서 실행할 코드
#else
        릴리즈 모드에서 실행할 코드
#endif
```

Screen, Window, View

윈도우와 뷰는 앱의 내용을 화면에 표시합니다. 모든 앱은 적어도 하나의 윈도우와 뷰를 가지고 있습니다. 윈도우는 뷰를 관리하는 컨테이너의 역할을 수행합니다. 뷰는 윈도우의 전체 영역 또는 일부 영역에 내용을 그리고 자신에게 포함된 하위 뷰를 관리합니다. 그리고 자신의 영역에서 발생한 터치 이벤트를 처리합니다.

1. Screen

Screen은 UIScreen 클래스의 객체로 디바이스에 설치되어 있거나 연결되어 있는 화면을 나타냅니다. iOS 디바이스에 설치되어 있는 화면을 Main Screen이라고 하며 UIScreen 클래스의 mainScreen 메소드를 통해 참조를 얻을 수 있습니다. 디바이스와 연결되어 있는 화면은 screens 메소드를 통해 얻을 수 있습니다.

```
Objective-C
UIScreen* mainScreen = [UIScreen mainScreen];
NSArray* screenList = [UIScreen screens];
```

```
Swift 2.3
let mainScreen = UIScreen.mainScreen()
let screenList = UIScreen.screens()
```

```
Swift 3
let mainScreen = UIScreen.main
let screenList = UIScreen.screens
```

화면 해상도는 bounds 속성으로 얻을 수 있습니다. 이 속성은 화면 해상도를 pt 단위로 리턴합니다. iOS 8 이전까지는 항상 세로 방향의 화면 해상도를 리턴했지만 iOS 8부터 화면의 방향에 맞는 해상도를 리턴합니다. 예를 들어 iPhone 6 Plus에서 bounds 속성은 방향에 따라 {0, 0, 414, 736} 또는 {0, 0, 736, 414}를 리턴합니다. 반면 nativeBounds 속성은 화면 회전에 관계없이 세로 방향의 화면 해상도를 px 단위로 리턴합니다. iPhone 6 Plus의 nativeBounds 속성은 방향에 관계없이 항상 {0, 0, 1080, 1920}을 리턴합니다.

scale 속성은 화면의 Scale Factor를 리턴합니다. 레티나 디스플레이가 설치되어 있는 디바이스는 2, 레티나 HD 디스플레이가 설치되어 있는 디바이스는 3을 리턴합니다.

brightness 속성은 화면의 밝기를 리턴합니다. 0.0 ~ 1.0 사이의 값을 리턴하며 1.0은 최대 밝기를 의미합니다.

2. Window

모든 iOS 앱은 반드시 하나 이상의 윈도우를 가집니다. 대부분 하나의 윈도우를 사용하지만 외부 디스플레이가 연결된 경우 두 개의 윈도우를 사용할 수 있습니다. 윈도우와 관련된 대부분의 작업은 UIKit이 알아서 처리해 주기 때문에 직접 윈도우의 동작을 구현하는 경우는 거의 없습니다.

윈도우는 뷰의 계층구조를 관리하는 컨테이너로 터치 이벤트를 적절한 대상으로 전달하고 화면 회전을 처리합니다. masOS 앱과 달리 최대/최소 버튼, 닫기 버튼과 같은 시각적 요소를 가지고 있지 않습니다. 앱 시작 시점에 생성된 윈도우는 앱의 전체 생명주기에 걸쳐 사용됩니다.

윈도우는 UIWindow 클래스의 객체로 다음과 같은 기능들을 제공합니다.

- 윈도우의 Z-Index 설정
- 키보드 입력 대상으로 설정
- 좌표 변환
- 최상위 뷰 컨트롤러 설정

터치 이벤트와 같이 정확한 좌표를 가지고 있는 이벤트는 해당 윈도우와 뷰로 전달됩니다. 하지만 키보드 입력과 같이 좌표가 존재하지 않는 이벤트는 키 윈도우로 전달됩니다. 대부분의 경우 앱 시작 시점에 생성된 윈도우가 키 윈도우가 됩니다. 필요하다면 UIWindow 클래스의 keyWindow 속성을 통해 키 윈도우 설정을 변경할 수 있습니다.

스토리보드를 사용하는 앱은 시작 시점에 윈도우를 자동으로 생성하고 스토리보드의 Initial View Controller를 최상위 뷰 컨트롤러로 설정합니다. 그러나 스토리보드를 사용하지 않는 경우에는 직접 윈도우를 생성한 후 키 윈도우로 설정해 주어야 합니다. 특별한 이유가 없다면 스토리보드를 사용하는 것이 권장됩니다.

윈도우는 우선순위를 가지고 있고 우선순위가 가장 높은 윈도우가 전면에 표시됩니다. 윈도우의 우선순위는 windowLevel 속성을 통해 변경할 수 있지만 시스템이 직접 관리하도록 하는 것이 좋습니다. 앱의 윈도우는 기본적으로 Normal Window Level로 설정되며 상태바와 경고창 같은 시스템 뷰를 표시하는 윈도우는 항상 앱의 윈도우보다 높은 우선순위를 가집니다.

3. View

화면을 통해 사용자에게 전달되는 모든 시각적 요소는 뷰를 통해 전달됩니다. 뷰 객체는 화면의 전체 또는 일부 영역에 앱의 데이터를 시각적으로 표현하고 사용자와의 상호작용에 필요한 시각적 요소를 그립니다. 그리고 뷰 영역에서 발생한 터치 이벤트를 처리합니다. 경우에 따라서 내용을 그리지 않고 다른 뷰의 위치와 크기를 관리하는 컨테이너의 역할을 수행합니다. UIKit은 아래와 같이 뷰를 구현하는데 필요한 기본적인 구현을 제공하며 앱 개발에 바로 사용할 수 있는 다양한 시스템 뷰를 제공합니다. 만약 시스템 뷰를 통해 원하는 기능을 구현할 수 없다면 서브클래싱을 통해 뷰의 기능을 자유롭게 확장할 수 있습니다.

- 시각적 인터페이스의 배치
- 하위 뷰 관리
- 그리기
- 애니메이션
- 이벤트 처리

뷰는 특정 이벤트가 발생하면 레이아웃이 변경하고 내용을 다시 그립니다. 뷰의 내용을 그리는 작업은 비교적 고비용의 작업이므로 가능한 시스템이 처리하도록 하는 것이 좋습니다.

- 뷰의 크기가 변경될 때
- 화면이 회전할 때
- 애니메이션을 통해 코어 애니메이션 레이어가 변경되었을 때
- setNeedsLayout(), layoutIfNeeded() 메소드가 호출되었을 때

3.1 레이어

뷰는 레이어 객체를 가지고 있으며 layer 속성을 통해 접근할 수 있습니다. 레이어 객체는 뷰의 렌더링과 애니메이션을 처리합니다. 뷰와 연관된 작업은 대부분 UIView 클래스가 제공하는 인터페이스를 통해 수행할 수 있지만 섬세한 조작이 필요한 경우 레이어를 직접 조작해야 합니다.

레이어는 뷰를 통해 그려지는 데이터를 내부 저장소에 캐시로 저장합니다. 뷰의 그리기 코드가 실행될 때 캐시 데이터가 생성되고 그리기 코드가 다시 실행되기 전까지 캐시를 사용해서 화면을 그립니다. 캐시의 재사용은 앱의 그리기 성능을 향상시켜 줍니다.

레이어를 사용하면 뷰의 외곽선과 그림자를 쉽게 그릴 수 있습니다. 그리고 모서리를 둥글게 만드는 효과도 쉽게 추가할 수 있습니다.

STEP 01

새로운 iOS Single View Application을 생성한 후 아래의 그림과 표를 참고하여 UI를 구성하고 Outlet을 연결합니다. 1번 뷰의 크기는 160x160으로 설정합니다.

번호	클래스	Outlet으로 연결할 속성	Attributes Inspector에서 수정할 속성
1	UIView	targetView	Background - 흰색 이외의 색상
2	UILabel	-	Text - Border Width
3	UISlider	borderWidthSlider	Minimum - 0 Maximum - 30 Current - 0
4	UILabel	-	Text - Corner Radius
5	UISlider	cornerRadiusSlider	Minimum - 0 Maximum - 80 Current - 0
6	UILabel	-	Text - Toggle Shadow
7	UISwitch	shadowToggleSwitch	State - Off
8	UILabel	-	Text - Shadow Offset
9	UISlider	shadowOffsetSlider	Minimum - 0 Maximum - 10 Current - 0
10	UILabel	-	Text - Shadow Radius
11	UISlider	shadowRadiusSlider	Minimum - 0 Maximum - 30 Current - 0
12	UIButton	-	Title - Reset

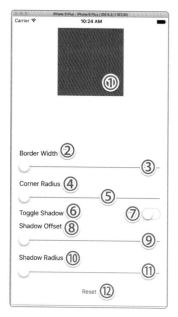

```objc
@interface ViewController ()
@property (weak, nonatomic) IBOutlet UIView *targetView;
@property (weak, nonatomic) IBOutlet UISlider *borderWidthSlider;
@property (weak, nonatomic) IBOutlet UISlider *cornerRadiusSlider;
@property (weak, nonatomic) IBOutlet UISwitch *shadowToggleSwitch;
@property (weak, nonatomic) IBOutlet UISlider *shadowOffsetSlider;
@property (weak, nonatomic) IBOutlet UISlider *shadowRadiusSlider;
@end
```

Swift

```swift
class ViewController: UIViewController {
    @IBOutlet weak var targetView: UIView!
    @IBOutlet weak var borderWidthSlider: UISlider!
    @IBOutlet weak var cornerRadiusSlider: UISlider!
    @IBOutlet weak var shadowToggleSwitch: UISwitch!
    @IBOutlet weak var shadowOffsetSlider: UISlider!
    @IBOutlet weak var shadowRadiusSlider: UISlider!
}
```

STEP **02**

Reset 버튼을 reset(_:) 메소드와 Action으로 연결한 후 아래와 같이 구현합니다.

이 메소는 뷰의 레이어 설정과 슬라이더, 스위치의 값을 초기화합니다. Swift의 경우 파라미터의 자료형을 AnyObject?로 변경합니다.

Objective-C

```objc
- (IBAction)reset:(id)sender {
    self.targetView.layer.borderWidth = 0;
    self.targetView.layer.cornerRadius = 0;

    self.shadowToggleSwitch.on = NO;
    [self toggleShadow:self.shadowToggleSwitch];

    self.borderWidthSlider.value = 0;
    self.cornerRadiusSlider.value = 0;
    self.shadowOffsetSlider.value = 0;
    self.shadowRadiusSlider.value = 0;
}
```

Swift 2.3

```swift
@IBAction func reset(sender: AnyObject?) {
    targetView.layer.borderWidth = 0
    targetView.layer.cornerRadius = 0
```

```
        shadowToggleSwitch.on = false
        toggleShadow(shadowToggleSwitch)

        borderWidthSlider.value = 0
        cornerRadiusSlider.value = 0
        shadowOffsetSlider.value = 0
        shadowRadiusSlider.value = 0
    }
```

Swift 3

```swift
@IBAction func reset(_ sender: AnyObject?) {
    targetView.layer.borderWidth = 0
    targetView.layer.cornerRadius = 0

    shadowToggleSwitch.isOn = false
    toggleShadow(shadowToggleSwitch)

    borderWidthSlider.value = 0
    cornerRadiusSlider.value = 0
    shadowOffsetSlider.value = 0
    shadowRadiusSlider.value = 0
}
```

STEP **03**

viewDidLoad() 메소드를 아래와 같이 구현하여 뷰가 생성될 때 UI가 초기화되도록 합니다.

Objective-C

```objc
- (void)viewDidLoad {
    [super viewDidLoad];
    [self reset:nil];
}
```

Swift

```swift
override func viewDidLoad() {
    super.viewDidLoad()
    reset(nil)
}
```

STEP **04**

첫 번째 슬라이더(borderWidthSlider)를 changeBorderWidth(_:) 메소드와 Action으로 연결한 후 아래와 같이 구현합니다. Action을 연결할 때 Type 항목을 UISlider로 선택합니다.

이 메소드는 layer 속성으로 뷰의 레이어에 접근한 후 borderWidth 속성으로 외곽선의 너비를 설정합니다. Swift는 자료형을 엄격히 구분하는 언어이기 때문에 Float 자료형의 value를 CGFloat 자료형으로 변환해야 합니다.

Objective-C
```objc
- (IBAction)changeBorderWidth:(UISlider *)sender {
    self.targetView.layer.borderWidth = sender.value;
}
```

Swift
```swift
@IBAction func changeBorderWidth(sender: UISlider) {
    targetView.layer.borderWidth = CGFloat(sender.value)
}
```

STEP 05

두 번째 슬라이더(cornerRadiusSlider)를 changeCornerRadius(_:) 메소드와 Action으로 연결한 후 아래와 같이 구현합니다. Action을 연결할 때 Type 항목을 UISlider로 선택합니다.

이 메소드는 layer 속성으로 뷰의 레이어에 접근한 후 cornerRadius 속성으로 모서리의 반경을 설정합니다.

Objective-C
```objc
- (IBAction)changeCornerRadius:(UISlider *)sender {
    self.targetView.layer.cornerRadius = sender.value;
}
```

Swift
```swift
@IBAction func changeCornerRadius(sender: UISlider) {
    targetView.layer.cornerRadius = CGFloat(sender.value)
}
```

STEP 06

스위치(shadowToggleSwitch)를 toggleShadow(_:) 메소드와 Action으로 연결한 후 아래와 같이 구현합니다. Action을 연결할 때 Type 항목을 UISwitch로 선택합니다.

이 메소드는 스위치의 상태에 따라 레이어의 그림자 속성을 설정합니다.

Objective-C
```objc
- (IBAction)toggleShadow:(UISwitch *)sender {
    self.targetView.layer.shadowColor = sender.isOn ?
        [UIColor blueColor].CGColor : nil;
```

```
        self.targetView.layer.shadowOpacity = sender.isOn ? 0.5 : 0.0;
        self.targetView.layer.shadowOffset = sender.isOn ? CGSizeMake(
            self.shadowOffsetSlider.value, self.shadowOffsetSlider.value) :
CGSizeZero;
        self.targetView.layer.shadowRadius = sender.isOn ?
            self.shadowRadiusSlider.value : 0;
}
```

Swift 2.3

```
@IBAction func toggleShadow(sender: UISwitch) {
    targetView.layer.shadowColor = sender.on ?
        UIColor.blueColor().CGColor : nil
    targetView.layer.shadowOpacity = sender.on ? 0.5 : 0.0
    targetView.layer.shadowOffset = sender.on ? CGSize(width:
        CGFloat(shadowOffsetSlider.value), height:
        CGFloat(shadowOffsetSlider.value)) : CGSize.zero
    targetView.layer.shadowRadius = sender.on ?
        CGFloat(shadowRadiusSlider.value) : 0
}
```

Swift 3

```
@IBAction func toggleShadow(_ sender: UISwitch) {
    targetView.layer.shadowColor = sender.isOn ? UIColor.blue.cgColor : nil
    targetView.layer.shadowOpacity = sender.isOn ? 0.5 : 0.0
    targetView.layer.shadowOffset = sender.isOn ? CGSize(width:
        CGFloat(shadowOffsetSlider.value), height:
        CGFloat(shadowOffsetSlider.value)) : CGSize.zero
    targetView.layer.shadowRadius = sender.isOn ?
        CGFloat(shadowRadiusSlider.value) : 0
}
```

STEP 07

세 번째 슬라이더(shadowOffsetSlider)를 changeShadowOffset(_:) 메소드와 Action으로 연결한 후 아래와 같이 구현합니다. Action을 연결할 때 Type 항목을 UISlider로 선택합니다.

이 메소드는 layer 속성으로 뷰의 레이어에 접근한 후 shadowOffset 속성으로 그림자의 표시 거리를 설정합니다. 표시 거리는 CGSize 구조체로 설정할 수 있으며 값이 0보다 작을수록 왼쪽 또는 위로 표시되고 0보다 클수록 오른쪽 또는 아래쪽으로 표시됩니다.

Objective-C

```
- (IBAction)changeShadowOffset:(UISlider *)sender {
    self.targetView.layer.shadowOffset = CGSizeMake(sender.value,
        sender.value);
}
```

```
Swift
@IBAction func changeShadowOffset(sender: UISlider) {
    targetView.layer.shadowOffset = CGSize(width: CGFloat(sender.value),
        height: CGFloat(sender.value))
}
```

STEP 08

네 번째 슬라이더(shadowRadiusSlider)를 changeShadowRadius(_:) 메소드와 Action으로 연결한 후 아래와 같이 구현합니다. Action을 연결할 때 Type 항목을 UISlider로 선택합니다.

이 메소드는 layer 속성으로 뷰의 레이어에 접근한 후 shadowRadius 속성으로 그림자의 블러 강도를 설정합니다. 값이 작을수록 또렷한 그림자가 표시되고 값이 클수록 흐릿한 그림자가 표시됩니다.

```
Objective-C
- (IBAction)changeShadowRadius:(UISlider *)sender {
    self.targetView.layer.shadowRadius = sender.value;
}
```

```
Swift
@IBAction func changeShadowRadius(sender: UISlider) {
    targetView.layer.shadowRadius = CGFloat(sender.value)
}
```

STEP 09

시뮬레이터에 앱을 실행한 후 결과를 확인합니다.

Border Width 슬라이더를 조절하면 외곽선의 너비가 0~30 사이로 조절됩니다.

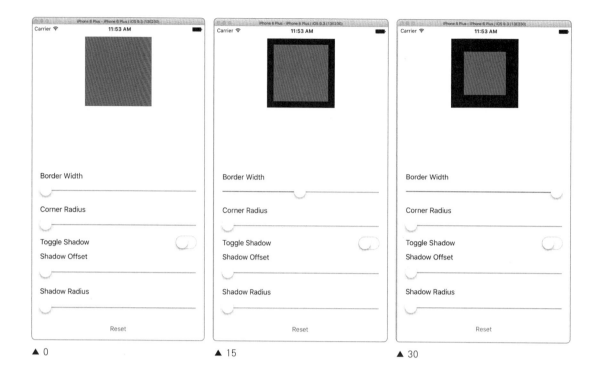

▲ 0   ▲ 15   ▲ 30

외곽선의 색상은 기본적으로 검은색 입니다. 필요한 경우 borderColor 속성을 통해 원하는 색으로
지정할 수 있습니다. 이 속성은 CGColorRef 형식이므로 아래와 같이 UIColor로 색상을 생성한 후
CGColor 속성을 전달해야 합니다.

Objective-C
```
self.targetView.layer.borderColor = [UIColor blueColor].CGColor;
```

Swift 2.3
```
targetView.layer.borderColor = UIColor.blueColor().CGColor
```

Swift 3
```
targetView.layer.borderColor = UIColor.blue.cgColor
```

Corner Radius 슬라이더를 조절하면 모서리의 반경이 조절됩니다. 이 슬라이더는 0부터 targetView
너비의 절반인 80까지 조절할 수 있습니다. 아래의 결과처럼 정사각형 뷰에서 cornerRadius 속성의
값을 너비의 절반으로 설정하면 원으로 표시됩니다.

▲ 0   ▲ 40   ▲ 80

Toggle Shadow 스위치가 꺼진 상태에서 Shadow Offset, Shadow Radius 슬라이더를 움직여도 아무런 변화가 없습니다. 그림자를 표시하려면 반드시 그림자의 투명도를 0보다 큰 값으로 설정해 주어야 합니다. Toggle Shadow 스위치를 켜고 슬라이더를 움직이면 아래와 같이 그림자가 표시됩니다.

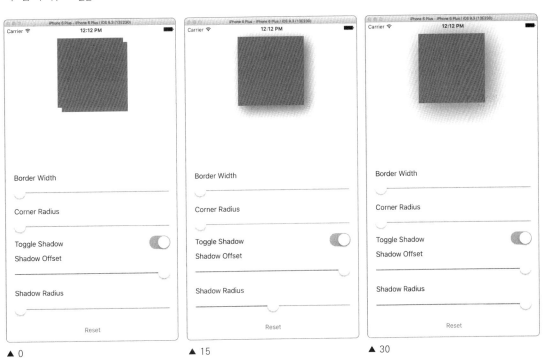

▲ 0   ▲ 15   ▲ 30

3.2 성능

앱의 그리기 성능을 높이기 위해서는 몇 가지 사항을 기억해 두어야 합니다.

앱의 UI는 가능한 UIKit을 통해 제공되는 시스템 뷰의 조합으로 구성해야 합니다. 시스템 뷰의 그리기 코드는 이미 최적화되어 있기 때문에 성능에 큰 영향을 주지 않습니다. 시스템 뷰의 조합으로 필요한 UI를 구현할 수 없다면 커스텀 뷰를 직접 구현하게 됩니다. 커스텀 뷰를 구현할 때는 그리기 코드가 앱의 성능에 영향을 주지 않도록 주의해야 합니다.

뷰를 그리는 작업은 앱의 성능에 영향을 줍니다. 그래서 가능한 뷰를 다시 그리는 횟수를 줄이고 레이어에 저장되어 있는 캐시를 사용해야 합니다. 뷰의 Content Mode를 Redraw로 설정한 경우 매번 화면을 다시 그리게 되므로 그리기 성능이 매우 낮아집니다. 그러므로 Redraw 모드의 사용은 피해야 합니다.

뷰는 우선순위에 따라 다른 뷰를 가리거나 가려질 수 있습니다. 뷰의 opaque 속성을 true로 설정하여 다른 뷰에 의해 가려지는 부분을 그리지 않도록 설정하면 앱의 그리기 성능이 향상됩니다.

스크롤 뷰에 포함된 뷰의 그리기 성능은 스크롤 성능에 영향을 줍니다. 뷰의 그리기 코드가 스크롤에 최적화 되어 있지 않다면 화면이 부드럽게 스크롤 되지 않습니다. 그러므로 스크롤이 진행되는 동안 그리기 품질을 조절하거나 임시 뷰로 대체하는 방식으로 성능을 최적화해야 합니다.

3.3 뷰의 계층 구조

화면을 구성하는 뷰는 계층 구조를 이루고 있습니다. 계층 구조 내에서 자신이 포함하고 있는 뷰를 하위 뷰라고 하여 subviews 속성을 통해 모든 하위 뷰를 목록을 얻을 수 있습니다. 자신이 포함되어 있는 뷰는 상위 뷰라고 하며 superview 속성을 통해 접근할 수 있습니다.

화면에 표시된 모든 뷰는 연관된 Window를 갖습니다. window 속성을 통해 뷰가 표시되고 있는 Window에 접근할 할 수 있습니다. 화면에 표시되지 않은 뷰는 연관된 Window를 가지지 않으며 window 속성은 nil을 리턴합니다.

뷰의 계층 구조는 isDescendant(of:) 메소드로 확인할 수 있습니다. 이 메소드는 파라미터로 전달된 뷰가 상위 뷰이거나 자신과 동일한 뷰일 때 true를 리턴합니다.

상위 뷰는 하위 뷰의 크기와 위치에 영향을 줍니다. 상위 뷰의 위치가 변경되면 모든 하위 뷰의 위치가 함께 변경됩니다. 그리고 상위 뷰의 크기가 변경되면 설정되어 있는 제약이나 Autoresizing Mask에 따라 하위 뷰의 크기가 변경됩니다. 이와 마찬가지로 hidden, alpha 와 같은 속성들은 하위 뷰에 영향을 줍니다. 예를 들어 상위 뷰의 hidden 속성이 true로 설정되어 있다는 하위 뷰는 자신의 hidden 속성에 관계없이 화면에 표시되지 않습니다.

iOS는 화면을 터치할 때 대상 뷰로 터치 이벤트를 전달합니다. 만약 대상 뷰가 이벤트를 처리하지 않는다면 상위 뷰로 이벤트를 전달합니다. 이 과정은 응답 체인을 따라 이벤트를 처리하는 객체를 만날 때까지 반복됩니다. 뷰 컨트롤러를 통해 관리되고 있는 뷰는 상위 뷰 대신 뷰 컨트롤러로 이벤트를 전달합니다.

하위 뷰는 addSubview(_:) 메소드로 추가할 수 있습니다. 이 메소드는 하위 뷰 목록 마지막에 새로운 뷰를 추가합니다. 다수의 하위 뷰가 추가되어 있는 경우 기본적으로 가장 마지막에 추가된 뷰가 가장 위에 표시됩니다. 하위 뷰의 우선순위는 메소드를 통해 변경할 수 있습니다. bringSubviewToFront(_:) 메소드는 파라미터로 전달한 하위 뷰를 가장 위에 표시합니다. 즉, 하위 뷰 중에서 가장 높은 우선순위를 부여합니다. 반대로 sendSubviewToBack(_:) 메소드는 파라미터로 전달한 하위 뷰에 가장 낮은 우선순위를 부여하여 가장 아래쪽에 표시합니다. 하위 뷰의 위치를 맞바꿀 때는 exchangeSubview(at:withSubviewAt:) 메소드를 사용합니다.

하위 뷰를 추가할 때 위치를 직접 정하고 싶다면 insertSubview... 메소드를 사용합니다. insertSubview(_:at:) 메소드는 subviews 배열의 특정 인덱스에 뷰를 추가합니다. insertSubview(_:aboveSubview:) 메소드는 마지막 파라미터로 전달한 하위 뷰 위에 새로운 하위 뷰를 추가합니다. 반대로 insertSubview(_:belowSubview:) 메소드는 마지막 파라미터로 전달한 하위 뷰 아래쪽에 추가합니다.

뷰를 삭제할 때는 removeFromSuperview() 메소드를 사용합니다. 뷰를 추가하는 메소드의 리시버는 추가할 뷰의 상위 뷰이지만 이 메소드의 리시버는 삭제할 뷰입니다. 상위 뷰에서 이 메소드를 호출하면 상위 뷰가 삭제됩니다. 뷰가 삭제되면 뷰에 포함되어 있는 모든 하위 뷰가 함께 삭제됩니다.

Beginner Note

UIButton과 같이 기본적으로 제공되는 시스템 뷰에 하위 뷰를 직접 추가하거나 임의로 삭제하는 것은 피해야 합니다.

STEP **01**

새로운 iOS Single View Application을 생성합니다. ViewController 클래스 파일을 연 후 다음과 같이 속성을 추가합니다.

Swift의 경우 redView 속성과 blueView 속성을 지연 속성으로 선언하고 greenView는 옵셔널로 선언합니다.

```objectivec
Objective-C
@interface ViewController ()
@property (strong, nonatomic) UILabel *redView;
@property (strong, nonatomic) UILabel * greenView;
@property (strong, nonatomic) UILabel *blueView;
@end
```

Swift 2.3
```swift
class ViewController: UIViewController {
    lazy var redView: UILabel = {
        let frame = CGRect(x: 20, y: 20, width: 100, height: 100)
        let label = UILabel(frame: frame)
        label.backgroundColor = UIColor.redColor()
        label.textColor = UIColor.whiteColor()
        label.font = UIFont.boldSystemFontOfSize(80)
        label.textAlignment = .Center
        label.text = "R"

        return label
    }()

    lazy var blueView: UILabel = {
        let frame = CGRect(x: 80, y: 80, width: 100, height: 100)
        let label = UILabel(frame: frame)
        label.backgroundColor = UIColor.blueColor()
        label.textColor = UIColor.whiteColor()
        label.font = UIFont.boldSystemFontOfSize(80)
        label.textAlignment = .Center
        label.text = "B"

        return label
    }()

    var greenView: UILabel?
}
```

Swift 3
```swift
class ViewController: UIViewController {
    lazy var redView: UILabel = {
        let frame = CGRect(x: 20, y: 20, width: 100, height: 100)
        let label = UILabel(frame: frame)
        label.backgroundColor = UIColor.red
        label.textColor = UIColor.white
        label.font = UIFont.boldSystemFont(ofSize: 80)
        label.textAlignment = .center
        label.text = "R"

        return label
    }()

    lazy var blueView: UILabel = {
        let frame = CGRect(x: 80, y: 80, width: 100, height: 100)
        let label = UILabel(frame: frame)
        label.backgroundColor = UIColor.blue
        label.textColor = UIColor.white
```

```swift
        label.font = UIFont.boldSystemFont(ofSize: 80)
        label.textAlignment = .center
        label.text = "B"

        return label
    }()

    var greenView: UILabel?
}
```

STEP 02

viewDidLoad 메소드를 아래와 같이 구현합니다.

Swift는 지연 저장 속성을 통해 레이블을 생성하므로 최상위 뷰에 추가하는 코드만 작성합니다.

```objc
Objective-C
- (void)viewDidLoad {
    [super viewDidLoad];

    // Point #1
    CGRect frame = CGRectMake(20, 20, 100, 100);
    UILabel* rView = [[UILabel alloc] initWithFrame:frame];
    rView.backgroundColor = [UIColor redColor];
    rView.textColor = [UIColor whiteColor];
    rView.font = [UIFont boldSystemFontOfSize:80];
    rView.textAlignment = NSTextAlignmentCenter;
    rView.text = @"R";

    // Point #2
    [self.view addSubview:rView];
    self.redView = rView;

    // Point #3
    frame = CGRectMake(80, 80, 100, 100);
    UILabel* bView = [[UILabel alloc] initWithFrame:frame];
    bView.backgroundColor = [UIColor blueColor];
    bView.textColor = [UIColor whiteColor];
    bView.font = [UIFont boldSystemFontOfSize:80];
    bView.textAlignment = NSTextAlignmentCenter;
    bView.text = @"B";

    [self.view addSubview:bView];
    self.blueView = bView;
}
```

```swift
Swift
override func viewDidLoad() {
    super.viewDidLoad()

    view.addSubview(redView)
    view.addSubview(blueView)
}
```

[Point #1]

새로운 레이블을 생성한 후 레이블의 크기를 100pt x 100pt로 지정합니다. 레이블의 시작 좌표는 각각 20pt로 지정합니다. 레이블의 배경색은 backgroundColor 속성, 글자색은 textColor 속성으로 설정할 수 있습니다. 코드에서는 각각 빨간색과 흰색으로 설정합니다. font 속성은 레이블이 사용하는 폰트를 설정합니다. 글자의 크기가 레이블의 전체 영역과 비슷하도록 80pt 크기의 굵은 폰트로 지정합니다. textAlignment 속성은 레이블이 문자열을 정렬하는 방식을 설정합니다. Center로 지정하여 문자열을 가운데 정렬합니다. 마지막으로 레이블에 출력할 문자열을 "R"로 설정합니다.

[Point #2]

addSubview(_:) 메소드를 통해 뷰 컨트롤러의 최상위 뷰에 레이블을 추가합니다. 그리고 redView 속성에 방금 생성한 레이블을 저장합니다.

[Point #3]

[Point #1]과 동일한 방식으로 레이블을 생성한 후 R 레이블과 조금 겹치는 위치로 지정하고 뷰에 추가합니다.

STEP 03

새로운 레이블을 생성하는 메소드를 구현합니다.

```objc
Objective-C
- (UILabel *)makeGreenView {
    CGRect frame = self.redView.frame;
    frame.origin.x = 50;
    frame.origin.y = 50;

    UILabel * gView = [[UILabel alloc] initWithFrame:frame];
    gView.backgroundColor = [UIColor greenColor];
    gView.textColor = [UIColor blackColor];
    gView.font = [UIFont boldSystemFontOfSize:80];
    gView.textAlignment = NSTextAlignmentCenter;
    gView.text = @"G";

    return gView;
}
```

Swift 2.3

```swift
func makeGreenView() -> UILabel {
    var frame = redView.frame
    frame.origin.x = 50
    frame.origin.y = 50

    let gView = UILabel(frame: frame)
    gView.backgroundColor = UIColor.greenColor()
    gView.textColor = UIColor.blackColor()
    gView.font = UIFont.boldSystemFontOfSize(80)
    gView.textAlignment = .Center
    gView.text = "G"

    return gView
}
```

Swift 3

```swift
func makeGreenView() -> UILabel {
    var frame = redView.frame
    frame.origin.x = 50
    frame.origin.y = 50

    let gView = UILabel(frame: frame)
    gView.backgroundColor = UIColor.green
    gView.textColor = UIColor.black
    gView.font = UIFont.boldSystemFont(ofSize: 80)
    gView.textAlignment = .center
    gView.text = "G"

    return gView
}
```

STEP **04**

View Controller Scene에 열 개의 버튼을 추가한 후, 각 버튼의 제목을 아래와 같이 변경합니다.

- Add Green View
- Remove Green View
- Add Green View above Red View
- Add Green View below Red View
- Bring Green View to Front
- Send Green View to Back
- Exchange Red View with Green View
- Add Green View to Blue View
- Toggle ClipsToBounds
- Add Green View to VC's Root View

Add Green View 버튼을 addGreenView(_:) 메소드와 Action으로 연결한 후 아래와 같이 구현합니다.

이 메소드는 greenView 속성에 저장된 값이 없는 경우 새로운 Green View를 생성한 후 뷰에 추가
합니다.

Objective-C

```objc
- (IBAction)addGreenView:(id)sender {
    if (self.greenView == nil) {
        UILabel * gView = [self makeGreenView];
        self.greenView = gView;
    }

    [self.view addSubview:self.greenView];
}
```

Swift

```swift
@IBAction func addGreenView(sender: AnyObject) {
    if greenView == nil {
        greenView = makeGreenView()
    }

    if let gView = greenView {
        view.addSubview(gView)
    }
}
```

Remove Green View 버튼을 removeGreenView(_:) 메소드와 Action으로 연결한 후 아래와 같이 구현합니다.

이 메소드는 removeFromSuperview() 메소드를 호출하여 Green View를 상위 뷰에서 제거합니다.
그 후 greenView 속성의 값을 nil로 설정합니다. 이 속성의 값을 nil로 설정하지 않으면 Green View
는 상위 뷰에서 제거되지만 메모리에서는 제거되지 않습니다.

Objective-C

```objc
- (IBAction)removeGreenView:(id)sender {
    if (self.greenView != nil) {
        [self.greenView removeFromSuperview];
        self.greenView = nil;
    }
}
```

Swift

```swift
@IBAction func removeGreenView(sender: AnyObject) {
    if let gView = greenView {
        gView.removeFromSuperview()
        greenView = nil
    }
}
```

STEP **07**

Add Green View above Red View 버튼을 addGreenViewAboveRedView(_:) 메소드와 Action으로 연결한 후 아래와 같이 구현합니다.

이 메소드는 Green View를 Red View 위에 추가합니다.

Objective-C

```objc
- (IBAction)addGreenViewAboveRedView:(id)sender {
    if (self.greenView == nil) {
        UILabel * gView = [self makeGreenView];
        self.greenView = gView;
    }

    [self.view insertSubview:self.greenView aboveSubview:self.redView];
}
```

Swift

```swift
@IBAction func addGreenViewAboveRedView(sender: AnyObject) {
    if greenView == nil {
        greenView = makeGreenView()
    }

    if let gView = greenView {
        view.insertSubview(gView, aboveSubview: redView)
    }
}
```

STEP **08**

Add Green View below Red View 버튼을 addGreenViewBelowRedView(_:) 메소드와 Action으로 연결한 후 아래와 같이 구현합니다.

이 메소드는 Green View를 Red View 아래쪽에 추가합니다.

Objective-C

```objective-c
- (IBAction)addGreenViewBelowRedView:(id)sender {
    if (self.greenView == nil) {
        UILabel* gView = [self makeGreenView];
        self.greenView = gView;
    }

    [self.view insertSubview:self.greenView belowSubview:self.redView];
}
```

Swift

```swift
@IBAction func addGreenViewBelowRedView(sender: AnyObject) {
    if greenView == nil {
        greenView = makeGreenView()
    }

    if let gView = greenView {
        view.insertSubview(gView, belowSubview: redView)
    }
}
```

STEP **09**

Bring Green View to Front 버튼을 bringGreenViewToFront(_:) 메소드와 Action으로 연결한 후 아래와 같이 구현합니다.

이 메소드는 isDescendantOfView(_:) 메소드를 통해 Green View가 루트 뷰의 하위 뷰인지 확인합니다. 그런 다음 bringSubviewToFront(_:) 메소드를 통해 Green View에 가장 높은 우선순위를 부여합니다.

Objective-C

```objective-c
- (IBAction)bringGreenViewToFront:(id)sender {
    if ([self.greenView isDescendantOfView:self.view]) {
        [self.view bringSubviewToFront:self.greenView];
    }
}
```

Swift 2.3

```swift
@IBAction func bringGreenViewToFront(sender: AnyObject) {
    if let gView = greenView where gView.isDescendantOfView(view) {
        view.bringSubviewToFront(gView)
    }
}
```

Swift 3
```swift
@IBAction func bringGreenViewToFront(sender: AnyObject) {
    if let gView = greenView , gView.isDescendant(of: view) {
        view.bringSubview(toFront: gView)
    }
}
```

STEP **10**

Send Green View to Back 버튼을 sendGreenViewToBack(_:) 메소드와 Action으로 연결한 후 아래와 같이 구현합니다.

이 메소드는 isDescendantOfView(_:) 메소드를 통해 Green View가 루트 뷰의 하위 뷰인지 확인합니다. 그런 다음 sendSubviewToBack(_:) 메소드를 통해 Green View에 가장 낮은 우선순위를 부여합니다.

Objective-C
```objc
- (IBAction)sendGreenViewToBack:(id)sender {
    if ([self.greenView isDescendantOfView:self.view]) {
        [self.view sendSubviewToBack:self.greenView];
    }
}
```

Swift 2.3
```swift
@IBAction func sendGreenViewToBack(sender: AnyObject) {
    if let gView = greenView where gView.isDescendantOfView(gView) {
        view.sendSubviewToBack(gView)
    }
}
```

Swift 3
```swift
@IBAction func sendGreenViewToBack(sender: AnyObject) {
    if let gView = greenView , gView.isDescendant(of: view) {
        view.sendSubview(toBack: gView)
    }
}
```

STEP **11**

Exchange Red View with Green View 버튼을 exchangeRedViewWithGreenView(_:) 메소드와 Action으로 연결한 후 아래와 같이 구현합니다.

이 메소드는 루트 뷰의 하위 뷰를 순회하면서 Red View와 Green View의 인덱스를 구합니다. 유효한 인덱스를 얻었다면 exchangeSubview..... 메소드를 통해 두 뷰의 위치를 바꿉니다.

Objective-C

```objectivec
- (IBAction)exchangeRedViewWithGreenView:(id)sender {
    NSUInteger gIndex = NSNotFound;
    NSUInteger rIndex = NSNotFound;

    NSArray* list = self.view.subviews;
    for (UIView* sv in list) {
        if (sv == self.greenView) {
            gIndex = [list indexOfObject:sv];
        } else if (sv == self.redView) {
            rIndex = [list indexOfObject:sv];
        }
    }

    if (gIndex != NSNotFound && rIndex != NSNotFound) {
        [self.view exchangeSubviewAtIndex:gIndex withSubviewAtIndex:rIndex];
    }
}
```

Swift 2.3

```swift
@IBAction func exchangeRedViewWithGreenView(sender: AnyObject) {
    guard let gView = greenView, let gIndex = view.subviews.indexOf(gView)
        else {
        return
    }

    guard let rIndex = view.subviews.indexOf(redView) else {
        return
    }

    view.exchangeSubviewAtIndex(gIndex, withSubviewAtIndex: rIndex)
}
```

Swift 3

```swift
@IBAction func exchangeRedViewWithGreenView(sender: AnyObject) {
    guard let gView = greenView, let gIndex = view.subviews.index(of: gView)
        else {
        return
    }

    guard let rIndex = view.subviews.index(of: redView) else {
        return
    }

    view.exchangeSubview(at: gIndex, withSubviewAt: rIndex)
}
```

Add Green View to Blue View 버튼을 addGreenViewToBlueView(_:) 메소드와 Action으로 연결한 후 아래와 같이 구현합니다.

이 메소드는 VC의 루트 뷰에 추가되어 있는 Green View를 Blue View에 추가합니다.

Objective-C
```objc
- (IBAction)addGreenViewToBlueView:(id)sender {
    if (self.greenView != nil) {
        [self.blueView addSubview:self.greenView];
    }
}
```

Swift
```swift
@IBAction func addGreenViewToBlueView(sender: AnyObject) {
    if let gView = greenView {
        blueView.addSubview(gView)
    }
}
```

Toggle ClipsToBounds 버튼을 toggleClipsToBounds(_:) 메소드와 Action으로 연결한 후 아래와 같이 구현합니다.

이 메소드는 Blue View의 clipsToBounds 속성을 토글합니다.

Objective-C
```objc
- (IBAction)toggleClipsToBounds:(id)sender {
    self.blueView.clipsToBounds = !self.blueView.clipsToBounds;
}
```

Swift
```swift
@IBAction func toggleClipsToBounds(sender: AnyObject) {
    blueView.clipsToBounds = !blueView.clipsToBounds
}
```

Add Green View to VC's Root View 버튼을 addGreenViewToRootView(_:) 메소드와 Action으로 연결한 후 아래와 같이 구현합니다.

이 메소드는 Green View를 VC의 Root Vew에 추가합니다.

Objective-C

```objc
- (IBAction)addGreenViewToRootView:(id)sender {
    [self addGreenView:sender];
}
```

Swift 2.3

```swift
@IBAction func addGreenViewToRootView(sender: AnyObject) {
    addGreenView(sender)
}
```

Swift 3

```swift
@IBAction func addGreenViewToRootView(sender: AnyObject) {
    addGreenView(sender: sender)
}
```

STEP 15

시뮬레이터에서 앱을 실행한 후 결과를 확인합니다.

앱을 처음 실행하면 아래와 같이 viewDidLoad() 메소드에서 추가
한 Red View와 Blue View가 표시됩니다. 두 뷰 중 나중에 추가
된 Blue View가 더 높은 우선순위를 가지기 때문에 Red View 위
에 표시됩니다.

Add Green View 버튼을 클릭하면 Green View가 추가됩니다. Green View는 다른 두 뷰보다 우선순위가 높기 때문에 가장 위에 표시됩니다. Add Green View 버튼을 반복적으로 클릭하더라도 뷰에는 하나의 Green View만 추가됩니다. 뷰를 추가하는 메소드는 파라미터로 전달된 뷰가 이미 존재한다면 새롭게 추가하지 않습니다. 동일한 뷰가 뷰 계층 구조에서 두 개 이상 존재할 수 없기 때문입니다.

Remove Green View 버튼을 누르면 Green View가 화면에서 사라집니다.

Add Green View above Red View 버튼을 클릭하면 Green View가 Red View 위에 추가됩니다. Green View는 Red View 보다 높은 우선순위를 가지지만 Blue View 보다 높지 않습니다.

Add Green View below Red View 버튼을 클릭하면 Green View가 Red View 아래쪽에 추가됩니다. Green View가 이미 추가되어 있다면 새로운 Green View가 추가되지 않고 이미 존재하는 Green View가 Red View 뒤로 이동합니다.

Bring Green View to Front 버튼을 클릭하면 Green View가 가장 위쪽에 표시됩니다. 이어서 Send Green View to Back 버튼을 클릭하면 Green View가 다시 가장 아래쪽에 표시됩니다.

Exchange Red View with Green View 버튼을 클릭하면 Red View와 Green View의 위치가 서로 교체됩니다. 두 뷰의 위치 교체는 Blue View에 영향을 주지 않습니다.

Add Green View to Blue View 버튼을 클릭하면 Green View가 Blue View에 추가됩니다. 새로운 Green View가 추가되는 것이 아니라 이미 존재하는 Green View가 Blue View 하위로 이동합니다. 실행 결과를 보면 마치 위치만 변경된 것처럼 보입니다. Green View를 생성하는 makeGreenView 메소드를 다시 보면 시작 좌표를 (50, 50)으로 지정하고 있습니다. 그래서 Green View는 항상 상위 뷰의 시작 위치에서 각각 50pt 만큼 이동한 위치에 표시됩니다. Green View의 상위 뷰가 Blue View 로 변경되었기 때문에 Blue View의 시작 지점을 기준으로 위치가 변경된 것입니다.

Objective-C
```objectivec
- (UILabel *)makeGreenView {
    CGRect frame = self.redView.frame;
    frame.origin.x = 50;
    frame.origin.y = 50;
    // ...
}
```

Swift
```swift
func makeGreenView() -> UILabel {
    var frame = redView.frame
    frame.origin.x = 50
    frame.origin.y = 50
    // ...
}
```

Blue View에 추가된 Green View는 Blue View의 영역을 벗어납니다. 뷰는 기본적으로 하위 뷰가 자신의 영역을 벗어나더라도 모두 출력합니다. 뷰의 clipsToBounds 속성을 true로 설정하면 자신의 영역을 벗어난 부분은 더 이상 그리지 않습니다. 이런 동작을 클리핑이라고 합니다. Toggle ClipsToBounds 버튼을 클릭하면 이 속성이 토글되어 결과를 비교할 수 있습니다.

Add Green View to VC's Root View 버튼을 클릭하면 Green View가 다시 이전 위치(Root View 의 하위 뷰)로 이동합니다.

이 예제는 각 뷰를 R, G, B라는 글자와 색상으로 구분하기 위해 레이블을 사용하고 있습니다. UIView 를 상속하는 모든 뷰는 이 예제에서 설명한 방식으로 뷰 계층 구조를 관리할 수 있습니다.

UIKit은 뷰의 계층 구조가 변경될 때 뷰에 구현되어 있는 특별한 메소드를 호출합니다. 아래의 메소 드를 재정의 하면 계층 구조가 변경되는 시점에 원하는 구현을 추가할 수 있습니다.

- willMoveToSuperView(_:)
- willMoveToWindow(_:)
- willRemoveSubviews(_:)
- didAddSubview(_:)
- didMoveToSuperview()
- didMoveToWindow()

3.4 좌표 체계

뷰가 사용하는 기본 좌표 체계는 화면 좌상단이 기준이고 오른쪽으로 갈수록 x좌표가 증가하고 아래 쪽으로 갈수록 y좌표가 증가합니다. 다른 좌표 체계와 구분하기 위해서 화면 좌표 체계라고 합니다. 예를 들어 iPhone 6에서 실행되는 앱은 아래와 같은 좌표 체계를 사용합니다.

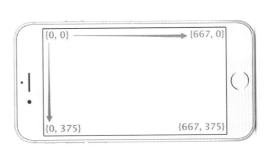

좌표 체계 내에서 사용되는 값은 모두 pt 단위를 사용합니다. 뷰와 윈도우는 화면 좌표 체계와 별도 로 자신의 지역 좌표 체계를 가지고 있습니다. 대부분의 경우 윈도우의 지역 좌표 체계와 화면 좌표 체계는 동일합니다.

지역 좌표 체계는 주로 내용을 그리거나 하위 뷰를 배치할 때 사용됩니다. 뷰가 내용을 그릴 때는 자신의 지역 좌표 체계를 사용하고, 크기나 위치를 변경하는 경우 상위 뷰의 지역 좌표 체계를 사용합니다.

UIView, UIWindow 클래스는 좌표를 변환할 수 있는 다양한 메소드를 제공합니다.

* convertPoint(_:toWindow:)
* convertPoint(_:fromWindow:)
* convertRect(_:toWindow:)
* convertRect(_:fromWindow:)
* convertPoint(_:toView:)
* convertPoint(_:fromView:)
* convertRect(_:toView:)
* convertRect(_:fromView:)

레티나 디스플레이가 탑재된 iOS 디바이스가 출시되기 전까지 화면 좌표는 디바이스의 물리적인 픽셀과 1:1로 매칭되었습니다. 그러나 레티나 디스플레이가 보편화 되면서 1:2 또는 1:3으로 매칭되기 시작했습니다. pt 단위가 도입된 이유는 바로 이것 때문입니다. 만약 pt 단위가 아닌 px 단위를 사용한다면 픽셀 매칭을 직접 처리해 주어야 할 것입니다. 코드에서는 화면 좌표 체계를 기준으로 pt 단위의 값을 사용하면 iOS가 나머지 작업을 자동으로 처리해 줍니다.

3.5 frame, bounds, center

뷰의 프레임은 뷰의 위치와 크기를 나타내며 frame 속성으로 접근할 수 있습니다. frame은 상위 뷰의 좌표 체계를 기준으로 동작합니다. 이와 유사한 center 속성은 상위 좌표 체계에서 뷰의 중앙 좌표를 나타냅니다.

뷰의 바운드는 클리핑 없이 뷰의 내용을 그릴 수 있는 영역의 크기를 나타내며 bounds 속성으로 접근할 수 있습니다. 바운드는 뷰의 지역 좌표 체계의 범위와 동일하기 때문에 주로 그리기 작업에서 사용합니다.

뷰의 위치와 크기를 변경할 때 frame 속성과 bounds 속성을 모두 사용할 수 있지만 주로 frame 속성을 사용합니다. frame 속성을 변경한 경우 bounds 속성과 center 속성이 새로운 크기와 위치로 변경됩니다. center 속성을 변경한 경우에는 frame 속성의 기준 위치가 변경됩니다. bounds 속성을 통해 크기를 변경한 경우 center 속성을 기준으로 frame 속성의 크기가 변경됩니다.

뷰는 기본적으로 자신의 바운드를 벗어나는 하위 뷰를 클리핑하지 않습니다. clipsToBounds 속성의 값을 true로 설정하면 바운드를 벗어나는 하위 뷰가 클리핑되고 더 이상 화면에 그려지지 않습니다. 뷰는 이 속성의 값과 관계없이 항상 자신의 바운드 내에서 발생하는 터치 이벤트만 처리합니다.

3.6 Visibility

뷰의 가시상태는 hidden 속성과 alpha 속성으로 설정할 수 있습니다. hidden 속성은 true로 설정되어 있는 경우 뷰를 표시하지 않습니다. alpha 속성은 0.0 ~ 1.0 사이의 값으로 뷰의 투명도를 설정합니다. 0.0은 완전 투명한 상태로 hidden 속성을 true로 설정한 것과 동일합니다.

화면에 표시되지 않는 뷰는 터치 이벤트를 전달받지 않습니다. 반면 First Responder로 지정된 뷰의 hidden 속성을 true로 설정하더라도 계속 First Responder로 유지됩니다. 그래서 키보드 입력과 같이 First Responder를 대상으로 하는 이벤트는 뷰의 가시상태와 관계없이 전달됩니다. 이것은 나쁜 사용자 경험을 제공하므로 hidden 속성을 변경하기 전에 resignFirstResponder() 메소드를 호출해 주는 것이 좋습니다.

3.7 Transform

UIKit은 아핀 변환을 통해 뷰의 크기, 위치, 회전각을 변경할 수 있는 다양한 함수를 제공합니다. 뷰 전체에 변환을 적용할 경우 UIView 클래스의 transform 속성을 사용하고, drawRect(_:) 메소드 내부에서 특정 요소에 변환을 적용할 경우에는 그래픽 컨텍스트에 변환을 적용합니다.

모든 변환은 뷰의 가운데 좌표를 기준으로 적용됩니다. 뷰의 위치와 크기를 영구적으로 변경하는 것보다 뷰 애니메이션과 함께 사용자에게 시각적 피드백 효과를 제공하는데 주로 사용됩니다.

CoreGraphics 프레임워크는 아핀 변환에 사용되는 다양한 함수를 제공합니다. 함수는 크게 CGAffineTransform… 형태와 CGAffineTransformMake… 형태로 구분할 수 있습니다. 전자는 이미 존재하는 변환 행렬에 변환을 적용한 후 새로운 변환 행렬을 리턴합니다. 후자는 단순히 지정된 변환 행렬을 리턴합니다. CGAffineTransformIdentity 상수는 단위 행렬을 나타내며 이 상수를 transform 속성에 할당하면 뷰에 적용된 모든 변환이 초기화됩니다.

- CGAffineTransformRotate
- CGAffineTransformScale
- CGAffineTransformTranslate
- CGAffineTransformMakeRotation
- CGAffineTransformMakeScale
- CGAffineTransformMakeTranslation
- CGAffineTransformIdentity

새로운 iOS Single View Application을 생성한 후 아래의 그림과 표를 참고하여 UI를 구성하고 Outlet을 연결합니다. 이어서 addingTransform 속성 선언을 추가합니다.

번호	클래스	Outlet으로 연결할 속성	Attributes Inspector에서 수정할 속성
1	UIImageView	imageView	image − 원하는 이미지로 설정
2	UILabel	−	Text − Rotate
3	UISlider	rotationSlider	Minimum − 0 Maximum − 360 Current − 0
4	UILabel	−	Text − Scale
5	UISlider	scaleSlider	Minimum − 0.5 Maximum − 2 Current − 1
6	UILabel	−	Text − Translate X
7	UISlider	translateXSlider	Minimum − −50 Maximum − 50 Current − 0
8	UILabel	−	Text − Translate Y
9	UISlider	translateYSlider	Minimum − 0 Maximum − 100 Current − 0
10	UILabel	−	Text − Adding Transform
11	UISwitch	shadowRadiusSlider	State − Off
12	UIButton	−	Title − Concat
13	UIButton	−	Title − Reset

Objective-C

```objc
@interface ViewController ()
@property (weak, nonatomic) IBOutlet UIImageView *imageView;
@property (weak, nonatomic) IBOutlet UISwitch *addingTransformSwitch;
@property (weak, nonatomic) IBOutlet UISlider *scaleSlider;
@property (weak, nonatomic) IBOutlet UISlider *rotationSlider;
@property (weak, nonatomic) IBOutlet UISlider *translateXSlider;
@property (weak, nonatomic) IBOutlet UISlider *translateYSlider;
@property BOOL addingTransform;
@end
```

Swift

```swift
class ViewController: UIViewController {
    @IBOutlet weak var imageView: UIImageView!
    @IBOutlet weak var addingTransformSwitch: UISwitch!
```

```
        @IBOutlet weak var rotationSlider: UISlider!
        @IBOutlet weak var scaleSlider: UISlider!
        @IBOutlet weak var translateXSlider: UISlider!
        @IBOutlet weak var translateYSlider: UISlider!
        var addingTransform = false
}
```

STEP 02

Reset 버튼을 resetTransform(_:) 메소드와 Action으로 연결한 후 아래와 같이 구현합니다.

Swift 코드는 파라미터의 자료형을 AnyObject?로 변경합니다.

[Point #1]
CGAffineTransformIdentity 상수를 transform 속성에 할당하면 뷰에 적용된 변환이 초기화됩니다.

Objective-C
```
- (IBAction)resetTransform:(id)sender {
    self.rotationSlider.value = 0;
    self.scaleSlider.value = 1;
    self.translateXSlider.value = 0;
    self.translateYSlider.value = 0;

    self.addingTransform = NO;
    [self.addingTransformSwitch setOn:self.addingTransform];

    // Point #1
    self.imageView.transform = CGAffineTransformIdentity;
}
```

Swift 2.3
```
@IBAction func resetTransform(sender: AnyObject?) {
    rotationSlider.value = 0
    scaleSlider.value = 1
    translateXSlider.value = 0
    translateYSlider.value = 0

    addingTransform = false
    addingTransformSwitch.on = addingTransform

    // Point #1
    imageView.transform = CGAffineTransformIdentity
}
```

Swift 3
```swift
@IBAction func resetTransform(_ sender: AnyObject?) {
    rotationSlider.value = 0
    scaleSlider.value = 1
    translateXSlider.value = 0
    translateYSlider.value = 0

    addingTransform = false
    addingTransformSwitch.isOn = addingTransform

    // Point #1
    imageView.transform = CGAffineTransform.identity
}
```

STEP 03

viewDidLoad() 메소드를 아래와 같이 구현합니다.

Objective-C
```objc
- (void)viewDidLoad {
    [super viewDidLoad];
    [self resetTransform:nil];
}
```

Swift
```swift
override func viewDidLoad() {
    super.viewDidLoad()
    resetTransform(nil)
}
```

STEP 04

Adding Transform 스위치를 toggleMethod(_:) 메소드와 Action으로 연결한 후 아래와 같이 구현합니다. Action을 연결할 때 Type 항목을 UISwitch로 선택합니다.

Objective-C
```objc
- (IBAction)toggleMethod:(UISwitch *)sender {
    self.addingTransform = sender.isOn;
}
```

Swift 2.3
```swift
@IBAction func toggleMethod(sender: UISwitch) {
    addingTransform = sender.on
}
```

Swift 3

```
@IBAction func toggleMethod(sender: UISwitch) {
    addingTransform = sender.isOn
}
```

STEP **05**

각도를 라디안으로 변환하는 함수를 구현합니다.

Objective-C는 매크로 함수로 구현하고 Swift는 일반 함수로 구현합니다. 함수는 import 코드 아래쪽에 위치합니다.

Objective-C

```
#define DEGREES_TO_RADIANS(angle) ((angle) / 180.0 * M_PI)
```

Swift

```
func radian(_ degree: Float) -> CGFloat {
    return CGFloat(Double(degree) / 180.0 * M_PI)
}
```

STEP **06**

첫 번째 슬라이더(rotationSlider)를 rotate(_:) 메소드와 Action으로 연결한 후 아래와 같이 구현합니다. Action을 연결할 때 Type 항목을 UISlider로 선택합니다.

이 메소드는 addingTransform 속성이 true이면 imageView의 현재 변환 행렬에 회전 변환을 적용합니다. false인 경우에는 현재 변환 행렬을 무시하고 새로운 회전 변환을 적용합니다.

Objective-C

```
- (IBAction)rotate:(UISlider *)sender {
    CGAffineTransform rotation;
    if (self.addingTransform) {
        rotation = CGAffineTransformRotate(self.imageView.transform,
            DEGREES_TO_RADIANS(sender.value));
    } else {
        rotation = CGAffineTransformMakeRotation(
            DEGREES_TO_RADIANS(sender.value));
    }

    self.imageView.transform = rotation;
}
```

Swift 2.3

```swift
@IBAction func rotate(sender: UISlider) {
    if addingTransform {
        imageView.transform = CGAffineTransformRotate(imageView.transform,
            radian(sender.value))
    } else {
        imageView.transform = CGAffineTransformMakeRotation(
            radian(sender.value))
    }
}
```

Swift 3

```swift
@IBAction func rotate(sender: UISlider) {
    if addingTransform {
        imageView.transform = imageView.transform.rotated(by:
            radian(sender.value))
    } else {
        imageView.transform = CGAffineTransform(rotationAngle:
            radian(sender.value))
    }
}
```

STEP 07

두 번째 슬라이더(scaleSlider)를 scale(_:) 메소드와 Action으로 연결한 후 아래와 같이 구현합니다. Action을 연결할 때 Type 항목을 UISlider로 선택합니다.

이 메소드는 addingTransform 속성이 true이면 imageView의 현재 변환 행렬에 확대/축소 변환을 적용합니다. false인 경우에는 현재 변환 행렬을 무시하고 새로운 확대/축소 변환을 적용합니다.

Objective-C

```objc
- (IBAction)scale:(UISlider *)sender {
    CGAffineTransform scale;

    if (self.addingTransform) {
        scale = CGAffineTransformScale(self.imageView.transform,
            sender.value, sender.value);
    } else {
        scale = CGAffineTransformMakeScale(sender.value, sender.value);
    }

    self.imageView.transform = scale;
}
```

Swift 2.3

```swift
@IBAction func scale(sender: UISlider) {
    if addingTransform {
        imageView.transform = CGAffineTransformScale(imageView.transform,
            CGFloat(sender.value), CGFloat(sender.value))
    } else {
        imageView.transform = CGAffineTransformMakeScale(
            CGFloat(sender.value), CGFloat(sender.value))
    }
}
```

Swift 3

```swift
@IBAction func scale(sender: UISlider) {
    if addingTransform {
        imageView.transform = imageView.transform.scaledBy(x:
CGFloat(sender.value), y: CGFloat(sender.value))
    } else {
        imageView.transform = CGAffineTransform(scaleX: CGFloat(sender.
value), y: CGFloat(sender.value))
    }
}
```

STEP **08**

세 번째 슬라이더(translateXSlider)를 translateX(_:) 메소드와 Action으로 연결한 후 아래와 같이 구현합니다. Action 을 연결할 때 Type 항목을 UISlider로 선택합니다.

이 메소드는 addingTransform 속성이 true이면 imageView의 현재 변환 행렬에 수평 이동 변환 을 적용합니다. false인 경우에는 현재 변환 행렬을 무시하고 새로운 수평 이동 변환을 적용합니다.

Objective-C

```objc
- (IBAction)translateX:(UISlider *)sender {
    CGAffineTransform translateX;

    if (self.addingTransform) {
        translateX = CGAffineTransformTranslate(self.imageView.transform,
            sender.value, 0);
    } else {
        translateX = CGAffineTransformMakeTranslation(sender.value, 0);
    }

    self.imageView.transform = translateX;
}
```

Swift 2.3

```swift
@IBAction func translateX(sender: UISlider) {
    if addingTransform {
        imageView.transform = CGAffineTransformTranslate(
            imageView.transform, CGFloat(sender.value), 0)
    } else {
        imageView.transform = CGAffineTransformMakeTranslation(
            CGFloat(sender.value), 0)
    }
}
```

Swift 3

```swift
@IBAction func translateX(sender: UISlider) {
    if addingTransform {
        imageView.transform = imageView.transform.translatedBy(x:
            CGFloat(sender.value), y: 0)
    } else {
        imageView.transform = CGAffineTransform(translationX:
            CGFloat(sender.value), y: 0)
    }
}
```

STEP **09**

네 번째 슬라이더(translateYSlider)를 translateY(_:) 메소드와 Action으로 연결한 후 아래와 같이 구현합니다. Action
을 연결할 때 Type 항목을 UISlider로 선택합니다.

이 메소드는 addingTransform 속성이 true이면 imageView의 현재 변환 행렬에 수직 이동 변환
을 적용합니다. false인 경우에는 현재 변환 행렬을 무시하고 새로운 수직 이동 변환을 적용합니다.

Objective-C

```objc
- (IBAction)translateY:(UISlider *)sender {
    CGAffineTransform translateY;

    if (self.addingTransform) {
        translateY = CGAffineTransformTranslate(self.imageView.transform,
            0, sender.value);
    } else {
        translateY = CGAffineTransformMakeTranslation(0, sender.value);
    }

    self.imageView.transform = translateY;
}
```

Swift 2.3
```swift
@IBAction func translateY(sender: UISlider) {
    if addingTransform {
        imageView.transform = CGAffineTransformTranslate(
            imageView.transform, 0, CGFloat(sender.value))
    } else {
        imageView.transform = CGAffineTransformMakeTranslation(
            0, CGFloat(sender.value))
    }
}
```

Swift 3
```swift
@IBAction func translateY(sender: UISlider) {
    if addingTransform {
        imageView.transform = imageView.transform.translatedBy(
            x: 0, y: CGFloat(sender.value))
    } else {
        imageView.transform = CGAffineTransform(translationX: 0,
            y: CGFloat(sender.value))
    }
}
```

STEP 10

Concat 버튼과 concatAllTransform(_:) 메소드를 Action으로 연결한 후 아래와 같이 구현합니다.

이 메소드는 네 개의 슬라이더의 값을 통해 변환 행렬을 생성한 후 CGAffineTransformConcat 함수를 통해 하나의 행렬로 병합합니다. 병합된 행렬을 적용하면 네 개의 변환이 동시에 적용됩니다.

Objective-C
```objc
- (IBAction)concatAllTransform:(id)sender {
    self.imageView.transform = CGAffineTransformIdentity;

    CGAffineTransform rotation = CGAffineTransformMakeRotation(
        DEGREES_TO_RADIANS(self.rotationSlider.value));
    CGAffineTransform scale = CGAffineTransformMakeScale(
        self.scaleSlider.value, self.scaleSlider.value);
    CGAffineTransform translateX = CGAffineTransformMakeTranslation(
        self.translateXSlider.value, 0);
    CGAffineTransform translateY = CGAffineTransformMakeTranslation(
        0, self.translateYSlider.value);

    CGAffineTransform transform = CGAffineTransformConcat(rotation, scale);
    transform = CGAffineTransformConcat(transform, translateX);
    transform = CGAffineTransformConcat(transform, translateY);

    self.imageView.transform = transform;
}
```

Swift 2.3

```
@IBAction func concatAllTransform(sender: AnyObject) {
    imageView.transform = CGAffineTransformIdentity

    let rotation = CGAffineTransformMakeRotation(radian(
        rotationSlider.value))
    let scale = CGAffineTransformMakeScale(CGFloat(scaleSlider.value),
        CGFloat(scaleSlider.value))
    let translateX = CGAffineTransformMakeTranslation(
        CGFloat(translateXSlider.value), 0)
    let translateY = CGAffineTransformMakeTranslation(0,
        CGFloat(translateYSlider.value))

    var transform = CGAffineTransformConcat(rotation, scale)
    transform = CGAffineTransformConcat(transform, translateX)
    transform = CGAffineTransformConcat(transform, translateY)

    imageView.transform = transform
}
```

Swift 3

```
@IBAction func concatAllTransform(sender: AnyObject) {
    imageView.transform = CGAffineTransform.identity

    let rotation = CGAffineTransform(rotationAngle:
        radian(rotationSlider.value))
    let scale = CGAffineTransform(scaleX: CGFloat(scaleSlider.value),
        y: CGFloat(scaleSlider.value))
    let translateX = CGAffineTransform(translationX:
        CGFloat(translateXSlider.value), y: 0)
    let translateY = CGAffineTransform(translationX:
        0, y: CGFloat(translateYSlider.value))

    var transform = rotation.concatenating(scale)
    transform = transform.concatenating(translateX)
    transform = transform.concatenating(translateY)

    imageView.transform = transform
}
```

STEP **11**

시뮬레이터에서 앱을 실행한 후 결과를 확인합니다.

먼저 Adding Transform 스위치가 꺼진 상태에서 결과를 확인합니다. Rotate 슬라이더를 움직이면 이미지가 한 바퀴 회전합니다. Scale 슬라이더를 움직이면 반으로 축소되거나 두 배로 확대됩니다. Translate X 슬라이더를 움직이면 좌우로 수평이동하며, Translate Y 슬라이더를 움직이면 상하로 이동합니다. 각 슬라이더를 움직일 때마다 이전에 적용했던 변환이 사라지고 슬라이더와 연관된 변환만 적용되는 것을 확인할 수 있습니다. Concat 버튼을 클릭하면 슬라이더 값을 토대로 모든 변환을 동시에 적용합니다.

Reset 버튼을 클릭하여 모든 변환을 초기화한 후, Adding Transform 스위치가 켜진 상태에서 다시 결과를 확인합니다. 이번에는 슬라이더를 움직일 때마다 이전 변환 행렬에 누적되기 때문에 조금 전과 매우 상이한 결과를 얻게 됩니다.

3.8 On-demand Drawing Model

뷰가 화면에 처음 표시될 때 iOS는 뷰에게 화면을 그리도록 요청합니다. 요청이 뷰의 전달되면 drawRect(_:) 메소드를 호출됩니다. 이 메소드에서 뷰의 내용을 그리고 나면 iOS는 뷰의 레이어에 내용을 캐시로 저장하고 내용이 변경되기 전까지 캐시를 출력합니다. 이와 같은 방식을 On-demand Drawing Model이라고 하며 뷰의 그리기 성능을 높이는 것이 목적입니다. 뷰의 내용이 변경되면 코드에서 직접 drawRect(_:) 메소드를 호출하지 않고 시스템이 그리기 요청을 뷰에 전달하도록 아래의 메소드를 호출해야 합니다.

* setNeedsDisplay()
* setNeedsDisplayInRect(_:)

이 메소드를 호출하면 뷰의 내용이 무효화되고 다시 그려집니다. 레이어에 저장되어 있던 캐시는 새로운 내용으로 업데이트됩니다.

> **Expert Note**
>
> iOS는 현재 실행 중인 런루프 사이클이 끝날 때까지 뷰에 그리기 요청을 보내지 않습니다. 동일한 런루프 사이클 내에서 발생한 변경사항은 다음 런루프 사이클에 동시에 반영됩니다.

3.9 Content Mode

Content Mode는 뷰의 내용을 그리는 방식을 결정합니다. 일반적으로 뷰의 내용을 그릴 때는 앞에서 설명한 것과 같이 레이어에 저장된 캐시가 사용됩니다. 뷰의 위치나 크기가 변경되어 뷰를 다시 그려야 할 때 Content Mode에 따라 캐시를 화면에 그립니다.

기본 Content Mode인 Scale To Fill은 내용을 뷰 전체 영역에 그립니다. 뷰는 모두 13개의 Content Mode를 지원합니다. 각 Mode의 동작 방식은 조금 후 예제를 통해 확인해 보겠습니다.

- Scale To Fill
- Scale Aspect Fit
- Scale Aspect Fill
- Redraw
- Center
- Top
- Bottom
- Left
- Right
- Top Left
- Top Right
- Bottom Left
- Bottom Right

지원되는 모드 중 Redraw 모드는 가능한 사용하지 않아야 합니다. 이 모드는 캐시를 사용하지 않고 항상 내용을 다시 그리기 때문에 그리기 성능이 매우 나빠집니다. 특히 UILabel, UIButton과 같은 시스템 뷰의 Content Mode를 이 모드로 설정하면 안됩니다.

STEP **01**

새로운 iOS Single View Application을 생성한 후 아래의 그림과 표를 참고하여 UI를 구성하고 Outlet을 연결합니다.

번호	클래스	Outlet으로 연결할 속성	Attributes Inspector에서 수정할 속성
1	UILabel	currentModeLabel	Alignment – Center
2	UIImageView	imageView	Image – 원하는 그림
3	UILabel	–	Text – ClipsToBounds
4	UISwitch	toggleSwitch	–
5	UIButton	–	Title – Change Content Mode

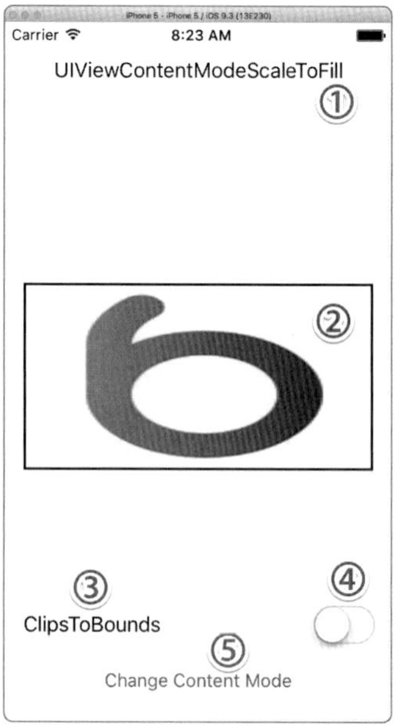

Objective-C

```objc
@interface ViewController ()
@property (weak, nonatomic) IBOutlet UILabel *currentModeLabel;
@property (weak, nonatomic) IBOutlet UIImageView *imageView;
@property (weak, nonatomic) IBOutlet UISwitch *toggleSwitch;
@end
```

Swift

```swift
class ViewController: UIViewController {
    @IBOutlet weak var currentModeLabel: UILabel!
    @IBOutlet weak var imageView: UIImageView!
    @IBOutlet weak var toggleSwitch: UISwitch!
}
```

STEP 02

Content Mode 값을 문자열로 변경하여 currentModeLabel에 표시하는 메소드를 구현합니다.

Objective-C

```objc
- (void)updateContentModeName {
    NSArray * modeNames = @[@"UIViewContentModeScaleToFill",
                            @"UIViewContentModeScaleAspectFit",
                            @"UIViewContentModeScaleAspectFill",
                            @"UIViewContentModeRedraw",
                            @"UIViewContentModeCenter",
                            @"UIViewContentModeTop",
                            @"UIViewContentModeBottom",
                            @"UIViewContentModeLeft",
                            @"UIViewContentModeRight",
                            @"UIViewContentModeTopLeft",
                            @"UIViewContentModeTopRight",
                            @"UIViewContentModeBottomLeft",
                            @"UIViewContentModeBottomRight"];

    self.currentModeLabel.text = modeNames[self.imageView.contentMode];
}
```

Swift 2.3

```swift
func updateContentModeName() {
    let modeNames = ["UIViewContentMode.ScaleToFill",
                     "UIViewContentMode.ScaleAspectFit",
                     "UIViewContentMode.ScaleAspectFill",
                     "UIViewContentMode.Redraw",
                     "UIViewContentMode.Center",
                     "UIViewContentMode.Top",
```

```
                                "UIViewContentMode.Bottom",
                                "UIViewContentMode.Left",
                                "UIViewContentMode.Right",
                                "UIViewContentMode.TopLeft",
                                "UIViewContentMode.TopRight",
                                "UIViewContentMode.BottomLeft",
                                "UIViewContentMode.BottomRight"]

        currentModeLabel.text = modeNames[imageView.contentMode.rawValue]
}
```

Swift 3
```
func updateContentModeName() {
    let modeNames = ["UIViewContentMode.scaleToFill",
                        "UIViewContentMode.scaleAspectFit",
                        "UIViewContentMode.scaleAspectFill",
                        "UIViewContentMode.redraw",
                        "UIViewContentMode.center",
                        "UIViewContentMode.top",
                        "UIViewContentMode.bottom",
                        "UIViewContentMode.left",
                        "UIViewContentMode.right",
                        "UIViewContentMode.topLeft",
                        "UIViewContentMode.topRight",
                        "UIViewContentMode.bottomLeft",
                        "UIViewContentMode.bottomRight"]

        currentModeLabel.text = modeNames[imageView.contentMode.rawValue]
}
```

STEP **03**

viewDidLoad() 메소드를 아래와 같이 구현합니다.

이 메소드는 이미지뷰의 경계를 쉽게 확인할 수 있도록 검은색 외곽선을 그립니다. 그리고 imageView
의 clipsToBounds 속성 값으로 스위치의 상태를 초기화하고 현재 설정되어 있는 Content Mode를
레이블에 출력합니다.

Objective-C
```
- (void)viewDidLoad {
    [super viewDidLoad];

    self.imageView.layer.borderWidth = 2.0;
    self.imageView.layer.borderColor = [UIColor blackColor].CGColor;

    self.toggleSwitch.on = self.imageView.clipsToBounds;
```

```
        [self updateContentModeName];
    }
```

Swift 2.3
```
override func viewDidLoad() {
    super.viewDidLoad()

    imageView.layer.borderWidth = 2.0
    imageView.layer.borderColor = UIColor.blackColor().CGColor

    toggleSwitch.on = imageView.clipsToBounds

    updateContentModeName()
}
```

Swift 3
```
override func viewDidLoad() {
    super.viewDidLoad()

    imageView.layer.borderWidth = 2.0
    imageView.layer.borderColor = UIColor.black.cgColor

    toggleSwitch.isOn = imageView.clipsToBounds

    updateContentModeName()
}
```

STEP **04**

toggleSwitch와 toggleClipsToBounds(_:) 메소드를 Action으로 연결한 후 아래와 같이 구현합니다. Action을 연결할 때 Type 항목을 UISwitch로 선택합니다.

Objective-C
```
- (IBAction)toggleClipsToBounds:(UISwitch *)sender {
    self.imageView.clipsToBounds = sender.on;
}
```

Swift 2.3
```
@IBAction func toggleClipsToBounds(sender: UISwitch) {
    imageView.clipsToBounds = sender.on
}
```

Swift 3

```swift
@IBAction func toggleClipsToBounds(sender: UISwitch) {
    imageView.clipsToBounds = sender.isOn
}
```

STEP **05**

Change Content Mode 버튼과 changeContentMode(_:) 메소드를 Action으로 연결한 후 아래와 같이 구현합니다.

이 메소드는 열거형이 선언되어 있는 순서대로 contentMode 속성을 설정합니다. 열거형은 내부적으로 0부터 시작하는 정수로 선언되어 있기 때문에 ++ 연산자로 다음 열거형 멤버를 선택할 수 있습니다.

Objective-C

```objc
- (IBAction)changeContentMode:(id)sender {
    UIViewContentMode currentMode = self.imageView.contentMode;
    if (currentMode == UIViewContentModeBottomRight) {
        self.imageView.contentMode = UIViewContentModeScaleToFill;
    } else {
        self.imageView.contentMode = ++currentMode;
    }

    [self updateContentModeName];
}
```

Swift 2.3

```swift
@IBAction func changeContentMode(sender: AnyObject) {
    var currentMode = imageView.contentMode.rawValue
    if currentMode == UIViewContentMode.BottomRight.rawValue {
        currentMode = 0
    } else {
        currentMode += 1
    }

    if let mode = UIViewContentMode(rawValue: currentMode) {
        imageView.contentMode = mode
    }

    updateContentModeName()
}
```

Swift 3

```swift
@IBAction func changeContentMode(sender: AnyObject) {
    var currentMode = imageView.contentMode.rawValue
    if currentMode == UIViewContentMode.bottomRight.rawValue {
        currentMode = 0
```

```
        } else {
            currentMode += 1
        }

        if let mode = UIViewContentMode(rawValue: currentMode) {
            imageView.contentMode = mode
        }

        updateContentModeName()
    }
```

STEP 06

시뮬레이터에서 앱을 실행한 후 결과를 확인합니다.

예제에 표시된 실선은 이미지뷰의 영역을, 점선인 이미지의 실제 영역을 나타냅니다.

뷰의 기본 Content Mode은 Scale To Fill 입니다. 이 모드는 뷰의 내용을 영역의 크기에 맞추어 표시합니다. 그래서 내용의 크기에 따라 확대 또는 축소될 수 있고 원래의 종횡비가 유지되지 않습니다.

Scale Aspect Fit 모드는 원래의 종횡비를 유지하면서 뷰 영역 내부에서 그릴수 있는 최대의 크기로 그립니다. 즉, 뷰의 너비와 높이 중 작은 값을 기준으로 그립니다. 그래서 뷰의 종횡비와 내용의 종횡비가 다른 경우 여백이 생길 수 있습니다. Scale Aspect Fill 모드는 종횡비를 유지하면서 뷰 영역 전체를 채울 수 있는 크기로 그립니다. 그래서 내용의 일부가 뷰 영역 외부에 그려질 수 있습니다.

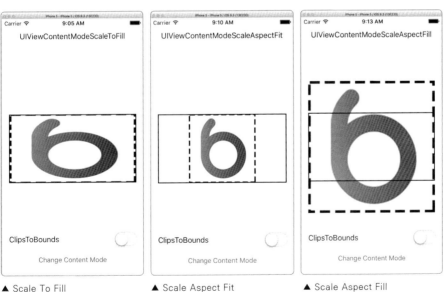

▲ Scale To Fill   ▲ Scale Aspect Fit   ▲ Scale Aspect Fill

ClipsToBounds 스위치를 클릭하면 뷰 영역을 벗어난 부분을 확실하게 확인할 수 있습니다.

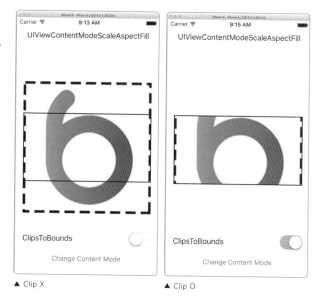

▲ Clip X   ▲ Clip O

Redraw 모드는 뷰 레이어에 저장된 캐시를 사용하지 않고 항상 내용을 다시 그립니다. 뷰의 그리기 성능에 나쁜 영향을 주기 때문에 꼭 필요한 경우를 제외하고 사용하지 않는 것이 좋습니다.

Center 모드는 내용을 확대/축소 없이 뷰 영역 가운데에 그립니다. Top 모드는 상단 중앙, Bottom 모드는 하단 중앙, Left 모드는 왼쪽 중앙, Right 모드는 오른쪽 중앙에 내용을 그립니다. TopLeft, TopRight, BottomLeft, BottomRight 모드는 각각 뷰 영역의 네 모서리에 내용을 그립니다. 이번 단락에서 설명한 모드들은 확대/축소가 발생하지 않으며 원본 종횡비를 유지합니다. 내용이 뷰의 영역보다 큰 경우 일부 내용이 뷰 영역을 벗어날 수 있습니다.

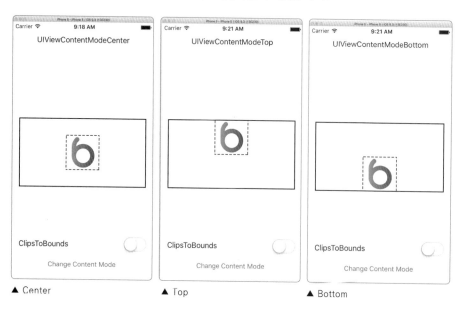

▲ Center   ▲ Top   ▲ Bottom

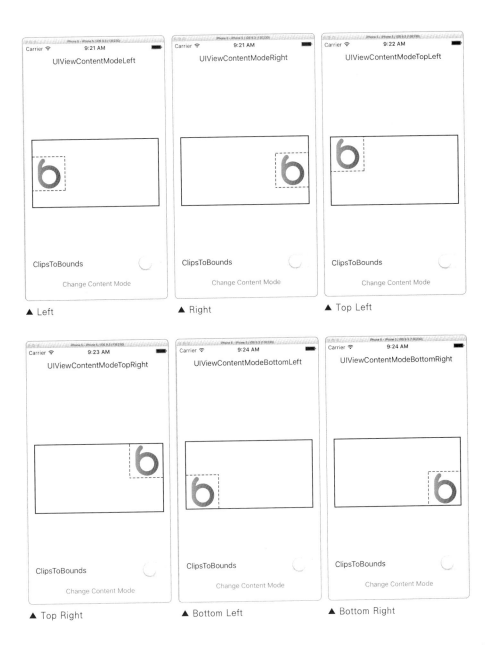

▲ Left

▲ Right

▲ Top Left

▲ Top Right

▲ Bottom Left

▲ Bottom Right

3.10 Tagging

인터페이스 파일에 있는 뷰를 코드로 조작하기 위해서는 Outlet으로 연결해야 합니다. 하지만 이 방법이 유일한 것은 아닙니다. 모든 뷰는 tag라는 정수형 속성을 가지고 있습니다. 이 속성은 정수를 통해 뷰를 식별하는데 사용됩니다. UIView 클래스의 viewWithTag(_:) 메소드는 뷰 계층 구조에서 파라미터로 전달된 태그를 가진 뷰를 검색합니다. 이 메소드는 리시버로 지정된 뷰와 모든 하위 뷰를 깊이 우선 탐색 방식으로 검색하고 가장 먼저 발견된 뷰를 리턴합니다. 뷰 계층 구조 내에서 상위에 있는 뷰는 검색하지 않습니다.

새로운 iOS Single View Application을 생성한 후 아래의 그림과 표를 참고하여
UI를 구성하고 Outlet을 연결합니다.

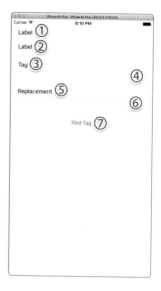

번호	클래스	Outlet으로 연결할 속성	Attributes Inspector에서 수정할 속성
1	UILabel	–	Tag – 100
2	UILabel	–	Tag – 200
3	UILabel	–	Text – Tag
4	UITextField	tagField	–
5	UILabel	–	Text – Replacement
6	UITextField	replacementField	–
7	UIButton	–	Title – Find Tag

Objective-C

```
@interface ViewController ()
@property (weak, nonatomic) IBOutlet UITextField *tagField;
@property (weak, nonatomic) IBOutlet UITextField *replacementField;
@end
```

Swift

```
class ViewController: UIViewController {
    @IBOutlet weak var tagField: UITextField!
    @IBOutlet weak var replacementField: UITextField!
}
```

Find Tag 버튼을 findTagAndReplaceText(_:) 메소드와 Action 으로 연결한 후 아래와 같이 구현합니다.

이 메소드는 tagField에 입력된 값을 정수로 변환합니다. 정상적으로 변환된 경우 0과 비교합니다. 0은 뷰의 기본 Tag 값으로 Tag가 지정되어 있지 않다는 것을 나타냅니다. Tag의 값이 0 보다 큰 경우 유효한 Tag 입니다.

유효한 Tag가 입력된 경우 viewTag(_:) 메소드를 통해 뷰를 검색합니다. 유효한 뷰가 리턴된 경우 뷰가 UILabel인지 확인하고 replacementField에 입력된 값을 표시합니다.

Objective-C
```objc
- (IBAction)findTagAndReplaceText:(id)sender {
    if ([self.tagField.text length] > 0) {
        NSInteger tag = self.tagField.text.integerValue;
        if (tag > 0) {
            UIView* resultView = [self.view viewWithTag:tag];
            if ([resultView isKindOfClass:[UILabel class]]) {
                ((UILabel*)resultView).text = self.replacementField.text;

                self.tagField.text = nil;

                self.replacementField.text = nil;
            }
        }
    }
}
```

Swift 2.3
```swift
@IBAction func findTagAndReplaceText(sender: AnyObject) {
    if let text = tagField.text, let tag = Int(text) where tag > 0 {
        if let resultView = view.viewWithTag(tag) as? UILabel {
            resultView.text = replacementField.text

            tagField.text = nil
            replacementField.text = nil
        }
    }
}
```

Swift 3
```swift
@IBAction func findTagAndReplaceText(sender: AnyObject) {
    if let text = tagField.text, let tag = Int(text) , tag > 0 {
        if let resultView = view.viewWithTag(tag) as? UILabel {
            resultView.text = replacementField.text

            tagField.text = nil
            replacementField.text = nil
        }
    }
}
```

시뮬레이터에서 앱을 실행한 후 결과를 확인합니다.

Tag 입력 필드에 100을 입력한 후 Replacement 입력 필드에 Hello를 입력합니다. Find Tag 버튼을 클릭하면 첫 번째 레이블에 Hello가 표시됩니다. 다시 Tag 입력 필드에 200을 입력한 후 Replacement 입력 필드에 iOS Programming을 입력합니다. 이번에는 두 번째 필드에 iOS Programming이 표시됩니다. 만약 Tag 입력 필드에 100, 200이 아닌 값을 입력하면 일치하는 Tag를 찾을 수 없기 때문에 아무런 변화가 없습니다.

3.11 UIView Animation

뷰는 두 가지 방식으로 애니메이션을 지원합니다. 첫 번째 방식은 UIView Animation으로 iOS 4.0 이전에는 begin/commit 방식을 사용했으나 블록이 도입된 후 대부분 블록 방식을 사용합니다. 두 번째 방식은 Core Animation으로 UIView Animation에 비해 섬세하고 풍부한 애니메이션을 구현할 수 있습니다.

가장 기본적인 애니메이션 블록은 animateWithDuration(_:animations:) 메소드를 통해 구현합니다.

Objective-C
```
[UIView animateWithDuration:애니메이션 지속 시간 animations:^{
    애니메이션 코드
}];
```

Swift 2.3
```
UIView.animateWithDuration(애니메이션 지속 시간) {
    애니메이션 코드
}
```

Swift 3
```
UIView.animate(withDuration: 애니메이션 지속 시간) {
    애니메이션 코드
}
```

애니메이션 블록이 포함된 애니메이션 코드는 지정된 애니메이션 지속 시간 동안 애니메이션 효과를 적용 받습니다. 애니메이션 지속 시간은 초 단위의 실수로 지정합니다. 일반적으로 0.3 ~ 0.6초 사이의 시간을 지정합니다. 애니메이션 블록 내에서 아래에 나열된 속성 값을 변경하는 코드는 자동으로 애니메이션 됩니다.

* frame
* bounds

- center
- transform
- alpha
- backgroundColor
- contentStretch

UIView Animation은 네 가지 Animation Curve를 제공합니다. 대부분의 애니메이션에서 기본 값으로 사용되는 Ease-In Ease-Out Curve는 애니메이션이 천천히 시작되어서 점점 빨라지다가 중간 지점이후 다시 속도가 느려지는 방식입니다. Ease-In Curve는 애니메이션 속도가 점점 빨라지는 방식이고 반대로 Ease-Out Curve는 속도가 점점 느려지는 방식입니다. Linear Curve는 처음부터 끝까지 일정한 속도로 애니메이션을 실행합니다. Animation Curve는 UIViewAnimationCurve 열거형으로 선언되어 있습니다.

애니메이션에 적용할 수 있는 옵션은 매우 다양합니다. 옵션은 UIViewAnimationOptions 열거형으로 선언되어 있으며 Bit Mask로 선언되어 있기 때문에 두 개 이상의 옵션을 조합하여 사용할 수 있습니다. UIView 클래스는 옵션을 지정할 수 있는 다양한 animateWith... 메소드를 제공합니다. 그 중 가장 기본적인 형태의 메소드는 animateWithDuration(_:delay:options:animations:completion:) 입니다.

Objective-C
```
[UIView animateWithDuration:애니메이션 지속 시간 delay:시작 지연 시간
    options:옵션1|옵션2|옵션N animations:^{
    애니메이션 코드
} completion:nil];
```

Swift 2.3
```
UIView.animateWithDuration(애니메이션 지속 시간, delay: 시작 지연 시간,
    options: [옵션1, 옵션2, 옵션N], animations: {
    애니메이션 코드
}, completion: nil)
```

Swift 3
```
UIView.animate(withDuration: 애니메이션 지속 시간, delay: 시작 지연 시간,
    options: [옵션1, 옵션2, 옵션N], animations: {
    애니메이션 코드
}, completion: nil)
```

animateWithDuration(_:animations:) 메소드를 제외한 나머지 애니메이션 메소드는 마지막 파라미터로 완료 블록이 선언되어 있습니다. 완료 블록은 애니메이션이 종료된 후 부가적인 작업을 수행할 수 있습니다. 완료 블록으로 전달되는 불린 파라미터는 애니메이션 블록이 정상적으로 완료된 경우 true를 전달합니다.

Objective-C

```objectivec
[UIView animateWithDuration:애니메이션 지속 시간 animations:애니메이션 코드
    completion:^(BOOL finished) {
    완료 블록 코드
}];
```

Swift 2.3

```swift
UIView.animateWithDuration(애니메이션 지속 시간, animations: {
    애니메이션 코드
}, completion: { (finished) in
    완료 블록 코드
})
```

Swift 3

```swift
UIView.animate(withDuration: 애니메이션 지속 시간, animations: {
    애니메이션 코드
}, completion: { (finished) in
    완료 블록 코드
})
```

여러 애니메이션을 동시에 실행하거나 특정 순서대로 실행하려면 키프레임 기반의 애니메이션을 구현하는 것이 좋습니다. animateKeyframesWithDuration(_:delay:options:animations:completion:) 메소드는 다른 애니메이션 메소드와 달리 UIViewKeyframeAnimationOptions 열거형을 옵션으로 사용합니다. 그리고 animations 블록 내부에 addKeyframeWithRelativeStartTime(_:relativeDuration:animations:) 메소드로 실행할 애니메이션을 추가합니다. 키프레임 시작 시간과 키프레임 지속 시간은 0.0 ~ 1.0 사이의 상대적인 시간을 지정합니다. 예를 들어 애니메이션 지속 시간이 10초일 때, 키프레임 시작 시간을 0.5로 지정하면 5초부터 애니메이션이 시작되고, 키프레임 지속 시간을 0.3으로 지정하면 3초 동안 애니메이션이 실행됩니다.

Objective-C

```objectivec
[UIView animateKeyframesWithDuration:애니메이션 지속 시간 delay:시작 지연 시간
    options:옵션1|옵션2|옵션N animations:^{
    [UIView addKeyframeWithRelativeStartTime:키프레임 시작 시간 relativeDuration:
        키프레임 지속 시간 animations:^{
        키프레임 애니메이션1
    }];

    [UIView addKeyframeWithRelativeStartTime:키프레임 시작 시간 relativeDuration:
        키프레임 지속 시간 animations:^{
        키프레임 애니메이션N
    }];
} completion:완료 블록 코드];
```

```
Swift 2.3
UIView.animateKeyframesWithDuration(애니메이션 지속 시간, delay: 시작 지연 시간,
    options: [옵션1, 옵션2, 옵션N], animations: {
    UIView.addKeyframeWithRelativeStartTime(키프레임 시작 시간, relativeDuration:
        키프레임 지속 시간, animations: {
        키프레임 애니메이션1
    })

    UIView.addKeyframeWithRelativeStartTime(키프레임 시작 시간, relativeDuration:
        키프레임 지속 시간, animations: {
        키프레임 애니메이션N
    })
}, completion:완료 블록 코드)
```

```
Swift 3
UIView.animateKeyframes(withDuration: 애니메이션 지속 시간, delay: 시작 지연 시간,
    options: [옵션1, 옵션2, 옵션N], animations: {
    UIView.addKeyframe(withRelativeStartTime:키프레임 시작 시간,
relativeDuration:
        키프레임 지속 시간, animations: {
        키프레임 애니메이션1
    })

    UIView.addKeyframe(withRelativeStartTime:키프레임 시작 시간,
relativeDuration:
        키프레임 지속 시간, animations: {
        키프레임 애니메이션N
    })
}, completion:완료 블록 코드)
```

animateWithDuration(_:delay:usingSpringWithDamping:initialSpringVelocity:options:animations:completions:) 메소드를 사용하면 스프링 애니메이션을 쉽게 구현할 수 있습니다. 감쇠비는 0에서 1사이의 값을 전달할 수 있고 0에 가까울수록 스프링 효과가 강해집니다.

```
Objective-C
[UIView animateWithDuration:애니메이션 지속 시간 delay:시작 지연 시간
    usingSpringWithDamping:감쇠비 initialSpringVelocity:스프링 속도
    options:옵션1|옵션N animations:^{
    애니메이션 코드
} completion:완료 블록 코드];
```

```
Swift 2.3
UIView.animateWithDuration(애니메이션 지속 시간, delay: 시작 지연 시간,
    usingSpringWithDamping: 감쇠비, initialSpringVelocity: 스프링 속도,
    options: [옵션1, 옵션2, 옵션N], animations: {
    애니메이션 코드
}, completion: 완료 블록 코드)
```

Swift 3

```
UIView.animate(withDuration: 애니메이션 지속 시간, delay: 시작 지연 시간,
    usingSpringWithDamping: 감쇠비, initialSpringVelocity: 스프링 속도,
    options: [옵션1, 옵션2, 옵션N], animations: {
    애니메이션 코드
}, completion: 완료 블록 코드)
```

뷰 애니메이션은 기본적으로 활성화되어 있습니다. 애니메이션 활성화 여부는 areAnimationsEnabled() 메소드를 통해 확인할 수 있고 setAnimationsEnabled(_:) 메소드로 활성화 상태를 변경할 수 있습니다. setAnimationsEnabled(_:) 메소드로 애니메이션을 비활성화 시킨 경우 이후에 호출되는 모든 애니메이션 메소드는 애니메이션 없이 코드를 실행합니다. 이미 실행이 시작된 애니메이션은 이 메소드의 영향을 받지 않으며 CALayer 클래스가 제공하는 removeAllAnimation() 메소드를 호출하여 애니메이션을 즉시 종료할 수 있습니다.

뷰 애니메이션을 특정 코드에서만 중지할 때는 performWithoutAnimation(_:) 메소드를 사용합니다. 파라미터로 전달된 블록에 포함된 모든 코드는 애니메이션 효과 없이 실행됩니다.

STEP **01**

새로운 iOS Single View Application을 생성한 후 아래의 그림과 표를 참고하여 UI를 구성하고 Outlet을 연결합니다.

번호	클래스	Outlet으로 연결할 속성	Attributes Inspector에서 수정할 속성
1	UIView	targetView	Background – 흰색 이외의 색
2	UILabel	–	Text – Enable UIView Animation
3	UISwitch	animationSwitch	–
4	UIButton	–	Title – Position & Size
5	UIButton	–	Title – Transform
6	UIButton	–	Title – Alpha
7	UIButton	–	Title – Background Color
8	UIButton	–	Title – Key Frame Animation

번호	클래스	Outlet으로 연결할 속성	Attributes Inspector에서 수정할 속성
9	UIButton	–	Title – Spring Effect
10	UIButton	–	Title – Infinite Animation
11	UIButton	–	Title – Remove Animation
12	UIButton	–	Title – Reset

Objective-C
```objc
@interface ViewController ()
@property (weak, nonatomic) IBOutlet UIView *targetView;
@property (weak, nonatomic) IBOutlet UISwitch *animationSwitch;
@end
```

Swift
```swift
class ViewController: UIViewController {
    @IBOutlet weak var targetView: UIView!
    @IBOutlet weak var animationSwitch: UISwitch!
}
```

STEP **02**

각도를 라디안으로 변환하는 함수를 구현합니다.

Objective-C는 매크로 함수로 구현하고 Swift는 일반 함수로 구현합니다. 함수는 import 코드 아래쪽에 위치합니다.

Objective-C
```objc
#define DEGREES_TO_RADIANS(angle) ((angle) / 180.0 * M_PI)
```

Swift
```swift
func radian(_ degree: Double) -> CGFloat {
    return CGFloat(degree / 180.0 * M_PI)
}
```

STEP **03**

스위치를 toggleAnimation(_:) 메소드와 Action으로 연결한 후 아래와 같이 구현합니다. Action을 연결할 때 Type을 UISwitch로 선택합니다.

이 메소드는 UIView Animation 활성화 여부를 설정합니다.

Objective-C
```objc
- (IBAction)toggleAnimation:(UISwitch *)sender {
    [UIView setAnimationsEnabled:sender.on];
}
```

Swift 2.3

```swift
@IBAction func toggleAnimation(sender: UISwitch) {
    UIView.setAnimationsEnabled(sender.on)
}
```

Swift 3

```swift
@IBAction func toggleAnimation(sender: UISwitch) {
    UIView.setAnimationsEnabled(sender.isOn)
}
```

STEP 04

Position & Size 버튼을 animatePositionAndSize(_:) 메소드와 Action으로 연결한 후 아래와 같이 구현합니다.

이 메소드는 가장 기본적인 animateWithDuration(_:animations:) 메소드를 통해 위치, 크기 변경에 애니메이션을 적용합니다.

Objective-C

```objectivec
- (IBAction)animatePositionAndSize:(id)sender {
    [UIView animateWithDuration:0.3 animations:^{
        self.targetView.frame = CGRectMake(200, 200, 150, 150);
    }];
}
```

Swift 2.3

```swift
@IBAction func animatePositionAndSize(sender: AnyObject) {
    UIView.animateWithDuration(0.3) {
        self.targetView.frame = CGRect(x: 200, y: 200, width: 150,
            height: 150)
    }
}
```

Swift 3

```swift
@IBAction func animatePositionAndSize(sender: AnyObject) {
    UIView.animate(withDuration: 0.3) {
        self.targetView.frame = CGRect(x: 200, y: 200, width: 150,
            height: 150)
    }
}
```

STEP 05

Transform 버튼을 animateTransform(_:) 메소드와 Action으로 연결한 후 아래와 같이 구현합니다.

이 메소드는 transform 속성을 통해 뷰를 회전시키는 애니메이션을 구현합니다.

Objective-C

```objectivec
- (IBAction)animateTransform:(id)sender {
    [UIView animateWithDuration:0.3 animations:^{
```

```
            self.targetView.transform = CGAffineTransformMakeRotation(
                DEGREES_TO_RADIANS(140));
        }];
}
```

Swift 2.3

```swift
@IBAction func animateTransform(sender: AnyObject) {
    UIView.animateWithDuration(0.3) {
        self.targetView.transform = CGAffineTransformMakeRotation(
            radian(140))
    }
}
```

Swift 3

```swift
@IBAction func animateTransform(sender: AnyObject) {
    UIView.animate(withDuration: 0.3) {
        self.targetView.transform = CGAffineTransform(rotationAngle:
            radian(140))
    }
}
```

STEP **06**

Alpha 버튼을 animateAlpha(_:) 메소드와 Action으로 연결한 후 아래와 같이 구현합니다

이 메소드는 완료 블록을 사용하는 방법을 보여줍니다. alpha 속성이 0.0으로 애니메이션된 후 완료 블록 내부에서 다시 1.0으로 애니메이션됩니다.

Objective-C

```objc
- (IBAction)animateAlpha:(id)sender {
    [UIView animateWithDuration:0.3 animations:^{
        self.targetView.alpha = 0.0;
    } completion:^(BOOL finished) {
        [UIView animateWithDuration:0.3 animations:^{
            self.targetView.alpha = 1.0;
        }];
    }];
}
```

Swift 2.3

```swift
@IBAction func animateAlpha(sender: AnyObject) {
    UIView.animateWithDuration(0.3, animations: {
        self.targetView.alpha = 0.0
    }, completion: { (finished) in
        UIView.animateWithDuration(0.3, animations: {
            self.targetView.alpha = 1.0
        })
    })
}
```

Swift 3
```
@IBAction func animateAlpha(sender: AnyObject) {
    UIView.animate(withDuration: 0.3, animations: {
        self.targetView.alpha = 0.0
        }, completion: { (finished) in
            UIView.animate(withDuration: 0.3, animations: {
                self.targetView.alpha = 1.0
            })
    })
}
```

STEP **07**

Background 버튼을 animateBackgroundColor(_:) 메소드와 Action으로 연결한 후 아래와 같이 구현합니다.

이 메소드는 Background 버튼을 누를 때마다 랜덤 색상을 생성한 후 배경 색상으로 지정합니다.

Objective-C
```
- (IBAction)animateBackgroundColor:(id)sender {
    UIColor* randomColor = [UIColor colorWithRed:(arc4random() % 10 * 0.1)
                                           green:(arc4random() % 10 * 0.1)
                                            blue:(arc4random() % 10 * 0.1)
                                           alpha:1.0];

    [UIView animateWithDuration:0.3 animations:^{
        self.targetView.backgroundColor = randomColor;
    }];
}
```

Swift 2.3
```
@IBAction func animateBackgroundColor(sender: AnyObject) {
    let randomColor = UIColor(red: CGFloat(arc4random() % 10) * 0.1,
                            green: CGFloat(arc4random() % 10) * 0.1,
                             blue: CGFloat(arc4random() % 10) * 0.1,
                            alpha: 1.0)

    UIView.animateWithDuration(0.3) {
        self.targetView.backgroundColor = randomColor
    }
}
```

Swift 3
```
@IBAction func animateBackgroundColor(sender: AnyObject) {
    let randomColor = UIColor(red: CGFloat(arc4random() % 10) * 0.1,
                            green: CGFloat(arc4random() % 10) * 0.1,
                             blue: CGFloat(arc4random() % 10) * 0.1,
```

```
                                      alpha: 1.0)

    UIView.animate(withDuration: 0.3) {
        self.targetView.backgroundColor = randomColor
    }
}
```

Key Frame Animation 버튼을 animateKeyFrame(_:) 메소드와 Action으로 연결한 후 아래와 같이 구현합니다.

이 메소드는 세 개의 키프레임 애니메이션을 구현합니다. 첫 번째 키프레임 애니메이션은 전체 애니메이션 시간 동안 뷰의 위치와 크기를 변경하는 애니메이션을 실행합니다. 두 번째 키프레임 애니메이션은 전체 애니메이션 시간의 30% 시점에 뷰 회전 애니메이션을 시작하여 전체 애니메이션 시간의 30%에 해당되는 시간만큼 지속합니다. 세 번째 키프레임 애니메이션은 전체 애니메이션 시간의 60% 시점에 뷰의 alpha 속성을 0으로 설정하는 애니메이션을 시작하여 전체 애니메이션 시간의 40%에 해당되는 시간만큼 지속합니다. 그리고 완료 블록에서 alpha 속성을 다시 1.0으로 설정합니다.

Objective-C
```objc
- (IBAction)animateKeyFrame:(id)sender {
    [UIView animateKeyframesWithDuration:3.0 delay:0.0 options:0
        animations:^{
        [UIView addKeyframeWithRelativeStartTime:0.0 relativeDuration:1.0
            animations:^{
            self.targetView.frame = CGRectMake(200, 200, 150, 150);
        }];
        [UIView addKeyframeWithRelativeStartTime:0.3 relativeDuration:0.3
            animations:^{
            self.targetView.transform = CGAffineTransformMakeRotation(
                DEGREES_TO_RADIANS(140));
        }];
        [UIView addKeyframeWithRelativeStartTime:0.6 relativeDuration:0.4
            animations:^{
            self.targetView.alpha = 0.0;
        }];
    } completion:^(BOOL finished) {
        [UIView animateWithDuration:0.3 animations:^{
            self.targetView.alpha = 1.0;
        }];
    }];
}
```

Swift 2.3
```swift
@IBAction func animateKeyFrame(sender: AnyObject) {
    UIView.animateKeyframesWithDuration(2.0, delay: 0.0, options: [],
        animations: {
        UIView.addKeyframeWithRelativeStartTime(0.0, relativeDuration: 1.0,
```

```
                animations: {
                    self.targetView.frame = CGRect(x: 200, y: 200, width: 150,
                        height: 150)
            })

            UIView.addKeyframeWithRelativeStartTime(0.3, relativeDuration: 0.3,
                animations: {
                    self.targetView.transform = CGAffineTransformMakeRotation(
                        radian(140))
            })

            UIView.addKeyframeWithRelativeStartTime(0.6, relativeDuration: 0.4,
                animations: {
                    self.targetView.alpha = 0.0
            })
        }, completion: { (finished) in
            UIView.animateWithDuration(0.3, animations: {
                self.targetView.alpha = 1.0
            })
        })
}
```

Swift 3

```
@IBAction func animateKeyFrame(sender: AnyObject) {
    UIView.animateKeyframes(withDuration: 3.0, delay: 0.0, options: [],
        animations: {
        UIView.addKeyframe(withRelativeStartTime: 0.0, relativeDuration:
            1.0, animations: {
                self.targetView.frame = CGRect(x: 200, y: 200, width: 150,
                    height: 150)
        })

        UIView.addKeyframe(withRelativeStartTime: 0.3, relativeDuration:
            0.3, animations: {
                self.targetView.transform = CGAffineTransform(rotationAngle:
                    radian(140))
        })

        UIView.addKeyframe(withRelativeStartTime: 0.6, relativeDuration:
            0.4, animations: {
                self.targetView.alpha = 0.0
        })
    }, completion: { (finished) in
        UIView.animate(withDuration: 0.3, animations: {
            self.targetView.alpha = 1.0
        })
    })
}
```

Spring 버튼을 animateWithSpringEffect(_:) 메소드와 Action으로 연결한 후 아래와 같이 구현합니다.

이 메소드는 animateWithDuration(_:delay:usingSpringWithDamping:initialSpringVelocity:options:animations:completions:) 메소드를 통해 스프링 효과를 적용하는 방법을 보여줍니다.

Objective-C

```objc
- (IBAction)animateWithSpringEffect:(id)sender {
    [UIView animateWithDuration:0.3 delay:0.0 usingSpringWithDamping:0.2
        initialSpringVelocity:0.0 options:0 animations:^{
        self.targetView.frame = CGRectMake(200, 200, 150, 150);
        self.targetView.transform = CGAffineTransformMakeRotation(
            DEGREES_TO_RADIANS(140));
    } completion:nil];
}
```

Swift 2.3

```swift
@IBAction func animateWithSpringEffect(sender: AnyObject) {
    UIView.animateWithDuration(0.3, delay: 0.0, usingSpringWithDamping: 0.2,
        initialSpringVelocity: 0.0, options: [], animations: {
        self.targetView.frame = CGRect(x: 200, y: 200, width: 150,
            height: 150)
    }, completion: nil)
}
```

Swift 3

```swift
@IBAction func animateWithSpringEffect(sender: AnyObject) {
    UIView.animate(withDuration: 0.3, delay: 0.0, usingSpringWithDamping:
        0.2, initialSpringVelocity: 0.0, options: [], animations: {
        self.targetView.frame = CGRect(x: 200, y: 200, width: 150,
            height: 150)
    }, completion: nil)
}
```

Infinite Animation 버튼을 animateIndefinitely(_:) 메소드와 Action으로 연결한 후 아래와 같이 구현합니다.

이 메소드는 애니메이션 옵션을 활용하여 애니메이션을 반복적으로 실행합니다. Autoreverse 옵션은 애니메이션을 실행한 후 이전 상태로 다시 돌아갑니다. Repeat 옵션은 뷰가 화면에서 제거되거나 레이어의 애니메이션이 제거될 때까지 애니메이션을 반복합니다.

Objective-C

```objc
- (IBAction)animateIndefinitely:(id)sender {
    [UIView animateWithDuration:0.3 delay:0.0 options:
        UIViewAnimationOptionCurveEaseIn|UIViewAnimationOptionAutoreverse
        |UIViewAnimationOptionRepeat animations:^{
        self.targetView.frame = CGRectMake(100, 100, 150, 150);
    } completion:nil];
}
```

Swift 2.3

```swift
@IBAction func animateIndefinitely(sender: AnyObject) {
    UIView.animateWithDuration(0.3, delay: 0.0, options:
        [.CurveEaseIn, .Autoreverse, .Repeat], animations: {
        self.targetView.frame = CGRect(x: 100, y: 100, width: 150,
            height: 150)
        self.targetView.transform = CGAffineTransformMakeRotation(radi
an(140))
    }, completion: nil)
}
```

Swift 3

```swift
@IBAction func animateIndefinitely(sender: AnyObject) {
    UIView.animate(withDuration: 0.3, delay: 0.0, options:
        [.curveEaseIn, .autoreverse, .repeat], animations: {
        self.targetView.frame = CGRect(x: 100, y: 100, width: 150,
            height: 150)
        self.targetView.transform = CGAffineTransform(rotationAngle:
            radian(140))
    }, completion: nil)
}
```

STEP 11

Remove Animation 버튼을 removeAnimation(_:) 메소드와 Action으로 연결한 후 아래와 같이 구현합니다.

이 메소드는 CALayer 클래스가 제공하는 removeAllAnimations() 메소드를 호출하여 뷰에 적용된 모든 애니메이션을 제거합니다. 실행 중인 애니메이션은 즉시 종료됩니다. 그런 다음 reset(_:) 메소드를 호출하여 상태를 초기화합니다.

Objective-C

```objc
- (IBAction)removeAnimation:(id)sender {
    [self.targetView.layer removeAllAnimations];
    [self reset:sender];
}
```

Swift

```swift
@IBAction func removeAnimation(sender: AnyObject) {
    targetView.layer.removeAllAnimations()
    reset(nil)
}
```

STEP **12**

Reset 버튼을 reset(_:) 메소드와 Action으로 연결한 후 아래와 같이 구현합니다.

Objective-C

```objc
- (IBAction)reset:(id)sender {
    [UIView animateWithDuration:0.3 animations:^{
        self.targetView.transform = CGAffineTransformIdentity;
        self.targetView.frame = CGRectMake(30, 30, 50, 50);
        self.targetView.alpha = 1.0;
        self.targetView.backgroundColor = [UIColor redColor];
    }];
}
```

Swift 2.3

```swift
@IBAction func reset(sender: AnyObject?) {
    UIView.animateWithDuration(0.3) {
        self.targetView.transform = CGAffineTransformIdentity
        self.targetView.frame = CGRect(x: 30, y: 30, width: 50, height: 50)
        self.targetView.alpha = 1.0
        self.targetView.backgroundColor = UIColor.redColor()
    }
}
```

Swift 3

```swift
@IBAction func reset(_ sender: AnyObject?) {
    UIView.animate(withDuration: 0.3) {
        self.targetView.transform = CGAffineTransform.identity
        self.targetView.frame = CGRect(x: 30, y: 30, width: 50, height: 50)
        self.targetView.alpha = 1.0
        self.targetView.backgroundColor = UIColor.red
    }
}
```

STEP 13

viewDidLoad() 메소드를 아래와 같이 구현합니다.

```objectivec
Objective-C
- (void)viewDidLoad {
    [super viewDidLoad];

    self.animationSwitch.on = [UIView areAnimationsEnabled];

    [UIView performWithoutAnimation:^{
        [self reset:nil];
    }];
}
```

```swift
Swift 2.3
override func viewDidLoad() {
    super.viewDidLoad()

    animationSwitch.on = UIView.areAnimationsEnabled()

    UIView.performWithoutAnimation {
        self.reset(nil)
    }
}
```

```swift
Swift 3
override func viewDidLoad() {
    super.viewDidLoad()

    animationSwitch.isOn = UIView.areAnimationsEnabled

    UIView.performWithoutAnimation {
        self.reset(nil)
    }
}
```

STEP 14

시뮬레이터에서 앱을 실행한 후 결과를 확인합니다.

Position & Size 버튼을 클릭하면 뷰가 화면 오른쪽 아래로 이동하면서 서서히 커집니다. 예제에서는 frame 속성을 사용하고 있지만 bounds, center 속성을 통해 유사한 효과를 구현할 수 있습니다. Transform 버튼을 클릭하면 뷰가 140도 회전합니다. 앞에서 실명한 변환을 적용하면 다양한 애니메이션을 구현할 수 있습니다. 나머지 버튼의 애니메이션 동작도 어렵지 않게 이해할 수 있을 것입니다.

Reset 버튼을 클릭하여 뷰를 초기화한 후 Infinite Animation 버튼을 클릭하면 애니메이션이 반복적으로 실행됩니다. 이 상태에서 다시 Reset 버튼을 클릭하더라도 애니메이션이 중단되지 않습니다. 마찬가지로 Enable UIView Animation 스위치를 끄더라도 애니메이션이 계속 실행됩니다. Remove Animation 버튼을 클릭하여 레이어에 있는 모든 애니메이션을 제거하면 애니메이션이 중지됩니다.

3.12 View Transition

뷰를 전환할 때 UIKit이 제공하는 트렌지션을 적용하면 고품질의 화면 전환 효과를 구현할 수 있습니다. 화면 전환은 컨테이너 뷰에 포함되어 있는 하위 뷰를 전환하는 방법과 뷰 자체를 전환하는 방법을 제공합니다.

transitionWithView(_:duration:options:animations:completions:) 메소드는 첫 번째 파라미터로 전달한 뷰에 포함되어 있는 하위 뷰를 전환할 때 사용합니다. 주로 animations 블록에서 hidden 속성을 통해 표시할 뷰와 숨길 뷰를 지정합니다. 뷰의 전환 방식은 options 파라미터를 통해 지정합니다. 지원되는 전환 방식은 UIViewAnimationOptions에 선언되어 있으며 아래와 같이 일곱 개의 전환 방식을 사용할 수 있습니다.

- Flip From Left
- Flip From Right
- Flip From Top
- Flip From Bottom
- Curl Up
- Curl Down
- Cross Dissolve

transitionFromView(_:toView:duration:options:completion:) 메소드는 첫 번째 파라미터로 전달된 뷰를 뷰 계층구조에서 제거하고 동일한 위치에 두 번째 파라미터로 전달한 뷰를 추가합니다. 만약 뷰를 제거하지 않고 표시 상태를 변경하고 싶다면 ShowHideTransitionViews 옵션을 전달합니다.

앞에서 설명한 두 메소드는 애니메이션 성능을 높이기 위해서 전환 전후에 스냅샷을 생성합니다. 그래서 스냅샷이 생성된 이후에 특정 뷰의 애니메이션이 올바르게 표시되지 않을 수 있습니다. 이 경우에는 AllowAnimatedContent 옵션을 전달하여 스냅샷을 생성하지 않고 전환 사이에 실행되는 모든 애니메이션이 정상적으로 표시되도록 설정할 수 있습니다.

STEP **01**

새로운 iOS Single View Application을 생성한 후 아래의 그림과 표를 참고하여
UI를 구성하고 Outlet을 연결합니다.

번호	클래스	Outlet으로 연결할 속성	Attributes Inspector에서 수정할 속성
1	UIView	containerView	
2	UILabel	oneLabel	Text – One Color – White Font – 50pt Alignment – Center Background – Red
3	UILabel	twoLabel	Text – Two Color – White Font – 50pt Alignment – Cenger Background – Blue Hidden – true
4	UIButton	–	Title – Choose Transition Type
5	UIButton	–	Title – Subview Transition
6	UIButton	–	Title – View Switching

②, ③번 레이블은 ①번 뷰의 하위 뷰로 추가하고 상위 뷰의 영역 전체를 모두 채우도록 크기를 설정합
니다. 선택된 전환 방식을 저장할 selectedTransitionType 속성과 뷰 전환에 사용할 secondaryView
속성을 선언합니다.

Objective-C

```objective-c
@interface ViewController ()
@property (weak, nonatomic) IBOutlet UIView *containerView;
@property (weak, nonatomic) IBOutlet UILabel *oneLabel;
@property (weak, nonatomic) IBOutlet UILabel *twoLabel;
@property (weak, nonatomic) IBOutlet UIButton *transitionTypeButton;
@property UIViewAnimationOptions selectedTransitionType;
@property (strong, nonnull) UIView* secondaryView;
@end
```

Swift

```swift
class ViewController: UIViewController {
    @IBOutlet weak var containerView: UIView!
    @IBOutlet weak var oneLabel: UILabel!
    @IBOutlet weak var twoLabel: UILabel!
    @IBOutlet weak var transitionTypeButton: UIButton!
    var selectedTransitionType = UIViewAnimationOptions.TransitionNone
    var secondaryView: UIView?
}
```

STEP **02**

Choose Transition Type 버튼을 chooseTransitionType(_:) 메소드와 Action으로 연결한 후 아래와 같이 구현합니다.

이 메소드는 Action Sheet를 통해 선택 가능한 전환 방식을 표시합니다. 원하는 전환 방식을 선택하면 selectedTransitionType 속성에 저장하고 버튼의 제목을 변경합니다.

Objective-C

```objective-c
- (IBAction)chooseTransitionType:(id)sender {
    UIAlertController* actionSheet = [UIAlertController
        alertControllerWithTitle:@"Transition Type" message:@"Choose One"
        preferredStyle:UIAlertControllerStyleActionSheet];

    [actionSheet addAction:[UIAlertAction actionWithTitle:@"None"
        style:UIAlertActionStyleDestructive handler:^(UIAlertAction *
        _Nonnull action) {
        _selectedTransitionType = UIViewAnimationOptionTransitionNone;
        [self.transitionTypeButton setTitle:@"Choose Transition Type"
            forState:UIControlStateNormal];
    }]];

    [actionSheet addAction:[UIAlertAction actionWithTitle:
            @"Flip From Left" style:UIAlertActionStyleDefault
            handler:^(UIAlertAction * _Nonnull action) {
            _selectedTransitionType =
```

```
                    UIViewAnimationOptionTransitionFlipFromLeft;
                [self.transitionTypeButton setTitle:action.title
                    forState:UIControlStateNormal];
        }]];

    [actionSheet addAction:[UIAlertAction actionWithTitle:
            @"Flip From Right" style:UIAlertActionStyleDefault
            handler:^(UIAlertAction * _Nonnull action) {
        _selectedTransitionType =
                    UIViewAnimationOptionTransitionFlipFromRight;
                [self.transitionTypeButton setTitle:action.title
                    forState:UIControlStateNormal];
    }]];

    [actionSheet addAction:[UIAlertAction actionWithTitle:
            @"Flip From Top" style:UIAlertActionStyleDefault
            handler:^(UIAlertAction * _Nonnull action) {
        _selectedTransitionType =
                    UIViewAnimationOptionTransitionFlipFromTop;
        [self.transitionTypeButton setTitle:action.title
                    forState:UIControlStateNormal];
    }]];

    [actionSheet addAction:[UIAlertAction actionWithTitle:
            @"Flip From Bottom" style:UIAlertActionStyleDefault
            handler:^(UIAlertAction * _Nonnull action) {
        _selectedTransitionType =
                    UIViewAnimationOptionTransitionFlipFromBottom;
        [self.transitionTypeButton setTitle:action.title
                    forState:UIControlStateNormal];
    }]];

    [actionSheet addAction:[UIAlertAction actionWithTitle:
            @"Curl Up" style:UIAlertActionStyleDefault
            handler:^(UIAlertAction * _Nonnull action) {
            _selectedTransitionType =
                    UIViewAnimationOptionTransitionCurlUp;
            [self.transitionTypeButton setTitle:action.title
                    forState:UIControlStateNormal];
    }]];

    [actionSheet addAction:[UIAlertAction actionWithTitle:
        @"Curl Down" style:UIAlertActionStyleDefault
        handler:^(UIAlertAction * _Nonnull action) {
            _selectedTransitionType =
                UIViewAnimationOptionTransitionCurlDown;
            [self.transitionTypeButton setTitle:action.title
                forState:UIControlStateNormal];
    }]];
```

```
    [actionSheet addAction:[UIAlertAction actionWithTitle:
        @"Cross Dissolve" style:UIAlertActionStyleDefault
        handler:^(UIAlertAction * _Nonnull action) {
            _selectedTransitionType =
                UIViewAnimationOptionTransitionCrossDissolve;
            [self.transitionTypeButton setTitle:action.title
                forState:UIControlStateNormal];
    }]];

    [actionSheet addAction:[UIAlertAction actionWithTitle:@"Cancel"
        style:UIAlertActionStyleCancel handler:nil]];

    [self presentViewController:actionSheet animated:YES
        completion:nil];
}
```

Swift 2.3

```
@IBAction func chooseTransitionType(sender: AnyObject) {
    let actionSheet = UIAlertController(title: "Transition Type", message:
        "Choose One", preferredStyle: .ActionSheet)

    actionSheet.addAction(UIAlertAction(title: "None", style: .Destructive,
        handler: { (action) in
        self.selectedTransitionType = .TransitionNone
        self.transitionTypeButton.setTitle("Choose Transition Type",
            forState: .Normal)
    }))

    actionSheet.addAction(UIAlertAction(title: "Flip From Left", style:
        .Default, handler: { (action) in
        self.selectedTransitionType = .TransitionFlipFromLeft
        self.transitionTypeButton.setTitle(action.title, forState: .Normal)
    }))

    actionSheet.addAction(UIAlertAction(title: "Flip From Right",
        style: .Default, handler: { (action) in
        self.selectedTransitionType = .TransitionFlipFromRight
        self.transitionTypeButton.setTitle(action.title, forState: .Normal)
    }))

    actionSheet.addAction(UIAlertAction(title: "Flip From Top",
        style: .Default, handler: { (action) in
        self.selectedTransitionType = .TransitionFlipFromTop
        self.transitionTypeButton.setTitle(action.title, forState: .Normal)
    }))

    actionSheet.addAction(UIAlertAction(title: "Flip From Bottom",
        style: .Default, handler: { (action) in
```

```
            self.selectedTransitionType = .TransitionFlipFromBottom
            self.transitionTypeButton.setTitle(action.title, forState: .Normal)
    }))

    actionSheet.addAction(UIAlertAction(title: "Curl Up",
        style: .Default, handler: { (action) in
        self.selectedTransitionType = .TransitionCurlUp
        self.transitionTypeButton.setTitle(action.title, forState: .Normal)
    }))

    actionSheet.addAction(UIAlertAction(title: "Curl Down",
        style: .Default, handler: { (action) in
        self.selectedTransitionType = .TransitionCurlDown
        self.transitionTypeButton.setTitle(action.title, forState: .Normal)
    }))

    actionSheet.addAction(UIAlertAction(title: "Cross Dissolve",
        style: .Default, handler: { (action) in
        self.selectedTransitionType = .TransitionCrossDissolve
        self.transitionTypeButton.setTitle(action.title, forState: .Normal)
    }))

    actionSheet.addAction(UIAlertAction(title: "Cancel", style: .Cancel,
        handler: nil))

    presentViewController(actionSheet, animated: true, completion: nil)
}
```

Swift 3
```
@IBAction func chooseTransitionType(_ sender: AnyObject) {
    let actionSheet = UIAlertController(title: "Transition Type", message:
        "Choose One", preferredStyle: .actionSheet)

    actionSheet.addAction(UIAlertAction(title: "None", style: .destructive,
        handler: { (action) in
        self.selectedTransitionType = UIViewAnimationOptions()
        self.transitionTypeButton.setTitle("Choose Transition Type",
            for: UIControlState())
    }))

    actionSheet.addAction(UIAlertAction(title: "Flip From Left",
        style: .default, handler: { (action) in
        self.selectedTransitionType = .transitionFlipFromLeft
        self.transitionTypeButton.setTitle(action.title, for:
            UIControlState())
    }))

    actionSheet.addAction(UIAlertAction(title: "Flip From Right",
        style: .default, handler: { (action) in
        self.selectedTransitionType = .transitionFlipFromRight
```

```
                self.transitionTypeButton.setTitle(action.title, for:
                    UIControlState())
        }))

        actionSheet.addAction(UIAlertAction(title: "Flip From Top",
            style: .default, handler: { (action) in
            self.selectedTransitionType = .transitionFlipFromTop
            self.transitionTypeButton.setTitle(action.title, for:
                UIControlState())
        }))

        actionSheet.addAction(UIAlertAction(title: "Flip From Bottom",
            style: .default, handler: { (action) in
            self.selectedTransitionType = .transitionFlipFromBottom
            self.transitionTypeButton.setTitle(action.title, for:
                UIControlState())
        }))

        actionSheet.addAction(UIAlertAction(title: "Curl Up",
            style: .default, handler: { (action) in
            self.selectedTransitionType = .transitionCurlUp
            self.transitionTypeButton.setTitle(action.title, for:
                UIControlState())
        }))

        actionSheet.addAction(UIAlertAction(title: "Curl Down",
            style: .default, handler: { (action) in
            self.selectedTransitionType = .transitionCurlDown
            self.transitionTypeButton.setTitle(action.title, for:
                UIControlState())
        }))

        actionSheet.addAction(UIAlertAction(title: "Cross Dissolve",
            style: .default, handler: { (action) in
            self.selectedTransitionType = .transitionCrossDissolve
            self.transitionTypeButton.setTitle(action.title, for:
                UIControlState())
        }))

        actionSheet.addAction(UIAlertAction(title: "Cancel", style: .cancel,
            handler: nil))

        present(actionSheet, animated: true, completion: nil)
    }
```

STEP 03

Subview Transition 버튼을 runSubviewTransition(_:) 메소드와 Action으로 연결한 후 아래와 같이 구현합니다.

이 메소드는 transitionWithView(_:duration:options:animations:completions:) 메소드를 통해 containerView에 포함되어 있는 oneLabel과 twoLabel을 전환합니다.

Objective-C

```objectivec
- (IBAction)runSubviewTransition:(id)sender {
    [UIView transitionWithView:self.containerView duration:0.3
        options:self.selectedTransitionType animations:^{
        self.oneLabel.hidden = !self.oneLabel.hidden;
        self.twoLabel.hidden = !self.twoLabel.hidden;
    } completion:nil];
}
```

Swift 2.3

```swift
@IBAction func runSubviewTransition(sender: AnyObject) {
    UIView.transitionWithView(containerView, duration: 0.3,
        options: [selectedTransitionType], animations: {
        self.oneLabel.hidden = !self.oneLabel.hidden
        self.twoLabel.hidden = !self.twoLabel.hidden
    }, completion: nil)
}
```

Swift 3

```swift
@IBAction func runSubviewTransition(_ sender: AnyObject) {
    UIView.transition(with: containerView, duration: 0.3,
        options: [selectedTransitionType], animations: {
        self.oneLabel.isHidden = !self.oneLabel.isHidden
        self.twoLabel.isHidden = !self.twoLabel.isHidden
    }, completion: nil)
}
```

STEP 04

View Switching 버튼을 switchView(_:) 메소드와 Action으로 연결한 후 아래와 같이 구현합니다.

이 메소드는 뷰 컨트롤러의 최상위 뷰를 secondaryView와 교체합니다. 그리고 2초 후 다시 두 뷰를 교체합니다.

Objective-C

```objectivec
- (IBAction)switchView:(id)sender {
    [UIView transitionFromView:self.view toView:self.secondaryView
        duration:0.3 options:self.selectedTransitionType completion:nil];

    dispatch_after(dispatch_time(DISPATCH_TIME_NOW,
        (int64_t)(2.0 * NSEC_PER_SEC)), dispatch_get_main_queue(), ^{
        [UIView transitionFromView:self.secondaryView toView:self.view
            duration:0.3 options:self.selectedTransitionType
completion:nil];
    });
}
```

Swift 2.3

```
@IBAction func switchView(sender: AnyObject) {
    if let secondaryView = secondaryView {
        UIView.transitionFromView(view, toView: secondaryView,
            duration: 0.3, options: [selectedTransitionType], completion:
nil)

        dispatch_after(dispatch_time(DISPATCH_TIME_NOW,
            Int64(2.0 * Double(NSEC_PER_SEC))), dispatch_get_main_queue(),
            { () -> Void in
                UIView.transitionFromView(secondaryView, toView: self.view,
                duration: 0.3, options: [self.selectedTransitionType],
                completion: nil)})
    }
}
```

Swift 3

```
@IBAction func switchView(_ sender: AnyObject) {
    if let secondaryView = secondaryView {
        UIView.transition(from: view, to: secondaryView, duration: 0.3,
            options: [selectedTransitionType], completion: nil)

        DispatchQueue.main.asyncAfter(deadline: DispatchTime.now() +
            Double(Int64(2.0 * Double(NSEC_PER_SEC))) /
            Double(NSEC_PER_SEC), execute: { () -> Void in
            UIView.transition(from: secondaryView, to: self.view, duration:
                0.3, options: [self.selectedTransitionType], completion:
nil)
        })
    }
}
```

STEP 05

viewDidLoad() 메소드를 아래과 같이 구현합니다.

이 메소드는 뷰 전환에 사용할 secondaryView를 생성합니다.

Objective-C

```
- (void)viewDidLoad {
    [super viewDidLoad];

    self.selectedTransitionType = UIViewAnimationOptionTransitionNone;

    UIView* v = [[UIView alloc] initWithFrame:self.view.bounds];
    v.backgroundColor = [UIColor blueColor];
    self.secondaryView = v;
}
```

Swift 2.3

```
override func viewDidLoad() {
    super.viewDidLoad()

    let v = UIView(frame: view.bounds)
    v.backgroundColor = UIColor.blueColor()
    secondaryView = v
}
```

Swift 3

```
override func viewDidLoad() {
    super.viewDidLoad()

    let v = UIView(frame: view.bounds)
    v.backgroundColor = UIColor.blue
    secondaryView = v
}
```

STEP **06**

시뮬레이터에서 앱을 실행한 후 결과를 확인합니다.

앱을 처음 시작하면 전환 형식이 None으로 지정된 상태입니다. 그래서 Subview Transition, View Switching 버튼을 클릭하면 애니메이션 효과 없이 화면이 전환됩니다. Choose Transition Type 버튼을 클릭하여 원하는 전환 형식을 선택합니다. 이후 Subview Transition 버튼을 클릭할 때마다 One Label과 Two 레이블이 애니메이션 효과와 함께 전환됩니다. View Switching 버튼을 클릭하면 뷰 전체가 새로운 뷰로 전환되었다가 2초 후 다시 원래의 뷰로 전환됩니다.

3.13 Custom View

UIKit이 제공하는 시스템 컨트롤을 통해 원하는 UI를 구성할 수 없다면 UIView 클래스를 상속한 커스텀 뷰를 직접 구현할 수 있습니다. 뷰를 직접 구현할 때는 UIView에 있는 다양한 메소드를 재정의하여 앱의 다른 요소와 올바르게 동작하도록 구현해야 합니다. 특히 그리기 코드는 앱의 성능에 많은 영향을 주기 때문에 가능한 빠르게 처리하도록 구현해야 합니다.

커스텀 뷰를 구현할 때 가장 많이 재정의 하는 메소드는 drawRect(_:) 입니다. 이 메소드는 뷰의 내용을 그리는 중요한 메소드로 iOS가 뷰의 갱신을 요청할 때마다 자동으로 호출됩니다. Core Graphics 나 UIKit이 제공하는 다양한 그리기 함수를 통해 뷰의 내용을 그릴 수 있습니다. 이 메소드는 코드에서 직접 호출할 수 없으며 반드시 setNeedsDisplay() 메소드는 setNeedsDisplayInRect(:) 메소드를 통해 iOS가 메소드를 호출하도록 구현해야 합니다.

초기화 코드는 initWithFrame(_:) 메소드를 재정의하여 구현합니다. 인터페이스 파일을 통해 생성되는 경우에는 initWithCoder(_:) 메소드를 재정의합니다.

커스텀 뷰에서 터치 이벤트나 프레스 이벤트를 처리하는 경우 UIResponder 클래스로부터 상속한 메소드를 재정의할 수 있습니다. 구현하려는 이벤트를 Gesture Recognizer가 지원하는 경우 직접 구현하는 것보다 Gesture Recognizer를 사용하는 것이 좋습니다.

- touchesBegan(_:withEvent:)
- touchesMoved(_:withEvent:)
- touchesEnded(_:withEvent:)
- touchesCancelled(_:withEvent:)
- pressesBegan(_:withEvent:)
- pressesCancelled(_:withEvent:)
- pressesChanged(_:withEvent:)
- pressesEnded(_:withEvent:)

도넛 차트를 그리는 뷰를 직접 구현해 보겠습니다.

STEP 01

새로운 iOS Single View Application을 생성합니다. 다음 중 한 가지 방법으로 새로운 클래스를 추가합니다.

- File 〉 New 〉 File… (⌘N) 메뉴를 선택한 후 iOS 〉 Source 섹션에서 Cocoa Touch Class 항목을 선택합니다.
- 프로젝트 네비게이터의 컨텍스트 메뉴에서 New File… 메뉴를 선택한 후 iOS 〉 Source 섹션에서 Cocoa Touch Class 항목을 선택합니다.
- File Template Library에서 Cocoa Touch Class 항목을 프로젝트 네비게이터로 드래그&드롭합니다.

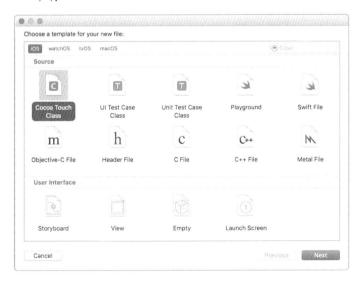

클래스 이름을 DonutChart로 지정하고 Subclass of에서 UIView를 선택합니다.

DonutChart 클래스의 drawRect(_:) 메소드를 아래와 같이 구현합니다.

이 메소드는 Core Graphics 프레임워크가 제공하는 그리기 함수를 사용합니다. 각 함수에 대한 자세한 내용은 Quartz 2D Programming Guide에서 얻을 수 있습니다.

Objective-C

```objc
- (void)drawRect:(CGRect)rect {
    CGContextRef ctx = UIGraphicsGetCurrentContext();
    CGFloat radius = (rect.size.width / 2) - 80;
    CGFloat value = 0.3;

    CGContextAddArc(ctx, rect.size.width / 2.0, rect.size.height / 2.0,
        radius, 0, M_PI * 2, 0);
    [[UIColor redColor] set];
    CGContextSetLineWidth(ctx, 60);
    CGContextDrawPath(ctx, kCGPathStroke);

    CGContextAddArc(ctx, rect.size.width / 2.0, rect.size.height / 2.0,
        radius, DEGREES_TO_RADIANS(-90), DEGREES_TO_RADIANS(
        360 * value) + DEGREES_TO_RADIANS(-90), 0);
    [[UIColor yellowColor] set];
    CGContextSetLineWidth(ctx, 60);
    CGContextDrawPath(ctx, kCGPathStroke);
}
```

Swift 2.3

```swift
override func drawRect(rect: CGRect) {
    let ctx = UIGraphicsGetCurrentContext()
    let radius = (rect.size.width / 2) - 80
    let value = 0.3

    CGContextAddArc(ctx, rect.size.width / 2.0, rect.size.height / 2.0,
        radius, 0, CGFloat(M_PI * 2.0), 0)
    UIColor.redColor().set()
    CGContextSetLineWidth(ctx, 60)
    CGContextDrawPath(ctx, CGPathDrawingMode.Stroke)

    CGContextAddArc(ctx, rect.size.width / 2.0, rect.size.height / 2.0,
        radius, radian(-90), radian(360*Double(value))+radian(-90), 0)
    UIColor.yellowColor().set()
    CGContextSetLineWidth(ctx, 60)
    CGContextDrawPath(ctx, CGPathDrawingMode.Stroke)
}
```

```swift
override func draw(_ rect: CGRect) {
    if let ctx = UIGraphicsGetCurrentContext() {
        let radius = (rect.size.width / 2) - 80
        let value = 0.3

        let center = CGPoint(x: rect.size.width / 2.0,
            y: rect.size.width / 2.0)
        ctx.addArc(center: center, radius: radius, startAngle: radian(0),
            endAngle: CGFloat(M_PI * 2.0), clockwise: false)
        UIColor.red.set()
        ctx.setLineWidth(60)
        ctx.drawPath(using: CGPathDrawingMode.stroke)

        ctx.addArc(center: center, radius: radius, startAngle: radian(-90),
            endAngle: radian(360 * Double(value)) + radian(-90),
            clockwise: false)
        UIColor.yellow.set()
        ctx.setLineWidth(60)
        ctx.drawPath(using: CGPathDrawingMode.stroke)
    }
}
```

STEP 04

View Controller Scene에 UIView를 추가한 후 화면 영역의 절반을 차지하도록 크기를 조절합니다. 뷰가 선택된 상태에서 Identity Inspector를 연 후 Class 항목을 DonutChart로 변경합니다.

STEP 05

시뮬레이터에서 앱을 실행한 후 결과를 확인합니다. value의 값이 0.3이기 때문에 전체 차트의 30%가 노란색으로 채워집니다. value의 값을 0.5, 0.9 등으로 변경한 후 실행해보면 다른 결과를 얻을 수 있습니다.

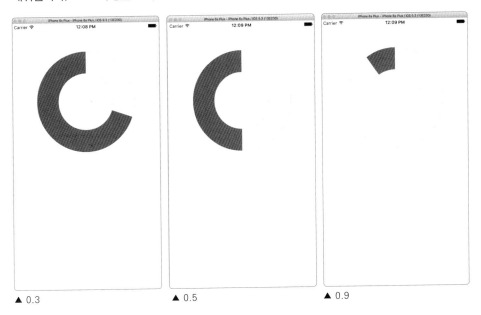

▲ 0.3   ▲ 0.5   ▲ 0.9

value 속성을 외부에서 변경할 수 있도록 공개 속성으로 선언합니다. drawRect(_:) 메소드에서 이 속성을 읽도록
수정합니다.

Objective-C

```objc
@interface DonutChart : UIView
@property CGFloat value;
@end
```

Objective-C

```objc
@implementation DonutChart

- (void)drawRect:(CGRect)rect {
    CGContextRef ctx = UIGraphicsGetCurrentContext();
    CGFloat radius = (rect.size.width / 2) - 80;

    CGContextAddArc(ctx, rect.size.width / 2.0, rect.size.height / 2.0,
        radius, 0, M_PI * 2, 0);
    [[UIColor redColor] set];
    CGContextSetLineWidth(ctx, 60);
    CGContextDrawPath(ctx, kCGPathStroke);

    CGContextAddArc(ctx, rect.size.width / 2.0, rect.size.height / 2.0,
        radius, DEGREES_TO_RADIANS(-90), DEGREES_TO_RADIANS(
        360 * self.value) + DEGREES_TO_RADIANS(-90), 0);
    [[UIColor yellowColor] set];
    CGContextSetLineWidth(ctx, 60);
    CGContextDrawPath(ctx, kCGPathStroke);
}

@end
```

Swift 2.3

```swift
class DonutChart: UIView {
    var value: CGFloat = 0.0

    override func drawRect(rect: CGRect) {
        let ctx = UIGraphicsGetCurrentContext()
        let radius = (rect.size.width / 2) - 80

        CGContextAddArc(ctx, rect.size.width / 2.0, rect.size.height / 2.0,
            radius, 0, CGFloat(M_PI * 2.0), 0)
        UIColor.redColor().set()
        CGContextSetLineWidth(ctx, 60)
        CGContextDrawPath(ctx, CGPathDrawingMode.Stroke)
```

```
            CGContextAddArc(ctx, rect.size.width / 2.0, rect.size.height / 2.0,
                radius, radian(-90), radian(360*Double(value))+radian(-90), 0)
            UIColor.yellowColor().set()
            CGContextSetLineWidth(ctx, 60)
            CGContextDrawPath(ctx, CGPathDrawingMode.Stroke)
        }
    }
}
```

Swift 3

```
class DonutChart: UIView {
    var value: CGFloat = 0.0

    override func draw(_ rect: CGRect) {
        if let ctx = UIGraphicsGetCurrentContext() {
            let radius = (rect.size.width / 2) - 80

            let center = CGPoint(x: rect.size.width / 2.0,
                y: rect.size.width / 2.0)
            ctx.addArc(center: center, radius: radius, startAngle:
                radian(0), endAngle: CGFloat(M_PI * 2.0), clockwise: false)
            UIColor.red.set()
            ctx.setLineWidth(60)
            ctx.drawPath(using: CGPathDrawingMode.stroke)

            ctx.addArc(center: center, radius: radius, startAngle:
radian(-90),
                endAngle: radian(360 * Double(value)) + radian(-90),
                clockwise: false)
            UIColor.yellow.set()
            ctx.setLineWidth(60)
            ctx.drawPath(using: CGPathDrawingMode.stroke)
        }
    }
}
```

STEP **07**

initWithFrame(_:) 메소드와 initWithCoder(_:) 메소드를 재정의하고 value 속성의 값을 0.0으로 초기화합니다.

Swift는 속성 선언시 기본 값을 지정할 수 있기 때문에 두 메소드를 재정의하지 않아도 됩니다.

Objective-C

```
- (instancetype)initWithFrame:(CGRect)frame {
    self = [super initWithFrame:frame];
    if (self) {
        _value = 0.0;
    }
    return self;
```

```
    }

  - (instancetype)initWithCoder:(NSCoder *)aDecoder {
        self = [super initWithCoder:aDecoder];
        if (self) {
            _value = 0.0;
        }
        return self;
    }
```

STEP **08**

뷰를 chart 속성과 Outlet으로 연결합니다.

Objective-C 코드에서는 ViewController 클래스에서 DonutChart를 사용할 수 있도록 파일 상단에 DonutChart를 임포트하는 코드를 추가해야 합니다.

Objective-C
```
#import "DonutChart.h"

@interface ViewController ()
@property (weak, nonatomic) IBOutlet DonutChart *chart;
@end
```

Swift
```
class ViewController: UIViewController {
    @IBOutlet weak var chart: DonutChart!
}
```

STEP **09**

View Controller Scene 아래쪽에 UISlider를 추가한 후 updateValue(_:) 메소드와 Action으로 연결합니다. Action을 연결할 때 Type을 UISlider로 선택합니다.

Objective-C
```
- (IBAction)updateValue:(UISlider *)sender {
    self.chart.value = sender.value;
    NSLog(@"%f", self.chart.value);
}
```

Swift
```
@IBAction func updateValue(sender: UISlider) {
    chart.value = CGFloat(sender.value)
    print(chart.value)
}
```

STEP **10**

방금 추가한 슬라이더를 slider 속성과 Outlet으로 연결합니다.

```objc
Objective-C
@interface ViewController ()
// ...
@property (weak, nonatomic) IBOutlet UISlider *slider;
@end
```

```swift
Swift
class ViewController: UIViewController {
    // ...
    @IBOutlet weak var slider: UISlider!
}
```

STEP **11**

viewDidLoad() 메소드를 아래와 같이 구현합니다.

```objc
Objective-C
- (void)viewDidLoad {
    [super viewDidLoad];
    self.chart.value = self.slider.value;
}
```

```swift
Swift
override func viewDidLoad() {
    super.viewDidLoad()
    chart.value = CGFloat(slider.value)
}
```

STEP **12**

시뮬레이터에서 앱을 실행한 후 결과를 확인합니다.

슬라이더를 움직이면 디버그 영역에 변경된 값이 출력되지만 화면은 업데이트되지 않습니다. 화면이 정상적으로 업데이트되도록 하려면 value의 값이 변경될 때마다 setNeedsDisplay() 메소드를 호출해야 합니다.

STEP **13**

updateValue(_:) 메소드에 setNeedsDisplay() 메소드를 호출하는 코드를 추가합니다.

Objective-C

```objc
- (IBAction)updateValue:(UISlider *)sender {
    // ...
    [self.chart setNeedsDisplay];
}
```

Swift

```swift
@IBAction func updateValue(sender: UISlider) {
    // ...
    chart.setNeedsDisplay()
}
```

STEP **14**

시뮬레이터에서 앱을 실행한 후 결과를 확인합니다.

이번에는 슬라이더를 움직일 때마다 차트가 정상적으로 업데이트됩니다.

3.14 Live Rendering

직접 구현한 커스텀 뷰는 인터페이스 파일에 내용을 그리지 않습니다. 그래서 커스텀 뷰의 그리기 결과를 확인하려면 시뮬레이터에서 앱을 실행해야 합니다.

Xcode 6부터 지원하는 Live Rendering은 커스텀 뷰의 내용을 인터페이스 파일에 그려주는 기능입니다. 시스템 컨트롤처럼 앱을 실행하지 않고 뷰의 그리기 결과를 확인할 수 있습니다. Live Rendering을 구현하려면 Xcode가 인식할 수 있는 속성을 뷰 클래스 선언 부분에 추가해야 합니다.

Objective-C

```objc
IB_DESIGNABLE
```

Swift

```swift
@IBDesignable
```

커스텀 뷰가 제공하는 속성을 Inspectable 속성으로 선언하면 Attributes Inspector에서 속성 값을 직접 수정할 수 있습니다. Inspectable 속성으로 지정할 수 있는 형식은 다음과 같습니다.

- 문자열, 숫자, 불린값
- CGPoint, CGSize, CGRect
- UIColor
- UIImage
- NSRange

Objective-C

```
@property IBInspectable Inspectable 속성이 지원하는 자료형 속성 이름;
```

Swift

```
@IBInspectable var 속성 이름: Inspectable 속성이 지원하는 자료형
```

Beginner Note

Inspectable 속성은 User-defined Runtime Attributes입니다.

이번 예제는 조금 전 만들었던 예제를 이어서 사용합니다.

STEP **15**

DonutChart 선언 부분에 IB_DESIGNABLE 속성을 추가한 후 Product 〉 Build (⌘B) 메뉴를 선택하여 프로젝트를
빌드합니다.

Objective-C
```
IB_DESIGNABLE
@interface DonutChart : UIView
// ...
@end
```

Swift
```
@IBDesignable
class DonutChart: UIView {
// ...
}
```

프로젝트 빌드가 완료된 후 뷰가 선택된 상태에서 Identity
Inspector를 열어보면 Designables 항목이 추가되어 있
는 것을 확인할 수 있습니다. 이 항목은 선택된 뷰의 Live
Rendering 상태를 표시합니다. 상태가 Updating에서 Up
to date로 전환되면 스토리보드에 DonutChart의 내용이 그
려집니다.

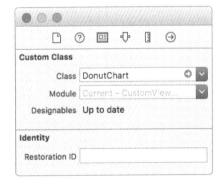

Beginner Note

뷰가 정상적으로 업데이트되지 않는다면 Editor 〉 Refresh All Views 메뉴를 선택하여 강제로 업데이트합니다.

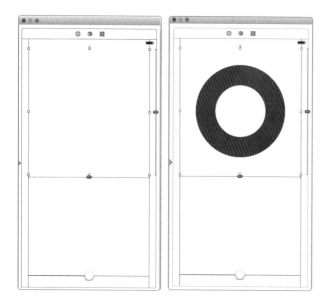

DonutChart 클래스에 prepareForInterfaceBuilder() 메소드를 추가하고 아래와 같이 구현합니다.

이 메소드는 뷰의 실제 그리기 코드에는 영향을 주지 않고 인터페이스 파일에서 출력되는 경우에만 호출됩니다. 그래서 속성 값의 따른 뷰의 변화를 확인할 때 활용할 수 있습니다.

Objective-C
```objectivec
- (void)prepareForInterfaceBuilder {
    self.value = 0.7;
}
```

Swift
```swift
override func prepareForInterfaceBuilder() {
    value = 0.6
}
```

STEP 17

DonutChart 클래스의 value 속성을 Inspectable 속성으로 수정합니다.

Objective-C
```objectivec
@property IBInspectable CGFloat value;
```

Swift

```
@IBInspectable
var value: CGFloat = 0.0
```

STEP **18**

chartColor, chartBackground 속성을 Inspectable 속성으로 선언합니다.

Objective-C

```
@property (strong, nonatomic) IBInspectable UIColor* chartColor;
@property (strong, nonatomic) IBInspectable UIColor* chartBackgroundColor;
```

Swift 2.3

```
@IBInspectable
var chartColor: UIColor = UIColor.yellowColor()

@IBInspectable
var chartBackgroundColor: UIColor = UIColor.redColor()
```

Swift 3

```
@IBInspectable
var chartColor: UIColor = UIColor.yellow

@IBInspectable
var chartBackgroundColor: UIColor = UIColor.red
```

STEP **19**

chartColor, chartBackground 속성을 사용하도록 drawRect(_:) 메소드를 수정합니다.

Objective-C

```
- (void)drawRect:(CGRect)rect {
    CGContextRef ctx = UIGraphicsGetCurrentContext();
    CGFloat radius = (rect.size.width / 2) - 80;

    CGContextAddArc(ctx, rect.size.width / 2.0, rect.size.height / 2.0,
        radius, 0, M_PI * 2, 0);
    [self.chartBackgroundColor set];

    CGContextSetLineWidth(ctx, 60);
    CGContextDrawPath(ctx, kCGPathStroke);

    CGContextAddArc(ctx, rect.size.width / 2.0, rect.size.height / 2.0,
        radius, DEGREES_TO_RADIANS(-90), DEGREES_TO_RADIANS(
        360 * self.value) + DEGREES_TO_RADIANS(-90), 0);
```

```
        [self.chartColor set];
        CGContextSetLineWidth(ctx, 60);
        CGContextDrawPath(ctx, kCGPathStroke);
    }
```

Swift 2.3
```
override func drawRect(rect: CGRect) {
    let ctx = UIGraphicsGetCurrentContext()
    let radius = (rect.size.width / 2) - 80

    CGContextAddArc(ctx, rect.size.width / 2.0, rect.size.height / 2.0,
        radius, 0, CGFloat(M_PI * 2.0), 0)
    chartBackgroundColor.set()
    CGContextSetLineWidth(ctx, 60)
    CGContextDrawPath(ctx, CGPathDrawingMode.Stroke)

    CGContextAddArc(ctx, rect.size.width / 2.0, rect.size.height / 2.0,
        radius, radian(-90), radian(360*Double(value))+radian(-90), 0)
    chartColor.set()
    CGContextSetLineWidth(ctx, 60)
    CGContextDrawPath(ctx, CGPathDrawingMode.Stroke)
}
```

Swift 3
```
override func draw(_ rect: CGRect) {
    if let ctx = UIGraphicsGetCurrentContext() {
        let radius = (rect.size.width / 2) - 80

        let center = CGPoint(x: rect.size.width / 2.0,
            y: rect.size.width / 2.0)
        ctx.addArc(center: center, radius: radius, startAngle: radian(0),
            endAngle: CGFloat(M_PI * 2.0), clockwise: false)
        chartBackgroundColor.set()
        ctx.setLineWidth(60)
        ctx.drawPath(using: CGPathDrawingMode.stroke)

        ctx.addArc(center: center, radius: radius, startAngle: radian(-90),
            endAngle: radian(360*Double(value))+radian(-90),
clockwise:false)
        chartColor.set()
        ctx.setLineWidth(60)
        ctx.drawPath(using: CGPathDrawingMode.stroke)
    }
}
```

STEP **20**

initWithFrame(_:) 메소드와 initWithCoder(_:) 메소드에 두 속성의 기본 값을 설정하는 코드를 추가합니다.

Swift는 속성 선언시 기본 값을 지정할 수 있기 때문에 코드를 추가하지 않아도 됩니다.

```objc
Objective-C
- (instancetype)initWithFrame:(CGRect)frame {
    self = [super initWithFrame:frame];
    if (self) {
        _value = 0.0;
        _chartColor = [UIColor yellowColor];
        _chartBackgroundColor = [UIColor redColor];
    }
    return self;
}

- (instancetype)initWithCoder:(NSCoder *)aDecoder {
    self = [super initWithCoder:aDecoder];
    if (self) {
        _value = 0.0;
        _chartColor = [UIColor yellowColor];
        _chartBackgroundColor = [UIColor redColor];
    }
    return self;
}
```

STEP **21**

도넛 차트를 선택한 후 Attributes Inspector를 열고 Donut Chart 섹션에서 속성 값을 변경합니다. 결과를 확인하기 위해서 STEP 16에서 구현한 prepareForInterfaceBuilder() 메소드를 주석처리 하거나 삭제합니다.

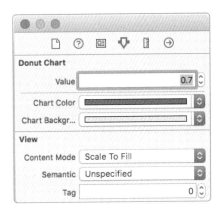

Live Rendering은 커스텀 뷰의 그리기 결과를 인터페이스 파일에서 실시간으로 확인할 수 있는 편리한 기능입니다. 그러나 인터페이스 파일에 Live Rendering을 지원하는 커스텀 뷰가 많이 추가되어 있는 경우 그 수에 비례하여 인터페이스 빌더의 속도가 느려질 수 있습니다. 그러므로 반드시 필요한 커스텀 뷰에만 Live Rendering을 적용하는 것이 좋습니다. Editor 〉 Automatically Refresh Views 메뉴를 선택 해제하여 자동 업데이트 기능을 끄면 인터페이스 빌더의 속도를 조금 개선할 수 있습니다. 이 경우에는 Editor 〉 Refresh All Views 메뉴를 통해 직접 뷰를 업데이트해야 합니다.

Interoperability & Migration

PART 09

Overview

Swift는 코코아 프레임워크, Objective-C 언어와 완벽하게 호환됩니다. Objective-C로 구현되어 있는 코코아의 모든 기능을 Swift에서도 사용할 수 있고, 하나의 파일에서 두 언어로 작성된 코드를 함께 사용할 수 있습니다. 그래서 이전 Objective-C 프로젝트를 Swift로 이전할 때 가능한 부분부터 단계적으로 시작할 수 있습니다.

이 책에서는 Objective-C 프로젝트를 Swift 프로젝트로 이전하기 위해 필요한 과정과 하나의 프로젝트에서 두 언어를 함께 사용하는데 필요한 내용을 설명합니다. 여기에 필요한 프로젝트를 하나 만들어 보겠습니다. 이 프로젝트는 MRR을 메모리 관리 모델로 사용하고 예전 Objective-C 문법으로 작성된 코드를 포함하고 있습니다.

STEP **01**

새로운 iOS Single View Application을 생성합니다.

STEP **02**

프로젝트 네비게이터에서 프로젝트 항목을 선택한 후 프로젝트의 타깃을 선택합니다. Build Settings 화면에 있는 설정 항목 중 Objective-C Automatic Reference Counting 항목의 값을 NO로 변경합니다.

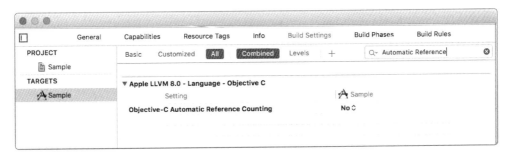

STEP **03**

새로운 Util 클래스를 추가한 후 아래와 같이 구현합니다.

Objective-C

```objc
@interface Util : NSObject
+ (NSString*)getFormattedCurrencyString:(int)number;
+ (NSArray*)generatePersonArray;
@end
```

Objective-C

```objc
@implementation Util

+ (NSString*)getFormattedCurrencyString:(int)number
{
    NSString* ret = nil;

    NSNumberFormatter* formatter = [[NSNumberFormatter alloc] init];
    [formatter setNumberStyle:NSNumberFormatterCurrencyStyle];
    [formatter setCurrencySymbol:@""];

    ret = [formatter stringFromNumber:[NSNumber numberWithInt:number]];

    [formatter release];

    if (ret == nil) ret = [[[NSString alloc] initWithFormat:@"%i", number]
        autorelease];
    return ret;
}

+ (NSArray*)generatePersonArray {
    Person* james = [[Person alloc] init];
    james.name = @"James";
    james.age = 33;

    Person* steve = [[Person alloc] init];
    steve.name = @"Steve";
    steve.age = 50;

    NSArray* list = [[NSArray alloc] initWithObjects:james, steve, nil];
    return [list autorelease];
}

@end
```

STEP **04**

새로운 Person 클래스를 추가한 후 아래와 같이 구현합니다.

Objective-C

```objc
@interface Person : NSObject
```

```objc
@property (copy) NSString * name;
@property int age;

- (id)init;
- (id)initWithName:(NSString *)name;
- (id)initWithName:(NSString *)name age:(NSUInteger)age;

@end
```

Objective-C

```objc
@implementation Person

- (id)init
{
    return [self initWithName:@"John doe" age:0];
}

- (id)initWithName:(NSString *)name
{
    return [self initWithName:name age:0];
}

- (id)initWithName:(NSString *)name age:(NSUInteger)age
{
    self = [super init];
    if (self) {
        _name = name;
        _age = age;
    }

    return self;
}

@end
```

STEP **05**

새로운 헤더 파일을 추가한 후 파일의 이름을 Type.h로 설정합니다. 그런 다음 아래와 같이 구현합니다.

Objective-C

```objc
#ifndef Types_h
#define Types_h

typedef enum {
    WeekdaySun,
    WeekdayMon,
    WeekdayTue,
```

```
        WeekdayWed,
        WeekdayThu,
        WeekdayFri,
        WeekdaySat
} Weekday;

typedef enum {
    OptionsA = 1 << 0,
    OptionsB = 1 << 1,
    OptionsC = 1 << 2
} Options;

#endif
```

STEP **06**

ViewController 클래스의 viewDidLoad 메소드를 다음과 같이 구현합니다.

Objective-C
```
- (void)viewDidLoad {
    [super viewDidLoad];

    NSAutoreleasePool* pool = [[NSAutoreleasePool alloc] init];

    NSString* str = [Util getFormattedCurrencyString:12345];
    NSLog(@"%@", str);

    NSArray* list = [Util generatePersonArray];
    NSLog(@"%@", [[list objectAtIndex:0] name]);

    Weekday sun = WeekdaySun;
    Options opt = OptionsA | OptionsB;

    [pool drain];
}
```

프로젝트 최신화

새로운 Swift 프로젝트를 생성하고 단번에 모든 코드를 이전할 수 있지만 대부분의 경우 가능한 부분부터 단계적으로 이전하게 됩니다. 이전이 완료되는 시점까지 하나의 프로젝트에 두 개의 언어가 함께 사용되어야 하므로 프로젝트의 설정과 Objective-C 문법은 최신화하는 작업이 선행되어야 합니다.

1. 프로젝트 설정 최신화

Xcode의 버전이 올라감에 따라 새로운 컴파일러와 디버거가 추가되고 설정 가능한 항목도 추가됩니다. Xcode는 6.0 버전 이후부터 Swift 코드를 컴파일할 수 있기 때문에 이전 버전으로 작성된 프로젝트의 설정을 갱신해야 합니다.

프로젝트 설정 중 갱신이 필요한 항목이 있다면 이슈 네비게이터에 Update to recommended Settings 경고가 표시됩니다.

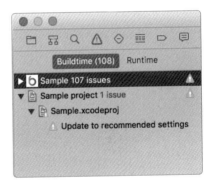

이 항목을 선택하면 갱신해야 할 프로젝트 설정 목록이 표시됩니다. 프로젝트 네비게이터에서 프로젝트 항목을 선택한 후, Editor 〉 Validate Settings... 메뉴를 통해서 프로젝트 설정이 최신으로 유지되고 있는지 확인할 수도 있습니다. 이 화면에서 Perform Changes 버튼을 클릭하면 최신 설정으로 갱신됩니다.

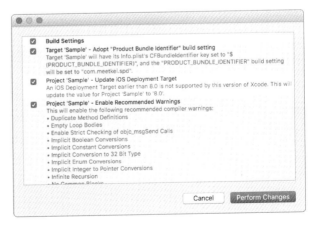

2. Objective-C 최신화

Objective-C의 문법과 성능은 오랜 기간 동안 개선되어 왔습니다. 이러한 개선점들은 더욱 간결하고 안정적이며 높은 성능을 제공하는 코드를 작성하는데 도움을 줍니다. 그리고 Swift로의 이전 과정에서 프로그래머의 수고를 덜어주고, Swift 코드와 함께 사용할 때 안정적인 동작을 보장합니다.

Objective-C로 작성된 코드를 최신화하는 작업은 프로젝트 규모가 커질수록 어려워집니다. 그래서 Xcode에서 제공하는 변환 도구의 도움을 받는 것이 좋습니다. 이 도구들은 프로젝트의 포함된 코드를 분석한 후 최신 문법으로 코드를 변환합니다. 변환 결과가 100%의 정확성을 가진다면 좋겠지만 대부분의 경우에는 변환 결과를 분석하고 수정하는 작업이 추가로 필요합니다. 그리고 만약의 경우를 대비해 이전 코드를 백업해 두는 것도 잊지 말아야 합니다.

2.1 ARC Converter

Objective-C 프로젝트에서 메모리 관리 모델로 MRR을 사용하고 있다면 ARC로 변환하는 것이 좋습니다. Swift가 기본 메모리 관리 모델로 ARC를 채택하고 있고, MRR에서 사용하는 메모리 관리 메소드의 사용을 금지하고 있으므로 두 언어를 함께 사용해야 한다면 반드시 필요한 과정입니다. Xcode는 ARC 변환 작업을 위한 도구를 제공합니다. 직접 코드를 수정하는 것보다 이 도구를 이용하는 것이 여러 면에서 유리합니다.

STEP 01

조금 전 Overview에서 만든 프로젝트를 엽니다.

STEP 02

Edit 〉 Convert 〉 To Objective-C ARC... 메뉴를 선택합니다.

STEP 03

변환할 타깃을 선택한 후 Check 버튼을 클릭합니다.

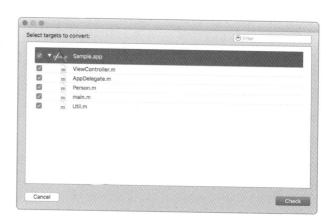

xxx.app 항목의 체크박스를 선택하면 타깃에 속한 모든 변환 대상 파일을 선택할 수 있습니다. ▶ 버튼으로 목록을 확장하면 변환 대상 파일의 목록이 표시됩니다. 이 목록에서 개별 항목을 선택할 수 있지만, 특별한 이유가 없다면 전체 파일을 모두 선택하여 프로젝트 전체를 ARC로 변환해야 합니다.

Xcode는 이 단계에서 ARC 규칙에 적합하지 않는 코드를 분석하고 변환 대상을 오류 없이 변환할

수 있는지 판단합니다. 만약 정상적으로 변환을 실행할 수 없다면 이슈 네비게이터를 통해 수정에 필요한 정보를 제공합니다. 대부분의 오류는 Transitioning to ARC Release Notes 문서를 통해 원인과 해결책을 쉽게 찾을 수 있습니다.

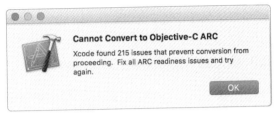

STEP 04

코드 분석이 완료되면 변환 과정에 대한 간략한 설명을 제공하는 경고창이 표시됩니다. Next 버튼을 클릭해서 변환 작업을 시작합니다.

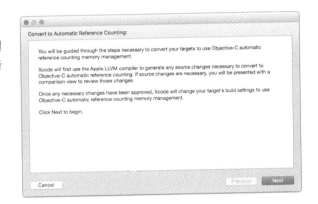

STEP 05

변환되는 코드를 검토할 수 있는 미리보기 화면이 표시됩니다. 변경 전후의 코드를 검토합니다.

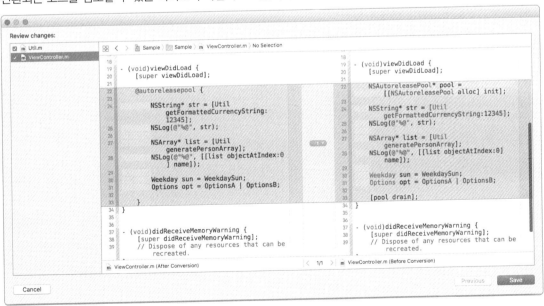

Save 버튼을 클릭해서 변환된 내용을 적용합니다.

앞에서 설명한 과정을 완료하면 ARC를 사용하는 코드로 변환됩니다. Xcode가 변환한 ARC 코드는 참조 사이클이나 메모리 누수와 같은 문제를 발생시킬 수 있으므로 반드시 정적 분석기를 실행하여 변환 결과를 상세히 검토해 보아야 합니다.

2.2 Modern Objective-C Converter

메모리 관리 모델을 ARC로 변경했다면 Modern Objective-C Converter의 도움을 받아 코드를 최신 문법을 적용할 차례입니다. 앞에서 사용한 예제를 이어서 사용합니다.

STEP 01

Edit 〉 Convert 〉 To Modern Objective-C Syntax... 메뉴를 선택합니다. 안내 화면이 표시되면 Next 버튼을 클릭하여 다음 화면으로 이동합니다.

STEP 02

최신 문법을 적용할 타깃을 선택한 후 Next 버튼을 클릭합니다.

STEP 03

적용할 최신 문법 카테고리를 선택한 후 Next 버튼을 클릭합니다. 예제에서는 기본 선택을 그대로 사용합니다.

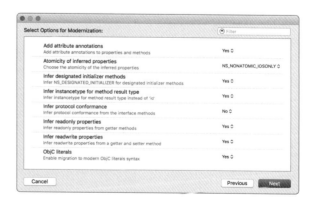

STEP **04**

미리보기 화면에서 변경 내용을 검토한 후 Save 버튼을 클릭합니다.

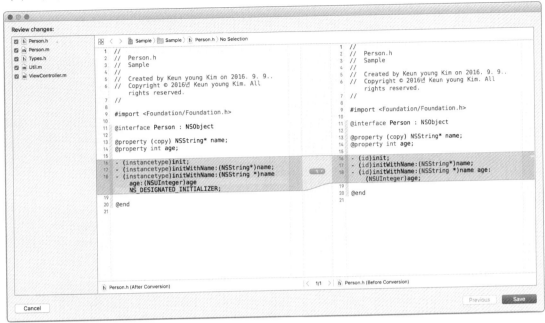

Modern Objective-C Converter는 대량의 코드를 자동으로 최신화하는 편리한 방법입니다. 하지만 코드에 포함된 일부 요소를 올바르게 인식하지 못하거나 변환기 자체의 오류로 인해 코드가 일부 유실될 가능성이 있습니다. 그러므로 Modern Objective-C Converter가 처리하는 변환 작업에 대해 이해하고 필요에 따라서 코드의 문법을 직접 수정할 수 있어야 합니다. Objective-C의 최신 문법에 대한 전체 정보는 "Adopting Modern Objective-C", "Programming with Objective-C"에서 얻을 수 있습니다.

2.3 Objective-C 최신화 이해하기

Modern Objective-C Converter가 제공하는 최신화 옵션의 역할을 이해하면 최신화 과정에서 발생한 여러 문제에 유연하게 대처할 수 있습니다.

• Atomicity of inferred properties

이 옵션은 Modern Objective-C Converter가 추가한 속성의 원자성을 결정합니다. NS_NONATOMIC_IOSONLY(기본 값), atomic, nonatomic 중 하나의 값을 설정할 수 있습니다. NS_NONATOMIC_IOSONLY는 iOS에서 nonatomic으로 인식하도록 설정하는 매크로이고 iOS와 OS X에서 동시에 사용하는 코드를 작성할 때 도움이 됩니다. iOS에서는 대부분 nonatomic을 사용하므로 기본 값을 그대로 사용해도 큰 무리가 없습니다.

• Infer readonly properties, Infer readwrite properties

이 옵션은 클래스에 포함된 메소드 중 getter, setter로 추론할 수 있는 메소드 선언을 속성 선언으로 대체합니다. 대체된 속성 선언의 원자성은 Atomicity of inferred properties 옵션에서 설정한 값에 따라 결정됩니다. 파라미터가 없는 일반적인 메소드를 getter로 인식하는 경우가 많기 때문에 미리보기 화면에서 상세히 검토해 보아야 합니다.

메소드 선언은 속성으로 대체되지만 메소드의 구현은 삭제되지 않습니다. 그래서 대부분의 경우 메소드 선언이 속성으로 대체되더라도 어플리케이션의 동작에는 큰 영향을 주지 않습니다.

- **Infer designated Initializer methods**

이 옵션은 클래스의 생성자 중에서 지정 생성자를 추론하고, 생성자 선언에 NS_DESIGNATED_INITIALIZER 매크로를 추가합니다. Person 클래스에 구현되어 있는 세 개의 생성자 중 상위 구현을 호출하는 마지막 생성자가 지정 생성자로 추론됩니다.

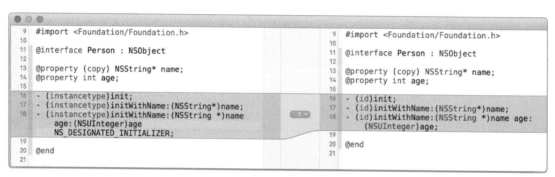

구형 컴파일러는 지정 생성자와 간편 생성자를 구분하지 못합니다. 이 문제를 해결하기 위해 신형 컴파일러에 지정 생성자를 판단할 수 있는 Objective-C_designated_initializer 속성이 추가되었습니다. NS_DESIGNATED_INITIALIZER 매크로는 대상을 지정 생성자로 설정하는 메소드를 호출합니다. 컴파일러는 선언 부분에 NS_DESIGNATED_INITIALIZER 매크로가 포함되어 있는 메소드를 지정 생성자로 인식하고, init..으로 시작하는 나머지 메소드는 편의 생성자로 인식합니다. 그래서 편의 생성자에서 지정 생성자를 호출하지 않고 상위 생성자를 직접 호출하는 코드가 있다면 경고를 표시해 줍니다. 이 기능을 통해 생성자 델리게이션 규칙에 적합한 코드를 작성하면 Swift와 함께 사용할 때 안정적으로 동작합니다.

- **Infer instancetype for method result type**

이 옵션은 alloc, init, new로 시작하는 메소드완 팩토리 메소드의 리턴형 id를 instancetype으로 교체하여 형식 안정성을 높입니다.

```
Objective-C
@interface Car : NSObject
+ (instancetype)buyNewBus;
+ (id)buyNewTaxi;
@end
```

Car 클래스는 새로운 인스턴스를 리턴하는 두 개의 팩토리 메소드를 가지고 있습니다. buyNewTaxi 메소드와 같이 리턴형이 id로 지정되어 있는 경우에는 런타임에 정확한 자료형이 결정됩니다. 컴파일러는 buyNewTaxi 메소드가 리턴한 인스턴스의 자료형을 미결상태로 두고 width 메소드의 호출 가능성을 판단하지 않습니다. 그래서 아래와 같이 클래스에 구현되지 않은 메소드를 호출하는 코드가 오류 없이 정상적으로 컴파일 됩니다. 하지만 런타임에 메소드를 찾을 수 없기 때문에 런타임 오류가 발생합니다.

```
Objective-C
GFloat a = [[Car buyNewTaxi] width];
```

buyNewBus 메소드와 같이 리턴형을 instancetype으로 지정하면 컴파일 타임에 정확한 리턴형을 인식할 수 있습니다. 그래서 다음과 같이 구현되지 않는 메소드를 호출하는 코드에서 컴파일 오류가 발생합니다. 결과적으로 컴파일 시점에 런타임 오류 가능성을 미리 발견하고 수정할 수 있어서 코드의 형식 안정성이 증가합니다.

```
Objective-C
CGFloat b = [[Car buyNewBus] width];          // Error
```

Person 클래스에 구현되어 있는 생성자 메소드의 리턴형은 최신화 과정에서 모두 instancetype으로 변경됩니다.

```
13   - (instancetype)init                              13   - (id)init
14   {                                                 14   {
15       return [self initWithName:@"John doe" age:0]  15       return [self initWithName:@"John doe" age:0]
         ;                                                      ;
16   }                                                 16   }
17                                                     17
18   - (instancetype)initWithName:(NSString*)name      18   - (id)initWithName:(NSString*)name
19   {                                                 19   {
20       return [self initWithName:name age:0];        20       return [self initWithName:name age:0];
21   }                                                 21   }
22                                                     22
23   - (instancetype)initWithName:(NSString *)name     23   - (id)initWithName:(NSString *)name age:
         age:(NSUInteger)age                                    (NSUInteger)age
```

- **Infer protocol conformance**

이 옵션은 클래스 구현에 프로토콜 메소드 구현이 포함되어 있다면 클래스 선언에 포함된 프로토콜 채용 목록을 확인합니다. 해당 프로토콜이 이 목록에서 빠져있다면 새롭게 추가하여 형식 안정성을 높입니다.

- Objective-C literals, Objective-C subscripting

이 옵션은 현재 코드에 리터럴 문법과 서브스크립팅 문법을 적용합니다. 예를 들어 Util.m 파일에 있는 [NSNumber numberWithInt:number] 코드는 @(number)로 변경됩니다.

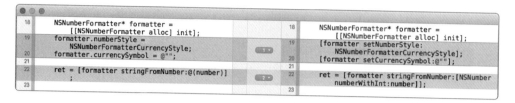

배열의 요소에 접근하는 코드는 서브스크립팅 문법으로 변경됩니다.

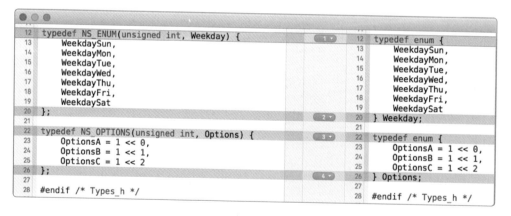

- Use NS_ENUM/NS_OPTIONS macros

이 옵션은 구조체 선언을 NS_ENUM 또는 NS_OPTIONS 매크로를 사용하도록 수정합니다. 열거형의 원시 값을 지정할 때 비트 플래그를 사용한 경우 NS_OPTIONS 매크로를 사용하고, 그 외의 경우에는 NS_ENUM 매크로를 사용합니다. 이 매크로는 Xcode 자동완성의 성능을 개선시키고, 열거형의 자료형과 크기를 명시적으로 지정하여 형식 안정성을 높입니다. 그리고 구형 컴파일러에 대한 호환성도 함께 제공합니다.

```
12  typedef NS_ENUM(unsigned int, Weekday) {        12  typedef enum {
13      WeekdaySun,                                  13      WeekdaySun,
14      WeekdayMon,                                  14      WeekdayMon,
15      WeekdayTue,                                  15      WeekdayTue,
16      WeekdayWed,                                  16      WeekdayWed,
17      WeekdayThu,                                  17      WeekdayThu,
18      WeekdayFri,                                  18      WeekdayFri,
19      WeekdaySat                                   19      WeekdaySat
20  };                                               20  } Weekday;
21                                                   21
22  typedef NS_OPTIONS(unsigned int, Options) {      22  typedef enum {
23      OptionsA = 1 << 0,                           23      OptionsA = 1 << 0,
24      OptionsB = 1 << 1,                           24      OptionsB = 1 << 1,
25      OptionsC = 1 << 2                            25      OptionsC = 1 << 2
26  };                                               26  } Options;
27                                                   27
28  #endif /* Types_h */                             28  #endif /* Types_h */
```

Swift Migration

Objective-C로 작성된 프로젝트를 Swift로 이전하는 가장 효율적인 방법은 클래스 또는 파일 단위로 점진적으로 이전하는 것입니다. Swift는 Objective-C와 호환성을 가지고 있기 때문에 하나의 프로젝트에서 두 언어로 작성한 코드를 모두 컴파일 할 수 있습니다. 이런 호환성을 Mix and Match라고 합니다.

이전에 사용했던 예제를 Swift로 이전하는 과정을 공부해 보겠습니다. 먼저 Objective-C로 구현된 Person 클래스를 Swift 언어로 이전합니다.

STEP 01

프로젝트에 새로운 Swift 파일을 추가한 후 파일 이름을 Person.swift로 지정합니다.

STEP 02

Objective-C bridging header의 구성여부를 확인하는 경고창이 표시되면 Create Bridging Header 버튼을 클릭합니다.

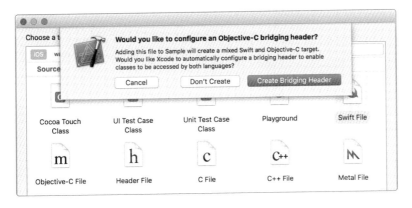

Swift는 Objective-C 코드를 인식하기 위해서 Objective-C Bridging Header라고 하는 특별한 헤더 파일을 사용합니다. 이 헤더에 포함된 Objective-C 코드는 동일한 어플리케이션 타깃에 있는 모든 Swift 코드에서 별도의 임포트 없이 사용할 수 있습니다. Xcode는 Objective-C 프로젝트에 Swift 파일을 추가하거나, Swift 프로젝트에 Objective-C 파일을 추가할 때 STEP 02에서 표시된 경고 창을 통해 헤더 파일을 자동으로 생성할지 확인합니다.

Create Bridging Header 버튼을 클릭하면 Objective-C Bridging Header 파일이 추가되고 프로젝트 빌드 설정이 자동으로 업데이트 됩니다. 만약 프로젝트에 다수의 타깃이 존재한다면 각 타깃별로 별도의 헤더 파일이 생성됩니다. 생성된 헤더 파일의 이름은 "타깃이름-Bridging-Header.h"와 같은 패턴을 가지고 있습니다.

Objective-C Bridging Header를 직접 생성한 경우에는 Build Settings 〉 Swift Compiler – General 〉 Objective-C Bridging Header 항목에 헤더 파일의 경로를 설정해 주어야 합니다.

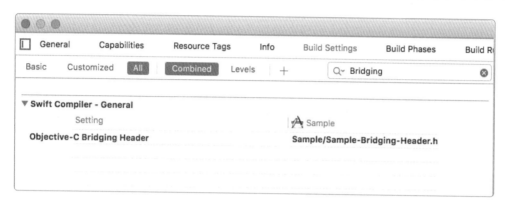

STEP 04

Person.swift 파일에 Person 클래스를 Swift로 구현합니다.

```swift
Swift
class Person: NSObject {
    var name: String
    var age: Int

    convenience override init() {
        self.init(name: "John doe", age: 0)
    }

    convenience init(name: String) {
        self.init(name: name, age: 0)
    }

    init(name: String, age: Int) {
        self.name = name
        self.age = age
    }
}
```

Person 클래스는 이전이 완료되기 전까지 Objective-C 코드에서 사용되어야 하므로 NSObject 클래스를 상속하도록 구현해야 합니다. 만약 Person 클래스를 기초 클래스로 구현한다면 Objective-C 코드에서 사용할 수 없게 됩니다.

STEP 05

Person.h와 Person.m 파일을 삭제합니다. 삭제 경고창이 표시되면 Move to Trash 버튼을 클릭하여 파일을 완전히 삭제합니다.

Beginner Note

향후 Objective-C 코드를 다시 참고할 필요가 있다고 판단된다면 파일을 삭제하지 않고 타깃 멤버십에서 제거합니다.

STEP 06

Product 〉 Build (⌘B) 메뉴를 선택하여 프로젝트를 빌드합니다.

프로젝트를 빌드하면 Util.m 파일에서 컴파일 오류가 발생합니다. 이 파일은 Person 클래스를 사용하기 위해서 Person.h 파일을 임포트하고 있습니다. STEP 04에서 Person 클래스를 Swift로 이전하고 STEP 05에서 Person.h 파일을 지웠기 때문에 헤더 파일을 인식할 수 없어서 오류가 발생하는 것입니다. Swift로 이전한 Person 클래스를 인식할 수 있도록 수정해야 합니다.

STEP 07

Util.m 파일에서 Person.h 헤더 파일을 임포트하는 코드를 아래와 같이 수정합니다.

```
Objective-C
// #import "Person.h"            // 수정 전
#import "Sample-Swift.h"         // 수정 후
```

Swift 코드에서 Objective-C 코드를 사용할 때는 Objective-C Bridging Header를 사용합니다. 반대로 Objective-C에서 Swift 코드를 사용할 때는 Xcode가 자동으로 생성하는 헤더 파일을 사용해야 합니다. 이 헤더의 이름은 "타깃이름-Swift.h"와 같은 형태를 가지고 있습니다.

임포트 코드를 수정한 후 프로젝트를 다시 빌드하면 오류 없이 정상적으로 완료됩니다. 앞에서 설명한 과정을 반복하면 다른 Objective-C 파일도 Swift로 이전할 수 있습니다. 모든 코드를 Swift로 이전한 후에는 Objective-C와의 호환성을 위해서 추가한 코드를 제거할 수 있습니다. 예를 들어 Person 클래스가 NSObject를 상속하는 부분을 제거할 수 있습니다.

이번에는 Swift 코드에서 Objective-C 코드를 사용해 보겠습니다.

STEP 08

프로젝트에 새로운 SwiftUtil.swift 파일을 추가하고 아래와 같이 구현합니다.

```Swift
func getAnyPerson() -> Person? {
    if let list = Util.generatePersonArray() {
        return list[0] as? Person
    }

    return nil
}
```

이 함수는 Objective-C로 구현되어 있는 Util 클래스의 메소드를 호출합니다. 코드를 입력하면 Util 클래스를 인식할 수 없다는 Live Issue 메시지가 표시됩니다. STEP 07에서 Swift 코드를 인식하기 위해 헤더를 임포트 했던 것처럼 Objective-C 코드를 인식할 수 있도록 헤더를 임포트 해야 합니다. 이번에는 STEP 02에서 Xcode가 자동으로 생성한 Objective-C Bridging Header를 이용합니다. 프로젝트 네비게이터에서 타깃이름-Bridging-Header.h 파일을 선택합니다.

STEP 09

타깃이름-Bridging-Header.h 파일에 Util.h 파일을 임포트 하는 코드를 추가합니다.

```Objective-C
#import "Util.h"
```

Objective-C에서 Swift 코드를 임포트 하는 경우 Swift 코드를 사용하는 파일마다 개별적으로 임포트 해야 합니다. 이와 달리 Objective-C Bridging Header에 Objective-C 헤더 파일을 한번만 임포트 해 두면 모든 Swift 코드에서 별도의 임포트 없이 Objective-C 코드를 사용할 수 있습니다.